FLÁVIO **TARTUCE**

- Pós-doutorando e doutor em Direito Civil pela Faculdade de Direito da USP.
- Coordenador e professor titular permanente do Programa de Mestrado da Escola Paulista de Direito (EPD).
- Coordenador e professor dos cursos de pós-graduação *lato sensu* em Direito Civil e Processual Civil, Direito Civil e Direito do Consumidor, Direito Contratual, Direito de Família e das Sucessões da Escola Paulista de Direito (EPD).
- Patrono regente e professor do curso de pós-graduação *lato sensu* em Advocacia do Direito Negocial e Imobiliário da Escola Brasileira de Direito (EBRADI).
- Advogado, parecerista, consultor jurídico e árbitro.

CB043691

DIREITO CIVIL
DIÁLOGOS
ENTRE A DOUTRINA
E A JURISPRUDÊNCIA

VOLUME II

O GEN | Grupo Editorial Nacional – maior plataforma editorial brasileira no segmento científico, técnico e profissional – publica conteúdos nas áreas de concursos, ciências jurídicas, humanas, exatas, da saúde e sociais aplicadas, além de prover serviços direcionados à educação continuada.

As editoras que integram o GEN, das mais respeitadas no mercado editorial, construíram catálogos inigualáveis, com obras decisivas para a formação acadêmica e o aperfeiçoamento de várias gerações de profissionais e estudantes, tendo se tornado sinônimo de qualidade e seriedade.

A missão do GEN e dos núcleos de conteúdo que o compõem é prover a melhor informação científica e distribuí-la de maneira flexível e conveniente, a preços justos, gerando benefícios e servindo a autores, docentes, livreiros, funcionários, colaboradores e acionistas.

Nosso comportamento ético incondicional e nossa responsabilidade social e ambiental são reforçados pela natureza educacional de nossa atividade e dão sustentabilidade ao crescimento contínuo e à rentabilidade do grupo.

ORGANIZAÇÃO
LUIS FELIPE **SALOMÃO**
FLÁVIO **TARTUCE**

DIREITO CIVIL
DIÁLOGOS
ENTRE A DOUTRINA
E A JURISPRUDÊNCIA

VOLUME II

- O autor deste livro e a editora empenharam seus melhores esforços para assegurar que as informações e os procedimentos apresentados no texto estejam em acordo com os padrões aceitos à época da publicação, e todos os dados foram atualizados pelo autor até a data de fechamento do livro. Entretanto, tendo em conta a evolução das ciências, as atualizações legislativas, as mudanças regulamentares governamentais e o constante fluxo de novas informações sobre os temas que constam do livro, recomendamos enfaticamente que os leitores consultem sempre outras fontes fidedignas, de modo a se certificarem de que as informações contidas no texto estão corretas e de que não houve alterações nas recomendações ou na legislação regulamentadora.

- Fechamento desta edição: 14.10.2020

- O Autor e a editora se empenharam para citar adequadamente e dar o devido crédito a todos os detentores de direitos autorais de qualquer material utilizado neste livro, dispondo-se a possíveis acertos posteriores caso, inadvertida e involuntariamente, a identificação de algum deles tenha sido omitida.

- Atendimento ao cliente: (11) 5080-0751 | faleconosco@grupogen.com.br

- Direitos exclusivos para a língua portuguesa
  Copyright © 2021 by
  Editora Atlas Ltda.
  Uma editora integrante do GEN | Grupo Editorial Nacional
  Rua Conselheiro Nébias, 1.384
  São Paulo – SP – 01203-904
  www.grupogen.com.br

- Reservados todos os direitos. É proibida a duplicação ou reprodução deste volume, no todo ou em parte, em quaisquer formas ou por quaisquer meios (eletrônico, mecânico, gravação, fotocópia, distribuição pela Internet ou outros), sem permissão, por escrito, da Editora Atlas Ltda.

- Capa: Danilo Oliveira

- **CIP – BRASIL. CATALOGAÇÃO NA FONTE.
  SINDICATO NACIONAL DOS EDITORES DE LIVROS, RJ.**

D635

Direito civil: diálogos entre a doutrina e a jurisprudência, volume 2 / [Ana Olivia Antunes Haddad ... et al.]]; organização Luis Felipe Salomão, Flávio Tartuce. – São Paulo: Atlas, 2021.

Inclui índice
ISBN 978-85-970-2604-7

1. Direito civil – Brasil. I. Haddad, Ana Olivia Antunes. II. Salomão, Luis Felipe. III. Tartuce, Flávio.

20-66977 CDU: 347(81)

Camila Donis Hartmann – Bibliotecária – CRB-7/6472

APRESENTAÇÃO E HOMENAGEM AO MINISTRO RUY ROSADO DE AGUIAR JÚNIOR

Seguindo a mesma linha editorial do primeiro volume, lançado em 2018, esta obra procura trazer *diálogos* entre a doutrina e a jurisprudência em temas de Direito Civil mais debatidos na atualidade.

Assim, novamente foi concebido o livro com assuntos de grande relevo teórico e prático, mormente pelas intensas discussões que se observam quanto a eles no âmbito das Cortes Brasileiras. Para esta versão, estes coordenadores escolheram as seguintes temáticas: a situação jurídica do nascituro, a tutela dos direitos da personalidade, o nome da pessoa natural, a desconsideração da personalidade jurídica após a Lei da Liberdade Econômica, aspectos controversos sobre a cláusula penal, a função social do contrato, a interpretação dos negócios jurídicos na Lei da Liberdade Econômica, o contrato de doação na doutrina e na jurisprudência, a "Lei dos Distratos" e suas controvérsias, os desafios atuais do Direito do Consumidor na jurisprudência do Superior Tribunal de Justiça, o lucro da intervenção, limites ao exercício do direito de propriedade e novas tecnologias, a multipropriedade, novas entidades familiares na doutrina e na jurisprudência, o regime de bens no casamento e o Direito das Sucessões, problemas decorrentes da reprodução assistida, a interpretação do testamento no âmbito da jurisprudência superior, a medição no Direito Civil e os limites e possibilidades para a convenção da arbitragem no âmbito dos contratos. Os dois últimos temas, portanto, trazem desafios de efetividade do Direito Privado no campo da extrajudicialização.

Para a empreitada bibliográfica foram convidados, em ordem alfabética: Ana Olivia Antunes Haddad, Anderson Schreiber, Bruno Miragem, Claudia Lima Marques, Cláudia Rodrigues, Eleonora Coelho, Ênio Santarelli Zuliani, Eroulths Cortiano Junior, Euclides de Oliveira, Fernanda Tartuce, Francisco Eduardo Loureiro, Francisco José Cahali, Giselda Maria Fernandes Novaes Hironaka, Gustavo Tepedino, Heloisa Helena Barboza, Jones Figueirêdo Alves, José Fernando Simão, Karen Magalhães Soares da Fonseca, Leonardo Morais da Rocha, Luis Felipe Salomão, Marco Aurélio Bellizze Oliveira, Marco Aurélio Bezerra de Melo, Marco Aurélio Gastaldi Buzzi, Marcos Alcino de Azevedo Torres, Maria Helena Diniz, Maria Helena Marques Braceiro Daneluzzi, Maria José F. Barreira Araújo, Mário Luiz Delgado, Maurício Bunazar, Otavio Luiz Rodrigues Jr., Paulo Dias de Moura Ribeiro, Pablo Stolze Gagliano, Raul Araújo, Reynaldo Soares da Fonseca, Ricardo Villas Bôas Cueva, Rodolfo Pamplona Filho, Rodrigo Xavier Leonardo, Rodrigo Toscano de Brito, Rolf Madaleno, Sílvio de Salvo Venosa, Silvio Romero Beltrão, Thiago Rodovalho,

Werson Rêgo e Zeno Veloso. O livro também conta com a participação destes coordenadores.

A ideia da concepção da obra continua a mesma, com o compartilhamento dos temas em dois textos – e a elaboração "cega" dos artigos, sem que um veja o texto do outro –, por doutrinadores e julgadores, nesta edição incluindo árbitros com ampla experiência na jurisdição privada. Lembrando que, a exemplo da versão anterior, muitos dos doutrinadores são também julgadores e vice-versa.

Por fim, esta edição da obra concede justíssima homenagem ao Ministro Ruy Rosado de Aguiar Jr., que participou da primeira versão do trabalho e que recentemente nos deixou, no ano de 2019.

Além de grande magistrado e professor, o Ministro Ruy Rosado foi o precursor da ideia central deste livro, de buscar as necessárias interações e os fundamentais diálogos entre a Academia e o Poder Judiciário. Foi ele quem idealizou, no ano de 2002, *as Jornadas de Direito Civil*, promovidas pelo Centro de Estudos Judiciários do Conselho da Justiça Federal, com a geração de importantes enunciados doutrinários que há tempos servem de guia para a correta aplicação do Direito Privado. Já foram realizadas oito edições do evento, além da clara influência para a realização das *Jornadas de Direito Comercial, de Direito Processual Civil, de Prevenção e Solução Extrajudicial dos Litígios, de Direito Administrativo* e de *Direito Processual Penal*. Ficam, portanto, as nossas saudades e a constante lembrança do grande legado deixado pelo Ministro Ruy Rosado de Aguiar Jr., a ser seguido pelas novas gerações de privatistas.

Uma boa leitura e boas reflexões.

Brasília e São Paulo, outubro de 2020.

Os Coordenadores

SOBRE OS AUTORES

ANA OLIVIA ANTUNES HADDAD

Advogada em São Paulo no escritório Eleonora Coelho Advogados. Mestre em Direito Processual Civil pela Faculdade de Direito da Universidade de São Paulo (USP). Pós-graduada em Direito Empresarial pela Fundação Getulio Vargas (FGV).

ANDERSON SCHREIBER

Professor Titular de Direito Civil da UERJ. Procurador do Estado do Rio de Janeiro. Advogado.

BRUNO MIRAGEM

Professor da Faculdade de Direito da UFRGS. Professor permanente e membro da comissão coordenadora do PPGD/UFRGS. Doutor e mestre em Direito pela UFRGS. Especialista em Direito Civil e Direito Internacional pela UFRGS. Líder de Grupo de Pesquisa CNPq "Direito Privado, Acesso ao Mercado e Novas Tecnologias". Coordenador do Núcleo de Estudos em Direito e Sistema Financeiro: Direito Bancário, dos Seguros e do Mercado de Capitais da UFRGS. Advogado e parecerista.

CLAUDIA LIMA MARQUES

Professora titular da UFRGS. Professora permanente do PPGD/UFRGS. Doutora em Direito (Universidade de Heidelberg), LL.M. (Tübingen) e Diploma de Estudos Europeus (Sarre, Alemanha). Ex-Presidente do Brasilcon. Líder do Grupo de Pesquisa CNPq "Mercosul, Direito do Consumidor e Globalização". Pesquisadora 1A do CNPq. Diretora da International Association of Consumer Law (Bruxelas). Presidente do Comitê de Proteção Internacional dos Consumidores (ILA, Londres).

CLÁUDIA RODRIGUES

Mestre em Direito Negocial pela Universidade Estadual de Londrina. Doutoranda em Direito Comercial pela PUC-SP.

ELEONORA COELHO

Advogada em São Paulo. Sócia fundadora do escritório Eleonora Coelho Advogados. Atual Presidente do Centro de Mediação e Arbitragem da Câmara de Comércio Brasil-Canadá (CAM-CCBC). Mestre em Arbitragem, Contencioso e Modos Alternativos de Solução de Conflitos pela Universidade Paris II – Panthéon Assas.

ÊNIO SANTARELLI ZULIANI

Desembargador do TJSP.

EROULTHS CORTIANO JUNIOR

Professor da Faculdade de Direito da Universidade Federal do Paraná. Doutor em Direito pelo Programa de Pós-Graduação em Direito da Universidade Federal do Paraná. Pós-Doutor pela Universitá degli Studi di Torino. Professor da Faculdade de Direito da Universidade Federal do Paraná. Líder do Grupo de Pesquisa Virada de Copérnico. Líder da Rede de Pesquisas Agendas de Direito Civil Constitucional. Associado do IAP, IBDCIVIL, IBDCONT, IBDFAM, IBERC. Advogado em Curitiba. Procurador do Estado do Paraná. *E-mail*: ecortiano@cpc.adv.br.

EUCLIDES DE OLIVEIRA

Advogado. Doutor em Direito Civil pela Faculdade de Direito da Universidade de São Paulo. Autor de obras jurídicas. Organizador do *site* www.familiaesucessoes.com.br.

FERNANDA TARTUCE

Doutora e Mestre em Direito Processual pela USP. Professora no Programa de Doutorado e Mestrado da Faculdade Autônoma de Direito (FADISP). Coordenadora e professora em cursos de especialização na Escola Paulista de Direito (EPD). Diretora do Centro de Estudos Avançados de Processo (CEAPRO). Presidente da Comissão de Processo Civil do Instituto Brasileiro de Direito de Família (IBDFAM). Presidente da Comissão de Mediação Contratual do Instituto Brasileiro de Direito Contratual (IBDCont). Vice-presidente da Comissão de Mediação do Instituto Brasileiro de Direito Processual (IBDP). Membro do Instituto dos Advogados de São Paulo (IASP). Advogada, mediadora e autora de publicações jurídicas.

FLÁVIO TARTUCE

Pós-doutorando e doutor em Direito Civil pela USP. Coordenador-geral e Professor titular do programa de mestrado e doutorado da Escola Paulista de Direito (EPD). Coordenador e professor dos cursos de pós-graduação em Direito Privado *lato sensu* da mesma instituição. Presidente e fundador do Instituto Brasileiro de Direito Contratual (IBDCont). Presidente do Instituto Brasileiro de Direito de Família em São Paulo (IBDFAMSP). Advogado, consultor jurídico e parecerista.

FRANCISCO EDUARDO LOUREIRO

Bacharel em Direito pela USP. Mestre em Direito Civil pela PUC. Desembargador do Tribunal de Justiça de São Paulo. Diretor da Escola Paulista da Magistratura, Biênio 2018/2019.

FRANCISCO JOSÉ CAHALI

Mestre e Doutor pela PUC-SP, onde leciona na graduação e pós-graduação, em especial na disciplina de Arbitragem e Mediação. Coordenador do Núcleo de Direito Civil do Programa de Pós-graduação em Direito da PUC-SP. Professor convidado da Universidade de Salamanca (USAL), para período de investigação como pós-doutorado em Arbitragem. Líder do "Grupo de Pesquisa em Arbitragem" na PUC-SP. Advogado e Consultor Jurídico. Membro do Conselho de Redação da *Revista de Arbitragem e Mediação* (RT/IASP), fundada pelo Professor Arnoldo Wald. Coordenador do Grupo de Pesquisa em "Arbitragem nos contratos de seguro e resseguro" no Comitê Brasileiro de Arbitragem (CBAr).

SOBRE OS AUTORES | IX

GISELDA MARIA FERNANDES NOVAES HIRONAKA

Professora titular da Faculdade de Direito da Universidade de São Paulo (FADUSP). Coordenadora titular e professora titular do programa de mestrado e doutorado da Faculdade Autônoma de Direito de São Paulo (FADISP). Coordenadora Titular da área de Direito Civil da Escola Paulista de Direito (EPD). Mestre, doutora e livre-docente pela Faculdade de Direito da Universidade de São Paulo (FADUSP). Ex-Procuradora Federal. Fundadora e diretora nacional do IBDFAM (região Sudeste). Diretora nacional do IBDCivil (região Sudeste).

GUSTAVO TEPEDINO

Professor titular de Direito Civil e ex-diretor da Faculdade de Direito da Universidade do Estado do Rio de Janeiro (UERJ).

HELOISA HELENA BARBOZA

Professora titular de Direito Civil da Faculdade de Direito da Universidade do Estado do Rio de Janeiro (UERJ). Doutora em Direito pela UERJ e em Ciências pela ENSP/Fiocruz. Especialista em Ética e Bioética pelo IFF/Fiocruz. Procuradora de Justiça do Estado do Rio de Janeiro (aposentada). Advogada.

JONES FIGUEIRÊDO ALVES

Desembargador decano do Tribunal de Justiça de Pernambuco (TJPE). Mestre em Ciências Jurídicas pela Faculdade de Direito da Universidade de Lisboa (FDUL). Membro da Academia Brasileira de Direito Civil (ABDC). Membro fundador do Instituto Brasileiro de Direito Contratual (IBDCont) e Membro-diretor Nacional do Instituto Brasileiro de Direito de Família (IBDFAM). Membro-associado do Instituto dos Advogados de São Paulo (IASP) e do Instituto dos Advogados de Pernambuco (IAP). Integra a Academia Pernambucana de Letras Jurídicas (APLJ).

JOSÉ FERNANDO SIMÃO

Livre-docente, doutor e mestre em Direito Civil pela Faculdade de Direito da USP, onde é Professor-associado do Departamento de Direito Civil. Fundador e segundo secretário do Instituto Brasileiro de Direito Contratual (IBDCont). Vice-presidente do Instituto Brasileiro de Direito de Família em São Paulo (IBDFAMSP). Advogado, consultor jurídico e parecerista em São Paulo.

KAREN MAGALHÃES SOARES DA FONSECA

Assessora jurídica do Ministério da Agricultura, Pecuária e Abastecimento (MAPA). Graduação em Direito na Universidade de Brasília (UNB).

LEONARDO MORAIS DA ROCHA

Assessor de Ministro do Superior Tribunal de Justiça.

LUIS FELIPE SALOMÃO

Ministro do Superior Tribunal de Justiça.

Marco Aurélio Bellizze Oliveira

Ministro do Superior Tribunal de Justiça. Mestre em Direito pela Universidade Estácio de Sá em 2003. *E-mail*: gab.bellizze@stj.jus.br.

Marco Aurélio Bezerra de Melo

Desembargador do Tribunal de Justiça do Estado do Rio de Janeiro. Mestre e doutor em Direito pela Universidade Estácio de Sá. Professor titular de Direito Civil pelo IBMEC. Professor emérito da EMERJ. Diretor e fundador do Instituto Brasileiro de Direito Contratual (IBDCont). Acadêmico fundador da Academia Brasileira de Direito Civil.

Marco Aurélio Gastaldi Buzzi

Ministro do Superior Tribunal de Justiça, componente da 4.ª Turma e da 2.ª Seção. Graduação em Direito pela Faculdade de Ciências Jurídicas e Sociais do Vale do Itajaí, no Estado de Santa Catarina. Pós-graduado em Instituições Jurídico--políticas pela Universidade Federal de Santa Catarina (UFSC) e Universidade do Oeste do Estado de Santa Catarina (UNOESC). Mestre em Ciência Jurídica pela Universidade do Vale do Itajaí (UNIVALI) em 2001. Atualmente, cursa mestrado em Sistemas Alternativos de Resolução de Conflitos na Universidade Nacional de Lomas de Zamora, na Argentina.

Marcos Alcino de Azevedo Torres

Mestre e doutor em Direito Civil pela UERJ. Professor adjunto do Departamento de Direito Civil da UERJ. Professor do mestrado e doutorado em Direito da Cidade da UERJ. Presidente do Fórum Permanente de Direito da Cidade da EMERJ. Desembargador do TJRJ.

Maria Helena Diniz

Mestre e doutora em Teoria Geral do Direito e Filosofia do Direito pela PUC-SP. Livre-docente e titular de Direito Civil da PUC-SP por concurso de títulos e provas. Professora de Direito Civil no Curso de Graduação da PUC-SP. Professora de Filosofia do Direito, de Teoria Geral do Direito e de Direito Civil nos Curso de Pós-Graduação (mestrado e doutorado) em Direito da PUC-SP. Membro da Academia Paulista de Direito (cadeira 52 – patrono Oswaldo Bandeira de Mello), da Academia Notarial Brasileira (cadeira 16 – patrono Francisco Cavalcanti Pontes de Miranda), do Instituto dos Advogados de São Paulo e do Instituto de Direito Comparado Luso-Brasileiro. Presidente do Instituto Internacional de Direito.

Maria Helena Marques Braceiro Daneluzzi

Bacharel em Direito pela Pontifícia Universidade Católica de São Paulo (PUC--SP). Doutora e Mestre em Direito pela Pontifícia Universidade Católica de São Paulo (PUC-SP). Procuradora do Estado de São Paulo aposentada. Advogada. Coordenadora acadêmica e professora do curso de pós-graduação *lato sensu* em Direito de Família e Sucessões do Cogeae (PUC-SP). Professora de Direito Civil dos cursos de graduação e pós-graduação em Direito da Pontifícia Universidade Católica de São Paulo (PUC-SP), São Paulo (Brasil).

SOBRE OS AUTORES | XI

Maria José F. Barreira Araújo

Professora da Faculdade de Direito da UFC. Procuradora do Estado do Ceará.

Mário Luiz Delgado

Doutor em Direito Civil pela USP. Mestre em Direito Civil Comparado pela PUC-SP. Especialista em Direito Processual Civil pela Universidade Federal de Pernambuco. Professor titular do programa de mestrado e doutorado da FADISP. Professor dos cursos de especialização em Direito Privado da Escola Paulista de Direito (EPD). Membro do Conselho Superior de Assuntos Jurídicos e Legislativos da Federação das Indústrias do estado de São Paulo (FIESP). Conselheiro da Câmara de Mediação e Arbitragem do Instituto dos Advogados de São Paulo (IASP). Membro da Academia Brasileira de Direito Civil (ABDC) e da Academia Pernambucana de Letras Jurídicas (APLJ). Advogado e parecerista.

Maurício Bunazar

Mestre e doutor em Direito Civil pela Faculdade de Direito do Largo de São Francisco (FADUSP). Pós-doutorado em curso pela Faculdade de Direito do Largo de São Francisco (FADUSP). Professor de Direito Civil do Ibmec-SP e da Faculdade de Direito Damásio Educacional. Advogado.

Otavio Luiz Rodrigues Jr.

Professor-associado de Direito Civil da Faculdade de Direito do Largo de São Francisco – Universidade de São Paulo. Conselheiro Nacional do Ministério Público. Advogado.

Paulo Dias de Moura Ribeiro

Ministro do Superior Tribunal de Justiça. Coordenador científico do curso de Direito da UNISA. Professor titular da FDSBC. Professor do curso de Direito do UDF.

Pablo Stolze Gagliano

Juiz de Direito. Mestre em Direito Civil pela PUC-SP. Especialista em Direito Civil pela Fundação Faculdade de Direito da Bahia. Professor de Direito Civil da Universidade Federal da Bahia. Membro da Academia Brasileira de Direito Civil, do Instituto Brasileiro de Direito Contratual e da Academia de Letras Jurídicas da Bahia.

Raul Araújo

Ministro do Superior Tribunal de Justiça.

Reynaldo Soares da Fonseca

Ministro do Superior Tribunal de Justiça. Professor da Universidade Federal do Maranhão. Pós-doutor em Democracia e Direitos Humanos pela Universidade de Coimbra – Portugal. Doutor em Direito Constitucional pela Fadisp e Mestre em Direito pela PUC-SP. Graduação em Direito na Universidade Federal do Maranhão (UFMA).

RICARDO VILLAS BÔAS CUEVA

Ministro do Superior Tribunal de Justiça. Mestre e Doutor em Direito. Foi advogado, Procurador da Fazenda Nacional e Conselheiro do Conselho Administrativo de Defesa Econômica.

RODOLFO PAMPLONA FILHO

Juiz Titular da 32.ª Vara do Trabalho de Salvador/BA. Professor titular do curso de graduação em Direito e do mestrado em Direito, Governança e Políticas Públicas da Universidade Salvador (UNIFACS). Professor-associado III da graduação e pós-graduação (mestrado e doutorado) em Direito da Universidade Federal da Bahia (UFBA). Coordenador dos cursos de especialização em Direito e Processo do Trabalho da Faculdade Baiana de Direito. Coordenador do curso de pós--graduação on-line em Direito Contratual e em Direito e Processo do Trabalho do CERS. Mestre e doutor em Direito das Relações Sociais pela Pontifícia Universidade Católica de São Paulo (PUC-SP). Máster em Estudios en Derechos Sociales para Magistrados de Trabajo de Brasil pela Universidad de Castilla-La Mancha/Espanha (UCLM). Especialista em Direito Civil pela Fundação Faculdade de Direito da Bahia. Membro e Presidente Honorário da Academia Brasileira de Direito do Trabalho (antiga Academia Nacional de Direito do Trabalho – ANDT). Presidente da Academia de Letras Jurídicas da Bahia. Membro e Ex-Presidente do Instituto Baiano de Direito do Trabalho. Membro da Academia Brasileira de Direito Civil, do Instituto Brasileiro de Direito de Família (IBDFam) e do Instituto Brasileiro de Direito Civil (IBDCivil). *Site*: www.rodolfopamplonafilho.com.br.

RODRIGO XAVIER LEONARDO

Professor-associado de Direito Civil da Faculdade de Direito da Universidade Federal do Paraná. Advogado.

RODRIGO TOSCANO DE BRITO

Doutor e mestre em Direito Civil Comparado pela Pontifícia Universidade Católica de São Paulo (PUC-SP). Professor de Direito Civil da Universidade Federal da Paraíba (UFPB) e da UNIESP, nos cursos de graduação e pós-graduação. Advogado.

ROLF MADALENO

Advogado e professor de Direito de Família e Sucessões na pós-graduação da PUC/RS. Diretor Nacional do IBDFAM (Instituto Brasileiro de Direito de Família). Autor de livros e artigos jurídicos sobre Direito de Família e Direito das Sucessões. Membro da Asociación Internacional de Juristas de Derecho de Familia (AIJUDEFA). Mestre em Direito Processual Civil pela PUC-RS. Professor convidado do mestrado e doutorado da UFRGS. Palestrante sobre Direito de Família e Direito das Sucessões no Brasil e no exterior. Instagram: @rolfmadaleno. *Site*: www.rolfmadaleno.com.br.

SÍLVIO DE SALVO VENOSA

Desembargador aposentado do Estado de São Paulo. Autor da obra *Direito Civil*, em vários volumes, e outros livros nessa área. Foi professor em várias faculdades no Estado de São Paulo.

SOBRE OS AUTORES | **XIII**

Silvio Romero Beltrão

Juiz de Direito. Professor adjunto da Faculdade de Direito do Recife/UFPE. Professor do PPGD da UFPE. Mestre em Direito pela UFPE. Doutor em Direito pela UFPE. Pós-doutor em Direito pela Faculdade de Direito da Universidade de Lisboa. Supervisor da Escola Superior da Magistratura de Pernambuco (ESMAPE).

Thiago Rodovalho

Professor Titular da PUC-Campinas (graduação e mestrado). Membro do corpo docente permanente do programa de pós-graduação *stricto sensu* em Direito (PPGD). Doutor e mestre em Direito Civil pela Pontifícia Universidade Católica de São Paulo (PUC-SP), com estágio pós-doutoral no Max-Planck-Institut für ausländisches und internationales Privatrecht.

Werson Rêgo

Desembargador do Tribunal de Justiça do Estado do Rio de Janeiro. Doutorado em Ciências Jurídicas e Sociais, na Universidad Del Museo Social Argentino (1998-2001). Doutorando em Direito, Instituições e Negócios, na Universidade Federal Fluminense. Coordenador acadêmico/científico da Escola de Administração Judiciária (ESAJ). Diretor acadêmico, de cursos e eventos, do Instituto Nêmesis de Estudos Avançados em Direito. Professor dos cursos de especialização em Direito da Escola da Magistratura do Estado do Rio de Janeiro (EMERJ).

Zeno Veloso

Professor de Direito Civil e de Direito Constitucional aplicado. "Notório Saber" reconhecido pela Universidade Federal do Pará. Doutor *honoris causa* da Universidade da Amazônia. Escritor. Diretor do IBDFAM. Membro da Academia Brasileira de Letras Jurídicas.

SUMÁRIO

NASCITURO

1 Breves anotações acerca da situação jurídica do nascituro no Brasil sob o enfoque da jurisprudência do Superior Tribunal de Justiça
Marco Aurélio Gastaldi Buzzi 3

2 Nascituro: sua proteção jurídica
Maria Helena Diniz e Maria Helena Marques Braceiro Daneluzzi 31

DIREITOS DA PERSONALIDADE

3 Tutela e limites aos direitos da personalidade: ontem, hoje e amanhã
Silvio Romero Beltrão 55

4 Tutela e limites aos direitos da personalidade: ontem, hoje e amanhã
Anderson Schreiber 77

PESSOA NATURAL

5 O nome da pessoa natural na jurisprudência do Superior Tribunal de Justiça
Marco Aurélio Bellizze Oliveira 107

6 Alteração do nome civil da pessoa natural à luz do Superior Tribunal de Justiça
Zeno Veloso 165

DESCONSIDERAÇÃO DA PERSONALIDADE JURÍDICA

7 A desconsideração da personalidade jurídica antes e depois da Lei da Liberdade Econômica
Ênio Santarelli Zuliani 201

8 A desconsideração da personalidade jurídica antes e depois lei da Liberdade Econômica
Mário Luiz Delgado 233

CLÁUSULA PENAL NO DIREITO CIVIL

9 Aspectos controversos sobre a cláusula penal contratual
Luis Felipe Salomão e Leonardo Morais da Rocha 269

10 O novo "despertar" da cláusula penal no Direito Civil brasileiro: a crise
    da função indenizatória e a necessidade de reforma legislativa
    Otavio Luiz Rodrigues Jr. e Rodrigo Xavier Leonardo 289

FUNÇÃO SOCIAL DO CONTRATO E INTERPRETAÇÃO DOS NEGÓCIOS JURÍDICOS

11 Função social do contrato e interpretação dos negócios jurídicos após a
    Lei da Liberdade Econômica
    Ricardo Villas Bôas Cueva.. 309

12 Função social do contrato e interpretação dos negócios jurídicos após
    a Lei da Liberdade Econômica (Lei n. 13.874/2019) – Novas reflexões
    Flávio Tartuce... 323

DOAÇÃO

13 Promessa de doação e revogação da doação: polêmicas doutrinárias e
    orientações jurisprudenciais
    Werson Rêgo... 357

14 Um olhar sobre a doação com reserva de usufruto
    Pablo Stolze Gagliano 379

LEI DOS DISTRATOS

15 A Lei 13.786/2019 ("Lei dos Distratos") e suas controvérsias principais
    Francisco Eduardo Loureiro.. 395

16 A Lei 13.786/2018 ("Lei dos Distratos") e suas controvérsias principais
    Rodrigo Toscano de Brito.. 415

DIREITO DO CONSUMIDOR

17 Desafios atuais do Direito do Consumidor na jurisprudência do Superior
    Tribunal de Justiça
    Raul Araújo e Maria José F. Barreira Araújo.. 449

18 Desafios do Superior Tribunal de Justiça e o futuro do Direito do Con-
    sumidor no Brasil: o consumo digital
    Claudia Lima Marques e Bruno Miragem 479

RESPONSABILIDADE CIVIL OU ENRIQUECIMENTO SEM CAUSA

19 Intervenção em bens e direitos alheios. Lucro decorrente, como remover. Responsabilidade civil ou enriquecimento sem causa? Doutrina e jurisprudência
    Marcos Alcino de Azevedo Torres 515

20 Enriquecimento sem causa e responsabilidade civil. Delimitando fronteiras de categorias distintas
    José Fernando Simão 559

DIREITO DE PROPRIEDADE

21 Limitações ao exercício do direito de propriedade no direito privado contemporâneo. Novas tecnologias e outros desafios
    Sílvio de Salvo Venosa e Cláudia Rodrigues 583

22 Limitações ao exercício do direito de propriedade no direito privado contemporâneo. Novas tecnologias e outros desafios
    Eroulths Cortiano Junior 603

MULTIPROPRIEDADE

23 A multipropriedade imobiliária no direito brasileiro
    Marco Aurélio Bezerra de Melo 619

24 A multipropriedade e a Lei n.º 13.777/2018: virtudes e problemas
    Gustavo Tepedino 641

ENTIDADES FAMILIARES

25 As entidades familiares na doutrina e na jurisprudência brasileiras
    Rodolfo Pamplona Filho 665

26 As novas entidades familiares na doutrina e na jurisprudência brasileiras
    Giselda Maria Fernandes Novaes Hironaka 685

SEPARAÇÃO CONVENCIONAL DE BENS

27 Polêmicas na sucessão de cônjuge: separação convencional de bens
    Paulo Dias de Moura Ribeiro 709

28 Separação convencional de bens, expectativa de fato e renúncia da concorrência sucessória em pacto antenupcial
    Rolf Madaleno 725

REPRODUÇÃO ASSISTIDA

29 A reprodução assistida e alguns de seus problemas práticos
Jones Figueirêdo Alves 753

30 Reprodução assistida: entendimento do STJ sobre alguns problemas práticos
Heloisa Helena Barboza.. 769

TESTAMENTO

31 A interpretação do testamento na atual jurisprudência do Superior Tribunal de Justiça
Euclides de Oliveira 789

32 A interpretação do testamento na atual jurisprudência do Superior Tribunal de Justiça
Maurício Bunazar 813

MEDIAÇÃO

33 Desafios e soluções para a mediação no Direito Civil
Reynaldo Soares da Fonseca e Karen Magalhães Soares da Fonseca 845

34 Desconhecimento como limite e contribuições da mediação para superá-lo
Fernanda Tartuce.. 877

CONVENÇÃO DE ARBITRAGEM

35 Limites e possibilidades para a convenção de arbitragem no âmbito dos contratos – cláusula compromissória nos contratos de adesão
Francisco José Cahali e Thiago Rodovalho... 897

36 Limites e possibilidades para a convenção de arbitragem no âmbito dos contratos
Eleonora Coelho e Ana Olivia Antunes Haddad....................................... 923

NASCITURO

1

BREVES ANOTAÇÕES ACERCA DA SITUAÇÃO JURÍDICA DO NASCITURO NO BRASIL SOB O ENFOQUE DA JURISPRUDÊNCIA DO SUPERIOR TRIBUNAL DE JUSTIÇA

Marco Aurélio Gastaldi Buzzi

Conforme indica o título supralançado, o objetivo do texto ora em evidência é apresentar algumas considerações acerca do tratamento jurídico dispensado ao nascituro no ordenamento jurídico brasileiro, com especial enfoque na jurisprudência do Superior Tribunal de Justiça (STJ), e, especialmente, demonstrar, mediante análise de alguns precedentes dessa Corte Superior, as peculiaridades que dizem respeito à temática, a fim de identificar o entendimento prevalente sobre a interpretação das normas atinentes aos direitos e proteções conferidas aos nascituros.

A palavra "nascituro" deriva do latim (*nasciturus*) e expressa a noção acerca daquele que há de nascer (BELTRÃO, 2015, p. 738), podendo ser equiparado ao feto ou embrião.

Em que pese não haver semanticamente controvérsia no tocante à qualificação do nascituro, juridicamente a questão encerra inegável discussão, apresentando-se grande a polêmica, na seara do Direito, sobre a circunstância de ser dotado, ou não, de personalidade jurídica, bem como sobre quais os direitos que efetivamente tem, sendo incontroverso que a legislação civil fornece proteções a ele.

Inegavelmente, em princípio, somente é sujeito de direitos aquele que tem personalidade jurídica, a qual advém do nascimento com vida. É o que se depreende do art. 2.º do Código Civil de 2002, segundo o qual "A personalidade civil da pessoa começa do nascimento com vida; mas a lei põe a salvo, desde a concepção, os direitos do nascituro".

No entanto, o nascituro, apesar de não ter personalidade, pode titularizar direitos.

Em razão da utilização pelo legislador, na disciplina da matéria, dos termos "nascimento" e "concepção", discórdias surgiram na doutrina em torno do conteúdo e da extensão desse dispositivo legal, especialmente quanto ao momento no qual o nascituro adquire personalidade, tendo sido forjadas, basicamente, três teorias que tratam do assunto, a saber: natalista, da personalidade condicional e concepcionista (CHINELLATO, 2004, p. 91-94).

De acordo com a teoria natalista, o nascituro não pode ser considerado pessoa, pois a personalidade jurídica origina-se do nascimento com vida, ou seja, o que de fato existe é uma mera expectativa de direito, consoante interpretação literal da lei (art. 2.º, 1.ª parte, do CC/2002). Por seus críticos, essa teoria também é denominada negativista, pois, do ponto de vista prático, seus antagonistas afirmam que ela nega ao nascituro até mesmo os direitos fundamentais, inclusive os relacionados à personalidade (direito à vida, alimentos, nome, imagem etc.).

São adeptos dessa corrente: Sílvio Rodrigues, Caio Mário da Silva Pereira, San Tiago Dantas, José Carlos Moreira Alves e Sílvio de Salvo Venosa.

Já para a teoria da personalidade condicional, os direitos do nascituro estão sujeitos a uma condição suspensiva: o nascimento. É conferida uma personalidade virtual ao nascituro, porém ela está sob a condição de nascer com vida.

Dentre seus defensores, podem-se citar Washington de Barros Monteiro, Miguel Maria de Serpa Lopes, Clóvis Beviláqua, Arnaldo Rizzardo e, em sentido aproximado ao entendimento exposto: na Itália, Pierangelo Catalano; em Portugal, José de Oliveira Ascensão e Rabindranath Valentino Aleixo Capelo de Souza; e no direito espanhol, Luis Díez-Picazo e Antonio Gullón.

Por fim, para a teoria concepcionista, cujos fundamentos basilares estão inspirados no direito francês, o nascituro tem personalidade e é sujeito de direitos desde a sua concepção. Essa posição é considerada mais avançada por romper com as bases conservadoras do direito civil.

São defensores dessa corrente doutrinária e teórica: Pontes de Miranda, Maria Helena Diniz, Rubens Limongi França, Giselda Maria Fernandes Novaes Hironaka, PabIo Stolze Gagliano, Rodolfo Pamplona Filho, Roberto Senise Lisboa, Cristiano Chaves de Farias, Nelson Rosenvald, Flávio Tartuce, Teixeira de Freitas, Francisco Amaral, Guilherme Calmon Nogueira da Gama,

Antonio Junqueira de Azevedo, Gustavo Rene Nicolau, Renan Lotuf, Silmara Juny de Abreu Chinelato, Ives Gandra da Silva Martins e, em Portugal, António Meneses Cordeiro, José de Oliveira Ascensão e Diogo Leite Campos.

A despeito das diversas teorias que procuram explicar e estabelecer as bases dos direitos ou proteções conferidas aos nascituros, não há consenso na doutrina acerca da corrente adotada pelo ordenamento jurídico brasileiro.

Diante dessas discussões doutrinárias, certo é que os casos submetidos ao Judiciário para julgamento conferem um aspecto fático real para o trato das questões jurídicas relacionadas aos direitos do nascituro.

O STJ, considerado o Tribunal da Cidadania, apesar de ter como missão constitucional a interpretação e o estabelecimento das balizas da legislação federal, somente se deparou com as controvérsias atinentes aos direitos do nascituro poucas vezes desde a sua fundação. Em singela pesquisa na base de jurisprudências da Corte, a contar da categoria formada com a palavra "nascituro", somente aportam 45 acórdãos e 801 deliberações monocráticas que, de algum modo, trataram das questões que gravitam em torno dos direitos conferidos aos seres em formação, motivo pelo qual se realiza uma incursão nos precedentes colegiados do STJ a fim de perquirir acerca dos entendimentos jurídicos que têm sido prestigiados a respeito da matéria e dos aspectos práticos de sua aplicação.

Aparentemente, o julgado colegiado mais remoto no âmbito do Tribunal da Cidadania fora firmado em precedente do órgão fracionário da 5.ª Turma, em matéria estritamente penal.

No REsp 48.119/RS, 5.ª Turma, Rel. Min. Assis Toledo, j. 20.03.1995, *DJ* 17.04.1995, p. 9587, o STJ defendeu a tese de que os nascituros são equiparados aos nascidos, atribuindo àqueles os mesmos direitos destes relativamente ao vocábulo "filho", empregado no tipo penal do art. 238 da Lei 8.069/1990 (ECA).

Confira-se a ementa do referido julgado:

> Estatuto da Criança e do Adolescente. Crime de promessa de entrega de filho mediante paga ou recompensa. *O vocábulo "filho", empregado no tipo penal do art. 238 da Lei 8.069/90, abrange tanto os nascidos como os nascituros.* Todavia, a proposta genérica, sem endereço certo, sem vínculo de qualquer natureza entre a promitente e terceira pessoa que se proponha a realizar a condição, e ato unilateral imperfeito, sem maiores consequências, que não preenche os elementos essenciais do tipo em exame. Recurso especial não conhecido (REsp 48.119/RS, 5.ª Turma, Rel. Min. Assis Toledo, j. 20.03.1995, *DJ* 17.04.1995, p. 9587 – grifo nosso).

A equiparação levada a efeito denota adoção da teoria concepcionista, haja vista que, para o julgado, filhos são aqueles já nascidos e os que ainda estão em vida intrauterina, sendo ambos sujeitos de direitos tutelados pelo ordenamento.

O reconhecimento de direitos ao nascituro não é recente na jurisprudência do STJ, tanto que no ano de 2002, no âmbito do REsp 399.028/SP, 4.ª Turma, Rel. Min. Sálvio de Figueiredo Teixeira, j. 26.02.2002, *DJ* 15.04.2002, p. 232, entendeu-se que, mesmo na fase intrauterina, os nascituros também são titulares de danos morais pela morte do pai, pesando, no entanto, na definição do *quantum* indenizatório a circunstância de o nascituro não o ter conhecido em vida.

Vale transcrever a síntese do julgado:

> Direito civil. Danos morais. Morte. Atropelamento. Composição férrea. Ação ajuizada 23 anos após o evento. Prescrição inexistente. Influência na quantificação do *quantum*. Precedentes da Turma. Nascituro. Direito aos danos morais. Doutrina. Atenuação. Fixação nesta instância. Possibilidade. Recurso parcialmente provido.
>
> *I – Nos termos da orientação da Turma, o direito à indenização por dano moral não desaparece com o decurso de tempo (desde que não transcorrido o lapso prescricional), mas é fato a ser considerado na fixação do* quantum.
>
> *II – O nascituro também tem direito aos danos morais pela morte do pai, mas a circunstância de não tê-lo conhecido em vida tem influência na fixação do* quantum.
>
> III – Recomenda-se que o valor do dano moral seja fixado desde logo, inclusive nesta instância, buscando dar solução definitiva ao caso e evitando inconvenientes e retardamento da solução jurisdicional (REsp 399.028/SP, 4.ª Turma, Rel. Min. Sálvio de Figueiredo Teixeira, j. 26.02.2002, *DJ* 15.04.2002, p. 232 – grifo nosso).

No respectivo voto, o relator do recurso supramencionado afirma que ao nascituro é assegurado o direito de indenização em razão da dor experimentada proveniente do homicídio de seu genitor, atribuindo, desse modo, sentimentos e personalidade a ele, ainda no ventre materno.

Como se vê do julgado, a teoria concepcionista ganhou especial destaque, tendo o STJ expressado que o nascituro seria sujeito de direitos, com consciência para experimentar a dor e o sofrimento característicos de dano moral, ainda que ajuizada a demanda muitos anos após o evento morte.

Esse entendimento, inclusive, foi seguido e prestigiado muitos anos depois, quando do julgamento do AgRg no AgRg no AREsp 150.297/DF, 3.ª Turma, Rel. Min. Sidnei Beneti, j. 19.02.2013, *DJe* 07.05.2013.

Já no âmbito do REsp 472.276/SP, 2.ª Turma, Rel. Min. Franciulli Netto, j. 26.06.2003, *DJ* 22.09.2003, p. 299, o citado órgão fracionário da Segunda Turma, ao tratar de feito envolvendo a responsabilidade civil do Estado em ação de reparação de danos decorrentes da colisão de viatura policial que ocasionou a morte da genitora parturiente e do nascituro, asseverou cabível a indenização pelo passamento do nascituro, apesar de ter dado parcial provimento ao recurso especial para reduzir a condenação ao *quantum* pleiteado no petitório inicial da demanda.

No ano de 2004, o STJ, por meio do *Habeas Corpus* Penal 32.159/RJ, 5.ª Turma, Rel. Min. Laurita Vaz, j. 17.02.2004, *DJ* 22.03.2004, p. 339, deparou-se, pela primeira vez, com um pedido de autorização para a prática de aborto em nascituro acometido de anencefalia. Na oportunidade, essa Corte Superior concedeu a ordem para reformar a decisão proferida pelo Tribunal fluminense, haja vista que a hipótese não se encontra entre aquelas elencadas pelo legislador como autorizadoras do abortamento, sendo adequada a utilização da via eleita para a defesa do direito à preservação da vida do nascituro.

O julgado recebeu a seguinte ementa:

> *Habeas corpus.* Penal. Pedido de autorização para a prática de aborto. Nascituro acometido de anencefalia. Indeferimento. Apelação. Decisão liminar da relatora ratificada pelo colegiado deferindo o pedido. Inexistência de previsão legal. Idoneidade do *writ* para a defesa do nascituro.
>
> 1. A eventual ocorrência de abortamento fora das hipóteses previstas no Código Penal acarreta a aplicação de pena corpórea máxima, irreparável, razão pela qual não há se falar em impropriedade da via eleita, já que, como é cediço, o *writ* se presta justamente a defender o direito de ir e vir, o que, evidentemente, inclui o direito à preservação da vida do nascituro.
>
> 2. Mesmo tendo a instância de origem se manifestado, formalmente, apenas acerca da decisão liminar, na realidade, tendo em conta o caráter inteiramente satisfativo da decisão, sem qualquer possibilidade de retrocessão de seus efeitos, o que se tem é um exaurimento definitivo do mérito. Afinal, a sentença de morte ao nascituro, caso fosse levada a cabo, não deixaria nada mais a ser analisado por aquele ou este Tribunal.

8 | DIREITO CIVIL: DIÁLOGOS ENTRE A DOUTRINA E A JURISPRUDÊNCIA – *Volume II*

> 3. A legislação penal e a própria Constituição Federal, como é sabido e consabido, tutelam a vida como bem maior a ser preservado. As hipóteses em que se admite atentar contra ela estão elencadas de modo restrito, inadmitindo-se interpretação extensiva, tampouco analogia *in malam partem*. Há de prevalecer, nesses casos, o princípio da reserva legal.
>
> 4. O legislador eximiu-se de incluir no rol das hipóteses autorizativas do aborto, previstas no art. 128 do Código Penal, o caso descrito nos presentes autos. O máximo que podem fazer os defensores da conduta proposta é lamentar a omissão, mas nunca exigir do Magistrado, intérprete da Lei, que se lhe acrescente mais uma hipótese que fora excluída de forma propositada pelo legislador.
>
> 5. Ordem concedida para reformar a decisão proferida pelo Tribunal *a quo*, desautorizando o aborto; outrossim, pelas peculiaridades do caso, para considerar prejudicada a apelação interposta, porquanto houve, efetivamente, manifestação exaustiva e definitiva da Corte Estadual acerca do mérito por ocasião do julgamento do agravo regimental (HC 32.159/RJ, 5.ª Turma, Rel. Min. Laurita Vaz, j. 17.02.2004, *DJ* 22.03.2004, p. 339).

O fundamento utilizado remonta à teoria concepcionista e, em pontuados aspectos, à da personalidade condicional, porquanto teria o nascituro, ainda que anencéfalo, um bem jurídico a ser protegido, isto é, reconhece-se nele um sujeito de direitos ou com personalidade jurídica virtual.

Acerca da mesma questão controvertida, porém com uma perspectiva inovadora relativamente ao direito do nascituro portador de patologia incompatível com a vida, o HC 56.572/SP, 5.ª Turma, Rel. Min. Arnaldo Esteves Lima, j. 25.04.2006, *DJ* 15.05.2006, p. 273.

Nesse precedente, apesar de ter sido considerada a prejudicialidade do *writ* em razão de a gestação da paciente estar em estágio avançado, essa Corte Superior consignou, com amparo na dignidade da pessoa humana, ser inviável desconsiderar a preocupação do legislador ordinário com a proteção e a preservação da vida e da saúde psicológica da mulher ao tratar do aborto no Código Penal, mesmo que em detrimento da vida de um feto saudável, potencialmente capaz de transformar-se numa pessoa (CP, art. 128, I e II). Arrematou afirmando que, "havendo diagnóstico médico definitivo atestando a inviabilidade de vida após o período normal de gestação, a indução antecipada do parto não tipifica o crime de aborto, uma vez que a morte do feto é inevitável, em decorrência da própria patologia".

Confira-se, a propósito, a ementa do referido julgado:

> Penal e processual penal. *Habeas corpus* substitutivo de recurso ordinário. Indeferimento de liminar no *writ* originário. Manifesta ilegalidade. Cabimento de *habeas corpus* perante o Superior Tribunal de Justiça. Interrupção de gravidez. Patologia considerada incompatível com a vida extrauterina. Atipicidade da conduta. Gestação no termo final para a realização do parto. Ordem prejudicada.
>
> 1. A via do *habeas corpus* é adequada para pleitear a interrupção de gravidez fora das hipóteses previstas no Código Penal (art. 128, incs. I e II), tendo em vista a real ameaça de constrição à liberdade ambulatorial, caso a gestante venha a interromper a gravidez sem autorização judicial.
>
> 2. Consoante entendimento desta Corte, é admitida a impetração de *habeas corpus* contra decisão denegatória de liminar em outro *writ* quando presente flagrante ilegalidade.
>
> 3. *Não há como desconsiderar a preocupação do legislador ordinário com a proteção e a preservação da vida e da saúde psicológica da mulher ao tratar do aborto no Código Penal, mesmo que em detrimento da vida de um feto saudável, potencialmente capaz de transformar-se numa pessoa (CP, art. 128, incs. I e II), o que impõe reflexões com os olhos voltados para a Constituição Federal, em especial ao princípio da dignidade da pessoa humana.*
>
> 4. *Havendo diagnóstico médico definitivo atestando a inviabilidade de vida após o período normal de gestação, a indução antecipada do parto não tipifica o crime de aborto, uma vez que a morte do feto é inevitável, em decorrência da própria patologia.*
>
> 5. Contudo, considerando que a gestação da paciente se encontra em estágio avançado, tendo atingido o termo final para a realização do parto, deve ser reconhecida a perda de objeto da presente impetração.
>
> 6. Ordem prejudicada (HC 56.572/SP, 5.ª Turma, Rel. Min. Arnaldo Esteves Lima, j. 25.04.2006, *DJ* 15.05.2006, p. 273 – grifo nosso).

Inegavelmente, o Código Penal criminaliza o aborto, com exceção dos casos de estupro e de risco à vida da mãe, e não cita a interrupção da gravidez de feto anencéfalo ou portador de patologia grave. No entanto, o Supremo Tribunal Federal, quase uma década depois dos referidos julgados do STJ, atento à dura realidade das genitoras que estão em gestação de fetos acometidos de anencefalia, com iminente risco à saúde física e psicológica da gestante, deliberou, no bojo da ADPF 54/DF, j. 12.04.2012, Rel. Min. Marco Aurélio, acerca da viabilidade de interrupção da gestação, fundado no argumento segundo o qual os fetos anencéfalos, por não terem o órgão primordial e imprescindível para a sobrevivência fora do útero, jamais se tornarão uma pessoa.

Verifica-se, portanto, que a Suprema Corte parece ter adotado a teoria da personalidade condicional, ao atribuir ao bem jurídico tutelado uma condição, a vida extrauterina, o que não se afigura possível em caso de fetos anencéfalos.

Feita essa breve digressão, voltemos, porém, aos precedentes do STJ, objeto principal do presente estudo.

No bojo do REsp 637.332/RR, 1.ª Turma, Rel. Min. Luiz Fux, j. 24.11.2004, *DJ* 13.12.2004, p. 242, o STJ deparou-se com a questão afeta à legitimidade do Ministério Público para o ajuizamento de ação civil pública, na qual aventados os direitos de interesses supraindividuais de usuários de serviços de saúde, incluindo os nascituros, que faleceram por deficiência de assepsia material e/ou humana em hospital público do Estado de Roraima.

Eis a síntese do precedente citado:

> Processo civil. Ação civil pública. Legitimidade ativa do Ministério Público. Art. 129, III, da Constituição Federal. Lei 7.347/85. Lei 8.625/93. Defesa. Interesses individuais homogêneos. Usuários. Serviço público de saúde. Mortes de neonatos por septicemia.
>
> 1. É cediço na Corte que o Ministério Público tem legitimidade ativa para ajuizar ação civil pública em defesa de direitos individuais homogêneos, desde que esteja configurado interesse social relevante (Precedentes).
>
> 2. In casu, *o Ministério Público do Estado de Roraima propôs ação civil pública contra o Estado de Roraima para condená-lo a indenizar os usuários do serviço público de saúde prestado pelo Hospital-Materno Infantil Nossa Senhora de Nazaré desde o ano de 1994, pelos prejuízos de cunho material, consistentes nos danos emergentes e lucros cessantes, e pelos danos morais, na conformidade daquilo que cada um deles, individual e posteriormente, vier a demonstrar em decorrência de que muitos usuários, dentre eles vários nascituros, faleceram por deficiência de assepsia material e/ou humana no referido hospital.*
>
> 3. Isto porque a nova ordem constitucional erigiu um autêntico "concurso de ações" entre os instrumentos de tutela dos interesses

transindividuais e, *a fortiori*, legitimou o Ministério Público para o manejo dos mesmos.

4. O novel art. 129, III, da Constituição Federal habilitou o Ministério Público à promoção de qualquer espécie de ação na defesa de direitos difusos e coletivos não se limitando à ação de reparação de danos.

5. Hodiernamente, após a constatação da importância e dos inconvenientes da legitimação isolada do cidadão, não há mais lugar para o veto da *legitimatio ad causam* do MP para a ação popular, a ação civil pública ou o mandado de segurança coletivo.

6. Em consequência, legitima-se o *Parquet* a toda e qualquer demanda que vise à defesa dos interesses difusos e coletivos, sob o ângulo material (perdas e danos) ou imaterial (lesão à moralidade).

7. Deveras, o Ministério Público está legitimado a defender os interesses transindividuais, quais sejam os difusos, os coletivos e os individuais homogêneos.

8. Precedentes do STJ: AAREsp 229226/RS, Rel. Min. Castro Meira, Segunda Turma, *DJ* 07.06.2004; REsp 183569/AL, deste relator, Primeira Turma, *DJ* 22.09.2003; REsp 404239/PR; Rel. Min. Ruy Rosado de Aguiar, Quarta Turma, *DJ* 19.12.2002; EREsp 141491/SC; Rel. Min. Waldemar Zveiter, Corte Especial, *DJ* 1.º.08.2000.

9. Nas ações que versam interesses individuais homogêneos, esses participam da ideologia das ações difusas, como sói ser a ação civil pública. A despersonalização desses interesses está na medida em que o Ministério Público não veicula pretensão pertencente a quem quer que seja individualmente, mas pretensão de natureza genérica, que, por via de prejudicialidade, resta por influir nas esferas individuais.

10. A assertiva decorre do fato de que a ação não se dirige a interesses individuais, mas a coisa julgada *in utilibus* poder ser aproveitada pelo titular do direito individual homogêneo se não tiver promovido ação própria.

11. A ação civil pública, na sua essência, versa interesses individuais homogêneos e não pode ser caracterizada como uma ação gravitante em torno de direitos disponíveis. O simples fato de o interesse ser supraindividual, por si só, já o torna indisponível, o que basta para legitimar o Ministério Público para a propositura dessas ações.

12. Recurso especial parcialmente conhecido e, nessa parte, desprovido (REsp 637.332/RR, 1.ª Turma, Rel. Min. Luiz Fux, j. 24.11.2004, *DJ* 13.12.2004, p. 242).

Mais uma vez, ganha especial relevância a teoria concepcionista, visto que atribui ao órgão estatal (Ministério Público) o dever de tutelar os interesses e os direitos dos nascituros.

Como se depreende dos julgados até aqui analisados, há uma prevalência pela utilização dos ensinamentos estabelecidos pela teoria concepcionista. Tal cenário não se modificou quando o Tribunal da Cidadania estabeleceu, no bojo do REsp 178.245/SC, 4.ª Turma, Rel. Min. Aldir Passarinho Junior, j. 13.12.2005, *DJ* 06.03.2006, p. 389, a desnecessidade de intervenção de representante do Ministério Público como curador de nascituro no ato de celebração de pacto antenupcial em que os nubentes estabelecem o regime de bens de seu futuro casamento.

No voto do relator, o e. Ministro asseverou:

> Ocorre, porém, que o regime de bens do casamento não diz respeito aos filhos, nascituros ou nascidos, mas aos cônjuges, mesmo porque seria inviável submeter-se a vontade das pessoas, que são os titulares dos bens – não os seus herdeiros – a algum desejo destes, uma interferência, visando herança futura. A prevalecer essa tese – absurda – então ninguém poderia, igualmente, desfazer-se de seus bens sem consultar os filhos e o Ministério Público. Além disso, não há previsão legal a tal participação do *Parquet* nessa hipótese, de modo que impossível se lhe exigi-la, por falta de amparo.

Do quanto referido, não é possível extrair quaisquer preceitos que fundamentam as três teorias da personalidade do nascituro, haja vista ter ficado estabelecido, apenas, a ausência de previsão legal para a intervenção do Ministério Público na hipótese, bem como que o regime de bens do casamento não é relacionado aos direitos dos filhos nascidos ou nascituros, mas sim aos cônjuges.

A ementa do julgado, no que interessa, ficou assim redigida:

> (...)
>
> III. Desnecessária a intervenção de representante do Ministério Público como curador de nascituro, no ato de celebração de pacto

antenupcial em que os nubentes estabelecem o regime de bens de seu futuro casamento. (...) (REsp 178.245/SC, 4.ª Turma, Rel. Min. Aldir Passarinho Júnior, j. 13.12.2005, *DJ* 06.03.2006, p. 389).

No ano de 2008, no julgamento do REsp 931.556/RS, 3.ª Turma, Rel. Min. Nancy Andrighi, j. 17.06.2008, *DJe* 05.08.2008, em recurso envolvendo a pretendida redução de valor indenizatório conferido ao nascituro por perda do pai decorrente de acidente de trabalho, a e. relatora asseverou, em seu judicioso voto, que ousava afirmar que a dor experimentada pelo nascituro é ainda maior do que aquela dos filhos já nascidos em episódio envolvendo o falecimento do genitor.

Confira-se o seguinte trecho:

> No mais, se fosse possível alguma mensuração do sofrimento decorrente da ausência de um pai, arriscaria dizer que a dor do nascituro poderia ser considerada ainda maior do que aquela suportada por seus irmãos, já vivos quando do falecimento do genitor. Afinal, maior do que a agonia de perder um pai, é a angústia de jamais ter podido conhecê-lo, de nunca ter recebido dele um gesto de carinho, enfim, de ser privado de qualquer lembrança ou contato, por mais remoto que seja, com aquele que lhe proporcionou a vida.

Eis a ementa do mencionado julgado:

> Responsabilidade civil. Acidente do trabalho. Morte. Indenização por dano moral. Filho nascituro. Fixação do *quantum* indenizatório. *Dies a quo*. Correção monetária. Data da fixação pelo juiz. Juros de mora.
>
> Data do evento danoso. Processo civil. Juntada de documento na fase recursal. Possibilidade, desde que não configurada a má-fé da parte e oportunizado o contraditório. Anulação do processo. Inexistência de dano. Desnecessidade.
>
> *– Impossível admitir-se a redução do valor fixado a título de compensação por danos morais em relação ao nascituro, em comparação com outros filhos do de cujus, já nascidos na ocasião do evento morte, porquanto o fundamento da compensação é a existência de um sofrimento impossível de ser quantificado com precisão.*

DIREITO CIVIL: DIÁLOGOS ENTRE A DOUTRINA E A JURISPRUDÊNCIA – *Volume II*

> – *Embora sejam muitos os fatores a considerar para a fixação da satisfação compensatória por danos morais, é principalmente com base na gravidade da lesão que o juiz fixa o valor da reparação.*
>
> (...)
>
> Recurso especial dos autores parcialmente conhecido e, nesta parte, provido. Recurso especial da ré não conhecido (REsp 931.556/RS, 3.ª Turma, Rel. Min. Nancy Andrighi, j. 17.06.2008, *DJe* 05.08.2008 – grifo nosso).

Por estabelecer o referido precedente que o nascituro experimenta dor, sofrimento e angústia, é possível dizer que o fundamento teórico pelo qual se pautou o julgado tem assento na teoria concepcionista.

Essa concepção intelectual também embasou o julgamento proferido no REsp 703.194/SC, 2.ª Turma, Rel. Min. Mauro Campbell Marques, j. 19.08.2008, *DJe* 16.09.2008, haja vista ter sido o nascituro equiparado a filho (sujeito de direitos) para o estabelecimento de verba indenizatória para os genitores em razão de acidente que ensejou a morte da vítima (feto) no sexto mês de gestação.

Nesse sentido, a ementa do precedente em exame:

> Administrativo. Responsabilidade civil do Estado. Fixação de verba indenizatória a título de danos morais. Possibilidade de revisão pelo STJ em caráter excepcional. Perda parcial de capacidade laborativa. Vítima que não exercia atividade remunerada à época do fato danoso. Valor da pensão vitalícia. Necessária revisão. Juros. Termo inicial. Súmula n. 54 desta Corte. Correção monetária. Termo inicial. Data da prolação da decisão que estipulou as indenizações.
>
> 1. O Superior Tribunal de Justiça pode rever o *quantum* indenizatório fixado a títulos de danos morais nas ações de responsabilidade civil, desde que configurada situação de anormalidade nos valores, para menos ou para mais. Precedentes.
>
> 2. *Para compensar parcialmente a dor pela morte de um filho em acidente de trânsito, este Tribunal tem entendido como razoável a quantia de 300 salários mínimos. Precedentes.*
>
> 3. Havendo redução parcial da capacidade laborativa em vítima que, à época do ato ilícito, não exercia atividade remunerada, o rendimento vitalício costuma ser fixado em um salário mínimo. Precedentes.

Cap. 1 • BREVES ANOTAÇÕES ACERCA DA SITUAÇÃO JURÍDICA DO NASCITURO NO BRASIL | 15

(...)

6. Recurso especial parcialmente provido (REsp 703.194/SC, 2.ª Turma, Rel. Min. Mauro Campbell Marques, j. 19.08.2008, *DJe* 16.09.2008 – grifo nosso).

Todos os julgados até então proferidos pelo STJ, embora tratassem dos direitos eventualmente conferidos aos nascituros, não haviam estabelecido, com tamanha clareza e riqueza de debate, a posição adotada por essa Corte Superior, ou ao menos pelos Ministros integrantes do órgão fracionário que deliberou acerca do REsp 1.120.676/SC, 3.ª Turma, Rel. Min. Massami Uyeda, Rel. p/ acórdão Min. Paulo de Tarso Sanseverino, j. 07.12.2010, *DJe* 04.02.2011.

Referido julgado é emblemático por tratar, de maneira profunda, acerca da questão afeta aos direitos do nascituro, enquanto pessoa e sujeito de direitos.

O então relator do feito, Ministro Massami Uyeda, aduziu que os nascituros têm mera expectativa de direitos, que somente se concretizam na hipótese de nascer com vida, ou seja, asseverou que, caso inocorrente a condição do nascimento com vida, não seria possível falar tivesse o nascituro incorporado ou transferido quaisquer direitos. O voto proposto denotava a propositura da teoria da personalidade condicional.

No entanto, não foi essa a corrente teórica e jurídica que prevaleceu, dada a divergência inaugurada pelo e. Ministro Paulo de Tarso Sanseverino, que, acompanhado pelos demais integrantes do colegiado da 3.ª Turma do STJ, instituiu no julgamento da questão *a adoção da teoria concepcionista, baseada na utilização do princípio da dignidade da pessoa humana estabelecido na Constituição Federal.*

No voto divergente, asseverou o i. Ministro Paulo de Tarso o seguinte:

A polêmica central do presente recurso especial situa-se em se estabelecer o enquadramento da situação ocorrida no presente processo, em que a vítima, que estava no ventre de sua mãe no momento do sinistro de trânsito, veio a falecer quatro dias depois, nascendo sem vida (e-STJ, fls. 24 e 25).

Em outras palavras, deve-se estabelecer se o presente caso enquadra--se na expressão "indenizações por morte" estatuída no enunciado normativo acima transcrito.

Tenho que a interpretação mais razoável desse enunciado normativo, consentânea com a nossa ordem jurídico-constitucional, centrada na proteção dos direitos fundamentais, é no sentido de que o conceito de "dano-morte", como modalidade de "danos pessoais", não se restringe ao óbito da pessoa natural, dotada de personalidade jurídica, mas alcança, igualmente, a pessoa já formada, plenamente apta à vida extrauterina, embora ainda não nascida, que, por uma fatalidade, acabara vendo a sua existência abreviada em acidente automobilístico.

Não consigo identificar, como o fizeram os nominalistas quando do enfrentamento das questões afeitas à personalidade, a pessoa (enquanto ser) ao sujeito de direitos.

Pouco defensável a tese de que quem esteja temporária ou definitivamente sob uma *capitis diminutio* não seja pessoa na mesma extensão daquele que não vê sua capacidade reduzida.

Em prevendo, a LF n. 6.194, o direito à percepção de indenização pelo seguro obrigatório DPVAT à pessoa vitimada, fez-se alcançar também o nascituro.

A ciência cuja missão é a investigação da vida – a biologia – coadjuvada pela medicina, racionalizando as fases da vida intrauterina, do zigoto ao feto, externara a pré-viabilidade fetal desde a 22.ª semana de gravidez e a sua viabilidade desde a 27.ª semana (Viabilidade entendida como: a capacidade de manter uma existência separada segundo o *Oxford Universal Dictionary apud* José Peixoto, Mário Branco, Alice Freitas, Clara Dias, in Viabilidade – http://www.lusoneonatologia.net/usr/files/publications/ff13c5881751fe6f1b-9c3f32f005d7fd.pdf).

Note-se que a filha dos postulantes encontrava-se na 35.ª semana de vida, nono mês de gestação, ou seja, era plenamente hábil à vida pós-uterina, autônoma no seu desenvolvimento, apenas não independente, porque necessitava, ainda, por mais alguns dias, da "alimentação" que lhe provia sua mãe (alimentação aqui compreendida como o sustento para a sua sobrevivência no ambiente intrauterino).

O ser que tinha transitória e brevemente o ventre materno como o seu abrigo sequer se confundiria com o seu "continente", segundo as tradições romanísticas: *portio mulieris vel viscerum* (Caio Mário da Silva Pereira, *Instituições ao Direito Civil*, 23. ed., Editora Forense, Rio de Janeiro: 2009, p. 183). Não! Era indivíduo totalmente autônomo, intrinsecamente dotado de individualidade genética, emocional e sentimental, como interessantemente relata Márcio Accioly de Andrade na obra *Dignidade da Pessoa Humana, Fundamentos*

Cap. 1 • BREVES ANOTAÇÕES ACERCA DA SITUAÇÃO JURÍDICA DO NASCITURO NO BRASIL | 17

e Critérios Interpretativos (Organizado por Agassiz Almeida Filho e Plínio Melgaré, São Paulo: Editora Malheiros, 2010, p. 140-141):

(...)

Aguardava, pois, tão só o parto para que desse seguimento ao desenvolvimento que se iniciara desde a concepção.

O Código Civil brasileiro, no art. 2.º, concebe como necessário à aquisição da personalidade civil o nascimento com vida (teoria natalista), resguardando, todavia, desde a concepção, os direitos do nascituro (teoria concepcionista).

Se é certo que a lei brasileira previu como aptos a adquirirem direitos e contraírem obrigações, os nascidos com vida, dotando-os de personalidade jurídica, não excluiu do seu alcance aqueles que, ainda não nascidos, remanescem no ventre materno, reconhecendo-lhes a aptidão de ser sujeitos de "direitos".

Nessa toada, o legislador resguardou aos nascituros: direitos relacionados com a garantia do seu por vir (*v.g.*, direito aos alimentos gravídicos, penalização do aborto, direito à assistência pré-natal), com o resguardo do seu patrimônio (*v.g.*, doação; posse em nome do nascituro; percepção de herança ou legado), com a preservação da sua dignidade enquanto ser humano em formação (direito ao nome; ou, em infeliz situação como a presente, aos cerimoniais fúnebres), desse rol não havendo excluir-se a indenização securitária a ser alcançada aos ascendentes do segurado falecido em face do seu passamento.

(...)

Com efeito, não haveria, sequer, necessidade de se proceder à nova exegese do dispositivo de lei (art. 2.º do CCB) que reconhece o início da personalidade civil – não é o que aqui se pretende – senão evitar o esvaziamento da existência digna de um ser humano que chegou, de forma tão serôdia, à morte, preservando-se, ainda, o ideal que todo o pai faz em torno do seu filho, sua significação, sua relevância na vida familiar.

(...)

No presente caso, sonegar-se o direito à cobertura pelo seguro obrigatório de danos pessoais consubstanciados no fato "morte do nascituro" entoaria, ao fim e ao cabo – especialmente aos pais já combalidos com a incomensurável perda – a sua não existência, malogrando-se o respeito e a dignidade que o ordenamento deve reconhecer e reconhece inclusive àquele que ainda não nascera (art. 7.º da LF n. 8.069/90).

Relembro magistério de Silmara Juny Chinelato a reconhecer o alcance do conceito de criança ao nascituro, assim pontificando: Tendo em vista que o nascituro é um ser humano, é plenamente defensável possa ser incluído no conceito de criança do Estatuto da Criança e do Adolescente, segundo interpretação sistemática do ordenamento jurídico (in *Novo Código Civil Questões Controvertidas*, Coordenação Mário Luiz Delgado e Jones Figueiredo Alves, São Paulo: Ed. Método, 2004, p. 361).

Sobrelevando-se os direitos à tutela da pessoa humana, tenho por plenamente possível extrair da legislação infraconstitucional que disciplinara o seguro obrigatório a contemplação do direito à indenização pela morte do nascituro. (...)

Da mesma forma, não vejo espaço para se diferenciar o filho nascido daquele plenamente formado, mas ainda no útero da mãe, para fins da pretendida indenização, ou mesmo daquele que, por força do acidente, acabe tendo o seu nascimento antecipado e reste a falecer minutos após o parto.

Arrematou a questão o voto do Ministro Vasco Della Giustina, o qual asseverou que o moderno Direito está emprestando grande significação aos chamados direitos de personalidade, os quais envolvem a pessoa humana com todos os reflexos, mesmo no ventre uterino.

Confira-se a ementa do entendimento que prevaleceu no âmbito do colegiado da 3.ª Turma do STJ:

Recurso especial. Direito securitário. Seguro DPVAT. Atropelamento de mulher grávida. Morte do feto. Direito à indenização. Interpretação da Lei n.º 6.194/74.

1. Atropelamento de mulher grávida, quando trafegava de bicicleta por via pública, acarretando a morte do feto quatro dias depois com trinta e cinco semanas de gestação.

2. Reconhecimento do direito dos pais de receberem a indenização por danos pessoais, prevista na legislação regulamentadora do seguro DPVAT, em face da morte do feto.

Cap. 1 • BREVES ANOTAÇÕES ACERCA DA SITUAÇÃO JURÍDICA DO NASCITURO NO BRASIL | 19

> *3. Proteção conferida pelo sistema jurídico à vida intrauterina, desde a concepção, com fundamento no princípio da dignidade da pessoa humana.*
>
> 4. Interpretação sistemático-teleológica do conceito de danos pessoais previsto na Lei n.º 6.194/74 (arts. 3.º e 4.º).
>
> 5. Recurso especial provido, vencido o relator, julgando-se procedente o pedido (REsp 1.120.676/SC, 3.ª Turma, Rel. Min. Massami Uyeda, Rel. p/ Acórdão Min. Paulo de Tarso Sanseverino, j. 07.12.2010, *DJe* 04.02.2011 – grifo nosso).

Essa compreensão também foi seguida pelo órgão fracionário da 4.ª Turma do STJ quando do julgamento do REsp 1.415.727/SC, Rel. Min. Luis Felipe Salomão, 4.ª Turma, j. 04.09.2014, *DJe* 29.09.2014, no bojo do qual o e. relator tratou pormenorizadamente das teorias existentes para a definição do início da personalidade jurídica do nascituro e enfatizou, com amparo em diversos normativos, existirem inúmeros indicativos de que o nascituro é considerado pessoa, titular de direitos.

Eis a síntese do mencionado julgado:

> Direito civil. Acidente automobilístico. Aborto. Ação de cobrança. Seguro obrigatório. DPVAT. Procedência do pedido. Enquadramento jurídico do nascituro. Art. 2.º do Código Civil de 2002. Exegese sistemática. Ordenamento jurídico que acentua a condição de pessoa do nascituro. Vida intrauterina. Perecimento. Indenização devida. Art. 3.º, inciso I, da Lei n. 6.194/1974. Incidência.
>
> *1. A despeito da literalidade do art. 2.º do Código Civil – que condiciona a aquisição de personalidade jurídica ao nascimento –, o ordenamento jurídico pátrio aponta sinais de que não há essa indissolúvel vinculação entre o nascimento com vida e o conceito de pessoa, de personalidade jurídica e de titularização de direitos, como pode aparentar a leitura mais simplificada da lei.*
>
> *2. Entre outros, registram-se como indicativos de que o direito brasileiro confere ao nascituro a condição de pessoa, titular de direitos: exegese sistemática dos arts. 1.º, 2.º, 6.º e 45, caput, do Código Civil; direito do nascituro de receber doação, herança e de ser curatelado (arts. 542, 1.779 e 1.798 do Código Civil); a especial proteção conferida à gestante, assegurando-se-lhe atendimento pré-natal (art. 8.º do ECA, o qual, ao fim e ao cabo, visa a garantir o direito à vida e à saúde do nascituro); alimentos gravídicos, cuja titularidade é, na*

verdade, do nascituro e não da mãe (Lei n. 11.804/2008); no direito penal a condição de pessoa viva do nascituro – embora não nascida – é afirmada sem a menor cerimônia, pois o crime de aborto (arts. 124 a 127 do CP) sempre esteve alocado no título referente a "rimes contra a pessoa" e especificamente no capítulo "dos crimes contra a vida" – tutela da vida humana em formação, a chamada vida intrauterina (MIRABETE, Julio Fabbrini. Manual de direito penal, *volume II. 25. ed. São Paulo: Atlas, 2007, p. 62-63; NUCCI, Guilherme de Souza.* Manual de direito penal. *8. ed. São Paulo: Revista dos Tribunais, 2012, p. 658).*

3. As teorias mais restritivas dos direitos do nascituro – natalista e da personalidade condicional – fincam raízes na ordem jurídica superada pela Constituição Federal de 1988 e pelo Código Civil de 2002. O paradigma no qual foram edificadas transitava, essencialmente, dentro da órbita dos direitos patrimoniais. Porém, atualmente isso não mais se sustenta. Reconhecem-se, corriqueiramente, amplos catálogos de direitos não patrimoniais ou de bens imateriais da pessoa – como a honra, o nome, imagem, integridade moral e psíquica, entre outros.

4. Ademais, hoje, mesmo que se adote qualquer das outras duas teorias restritivas, há de se reconhecer a titularidade de direitos da personalidade ao nascituro, dos quais o direito à vida é o mais importante. Garantir ao nascituro expectativas de direitos, ou mesmo direitos condicionados ao nascimento, só faz sentido se lhe for garantido também o direito de nascer, o direito à vida, que é direito pressuposto a todos os demais.

5. Portanto, é procedente o pedido de indenização referente ao seguro DPVAT, com base no que dispõe o art. 3.º da Lei n. 6.194/1974.

Se o preceito legal garante indenização por morte, o aborto causado pelo acidente subsume-se à perfeição ao comando normativo, haja vista que outra coisa não ocorreu, senão a morte do nascituro, ou o perecimento de uma vida intrauterina.

6. Recurso especial provido (REsp 1.415.727/SC, 4.ª Turma, Rel. Min. Luis Felipe Salomão, j. 04.09.2014, *DJe* 29.09.2014 – grifo nosso).

Na mesma linha, porém em atenção às peculiaridades do caso concreto, o colegiado da 4.ª Turma, por maioria, no bojo do REsp 1.170.239/RJ, 4.ª Turma, Rel. Min. Marco Buzzi, j. 21.05.2013, *DJe* 28.08.2013, em demanda indenizatória por danos morais decorrentes de exame médico, cujo resultado

Cap. 1 • BREVES ANOTAÇÕES ACERCA DA SITUAÇÃO JURÍDICA DO NASCITURO NO BRASIL | 21

indicou, erroneamente, ser o feto portador da "Síndrome de Down", entendeu, fundado nas particularidades da demanda, que o erro de diagnóstico indicativo da referida patologia teria ensejado abalo psíquico dos genitores, não sendo este extensível ao nascituro.

No voto do relator, afirmou-se ser reconhecida a

> (...) possibilidade, em tese, de o nascituro vir a sofrer danos morais, decorrentes da violação da dignidade da pessoa humana (em potencial), desde que estes, de alguma forma, comprometam o seu desenvolvimento digno e saudável no meio intrauterino e o consequente nascimento com vida, ou repercutam na vida após o nascimento.

E seguiu no sentido de que

> (...) não é toda situação jurídica a que submetida o concebido que ensejará o dever de reparação, senão aquelas, conforme enfatizado, das quais decorram consequências funestas à saúde do nascituro ou suprimam-no do convívio de seus pais ante a morte destes.

No caso, as peculiaridades do feito indicavam a ausência de dano moral suportado pelo nascituro, pois dos contornos fáticos estabelecidos pelas instâncias ordinárias sobressaía clarividente que tal erro não colocou em risco a gestação, tampouco repercutiu na vida do feto, após seu nascimento.

Confiram-se, no que interessa, excertos da referida ementa:

> Recursos especiais. Ação de indenização por danos morais, decorrentes de exame médico, cujo resultado indicou, erroneamente, ser o feto portador de "Síndrome de Down". Transação celebrada entre um dos devedores solidários e os demandantes. Instâncias ordinárias que condenaram o codevedor solidário ao pagamento de indenização aos pais, excluída a hipótese de reparação à filha, então nascituro à época dos fatos. Insurgência dos demandantes e da operadora de plano de saúde.
>
> 1. Hipótese em que pais e filho ingressaram em juízo postulando danos morais suportados durante a gestação, em razão de erro médico, consistente em diagnóstico indicativo de ser o feto portador de "Síndrome de Down". Exames posteriores que afastaram

a aludida patologia cromossômica. Demanda deflagrada contra a operadora de plano de saúde e nosocômio. Transação entabulada entre os autores e este último, único não insurgente.

(...).

3. Apelo extremo dos autores.

3.1 Em que pese entender o STJ "que o nascituro também tem direito a indenização por danos morais" (Ag n. 1268980/PR, Rel. Ministro Herman Benjamin, DJ de 02.03.2010), não são todas as situações jurídicas a que submetidas o concebido que ensejarão o dever de reparação, senão aquelas das quais decorram consequências funestas à saúde do nascituro ou suprimam-no do convívio de seus pais ante a morte destes. Precedentes.

3.2 Na hipótese dos autos, o fato que teria ocasionado danos morais àquela que era nascituro à época dos fatos, seria o resultado equivocado do exame de ultrassonografia com Translucência Nucal, que indicou ser ela portadora de "Síndrome de Down". Contudo, segundo a moldura fática delineada pela Corte a quo, a genitora, no dia seguinte ao recebimento do resultado equivocado, submeteu-se, novamente, ao mesmo exame, cujo diagnóstico mostrou-se diverso, isto é, descartou a sobredita patologia. Não se ignora o abalo psíquico que os pais suportaram em virtude de tal equívoco, dano, contudo, que não se pode estender ao nascituro.

(...)

4. Recursos especiais improvidos (REsp 1.170.239/RJ, 4.ª Turma, Rel. Min. Marco Buzzi, j. 21.05.2013, *DJe* 28.08.2013 – grifo nosso).

Referido julgado foi bastante elucidativo por estabelecer as balizas necessárias à compreensão dos danos extrapatrimoniais ao nascituro, afirmando a sua viabilidade quando o dano atinja, ao menos reflexamente, os direitos de personalidade.

Outro importante julgado foi o proferido no HC 228.998/MG, 5.ª Turma, Rel. Min. Marco Aurélio Bellizze, j. 23.10.2012, *DJe* 30.10.2012. Neste, o STJ deliberou acerca do cometimento do crime de homicídio contra nascituro. Concluiu o STJ que os fatos descritos na denúncia eram claros e determinados e caracterizavam, em tese, o crime de homicídio culposo por inobservância de regra técnica, não prosperando a alegação de ocorrência de "aborto culposo provocado por terceiro" ou de crime impossível em razão de o bebê ter sido retirado do ventre materno sem vida, pois consta dos autos que a mãe já havia entrado em trabalho de parto há mais de oito horas e os batimentos cardíacos foram monitorados por todo esse período até não mais serem escutados.

Depreende-se do referido precedente que o feto ainda não nascido foi equiparado ao ser humano natural, tendo ficado esclarecido que, uma vez iniciado o trabalho de parto, não mais se falava em aborto, mas sim em homicídio ou infanticídio, conforme o caso, dada a desnecessidade de que o nascituro tenha respirado para configurar tais crimes.

Eis a ementa do precedente:

> *Habeas corpus* impetrado em substituição ao recurso previsto no ordenamento jurídico. 1. Não cabimento. Modificação de entendimento jurisprudencial. Restrição do remédio constitucional. Medida imprescindível à sua otimização. Efetiva proteção ao direito de ir, vir e ficar. 2. Alteração jurisprudencial posterior à impetração do presente *writ*. Exame que visa privilegiar a ampla defesa e o devido processo legal. 3. Homicídio culposo por inobservância de regra técnica. 4. Iniciado o trabalho de parto não há falar mais em aborto. 5. Trancamento da ação penal. Medida excepcional. 6. Ordem não conhecida.
>
> (...)
>
> *3. Os fatos descritos na denúncia são claros e determinados, podendo caracterizar, em tese, o crime de homicídio culposo por inobservância de regra técnica, não prosperando a alegação de ocorrência de "aborto culposo provocado por terceiro" ou de crime impossível em razão do bebê ter sido retirado do ventre materno sem vida, pois consta dos autos que a mãe já havia entrado em trabalho de parto há mais de oito horas e os batimentos cardíacos foram monitorados por todo esse período até não mais serem escutados.*
>
> *4. Iniciado o trabalho de parto, não há falar mais em aborto, mas em homicídio ou infanticídio, conforme o caso, pois não se mostra necessário que o nascituro tenha respirado para configurar o crime de homicídio, notadamente quando existem nos autos outros elementos para demonstrar a vida do ser nascente, razão pela qual não se vislumbra a existência do alegado constrangimento ilegal que justifique o encerramento prematuro da persecução penal.*
>
> 5. O trancamento da ação penal, por ser medida de exceção, somente cabe nas hipóteses em que se demonstrar, à luz da evidência, a atipicidade da conduta, a extinção da punibilidade ou outras situações comprováveis de plano, suficientes para interromper

antecipadamente a persecução penal, circunstâncias que não se verificam no presente caso.

6. *Habeas corpus* não conhecido e não constatada a existência de flagrante constrangimento ilegal que autorize a concessão de *habeas corpus* de ofício (HC 228.998/MG, 5.ª Turma, Rel. Min. Marco Aurélio Bellizze, j. 23.10.2012, *DJe* 30.10.2012 – grifo nosso).

Os alimentos gravídicos, previstos na Lei 11.804/2008, também foram objeto de deliberação por essa Corte Superior no âmbito do REsp 1.629.423/SP, 3.ª Turma, Rel. Min. Marco Aurélio Bellizze, j. 06.06.2017, *DJe* 22.06.2017.

O mencionado órgão fracionário estabeleceu que tais alimentos visam a auxiliar a mulher gestante nas despesas decorrentes da gravidez, da concepção ao parto, sendo, pois, a gestante a beneficiária direta dos alimentos gravídicos, resguardados os direitos do próprio nascituro. Com o nascimento com vida da criança, os alimentos gravídicos concedidos à gestante serão convertidos automaticamente em pensão alimentícia em favor do recém-nascido, com mudança, assim, da titularidade dos alimentos, sem que, para tanto, seja necessário pronunciamento judicial ou pedido expresso da parte, nos termos do parágrafo único do art. 6.º da Lei 11.804/2008.

O julgado recebeu a seguinte ementa:

> Recurso especial. Constitucional. Civil. Processual civil. Alimentos gravídicos. Garantia à gestante. Proteção do nascituro. Nascimento com vida. Extinção do feito. Não ocorrência. Conversão automática dos alimentos gravídicos em pensão alimentícia em favor do recém-nascido. Mudança de titularidade. Execução promovida pelo menor, representado por sua genitora, dos alimentos inadimplidos após o seu nascimento. Possibilidade. Recurso improvido.
>
> 1. Os alimentos gravídicos, previstos na Lei n. 11.804/2008, visam a auxiliar a mulher gestante nas despesas decorrentes da gravidez, da concepção ao parto, sendo, pois, a gestante a beneficiária direta dos alimentos gravídicos, ficando, por via de consequência, resguardados os direitos do próprio nascituro.
>
> 2. Com o nascimento com vida da criança, os alimentos gravídicos concedidos à gestante serão convertidos automaticamente em pensão alimentícia em favor do recém-nascido, com mudança, assim, da titularidade dos alimentos, sem que, para tanto, seja necessário pronunciamento judicial ou pedido expresso da parte, nos termos do parágrafo único do art. 6.º da Lei n. 11.804/2008.

3. Em regra, a ação de alimentos gravídicos não se extingue ou perde seu objeto com o nascimento da criança, pois os referidos alimentos ficam convertidos em pensão alimentícia até eventual ação revisional em que se solicite a exoneração, redução ou majoração do valor dos alimentos ou até mesmo eventual resultado em ação de investigação ou negatória de paternidade.

4. Recurso especial improvido (REsp 1.629.423/SP, 3.ª Turma, Rel. Min. Marco Aurélio Bellizze, j. 06.06.2017, *DJe* 22.06.2017).

Aqui, verifica-se a aplicação da teoria concepcionista, pois salvaguardados os direitos do nascituro desde a sua concepção. No entanto, inegavelmente, há também a incidência dos fundamentos embasadores da teoria da personalidade condicional, haja vista que, se nascer com vida (condição), os alimentos concedidos quando da fase intrauterina convertem-se automaticamente em pensão alimentícia ao titular do direito.

Por fim, o julgado mais recente proferido por essa Corte Superior em análise aos direitos do nascituro é o REsp 1.779.441/SP, 2.ª Turma, Rel. Min. Herman Benjamin, j. 20.08.2019, *DJe* 13.09.2019, o qual explicita a adoção da teoria natalista para a concessão do benefício previdenciário de pensão por morte, porquanto é somente a partir do nascimento que se adquire a condição de dependente do *de cujus*.

Eis a ementa do precedente:

Processual civil e previdenciário. Direitos do nascituro. Pensão por morte. Termo inicial. Data do nascimento. Súmula 83/STJ. Aplicação.

(...)

2. O benefício previdenciário possui nítido caráter alimentar, e o direito à percepção de alimentos não surge com a concepção, mas sim com o nascimento com vida, ainda que a lei ponha a salvo os direitos do nascituro.

3. O art. 2.º do Código Civil condiciona a aquisição de personalidade jurídica ao nascimento, enquanto que a Lei 8.213/1991 não prevê a possibilidade do nascituro receber o benefício de pensão por morte, resguardando sua concessão apenas a partir do nascimento, quando efetivamente adquire a condição de dependente do de cujus. O Decreto 3.048/1999 estabelece, em seu artigo 22, inciso I, alínea "a", que a inscrição do dependente do segurado será promovida através da apresentação da certidão de nascimento.

(...)

5. Recurso especial não conhecido (REsp 1.779.441/SP, 2.ª Turma, Rel. Min. Herman Benjamin, j. 20.08.2019, *DJe* 13.09.2019 – grifo nosso).

Em conclusão, é certo que o nascituro, compreendido como ser já concebido, mas ainda inserido no ventre materno, por guardar em si a potencialidade de se tornar pessoa humana, é merecedor de toda a proteção do ordenamento jurídico, destinada a garantir o desenvolvimento digno e saudável no meio intrauterino e o consequente nascimento com vida.

Em que pesem as breves anotações acerca da jurisprudência do STJ, no que tange ao início da personalidade jurídica do nascituro, conclui-se, por ora, que ainda se trata de uma temática que carece de uniformização. A despeito disso, a partir da análise dos julgados, depreende-se que a vida deve ser objeto de proteção, mesmo antes do nascimento, em obediência ao princípio da dignidade da pessoa humana, motivo pelo qual se reconhece uma tendência da jurisprudência do STJ em acatar a teoria concepcionista.

Certamente, as teorias mais restritivas dos direitos do nascituro – natalista e da personalidade condicional – parecem ter sido superadas pela nova ordem constitucional e a legislação civilista de 2002, pois o modelo sobre o qual foram edificadas estava essencialmente vinculado aos direitos patrimoniais.

No entanto, hodiernamente, é inegável o reconhecimento doutrinário e jurisprudencial de uma vasta gama de direitos não patrimoniais ou de bens imateriais da pessoa – como a honra, o nome, imagem, integridade moral e psíquica, entre outros –, que lançam novas perspectivas à compreensão acerca dos direitos da personalidade.

A despeito da ausência de especificação quanto à teoria adotada no Brasil, é certo que o legislador ordinário procura estabelecer uma estrutura garantista aos titulares de direitos da personalidade e aos nascituros, sendo possível verificar, é bem verdade, a adoção das três teorias a depender do momento e das pretensões veiculadas, prevalecendo, contudo, a teoria concepcionista.

No âmbito jurisprudencial, pela análise dos precedentes do STJ, é possível verificar uma tendência na adoção dos preceitos embasadores da teoria concepcionista, muito embora não adote, categoricamente e de forma peremptória, nenhuma das correntes.

Assim, muito embora a adoção de uma ou outra teoria tenha considerável relevância para o ordenamento jurídico, é imprescindível reconhecer que o mais importante é a abordagem contínua e incessante das questões

Cap. 1 • BREVES ANOTAÇÕES ACERCA DA SITUAÇÃO JURÍDICA DO NASCITURO NO BRASIL | 27

jurídicas relevantes acerca dos direitos do nascituro, a exemplo da proteção à vida, à alimentação, à saúde, à educação, à dignidade, entre outras, e o reconhecimento deste, como ente dotado de direitos desde a sua concepção.

REFERÊNCIAS

BARROS MONTEIRO, Washington de. *Curso de direito civil*: parte geral. 38. ed. São Paulo: Saraiva. 2003. v. 1.

BELTRÃO, Silvio Romero. *Direitos da personalidade*: de acordo com o Novo Código Civil. São Paulo: Atlas, 2015.

BRASIL. Lei n. 10.406, 10 de janeiro de 2002. Institui o Código Civil. Diário Oficial da União, Brasília, DF, 11 jan. 2002. Disponível em: http://www. planalto.gov.br/ccivil_03/leis/2002/l10406.htm. Acesso em: 30 jan. 2020.

CHINELLATO, Silmara J. A. et al. Bioética e direitos de personalidade do nascituro. *Scientia Iuris*, v. 7, p. 87-104, 2004.

CHINELLATO, Silmara Juny (coord.). *Código Civil interpretado*. Organização Costa Machado. 3. ed. São Paulo: Manole, 2010.

DINIZ, Maria Helena. *Código Civil*. 15. ed. São Paulo: Saraiva, 2010.

FARIAS, Cristiano Chaves de; ROSENVALD, Nelson. *Direito civil*: teoria geral. 11. ed. Rio de Janeiro: Lumen Juris, 2011.

PEREIRA, Caio Mário da Silva. *Instituições de direito civil*. 19. ed. Rio de Janeiro: Renovar, 2000. v. 1.

RODRIGUES, Silvio. *Direito civil*. São Paulo: Saraiva, 2004. v. I.

TARTUCE, Flávio. *Direito civil*: lei de introdução e parte geral. 15. ed. Rio de Janeiro: Forense, 2019. v. 1.

RELAÇÃO DE CASOS CITADOS

STJ. HC 228.998/MG, Rel. Min. Marco Aurélio Bellizze, *DJe* 30.10.2012. Disponível em: https://ww2.stj.jus.br/processo/revista/inteiroteor/?num_ registro=201103075485&dt_publicacao=30/10/2012. Acesso em: 22 jan. 2020.

STJ. REsp 1779441/SP, Rel. Min. Herman Benjamin, *DJe* 13.09.2019. Disponível em: https://ww2.stj.jus.br/processo/revista/inteiroteor/?num_ registro=201802997500&dt_publicacao=13/09/2019. Acesso em: 20 jan. 2020.

STJ. REsp 1629423/SP, Rel. Min. Marco Aurélio Bellizze, *DJe* 22.06.2017. Disponível em: https://ww2.stj.jus.br/processo/revista/inteiroteor/?num_

registro=201601856527&dt_publicacao=22/06/2017. Acesso em: 20 jan. 2020.

STJ. REsp 1170239/RJ, Rel. Min. Marco Buzzi, *DJe* 28.08.2013. Disponível em: https://ww2.stj.jus.br/processo/revista/inteiroteor/?num_registro= 200902402627&dt_publicacao=28/08/2013. Acesso em: 22 jan. 2020.

STJ. REsp 1415727/SC, Rel. Min. Luis Felipe Salomão, *DJe* 29.09.2014. Disponível em: https://ww2.stj.jus.br/processo/revista/inteiroteor/?num_ registro=201303604913&dt_publicacao=29/09/2014. Acesso em: 28 jan. 2020.

STJ. REsp 1120676/SC, Rel. Min. Massami Uyeda, Rel. p/ Acórdão Min. Paulo de Tarso Sanseverino, *DJe* 04.02.2011. Disponível em: https://ww2.stj. jus.br/processo/revista/inteiroteor/?num_registro=200900175950&dt_ publicacao=04/02/2011. Acesso em: 28 jan. 2020.

STJ. REsp 703.194/SC, Rel. Min. Mauro Campbell Marques, *DJe* 16.09.2008. Disponível em: https://ww2.stj.jus.br/processo/revista/ inteiroteor/?num_registro=200401324791&dt_publicacao=16/09/2008. Acesso em: 4 fev. 2020.

STJ. REsp 931.556/RS, Rel. Min. Nancy Andrighi, *DJe* 05.08.2008. Disponível em: https://ww2.stj.jus.br/processo/revista/inteiroteor/?num_ registro=200700483006&dt_publicacao=05/08/2008. Acesso em: 4 fev. 2020.

STJ. REsp 178.245/SC, Rel. Min. Aldir Passarinho Junior, *DJ* 06.03.2006. Disponível em: https://ww2.stj.jus.br/processo/revista/inteiroteor/?num_ registro =199800436707&dt_publicacao=06/03/2006. Acesso em: 5 fev. 2020.

STJ. REsp 48119/RS 1994/0014018-5. Rel. Min. Assis Toledo, *DJ* 20.03.1995. Disponível em: https://ww2.stj.jus.br/processo/ita/listarAcordaos? classe=&num_processo=&num_registro=199400140185&dt_ publicacao=17/04/1995. Acesso em: 6 fev. 2020.

STJ. REsp 399028 RS 2001/0147319-0, Rel. Min. Sálvio de Figueiredo Teixeira, *DJ* 26.02.2002. Disponível em: https://ww2.stj.jus.br/processo/revista/ inteiroteor/?num_registro=200101473190&dt_publicacao=15/04/2002. Acesso em: 6 fev. 2020.

STJ. REsp 472276 RS 2002/0140533-0, Rel. Min. Franciulli Netto, *DJ* 26.06.2003. Disponível em: https://ww2.stj.jus.br/processo/revista/ inteiroteor/?num_registro=200201405330&dt_publicacao=22/09/2003. Acesso em: 7 fev. 2020.

STJ. HC 32159 RJ 2003/0219840-5, Rel. Min. Laurita Vaz, *DJ* 03.11.2009. Disponível em: https://ww2.stj.jus.br/processo/revista/inteiroteor/?num_

registro=200302198405&dt_publicacao=22/03/2004. Acesso em: 10 fev. 2020.

STJ. HC 56572 SP 2006/0062671-4, Rel. Min. Arnaldo Esteves Lima, *DJ* 25.04.2006. Disponível em: https://ww2.stj.jus.br/processo/revista/inteiroteor/?num_registro=200600626714&dt_publicacao=15/05/2006. Acesso em: 10 fev. 2020.

STJ. REsp 637332 RR 2004/0036689-2, Rel. Min. Luiz Fux, *DJ* 24.11.2004. Disponível em: https://ww2.stj.jus.br/processo/revista/inteiroteor/?num_registro=200400366892&dt_publicacao=13/12/2004. Acesso em: 10 fev. 2020.

2

NASCITURO: SUA PROTEÇÃO JURÍDICA

MARIA HELENA DINIZ
MARIA HELENA MARQUES BRACEIRO DANELUZZI

SUMÁRIO: 1. Introdução; 2. Conceito e etiologia: 2.1. Etiologia do nascituro; 3. Personalidade jurídica do nascituro; 4. Direitos do nascituro; 5. Responsabilidade civil por dano moral e/ou patrimonial causado a nascituro; 6. Questão da perda da chance pelo nascituro e o dano existencial; 7. Proteção jurídica do nascituro como expressão do princípio do respeito à dignidade humana; Conclusão; Referências.

1. INTRODUÇÃO

A proteção do nascituro é questão emblemática por suscitar pontos de difícil resolução, tais como teorias do início da vida, religião, questões biológicas, bioéticas, de fertilização assistida, entre outras, e, principalmente, sobre a própria personalidade jurídica, partindo-se de premissas constitucionais de proteção à pessoa humana que, por sua vez, perpassam pelos tratados internacionais que cuidam da matéria, além, é claro, da legislação civil que define a pessoa e fixa seus direitos, e das decisões judiciais, notadamente dos tribunais superiores, STJ e STF, que modulam a aplicação legal e constitucional, respectivamente.

Independentemente de inclinações científicas ou religiosas sobre esse grande tema, é preciso deixar claro, e não se pode esquecer, de maneira alguma, que o ser humano é destinatário da Ciência e do Direito, em todas as vertentes.

Assim, o presente estudo presta-se a analisar e cotejar temas que envolvem a proteção do nascituro, já desenvolvidos cientificamente, tanto sob a ótica civil quanto pelo biodireito e refletidas aqui, interagindo com a vasta e profunda jurisprudência do STJ.

2. CONCEITO E ETIOLOGIA

Nascituro é aquele que, estando concebido, ainda não nasceu e que, na vida intrauterina, tem personalidade jurídica formal, no que atina aos direitos da personalidade, passando a ter personalidade jurídica material alcançando os direitos patrimoniais e pessoais, que permanecem em estado potencial, somente com o nascimento com vida.

Há três teorias sobre o início da vida: a) natalista, que defende que a titularização de direitos e a personalidade jurídica são conceitos intimamente vinculados, de maneira que, inexistindo personalidade jurídica anterior ao nascimento, a consequência seria a de que também não haveria direitos titularizados ao nascituro, mas mera expectativa; b) personalidade condicional, para a qual a personalidade tem início com a concepção, porém submetida a uma condição suspensiva, qual seja, o nascimento com vida, assegurados, desde a concepção, os direitos da personalidade, inclusive para garantir o nascimento; e c) concepcionista, para a qual a personalidade jurídica inicia-se com a concepção, muito embora alguns direitos só possam ser plenamente exercitáveis com o nascimento, como os decorrentes de herança, legado e doação.

O Código Civil brasileiro adotou em princípio a teoria da personalidade condicional, todavia no art. 2.º põe a salvo os direitos do nascituro desde a concepção, adotando, em nossa opinião, teoria mista.[1]

---

[1] Nesse sentido, ao reconhecer a uma mulher o direito de receber o seguro DPVAT após sofrer aborto em decorrência de acidente de automóvel, o relator do Recurso Especial 1.415.727 do Superior Tribunal de Justiça (STJ), o Ministro Luis Felipe Salomão, alinhou-se mais à teoria concepcionista para a construção da situação jurídica do nascituro: "(...) inequívoco avanço, na doutrina, assim como na jurisprudência, acerca da proteção dos direitos do nascituro. A par das teorias que objetivam definir, com precisão, o momento em que o indivíduo adquire personalidade jurídica, assim compreendia como a capacidade de titularizar direitos e obrigações, é certo que o nascituro, ainda que considerado como realidade jurídica distinta da pessoa natural, é, igualmente, titular de direitos da

2.1. Etiologia do nascituro

Em Roma, para se ter personalidade jurídica completa, era preciso que houvesse nascimento perfeito e o *status*, ou seja, qualidade da qual advinham os direitos. Só tinha plena capacidade de direito quem detivesse o *status civilis* (liberdade, cidadania e família). A perda de um desses elementos gerava a *capitis diminutio*.

Nascimento perfeito requeria: nascimento com vida, ter forma humana e ter viabilidade, ou seja, condições de sobreviver.

Na Idade Média, os nascituros podiam ser contemplados em testamento e ser donatários.

Com o Cristianismo, surgiu a questão da proteção do nascituro, considerando-se que desde a concepção existe a alma, condenando-se o aborto intencional, e, para alguns, a alma só entrava no feto quando ele assumisse a forma humana.[2]

3. PERSONALIDADE JURÍDICA DO NASCITURO

Pessoa é o ente físico ou coletivo suscetível de direitos e obrigações, podendo intervir na produção e de decisão judicial para fazer valer seus direitos. Liga-se à pessoa a ideia de personalidade, que exprime a aptidão para adquirir direitos e contrair obrigações.

Capacidade é medida jurídica da personalidade.

Para ser pessoa basta que o ser humano exista e, para ser capaz, precisa preencher os requisitos necessários para agir por si como sujeito ativo ou passivo de uma relação jurídica.

A capacidade de direito não pode ser recusada ao indivíduo, sob pena de se negar sua qualidade de pessoa, despindo-se dos atributos da personalidade. No entanto, tal capacidade pode sofrer restrições legais quanto ao seu exercício pela intercorrência de um fator genérico como tempo ou insuficiência somática. Logo, a capacidade de fato ou de exercício é a aptidão de exercer por si os atos da vida civil.

---

personalidade (ao menos reflexamente)" (STJ, REsp 1.170.239, Rel. Min. Marco Buzzi).

[2] PONTES DE MIRANDA, Francisco Cavalcanti. *Tratado de direito privado*. São Paulo: RT, 1983. v. 1, p. 167-169; AMARAL, Francisco. O nascituro no direito civil brasileiro. *Revista Brasileira de Direito Comparado*, v. 8, n. 8, p. 75-89, 1990.

Se assim é, imprescindível será traçar algumas linhas sobre o início da personalidade natural.

Pelo Código Civil, art. 2.º, a personalidade jurídica inicia-se com o nascimento com vida, ainda que o recém-nascido venha a falecer instantes depois. Conquanto comece do nascimento com vida a personalidade civil da pessoa, a lei põe a salvo desde a concepção, os direitos do nascituro, como o direito à vida (CF, art. 5.º), à filiação (CC, arts. 1.596 e 1.597), à integridade física, à honra, à imagem, a alimentos, a uma adequada assistência pré-natal (ECA, art. 8.º), à representação (CC, art. 542, 1.630, 1.633, 1.779, parágrafo único), a um curador que o represente e zele pelos seus interesses (CC, arts. 542, 1.779 e parágrafo único), a ser adotado (ECA, arts. 2.º, 28, 45, §§ 1.º e 2.º, e 166), a ser reconhecido como filho (CC, art. 1.609, parágrafo único; ECA, art. 26), a ter legitimidade ativa na investigação de paternidade. Poder-se-á afirmar que na vida intrauterina tem o nascituro e na vida extrauterina tem o embrião, concebido *in vitro*, *personalidade jurídica formal*, no que atina aos direitos da personalidade, visto ter carga genética diferenciada desde a concepção, seja ela *in vivo* ou *in vitro* (Pacto de San Jose da Costa Rica, art. 4.º, I; Res. CFM 2.168/2017, seções I, n. 3 e 7, V, n. 2 e 3), passando a ter *personalidade jurídica material*, alcançando os direitos patrimoniais (*RT* 593/258) e obrigacionais, que se encontram em estado potencial, somente com o nascimento com vida (CC, art. 1.800, § 3.º).

Se nascer com vida adquire personalidade jurídica material, mas se tal não ocorre, nenhum direito patrimonial terá, por exemplo, suponhamos o caso de um homem que, recentemente casado pelo regime de separação de bens, faleça, num desastre, deixando pais vivos e viúva grávida. O quinhão do nascituro ficará reservado em poder do inventariante até seu nascimento (CPC, art. 650). Se nascer morto, o bebê não adquire personalidade jurídica material e, portanto, não recebe nem transmite herança de seu pai, que ficará com os avós paternos, pois em nosso direito a ordem de vocação hereditária é descendentes em concorrência com cônjuge sobrevivente, ascendente em concorrência com consorte, cônjuge sobrevivente, colaterais até o 4.º grau (CC, art. 1.829, I a IV) e o Município, Distrito Federal ou União havendo declaração de vacância da herança (CC, art. 1.822). Se nascer vivo, receberá a herança e, se por acaso vier a falecer logo em seguida, a herança passará à sua mãe, provando-se o seu nascimento com vida pela demonstração de presença de ar nos pulmões.[3]

---

[3] DINIZ, Maria Helena. *Curso de direito civil brasileiro*. São Paulo: Saraiva, 2018. v. 1, p. 231-235.

Nesse sentido, ao reconhecer a uma mulher o direito de receber o seguro DPVAT[4] após sofrer aborto em decorrência de acidente de automóvel, o relator do REsp 1.415.727 do STJ, o Ministro Luis Felipe Salomão, alinhou-se, mais à teoria concepcionista para a construção da situação jurídica do nascituro.

Em seu voto no REsp 1.415.727, o Ministro ressaltou que é garantida aos ainda não nascidos a possibilidade de receber doação (art. 542 do CC) e de ser curatelado (art. 1.779), além da especial proteção do atendimento pré-natal (art. 8.º do ECA). O relator ainda citou as disposições do Código Penal, no qual o crime de aborto é alocado no título referente a "crimes contra a pessoa", no capítulo dos "crimes contra a vida".

"Mesmo que se adote qualquer das outras duas teorias restritivas, há de se reconhecer a titularidade de direitos da personalidade ao nascituro, dos quais o direito à vida é o mais importante", afirmou. Para ele, garantir ao nascituro expectativas de direitos – ou mesmo direitos condicionados ao nascimento – "só faz sentido se lhe for garantido também o direito de nascer, o direito à vida, que é direito pressuposto a todos os demais".

4. DIREITOS DO NASCITURO

O nascituro tem resguardado, normativamente, desde a concepção os seus direitos, porque a partir dela passa a ter existência a vida orgânica e biológica própria, independentemente de sua mãe.

Se as normas o protegem, é porque tem personalidade jurídica. Na vida intrauterina tem, como vimos, *personalidade jurídica formal*, relativamente aos direitos da personalidade, consagrados constitucionalmente, adquirindo *personalidade jurídica material* apenas se nascer com vida, ocasião em que será titular dos direitos patrimoniais, que se encontravam em estado potencial, e do direito às indenizações por dano moral e patrimonial por ele sofrido. Receberá tal indenização a partir do nascimento até completar a maioridade civil.[5]

---

[4] "(...) 3. As teorias mais restritivas dos direitos do nascituro – natalista e da personalidade condicional – fincam raízes na ordem jurídica superada pela Constituição Federal de 1988 e pelo Código Civil de 2002. O paradigma no qual foram edificadas transitava, essencialmente, dentro da órbita dos direitos patrimoniais. Porém, atualmente isso não mais se sustenta. Reconhecem-se, corriqueiramente, amplos catálogos de direitos não patrimoniais ou de bens imateriais da pessoa – como a honra, o nome, imagem, integridade moral e psíquica, entre outros (...)".

[5] DINIZ, Maria Helena. *Código Civil anotado*, 1999, cit., p. 9; *Curso de direito civil brasileiro*. São Paulo: Saraiva, 2018. v. 7, p. 235-236.

O reconhecimento do direito à vida desde a concepção fez com que se proíba o aborto (CP, arts. 124 a 128) e, ante as disposições constitucionais, o Estado tem o dever de salvaguardar a inviolabilidade da vida humana.[6]

Não se poderá sobrepor ao direito ao respeito à vida humana o de abortar, para atender a interesses socioeconômicos, ideológicos ou particulares da gestante, para resguardar sua honra ou de sua saúde física ou mental, tampouco poder-se-ia admitir que uma mulher fique grávida com a finalidade de abortar e usar a medula espinhal do feto para atenuar a leucemia de um de seus filhos, para transplantar células fetais produtoras de insulina em seu próprio organismo e superar a diabetes de que padece ou para utilizar placenta como cosmético, em busca de rejuvenescimento. Houve até um caso em que uma mulher resolveu engravidar, mediante inseminação artificial com esperma doado por seu próprio pai, para abortar, logo em seguida, com o escopo de efetuar transplante das células cerebrais do feto em seu progenitor, que padecia do mal de Alzheimer.[7]

Seria admissível a interrupção seletiva da gestação se se detectasse afecção grave e incurável no feto, como, por exemplo, a anencefalia?

A ninguém é lícito, muito menos ao Estado, julgar o valor intrínseco de uma vida humana por suas deficiências. Nem mesmo eutanásia pré-natal por consenso dos pais deveria ser admitida, porque ninguém tem direito de controle sobre a sua própria vida, como poderia tê-lo com relação à vida alheia?

Se uma deficiência física ou psíquica fosse motivo para eliminar fetos, o que se deveria fazer com os que nasceram perfeitos e, por uma ironia do destino, contraíram enfermidades ou sofreram acidentes que os tornaram defeituosos? Matá-los?

Urge amparar e respeitar o nascituro; todavia, decisões já surgiram admitindo a prática de interrupção seletiva de gravidez em caso de anomalias fetais incompatíveis com a vida.

Seria tal interrupção seletiva da gestação por anencefalia um aborto "legal"? Parece-nos que não, apesar da liberação do aborto de criança anencéfala pelo STF (ao julgar a ADPF 54) não só ante a inviolabilidade dada do direito à vida, consagrado, constitucionalmente, com cláusula pétrea, como também pelo princípio da dignidade humana (CF, art. 1.º, III) e pelo princípio de que só há crime e pena se estabelecidos em lei e diante das circunstâncias

---

6   WILKE, J. C. *O aborto*. São Paulo: Paulinas, 1980. p. 204.

7   MARTINEZ, Stella M. Manipulação genética e direito penal. *Boletim do IBC-CRIM*, 1998. v. 6, p. 62.

de que apenas duas são as formas legais de exclusão de punibilidade do delito de aborto: a da ação médica salvadora da vida da mãe e a decorrente de indicação sentimental, em razão de estupro. Daí a inconsistência jurídica do pedido de autorização judicial para aborto eugênico, pois nenhum juiz (nem mesmo o STF) está autorizado a permitir a prática de um delito, cabendo-lhe indeferir *in limine* o pedido, devido a sua impossibilidade jurídica, por falta de amparo legal.

Para que matar o anencéfalo ou qualquer portador de moléstia grave na vida intrauterina, se poderá haver aborto espontâneo ou morte natural se nascer com vida?[8]

O nascituro não pode ser utilizado para fins lucrativos, pois, na condição de ser humano, seu corpo é *res extra commercium*, insuscetível de constituir objeto de ato negocial. Assim sendo, é inadmissível, juridicamente, a venda de nascituro em Internet, como denunciou recentemente o jornal católico italiano *Avvenere*, que vem sendo feita pela empresa americana *Vip Adoption*, criada por Michael Varsile, em 1990, para ser mediadora de uma alternativa de aborto, colocando ofertas de bebês antes de seu nascimento, a US$ 12 mil, a jovens grávidas ou a casais dispostos a adotá-los. Louvável seria tal atitude, se não houvesse comercialização.

O nascituro tem *direito ao pai* ou à paternidade certa, podendo ser adotado (ECA, art. 2.º) e reconhecido pelo genitor (ECA, art. 26; CC, art. 1.609, parágrafo único), e, não o sendo, mover ação de investigação de paternidade representado pela mãe ou, em casos excepcionais, pelo curador ao ventre cumulada com alimentos (*RT* 566/54 e 625/172; *RJTJ-RS* 104/418; *Lex* 150/90).

O nascituro tem, em caso de fertilização assistida, *direito à identidade genética*, que lhe vem sendo negado ante a exigência do anonimato do doador do material fertilizante e do receptor do material genético, mas é preciso esclarecer que anonimato não significa que se deva esconder tudo, pois nada obstará que se lhe revelem os antecedentes genéticos do doador, quando atingir a idade nupcial, para evitar incesto, daí a obrigatoriedade do registro de dados dos partícipes do processo de reprodução assistida e da criação de mecanismos de controle estatal da avaliação das doações feitas em bancos de sêmen e óvulos.

O nascituro deve ter assegurado o *direito à indenização por morte de seu pai* como compensação pelo fato de nunca tê-lo conhecido. A perda

---

[8] DINIZ, Maria Helena. *O estado atual do biodireito*. São Paulo: Saraiva, 2018. p. 71-88.

do genitor, argumenta Adail Moreira,[9] ainda que não sentida no ato de sua ocorrência pelo nascituro, afeta-lhe, contudo, posteriormente, quando nascido com vida, o psiquismo pelo sentimento de frustração ante a ausência da figura paterna, e a reparação por dano moral poderá, a título de compensação, minorar a "dor" da orfandade.

O nascituro tem *direito a alimentos* (ECA, art. 8.º, *RT* 650/220) para uma adequada assistência pré e pós-natal.[10]

O nascituro tem *direito a alimentos*, seus genitores zelarão por ele e, se não for reconhecido, por meio de sua mãe ou de *curator ventris*, deverá pleitear a investigação de paternidade cumulada com alimentos civis, para que possa desenvolver-se, alcançando, por exemplo, despesas médico-hospitalares, incluindo cirurgias intrauterinas, ultrassonografias, parto etc. (*RT* 650/220).[11]

A Lei 11.804/2008 criou, tutelando o feto, pensão alimentícia para o pagamento de despesas adicionais advindas de mulher grávida, da concepção ao parto (*alimentos gravídicos*) para atender a suas necessidades (alimentação especial, internação hospitalar, parto etc.), tendo por base as possibilidades econômicas do futuro e suposto pai, considerando-se a contribuição que também deverá ser dada pela gestante, na proporção dos recursos de ambos. E, se os genitores não puderem arcar com o ônus, os avós deverão assegurar a subsistência daquele que vai nascer (alimentos gravídicos avoengos – TJSP, AI 994093320085, Rel. Piva Rodrigues, j. 26.01.2010). Consequentemente, o nascituro também seria o titular indireto desses

---

[9] PAULO, Beatrice Marinho. Novos caminhos da filiação: a responsabilidade de pais e de genitores – questões polêmicas. *Revista Síntese, Direito de Família*, v. 13, n. 69, p. 75-103, 2012; DINIZ, Maria Helena. *Curso de direito civil brasileiro*, cit., v. 7, p. 244.

[10] ALMEIDA, Silmara J. A. Chinelato e. Direito do nascituro a alimentos – uma contribuição do direito romano. *Revista de Direito Civil, Imobiliário, Agrário e Empresarial*, v. 14, n. 54, p. 52-60, out.-dez. 1990.

[11] CAHALI, Francisco. Alimentos gravídicos. *Direito das famílias*: homenagem a Rodrigo da Cunha Pereira. Organização Maria Berenice Dias. São Paulo: RT, 2009. p. 578-588; YARSHELL, Flávio. Temas de direito processual na Lei n. 11.804/2008 – ação de alimentos gravídicos. *Carta Forense*, p. 6, fev. 2009; LOUZADA, Ana Maria. Alimentos gravídicos e a nova execução de alimentos. In: BASTOS, Eliene; ASSIS, Arnaldo C. de; SANTOS, Marlouve M. S. (coord.). *Família e jurisdição III*. Belo Horizonte: Del Rey, 2010. p. 35-46; GABURRI, Fernando. Análise crítica da Lei de alimentos gravídicos. *Revista IOB de Direito de Família*, v. 11, n. 54, p. 56-71, jun.-jul. 2009; DINIZ, Maria Helena. *Curso de direito civil brasileiro*. São Paulo: Saraiva, 2018. v. 5, p. 706-708.

alimentos, visto que se trata de verbas necessárias para que a gestante tenha uma gravidez saudável e um filho sadio. Ensina-nos Flávio Luiz Yarshell:

> A prestação jurisdicional deve, de um lado, tanto quanto possível, ser célere, de outro lado o exame do pleito e a fixação dos alimentos devem atentar para a garantia do devido processo legal, de sorte a impedir que o patrimônio do requerido seja afetado, quiçá de forma irreversível, sem que tenha tido oportunidade de defesa útil (...). O art. 6.º da Lei n. 11.804/2008 (...) estatui singelamente que o juiz, tanto que, convencido da existência de indícios da paternidade: fixará os alimentos que perdurarão até o nascimento da criança; considerando-se as necessidades da parte autora e as possibilidades da parte ré (nesse sentido *Bol. AASP* 2656: 595-09). Em primeiro lugar, convém destacar que a demanda em questão traz consigo o ônus da alegação da a) relação de paternidade entre o feto e o réu; b) possibilidade de o requerido prestar alimentos desde a gestação; e c) necessidade de recebimento.[12]

Após o nascimento com vida, o valor fixado a título de alimentos gravídicos converter-se-á *ipso iure* em pensão alimentícia do menor até que seja requerida, por alguma das partes, a revisão daquele *quantum*. Fácil é perceber que tal lei tem por escopo proteger o nascituro e gera sua presunção *juris tantum* de paternidade. E se, após o nascimento, houver exame de DNA, comprovando que a criança não é filha do alimentante, este deverá pleitear, judicialmente, a exoneração da pensão alimentícia.

Nesse sentido, a Terceira Turma do STJ, sob a relatoria do Ministro Marco Aurélio Belizze, em REsp 1.629.423/SP, estabeleceu que os alimentos gravídicos, destinados à gestante para cobertura das despesas no período compreendido entre a gravidez e o parto, devem ser automaticamente convertidos em pensão alimentícia em favor do recém-nascido, independentemente de pedido expresso ou de pronunciamento judicial. Assim colocou: "Tal conversão automática não enseja violação à disposição normativa que exige indícios mínimos de paternidade para a concessão de pensão alimentícia provisória ao menor durante o trâmite da ação de investigação de paternidade. Isso porque, nos termos do *caput* do artigo 6.º da Lei 11.804/2008, para a concessão dos alimentos gravídicos já é exigida antes a comprovação desses mesmos indícios da paternidade".

---

[12] YARSHELL, Flávio. Temas de direito processual na Lei n. 11.804/2008 – ação de alimentos gravídicos. *Carta Forense*, fev. 2009, p. 6.

Com a concepção, surge o DNA (imagem científica da pessoa), consequentemente a imagem-retrato, logo o nascituro tem *direito à imagem*, pois poderá ela ser captada por ultrassonografia, câmeras fotográficas miniaturizadas ou radiografias. Assim, se captada, utilizada ou publicada sem autorização de seus pais ou de curador ao ventre, causando-lhe dano, poderá pleitear uma indenização (TJSP, Ap. Cível 406.855-4/6-00, Rel. Des. Benedito Silvério).

O nascituro poderá receber bens por doação (CC, art. 542) e por herança (CC, arts. 1.798 e 1.799), mas o direito de propriedade somente incorporará em seu patrimônio, se nascer com vida, mesmo que faleça logo em seguida, hipótese em que os bens, recebidos por liberalidade, transmitir-se-ão aos seus sucessores. Se nascer morto, caduca estará a doação ou sucessão legítima ou testamentária. Enquanto estiver na vida intrauterina, seus pais ou curador ao ventre serão meros guardiães ou depositários desses bens doados ou herdados, bem como de seus frutos e produtos. Logo, não são usufrutuários; deverão guardá-los sem deles gozar, não tendo *usus* nem *fructus*.[13]

Os arts. 542 e 1.779, parágrafo único, do Código Civil e os arts. 297 e 301 do CPC garantem à gestante ou ao curador a *posse* em nome do nascituro dos direitos que lhe assistirem, mediante o emprego da tutela provisória. Assim, a mulher que, para assegurar os direitos do filho nascituro, quiser provar sua gravidez deverá, munida de certidão de óbito da pessoa de quem o feto é sucessor, requerer ao órgão judicante que, ouvido o Ministério Público, mande examiná-la por um médico de sua nomeação. Tal exame será dispensado, se os demais herdeiros do falecido aceitarem a declaração da requerente. Com a apresentação do laudo que reconheça o estado de gravidez, o magistrado deverá declarar por sentença a requerente investida na posse dos direitos que couberem ao nascituro. Se ela não puder exercer o poder familiar, nomear-se-á curador ao nascituro que, então, velará pelos seus interesses.

Como se vê, inúmeros são os direitos do nascituro, por ser considerado, pelo direito, em nossa opinião, um ente dotado de personalidade jurídica formal e material.[14]

---

[13] PONTES DE MIRANDA, Francisco Cavalcanti. *Tratado de direito privado*. São Paulo: RT, 1983. v. 58, p. 29; DINIZ, Maria Helena. *Código Civil anotado*. São Paulo: Saraiva, 2015. p. 816 e 1.072; *Curso de direito civil brasileiro* cit., v. 7, p. 245.

[14] DINIZ, Maria Helena. *Curso de direito civil brasileiro* cit., v. 7, p. 245-246; *O estado atual do biodireito* cit., p. 113-127; BIGOTTE CHORÃO, Mário Emílio. Concepção realista da personalidade jurídica e estatuto do nascituro. *Revista Brasileira de Direito Comparado*, Rio de Janeiro, n. 17, p. 271-296, 1999; OLIVEIRA, Euclides. *Indenização por danos morais ao nascituro no séc. XXI*. Coordenação Roberto Senise Lisboa e Maria Helena Diniz. São Paulo: Saraiva, 2003. p. 146-166.

O nascituro tem *capacidade de direito*, mas não a de exercício, devendo seus pais ou, na incapacidade ou impossibilidade deles, o curador ao ventre ou ao nascituro zelar pelos seus interesses,[15] tomando medidas processuais em seu favor, administrando os bens que vão lhe pertencer, se nascer com vida, dependendo em seu nome a posse, resguardando sua parte na herança, aceitando doações ou pondo a salvo as suas expectativas de direito. Com o nascimento com vida, seus pais assumem o poder familiar; cessarão suas funções, terminando a curatela, nomeando-se um tutor ao nascido.

5. RESPONSABILIDADE CIVIL POR DANO MORAL E/OU PATRIMONIAL CAUSADO A NASCITURO

Condutas lesivas ao nascituro, além de ilícitas, transformam o feto em objeto, tornando-o meio para alcançar um fim, ferindo sua dignidade como pessoa humana.

Se o nascituro não pôde, por exemplo, exercer seu direito de viver, em razão de sua morte ter sido provocada por negligência médica, atropelamento ou acidente de trânsito sofrido por sua mãe, terá ele direito de ser indenizado não só por isso, mas também por lesão à sua integridade física. Indenizável é, por dano moral, a morte prematura do nascituro pelo sofrimento que provoca e pela perda de uma possibilidade a que seus pais tinham legítimo interesse, qual seja, a de que ele pudesse um dia prestar-lhes auxílio pessoal ou econômico.

Na vida intrauterina, até mesmo em caso de fertilização assistida *in vitro*, dever-se-á ter o mais absoluto respeito pela vida e integridade física e mental dos embriões ou dos nascituros, sendo suscetível de indenização por dano moral qualquer lesão que venham a sofrer, com deformações, traumatismos, toxi-infecções, intoxicações etc., em caso de:[16]

> a) manipulações genéticas, que somente serão lícitas se feitas para corrigir anomalia hereditária (Código de Ética Médica, arts. 15 *in fine* e 16; Res. CFM 2.168/2017, seção VI, n. 1, 2 e 3) do próprio feto;
>
> b) experiência científica para obter ser geneticamente superior com determinado sexo ou caracteres genéticos; estudo de certas moléstias, que são admissíveis somente para assegurar sua cura

---

[15] SEMIÃO, Sérgio. *Os direitos do nascituro*: aspectos cíveis, criminais e do biodireito. Belo Horizonte: Del Rey, 1998. p. 34, 89, 90 e 111.

[16] DINIZ, Maria Helena. *Curso de direito civil brasileiro* cit., v. 7, p. 237-243; *O estado atual do biodireito* cit. p. 152-167.

ou sua sobrevivência, para impedir transmissão de uma moléstia hereditária (Res. CFM 2.168/2017, seção VI, 1 a 3) ou para aproveitar suas células e tecidos, cultivando-os para fins de transplantes;

c) defeitos apresentados no material fertilizante doado para fins de reprodução assistida, não detectados pelo profissional da saúde;

d) diagnóstico pré-natal, pois mediante testes e exames é possível corrigir defeitos antes do nascimento, gerando responsabilidade civil médica, se algum dano lhe for causado pelas técnicas empregadas, tais como: *ressonância magnética*, que permite produzir imagem do nascituro, sem obter informação detalhada sobre seus órgãos; *amostra de vilo corial*, exame feito depois de dez semanas de gestação, em tecido que dá origem à placenta, que possibilita a previsão de certas moléstias, como síndrome de Down; *amniocentese*, que poderá causar desprendimento prematuro da placenta, perfuração de vísceras, embolia ou morte do feto, por consistir, a partir da 12.ª semana de gravidez, numa punção da cavidade amniótica não só para retirar líquido âmnico, examiná-lo e apurar algum desequilíbrio metabólico e o sexo do nascituro, detectar anomalias genéticas, anencefalia e malformação cerebral, ou averiguar a maturidade pulmonar do feto, mas também para introduzir substância para alimentação intrauterina do feto e, ainda, induzir ao parto; *amnioscopia*, que é a obtenção de amostra de pele ou de sangue fetal por aspiração placentária para verificar se houve ruptura da bolsa, morte fetal ou se se configurou a mola hidatiforme. Essa técnica poderá acarretar hemorragia, infecção fetal e desencadeamento do trabalho de parto; fotoscopia, feita para diagnóstico de doença ou desordem metabólica; *alfafetoproteína*, exame de sangue da mãe para dosar uma proteína produzida pelo feto, cuja falta ou excesso poderá indicar malformações; *ultrassonografia*, para indicar anomalias anatômicas do nascituro etc.;

e) cirurgias extrauterinas, como aquela feita em caso de uropatia obstrutiva, mediante drenagem para corrigir obstrução da bexiga, evitando a morte do feto assim que nascer, e hidrocefalia, pela qual se faz drenagem cerebral etc.;

f) eritroblastose fetal, incompatibilidade sanguínea entre a mãe e o feto, que por não ter sido detectada pode trazer problemas para o nascituro;[17]

---

[17] ALMEIDA, Silmara J. A. Chinelato e. Bioética e dano pré-natal. *Revista Brasileira de Direito Comparado*, n. 17, p. 318, 1999.

g) ausência de vacinação, se o fator Rh do tipo sanguíneo da mãe não for compatível com o do pai do nascituro, que poderá ter problemas, caso seja o segundo filho e não tenha havido aplicação de vacina;

h) transfusão de sangue contaminado no feto ou de doenças, por exemplo, AIDS, sífilis;

i) omissões de terapias gênicas por parte dos médicos;

j) medicação inadequada ministrada à gestante, por exemplo, talidomida, remédio contra ansiedade e náuseas, que provoca graves deformações no nascituro, dando origem a uma indenização por dano moral e pagamento de uma pensão especial;

k) radiações (Raios X), que podem lesar o feto, acarretando hidrocefalia, mongolismo, defeitos de ossificação etc.;

l) fumo, pois, se a grávida for fumante inveterada, a nicotina e o monóxido de carbono poderão atingir seus pulmões, ir ao sangue e, por meio da placenta, atingir o feto, podendo trazer-lhe problemas cardíacos, malformação e nascimento prematuro;

m) tóxicos consumidos pelos pais, mesmo para fins terapêuticos, que poderão afetar o nascituro em seu desenvolvimento psíquico e físico;

n) alcoolismo, pois descendentes de alcoólatras podem nascer retardados ou ter problemas psíquicos;

o) uso errôneo de hormônio antes da terceira fase de trabalho de parto pode produzir contrações uterinas, asfixiando o nascituro;

p) recusa da gestante a ingerir medicamento ou de se submeter a uma intervenção cirúrgica ou médica para preservar saúde do nascituro;[18]

q) problema ocorrido no parto por falha médica;

r) uso de abortivos, como DIU de cobre, que, quando não eliminam o feto, causam-lhe sérias lesões;

s) ocorrência de acidentes, pois, por exemplo, na Austrália, uma grávida, imprudentemente, ao ajudar a reunir o gado com uma caminhonete, veio a capotar, fazendo com que sua filha nascesse com deficiência cerebral. Esta, em 1986, representada por seu tio, processou sua mãe e a justiça condenou-a a pagar quantia indenizatória por prejuízo pré-natal.[19]

---

[18] ALMEIDA, Silmara J. A. Chinelato e. Bioética e dano pré-natal cit., p. 319.

[19] *Veja*, 14 ago. 1991, p. 67.

A jurisprudência tem sustentado o direito da criança de movimentar a máquina judiciária para obter indenização por dano pré-natal contra o lesante, seja ele sua mãe ou o médico (CC, arts. 186 e 951).

A jurisprudência do STJ tem possibilitado (Ag. 1.268.980/PR, Rel. Min. Herman Benjamin, *DJ* 02.03.2010) ao nascituro a indenização por danos morais, os quais devem ser decorrentes da violação da dignidade da pessoa humana (em potencial), desde que, de alguma forma, comprometam seu desenvolvimento digno e saudável no ambiente intrauterino e o consequente nascimento com vida, ou repercutam na vida após o nascimento.

No entanto, como essa jurisprudência assim reconhece, não são todas as situações jurídicas a que submetidas o concebido que ensejarão o dever de reparação, senão aquelas das quais ocorram consequências funestas à saúde do nascituro ou suprimam-no do convívio de seus pais ante a morte destes. Foi o que entendeu a decisão prolatada no REsp 1.170.239 do STJ, cujo relator foi o Ministro da 4.ª Turma, Marco Buzzi, afastando a possibilidade de indenização por danos morais à nascitura, em virtude da realização de exame de ultrassonografia cujo resultado, erroneamente, indicou que ela teria síndrome de Down. Tanto o centro radiológico responsável pelo exame quanto a operadora do plano privado de saúde foram condenadas solidariamente a pagar indenização aos pais da criança, mas fez justamente a observação expressa anteriormente, citando precedente, no sentido de que não são todas as situações jurídicas a que submetidas o concebido que ensejarão o dever de reparação, senão aquelas das quais ocorram consequências funestas à saúde do nascituro. Assim ponderando, concluiu:

> (...) Portanto, não há falar em dano moral suportado pelo nascituro, pois dos contornos fáticos estabelecidos pelas instâncias ordinárias, sobressai clarividente que tal erro não colocou em risco a gestação, e tampouco repercutiu na vida da terceira autora (a filha), após seu nascimento.

Vale trazer à baila, ainda dentro dessa decisão (REsp 1.170.330, STJ) e da discussão acerca das teorias sobre o início da vida, aliada aos posicionamentos sobre outros temas ligados ao nascituro, a curiosa assertiva, de certa forma adotando a teoria mista, do relator:

> (...) inequívoco avanço, na doutrina, assim como na jurisprudência, acerca da proteção dos direitos do nascituro. A par das teorias que objetivam definir, com precisão, o momento em que o indivíduo

adquire personalidade jurídica, assim compreendida como a capacidade de titularizar direitos e obrigações, é certo que o nascituro, ainda que considerado como realidade jurídica distinta da pessoa natural, é, igualmente, titular de direitos da personalidade (ao menos reflexamente).

Outra decisão que merece destaque no tocante à responsabilidade civil, no caminho que vem sendo trilhado pelo STJ, é a consubstanciada no REsp 931.556, cuja relatora é a Ministra Nancy Andrighi, da Terceira Turma, decisão que manteve indenização igual, tanto para os filhos nascidos da vítima quanto para o nascituro, decorrente de danos morais e materiais pela morte de um empregado e, em virtude de acidente de trabalho, negando recurso da empresa condenada para diminuição da indenização com relação ao nascituro, por ter sofrido abalo menor à época do falecimento. Ponderou a relatora que, se fosse possível mensurar o sofrimento decorrente da ausência de um pai, ela se arriscaria a dizer que a

(...) dor do nascituro poderia ser considerada ainda maior do que aquela suportada por seus irmãos, já vivos quando do falecimento do genitor. Afinal, amor do que a agonia de perder um pai, é a angústia de jamais ter podido conhecê-lo, de nunca ter recebido dele um gesto de carinho, enfim, de ser privado de qualquer lembrança ou contato, por mais remoto que seja, com aquele que lhe proporcionou a vida.

6. QUESTÃO DA PERDA DA CHANCE PELO NASCITURO E O DANO EXISTENCIAL

O agravo a nascituro em sua integridade física e psíquica causa a perda de sua aptidão de experimentar as situações prazerosas da vida.

E o critério mais acertado estará em condicionar a indenização a que faz jus em condicioná-la a uma probabilidade objetiva, resultante do desenvolvimento normal dos acontecimentos, conjugado às circunstâncias peculiares do caso concreto. Trata-se não de um eventual benefício perdido pelo nascituro, mas da perda da chance de oportunidade ou de expectativa (frustração de uma oportunidade) em que seria obtido, como diz Jeová Santos, um benefício, caso não houvesse o corte abrupto em decorrência de um ato ilícito, que requer emprego do tirocínio equitativo do órgão judicante, distinguindo a possibilidade, fazendo uma avaliação das perspectivas favoráveis ou não à situação do lesado (nascituro), para atingir a proporção da reparação e deliberar seu *quantum*. Logo, nesta última hipótese, a indenização não seria do ganho que deixou de ter, mas, na verdade, da chance frustrada. A perda da chance é a frustração de probabilidade de obtenção de um benefício na esfera jurídica de quem foi lesado, moral ou patrimonialmente, por um ato comissivo ou omissivo do lesante.

É um tipo de dano indenizável pela perda de uma oportunidade de alcançar uma vantagem futura. A perda de uma chance é um dano real indenizável, se se puder calcular o grau de possibilidade de sua concretização ou cessação do prejuízo. Se assim é, o dano deve ser apreciado, em juízo, segundo maior ou menor grau de probabilidade de converter-se em certeza.

A perda de uma oportunidade é um dano cuja avaliação é difícil, por ser impossível a condução da vítima ao *statu quo ante*, pois não mais terá a chance perdida. O lesado deve ser indenizado pelo equivalente daquela oportunidade, logo o prejuízo terá um valor que variará conforme maior ou menor probabilidade de a chance perdida se concretizar. Exemplificativamente, ante o direito de a criança ter um pai, podemos apontar como perda da chance o fato de uma grávida esconder sua gravidez e o posterior nascimento da criança do pai, frustrando a convivência paterno-filial.

A perda da chance de auferir vantagem ou evitar um evento desfavorável constitui um dano moral ou patrimonial em razão da oportunidade perdida.

Para Jeová Santos,[20] a perda da chance deverá ser quantificada, considerando-se:

> a) a situação do lesado, se a oportunidade invocada como perdida tivesse se realizado;
>
> b) a chance em si mesma, a ser avaliada em função do interesse prejudicado, do grau de probabilidade de sua produção e do caráter reversível ou irreversível do prejuízo que provoque sua frustração;
>
> c) o montante indenizatório que adviria da realização da chance.

Como se pode ver, o nascituro (lesado) não receberia a totalidade da vantagem esperada, mas uma porcentagem proporcional à probabilidade de sua concretização.

Urge não olvidar que a perda da chance, advinda de dano moral, abarca o *dano existencial*, ou dano a um projeto de vida, por ser uma lesão à existência

---

[20] SANTOS, Jeová. *Dano moral indenizável*. São Paulo: RT, 2003. p. 107-108.

e à dignidade do nascituro, decorrente da violação de um de seus direitos fundamentais, que provoca frustração, ou melhor, modificação nas atividades cotidianas que viria a ter para a consecução de um pretendido plano de vida pessoal, pouco importando a repercussão econômica, dando azo a um ressarcimento para que haja proteção à personalidade.

O dano à existência infere na qualidade de vida, modifica relação da vítima na família, na escola, na profissão, na vida amorosa etc., pois exige uma reprogramação e um relacionar-se de forma diferente no contexto sociocultural ou no mundo que a circunda, visto que sofreu lesão no seu direito de autodeterminação ou de moldar sua vida e seu destino.[21]

Na decisão do REsp 931.556, vale trazer à colação, nesse sentido, as ponderações da relatora, Ministra Nancy Andrighi, da 3.ª Turma do STJ, afirmando que, se fosse possível mensurar o sofrimento decorrente da ausência de um pai, ela se arriscaria a dizer que a

> (...) dor do nascituro poderia ser considerada ainda maior do que aquela suportada por seus irmãos, já vivos quando do falecimento do genitor. Afinal, amor do que a agonia de perder um pai, é a angústia de jamais ter podido conhecê-lo, de nunca ter recebido dele um gesto de carinho, enfim, de ser privado de qualquer lembrança ou contato, por mais remoto que seja, com aquele que lhe proporcionou a vida.

7. PROTEÇÃO JURÍDICA DO NASCITURO COMO EXPRESSÃO DO PRINCÍPIO DO RESPEITO À DIGNIDADE HUMANA

É preciso ter como paradigma o respeito à dignidade do nascituro como pessoa humana (CF, art. 1.º, III). A pessoa humana e sua dignidade constituem fundamento e fim da sociedade e do Estado, sendo o valor que sempre prevalecerá, impedindo qualquer conduta que venha a reduzir o nascituro à condição de coisa, retirando dele sua dignidade e o direito a uma vida digna.

---

[21] DINIZ, Maria Helena. *Curso de direito civil brasileiro* cit., v. 7, p. 87-100; ARAÚJO, Vanessa. A perda de uma chance. In: TARTUCE, Flávio; CASTILHO, Ricardo (coord.). *Direito civil*: direito patrimonial e direito existencial São Paulo: Método, 2006. p. 439-470; SANTOS, Jeová. *Dano moral indenizável* cit., p. 107-108; DONINNI, Rogério. *Responsabilidade civil na pós-modernidade*. Porto Alegre: Fabris, 2015. p. 97-112.

Sábias são as palavras de Norberto Bobbio de que,

(...) mais que um renascimento do jusnaturalismo, se deveria falar do retorno daqueles valores que tornam a vida humana digna de ser vivida e que os filósofos proclamam, com o fim de justificar segundo os tempos e as condições históricas, com argumentos tomados da concepção geral do mundo prevalecente na cultura de uma época.[22]

Urge, portanto, a imposição de limites à lei, à jurisprudência, à medicina, reconhecendo-se que o respeito ao ser humano em todas as suas fases evolutivas (antes de nascer, no sofrer e no morrer) só é alcançado se estiver atento à dignidade humana.

O respeito à vida humana digna, paradigma bioético, deve estar presente na ética, na jurisprudência e no ordenamento jurídico de todos os países.

Como ficar inerte diante das agressões à dignidade dos nascituros que são seres humanos ou de desrespeito à sua vida sob o pretexto de buscar novos benefícios para a humanidade? Como silenciar diante de injustiças cometidas contra nascituro, aceitando que os fins justificam os meios?

Com o reconhecimento do respeito à dignidade humana do nascituro, o direito passa a ter um sentido humanista, estabelecendo um vínculo com a justiça. Os direitos, decorrentes da condição humana do nascituro e de suas necessidades fundamentais, referem-se à preservação de sua vida e de sua integridade física e psíquica.

Os aplicadores do direito e todos os seres humanos devem intensificar sua luta em favor do respeito à dignidade humana, sem acomodações e com muita coragem, para que haja efetividade dos direitos do nascituro.[23]

CONCLUSÃO

Com a finalidade de garantir a proteção jurídica ao nascituro, do que se abordou neste estudo, pode-se asseverar que, independentemente de inclinações científicas ou religiosas sobre o tema, é preciso deixar claro que o ser humano é destinatário da Ciência e do Direito, em todas as vertentes.

O nascituro tem personalidade jurídica formal no que atina aos direitos da personalidade, passando a ter personalidade jurídica material, alcançando

---

[22] BOBBIO, Norberto. *IX Congresso Internacional de Filosofia*. México, 1963. p. 63.
[23] DINIZ, Maria Helena. *O estado atual do biodireito* cit., p. 9-19.

os direitos patrimoniais e obrigacionais que se encontram em estado potencial, somente com nascimento com vida.

Condutas lesivas ao nascituro, além de ilícitas, transformam o feto em objeto, tornando-se meio para alcançar um fim, ferindo sua dignidade como pessoa humana.

Os pais poderão ser responsabilizados por danos causados ao nascituro por: [24]

- dano genético que dificulta a convivência ou qualidade de vida, oriundo de substâncias radioativas usadas durante a gestação ou condição hereditária dos genitores que provocam malformação genética. Daí a importância de aconselhamento genético, exames médicos preventivos ou de tratamento ou, ainda, de evitar gravidez;
- dano pré-natal pelo fumo, pela ingestão de álcool, drogas (cocaína, maconha etc.) durante a gravidez, que possam lesar o nascituro, retardando seu crescimento, causando disfunção do sistema nervoso central etc.;
- art. 12 do CC, art. 127 da CF e art. 201, III e VIII, do ECA – tutela dos direitos da personalidade, logo o filho maior ou emancipado poderá pleitear indenização contra os pais por danos causados durante a vida intrauterina (CC, art. 197, II). Se incapaz, só poderá propor tal ação por meio de assistência ou representação;
- o nascituro poderá propor ação por meio de curador especial, art. 1.779 do Código civil ou do outro representante legal (pai) contra a mãe por ato culposo, destituída do poder familiar.

REFERÊNCIAS

ALMEIDA, Silmara J. A. Chinelato e. Bioética e dano pré-natal. *Revista Brasileira de Direito Comparado*, n. 17, 1999.

ALMEIDA, Silmara J. A. Chinelato e. Direito do nascituro a alimentos – uma contribuição do direito romano. *Revista de Direito Civil, Imobiliário, Agrário e Empresarial*, v. 14, n. 54, p. 52-60, out.-dez. 1990.

---

[24] DELGADO, Mário. Lei brasileira permite responsabilizar os pais por danos causados ao nascituro. Disponível em: https://www.conjur.com.br/2017-nov.-05/processo-familiar. Acesso em: 26 jan. 2020.

AMARAL, Francisco. O nascituro no direito civil brasileiro. *Revista Brasileira de Direito Comparado*, v. 8, n. 8, p. 75-89, 1990.

ARAÚJO, Vanessa. A perda de uma chance. In: TARTUCE, Flávio; CASTILHO, Ricardo (coord.). *Direito civil*: direito patrimonial e direito existencial São Paulo: Método, 2006.

BIGOTTE CHORÃO, Mário Emílio. Concepção realista da personalidade jurídica e estatuto do nascituro. *Revista Brasileira de Direito Comparado*, Rio de Janeiro, n. 17, p. 271-296, 1999.

BOBBIO, Norberto. *IX Congresso Internacional de Filosofia*. México, 1963.

CAHALI, Francisco. Alimentos gravídicos. *Direito das famílias*: homenagem a Rodrigo da Cunha Pereira. Organização Maria Berenice Dias. São Paulo: RT, 2009.

DELGADO, Mário. Lei brasileira permite responsabilizar os pais por danos causados ao nascituro. Disponível em: https://www.conjur.com.br/2017-nov.-05/processo-familiar. Acesso em: 26 jan. 2020.

DINIZ, Maria Helena. *Código Civil anotado*. São Paulo: Saraiva, 1999.

DINIZ, Maria Helena. *Código Civil anotado*. São Paulo: Saraiva, 2015.

DINIZ, Maria Helena. *Curso de direito civil brasileiro*. São Paulo: Saraiva, 2018. v. 5.

DINIZ, Maria Helena. *Curso de direito civil brasileiro*. São Paulo: Saraiva, 2018. v. 7

DINIZ, Maria Helena. *Curso de direito civil brasileiro*. São Paulo: Saraiva, 2018. v. 1.

DINIZ, Maria Helena. *O estado atual do biodireito*. São Paulo: Saraiva, 2018.

DONINNI, Rogério. *Responsabilidade civil na pós-modernidade*. Porto Alegre: Fabris, 2015.

GABURRI, Fernando. Análise crítica da Lei de alimentos gravídicos. *Revista IOB de Direito de Família*, v. 11, n. 54, p. 56-71, jun.-jul. 2009.

LOUZADA, Ana Maria. Alimentos gravídicos e a nova execução de alimentos. In: BASTOS, Eliene; ASSIS, Arnaldo C. de; SANTOS, Marlouve M. S. (coord.). *Família e jurisdição* III. Belo Horizonte: Del Rey, 2010.

MARTINEZ, Stella M. Manipulação genética e direito penal. *Boletim do IBCCRIM*, 1998. v. 6.

OLIVEIRA, Euclides. *Indenização por danos morais ao nascituro no séc. XXI*. Coordenação Roberto Senise Lisboa e Maria Helena Diniz. São Paulo: Saraiva, 2003.

PAULO, Beatrice Marinho. Novos caminhos da filiação: a responsabilidade de pais e de genitores – questões polêmicas. *Revista Síntese, Direito de Família*, v. 13, n. 69, p. 75-103, 2012.

PONTES DE MIRANDA, Francisco Cavalcanti. *Tratado de direito privado*. São Paulo: RT, 1983. v. 1.

SANTOS, Jeová. *Dano moral indenizável*. São Paulo: RT, 2003.

SEMIÃO, Sérgio. *Os direitos do nascituro*: aspectos cíveis, criminais e do biodireito. Belo Horizonte: Del Rey, 1998.

WILKE, J. C. *O aborto*. São Paulo: Paulinas, 1980.

YARSHELL, Flávio. Temas de direito processual na Lei n. 11.804/2008 – ação de alimentos gravídicos. *Carta Forense*, p. 6, fev. 2009.

DIREITOS DA PERSONALIDADE

3

TUTELA E LIMITES AOS DIREITOS DA PERSONALIDADE: ONTEM, HOJE E AMANHÃ

SILVIO ROMERO BELTRÃO

SUMÁRIO: 1. Introdução; 2. Fundamentos do direito da personalidade: conceito e natureza jurídica; 3. Ontem: a ideia de direitos da personalidade; 4. Hoje: a dimensão constitucional da tutela dos direitos da personalidade; 5. Amanhã: a inclusão de deveres de bem comum; 6. Conclusão; Referências.

1. INTRODUÇÃO

O reconhecimento do valor real da pessoa natural para o seu valor jurídico tem percorrido um caminho complexo e longo.[1]

Para o direito positivo, a individualização do fundamento real do conceito jurídico de pessoa natural reporta-se às experiências da vida que constituem a base de qualquer valor de realidade humana, contudo põe-se imediatamente o problema da identificação da norma ou do princípio normativo, o qual atua na transformação do conceito do valor de pessoa natural na realidade da vida para um valor jurídico.[2]

---

[1]   CEDON, Paolo. *Le persone*: diritti dela personalità. Torino: UTET, 2000. p. 5.

[2]   MESSINETTI *apud* CEDON, Paolo. *Le persone*: diritti dela personalità cit., p. 5.

A pessoa natural representa um valor a tutelar, em suas inúmeras formas de expressão, em defesa dos elementos necessários à sua existência e desenvolvimento, no qual o direito atribui à pessoa a qualidade de sujeito de direito como conteúdo fundamental e finalístico da ordem jurídica, conforme a expressão de Hermogeniano: "omme ius causa hominum constitutum est".[3]

Nesse sentido, a personalidade humana como expressão espiritual e física da pessoa representa uma categoria especial que se manifesta pelas qualidades essenciais da pessoa, as quais devem ser objeto de um correspondente e determinado direito: o direito da personalidade.

Não há valor que supere o valor da pessoa humana. Assim, os direitos da personalidade são definidos como direitos essenciais do ser humano, os quais funcionam como o conteúdo mínimo necessário e imprescindível para a sua existência como pessoa.

A determinação dos direitos da personalidade decorre da sua peculiar função, consistente na satisfação das necessidades próprias das pessoas, que estão a elas ligadas num nexo muito estreito, que poderia dizer orgânico, e identificam-se com os mais elevados entre todos os bens susceptíveis de senhorio jurídico.[4]

No entanto, apesar do reconhecimento dos direitos da personalidade como direitos subjetivos da pessoa, ligados às manifestações físicas e espirituais, sua proteção ainda está intimamente ligada à figura da responsabilidade civil e à noção de bem e patrimônio, não obstante seus elementos constitutivos terem por fundamento os valores essenciais da pessoa humana.

> O que se pode deduzir das reconstruções teóricas modernas até agora é que não é mais suficiente individualizar o conceito jurídico de pessoa no ordenamento jurídico atual e, consequentemente, para identificar sua proteção, deve-se consultar categorias tradicionais baseadas nas noções de objeto, bem, lesão, dano e reparação. "Em que se baseia a ordem jurídica positiva das relações patrimoniais: características, essas que, para um grande setor das manifestações da personalidade, podem desempenhar uma posição auxiliar e instrumental da garantia formal, mas em que,

---

[3] ASCENSÃO, José de Oliveira. *Teoria geral do direito civil*. Coimbra: Editora Coimbra, 1997. p. 38; PEREIRA, Caio Mário da Silva. *Instituições de direito civil*. 19. ed. Rio de Janeiro: Forense, 1999. v. 1, p. 142; PUECHE, José Henrique Bustos. *Manual sobre bienes y derechos de la personalidad*. Madrid: Dykinson, 1997. p. 17.

[4] DE CUPIS, Adriano. *I diritti della personalità*. Milano: Giuffrè, 1959. p. 29.

no entanto, o valor legal último e fundamental da proteção da pessoa não reside".[5]

A patrimonialização dos bens da personalidade está superando o valor inerente e autêntico da noção de dignidade da pessoa humana, recebendo maior destaque, quando o conteúdo a ser valorizado deveria ser mesmo o dos direitos da personalidade, como o reconhecimento de um espaço mínimo de existência onde a pessoa tenha garantidos o gozo e o respeito ao seu próprio ser, em todas as suas manifestações espirituais ou físicas.[6]

A crítica que se pontua na presente introdução tem por escopo a consagração por Oliveira Ascensão do empolamento dos direitos fundamentais e da personalidade que verdadeiramente afasta o direito, na sua prática, do conteúdo essencial de defesa da pessoa humana.[7]

Esse empolamento está na jurisprudência por meio do uso desmesurado do princípio da dignidade da pessoa humana e do distanciamento das normas típicas dos direitos da personalidade, a ponto de quase esvaziar os seus fundamentos.

Assim, o desafio do presente artigo é identificar a tutela dos direitos da personalidade, fazendo referência à sua evolução histórica; a aplicação do direito na atualidade; uma visão crítica da proteção das situações típicas em face de seu tratamento pela jurisprudência; para, ao final, valorar os elementos que devem permear o direito do futuro.

A pesquisa terá apoio no direito comparado e na jurisprudência nacional, com o objetivo de permitir uma análise bibliográfica qualitativa sobre a aplicação dos direitos da personalidade nos dias atuais, possibilitando uma visão de futuro a sugerir novos comportamentos nas relações jurídicas da pessoa humana.

---

[5] CEDON, Paolo. *Le persone*: diritti dela personalità cit., p. 8.

[6] PUECHE, José Henrique Bustos. *Manual sobre bienes y derechos de la personal* cit., p. 18; BELTRÃO, Silvio Romero. *Direitos da personalidade*. São Paulo: Atlas, 2010. p. 12.

[7] "E, escorando-nos em certeira afirmação de Cavaleiro de Ferreira, verificamos que o empolamento dos direitos fundamentais implica que os afastemos cada vez mais da base que os deveria sustentar, que seria a imposição da personalidade humana" (ASCENSÃO, José de Oliveira. Os direitos de personalidade no Código Civil brasileiro. Disponível em: http://www.fd.ulisboa.pt/wp-content/uploads/2014/12/Ascensao-Jose-Oliveira-OS-DIREITOS-DE-PERSONALIDA-DE-NO-CODIGO-CIVIL-BRASILEIRO.pdf).

2. FUNDAMENTOS DO DIREITO DA PERSONALIDADE: CONCEITO E NATUREZA JURÍDICA

Com os direitos da personalidade quer-se fazer referência a um conjunto de bens que são tão típicos do indivíduo que chegam a se confundir com ele mesmo e constituem as manifestações da personalidade do próprio sujeito.[8]

Assim, podem-se definir os direitos da personalidade como categoria especial de direitos subjetivos que, fundados na dignidade da pessoa humana, garantem o gozo e o respeito ao seu próprio ser, em todas as suas manifestações espirituais ou físicas.[9]

Os bens da vida, da integridade física, da liberdade, apresentam-se de imediato como bens máximos, sem os quais os demais perdem todo o valor.[10]

Entretanto, por muito tempo, ainda na vigência do Código Civil de 1916, a defesa dos bens da personalidade ficou afastada dos tribunais privados, em face do repúdio à hipótese de ressarcimento do dano puramente moral.

A esse fato se agregavam a inexistência de procedimentos próprios para a defesa de direitos da personalidade e a falta de um reconhecimento explícito de seu caráter privado como direito subjetivo da pessoa.

Atualmente, o reconhecimento dos direitos da personalidade no Código Civil e na doutrina supera qualquer dúvida a respeito do caráter de bens e direitos privados da pessoa, mas, ainda assim, é importante perguntar por que destacar os direitos da personalidade como direitos subjetivos.

Pedro Pais de Vasconcelos define bem a importância de classificar os direitos da personalidade como direitos subjetivos, transferindo para a pessoa a força para exigir o respeito à sua própria dignidade, ao expor:

> A Idade Moderna construiu a teoria dos direitos subjectivos como defesa da pessoa – de cada pessoa – da sua liberdade e dignidade, contra a opressão do Estado e as agressões dos outros. O direito subjectivo vem dar à defesa da personalidade e da dignidade humana um poderosíssimo instrumento. Não é suficiente clamar do Estado que cumpra o seu dever de proteger a dignidade de cada

---

[8] MOTES, Carlos Maluquer de. *Derecho de la persona y negocio jurídico*. Barcelona: Bosch, 1993. p. 29.

[9] PUECHE, José Henrique Bustos. *Manual sobre bienes y derechos de la personal* cit., p. 18

[10] DE CUPIS, Adriano. *I diritti della personalità* cit., p. 29.

Cap. 3 • TUTELA E LIMITES AOS DIREITOS DA PERSONALIDADE: ONTEM, HOJE E AMANHÃ | 59

pessoa; é muito mais forte e eficiente que cada um exija o respeito da sua própria personalidade e da sua própria dignidade. É verdade que o respeito da personalidade e da dignidade humana constitui dever objetivo do Estado e de cada pessoa. Mas tal não pode reduzir nem limitar o direito que cada pessoa tem, de per si e independentemente do direito objectivo, defender a sua personalidade e a sua dignidade, apesar do Estado e mesmo contra o Estado, apesar dos outros e mesmo contra os outros.[11]

Essa dificuldade de reconhecer os direitos da personalidade como direito subjetivo reside muito no fato de o bem jurídico a tutelar se apresentar disfarçado de maneira diversa da qual acontece no direito da propriedade.

No direito da personalidade, o bem que o sujeito pretende defender ou adquirir não se acha fora do ser, ou situado na realidade do mundo estranho à natureza da pessoa. O direito da personalidade, pelo contrário, é inerente à própria pessoa, à sua individualidade física, à sua experiência de vida moral e social.[12]

Com os direitos da personalidade, uma nova categoria se modela por meio da evidência do *ser*, e não do *ter*,[13] que impõe a conclusão de que esses direitos tutelam tudo o que lhes é peculiar, caracterizando-os como direitos subjetivos:

> As dificuldades em reconhecer a natureza de direitos subjetivos aos direitos da personalidade decorrem, ainda, da própria sede legislativa, a qual concorre para integrar a fisionomia geral dos direitos da personalidade, mas também induz grave dificuldade de ordem teórica em relação à existência, à enumeração dos direitos subjetivos da personalidade.[14]

O Código Civil concedeu aos direitos da personalidade uma parcial disciplina legislativa tanto para os elementos que constituem sua estrutura quanto para a enumeração dos direitos a que se refere. É certo que os direitos

---

[11] VASCONCELOS, Pedro Pais de. *Direito de personalidade*. Coimbra: Almedina, 2006. p. 48.

[12] CEDON, Paolo. *Le persone*: diritti dela personalità cit., p. 33.

[13] Ter, no sentido patrimonial.

[14] DE CUPIS, Adriano. *I diritti della personalità* cit., p. 63.

da personalidade são mais numerosos do que aqueles que o legislador do direito privado preocupou-se em disciplinar, sendo a indeterminação de sua extensão uma das causas que contribuíram para que a categoria fosse desacreditada por muitos estudiosos.

Conclui-se que a personalidade humana como expressão espiritual e física da pessoa representa uma categoria especial de direitos subjetivos, que se manifestam por meio das qualidades essenciais da pessoa, as quais devem ser objeto de um correspondente e determinado direito da personalidade.[15]

Assim, os direitos da personalidade constituem bens construídos por determinados atributos ou qualidades físicas ou morais da pessoa, individualizados pelo ordenamento jurídico, que apresentam caráter dogmático.[16]

3.   ONTEM: A IDEIA DE DIREITOS DA PERSONALIDADE

Historicamente, como afirma Rafael Verdera Server,[17] podemos dizer que o passado dos direitos da personalidade teve a função de dotar de conteúdo jurídico uma série de direitos da pessoa, cuja atribuição nas Constituições tinha um alcance mais programático do que efetivo.

Ao transformar os direitos da personalidade em uma categoria de direitos subjetivos, foi possível dotá-los de mecanismos de proteção próprios do direito privado, acentuando a sua eficácia.

Em nossos antecedentes jurídicos, em especial na Consolidação das Leis Civis, Teixeira de Freitas compreendia a existência dos direitos da personalidade, porém não aceitava que tais direitos fossem regulados pelo Código Civil, entendendo que eles se harmonizavam com as exigências de bem social e não se explicavam pelas regras do direito da propriedade, devendo ser regulados pelas leis administrativas.

> Sem dúvida, os direitos de personalidade, quais são todos os que resultam do desenvolvimento de nossa liberdade, e que têm hoje tantas denominações, carecem de explicações ou restrições, como carece o direito de propriedade, restrições que os harmonizam com

---

[15]   Idem, ibidem.

[16]   BITTAR, Carlos Alberto. *Os direitos da personalidade*. 4. ed. Rio de Janeiro: Forense Universitária, 2000. p. 4.

[17]   SERVER, Rafael Verdera. *Lecciones de derecho civil*: derecho civil I. Valencia: Tirant lo Blanch, 2019. p. 231.

as exigências do bem social; mas, se as explicações da propriedade pertencem em regra à Legislação Civil, as outras entram na esfera das Leis Administrativas, e particularmente das Leis de Polícia.

Que razão para confundi-las? E como confundi-las, se a respeito da propriedade o poder público desce à arena da individualidade, como pessoa coletiva; quando, aliás, a respeito dos outros direitos procede ativamente, independente da intervenção do poder judicial? Se se deseja o reconhecimento legal dos direitos individuais de personalidade, tão invioláveis como o de propriedade, é o que se tem feito, e se deve fazer, por meio de simples enunciações nas Constituições Políticas.[18]

Para Teixeira de Freitas, os direitos da personalidade não tinham um valor pecuniário. Assim, as lesões aos direitos da personalidade somente poderiam ser preenchidas com a aplicação de uma pena. Diante da ideia de que a propriedade jurídica se fundamentava na compreensão da propriedade como um complexo de direitos reais e pessoais, que tem valor pecuniário, os direitos da personalidade como direitos inerentes à individualidade física e moral do homem não expressavam um valor monetário, somente uma utilidade que não tem preço.

Portanto, Teixeira de Freitas, apesar de reconhecer a existência dos direitos da personalidade, compreendia que seu tratamento deveria ser de direito político, inserido na Constituição Federal.

Nesse mesmo sentido, a tutela de alguns importantes direitos da personalidade era realizada pelo direito penal, como a proteção ao direito à vida, à integridade física, à honra e à liberdade de locomoção.

Logo, apesar de alguns direitos da personalidade estarem regulados nas Constituições, os direitos ali assegurados eram de caráter político, sem a sensibilidade necessária à pessoa em si, e somente podiam ser exercidos pelo Estado, pelo sistema processual penal como garantia da paz social e de políticas públicas.

Enfrentando semelhante discussão, Adriano De Cupis argumentava:

> O fato do direito penal tutelar determinados bens possibilitaria o surgimento através dessas normas penais de um direito subjetivo sobre o bem jurídico tutelado?

---

[18] TEIXEIRA DE FREITAS, Augusto. *Consolidação das leis civis*. Anotada por Martinho Garcez. 5. ed. Rio de Janeiro: Jacintho Ribeiro dos Santos Editor, 1915. p. LXXVII.

Caso a resposta seja afirmativa, a categoria dos direitos da personalidade assumiria a característica de decorrer em parte de normas de direito privado e em parte de normas que geralmente são classificadas como de direito público.[19]

A possível tutela penal de interesses privados não confere à pessoa a existência de direitos subjetivos privados correspondentes ao direito penal, uma vez que a pessoa não tem o poder de promover a aplicação da sanção penal, que é detida pelo Estado.

O interesse privado relativo à vida, à integridade física, à honra, entre outros, poderia ser tutelado, pelo menos de reflexo, pelas normas penais, mas não se justificava a partir daí a criação de um direito subjetivo à vida, à integridade, à honra, decorrentes das normas penais.

Desse modo, a maior importância da doutrina do passado foi a de modelar uma nova categoria de direito, mediante a evidência do ser, e não do ter, impondo uma tutela mais ampla da pessoa humana, em tudo quanto lhe fosse peculiar, caracterizando-o como direito subjetivo.

O Código Civil de 2002, em decorrência de outros tantos ordenamentos estrangeiros, concedeu aos direitos da personalidade uma parcial disciplina legislativa, tanto para os elementos que constituem sua estrutura quanto para a enumeração dos direitos a que se refere.

Historicamente, o Código Civil português, elaborado em 1867 pelo Visconde de Seabra, destacou-se em seu conteúdo por trazer a noção de Direitos da Personalidade, como direitos originários, em seu artigo 359.º.

> Artigo 359.º Dizem-se direitos originários os que resultam da própria natureza do homem, e que a lei civil reconhece, e protege como fonte e origem de todos os outros.
>
> Estes direitos são:
>
> 1.º O direito de existência;[20]
>
> 2.º O direito de Liberdade;
>
> 3.º O direito de associação;
>
> 4.º O direito de apropriação;
>
> 5.º O direito de defesa.

---

[19] DE CUPIS, Adriano. *I diritti della personalità* cit., p. 64.

[20] No Código Civil de Seabra, o direito à existência compreendia a vida, a integridade pessoal, o bom nome e a reputação, que consiste a sua dignidade moral.

E também por trazer o caráter subjetivo, atribuindo à pessoa o direito subjetivo de ação, quando estabelece os instrumentos de tutela desses direitos, em seu artigo 368.º, possibilitando a propositura de ações de responsabilidade civil, por danos aos direitos da personalidade: "Os direitos originários são inalienáveis, e só podem ser limitados por lei formal e expressa. A violação deles produz a obrigação de reparar a ofensa".

O maior ganho da caracterização dos direitos da personalidade como direitos subjetivos, conforme dispõe Adriano De Cupis, citando Ferrada, é que, "no direito subjetivo, a alavanca que movimenta o mecanismo de proteção é colocada nas mãos do titular: que pode puxá-la quando quiser, no seu interesse".[21]

Nesse mesmo sentido, a relevância da categorização como direitos subjetivos fica bem nítida quando se expõem as diferenças entre direitos fundamentais e direitos da personalidade, conforme a doutrina de Rabindranath Capelo de Sousa, em especial aos instrumentos de tutela do direito.[22]

Apesar de os direitos da personalidade e de os direitos fundamentais possuírem semelhantes bens da personalidade, cada um deles tem uma função e um âmbito diferente, valendo a pena destacar que as violações aos referidos bens são tuteladas de forma diversa: os mecanismos de tutela do direito privado, baseados na ideia de igualdade, são os mecanismos de responsabilidade civil, tutelas preventivas e atenuantes, enquanto os mecanismos de tutela do direito público, como modelo limitador do poder do Estado, são aplicados por declarações de inconstitucionalidade, *habeas corpus*, mandado de segurança e reserva legal de competência.[23]

---

[21] "Nel diritto soggetivo, la leva di movimento del mecanismo di protezione è posta in mano al titolare: egli può tirarla quando vuole, nel suo interesse" (FERRARA *apud* DE CUPIS, Adriano. *I diritti della personalità* cit., p. 68).

[22] CAPELO DE SOUSA, Rabindranath V. A. *O direito geral de personalidade.* Coimbra: Coimbra Editora, 1995. p. 584.

[23] "Esta larga coincidência entre os direitos de personalidade e os direitos fundamentais não significa assimilação ou perda de autonomia conceitual recíproca, pois tais categorias jurídicas, mesmo quando tenham por objeto idênticos bens da personalidade, revestem um sentido, uma função e um âmbito distintos, em cada um dos planos em que se inserem. Assim, as previsões dos arts. 70.º e segs. do Código Civil, referentes aos direitos da personalidade, valem apenas nas relações paritárias entre particulares ou entre os particulares e o Estado destituído do seu *ius imperii* e são tutelados através de mecanismos coercivos juscivilísticos, *v.g.*, em matéria de responsabilidade civil e de providências especiais preventivas ou reparadoras (arts. 70.º, n.º 2, e 483.º do Código Civil e 1.474.º e seg. do Código de

Portanto, conclui-se que o maior ganho do passado em relação aos direitos da personalidade foi possibilitar a sua categorização como direito subjetivo, fornecendo à pessoa os mecanismos necessários para a defesa de seus interesses, por meio de instrumentos próprios do direito privado, possibilitando uma maior efetivação da defesa dos bens da personalidade na sociedade.[24]

4. HOJE: A DIMENSÃO CONSTITUCIONAL DA TUTELA DOS DIREITOS DA PERSONALIDADE

Atualmente, não há dúvidas sobre o reconhecimento dos direitos da personalidade como direito subjetivo, pois a alavanca que impulsiona o exercício do direito está nas mãos da pessoa, conforme o seu interesse, em defesa dos bens que garantem um espaço mínimo para a sua existência como pessoa.[25]

A pessoa, para poder desenvolver a sua personalidade, tem que ter protegidos e resguardados diversos direitos, tais como a vida, a integridade física, a saúde, a honra, a reserva da vida privada, a imagem, entre outros, que se fundam na garantia da dignidade humana e representam o mínimo necessário para que a pessoa tenha existência e possa viver com autonomia.[26]

Contudo, apesar dos enormes esforços no passado para delimitar os direitos da personalidade como direito privado comum, com base nos princípios da autonomia e da igualdade da pessoa, verifica-se que os textos

---

Processo Civil). Diferentemente, as previsões constitucionais (*v.g.*, dos arts. 24.º e segs. da Constituição) relativas aos direitos fundamentais pressupõem, em primeira linha, relações juspublicísticas, de poder, são oponíveis ao próprio Estado, no exercício do seu *ius imperii*, embora também produzam efeitos nas relações entre os particulares (art. 18.º, n.º 1, da Constituição) e têm mecanismos próprios de tutela constitucional, *v.g.*, em matéria de conformação legislativa e administrativa (arts. 3.º, n.º 3, 18.º, n.º 2 e 3, e 19.º da Constituição), de declaração de inconstitucionalidade por ação ou omissão (arts. 277.º e segs. da Constituição), de reserva relativa de competência legislativa (art. 168.º, n.º 1, al. b, da Constituição) e de delimitação de revisão constitucional (art. 288.º, al. d, da Constituição)" (CAPELO DE SOUSA, Rabindranath V. A. *O direito geral de personalidade* cit., p. 584).

[24] SERVER, Rafael Verdera. *Lecciones de derecho civil*: derecho civil I cit., p. 231.

[25] BELTRÃO, Silvio Romero. *Direitos da personalidade* cit. p. 35.

[26] PINTO, Paulo Mota. Direito ao livre desenvolvimento da personalidade. *Boletim da Faculdade de Direito, Stvdia Ivridica*, Coimbra, Portugal-Brasil ano 2000, p. 171, 1999.

constitucionais não se limitam mais a ser meras proclamações de direito. Pelo contrário, em face da compreensão da possibilidade jurídica de aplicação imediata de seus princípios e fundamentos, os direitos da personalidade, reconhecidos como direitos, liberdades e garantias pessoais, receberam proteção por meio da figura dos direitos fundamentais. [27]

> Por outro lado, a proteção que merecem esses direitos não se limita ao âmbito civil, mas que se articula em todos os setores do ordenamento; e assim pode-se falar de uma proteção penal, administrativa ou constitucional desses direitos da pessoa.[28]

Mesmo com a individualização das diferenças entre direitos fundamentais e direitos da personalidade, pode-se verificar uma tendência de constitucionalização dos direitos da personalidade, em face de o princípio da dignidade da pessoa humana fundamentar tanto um quanto outro direito, e essa tendência se impôs em virtude da previsão na Constituição Federal dos mais importantes direitos da personalidade, consagrando um caráter de direitos fundamentais privados.[29]

Nesse sentido, Gomes Canotilho atribui aos direitos fundamentais o caráter de direitos subjetivos públicos, com sua aplicação imediata por meio dos instrumentos típicos do direito civil.

> Em primeiro lugar, os direitos, liberdades e garantias são hoje direitos subjectivos, independentemente do caráter público ou privado; em segundo lugar, não se deduzem, com base em concepções imperativísticas, das normas legais. Por isso nada impede que eles valham como direitos subjetivos públicos na sua

---

[27] SERVER, Rafael Verdera. *Lecciones de derecho civil*: derecho civil I cit., p. 231.

[28] Idem, ibidem.

[29] "Demais disso, as normas definidoras dos direitos e garantias fundamentais têm aplicação imediata, não havendo bloqueio constitucional quanto à irradiação de efeitos dos direitos fundamentais às relações jurídicas de direito privado, tem-se que as normas definidoras de direitos e garantias fundamentais têm campo de incidência em qualquer relação jurídica, seja ela pública, mista ou privada, donde os direitos fundamentais assegurados pela Carta Política vinculam não apenas os poderes públicos, alcançando também as relações privadas" (Ag. Reg. no Recurso Extraordinário com Agravo 1.008.625/SP, Min. Luiz Fux. Disponível em: http://www.stf.jus.br/portal/inteiroTeor/obterInteiroTeor. asp?idDocumento=12751877).

aplicação ao direito civil, se esta caracterização lhes trouxer uma maior dimensão prática.[30]

Assim, conforme Rafael Verdera Server, tem que se perguntar qual o sentido que tem hoje a manutenção dos direitos da personalidade, pois a personificação constitucional dos direitos fundamentais tem ocupado boa parte dos espaços que antes correspondiam aos direitos da personalidade.[31]

Tal fato traz alguns problemas básicos para aplicação dos direitos fundamentais ao direito privado. O primeiro deles está na falta de identificação do direito como direito da personalidade, em face da valoração do princípio da dignidade da pessoa humana, que está tornando irrelevante a qualificação jurídica de certas situações como verdadeiros direitos, na medida em que estão cobertos pelos princípios constitucionais.[32-33]

---

[30] CANOTILHO, J. J. Gomes. *Direito constitucional e teoria da Constituição*. 7. ed. Coimbra: Almedina, 2003. p. 1295.

[31] SERVER, Rafael Verdera. *Lecciones de derecho civil*: derecho civil I cit., p. 232.

[32] "Foi no direito alemão que se instituiu um sistema em que coexiste um direito geral de personalidade com vários direitos especiais de personalidade. Este Sistema teve uma origem histórica. O BGB não previa um direito geral da personalidade. Sobre direitos de personalidade, continha apenas o parágrafo 12, sobre direito ao nome, e o parágrafo 823, sobre a responsabilidade civil emergente da lesão, dolosa ou negligente, da vida, do corpo, da saúde, da liberdade, da propriedade ou de outro direito de uma pessoa. Estavam, assim, legalmente tipificados os direitos à vida, à integridade física, à liberdade, e ao nome. No pós-guerra, a 'Grundgestz' consagrou, no seu parágrafo primeiro, a dignidade das pessoas e, no parágrafo segundo, o livre desenvolvimento da personalidade. Da conjugação destes preceitos constitucionais com os que já constavam do BGB resultou no direito alemão a construção de um sistema dual em que, para além de alguns direitos especiais de personalidade tipificados na lei, existe também um direito geral de personalidade, ancorado nos parágrafos primeiro e segundo da Constituição 'Grundgesetz'" (VASCONCELOS, Pedro Pais de. *Direito de personalidade* cit. p. 61).

[33] "Processo civil e administrativo. Agravo interno no recurso especial. Servidor público. IPERGS. Plano de saúde. *Recusa de realização de cirurgia. Afronta à dignidade da pessoa humana*. Ocorrência de dano moral *in re ipsa*. Agravo interno do IPERGS desprovido. 1. Deferida Assistência Judiciária Gratuita à parte autora (fls. 122), não há falar em deserção do recurso especial. 2. A jurisprudência desta Corte reconhece a ocorrência de dano moral *in re ipsa* nos casos em que houve a recusa indevida do plano de saúde de realização de procedimento cirúrgico necessário, *porquanto há afronta à dignidade da pessoa humana*. Precedentes: AgInt no REsp 1.552.287/DF, Rel. Min. Moura Ribeiro,

Em muitas decisões, espalhadas pelos diversos Tribunais do País, basta fazer referência ao princípio da dignidade da pessoa humana para entender fundamentadas as razões de direito:

Apelação. Plano de saúde. Ação de obrigação de fazer julgada procedente. Inconformismo da ré. Descabimento. Rescisão do contrato de plano de saúde havido entre a empregadora da autora e a ré. Resolução CONSU 19/99. Manutenção da autora no plano de saúde. *Respeito à função social do contrato e ao Princípio da Dignidade Humana. Dano moral.* Cabimento. Situação que ultrapassou o limite do mero aborrecimento. Valor mantido. Recurso improvido (TJSP, APL 1021277192014826040 5/SP, 1021277-19.2014.8.26.0405, 8.ª Câmara de Direito Privado, Rel. Pedro de Alcântara da Silva Leme Filho, j. 02.08.2016, data de publicação 02.08.2016).

A consagração na jurisprudência do princípio da dignidade humana como cláusula geral não possibilita, nos termos atuais, a demarcação do bem jurídico violado, o qual é mais do que necessário, com o objetivo de individualizar as situações merecedoras de tutela jurídica.

A pergunta "Qual foi o bem jurídico violado?" não pode ser respondida, simplesmente, com a expressão: a dignidade da pessoa humana. Há a necessidade de uma tipificação, pois, do contrário, passa a ser muito difícil se defender de um princípio.[34]

Nesse sentido, Pedro Pais de Vasconcelos esclarece que a tipificação dos direitos da personalidade respeita uma ordem social, em que os tipos foram consagrados diante de sua frequência, das reiteradas experiências de agressões da personalidade, pela gravidade que assumiram e assumem no

---

DJe 03.04.2017; AgInt no REsp 1.610.337/PR, Rel. Min. Luis Felipe Salomão, *DJe* 28.03.2017; AgInt no AREsp 1.016.100/DF, Rel. Min. Raul Araújo, *DJe* 31.03.2017. 3. Os valores a título de indenização por danos morais, fixados em R$ 20.000,00, e de honorários advocatícios, arbitrados em 20% do valor da condenação, não se mostram excessivos e atendem aos princípios da razoabilidade e proporcionalidade. 4. Agravo interno do IPERGS desprovido" (STJ, AgInt no REsp 1385638/RS 2013/0165346-5, 1.ª Turma, Rel. Min. Napoleão Nunes Maia Filho, j. 28.11.2017, *DJe* 05.12.2017).

[34] SARLET, Ingo Wolfgang. Comentário ao artigo 1.º, III. In: CANOTILHO, J. J. Gomes; MENDES, Gilmar; SARLET, Ingo Wolfgang; STRECK, Luiz Lenio (coord.). *Comentários a Constituição do Brasil*. São Paulo: Saraiva; Almedina, 2013. p. 128.

sistema. Assim, os direitos da personalidade típicos são estabelecidos por lei de acordo com a prática, em face das lesões à dignidade humana, que deixam cicatrizes nas pessoas e na memória do sistema.[35-36]

A tipificação não constitui um limite aos direitos da personalidade, mas sim uma fragmentação daqueles tipos mais frequentes, bem como não determina a exclusão dos casos não descritos em lei por não ser esse o sentido dos direitos da personalidade. As agressões à dignidade da pessoa humana, mesmo não tipificadas, são objeto de proteção pelos direitos da personalidade, com base e fundamento na própria dignidade da pessoa humana, a partir da cláusula geral do art. 12 do Código Civil.[37]

Paulo Mota Pinto, diante do direito geral de personalidade e da proteção com base no princípio da dignidade humana, não nega a necessidade de uma delimitação clara dos seus limites, principalmente porque a proteção da personalidade de uma pessoa pode se chocar com a de outra pessoa e a defesa com base em um princípio geral não revela, por si só, a existência de um ilícito.[38-39]

---

[35] VASCONCELOS, Pedro Pais de. *Direito de personalidade* cit., p. 65.

[36] "Os direitos de personalidade, como concretizações da tutela da personalidade, podem tipificar-se e têm sido tipificados consoante os aspectos da personalidade que estiver em causa. Deve precisar-se que a tipificação não é exaustiva, mas antes simplesmente exemplificativa. Os tipos de direitos da personalidade previstos em lei e enunciados pela doutrina são tipos representativos. Quer isto dizer que, para além dos tipos enunciados, outros podem surgir, e que os que são referidos correspondem apenas a casos especialmente exemplares e elucidativos que servem para exprimir modelos de comportamento, são casos paradigmáticos de tutela da personalidade" (VASCONCELOS, Pedro Pais de. *Direito de personalidade* cit., p. 65).

[37] VASCONCELOS, Pedro Pais de. *Direito de personalidade* cit., p. 66.

[38] "Tal imposição significa, pois, o cumprimento desse encargo estatal protectivo do direito ao livre desenvolvimento da personalidade, podendo uma insuficiente previsão, por exemplo, de meios de prevenção de ofensas ao direito geral de personalidade – ou, por exemplo (para referir casos em que a nossa jurisprudência recorreu ao direito geral da personalidade), da forma de reagir contra perturbações do repouso pessoal – constituir uma violação desse dever" (PINTO, Paulo Mota. Direito ao livre desenvolvimento da personalidade cit., p. 177).

[39] "Assim, segundo uma das perspectivas do direito geral da personalidade (*Fikentscher*), aquele é um 'direito-quadro', englobando um conjunto variado e potencialmente ilimitado de bens da pessoa. O juízo de ilicitude da ofensa destes bens requereria, pois, especiais cuidados: pela própria natureza deste direito, a

Ingo Wolfgang Sarlet, em comentários ao princípio da dignidade da pessoa humana, esclarece:

> Que o exame da jurisprudência e da própria doutrina invocando a dignidade da pessoa humana não revela apenas aspectos positivos, mas inclusive coloca ainda mais em evidência uma série de pontos problemáticos, também não poderia deixar de ser objeto de referência. Nesse passo, a aplicação do princípio da dignidade da pessoa humana, assim como muitas vezes dos próprios direitos fundamentais e de outros princípios, não raras vezes ocorre de modo flagrantemente distanciado da realidade concreta, sem qualquer fundamentação racional justificando a sua aplicação, gerando um déficit de segurança. Da mesma forma, censurável o uso meramente retórico e até mesmo panfletário do princípio, que, com isso, acaba tendo comprometida a sua força simbólica e eficácia normativa. Assim, também (e talvez de modo especial) com relação à dignidade da pessoa humana aplica-se a diretriz hermenêutica (e ética) bem destacada por Lenio Streck, de que não é legítimo o intérprete dizer "qualquer coisa sobre qualquer coisa".[40]

A partir da massificação do princípio da dignidade da pessoa humana, como um direito geral, que se impõe pela proteção da personalidade humana globalmente considerada, deixa-se de fixar contornos que permitam delimitar os comportamentos excluídos de sua consagração, de modo a indicar a ilicitude em cada caso concreto.

> No tocante à dinâmica normativa da dignidade da pessoa humana, afigura-se em princípio conveniente que se busque inicialmente sondar a existência de uma ofensa a determinado direito fundamen-

---

tipicidade de uma ofensa (no sentido simples de que ela 'ofende a personalidade física ou moral') não seria só por si indiciadora da ilicitude, antes implicando aquele juízo uma atividade de concretização do direito geral da personalidade pela valoração e ponderação dos interesses e bens em conflito no caso concreto, chegando-se, se possível, a formar grupos de casos relevantes (sob pena de se ter apenas um 'direito nebuloso' que ou pretende tutelar tudo e, afinal, nada protege, ou acarreta desequilíbrios inaceitáveis nos confrontos entre bens e personalidade diversas)" (PINTO, Paulo Mota. Direito ao livre desenvolvimento da personalidade cit., p. 194).

[40] SARLET, Ingo Wolfgang. Comentário ao artigo 1.º, III cit., p. 128.

tal em espécie no caso concreto objeto de exame. Isto não apenas pelo fato de tal caminho se mostrar o mais simples, mas acima de tudo por viabilizar a redução da margem de arbítrio do intérprete.[41]

A elevação da dignidade humana à condição de um direito, para além do seu entendimento como princípio constitucional, como valor ético-filosófico, tem impossibilitado a perfeita delimitação e extensão das relações jurídicas e proporcionado dificuldade de estabelecer uma defesa em face do princípio constitucional de maior hierarquia.

Agravo de instrumento. Fornecimento de substância manipulada denominada Fosfoetanolamina Sintética para tratamento de câncer. Admissibilidade. Configurada responsabilidade do Estado. Providências burocráticas não elidem a obrigação (arts. 6.º, 196 e 203, IV, da CF/88 e art. 219 da Carta paulista). Hipótese excepcional que autoriza a dispensa do registro. Direito à vida e à saúde que deve ser resguardado. *Direito à dignidade humana, o que obsta o indeferimento em face dos sofrimentos comprovados. Recurso provido* (TJSP, AI 21053309320168260000/SP, 2105330-93.2016.8.26.0000, 3.ª Câmara de Direito Público, Rel. Marrey Uint, j. 11.10.2016, data de publicação 14.10.2016).

Portanto, a aplicação do princípio da dignidade humana de forma indistinta, bem como o recurso às normas de direito fundamental, deveriam ocorrer, primeiramente, por meio das regras de direito privado, que reproduzem idêntico conteúdo, pois, do contrário, teremos que perguntar: Ainda é necessário manter os direitos da personalidade no Código Civil?

5. AMANHÃ: A INCLUSÃO DE DEVERES DE BEM COMUM

José de Oliveira Ascensão, sem esquecer que o princípio da dignidade da pessoa humana é a base da Constituição Federal e que se repete como convergência universal nos foros nacionais e internacionais,[42] declara que a

---

[41]   SARLET, Ingo Wolfgang. Comentário ao artigo 1.º, III cit., p. 128.

[42]   ASCENSÃO, José de Oliveira. A dignidade da pessoa e o fundamento dos direitos humanos. Separata da *Revista da Ordem dos Advogados*, Lisboa, ano 68, I, p. 99, 2008.

realidade substancial do princípio é a própria pessoa, e que para interpretar a lei é necessário que "se desça à analise substancial do ser que é digno, para que se possa compreender por que é revestido de dignidade".[43]

Diante dos dias atuais em que a pessoa perdeu o seu sentido substancial, representada simplesmente para o mundo exterior como o individuo titular de direitos, há uma necessidade do resgate dos deveres e exigências do bem comum.

> Com isto chegamos à transição para o séc. XXI, com uma sociedade ocidental globalizante, que faz referência constante à pessoa humana e à sua dignidade, mas formalizada. O cidadão ocupa o centro dos discursos; mas já não é propriamente o cidadão é antes o consumidor.
> A pessoa seria o objetivo da organização da sociedade. Mas o esquema não funciona, porque a pessoa não se pode realizar quando o sentido daquilo que essencialmente caracteriza a pessoa se perdeu para a sociedade. O homem sem deveres, o cidadão-cliente, não dão perspectiva da saída humana à sociedade tecnocrática em que nos encontramos.[44]

O futuro dos direitos da personalidade passa necessariamente pelo resgate do princípio da dignidade humana, por meio de sua aplicação como bem comum para a sociedade, e não simplesmente como um direito individual da pessoa que restringe a noção de desenvolvimento da personalidade à conduta da pessoa na condução da sua própria vida.

Um dos principais direitos derivados da dignidade humana é o de liberdade,[45] o qual é essencial para a realização da pessoa no desenvolvimento de sua personalidade. Entretanto, o sentido de liberdade está ancorado na noção de responsabilidade, pois não faz sentido em uma sociedade atribuir

---

[43] ASCENSÃO, José de Oliveira. A dignidade da pessoa e o fundamento dos direitos humanos cit., p. 103.

[44] ASCENSÃO, José de Oliveira. A dignidade da pessoa e o fundamento dos direitos humanos cit., p. 106.

[45] "Nessa categoria, compreendem-se a liberdade de ação em geral, a atividade da força de trabalho, a liberdade de associação, a liberdade cultural, a liberdade de expressão do pensamento, entre outras liberdades que assegurem o exercício da autonomia necessário ao desenvolvimento humano" (BELTRÃO, Silvio Romero. *Direitos da personalidade* cit., p. 146).

liberdade sem responsabilidade, porquanto ela não pode resultar do arbítrio ou do descaso do sujeito, senão por uma realidade positivamente valorada pelo propósito de bem comum.[46]

A realização da pessoa individualmente passa pela realização de cada pessoa participante de uma comunidade. O sentido de direitos da personalidade derivados do fundamento público de dignidade da pessoa humana não supõe um isolamento social para representar uma realidade egoísta, e sim uma realização plural, em face da dependência das pessoas umas com as outras para o desenvolvimento de suas personalidades.

> Justamente esta interação deixa ainda mais claro que o fato de considerar-se a dignidade da pessoa humana algo (também) vinculado à própria condição humana não significa ignorar sua necessária dimensão comunitária (ou social); afinal, a dignidade apenas ganha significado em função da intersubjetividade que caracteriza as relações humanas, cuidando-se, nesta perspectiva, do valor intrínseco atribuído à pessoa pela comunidade de pessoas e no correspondente reconhecimento de deveres e direitos fundamentais.[47]

Esse é o maior desafio do futuro: vencer o individualismo e os egoísmos pessoais.

Os direitos da personalidade devem, assim, retornar ao seu fundamento inicial, qual seja o valor da pessoa humana, e investigar como se chegou à ideia de dignidade para então reconhecer seu valor jurídico fundamental.

6. CONCLUSÃO

A transformação do conceito de pessoa natural em um valor jurídico, com o seu reconhecimento como sujeito, fim e fundamento do direito, percorreu diversos momentos do passado que, com o Cristianismo, ao determinar a *dessacralização* da natureza e da sociedade, passou a ser sujeito do mundo, portador de valores, e não um simples objeto desse mundo.[48] A pessoa deixou de ser uma noção de pessoa-membro-da-sociedade para ser considerada uma pessoa humana.

---

[46] ASCENSÃO, José de Oliveira. A dignidade da pessoa e o fundamento dos direitos humanos cit., p. 114.

[47] SARLET, Ingo Wolfgang. Comentário ao artigo 1.º, III cit., p. 125.

[48] CAMPOS, Diogo Leite. *Lições de direito da personalidade*. Coimbra: Coimbra Editora, 1995. p. 12.

Antes do Cristianismo, o valor da pessoa era social, ou seja, a pessoa humana em si era insignificante; o que interessava era a representação dessa pessoa na sociedade como seu objeto. Poucas pessoas humanas pela sua posição social eram consideradas indivíduos singulares, tais como os heróis gregos, os príncipes romanos, todos dotados de qualidades singulares que, para poderem ser diferentes, eram endeusados pela sociedade.[49]

Contudo, a partir do Cristianismo, foi aberto o caminho para o reconhecimento da pessoa humana por meio da ideia de amor fraterno e igualdade perante Deus.

A pessoa humana, diferentemente dos animais, pode se opor ao mundo, deixando de ser um mero objeto da natureza, impondo os seus próprios fins independentes de seus instintos, em plena liberdade, buscando o domínio sobre as suas funções vitais e psíquicas, podendo até alterá-las conscientemente, ultrapassando inclusive o condicionamento biológico.

Dessa forma, a pessoa humana deixa de ser uma entidade biológica (animal) para se tornar uma entidade ética, por ter conhecimento de seus fins e responsabilidades, tendo ainda o sentido da transcendência.

Essa dimensão permite enquadrar a pessoa humana como responsável pelo seu destino, por isso deve ser livre para construir o seu próprio destino, amparada pela dignidade humana, que, para Max Scheler,[50] "é a construção da abertura ao mundo por via do espírito".

No entanto, a construção do conceito de pessoa humana não foge à caracterização de pessoa como membro de uma sociedade, como nas palavras de José de Oliveira Ascensão:[51]

> A ordem social deve servir à realização do homem, e não a inversa. É indispensável para tal, porque o homem só se realiza em comunidade. Aí reside, portanto, a grande importância dos valores sociais, como complemento da pessoa.

Não é possível compreender a pessoa simplesmente como um sujeito de uma relação jurídica; a sua dimensão é muito mais ontológica do que uma mera criação do ordenamento jurídico.[52]

---

[49] CAMPOS, Diogo Leite. *Lições de direito da personalidade* cit., p. 12.

[50] SCHELER *apud* ASCENSÃO, José de Oliveira. *Teoria geral do direito civil* cit., p. 41.

[51] ASCENSÃO, José de Oliveira. *Teoria geral do direito civil* cit., p. 41.

[52] ASCENSÃO, José de Oliveira. *Teoria geral do direito civil* cit., p. 41; LÔBO, Paulo Luiz Netto. Danos morais e direitos da personalidade. *Revista Trimestral de Direito Civil*, Rio de Janeiro, n. 6, p. 79-97, jun. 2001.

74 | DIREITO CIVIL: DIÁLOGOS ENTRE A DOUTRINA E A JURISPRUDÊNCIA – *Volume II*

Logo, essencialmente, o que destaca a categoria dos direitos da personalidade é a sua fundamentação no respeito e na proteção da dignidade da pessoa humana, como elemento essencial à própria existência da pessoa, diante de sua evolução histórica.[53]

Desse modo, os direitos da personalidade distinguem-se dos direitos pessoais.

Quando a figura ética desaparece, mesmo tratando-se de um tipo legal de conteúdo de direito da personalidade, ele perde a sua natureza de direito da personalidade e passa a ser um direito pessoal, sem as proteções estabelecidas para aquele primeiro.

E não deve a jurisprudência confundir uma ou outra situação e aplicar indiscriminadamente o princípio da dignidade da pessoa humana, pois os direitos pessoais significam um direito não patrimonial, com um campo muito mais vasto de incidência do que os dos direitos da personalidade.

O direito da personalidade está sempre diante da necessidade de uma valoração ética fundada na dignidade da pessoa humana, conforme expõe José de Oliveira Ascensão:

> Os critérios poderão ser vários. Mas o essencial é o próprio fundamento ético que está na base do sistema. Só pode ser considerado direito da personalidade o que manifeste essa exigência da personalidade humana. Quaisquer outras posições favoráveis do indivíduo que não promanem desta mesma fonte não podem ser acolhidas no núcleo dos direitos da personalidade.[54]

O recurso ao princípio da dignidade humana somente pode ser utilizado após o estudo do caso em concreto, de forma a se obter a essência da violação ao direito para que se constate a existência de lesão ao fundamento ético da

---

[53] "O termo dignidade, do latim, *dignitas, atis*, designa tudo aquilo que merece respeito, consideração, mérito ou estima. Apesar de a língua portuguesa permitir o uso tanto do substantivo dignidade como do adjetivo digno para falar das coisas (quando dizemos, por exemplo, que uma moradia é digna), a dignidade é acima de tudo uma categoria moral que se relaciona com a própria representação que fazemos da condição humana, ou seja, ela é a qualidade ou valor particular que atribuímos aos seres humanos em função da posição que eles ocupam na escala dos seres" (RABENHORST, Eduardo Ramalho. *Dignidade humana e moralidade democrática*. Brasília: Brasília Jurídica, 2001. p. 14).

[54] ASCENSÃO, José de Oliveira. *Teoria geral do direito civil* cit., p. 71.

dignidade humana ou, pelo contrário, o que está em discussão são somente relações de caráter econômico.

Caso não seja essa a orientação, a dignidade da pessoa humana passará a ser consequência, e não o fundamento da ordem jurídica.[55]

REFERÊNCIAS

ASCENSÃO, José de Oliveira. A dignidade da pessoa e o fundamento dos direitos humanos. Separata da *Revista da Ordem dos Advogados*, Lisboa, ano 68, I, 2008.

ASCENSÃO, José de Oliveira. Os direitos de personalidade no Código Civil brasileiro. Disponível em: http://www.fd.ulisboa.pt/wp-content/uploads/2014/12/Ascensao-Jose-Oliveira-OS-DIREITOS-DE-PERSONALIDADE-NO-CODIGO-CIVIL-BRASILEIRO.pdf.

ASCENSÃO, José de Oliveira. *Teoria geral do direito civil.* Coimbra: Editora Coimbra, 1997.

BELTRÃO, Silvio Romero. *Direitos da personalidade.* São Paulo: Atlas, 2010.

BITTAR, Carlos Alberto. *Os direitos da personalidade.* 4. ed. Rio de Janeiro: Forense Universitária, 2000.

CAMPOS, Diogo Leite. *Lições de direito da personalidade.* Coimbra: Coimbra Editora, 1995.

CANOTILHO, J. J. Gomes. *Direito constitucional e teoria da Constituição.* 7. ed. Coimbra: Almedina, 2003.

CANOTILHO, J. J. Gomes; MENDES, Gilmar; SARLET, Ingo Wolfgang; STRECK, Luiz Lenio (coord.). *Comentários a Constituição do Brasil.* São Paulo: Saraiva; Almedina, 2013.

CAPELO DE SOUSA, Rabindranath V. A. *O direito geral de personalidade.* Coimbra: Coimbra Editora, 1995.

CEDON, Paolo. *Le persone*: diritti dela personalità. Torino: UTET, 2000.

DE CUPIS, Adriano. *I diritti della personalità.* Milano: Giuffrè, 1959.

FREITAS, Augusto Teixeira de. *Consolidação das leis civis.* Anotada por Martinho Garcez. 5. ed. Rio de Janeiro: Jacintho Ribeiro dos Santos Editor, 1915.

---

[55] ASCENSÃO, José de Oliveira. A dignidade da pessoa e o fundamento dos direitos humanos cit., p. 114.

LÔBO, Paulo Luiz Netto. Danos morais e direitos da personalidade. *Revista Trimestral de Direito Civil*, Rio de Janeiro, n. 6, p. 79-97, jun. 2001.

MOTES, Carlos Maluquer de. *Derecho de la persona y negocio jurídico.* Barcelona: Bosch, 1993.

PEREIRA, Caio Mário da Silva. *Instituições de direito civil.* 19. ed. Rio de Janeiro: Forense, 1999. v. 1.

PINTO, Paulo Mota. Direito ao livre desenvolvimento da personalidade. *Boletim da Faculdade de Direito, Stvdia Ivridica*, Coimbra, Portugal-Brasil ano 2000, 1999.

PUECHE, José Henrique Bustos. *Manual sobre bienes y derechos de la personalidad.* Madrid: Dykinson, 1997.

RABENHORST, Eduardo Ramalho. *Dignidade humana e moralidade democrática.* Brasília: Brasília Jurídica, 2001.

SARLET, Ingo Wolfgang. Comentário ao artigo 1.º, III. In: CANOTILHO, J. J. Gomes; MENDES, Gilmar; SARLET, Ingo Wolfgang; STRECK, Luiz Lenio (coord.). *Comentários a Constituição do Brasil.* São Paulo: Saraiva; Almedina, 2013.

SERVER, Rafael Verdera. *Lecciones de derecho civil*: derecho civil I. Valencia: Tirant lo Blanch, 2019.

VASCONCELOS, Pedro Pais de. *Direito de personalidade.* Coimbra: Almedina, 2006.

4

TUTELA E LIMITES AOS DIREITOS DA PERSONALIDADE: ONTEM, HOJE E AMANHÃ

ANDERSON SCHREIBER

SUMÁRIO: 1. Evolução dos direitos da personalidade na experiência jurídica contemporânea; 2. Os chamados "limites" aos direitos da personalidade; 3. Tutela dos direitos da personalidade; 4. Desafios dos direitos da personalidade em face das novas tecnologias; Referências.

1. EVOLUÇÃO DOS DIREITOS DA PERSONALIDADE NA EXPERIÊNCIA JURÍDICA CONTEMPORÂNEA

A partir da promulgação da Constituição da República e do Código Civil de 2002, a categoria dos direitos da personalidade tem recebido especial atenção da doutrina brasileira. Superada uma fase inicial de afirmação da categoria e delimitação de seus contornos, os estudos mais atuais têm se concentrado sobre os diferentes modos de assegurar uma efetiva tutela dos direitos da personalidade e identificar os instrumentos disponíveis para solucionar as frequentes colisões entre os direitos da personalidade e outros direitos fundamentais. Tais aspectos, contudo, somente podem ser adequadamente compreendidos à luz do longo processo histórico em que a categoria jurídica dos direitos da personalidade foi formada.

As primeiras construções em torno dos direitos da personalidade surgiram na segunda metade do século XIX. A expressão foi concebida por jusnaturalistas franceses e alemães para designar certos direitos inerentes ao homem, tidos como preexistentes ao seu reconhecimento por parte do Estado.[1] Já eram, então, direitos considerados essenciais à condição humana, direitos sem os quais "todos os outros direitos subjetivos perderiam qualquer interesse para o indivíduo, a ponto de se chegar a dizer que, se não existissem, a pessoa não seria mais pessoa".[2] Afirmava-se que os direitos da personalidade eram absolutos, imprescritíveis, inalienáveis e indisponíveis, características ainda hoje repetidas na legislação pátria e estrangeira. A categoria abrangia um núcleo de atributos inseparáveis da pessoa humana, a ser protegido não apenas em face do Estado, mas também contra o avanço então crescente da exploração do homem pelo mercado.

Os direitos da personalidade encontraram, contudo, forte resistência em um ambiente jurídico ainda marcado pelo pensamento liberal, especialmente no campo do direito privado. Contribuiu também para isso a existência de divergências significativas entre os próprios defensores da categoria. Não havia, por exemplo, consenso sobre quais eram os direitos da personalidade. Falava-se com frequência no direito ao próprio corpo, no direito à honra e no direito à vida, mas alguns autores acrescentavam o direito ao nome e outros direitos. Havia mesmo quem incluísse no rol o direito à propriedade, cuja natureza patrimonial representava, para outros, a própria antítese dos direitos da personalidade. E, ainda, para certa parte da doutrina, não havia "direitos da personalidade" no plural, mas um único "direito geral da personalidade". Os desacordos, enfim, eram muitos.

Nesse cenário, não chega a ser espantoso que juristas importantes, como Savigny, Von Thur e Enneccerus, negassem qualquer validade científica à categoria dos direitos da personalidade. Viam nela uma inovação inconsistente. Sustentavam, em poucas palavras, que os direitos da personalidade configuravam uma contradição nos próprios termos, pois tinham como objeto o próprio sujeito. Se, para o direito civil, a personalidade consistia na capacidade de ter direitos, não podia essa mesma personalidade figurar como objeto de direito algum.[3]

---

[1] RUGGIERO, Roberto de. *Instituições de direito civil*. Campinas: Bookseller, 1999. v. I, p. 275-276.

[2] É a lição de Adriano De Cupis, em seu célebre *I diritti della personalità*. Milano: Giuffrè, 1950. p. 18-19.

[3] Sobre a corrente negacionista dos direitos da personalidade, veja-se CAPELO DE SOUSA, Rabindranath V. A. *O direito geral de personalidade*. Coimbra: Coimbra Editora, 2011. p. 80-84.

As críticas seriam, pouco a pouco, superadas. Estudos de relevo demonstrariam que a noção de personalidade deve ser considerada sob dois aspectos distintos. Sob o aspecto *subjetivo*, identifica-se com a capacidade de toda pessoa (física ou jurídica) de ser titular de direitos e obrigações.[4] Sob o aspecto *objetivo*, contudo, "tem-se a personalidade como conjunto de características e atributos da pessoa humana, considerada como objeto de proteção por parte do ordenamento jurídico".[5] Nesse último sentido é que se fala em direitos da personalidade.

Por muito tempo, contudo, as críticas aos direitos da personalidade minaram seu desenvolvimento no direito positivo. O Código Civil alemão, aprovado em 1896, não acolheu expressamente a categoria, frustrando os seus adeptos. O Código Civil brasileiro de 1916 também não trouxe nenhuma menção ao assunto. A omissão gerou efeitos desastrosos. As poucas alusões aos direitos da personalidade que existiam na nossa doutrina praticamente desapareceram da manualística nas décadas seguintes. O interesse pelo tema só voltaria a ser despertado entre nós a partir da segunda metade do século XX, já então com força irresistível.

Duas guerras mundiais, os horrores do holocausto nazista e a efetiva utilização da bomba atômica foram apenas alguns dos assustadores acontecimentos que o mundo testemunhou no curto intervalo entre 1914 e 1945. Embora a História tenha conhecido massacres mais avassaladores, como a chamada "conquista" da América[6] ou a diáspora africana, pode-se dizer que nunca antes a repercussão de tais atrocidades provocara uma sensação tão generalizada de fragilidade a demandar mudanças na ordem jurídica mundial. Em toda parte, despertaram os anseios pela consagração de um novo conjunto de valores, aptos a proteger a condição humana na sua redescoberta vulnerabilidade. Como explica Umberto Eco, desenvolveu-se pela primeira vez "uma solidariedade em escala planetária. Mesmo quando não a praticamos, sentimos que ela é um dever. (...) Outrora massacrava-se e não se

---

[4] Na célebre lição de BEVILÁQUA, Clóvis. *Código Civil dos Estados Unidos do Brasil comentado*. Rio de Janeiro: Francisco Alves, 1916. v. I, p. 166: "Personalidade é a aptidão, reconhecida pela ordem jurídica a alguém, para exercer direitos e contrair obrigações".

[5] TEPEDINO, Gustavo. A tutela da personalidade no ordenamento civil-constitucional brasileiro. In: TEPEDINO, Gustavo. *Temas de direito civil*. 3. ed. Rio de Janeiro: Renovar, 1999. p. 27.

[6] Sobre o tema, ver: GALEANO, Eduardo. *As veias abertas da América Latina*. São Paulo: Paz e Terra, 1996.

sentia arrependimento".[7] Laços de solidariedade formaram-se em torno do propósito maior de preservação da humanidade, preocupação que passaria a guiar os passos da comunidade jurídica internacional.[8]

Em 1948, a Declaração Universal dos Direitos Humanos, aprovada pela Assembleia Geral das Nações Unidas, afirmaria expressamente que "o reconhecimento da dignidade inerente a todos os membros da família humana e de seus direitos iguais e inalienáveis é o fundamento da liberdade, da justiça e da paz no mundo". A consagração da dignidade humana como "fundamento da liberdade" e valor central da ordem jurídica internacional influenciou as Constituições da segunda metade do século XX, que a incorporaram como verdadeira razão de ser do Estado Democrático de Direito. A Constituição brasileira a menciona já em seu art. 1.º, entre os chamados fundamentos da República.

No Brasil, como em diversos outros países, a dignidade humana assumiu posição de destaque no ordenamento jurídico.[9] Considerada "princípio fundamental de que todos os demais princípios derivam e que norteia todas as regras jurídicas",[10] a dignidade humana tem sido o valor-guia de um processo de releitura dos variados setores do direito, que vão abandonando o liberalismo e o materialismo de outrora em favor da recuperação de uma abordagem mais humanista e mais solidária das relações jurídicas. Ao mesmo tempo, a visão regulamentar do direito cede espaço a um viés mais principiológico e valorativo, que estimula o reenvio da solução dos casos concretos ao patamar mais elevado dos fundamentos do Estado Democrático de Direito. Nesse contexto, a dignidade humana tem sido diretamente aplicada a um

---

[7] DAVID, Catherine; LENOIR, Frédéric; TONNAC, Jean-Philippe de (org.). *Entrevistas sobre o fim dos tempos*. Rio de Janeiro: Rocco, 1999. p. 201.

[8] Implicando uma verdadeira *virada solidarista* no direito internacional, refletida na Constituição brasileira de 1988: "Art. 3.º Constituem objetivos fundamentais da República Federativa do Brasil: I – construir uma sociedade livre, justa e *solidária*". Confira-se, ainda, sobre o tema, o ensaio de MORAES, Maria Celina Bodin de. O princípio da solidariedade. In: MORAES, Maria Celina Bodin de. *Na medida da pessoa humana*: estudos de direito civil-constitucional. Rio de Janeiro: Renovar, 2010. p. 237-265.

[9] TEPEDINO, Gustavo. A tutela da personalidade no ordenamento civil-constitucional brasileiro cit., p. 50.

[10] FACHIN, Luiz Edson. Fundamentos, limites e transmissibilidade – anotações para uma leitura crítica, construtiva e de índole constitucional da disciplina dos direitos da personalidade no Código Civil brasileiro. *Revista da EMERJ*, v. 8, n. 31, p. 58, 2005.

sem-número de casos concretos. Sua invocação tem se tornado cada vez mais frequente não apenas nos debates acadêmicos, mas também nas motivações das decisões judiciais, nas peças advocatícias, nas decisões administrativas, nos debates parlamentares, nas justificativas de projetos de lei e assim por diante.

Apesar disso, não é fácil definir a dignidade da pessoa humana. Poucas noções apresentam contornos tão fluidos. Sua longa trajetória filosófica não é unívoca, mas gravita sempre em torno da mesma ideia: a de que a espécie humana tem uma qualidade própria, que a torna merecedora de uma estima (*dignus*) única ou diferenciada. A dignidade humana não corresponde, portanto, a algum aspecto específico da condição humana, mas exprime, isso sim, "uma qualidade tida como inerente a todo e qualquer ser humano", sendo frequentemente apresentada como "o valor próprio que identifica o ser humano como tal".[11] Seu conceito pode ser formulado nos seguintes termos: *a dignidade humana é o valor-síntese que reúne as esferas essenciais de desenvolvimento e realização da pessoa humana*.[12] Seu conteúdo não pode ser descrito de modo rígido; deve ser compreendido por cada sociedade em cada momento histórico, a partir de seu próprio substrato cultural.[13]

O propósito da sua apreensão jurídica é assegurar proteção à condição humana, em seus múltiplos aspectos e manifestações, tomando a pessoa "sempre como um fim, e nunca como um meio".[14] Nesse sentido, afirma-se ser contrário à dignidade humana "tudo aquilo que puder reduzir a pessoa (o sujeito de direitos) à condição de objeto".[15] A dignidade humana não consiste

---

[11] SARLET, Ingo Wolfgang. *Dignidade da pessoa humana e direitos fundamentais na Constituição Federal de 1988*. Porto Alegre: Livraria do Advogado, 2001. p. 38-39.

[12] Conforme proposto, anteriormente, em SCHREIBER, Anderson. *Direitos da personalidade*. 3. ed. São Paulo: Atlas, 2014. p. 8.

[13] Na experiência brasileira contemporânea, valorosos trabalhos se propuseram a identificar o conteúdo normativo do princípio da dignidade humana, merecendo destaque: BARROSO, Luís Roberto. *A dignidade da pessoa humana no direito constitucional contemporâneo*: a construção de um conceito jurídico à luz da jurisprudência mundial. Belo Horizonte: Fórum, 2012. *passim*; MORAES, Maria Celina Bodin de. O princípio da solidariedade cit., p. 71-120; SARLET, Ingo Wolfgang. *Dignidade da pessoa humana e direitos fundamentais na Constituição Federal de 1988* cit., *passim*; SARMENTO, Daniel. *Dignidade da pessoa humana*: conteúdo, trajetórias e metodologia. Belo Horizonte: Fórum, 2016. *passim*.

[14] KANT, Immanuel. *Fundamentos da metafísica dos costumes*. Rio de Janeiro: Ediouro, 1997. p. 79.

[15] MORAES, Maria Celina Bodin de. *Danos à pessoa humana*: uma leitura civil--constitucional dos danos morais. Rio de Janeiro: Renovar, 2003. p. 85.

em um conceito de aplicação matemática. A própria percepção do que é ou não é essencial ao ser humano varia conforme a cultura e a história de cada povo, e também de acordo com as concepções de vida de cada indivíduo. Tamanha fluidez não agrada aos juristas, sempre ansiosos por um porto seguro que permita distinguir o certo do errado, o lícito do ilícito, o legítimo do ilegítimo, conferindo alguma segurança e previsibilidade às soluções dos conflitos que possam surgir na vida social. Daí a necessidade tão sentida nos meios jurídicos de, sem rejeitar o caráter aberto da dignidade humana, indicar os principais atributos que a compõem e identificar as principais espécies de conflitos em que a dignidade humana entra em cena.

Renova-se, nesse cenário, o interesse pelos direitos da personalidade na experiência jurídica contemporânea. As velhas divergências em torno da categoria dogmática perderam muito de sua importância quando os direitos da personalidade passaram a ser reexaminados com um olhar destinado a extrair suas diferentes potencialidades práticas. No conjunto (embora sempre aberto e mutável) de atributos essenciais que integram a dignidade humana, os juristas souberam enxergar a oportunidade de melhor compreender seu conteúdo, identificar as forças que a ameaçam em cada época e construir os modos mais eficientes de protegê-la, não apenas perante o Estado, mas também e sobretudo nas relações entre os próprios particulares. Não foi por outra razão que, no Brasil, após quase um século de esquecimento, os direitos da personalidade ressurgiram a partir da Constituição de 1988 e acabaram expressamente incorporados ao novo Código Civil, aprovado em janeiro de 2002.

Já em seu segundo capítulo, o Código Civil dedicou-se aos direitos da personalidade. Em onze artigos (arts. 11 a 21), a codificação procurou regular o direito ao próprio corpo, o direito ao nome, o direito à honra, o direito à imagem e o direito à privacidade.[16] A inserção dos direitos da personalidade na Parte Geral do Código Civil representa, por si só, uma admirável evolução em relação ao Código Civil de 1916, carregado de tintas patrimoniais. A inauguração de um capítulo dedicado à proteção da pessoa, em seus aspectos essenciais, deve ser interpretada como afirmação do compromisso de todo o direito civil com a tutela e a promoção da personalidade humana. O acerto do legislador nesse aspecto é indiscutível e merece todos os aplausos.

---

[16] Para uma análise da disciplina do Código Civil, confira-se: DONEDA, Danilo. Os direitos da personalidade no Código Civil. In: TEPEDINO, Gustavo (coord.). *O Código Civil na perspectiva civil-constitucional*: parte geral. Rio de Janeiro: Renovar, 2013. p. 51-74.

No corpo do capítulo, contudo, os aplausos se dissipam. O Código Civil incorreu em alguns equívocos graves no tratamento dos direitos da personalidade. Há, como é natural, falhas pontuais e deslizes técnicos, que ocorrem na maior parte das leis, mas há também enganos maiores. Contaminado pelo espírito do tempo do seu anteprojeto, elaborado em 1970, o Código Civil acabou tratando dos direitos da personalidade de modo excessivamente rígido e puramente estrutural. Muitos dos dispositivos dedicados ao tema trazem soluções absolutas, definitivas, fechadas, que não se ajustam bem à realidade contemporânea e à própria natureza dos direitos da personalidade, dificultando a solução de casos concretos.

Os descuidos do Código Civil não conduzem, entretanto, a um cenário de desalento para o jurista. Ao contrário: o intérprete da norma é convocado para corrigir os desvios do legislador, por meio de uma interpretação construtiva que permita dar solução adequada aos inúmeros conflitos envolvendo os direitos da personalidade. Isso se aplica, inclusive, à definição dos chamados *limites* dos direitos da personalidade.

2. OS CHAMADOS "LIMITES" AOS DIREITOS DA PERSONALIDADE

O Código Civil inaugura o capítulo dedicado aos direitos da personalidade proclamando tais direitos como "intransmissíveis e irrenunciáveis, não podendo o seu exercício sofrer limitação voluntária" (art. 11). Como manifestações essenciais da condição humana, os direitos da personalidade não podem ser alienados ou transmitidos a outrem, quer por ato entre vivos, quer em virtude da morte do seu titular. Ao contrário do que ocorre, por exemplo, com a propriedade e com os direitos de crédito – que podem ser livremente alienados e que se transmitem aos herdeiros do falecido –, os direitos à imagem, à honra, à privacidade e todos os demais direitos da personalidade são exclusivos do seu titular. Nascem e morrem com aquela pessoa, não podendo ser cedidos, doados, emprestados, vendidos ou recebidos por herança.[17] Além de *intransmissíveis*, os direitos da personalidade são *irrenunciáveis*, no sentido de que o seu titular não pode despedir-se deles "de modo definitivo".[18]

---

[17] Sobre a intransmissibilidade dos direitos da personalidade, esclarece PEREIRA, Caio Mário da Silva. *Instituições de direito civil*. 24. ed. Rio de Janeiro: Forense, 2011. v. 1, p. 202-203: "(...) o indivíduo goza de seus atributos, sendo inválida toda tentativa de sua cessão a outrem, por ato gratuito como oneroso".

[18] LÔBO, Paulo Luiz Netto. Autolimitação do direito à privacidade. *Revista Trimestral de Direito Civil*, v. 9, n. 34, p. 94, 2008.

Ninguém pode abrir mão, de modo geral ou permanente, da sua privacidade, da sua imagem ou de qualquer outro dos seus atributos essenciais.

A codificação, contudo, vai além, impedindo inclusive, no seu art. 11, limitações voluntárias ao exercício dos direitos da personalidade. Tomado em sua literalidade, o dispositivo negaria qualquer efeito ao consentimento do titular no campo dos direitos da personalidade. Compreende-se o receio do legislador. A experiência histórica demonstra que, deixados inteiramente livres, os homens acabam por renunciar aos seus direitos mais essenciais, "concordando", por força da necessidade, com situações intoleráveis. Não se trata de uma preocupação ultrapassada, como se pode verificar, a título meramente ilustrativo, nos inúmeros casos de venda de órgãos humanos que, mesmo sendo proibida por lei, ainda ocorre clandestinamente no Brasil e no exterior. Para atender às suas necessidades e de suas famílias, o ser humano é capaz de sacrifícios extremos. Daí a linguagem forte do Código Civil, que não pretendeu prejudicar a pessoa humana com um excessivo paternalismo estatal, mas protegê-la dos efeitos da sua própria vontade em relação a direitos essenciais.

Eis o detalhe crucial: a vontade individual, por si só, não é um valor. Trata-se de um vetor vazio.[19] Ao jurista compete verificar a que interesses a vontade atende em cada situação concreta. A ordem jurídica não é contra ou a favor da vontade. É simplesmente a favor da realização da pessoa, o que pode ou não corresponder ao atendimento da sua vontade em cada caso concreto. Se a dignidade humana consiste, como se viu, no próprio "fundamento da liberdade", o exercício dessa liberdade por cada indivíduo só deve ser protegido na medida em que corresponda a tal fundamento. Em outras palavras: a autolimitação ao exercício dos direitos da personalidade deve ser admitida pela ordem jurídica quando atenda genuinamente ao propósito de realização da personalidade do seu titular. Deve, ao contrário, ser repelida sempre que guiada por interesses que não estão própria ou imediatamente voltados à realização da dignidade daquela pessoa, mas são destinados, antes, precipuamente, à execução do interesse de terceiros, que exercem sobre aquela pessoa uma especial influência por força das circunstâncias.

Na prática, a distinção não é nada simples; exige do jurista extrema sensibilidade e redobrada cautela. Para analisar a legitimidade das autolimitações ao exercício dos direitos da personalidade, não há fórmula matemática, mas existem alguns aspectos que devem ser levados necessariamente em conta. Em

---

[19] PERLINGIERI, Pietro. *Autonomia negoziale e autonomia contrattuale*. Napoli: E.S.I., 2000. p. 333.

primeiro lugar, é de examinar sua *duração* e *alcance*. Qualquer autolimitação de caráter irrestrito ou permanente não deve ser admitida, por se equiparar à renúncia. Assim, a ordem jurídica admite que alguém assine um contrato para autorizar a veiculação de sua imagem em determinada campanha comercial, mas não consideraria válido o ajuste por meio do qual a mesma pessoa consentisse o uso de sua imagem "em qualquer publicidade", "para sempre", "de qualquer modo" ou "para qualquer fim".[20]

Isso, contudo, não basta. Ao lado da duração e alcance da autolimitação, cumpre analisar a sua *intensidade*, ou seja, o grau de restrição que a autolimitação impõe ao exercício dos direitos da personalidade. Em exemplo pueril, o expectador de uma comédia teatral pode consentir em ser alvo de brincadeiras que façam o público rir. Sua autorização não permite, todavia, que seja humilhado no palco ou reduzido a mero objeto do lazer alheio. Do mesmo modo, um lutador profissional pode concordar em abrir mão de sua integridade corporal, sujeitando-se a um combate sangrento, mas não pode, juridicamente, se colocar à disposição para receber golpes brutais sem qualquer proteção, guarda ou defesa.

Além da duração, do alcance e da intensidade da autolimitação, todos aspectos de ordem estrutural, é imprescindível examinar a sua *finalidade*. Qualquer limitação voluntária do exercício de um direito da personalidade deve estar vinculada, como já se destacou, a um interesse direto e imediato do seu próprio titular. Assim, a ordem jurídica admite que alguém concorde com a inserção sob sua pele de *microchip* subcutâneo destinado ao controle de suas funções vitais ou ao monitoramento de sua saúde. Não tolera, todavia, o consentimento do empregado para inserir sob sua pele o mesmo *microchip* subcutâneo, se o aparato estiver destinado a controlar, por ondas de radiofrequência, os horários de ingresso e saída do ambiente de trabalho.[21] Note--se: em ambas as hipóteses, há limitação voluntária à integridade física, de igual duração e alcance restrito, mas, enquanto o primeiro *microchip* atende finalisticamente ao interesse exclusivo do seu titular, o segundo satisfaz primordialmente o interesse do empregador.

---

[20] Nesse sentido, é valioso o Enunciado 4, aprovado na I Jornada de Direito Civil, organizada pelo Centro de Estudos Judiciários da Justiça Federal, que, em sentido diametralmente oposto à parte final do art. 11 do Código Civil, afirma: "O exercício dos direitos da personalidade pode sofrer limitação voluntária, desde que não seja permanente nem geral".

[21] Para uma análise de diversos casos envolvendo a inserção de microchips em humanos, seja consentido remeter a SCHREIBER, Anderson. *Direitos da personalidade* cit., p. 31-32 e 39.

A simplicidade desses exemplos não deve iludir o leitor. É delicadíssima a tarefa de controlar a legitimidade das limitações voluntárias ao exercício dos direitos da personalidade. Se, de um lado, a ordem jurídica não deve tolerar a redução, ainda que voluntária, da dignidade do homem, de outro, parece muito importante evitar o perigo oposto, que consiste em sufocar, a título de proteção, novas manifestações da personalidade humana que, por mais desvairadas que possam parecer aos olhos da cultura dominante, nem por isso devem ser reprimidas. Ao direito não compete negar "a função expressiva de uma verdade diversa e anticonformista, às vezes destinada a se tornar a verdade de amanhã".[22] Os critérios apresentados auxiliam o jurista a evitar preconceitos na análise dos diferentes casos concretos. Não representam, contudo, garantia de consenso.

Impõe-se, portanto, constatar que o art. 11 do Código Civil não deve ser interpretado de modo literal. A limitação voluntária ao exercício dos direitos da personalidade tem sido admitida pela comunidade jurídica em numerosas situações. Melhor seria, nesse sentido, que o legislador tivesse cuidado de especificar os parâmetros que devem guiar o controle de legitimidade de tais limitações, em especial: (a) o alcance; (b) a duração; (c) a intensidade; e (d) a finalidade da autolimitação. Mesmo diante da omissão legislativa, nada impede que o intérprete e o julgador trabalhem com esses parâmetros.

Além dos limites impostos pelo próprio titular no legítimo exercício de sua autonomia existencial (a chamada autolimitação dos direitos da personalidade), os direitos da personalidade podem, ainda, ser limitados em razão de fatores externos à pessoa do seu titular. Tais limitações podem assumir tanto (a) um caráter geral, quando impostas *a priori* pelo próprio legislador, como (b) um caráter específico, diante de conflitos identificados apenas em casos concretos. Em ambas as circunstâncias, sendo os direitos da personalidade também *direitos fundamentais*,[23] sua limitação não pode se dar de modo

---

[22] PERLINGIERI, Pietro. *Perfis do direito civil*. Tradução Maria Cristina De Cicco. Rio de Janeiro: Renovar, 1999. p. 162.

[23] Confira-se, na doutrina constitucionalista, a lição de SARLET, Ingo Wolfgang. *Eficácia dos direitos fundamentais*: uma teoria geral dos direitos fundamentais na perspectiva constitucional. 10. ed. Porto Alegre: Livraria do Advogado, 2009. p. 88-89: "Ainda no que diz com a controvérsia em torno da existência de 'direitos fundamentais legais' e observadas as razões já colacionadas, também importa registrar que aquilo que para muitos pode ser considerado um direito fundamental fundado na legislação infraconstitucional em verdade nada mais é – em se cuidando, convém frisar, de direitos fundamentais – do que a explicitação, mediante ato legislativo, de direitos implícitos, desde logo fundados na

arbitrário, devendo ser justificado sempre diante da colisão com outro direito fundamental, que poderá ser, inclusive, outro direito da personalidade. Com efeito, o modelo solidarista acolhido pela nossa Constituição não se coaduna com direitos absolutos e ilimitados. Todo direito fundamental encontra limite na tutela de outros direitos fundamentais, impondo-se, em caso de colisão, o exercício da *ponderação* entre os interesses colidentes.

Um exemplo de conflito que suscita o recurso ao método da ponderação é o que se estabelece entre o chamado direito de sátira e o direito à honra. Como manifestação legítima da liberdade de expressão artística e intelectual, o direito de sátira merece tutela constitucional. Não é raro, contudo, que seu exercício acabe suscitando alegações de violação à honra, típico direito da personalidade, de quem é invocado para fazer rir. Tais alegações deságuam rotineiramente no Poder Judiciário. Caso instigante sobre o tema foi examinado pelo Tribunal de Justiça do Rio de Janeiro, que negou pedido de indenização por danos morais formulado pelo atual Presidente da República Jair Bolsonaro em face do jornal *O Dia*, em razão da publicação de *charge* que retratava o político com seus membros retorcidos, de modo a formar uma suástica, acompanhado pela frase "... e ninguém vai fazer nada?". Entendeu o Tribunal que

> (...) a *charge* publicada estava inserida no notório contexto de que, em toda a sua carreira política, o apelante, à época Deputado Federal e reconhecido pré-candidato à Presidência da República, sempre se apresentou assertivamente como um político conservador e de direita, com declarações, muitas vezes, polêmicas, e passíveis das mais diversas interpretações. Ao que se extrai da *charge*, por conseguinte, sua intenção mais se aproximou da intenção de fazer uma crítica humorística (*animus jocandi*) do que do objetivo de atingir a reputação e a honra do político (*animus difamandi*).[24]

Constituição (...) O mesmo se poderá afirmar em relação aos *direitos de personalidade* consagrados no novo Código Civil, visto que estes direitos já poderiam também ser deduzidos de uma cláusula geral de tutela da personalidade ancorada no direito geral de liberdade e no princípio da dignidade da pessoa humana, como, de resto, ocorre com o direito ao nome, já consagrado pelo próprio Supremo Tribunal Federal. Tal cláusula geral de tutela da personalidade, da qual decorre um direito geral de personalidade ou, como na Alemanha, um direito ao livre desenvolvimento da personalidade, assume, por sua vez, a condição de direito fundamental implícito na nossa ordem constitucional".

[24]   TJRJ, Apelação 0171549-17.2016.8.19.0001, Rel. Des. Cristina Tereza Gaulia, j. 26.02.2018.

88 | DIREITO CIVIL: DIÁLOGOS ENTRE A DOUTRINA E A JURISPRUDÊNCIA – *Volume II*

Outro caso emblemático dizia respeito ao Castelo de Itaipava, bela construção erguida pelo Barão Smith de Vasconcellos na cidade fluminense de mesmo nome, e herdado por seus familiares. Em nítida galhofa com a revista *Caras*, que se utilizava de um castelo para divulgação do estilo de vida das celebridades, a revista humorística *Bundas,* criada por Ziraldo e outros humoristas, elegeu o Castelo de Itaipava como "Castelo de *Bundas*". A reportagem cômica informou, ainda, que a escolha daquele castelo era muito oportuna, já que o referido Barão teria feito sua fortuna com os lucros advindos de uma fábrica de papel higiênico. Na sequência, "alegando apenas repetir uma piada recorrente à época da construção do castelo", a revista atribuiu-lhe o título de "o Barão da Merda".[25] Os herdeiros do Barão promoveram ação de indenização por danos morais em face da Editora Pererê, responsável pela veiculação da revista que teria, na aludida matéria, exposto ao ridículo o nome do falecido e de sua família. O caso chegou ao Superior Tribunal de Justiça, onde dividiu opiniões.

Vitorioso, por maioria, foi o entendimento da Ministra Nancy Andrighi, que, confirmando as decisões das instâncias anteriores, considerou inexistir dano à honra naquele caso concreto. Ponderou que,

> (...) para o deslinde da questão, é preciso analisar não só a expressão apontada como injuriosa, e sim esta em conjunto com a integralidade do texto e com o estilo do periódico que o veiculou. Nesse aspecto, nota-se que o meio de comunicação é explicitamente satírico, o que se evidencia – se não por menos – pela proposta editorial calcada na possibilidade de fazer rir a partir da comparação com outra revista de grande circulação, cujo mote é publicizar a vida íntima daquilo que se convencionou chamar de celebridades.[26]

---

[25] Trechos extraídos do relatório da Ministra Nancy Andrighi, no julgamento do caso perante o Superior Tribunal de Justiça (Recurso Especial 736.015/RJ, j. 16.06.2005).

[26] Analisando a galhofa em si, acrescentou a Ministra Relatora: "é essencial notar que o castelo construído pelo antepassado das recorrentes foi, apenas, o instrumento da piada, e não o alvo final da ridicularização, porquanto a comparação visa demonstrar o quão risível é – na visão dos articulistas – a proposta editorial da outra revista. Isso porque, do teor completo da reportagem percebe-se ironia não só no epíteto concedido ao Barão, mas também no excesso de elogios destinados à construção, especialmente quando esta é comparada com outras presentes na mesma região; o humor praticado, especialmente quando elogia para criticar, só pode ser visto como destinado a apontar as incongruências de um estilo de vida que não se refere, de modo algum, ao Barão Smith de Vasconcellos, mas a

Cap. 4 · TUTELA E LIMITES AOS DIREITOS DA PERSONALIDADE: ONTEM, HOJE E AMANHÃ | **89**

O voto vencedor fundou-se, ainda, na inexistência de contestação dos herdeiros do barão com relação à origem histórica da alcunha divulgada na matéria. Mencionou, nesse sentido, carta enviada por eles à revista na qual "admitem os fatos narrados, em especial a propriedade da fábrica de beneficiamento de papéis". A carta foi publicada no número seguinte da revista *Bundas*, com destaque maior do que o oferecido à própria matéria apontada como injuriosa. À luz dessas circunstâncias, concluiu o voto vencedor que

> (...) nada houve para além de uma crítica genérica de costumes pela reportagem; não houve um ataque pessoal à memória do Barão, porquanto a expressão tida por injuriosa pertence ao domínio público e foi utilizada em sentido meramente alegórico, em total coerência com as finalidades da publicação.

Divergindo do entendimento majoritário, o Ministro Castro Filho redigiu voto vencido. Nele, afirma ser a sátira, a piada, a galhofa

> (...) até aceitável, quando se trata de ironia fina, elegante, como sabem fazer muitos de nossos artistas e escritores, aí se incluindo o próprio Ziraldo, ao que parece, fundador da Revista e, de início, um dos réus na demanda. O que se não pode permitir, por ser intolerável, é o humorismo deselegante, ofensivo e vulgarizante que, mesmo não atentando contra a honra, diretamente, ofende a dignidade das pessoas, causando constrangimento, sofrimento e dor.[27]

---

pessoas outras, que 'dão as caras' – para usar de um trocadilho elucidativo – no magazine que é, efetivamente, o alvo explícito da pilhéria".

[27] Enfrentando o caso concreto, prosseguiu o Ministro Castro Filho: "É, a meu sentir, com a devida vênia da douta relatora, o que ocorre no caso em apreciação: partindo-se de uma atividade lícita de pessoa honrada – o Barão Jayme Luiz Smith de Vasconcellos – que era fabricante de papel, inclusive higiênico, cognominá-lo, por isso, de 'Barão da Merda' e, numa associação de ideias, apelidar seu imponente castelo de 'Castelo de Bundas'. (...) No que concerne, entretanto, à existência de dano moral, a meu sentir, não resta a menor dúvida. A reportagem, com a foto, ainda que não alcunhasse o Barão como o fez, já ensejaria reparação, por ofensa à memória do construtor da obra e ao passado de sua família. Mas o pior é que, mesmo que não tenha havido a intenção de denegrir a publicação, com a deturpação do título de nobreza do Barão, numa revista com tiragem de 160.000 exemplares e circulação em todo o Brasil, representa submeter a família a ridículo em âmbito nacional".

O confronto entre o direito de sátira e o direito à honra, como se vê, não é nada simples. Por um lado, é evidente a necessidade de proteção à reputação da pessoa, que não pode sofrer arrefecimento pelo simples intuito humorístico de quem se vale do outro – fosse assim, bastaria para ofender a honra de alguém que se disfarçasse a violação em piada. Ocorre que, por outro lado, o direito de sátira representa manifestação da liberdade de expressão, também tutelada constitucionalmente, e calcada, por definição, no brincar com costumes sociais, valendo-se, com frequência, de certa deturpação ou exagero dos fatos públicos e das pessoas notórias. Não raro, o direito de sátira exprime importante manifestação de crítica política e social, contribuindo para a democracia e para a autocrítica de uma sociedade. Somente a ponderação entre direito à honra e direito de sátira, dois interesses igualmente protegidos pela Constituição, pode conduzir a uma solução justa e adequada para o caso concreto. Significa que a solução não está na prevalência abstrata de um interesse sobre outro, mas no sopesamento entre eles diante das circunstâncias específicas do caso concreto.

Toda ponderação, aliás, deve ser efetuada à luz da hipótese fática subjacente. Assim, deve-se resistir à tentação de traçar parâmetros supostamente aplicáveis a todos os casos em que se contraponham determinados quaisquer direitos fundamentais. Cada hipótese fática apresenta circunstâncias relevantes distintas, conforme os diversos interesses que se conjugam concretamente. A título de auxílio ao julgador, contudo, é possível formular parâmetros específicos para certos gêneros mais comuns de situações fáticas que ensejam colisão entre os direitos fundamentais.

Da hipótese relatada é possível extrair alguns parâmetros para essa difícil ponderação. Independentemente do seu desfecho, a discussão instaurada no Superior Tribunal de Justiça em torno do caso do Castelo de Itaipava aponta várias circunstâncias fáticas que a corte considerou relevantes para a ponderação entre o direito de sátira e o direito à honra. De modo didático, passa-se a listá-las:

(a) *Finalidade do periódico*: a finalidade exclusivamente satírica do periódico em que é veiculada a matéria atenua o impacto sobre a reputação dos retratados, uma vez que seu público não tende a assumir como verídicos os fatos ali narrados. Diversamente, a publicação satírica "camuflada" entre outras reportagens, de cunho exclusivamente jornalístico, apresenta maior potencial lesivo à honra dos retratados porque não tem a evidente falta de seriedade que já é pressuposta pelo público na primeira hipótese;

(b) *Veracidade ou não do fato satirizado*: a peça humorística que se vale de fato verdadeiro, que encontra fundamento na história ou na cultura popular, não sendo contestado pelo próprio retratado, tem, mesmo com os exageros

Cap. 4 • TUTELA E LIMITES AOS DIREITOS DA PERSONALIDADE: ONTEM, HOJE E AMANHÃ | 91

inerentes à sátira, maior grau de merecimento de tutela, como expressão da liberdade intelectual e da liberdade de informação, que a matéria calcada em fato falso, inventado para fazer rir;

(c) *Propósito da sátira*: a peça humorística em que a sátira do retratado é mero instrumento para a crítica a algo diverso tem menor potencial ofensivo da honra do que a matéria cujo fim é exclusivamente o de criticar ou diminuir o próprio retratado;

(d) *Divulgação da resposta do retratado*: se o mesmo veículo divulga, com destaque igual ou maior, a resposta do retratado ou de seus familiares à peça satírica atenua com isso o potencial lesivo sobre a honra do satirizado. Também deve ser levada em conta a prontidão na divulgação supramencionada, de modo a evitar o longo transcurso de tempo entre a sátira e a resposta daquele que se sente ofendido pela galhofa.

Há, ainda, quem sustente a necessidade de se adentrarem nos termos da matéria veiculada, avaliando a "qualidade" do humor empregado, de modo a distinguir, nas palavras do voto vencido, a "ironia fina, elegante" do "humorismo deselegante, ofensivo e vulgarizante". Aqui, é de tomar extremo cuidado, pois, se é certo que a honra da pessoa retratada será lesada de modo mais intenso por termos de maior significado ofensivo (xingamentos e palavrões), não se pode correr o risco de transformar o Poder Judiciário em órgão de avaliação do humor nacional.[28] O conteúdo da peça cômica deve, por certo, ser analisado para se aferir o grau de ameaça à honra do retratado, mas a linguagem dita "popular", com termos pertencentes muitas vezes ao cotidiano da maior parte da população, não pode ser tratada como elemento caracterizador de ofensa à reputação simplesmente porque soe como agressiva ou inadequada sob a ótica cultural do magistrado ou da própria pessoa retratada. A "qualidade" do humor é questão que passa ao largo da ponderação entre direito de sátira e direito à

---

[28] Daí ter ressaltado, em importante passagem, a Ministra Nancy Andrighi: "A questão paralela posta pelas recorrentes, a respeito do 'nível' do humor praticado pelo periódico – apontado como 'chulo' – não é tema a ser debatido pelo Judiciário, uma vez que não cabe a este órgão estender-se em análises críticas sobre o talento dos humoristas envolvidos; a prestação jurisdicional deve se limitar a dizer se houve ou não ofensa a direitos morais das pessoas envolvidas pela publicação. Não cabe ao STJ, portanto, dizer se o humor é 'inteligente' ou 'popular'. Tal classificação é, de per si, odiosa, porquanto discrimina a atividade humorística não com base nela mesma, mas em função do público que a consome, levando a crer que todos os produtos culturais destinados à parcela menos culta da população são, necessariamente, pejorativos, vulgares, abjetos, se analisados por pessoas de formação intelectual 'superior'".

honra, não devendo o Poder Judiciário encastelar-se, com o perdão do troca-dilho, na sua concepção própria de comédia. Deve, ao contrário, reconhecer a importância do pluralismo inerente à rica e variada cultura brasileira, que tem no humor um de seus traços mais marcantes.[29]

Este último critério afigura-se particularmente importante em outra hipótese de colisão do direito de sátira, desta vez, com o direito à liberdade religiosa. A questão foi apreciada em rumoroso caso recente envolvendo o Especial de Natal produzido pelo grupo humorístico Porta dos Fundos e veiculado pela plataforma de *streaming* Netflix. Na produção, conforme descreve a petição inicial da ação civil pública ajuizada por associação religiosa, "Jesus é retratado como um homossexual pueril, Maria como uma adúltera desbocada e José como um idiota traído". O Tribunal de Justiça do Rio de Janeiro, reformando a decisão de primeira instância, concedeu o pedido liminar de suspensão da exibição do especial, concluindo o relator do processo ser "mais adequado e benéfico, não só para a comunidade cristã, mas para a sociedade brasileira, majoritariamente cristã, até que se julgue o mérito do Agravo, recorrer-se à cautela, para acalmar ânimos".[30] Tal decisão, por sua vez, foi reformada em pouco mais de 24 horas pelo Ministro Dias Toffoli, do Supremo Tribunal Federal, consignando que

> (...) não se descuida da relevância do respeito à fé cristã (...) Não é de se supor, contudo, que uma sátira humorística tenha o condão de abalar valores da fé cristã, cuja existência retrocede há mais de 2 (dois) mil anos, estando insculpida na crença da maioria dos cidadãos brasileiros.[31]

Todos esses casos evidenciam a necessidade de fixar *standards* concretos de ponderação, evitando as idas e vindas que derivam de uma análise casuística e, às vezes, sentimental, guiada pelos valores eleitos por cada pessoa, em

---

[29] Para uma análise verticalizada dos problemas ligados ao direito de sátira, confira--se o artigo de COELHO, Ivana Pedreira. Direito de sátira: conflitos e parâmetros de ponderação. In: SCHREIBER, Anderson (coord.). *Direito e mídia*. São Paulo: Atlas, 2013. p. 97-117.

[30] TJRJ, 6.ª Câmara Cível, Agravo de Instrumento 0083896-72.2019.8.19.0000, j. 08.01.2020.

[31] Medida Cautelar na Reclamação 38.782/RJ, j. 09.01.2020. Seja consentido remeter, para uma apreciação crítica do caso, a SCHREIBER, Anderson. De Moisés para Jesus: Dez Mandamentos para evitar um novo caso Porta dos Fundos. Disponível em: www.jota.info.

vez dos valores constitucionais, que exprimem e protegem o pluralismo da sociedade brasileira.

3. TUTELA DOS DIREITOS DA PERSONALIDADE

Em que pese sua abordagem um tanto estruturalista, o Código Civil preocupa-se, nomeadamente, com a tutela dos direitos da personalidade. O art. 12 da codificação afirma: "Pode-se exigir que cesse a ameaça, ou a lesão, a direito da personalidade, e reclamar perdas e danos, sem prejuízo de outras sanções previstas em lei". Com isso, destaca os mecanismos de proteção da pessoa humana que podem incidir no momento patológico consubstanciado na violação dos direitos da personalidade.

Mais frequente, na prática, é o recurso à *tutela ressarcitória*, consubstanciada na reparação do dano moral sofrido. Figura de notável importância na prática judicial brasileira, o *dano moral* consiste justamente na lesão a um atributo da personalidade humana.[32] Assim, a lesão a qualquer dos direitos da personalidade, sejam expressamente reconhecidos ou não pelo Código Civil, configura dano moral. À conceituação do dano moral como lesão à personalidade humana opõe-se outro entendimento bastante difundido na doutrina e jurisprudência brasileiras, segundo o qual o dano moral consistiria na "dor, vexame, sofrimento ou humilhação".[33] Tal entendimento, conquanto corriqueiro nas nossas cortes, tem a flagrante desvantagem de deixar a configuração do dano moral ao sabor de emoções subjetivas da vítima.

Com efeito, a definição do dano moral não pode depender do sofrimento, dor ou qualquer outra repercussão sentimental do fato sobre a vítima, cuja efetiva aferição, além de moralmente questionável, é faticamente impossível. A definição do dano moral como lesão a atributo da personalidade tem a extrema vantagem de se concentrar sobre o objeto atingido (o interesse lesado), e não sobre as consequências emocionais, subjetivas e eventuais da lesão.[34] A reportagem que ataca, por exemplo, a reputação de paciente em coma não causa, pelo particular estado da vítima, qualquer dor, sofrimento ou humilhação. Apesar disso, a violação à sua honra configura dano moral e exige reparação.

---

[32] MORAES, Maria Celina Bodin de. *Danos à pessoa humana*: uma leitura civil--constitucional dos danos morais cit., p. 182-192.

[33] Entre outros tantos exemplos: TJRJ, Apelação Cível 2005.001.34788, j. 20.12.2005.

[34] Sobre o tema, permita-se remeter a SCHREIBER, Anderson. *Novos paradigmas da responsabilidade civil*. 6. ed. São Paulo: Atlas, 2015. p. 134.

Compreendido o conceito de dano moral, cumpre analisar os diferentes modos de repará-lo. É certo que, na perspectiva da vítima, a lesão à sua personalidade afigura-se quase sempre "irreparável". Isso não pode servir, contudo, como desculpa para deixar sem qualquer compensação o lesado. Afigura-se indiscutível, hoje, o direito do lesado à compensação pelo dano moral sofrido, consagrado inclusive na própria Constituição da República.[35] A espécie de compensação mais comum é a indenização em dinheiro, devendo o Poder Judiciário, em tal hipótese, arbitrar seu valor em consonância com a gravidade do dano – critério expressamente acolhido pelo Código Civil[36] –, aferida em face das condições pessoais da vítima.[37]

À parte a indenização monetária, o dano moral pode ser compensado também de modo não pecuniário, caso isso atenda ao interesse da vítima. Tome-se como exemplo a situação do empregado que, humilhado pelo empregador no ambiente de trabalho, decide promover ação judicial com o legítimo propósito de ver reparado o dano que sofreu em sua honra. É certo que a atribuição de um valor financeiro tem efeito benéfico sobre a vítima, mas compensação ainda mais ampla pode ser alcançada se, ao lado da indenização em dinheiro, o empregador for condenado, por exemplo, a afixar no espaço de trabalho pedidos públicos de desculpas ao ofendido. Tais modalidades de compensação não pecuniária assumem muitas vezes maior relevância que a transferência de certa quantia de dinheiro no ambiente quase secreto de uma sala de audiências. A compensação não pecuniária desestimula, ainda, a visão de que "quem tem mais pode causar mais dano", uma vez que impõe ao ofensor uma obrigação que transcende a entrega de recursos monetários.[38]

Registre-se que os dois modos de compensação do dano moral podem e devem ser combinados, a fim de alcançar a mais plena compensação do dano sofrido pela vítima. A imensa maioria das cortes pátrias continua, todavia, a compensar os danos morais exclusivamente por meio de uma indenização

---

[35] "Art. 5.º (...) V – é assegurado o direito de resposta, proporcional ao agravo, além da indenização por dano material, moral ou à imagem".

[36] "Art. 944. A indenização mede-se pela extensão do dano".

[37] "Assim, especial será o dano ao ouvido de um esportista ainda que não profissional que ama nadar ou para quem se dileta a ouvir música; assim como será especial o dano na perna de quem mora em um dos últimos andares de um edifício sem elevador" (PERLINGIERI, Pietro. *Perfis do direito civil* cit., p. 174).

[38] SCHREIBER, Anderson. Reparação não pecuniária dos danos morais. In: FACHIN, Luiz Edson; TEPEDINO, Gustavo (org.). *Pensamento crítico do direito civil brasileiro*. Curitiba: Juruá, 2011. p. 332.

em dinheiro.[39] O direito brasileiro já "despatrimonializou" o dano, mas não despatrimonializou ainda a sua reparação.

Tão ou mais importante que reparar o dano sofrido é garantir a observância do próprio direito da personalidade lesado. Daí o art. 12 do Código Civil prever, além do ressarcimento da vítima, a possibilidade de *exigir que cesse a lesão*. Tem-se, aí, garantia da tutela específica, ou seja, voltada à proteção do específico interesse lesado.[40] Assim, por exemplo, em hipóteses de violação ao direito de imagem, embora uma retratação pública possa contribuir para a reparação do dano sofrido, o encerramento da exploração não autorizada restabelecerá a situação de respeito à imagem da pessoa. Embora específica, tal tutela ainda não se afigura ideal, tendo em vista se tratar de *tutela repressiva*, ou seja, acionável apenas após a ocorrência da lesão.

Essa é a razão pela qual, há algumas décadas, a doutrina tem enfatizado a importância da chamada *tutela inibitória*, aquela que, diante da mera ameaça de lesão, pode ser deflagrada pelo titular para impedir que sua esfera jurídica venha a ser atingida. Esse tipo de tutela, embora de requisitos mais rigorosos, revela-se especialmente importante na seara existencial, diante do imperativo constitucional de máxima proteção à pessoa humana. A Constituição da República, em seu art. 5.º, XXXV, é explícita ao determinar que "a lei não excluirá da apreciação do Poder Judiciário lesão ou *ameaça a direito*", orientação incorporada também pelo art. 12 do Código Civil ao conceder ao titular o direito de "exigir que cesse a ameaça" a direito da personalidade, ainda que, na prática, o recurso seja pouco utilizado.

---

[39] Discutiu-se no STF o dever do Estado de indenizar presos em condições degradantes. O Ministro Luís Roberto Barroso, em seu voto, propôs como forma de compensação pelos danos morais sofridos a "remição de 1 dia de pena por cada 3 a 7 dias de pena cumprida em condições atentatórias à dignidade humana". A proposta contou com a adesão dos Ministros Luiz Fux e Celso de Mello, embora não tenha sido acolhida pelo plenário. Formaram maioria contrária os Ministros Alexandre de Moraes, Marco Aurélio, Cármen Lúcia, Gilmar Mendes, Dias Toffoli, Rosa Weber e Edson Fachin (STF, RE 580.252/MS, Rel. Min. Alexandre de Moraes, Red. do Acórdão Min. Gilmar Mendes, j. 16.02.2017).

[40] "A efetividade da tutela jurisdicional diz respeito ao resultado do processo. Mais precisamente, concerne à necessidade de o resultado da demanda espelhar o mais possível o direito material, propiciando-se às partes sempre tutela específica – ou tutela pelo resultado prático equivalente – em detrimento da tutela pelo equivalente monetário" (MARINONI, Luiz Guilherme; ARENHART, Sérgio Cruz; MITIDIERO, Daniel. *Novo Código de Processo Civil comentado*. 3. ed. São Paulo: RT, 2017. p. 157).

Todas as técnicas examinadas até aqui aplicam-se diante de uma violação ou potencial violação a direitos da personalidade, mas se afigura fundamental não apenas proteger a pessoa humana, em caso de violação a seus direitos essenciais, mas também *promover* a sua dignidade na realidade brasileira, por meio de iniciativas voltadas à educação, à saúde e a tantos outros setores, onde, cotidianamente, as pessoas humanas se sentem menos humanas. Com efeito, acreditar que os remédios disponibilizados pelo Código Civil fazem com que os direitos da personalidade se encontrem assegurados na realidade brasileira é uma crença ingênua, para não dizer cruel. As condições sub-humanas impostas a vastas parcelas da nossa população, privadas das condições mínimas para uma vida digna, seguem desafiando soluções jurídicas mais efetivas, especialmente no que diz respeito à concretização do princípio constitucional da igualdade substancial. Os avanços tecnológicos, outrora vistos como possível caminho de solução, têm, de modo geral, acentuado desigualdades e produzido uma nova classe de excluídos, suscitando novos riscos à personalidade.

4. DESAFIOS DOS DIREITOS DA PERSONALIDADE EM FACE DAS NOVAS TECNOLOGIAS

A cada dia, os avanços científicos e tecnológicos, que tanto contribuem para facilitar nossas vidas, suscitam novas facetas da personalidade humana passíveis de violação, facetas antes ignoradas (como a identidade genética),[41] ou ainda em construção (como a chamada identidade digital),[42] na mesma medida em que fazem multiplicar hipóteses lesivas para as quais o Direito ainda não tem respostas seguras.

---

[41] Possibilitada pelo mapeamento genético do ser humano, realizado pelo Projeto Genoma Humano, já considerado como a empreitada científica mais importante dos últimos séculos. Sobre a noção de identidade genética, confira-se, ainda, CHOERI, Raul. *Direito à identidade na perspectiva civil-constitucional*. Rio de Janeiro: Renovar, 2010. p. 23 e ss.

[42] "As redes sociais proporcionam um formato de interação e expressão que permite aos usuários a constituição de uma identidade digital própria, que também recebe proteção, exteriorizada na criação de perfis pessoais, os quais, muitas vezes, revelarão traços específicos da personalidade não expostos no ambiente palpável" (MENEZES, Joyceane Bezerra de; COLAÇO, Hian Silva. Facebook como o novo Big Brother: uma abertura para a responsabilização civil por violação à autodeterminação informativa. *Quaestio Iuris*, Rio de Janeiro, v. 10, n. 4, p. 2329, 2017).

Veja-se o caso das *fake news*, assim entendidas as notícias deliberadamente falsas que são difundidas para influenciar o público ou simplesmente confundi-lo.[43] Embora não se trate de problema propriamente novo, a facilidade de disseminação dessas notícias por aplicativos de mensagens ou redes sociais conferiu uma dimensão inédita ao tema. O problema tem uma inegável dimensão transindividual, afetando interesses de toda a coletividade em razão do seu impacto deletério sobre os processos eleitorais, por exemplo.[44] Essa dimensão convive com outra, de índole individual, sendo certo que a divulgação de notícias sabidamente falsas pode abalar severamente as pessoas nelas retratadas, como no trágico exemplo envolvendo o espancamento até a morte de uma mulher que teve seu rosto publicado em rede social, em postagem que lhe atribuía, falsamente, a condição de sequestradora de menores para realização de rituais de magia negra.[45]

Adentra-se, hoje, em um novo estágio do problema com os chamados *deepfakes*, vídeos modificados por meio de inteligência artificial,[46] que permitem alterar a aparência da pessoa filmada, sua voz, o conteúdo da sua

---

[43] "As *fake news* podem ser compreendidas como conteúdos falsos, inverídicos, distorcidos ou fora de contexto que são espalhados, como se notícias fosse, para promover propositalmente desinformação ao público" (SOUZA, Carlos Afonso Pereira de; TEFFÉ, Chiara Spadaccini de. *Fake news*: como garantir liberdades e conter notícias falsas na internet? In: MENEZES, Joyceane Bezerra de; TEPEDINO, Gustavo (coord.). *Autonomia privada, liberdade existencial e direitos fundamentais*. Belo Horizonte: Fórum, 2019. p. 525). Merece registro a aprovação pelo Senado Federal, em 30 de junho de 2020, do Projeto de Lei 2.630, que institui a chamada Lei Brasileira de Liberdade, Responsabilidade e Transparência na Internet. O projeto impõe às redes sociais, especialmente, uma série de deveres voltados a conter a difusão de *fake news*. O projeto encontra-se, na data de envio deste artigo para publicação, à espera de avaliação no âmbito da Câmara dos Deputados. Recomenda-se ao leitor que se atualize sobre o seu estado no momento da leitura.

[44] Tema do qual tratei mais detidamente em SCHREIBER, Anderson. *Fake news* nas eleições. *Estadão*. Disponível em: politica.estadao.com.br/blogs/fausto-macedo/fake-news-nas-eleicoes/.

[45] Confira a reportagem Mulher espancada após boatos em rede social morre em Guarujá. Disponível em: g1.globo.com.

[46] A inteligência artificial, aliás, é outro avanço tecnológico que tem imposto inúmeros desafios aos juristas contemporâneos. Para um abrangente panorama, consulte-se a obra coletiva coordenada por FRAZÃO, Ana; MULHOLLAND, Caitlin. *Inteligência artificial e direito*: ética, regulação e responsabilidade. São Paulo: Thomson Reuters Brasil, 2019. *passim*.

fala, entre outros aspectos.[47] Tornou-se conhecido, nesse sentido, o *deepfake* envolvendo a atriz do filme Mulher Maravilha, Gal Gadot, que se surpreendeu ao ver um vídeo falso, que a exibia em relações sexuais, ser publicado e alcançar número recorde de acessos em um *site* pornográfico.[48]

A violação a direitos da personalidade por meio de *fakes* (sejam elas *news*, *deep*, ou ambas) oferece significativa dificuldade no que diz respeito à tutela dos interesses da vítima. No mais das vezes, a pessoa deseja a suspensão da circulação da notícia ou vídeo (tutela específica), o que esbarra, já de partida, em um difícil dilema: quem é o árbitro do que é verdadeiro? Se no caso das *deepfakes* o problema é eminentemente técnico (ou tecnológico), em razão da dificuldade de atestar a adulteração do vídeo,[49] no tocante às *fake news*, a questão assume contornos dramáticos, diante do risco de atribuir a alguém, ainda que seja o Poder Judiciário,[50] o papel de decidir, em cada caso, sobre a verdade de fatos que, embora objetivos, sempre se submetem a algum grau de interpretação dotada de inevitável subjetividade.

Tais dificuldades são exploradas pelos setores que, invariavelmente, defendem a preferência da solução indenizatória em detrimento da tutela

---

[47] "An artificial intelligence-based image synthesis technique that involves creating fake but highly realistic video content misrepresenting the words or actions of politicians and celebrities" (NEUDERT, Lisa Maria; MARCHAL, Nahema. Polarisation and the use of technology in political campaigns and communication. In: EUROPEAN PARLIAMENTARY RESEARCH SERVICE. *Panel for the future of science and technology*. Brussels: STOA, 2019. p. 5). Para uma análise mais detida do tema, seja consentido remeter a SCHREIBER, Anderson; RIBAS, Felipe; MANSUR, Rafael. *Deepfakes*: regulação e responsabilidade civil. In: TEPEDINO, Gustavo; SILVA, Rodrigo da Guia (coord.). *O Direito Civil na Era da Inteligência Artificial*. São Paulo: Revista dos Tribunais. No prelo.

[48] Para mais detalhes, confira-se a reportagem 'Deepfake', o novo e terrível patamar das 'fake news'. Disponível em: veja.abril.com.br.

[49] Fator que certamente contribuiu para a decisão recentemente tomada pelo Facebook de remover os vídeos *deepfakes* identificados na plataforma, conforme noticiado em 7 de janeiro de 2020 no portal G1: Facebook anuncia que vai remover vídeos com 'deepfake'. Disponível em: g1.globo.com.

[50] Em representação ajuizada perante o TSE pela Rede Sustentabilidade e por Marina Silva, em face do Facebook, denunciou-se a divulgação de *fake news* por uma página da plataforma que associava Marina a pagamentos feitos por empreiteiras investigadas pela Operação Lava Jato. O relator, Ministro Sérgio Banhos, proferiu decisão monocrática, destacando que o estilo das postagens seria indiciário do conteúdo falso (TSE, Rep. 060054670.2018.6.00.0000, Rel. Min. Sérgio Banhos, j. 07.06.2018).

específica, sempre que esta importar a retirada de circulação de textos, imagens etc. Em que pese tal solução possa parecer sedutora, especialmente diante da conturbada trajetória das liberdades de expressão e informação no Brasil, não se pode perder de vista que a tese da solução indenizatória não representa um "meio-termo" porque, em última análise, permite que a dignidade humana seja violada por quem quer que disponha de recursos para pagar o *preço da violação*. Ora, o que a Constituição brasileira assegura a todo cidadão não é (apenas) o direito a ser indenizado por violações à sua personalidade; são os direitos da personalidade em si.[51] Assim, a suspensão da circulação do material inverídico poderá ocorrer sempre que a ponderação entre os direitos em jogo apontar para essa solução como a solução mais adequada, necessária e proporcional.[52]

Direito da personalidade que vem sofrendo intensas transformações, especialmente diante das novas tecnologias, é o direito à privacidade. Atualmente, afigura-se unânime na doutrina o entendimento de que a tutela da privacidade requer meios que transcendem a mera proteção negativa (não intromissão na vida privada, não obtenção de dados etc.), exigindo, diante da inevitabilidade da coleta de dados pessoais, deveres positivos, que imponham a verificação de autenticidade das informações, sua correção, seu seguro armazenamento, sua utilização limitada à finalidade específica para a qual são fornecidos, sua avaliação não discriminatória etc.[53]

Nessa direção, a aprovação da Lei Geral de Proteção de Dados Pessoais – LGPD (Lei 13.709/2018) veio, enfim, a inserir o Brasil entre os países que contam com instrumentos para a proteção desse importante aspecto do direito fundamental à privacidade. Fortemente influenciada pelo regramento europeu sobre a matéria, a Lei 13.709/2018 define dados pessoais de modo amplo, como "informação relacionada a pessoa natural identificada ou identificável" (art. 5.º, I). A referida lei enumera, ainda, os princípios que devem

---

[51] Conforme tenho sustentado em diversas oportunidades: confira-se, a título ilustrativo, SCHREIBER, Anderson. *Manual de direito civil contemporâneo*. 3. ed. São Paulo: Saraiva, 2020. p. 149.

[52] Na mesma direção: RIBAS, Felipe; MANSUR, Rafael. A tese da posição preferencial da liberdade de expressão frente aos direitos da personalidade: análise crítica à luz da legalidade constitucional. In: MORAES, Bruno Terra de; SCHREIBER, Anderson; TEFFÉ, Chiara Spadaccini de (coord.). *Direito e mídia*: tecnologia e liberdade de expressão. Indaiatuba: Foco, 2020. p. 45-51.

[53] RODOTÀ, Stefano. *Intervista su privacy e libertà*. Organização de Paolo Conti. Roma-Bari: Laterza, 2005. No Brasil, ver, por todos: DONEDA, Danilo. *Da privacidade à proteção de dados pessoais*. Rio de Janeiro: Renovar, 2006. p. 23-30.

reger as atividades de tratamento de dados, como boa-fé (objetiva), finalidade, adequação, transparência, entre outros (art. 6.°). O que se exige, em apertada síntese, é que o tratamento de dados seja realizado sempre para propósitos compatíveis com a ordem jurídica, que os dados coletados sejam empregados exclusivamente nessas finalidades e que o tratamento se dê de modo seguro e transparente, garantindo a mais ampla proteção à pessoa humana.

A LGPD revela-se particularmente promissora no que diz respeito à disciplina dos problemas específicos suscitados pela dinâmica peculiar da circulação dos dados pessoais, tendo o legislador chegado a enumerar, nos arts. 17 a 22, um rol relativamente extenso de *direitos do titular*, como os de acesso aos dados, anonimização, portabilidade, entre outros. A rigor, como já notou a doutrina mais atenta, esses dispositivos não veiculam *novos direitos*, estabelecendo, isso sim, "remédios para a tutela da privacidade".[54] Vale dizer: tais dispositivos elencam instrumentos específicos dos quais se pode valer o titular dos dados pessoais para garantir a efetividade do seu direito à privacidade. Nota-se, assim, que, se a inação do legislador não pode frustrar a proteção dos direitos da personalidade, sua atuação responsável pode contribuir decisivamente para conferir maior segurança e eficiência à tutela desses direitos.

A verdade, porém, é que, mesmo reconhecendo um amplo espaço para atuação judicial na proteção da pessoa humana, ora por meio de mecanismos minuciosamente descritos na legislação, ora por meio de cláusulas gerais para a construção da solução adequada ao caso concreto, não é possível delegar ao Poder Judiciário toda a responsabilidade pela proteção aos direitos da personalidade. Uma atuação *promocional* do Direito, por meio de políticas públicas e outros tipos de incentivos que estimulem o desenvolvimento da pessoa humana em toda a sua potencialidade, é sempre bem-vinda, mas configura solução ainda excessivamente dependente de uma atuação do Estado, não raro o próprio violador dos direitos fundamentais.[55]

---

[54] SILVA, Rodrigo da Guia; SOUZA, Eduardo Nunes de. Direitos do titular de dados pessoais na Lei 13.709/2018: uma abordagem sistemática. In: FRAZÃO, Ana; OLIVA, Milena Donato; TEPEDINO, Gustavo (coord.). *Lei Geral de Proteção de Dados Pessoais e suas repercussões no direito brasileiro*. São Paulo: Thomson Reuters Brasil, 2019. p. 264. Sobre a chamada perspectiva remedial, seja consentido remeter, ainda, a SCHREIBER, Anderson. *Equilíbrio contratual e dever de renegociar*. São Paulo: Saraiva, 2018. p. 245-246.

[55] Recorde-se a histórica decisão na qual o Supremo Tribunal Federal reconheceu o *estado de coisas inconstitucional* do sistema carcerário brasileiro: "Presente quadro de violação massiva e persistente de direitos fundamentais, decorrente

Compete, enfim, a toda a sociedade assumir, cotidianamente, o compromisso de respeitar e promover os direitos da personalidade de toda e qualquer pessoa, como expressão mais contundente do solidarismo constitucional. A irrenunciável deferência à esfera existencial de cada um deve se projetar no plano político, familiar, comunitário, profissional, onde quer que o ser humano manifeste sua natureza gregária. Os desafios impostos aos direitos da personalidade em face das novas tecnologias, portanto, não diferem, substancialmente, do obstáculo que esses direitos enfrentaram ao longo de toda a sua história: a necessidade de construção de uma verdadeira cultura humanista.

REFERÊNCIAS

ARENHART, Sérgio Cruz Luiz; MARINONI, Guilherme; MITIDIERO, Daniel. *Novo Código de Processo Civil comentado*. 3. ed. São Paulo: RT, 2017.

BARBOZA, Heloisa Helena; MORAES, Maria Celina Bodin de; TEPEDINO, Gustavo (org.). *Código Civil interpretado conforme a Constituição da República*. Rio de Janeiro: Renovar, 2004. v. I.

BARROSO, Luís Roberto. *A dignidade da pessoa humana no direito constitucional contemporâneo*: a construção de um conceito jurídico à luz da jurisprudência mundial. Belo Horizonte: Fórum, 2012.

BEVILÁQUA, Clóvis. *Código Civil dos Estados Unidos do Brasil comentado*. Rio de Janeiro: Francisco Alves, 1916. v. I.

CAPELO DE SOUSA, Rabindranath V. A. *O direito geral de personalidade*. Coimbra: Coimbra Editora, 2011.

CHOERI, Raul. *Direito à identidade na perspectiva civil-constitucional*. Rio de Janeiro: Renovar, 2010.

COELHO, Ivana Pedreira. Direito de sátira: conflitos e parâmetros de ponderação. In: SCHREIBER, Anderson (coord.). *Direito e mídia*. São Paulo: Atlas, 2013.

---

de falhas estruturais e falência de políticas públicas e cuja modificação depende de medidas abrangentes de natureza normativa, administrativa e orçamentária, deve o sistema penitenciário nacional ser caraterizado como 'estado de coisas inconstitucional'" (STF, ADPF 347 MC/DF, Rel. Min. Marco Aurélio de Melo, j. 09.09.2015).

DAVID, Catherine; LENOIR, Frédéric; TONNAC, Jean-Philippe de (org.). *Entrevistas sobre o fim dos tempos*. Rio de Janeiro: Rocco, 1999.

DE CUPIS, Adriano. *I diritti della personalità*. Milano: Giuffrè, 1950.

DONEDA, Danilo. *Da privacidade à proteção de dados pessoais*. Rio de Janeiro: Renovar, 2006.

DONEDA, Danilo. Os direitos da personalidade no Código Civil. In: TEPEDINO, Gustavo (coord.). *O Código Civil na perspectiva civil-constitucional*: parte geral. Rio de Janeiro: Renovar, 2013.

FACHIN, Luiz Edson. Fundamentos, limites e transmissibilidade – anotações para uma leitura crítica, construtiva e de índole constitucional da disciplina dos direitos da personalidade no Código Civil brasileiro. *Revista da EMERJ*, v. 8, n. 31, 2005.

FRAZÃO, Ana; MULHOLLAND, Caitlin. *Inteligência artificial e direito*: ética, regulação e responsabilidade. São Paulo: Thomson Reuters Brasil, 2019.

GALEANO, Eduardo. *As veias abertas da América Latina*. São Paulo: Paz e Terra, 1996.

KANT, Immanuel. *Fundamentos da metafísica dos costumes*. Rio de Janeiro: Ediouro, 1997.

KONDER, Carlos Nelson. Privacidade e corpo: convergências possíveis. *Revista Pensar*, Fortaleza, v. 18, n. 2, maio-ago. 2013.

LÔBO, Paulo Luiz Netto. Autolimitação do direito à privacidade. *Revista Trimestral de Direito Civil*, v. 9, n. 34, 2008.

MARINONI, Luiz Guilherme; ARENHART, Sérgio Cruz; MITIDIERO, Daniel. *Novo Código de Processo Civil comentado*. 3. ed. São Paulo: RT, 2017.

MENEZES, Joyceane Bezerra de; COLAÇO, Hian Silva. Facebook como o novo Big Brother: uma abertura para a responsabilização civil por violação à autodeterminação informativa. *Quaestio Iuris*, Rio de Janeiro, v. 10, n. 4, 2017.

MORAES, Maria Celina Bodin de. *Danos à pessoa humana*: uma leitura civil-constitucional dos danos morais. Rio de Janeiro: Renovar, 2003.

MORAES, Maria Celina Bodin de. O princípio da solidariedade. In: MORAES, Maria Celina Bodin de. *Na medida da pessoa humana*: estudos de direito civil-constitucional. Rio de Janeiro: Renovar, 2010.

NEUDERT, Lisa Maria; MARCHAL, Nahema. Polarisation and the use of technology in political campaigns and communication. In: EUROPEAN PARLIAMENTARY RESEARCH SERVICE. *Panel for the future of science and technology*. Brussels: STOA, 2019.

PEREIRA, Caio Mário da Silva. *Instituições de direito civil*. 24. ed. Rio de Janeiro: Forense, 2011. v. 1.

PERLINGIERI, Pietro. *Autonomia negoziale e autonomia contrattuale*. Napoli: E.S.I., 2000.

PERLINGIERI, Pietro. *Perfis do direito civil*. Tradução Maria Cristina De Cicco. Rio de Janeiro: Renovar, 1999.

RIBAS, Felipe; MANSUR, Rafael. A tese da posição preferencial da liberdade de expressão frente aos direitos da personalidade: análise crítica à luz da legalidade constitucional. In: MORAES, Bruno Terra de; SCHREIBER, Anderson; TEFFÉ, Chiara Spadaccini de (coord.). *Direito e mídia*: tecnologia e liberdade de expressão. Indaiatuba: Foco, 2020.

RODOTÀ, Stefano. *Intervista su privacy e libertà*. Organização de Paolo Conti. Roma-Bari: Laterza, 2005.

RUGGIERO, Roberto de. *Instituições de direito civil*. Campinas: Bookseller, 1999. v. I.

SARLET, Ingo Wolfgang. *Dignidade da pessoa humana e direitos fundamentais na Constituição Federal de 1988*. Porto Alegre: Livraria do Advogado, 2001.

SARLET, Ingo Wolfgang. *Eficácia dos direitos fundamentais*: uma teoria geral dos direitos fundamentais na perspectiva constitucional. 10. ed. Porto Alegre: Livraria do Advogado, 2009.

SARMENTO, Daniel. *Dignidade da pessoa humana*: conteúdo, trajetórias e metodologia. Belo Horizonte: Fórum, 2016.

SCHREIBER, Anderson. De Moisés para Jesus: Dez Mandamentos para evitar um novo caso Porta dos Fundos. Disponível em: www.jota.info.

SCHREIBER, Anderson. *Direitos da personalidade*. 3. ed. São Paulo: Atlas, 2014.

SCHREIBER, Anderson. *Equilíbrio contratual e dever de renegociar*. São Paulo: Saraiva, 2018.

SCHREIBER, Anderson. *Fake news* nas eleições. *Estadão*. Disponível em: politica.estadao.com.br/blogs/fausto-macedo/fake-news-nas-eleicoes/.

SCHREIBER, Anderson. *Manual de direito civil contemporâneo*. 3. ed. São Paulo: Saraiva, 2020.

SCHREIBER, Anderson. *Novos paradigmas da responsabilidade civil*. 6. ed. São Paulo: Atlas, 2015.

SCHREIBER, Anderson. Reparação não pecuniária dos danos morais. In: FACHIN, Luiz Edson; TEPEDINO, Gustavo (org.). *Pensamento crítico do direito civil brasileiro*. Curitiba: Juruá, 2011.

SCHREIBER, Anderson; RIBAS, Felipe; MANSUR, Rafael. *Deepfakes*: regulação e responsabilidade civil. In: TEPEDINO, Gustavo; SILVA, Rodrigo da Guia (coord.). *O Direito Civil na Era da Inteligência Artificial*. São Paulo: Revista dos Tribunais. No prelo.

SILVA, Rodrigo da Guia; SOUZA, Eduardo Nunes de. Direitos do titular de dados pessoais na Lei 13.709/2018: uma abordagem sistemática. In: FRAZÃO, Ana; OLIVA, Milena Donato; TEPEDINO, Gustavo (coord.). *Lei Geral de Proteção de Dados Pessoais e suas repercussões no direito brasileiro*. São Paulo: Thomson Reuters Brasil, 2019.

SOUZA, Carlos Afonso Pereira de; TEFFÉ, Chiara Spadaccini de. *Fake news*: como garantir liberdades e conter notícias falsas na internet? In: MENEZES, Joyceane Bezerra de; TEPEDINO, Gustavo (coord.). *Autonomia privada, liberdade existencial e direitos fundamentais*. Belo Horizonte: Fórum, 2019.

TEPEDINO, Gustavo. A tutela da personalidade no ordenamento civil-constitucional brasileiro. In: TEPEDINO, Gustavo. *Temas de direito civil*. 3. ed. Rio de Janeiro: Renovar, 1999.

PESSOA NATURAL

5

O NOME DA PESSOA NATURAL NA JURISPRUDÊNCIA DO SUPERIOR TRIBUNAL DE JUSTIÇA

Marco Aurélio Bellizze Oliveira

"Se a rosa tivesse outro nome, ainda assim teria o mesmo perfume."
William Shakespeare

Sumário: Introdução; 1. Nome: conceito, composição, natureza jurídica e principais características; 2. A modificação do nome civil na jurisprudência do Superior Tribunal de Justiça: 2.1. Homonímia; 2.2. Interesse após a maioridade civil; 2.3. Substituição por apelidos públicos e notórios; 2.4. Adequação ao gênero; 2.5. Obtenção de dupla nacionalidade e nome estrangeiro; 2.6. Casamento; 2.7. União estável; 2.8. Separação e divórcio; 2.9. Abandono afetivo; 2.10. O nome e o vínculo entre ascendentes e descendentes; Conclusão; Referências.

INTRODUÇÃO

O nome de uma pessoa é a sua representação linguística, falada ou escrita, para si e para aqueles com quem convive. Comporta toda a história, características e personalidade do indivíduo, identificando-o por toda a vida e além dela.

Na Bíblia, a mudança de nome indica um projeto particular de Deus para o homem[1], a quem também confiou a tarefa de nomear os seres vivos

---

[1] ZIINO, Diego. Diritti dela persona e diritto al (pre)nome, riferimenti storico--letterari e considerazioni giuridiche. *Giustizia Civile: Rivista Mensile di Giurisprudenza*, v. 54, n. 7/8, p. 357, giul./ago. 2004.

da criação (Gn 2,19). Ele modificou o nome de Abraão e Sara (Gn 17)[2], em significado de sua promessa e do destino para eles traçado; e Jacó passou a ser chamado de Israel, "pois como príncipe lutaste com Deus e com os homens, e prevaleceste" (Gn 32, 27-29). O significado do nome permanece no Novo Testamento, pois o nome do próprio Jesus foi anunciado pelo anjo Gabriel à Maria (Lc1, 30-31); e Ele, mais tarde, disse a seu apóstolo Simão: "Pois também eu te digo, que tu és Pedro, e sobre esta pedra edificarei a minha igreja, e as portas do inferno não prevalecerão sobre ela" (Mt 16, 17-18)[3].

O nome é, ainda, bastante explorado nas mais diversas artes.

Na "Odisseia", Ulisses, astutamente, enganou o ciclope Polifermo ao dizer-lhe que seu nome é ninguém[4]. Em "O sol por testemunha" (1960), Tom Ripley assassinou Philippe Greenleaf para assumir o seu nome, fortuna e namorada[5]. Edmond Dantès adotou diversas identidades no clássico de Alexandre Dumas, entre elas a do Conde de Monte Cristo, para vingar-se dos responsáveis por sua injusta prisão[6]. A descoberta de um nome é o desa-

---

[2]   "De agora em diante não te chamarás mais Abrão, e sim Abraão, porque farei de ti o pai de uma multidão de povos" (Gn 17, 4-5) Abrão, que significa "pai elevado", passa a se chamar Abraão, que quer dizer "pai de uma multidão" (Rm. 4, 17); "Deus disse a Abraão: Não chamarás mais tua mulher Sarai, e sim Sara. Eu a abençoarei, e dela te darei um filho. Eu a abençoarei, e ela será a mãe de nações e dela sairão reis" (Gn 17, 15-16).

[3]   AZEVÊDO, Eliane S.; FREIRE, Nelly B. V. M. Nomes e sobrenomes na interpretação da história do povo. *Ciência e Cultura*, v. 36, n. 5, p. 753-754, maio 1984.

[4]   Ulisses e seus companheiros estavam presos na caverna de Polifermo, na ilha dos ciclopes. O herói grego, então, oferece vinho ao seu carcereiro na intenção de embriagá-lo. Ele aceita a bebida e questiona quem a oferece, e Ulisses responde: "Chamo-me Ninguém, meu pai e minha mãe chamavam-se assim, e todos os meus companheiros me chamam Ninguém". Adormecido o ciclope, o grupo de Ulisses fere o seu olho e foge encoberto pelas ovelhas. Polifermo desesperado grita de dor e raiva atraindo os demais ciclopes, que deixam de auxiliá-lo quando ele diz: "Ninguém furou meu olho".

[5]   Tom Ripley é enviado para Itália pelo Sr. Greenleaf com uma missão: trazer o filho Philippe de volta para os Estados Unidos. O jovem mimado engana Ripley, fingindo que vai retornar para casa, mas em nenhum momento pretende deixar sua noiva Marge. Acreditando que o rapaz falhou, o Sr. Greenleaf corta o seu pagamento. Assim, Tom entra em desespero e resolve assumir a identidade, e a boa vida, de Philippe. O filme foi um sucesso do cinema franco-italiano em 1960 e foi readaptado em 1999 com o nome de "O talentoso Ripley".

[6]   Edmond Dantès é o principal personagem do romance de "O Conde de Monte Cristo", escrito por Alexandre Dumas no século XIX. Na história, depois de ser denunciado por falsos amigos como um espião bonapartista, ele é preso no

fio de amor e morte entre o misterioso estrangeiro e a princesa de morte e gelo, em "Turandot", de Giacomo Puccini[7]. O Duque de Mântua enganou e seduziu Gilda fingindo ser o pobre estudante Gualtier Malde, acarretando o cumprimento da maldição lançada pelo Conde Monterone sobre o corcunda Rigoletto, na ópera escrita por Giuseppe Verdi[8]. A escolha de um novo nome é o marco entre a vida de um velho fidalgo espanhol de nome Quijada ou Quesada, e o início das incríveis aventuras do cavaleiro Dom Quixote de La Mancha e seu cavalo Rocinante escritas por Miguel de Cervantes. Isso sem falar na força do significado da escolha de Iracema para nomear a principal personagem do romance de José de Alencar. Muito além dos "lábios de mel", o nome é um anagrama da palavra "América"[9], e, portanto, carrega um significado muito expressivo, sobretudo no contexto de uma recente independência e necessária valorização da cultura nacional[10].

Na emocionante história de redenção escrita por Victor Hugo em "Os miseráveis", Jean Valjean foi renomeado diversas vezes e de muitas

---

Castelo de If por 14 anos, onde conheceu o Abade Faria, que lhe ensina Ciências, esgrima e lhe fala sobre um tesouro magnífico, escondido na ilha de Montecristo. Ele retorna sob a identidade do misterioso Conde de Monte Cristo, também referenciado como Senhor Zaccone. Para realizar sua vingança, ele também se disfarça como Abade Giácomo Busoni, Lorde Wilmore, e como o marujo Simbad.

[7] A princesa Turandot afasta seus pretendentes com três enigmas, que não decifrados os sentenciam à decapitação. O príncipe Calaf, filho do rei Timur, que foi destronado da Tartária e tornou-se refugiado na China, apaixona-se pela princesa e decide arriscar a vida pelo amor dela. Ele responde corretamente todos os enigmas, mas percebe que Turandot não foi conquistada. Ele propõe, então, que a princesa descubra o seu nome até o amanhecer, e ele então aceitará a morte por decapitação; do contrário ela deverá casar-se. À noite, Turandot ordena que "ninguém durma" (*nessum dorma*) até descobrir o nome do pretendente, que resiste às tentativas de suborno de todos os empregados reais. Contudo, o seu pai e a escrava Liú, que dele cuida afetuosamente, são torturados até revelarem o segredo. Liú, então, entrega-se à tortura e diz que não vai revelar o nome do príncipe, pois é apaixonada por ele, e mantendo seu segredo garantirá sua felicidade. Liú é sepultada e Calaf censura a princesa Turandot por sua maldade, mas ainda assim a beija com paixão. Ela esquece a sua vingança, se apaixona por ele, e responde ao enigma perante todos dizendo que "o nome dele é... amor" (*il suo nome è... amore*).

[8] A ópera tem o mesmo nome do personagem principal "Rigoletto".

[9] A alteração da ordem das letras do nome Iracema forma a palavra América.

[10] O romance foi publicado em 1865, pouco mais de 43 anos após a proclamação da Independência, em 7 de setembro de 1822.

maneiras diferentes[11], que marcam tanto a falta de identidade de um prisioneiro quanto sua constante busca por um recomeço, sem conexão com seu passado e com a implacável perseguição do inspetor Javert. A prisão e os anos de trabalhos forçados modificaram profundamente Oscar Wilde, de tal forma que o autor adotou, no tempo de vida que lhe restava, a identificação de sua cela "C.3.3" como nome, e posteriormente se fez chamar de Sebastian Melmoth[12].

A retirada do nome pode apagar a pessoa da história humana[13], tal como ansiava Tutmés III, ao determinar que o nome e a imagem da rainha Hatshepsut, sua antecessora e a mais nova mulher a ser faraó do Egito, fossem apagados dos monumentos e templos[14]. Por outro lado, a transmissão de um nome pode significar a transferência de poder, como na cena em que Michael

---

[11] O prisioneiro n. 24.601, trabalhador das galés e considerado altamente perigoso por reiteradas tentativas de fuga. Após o seu encontro com o bispo Bienvenu, que perdoa o seu erro e resgata a sua alma, ele consegue reconstruir a vida em Montreuil-sur-Mer como o senhor Madeleine, proprietário de uma fábrica de miçangas. No entanto, as constantes suspeitas do inspetor Javer e as tramas da história colocam-no diante de uma difícil situação quando outro homem é preso em seu lugar, e, para evitar a injustiça ele assume publicamente que é Jean Valjean, ou seja, a sua verdadeira identidade, que será novamente substituída por um número, dessa vez 9.430, em razão de sua prisão. Na sequência dos fatos, após conseguir fugir e recuperar o dinheiro que havia enterrado, ele busca Cossete, de quem prometeu cuidar, e se escondem em um convento em Paris, onde passa a ser chamado de Ultime Fachelevent, irmão do jardineiro, o que garante a sua estada nesse lugar seguro e a educação de Cossete. Posteriormente, ambos se instalam em uma casa, ainda em Paris, e ele passa a se apresentar publicamente como senhor Leblanc. Nessa época, Paris era uma cidade em polvorosa, em cujas ruas pulsava a revolução. Contudo, até o fim da trama Jean Valjean reencontra Javert, e tem que se acertar com a sua verdadeira identidade. Ao final, consegue se estabelecer e alcançar a redenção, como senhor Jean.

[12] ZIINO, Diego. Diritti dela persona e diritto al (pre)nome, riferimenti storico--letterari e considerazioni giuridiche cit., p. 362-363; LA TORRE, Marienza. Il nome: contrassegno dell'identitá personale. *Giustizia Civile: Rivista Mensile di Giurisprudenza*, v. 63, n. 9, p. 453, sett. 2013.

[13] Na literatura nacional, indica-se o trabalho de Alexandre Sormani e Jefferson Dias sobre a falta de registro de nascimento de pessoas internadas em hospitais psiquiátricos e a tentativa de solucionar essa situação com o Provimento n. 28 do CNJ. Cf. SORMANI, Alexandre; DIAS, Jefferson Aparecido. Crise constitucional: a negação do direito ao nome. In: LAZARI, Rafael de; BERNARDI, Renato (org.). *Crise constitucional*: espécies, perspectivas e mecanismos de superação. Rio de Janeiro: Lumen Juris, 2015.

[14] LA TORRE, Marienza. Il nome: contrassegno dell'identitá personale cit., p. 445.

Corleone entrega ao seu sobrinho, Vincent Mancini, o controle da "famiglia" e o posto de "Dom", em "O poderoso chefão – III"[15].

Consideradas, porém, as várias obras de William Shakespeare, são notáveis a habilidade e a variedade de formas com que o escritor recorreu ao nome de suas personagens para desenvolver enredos trágicos, cômicos e apaixonados de suas tramas teatrais. Em "Rei Lear", por exemplo, o duque de Kent, exilado após interceder ao rei por Cordélia, retorna ao reino disfarçado de Caio e torna-se um serviçal do rei Lear na corte de Goneril. De forma semelhante, Edgar foge para a floresta e se disfarça como o mendigo Tom O'Bedlam, após seu irmão, Edmund, forjar uma carta e convencer o pai, conde de Glócester, que ele pretendia matá-lo para herdar bens[16]. Na peça "Do jeito que você gosta", Rosalinda e Célia assumem identidades masculinas para fugirem de Frederick e permanecerem em segurança na floresta. O disfarce é mantido até que a protagonista esteja certa do amor de Orlando. O triângulo amoroso formado em "Noite de reis" ocorre quando Viola se disfarça de homem, passando a se chamar Cesário, e trabalhar como mensageiro do Duque de Orsino, que mantém uma paixão não correspondida por Lady Olívia. Não obstante, Viola apaixona-se pelo Duque, ao passo que Lady Olívia enamora-se de Cesário, encarregado de enviar-lhe as mensagens de amor de seu patrão. Para salvar Antonio da ira vingativa de Shylock, em "O mercador de Veneza", Pórcia se apresenta como o advogado Balthazar perante o Dodge de Veneza e todo o tribunal. E como esquecer da rivalidade entre a família dos Capuleto e dos Montecchio, que faz Julieta desejar: "Romeu, despoja-te de teu nome, e em troca de teu nome, que não faz parte de ti, toma-me inteira".

O presente artigo, porém, prestigia o viés jurídico do nome da pessoa natural, em especial sua proteção pelo Direito, já que é um atributo humano de grande importância. Serão abordados, inicialmente, conceito, composição, natureza jurídica e principais características do nome civil da pessoa natural, a fim de expor desde logo as questões jurídicas presentes nos casos julgados pelo Superior Tribunal de Justiça (STJ) até então. Na etapa seguinte, a análise desses casos permitirá identificar quais posições são adotadas pelo Tribunal e como suas decisões concretizam a proteção jurídica ao nome das pessoas.

---

[15] "Sobrinho, a partir de agora, chame-se de Vincent Corleone."

[16] O servo Caio (duque de Kent) permanece com o rei Lear quando ele é expulso de casa por suas filhas Goneril e Regan. Edgard, disfarçado como mendigo Tom, também encontra seu pai na floresta e impede que ele cometa suicídio, pois ele foi expulso de casa pelo filho Edmundo e teve os olhos arrancados pelo duque da Cornuália.

1. NOME: CONCEITO, COMPOSIÇÃO, NATUREZA JURÍDICA E PRINCIPAIS CARACTERÍSTICAS

O nome é "o conjunto de vocábulos gramaticais que representam gráfica ou foneticamente determinado indivíduo"[17]; "o retrato sônico da pessoa física"[18]; "a expressão pela qual se identifica e distingue uma pessoa, animal ou coisa"[19]; "meio simples e prático de identificação"[20]; "identificador necessário e irrenunciável inerente ao ser humano que compõe sua identidade pessoal"[21]; "uma expressão da vida moral e material de uma pessoa em todas as suas relações familiares e sociais"[22]; "fator de representação individual na sociedade"[23]; "um *quid* imaterial, meio de realização do bem da identidade,

---

[17] CAPELO DE SOUSA, Rabindranath Valentino Aleixo. *O direito geral da personalidade*. Coimbra: Coimbra Editora, 1995. p. 250.

[18] VAMPRÉ, Spencer. *Do nome civil*. Rio de Janeiro: F. Briguiet & C., 1935. p. 37; SILVEIRA, Alfredo Balthazar da. Proteção ao nome. *Archivo Judiciário*, v. 90, Suplemento, p. 21, abr./jun. 1949.

[19] LIMONGI FRANÇA, Rubens. *Do nome civil das pessoas naturais*. 3. ed. São Paulo: RT 1975. p. 21; MONTEIRO, Arthur Maximus. A proteção legal do nome da pessoa natural no direito brasileiro. *Revista Jurídica da FA7 – Edição especial: Temas de Direito Privado: uma homenagem ao Professor Agerson Tabosa*, v. 7, v. 1, p. 15-16, abr. 2010.

[20] TEDESCO JÚNIOR. *Da troca e alteração do nome*. Rio de Janeiro: Typ. do Jornal do Commercio Rodrigues, 1936. p. 35.

[21] ALMEIDA, José Luiz Gavião de; VEDOVATO, Luis Renato; SILVA, Marcelo Rodrigues da. A identidade pessoal como direito fundamental da pessoa humana e algumas de suas manifestações na ordem jurídica brasileira. *Revista de Direito Civil Contemporâneo*, ano 5, v. 14, p. 38-40, jan./mar. 2018; FACHIN, Luiz Edson. O corpo do registro no registro do corpo; mudança de nome e sexo sem cirurgia de redesignação. *Revista Brasileira de Direito Civil*, v. 1, p. 41, jul./set. 20141; MORAES, Maria Celina Bodin de. Ampliando os direitos da personalidade. In: MOREIRA, Eduardo Ribeiro; PUGLIESI, Marcio (org.). *20 anos da Constituição brasileira*. São Paulo: Saraiva, 2009. p. 28-29.

[22] PIRRONE, Salvatore. Estensioneai propri figli del cognome di chi sai stato riconosciuto dal padre naturale. *Giustiza Civile: Rivista Mensile di Giurizprudenza*, v. 29, v. 5, p. 110, magg. 1979; MARCATO, Antonio Carlos. O nome da mulher casada. *Justitia*, v. 46, n. 124, p. 145-146, jan./mar. 1984.

[23] CHAVES, Marianna; BARRETO, Fernanda Leão; PAMPLONA FILHO, Rodolfo. A tutela jurídica da transexualidade no Brasil. *Revista Nacional de Direito de Família e Sucessões*, n. 18, p. 16, maio/jun. 2017.

Cap. 5 · O NOME DA PESSOA NATURAL NA JURISPRUDÊNCIA DO STJ | 113

intimamente ligado portanto à pessoa"[24]; "o meio geral da linguagem próprio para indicar qualquer ente (...) e substantivo que serve a designar as coisas e as pessoas"[25]; o chamamento que designa uma pessoa ao longo de toda a sua vida e após a sua morte[26]; "o elemento mais característico da personalidade"[27]; "o próprio resumo e exteriorização da personalidade"[28]; um símbolo da história e da ascendência genética[29] e um poderoso meio de afirmação cultural, familiar e religiosa[30]. O nome representa a pedra de toque entre a

---

[24] MOTA PINTO, Paulo. Direitos da personalidade no Código Civil português e no Código Civil brasileiro. *Revista Jurídica*, ano 51, n. 314, p. 21, dez. 2003.

[25] MORAES, Maria Celina Bodin de. Sobre o nome da pessoa humana. *Revista da EMERJ*, v. 3, n. 12, p. 49, 2000.

[26] CUNHA, Patrycia Prates da. *O direito ao nome e as possibilidades de alteração do registro civil*. 2014. Monografia (Graduação em Direito) – Faculdade de Direito da Pontifícia Universidade Católica do Rio Grande do Sul, Porto Alegre, 2014; CAMPOS, Diogo Leite. Lições de direitos da personalidade. *Boletim da Faculdade de Direito da Universidade de Coimbra*, v. LXVII, p. 194, 1991; TIBA, Bundy Celso. O nome da pessoa natural e seis efeitos jurídicos. *Arte Jurídica*, v. 3, n. 1, p. 480, 2006; MORAES, Maria Celina Bodin de. Sobre o nome da pessoa humana cit., p. 74.

[27] NEVES, Rodrigo Santos. A tutela jurídica do nome. *Revista dos Tribunais*, v. 102, n. 931, p. 92, maio 2013; ANDRADE, Felipe Henrique de. Direito da personalidade: direito ao nome. In: COELHO, Nuno Manuel Morgadinho dos Santos; MELLO, Cleyson de Moraes; PÁDUA, Fabrício Renê Cardoso de (coord.). *Os direitos da personalidade à luz dos novos paradigmas jurídico-metodológicos*. Rio de Janeiro: Processo, 2019. p. 239-243, p. 243.

[28] OLIVEIRA LEITE, Eduardo de. Mulher separada: continuidade do uso do nome do marido. *Revista dos Tribunais*, ano 89, v. 780, p. 104, out. 2000.

[29] MACIEL, Kátia Regina Ferreira Lobo Andrade. O direito à identidade familiar como direito fundamental de crianças e de adolescentes na Constituição Federal brasileira de 1988. *Revista de Direito da Infância e da Juventude – RDIJ*, v. 2, n. 4, p. 161, jul./dez. 2014. Interessante a pesquisa de geneticistas da Faculdade Medicina da Universidade Federal da Bahia que correlacionaram a origem de sobrenomes de habitantes de Porto, Lisboa e Salvador e a origem étnica, demonstrando como o processo de dar nome às pessoas permanece ligado às tradições e aos valores culturais. Cf. AZEVÊDO, Eliane S.; FREIRE, Nelly B. V. M. Nomes e sobrenomes na interpretação da história do povo cit., p. 753-758.

[30] CAMPOS, Diogo Leite. Lições de direitos da personalidade cit., p. 192-193; BORGES, Roxana Cardoso Brasileiro. Direito ao nome africano, preconceito e afirmação da identidade cultural no Brasil. *Revista Fórum de Direito Civil – RFDC*, ano 3, n. 7, p. 35-51, set./dez. 2014; AZEVÊDO, Eliane S.; FREIRE, Nelly B. V. M. Nomes e sobrenomes na interpretação da história do povo cit., p. 753-758; WELTER, Belmiro Pedro. Os nomes do ser humano: uma formação contínua

construção de identidade do indivíduo perante si mesmo e toda a sociedade da qual participa[31], a ponto de fundir-se com a sua personalidade individual[32]. A essencialidade do nome para a personalidade humana foi bem capturada por Maria Celina Bodin de Moraes, ao resgatar a passagem de "É isto um homem?", na qual Primo Levi descreve a substituição dos nomes por números tatuados nos braços dos judeus ao chegarem aos campos de Auschwitz[33].

O art. 16 do Código Civil em vigor indica que o nome completo é composto por prenome e sobrenome[34]. A doutrina aponta, ainda, componentes não obrigatórios do nome, ou elementos secundários: o agnome[35], o

---

da vida. *Revista Brasileira de Direito de Família*, ano 9, n. 41, p. 5-14, abr./maio 2007.

[31] OLIVEIRA, Júlio Moraes. Pontos controversos acerca do nome civil. *Revista Nacional de Direito de Família e Sucessões*, n. 22, p. 109, jan./fev. 2018; MOREIRA, Rodrigo Pereira; ALVES, Rubens Valtecides. Direito ao esquecimento e ao livre desenvolvimento da personalidade da pessoa transexual. *Revista de Direito Privado*, ano 16, v. 64, p. 95, out./dez. 2015; MALUF, Adriana Caldas do Rego Freitas Dabus. Direito da personalidade no novo Código Civil e os elementos genéticos para a identidade da pessoa humana. In: DELGADO, Mário Luiz; ALVES, Jones Figueiredo (coord.). *Questões controvertidas:* no novo Código Civil. São Paulo: Método, 2004. p. 45-46.

[32] PONTES DE MIRANDA, Francisco Cavalcanti. *Tratado de direito privado*. Rio de Janeiro: Borsoi, 1955. t. VII, p. 68; MONTEIRO, Arthur Maximus. A proteção legal do nome da pessoa natural no direito brasileiro cit., p. 14; MONTEIRO, Arthur Maximus; VIANA, Juvêncio Vasconcelos. Direitos da personalidade e sua tutela processual. *Revista Dialética de Direito Processual – RDDP*, n. 77, p. 51, ago. 2009; CUNHA, Patrycia Prates da. *O direito ao nome e as possibilidades de alteração do registro civil* cit., p. 7.

[33] MORAES, Maria Celina Bodin de. A tutela do nome da pessoa humana. *Revista Forense*, ano 98, v. 364, p. 217-218, nov./dez. 2002.

[34] CARVALHO, Angela Menezes; MARQUES, Vinicius Pinheiro. O abandono afetivo como fundamento para a supressão do sobrenome. *Revista Nacional de Direito de Família e Sucessões*, n. 30, p. 35, maio/jun. 2019; FERNANDEZ JUNIOR, Enio Duarte. O rompimento do vínculo biológico derivado da adoção – a relatividade dos efeitos do artigo 41 do Estatuto da Criança e do Adolescente como externalidade do direito fundamental da personalidade. *Revista Juris Plenum*, v. 11, n. 61, p. 87, jan./fev. 2015; SLAIBI FILHO, Nagibi. Os direitos da personalidade. *Jurisprudência Catarinense*, v. 31, n. 106, p. 241-242, abr./mar. 2005; ANDRADE, Felipe Henrique de. Direito da personalidade: direito ao nome cit., p. 240; MARCATO, Antonio Carlos. O nome da mulher casada cit., p. 146.

[35] RODRIGUES JUNIOR, Otavio Luiz. O direito ao nome, à imagem e outros relativos à identidade e à figura social, inclusive a intimidade. In: SIMÃO, José Fernando; BELTRÃO, Silvio Romero (coord.). *Direito civil:* estudos em homenagem

Cap. 5 • O NOME DA PESSOA NATURAL NA JURISPRUDÊNCIA DO STJ | 115

hipocorístico[36], o axiônimo[37], a partícula; além de elementos que, apesar de não comporem o registro civil da pessoa, a identificam socialmente, como o pseudônimo[38], a alcunha e o nome vocatório[39]. Não obstante, esses termos não são empregados com uniformidade na lei, na doutrina e na jurisprudência, favorecendo certa confusão[40].

Assim, o prenome é também chamado de primeiro nome, nome individual, nome de batismo ou apenas nome. O sobrenome, por sua vez, é conhecido como patronímico, nome de família, cognome e apelido de família[41]. Ambos podem ser simples ou compostos, pois não há no Brasil uma regra específica que determine a formação do nome[42], ao contrário de outros países[43]. A lei brasileira exige, apenas, que cada pessoa tenha um

---

a José de Oliveira Ascensão. São Paulo: Atlas, 2015. p. 7; RODRIGUES, Marcelo Guimarães. Alteração administrativa do prenome e do gênero de transgênero. *Justiça e Cidadania*, ed. 221, p. 45, jan. 2019.

[36] OLIVEIRA, Júlio Moraes. Pontos controversos acerca do nome civil cit., p. 113-114.

[37] LIMONGI FRANÇA, Rubens. *Do nome civil das pessoas naturais* cit., p. 60.

[38] Pode-se citar como exemplo: o caso de José Sarney, cujo verdadeiro nome é José Ribamar Ferreira de Araújo; Zezé di Camargo, cujo verdadeiro nome é Mirosmar José de Camargo; Lima Duarte, cujo nome no registro civil é Ariclenes Venâncio Martins; e Dercy Gonçalves, cujo nome verdadeiro é Dolores Gonçalves Costa. Cf. CUNHA, Patrycia Prates da. *O direito ao nome e as possibilidades de alteração do registro civil* cit., p. 13; FERREIRA, Rafael Medeiros Antunes. Os direitos da personalidade. *Revista Síntese de Direito Civil e Processual Civil*, v. 19, n. 111, p. 24, jan./fev. 2018.

[39] LIMONGI FRANÇA, Rubens. *Do nome civil das pessoas naturais* cit., p. 38.

[40] VASCONCELOS, Francisco Prestello de. Notas sobre o nome da pessoa natural. *Ciência Jurídica*, ano 19, v. 124, p. 12, jul./ago. 2005; OLIVEIRA, Júlio Moraes. Pontos controversos acerca do nome civil cit., p. 110.

[41] CARVALHO, Angela Menezes; MARQUES, Vinicius Pinheiro. O abandono afetivo como fundamento para a supressão do sobrenome cit., p. 40; CELIDÔNIO, Jorge Lauro. Nome da mulher na nova lei do divórcio. *Revista do Advogado*, ano 1, n. 1, p. 21, abr./jun. 1980.

[42] OLIVEIRA, Júlio Moraes. Pontos controversos acerca do nome civil cit., p. 113; NEVES, Rodrigo Santos. A tutela jurídica do nome cit., p. 96-97; CUNHA, Patrycia Prates da. *O direito ao nome e as possibilidades de alteração do registro civil* cit., p. 11; NEVES, Rodrigo Santos. O nome civil das pessoas naturais. *Revista Síntese de Direito de Família*, ano 14, n. 75, p. 118, dez./jan. 2013.

[43] "A nova lei italiana que rege a união civil e a união de facto prevê, no § 10 do art. 1.º, que, por meio de uma declaração ao Oficial de Registro Civil, as partes possam concordar em utilizar um sobrenome comum, pelo período em que persistir

nome completo, composto pelos elementos fundamentais, isto é, o prenome e o patronímico[44]. O primeiro tem a função de individualizar a pessoa em seu grupo familiar, ao passo que a função do segundo é identificar a origem familiar da pessoa para a sociedade[45].

---

a união civil entre pessoas do mesmo sexo. A parte pode colocar seu próprio sobrenome antes ou após o sobrenome comum por meio de declaração ao Oficial de Registro Civil" (IVONE, Vitulia. A nova lei italiana sobre as uniões civis e a temática do sobrenome. *Revista Brasileira de Direito Civil*, v. 21, p. 122, jul./set. 2019); VELOSO, Zeno. Ex-cônjuge é obrigado a retirar o sobrenome do outro?. *Revista IBDFAM – Famílias e Sucessões*, n. 30, p. 24, nov./dez. 2018; BORGES, Janice Silveira. Direito fundamental ao nome da União Europeia: apresentação de casos concretos. *Revista Eletrônica de Direito do Centro Universitário Newton Paiva*, n. 36, p. 13-29, set./dez. 2018; CAMPOS, Diogo Leite. Lições de direitos da personalidade cit., p. 193-194; VASCONCELOS, Francisco Prestello de. Notas sobre o nome da pessoa natural cit., p. 18-24; ZIINO, Diego. Diritti dela persona e diritto al (pre)nome, riferimenti storico-letterari e considerazioni giuridiche cit., p. 373.

[44] LIMONGI FRANÇA, Rubens. *Do nome civil das pessoas naturais* cit., p. 57; TIBA, Bundy Celso. O nome da pessoa natural e seis efeitos jurídicos cit., p. 471-472; BORGES, Janice Silveira. Direito fundamental ao nome da União Europeia: apresentação de casos concretos cit., p. 15; MALUF, Adriana Caldas do Rego Freitas Dabus. Direito da personalidade no novo Código Civil e os elementos genéticos para a identidade da pessoa humana cit., p. 16. Existem três sistemas de denominação de pessoas no mundo: o árabe/eslavo, que se vale de qualidades e precedência das pessoas; o europeu, que consiste na atribuição de um nome e um sobrenome; e o peninsular. Considera-se que o Brasil adota o sistema peninsular de denominação da pessoa, o qual, em regra, consiste na atribuição de um prenome, seguido pelos sobrenomes materno e paterno. Trata-se, porém, de um costume ainda não abrigado na lei. Cf. MONTEIRO, Arthur Maximus. A proteção legal do nome da pessoa natural no direito brasileiro cit., p. 17.

[45] NEVES, Rodrigo Santos. A tutela jurídica do nome cit., p. 105-106; FERNANDEZ JUNIOR, Enio Duarte. O rompimento do vínculo biológico derivado da adoção – a relatividade dos efeitos do artigo 41 do Estatuto da Criança e do Adolescente como externalidade do direito fundamental da personalidade cit., p. 86; PAMPLONA FILHO, Rodolfo; GUANAIS E QUEIROZ, Hermano Fabrício Oliveira. A homenagem aos ascendentes como motivo justo ao acréscimo de sobrenome: uma interpretação da expressão "motivadamente", constante do art. 57 da Lei de Registros Públicos, à luz da hermenêutica pós-positivista. *Revista Magister de Direito Civil e Processual Civil*, n. 36, p. 42-43, maio/jun. 2010; CUNHA, Patrycia Prates da. *O direito ao nome e as possibilidades de alteração do registro civil* cit., p. 11; RODRIGUES, Marcelo Guimarães. Do nome civil. *Revista dos Tribunais*, v. 88, n. 765, p. 746, jul. 1999; ANDRADE, Felipe Henrique de. Direito da personalidade: direito ao nome cit., p. 240.

Cap. 5 · O NOME DA PESSOA NATURAL NA JURISPRUDÊNCIA DO STJ | 117

A natureza jurídica do nome civil foi objeto de um sem-número de teorias, em diversos países e com variados fundamentos[46]. Na apresentação da doutrina, ora elas são agrupadas pela nacionalidade[47], ora por seus fun-

---

[46] Spencer Vampré menciona: *(i)* Teoria dos direitos pessoais absolutos; *(ii)* Teoria de Ernest Roguin; *(iii)* Teoria negativista de Savigny; *(iv)* Teoria negativista de Clóvis Beviláqua; *(v)* Teoria negativista de Jhering; *(vi)* Teoria de Sraffa e Vivante; *(vii)* Teoria de Planiol; *(viii)* Teoria da propriedade do nome; *(ix)* Teoria do nome como instituto de caráter *sui generis*; *(x)* Teoria de Josef Kohler e outros (Rudolph Sohm, Lehman, Salleilles, Sudre e Ferrara. Cf. VAMPRÉ, Spencer. *Do nome civil* cit., p. 174; Tedesco Júnior cita: *(i)* Diversas teorias; *(ii)* Teoria da propriedade; *(iii)* Teoria do número de matrícula ou polícia civil; *(iv)* Teoria da personalidade; *(v)* Teoria de Salvat; *(vi)* Teorias de Vivante, Sraffa, Clóvis Beviláqua e Ihering. Cf. TEDESCO JÚNIOR. *Da troca e alteração do nome* cit., p. 41; Rubens Limongi França elenca: *(i)* Na Alemanha: 1)Teoria negativista de Savigny e Jhering; 2) Teoria do direito da personalidade de Gareis, Kohler e outros; *(ii)* Na França: 1) Teoria da propriedade nome: a) Teoria radical da propriedade; b) Teoria da propriedade *sui generis*; c) Teoria da propriedade imaterial: Bonnecase; 2) Teoria da polícia civil ou teoria negativista de Planiol, Baudry-Lacantinerie e Houques-Fourcade; 3) Teoria pluralista de Colin e Capitant; 4) Teoria puralista de Roguin; 5) Teoria do direito da personalidade: a) Humplet; b) Maccario; c) Planiol, Ripert e Savatier; d) Josserand; e) De Page; f) Laborde-Lacoste; g) Henri, Léon e Jean Mazeud; *(iii)* Itália: 1) Teoria do direito sobre a coisa imaterial: Venzi; 2) Teoria da defesa da função do nome: Vivante e Sraffa; 3) Teoria do direito privado *sui generis*: Pacchioni e Stolfi, 4) Teoria do direito da personalidade: a) Fadda e Bensa; b) Chironi; c) Ferrara; d) Barassi, Dusi, Stolfi e Venzi; e) Nicola e Francesco Stolfi, Bonini, Trabucchi e Casati e Russo; f) Gangi; g) Messineo; h) De Cupis; *(iv)* Autores de língua castelhana: 1) Teoria do direito subjetivo extrapatrimonial: a) Spota; b) Semon; 2) Teoria do direito da personalidade: a) Salvat; b) Cejas e Bliss; c) Borrell y Soler; d) José Castán Tobeñas; *(v)* Autores de língua português (brasileiros e lusitanos): 1) Teoria negativista de Beviláqua; 2) Teoria do direito de propriedade: a) Fábio Leal; b) Cunha Gonçalves; 3) Teoria do direito privado *sui generis* de Serpa Lopes; 4) Teoria do direito da persona-lidade: a) Vampré; b) Tedesco Júnior; c) Orlando Gomes; d) Souza Netto. Cf. LIMONGI FRANÇA, Rubens. *Do nome civil das pessoas naturais* cit., p. 62-63; Otavio Luiz Rodrigues Junior menciona: *(i)* Teoria do monopólio de Oto von Gierke; *(ii)* Teorias da família e do direito de *status* que serviam à identificação estamental da pessoa; *(iii)* Teoria da propriedade de Marcel Planiol; *(iv)* Teoria da propriedade espiritual de T.D. Wiarda e H. Salveton; e *(v)* Teoria do direito sobre bem imaterial. Cf. RODRIGUES JUNIOR, Otavio Luiz. O direito ao nome, à imagem e outros relativos à identidade e à figura social, inclusive a intimidade cit., p. 8; ARZUA, Guido. Do direito ao nome. *Revista dos Tribunais*, ano 59, v. 416, p. 19-21, jun. 1970.

[47] LIMONGI FRANÇA, Rubens. *Do nome civil das pessoas naturais* cit., p. 62-64.

damentos[48] ou, ainda, por seus principais defensores[49]. Entre as que mais se destacaram, mencionam-se: *(i)* teoria negativista, defendida por Savigny, para quem uma pessoa não poderia ser sujeito e objeto de um mesmo direito, e por Jhering, que negava o direito ao nome por não haver sobre ele um direito de exclusividade. No Brasil, Clóvis Beviláqua seguiu essa corrente[50] e, sendo o responsável pela elaboração do Código Civil de 1916, não incluiu nenhum artigo reconhecendo o direito ao nome[51], uma vez que considerava suficiente a proteção dos interesses decorrentes do nome oferecida pela responsabilidade civil; *(ii)* teoria da propriedade, oriunda da jurisprudência francesa, que reconhecia o nome como uma propriedade do homem, foi defendida, entre outros, por Cunha Gonçalves, argumentando que o registro seria análogo à matrícula da propriedade de um imóvel; *(iii)* teoria da polícia, desenvolvida por Planiol, afirmava ser o nome uma instituição de polícia civil, uma forma obrigatória de designação pessoal; *(iv)* teoria da defesa da função do nome, de Sraffa e Vivante, sustenta que o nome não tem valor intrínseco, mas apenas como um meio para distinguir e identificar as pessoas, e só merece proteção jurídica enquanto cumprir tal função; e *(v)* a teoria do direito da personalidade, cuja temática é definir que o nome é um direito da personalidade, teve representantes em diversos países e é dominante na doutrina brasileira[52]. Aliás, convém frisar que essa teoria já era amplamente aceita no Brasil muito antes do advento do Código Civil de 2002, como comprovam os trabalhos

---

[48] RODRIGUES JUNIOR, Otavio Luiz. O direito ao nome, à imagem e outros relativos à identidade e à figura social, inclusive a intimidade cit., p. 8.

[49] TEDESCO JÚNIOR. *Da troca e alteração do nome* cit., p. 41-56; VAMPRÉ, Spencer. *Do nome civil* cit., p. 44-104.

[50] BEVILÁQUA, Clóvis. *Código Civil dos Estados Unidos do Brasil*: commentado. 7. ed. Rio de Janeiro: Francisco Alves, 1944. v. I, p. 213-214.

[51] LIMONGI FRANÇA, Rubens. *Do nome civil das pessoas naturais* cit., p. 125; CELIDÔNIO, Jorge Lauro. Nome da mulher na nova lei do divórcio cit., p. 21.

[52] RODRIGUES JUNIOR, Otavio Luiz. Direitos fundamentais e direitos da personalidade. In: DIAS TOFFOLI, José Antonio (org.). *30 anos da Constituição brasileira*: democracia, direitos fundamentais e instituições. Rio de Janeiro: Forense, 2018. p. 695; FERREIRA, Rafael Medeiros Antunes. Os direitos da personalidade cit., p. 24; PEREIRA, Caio Mário da Silva. *Instituições de direito civil*. Rio de Janeiro: Forense, 1966. v. I, p. 151-153; ARZUA, Guido. Do direito ao nome cit., p. 26; SILVEIRA, Alfredo Balthazar da. Proteção ao nome cit., p. 21; CAMBI, Eduardo; NICOLAU, Camila Christiane Rocha. Direito ao nome e à sua alteração (e a de gênero) no registro civil da pessoa transgênero. *Revista dos Tribunais*, ano 108, v. 1000, p. 87-98, fev. 2019, p. 91; MOTA PINTO, Paulo. Direitos da personalidade no Código Civil português e no Código Civil brasileiro cit., p. 13.

de Spencer Vampré[53], Tedesco Júnior[54] e Rubens Limongi França[55], muito anteriores ao atual Código Civil, sendo o primeiro deles de 1935.

A identificação da natureza jurídica do nome propicia a exposição de suas principais características. Trata-se de um atributo imprescritível, inalienável, imutável, indisponível, obrigatório, exclusivo, intransmissível, irrenunciável[56], tal como os demais direitos da personalidade. O nome, porém, tem a peculiaridade de ser considerado um direito ubíquo[57], graças às duas principais funções que exerce na sociedade: a identificação e a individualização[58].

A nomeação dos indivíduos torna possível as relações sociais, de modo que há um interesse público em garanti-la, fazendo do nome um objeto de proteção

---

[53] VAMPRÉ, Spencer. *Do nome civil* cit., p. 100-102.

[54] TEDESCO JÚNIOR. *Da troca e alteração do nome* cit., p. 56.

[55] LIMONGI FRANÇA, Rubens. *Do nome civil das pessoas naturais* cit., p. 155-174; LIMONGI FRANÇA, Rubens. Homonímia. *Revista dos Tribunais*, ano 92, v. 808, p. 755-761, fev. 2003, p. 756.

[56] FACHIN, Luiz Edson. O corpo do registro no registro do corpo; mudança de nome e sexo sem cirurgia de redesignação cit., p. 40-41; FERREIRA, Rafael Medeiros Antunes. Os direitos da personalidade cit., p. 16-21; MARCATO, Antonio Carlos. O nome da mulher casada cit., p. 147; SCHILLING, Jeane. Do nome civil da pessoa natural. *Revista Jurídica*, n. 99, p. 44, maio/jun. 1983.

[57] MACIEL, Kátia Regina Ferreira Lobo Andrade. O direito à identidade familiar como direito fundamental de crianças e de adolescentes na Constituição Federal brasileira de 1988 cit., p. 136-139; TIBA, Bundy Celso. O nome da pessoa natural e seis efeitos jurídicos cit., p. 469; MORAES, Maria Celina Bodin de. A tutela do nome da pessoa humana cit., p. 220; MARQUES, Vinicius Pinheiro. O abandono afetivo como fundamento para a supressão do sobrenome. *Revista Nacional de Direito de Família e Sucessões*, n. 30, p. 35-36, maio/jun. 2019; CUNHA, Patrycia Prates da. *O direito ao nome e as possibilidades de alteração do registro civil* cit., p. 7; PIRRONE, Salvatore. Estensioneai propri figli del cognome di chi sai stato riconosciuto dal padre naturale cit., p. 109-110; CASTRO, Lincoln Antônio de. *Revista do Ministério Público do Estado do Rio de Janeiro*, n. 30, p. 40, out./dez. 2008; SCHILLING, Jeane. Do nome civil da pessoa natural cit., p. 39; LA TORRE, Marienza. Il nome: contrassegno dell'identitá personale cit., p. 443; GURGEL, Patrícia da Cunha. A mudança de nome e sexo do transexual e os seus reflexos na Lei de Registros Públicos (Lei n. 6.015/1973). *Informativo Jurídico Consulex*, n. 43, p. 11-12, 25 out. 2010.

[58] ALMEIDA, Vitor. A proteção do nome da pessoa humana entre a exigência registral e a identidade pessoal: a superação do princípio da imutabilidade do prenome no direito brasileiro. *Revista Trimestral de Direito Civil: RTDC*, v. 13, n. 52, p. 210, out./dez. 2002.

do Direito Público[59-60]. O registro civil é justamente o ponto de partida de sua proteção, propiciando a segurança da identificação das pessoas[61]. Nesse aspecto, merece ser resgatada a abordagem de Antonio Chaves sobre a importância da centralização das informações em um cadastro nacional que unificasse o registro de pessoas naturais, a partir de uma certidão de registro de nascimento confeccionada ainda na maternidade. O sistema, que já foi adotado em alguns países e está em discussão no Brasil desde 1971, facilitaria o planejamento social e a fiscalização dos sistemas eleitoral, tributário, previdenciário, trabalhista, assim como permitiria melhor tomada de decisão e maior aproveitamento dos recursos, o que proporcionaria o indispensável e contínuo intercâmbio que deve existir entre os órgãos de informação, de estatística e de planejamento, observadas, é claro, as medidas de proteção e segurança dessas informações[62].

Por isso o nome é considerado obrigatório, e aos pais é imposto o dever de registrar os seus rebentos, havendo, inclusive, a garantia de gratuidade do ato aos genitores considerados pobres[63]. Além disso, a estabilidade e segurança

---

[59]   ANDRADE, Felipe Henrique de. Direito da personalidade: direito ao nome cit., p. 242; CASTRO, Lincoln Antônio de. *Revista do Ministério Público do Estado do Rio de Janeiro* cit., p. 54-55.

[60]   Exemplo interessante é a importância da especialidade subjetiva no princípio da continuidade, do qual depende a segurança do registro de imóveis, pois a determinação dos titulares registrais é uma cadeia contínua. Cf. HAJEL, Viviane Alessandra Grego. O nome social no registro imobiliário. *Revista de Direito Imobiliário*, v. 40, n. 82, p. 219-249, jan./jul. 2017; FELISBERTO, Bruno Miguel Costa. Publicidade registral imobiliária e dos atos efetuados por transexual: como publicitar a alteração da qualificação da pessoa no registro de imóveis?. *Revista de Direito Imobiliário*, v. 40, n. 82, p. 313-372, jan./jun. 2017; SAN TIAGO DANTAS, Francisco Clementino de. *Programa de direito civil*: teoria geral. 3. ed. rev. e atual. por Gustavo Tepedino. Rio de Janeiro: Forense, 2001. p. 146.

[61]   FELISBERTO, Bruno Miguel Costa. Publicidade registral imobiliária e dos atos efetuados por transexual: como publicitar a alteração da qualificação da pessoa no registro de imóveis? cit., p. 315-316; ARZUA, Guido. Do direito ao nome cit., p. 26; CASTRO, Lincoln Antônio de. *Revista do Ministério Público do Estado do Rio de Janeiro* cit., p. 40-41; SCHILLING, Jeane. Do nome civil da pessoa natural cit., p. 33; ALMEIDA, Vitor. A proteção do nome da pessoa humana entre a exigência registral e a identidade pessoal: a superação do princípio da imutabilidade do prenome no direito brasileiro registral cit., p. 222.

[62]   CHAVES, Antonio. A esperada evolução do registro civil das pessoas naturais no Brasil. *Revista de Direito Civil, Imobiliário, Agrário e Empresarial*, v. 8, n. 28, p. 7-16, abr./jun. 1984.

[63]   RODRIGUES JUNIOR, Otavio Luiz. O direito ao nome, à imagem e outros relativos à identidade e à figura social, inclusive a intimidade cit., p. 8-9; RODRIGUES

Cap. 5 • O NOME DA PESSOA NATURAL NA JURISPRUDÊNCIA DO STJ | 121

das relações requerem a preservação do nome, justificando, portanto, sua imutabilidade[64], prevista no art. 58 da Lei n. 6.015/1973, a qual só é afastada em situações bastante específicas[65].

Por outro lado, a identidade da pessoa é, sobretudo, de seu maior interesse pessoal[66], na medida em que permite a ela construir sua história, reconhecer e desenvolver suas características e autoestima, enfim, consolidar uma personalidade em torno de si, motivo pelo qual também o Direito Privado se ocupa do nome civil[67].

JUNIOR, Otavio Luiz. Direitos fundamentais e direitos da personalidade cit., p. 694; ALMEIDA, José Luiz Gavião de; VEDOVATO, Luis Renato; SILVA, Marcelo Rodrigues da. A identidade pessoal como direito fundamental da pessoa humana e algumas de suas manifestações na ordem jurídica brasileira cit., p. 38-40; COSTA, Gilberto Azevedo de Moraes. A mulher casada e o seu nome: uma proposta para não alterá-lo. *Revista de Direito Privado*, v. 18, n. 84, p. 125, dez. 2017; MONTEIRO, Arthur Maximus. A proteção legal do nome da pessoa natural no direito brasileiro cit., p. 15; SCHILLING, Jeane. Do nome civil da pessoa natural cit., p. 28; ZIINO, Diego. Diritti dela persona e diritto al (pre)nome, riferimenti storico-letterari e considerazioni giuridiche cit., p. 375.

[64] MORAES, Maria Celina Bodin de. Sobre o nome da pessoa humana cit., p. 54-55; OLIVEIRA, Júlio Moraes. Pontos controversos acerca do nome civil cit., p. 114-115; MONTEIRO, Arthur Maximus. A proteção legal do nome da pessoa natural no direito brasileiro cit., p. 23.

[65] CUNHA, Patrycia Prates da. *O direito ao nome e as possibilidades de alteração do registro civil* cit., p. 13-17; BORGES, Janice Silveira. Direito fundamental ao nome da União Europeia: apresentação de casos concretos cit., p. 16; ALVES, Jaiza Sammara de Araújo; LIMA, Vitória Raissa Jacó de. Alteração do nome dos transexuais e a problemática da autorização da cirurgia de transgenitalização no Brasil. *Revista Eletrônica do Centro Universitário Newton Paiva*, n. 30, p. 115-116, set./dez. 2016; BALIEIRO, Gildete Silva. Registro de pessoas: uniformização de procedimentos. *Revista da Escola de Magistratura do Distrito Federal*, n. 12, p. 39-40, 2009.

[66] ALMEIDA, José Luiz Gavião de; VEDOVATO, Luis Renato; SILVA, Marcelo Rodrigues da. A identidade pessoal como direito fundamental da pessoa humana e algumas de suas manifestações na ordem jurídica brasileira cit., p. 40; MORAES, Maria Celina Bodin de. A tutela do nome da pessoa humana cit., p. 218-219; ZIINO, Diego. Diritti dela persona e diritto al (pre)nome, riferimenti storico-letterari e considerazioni giuridiche cit., p. 371; TIBA, Bundy Celso. O nome da pessoa natural e seis efeitos jurídicos cit., p. 474-475.

[67] MOTA PINTO, Paulo. Direitos da personalidade no Código Civil português e no Código Civil brasileiro cit., p. 21-22; OLIVEIRA LEITE, Eduardo de. Mulher separada: continuidade do uso do nome do marido cit., p. 105; RODRIGUES, Marcelo Guimarães. Do nome civil cit., p. 745; MALUF, Adriana Caldas do Rego Freitas Dabus. Direito da personalidade no novo Código Civil e os elementos

Embora a doutrina seja pacífica sobre a natureza jurídica do direito ao nome, o seu fundamento não é uniforme. Alguns entendem que os direitos da personalidade, inclusive o direito ao nome, são direitos fundamentais que decorrem diretamente da dignidade da pessoa humana[68], interpretando-a

---

genéticos para a identidade da pessoa humana cit., p. 10; ARZUA, Guido. Do direito ao nome cit., p. 26; TIBA, Bundy Celso. O nome da pessoa natural e seis efeitos jurídicos cit., p. 478-479; SCHILLING, Jeane. Do nome civil da pessoa natural cit., p. 33.

[68] CARVALHO, Angela Menezes; MARQUES, Vinicius Pinheiro. O abandono afetivo como fundamento para a supressão do sobrenome cit., p. 36; CAMBI, Eduardo; NICOLAU, Camila Christiane Rocha. Direito ao nome e à sua alteração (e a de gênero) no registro civil da pessoa transgênero cit., p. 92; CHAVES, Marianna; BARRETO, Fernanda Leão; PAMPLONA FILHO, Rodolfo. A tutela jurídica da transexualidade no Brasil cit., p. 16; MORAES, Maria Celina Bodin de. A tutela do nome da pessoa humana cit., p. 227; e MORAES, Maria Celina Bodin de. Sobre o nome da pessoa humana cit., p. 73-74; CARVALHO, Ivo César Barreto de. A tutela dos direitos da personalidade no Brasil e em Portugal. *Revista Jurídica*, ano 61, n. 427, p. 50-51, maio 2013; ALMEIDA, José Luiz Gavião de; VEDOVATO, Luis Renato; SILVA, Marcelo Rodrigues da. A identidade pessoal como direito fundamental da pessoa humana e algumas de suas manifestações na ordem jurídica brasileira cit., p. 43-47; BORGES, Janice Silveira. Direito fundamental ao nome da União Europeia: apresentação de casos concretos cit., p. 16; FERREIRA, Rafael Medeiros Antunes. Os direitos da personalidade cit., p. 16-27, p. 17; CHAVES, Marianna; BARRETO, Fernanda Leão; PAMPLONA FILHO, Rodolfo. A tutela jurídica da transexualidade no Brasil cit., p. 5-31, p. 16; FERNANDEZ JUNIOR, Enio Duarte. O rompimento do vínculo biológico derivado da adoção – a relatividade dos efeitos do artigo 41 do Estatuto da Criança e do Adolescente como externalidade do direito fundamental da personalidade cit., p. 99; ALVES, Jones Figueiredo. Nome da pessoa e dignidade humana. Atualidades repercussivas do Direito de Família em dinâmica de registro civil. *Revista Nacional de Direito de Família e Sucessões*, v. 1, n. 1, p. 98, jul./ago. 2014; HOGEMANN, Edna Raquel. Direitos humanos e diversidade sexual: o reconhecimento da identidade de gênero através do nome social. *Revista da Seção Judiciária do Rio de Janeiro*, v. 21, n. 39, p. 217-231, abr. 2014, p. 219; FERREIRA, Luiz Antonio Miguel; GALINDO, Bruna Castelane. Do sobrenome do padrasto e da madrasta. Considerações a respeito da Lei 11.924/2009. *JuriaPlenum*, v. 7, n. 37, p. 120, jan. 2011; SLAIBI FILHO, Nagibi. Os direitos da personalidade cit., p. 228-229; SORMANI, Alexandre; DIAS, Jefferson Aparecido. Crise constitucional: a negação do direito ao nome cit., p. 328; SILVEIRA, Fabiana Ramos da. Retificação do registro civil de transexuais. *Unijus: Revista Jurídica*, v. 13, n. 18, p. 235, maio 2010; ALVES, Jones Figueiredo. Nome da pessoa e dignidade humana. Atualidades repercussivas do Direito de Família em dinâmica de registro civil cit., p. 124; FARIA, Bárbara de Sordi; COSTA, Sonielly Alves e. Transexualidade: nome e gênero. In: COELHO, Nuno

como uma cláusula geral de direitos da personalidade[69]. Outra vertente doutrinária compreende que eles são direitos de natureza privada e, embora apresentem um paralelismo em relação aos direitos fundamentais[70], têm historicidade independente, além de regramento próprio[71] atualmente esta-

---

Manuel Morgadinho dos Santos; MELLO, Cleyson de Moraes; PÁDUA, Fabrício Renê Cardoso de (coord.) *Os direitos da personalidade à luz dos novos paradigmas jurídico-metodológicos.* Rio de Janeiro: Processo, 2019. p. 107.

[69] MORAES, Maria Celina Bodin de. Ampliando os direitos da personalidade cit., p. 19.

[70] RODRIGUES JUNIOR, Otavio Luiz. O direito ao nome, à imagem e outros relativos à identidade e à figura social, inclusive a intimidade cit., p. 5-6 e 13.

[71] Embora os direitos da personalidade tenham se "publicizado" no ambiente cultural do *ius gentium*, retomado pelo jusracionalismo, a pandectística e a ciência jurídica oitocentista, de modo geral, reconduziram esses direitos ao espaço privatístico, que é o seu espaço dogmático natural ao retomarem o pensamento romano clássico. Esse movimento contribuiu, inclusive, para que se reconhecessem os direitos da personalidade como direitos da pessoa sobre seus atributos, aproximando-os dos direitos subjetivos. Tanto que o direito ao nome foi reconhecido no § 12 do BGB. Cf. GONÇALVES, Diogo Costa. Revisitando a origem histórico-dogmática dos direitos de personalidade. *Revista de Direito Civil Contemporâneo*, ano 5, v. 15, p. 387-404, abr./jun. 2018. Em panorama mais filosófico, Diogo Leite Campos descreve como o humanismo cristão foi crucial para a formação e desenvolvimento dos direitos da personalidade, na medida que passou a considerar que todo e cada homem em si é um ser feito à imagem e semelhança de Deus e destinado a ter com ele uma relação. Esse pensamento contrasta com a filosofia antiga, desenvolvida pelos gregos e, posteriormente, pelos romanos, que concebiam o homem como parte da natureza e/ou do corpo social. Todas as dimensões da vida humana, inclusive a religião, só eram compreendidas a partir da vida social, da convivência e participação na polis. A separação entre a realidade de Deus (o Criador) e o mundo (as criaturas) dessacralizou a natureza e abriu caminho para que ela fosse observada e compreendida a partir da razão, e para que o homem desenvolvesse uma autoconsciência de si mesmo, em particular. Essas ideias abrem espaço para que o homem desenvolva suas liberdades e conceba os direitos de personalidade em proteção delas e de si mesmo em relação aos demais. Cf. CAMPOS, Diogo Leite. Lições de direitos da personalidade cit., p. 130-166. Paulo da Mota Pinto, saudando o Código Civil brasileiro de 2002, e traçando um paralelo com o Código Civil português, entende que os direitos da personalidade, inclusive o nome, são instrumento de concretização dos direitos fundamentais no direito privado. Isso, porém, não torna a norma civil dispensável e supérflua, pois o Direito Constitucional deve irradiar no campo privado através das normas desse último, inclusive pela obrigação do legislador em estabelecer normas de proteção desses direitos, que, no caso, devem ser adequadas as relações entre particulares. Cf. MOTA PINTO,

belecido no Código Civil de 2002 e, no caso do nome, também na Lei de Registros Públicos (Lei n. 6.015/1973)[72].

Apesar de, à primeira vista, essa divergência parecer muito teórica, ela está no cerne das discussões travadas no STJ sobre a alteração do nome civil, que serão expostas adiante. Isso porque a alteração do registro civil, especialmente em hipóteses não previstas na Lei n. 6.015/1973, põe em debate os limites do princípio da imutabilidade, levando em conta a dupla função do nome, qual seja, identificar e individualizar[73]. Parte da doutrina é mais inclinada a valorizar a proteção à identidade do indivíduo[74] em detrimento da identificação social, que graças à tecnologia dispõe de outros meios, além do nome[75]. Por outro lado, o Direito acolhe a imutabilidade do nome, assim como prevê tantos outros meios de proteção, dada a sua importância, pessoal e social[76], que a tecnologia, inclusive, amplia[77]. Cabe, na sequência,

---

Paulo. Direitos da personalidade no Código Civil português e no Código Civil brasileiro cit., p. 10-12.

[72] RODRIGUES JUNIOR, Otavio Luiz. Direitos fundamentais e direitos da personalidade cit., p. 680-700.

[73] MORAES, Maria Celina Bodin de. A tutela do nome da pessoa humana cit., p. 228; MORAES, Maria Celina Bodin de. Ampliando os direitos da personalidade cit., p. 26-27; ANDRADE, Felipe Henrique de. Direito da personalidade: direito ao nome cit., p. 241; CUNHA, Patrycia Prates da. *O direito ao nome e as possibilidades de alteração do registro civil* cit., p. 5-10; ALMEIDA, Vitor. A proteção do nome da pessoa humana entre a exigência registral e a identidade pessoal: a superação do princípio da imutabilidade do prenome no direito brasileiro registral cit., p. 205-206.

[74] MATIELI, Louise Vago. Análise funcional do direito ao nome à luz do artigo 55, parágrafo único, da Lei de Registros Públicos. *Revista Brasileira de Direito Civil*, v. 7, p. 107-131, jan./mar. 2016; SILVESTRE, Gilberto Fachetti; LOURO, Arthur Souza. A tutela jurídica da identidade do transexual. *Revista de Direito Privado*, v. 17, n. 65, p. 110, jan./mar. 2016; ALMEIDA, Vitor. A proteção do nome da pessoa humana entre a exigência registral e a identidade pessoal: a superação do princípio da imutabilidade do prenome no direito brasileiro registral cit., p. 211-212.

[75] VASCONCELOS, Francisco Prestello de. Notas sobre o nome da pessoa natural p. 14; SLAIBI FILHO, Nagibi. Os direitos da personalidade cit., p. 245; TIBA, Bundy Celso. O nome da pessoa natural e seis efeitos jurídicos cit., p. 480; BORGES, Janice Silveira. Direito fundamental ao nome da União Europeia: apresentação de casos concretos cit., p. 14.

[76] LA TORRE, Marienza. Il nome: contrassegno dell'identitá personale cit., p. 451-453.

[77] Marienza La Torre faz um paralelo no direito italiano entre a proteção dos domínios de Internet quando relacionados ao nome de uma pessoa natural. A autora menciona que a jurisprudência da Itália tem reconhecido, em alguns

Cap. 5 • O NOME DA PESSOA NATURAL NA JURISPRUDÊNCIA DO STJ | 125

expor como o STJ equilibra os interesses relativos ao nome da pessoa e qual posição assume quanto ao fundamento desse direito.

2. A MODIFICAÇÃO DO NOME CIVIL NA JURISPRUDÊNCIA DO SUPERIOR TRIBUNAL DE JUSTIÇA

A importância do nome já foi evidenciada desde o início deste trabalho, bem como foi exposta sua natureza jurídica como direito da personalidade. Não obstante o direito ao nome esteja expresso no Código Civil[78], e sendo o Direito Privado o espaço natural dos direitos dessa natureza[79], convém esclarecer que sua proteção transborda as fronteiras privatistas, recebendo também atenção de outros ramos jurídicos, como o administrativo e o penal[80].

A diversidade dessa tutela está refletida no acervo jurisprudencial do STJ, que conta com precedentes oriundos do Direito Público, como o Recurso Especial n. 1.353.602/RS[81], em que foi reconhecido o sigilo dos dados fornecidos ao IBGE e a impossibilidade de repasse destes, inclusive o nome, à municipalidade, ou mesmo a linha de precedentes que só autoriza o redirecionamento da execução fiscal ao sócio quando o seu nome estiver incluído

---

casos, violação ao art. 7.º do Código Civil italiano, que tutela o direito do titular sobre o próprio nome, bem como a faculdade de fazer cessar seu uso indevido por outrem. La Torre acrescenta que a *World Intellectual Property Organization* decidiu, no caso em que se discutia a titularidade do domínio "Tom Cruise.com", que deve ser reservado ao titular do nome, mesmo que usado inicialmente para outra finalidade (LA TORRE, Marienza. Il nome: contrassegno dell'identità personale cit., p. 446-447). Outro caso bastante interessante é Nissan Motors *vs.* Nissan Computer, quando o mecânico de origem israelense Uzi Nissan decidiu criar um *site* para o seu negócio de vendas de peças de computador no varejo, a Nissan Computer, em 1994, e registrou o domínio "nissan.com", até que a montadora japonesa se interessou pelo domínio. Após uma batalha judicial de oito anos, e um custo para Uzi Nissan de quase U$ 3 milhões, ele ganhou o caso, pois tinha registrado o domínio quatro anos antes da montadora.

[78] MOTA PINTO, Paulo. Direitos da personalidade no Código Civil português e no Código Civil brasileiro cit., p. 7.

[79] GONÇALVES, Diogo Costa. Revisitando a origem histórico-dogmática dos direitos de personalidade cit., p. 398.

[80] LIMONGI FRANÇA, Rubens. Homonímia cit., p. 756; MOTA PINTO, Paulo. Direitos da personalidade no Código Civil português e no Código Civil brasileiro cit., p. 44; SCHILLING, Jeane. Do nome civil da pessoa natural cit., p. 39;

[81] STJ, REsp 1.353.602/RS, 1.ª Turma, Rel. Min. Napoleão Nunes Maia Filho, j. 30.11.2017, *DJe* 07.12.2017.

na certidão de dívida ativa[82], do contrário, ele tem direito à certidão negativa de débitos[83]. Na esfera penal, registra-se o *Habeas Corpus* n. 45.081/RJ[84], no qual foi determinada a anulação do processo penal desde a denúncia, uma vez que foi condenada pessoa homônima, erroneamente citada por edital.

A pesquisa dos casos a seguir mencionados concentrou-se na Segunda Seção do STJ que, em razão de sua competência regimental[85], reúne a maior quantidade de precedentes sobre a matéria, especialmente a interpretação da legislação federal quanto à mudança do nome no registro civil[86], temática que restringiu a pesquisa jurisprudencial apresentada *infra*.

2.1. Homonímia

Malgrado a modificação do nome em razão de homonímia seja admissível por parte da doutrina nacional[87], que também conta com vozes divergentes[88], ela não foi considerada, em si, motivo suficiente para justificar alteração do nome do recorrente no Recurso Especial n. 647.296/MT[89]. Na fundamentação, a Ministra Nancy Andrighi assentou que não foi demonstrado ser o recorrente conhecido publicamente pelo prenome que pretendia adotar, não sendo suficiente o risco de exposição e confusão por ele alegado[90].

---

[82] STJ, REsp 1.104.900/ES, 1.ª Seção, Rel. Min. Denise Arruda, j. 25.03.2009, *DJe* 1.º.04.2009.

[83] STJ, AgInt no AREsp 1.016.591/CE, 2.ª Turma, Rel. Min. Mauro Campbell Marques, j. 15.08.2017, *DJe* 21.08.2017.

[84] STJ, HC 45.081/RJ, 6.ª Turma, Rel. Min. Nilson Naves, j. 16.03.2006, *DJ* 22.05.2006, p. 253.

[85] Art. 9.º, § 2.º, XI e XIV, do RISTJ.

[86] A pesquisa realizada encontrou 53 acórdãos sobre o nome civil na Segunda Seção e Turmas que a integram. Também serão analisados dois pedidos de homologação de sentença estrangeira relativos à matéria, julgados pela Corte Especial em razão do art. 105, I, *i*, da Constituição Federal de 1988.

[87] SERPA LOPES, Miguel Maria de. *Tratado dos registros públicos*. 4. ed. Rio de Janeiro: Freitas Bastos, 1960. p. 177-178; VAMPRÉ, Spencer. *Do nome civil* cit., p. 161; SCHILLING, Jeane. Do nome civil da pessoa natural cit., p. 45;

[88] LIMONGI FRANÇA, Rubens. Homonímia cit., p. 756-758; OLIVEIRA, Júlio Moraes. Pontos controversos acerca do nome civil cit., p. 117.

[89] STJ, REsp 647.296/MT, 3.ª Turma, Rel. Min. Nancy Andrighi, j. 03.05.2005, *DJ* 16.05.2005, p. 348.

[90] ALMEIDA, Vitor. A proteção do nome da pessoa humana entre a exigência registral e a identidade pessoal: a superação do princípio da imutabilidade do prenome no direito brasileiro registral cit., p. 220.

Ainda que o nome da pessoa jurídica não seja o objeto deste estudo, vale registrar que o entendimento do STJ sobre a duplicidade de nome empresarial é diverso do apresentado no precedente anterior, mesmo nas hipóteses em que foi composto por um patronímico familiar, como bem analisou a Ministra Nancy Andrighi em artigo acadêmico dedicado ao tema[91].

2.2. Interesse após a maioridade civil

A Lei n. 6.015/1973 prevê no art. 56 uma hipótese de alteração do nome sem motivação, desde que não prejudique os sobrenomes de família e seja requerida no prazo decadencial de um ano, contado da data em que o interessado atingiu a maioridade civil. Todavia, a dispensa de motivação não implica desnecessidade de procedimento judicial[92], de modo que alguns desses casos chegaram ao STJ.

O primeiro deles foi o Recurso Especial n. 439.636/SP[93], tendo por relator o Ministro Barros Monteiro, que indeferiu a pretensão de suprimir os sobrenomes de origem materna e paterna, com amparo na letra expressa do art. 56 da Lei n. 6.015/1973. O relator negou, ainda, que o art. 57 fosse aplicado à hipótese, pois a circunstância de ter um sobrenome destoante do de suas filhas não foi considerada motivação suficiente para alterar o registro.

O Recurso Especial n. 605.708/RJ[94], cuja relatoria foi do Ministro Castro Filho, cuida do pleito de acréscimo dos sobrenomes dos responsáveis pela criação da requerente, por ela formulado após atingir a maioridade. Os integrantes da Terceira Turma entenderam, com a ressalva do relator, que não haveria prejuízo aos apelidos de família, uma vez que o pedido consistia apenas em acréscimo de novos sobrenomes, e, assim, acolheram o pedido.

O STJ flexibilizou o patamar etário para alteração do nome, admitindo que menores, assistidos ou representados, pleiteassem-na em juízo, desde que

---

[91] ANDRIGHI, Fátima Nancy. Conflito entre patronímico e marca empresarial. In: CIAMPOLINI NETO, Cesar; WARDE JUNIOR, Walfrido Jorge (coord.). *O direito de empresa nos tribunais brasileiros*. São Paulo: Quartier Latin, 2010. p. 49-59.

[92] OLIVEIRA, Júlio Moraes. Pontos controversos acerca do nome civil cit., p. 121-122.

[93] STJ, REsp 439.636/SP, 4.ª Turma, Rel. Min. Barros Monteiro, j. 15.10.2002, *DJ* 17.02.2003, p. 288.

[94] STJ, REsp 605.708/RJ, 3.ª Turma, Rel. Min. Castro Filho, j. 16.08.2007, *DJe* 05.08.2008.

128 | DIREITO CIVIL: DIÁLOGOS ENTRE A DOUTRINA E A JURISPRUDÊNCIA – *Volume II*

apresentassem um motivo adequado. O Ministro Aldir Passarinho Junior, relator do Recurso Especial n. 345.456/MG[95], negou à parte, no caso menor assistida pela mãe, a autorização para alterar o patronímico materno não pelo requisito da idade, sobre o qual admitiu certa flexibilização, mas tão somente pela ausência de um justo motivo. Idêntico foi o raciocínio do Ministro Fernando Gonçalves no Recurso Especial n. 302.325/MG[96], do Ministro César Asfor Rocha no Recurso Especial n. 101.996/SP[97] e do Ministro Carlos Alberto Menezes Direito no Recurso Especial n. 679.237/MG[98].

Outro exemplo é o Recurso Especial n. 777.088/RJ[99], relatado pelo Ministro Sidnei Benetti, no qual se pretendia um acréscimo ao prenome no registro civil, a fim de adequá-lo à identificação social da requerente. O julgado observou que a regra etária já havia sido flexibilizada pelo STJ em diversos precedentes, admitindo a postulação da retificação do registro civil de menores, desde que assistidos por um dos pais, e acrescentou que a imutabilidade do nome, apesar de ancorada na segurança jurídica, não é absoluta, consoante histórico apresentado das alterações que foram gradualmente admitidas pela Lei n. 6.015/1973. Contudo, a prova de ser a parte conhecida publicamente pelo prenome que pretende acrescer é indispensável e, por isso, o relator determinou que a ação deveria retornar à instância inicial para realização da instrução.

A interpretação foi mantida no Recurso Especial n. 1.256.074/MG[100], da lavra do Ministro Massami Uyeda. A pretensão era de inclusão de mais um sobrenome materno no nome da menor impúbere, sem a supressão de nenhum dos demais. Na perspectiva do relator, o acréscimo do patronímico materno respeitava a estirpe familiar e deveria ser deferido[101].

---

[95] STJ, REsp 345.546/MG, Rel. Min. Aldir Passarinho Junior, 4.ª Turma, j. 27.11.2001, *DJ* 22.04.2001, p. 214.

[96] STJ, REsp 302.235/MG, 4.ª Turma, Rel. Min. Fernando Gonçalves, j. 05.08.2004, *DJ* 23.08.2004, p. 239.

[97] STJ, REsp 101.996/SP, 4.ª Turma, Rel. Min. César Asfor Rocha, j. 18.05.2000, *DJ* 14.08.2000, p. 174.

[98] STJ, REsp 679.237/MG, 3.ª Turma, Rel. Min. Carlos Alberto Menezes Direito, j. 24.08.2006, *DJ* 18.12.2006, p. 368.

[99] STJ, REsp 777.088/RJ, 3.ª Turma, Rel. Min. Sidnei Benetti, j. 21.02.2008, *DJe* 10.03.2008.

[100] STJ, REsp 1.256.074/MG, 3.ª Turma, Rel. Min. Massami Uyeda, j. 14.08.2012, *DJe* 28.08.2012.

[101] O precedente é mencionado por: ALVES, Jones Figueiredo. Nome da pessoa e dignidade humana. Atualidades repercussivas do Direito de Família em dinâmica

No julgamento do Recurso Especial n. 1.673.048/RJ[102], a Ministra Nancy Andrighi flexibilizou as duas regras insertas no art. 56 da Lei n. 6.015/1973, ou seja, tanto o padrão etário quanto a manutenção dos apelidos de família. A relatora proveu o recurso e, com isso, autorizou a supressão de dois dos patronímicos de um menor, constatando que, mesmo com a redução, a identificação da origem familiar seria preservada, pois mantidos outros sobrenomes materno e paterno.

2.3. Substituição por apelidos públicos e notórios

A substituição do registro civil pelos apelidos públicos e notórios está amparada no pressuposto de que o registro deve, sempre, espelhar a realidade social. Além disso, é hipótese que acaba, por vezes, refletindo a reprovação das pessoas com relação ao próprio nome. Isso porque é natural que pessoas que se sentem desconfortáveis e incomodadas com o nome registral passem a se apresentar socialmente com outro que mais lhes agrade, distanciando a sua verdade real da verdade registral e, por conseguinte, ensejando a modificação da última[103].

Exemplo dessa situação encontra-se no Recurso Especial n. 729.429/MG[104], cuja relatora foi a Ministra Nancy Andrighi. Consta do relatório que a autora da ação, registrada como Filomena Aparecida, apresentava-se socialmente apenas com o segundo prenome (Aparecida). Por consequência, ela então pretendeu a retirada do primeiro, o que não foi acolhido nas instâncias ordinárias, tendo a lide sido julgada antecipadamente. No recurso, a parte alegou que não teve a oportunidade de fazer as provas que excepcionam a aplicação do art. 58 da Lei n. 6.015/1973, e a Ministra relatora, reconhecendo que existem exceções ao princípio da imutabilidade, considerou que a recorrente tinha direito de prová-las e proveu o recurso.

---

de registro civil cit., p. 102; RODRIGUES, Marcelo Guimarães. Do nome civil cit., p. 762.

[102] STJ, REsp 1.673.048/RJ, 3.ª Turma, Rel. Min. Nancy Andrighi, j. 08.08.2017, *DJe* 25.08.2017.

[103] MATIELI, Louise Vago. Análise funcional do direito ao nome à luz do artigo 55, parágrafo único, da Lei de Registros Públicos cit., p. 124; ALMEIDA, Vitor. A proteção do nome da pessoa humana entre a exigência registral e a identidade pessoal: a superação do princípio da imutabilidade do prenome no direito brasileiro registral cit., p. 216.

[104] STJ, REsp 729.429/MG, 3.ª Turma, Rel. Min. Nancy Andrighi, j. 10.11.2005, *DJ* 20.11.2005, p. 288.

Na hipótese do Recurso Especial n. 538.187/RJ[105], também relatado pela Ministra Nancy Andrighi, a recorrente não se conformava com o nome que constava em seu registro (Maria Raimunda), pois era alvo de deboches em seu meio social, passando a se apresentar publicamente como Maria Isabela, o que foi por ela assimilado definitivamente, por ter sido a alteração deferida em face da demonstração dos motivos alegados, assim como da ausência de prejuízos a terceiros.

No Recurso Especial n. 213.682/GO[106], relatado pelo Ministro Ari Pargendler, a proponente da ação pretendia substituir o prenome "Francisca" por "Fátima", pelo qual era conhecida socialmente. Consta no voto que a alteração do prenome estava sendo pleiteada pela segunda vez, com a juntada de novas provas quanto à identificação social e inexistência de prejuízos a terceiros ou intento fraudulento, alcançando, com isso, o êxito do pleito.

O Recurso Especial n. 146.558/PR[107], relatado pelo Ministro Castro Filho, trata de situação em que os nomes dos autores da ação foram escritos na certidão de casamento de forma diversa daqueles pelos quais eram socialmente conhecidos, e que constam, inclusive, em outros documentos seus e dos filhos, além de registros de imóveis. O relator observou que as instâncias ordinárias afastaram qualquer intento de prejudicar terceiros e, sendo os requerentes idosos, não faria sentido modificar todos os demais documentos e sua realidade em razão do registro[108].

Outro precedente muito rico no aspecto de modificação do nome no registro civil é o Recurso Especial n. 1.393.195/MG[109], cuja relatoria coube ao Ministro Marco Buzzi. No caso, a postulante modificou seu sobrenome por ocasião do casamento, adotando o patronímico do cônjuge e, concomitantemente, substituindo o sobrenome materno que constava em seu nome de solteira, por outro patronímico também de origem materna. Entretanto, em decorrência do divórcio do casal, ficou

---

[105] STJ, REsp 538.187/RJ, 3.ª Turma, Rel. Min. Nancy Andrighi, j. 02.12.2004, *DJ* 21.02.2005, p. 170.

[106] STJ, REsp 213.682/GO, 3.ª Turma, Rel. Min. Ari Pargendler, j. 05.09.2002, *DJ* 02.12.2002, p. 305.

[107] STJ, REsp 146.558/PR, 3.ª Turma, Rel. Min. Castro Filho, j. 19.11.2002, *DJ* 24.02.2003, p. 221.

[108] A mesma solução é sugerida pela doutrina: SOUZA, Judith Malavazzi de. Retificação de prenome. Nome conhecido. *Revista Forense*, v. 85, n. 306, p. 324-325, abr./jun. 1989.

[109] STJ, REsp 1.393.195/MG, 4.ª Turma, Rel. Min. Marco Buzzi, j. 27.09.2016, *DJe* 07.11.2016.

Cap. 5 • O NOME DA PESSOA NATURAL NA JURISPRUDÊNCIA DO STJ | 131

definido que ela deveria voltar a usar o nome de solteira, o que deu azo ao pedido para inclusão do sobrenome materno, que teria substituído o anterior na ocasião do pacto antenupcial.

As bases do voto, muito bem lançadas, exploraram o aspecto público e privado do nome civil, o caráter relativo de sua imutabilidade e a exegese dos arts. 56 e 57 da Lei n. 6.015/1973. Em conclusão, o relator decidiu que a pretensão merecia ser acolhida, pois atende aos fins de individualização e identificação da pessoa, bem como respeita a dignidade e a dimensão privada do nome, na medida em que preserva o sobrenome que a requerente teria utilizado nos últimos anos, além de atender ao seu anseio pessoal.

Já no Recurso Especial n. 182.846/RJ[110], a requerente era menor impúbere e, representada por seus pais, solicitava o acréscimo de um prenome ao seu registro civil, feito tardiamente, mas sem constar o nome que a identificava socialmente (Simone). A ação, porém, foi extinta sem julgamento de mérito, por impossibilidade jurídica do pedido. A análise feita pelo STJ consistia apenas em averiguar se tal extinção prematura da ação era correta. O relator, Ministro Barros Monteiro, afirmou no voto que as exceções à imutabilidade do registro civil, previstas no parágrafo único do art. 58 da Lei n. 6.015/1973, não podem ser consideradas exaustivas, mas apenas exemplificativas, de modo que outras circunstâncias são passíveis de justificar a retificação do prenome. Assim, a pretensão inicial tinha amparo, ao menos, no art. 109 da Lei n. 6.015/1973, e não poderia ser extinta de tal forma[111].

O Ministro Marco Buzzi foi relator de outro precedente importante sobre o tema. Trata-se do Recurso Especial n. 1.217.166/MA[112], no qual se entendeu que a circunstância de ser publicamente conhecido por nome diverso daquele que consta no registro é, por si, uma situação constrangedora que autoriza a retificação registral, de modo a adequar o registro da postulante à sua realidade social.

---

[110] STJ, REsp 182.846/RJ, 4.ª Turma, Rel. Min. Barros Monteiro, j. 02.08.2001, *DJ* 19.11.2001, p. 277.

[111] O precedente é citado pela Professora Silmara Chinellato como um exemplo de ampliação da possibilidade de modificação do nome. Cf. CHINELLATO, Silmara Juny de Abreu. O nome da mulher no casamento, na separação, no divórcio e na viuvez: visão do novo Código Civil. *Revista do Advogado*, ano 22, n. 68, p. 74, dez. 2002.

[112] STJ, REsp 1.217.166/MA, 4.ª Turma, Rel. Min. Marco Buzzi, j. 14.02.2017, *DJe* 24.03.2017.

2.4. Adequação ao gênero

A mudança do nome civil do transexual é o tema que recebeu maior atenção da doutrina, tendo um desenvolvimento jurisprudencial gradual[113]. A primeira dúvida era: se a imutabilidade do nome pode ser afastada em favor da identificação registral condizente com o sexo psicológico do indivíduo que realizou operação de transgenitalização, assim como sobre qual argumento jurídico deve ser fundamentada essa decisão. Ademais, a mudança deve ser averbada apenas no livro de registro ou constar de todas as certidões? Em que pese a ausência de lei específica sobre alteração do nome do transexual, pode a pretensão ser amparada na Lei n. 6.015/1973[114]?

A controvérsia foi enfrentada primeiro pela Ministra Nancy Andrighi no Recurso Especial n. 1.008.398/SP[115], cujo recorrente, já tendo realizado a cirurgia de neocovulvoplastia, pretendia a alteração do nome e sexo em seu registro civil. A relatora frisou que inexiste norma específica sobre o tema, apesar de haver projetos tramitando no Congresso Nacional, de modo que os arts. 4º da Lei de Introdução ao Código Civil e 126 do Código de Processo Civil de 1973 devem ser aplicados para suprir a lacuna legislativa. Atenta às decisões de tribunais estrangeiros, bem como à literatura especializada, reconheceu que a transexualidade e a realização da cirurgia para adaptação ao sexo psicológico já são uma realidade que ultrapassou o direito brasileiro. Entendeu, então, que as circunstâncias reclamam a aplicação de princípios de oxigenação e modernização do sistema jurídico, em especial a dignidade humana. Assim, com base nela, admitiu-se a alteração do sexo do recorrente.

Quanto ao nome civil, a Ministra Nancy Andrighi ponderou que o prenome masculino em pessoa que se apresenta como do sexo feminino tem o condão de expô-la a situação vexatória, o que autoriza a modificação

---

[113] GIORGIS, José Carlos Teixeira. O nome do transexual. *ADV Advocacia Dinâmica: Informativo Semanal*, v. 26, n. 27, p. 443-444, 7 jul. 2006; JUSTINO, Denise. Transexualismo: análise jurídica de uma decisão polêmica: "poderá o transexual operado retificar seu registro de nome e sexo, por livre escolha?". *Consulex: Revista Jurídica*, v. 5, n. 101, p. 18-24, mar. 2001; GURGEL, Patrícia da Cunha. A mudança de nome e sexo do transexual e os seus reflexos na Lei de Registros Públicos (Lei n. 6.015/1973) cit., p. 11; CASTRO, Lincoln Antônio de. *Revista do Ministério Público do Estado do Rio de Janeiro* cit., p. 50.

[114] SCHWEIZER, Marco Aurélio Lopes Ferreira da Silva. Pode o transexual alterar o seu nome e sexo no registro civil das pessoas naturais?. *Revista de Direito Privado*, v. 11, n. 44, p. 148, out./dez. 2010.

[115] STJ, REsp 1.008.398/SP, 3.ª Turma, Rel. Min. Nancy Andrighi. j. 15.10.2009, *DJe* 18.11.2009.

Cap. 5 • O NOME DA PESSOA NATURAL NA JURISPRUDÊNCIA DO STJ | **133**

do registro, nos termos dos arts. 55 e 109 da Lei 6.015/1973. Determinou, por fim, que as referidas alterações não constassem nas certidões do registro público da parte[116].

O Ministro João Otávio de Noronha, relator do Recurso Especial n. 737.993/MG[117], entendeu que

> (...) a interpretação conjugada dos arts. 55 e 58 da Lei de Registros Públicos confere amparo legal para que o recorrente obtenha autorização judicial para a alteração de seu prenome, substituindo-o pelo apelido público e notório pelo qual é conhecido no meio em que vive.

E compreendeu, ainda, que o julgador deve dirimir a controvérsia de forma satisfatória e justa, mesmo quando

> (...) inexistente um expresso preceito legal sobre ele [caso concreto], há de suprir as lacunas por meio de processos de integração normativa, (...) atuando como *supplendi causa*, deve adotar a decisão que melhor se coadune com valores maiores do ordenamento jurídico, tais como a dignidade das pessoas.

Com base na segurança dos registros públicos, das relações jurídicas e para salvaguardar os atos jurídicos praticados, o relator determinou a averbação da ação de retificação no livro de registros, sem que as certidões emitidas tivessem referência à causa da alteração[118].

Embora a possibilidade de alteração do nome e do sexo no registro civil estivesse pacificada no âmbito federal[119], restava acesa a dúvida sobre

---

[116] O referido acórdão foi considerado paradigmático pela doutrina dedicada ao tema. Cf. SILVESTRE, Gilberto Fachetti; LOURO, Arthur Souza. A tutela jurídica da identidade do transexual cit., p. 108.

[117] STJ, REsp 737.993/MG, 4.ª Turma, Rel. Min. João Otávio de Noronha, j. 10.11.2009, *DJe* 18.12.2009.

[118] O precedente é mencionado por MOURA RIBEIRO, Paulo Dias de. Nome da pessoa natural. *Justiça & Cidadania*, n. 151, p. 19, mar. 2013; MATOS, Graziella Pinheiro Godoy. Alteração do registro civil face à mudança de sexo. *Revista Síntese: Direito de Família*, v. 14, n. 73, p. 18, ago./set. 2012.

[119] NEVES, Rodrigo Santos. A tutela jurídica do nome cit., p. 125.

a necessidade de prévia realização da cirurgia de transgenitalização, sendo perceptível na jurisprudência uma inclinação por restringir essa alteração aos casos em que a cirurgia já tivesse ocorrido[120].

Nessa perspectiva, é importante destacar o Recurso Especial n. 1.626.739/RS[121], de relatoria do Ministro Luis Felipe Salomão, que marcou a evolução da linha jurisprudencial do STJ[122], no sentido de permitir a alteração do nome e sexo do transexual não operado, com fundamento na dignidade humana e na cláusula geral de tutela dos direitos existenciais inerentes à personalidade.

No caso, o Tribunal de Justiça do Rio Grande do Sul confirmou a sentença que permitia a alteração do nome civil, mas não autorizou a mudança do sexo no registro, o que ensejou o recurso especial. O relator deu provimento ao recurso para que o sexo também fosse alterado, pois,

> (...) se a mudança do prenome configura alteração de gênero (masculino para feminino ou vice-versa), a manutenção do sexo constante no registro civil preservará a incongruência entre os dados assentados e a identidade de gênero da pessoa, a qual continuará suscetível a toda sorte de constrangimentos na vida civil, configurando-se, a meu juízo, flagrante atentado a direito existencial inerente à personalidade.

Assim, a segurança jurídica pretendida pelo registro civil deve ser compatibilizada com o princípio da dignidade humana, da qual são oriundos os

---

[120] Pesquisa realizada nos Tribunais Estaduais da região Sudeste entre os anos de 2010 e 2014 concluiu que, na maioria (62%) dos processos de alteração do nome no registro civil, o transexual ainda não tinha realizado a cirurgia, o que representa chances consideravelmente menores de ter deferido o pedido de alteração de nome (53% eram indeferidos), ao passo que todos os indivíduos já submetidos à cirurgia tiveram sucesso no pleito judicial de alteração do registro. Cf. SILVESTRE, Gilberto Fachetti; LOURO, Arthur Souza. A tutela jurídica da identidade do transexual cit., p. 110-117.

[121] STJ, REsp 1.626.739/RS, 4.ª Turma, Rel. Min. Luis Felipe Salomão, j. 09.05.2017, *DJe* 1.º.08.2017.

[122] Assim reconheceram Eduardo Cambi, Camila Christiane Rocha Nicolau, Bárbara de Sordi Faria e Sonielly Alves da Costa. Cf. CAMBI, Eduardo; NICOLAU, Camila Christiane Rocha. Direito ao nome e à sua alteração (e a de gênero) no registro civil da pessoa transgênero cit., p. 91; FARIA, Bárbara de Sordi; COSTA, Sonielly Alves e. Transexualidade: nome e gênero cit., p. 117. Consta também acórdão da lavra do Ministro Paulo de Tarso Sanseverino referenciando o precedente como *leading case*: STJ, REsp 1.561.933/RJ, 3.ª Turma, Rel. Min. Paulo de Tarso Sanseverino, j. 20.03.2018, *DJe* 23.04.2018.

direitos fundamentais, que na esfera civilista são relacionados à dimensão existencial da subjetividade humana e também chamados de direitos da personalidade.

Interessante destacar que o mesmo tema foi enfrentado pelo Supremo Tribunal Federal no julgamento da ADI n. 4.275/DF[123] e do Recurso Extraordinário n. 670.422/RS[124], este último recebido com repercussão geral. Nos respectivos julgamentos, ficou estabelecido, com efeitos *erga omnes*[125], que todos os interessados podem requerer diretamente ao oficial do registro civil de pessoas naturais a averbação da alteração do prenome e do gênero nos assentos de nascimento e casamento, independentemente da realização de cirurgia de transgenitalização e até mesmo de autorização judicial.

Tal decisão deu origem ao Provimento n. 73/2018 da Corregedoria Nacional de Justiça, a fim de operacionalizar o cumprimento de medida tão esperada pela doutrina[126], embora a normativa tenha sido criticada[127].

---

[123] STF, ADI 4.275/DF, Tribunal Pleno, Rel. Min. Marco Aurélio Mello, Rel. para acórdão Min. Edson Fachin, j. 1.º.03.2018, *DJe* 07.03.2019.

[124] STF, RE 670.422/RS, Tribunal Pleno, Rel. Min. Dias Toffoli, j. 15.08.2018 (acórdão ainda não publicado no *DJe*).

[125] CAMBI, Eduardo; NICOLAU, Camila Christiane Rocha. Direito ao nome e à sua alteração (e a de gênero) no registro civil da pessoa transgênero cit., p. 94-96.

[126] FACHIN, Luiz Edson. O corpo do registro no registro do corpo; mudança de nome e sexo sem cirurgia de redesignação cit., p. 36-60; ROSA, Jaqueline S. Vaz. Registro civil das pessoas trans: mudança de nome e sexo. *Revista Síntese: Direito de Família*, v. 20, n. 114, p. 20-33, jun./jul. 2019; SEPÚLVEDA, Gabriela; SEPÚLVEDA, Vida. O direito da identidade civil e do reconhecimento de gênero do grupo transgênero não operado. *Direito Unifacs: Debate Virtual*, n. 212, p. 1-15, fev. 2018; CHAVES, Marianna; BARRETO, Fernanda Leão; PAMPLONA FILHO, Rodolfo. A tutela jurídica da transexualidade no Brasil cit., p. 26; MARQUES, Roberto Lins. Da possibilidade jurídica de alteração do prenome e do sexo no registro civil pelos transexuais. *Revista Síntese: Direito de Família*, v. 15, n. 82, p. 79-81, fev./mar. 2014; RABELO, César Leandro de Almeida; VIEGAS, Cláudia Mara de Almeida Rabelo; POLI, Leonardo Macedo. O direito do transexual de alterar o prenome, o gênero e exercer sua autodeterminação. *Revista Síntese: Direito de Família*, v. 15, n. 82, p. 31-38, fev./mar. 2014; OLIVEIRA, Marcelo Salaroli de. Mudança de nome e sexo no registro civil: a identidade de gênero. *Revista IBDFAM: Família e Sucessões*, n. 30, p. 127, nov./dez. 2018.

[127] RODRIGUES, Marcelo Guimarães. Alteração administrativa do prenome e do gênero de transgênero p. 44-47; ROSA, Jaqueline S. Vaz. Registro civil das pessoas trans: mudança de nome e sexo cit., p. 36; DIAS, Maria Berenice. Regra única para a mudança de nome, identidade sexual e sobrenome. *ADV Advocacia Dinâmica: Informativo*, n. 29, p. 330-331, jul. 2018. Em sentido contrário: FARIA,

136 | DIREITO CIVIL: DIÁLOGOS ENTRE A DOUTRINA E A JURISPRUDÊNCIA – *Volume II*

Confirmou-se, portanto, a interpretação dada à questão pelo STJ, de forma pioneira no âmbito dos Tribunais Superiores[128].

Sobre a necessidade de averbação no registro e, até mesmo, de sigilo do processo[129], o Ministro Carlos Alberto Menezes Direito decidiu no Recurso Especial n. 678.933/RS[130] que a modificação de nome e sexo por determinação judicial deveria ser averbada no registro civil, pois esconder a vontade livremente manifestada seria fomentar o preconceito e a discriminação, visto que o registro deve preservar a verdade. Essa decisão foi aplaudida[131], mas também reprovada pela doutrina.

A questão tem desdobramentos importantes, como a possibilidade de anulação do casamento por erro sobre a pessoa[132] (arts. 1.556 e 1.557 do Código Civil), entre outros[133]. Não obstante, os precedentes mais recentes sobre a matéria apontam para uma modificação da posição inicialmente adotada pelo Tribunal, que passou a reconhecer a necessidade da averbação da mudança de nome e sexo no livro de registros a fim de equilibrar

---

Bárbara de Sordi; COSTA, Sonielly Alves e. Transexualidade: nome e gênero cit., p. 118-119.

[128] CHAVES, Marianna; BARRETO, Fernanda Leão; PAMPLONA FILHO, Rodolfo. A tutela jurídica da transexualidade no Brasil cit., p. 7-8.

[129] Em oposição ao sigilo processual: SCHWEIZER, Marco Aurélio Lopes Ferreira da Silva. Pode o transexual alterar o seu nome e sexo no registro civil das pessoas naturais? cit., p. 152-154.

[130] STJ, REsp 678.933/RS, 3.ª Turma, Rel. Min. Carlos Alberto Menezes Direito, j. 22.03.2007, *DJ* 21.05.2007, p. 571.

[131] SCHWEIZER, Marco Aurélio Lopes Ferreira da Silva. Pode o transexual alterar o seu nome e sexo no registro civil das pessoas naturais? cit., p. 154-155.

[132] SCHWEIZER, Marco Aurélio Lopes Ferreira da Silva. Pode o transexual alterar o seu nome e sexo no registro civil das pessoas naturais? cit., p. 163-164; ARAUJO, Luiz Alberto David. Alteração de sexo como manutenção do princípio da dignidade humana, possibilidade de inclusão e vida conjugal. *Revista da Academia Brasileira de Direito Constitucional*, v. 7, p. 411, 2005.

[133] MALUF, Adriana Caldas do Rego Freitas Dabus. Direito da personalidade no novo Código Civil e os elementos genéticos para a identidade da pessoa humana cit., p. 35-37; SCHWEIZER, Marco Aurélio Lopes Ferreira da Silva. Pode o transexual alterar o seu nome e sexo no registro civil das pessoas naturais? cit., p. 162; SILVEIRA, Fabiana Ramos da. Retificação do registro civil de transexuais cit., p. 241.

Cap. 5 · O NOME DA PESSOA NATURAL NA JURISPRUDÊNCIA DO STJ 137

a intimidade e a segurança jurídica, posição que foi, também, louvada[134]e criticada pela doutrina[135].

O tema é bastante sensível socialmente e, apesar de as decisões existentes proporcionarem alguma segurança, a despeito das críticas que sofreram, muitas outras controvérsias decorrentes da alteração de sexo ainda carecem de solução[136], as quais, certamente, chegarão ao Judiciário em algum momento.

2.5. Obtenção de dupla nacionalidade e nome estrangeiro

O STJ procura equilibrar a inalterabilidade do nome civil e os direitos de identidade e nacionalidade nas demandas envolvendo mudança de nome para aquisição de dupla nacionalidade.

A Ministra Nancy Andrighi indeferiu a substituição da partícula "dos" pela partícula "de" no sobrenome de uma família, que tentava reverter a alteração que fora por eles solicitada anteriormente a fim de pleitear a nacionalidade

---

[134] Consideram que a averbação no livro de registro equilibra a segurança de terceiros e a intimidade da pessoa: SILVEIRA, Fabiana Ramos da. Retificação do registro civil de transexuais cit., p. 244; GURGEL, Patrícia da Cunha. A mudança de nome e sexo do transexual e os seus reflexos na Lei de Registros Públicos (Lei n. 6.015/1973) cit., p. 17; D'URSO, Luiz Flávio Borges. O transexual, a cirurgia e o registro. *Revista Jurídica*, ano 44, n. 229, p. 23, nov. 1996.

[135] Consideram a determinação da averbação uma afronta à dignidade humana: ALMEIDA, Vitor. A proteção do nome da pessoa humana entre a exigência registral e a identidade pessoal: a superação do princípio da imutabilidade do prenome no direito brasileiro registral cit., p. 240; RABELO, César Leandro de Almeida; VIEGAS, Cláudia Mara de Almeida Rabelo; POLI, Leonardo Macedo. O direito do transexual de alterar o prenome, o gênero e exercer sua autodeterminação cit., p. 29-30.

[136] Vale mencionar as questões colocadas por Daniela Jarufe Contreras: O filho de pai ou mãe transexual deve demandar a paternidade ou maternidade segundo o novo sexo registral? O que acontece com os filhos havidos antes da modificação do registro? O que acontecerá com o registro dos filhos que ele decida ter após a alteração de sexo? Uma mesma pessoa pode figurar como pai de um filho e mãe de outro após a mudança de seu registro? Ele poderá regressar ao status registral original no registro dos filhos? Em virtude do melhor interesse da criança poderiam os direitos e deveres de pais transexuais ser afetados? Cf. CONTRERAS, Daniela Jarufe. Los efectos, en el ámbito de la filiación, de la rectificación registral de la mención (original) relativa al sexo de las personas. *Revista Nacional de Direito de Família e Sucessões*, v. 2, n. 9, p. 77-79, nov./dez. 2015.

portuguesa[137]. Arrependidos da alteração, que ocasionou a necessidade de remissão de documentos, modificação de cadastros em diversas entidades, e outras dificuldades, eles pretendiam retomar a grafia original[138].

A Ministra desproveu o recurso especial, ressaltando que a regra da imutabilidade não é absoluta, mencionando as exceções que foram reconhecidas em muitos precedentes do STJ em respeito à individualidade e dignidade do ser humano. No entanto, destacou a importância do registro público para as relações sociais e a segurança jurídica, inclusive em âmbito internacional, já que a intenção dos recorrentes com o pleito da primeira modificação era requerer a dupla nacionalidade.

Ao apreciar o Recurso Especial n. 1.138.103/PR[139], o Ministro Luis Felipe Salomão reconheceu que o erro de grafia do sobrenome que obsta a obtenção de dupla cidadania é motivo suficiente para a alteração do registro, com amparo no art. 109 da Lei n. 6.015/1973 e no *jus sanguinis* estabelecido no art. 12, § 4.º, II, *a*, da Constituição Federal. Na ocasião, ponderou que é dispensável a inclusão de todos os familiares na ação, não sendo hipótese de litisconsórcio necessário.

No julgamento do Recurso Especial n. 1.310.088/MG[140], a recorrente já havia obtido a dupla cidadania. Não obstante, como a regra de ordenação dos sobrenomes é diferente na Itália, adotando-se apenas o sobrenome paterno, seu registro italiano constou com nome diferente do registro brasileiro, motivo que a levou a pleitear na Justiça a adequação do registro, na intenção de uniformizá-lo. O relator, Ministro João Otávio de Noronha, entendeu que o pedido não deveria ser acolhido, pois "eventuais regras prevalecentes no país estrangeiro não se aplicam ao Brasil", consoante o art. 7.º da Lei de Introdução ao Código Civil, que apregoa a observância da regra do domicílio da pessoa para determinar a qualificação dos direitos de personalidade e família.

---

[137] STJ, REsp 1.412.260/SP, 3.ª Turma, Rel. Min. Nancy Andrighi, j. 15.05.2014, *DJe* 22.05.2014.

[138] Essas são consequências naturais e previsíveis da modificação do registro civil. Cf. CARVALHO, Angela Menezes; MARQUES, Vinicius Pinheiro. O abandono afetivo como fundamento para a supressão do sobrenome cit., p. 46.

[139] STJ, REsp 1.138.103/PR, 4.ª Turma, Rel. Min. Luis Felipe Salomão, j. 06.09.2011, *DJe* 29.09.2011.

[140] STJ, REsp 1.310.088/MG, 3.ª Turma, Rel. Min. João Otávio de Noronha, Rel. para acórdão Min. Paulo de Tarso Sanseverino, j. 17.05.2016, *DJe* 19.08.2016.

Cap. 5 • O NOME DA PESSOA NATURAL NA JURISPRUDÊNCIA DO STJ | **139**

Contudo, o Ministro Paulo de Tarso Sanseverino apresentou voto divergente por entender que os transtornos sofridos pela recorrente para exercitar sua cidadania, em razão de documentos com nomes distintos, constituem justo motivo para flexibilizar a regra da imutabilidade do nome. Observou, ainda, que a alteração prestigia o princípio da simetria, uniformidade, verdade real e segurança jurídica dos registros, sendo a medida adequada ao caso, no que foi acompanhado pela maioria.

Quanto ao nome estrangeiro, os casos analisados refletem situações bastante distintas, mas que indicam certo prestígio da segurança jurídica refletida nos registros públicos, mesmo quando deferida a alteração do nome[141].

O primeiro a sinalizar essa tendência foi o Ministro João Otávio de Noronha, ao negar a homologação de sentença proferida por juiz norte-americano do Tribunal de Sucessões do Distrito de Thomaston, que deferia a alteração do sobrenome do requerente, que, por ser tão comum, acarretava confusões. Na fundamentação do Agravo Regimental na Sentença Estrangeira Contestada n. 3.999[142], o Ministro ressaltou a excepcionalidade da alteração do nome civil, especialmente do sobrenome que tem lugar apenas nas hipóteses legais, quais sejam, adoção, casamento, união estável, separação judicial, divórcio, anulação do casamento e inclusão do nome de sobrenome de ascendente sem prejuízo aos demais.

Em contraste, a Ministra Maria Thereza de Assis Moura homologou sentença oriunda da Baviera, na qual foi deferida a substituição do sobrenome paterno do menor pelo sobrenome do padrasto[143]. A relatora considerou que tal sentença não ofende a ordem jurídica nacional, pois esta tutela os direitos da personalidade e o melhor interesse da criança, priorizando-os mesmo ante a inexistência de autorização legal. No caso, estava assente na sentença alemã que o pai não participava da criação e dos cuidados com o filho, tendo este manifestado o desejo de ter um sobrenome igual ao de sua mãe e padrasto. Curioso observar que o sobrenome do pai era de origem grega, ao passo que o novo patronímico era, tal como o padrasto, alemão.

---

[141] Sobre o tema, é interessante o estudo dos conflitos de normas sobre a nomeação em países da União Europeia, causados, em sua maioria, pela formação de famílias a partir da união de pessoas de nacionalidades diversas, realizado por Janice Silveira Borges. Cf. BORGES, Janice Silveira. Direito fundamental ao nome da União Europeia: apresentação de casos concretos cit., p. 13-29.

[142] STJ, AgRg na SEC 3.999/EX, Corte Especial, Rel. Min. João Otávio de Noronha, j. 07.05.2012, *DJe* 18.05.2012.

[143] STJ, SEC 5.726/EX, Corte Especial, Rel. Min. Maria Thereza de Assis Moura, j. 29.08.2012, *DJe* 13.09.2012.

DIREITO CIVIL: DIÁLOGOS ENTRE A DOUTRINA E A JURISPRUDÊNCIA – *Volume II*

Outro caso interessante foi o Recurso Especial n. 1.475.580/RJ[144], da lavra do Ministro Luis Felipe Salomão, que tratava de pleito de registro civil da menor refugiada que, estando no Brasil, pretendia ter acesso aos direitos básicos, especialmente à saúde e educação. Em bem lançada fundamentação, o relator ponderou que a função do registro civil é "(...) dar identidade à pessoa natural nascida em território brasileiro, é documento de cidadania, capaz de constatar qualidades pessoais e comprovar situações jurídicas do sujeito, cujo nascimento ocorreu em território nacional", assegurando sua "(...) publicidade e garantindo-lhes oponibilidade, salvo as exceções da própria legislação".

O Ministro observou que o registro civil é documento privativo daqueles nascidos em solo brasileiro, ou crianças brasileiras nascidas no exterior ou a bordo, e registrou que a Lei n. 9.474/1997 (Lei de Refugiados) prevê em seu art. 6.º direito à cédula de identidade compatível com tal condição jurídica, além de carteira de trabalho e documento de viagem. Acrescentou, ainda, que o art. 21 da mesma lei dispõe que o protocolo de requerimento, gerado no momento da solicitação do refúgio, autoriza a estada do requerente em todo o território nacional até o final do processo, a expedição de carteira de trabalho provisória, além de estender esses direitos aos menores de quatorze anos. Tal lei faz, também, referência à Lei n. 6.815/1980 (Lei do Estrangeiro), cujo art. 95 assegurava a todo estrangeiro residente no Brasil o acesso aos direitos reconhecidos aos brasileiros, ao passo que o art. 97 garantia o exercício de atividade remunerada e matrícula em estabelecimento de ensino. Poucos dias depois, foi publicada a Lei n. 13.445/2017, revogando a legislação anterior, porém mantendo os direitos mencionados acima[145].

Assim, constatando a existência do requerimento de refúgio nos autos e expondo o arcabouço normativo que assegura o acesso de refugiados à documentação (registro nacional de estrangeiro) e direitos como saúde, educação e trabalho, o relator não acolheu o pedido para elaboração do registro civil de refugiado.

2.6. Casamento

Apesar de ser uma das hipóteses legais mais regulamentadas no tocante à alteração do nome civil, o casamento guarda grandes celeumas doutrinárias

---

[144] STJ, REsp 1.475.580/RJ, 4.ª Turma, Rel. Min. Luis Felipe Salomão, j. 04.05.2017, *DJe* 19.05.2017.

[145] Vide arts. 4º e 14 da Lei n. 13.445/2017.

Cap. 5 · O NOME DA PESSOA NATURAL NA JURISPRUDÊNCIA DO STJ | **141**

sobre o assunto. Muito se critica ainda o Código Civil de 1916 por ter imposto à mulher o uso dos sobrenomes do marido, o que depois veio a se tornar uma faculdade, com o advento da Lei n. 6.515/1977[146].

No Código Civil de 2002, foi estabelecida para ambos os cônjuges a adoção do patronímico do consorte. A mudança, porém, não tornou a lei imune de críticas[147] e divergências. Uma delas é que o § 1.º do art. 1.565 do Código Civil admite apenas o acréscimo do sobrenome do cônjuge, não havendo possibilidade de supressão de nenhum dos patronímicos originais. Outra discussão é sobre a adição de apenas um sobrenome do cônjuge, quando este tiver mais de um[148].

Sendo o casamento uma das hipóteses legais de alteração do sobrenome, a própria lei prevê que o pedido será realizado diretamente no cartório, durante o processo de habilitação dos nubentes. Contudo, o Ministro Raul Araújo, ao julgar o Recurso Especial n. 910.094/SC[149], entendeu que essa possibilidade persiste no período de convivência do casal, pois muitas são as situações em que a mudança pode tornar-se conveniente e até necessária. Observou, contudo, que a alteração posterior deve ser requerida em juízo, e não diretamente ao oficial de registro das pessoas naturais[150-151].

---

[146] SCHILLING, Jeane. Do nome civil da pessoa natural cit., p. 40; MARCATO, Antonio Carlos. O nome da mulher casada cit., p. 163.

[147] RAZUK, Paulo Eduardo. O nome civil da mulher casada. *Revista de Jurisprudência do Tribunal de Justiça do Estado de São Paulo*, v. 25, n. 128, p. 19, jan./fev. 1991; CIARLARIELLO, Maria Beatriz. Inalterabilidade do sobrenome no casamento: uma regra a ser adotada. *Revista Trimestral de Direito Civil*, v.13, n. 51, p. 203, jul./set. 2012.

[148] ARRUDA, Roberto Aires de Toledo. O nome de família e o casamento. *Cadernos do Ministério Público do Paraná*, v. 3, n. 8, p. 6-8, out. 2000.

[149] STJ, REsp 910.094/SC, 4.ª Turma, Rel. Min. Raul Araújo, j. 04.09.2012, *DJe* 19.06.2013.

[150] O precedente é mencionado por: PAES, Naddine Sales Callou Esmeraldo. Os influxos da evolução do direito das famílias no instituto do nome civil das pessoas naturais. *Revista IBDFAM: Família e Sucessões*, n. 18, p. 71-72, nov./dez. 2016; ALVES, Jones Figueiredo. Nome da pessoa e dignidade humana. Atualidades repercussivas do Direito de Família em dinâmica de registro civil cit., p. 100-101; ALMEIDA, Vitor. A proteção do nome da pessoa humana entre a exigência registral e a identidade pessoal: a superação do princípio da imutabilidade do prenome no direito brasileiro registral cit., p. 236.

[151] Em sentido contrário cf. VASCONCELOS, Francisco Prestello de. Notas sobre o nome da pessoa natural cit., p. 17.

O mesmo caminho foi trilhado pelo relator do Recurso Especial n. 1.648.858/SP[152], Ministro Ricardo Villas Boas Cueva, considerando que não há vedação legal para posterior acréscimo de outro patronímico do cônjuge ao longo do relacionamento. Acrescentou que não seria razoável exigir que a requerente se divorciasse e, então, novamente se casasse para poder acrescer novo sobrenome do cônjuge, e que as certidões negativas eram suficientes para afastar a ameaça à segurança jurídica.

O Ministro Ricardo Villas Boas Cueva foi também o relator de um importante precedente quanto ao reflexo da alteração do nome dos cônjuges no registro civil da prole. Trata-se do Recurso Especial n. 1.328.754/MG[153], ocasião em que observou que a conformação do nome assumido pela mãe após o casamento no registro da filha "representa a legítima vida familiar" e "visa realizar, em última análise, a própria dignidade humana", além de melhor resguardar a história familiar da infante.

Registre-se que o julgamento foi o único em que a retificação do nome da genitora por adição do patronímico no casamento, hipótese exata do parágrafo único do art. 3.º da Lei n. 8.560/1992[154-155], foi a causa da adequação no registro dos filhos. Isso porque já havia outros acórdãos no STJ que reconheciam a possibilidade de adequação do nome da genitora em razão de divórcio ou separação, com amparo no mesmo dispositivo legal e no princípio da simetria[156].

Outro precedente interessante, também da lavra do Ministro Ricardo Villas Boas Cueva, é o Recurso Especial n. 1.433.187/SC[157], que estabeleceu ser possível a supressão de apenas um dos patronímicos do nubente para

---

[152] STJ, REsp 1.648.858/SP, 3.ª Turma, Rel. Min. Ricardo Villas Boas Cueva, j. 20.08.2019, *DJe* 28.08.2019.

[153] STJ, REsp 1.328.754/MG, 3.ª Turma, Rel. Min. Ricardo Villas Boas Cueva, j. 16.02.2016, *DJe* 23.02.2016.

[154] Defende uma interpretação ampliada do dispositivo legal: ROSA, Jaqueline S. Vaz. Registro civil das pessoas trans: mudança de nome e sexo cit., p. 13.

[155] Há quem defenda que a averbação seria autorizada pelo art. 29, § 1.º, *f*, da Lei n. 6.015/1973. Cf. CAMARGO NETO, Mario de Carvalho. Alteração de sobrenome dos pais no registro civil de nascimento: Projeto de Lei n. 7.752, de 13 de agosto de 2010. *Repertório IOB de Jurisprudência: Civil, Processual, Penal e Comercial*, n. 9, p. 295-297, 1.ª quinz. maio 2015.

[156] REsp 1.069.864/DF, REsp 1.041.751/DF, REsp 1.072.402/MG, REsp 1.123.141/PR, REsp 1.279.952/MG, REsp 1.641.159/SP.

[157] STJ, REsp 1.433.187/SC, 3.ª Turma, Rel. Min. Ricardo Cueva, j. 26.05.2015, *DJe* 02.06.2015.

Cap. 5 • O NOME DA PESSOA NATURAL NA JURISPRUDÊNCIA DO STJ | 143

acréscimo de sobrenome de seu futuro cônjuge no registro de casamento, prestigiando o direito pessoal de identificação da parte requerente[158].

No caso, pretendia a nubente a supressão do patronímico de origem materna[159] para, em seu lugar, incluir o sobrenome do cônjuge, pois sentia que a genitora teria negligenciado sua criação e cuidados, e com ela não tinha laços emocionais. O relator observou que, na ausência de norma impeditiva de supressão de patronímico materno da certidão de casamento, o pedido merecia acolhida. Ele, porém, ressalvou a necessidade de informar o nome registral no processo de habilitação e nos assentamentos posteriores, procedendo-se à averbação da alteração requerida somente após o casamento.

Com interpretação semelhante, o Ministro Castro Filho já havia sinalizado essa possibilidade no Recurso Especial n. 662.799/MG[160], superando a literalidade do § 1.º do art. 1.565 do Código Civil para interpretar o verbo "acrescer" como hipótese também de substituição, favorecendo a harmonização do nome completo da requerente[161].

2.7. União estável

A regulamentação da união estável no Brasil ocorreu com a Lei n. 9.278/1996. No entanto, a Lei n. 6. 216/1975 incluiu no art. 57 da Lei n. 6.015/1973 os §§ 2.º, 3.º e 4.º, permitindo que a convivente requeresse em juízo o acréscimo do nome do companheiro, desde que houvesse impedimento para a realização do casamento civil entre eles. Exigiam-se, ainda, a autorização do companheiro e a comprovação de vida em comum por, pelo menos, cinco anos, ou prole proveniente dessa união. Além disso, eventual ex-esposa do convivente não poderia estar usando o nome dele[162].

---

[158] Trata-se de questão controvertida na doutrina, embora exista certo consenso quanto à necessidade de manter, ao menos, um dos patronímicos próprios. Cf. NEVES, Rodrigo Santos. A tutela jurídica do nome cit., p. 107-108; NEVES, Rodrigo Santos. O nome civil das pessoas naturais cit., p. 130.

[159] Em sentido contrário cf. RODRIGUES, Marcelo Guimarães. Do nome civil cit., p. 748.

[160] STJ, REsp 662.799/MG, 3.ª Turma, Rel. Min. Castro Filho, j. 08.11.2005, *DJ* 28.11.2005, p. 279.

[161] Interessantes exemplos podem ser encontrados em: VALLE, Geraldo Ribeiro do. A mulher e os apelidos do marido. *Tabulae*, v. 10, n. 7, p. 107, jun. 1977.

[162] TIBA, Bundy Celso. O nome da pessoa natural e seis efeitos jurídicos cit., p. 473-474; SCHILLING, Jeane. Do nome civil da pessoa natural cit., p. 41.

DIREITO CIVIL: DIÁLOGOS ENTRE A DOUTRINA E A JURISPRUDÊNCIA – *Volume II*

Ainda em dezembro de 1969, o Tribunal de Justiça do então Estado da Guanabara prolatou acórdão autorizando que Arminda Neves D'Almeida, companheira do maestro Heitor Villa-Lobos, incorporasse o sobrenome deste[163], já que era internacionalmente conhecida como "Madame Villa--Lobos". Esse ilustre precedente é lembrado pela doutrina[164] e pela Ministra Nancy Andrighi no Recurso Especial n. 1.206.656/GO[165].

Tal recurso é reputado paradigmático[166] por afastar a aplicação do § 2.º do art. 57 da Lei n. 6.015/1973, considerado ultrapassado devido ao patamar de importância que a união estável assumiu após a Constituição de 1988[167]. Na hipótese, a companheira pretendia incluir o sobrenome do convivente, com quem mantinha união estável há mais de trinta anos; porém, se optassem pelo casamento, seriam obrigados a adotar o regime da separação de bens, em virtude da idade do companheiro.

Com efeito, na falta de legislação adequada e específica, a relatora aplicou analogicamente o regramento civil para adoção do nome do cônjuge no casamento. No entanto, atenta à diferença de formalidade entre essas relações

---

[163] Yussef Said Cahali expôs a posição do Tribunal paulista antes do advento da lei em: CAHALI, Yussef Said. Adição do patronímico do companheiro. *Revista de Jurisprudência do Tribunal de Justiça do Estado de São Paulo*, v. 42, p. 13-22, set./out. 1976. Houve quem se espantasse com a vontade da concubina de acrescer o patronímico masculino, em lugar de as mulheres casadas pleitearem a liberação de tal encargo, posicionando-se contra o acréscimo pela companheira por ausência de previsão legal. Cf. GOMES, Luiz Felipe Azevedo. Nome e concubinato. *Revista do Ministério Público do Estado do Rio Grande do Sul*, v. 1, n. 2, p. 101-104, jul./dez. 1973.

[164] CRUZ, José Raimundo Gomes da. Patronímico do companheiro ante a Lei do Divórcio. *Ajuris*, ano 8, n. 21, p. 171, mar. 1981; MARCATO, Antonio Carlos. O nome da mulher casada cit., p. 171.

[165] STJ, REsp 1.206.656/GO, 3.ª Turma, Rel. Min. Nancy Andrighi, j. 16.10.2012, *DJe* 11.12.2012.

[166] O caso foi mencionado por: ALVES, Jones Figueiredo. Nome da pessoa e dignidade humana. Atualidades repercussivas do Direito de Família em dinâmica de registro civil cit., p. 116; ALMEIDA, Vitor. A proteção do nome da pessoa humana entre a exigência registral e a identidade pessoal: a superação do princípio da imutabilidade do prenome no direito brasileiro registral cit., p. 237.

[167] O Ministro Paulo Dias de Moura Ribeiro já endossava esse posicionamento, inclusive mencionando o precedente da Ministra Nancy Andrighi, em publicação acadêmica. Cf. MOURA RIBEIRO, Paulo Dias de. Nome da pessoa natural cit., p. 16.

Cap. 5 · O NOME DA PESSOA NATURAL NA JURISPRUDÊNCIA DO STJ | 145

e à necessidade de resguardar a segurança jurídica, deve ser feita prova documental da união estável, por escritura pública, constando anuência do companheiro cujo nome se pretende acrescer.

Ao julgar o Recurso Especial n. 1.306.196/MG[168], a Ministra Nancy Andrighi observou que a pendência da partilha de bens de casamento anterior não configura impedimento para novo casamento e, invocando a fundamentação do precedente anteriormente mencionado[169], negou provimento ao recurso por constar que não havia documento público comprovando a união estável dos requerentes.

2.8. Separação e divórcio

O Código Civil de 2002 estabeleceu que o cônjuge considerado culpado na ação de separação e divórcio perderia o direito de usar o nome de família, salvo se fosse evidente o prejuízo para sua identificação, manifesta distinção com relação ao nome dos filhos havidos da união dissolvida ou, ainda, em caso de dano grave reconhecido judicialmente[170]. Não obstante, a Emenda Constitucional n. 66/2010 afastou a discussão sobre a culpa na separação e divórcio, abrindo para o cônjuge a faculdade de decidir se continua ou não a usar o nome de família[171].

Respeitável corrente doutrinária critica a opção de cônjuge acrescer o sobrenome do outro no momento do casamento, pois, apesar da inovação do Código Civil de 2002, apenas as mulheres acrescentam ao seu o nome do marido[172]. Defendem que essa alternativa deve ser extirpada do ordenamento, visto que, se a realização de união, ainda que tão significativa, não reduz ou modifica a personalidade dos cônjuges, não faz sentido alterar o seu nome[173]. Desse modo, propõem que o Brasil siga, nesse aspecto, a legis-

---

[168] STJ, REsp 1.306.196/MG, 3.ª Turma, Rel. Min. Nancy Andrighi, j. 22.10.2013, *DJe* 28.10.2013.

[169] STJ, REsp 1.206.656/GO, 3.ª Turma, Rel. Min. Nancy Andrighi, j. 16.10.2012, *DJe* 11.12.2012.

[170] MARCATO, Antonio Carlos. O nome da mulher casada cit., p. 166-167.

[171] VELOSO, Zeno. Ex-cônjuge é obrigado a retirar o sobrenome do outro? cit., p. 22-33.

[172] COSTA, Gilberto Azevedo de Moraes. A mulher casada e o seu nome: uma proposta para não alterá-lo cit., p. 122.

[173] CHINELLATO, Silmara Juny de Abreu. O nome da mulher no casamento, na separação, no divórcio e na viuvez: visão do novo Código Civil cit., p. 70-78; MORAES, Maria Celina Bodin de. Sobre o nome da pessoa humana cit., p. 67;

lação espanhola[174]. Outra perspectiva, bastante respeitável, é a que reforça o significado de liberação e recomeço, inerente ao divórcio, reiterando que, extinta a causa de transmissão do nome, o uso deve ser cancelado[175]. Há, ainda, uma terceira vertente, que entende que, por ser o nome um direito da personalidade e verificada a incorporação do sobrenome pela mulher, cabe a ela decidir se dispõe ou não dele na hipótese de extinção da união[176]. Contudo, é pacífico que a manutenção do nome adquirido no casamento é um direito daquele que dele se assenhorou, como ilustram diversos exemplos mencionados na doutrina[177].

A interpretação firmada pelo STJ, a partir do Recurso Especial n. 57.007/RJ[178], de relatoria do Ministro Costa Leite, era de ser cogente a norma inscrita no parágrafo único do art. 25 da Lei n. 6.515/1977, com a redação da Lei n. 8.048/1992[179]. Sendo assim, em regra, o divórcio acarretaria para a

---

COSTA, Gilberto Azevedo de Moraes. A mulher casada e o seu nome: uma proposta para não alterá-lo cit., p. 138-142; PELUSO, Antonio Cezar. Os direitos humanos da família, criança e adolescente. In: ASSOCIAÇÃO JUÍZES PARA A DEMOCRACIA (org.). *Direitos humanos: visões contemporâneas*. São Paulo: Método, 2001. p. 67-90, p. 70; MORAES, Maria Celina Bodin de. A tutela do nome da pessoa humana cit., p. 224; CIARLARIELLO, Maria Beatriz. Inalterabilidade do sobrenome no casamento: uma regra a ser adotada cit., p. 201-219.

[174] CHINELLATO, Silmara Juny de Abreu. O nome da mulher no casamento, na separação, no divórcio e na viuvez: visão do novo Código Civil cit., p. 77-78.

[175] WAMBIER, Teresa Arruda Alvim. O divórcio e o nome da mulher divorciada. *Revista de Direito Privado*, v. 2, n. 5, p. 223-230, jan./mar. 2001; CELIDÔNIO, Jorge Lauro. Nome da mulher na nova lei do divórcio cit., p. 25.

[176] OLIVEIRA LEITE, Eduardo de. Mulher separada: continuidade do uso do nome do marido cit., p. 103-121; MARCATO, Antonio Carlos. O nome da mulher casada cit., p. 170; THEODORO JÚNIOR, Humberto. O problema do uso do nome do marido, pela mulher, após o divórcio. *Revista Jurídica Mineira*, ano 6, n. 58, p. 17, fev. 1989; ALMEIDA, Vitor. A proteção do nome da pessoa humana entre a exigência registral e a identidade pessoal: a superação do princípio da imutabilidade do prenome no direito brasileiro registral cit., p. 235-236.

[177] É o caso de Marta Teresa Smith de Vasconcelos, conhecida como Marta Suplicy, Lúcia Maria Werner Vianna, a Lucinha Lins, Lygia de Azevedo Fagundes, que se tornou Lygia Fagundes Telles, Luiza Brunet etc. Cf. OLIVEIRA, Júlio Moraes. Pontos controversos acerca do nome civil cit., p. 123; WAMBIER, Teresa Arruda Alvim. O divórcio e o nome da mulher divorciada cit., p. 226.

[178] STJ, REsp 57.007/RJ, 3.ª Turma, Rel. Min. Costa Leite, j. 14.08.1995, *DJ* 18.12.1995, p. 44.560.

[179] MORAES, Maria Celina Bodin de. Sobre o nome da pessoa humana cit., p. 62-63; MORAES, Maria Celina Bodin de. A tutela do nome da pessoa humana

Cap. 5 • O NOME DA PESSOA NATURAL NA JURISPRUDÊNCIA DO STJ | **147**

mulher a perda do nome de casada, salvo se fosse evidente o prejuízo para sua identificação, manifesta distinção entre o seu nome de família e o dos filhos havidos da união dissolvida, ou dano grave reconhecido em decisão judicial. Esse entendimento foi mantido no Recurso Especial n. 146.549/GO[180], do mesmo relator.

Em interpretação mais recente, prestigiando a estreita ligação entre o nome e a personalidade do indivíduo, o Ministro Moura Ribeiro, relator do Recurso Especial n. 1.482.843/RJ[181], entendeu que o cônjuge só perderá o direito de utilizar o sobrenome do outro quando expressamente requerido por este e desde que a alteração não prejudique a sua identificação familiar e social, conforme hipóteses dispostas no art. 1.578 do Código Civil. Considerou, ainda, que as partes permaneceram casadas por trinta e cinco anos, tendo a ex-mulher incorporado o sobrenome[182]. Outrossim, não se admite a retirada compulsória de um direito da personalidade, apenas em razão da revelia processual.

No mesmo sentido, a Ministra Nancy Andrighi entendeu no Recurso Especial n. 1.732.807/RJ[183] que a revelia do cônjuge na ação de divórcio não conduz à acolhida do pleito de retirada do patronímico adotado no casamento. Isso porque o nome é um direito indisponível, dada a sua natureza jurídica de direito da personalidade e porque a revelia só permite presumir verdadeiras questões de fato, não sendo apresentada nenhuma para justificar a solicitação de supressão do sobrenome no caso.

Assim como o casamento e a união estável são causas de modificação do sobrenome das pessoas, o divórcio e a separação também o são. Essa simetria reflete no registro civil dos filhos, pois, quando a mãe ou pai tem o nome alterado, cabe operar adequação no registro de nascimento dos filhos. Além disso, a segurança dos registros públicos e a veracidade das informações

---

cit., p. 225; ALMEIDA, Vitor. A proteção do nome da pessoa humana entre a exigência registral e a identidade pessoal: a superação do princípio da imutabilidade do prenome no direito brasileiro registral cit., p. 229-230.

[180] STJ, REsp 146.549/GO, 3.ª Turma, Rel. Min. Costa Leite, j. 21.05.1998, *DJ* 29.06.1998, p. 165.

[181] STJ, REsp 1.482.843/RJ, 3.ª Turma, Rel. Min. Moura Ribeiro, j. 02.06.2015, *DJe* 12.06.2015.

[182] O parecer foi mencionado por: PAES, Naddine Sales Callou Esmeraldo. Os influxos da evolução do direito das famílias no instituto do nome civil das pessoas naturais cit., p. 73.

[183] STJ, REsp 1.732.807/RJ, 3.ª Turma, Rel. Min. Nancy Andrighi, j. 14.08.2018, *DJe* 17.08.2018.

148 | DIREITO CIVIL: DIÁLOGOS ENTRE A DOUTRINA E A JURISPRUDÊNCIA – *Volume II*

registradas tornam certas modificações aceitáveis, sobretudo quando relacionadas à identificação dos indivíduos.

Partindo dessa perspectiva, bem como ressaltando a ligação entre os registros pessoais de identificação e a dignidade humana, a Ministra Nancy Andrighi foi relatora do primeiro precedente do STJ sobre a matéria, o Recurso Especial n. 1.069.864/DF[184], ao qual negou provimento para manter a autorização da retificação do nome da mãe da requerente em seu registro civil, assim como o acréscimo do sobrenome materno ao nome da própria requerente.

O Ministro Sidnei Benetti seguiu a mesma trilha no Recurso Especial n. 1.041.751/DF[185], ao concluir ser cabível a alteração para constar o nome de solteira da mãe no registro do filho, após a separação daquela. Também não foi outra a solução apresentada pelo Ministro Luis Felipe Salomão, na relatoria do Recurso Especial n. 1.072.402/MG[186] e do Recurso Especial n. 1.123.141/PR[187], e ainda pelo Ministro Ricardo Villas Boas Cueva no Recurso Especial n. 1.279.952/MG[188], ressaltando a inconveniência de impor a apresentação de vários documentos para comprovar a filiação, bastando a averbação da alteração do nome da genitora no registro das filhas para que este volte a espelhar a verdade real sem nenhum prejuízo à segurança jurídica ou a terceiros[189].

Corroborando esse entendimento, que já parece bem consolidado no STJ, a Ministra Nancy Andrighi fez perspicaz observação, ao fundamentar o Recurso Especial n. 1.641.159/SP[190], sobre a anterioridade da Lei n. 6.015/1973

---

[184]   STJ, REsp 1.069.846/DF, 3.ª Turma, Rel. Min. Nancy Andrighi, j. 18.12.2008, *DJe* 03.02.2009.

[185]   STJ, REsp 1.041.751/DF, 4.ª Turma, Rel. Min. Sidnei Benetti, j. 20.08.2009, *DJe* 03.09.2009.

[186]   STJ, REsp 1.072.402/MG, 4.ª Turma, Rel. Min. Luis Felipe Salomão, j. 04.02.2012, *DJe* 1.º.02.2013.

[187]   STJ, REsp 1.123.141/PR, 4.ª Turma, Rel. Min. Luis Felipe Salomão, j. 28.09.2010, *DJe* 07.10.2010.

[188]   STJ, REsp 1.279.952/MG, 3.ª Turma, Rel. Min. Ricardo Villas Bôas Cueva, j. 03.02.2015, *DJe* 12.02.2015.

[189]   Esse entendimento foi referenciado em: ALVES, Jones Figueiredo. Nome da pessoa e dignidade humana. Atualidades repercussivas do Direito de Família em dinâmica de registro civil cit., p. 101-102.

[190]   STJ, REsp 1.641.159/SP, 3.ª Turma, Rel. Min. Nancy Andrighi, 3 j. 14.03.2017, *DJe* 04.04.2017.

em relação à Lei do Divórcio (Lei n. 6.515/1977)[191], indicando que, à época em que foi elaborada a primeira, o divórcio nem sequer era uma alternativa acolhida pela ordem jurídica brasileira.

Cabe lembrar que a morte também acarreta o término da relação conjugal, de modo que à viúva assiste o direito de restabelecer o nome de solteira[192], na trilha do que ficou decidido no Recurso Especial n. 363.794/DF[193]. O relator, Ministro Carlos Alberto Menezes Direito, assentou nos fundamentos que o tema está submetido aos ditames do Direito de Família, não sendo irrenunciável o direito ao nome do cônjuge, pois, se a "dissolução do casamento gera para a mulher a possibilidade de retorno ao nome de solteira, o mesmo princípio pode ser adotado com relação à morte do consórcio, para a restauração do nome anterior".

2.9. Abandono afetivo

O *leading case*[194] é o Recurso Especial n. 66.643/SP[195], da lavra do Ministro Sálvio de Figueiredo Teixeira. Trata-se de precedente muito citado e elogiado

---

[191] Registre-se, ainda, que a retificação do patronímico materno no registro de nascimento do filho, em decorrência de casamento, só foi positivada na Lei n. 8.560/1992, portanto quase duas décadas após a publicação da Lei de Registros Públicos.

[192] No mesmo sentido, cf. CHINELLATO, Silmara Juny de Abreu. O nome da mulher no casamento, na separação, no divórcio e na viuvez: visão do novo Código Civil cit., p. 74.

[193] STJ, REsp 363.794/DF, 3.ª Turma, Rel. Min. Carlos Alberto Menezes Direito, j. 27.06.2002, *DJ* 30.09.202, p. 256.

[194] O precedente é citado por: CHINELLATO, Silmara Juny de Abreu. O nome da mulher no casamento, na separação, no divórcio e na viuvez: visão do novo Código Civil cit., p. 75; SANTOS, Daniela Bernardo Vieira dos. Multiparentalidade: a possibilidade de múltipla filiação registral e os seus reflexos jurídicos. *Revista Nacional de Direito de Família e Sucessões*, v. 3, n. 13, p. 67, jul./ago. 2016; ALVES, Jones Figueiredo. Nome da pessoa e dignidade humana. Atualidades repercussivas do Direito de Família em dinâmica de registro civil cit., p. 107; SLAIBI FILHO, Nagib. Os direitos da personalidade cit., p. 243; MORAES, Maria Celina Bodin de. Sobre o nome da pessoa humana cit., p. 58-59; TIBA, Bundy Celso. O nome da pessoa natural e seis efeitos jurídicos cit., p. 477; CASTRO, Lincoln Antônio de. *Revista do Ministério Público do Estado do Rio de Janeiro* cit., p. 48-49.

[195] STJ, REsp. 66.643/SP, Rel. Min. Sálvio de Figueiredo Teixeira, 4.ª Turma, j. 21.10.1997, *DJ* 09.12.1997, p. 64.707.

na doutrina, sobretudo porque foi pioneiro em reconhecer que o abandono da criação dos filhos é motivo justo para a retirada dos sobrenomes paternos, considerando que a jurisprudência do STJ sobre abandono afetivo começou a ser moldada em 2004, com o precedente do Ministro Humberto Gomes de Barros[196]. Nos fundamentos do acórdão, o Ministro Sálvio de Figueiredo Teixeira observou que, sendo o nome um traço característico da família, o recorrente tem razão em pleitear a exclusão do patronímico daquele que nunca lhe deu assistência moral e econômica, por isso deu provimento ao recurso para autorizar que assim o fizesse.

No Recurso Especial n. 401.138/MG[197], o Ministro Castro Filho considerou que os arts. 56 e 57 da Lei n. 6.015/1973 regulam duas hipóteses de alteração de registro civil distintas e afastou a interpretação conjunta dos referidos dispositivos. Nessa linha, mencionando os precedentes sobre a matéria[198], observou que o STJ adota posição mais liberal e que o pedido de retirada do sobrenome paterno, realizado com amparo apenas no art. 57 da Lei n. 6.015/1973, não poderia ser prematuramente negado apenas com fundamento no prejuízo aos apelidos de família (art. 56), devendo a ação prosseguir com a realização de instrução probatória[199].

Consta, ainda, sobre o tema o Recurso Especial n. 1.304.718/SP[200], relatado pelo Ministro Paulo de Tarso Sanseverino, corroborando o afastamento da imutabilidade do nome civil para retirada do sobrenome paterno em virtude do abandono afetivo do requerente, com expressa menção aos precedentes supracitados, e observando que a pretensão não afasta o vínculo familiar, mas apenas retira o sobrenome paterno de seu nome completo[201].

---

[196] STJ, REsp. 275.568/RJ, Rel. Min. Humberto Gomes de Barros, 3.ª Turma, j. 18.05.2004, *DJ* 09.08.2004, p.267. Frise-se, contudo, que no referido precedente foi discutida a perda do poder familiar em razão do abandono afetivo, sem nenhuma referência à alteração no nome civil.

[197] STJ, REsp. 401.138/MG, Rel. Min. Castro Filho, 3.ª Turma, j. 26.06.2003, *DJ* 12.08.2003, p. 219.

[198] REsp. 66.643/SP e Resp. 220.059/SP.

[199] Corroboram esse entendimento, inclusive frisando a importância do contraditório: CARVALHO, Angela Menezes; MARQUES, Vinicius Pinheiro. O abandono afetivo como fundamento para a supressão do sobrenome cit., p. 42-44.

[200] STJ, REsp. 1.304. 718/SP, Rel. Min. Paulo de Tarso Sanseverino, 3.ª Turma, j. 18.12.2014, *DJe* 05.02.2015.

[201] CARVALHO, Angela Menezes; MARQUES, Vinicius Pinheiro. O abandono afetivo como fundamento para a supressão do sobrenome cit., p. 47.

2.10. O nome e o vínculo entre ascendentes e descendentes

Coube ao saudoso Ministro Ruy Rosado de Aguiar Júnior, homenageado com justiça nesta obra coletiva, a relatoria dos precedentes que uniformizaram a questão na Segunda Seção do STJ. Cuida-se do Recurso Especial n. 220.059/SP[202] e do Recurso Especial n. 284.300/SP[203], nos quais o relator corroborou a análise das instâncias ordinárias, considerando justa e adequada a adição do patronímico do padrasto que fez as vezes de pai na vida da parte requerente[204]. Observou, ainda, que, na ausência de prejuízos ao interesse público, deve ser afastado o princípio da imutabilidade em prestígio da realidade individual da pessoa, caminho que foi seguido pela maioria, registrada a respeitável divergência no voto do Ministro Ari Pargendler.

Esse entendimento foi cristalizado pela Lei n. 11.924/2009, conhecida como Lei Clodovil Hernandez, que modificou o § 8.º do art. 57 da Lei n. 6.015/1973 para permitir a inclusão do nome do padrasto e/ou madrasta do enteado, sem representar vínculos de parentesco ou efeitos sucessórios[205].

O Ministro Ricardo Villas Boas Cueva julgou o Recurso Especial n. 1.104.743/RR[206], no qual o infante pretendia que o patronímico paterno não fosse acrescido ao seu nome, de modo a manter o agnome "Bisneto", em

---

[202] STJ, REsp. 22.059/SP, Rel. Min. Ruy Rosado de Aguiar Junior, Segunda Seção, j. 22.11.2000, *DJ* 12.02.2001, p. 92.

[203] STJ, REsp. 284.300/SP, Rel. Min. Ari Pargendler, Rel. para acórdão Min. Ruy Rosado de Aguiar Junior, Segunda Seção, j. 22.11.2000, *DJ* 09.04.2001.

[204] Embora a doutrina admita a possibilidade, é certo que nem toda família reconstituída apresentará uma relação tão próxima entre enteado e padrasto/madrasta com tal intensidade. Cf. NEVES, Rodrigo Santos. A tutela jurídica do nome cit., p. 106.

[205] OLIVEIRA, Júlio Moraes. Pontos controversos acerca do nome civil cit., p. 124; SANTOS, Daniela Bernardo Vieira dos. Multiparentalidade: a possibilidade de múltipla filiação registral e os seus reflexos jurídicos cit., p. 65-66; FERREIRA, Luiz Antonio Miguel; GALINDO, Bruna Castelane. Do sobrenome do padrasto e da madrasta. Considerações a respeito da Lei 11.924/2009 cit., p. 113-120; NEVES, Rodrigo Santos. O nome civil das pessoas naturais cit., p. 128-129; CHINELLATO, Silmara Juny de Abreu. O nome da mulher no casamento, na separação, no divórcio e na viuvez: visão do novo Código Civil cit., p. 75; ALMEIDA, Vitor. A proteção do nome da pessoa humana entre a exigência registral e a identidade pessoal: a superação do princípio da imutabilidade do prenome no direito brasileiro registral cit., p. 229.

[206] STJ, REsp 1.104.743/RR, 3.ª Turma, Rel. Min. Ricardo Villas Boas Cueva, j. 22.05.2014, *DJe* 05.06.2014.

homenagem ao antepassado pela linha materna. O relator, porém, considerou que o sobrenome é elemento mais relevante do que o agnome, pois é o que melhor expressa as origens familiares, materna e paterna, para a sociedade. Observou que o intento do menor de homenagear o bisavô poderá ser exercido após a sua maioridade, mas sem prejudicar os patronímicos paternos[207].

A doutrina reconhece que há um direito subjetivo ao sobrenome, embora não faça distinção entre ancestral direto e indireto[208], desde que constem um patronímico materno e outro paterno[209]. Todavia, quando o nome for composto por um agnome, ele não pode ser descaracterizado pela inclusão de um patronímico do outro tronco familiar[210].

Caso curioso deu origem ao Recurso Especial n. 1.721.829/DF[211], ao qual o Ministro Ricardo Villas Boas Cueva, relator, negou provimento. As partes firmaram acordo judicial na primeira instância, em que, além reconhecida a paternidade e arbitrados os alimentos, foi estabelecido que seria acrescentado ao sobrenome do menor um segundo sobrenome paterno em homenagem à avó do genitor. A genitora se insurgiu contra a sentença homologatória e o Tribunal de Justiça do Distrito Federal e dos Territórios acabou por afastar o dever de alteração do registro civil da criança.

Nos fundamentos, o relator expressa o entendimento de que no registro deve constar o sobrenome dos pais, não necessariamente dos avós ou bisavós. Assim, o pedido de acréscimo de patronímico do qual não compartilha o pai em nada contribui para a identificação familiar do filho, que já conta com a identificação da família materna e paterna em seu sobrenome. Tal pedido representa, apenas, a intenção pessoal do genitor, um "mero capricho unilateral", e não um motivo suficiente para modificar o registro civil do infante.

---

[207] Registre-se que na Itália a transferência do nome do genitor ao filho decorre automaticamente do ato de reconhecimento da paternidade, tal como no Brasil. Cf. PIRRONE, Salvatore. Estensioneai propri figli del cognome di chi sai stato riconosciuto dal padre naturale cit., p. 110-111.

[208] NEVES, Rodrigo Santos. A tutela jurídica do nome cit., p. 95; PAMPLONA FILHO, Rodolfo; GUANAIS E QUEIROZ, Hermano Fabrício Oliveira. A homenagem aos ascendentes como motivo justo ao acréscimo de sobrenome: uma interpretação da expressão "motivadamente", constante do art. 57 da Lei de Registros Públicos, à luz da hermenêutica pós-positivista cit., p. 34-52.

[209] MORAES, Maria Celina Bodin de. Sobre o nome da pessoa humana cit., p. 67; MOURA RIBEIRO, Paulo Dias de. Nome da pessoa natural cit., p. 16.

[210] NEVES, Rodrigo Santos. O nome civil das pessoas naturais cit., p. 128.

[211] STJ, REsp 1.721.829/DF, 3.ª Turma, Rel. Min. Ricardo Villas Boas Cueva, j. 12.03.2019, *DJe* 15.03.2019.

Cap. 5 • O NOME DA PESSOA NATURAL NA JURISPRUDÊNCIA DO STJ | 153

Aliás, consta no acervo jurisprudencial do STJ um precedente da lavra do Ministro Barros Monteiro[212], em que ficou estabelecido que a alteração do registro civil do infante para acrescer o apelido familiar do genitor é decorrência lógica do reconhecimento da paternidade.

No Recurso Especial n. 1.323.677/MA[213], a Ministra Nancy Andrighi, após observar que a intervenção do Ministério Público na ação de retificação de registro civil é necessária, mesmo tratando-se de procedimento de jurisdição voluntária, decidiu ser possível a inclusão do patronímico paterno no registro do filho (Gonçalves Benício) em ordem diversa daquela que consta no registro do genitor (Benício Gonçalves), uma vez que a identificação familiar era realizada pela inserção do segundo sobrenome (Benício), e não pela ordenação entre eles[214].

Por outro lado, é oportuno registrar que a supressão de apelido familiar de origem paterna, ainda que seja para melhor identificar a família na comunidade religiosa que passou a frequentar[215], não foi admitida no Recurso Especial n. 1.189.158/SP[216]. Na ocasião, a Ministra Nancy Andrighi, relatora do processo, fez pertinentes considerações sobre a relevância do patronímico para a segurança jurídica e identificação familiar, e também na perspectiva individual, na medida em que representa a origem paterna e materna da pessoa. Observou, na mesma assentada, que a substituição do sobrenome de um cônjuge pelo do outro não encontra amparo no art. 1.565, § 1.º, do Código Civil, mas apenas o acréscimo.

---

[212] STJ, REsp 119.824/PR, 4.ª Turma, Rel. Min. Barros Monteiro, j. 28.05.2002, *DJ* 16.09.2002, p. 188.

[213] STJ, REsp 1.323.677/MA, 3.ª Turma, Rel. Min. Nancy Andrighi, j. 05.02.2013, *DJe* 15.02.2013.

[214] O precedente foi mencionado por: PAES, Naddine Sales Callou Esmeraldo. Os influxos da evolução do direito das famílias no instituto do nome civil das pessoas naturais cit., p. 78.

[215] Há registro na doutrina de alteração do prenome de criança por motivo religioso, pois, sendo os pais de religião evangélica, pretenderam alterar o nome da filha de Jesebel para Isabel. O precedente, porém, não é oriundo do STJ e tem relevantes diferenças em relação ao caso julgado, a começar pelo reduzido risco que apresentava para a segurança jurídica. Cf. GLANZ, Semy. Alteração de prenome. *Revista de Direito do Tribunal de Justiça do Estado do Rio de Janeiro*, n. 15, p. 56-59, abr./jun. 1993.

[216] STJ, REsp 1.189.158/SP, 3.ª Turma, Rel. Min. Nancy Andrighi, j. 14.12.2010, *DJe* 11.02.2011.

CONCLUSÃO

O homem não pode (con)viver sem se identificar, para si e para o mundo. Daí ser-lhe imprescindível um nome.

Por isso, foi exposto já na primeira parte deste artigo que a proteção do nome civil das pessoas perpassa pelo equilíbrio entre a identidade e a identificação do ser humano, correlatas, respectivamente, ao interesse individual e social.

O direito existe para possibilitar a convivência social, por meio da previsão e aplicação de normas justas. A justiça, porém, depende da segurança. O STJ, considerado o Tribunal da Cidadania, tem a responsabilidade de uniformizar a interpretação do direito infraconstitucional brasileiro, pois sem essa atividade a concretização da justiça e o exercício da cidadania ficariam comprometidos, sobretudo em um país tão diverso e com dimensões continentais.

A exposição dos precedentes neste trabalho reflete a busca do STJ pelo equilíbrio dos interesses pessoais e sociais quanto ao nome civil, consciente de seu papel no sistema jurídico. O Tribunal soube prezar pela segurança das relações jurídicas, vetando as mudanças de nome civil injustificadas, ou os pedidos que ultrapassassem o limite legal sem extrema necessidade. Nesse sentido, recorda-se o precedente em que a criança refugiada teve negado o pedido de registro civil, mas foi-lhe apontado o caminho legal para resguardar os seus direitos durante a estadia no Brasil, por meio do registro nacional de estrangeiro.

Entretanto, mesmo nos precedentes em que a modificação do nome obteve a chancela do Tribunal, foram tomadas medidas para garantir a segurança jurídica, ora por meio da referência às certidões negativas e documentos que afastavam riscos a terceiros, ora pela exigência de comprovação da consolidação da situação descrita, fosse ela o abandono afetivo, a identificação social ou a união estável, seja pela determinação de realização da instrução probatória, seja ainda pela determinação de averbação da modificação no livro de registro civil.

Outrossim, convém ressaltar que os Ministros do STJ buscaram amparar sua fundamentação na interpretação da lei, fosse ela o Código Civil, a Lei n. 6.015/1973, ou mesmo a Lei 6.515/1975, sem negar os efeitos da incidência das normas constitucionais, como o fez a Ministra Nancy Andrighi ao afastar os §§ 2.º, 3.º e 4.º do art. 57 da Lei n. 6.015/1973, cujo tratamento à adoção do nome do companheiro considerou anacrônico em relação às normas constitucionais, e aplicar o regramento previsto no Código Civil para os nubentes.

Diante disso, constata-se que a jurisprudência do STJ soube reconhecer situações consolidadas na vivência dos jurisdicionados e estender-lhes a proteção jurídica necessária. Assim o fez ao assegurar aos transexuais, operados ou não, o direito de modificarem o nome e o sexo no registro civil; ao compreender que a ausência e a negligência podem fazer de um sobrenome um sofrimento, enquanto o cuidado e a criação podem torná-lo essencial; ao afirmar que a identificação, refletida no nome, é um misto da história familiar que cada um recebe e das experiências que cada um constrói; e ao reconhecer que a segurança não deve se enrijecer a ponto de se separar da realidade.

REFERÊNCIAS

ALMEIDA, José Luiz Gavião de; VEDOVATO, Luis Renato; SILVA, Marcelo Rodrigues da. A identidade pessoal como direito fundamental da pessoa humana e algumas de suas manifestações na ordem jurídica brasileira. *Revista de Direito Civil Contemporâneo*, ano 5, v. 14, p. 33-70, jan./mar. 2018.

ALMEIDA, Vitor. A proteção do nome da pessoa humana entre a exigência registral e a identidade pessoal: a superação do princípio da imutabilidade do prenome no direito brasileiro. *Revista Trimestral de Direito Civil: RTDC*, v. 13, n. 52, p. 203-243, out./dez. 2002.

ALVES, Jaiza Sammara de Araújo; LIMA, Vitória Raissa Jacó de. Alteração do nome dos transexuais e a problemática da autorização da cirurgia de transgenitalização no Brasil. *Revista Eletrônica do Centro Universitário Newton Paiva*, n. 30, p. 113-124, set./dez. 2016.

ALVES, Jones Figueiredo. Nome da pessoa e dignidade humana. Atualidades repercussivas do Direito de Família em dinâmica de registro civil. *Revista Nacional de Direito de Família e Sucessões*, v. 1, n. 1, p. 97-124, jul./ago. 2014.

ANDRADE, Felipe Henrique de. Direito da personalidade: direito ao nome. In: COELHO, Nuno Manuel Morgadinho dos Santos; MELLO, Cleyson de Moraes; PÁDUA, Fabrício Renê Cardoso de (coord.). *Os direitos da personalidade à luz dos novos paradigmas jurídico-metodológicos*. Rio de Janeiro: Processo, 2019. p. 239-243.

ANDRIGHI, Fátima Nancy. Conflito entre patronímico e marca empresarial. In: CIAMPOLINI NETO, Cesar; WARDE JUNIOR, Walfrido Jorge (coord.). *O direito de empresa nos tribunais brasileiros*. São Paulo: Quartier Latin, 2010. p. 49-59.

ARAUJO, Luiz Alberto David. Alteração de sexo como manutenção do princípio da dignidade humana, possibilidade de inclusão e vida conjugal. *Revista da Academia Brasileira de Direito Constitucional*, v. 7, p. 401-413, 2005.

ARRUDA, Roberto Aires de Toledo. O nome de família e o casamento. *Cadernos do Ministério Público do Paraná*, v. 3, n. 8, p. 6-8, out. 2000.

ARZUA, Guido. Do direito ao nome. *Revista dos Tribunais*, ano 59, v. 416, p. 18-28, jun. 1970.

AZEVÊDO, Eliane S.; FREIRE, Nelly B. V. M. Nomes e sobrenomes na interpretação da história do povo. *Ciência e Cultura*, v. 36, n. 5, p. 753-758, maio 1984.

BALIEIRO, Gildete Silva. Registro de pessoas: uniformização de procedimentos. *Revista da Escola de Magistratura do Distrito Federal*, n. 12, p. 33-45, 2009.

BEVILÁQUA, Clóvis. *Código Civil dos Estados Unidos do Brasil*: commentado. 7. ed. Rio de Janeiro: Francisco Alves, 1944. v. I.

BORGES, Janice Silveira. Direito fundamental ao nome da União Europeia: apresentação de casos concretos. *Revista Eletrônica de Direito do Centro Universitário Newton Paiva*, n. 36, p. 13-29, set./dez. 2018.

BORGES, Roxana Cardoso Brasileiro. Direito ao nome africano, preconceito e afirmação da identidade cultural no Brasil. *Revista Fórum de Direito Civil – RFDC*, ano 3, n. 7, p. 35-51, set./dez. 2014.

CAHALI, Yussef Said. Adição do patronímico do companheiro. *Revista de Jurisprudência do Tribunal de Justiça do Estado de São Paulo*, v. 42, p. 13-22, set./out. 1976.

CAMARGO NETO, Mario de Carvalho. Alteração de sobrenome dos pais no registro civil de nascimento: Projeto de Lei n. 7.752, de 13 de agosto de 2010. *Repertório IOB de Jurisprudência: Civil, Processual, Penal e Comercial*, n. 9, p. 295-297, 1.ª quinz. maio 2015.

CAMBI, Eduardo; NICOLAU, Camila Christiane Rocha. Direito ao nome e à sua alteração (e a de gênero) no registro civil da pessoa transgênero. *Revista dos Tribunais*, ano 108, v. 1000, p. 87-98, fev. 2019.

CAMPOS, Diogo Leite. Lições de direitos da personalidade. *Boletim da Faculdade de Direito da Universidade de Coimbra*, v. LXVII, p. 129-223, 1991.

CAPELO DE SOUSA, Rabindranath Valentino Aleixo. *O direito geral da personalidade*. Coimbra: Coimbra Editora, 1995.

CARVALHO, Angela Menezes; MARQUES, Vinicius Pinheiro. O abandono afetivo como fundamento para a supressão do sobrenome. *Revista Nacional de Direito de Família e Sucessões*, n. 30, p. 33-51, maio/jun. 2019.

CARVALHO, Ivo César Barreto de. A tutela dos direitos da personalidade no Brasil e em Portugal. *Revista Jurídica*, ano 61, n. 427, p. 43-71, maio 2013.

CASTRO, Lincoln Antônio de. *Revista do Ministério Público do Estado do Rio de Janeiro*, n. 30, p. 39-60, out./dez. 2008.

CELIDÔNIO, Jorge Lauro. Nome da mulher na nova lei do divórcio. *Revista do Advogado*, ano 1, n. 1, p. 21-26, abr./jun. 1980.

CHAVES, Antonio. A esperada evolução do registro civil das pessoas naturais no Brasil. *Revista de Direito Civil, Imobiliário, Agrário e Empresarial*, v. 8, n. 28, p. 7-16, abr./jun. 1984.

CHAVES, Marianna; BARRETO, Fernanda Leão; PAMPLONA FILHO, Rodolfo. A tutela jurídica da transexualidade no Brasil. *Revista Nacional de Direito de Família e Sucessões*, n. 18, p. 5-31, maio/jun. 2017.

CHINELLATO, Silmara Juny de Abreu. O nome da mulher no casamento, na separação, no divórcio e na viuvez: visão do novo Código Civil. *Revista do Advogado*, ano 22, n. 68, p. 70-78, dez. 2002.

CIARLARIELLO, Maria Beatriz. Inalterabilidade do sobrenome no casamento: uma regra a ser adotada. *Revista Trimestral de Direito Civil*, v.13, n. 51, p. 201-219, jul./set. 2012.

CONTRERAS, Daniela Jarufe. Los efectos, en el ámbito de la filiación, de la rectificación registral de la mención (original) relativa al sexo de las personas. *Revista Nacional de Direito de Família e Sucessões*, v. 2, n. 9, p. 65-80, nov./dez. 2015.

COSTA, Gilberto Azevedo de Moraes. A mulher casada e o seu nome: uma proposta para não alterá-lo. *Revista de Direito Privado*, v. 18, n. 84, p. 121-144, dez. 2017.

CRUZ, José Raimundo Gomes da. Patronímico do companheiro ante a Lei do Divórcio. *Ajuris*, ano 8, n. 21, p. 170-174, mar. 1981.

CUNHA, Patrycia Prates da. *O direito ao nome e as possibilidades de alteração do registro civil*. 2014. Monografia (Graduação em Direito) – Faculdade de Direito da Pontifícia Universidade Católica do Rio Grande do Sul, Porto Alegre, 2014.

DIAS, Maria Berenice. Regra única para a mudança de nome, identidade sexual e sobrenome. *ADV Advocacia Dinâmica: Informativo*, n. 29, p. 330-331, jul. 2018.

D'URSO, Luiz Flávio Borges. O transexual, a cirurgia e o registro. *Revista Jurídica*, ano 44, n. 229, p. 21-23, nov. 1996.

FACHIN, Luiz Edson. O corpo do registro no registro do corpo; mudança de nome e sexo sem cirurgia de redesignação. *Revista Brasileira de Direito Civil*, v. 1, p. 36-60, jul./set. 2014.

FARIA, Bárbara de Sordi; COSTA, Sonielly Alves e. Transexualidade: nome e gênero. In: COELHO, Nuno Manuel Morgadinho dos Santos; MELLO, Cleyson de Moraes; PÁDUA, Fabrício Renê Cardoso de (coord.) *Os direitos da personalidade à luz dos novos paradigmas jurídico-metodológicos*. Rio de Janeiro: Processo, 2019.

FELISBERTO, Bruno Miguel Costa. Publicidade registral imobiliária e dos atos efetuados por transexual: como publicitar a alteração da qualificação da pessoa no registro de imóveis?. *Revista de Direito Imobiliário*, v. 40, n. 82, p. 313-372, jan./jun. 2017.

FERNANDEZ JUNIOR, Enio Duarte. O rompimento do vínculo biológico derivado da adoção – a relatividade dos efeitos do artigo 41 do Estatuto da Criança e do Adolescente como externalidade do direito fundamental da personalidade. *Revista Juris Plenum*, v. 11, n. 61, p. 81-100, jan./fev. 2015.

FERREIRA, Luiz Antonio Miguel; GALINDO, Bruna Castelane. Do sobrenome do padrasto e da madrasta. Considerações a respeito da Lei 11.924/2009. *JuriaPlenum*, v. 7, n. 37, p. 113-120, jan. 2011.

FERREIRA, Rafael Medeiros Antunes. Os direitos da personalidade. *Revista Síntese de Direito Civil e Processual Civil*, v. 19, n. 111, p. 16-27, jan./fev. 2018.

GIORGIS, José Carlos Teixeira. O nome do transexual. *ADV Advocacia Dinâmica: Informativo Semanal*, v. 26, n. 27, p. 443-444, 7 jul. 2006.

GLANZ, Semy. Alteração de prenome. *Revista de Direito do Tribunal de Justiça do Estado do Rio de Janeiro*, n. 15, p. 56-59, abr./jun. 1993.

GOMES, Luiz Felipe Azevedo. Nome e concubinato. *Revista do Ministério Público do Estado do Rio Grande do Sul*, v. 1, n. 2, p. 101-104, jul./dez. 1973.

GONÇALVES, Diogo Costa. Revisitando a origem histórico-dogmática dos direitos de personalidade. *Revista de Direito Civil Contemporâneo*, ano 5, v. 15, p. 387-404, abr./jun. 2018.

GURGEL, Patrícia da Cunha. A mudança de nome e sexo do transexual e os seus reflexos na Lei de Registros Públicos (Lei n. 6.015/1973). *Informativo Jurídico Consulex*, n. 43, p. 11-18, 25 out. 2010.

HAJEL, Viviane Alessandra Grego. O nome social no registro imobiliário. *Revista de Direito Imobiliário*, v. 40, n. 82, p. 219-249, jan./jul. 2017.

HOGEMANN, Edna Raquel. Direitos humanos e diversidade sexual: o reconhecimento da identidade de gênero através do nome social. *Revista da Seção Judiciária do Rio de Janeiro*, v. 21, n. 39, p. 217-231, abr. 2014.

IVONE, Vitulia. A nova lei italiana sobre as uniões civis e a temática do sobrenome. *Revista Brasileira de Direito Civil*, v. 21, p. 113-129, jul./ set. 2019.

JUSTINO, Denise. Transexualismo: análise jurídica de uma decisão polêmica: "poderá o transexual operado retificar seu registro de nome e sexo, por livre escolha?". *Consulex: Revista Jurídica*, v. 5, n. 101, p. 18-24, mar. 2001.

LA TORRE, Marienza. Il nome: contrassegno dell'identità personale. *Giustizia Civile: Rivista Mensile di Giurisprudenza*, v. 63, n. 9, p. 443-461, sett. 2013.

LIMONGI FRANÇA, Rubens. *Do nome civil das pessoas naturais*. 3. ed. São Paulo: RT 1975.

LIMONGI FRANÇA, Rubens. Homonímia. *Revista dos Tribunais*, ano 92, v. 808, p. 755-761, fev. 2003.

MACIEL, Kátia Regina Ferreira Lobo Andrade. O direito à identidade familiar como direito fundamental de crianças e de adolescentes na Constituição Federal brasileira de 1988. *Revista de Direito da Infância e da Juventude – RDIJ*, v. 2, n. 4, p. 135-163, jul./dez. 2014.

MALUF, Adriana Caldas do Rego Freitas Dabus. Direito da personalidade no novo Código Civil e os elementos genéticos para a identidade da pessoa humana. In: DELGADO, Mário Luiz; ALVES, Jones Figueiredo (coord.). *Questões controvertidas*: no novo Código Civil. São Paulo: Método, 2004.

MARCATO, Antonio Carlos. O nome da mulher casada. *Justitia*, v. 46, n. 124, p. 145-174, jan./mar. 1984.

MARQUES, Roberto Lins. Da possibilidade jurídica de alteração do prenome e do sexo no registro civil pelos transexuais. *Revista Síntese: Direito de Família*, v. 15, n. 82, p. 78-81, fev./mar. 2014.

MARQUES, Vinicius Pinheiro. O abandono afetivo como fundamento para a supressão do sobrenome. *Revista Nacional de Direito de Família e Sucessões*, n. 30, p. 33-51, maio/jun. 2019.

MATIELI, Louise Vago. Análise funcional do direito ao nome à luz do artigo 55, parágrafo único, da Lei de Registros Públicos. *Revista Brasileira de Direito Civil*, v. 7, p. 107-131, jan./mar. 2016.

MATOS, Graziella Pinheiro Godoy. Alteração do registro civil face à mudança de sexo. *Revista Síntese: Direito de Família*, v. 14, n. 73, p. 9-27, ago./ set. 2012.

MONTEIRO, Arthur Maximus. A proteção legal do nome da pessoa natural no direito brasileiro. *Revista Jurídica da FA7 – Edição especial: Temas de Direito Privado: uma homenagem ao Professor Agerson Tabosa*, v. 7, v. 1, p. 13-26, abr. 2010.

MONTEIRO, Arthur Maximus; VIANA, Juvêncio Vasconcelos. Direitos da personalidade e sua tutela processual. *Revista Dialética de Direito Processual – RDDP*, n. 77, p. 46-61, ago. 2009.

MORAES, Maria Celina Bodin de. Ampliando os direitos da personalidade. In: MOREIRA, Eduardo Ribeiro; PUGLIESI, Marcio (org.). *20 anos da Constituição brasileira*. São Paulo: Saraiva, 2009.

MORAES, Maria Celina Bodin de. A tutela do nome da pessoa humana. *Revista Forense*, ano 98, v. 364, p. 217-228, nov./dez. 2002.

MORAES, Maria Celina Bodin de. Sobre o nome da pessoa humana. *Revista da EMERJ*, v. 3, n. 12, p. 48-74, 2000.

MOREIRA, Rodrigo Pereira; ALVES, Rubens Valtecides. Direito ao esquecimento e ao livre desenvolvimento da personalidade da pessoa transexual. *Revista de Direito Privado*, ano 16, v. 64, p. 81-102, out./ dez. 2015.

MOTA PINTO, Paulo. Direitos da personalidade no Código Civil português e no Código Civil brasileiro. *Revista Jurídica*, ano 51, n. 314, p. 7-34, dez. 2003.

MOURA RIBEIRO, Paulo Dias de. Nome da pessoa natural. *Justiça & Cidadania*, n. 151, p. 14-17, mar. 2013.

NEVES, Rodrigo Santos. A tutela jurídica do nome. *Revista dos Tribunais*, v. 102, n. 931, p. 91-114, maio 2013.

NEVES, Rodrigo Santos. O nome civil das pessoas naturais. *Revista Síntese de Direito de Família*, ano 14, n. 75, p. 117-136, dez./jan. 2013.

OLIVEIRA, Júlio Moraes. Pontos controversos acerca do nome civil. *Revista Nacional de Direito de Família e Sucessões*, n. 22, p. 109-127, jan./fev. 2018.

OLIVEIRA LEITE, Eduardo de. Mulher separada: continuidade do uso do nome do marido. *Revista dos Tribunais*, ano 89, v. 780, p. 103-121, out. 2000.

OLIVEIRA, Marcelo Salaroli de. Mudança de nome e sexo no registro civil: a identidade de gênero. *Revista IBDFAM: Família e Sucessões*, n. 30, p. 124-131, nov./dez. 2018.

Cap. 5 • O NOME DA PESSOA NATURAL NA JURISPRUDÊNCIA DO STJ | 161

PAES, Naddine Sales Callou Esmeraldo. Os influxos da evolução do direito das famílias no instituto do nome civil das pessoas naturais. *Revista IBDFAM: Família e Sucessões*, n. 18, p. 67-89, nov./dez. 2016.

PAMPLONA FILHO, Rodolfo; CHAVES, Marianna; BARRETTO, Fernanda Leão. A tutela jurídica da transexualidade no Brasil. *Revista Nacional de Direito de Família e Sucessões*, n. 18, p. 5-31, maio/jun. 2017.

PAMPLONA FILHO, Rodolfo; GUANAIS E QUEIROZ, Hermano Fabrício Oliveira. A homenagem aos ascendentes como motivo justo ao acréscimo de sobrenome: uma interpretação da expressão "motivadamente", constante do art. 57 da Lei de Registros Públicos, à luz da hermenêutica pós-positivista. *Revista Magister de Direito Civil e Processual Civil*, n. 36, p. 34-52, maio/jun. 2010.

PELUSO, Antonio Cezar. Os direitos humanos da família, criança e adolescente. In: ASSOCIAÇÃO JUÍZES PARA A DEMOCRACIA (org.). *Direitos humanos: visões contemporâneas*. São Paulo: Método, 2001.

PEREIRA, Caio Mário da Silva. *Instituições de direito civil*. Rio de Janeiro: Forense, 1966. v. I.

PIRRONE, Salvatore. Estensioneai propri figli del cognome di chi sai stato riconosciuto dal padre naturale. *Giustiza Civile: Rivista Mensile di Giurizprudenza*, v. 29, v. 5, p. 109-113, magg. 1979.

PONTES DE MIRANDA, Francisco Cavalcanti. *Tratado de direito privado*. Rio de Janeiro: Borsoi, 1955. t. VII.

RABELO, César Leandro de Almeida; VIEGAS, Cláudia Mara de Almeida Rabelo; POLI, Leonardo Macedo. O direito do transexual de alterar o prenome, o gênero e exercer sua autodeterminação. *Revista Síntese: Direito de Família*, v. 15, n. 82, p. 9-45, fev./mar. 2014.

RAZUK, Paulo Eduardo. O nome civil da mulher casada. *Revista de Jurisprudência do Tribunal de Justiça do Estado de São Paulo*, v. 25, n. 128, p. 13-23, jan./fev. 1991.

RODRIGUES, Marcelo Guimarães. Alteração administrativa do prenome e do gênero de transgênero. *Justiça e Cidadania*, ed. 221, p. 44-47, jan. 2019.

RODRIGUES, Marcelo Guimarães. Do nome civil. *Revista dos Tribunais*, v. 88, n. 765, jul. 1999, p. 745-762.

RODRIGUES JUNIOR, Otavio Luiz. Direitos fundamentais e direitos da personalidade. In: DIAS TOFFOLI, José Antonio (org.). *30 anos da Constituição brasileira*: democracia, direitos fundamentais e instituições. Rio de Janeiro: Forense, 2018.

RODRIGUES JUNIOR, Otavio Luiz. O direito ao nome, à imagem e outros relativos à identidade e à figura social, inclusive a intimidade. In: SIMÃO, José Fernando; BELTRÃO, Silvio Romero (coord.). *Direito civil*: estudos em homenagem a José de Oliveira Ascensão. São Paulo: Atlas, 2015.

ROSA, Jaqueline S. Vaz. Registro civil das pessoas trans: mudança de nome e sexo. *Revista Síntese: Direito de Família*, v. 20, n. 114, p. 9-40, jun./jul. 2019.

SAN TIAGO DANTAS, Francisco Clementino de. *Programa de direito civil*: teoria geral. 3. ed. rev. e atual. por Gustavo Tepedino. Rio de Janeiro: Forense, 2001.

SANTOS, Daniela Bernardo Vieira dos. Multiparentalidade: a possibilidade de múltipla filiação registral e os seus reflexos jurídicos. *Revista Nacional de Direito de Família e Sucessões*, v. 3, n. 13, p. 60-76, jul./ago. 2016.

SCHWEIZER, Marco Aurélio Lopes Ferreira da Silva. Pode o transexual alterar o seu nome e sexo no registro civil das pessoas naturais? *Revista de Direito Privado*, v. 11, n. 44, p. 137-167, out./dez. 2010.

SCHILLING, Jeane. Do nome civil da pessoa natural. *Revista Jurídica*, n. 99, p. 26-48, maio/jun. 1983.

SEPÚLVEDA, Gabriela; SEPÚLVEDA, Vida. O direito da identidade civil e do reconhecimento de gênero do grupo transgênero não operado. *Direito Unifacs: Debate Virtual*, n. 212, p. 1-15, fev. 2018.

SERPA LOPES, Miguel Maria de. *Tratado dos registros públicos*. 4. ed. Rio de Janeiro: Freitas Bastos, 1960.

SILVEIRA, Alfredo Balthazar da. Proteção ao nome. *Archivo Judiciário*, v. 90, Suplemento, p. 21-25, abr./jun. 1949.

SILVEIRA, Fabiana Ramos da. Retificação do registro civil de transexuais. *Unijus: Revista Jurídica*, v. 13, n. 18, p. 219-246, maio 2010.

SILVESTRE, Gilberto Fachetti; LOURO, Arthur Souza. A tutela jurídica da identidade do transexual. *Revista de Direito Privado*, v. 17, n. 65, p. 97-117, jan./mar. 2016.

SLAIBI FILHO, Nagibi. Os direitos da personalidade. *Jurisprudência Catarinense*, v. 31, n. 106, p. 227-249, abr./mar. 2005.

SORMANI, Alexandre; DIAS, Jefferson Aparecido. Crise constitucional: a negação do direito ao nome. In: LAZARI, Rafael de; BERNARDI, Renato (org.). *Crise constitucional*: espécies, perspectivas e mecanismos de superação. Rio de Janeiro: Lumen Juris, 2015.

SOUZA, Judith Malavazzi de. Retificação de prenome. Nome conhecido. *Revista Forense*, v. 85, n. 306, p. 324-325, abr./jun. 1989.

TEDESCO JÚNIOR. *Da troca e alteração do nome.* Rio de Janeiro: Typ. do Jornal do Commercio Rodrigues, 1936.

THEODORO JÚNIOR, Humberto. O problema do uso do nome do marido, pela mulher, após o divórcio. *Revista Jurídica Mineira*, ano 6, n. 58, p. 16-19, fev. 1989.

TIBA, Bundy Celso. O nome da pessoa natural e seis efeitos jurídicos. *Arte Jurídica*, v. 3, n. 1, p. 469-480, 2006.

VALLE, Geraldo Ribeiro do. A mulher e os apelidos do marido. *Tabulae*, v. 10, n. 7, p. 103-107, jun. 1977.

VAMPRÉ, Spencer. *Do nome civil.* Rio de Janeiro: F. Briguiet & C., 1935.

VASCONCELOS, Francisco Prestello de. Notas sobre o nome da pessoa natural. *Ciência Jurídica*, ano 19, v. 124, p. 11-25, jul./ago. 2005.

VELOSO, Zeno. Ex-cônjuge é obrigado a retirar o sobrenome do outro?. *Revista IBDFAM – Famílias e Sucessões*, n. 30, p. 22-33, nov./dez. 2018.

WAMBIER, Teresa Arruda Alvim. O divórcio e o nome da mulher divorciada. *Revista de Direito Privado*, v. 2, n. 5, p. 223-230, jan./mar. 2001.

WELTER, Belmiro Pedro. Os nomes do ser humano: uma formação contínua da vida. *Revista Brasileira de Direito de Família*, ano 9, n. 41, p. 5-14, abr./maio 2007.

ZIINO, Diego. Diritti dela persona e diritto al (pre)nome, riferimenti storico-letterari e considerazioni giuridiche. *Giustizia Civile: Rivista Mensile di Giurisprudenza*, v. 54, n. 7/8, p. 355-387, giul./ago. 2004.

6

ALTERAÇÃO DO NOME CIVIL DA PESSOA NATURAL À LUZ DO SUPERIOR TRIBUNAL DE JUSTIÇA

ZENO VELOSO

SUMÁRIO: 1. Nome civil – importância, conceito, características – elementos que o compõem; 2. Definitividade do prenome; 3. União estável – alteração do sobrenome; 4. Divórcio – nome do ex-cônjuge; 5. Reconhecimento da filiação – inclusão do sobrenome do pai ou da mãe no registro civil; Referências.

1. NOME CIVIL – IMPORTÂNCIA, CONCEITO, CARACTERÍSTICAS – ELEMENTOS QUE O COMPÕEM

O nome civil é um instituto dos mais importantes do Direito e em torno dele apresentam-se interesses privados e públicos. O nome é um direito e um dever. A pessoa tem o direito de usar seu próprio nome, identificando-se por ele nas relações sociais e da vida, em geral. E tem o dever de usar o seu nome, e aqui aparece um interesse público. Por sinal, são órgãos de segurança ou de polícia que expedem carteiras de identidade e passaportes. Apesar de algumas dúvidas que o tema suscitou ao longo dos tempos, chegando alguns juristas, até notáveis, a negar a existência de direito ao nome (Von Jhering, Planiol, Clóvis Beviláqua), pode-se garantir, hoje, que o nome é um reflexo da personalidade e atende à necessidade de identificação de seu portador no meio social. O direito ao nome e o direito ao uso do nome são direitos da personalidade, fundamentais, imanentes ao seu titular, e só se extinguem com a morte da pessoa. Além de outros preceitos, a base constitucional desses direitos da personalidade está no art. 1.º, III, da Carta Magna: a dignidade da pessoa humana.

Efetivamente, observa Leonardo Brandelli,[1] o nome contempla uma conotação de direito público, segundo a qual todas as pessoas têm o dever de adotar um nome, estabelecendo-se a partir dele um sistema de individualização, o qual deriva de uma necessidade social e jurídica de diferenciação dos indivíduos a fim de poder imputar-lhes direitos e deveres: "Cada pessoa tem, assim, a obrigação de adotar um nome, bem como de usá-lo e conservá-lo, não podendo arbitrariamente alterá-lo". Todavia, pondera o autor, contempla o direito ao nome, também, uma conotação de direito privado, segundo a qual cada pessoa tem direito ao nome e, mais adiante, direito a um nome, podendo usá-lo com exclusão dos demais indivíduos, protegendo-o. No mesmo sentido, alertando que se destacam, no estudo do nome, um aspecto público e um aspecto individual, as lições de Carlos Roberto Gonçalves.[2]

O nome designa o indivíduo, identifica-o, como dissemos antes. Aliás, é o principal meio de sua identificação e de sua distinção com relação aos demais. O nome como que fica grudado na personalidade e acaba se confundindo com ela. António Menezes Cordeiro[3] aponta que o nome poderá ser definido sinteticamente como a representação linguística de um ser humano, tem uma função dupla, vocativa e distintiva: "Vocativa, porquanto permite designar a pessoa que o use; distintiva por facultar destrinçá-lo dos demais".

Como direito da personalidade, o direito ao nome é absoluto, indisponível, inalienável, imprescritível. Até em razão disso tudo, as normas que regem o nome são de ordem pública. Como destaca Francisco Amaral, o nome constitui-se em interesse essencial da pessoa, acrescentando o autor: "O direito ao nome é absoluto. Produz efeito *erga omnes*, pois todos têm o dever de respeitá-lo. É, como os demais direitos da personalidade, intransmissível, imprescritível, irrenunciável".[4]

---

[1] BRANDELLI, Leonardo. *Nome civil da pessoa natural*. São Paulo: Saraiva, 2012. p. 37.

[2] GONÇALVES, Carlos Roberto. *Direito civil brasileiro*: parte geral. 11. ed. São Paulo: Saraiva, 2013. v. 1, p. 149.

[3] MENEZES CORDEIRO, António. *Tratado de direito civil*. 3. ed. Coimbra: Almedina, 2011. v. IV, n. 67, p. 205.

[4] AMARAL, Francisco. *Direito civil*: introdução. 6. ed. Rio de Janeiro: Renovar, 2006. p. 271.

O Código Civil brasileiro, inovando, dedicou um capítulo aos direitos da personalidade, ao contrário do Código Civil de 1916, que não trazia normas expressas ou diretas sobre o assunto. O Código Civil vigente, entretanto, art. 11, enuncia: "Com exceção dos casos previstos em lei, os direitos da personalidade são intransmissíveis e irrenunciáveis, não podendo o seu exercício sofrer limitação voluntária". Adiante, nesse capítulo, o art. 16 do Código Civil estatui: "Toda pessoa tem direito ao nome, nele compreendidos o prenome e o sobrenome".

Sublinhe-se: toda pessoa tem de ter um nome, mesmo que não deseje tê-lo. Não seria possível alguém transitar, atuar no tráfico jurídico, conviver, relacionar-se no meio social sem uma identificação. Até um sem-teto (*homeless*), morador de rua, tem um nome.

Em Roma, o *ius civile* não tratou do nome das pessoas, que se baseava nos costumes (*mores*). Era lícito aos homens livres mudar o nome, como nos primeiros tempos do Cristianismo. Na época dos imperadores Diocleciano e Maximiliano, um homem livre (*si liberes*) podia mudar o seu nome, desde que agisse licitamente e sem nenhuma fraude (*sine aliqua fraude licito jure*). São Pedro, no começo, chamava-se Simão. Com o desenvolvimento e por imperativo da segurança, a mudança do nome começou a ser proibida, como na França, com a Ordenança de Amboise, de 1555, promulgada por Henrique II.

José Carlos Moreira Alves leciona que, quanto aos filhos *legitimi* (ou *iusti*), o pai dá ao filho seu nome patronímico:

> Em Roma, o nome do cidadão era constituído de três elementos: o prenome, o nome gentilício e o cognome. Entre o nome gentilício e o cognome apresentava-se a filiação paterna e, em seguida, a designação da tribo em que a pessoa era eleitora. Assim, o nome completo de Cícero era este: Marcus Tullius Marci Filius Cornelia tribu Cicero; em que Marcus era o prenome; Tullius o nome gentilício; Marci filius, a filiação paterna; Cornelia tribu, a tribo em que Cícero votava; e Cícero, o cognome.[5]

Tem razão Pontes de Miranda quando observa que os romanos tinham um "luxo de nomes".

Uma definição ancianíssima, que atravessou os séculos e até agora é pertinente, deve-se a Cícero, que já foi chamado de Maior Advogado de Todos:

---

[5] MOREIRA ALVES, José Carlos. *Direito romano*. 14. ed. Rio de Janeiro: Forense, 2008. n. 293, p. 666, nota 167.

Nomem est, quod uni cuique personae datur, quo suo quaeque proprio et certo vocabulo apellatur –Inventione, I, 24, que se pode traduzir como: "Nome é o vocábulo que se dá a cada pessoa e com o qual é chamada por ser o seu designativo próprio e certo". Em seu livro clássico, Rubens Limongi França elucida que em suma é isto: nome, no sentido o mais geral, é a expressão pela qual se identifica e distingue uma pessoa, animal ou coisa: "É o gênero, do qual o nome de pessoa, conceituado por Cícero, é uma espécie".[6]

Reiterando, é por meio do nome que a pessoa exerce direitos e assume deveres na vida civil. Há um interesse público na imutabilidade do nome, embora com exceções. Todos têm o direito ao uso do nome, bem como o dever de usá-lo. O nome é um bem da vida, pode ser judicialmente protegido.

Desde os tempos primitivos, o homem leva consigo nome que o designa e o distingue dos outros, diz Pontes de Miranda, que observa: "Tal aderência da palavra ao homem não é diferente da aderência da palavra à coisa, quando a individua. Nomes de homens e de coisas entram na linguagem jurídica, como 'expressão'".[7] Esse autor notável, que venero, noutra eloquente passagem, ensina: "Alguns nomes ressoam aos ouvidos, estendendo-se diante dos olhos e enchem decênios, séculos e séculos. Alguns deles servem para distinguir civilizações e eras (Jesus Cristo, Galileu)".[8]

Os elementos fundamentais do nome civil da pessoa natural são o prenome e o sobrenome. Todo nome é composto de prenome e do sobrenome. O sobrenome é o nome comum dos parentes, o nome de família, e o prenome distingue o indivíduo dentro da família. Vimos que o art. 16 do Código Civil indica os elementos integrantes do nome: o prenome e o sobrenome. E a Lei dos Registros Públicos – LRP (Lei n. 6.015/1973), art. 54, 4.º, diz que o assento de nascimento deverá conter: o nome e o prenome que forem postos à criança, e o vocábulo "nome" está sendo empregado, nesse dispositivo, como nome patronímico ou sobrenome.

O prenome é o nome individual, que outrora se chamava nome de batismo. Vem colocado antes do sobrenome. Pode ser simples – José, ou composto – José Maria, conforme tenha um ou mais vocábulos. O sobrenome, ou patronímico, é o nome de família. Na Itália, diz-se *cognome*; em Portugal,

---

[6] LIMONGI FRANÇA, Rubens. *Do nome civil das pessoas naturais.* 3. ed. São Paulo: RT, 1975. p. 21.

[7] PONTES DE MIRANDA, Francisco Cavalcanti. *Tratado de direito privado.* São Paulo: RT, 1974. t. 1, § 68, p. 302.

[8] PONTES DE MIRANDA, Francisco Cavalcanti. *Tratado de direito privado* cit., § 743, p. 107.

apelidos; na França, *patronymique*. Pode, também, ser simples – Silva, ou composto – Silva Pereira. Clóvis Beviláqua[9] observa que as famílias têm o natural desejo de assegurar a sua continuidade no futuro, e, por isso, transmitem-se, de pais a filhos, os sobrenomes e, às vezes, os nomes individuais.

Não temos regra impositiva dispondo a respeito, mas é costume, no Brasil, o patronímico materno vir antes do paterno. Numa interpretação conforme a Constituição e em atenção ao princípio da isonomia, penso não ser possível exigir que o patronímico da mãe fique na frente e o do pai apareça por último, ou vice-versa. No direito brasileiro não há norma legal sobre a composição do nome, a ordem em que devem aparecer os sobrenomes. Luiz Guilherme Loureiro expõe que a criança pode receber apenas o sobrenome do pai ou da mãe; ou então ter acrescido ao seu prenome os sobrenomes de ambos os pais, em qualquer ordem, acrescentando:

> Nada impede, portanto, que irmãos tenham sobrenomes diferentes, um deles pode receber apenas o sobrenome paterno, o outro pode ter acrescido ao seu prenome somente o sobrenome da mãe ou então os sobrenomes de ambos. Ou seja, é livre a definição da ordem de sobrenomes, desde que não haja intercalação de sobrenome materno no meio do sobrenome paterno e vice-versa.[10]

Paulo R. M. Thompson Flores[11] informa que é comum o sobrenome de família paterno vir antes do materno, em regiões de fronteira com Uruguai, ou Argentina, por influência da tradição espanhola, que usa o sobrenome paterno seguido do materno.

No Recurso Especial n. 1.323.677/MA, julgado em 05.02.2013, o STJ, 3.ª Turma, Relatora Ministra Nancy Andrighi, sobre a posição dos sobrenomes na composição do nome de uma pessoa, afirmou que não há exigência de ser seguida uma determinada ordem, constando na Ementa, cuja decisão foi unânime:

> A lei não faz nenhuma exigência de observância de uma determinada ordem no que tange aos apelidos de família, seja no momento

---

[9] BEVILÁQUA, Clóvis. *Teoria geral do direito civil*. 4. ed. Brasília: Ministério da Justiça, 1972. n. 54, p. 59.

[10] LOUREIRO, Luiz Guilherme. *Registros públicos:* teoria e prática. 3. ed. São Paulo: Método, 2012. p. 60.

[11] FLORES, Paulo R. M. Thompson. *Direito civil:* parte geral: das pessoas, dos bens e dos fatos jurídicos. Brasília: Gazeta Jurídica, 2013. p. 359, nota 16.

do registro do nome do indivíduo, seja por ocasião da sua posterior retificação. Também não proíbe que a ordem do sobrenome dos filhos seja distinta daquela presente no sobrenome dos pais.

Na Espanha, a ordem dos sobrenomes pode ser livremente determinada pelos pais. Ao alcançar a maioridade, a pessoa pode solicitar que se altere a ordem dos sobrenomes. Se os pais não se manifestam, na forma do art. 109.1 do Código Civil, o primeiro sobrenome de qualquer pessoa será o paterno e o segundo o materno.[12] No Peru, seguindo a tradição castelhana, há o costume de colocar primeiro o sobrenome do pai seguido do da mãe.[13]

2. DEFINITIVIDADE DO PRENOME

A regra em nosso Direito é a da imutabilidade ou definitividade do prenome (LRP, art. 58), o que é extensível ao sobrenome. Em suma, o preceito da imutabilidade atinge o nome todo. Podemos concluir: o nome civil é imutável. Contudo, isso, em princípio, como regra geral, que, entretanto, não é absoluta, comporta exceções.

Dizia a LRP no art. 58: "O prenome será imutável". Essa redação foi alterada pela Lei n. 9.708, de 1998, e ficou assim: "O prenome será definitivo, admitindo-se, todavia, a sua substituição por apelidos públicos notórios" (sobre transgêneros, ver STF, Adin n. 4.275, julgada em 1º de março de 2018, relator Min. Marco Aurélio).

O fato de a lei ter sido alterada para, em vez de dizer que o prenome será imutável, passar a dizer, como agora diz, que o prenome será definitivo não implicou mudança de vulto. A expressão foi trocada, mas o princípio continua o mesmo. A regra geral no ordenamento jurídico brasileiro é da imutabilidade e definitividade do prenome e, também, do sobrenome, ou patronímico, ou nome de família, de modo que posso concluir: em nosso país, o nome civil, em princípio, é imutável, embora essa imutabilidade seja relativa, e não absoluta, apresentando exceções, portanto.

É preciso considerar que o nome tem uma função individualizadora de grande interesse social e que diz respeito à segurança jurídica. Se as pessoas

---

[12] Cf. LASARTE, Carlos. *Principios de derecho civil*: derecho de família. 3. ed. Madrid: Marcial Pons, 2002. t. VI, p. 304.

[13] Cf. ROSPIGLIOSI, Enrique Varsi. *Tratado de derecho de las personas*. Universidad de Lima: Gaceta Jurídica, 2014. p. 644.

Cap. 6 · ALTERAÇÃO DO NOME CIVIL DA PESSOA NATURAL À LUZ DO STJ · 171

pudessem trocar seus nomes, sem mais nem menos, a seu bel-prazer – e até por algum motivo escuso –, instalar-se-iam a confusão e o caos na sociedade.

Entretanto, excepcionalmente, como mencionado, o nome pode ser mudado, nos casos previstos em lei ou mediante autorização judicial, jamais por simples deleite ou mero capricho de seu titular. Nesse sentido, o art. 57 da LRP prevê a alteração do nome, excepcional e motivadamente, por sentença do juiz, após audiência do Ministério Público.

Analisando os dispositivos da Lei dos Registros Públicos, supraindicados, no próprio art. 58 aparece uma importante exceção ao princípio da definitividade do prenome: ele poderá ser substituído por apelidos notórios. Apelido, aqui, está no sentido de alcunha. Se pode haver, até, a substituição do prenome, admite-se que possa ocorrer o simples acréscimo do apelido, o "nome de uso", pelo qual a pessoa passou a ser chamada e é conhecida no meio social, mantendo-se o prenome. É o caso do ex-Presidente da República, Luiz Inácio *Lula* da Silva. *Lula* era o apelido pelo qual ele se tornou famoso em todo o País.

Outra exceção está estampada no parágrafo único do art. 58 que adveio da Lei n. 9.807/1999, a qual cuidou de proteger as testemunhas diante da coação ou ameaça de criminosos. Além de outras providências para acobertar os que tiveram a coragem de colaborar com a apuração de crimes, o prenome da testemunha pode ser substituído. Aliás, a Lei n. 9.807/1999 vai mais longe e admite que o juiz substitua o nome completo da testemunha protegida e de seus familiares.

Ademais, no primeiro ano depois de ter atingido a maioridade civil, ou seja, entre 18 e 19 anos, a pessoa poderá alterar o nome, desde que não cause prejuízo aos apelidos da família, isto é, desde que não afete o sobrenome. Walter Ceneviva esclarece: "No art. 56, cuida-se de alteração do nome, isto é, do apelido de família. O art. 58 regula a matéria pertinente ao prenome. Como a lei, no art. 54, usa ambas as expressões, o intérprete deve estar atento".[14] Num esforço, então, para utilizar linguagem contemporânea, de acordo, inclusive, com o art. 16 do Código Civil, podemos dizer que a Lei dos Registros Públicos, neste art. 56, está admitindo a alteração do sobrenome, desde que não o prejudique, ou seja, desde que fique indicada a sua estirpe, mantido o nome de família. Por exemplo, o objetivo pode ser o de suprimir um dos sobrenomes, ou de incluir um sobrenome materno, ou que pertence a um avô, ou outro ancestral e que não estava constando. O prazo de um ano

---

[14] CENEVIVA, Walter. *Lei dos Registros Públicos comentada.* 3. ed. São Paulo: Saraiva, 1982. n. 147, p. 132.

mencionado no art. 56 é de decadência e, nesse caso, a alteração é *imotivada*, basta a simples vontade do interessado, tratando-se do exercício de um direito potestativo. Contudo, a decisão é do juiz.[15]

O § 8.º do art. 57 da LRP, incluído pela Lei n. 11.924, de 2009, ainda prevê como exceção:

> O enteado ou a enteada, havendo motivo ponderável e na forma dos §§ 2.º e 7.º deste artigo, poderá requerer ao juiz competente que, no registro de nascimento, seja averbado o nome de família de seu padrasto ou de sua madrasta, desde que haja expressa concordância destes, sem prejuízo de seus apelidos de família.

A lei que introduziu essa novidade em nosso ordenamento é conhecida como "Lei Clodovil Hernández", nome do autor do respectivo projeto. Ricardo Lucas Calderón expõe: "A partir do seu reconhecimento como elemento do convívio familiar, a afetividade fez um percurso que pode ser descrito como da periferia ao cerne destas relações e, a partir de então, passou a exercer um outro e importante papel".[16] O § 8.º do art. 57 da LRP é, sem dúvida, o reconhecimento de que ao lado do parentesco biológico pode existir um parentesco socioafetivo. A lei, nesse caso, seguiu as indicações da doutrina familiarista de ponta e da jurisprudência,[17] que já havia assentado a possibilidade de o enteado acrescentar ao seu nome o do padrasto. A "desbiologização da paternidade", pioneiramente demonstrada, entre nós, pelo mestre João Baptista Villela,[18] é afirmada exuberantemente na "Lei Clodovil Hernández".

A Lei n. 8.560, de 29.12.1992, que regulou o reconhecimento de filhos, determinou, no art. 3.º, *caput*: "É vedado legitimar e reconhecer filho na ata do casamento", estabelecendo o parágrafo único desse artigo: "É ressalvado o direito de averbar alteração do patronímico materno, em decorrência do casamento, no termo de nascimento do filho". A razão do preceito, conclui-se facilmente, é proporcionar a veracidade dos registros públicos, atualizando o registro do filho, diante da mudança do sobrenome da mãe. A regra deve ser compatibilizada com o art. 1.565, § 1.º, do Código Civil que, inovando em

---

[15] Cf. STJ, REsp 1.256.074/MG, 3.ª Turma, Rel. Min. Massami Uyeda, j. 14.08.2012.

[16] CALDERÓN, Ricardo Lucas. *Princípio da afetividade no direito de família*. Rio de Janeiro: Renovar, 2013. p. 205.

[17] Cf. STJ, REsp 220.059.

[18] VILLELA, João Baptista. *Revista da Faculdade de Direito* – Universidade Federal de Minas Gerais, Belo Horizonte, ano XXVII, n. 21, nova fase, maio 1973.

relação ao direito anterior, admite que a mulher, ou o marido, acrescente ao seu o sobrenome do outro. Logo, o pai de alguém pode ter o seu sobrenome modificado pelo casamento.

Esse parágrafo único do art. 3.º da Lei n. 8.560/1992 trata apenas de uma hipótese em que a averbação é possível, sem excluir outros casos, em que isso também é cabível, quando a alteração do sobrenome da mãe ou do pai ocorreu não apenas pelo casamento, como pela separação, divórcio, ou outro fato que tenha determinado a modificação do sobrenome de qualquer dos pais.

Importante decisão do E. STJ ocorreu recentemente com o julgamento do REsp 1.648.858/SP, datado de 20.08.2019, Ministro Ricardo Villas Bôas Cueva, com a seguinte ementa:

> Recurso especial. Civil. Registro público. Direito de família. Casamento. Alteração do nome. Sobrenome. Retificação de registro civil. Acréscimo. Data de celebração do casamento. Escolha posterior. Possibilidade. Identidade familiar. Justo motivo. Segurança jurídica. Preservação. 1. Recurso especial interposto contra acórdão publicado na vigência do Código de Processo Civil de 1973 (Enunciados Administrativos n.ºˢ 2 e 3/STJ). 2. O art. 1.565, § 1.º, do Código Civil de 2002 não impõe limitação temporal para a retificação do registro civil e o acréscimo de patronímico do outro cônjuge por retratar manifesto direito de personalidade. 3. A inclusão do sobrenome do outro cônjuge pode decorrer da dinâmica familiar e do vínculo conjugal construído posteriormente à fase de habilitação dos nubentes. 4. Incumbe ao Poder Judiciário apreciar, no caso concreto, a conveniência da alteração do patronímico à luz do princípio da segurança jurídica. 5. Recurso especial provido. Acórdão. Vistos e relatados estes autos, em que são partes as acima indicadas, decide a Terceira Turma, por unanimidade, dar provimento ao recurso especial, nos termos do voto do Sr. Ministro Relator. Os Srs. Ministros Marco Aurélio Bellizze, Moura Ribeiro (Presidente), Nancy Andrighi e Paulo de Tarso Sanseverino votaram com o Sr. Ministro Relator.[19]

É por ocasião do casamento que deve ser tomada a decisão de manter o nome que se usa, ou de acrescentar o sobrenome do outro cônjuge. Contudo,

---

[19] STJ, REsp 1.648.858/SP, 3.ª Turma, Rel. Min. Ricardo Villas Bôas Cueva, j. 20.08.2019.

conforme decisão, o Superior Tribunal de Justiça permitiu o acréscimo de sobrenome de um dos cônjuges posteriormente à celebração do casamento e da lavratura do respectivo registro civil.

No caso objeto do julgamento *supra*, a nubente, no momento do casamento, adotou apenas um dos sobrenomes de seu cônjuge. Após, na constância do casamento, decidiu incluir no seu nome um segundo sobrenome de seu cônjuge. Como o casamento já havia sido realizado, o pedido não podia mais ser efetuado administrativa e diretamente ao oficial do registro civil das pessoas naturais, que atua sempre limitado aos termos das autorizações legais. Por esse motivo, a nubente interessada propôs ação judicial de retificação de assento civil (alteração de nome), prevista nos arts. 57 e 109 da Lei n. 6.015/1973.

O juiz julgou a ação improcedente por inexistir previsão legal ou justificativa e pela consagração da imutabilidade do sobrenome. A nubente apelou e o Tribunal de Justiça de São Paulo negou provimento ao recurso também fundamentado no princípio da imutabilidade do nome.

A interessada interpôs recurso especial. No julgamento, o Ministro Relator afirma inexistir disposição legal que limite a inclusão do sobrenome de um nubente ao nome do outro à data da celebração do casamento e, também, reconheceu notoriedade social e familiar ao sobrenome do nubente da requerente. Diz ainda o Ministro:

> Não se desconhece que a princípio, o propósito de alteração do sobrenome se revela mais apropriada na habilitação para o futuro casamento, quando o exercício do direito é a regra. Contudo, não há vedação legal expressa para que, posteriormente, o acréscimo de outro patronímico seja requerido ao longo do relacionamento, por meio de ação de retificação de registro civil, conforme a legislação já mencionada, especialmente se o cônjuge busca uma confirmação expressa de como é reconhecido socialmente, invocando, ainda, motivos de ordem íntima e familiar, como, por exemplo, a identificação social de futura prole.

Realmente, da leitura do teor do art. 1.565, § 1.º, do Código Civil, qual seja "Qualquer dos nubentes, querendo, poderá acrescer ao seu o sobrenome do outro", por si só, não pode levar à conclusão de que o exercício de referido direito está limitado, de forma peremptória, ao momento da habilitação do casamento. Isso porque podem surgir situações em que a mudança se faça conveniente ou necessária em período posterior, enquanto perdura o vínculo conjugal.

De fato, a interpretação do referido dispositivo legal deve ser no sentido de que há dois momentos para o exercício do direito de acrescer o sobrenome do cônjuge ao nome do outro: (i) o primeiro de forma administrativa mediante pedido ao oficial de registro civil das pessoas naturais no momento do processamento da habilitação do casamento; (ii) o segundo, posteriormente e na vigência do casamento, mediante pedido fundamentado ao Juiz de Direito com a oitiva do Ministério Público, com fundamento na regra geral do art. 57 da LRP, supramencionado.

Vale ressaltar que, após a averbação da alteração do nome da nubente no assento de casamento, o registro civil dos filhos, se houver, deverá ser também retificado para constar o sobrenome do ascendente modificado, com fundamento no princípio da verdade real norteador dos registros públicos, como forma de espelhar a verdade existente e atual, e não apenas aquela que passou. A averbação será efetuada diretamente pelo Oficial de Registro Civil das Pessoas Naturais, sem oitiva do Ministério Público ou decisão judicial, mediante petição do interessado acompanhada de certidão ou documento legal e autêntico, conforme passou a autorizar o art. 97 da LRP, com a nova redação dada pela Lei n. 13.484, de 26.09.2017, bem como o Provimento n. 82 do CNJ, de 03.07.2019. Diz a redação atual do dispositivo legal: "A averbação será feita pelo oficial do cartório em que constar o assento à vista da carta de sentença, de mandado ou de petição acompanhada de certidão ou documento legal e autêntico".

Leonardo Brandelli abraça o tema, afirmando, no mesmo sentido da decisão do STJ, que qualquer dos cônjuges pode incluir algum ou alguns dos nomes de família do outro, mantendo os seus, ou extirpando-os, total ou parcialmente, acrescentando: "E se não o fizer no momento do casamento, poderá, a qualquer tempo, justificadamente, requerer a alteração".[20]

Ouçamos as ponderações de Rolf Madaleno:

> Talvez fosse mais conveniente encerrar esse ciclo, de acrescentar com o matrimônio o sobrenome do cônjuge para fundir duas personalidades em uma única, para dessa forma também poder ser eliminado o contratempo em que se constitui o ato de agregar o sobrenome com as núpcias e de desagregá-lo com a dissolução da

---

[20] BRANDELLI, Leonardo. *Nome civil da pessoa natural* cit., p. 141.

sociedade conjugal, não cometendo ao legislador desconhecer os inconvenientes causados com a perpetuação do apelido de casado depois de dissolvida a união, especialmente quando envolvem nomes de projeção social.[21]

Enfim, Rolf acha que deve ser repensada essa possibilidade de adoção do patronímico e em especial a novidade trazida pelo § 1.º do art. 1.565 do Código Civil de estender ao homem a faculdade de ele adotar o sobrenome civil da mulher.

Maria Celina Bodin de Moraes aponta que o Código Civil de 2002, respeitando, ao menos, supostamente, a igualdade conjugal prevista constitucionalmente, determinou que qualquer dos nubentes poderá acrescentar ao seu o sobrenome do outro, concluindo:

> Entende-se, contudo, que a solução jurídica mais harmoniosa com a plena igualdade entre os cônjuges, e que evitaria muitos conflitos posteriores, não é a que se adotou, qual seja a possibilidade de se oferecer ao marido a opção de adotar o sobrenome da mulher, mas, ao contrário, seria a de estabelecer a regra da inalterabilidade dos sobrenomes dos nubentes, impossibilitando a sua mudança pelo casamento, bem como a obrigatoriedade de aposição, nos filhos, dos sobrenomes de ambos os pais.[22]

No modo de ver de Silmara Juny de A. Chinelato e Almeida,[23] a diretriz legislativa que melhor resguarda o direito da personalidade – direito à identidade de cada pessoa, homem ou mulher – é a que determina que cada nubente conserve seu próprio patronímico e previnem-se, assim, inúmeros litígios, que a esperança, o enlevo e o afeto dos nubentes não podem prever.

Abordagem interessantíssima, mas na qual o STJ ainda não se manifestou e que, a meu ver, depende de alteração legislativa.

---

[21] MADALENO, Rolf. *Curso de direito de família*. 5. ed. Rio de Janeiro: Forense, 2013. p. 175.

[22] MORAES, Maria Celina Bodin de. A tutela do nome da pessoa humana. In: MORAES, Maria Celina Bodin de. *Na medida da pessoa humana*. Rio de Janeiro: Renovar, 2010. p. 149-168.

[23] ALMEIDA, Silmara Juny de A. Chinelato e. *Do nome da mulher casada: direito de família e direitos da personalidade*. Rio de Janeiro: Forense Universitária, 2001, p. 139.

3. UNIÃO ESTÁVEL – ALTERAÇÃO DO SOBRENOME

Já vimos que o art. 1.565, § 1.º, do Código Civil enuncia: "Qualquer dos nubentes, querendo, poderá acrescer ao seu o sobrenome do outro". Nos arts. 1.723 a 1.726 (o art. 1.727 cuida do concubinato, que é outra coisa), o Código Civil regula a união estável, inspirando-se no art. 226, § 3.º, da Constituição Federal. Tenho elogiado a forma com que o Código Civil tratou da união estável, sintetizando a evolução do nosso direito sobre o tema, equiparando, praticamente, essa entidade familiar com a que decorre do casamento. Contudo, não regulou o Código Civil a questão do nome na união estável. Poderia ter previsto, por exemplo: "Comprovada a união estável, qualquer dos companheiros, querendo, poderá acrescentar ao seu o sobrenome do outro".

Interessante é que, muito antes da entrada em vigor do Código Civil, o assunto já havia sido tratado na Lei n. 6.015, de 31.12.1973 (LRP), nos §§ 2.º a 6.º do art. 57, *verbis*:

> Art. 57. (...)
>
> § 2.º A mulher solteira, desquitada ou viúva, que viva com homem, solteiro, desquitado ou viúvo, excepcionalmente e havendo motivo ponderável, poderá requerer ao juiz competente que, no registro de nascimento, seja averbado o patronímico de seu companheiro, sem prejuízo dos apelidos próprios, de família, desde que haja impedimento legal para o casamento, decorrente do estado civil de qualquer das partes ou de ambas.
>
> § 3.º O juiz competente somente processará o pedido, se tiver expressa concordância do companheiro, e se da vida em comum houverem decorrido, no mínimo, cinco anos ou existirem filhos da união.
>
> § 4.º O pedido de averbação só terá curso, quando desquitado o companheiro, se a ex-esposa houver sido condenada ou tiver renunciado ao uso dos apelidos do marido, ainda que dele receba pensão alimentícia.
>
> § 5.º O aditamento regulado nesta lei será cancelado a requerimento de uma das partes, ouvida a outra.
>
> § 6.º Tanto o aditamento quanto o cancelamento da averbação previstos neste artigo serão processados em segredo de justiça.

Como se vê, a LRP só admitia a inclusão do patronímico do companheiro em caráter excepcional e mediante muitas exigências. Parecia até que dava o benefício com uma mão e tirava com a outra, tantas eram as condições legais. Era preciso que houvesse impedimento legal para o casamento, decorrente do estado civil de qualquer das partes ou de ambas. Naquela época, prevalecia o princípio constitucional da indissolubilidade do vínculo conjugal, que só caiu em 26.12.1977, com aprovação da Emenda Constitucional n. 9, daquele ano. Logo depois, foi sancionada e entrou em vigor a Lei n. 6.515, de 26.12.1977 – Lei do Divórcio.[24]

Além disso, a inclusão do nome do companheiro – que tinha de concordar, expressamente – somente seria permitida se da vida em comum houverem decorrido, no mínimo, cinco anos – um tempo longuíssimo, convenhamos –, ou existirem filhos (assim, no plural) da união. Nosso Código Civil exige que a união estável se configure na convivência pública, contínua e duradoura entre as partes, o que, sem dúvida, exige a passagem de *algum tempo*. Entretanto, a lei *não fixa* esse tempo, não existe um lapso temporal mínimo. O tempo há de ser o razoável, convincente, suficiente, considerando-se as circunstâncias do caso concreto. Todavia não era só: a averbação do patronímico do companheiro só tinha andamento, quando desquitado o companheiro, se a ex-esposa houvesse sido condenada ou tivesse renunciado ao uso dos apelidos do "marido" (ex-marido, devia ser). O objetivo era proibir que mais de uma mulher portasse o sobrenome do mesmo homem.

Depois da Constituição de 1988 e do Código Civil de 2002, que entrou em vigor em 2003, era difícil e dificílimo fazer uma interpretação construtiva, democrática, e igualitária, e desconsiderar tantos requisitos exorbitantes, anômalos, ultrapassados, constantes de uma lei que foi feita noutra época e para circunstâncias bem diferentes das presentes, para efeito de autorizar uma companheira a acrescentar ao seu o sobrenome do companheiro.

Veja-se, por exemplo, a previsão legal de que a averbação do patronímico do companheiro só ocorreria, se houvesse impedimento legal para o casamento, decorrente do estado civil de qualquer das partes ou de ambas (LRP, art. 57, § 2.º). Ora, no estágio atual do nosso direito, uma pessoa desquitada, separada judicialmente ou casada, embora separada de fato do cônjuge, não pode casar-se, havendo impedimento matrimonial para tal. Tanto no antiquíssimo desquite e na antiga separação judicial (instituto que está revogado, ou, no mínimo, caiu em flagrante desuso em nosso meio) havia a dissolução da sociedade conjugal, mas persistia o vínculo conjugal, o qual, com maior razão, mantém-se no casamento. Em nosso ordenamento – art. 1.571, § 1.º, do Código Civil –, o casamento válido só se dissolve pela morte de um dos

---

[24] Cf. CARNEIRO, Nelson. *A luta pelo divórcio*. São Paulo: Lampião, 1977.

cônjuges ou pelo divórcio, aplicando-se a presunção estabelecida no Código Civil quanto ao ausente. A respeito da união estável, o art. 1.723, § 1.º, do Código Civil diz que ela não se constituirá, se ocorrerem os impedimentos do art. 1.521, não se aplicando a incidência do inciso VI no caso de a pessoa casada se achar separada de fato ou judicialmente.

Em síntese, uma pessoa separada judicialmente (ou separada de direito administrativamente, por escritura pública), ou casada, tem impedimento matrimonial, ainda não pode casar-se novamente, mas, se estiver separada de direito ou separada de fato, poderá constituir uma união estável, observados os requisitos desta (art. 1.723, *caput*), e não poderia, nos termos da Lei de Registros Públicos, acrescentar ao seu sobrenome o do outro. Não é razoável, com certeza. Na lição autorizadíssima de Carlos Maximiliano, deve o Direito ser interpretado inteligentemente: "não de modo que a ordem legal envolva um *absurdo*, prescreva inconveniências, vá a ter conclusões inconsistentes ou impossíveis".[25]

Em suma, muito difícil, quase impossível, é adaptar o arcaico texto, conferir-lhe uma interpretação conforme a Constituição, superar tantas barreiras que ele erigiu, quando a solução é mais simples e fácil, constando no ordenamento: dadas as semelhanças, identidades, objetivos da união estável e do casamento, pode ser aplicada aos companheiros, por analogia, a regra constante do art. 1.565, § 1.º, do Código Civil. O argumento *a pari* é plenamente cabível, com a invocação do antigo brocardo romano: *Ubi eadem ratio, ibi eadem legis dispositio* = onde houver a mesma razão, aí haverá a mesma disposição da lei. Os casos são semelhantes – ambos têm o poder de constituir uma entidade familiar – e há identidade de razão.[26]

E assim decidiu o E. STJ, cuja Ementa transcrevo, por expressar a melhor doutrina e também o meu entendimento:

> Civil. Processual civil. Recurso especial. União estável. Alteração do assento registral de nascimento. Inclusão do patronímico do companheiro. Possibilidade. Pedido de alteração do registro de nascimento para adoção, pela companheira, do sobrenome de companheiro, com quem mantém união estável há mais de 30 anos. A redação do art. 57, § 2.º, da Lei 6.015/73 outorgava, nas

---

[25] MAXIMILIANO, Carlos. *Hermenêutica e aplicação do direito*. 9. ed. Rio de Janeiro: Forense, 1984. n. 179, p. 166.

[26] VELOSO, Zeno. *Comentários à Lei de Introdução ao Código Civil*: artigos 1.º a 6.º. 2. ed. Belém: Unama, 2006. n. 37, p. 93.

situações de concubinato, tão somente à mulher, a possibilidade de averbação do patronímico do companheiro, sem prejuízo dos apelidos próprios, desde que houvesse impedimento legal para o casamento, situação explicada pela indissolubilidade do casamento, então vigente. A imprestabilidade desse dispositivo legal para balizar os pedidos de adoção de sobrenome dentro de uma união estável, situação completamente distinta daquela para a qual foi destinada a referida norma, reclama aplicação analógica das disposições específicas do Código Civil relativas à adoção de sobrenome dentro do casamento, porquanto se mostra claro o elemento de identidade entre institutos e a parelha *ratio legis* relativa à união estável, com aquela que orientou o legislador na fixação, dentro do casamento, da possibilidade de acréscimo do sobrenome de um dos cônjuges, pelo outro. Assim, possível o pleito de adoção do sobrenome dentro de uma união estável, em aplicação analógica do art. 1.565, § 1.º, do CC-02, devendo-se, contudo, em atenção às peculiaridades dessa relação familiar, ser feita sua prova documental, por instrumento público, com anuência do companheiro cujo nome será adotado. Recurso especial provido.[27]

Dado o princípio da igualdade e do disposto do art. 1.565, § 1.º, aplicado por analogia, tanto a companheira pode requerer judicialmente o acréscimo a seu nome do sobrenome do companheiro como este tem o mesmo direito. E, como já foi considerada entidade familiar a união homoafetiva, a esta também se aplica o supraexposto. Aliás, nesse sentido, normas administrativas de algumas Corregedorias-Gerais autorizam a referida alteração de nome pelo companheiro na própria Escritura Pública Declaratória de União Estável. A título de exemplo o item 113, "h", Cap. XVII, das Normas de Serviço Extrajudicial de São Paulo e, também, o art. 210-B, "h", Cap. XVI, da Consolidação Normativa Notarial e Registral do Rio Grande do Sul.[28]

---

[27] STJ, REsp 1.206.656/GO, 3.ª Turma, Rel. Min. Nancy Andrighi, j. 16.10.2012.

[28] "Art. 210-B. O registro da sentença declaratória de reconhecimento e dissolução, ou extinção, bem como da escritura pública de contrato e distrato envolvendo união estável, será feito no Livro 'E', pelo Oficial do Registro Civil das Pessoas Naturais da Sede, ou, onde houver, no 1.º Subdistrito da Comarca em que os companheiros têm ou tiveram seu último domicílio, devendo constar: (...) h) o nome que os companheiros passam a ter, em virtude da união estável."

4. DIVÓRCIO – NOME DO EX-CÔNJUGE

Se a pessoa, ao casar, passou a usar o patronímico do cônjuge, ocorrendo o divórcio, quem mudou o nome com o casamento – na maioria dos casos, a mulher – é livre para decidir se continua o nome como está, ou se vai abandonar o patronímico que outrora tomou do cônjuge, retornando ao nome de solteira, ou melhor dizendo, voltando ao nome que tinha antes do casamento.[29] Paulo Lôbo[30] aponta que um efeito específico do divórcio diz respeito ao direito de uso do sobrenome do outro cônjuge, após o divórcio, enunciando o Professor: Não se pode vincular o direito a manter o sobrenome à ocorrência ou não de culpa por parte do portador, como o Código Civil admitia para a separação judicial. O portador do sobrenome do outro poderá renunciar ou mantê-lo, máxime se o sobrenome já tiver integrado de modo definitivo sua identidade, notadamente em suas atividades sociais e profissionais. A melhor doutrina brasileira manifesta-se neste sentido.[31]

Destaco, mais uma vez, que apenas e tão somente o portador do sobrenome do outro pode exercer, com exclusividade, o direito de mantê-lo ou renunciá-lo no momento da extinção do casamento, ou seja, exige-se manifestação expressa do portador do sobrenome por ser direito personalíssimo e intransmissível. Nesse sentido decidiu o E. STJ no REsp 1.732.807/RJ, datado de 14.08.2018, Ministra Nancy Andrighi:

> Civil. Processual civil. Ação de divórcio com pedido de exclusão de patronímico adotado pela cônjuge por ocasião do casamento. Revelia. Procedência do pedido que não é consequência obrigatória da ausência de contestação. Necessidade de exame do acervo fático-probatório. Inexistência de contestação da qual não se deduz concordância com a pretensão de alteração do nome civil. Exigência de manifestação expressa da vontade a esse respeito. Presunção de veracidade que não abrange as questões de direito. Efeito da revelia que não se opera, ademais, quando se tratar de direito indisponível. Direito ao nome, enquanto atributo do direito da personalidade,

---

[29] *RT 882/372.*

[30] LÔBO, Paulo. *Direito civil:* famílias. 4. ed. São Paulo: Saraiva, 2011. p. 160.

[31] DIAS, Maria Berenice. *Manual de direito das famílias.* 9. ed. São Paulo: RT, 2013. p. 144; MADALENO, Rolf. *Curso de direito de família* cit., p. 328; PEREIRA, Rodrigo da Cunha. *Divórcio:* teoria e prática. 4. ed. São Paulo: Saraiva 2013. p. 332; GONÇALVES, Carlos Roberto. *Direito civil brasileiro* cit., v. 6, Direito de família, p. 290.

que merece proteção, inclusive em razão do longo tempo de uso contínuo. 1. Ação distribuída em 23.03.2015. Recurso especial interposto em 03.11.2016 e atribuídos à Relatora em 06.04.2018. 2. O propósito recursal é definir se a revelia da ex-cônjuge na ação de divórcio em que se pleiteia, também, a exclusão do patronímico por ela adotado por ocasião do casamento pode ser interpretada como anuência à retomada do nome de solteira. 3. A decretação da revelia do réu não resulta, necessariamente, em procedência do pedido deduzido pelo autor, sobretudo quando ausente a prova dos fatos constitutivos alegados na petição inicial. Precedentes. 4. O fato de a ré ter sido revel em ação de divórcio em que se pretende, também, a exclusão do patronímico adotado por ocasião do casamento não significa concordância tácita com a modificação de seu nome civil, quer seja porque o retorno ao nome de solteira após a dissolução do vínculo conjugal exige manifestação expressa nesse sentido, quer seja o efeito da presunção de veracidade decorrente da revelia apenas atinge às questões de fato, quer seja ainda porque os direitos indisponíveis não se submetem ao efeito da presunção da veracidade dos fatos. 5. A pretensão de alteração do nome civil para exclusão do patronímico adotado por cônjuge por ocasião do casamento, por envolver modificação substancial em um direito da personalidade, é inadmissível quando ausentes quaisquer circunstâncias que justifiquem a alteração, especialmente quando o sobrenome se encontra incorporado e consolidado em virtude do uso contínuo do patronímico pela ex-cônjuge por quase 35 anos. 6. Recurso especial conhecido e desprovido. Acórdão. Vistos, relatados e discutidos estes autos, acordam os Ministros da Terceira Turma do Superior Tribunal de Justiça, na conformidade dos votos e das notas taquigráficas constantes dos autos, por unanimidade, conhecer e negar provimento ao recurso especial nos termos do voto da Sra. Ministra Relatora. Os Srs. Ministros Paulo de Tarso Sanseverino, Ricardo Villas Bôas Cueva, Marco Aurélio Bellizze e Moura Ribeiro votaram com a Sra. Ministra Relatora.[32]

Temos de repelir, com toda a energia, a opinião retrógrada, passadista, que ainda se ouve, de que a mulher que adotou o nome do marido deve abandoná-lo com o divórcio. Há um desvio de perspectiva nesse modo de

---

[32] STJ, REsp 1.732.807/RJ, 3.ª Turma, Rel. Min. Nancy Andrighi, j. 14.08.2018.

Cap. 6 · ALTERAÇÃO DO NOME CIVIL DA PESSOA NATURAL À LUZ DO STJ | 183

pensar, que se prende numa postura machista, patriarcal, há muito tempo ultrapassada. O nome que a mulher está usando, com o acréscimo do sobrenome do marido, não é mais "nome do marido", mas nome que se incorporou à personalidade da mulher, que a identifica, que a individualiza, pelo qual é conhecida no meio em que vive e, em muitos casos, na atividade profissional, sem que a maioria das pessoas saiba, sequer, que aquele sobrenome proveio do casamento.

Veja que nem mesmo os efeitos da revelia, conforme decisão do STJ, é capaz de alcançar esse direito de personalidade, já que a inexistência de contestação não se deduz concordância com a pretensão de alteração do nome civil. No caso em exame, o requerente propôs ação de divórcio com pedido de exclusão do patronímico dele adotado pela requerida na ocasião do casamento. Ela não foi encontrada e o processo correu à revelia. A sentença julgou o pedido parcialmente procedente e decretou o divórcio do casal, mas julgou improcedente a pretensão de exclusão do patronímico do requerente do nome dela. O Tribunal de Justiça do Rio de Janeiro negou provimento à apelação.

Assim, pode a mulher preferir voltar a seu nome de solteira (ou ao nome que tinha antes de casar-se), mas a manifestação dessa vontade há de ser dela e de forma expressa! Eventualmente, ocorrerá discrepância entre o nome que a divorciada está portando com o nome que aparece na certidão de nascimento de seus filhos, que estão autorizados a requerer a correção do nome da genitora em seus registros civis para ficar constando o novo sobrenome que a mãe passou a usar, de forma administrativa com petição dirigida ao Oficial de Registro Civil das Pessoas Naturais, como regulamentado no Provimento n. 82 do CNJ, datado de 03.07.2019, abordado anteriormente.

Analisei a questão da alteração do sobrenome da mulher, que é o que ocorre na maioria dos casos, mas a conclusão vale se o que mudou o sobrenome foi o pai.

Convém relembrar também que a renúncia ao direito de usar o sobrenome do cônjuge mantido no divórcio ou na separação por escritura pública pode ser efetuada por nova escritura pública, também de forma unilateral, mas com a assistência de advogado, conforme autoriza o art. 45 da Resolução n. 35/2007 do CNJ.[33] Na realidade, a mesma escritura pública unilateral de renúncia ao direito de usar o sobrenome do cônjuge pode ser feita também

---

[33] "Art. 45. A escritura pública de separação ou divórcio consensuais, quanto ao ajuste do uso do nome de casado, pode ser retificada mediante declaração unilateral do interessado na volta ao uso do nome de solteiro, em nova escritura pública, com assistência de advogado."

quando a separação ou o divórcio foi judicial, embora não seja isso o que esteja literalmente escrito no referido dispositivo.

Falei do divórcio, mas se o casamento se extinguiu pela morte? Havia uma lacuna legislativa acerca dessa situação. O STJ abordou o tema no REsp 1.724.718/MG, datado de 22.05.2018, Ministra Nancy Andrighi, com a seguinte ementa:

> Civil. Processual civil. Ação de restabelecimento de nome de solteiro. Direito ao nome. Atributo da personalidade e vetor de dignidade da pessoa humana. Retorno ao nome de solteiro após o falecimento do cônjuge. Possibilidade. Questão socialmente menos relevante na atualidade. Autonomia da vontade e da liberdade. Proteção do cônjuge sobrevivente de abalos emocionais, psicológicos ou profissionais. Plausibilidade da justificativa apresentada. Reparo de dívida moral com o patriarca cujo patronímico foi substituído por ocasião do casamento. Dissídio jurisprudencial. Ausência de cotejo analítico. 1. Ação distribuída em 10.07.2012. Recurso especial interposto em 22.07.2013 e atribuídos à Relatora em 25.08.2016. 2. O propósito recursal é definir se o restabelecimento do nome de solteiro apenas é admissível na hipótese de dissolução do vínculo conjugal por divórcio ou se também seria admissível o restabelecimento na hipótese de dissolução do vínculo conjugal pelo falecimento do cônjuge. 3. O direito ao nome é um dos elementos estruturantes dos direitos da personalidade e da dignidade da pessoa humana, pois diz respeito à propriedade identidade pessoal do indivíduo, não apenas em relação a si, como também em ambiente familiar e perante a sociedade. 4. Impedir a retomada do nome de solteiro na hipótese de falecimento do cônjuge implicaria em grave violação aos direitos da personalidade e à dignidade da pessoa humana após a viuvez, especialmente no momento em que a substituição do patronímico é cada vez menos relevante no âmbito social, quando a questão está, cada dia mais, no âmbito da autonomia da vontade e da liberdade e, ainda, quando a manutenção do nome pode, em tese, acarretar ao cônjuge sobrevivente abalo de natureza emocional, psicológica ou profissional, em descompasso, inclusive, com o que preveem as mais contemporâneas legislações civis. 5. Na hipótese, a justificativa apresentada pela parte – reparação de uma dívida moral com o genitor, que foi contrário à assunção do patronímico do cônjuge, e com isso atingir a sua paz interior – é mais do que suficiente para autorizar a retomada do nome de solteiro pelo cônjuge sobrevivente.

6. Não se conhece do recurso especial interposto ao fundamento de dissídio jurisprudencial se ausente o cotejo analítico dos julgados supostamente divergentes. 7. Recurso especial conhecido em parte e, nessa extensão, provido. Acórdão. Vistos, relatados e discutidos estes autos, acordam os Ministros da Terceira Turma do Superior Tribunal de Justiça, na conformidade dos votos e das notas taquigráficas constantes dos autos, por unanimidade, conhecer em parte do recurso especial e, nesta parte, dar-lhe provimento, nos termos do voto da Sra. Ministra Relatora. Os Srs. Ministros Paulo de Tarso Sanseverino, Ricardo Villas Bôas Cueva, Marco Aurélio Bellizze e Moura Ribeiro votaram com a Sra. Ministra Relatora.[34]

A decisão do STJ, com a qual estou de pleno acordo, possibilita a renúncia do sobrenome adquirido pelo casamento em qualquer caso de sua extinção, ou seja, separação, divórcio e viuvez. Acrescento apenas que a decisão do STJ já poderia ter mencionado que essa alteração deveria ser efetuada diretamente perante o oficial de registro civil competente, de forma administrativa e célere, com a simples manifestação de vontade do cônjuge sobrevivente nesse sentido.

Por sorte, o CNJ resolveu a questão com a promulgação do Provimento n. 82, de 03.07.2019, supramencionado, que em seu art. 1.º, § 3.º, trouxe a seguinte previsão: "§ 3.º Por ocasião do óbito do(a) cônjuge, poderá o(a) viúvo(a) requerer averbação para eventual retorno ao nome de solteiro(a)".

Assim, atualmente, o viúvo interessado em retomar o nome anterior ao matrimônio poderá requerer a averbação de alteração do sobrenome de forma administrativa, diretamente no oficial de registro civil competente, independentemente de autorização judicial.

5. RECONHECIMENTO DA FILIAÇÃO – INCLUSÃO DO SOBRENOME DO PAI OU DA MÃE NO REGISTRO CIVIL

O estabelecimento da filiação, especialmente quando os pais não são casados um com o outro, é um dos capítulos mais importantes da história do Direito brasileiro, vindo de uma época de trevas e de discriminação (quando se privilegiava o filho havido das "justas núpcias" e era proibido o reconhecimento dos filhos então chamados adulterinos e incestuosos (art. 358 do Código Civil

---

[34] STJ, REsp 1.724.718/MG, 3.ª Turma, Rel. Min. Nancy Andrighi, j. 22.05.2018.

de 1916), ao atual momento de liberdade e igualdade (Constituição Federal, art. 227, § 6.º; Código Civil, art. 1.596). Abordei o tema em meu livro *Direito brasileiro da filiação e da paternidade*.[35] Mantendo uma regra antiquíssima, que deita raízes no Direito Romano (Paulo, Digesto, 2, 4, 5), e era constante no Código Civil de 1916, o Código Civil vigente adota a presunção da paternidade (*pater is est*) para os filhos havidos por pessoas casadas entre si:

> Art. 1.597. Presumem-se concebidos na constância do casamento os filhos:
>
> I – nascidos cento e oitenta dias, pelo menos, depois de estabelecida a convivência conjugal;
>
> II – nascidos nos trezentos dias subsequentes à dissolução da sociedade conjugal, por morte, separação judicial, nulidade e anulação do casamento;
>
> III – havidos por fecundação artificial homóloga, mesmo que falecido o marido;
>
> IV – havidos, a qualquer tempo, quando se tratar de embriões excedentários, decorrentes de concepção artificial homóloga;
>
> V – havidos por inseminação artificial heteróloga, desde que tenha prévia autorização do marido.

Assim sendo, se os pais são casados, o filho já nasce com a paternidade (e a maternidade) automaticamente estabelecida, *ex vi legis*, por força da aludida presunção. Não é possível o "reconhecimento" do filho concebido na constância do casamento: a paternidade *já está* determinada. A mãe, por exemplo, pode comparecer sozinha ao registro civil e fazer o registro de nascimento da criança em nome dela e do genitor, bastando que apresente a certidão de casamento atualizada. Incidirá a presunção legal. Se o pai é casado com a mãe, seu nome será lançado no assento de nascimento, mesmo que ele não compareça ao ato e não o assine. Se os pais não são casados entre si, prevê o art. 59 da LRP:

> Quando se tratar de filho ilegítimo, não será declarado o nome do pai sem que este expressamente o autorize e compareça, por si ou por procurador especial, para, reconhecendo-o, assinar, ou não

---

[35]   VELOSO, Zeno. *Direito brasileiro da filiação e da paternidade*. São Paulo: Malheiros, 1997.

sabendo ou não podendo, mandar assinar a seu rogo o respectivo assento com duas testemunhas.

O artigo citado, numa leitura atualizada e conforme a Constituição, refere-se a filho havido fora do matrimônio, não se devendo considerar a expressão "filho ilegítimo", que é ilegítima. Mário de Carvalho Camargo Neto e Marcelo Salaroli de Oliveira ponderam:

> A certidão de casamento deve ser atualizada de forma a se possibilitar a verificação de que a sociedade conjugal não estava dissolvida no período da provável concepção, conforme o prazo do artigo 1.597 do CC. Neste sentido, o Provimento 28 da Corregedoria Nacional de Justiça do CNJ, ao tratar do registro tardio de nascimento, estabelece no art. 9.º, § 3.º, que a presunção se verifica "mediante apresentação de certidão do casamento com data de expedição posterior ao nascimento".[36]

O mesmo Provimento n. 28, em seu art. 9.º, § 4.º, afasta a presunção legal, "se o genitor que comparecer para o registro declarar, sob as penas da lei, que estava separado de fato de seu cônjuge ao tempo da concepção". Como cediço, a norma disse menos do que devia. Assim, em busca da verdade real, a presunção deve ser afastada ainda que o genitor não esteja separado de fato de seu cônjuge ao tempo da concepção. Nesse caso, o genitor casado comparece para o registro acompanhado daquele que reconhece a paternidade e declara, sob as penas da lei, que o comparecente, e não seu cônjuge, é o pai do registrado. Dessa forma, o reconhecimento de filho no ato do registro é prova hábil para ilidir a presunção relativa de paternidade e, por interpretação constitucional, deve prevalecer.

Fora dos casos da presunção legal, é necessário o reconhecimento da filiação, para que esta seja seguramente estabelecida. O art. 1.607 do Código Civil enuncia: "O filho havido fora do casamento pode ser reconhecido pelos pais, conjunta ou separadamente".

Tanto o pai como a mãe podem fazer o reconhecimento. A maternidade, já se vê, fica praticamente estabelecida pelos fatos. Em lição clássica, que muitos autores repetem, Lafayette Rodrigues Pereira observa: "A maternidade

---

[36] CAMARGO NETO, Mário de Carvalho; OLIVEIRA, Marcelo Salaroli de. *Registro civil das pessoas naturais:* parte geral e registro de nascimento. São Paulo: Saraiva, 2014. v. I, p. 153.

revela-se por sinais exteriores inequívocos: a gravidez e o parto – fatos claros e positivos, suscetíveis de inspeção ocular. É neste sentido que deve ser entendida a máxima: *semper est certa mater*.[37] E ainda há o aleitamento, acrescente-se, que indica exuberantemente a maternidade. Na quase totalidade dos casos, o estabelecimento da filiação é feito com relação ao pai. Luiz Edson Fachin ensina que

> (...) o reconhecimento, como ato declaratório, pode-se dar por meio da livre manifestação da vontade dos pais (voluntário), ou ainda resultar de uma decisão judicial (forçado ou judicial), quando em resposta à ação de investigação de paternidade, cujo autor pode ser o filho do investigado, e o Poder Judiciário se manifesta quanto à declaração dessa situação de fato.[38]

O reconhecimento espontâneo ou voluntário dos filhos é irrevogável e pode ser feito por uma das formas mencionadas no art. 1.609 do Código Civil:

> I – no registro do nascimento;
>
> II – por escritura pública ou escrito particular, a ser arquivado em cartório;
>
> III – por testamento, ainda que incidentalmente manifestado;
>
> IV – por manifestação direta e expressa perante o juiz, ainda que o reconhecimento não haja sido o objeto único e principal do ato que o contém.

Celebrado o reconhecimento voluntário, um dos efeitos dele é a inclusão do nome do pai (ou da mãe) no registro civil, além dos nomes dos pais de quem promoveu o reconhecimento (avós de quem foi reconhecido), bem como do sobrenome de quem registrou. Pontes de Miranda expõe que "o direito ao nome não pode ser transferido por negócio jurídico, seja entre vivos seja a causa de morte. A aquisição pelo reconhecimento da filiação pelo pai, ou pela mãe, ou pelo casamento subsequente, é aquisição *ipso iure*".[39]

---

[37] PEREIRA, Lafayette Rodrigues. *Direitos de família*. 5. ed. anotada e adaptada por José Bonifácio de Andrada e Silva. Rio de Janeiro: Freitas Bastos, 1956. § 104, p. 256.

[38] FACHIN, Luiz Edson. *Comentários ao Novo Código Civil*. Coordenação de Sálvio de Figueiredo Teixeira. Rio de Janeiro: Forense, 2004. v. XVIII, p. 123.

[39] PONTES DE MIRANDA, Francisco Cavalcanti. *Tratado de direito privado* cit., t. 7, § 743, p. 112.

O art. 1.614 do Código Civil prevê: "O filho maior não pode ser reconhecido sem o seu consentimento, e o menor pode impugnar o reconhecimento, nos quatro anos que se seguirem à maioridade ou a emancipação". Alcançada a maioridade ou sendo emancipado, o filho pode não apenas impugnar, rejeitar, o reconhecimento, que representa a atitude extrema, como penso que está autorizado a, somente, requerer que se tire o sobrenome paterno que foi incluído em seu nome.

O reconhecimento da paternidade (ou da maternidade), todavia, pode ser obtido por via judicial, sendo a ação investigatória imprescritível (Súmula n. 149 do STF). O art. 27 do Estatuto da Criança e do Adolescente (ECA) afirma no art. 27: "O reconhecimento do estado de filiação é direito personalíssimo, indisponível e imprescritível, podendo ser exercitado contra os pais ou seus herdeiros, sem qualquer restrição, observado o segredo de justiça".

Assim como ocorre, aliás, quando se trata de reconhecimento voluntário, a sentença que julgar procedente o pedido e estabelecer a paternidade tem efeito retroativo, *ex tunc*, projeta-se no passado até a data do nascimento do filho, ou mesmo, da concepção. Essa sentença, diz o art. 1.616 do Código Civil, produzirá os mesmos efeitos do reconhecimento espontâneo.

Entre esses efeitos, de ordem pessoal e patrimonial, está o de fazer constar no registro civil o nome do pai e dos avós paternos, bem como autorizar que no nome do investigante (agora filho) seja acrescido o sobrenome do pai.

Não raramente, essas ações investigatórias são muito dolorosas, envolvem sentimentos íntimos. O pai pode recalcitrar, negar peremptoriamente a paternidade, usar de artimanhas, chicana, acusar a mãe de muitos pecados, rejeitar o filho. Acho que o filho que se sente recusado, menosprezado, pode não aceitar que se inclua em seu nome o sobrenome do pai.

Vale registrar que a Lei n. 8.560, de 29.12.1992, que teve o objeto (não alcançado) de regular a investigação de paternidade dos filhos havidos fora do casamento, estabeleceu, no art. 2.º, a averiguação oficiosa da paternidade:

> Em registro de nascimento de menor apenas com a maternidade estabelecida, o oficial remeterá ao juiz certidão integral do registro e o nome e prenome, profissão, identidade e residência do suposto pai, a fim de ser averiguada oficiosamente a procedência da alegação.

O procedimento da averiguação oficiosa é simples, rápido. No caso de o suposto pai, depois de notificado, confirmar expressamente a paternidade, *tollitur quaestio*: será lavrado o termo de reconhecimento e remetida certidão ao oficial do registro para a devida averbação. Todos os efeitos de um reconhecimento ocorrem. O filho passará a usar o sobrenome do pai.

A melhor doutrina e a jurisprudência têm considerado a filiação socioafetiva, quando há a posse de estado de filho (e posse de estado de pai ou de mãe, é claro). Essa relação íntima de amor e de afeto não tem base num fato biológico, mas no exercício de função, na convicção de que se está exercendo o papel de pai, de mãe e de filho. Fica bem clara, no caso, a distinção entre genitor e pai. A "desbiologização" da paternidade tem, aqui, uma efetiva aplicação. É preciso relembrar a lição de João Baptista Villela: "ser pai ou ser mãe não está no fato de gerar quanto na circunstância de amar e servir".[40]

A figura se acha prevista no art. 1.593 do Código Civil: "O parentesco é natural ou civil, conforme resulte de consanguinidade ou *outra origem*" (grifei). Pode haver um vínculo entre pai e filho sem existir um laço consanguíneo, mas que decorre da convivência, do tratamento, do respeito mútuo, do cumprimento de deveres – sustento, guarda, educação –, da afetividade. É uma filiação, pode-se dizer, construída, alimentada, diuturnamente, resulta dos fatos da vida. Na *III Jornada de Direito Civil* (CJF/STJ) foi aprovado o Enunciado n. 256: "A posse de estado de filho (parentalidade socioafetiva) constitui modalidade de parentesco civil".

Tratando-se de paternidade-filiação socioafetiva, o exame de DNA, com toda a sua certeza e importância, não serve para nada. Não é a pesquisa da "verdade biológica" que importa, mas a origem afetiva; não é a voz do sangue que comanda, mas as pulsações do coração.

A afetividade está na base do estabelecimento da filiação por "outra origem", mencionada no art. 1.593, *in fine*, do Código Civil, como nos casos de adoção, ou da filiação decorrente da procriação medicamente assistida heteróloga.

O afeto que se requer para a configuração do parentesco socioafetivo não é mero bem querer, mas um afeto "qualificado", psicologicamente formado, com a intenção, a deliberação, a convicção, a vontade de ter aquela criatura que se cria como filho como verdadeiro filho.

Estabelecida a filiação socioafetiva, ocorrem todos os efeitos do parentesco natural: pessoais e patrimoniais (sucessórios, inclusive). O sobrenome do pai ou da mãe socioafetiva (ou de ambos) constará no nome do filho, bem como será consignado no assento deste os nomes dos avós.

---

[40] VILLELA, João Baptista. Desbiologização da paternidade. *Revista da Faculdade de Direito da Universidade Federal de Minas Gerais*, n. 21, maio 1979.

A afeição tem valor jurídico, já disse em meu livro *Direito brasileiro da filiação e da paternidade*.[41] Não tenho dúvidas em garantir que a filiação biológica e a socioafetiva estão acobertadas pelo mesmo manto da igualdade.[42]

Na *V Jornada de Direito Civil* (CJF/STJ) foi aprovado o Enunciado n. 519: "O reconhecimento judicial do vínculo de parentesco em virtude de socioafetividade deve ocorrer a partir da relação entre pai (s) e filho (s), com base na posse do estado de filho, para que produza efeitos pessoais e patrimoniais". Embora a ação de investigação de paternidade tenha, em princípio, a finalidade de obter o reconhecimento forçado de vínculo biológico, pode também ser aproveitada para estabelecer a paternidade ou maternidade socioafetiva.[43]

Christiano Cassettari acredita que pode ser feito um reconhecimento voluntário de paternidade ou maternidade socioafetiva, "somente no caso de o filho não ter pai e/ou mãe no assento de nascimento".[44]

Em alguns casos, podem coexistir a parentalidade biológica e a socioafetiva, com a mesma intensidade, isto é, sem que se estabeleça uma preferência ou hierarquia entre uma e outra. Tome-se como exemplo o caso de alguém que tem pai biológico e padrasto, mantendo com ambos um vínculo de paternidade-filiação. Verifica-se uma dupla parentalidade. Essa multiparentalidade pode ser reconhecida e produzir efeitos jurídicos, no âmbito do registro civil, inclusive, em que o assento – testemunhando fatos da vida – pode dizer que alguém tem dois pais ou duas mães.

Atualmente, o CNJ, pelo Provimento n. 63/2017, admitiu a averbação direta no registro civil de pessoa natural de reconhecimento voluntário de filho socioafetivo maior de 12 anos, após manifestação favorável do Ministério Público.

Outra hipótese é de alguém decidir registrar como seu próprio filho o descendente da mulher com a qual está convivendo, mesmo sabendo que o verdadeiro genitor é outro. Apesar de esse fato constituir crime contra o estado de filiação, é uma atitude que se encontra, muitas vezes, tanto que tem sido chamada de "adoção à brasileira". O patronímico do que promoveu o registro faz parte do nome do filho registrado.

---

[41] VELOSO, Zeno. *Direito brasileiro da filiação e da paternidade* cit., p. 36.

[42] Cf. WELTER, Belmiro Pedro. *Igualdade entre as filiações biológicas e socioafetiva*. São Paulo: RT, 2003.

[43] Cf. STJ, REsp 1.189.663/RS, 3.ª Turma, Rel. Min. Nancy Andrighi, j. 06.09.2011.

[44] CASSETTARI, Christiano. *Multiparentalidade e parentalidade socioafetiva*: efeitos jurídicos. São Paulo: Atlas, 2014. p. 83.

A questão é que esse gesto do companheiro (ou até mesmo namorado) da mãe é motivado pela paixão, pela relação amorosa que está vivenciando. Eventualmente, quando os sentimentos se esvaem, acaba o envolvimento e a paixão se transforma em rancor, até para escapar das obrigações (alimentos etc.), o pai pretende desfazer ou desconstituir o registro outrora realizado, descartar o filho, ingressando com ação anulatória ou negatória de paternidade, requerendo a realização de exame DNA que, de antemão, sabe que o resultado será negativo. Contudo, felizmente, tal atitude insidiosa, cruel, que representa um *venire contra factum proprium* (voltar-se contra o próprio ato que praticou), não tem sido admitida pelo Judiciário, considerando ser irrevogável a declaração de filiação que o indivíduo, no passado, fez livre e conscientemente. Há uma decisão magnífica, nesse sentido, da 3.ª Turma do STJ[45] e destaco estes trechos:

> A filiação socioafetiva, por seu turno, ainda que despida de ascendência genética, constitui uma relação de fato que deve ser reconhecida e amparada juridicamente. Isso porque a parentalidade que nasce de uma decisão espontânea, frise-se, arrimada em boa-fé, deve ter guarida no direito de família. Nas relações familiares, o princípio da boa-fé objetiva deve ser observado e visto sob suas funções integrativas e limitadoras, traduzidas pela figura do *venire contra factum proprium* (proibição de comportamento contraditório), que exige coerência comportamental daqueles que buscam a tutela jurisdicional para a solução de conflitos no âmbito do direito de família.

Outra decisão importante do STJ confirmou o entendimento de que o indivíduo que assumiu a paternidade, registrando o filho, voluntariamente, mesmo sabendo que não era seu descendente biológico, tendo sido firmado um vínculo afetivo, não pode, depois, negar e desfazer a paternidade estabelecida. Entretanto, o filho, ao alcançar a maioridade, tem o direito de investigar a paternidade biológica. Aliás, esta pretensão pode ser exercida mesmo no caso de adoção regularmente formalizada. A Ementa consignou:

> Direito de família. Ação negatória de paternidade. Exame de DNA. Ausência de vínculo biológico. Paternidade socioafetiva. Reconhecimento. "Adoção à brasileira". Improcedência do pedido.

---

[45] STJ, REsp 1.087.163/RJ, Rel. Min. Nancy Andrighi, j. 31.08.2011.

1. A chamada "adoção à brasileira", muito embora seja expediente à margem do ordenamento pátrio, quando se fizer fonte de vínculo socioafetivo entre o pai de registro e o filho registrado, não consubstancia negócio jurídico vulgar sujeito a distrato por mera liberalidade, tampouco avença submetida a condição resolutiva consistente no término do relacionamento com a genitora.

2. Em conformidade com os princípios do Código Civil de 2002 e da Constituição Federal de 1988, o êxito em ação negatória de paternidade depende da demonstração, a um só tempo, da inexistência de origem biológica e também de que não tenha sido constituído o estado de filiação, fortemente marcado pelas relações socioafetivas e edificado na convivência familiar. Vale dizer que a pretensão voltada à impugnação da paternidade não pode prosperar quando fundada apenas na origem genética, mas em aberto conflito com a paternidade socioafetiva.

3. No caso, ficou claro que o autor reconheceu a paternidade do recorrido voluntariamente, mesmo sabendo que não era seu filho biológico, e desse reconhecimento estabeleceu-se vínculo afetivo que só cessou com o término da relação com a genitora da criança reconhecida. De tudo que consta nas decisões anteriormente proferidas, dessume-se que o autor, imbuído de propósito manifestamente nobre na origem, por ocasião do registro de nascimento, pretende negá-lo agora, por razões patrimoniais declaradas.

4. Com efeito, tal providência ofende, na letra e no espírito, o art. 1.604 do Código Civil, segundo o qual não se pode "vindicar estado contrário ao que resulta do registro de nascimento, salvo provando-se erro ou falsidade do registro", do que efetivamente não se cuida no caso em apreço. Se a declaração realizada pelo autor, por ocasião do registro, foi uma inverdade no que concerne à origem genética, certamente não o foi no que toca ao desígnio de estabelecer com o infante vínculos afetivos próprios do estado de filho, verdade social em si bastante à manutenção do registro de nascimento e ao afastamento da alegação de falsidade ou erro.

5. A manutenção do registro de nascimento não retira da criança o direito de buscar sua identidade biológica e de ter, em seus assentos civis, o nome do verdadeiro pai. É sempre possível o desfazimento da adoção à brasileira mesmo nos casos de vínculo socioafetivo, se assim decidir o menor por ocasião da maioridade; assim como não decai seu direito de buscar a identidade bioló-

gica em qualquer caso, mesmo na hipótese de adoção regular. Precedentes.

6. Recurso especial não provido.[46]

Se o filho tiver êxito na ação investigatória, será retirado de seu registro civil o nome de quem constava como pai, passando a figurar o do pai biológico.

Contudo, embora pretendendo investigar a paternidade biológica, na busca de sua ancestralidade, querendo ver revelada a sua origem genética (que é um direito, inclusive, de índole constitucional), pode acontecer de esse filho continuar ligado emocionalmente ao indivíduo que o registrou e declarou, outrora, que era seu pai, e o criou, educou, orientou, corrigiu, acompanhou-o por toda a sua vida, exercendo o papel de um verdadeiro pai, ou seja, a paternidade socioafetiva está caracterizada e pode coexistir com a paternidade biológica. Trata-se de caso que, modernamente, a doutrina está chamando de pluriparentalidade. Essas paternidades de diversa origem se equivalem, uma não exclui a outra. Ambas coexistem. Portanto, pode ingressar no registro civil o nome do pai biológico, que a sentença reconheceu como pai, e continuar constando o nome do pai socioafetivo. O jurista não pode deixar de observar esses novos paradigmas, a evolução crescente do Direito de Família. Quem não acompanhar esse movimento fica parado no tempo e é ultrapassado pelos fatos.

REFERÊNCIAS

ALMEIDA, Silmara J. A. Chinelato e. *Do nome da mulher casada*: direito de família e direitos da personalidade. Rio de Janeiro: Forense Universitária, 2001.

ALMEIDA. Silmara J. A. Chinelato e. *Tutela civil do nascituro*. São Paulo: Saraiva, 2000.

AMARAL, Francisco. *Direito civil*: introdução. 6. ed. Rio de Janeiro: Renovar, 2006.

ASCENSÃO, José de Oliveira. *Direito civil*: teoria geral. 3. ed. São Paulo: Saraiva, 2010. v. 1.

BEVILÁQUA, Clóvis. *Código Civil dos Estados Unidos do Brasil*. Rio de Janeiro: Francisco Alves, 1917. v. II.

---

[46]   STJ, REsp 1.352.529/SP, 4.ª Turma, Rel. Min. Luis Felipe Salomão, j. 24.02.2015.

BEVILÁQUA, Clóvis. *Teoria geral do direito civil.* 4. ed. Brasília: Ministério da Justiça, 1972. n. 54.

BRANDELLI, Leonardo. *Nome civil da pessoa natural.* São Paulo: Saraiva, 2012.

CALDERÓN, Ricardo Lucas. *Princípio da afetividade no direito de família.* Rio de Janeiro: Renovar, 2013.

CAMARGO NETO, Mário de Carvalho; OLIVEIRA, Marcelo Salaroli de. *Registro civil das pessoas naturais*: parte geral e registro de nascimento. São Paulo: Saraiva, 2014. v. I.

CARNEIRO, Nelson. *A luta pelo divórcio.* São Paulo: Lampião, 1977.

CASSETTARI, Christiano. *Multiparentalidade e parentalidade socioafetiva*: efeitos jurídicos. São Paulo: Atlas, 2014.

CENEVIVA, Walter. *Lei dos Registros Públicos comentada.* 3. ed. São Paulo: Saraiva, 1982. n. 147.

DE CUPIS, Adriano. *Os direitos da personalidade.* Tradução Afonso Celso Furtado Rezende. Campinas: Romana, 2004.

DIAS, Maria Berenice. *Manual de direito das famílias.* 9. ed. São Paulo: RT, 2013.

DINIZ, Maria Helena. *Curso de direito civil brasileiro.* 30. ed. São Paulo: Saraiva, 2015. v. 5.

FACHIN, Luiz Edson. *Comentários ao Novo Código Civil.* Coordenação de Sálvio de Figueiredo Teixeira. Rio de Janeiro: Forense, 2004. v. XVIII.

FARIAS, Cristiano Chaves de; ROSENVALD, Nelson *Curso de direito civil.* 10. ed. Salvador: JusPodivm, 2012. v. 1.

FILIPPIS, Bruno de. *Trattato brevi di diritto di famiglia.* Padova: Cedam, 2002.

FLORES, Paulo R. M. Thompson. *Direito civil*: parte geral: das pessoas, dos bens e dos fatos jurídicos. Brasília: Gazeta Jurídica, 2013.

LIMONGI FRANÇA, Rubens. *Do nome civil das pessoas naturais.* 3. ed. São Paulo: RT, 1975.

LIMONGI FRANÇA, Rubens. *Manual de direito civil.* 2. ed. São Paulo: RT, 1971. v. 1.

GAGLIANO, Pablo Stolze; PAMPLONA FILHO, Rodolfo. *Novo curso de direito civil.* 4. ed. São Paulo: Saraiva, 2014. v. 6.

GIRARDI, Viviane. *Famílias contemporâneas, filiação e afeto*: a possibilidade jurídica da adoção por homossexuais. Porto Alegre: Livraria do Advogado, 2005.

GOMES, Orlando. *Introdução ao direito civil*. Atualização Edvaldo Brito e Reginalda Paranhos de Brito. 19. ed. Rio de Janeiro: Forense, 2007.

GONÇALVES, Carlos Roberto. *Direito civil brasileiro*: parte geral. 11. ed. São Paulo: Saraiva, 2013. v. 1.

KRAUSE, Harry D. *Family law*. 3. ed. St. Paul Minn.: West Publishing, 1995.

LASARTE, Carlos. *Principios de derecho civil*: derecho de família. 3. ed. Madrid: Marcial Pons, 2002. t. VI.

LIMA, Pires de; ANTUNES VARELA, João de Matos. *Código Civil anotado*. 4. ed. Coimbra: Coimbra Editora, 1987. v. I.

LÔBO, Paulo. *Direito civil*: famílias. 4. ed. São Paulo: Saraiva, 2011.

LÔBO, Paulo. *Direito civil*: parte geral. 3. ed. São Paulo: Saraiva, 2012.

LOUREIRO, Luiz Guilherme. *Registros públicos:* teoria e prática. 3. ed. São Paulo: Método, 2012.

MADALENO, Rolf. *Curso de direito de família*. 5. ed. Rio de Janeiro: Forense, 2013.

MALUF, Adriana Caldas do Rego Freitas Dabus. *Curso de bioética e biodireito*. São Paulo: Atlas, 2010.

MAXIMILIANO, Carlos. *Hermenêutica e aplicação do direito*. 9. ed. Rio de Janeiro: Forense, 1984. n. 179.

MENEZES CORDEIRO, António. *Tratado de direito civil*. 3. ed. Coimbra: Almedina, 2011. v. IV.

MORAES, Maria Celina Bodin de. A tutela do nome da pessoa humana. In: MORAES, Maria Celina Bodin de. *Na medida da pessoa humana*. Rio de Janeiro: Renovar, 2010.

MOREIRA ALVES, José Carlos. *Direito romano*. 14. ed. Rio de Janeiro: Forense, 2008.

NERY JUNIOR, Nelson; NERY, Rosa Maria de Andrade. *Código Civil comentado*. 10. ed. São Paulo: RT, 2013.

PEREIRA, Caio Mário da Silva. *Instituições de direito civil*. Atualização Maria Celina Bondin de Moraes. 20. ed. Rio de Janeiro: Forense, 2004. v. I.

PEREIRA, Lafayette Rodrigues. *Direitos de família*. 5. ed. anotada e adaptada por José Bonifácio de Andrada e Silva. Rio de Janeiro: Freitas Bastos, 1956.

PEREIRA, Rodrigo da Cunha. *Divórcio*: teoria e prática. 4. ed. São Paulo: Saraiva 2013.

PINHEIRO, Jorge Duarte. *O direito da família contemporâneo*. Lisboa: AAFDL, 2008.

PONTES DE MIRANDA, Francisco Cavalcanti. *Tratado de direito privado.* São Paulo: RT, 1974. t. 1.

RODRIGUES, Silvio. *Comentários ao Código Civil.* São Paulo: Saraiva, 2003. v. 17.

RODRIGUES, Silvio. *Direito civil.* 32. ed. São Paulo: Saraiva, 2002. v. I.

ROSPIGLIOSI, Enrique Varsi. *Tratado de derecho de las personas.* Universidad de Lima: Gaceta Jurídica, 2014.

SERPA LOPES, M. M. de. *Curso de direito civil.* Atualização José Serpa Santa Maria. 7. ed. Rio de Janeiro: Freitas Bastos, 1989. v. I.

TARTUCE, Flávio. *Direito civil.* 10. ed. São Paulo: Método, 2014. v. 1.

TEPEDINO, Gustavo; BARBOSA, Heloísa Helena; MORAES, Maria Celina Bodin de. *Código Civil interpretado.* 2. ed. Rio de Janeiro: Renovar, 2007. v. I.

VELOSO, Zeno. *Comentários à Lei de Introdução ao Código Civil:* artigos 1.º a 6.º. 2. ed. Belém: Unama, 2006.

VELOSO, Zeno. *Direito brasileiro da filiação e da paternidade.* São Paulo: Malheiros, 1997.

VENOSA, Sílvio de Salvo. *Código Civil interpretado.* São Paulo: Atlas, 2010.

VIEIRA, Tereza Rodrigues. *Mudança de sexo:* aspectos médicos, psicológicos e jurídicos. São Paulo: Santos Editora, 1996.

VIEIRA, Tereza Rodrigues. Transexualidade. In: DIAS, Maria Berenice (coord.). *Diversidade sexual e direito homoafetivo.* São Paulo: RT, 2011.

VILLELA, João Baptista. Desbiologização da paternidade. *Revista da Faculdade de Direito da Universidade Federal de Minas Gerais,* n. 21, maio 1979.

VILLELA, João Baptista. *Revista da Faculdade de Direito* – Universidade Federal de Minas Gerais, Belo Horizonte, ano XXVII, n. 21, nova fase, maio 1973.

WEISBERG, D. Kelly. *Family law:* The Emanuel Law Outlines Series. New York: Aspen Publishers, 2004.

WELTER, Belmiro Pedro. *Igualdade entre as filiações biológicas e socioafetiva.* São Paulo: RT, 2003.

DESCONSIDERAÇÃO DA PERSONALIDADE JURÍDICA

7

A DESCONSIDERAÇÃO DA PERSONALIDADE JURÍDICA ANTES E DEPOIS DA LEI DA LIBERDADE ECONÔMICA

ÊNIO SANTARELLI ZULIANI

SUMÁRIO: 1. As sociedades e os sócios criam, reunindo capital, espiritualidade e esforço, a universalidade denominada pessoa jurídica, desde que seus patrimônios continuem separados; 2. A personificação das sociedades empresárias; 3. O art. 28 do CDC e o art. 50 do CC; 4. O requisito do desvio de finalidade; 5. Confusão patrimonial e outros atos de descumprimento da autonomia patrimonial; 6. O grau de responsabilidade do sócio atingido pela desconsideração; 7. Os grupos econômicos; 8. A desconsideração inversa; 9. Conclusão; Referências.

1. AS SOCIEDADES E OS SÓCIOS CRIAM, REUNINDO CAPITAL, ESPIRITUALIDADE E ESFORÇO, A UNIVERSALIDADE DENOMINADA PESSOA JURÍDICA, DESDE QUE SEUS PATRIMÔNIOS CONTINUEM SEPARADOS

As sociedades empresárias são máquinas[1] econômicas construídas e comandadas pelos homens e mulheres para obtenção de vantagens (lucros), mediante desenvolvimento de atividades lícitas. A reunião de pessoas para

---

[1] Francesco Ferrara reportou a um "escritor inglês" a comparação de sociedades anônimas a máquinas de dividendos e confessou preferir "mecanismo jurídico para conseguir un intento de ganancia" (*Teoría de las personas jurídicas*. Tradução

exploração do comércio e da indústria por meio de sociedades decorre da necessidade de compartilhar os riscos e os benefícios das empresas.[2] O propósito mercantil une os interessados sobre um organismo e, para alcançar as metas previamente estabelecidas, eles investem com métodos de administração do capital para trabalho conjunto, proporcionando emprego, produtividade, negócios e distribuição de renda, e isso permite afirmar que a ordem econômica definida no art. 170 da CF depende do sucesso empresarial. E assim nascem as pessoas jurídicas de direito privado (art. 44, II, do CC) e são personificadas de acordo com as regras contratuais e estatutárias.

O empresário investe em negócios lucrativos por meio de sociedades ou individualmente e, qualquer que seja a sua escolha, vai sofrer interferências externas desafiadoras das projeções sempre otimistas, inclusive do Poder Judiciário que, com suas sentenças, alteram as estruturas e até dinâmicas da atividade desenvolvida. Os custos são elevados com pesados impostos e obrigações trabalhistas e previdenciárias e tudo isso é sopesado para cálculo do preço final. Os riscos pesam na avaliação daquele que pretende se aventurar no comércio e na indústria, e o fator mais importante ou decisivo da escolha está na preservação do *status* civil do futuro sócio, notadamente os bens que protegem sua vida e de seus familiares.

Há quem associa a precaução do comerciante em garantir a inviolabilidade de seus bens pessoais ao investidor anônimo, como explica Romano Cristiano[3]: "Com efeito, de forma geral, quando alguém fica, pessoal e abertamente, à testa de um empreendimento, sempre somos levados a crer que ele aplique, nesse empreendimento, todas as suas energias, a fim de conseguir o melhor êxito possível; e que, em caso de malogro, ele perca tudo. Ao passo que, quando alguém fica nos bastidores e participa de um empreendimento apenas com determinados valores, parece natural que, em caso de malogro, ele perca tão somente esses valores; afinal, ele participou de empreendimento alheio. Assim sendo, tendência ao anonimato significa, via de regra, a nosso ver, igual tendência à limitação da responsabilidade".

A responsabilidade dos sócios é definida pelo tipo contratual modulador da personificação da pessoa jurídica constituída, e a sociedade por quotas de responsabilidade limitada continua sendo a preferida. Nessa modalidade,

---

Eduardo Ovejero y Maury. Madrid: Reus, 1929. p. 563, § 90). Apesar dessa recomendação, será mantida a figuração de máquinas econômicas.

[2] ASCARELLI, Tullio. *Derecho mercantil*. Tradução Felipe de J. Tena. México: Porrua, 1946. p. 91.

[3] *Personificação da empresa*. São Paulo: RT, 1982, p. 5.

conforme primoroso estudo elaborado por Fran Martins[4] a partir da análise de dezenas de leis estrangeiras, a responsabilidade do sócio é limitada ao que foi estabelecido no contrato e nunca superior ao valor das quotas subscritas. A tendência é a preservação desse princípio, com a ressalva de que a responsabilidade ilimitada e solidária dos sócios gerentes ou que derem o nome à firma somente será admitida "pelo excesso de mandato e pelos atos praticados com violação do contrato ou da lei".[5]

Nas sociedades anônimas, a responsabilidade dos sócios ou acionistas será limitada ao preço da emissão das ações subscritas ou adquirida (art. 1.º da Lei 6.404/1976), o que mereceu de Rubens Requião[6] o seguinte comentário:

> Ao contrário do que ocorre nas sociedades de pessoas, na qual a responsabilidade dos sócios é pessoal, solidária e limitada, para alguns sócios, na sociedade anônima essa responsabilidade se circunscreve ao preço da ação em que foi fracionado o capital social. Na sociedade de pessoas, quando o sócio é comanditado, sua responsabilidade é de fato ilimitada, pois garante não só o patrimônio social afeto ao objeto social, como também se estende aos seus bens particulares. No caso de sociedade por quotas de responsabilidade limitada essa garantia se limita ao montante do capital social.

Segundo o art. 1.024 do CC, "os bens particulares dos sócios não podem ser executados por dívidas da sociedade, senão depois de executados os bens sociais". Esse dispositivo foi reproduzido no art. 795 do CPC que, em seu § 1.º, institui um verdadeiro benefício de ordem para o sócio que assume responsabilidade pela dívida celebrada pela sociedade, sem solidariedade: poderá exigir execução prioritária dos bens sociais que, necessariamente, deverá indicar. Se o sócio figurar como devedor solidário, não lhe será permitido invocar o benefício de ordem, porque a solidariedade favorece o credor, cujo direito de excutir os bens de todos os devedores não sofre interferência.

A separação ou distinção patrimonial dos bens da sociedade e dos sócios decorre da personificação das sociedades, sendo importante registrar

---

[4]   MARTINS, Fran. *Das sociedades de responsabilidade limitada no direito estrangeiro*. Ceará: Imprensa Universitária do Ceará, 1956. p. 229.

[5]   REQUIÃO, Rubens. As tendências atuais da responsabilidade dos sócios. *Aspectos modernos de direito comercial*. São Paulo: Saraiva, 1980. v. 2, p. 9.

[6]   REQUIÃO, Rubens. *Comentários à Lei das Sociedades Anônimas*. São Paulo: Saraiva, 1980. v. 1, p. 15.

que, mesmo quando os sócios estabelecem responsabilidades ilimitadas, não criam a solidariedade entre eles e a sociedade, mas, sim, uma solidariedade interna entre eles, o que obriga o credor a executar a sociedade, e isso já estava anotado em velha doutrina:[7]

> A solidariedade na responsabilidade dos sócios tem um caráter particular que a distingue da solidariedade passiva em geral ou solidariedade dos codevedores, que os obriga simultânea e concorrentemente, e a qualquer deles, ao cumprimento integral das obrigações comuns. Nas relações jurídicas dos sócios e da sociedade que eles formam a responsabilidade solidária dos sócios não é simultânea e concorrente com a responsabilidade da sociedade; ela é apenas subsidiária em relação à da sociedade: ela só se manifesta desde que a sociedade não possa solver a sua; numa palavra, a responsabilidade solidária dos sócios só é verdadeiramente solidária entre os sócios, e não entre eles e a sociedade.

Prestigiado doutrinador[8] diz ser justificada a

> (...) sistemática de submeter as perdas dos sócios ao limite do investimento, transferindo o prejuízo para os credores da sociedade, na medida em que ao direito positivo cabe, por meio do controle dos riscos, motivar os empreendedores na busca dos negócios. Se todo o patrimônio particular dos sócios pudesse ser comprometido, em razão do insucesso da sociedade empresária, naturalmente os empreendedores adotariam posturas de cautela, e o resultado poderia ser a redução de novas empresas, especialmente as mais arriscadas.

Isso mudou radicalmente pelo uso indiscriminado da teoria da desconsideração da personalidade jurídica, medida da qual o juiz utiliza para

---

[7] TAVARES, José. *Das sociedades commerciais*. Coimbra: França Amado editor, 1899. v. I, p. 199, § 19.

[8] COELHO, Fábio Ulhoa. *Curso de direito comercial*. 15. ed. 2. tir. São Paulo: Saraiva, 2011. v. 2, p. 47, item 3.4. Fábio Ulhoa Coelho é autor de monografia digna de ser lida e servir de guia quando adverte sobre a necessária aplicação restritiva da *disregard* ou apenas para coibir a fraude e o abuso de direito perpetrados com a autonomia patrimonial da pessoa jurídica (*Desconsideração da personalidade jurídica*. São Paulo: RT, 1989. p. 89).

intervir e modificar a regra contratual que serviu para construir a sociedade (personificar). Nessa atividade, o Judiciário rompe a autonomia patrimonial para responsabilizar os sócios pelas dívidas sociais, o que, na prática das execuções, significa penhorar e vender os bens particulares deles para pagamento das dívidas da sociedade. O sócio passa a figurar como devedor solidário, contra a sua vontade, tudo para conter o que se chama de crise da limitação da responsabilidade.[9]

O art. 49-A do CC foi alterado pela Lei 13.874/2019 e não custa reproduzir os seus dizeres:

> Art. 49-A. A pessoa jurídica não se confunde com os seus sócios, associados ou administradores. Parágrafo único. A autonomia patrimonial das pessoas jurídicas é um instrumento lícito de alocação e segregação de riscos, estabelecido pela lei com a finalidade de estimular empreendimentos, para a geração de empregos, tributo, renda e inovação em benefício de todos.

A separação de bens da sociedade e dos sócios, por obra da responsabilidade assumida para com os terceiros, especialmente os credores da sociedade empresária, sofreu uma reviravolta de alta intensidade de teoria utilizada no direito norte-americano (*disregard doctrine*) e que passou a ser empregada como fonte da responsabilidade pessoal dos sócios pelas dívidas pendentes da pessoa jurídica. A importação dessa matéria foi incorporada no sistema brasileiro e, até que o STJ uniformizasse o entendimento para impor limites, as decisões afetaram o mercado e retraíram a vontade de empreender.

A ementa do voto do Ministro Luis Felipe Salomão (REsp 1.729.554/SP, *DJ* 06.06.2018) constitui o prenúncio da nova lei e foi construída a partir do reconhecimento de que a insolvência do executado não é pressuposto para a desconsideração da personalidade jurídica:

> Recurso especial. Desconsideração da personalidade jurídica. CPC/2015. Procedimento para declaração. Requisitos para a ins-

---

[9] WARDE JR., Walfrido Jorge. *Responsabilidade dos sócios*. Belo Horizonte: Del Rey, 2007. p. 287. O autor desenvolve a teoria do abuso a partir do que chamou de "apropriação dos bens de produção pelos empresários" e admite a inversão do ônus da prova para que o credor tenha efetiva tutela de seu crédito, e nesse contexto "o esgotamento do patrimônio social ou a insolvência" seriam indicativos da verossimilhança do abuso cometido (p. 331).

tauração. Observância das regras de direito material. Desconsideração com base no art. 50 do CC/2002. Abuso da personalidade jurídica. Desvio de finalidade. Confusão patrimonial. Insolvência do devedor. Desnecessidade de sua comprovação.

1. A desconsideração da personalidade jurídica não visa à sua anulação, mas somente objetiva desconsiderar, no caso concreto, dentro de seus limites, a pessoa jurídica, em relação às pessoas ou bens que atrás dela se escondem, com a declaração de sua ineficácia para determinados efeitos, prosseguindo, todavia, incólume para seus outros fins legítimos.

2. O CPC/2015 inovou no assunto prevendo e regulamentando procedimento próprio para a operacionalização do instituto de inquestionável relevância social e instrumental, que colabora com a recuperação de crédito, combate à fraude, fortalecendo a segurança do mercado, em razão do acréscimo de garantias aos credores, apresentando como modalidade de intervenção de terceiros (arts. 133 a 137).

3. Nos termos do novo regramento, o pedido de desconsideração não inaugura ação autônoma, mas se instaura incidentalmente, podendo ter início nas fases de conhecimento, cumprimento de sentença e executiva, opção, inclusive, há muito admitida pela jurisprudência, tendo a normatização empreendida pelo novo diploma o mérito de revestir de segurança jurídica a questão.

4. Os pressupostos da desconsideração da personalidade jurídica continuam a ser estabelecidos por normas de direito material, cuidando o diploma processual tão somente da disciplina do procedimento. Assim, os requisitos da desconsideração variarão de acordo com a natureza da causa, seguindo-se, entretanto, em todos os casos, o rito procedimental proposto pelo diploma processual.

5. Nas causas em que a relação jurídica subjacente ao processo for cível-empresarial, a desconsideração da personalidade da pessoa jurídica será regulada pelo art. 50 do Código Civil, nos casos de abuso da personalidade jurídica, caracterizado pelo desvio de finalidade, ou pela confusão patrimonial.

6. A inexistência ou não localização de bens da pessoa jurídica não é condição para a instauração do procedimento que objetiva a desconsideração, por não ser sequer requisito para aquela declaração, já que imprescindível a demonstração específica da prática objetiva de desvio de finalidade ou de confusão patrimonial.

7. Recurso especial provido.

A Lei 13.874/2019 foi promulgada com vários propósitos e um deles foi o de tipificar as hipóteses de exercício abusivo da pessoa jurídica, alterando a redação do art. 50 do CC, com nítido discurso controlador da segurança jurídica ameaçada.[10] Não há como impedir que a pessoa jurídica, na sua vivência, sacrifique interesses alheios, porque isso integra a realidade social e econômica. O credor da sociedade não ignora o princípio da separação patrimonial e, quando contrata e obtém créditos a receber, tem noção do risco do não cumprimento, de modo que o inadimplemento da sociedade (ou falta de bens) não lhe garante voltar a sua execução contra os sócios. Admite-se a desconsideração, quando se verifica abuso no exercício da pessoa jurídica, o que autoriza o juiz a retirar a eficácia da personificação e eliminar a separação patrimonial.

O presente texto retrata o pensamento de um juiz sobre a oscilação da teoria da desconsideração da personalidade jurídica, que partiu do ponto da completa autonomia patrimonial dos bens dos sócios e da sociedade para alcançar um estágio de reconhecimento da responsabilidade absoluta dos sócios pelas dívidas sociais. Foi um giro acentuado e uma queda vertiginosa da teoria, e eventuais falhas de análise da parte do subscritor serão preenchidas pelo estudo paralelo de maior envergadura, objetivo para reflexões comparativas do segundo volume dos *Diálogos entre a doutrina e jurisprudência*, uma feliz iniciativa do Professor Flávio Tartuce e do Ministro Luis Felipe Salomão.

Participo, mais uma vez honrado, desta segunda coleta de textos em homenagem ao jurista que soube aliar sua cultura teórica aos anseios concretos dos litigantes (Ministro Ruy Rosado de Aguiar Júnior), como no REsp 86.502/SP, julgado em 21.05.1996. A proposta de confronto das posições de juízes e doutrinadores de temas polêmicos aumenta a produtividade da interpretação e alarga o pensamento para as críticas, uma contribuição singular para o aperfeiçoamento da literatura jurídica.

No julgado suprarreferido (REsp 86.502/SP, *DJ* 26.08.1996), o Ministro Ruy Rosado expõe a teoria da desconsideração a partir do abuso de direito, figura não

---

[10] O recado da lei, de efeito *erga omnes*, constitui uma advertência aos juízes que "julguem de acordo com a norma", sendo interessante lembrar que, em 1893, quando do lançamento da *Revista da Faculdade de Direito de São Paulo*, o Professor João Monteiro assinalava que "toda demanda é um mal social" e que o "Estado tem interesse em que as relações econômicas privadas tenham a segurança e estabilidade que são necessárias à produtividade dos capitais, porquanto é na soma das riquezas individuais que assenta a riqueza social" (Processo civil e comercial. *Revista da Faculdade de Direito de São Paulo*, São Paulo, n. 1, p. 13, 1893).

incorporada ao Código Civil de 1916, explicando os seus fundamentos obtidos da leitura da doutrina estrangeira e nacional, para, em seguida, admitir sua aplicação para "tornar ineficaz a personificação societária sempre que for usada com abuso de direito, para fraudar a lei ou prejudicar a terceiros". Um julgado exemplar que honra o subscritor, porém, infelizmente, não foi observado como deveria.

O direito é uma ciência em constante mutação e a tendência é evolutiva. Raramente o direito dá um passo para trás e regride, o que pode suceder pela natureza humana (*errare humanum est*). O erro aperfeiçoa o sistema. A desconsideração da personalidade jurídica surgiu eufórica e preocupou Pontes de Miranda, que lhe fez severas críticas, prenunciando a destruição da pessoa jurídica privada.[11] Mesmo com a doutrina enfatizando a sua excepcionalidade, a noção de fraude ou abuso por parte dos sócios permitiu alargar o campo de incidência para todos os casos de inadimplemento das dívidas sociais, especialmente diante de insolvência, extinção irregular da sociedade e até por não declarar imposto de renda. O movimento da teoria foi acelerado e, depois de intensa agitação no tráfego jurídico, voltou ao ponto de partida com combustível apropriado (o art. 50 do CC com redação renovada).

Esse ciclo é próprio dos fenômenos jurídicos.[12] A realidade descortina os vácuos legislativos e a defasagem obriga juízes e juristas a descobrirem a solução alternativa que possa satisfazer interesses prejudicados, enquanto a lei nova não aparece para tranquilizar a sociedade. É um tempo de amadurecimento e, no caso da desconsideração, foi dada uma longa e tormentosa volta para demonstrar que as recomendações da teoria, agora reproduzidas com expressões equivalentes, são impostergáveis, e não simplesmente derrogáveis.

A desconsideração surfou as ondas de um poder absoluto dos juízes e tribunais e retornou para águas calmas, e outros fenômenos seguem a mesma sina, como o direito de o produtor rural fazer uso da recuperação judicial prevista na Lei 11.101/2005. Inglês de Sousa,[13] em 1912, já repudiava o entendimento que excluía o produtor rural da concordata (banida agora com a recuperação judicial), declarando a inexistência de motivo para essa distinção. Hoje, mais de cem anos depois, a jurisprudência do STJ aceita a

---

[11] PONTES DE MIRANDA, Francisco Cavalcanti. *Tratado de direito privado*. Rio de Janeiro: Borsoi, 1972. t. L, p. 308, § 5.323-6.

[12] O direito e o comércio nasceram praticamente juntos e se preocupam mais com fenômenos do que com os homens, disse Pietro Bonfante (*Storia del commercio*. Torino: G. Giappichelli, 1946. I, p. 7).

[13] SOUSA, Herculano Marcos Inglês de. *Projecto do Código Commercial*. Rio de Janeiro: Imprensa Nacional, 1913. v. I, p. 6.

recuperação do produtor rural endividado, esteja ou não registrado, confirmando o exercício da atividade durante dois anos (REsp 1.800.032/MT, *DJ* 10.02.2020, Rel. Min. Marco Buzzi).

O Ministro Ruy Rosado lembrou, no julgamento do REsp 86.502/SP, *DJ* 26.08.1996, que os arts. 2.º da CLT[14] e 135, II, do CTN poderiam, naquela época – 1996 –, servir de parâmetro para a desconsideração nos demais casos. O CDC (Lei 8.078/1990), no art. 28, e o art. 4.º da Lei 9.605/1998 (meio ambiente) também estabelecem a desconsideração, quando a personificação jurídica travar a boa aplicação da lei que protege o consumidor e o meio ambiente. O art. 50 do CC/2002, no entanto, constitui, agora, a referência a ser seguida e sua primazia é absoluta nesse setor, constituindo o único regramento completo ou a base legítima do ponto de equilíbrio da disputa da tutela de crédito e o patrimônio do sócio diante da personificação da sociedade.

Os bens dos sócios continuam separados do patrimônio da sociedade a qual integram. A responsabilidade do sócio, quase sempre limitada por sua própria vontade estabelecida no ato de personificação da sociedade[15], só perde o escudo (blindagem) do patrimônio particular em caso de abuso da personalidade jurídica, caracterizado pelo desvio de finalidade ou pela confusão patrimonial, porque aí está escancarada a fraude ou a manipulação da pessoa jurídica para prejudicar terceiros e credores da sociedade, beneficiando os sócios inescrupulosos. A nova redação do art. 50 do CC não representa vitória dos sócios ou derrota dos credores da sociedade, mas, sim (e finalmente), a publicação de um roteiro oficial obrigando confirmar a modificação dos objetivos estatutários e a mistura de bens, pressupostos objetivos da fraude.

2. A PERSONIFICAÇÃO DAS SOCIEDADES EMPRESÁRIAS

Estabelece o art. 985 do CC que a sociedade adquire personalidade jurídica com a inscrição no registro próprio e na forma da lei, dos seus

---

[14] Flávio Tartuce (*Direito civil*: Lei de Introdução e Parte Geral. 14. ed. São Paulo: Saraiva, 2018. v. I, p. 277, item 4.7) criticou a maneira como se aplicou a desconsideração em ações trabalhistas: "Desse modo, a utilização da desconsideração não pode ocorrer de forma excessiva, como é comum em decisões da Justiça do Trabalho, em que muitas vezes um sócio que nunca administrou uma empresa é responsabilizado por dívidas trabalhistas".

[15] Sylvio Marcondes Machado colocou em sua dissertação que "patrimônio separado e responsabilidade limitada, como irmãos siameses, se conjugam numa unidade permanente e indissolúvel" (*Limitação da responsabilidade do comerciante individual*, p. 272, § 99).

atos constitutivos (mencionados os arts. 45 e 1.550). A partir do registro, a sociedade passa a ser sujeito de direitos[16] "distinto dalle persone dei soci che vi sono interessati".[17]

As sociedades empresárias, antigamente chamadas de comerciais, constituem, segundo Ascarelli, um sujeito autônomo de direito.[18] A admissão da sociedade (pessoa jurídica) como sujeito de direito advém do reconhecimento da sua realidade objetiva como organismo dotado de estrutura corporativa suficientemente apta para celebrar vínculos de todos os ramos do direito, com plena habilitação ao exercício das relações jurídicas. Submete-se, inclusive, aos rigores do processo-crime ambiental (art. 225, § 3.º, da CF)[19] e, embora não tenha alma, é reconhecida a sua legitimidade para reivindicar indenizações por lesões que ofendam valores típicos dos direitos de personalidade, como previsto na Súmula 227 do STJ e de doutrina respeitabilíssima.[20]

As sociedades adquirem *status* de pessoa jurídica com a personificação (art. 44, II, do CC). O registro previsto no art. 1.150 do CC é o sinal de vida efetiva desse organismo que vai se infiltrar no mercado econômico e interagir com o patrimônio alheio, especialmente os terceiros que com elas vão celebrar obrigações, seus futuros fornecedores, clientes, devedores e especialmente os seus credores. O registro não é mera formalidade, apesar das exigências formais da Lei 8.934/1994 e da escrituração especial prevista na Lei 11.638/2007 (empresas de grande porte = valor do ativo superior a R$ 240 milhões e receita bruta anual superior a R$ 300 milhões); o objetivo de todo esse sistema é o de conferir ampla publicidade para compreensão da estrutura econômica e capacidade financeira a quem interessar conhecer esses requisitos e a finalidade (objetivo) da sociedade.

Embora o segredo constitua uma das condições do comércio ou a "alma do negócio", como é de ditado popular,

---

[16] WAISBERG, Ivo. *Comentários ao Código Civil*: direito privado contemporâneo. Coordenação Giovanni Ettore Nanni. São Paulo: Saraiva, 2019. p. 1362.

[17] VIVANTE, Cesare. *Trattato di diritto commerciale*. Milano: Francesco Vallardi, 1923. v. II, p. 9, § 302.

[18] ASCARELLI, Tullio. *Sociedades y asociaciones comerciales*. Tradução Santiago Sentis Melendo. Buenos Aires: Ediar, 1947. p. 62.

[19] Para responsabilizar criminalmente a pessoa jurídica, não há obrigatoriedade de, concomitantemente, responsabilizar a pessoa física que agia em seu nome (STJ, RMS 39173/BA, *DJ* 13.08.2015; e STF, RE 548181/PR, *DJ* 30.10.2014).

[20] PONTES DE MIRANDA, Francisco Cavalcanti. *Tratado de direito privado* cit., t. XXVI, p. 32, § 3108.

(...) casos há em que esse segredo não pode, nem deve ser mantido, antes é publicidade essencial e vantajosa aos próprios interesses dos comerciantes, para o desenvolvimento do crédito e a segurança de terceiros, que nas operações mercantis arriscam as suas economias. O público tem a necessidade de saber a identidade das firmas com as quais contrata, a extensão das obrigações que elas assumem, as garantias que oferecem, etc.[21]

O registro personaliza e divulga os dados, constituindo a fonte obrigatória para consulta e extração de cópias, inclusive para ministrar a terceiros que "porventura tenham de entrar em relações com a sociedade informações seguras sobre o modo de ser e de agir dela a fim de que se saiba principalmente se a sociedade é uma entidade distinta dos sócios ou se apenas a figura destes encobre-se com o nome de sociedade".[22] Embora caiba reconhecer que a finalidade da ampla publicidade é exatamente fornecer conhecimento, a dimensão da obra não é suficiente para garantir segurança ou certeza de que os dados divulgados são reais ou confiáveis. O terceiro que contrata com a sociedade personalizada guia seus sentimentos com os dados do registro e outros externos possíveis de capturar, apostando em prognósticos satisfatórios pelo risco ínsito nos empreendimentos comerciais.

Dentro desse quadro é possível ao interessado que vai contratar com a sociedade desconfiar ou até prever que a nuvem agourenta da fraude paira sobre os dados da personificação, mas nunca obter, por meio daqueles dados publicados, absoluta certeza de que a pessoa jurídica será instrumento de golpe na praça. Essa dura realidade do competitivo e nem sempre ético mundo dos negócios coloca o credor, vítima da manipulação fraudulenta do organismo chamado sociedade empresária, em estágio de vulnerabilidade diante do prejuízo que vai amargar ao testemunhar o completo esvaziamento de bens da empresa que lhe deve. Os sócios suscitam a autonomia de seus bens particulares e a responsabilidade limitada como argumentos contra possíveis ataques ao patrimônio individual. Esse é o sintoma perverso da crise da responsabilidade limitada, e a desconsideração surgiu para remediar esse mal.

---

[21] GONÇALVES, Luiz da Cunha. *Comentário ao Código Comercial português.* Lisboa: Editora J.B., 1914. v. I, p. 121, § 63.

[22] ALMEIDA, Francisco de Paula Lacerda de. *Das pessoas jurídicas.* Rio de Janeiro: Typ. Revista dos Tribunaes, 1905. p. 212, § 30.

A comunidade jurídica brasileira abeberou-se de monografias estrangeiras, especialmente Rolf Serick,[23] professor de Heidelberg, que defendeu a possibilidade de desconsiderar a personalidade da pessoa jurídica em caso de exercício abusivo, resumindo, em quatro enunciados, as premissas básicas de seu estudo. Todavia e quando recapitulou os resultados de sua análise, reafirmou que "quem abusa de la forma de la persona jurídica en realidade desestima esta misma institución", para advertir que o juiz, ao deparar com o abuso, deve penetrar em seu interior e fazer com que a sociedade se adapte ao fim que o direito lhe reconhecesse:

> La sociedad, como tal, sólo merece ser reconocida cuando se mueve dentro de los fines para los que ha sido creada. En la esfera del Derecho civil ha sido creada como un instrumento del tráfico jurídico de buena fe que permite a los individuos participar en la vida jurídica y comercial en una forma independiente de la personal de los interesados y que excluye su responsabilidad personal.

Somente agora, com a lei nova outorgando linguagem clara e objetiva ao art. 50 do CC, os contornos do abuso foram definidos.

3. O ART. 28 DO CDC E O ART. 50 DO CC

A Lei 13.784/2019 foi promulgada para conferir segurança jurídica ou pelo menos para reduzir a insegurança jurídica,[24] e no seu art. 1.º, § 1.º, consta que o seu conteúdo será observado na interpretação do direito civil, empresarial, econômico, urbanístico e do trabalho, nas relações jurídicas que se encontrem no âmbito de aplicação e na ordenação pública, inclusive sobre o exercício de profissões, comércio, juntas comerciais, registros públicos, trânsito, transporte e proteção do meio ambiente. A desconsideração estabelecida na Lei Anticorrupção (art. 14 da Lei 12.846/2013), que independe

---

[23] SERICK, Rolf. *Apariencia y realidad en las sociedades mercantis.* Tradução José Puig Brutau. Barcelona: Ariel, 1958. p. 242. Essa obra influenciou igualmente a literatura argentina (DOBSON, Juan M. *El abuso de la personalidad jurídica.* Buenos Aires: Depalma, 1991. p. 178, § 111).

[24] DALLARI, Adilson Abreu. Uma visão crítica sobre a lei de liberdade econômica. In: CUNHA FILHO, Alexandre J. Carneiro da; PICCELLI, Roberto Ricomini; MACIEL, Renata Mota (coord.). *Lei da liberdade econômica anotada.* São Paulo: Quartier Latin, 2020. v. 1, p. 38.

de decisão judicial porque é aplicada em procedimento administrativo de responsabilização dos corruptos e corruptores, continua intacta, porque o novo regime lhe é indiferente.

A primeira observação sobre o § 1.º do art. 1.º da Lei 13.784/2019 é a de que o texto não menciona "consumidor", o que não deixa de ser verdadeiro. Todavia, e se esse for o argumento para recusar o sentido de abrangência lata da lei nova, cabe reconhecer a fraqueza do discurso oposicionista. É necessário compreender a visão institucional do repaginado art. 50 do CC e as múltiplas funções da lei que reformulou o texto, porque não é somente bloquear o uso indiscriminado (e equivocado) de um instituto jurídico, como ocorreu com a desconsideração da personalidade jurídica até o STJ uniformizar as restrições, mas, sim, inserir suas corretas e obrigatórias premissas para restabelecer a justiça do ordenamento. E tudo isso para reabrir a vontade de empreender e reacender o mercado econômico, retraindo a fuga dos investidores, um conteúdo social prioritário.

Diante da magnitude do objetivo, é de indagar: justifica-se manter a desconsideração estabelecida no art. 28 do CDC, apesar de sua inadequação? Devemos conviver com duas espécies inconciliáveis, porque uma é desajustada (a do CDC)? Ouso afirmar que não, ressaltando a inexistência de privilégio entre credores e, em seguida, apresento as razões desse ponto de vista, embora existam outras merecedoras de crédito.[25]

A unicidade é vantajosa para todo e qualquer sistema jurídico, impedindo decisões divergentes que o destinatário ou usuário da justiça não compreende, mesmo recebendo uma explicação didática preparada para convencer um leigo. O credor de uma dívida de sociedade, qualificado como consumidor, não pode receber tratamento preferencial (e errado) na tutela de seu crédito. A desconsideração prevista no art. 28 do CDC exige menos do que o devido. Produz a desconsideração da personalidade jurídica, independentemente da natureza do crédito ou da figura do credor, a responsabilidade que os sócios não assumiram quando personalizada a sociedade devedora, e isso é excepcional, ou, quando houver manipulação abusiva da

---

[25] Rodrigo Xavier Leonardo e Otávio Luiz Rodrigues Jr. (A desconsideração da pessoa jurídica – alteração do art. 50 do Código Civil: art. 7.º. In: LEONARDO, Rodrigo Xavier; RODRIGUES JR., Otávio Luiz; MARQUES NETO, Floriano Peixoto (org.). *Comentários à Lei da Liberdade Econômica*. São Paulo: RT, 2019. p. 277) defendem que a legislação extravagante incide, nos casos em que for aplicável, por exemplo, nas relações de consumo. Ressalvam, contudo, que o Código Civil será determinante para a identificação dos pressupostos da desconsideração.

pessoa jurídica, mediante desvio de finalidade e confusão patrimonial. O resultado não é destinado a uma determinada classe de sujeitos, mas, sim, a todos os credores.

A lei nova não se referiu ao art. 28 do CDC como norma revogada e não precisava fazer essa ressalva expressa, porque a derrogação é implícita ou por colisão frontal com princípio jurídico predominante. A desconsideração inserida no CDC não observou os seus elementos congênitos[26] e representou uma das causas da parafernália instalada no ordenamento que, com esse instituto, rompeu a obrigatória separação patrimonial dos bens da sociedade e dos sócios e, por isso, foi necessária a intervenção legislativa, inclusive com linguagem enfática do parágrafo único do art. 49-A do CC.

Ora, se mesmo diante de uma uniformização jurisprudencial estabelecida pela Corte Superior foi necessário publicar uma legislação de amplitude geral visando eliminar as brechas que atentassem contra o estímulo empreendedor, a estabilidade almejada continua ameaçada, se não for concentrada a interpretação, até porque o credor definido como consumidor não é titular de uma tutela de crédito distinta dos demais credores de sociedades devedoras, o que permite rechaçar qualquer tentativa de pulverizar os regimes legais. De ora avante, e para abrir o incidente do art. 133 do CPC, será necessário provar o abuso de direito no exercício da personalização da sociedade, seja pela intenção dos sócios de cometer fraudes ou diante de confusão patrimonial ou mistura tendenciosa de bens da sociedade e dos sócios.

A regulamentação do art. 50 do CC atingiu, como um raio devastador, a primeira parte do art. 28 do CDC, porque a expressão "má administração" da empresa falida ou insolvente não contribui para uma perfeita compreensão do abuso necessário para substituir a sociedade pelos sócios como responsáveis. A palavra "má" é pródiga em sentidos gerenciais e pode abranger até o insucesso pelo risco do negócio se permanecer como requisito subjetivo da teoria que perpetua a insegurança dos empresários. O outro tipo do art. 28 e que consta do § 5.º emprega o vocábulo "obstáculo", ambíguo por natureza: se a personalização constituir "obstáculo" ao ressarcimento do dano, os

---

[26] Raquel Sztajn (Desconsideração da personalidade jurídica. *Revista de Direito do Consumidor*, São Paulo, v. 2, p. 71, 1991) enfatizou: "Claramente o texto do art. 28 da Lei 8.078/90 não segue a filosofia que informa a aplicação da teoria nos sistemas de origem. O texto mistura defeitos dos atos para os quais o sistema já prevê remédios próprios. Ou o legislador não entendeu a função da teoria da desconsideração ou, ao que parece, desejou banalizar, vulgarizar a técnica, para torná-la panaceia nacional na defesa do consumidor".

sócios respondem aos consumidores. A desconsideração é instituto único e regulamentado pelo art. 50 do CC, ainda que em relação de consumo.

O STJ cumpre o papel institucional que lhe foi confiado pelo art. 105 da CF e poderá ser afirmado que nessa função os seus pronunciamentos corrigiram equívocos pontuais na aplicação da desconsideração da personalidade jurídica, tanto que está consolidada uma posição que precede ao advento da Lei 13.874/2019 (Lei da Liberdade Econômica) do seguinte teor (AgInt no REsp 1787751/SP, *DJ* 18.02.2020, Min. Maria Isabel Gallotti):

> A jurisprudência do STJ firmou o entendimento no sentido de que a existência de indícios de encerramento irregular da sociedade aliada à falta de bens capazes de satisfazer o crédito exequendo não constituem motivos suficientes para a desconsideração da personalidade jurídica, eis que se trata de medida excepcional e está subordinada à efetiva comprovação do abuso da personalidade jurídica, caracterizado pelo desvio de finalidade ou pela confusão patrimonial.

Analisando o que foi decidido no AgRg no REsp 1.130.358/MG (*DJ* 06.12.2019, Rel. Min. Antônio Carlos Ferreira, com voto declarado da Ministra Maria Isabel Gallotti), constata-se que seria aplicável, para fundamentar a correta desconsideração, o art. 28 da Lei 8.078/1990 (CDC), por envolver totalidade de cessão das quotas da sociedade limitada, com dívidas pendentes, para pessoas (novos sócios) sem aptidão (vontade) e capacidade econômica para prosseguirem com o objetivo social. Esse resultado foi catastrófico para os credores que, com a desconsideração, obtiveram a responsabilização dos antigos sócios pelas dívidas que a sociedade contraiu na gestão deles. Ora, se o exame fosse realizado na égide da lei nova, caberia reconhecer a ilicitude da cessão para aplicar a parte final do art. 50 do CC como desvio de finalidade, e isso demonstra que o sistema conta com dispositivo completo para unificar a interpretação.

4. O REQUISITO DO DESVIO DE FINALIDADE

A insolvência da sociedade empresária não é um bilhete de loteria premiado que faz milionário o sócio. Geralmente, ao inverso, a crise econômica da empresa empobrece o empresário e, no caso de o sócio ficar rico com a falência da sua empresa, deverá o credor ligar o sinal de alerta por traduzir esse paradoxo um indício fraudulento. As sociedades empresárias são personificadas porque o Estado permite que a pessoa jurídica constitua o instrumento para a prática de atividades produtoras de riquezas (lucros), esperando ou confiando que nessa função sua ideologia não seja desvirtuada para se tornar fonte de litígios e de frustrações de expectativas creditícias. O papel institucional das sociedades personificadas é conduzir as metas econômicas nos limites do direito que lhe deu vida jurídica.

O credor das sociedades empresárias deverá, em um primeiro momento, esgotar as possibilidades reais de excussão de bens da devedora, constituindo o exaurimento dessas expectativas um ritual necessário para a habilitação ao pedido de desconsideração da personalidade jurídica (art. 133 do CPC). Não basta simplesmente alegar dificuldades ou impossibilidade de obter garantias para o cumprimento da obrigação, mas, sim, provar que foram realizadas diligências, buscas, propostas de bloqueio de numerário, investigações sobre existência de bens registrados e nada de positivo foi obtido, o que revela a inutilidade de prosseguir na jurisdição com os elementos originários da obrigação inadimplida. Esse é o primeiro passo para provocar a desconsideração a fim de buscar bens particulares dos sócios.

O termo "desconsideração" da personalidade jurídica está oficializado no sistema jurídico brasileiro e fica adotado, apesar de ser criticado por doutrinador português e autor da fórmula "levantamento da pessoa coletiva".[27] O credor prejudicado pela mora da sociedade devedora deverá provar os fatos que vão autorizar o juiz a redirecionar a execução sobre os sócios e penhorar os bens particulares deles. Desconsiderar é, na prática, modificar os termos oficiais da personificação da sociedade, libertando os terceiros (especialmente os credores) do vínculo imposto pelas regras do contrato social, como se fosse uma espécie de sanção por conduta indecorosa e censurável dos sócios administradores, que, com isso, se tornam verdadeiros devedores.

Essa metamorfose agrada os credores e consterna os sócios, que se sentem traídos com a ruptura do princípio da separação de bens, o que, naturalmente, produz uma lide ou um conflito de interesses resistidos. O credor quer receber e o sócio reluta em pagar e cumpre ao juiz decidir sobre a desconsideração, cuja modulação foi imposta por lei para cumprir a advertência de Rubens Requião em palestra proferida na década de 1960:

> Quando propugnamos pela divulgação da doutrina da desconsideração da pessoa jurídica em nosso direito, o fazemos invocando aquelas mesmas cautelas e zelos de que se revestem os juízes norte-americanos, pois sua aplicação há de ser feita com extremos

---

[27] MENEZES CORDEIRO, António. *O levantamento da personalidade colectiva no direito civil e comercial*. Coimbra: Almedina, 2000. p. 103.

Cap. 7 • A DESCONSIDERAÇÃO DA PERSONALIDADE JURÍDICA | 217

cuidados e apenas em casos excepcionais, que visem impedir a fraude e o abuso de direito em vias de consumação.[28]

Temos itinerário para guiar os litigantes quanto ao que se deve provar para que o juiz, a requerimento da parte ou do Ministério Público (quando participar do processo),[29] aplique a desconsideração, e não há como fugir da metodologia que oprime os intérpretes, como se estivessem fora de cogitação quaisquer ilações fora do contexto. A redação do art. 50 do CC utiliza a expressão "abuso da personalidade jurídica" e isso, naturalmente, encaminha o leitor ao figurino do abuso de direito previsto no art. 187 do CC, o que autoriza lembrar que, embora o abuso de direito tenha vocação objetiva (independentemente da prova da culpa), no caso da Lei da Liberdade Econômica, a situação é de ordem subjetiva ou dependente da culpa, no caso de desvio de finalidade e intenção fraudulenta na confusão patrimonial.

O que é desvio de finalidade? As sociedades são constituídas para o exercício de uma atividade econômica (objeto), conforme propósito definido pelos sócios quando criam os parâmetros societários. No art. 2.º da Lei 6.404/1976 consta que o objeto da sociedade lucrativa não poderá ser contrário à lei, à ordem pública e aos bons costumes. Segundo o art. 981, parágrafo único, do CC, a sociedade pode restringir a realização de um ou mais negócios determinados. Há, pois, liberdade absoluta para o exercício da atividade econômica, ressalvadas as proibições legais. Desvio de finalidade significa que a sociedade exerceu outra atividade que não aquela definida como objeto social; se obteve sucesso e lucrou, ninguém vai reclamar dessa mudança de rumo, sobrando, se for o caso, alguma restrição de ordem administrativa por irregularidade formal.

Nas sociedades limitadas, o administrador que praticar atos que não estão inseridos em seus poderes ou além do objeto social atrai sua responsabilidade pessoal, o mesmo ocorrendo com decisões do sócio que não está autorizado a administrar.[30]

---

[28] REQUIÃO, Rubens. Abuso de direito e fraude através da personalidade jurídica. *Aspectos modernos de direito comercial*. São Paulo: Saraiva, 1977. v. 1, p. 83; e *Revista dos Tribunais*, v. 410, p. 23, dez. 1969.

[29] Continuo convicto da legalidade de o juiz aplicar, de ofício, a desconsideração em caso de falência da sociedade empresária. O STJ já havia referendado decisão nesse sentido (REsp 370.068/GO, Min. Nancy Andrighi, *DJ* 14.03.2005).

[30] AGUIAR JR., Ruy Rosado de. Responsabilidade civil de empresários e administradores. In: COELHO, Fábio Ulhoa (coord.). *Tratado de direito comercial*. São Paulo: Saraiva, 2015. v. V, p. 43.

Essa matéria entra no foco da desconsideração, quando a rota desviada representa o caminho que conduziu ao calote ou para o buraco aberto pelo não pagamento dos credores da sociedade. Segundo o § 5.º do art. 50 do CC, não constitui desvio de finalidade a mera expansão ou a alteração da finalidade original da atividade econômica específica da pessoa jurídica, e isso parece óbvio. É comum que ocorram modificações do cenário produtivo enquanto as atividades são desenvolvidas, o que encaminha o empresário a alterar a sua dinâmica em busca dos filões que vão surgindo no mercado, de modo que seria temerário reconhecer que essa adaptação por conta da volúpia do consumo possa prejudicar os administradores, se algo der errado nessa trajetória. A responsabilidade advém em caso de desvio de finalidade com o propósito de lesar credores e para a prática de atos ilícitos de qualquer natureza (§ 1.º do art. 50 do CC).

Não há abuso de direito quando a pessoa jurídica exerce o direito para atender as necessidades desse direito (exploração da atividade econômica conexa ou dependente), porque o fim é perseguido de maneira regular, e isso é o que o § 5.º do art. 50 do CC ressalvou. É preciso distinguir se o ato praticado pelo administrador está além das forças da sociedade (*ultra vires*) ou se decorreu de excesso de poder, porque somente o último obriga a sociedade (art. 47 do CC). Explicando o sentido de ser mencionado de forma clara o objeto da sociedade, Carlos Fulgêncio da Cunha Peixoto lembrou que essa cláusula "limita, em regra, os poderes da administração, já que a sociedade não é responsável pelos atos de seus administradores, que exorbitam no seu âmbito de ação".[31]

O primeiro requisito do desvio nocivo que justifica desconsiderar reside na "lesão dos credores". O credor da sociedade almeja o cumprimento e pouco importa com o modo pelo qual o devedor obteve o valor da quitação da dívida. Quando o credor não recebe o que lhe é devido, passa a questionar e investigar o motivo da derrocada da empresa inadimplente, o que valoriza a causa do desvio de finalidade para correta aplicação do art. 50 do CC. A obrigação inadimplida tem estrutura ligada ao objeto da empresa, o que contribui para a formação do fator de confiança para a contratação, e todo desvio de finalidade prejudicial ao adimplemento levanta suspeita. Isso, contudo, não basta.

Em interessante parecer, o jurista Luiz Gastão de Barros Leães[32] aborda essa temática e convém transcrever o seguinte trecho:

---

[31] PEIXOTO, Carlos Fulgêncio da Cunha. *Sociedade por ações*. São Paulo: Saraiva, 1972. v. 1, p. 14.

[32] LEÃES, Luiz Gastão Paes de Barros. Desconsideração da personalidade jurídica. *Pareceres*. São Paulo: Singular, 2004. p. 381.

Assim, na hipótese examinada, não se pode legitimamente falar em uso abusivo da personalização, pelo simples fato de a separação patrimonial restringir a garantia geral com que contraria os credores, pois essa é a consequência natural do instituto da pessoa jurídica. Não é a mera ocorrência de prejuízo ao credor – quando exaurido o patrimônio social, não poderá ele voltar-se contra sócios de responsabilidade limitada – elemento suficiente para a configuração de utilização abusiva, da personalidade jurídica. A quem pretenda invocar a prestação jurisdicional que desconsidere a autonomia da pessoa jurídica, incumbe a prova de "desvio funcional" no exercício do direito à personalização. Ora, no caso, tanto houve o adequado uso da faculdade em tela, que o ilustre magistrado recusou inclusive estender às controladas os efeitos da falência, respeitando-lhes a personalidade jurídica.

O credor está obrigado a provar que os administradores trocaram o objeto social para "lesar credores". Como a dívida contraída tem relação com a atividade originária e a mudança para outro segmento dispensa os insumos adquiridos para exploração da indústria ou comércio, porque inúteis para a nova função, o propósito de lesar credores passa a ser de aparente evidência, porque o risco de fracasso da operação alternativa é elevadíssimo. Veja-se que o capital necessário para incrementar a atividade substituta foi produzido com o investimento inutilmente realizado pelos credores que confiavam no objeto originário, o que não deixa de caracterizar um golpe empresarial. O malogro de uma mudança sem *expertise* e com dívidas acumuladas representa mais do que uma aventura inconsequente, mas, sim, um salto no abismo, sem paraquedas e com os credores impedidos até de berrar "cuidado, olhe o meu crédito".

A intenção de causar prejuízo engloba um viés carregado de subjetividade, e a confissão da parte sobre a vontade deliberada de prejudicar credores com a finalidade desviada seria, nesse quadro de rigidez probatória, a única maneira absolutamente incontestável de demonstrar o *animus nocendi*. Um sistema jurídico racional não funciona dessa forma e outras possibilidades não serão descartadas do escrutínio final a ser apresentado pelo juiz, porque, se não se permitir confirmar a motivação dolosa por indícios, dificilmente o credor vai provar que o desvio de finalidade foi planejado e executado para fraudar credores. O desprezo da posição dos credores nas decisões precipitadas e surpreendentes revela que o abuso da personalidade pelo desvio de finalidade foi decidido e realizado como se não existissem credores, e o total descaso ou abandono indica o propósito de causar dano.

É preciso compreender o sentido da expressão "propósito de lesar credores". A fraude de credores (art. 158 do CC) frustra a tutela de crédito pelo esvaziamento patrimonial do devedor, e nem sempre a intenção de lesar é escancarada pelos seus protagonistas. O raciocínio que conduz à certeza do sumiço fraudulento dos bens envolve não somente a constatação do resultado negativo (inadimplemento e falta de garantia), como, também, a inexistência de honestidade para a ação ou omissão do agente. No desvio de finalidade, o conceito é o mesmo: a motivação para o desvio de finalidade catastrófico é pífia e os credores saíram lesados pela insensata administração empresarial, o que é suficiente para convocação dos sócios desastrados à responsabilidade pessoal perante os credores.

O desvio de finalidade admitido é aquele que se realiza para cumprir a finalidade econômica da sociedade, e aí não está caracterizado o abuso da personalidade jurídica. É preciso fazer diferente para sobreviver no disputado mercado econômico. No entanto, e quando a mudança é radical, a chance de sucesso é reduzida por representar uma espécie de aventura que se realiza em prejuízo da confiança dos credores. E o art. 50, § 1.º, do CC cogitou de outro tipo de mudança de rumo que autoriza a desconsideração ou quando se desvia do objeto estatutário para praticar atos ilícitos de qualquer natureza. Nesse contexto, estão integradas atividades suspeitas muito próximas de verdadeiros estelionatos, como a criação de pirâmides de investimento e outras armadilhas que a rede de computadores permite construir e prejudicar vítimas imprudentes ou cuja ambição afugenta as providências acautelatórias.

Nessas hipóteses e em outras com atividades predatórias que tipificam crimes comuns ou definidos em leis especiais, como ambientais ou de consumo, o desvio atinge a coletividade, o que evidencia a obrigatoriedade de desconsiderar e responsabilizar os sócios pelas dívidas da sociedade, sabidamente desprovida de patrimônio. A desconsideração prevista para essa espécie (parte final do § 1.º do art. 50 do CC) depende apenas da prova da reprovabilidade civil ou criminal do fato praticado com a atividade explorada pela sociedade, porque o abuso no exercício da personalidade é indiscutível.

Os casos das cooperativas habitacionais, verdadeiras empresas destinadas a explorar o ramo da construção civil, com dirigentes que optam por outorgar roupagem de cooperativas (Lei 5.764/1971) para fugir dos rigores das Leis 4.591/1964 e 8.078/9190 (CDC), configuram exemplo da prática de ilícitos, porque arrecadam contribuições dos aderentes e não entregam as unidades prometidas. O STJ editou a Súmula 602, pela qual "o Código de Defesa do Consumidor é aplicável aos empreendimentos habitacionais promovidos pelas sociedades cooperativas", e não há necessidade de recorrer

Cap. 7 • A DESCONSIDERAÇÃO DA PERSONALIDADE JURÍDICA | **221**

ao art. 28 do CDC[33] para atribuir responsabilidade aos dirigentes, mas, sim, ao § 1.º, parte final, do art. 50 do CC (prática de ilícitos).

Outro bom exemplo de utilização da pessoa jurídica para prática ilícita está na obra de Marçal Justen Filho, hipótese típica de aplicação do art. 50, § 1.º, parte final, do CC:[34]

> (...) caso de alguém que assume obrigação de não fazer e que busca valer-se da sociedade personalizada para praticar a conduta a cuja abstenção se obrigara. Em tal suposição, a conduta praticada pela sociedade é imputável diretamente ao sócio, ultrapassando-se a personalidade jurídica societária, tal como se inexistente fosse.

5. CONFUSÃO PATRIMONIAL E OUTROS ATOS DE DESCUMPRIMENTO DA AUTONOMIA PATRIMONIAL

O desvio de finalidade da pessoa jurídica não é o único pressuposto que autoriza a desconsideração. A confusão patrimonial também legaliza a intervenção judicial para reprimir abusos que prejudiquem os credores da sociedade. E por confusão deverá se entender a mistura do patrimônio da sociedade com os bens particulares do sócio, de modo que fica difícil ou impossível identificar qual deles prevalecerá em caso de ser exigida demonstração da titularidade. Ora, se os sócios e a empresa convivem com um financeiro promíscuo no tocante à independência é porque, em princípio, não há sistema contábil confiável, pela cumplicidade administrativa negligente na fiscalização dos bens da sociedade, o que poderá ser fatal para as pretensões dos credores da sociedade. Essa falta de seriedade depõe contra a segurança econômica, o que permite entender que os próprios sócios abriram mão da desejada autonomia patrimonial.

Estou de acordo com criteriosa posição doutrinária[35] no sentido de que pagamentos indevidos de dividendos – como também outros benefícios que

---

[33] O STJ reconheceu que a existência de personalidade jurídica da cooperativa estaria impedindo o ressarcimento dos danos causados aos consumidores, o que justificou a desconsideração para responsabilizar os dirigentes (REsp 1.735.004/ SP, Min. Nancy Andrighi, *DJ* 29.06.2018).

[34] JUSTEN FILHO, Marçal. *Desconsideração da personalidade societária no direito brasileiro*. São Paulo: RT, 1987. p. 61, item 2.1.4.

[35] CIAMPOLINI NETO, Cesar; WARDE JR. Walfrido Jorge. A teoria histórica da disciplina da responsabilidade dos sócios e os precedentes em matéria de

não se explicam pelo critério da razoabilidade – caracterizam, sim, confusão patrimonial. O sócio utiliza de tais expedientes para invadir o capital social e apropriar da capacidade produtiva e, nesse sentido, deve responder pelas dívidas com seus bens pessoais. A subcapitalização ou quando o capital social foi construído de forma simulada, sub-repticiamente ou de fundos desprovidos de conteúdo patrimonial, é igualmente sinônimo de confusão, porque os sócios aproveitam do ineficiente patrimônio constituído em garantia dos credores para se apropriarem das atividades desenvolvidas. São, igualmente, responsáveis pelas dívidas e não há como limitar a responsabilidade deles.

Está vedado desconsiderar a pessoa jurídica para obrigar sócios ao cumprimento de dívidas da sociedade por sua extinção (regular ou irregular) com dívidas pendentes e ausência de bens penhoráveis, por ser obrigatório demonstrar o desvio de finalidade ou a confusão patrimonial. E a própria norma regulamentar cuidou de especificar os casos de confusão:

> (...) ausência de separação de fato entre os patrimônios, caracterizada por: cumprimento repetitivo pela sociedade de obrigações do sócio ou do administrador e vice-versa e transferência de ativos ou de passivos sem efetivas contraprestações, exceto os de valor proporcionalmente insignificante (art. 50, § 2.º, I e II, do CC).

O STJ examinou hipótese em que as instâncias locais admitiram a responsabilidade do sócio por dívidas da sociedade que, embora constituída e mantida com um capital de quatro milhões de reais, não apresentou um único bem para garantir o pagamento do credor, e um dos sócios declarou à Justiça Eleitoral (candidato a cargo eletivo) patrimônio superior a cinco milhões, sem explicar sua origem. O Tribunal do Distrito Federal concluiu que esses dados permitiriam presumir a confusão pela repetida transferência de numerários aos sócios, sem registro, porque ele, como prefeito, não poderia obter renda que permitisse os investimentos declarados. O STJ referendou o *decisum*, nos termos da Súmula 7 (proibição de reexame de matéria fática).[36]

É preciso compreender a noção de sociedade que paga, mais de uma vez, dívidas dos sócios (cumprimento repetitivo de ato de pagar). A sociedade que paga dívidas do sócio está rompendo a autonomia patrimonial, e, se o faz por uma única e excepcional vez, o sistema admite o ato sem censura, como se

---

desconsideração da personalidade jurídica. *O Direito de Empresa nos Tribunais Brasileiros*, p. 275/276.

[36] AgInt no Agravo em REsp 1.362.690/DF, Min. Raul Araújo, *DJ* 19.12.2019.

fosse conjuntural ou incapaz de compor uma integração patrimonial, desde que o valor não constitua algo extraordinário na comparação com o capital social. Quando o pagamento de uma única dívida do sócio desfalca o caixa ou impossibilita o desenrolar das atividades rotineiras, constituindo o foco da bancarrota, deve o juiz entender que, embora não repetitivo, foi significativo ou decisivo para caracterizar abuso. Do mesmo modo, se forem reiterados cumprimentos de valores módicos, como para atender despesas pessoais do sócio sem interferência com a regularidade do fluxo de débitos e créditos, está descartada a figura do abuso por confusão patrimonial.

Necessário observar, para reconhecer confusão patrimonial nas duas modalidades anunciadas, o objetivo da sociedade, porquanto existem sociedades cuja atividade consiste em explorar economicamente bens imóveis, quando o capital é constituído com bens dos sócios a serem administrados pela pessoa jurídica. A distinção que permite separar os bens decorre de cláusulas transparentes e o mesmo poderá ocorrer com empresas de construção civil: o fato de os sócios registrarem unidades em seus nomes não implica confusão, desde que se confirme que foram destinadas para residência familiar ou que foram destacadas por contraprestação equivalente.

Também cabe desconsiderar a personalidade jurídica e responsabilizar os sócios, por descumprimento da autonomia patrimonial, ainda que a confusão se faça mediante práticas estranhas às duas figuras especificadas nos incisos I e II do § 2.º do art. 50 do CC, uma regra aberta,[37] o que permitirá ao juiz abraçar situações em que a confusão realmente perturbe a distinção de bens da sociedade e dos sócios. O permissivo genérico inserido pela oração "outros atos de descumprimento da autonomia patrimonial" (inciso III do § 2.º do art. 50) servirá para acolher sugestivas e inovadoras manobras capazes de embolar os patrimônios e que escaparam da argúcia legislativa, como quando a pessoa jurídica presta garantia exorbitante em negócio de interesse exclusivo do sócio.[38]

6. O GRAU DE RESPONSABILIDADE DO SÓCIO ATINGIDO PELA DESCONSIDERAÇÃO

Uma vez desconsiderada a personalidade da pessoa jurídica, pelo abuso praticado pelos sócios administradores ou gerentes, os bens particulares dos

---

[37] LEONARDO, Rodrigo Xavier; RODRIGUES JR, Otavio Luiz, A desconsideração da pessoa jurídica – alteração do art. 50 do Código Civil: art. 7.º cit., p. 287.

[38] Exemplo fornecido por SCHREIBER, Anderson. *Código Civil comentado*: doutrina e jurisprudência. Rio de Janeiro: Forense, 2019. p. 40.

sócios serão excutidos para pagamento dos credores das sociedades, e nesse instante cabe questionar: qual o calibre a ser estabelecido de afetação dos patrimônios individuais? Em tese, os sócios respondem nos limites (proporção) de suas participações no capital social. Assim, se uma pessoa assumiu 1% do capital social, figurando no contrato para regularizar a sociedade limitada ao tempo que exigia duas ou mais pessoas, na desconsideração deveria responder por 1% do total da dívida, cuja responsabilidade foi transferida para os sócios. O outro, titular de 99%, responderia pelo remanescente, porque é presumido que o benefício obtido pelo sócio maior resulta do grau de quotas assumidas.

O STJ decidiu que, com a desconsideração, a responsabilidade dos sócios é integral ou no montante da dívida, e no REsp 1.169.175/DF, *DJ* 17.02.2011, assinalando que a limitação ao percentual de quotas seria uma temeridade para o instituto da desconsideração da personalidade jurídica. A ementa do voto foi transcrita nos comentários de Flávio Tartuce,[39] que aprovou o entendimento.[40] O repaginado art. 50 do CC pretendeu regulamentar essa tormentosa questão ao dispor que as obrigações das sociedades serão estendidas, com a desconsideração, "aos bens particulares de administradores ou de sócios da pessoa jurídica beneficiados direta ou indiretamente pelo abuso".

Ao referir que serão apanhados os bens particulares dos sócios que se beneficiaram, direta ou indiretamente, estabeleceu a lei uma referência sobre a medida da responsabilidade, porque, se os sócios não beneficiados não respondem, como resulta *a contrario sensu*, isso já representa uma divisão oficial entre os sócios e totalmente impeditiva da obrigação integral que antes era assinalada por falta de lei que ressalvasse a carga individualizada.

A incerteza não foi eliminada completamente por ser difícil definir, mediante critérios objetivos, a intensidade econômica da vantagem auferida pelo sócio, seja direta ou indiretamente, comparado com os demais. A virtude do dispositivo foi a de introduzir uma regra a ser seguida e observada, mesmo com redação insatisfatória, porque a partir de agora não se poderá afirmar que a lei não distingue sobre o grau ou limitação da responsabilidade do sócio atingido pela desconsideração. O sócio responde na proporção do benefício que obteve com o prejuízo do credor da sociedade e cumpre ao juiz verificar se está demonstrado o grau de vantagem, avaliando a repercussão do resultado em comparação com o patrimônio dos sócios.

---

[39] TARTUCE, Flávio. *Direito civil*: Lei de Introdução e Parte Geral cit., p. 277.

[40] Essa diretriz foi seguida em julgados subsequentes: AgRg no Agravo em REsp 462.831/PR, Min. Luis Felipe Salomão, *DJ* 25.08.2014; e AgRg no Agravo em REsp 764.058/RS, Min. Marco Aurélio Bellizze, *DJ* 22.08.2017.

Entre os sócios criou-se um "salve-se quem puder", e a cada sócio incumbe realizar a prova que o favoreça. O credor obtém a desconsideração e, quando o juiz levanta a eficácia da personificação jurídica, surge novo cenário com a eliminação completa da responsabilidade limitada, o que autoriza obrigar todos os sócios ao cumprimento *in totum* da obrigação inadimplida. A partir desse momento jurídico, o sócio deve provar que não se beneficiou, no todo ou em parte, e essa tese não é recepcionada com palavras e proporções do capital social, sabidamente inferior ao volume dos negócios (subcapitalização), mas, sim, com a prova de exclusão, isto é, identificando aquele que exatamente auferiu a vantagem que prejudicou o credor. Se as provas concretas não distinguirem os patrimônios dos sócios afetados pelo incumprimento, a responsabilidade é total para cada sócio, e não proporcional.

O dispositivo em análise não direciona a desconsideração única e exclusivamente ao sócio que exerce a gerência e que, no fundo, é o verdadeiro responsável pelo prejuízo da tutela do credor. Pode suceder que sócios que não exercem poder de comando influenciam as decisões ou que, de fato, são os responsáveis pelas mais importantes (e quiçá ruinosas) deliberações. Assim, no caso de não ter sido definido o completo alheamento do sócio que lidera o destino da sociedade sem o título de gerente (iminência parda), seria equivocado transferir ao sócio formalmente empossado na administração a carga exclusiva do prejuízo, como se fosse o único a ser beneficiado. Importante, nesse aspecto, a lembrança de que nas sociedades por quotas a realidade informa que as decisões são globais (tomadas pelos sócios) e executadas pelo gerente, mero executor da deliberação do grupo.[41] Todos respondem de forma proporcional na ausência de provas concretas sobre benefícios auferidos por um deles.

7. OS GRUPOS ECONÔMICOS

Ao dispor (§ 4.º do art. 50) que "a mera existência de grupo econômico sem a presença dos requisitos de que trata o *caput* deste artigo não autoriza a desconsideração da personalidade jurídica", o Código Civil entra, novamente, em colisão frontal com o CDC (Lei 8.078/1990) que, em seu § 2.º do art. 28, estabelece que "as sociedades integrantes dos grupos societários e as sociedades controladas são subsidiariamente responsáveis pelas obrigações decorrentes deste Código". Essa antinomia reforça minha convicção sobre a

---

[41] RIBEIRO, Maria de Fátima. *A tutela dos credores da sociedade por quotas e a desconsideração da personalidade jurídica*. Coimbra: Almedina, 2009. p. 471.

necessidade de uniformizar a aplicação da desconsideração, evitando que, conforme a origem do crédito inadimplido, o Judiciário intervenha de forma absolutamente divergente.

Os conglomerados societários carregam estigma suspeito, embora não caiba generalizar que reuniões, fusões e incorporações ocorram para consagração de alguma fraude, especialmente dos credores da sociedade absorvida. Ana Frazão[42] recorda que

> (...) há boas razões para sustentar que, em muitos casos, é justificável a responsabilização do patrimônio da sociedade-mãe pelas dívidas da sociedade-filha, embora tal responsabilidade não decorra propriamente de qualquer ilícito, mas, sim, da própria configuração estrutural do grupo e do fato de a controladora exercer efetivamente poder de direção sobre a controlada.

A sociedade controladora ou classificada como mãe (líder) responderá caso tenha procedido com culpa ou falta de diligência na absorção da sociedade afiliada, tida como filha, que, com a integração, perde praticamente o poder de atuação e de solver suas dívidas. É necessário pesquisar e aferir se, pelas regras de interpretação da dinâmica empresarial, o risco da reunião não se fez – ou deveria ser realizado – considerando a posição dos credores. Em matéria de incorporação imobiliária (construtoras), tornou-se prática comum, após conclusão de um empreendimento, que a sociedade responsável passe a fazer parte de grupo capitaneada por empresa do mesmo setor e com alguns sócios comuns, o que permite reconhecer o abuso no exercício da sociedade jurídica, tanto da receptora como daquela que ingressa, o que compatibiliza o novo sistema jurídico centralizador.

8. A DESCONSIDERAÇÃO INVERSA

Devemos enfatizar, como registrou Ferrer Correia "que os credores particulares dos sócios não podem fazer execução nos bens sociais", sendo que na legislação portuguesa admite-se autorização para executar os direitos de lucros (dividendos) e a própria quota a ser liquidada.[43]

---

[42] FRAZÃO, Ana. Lei de Liberdade Econômica e seus impactos sobre a desconsideração da personalidade jurídica. In: SALOMÃO, Luis Felipe; CUEVA, Ricardo Villas Bôas; FRAZÃO, Ana (coord.). *Lei de Liberdade Econômica*. São Paulo: Thomson Reuters – RT, 2020. p. 483.

[43] *Lições de Direito Comercial*, p. 244, § 31-b.

Pode suceder que a pessoa física abuse do seu *status* personalíssimo para prejudicar terceiros, especialmente seus credores, e para obter esse desiderato utiliza a pessoa jurídica como blindagem patrimonial própria. É o oposto do abuso da personalidade da pessoa jurídica como escudo (proteção) dos bens particulares dos sócios e, por isso, foi batizada de "desconsideração inversa". O credor da pessoa natural não consegue o pagamento diante da inexistência de bens em nome do devedor, exatamente pelo fato de ter transferido todo o seu patrimônio como integrante do capital da sociedade empresária da qual é sócio controlador. Esse obstáculo, considerado fraudulento, permite que se adotem os mesmos efeitos da desconsideração da personalidade jurídica como meio de penhorar os bens da sociedade para cumprimento das obrigações dos sócios.

O caso paradigmático dessa teoria nasceu da falta de bens pessoais de conhecido empresário do setor automotivo que, como pessoa física, prejudicou a tutela de crédito de honorários advocatícios,[44] e a única alternativa viável seria o bloqueio de numerário das contas bancárias de duas de suas empresas, motivando decisão favorável por Acórdão do TJSP, da lavra do Desembargador Manoel de Queiroz Pereira Calças.[45] Despertou atenção de cunho negativo, para o devedor, o fato de não possuir o empresário, tido como magnata do setor, conta bancária pessoal dotada de fundos. Os honorários foram satisfeitos com essa providência e, a partir daí, passou a ser admitida a desconsideração, inclusive em direito de família (divórcio), quando o cônjuge ou companheiro transfere o patrimônio próprio para as suas empresas com o intuito de prejudicar a meação devida ao consorte (REsp 1.236.916/RS, *DJ* 28.10.2013).

No julgamento do REsp 948.117/MG, *DJ* 03.08.2010, a Ministra Nancy Andrighi reconheceu a possibilidade de aplicar a desconsideração inversa, quando for demonstrado pelo credor de dívidas pessoais do sócio que ele se utilizou da empresa para capitalizar os bens particulares que adquire, anotando:

> (...) considerando que a finalidade da *disregard doctrine* é combater a utilização indevida do ente societário por seus sócios, o que pode

---

[44] A decisão foi objeto de comentários no *site Jota*, de 11.03.2016, com a sugestiva ementa: "Inexistência de contas bancárias do dono da CAOA foi o estopim da aplicação do instituto pelo Judiciário" (Disponível em: https://www.jota.info/justica/desconsideracao-inversa-da-empresa-sai-da-jurisprudencia-para-ga-nhar-o-novo-cpc-11032016).

[45] Disponível em: https://www.migalhas.com.br/quentes/66942/o-desembargador--do-tj-sp-manoel-de-queiroz-pereira-calcas-trata-da-desconsideracao-da-per-sonalidade-juridica-inversa.

ocorrer também nos casos em que o sócio controlador esvazia o seu patrimônio pessoal e o integraliza na pessoa jurídica, conclui-se, de uma interpretação teleológica do art. 50 do CC/02, ser possível a desconsideração inversa da personalidade jurídica, de modo a atingir bens da sociedade em razão de dívidas contraídas pelo sócio controlador, conquanto preenchidos os requisitos previstos na norma.

A desconsideração inversa ingressou no plano normativo a partir do art. 133, § 2.º, do CPC e, agora, está expressamente previsto no § 3.º do art. 50 do CC. Para ser aplicada a desconsideração inversa, deverá o juiz exigir os mesmos pressupostos indispensáveis para a desconsideração da pessoa jurídica, tal como consta de recente julgado do STJ (REsp 1.810.414/RO, *DJ* 18.10.2019, Min. Francisco Falcão) com a seguinte ementa:

> Na origem, o pedido de desconsideração inversa da personalidade jurídica foi deferido, com fundamento nos arts. 185 do CTN e 50 do CC/2002, considerando os indícios de confusão patrimonial e abuso da personalidade, diante do fato de que o executado, empresário individual Leonardo Calixto da Silva EPP, três meses após sua citação na execução fiscal, adquiriu a integralidade das cotas da ora recorrida, Prisma Livraria e Papelaria EIRELI-ME, por valor superior ao débito tributário exequendo, a fim de ocultar nesta pessoa jurídica seu patrimônio que deveria ser objeto da referida execução fiscal, sendo que os estabelecimentos de ambas as empresas situam-se no mesmo endereço e possivelmente pertencentes à mesma família (...).

O credor do sócio tem a faculdade, quando executar a dívida, de penhorar as ações e as quotas que ele (sócio) detém na sociedade empresária, o que constitui uma agressão patrimonial com potencial risco contra a existência da sociedade personificada, exatamente porque isso encaminha para liquidação, inclusive por ruptura da *affectio societatis* diante de ingresso de estranho (aquele que arrematar as quotas). Nesse contexto e considerando que o art. 805 do CPC orienta adotar providência menos gravosa nas execuções, quando várias as opções, não é prudente condicionar a "desconsideração inversa" ao prévio esgotamento da penhora das quotas ou ações do sócio devedor. Significa que o credor particular não necessita, primeiro, tentar penhorar ou excutir as quotas e dividendos do devedor para requerer e obter a penhora de bens da sociedade, desde que presentes os pressupostos para esse fim.

9. CONCLUSÃO

O conflito de interesses entre credores da sociedade e proteção patrimonial dos bens particulares dos sócios sempre foi encoberto por névoa tenebrosa formada por valores inconciliáveis, e a polêmica promete ser *ad aeternum* diante dos princípios fundamentais que sustentam as teses que se contrapõem. De um lado, os credores da sociedade ávidos pela satisfação das dívidas, e, de outro, os sócios que não aceitam que seus bens respondam por dívidas da sociedade. A desconsideração da personalidade jurídica foi acoplada no sistema jurídico brasileiro como modo de solucionar o impasse e, por uma aplicação desordenada de seus requisitos essenciais, alterou a sistemática quando pendeu mais para o lado dos credores, o que acabou por traduzir em desequilíbrio econômico ameaçador do investimento produtivo.

É preciso preservar o princípio da autonomia patrimonial, sem, contudo, estimular a fraude. A teoria do abuso da pessoa jurídica a justificar a retirada dos efeitos da responsabilidade limitada dos sócios é excelente, desde que fiquem demonstrados os requisitos necessários para a desconsideração, sem que isso constitua uma fonte de injustiça para sócios que não se beneficiaram das fraudes e dos ilícitos. A Lei 13.874, de 2019, chamada de Lei da Liberdade Econômica, modificou os arts. 49 e 50 do CC com a indisfarçável proposta de acalmar o mercado financeiro, introduzindo os requisitos para que os sócios respondam, com seus bens particulares, pelas dívidas da sociedade.

O futuro é promissor, se houver serenidade jurisdicional na aplicação do instituto repaginado para corrigir as distorções, e nada mais útil, para encerrar, do que evocar as palavras do o jurista homenageado neste livro:[46]

> A desconsideração da pessoa jurídica é instrumento útil para reparação do dano produzido pelo comportamento fraudulento de quem indevidamente se utilizou da pessoa jurídica para prejudicar terceiro de boa-fé. Usada com critério, medida excepcional que é, pode prestar bons serviços à sanidade do mercado e à realização da justiça material do caso.

Assim seja.

---

[46] Ruy Rosado de Aguiar Júnior, "A desconsideração da personalidade jurídica", *O moderno direito empresarial no século XXI*, p. 351.

REFERÊNCIAS

AGUIAR JR., Ruy Rosado de. Responsabilidade civil de empresários e administradores. In: COELHO, Fábio Ulhoa (coord.). *Tratado de direito comercial*. São Paulo: Saraiva, 2015. v. V.

ALMEIDA, Francisco de Paula Lacerda de. *Das pessoas jurídicas*. Rio de Janeiro: Typ. Revista dos Tribunaes, 1905.

ASCARELLI, Tullio. *Derecho mercantil*. Tradução Felipe de J. Tena. México: Porrua, 1946.

ASCARELLI, Tullio. *Sociedades y asociaciones comerciales*. Tradução Santiago Sentis Melendo. Buenos Aires: Ediar, 1947.

BONFANTE, Pietro. *Storia del commercio*. Torino: G. Giappichelli, 1946.

CIAMPOLINI NETO, Cesar; WARDE JR, Walfrido Jorge. A teoria histórica da disciplina da responsabilidade dos sócios e os precedentes em matéria de desconsideração da personalidade jurídica. *O Direito de Empresa nos Tribunais Brasileiros*. São Paulo: Quartier Latin, 2010.

COELHO, Fábio Ulhoa. *Curso de direito comercial*. 15. ed. 2. tir. São Paulo: Saraiva, 2011. v. 2.

COELHO, Fábio Ulhoa. *Desconsideração da personalidade jurídica*. São Paulo: RT, 1989.

CORREIA, A. Ferrer. *Lições de Direito Comercial*. Lisboa: Lex, 1994.

CRISTIANO, Romano. *Personificação da empresa*. São Paulo: RT, 1982.

DALLARI, Adilson Abreu. Uma visão crítica sobre a lei de liberdade econômica. In: CUNHA FILHO, Alexandre J. Carneiro da; PICCELLI, Roberto Ricomini; MACIEL, Renata Mota (coord.). *Lei da liberdade econômica anotada*. São Paulo: Quartier Latin, 2020. v. 1.

DOBSON, Juan M. *El abuso de la personalidad jurídica*. Buenos Aires: Depalma, 1991.

FERRARA, Francesco. *Teoría de las personas jurídicas*. Tradução Eduardo Ovejero y Maury. Madrid: Reus, 1929.

FRAZÃO, Ana. Lei de Liberdade Econômica e seus impactos sobre a desconsideração da personalidade jurídica. In: SALOMÃO, Luis Felipe; CUEVA, Ricardo Villas Bôas; FRAZÃO, Ana (coord.). *Lei de Liberdade Econômica*. São Paulo: Thomson Reuters – RT, 2020.

GONÇALVES, Luiz da Cunha. *Comentário ao Código Comercial português*. Lisboa: Editora J.B., 1914. v. I.

JUSTEN FILHO, Marçal. *Desconsideração da personalidade societária no direito brasileiro*. São Paulo: RT, 1987.

LEÃES, Luiz Gastão Paes de Barros. Desconsideração da personalidade jurídica. *Pareceres*. São Paulo: Singular, 2004.

LEONARDO, Rodrigo Xavier; RODRIGUES JR., Otávio Luiz. A desconsideração da pessoa jurídica – alteração do art. 50 do Código Civil: art. 7.º. In: LEONARDO, Rodrigo Xavier; RODRIGUES JR., Otávio Luiz; MARQUES NETO, Floriano Peixoto (org.). *Comentários à Lei da Liberdade Econômica*. São Paulo: RT, 2019.

MACHADO, Sylvio Marcondes. *Limitação da responsabilidade de comerciante individual*. São Paulo: RT, 1956.

MARTINS, Fran. *Das sociedades de responsabilidade limitada no direito estrangeiro*. Ceará: Imprensa Universitária do Ceará, 1956.

MENEZES CORDEIRO, António. *O levantamento da personalidade colectiva no direito civil e comercial*. Coimbra: Almedina, 2000.

MONTEIRO, João. Processo civil e comercial. *Revista da Faculdade de Direito de São Paulo*, São Paulo, n. 1, p. 7-31, 1893.

PEIXOTO, Carlos Fulgêncio da Cunha. *Sociedade por ações*. São Paulo: Saraiva, 1972. v. 1.

PONTES DE MIRANDA, Francisco Cavalcanti. *Tratado de direito privado*. Rio de Janeiro: Borsoi, 1972. t. XXVI e L.

REQUIÃO, Rubens. Abuso de direito e fraude através da personalidade jurídica. *Aspectos modernos de direito comercial*. São Paulo: Saraiva, 1977. v. 1, p. 67-84.

REQUIÃO, Rubens. Abuso de direito e fraude através da personalidade jurídica. *Revista dos Tribunais*, v. 410, p. 12-24, dez. 1969.

REQUIÃO, Rubens. As tendências atuais da responsabilidade dos sócios. *Aspectos modernos de direito comercial*. São Paulo: Saraiva, 1980. v. 2, p. 3-14.

REQUIÃO, Rubens. *Comentários à Lei das Sociedades Anônimas*. São Paulo: Saraiva, 1980. v. 1.

RIBEIRO, Maria de Fátima. *A tutela dos credores da sociedade por quotas e a desconsideração da personalidade jurídica*. Coimbra: Almedina, 2009.

SCHREIBER, Anderson. *Código Civil comentado*: doutrina e jurisprudência. Rio de Janeiro: Forense, 2019.

SERICK, Rolf. *Apariencia y realidad en las sociedades mercantis*. Tradução José Puig Brutau. Barcelona: Ariel, 1958.

SOUSA, Herculano Marcos Inglês de. *Projecto do Código Commercial*. Rio de Janeiro: Imprensa Nacional, 1913.

SZTAJN, Raquel. Desconsideração da personalidade jurídica. *Revista de Direito do Consumidor*, São Paulo, v. 2, p. 67-75, 1991.

TARTUCE, Flávio. *Direito civil*: Lei de Introdução e Parte Geral. 14. ed. São Paulo: Saraiva, 2018.

TAVARES, José. *Das sociedades commerciais*. Coimbra: França Amado editor, 1899. v. I.

VIVANTE, Cesare. *Trattato di diritto commerciale*. Milano: Francesco Vallardi, 1923. v. II.

WAISBERG, Ivo. *Comentários ao Código Civil*: direito privado contemporâneo. Coordenação Giovanni Ettore Nanni. São Paulo: Saraiva, 2019.

WARDE JR., Walfrido Jorge. *Responsabilidade dos sócios*. Belo Horizonte: Del Rey, 2007.

WARDE JR., Walfrido Jorge; CIAMPOLINI NETO, Cesar. A teoria histórica da disciplina da responsabilidade dos sócios e os precedentes em matéria de desconsideração de personalidade jurídica. *O Direito de Empresa nos Tribunais Brasileiros*. São Paulo: Quartier Latin, 2010.

8

A DESCONSIDERAÇÃO DA PERSONALIDADE JURÍDICA ANTES E DEPOIS DA LEI DA LIBERDADE ECONÔMICA

MÁRIO LUIZ DELGADO

SUMÁRIO: 1. Notas introdutórias; 2. Os pressupostos materiais previstos no sistema geral para a desconsideração da personalidade jurídica após a Lei n.º 13.874/2019: 2.1. O art. 49-A e o princípio da autonomia patrimonial da pessoa jurídica; 2.2. A nova cabeça do art. 50 e a eficácia subjetiva da decisão que decretar a desconsideração; 2.3. Abuso da personalidade jurídica pressupõe desvio de finalidade ou confusão patrimonial; 3. A desconsideração da personalidade jurídica *de lege ferenda*; 4. A *disregard* na jurisprudência do STJ; 5. Conclusões; Referências.

1. NOTAS INTRODUTÓRIAS

A teoria da desconsideração da personalidade jurídica, como se sabe, foi pragmatizada a partir da experiência anglo-saxônica, de modo a se superar, momentaneamente, a autonomia patrimonial das pessoas jurídicas, alcançando diretamente o patrimônio das pessoas naturais para satisfação de obrigações titularizadas pelo ente personalizado, razão pela qual ainda hoje fazemos uso de anglicismos, tais como *disregard doctrine, disregard theory, disregard of legal entity, remove the corporate mask* ou *lifting the corporate veil*, para aludir ao soerguimento do "véu" ou da "máscara" da pessoa jurídica. O caso *Salomon versus Salomon & Co.*, julgado pela *House of Lords*, é considerado, por boa parte da doutrina interna, como o *leading case* da desconsideração da personalidade jurídica[1].

---

[1] Outros autores referem-se ao caso *Bank of Unites v. Devaux*, julgado em 1809 pela Suprema Corte americana, com célebre voto do *Justice* Marshall.

Não obstante, foi o professor de Heidelberg, Rolf Serick, o pioneiro na sistematização do instituto, com base nas decisões dos pretórios tedescos, demonstrando ser lícito ao juiz *to look to the man behind the mask*, sempre que a pessoa jurídica, cuja autonomia patrimonial o ordenamento não desconhece, for empregada com abuso, atentatório da boa-fé, em destinação alheia ou contrária à vida societária. A influência desse autor foi fundamental para a consolidação da teoria. Reeditado e traduzido, transformou-se em referência obrigatória dessa matéria nos países da *civil law*[2]. Menezes Cordeiro, referindo-se ao autor como aquele que escreveu "contra um dos dogmas mais profundamente radicados na moderna dogmática civilística: o da absolutização da personalidade jurídica", assim sintetiza as conclusões de Serick:

> (...) o juiz deve abstrair da estrita separação entre os membros e a corporação, quando haja abuso da pessoa colectiva; há abuso quando, com recurso à pessoa colectiva, se contorne uma lei, se violem deveres contratuais ou se prejudiquem fraudulentamente terceiros[3].

No Brasil, no final da década de 1960, Rubens Requião publicou artigo precursor na *Revista dos Tribunais*, em que enfatizou que, se a personalidade jurídica constitui uma criação da lei, como concessão do Estado à realização de um fim, nada mais procedente do que reconhecer ao Estado, por meio de sua justiça, a faculdade de verificar se o direito concedido está sendo adequadamente usado[4].

A primeira inserção legislativa da teoria, entre nós, deu-se com o Código de Defesa do Consumidor (Lei n.º 8.708, de 11.09.1990)[5]. A partir

---

[2] A tradução da obra de Serick (*Rechstform und realität jurisdichten persona*) para o espanhol (*Apariencia y realidad en las sociedades mercantiles*: el abuso del derecho por medio de la persona jurídica), realizada originalmente por José Pruig Brutau (Barcelona: Ariel, 1958), permitiu a recepção e o desenvolvimento da teoria no direito continental.

[3] MENEZES CORDEIRO, António. *O levantamento da personalidade colectiva no direito civil e comercial*. Coimbra: Almedina, 2000. p. 110-111.

[4] REQUIÃO, Rubens. Abuso de direito e fraude através da personalidade jurídica (*disregard doctrine*). *Revista dos Tribunais*, São Paulo, n. 410, p. 15, 1969.

[5] "Art. 28. O juiz poderá desconsiderar a personalidade jurídica da sociedade quando, em detrimento do consumidor, houver abuso de direito, excesso de poder, infração da lei, fato ou ato ilícito ou violação dos estatutos ou contrato social. A desconsideração também será efetivada quando houver falência, estado de insolvência, encerramento ou inatividade da pessoa jurídica provocados por

Cap. 8 · A DESCONSIDERAÇÃO DA PERSONALIDADE JURÍDICA | 235

daí, verifica-se um movimento do legislador na direção de internalizar, paulatinamente, a *disregard doctrine* no nosso ordenamento jurídico. Nesse sentido, veio dispor o art. 18 da Lei n.º 8.884, de 11 de junho de 1994, que tratou da prevenção e repressão às infrações contra a ordem econômica e estatuiu que "a personalidade jurídica do responsável por infração da ordem econômica poderá ser desconsiderada quando houver da parte deste abuso de direito excesso de poder, infração da lei, fato ou ato ilícito ou violação dos estatutos ou contrato social"[6]. Posteriormente, a Lei n.º 9.605/1998, que versou sobre os crimes contra o meio ambiente, permitiu desconsiderar a personalidade jurídica quando esta configurar óbice ao ressarcimento dos prejuízos à qualidade do meio ambiente[7]. Tanto o CDC como a Lei n.º 9.605/1998 positivaram a teoria no seu aspecto mais abrangente ou menos restritivo, e que se convencionou chamar "Teoria Menor", caracterizada pela possibilidade de levantar a máscara da pessoa jurídica a partir da mera demonstração de que o ente coletivo está sendo utilizado como obstáculo ao ressarcimento de danos ou simplesmente comprovada a insolvência da pessoa jurídica para o pagamento de suas obrigações, independentemente da prática de um ato abusivo concreto. A Lei n.º 8.884, ao menos na primeira parte do art. 18, consagrou a chamada "Teoria Maior" da desconsideração, que só consente a invasão do patrimônio dos sócios para satisfação de dívidas da pessoa jurídica, quando restar comprovado o abuso da personalidade jurídica, caracterizado pelo excesso de poder, infração da lei, ato ilícito ou violação dos estatutos ou contrato social.

A partir de 11.01.2003, com a entrada em vigor do Código Civil de 2002, a teoria é expressamente positivada no sistema geral, mantidos os parâmetros existentes nos microssistemas legais, especialmente no âmbito do

---

má administração (...) § 5.º Também poderá ser desconsiderada a pessoa jurídica sempre que sua personalidade for, de alguma forma, obstáculo ao ressarcimento de prejuízos causados aos consumidores".

[6] A atual Lei Antitruste (Lei n.º 12.529/2011) contém dispositivo semelhante, acolhendo a Teoria Maior da desconsideração: "Art. 34. A personalidade jurídica do responsável por infração da ordem econômica poderá ser desconsiderada quando houver da parte deste abuso de direito, excesso de poder, infração da lei, fato ou ato ilícito ou violação dos estatutos ou contrato social. Parágrafo único. A desconsideração também será efetivada quando houver falência, estado de insolvência, encerramento ou inatividade da pessoa jurídica provocados por má administração".

[7] "Art. 4.º Poderá ser desconsiderada a pessoa jurídica sempre que sua personalidade for obstáculo ao ressarcimento de prejuízos causados à qualidade do meio ambiente".

direito ambiental e do consumidor. No entanto, no sistema geral, vale dizer para todas as relações civis e empresariais, passou a incidir apenas a "Teoria Maior" da desconsideração, só invocável quando objetivamente apontado um ato abusivo da personalidade jurídica, caracterizado especificamente pelo "desvio de finalidade" ou pela "confusão patrimonial".

Friso que até o CC/2002, conquanto predominasse a incidência da "Teoria Menor", não se mencionava no discurso normativo a responsabilidade de quem não era "sócio" da pessoa jurídica. A desconsideração sempre teve como consequência a constrição dos bens pessoais dos "sócios". Com o CC/2002, e no escopo de ampliar a responsabilização patrimonial do administrador, veio a lume a norma consubstanciada no art. 50, prevendo categoricamente a constrição de bens particulares de administradores não sócios. O Código Civil permite, assim, por meio da "Teoria Maior", a responsabilização de quem não é sócio, desde que exerça ou tenha exercido a administração.

A distinção entre as duas teorias vai continuar a marcar os grandes embates que grassam em torno dos requisitos materiais exigidos para a desconsideração. Isso porque as alterações da Lei n.º 13.874/2019, como veremos, não atingiram justamente os diplomas legislativos que servem de esteio ao uso indiscriminado da "Teoria Menor".

Com o CPC/2015, surge o incidente de desconsideração da personalidade jurídica, previsto nos arts. 133 a 137, como procedimento prévio obrigatório para decretação da medida.

Importante ressalvar que a desconsideração da personalidade jurídica, tal como concebida originalmente pela doutrina, quer seja no viés da "Teoria Maior" ou da "Teoria Menor", não implica a despersonalização, a extinção da personalidade jurídica ou o desaparecimento da pessoa jurídica como sujeito autônomo de direitos, como ocorre nos casos de dissolução da sociedade ou de invalidação do contrato social. A personalidade jurídica permanece hígida em toda a sua extensão, procedendo-se apenas à declaração de ineficácia, episódica, da distinção dos patrimônios da pessoa jurídica e dos seus integrantes, para fins de satisfação de determinadas obrigações concretas[8]. Com

---

[8] A desconsideração da personalidade jurídica, segundo Rolf Serick, citado por Elizabeth Freitas, "ao contrário do que muitos acreditam, não é de forma alguma instrumento jurídico para acabar com a pessoa jurídica; é na verdade mecanismo jurídico para protegê-la contra fraudes e abusos, oferecendo-lhe critérios para tanto. Dessa forma, essa teoria que luta contra o desvirtuamento da pessoa jurídica, na verdade, a afirma, e os que cometem atos fraudulentos ou abusivos

isso, aperfeiçoa-se a própria "teoria da pessoa jurídica, através da coibição do mau uso de seus fundamentos"[9].

Incontroverso que, a despeito da não repetição, no CC/2002, do disposto no art. 20 do CC/1916 (*As pessoas jurídicas têm existência distinta da dos seus membros*), a autonomia patrimonial, como traço característico da personalização, não sofreu qualquer abalo do ponto de vista dogmático. A autonomia subjetiva da pessoa jurídica concretiza-se pela distinção entre o patrimônio social, que responde pelos riscos da atividade, e o patrimônio pessoal de seus sócios ou componentes, que não poderá ser alvejado além dos limites da responsabilidade assumida por cada um, distinção somente afastada provisoriamente e em situações excepcionais.

Com a edição da Medida Provisória n.º 881, de 30.04.2019, posteriormente convertida na Lei n.º 13.874/2019, foi incluído um novo artigo no CCB (art. 49-A[10]) justamente para trazer de volta à codificação, com nova roupagem, o dispositivo que mencionava a autonomia patrimonial da pessoa jurídica. A separação dos patrimônios é reforçada, inclusive para as pessoas jurídicas de um único sócio (EIRELI e sociedade limitada unipessoal), com a inserção do § 7.º no art. 980-A[11]. Em que pese se tratar de uma pessoa jurídica unipessoal, tem natureza jurídica própria, marcada pela evidente separação entre os bens da empresa e o patrimônio particular do sócio único. O fato de ter um único titular não faz com que o patrimônio social se confunda com o patrimônio do respectivo titular, de modo que um possa responder pelas obrigações do outro[12].

---

  a negam" (FREITAS, Elizabeth Cristina Campos Martin de. *Desconsideração da personalidade jurídica*. 2. ed. São Paulo: Atlas, 2004. p. 62).

[9] GAMA, Guilherme Calmon Nogueira da (coord.) *Desconsideração da personalidade jurídica*. Visão crítica da jurisprudência. São Paulo: Atlas, 2009. p. 9.

[10] "Art. 49-A. A pessoa jurídica não se confunde com os seus sócios, associados, instituidores ou administradores. Parágrafo único. A autonomia patrimonial das pessoas jurídicas é um instrumento lícito de alocação e segregação de riscos, estabelecido pela lei com a finalidade de estimular empreendimentos, para a geração de empregos, tributo, renda e inovação em benefício de todos. (Incluído pela Lei n.º 13.874, de 2019)".

[11] "§ 7.º Somente o patrimônio social da empresa responderá pelas dívidas da empresa individual de responsabilidade limitada, hipótese em que não se confundirá, em qualquer situação, com o patrimônio do titular que a constitui, ressalvados os casos de fraude".

[12] Aplicando o novo § 7.º do art. 980-A, os tribunais têm indeferido o pedido de bloqueio de ativos financeiros de Empresa Individual de Responsabilidade Limitada da qual o executado era titular, afirmando que "o patrimônio social

Já o art. 50 sofreu diversos ajustes no afã de compatibilizar a disposição normativa com a doutrina majoritária, sufragada na jurisprudência do STJ. A primeira mudança se deu no *caput* do dispositivo para elucidar que apenas os sócios e os administradores da pessoa jurídica que houvessem sido beneficiados direta ou indiretamente pelo abuso seriam atingidos pela decretação da desconsideração.

A segunda alteração se consubstanciou pela inserção de cinco novos parágrafos, com o intuito de aclarar e delimitar o que se deveria entender por "desvio de finalidade" e por confusão patrimonial". A primeira coincidiria com a utilização da pessoa jurídica para lesar credores ou para a prática de atos ilícitos de qualquer natureza, não se confundindo com "a mera expansão ou a alteração da finalidade original da atividade econômica específica da pessoa jurídica", enquanto a confusão patrimonial caracterizar-se-ia pela ausência de separação de fato entre os patrimônios dos sócios/administradores e da pessoa jurídica.

Também se promoveu uma importante complementação na disciplina material da desconsideração justamente para fazer constar a referência à

---

da empresa individual de responsabilidade limitada (EIRELI) não se confunde com o patrimônio do respectivo titular (empresário individual), ressalvados os casos de fraude (artigo 980-A, § 7.º, do Código Civil), passível de verificação, em tese, em indispensável incidente de desconsideração (no caso, inversa) da personalidade jurídica. A tese de desconsideração da personalidade jurídica não pode ser conhecida em sede recursal, pois não foi apreciada pelo Juízo *a quo*, e nem poderia, pois requerida somente nos embargos de declaração que, por sua vez, não se prestam para requerimentos inéditos, mas sim para esclarecer obscuridade, eliminar contradição, suprir omissão ou corrigir erro material" (TJSP, AI 2146224-09.2019.8.26.0000, Ac. 13127164, Rel. Des. Mourão Neto, *DJe-SP* 09.12.2019). Em razão da distinção da responsabilização patrimonial entre a EIRELI e o seu titular e da aplicação, no que couber, das regras das sociedades limitadas, o titular somente responde ilimitadamente pelos débitos da pessoa jurídica nos casos de desconsideração da personalidade jurídica. Também existe posição sobre "a possibilidade de desconsideração da personalidade jurídica na modalidade inversa, "quando se verifica que o titular do capital social tem se utilizado da autonomia patrimonial da empresa para se eximir da responsabilidade pelo pagamento da obrigação" (TJDF, Proc. 0704.18.4.592018-8070000, *DJDFTE* 29.08.2018), não se podendo olvidar que "o reconhecimento da desconsideração da personalidade jurídica deve pressupor a presença dos requisitos do artigo 50 do Código Civil e a prévia instauração de incidente específico, para possibilitar o pleno exercício do contraditório" (TJSP, AI 2246653-81.2019.8.26.0000, Rel. Des. Antonio Rigolin, *DJe-SP* 03.12.2019).

Cap. 8 • A DESCONSIDERAÇÃO DA PERSONALIDADE JURÍDICA | 239

chamada "desconsideração inversa", nas hipóteses em que se determina a extensão das obrigações de sócios ou de administradores à pessoa jurídica. Por fim, foi positivada a orientação doutrinária, já consolidada, no sentido de que a mera existência de grupo econômico, sem a presença dos pressupostos materiais previstos no art. 50, não autoriza a desconsideração da personalidade jurídica.

A modificação legislativa caminhou em direção à positivação não apenas de uma diretriz doutrinária predominante na academia, mas também da orientação consolidada no STJ ao longo das últimas décadas. Durante as Jornadas promovidas pelo CJF, desde a *I Jornada de Direito Civil*, já se deliberou, por exemplo, que só se aplicaria a desconsideração da personalidade jurídica "limitadamente aos administradores ou sócios que nela hajam incorrido" (Enunciado n. 7). A jurisprudência do STJ, conforme apresentarei em tópico específico deste trabalho, não se apartou da doutrina e tem se mantido coesa e coerente no que diz respeito ao balizamento das exigências legais do art. 50, nas situações concretas levadas à apreciação do Poder Judiciário.

Desde o início da década passada, é possível identificar precedentes enfatizando que a "desconsideração da pessoa jurídica é medida excepcional que reclama o atendimento de pressupostos específicos relacionados com a fraude ou abuso de direito em prejuízo de terceiros, o que deve ser demonstrado sob o crivo do devido processo legal"[13]; ou que a mera inexistência de patrimônio não é o suficiente para que se decrete a desconsideração, que exige do julgador apontar objetivamente quais os atos abusivos praticados pelos sócios ou administradores que justifiquem a invocação da teoria, sob pena de nulidade, pois, ainda que "admitida pela doutrina e pela lei a desconsideração da sociedade para atingir os bens dos sócios, a sua decretação somente pode ser deferida quando provados os seus pressupostos"[14].

A coincidência e o encontro de posições entre doutrina e jurisprudência, no tocante à delimitação dos pressupostos legais para a desconsideração, nos levarão a refletir, nas conclusões apresentadas ao final, sobre a efetiva necessidade (ou utilidade) das mudanças promovidas pela Lei n.º 13.874/2019, ou se tais alterações foram suficientes para a correção dos graves problemas que cercam a adaptação e a acomodação da teoria no ordenamento pátrio, bem como quais serão os seus reais impactos nas futuras decisões do STJ.

---

[13] REsp 347.524/SP, 4.ª Turma, Rel. Min. Cesar Asfor Rocha, j. 18.02.2003, *DJ* 19.05.2003.

[14] REsp 256292/MG, Rel. Min. Ruy Rosado de Aguiar, *DJ* 25.09.2000, p. 107.

2. OS PRESSUPOSTOS MATERIAIS PREVISTOS NO SISTEMA GERAL PARA A DESCONSIDERAÇÃO DA PERSONALIDADE JURÍDICA APÓS A LEI N.º 13.874/2019

2.1. O art. 49-A e o princípio da autonomia patrimonial da pessoa jurídica

Como antecipado nas notas introdutórias, a Lei n.º 13.874/2019 acrescentou o art. 49-A e alterou a redação do art. 50 do CC/2002. O dispositivo acrescido, no seu *caput*, basicamente reproduziu a letra do art. 20 do CC/1916, cuja não repetição, no CC/2002, era criticada pela doutrina especializada.

Restaura-se, dessa maneira, como norma positiva geral, aplicável a todos os entes personalizados, o princípio da autonomia jurídico-existencial da pessoa jurídica, cujo patrimônio não se confunde com o das pessoas naturais que a integram[15]. O princípio está veiculado em duas outras regras do Código Civil, atinentes às sociedades: o art. 1.023 dispõe que, "se os bens da sociedade não lhe cobrirem as dívidas, respondem os sócios pelo saldo, na proporção em que participem das perdas sociais, salvo cláusula de responsabilidade solidária", enquanto o art. 1.024 reza que "os bens particulares dos sócios não podem ser executados por dívidas da sociedade, senão depois de executados os bens sociais". Os dispositivos se complementam, assinalando a distinção entre os bens sociais e os bens pessoais dos sócios, cuja responsabilidade, em quaisquer dos tipos societários, será sempre subsidiária e só haverá solidariedade quando expressamente pactuarem.

A única diferença relevante entre o *caput* do novo art. 49-A e antigo art. 20 foi a substituição da referência a "membros", constante do diploma anterior, por "sócios, associados, instituidores ou administradores".

Com isso, enfatiza-se a particularidade do sistema anglo-americano quando comparado ao sistema continental, em que a teoria é utilizada para ignorar a personalização não apenas das sociedades mercantis e corporações, mas para reprimir os abusos da personalidade jurídica em geral[16].

---

[15] Já aludi, igualmente, à inserção do § 7.º no art. 980-A, reforçando o princípio da autonomia patrimonial para as pessoas jurídicas de um único sócio (EIRELI e sociedade limitada unipessoal).

[16] No direito anglo-americano, o âmbito de incidência da teoria da desconsideração é restrito às sociedades mercantis e está delimitado, principalmente, pelas *closely held corporations* e pelos grupos de sociedades. As primeiras, também conhecidas como *familiar corporations*, equivalem às sociedades anônimas

Qualquer pessoa jurídica pode ser utilizada para fraudar a lei ou para lesar credores, sendo admissível, quando cumpridas as formalidades legais, aplicar a teoria da desconsideração a quaisquer das pessoas jurídicas de direito privado elencadas no art. 44 do CC, incluindo associações e fundações. Ainda que subsistam diferenças estruturais e funcionais importantes entre as sociedades e as demais pessoas jurídicas, o fato é que a Lei não traça qualquer distinção no que tange à desconsideração da personalidade jurídica, tanto que passa a aludir não somente aos sócios e administradores, mas também aos associados e instituidores[17].

No parágrafo único do art. 49-A, o acréscimo trouxe disposição meramente enunciativa, de baixíssima ou nenhuma densidade, dizendo ser a autonomia patrimonial das pessoas jurídicas um instrumento lícito de alocação e segregação de riscos e para incentivar a constituição de pessoas jurídicas para o desenvolvimento de atividade econômica produtiva. Instrumento lícito que pode ser indevidamente utilizado para lesar terceiros, com a transferência de todo o risco da atividade para os credores sociais, o que não pode ser admitido pela ordem jurídica. Aliás, essa é a sistemática do abuso de direito, tal como incorporado na codificação: ato originalmente lícito e que se torna

---

fechadas, com reduzido número de sócios e cuja estrutura societária permite aos seus integrantes realizarem atos fraudulentos, por exemplo, financiar os seus negócios pessoais com fundos da sociedade, que passa a ser mero instrumento dos sócios (Cf. LÓPEZ DÍAZ, Patricia. *La doctrina del levantamiento del velo y la instrumentalización de la personalidad jurídica*. Santiago: LexisNexis, 2003. p. 180).

[17] Sobre a desconsideração da personalidade jurídica de associação, confira-se este aresto do TJSP: "Cumprimento de sentença. CDHU. Convênio n.º 391/03. Edificação do empreendimento habitacional Guaianazes B-14. Repasse de recursos financeiros. Prestação de contas. Restituição de saldo remanescente. Desconsideração da personalidade jurídica. CC, art. 50. A desconsideração da personalidade jurídica é admitida no ordenamento jurídico quando configuradas determinadas situações, como o abuso da personalidade jurídica ou a confusão patrimonial (CC, art. 50). A Associação União José Bonifácio arrecadou quantia repassada pela CDHU e não comprova tê-la destinado integralmente à finalidade precípua do Convênio n.º 391/03, para o que bastaria singela prestação de contas; é fundado indício de que houve abuso da personalidade jurídica caracterizado pelo desvio de finalidade, como previsto no art. 50 do Código Civil. Não se trata de simples inadimplemento ou de encerramento irregular da Associação, mas de conduta fraudulenta que, tudo indica, beneficiou-a e a seus representantes. Desconsideração deferida. Agravo desprovido" (TJSP, AI 2283255-71.2019.8.26.0000, Ac. 13280726, São Paulo, 10.ª Câmara de Direito Público, Rel. Des. Torres de Carvalho. j. 03.02.2020, *DJe-SP* 17.02.2020. p. 3234).

242 | DIREITO CIVIL: DIÁLOGOS ENTRE A DOUTRINA E A JURISPRUDÊNCIA – *Volume II*

ilícito quando o titular de um direito, ao exercê-lo, excede manifestamente os limites impostos pelo seu fim econômico ou social, pela boa-fé ou pelos bons costumes. A personalidade jurídica sempre será um instrumento lícito, mas que pode ser usado para a prática de atos ilícitos, caracterizados pelo abuso da personalidade, o que atrairá, episodicamente, a teoria da desconsideração.

2.2. A nova cabeça do art. 50 e a eficácia subjetiva da decisão que decretar a desconsideração

As modificações procedidas no art. 50 pretenderam deslindar a interpretação das exigências legais para a desconsideração da personalidade jurídica, procurando, talvez, coibir abusos e injustiças comumente verificados, especialmente na justiça laboral.

Foi alterado, inicialmente, o *caput* do dispositivo para dispor sobre a eficácia subjetiva da desconsideração, esclarecendo que apenas os sócios e administradores da pessoa jurídica que houvessem sido beneficiados, direta ou indiretamente pelo abuso, seriam atingidos pela decretação da desconsideração, afastando a responsabilidade de sócios minoritários e demais integrantes da pessoa jurídica desprovidos de poder de gestão, cujo patrimônio particular era frequentemente alcançado para satisfação de débitos de uma pessoa jurídica de que não se beneficiaram nem tiveram qualquer ingerência[18].

A redação dada *caput* do art. 50, todavia, padece de falha na redação, que abre espaço para diversas indagações. A primeira delas decorre da alusão apenas a "sócios e administradores", confrontando-se com a redação do art. 49-A que, de forma mais precisa e abrangente, menciona as demais categorias jurídicas preenchidas por pessoas naturais na composição de pessoas jurídicas, diversas das sociedades, como é o caso dos associados (das associações) e instituidores (das fundações).

Poderia parecer, assim, que o critério do benefício somente contemplaria "sócios e administradores" (da sociedade), excluindo, por exemplo, os associados, os quais, sendo decretada a desconsideração da personalidade

---

[18] "Art. 50. Em caso de abuso da personalidade jurídica, caracterizado pelo desvio de finalidade ou pela confusão patrimonial, pode o juiz, a requerimento da parte, ou do Ministério Público quando lhe couber intervir no processo, desconsiderá-la para que os efeitos de certas e determinadas relações de obrigações sejam estendidos aos bens particulares de administradores ou de sócios da pessoa jurídica beneficiados direta ou indiretamente pelo abuso".

jurídica de uma associação, não poderiam alegar "ausência de benefício" para furtarem-se aos efeitos da extensão de responsabilidade.

Outro questionamento refere-se à própria escolha do critério do "benefício pelo desvio" como limitador da eficácia subjetiva da desconsideração. Havendo sócios ou administradores que praticaram ato abusivo da personalidade, mas dele não se beneficiaram, os seus bens não seriam atingidos pela desconsideração?

A solução para esses dois questionamentos deve partir da premissa de que o abuso da personalidade é ato ilícito e a desconsideração constitui uma modalidade de sanção ou punição contra quem abusou do princípio da separação patrimonial. Logo, qualquer que seja a forma da pessoa jurídica de direito privado "abusada", somente quem pratica o ato abusivo (e/ou dele se beneficia) sofrerá os efeitos da desconsideração. Portanto, responderão pelas obrigações da pessoa jurídica os bens não somente dos que se locupletaram do abuso, mas igualmente os de todos os que o praticaram, sejam sócios, administradores não sócios, associados, dirigentes da associação ou instituidores da fundação.

De qualquer forma, apesar das falhas redacionais apontadas, e que não devem comprometer a compreensão do dispositivo, nos termos postos anteriormente, a novel regra é louvável. Essa era uma reivindicação antiga e contumaz, fonte de injustiça para muitos que tiveram o infortúnio de integrar o quadro societário de uma sociedade que padeceu de insucesso econômico no desempenho de suas atividades. Os sócios minoritários, aqueles que não integraram os órgãos diretivos da pessoa jurídica ou que dela já haviam se retirado em data anterior àquela em que praticados os atos abusivos da personalidade, bem como os sócios majoritários que não se beneficiaram do abuso, de maneira alguma poderão ser chamados a responder com seus bens particulares[19].

---

[19] Para Anderson Schreiber, a "alteração evita que a desconsideração venha a se dar em prejuízo de sócios ou administradores que não se favoreceram com o abuso, como sócios minoritários que não participam da administração da pessoa jurídica e podem não ter auferido qualquer vantagem com a má administração. Cumpre registrar, todavia, que administradores e sócios que participam da administração da pessoa jurídica (sócios-administradores) têm, também eles, o dever de evitar o abuso da personalidade jurídica e, nesse contexto, ainda que não tenham sido diretamente beneficiados pelo abuso, podem ser chamados a responder como beneficiários indiretos, especialmente nos casos em que os sócios e administradores diretamente beneficiados não tenham patrimônio suficiente para arcar com os danos causados" (SCHREIBER, Anderson; TARTUCE, Flávio;

A grande dificuldade com relação à limitação da eficácia subjetiva da desconsideração deve se verificar no ambiente das Cortes do Trabalho, pois naquela justiça especializada a desconsideração é continuamente decretada com base na Teoria Menor e o substrato legal normalmente invocado, por analogia, é o § 5.º do art. 28 do CDC, dispositivo que (infelizmente) não foi atingido pela Lei da Liberdade Econômica. Ademais, a jurisprudência dos Tribunais Regionais do Trabalho é assente no norte de que o sócio minoritário não se exime da responsabilidade pelos débitos trabalhistas[20]. Portanto, para que se concretizem os bons auspícios que se anteveem com a redação modernizada do *caput* do art. 50, é preciso que se consolide, no cenário doutrinário e jurisprudencial, o entendimento de que a desconsideração, inclusive quando fundamentada no CDC, só poderá atingir as pessoas que praticaram (e/ou de se beneficiaram) os atos tidos como fundamento para o levantamento do véu.

2.3. Abuso da personalidade jurídica pressupõe desvio de finalidade ou confusão patrimonial

Além da complementação procedida na cabeça do art. 50, houve o acréscimo de cinco parágrafos ao corpo do dispositivo, deixando mais clara essa ideia de que a desconsideração pressupõe o uso abusivo da personalidade jurídica, e o abuso da personalidade, no sistema geral codificado, caracteriza-se principalmente pelo "desvio de finalidade" e pela "confusão patrimonial".

SIMÃO, José Fernando; DELGADO, Mário Luiz; MELO, Marco Aurélio Bezerra de. *Código Civil comentado*. Doutrina e jurisprudência. Rio de Janeiro: Forense, 2020. p. 45).

[20] São muitos os julgados que estendem a desconsideração a todos os sócios, mesmo os minoritários. Vide por todos o seguinte precedente: "Desconsideração da personalidade jurídica. Responsabilidade do sócio minoritário. Limitação ao valor das cotas sociais. Impossibilidade. A responsabilização dos sócios por dívidas da sociedade tem como substrato o princípio da superação da personalidade jurídica (*disregard of legal entity*), positivado em nosso ordenamento jurídico pelo art. 50 do Código Civil. O fato de o sócio não ter participado da administração da sociedade ou de ser detentor da minoria das cotas sociais não afasta a sua responsabilidade pelo pagamento do crédito executado, nem consiste em fundamento para a limitação da sua responsabilidade ao valor de suas cotas na sociedade, podendo a execução ser cobrada de qualquer sócio quotista. Agravo de petição a que se nega provimento" (TRT 18.ª R., AP 0002132-81.2012.5.18.0002, 3.ª Turma, Rel. Des. Elvecio Moura dos Santos j. 08.11.2019, *DJe-GO* 28.01.2020, p. 169).

2.3.1. O desvio de finalidade

A expressão é definida no § 1.º e remete à utilização da pessoa jurídica para lesar credores ou para a prática de atos ilícitos de qualquer natureza[21]. Na redação original da MP n.º 881, exigia-se, para a caracterização do desvio de finalidade, "a utilização dolosa da pessoa jurídica com o propósito de lesar credores". Acolhia-se, desse modo, a concepção subjetivista da desconsideração, que no passado fora atribuída ao próprio Serick, fazendo depender a desconsideração de uma intenção abusiva do agente[22]. A fase subjetiva da desconsideração, no entanto, constituiu apenas uma fase dentro da linha evolutiva da teoria, encontrando-se há muito superada, como bem destaca Menezes Cordeiro:

> A chamada teoria subjectiva tem sido rejeitada. Efectivamente, a utilização puramente objectiva duma pessoa colectiva fora dos limites sistemáticos da sua função seria, só por si, já abusiva. Além disso, a exigência dum elemento subjectivo específico iria provocar insondáveis dificuldades de prova[23].

No projeto de conversão da MP n.º 881, a referência ao dolo específico foi suprimida, mantendo-se a concepção objetivista. Até porque a exigência do dolo específico faria com que a *disregard* se apartasse completamente da teoria objetiva do abuso de direito, positivada no art. 187 do CC[24].

---

[21] "§ 1.º Para os fins do disposto neste artigo, desvio de finalidade é a utilização da pessoa jurídica com o propósito de lesar credores e para a prática de atos ilícitos de qualquer natureza".

[22] Para o autor tedesco, "há necessidade de deliberada intenção do sócio na utilização fraudulenta da pessoa jurídica, não sendo suficiente que sobrevenha prejuízo a terceiro em decorrência da autonomia patrimonial. O autor salientou que a simples falta de provisão de fundos para adimplir obrigações com os credores, gerando prejuízos a estes, não poderá sozinha servir de base para a desconsideração, já que, para se chegar a tal extremo, haveria necessidade de que o lesado fizesse prova da utilização fraudulenta ou abusiva, intencional da pessoa jurídica" (FREITAS, Elizabeth Cristina Campos Martin de. *Desconsideração da personalidade jurídica* cit., p. 60).

[23] MENEZES CORDEIRO, António. *O levantamento da personalidade colectiva no direito civil e comercial*. Coimbra: Almedina, 2000. p. 126-127.

[24] O abuso de direito constitui ilícito objetivo e o art. 50 não pode ser interpretado senão em consonância com o art. 187, ambos do CCB.

Entretanto, pelo menos no que tange ao requisito do "desvio de finalidade", parece-me que a teoria subjetiva continuará a ser aplicada, particularmente em razão do disposto no § 5.º, adiante comentado. Essa é uma posição frequente na jurisprudência do STJ: para a demonstração de "desvio de finalidade" aplica-se a teoria subjetiva da desconsideração, enquanto para a identificação da "confusão patrimonial" tem lugar a teoria objetiva da desconsideração[25].

Por fim, a expressão "ilícitos de qualquer natureza", inserida na parte final do § 1.º, deixa uma janela aberta para que os excessos decorrentes de uma postura mais ativista do Poder Judiciário continuem a ocorrer, pois ela é abrangente tanto do ilícito subjetivo do art. 186 do CCB como dos ilícitos objetivos do art. 187[26]. Logo, toda conduta da pessoa natural ou da pessoa jurídica que venha a ser tipificada como "abuso", por ultrapassar os limites impostos pelo fim econômico ou social e bons costumes, justificará a decretação da desconsideração. Na jurisprudência trabalhista, *v.g.*, o não pagamento de qualquer verba devida ao empregado, pouco importando as razões que

---

[25] "Recurso especial. Civil e processual civil. Falência. Desconsideração da personalidade jurídica. Sócio majoritário. Atos de gestão. Inexistência. Ausência. Polo passivo. Exclusão. 1. Para fins de aplicação da Teoria Maior da desconsideração da personalidade jurídica (art. 50 do CC/2002), exige-se a comprovação de abuso caracterizado pelo desvio de finalidade (*ato intencional dos sócios com intuito de fraudar terceiros*) ou confusão patrimonial, requisitos que não se presumem mesmo em casos de dissolução irregular ou de insolvência da sociedade empresária. 2. Vai muito além da extensão pretendida pelo legislador admitir que os efeitos da desconsideração da personalidade jurídica atinja o sócio que, a despeito de deter a posição de majoritário, nunca participou dos atos sociais da empresa, menos ainda na condição de administrador. 3. Recurso especial provido" (REsp 1.686.162/SP, 3.ª Turma, Rel. Min. Ricardo Villas Bôas Cueva, j. 26.11.2019, *DJe* 03.12.2019).

[26] A própria distinção entre o abuso de direito como "ilícito objetivo" e o ato ilícito descrito no art. 186 do CC/2002 (ilícito subjetivo) perdeu qualquer razão de ser. Como bem destaca Daniel Boulos, "basta que seja reconhecido que o ato abusivo, no direito brasileiro, corresponde a ato ilícito, embora com características substancialmente diversas daquelas que compõem o ato ilícito tradicionalmente existente em nosso direito. Ambos figuram dentro do terreno do ilícito (e por isso são denominados de atos ilícitos), mas correspondem a realidades normativas diversas, embora possam apresentar, no caso concreto, no mais das vezes (embora não sempre), as mesmas sanções" (*Abuso de direito no novo Código Civil*. São Paulo: Método, 2006. p. 47).

Cap. 8 · A DESCONSIDERAÇÃO DA PERSONALIDADE JURÍDICA | 247

levaram o empregador ao inadimplemento, é considerado ato ilícito para fins de justificar a desconsideração[27].

2.3.2. A confusão patrimonial

O § 2.º do art. 50, em seus três incisos, define e exemplifica a "confusão patrimonial", que vem a ser a ausência de separação de fato entre os patrimônios dos sócios/administradores e da pessoa jurídica, caracterizada, *(a)* entre outros atos de descumprimento da autonomia patrimonial; *(b)* pelo reiterado cumprimento pela sociedade de obrigações que seriam do sócio ou do administrador; e *(c)* pela transferência de ativos ou de passivos sem efetivas contraprestações, salvo os de valores proporcionalmente insignificantes[28].

Trata-se de elenco meramente exemplificativo, posto em *numerus apertus*, bastando que se verifique a prática de atos que efetivamente infrinjam o princípio da autonomia subjetiva da pessoa jurídica. O rol é extremamente amplo, não aportando parâmetros objetivos para identificar a violação à autonomia patrimonial, permitindo a desconsideração em qualquer situação em que o juiz, por critérios subjetivos, entender presentes atos de confusão patrimonial.

---

[27] "'Incidente de desconsideração da personalidade jurídica. Cabível. Já houve tentativas de localização de bens da executada, que resultaram todas infrutíferas. Por outro lado, o empregado não sofre os riscos da atividade econômica e, em não havendo bens suficientes a garantir a execução, os sócios e ex-sócios responderão com seus bens particulares' (TRT 2.ª Região, Rel. Sonia Maria Forster do Amaral, 2.ª Turma, Proc. 1001157-36.2016.5.02.0717, publ. 24.08.2019). 'Desconsideração da personalidade jurídica. Sócios e ex-sócios das reclamadas. Insolvência. Havendo impossibilidade de saldar o crédito devido à autora e declarada a ocorrência *de ato ilícito pela violação de normas trabalhistas, admitida a desconsideração da personalidade jurídica das reclamadas com consequente responsabilização de sócios e ex-sócios,* desde que cumpridos os requisitos legais, nos termos do art. 133 do Código de Processo Civil. Agravo de petição não provido' (TRT 2.ª Região, Rel. Davi Furtado Meirelles, 14.ª Turma, Proc. 1000449-43.2017.5.02.0331, publ. 25.03.2019). Nego provimento" (TRT 2.ª R., AP 1000074-62.2017.5.02.0292, 18.ª Turma, Rel. Des. Andréia Paola Nicolau Serpa, *DEJT-SP* 08.11.2019, p. 25156).

[28] "§ 2.º Entende-se por confusão patrimonial a ausência de separação de fato entre os patrimônios, caracterizada por: I – cumprimento repetitivo pela sociedade de obrigações do sócio ou do administrador ou vice-versa; II – transferência de ativos ou de passivos sem efetivas contraprestações, exceto os de valor proporcionalmente insignificante; e III – outros atos de descumprimento da autonomia patrimonial".

Veja-se a alusão a "cumprimento repetitivo", absolutamente inócua para o propósito de restringir excessos, por se tratar de um conceito jurídico indeterminado, cujo conteúdo será preenchido pelo aplicador em cada situação concreta, carecendo de densificação pelos tribunais[29]. Afinal, quantas despesas pessoais do sócio precisam ser pagas pela pessoa jurídica para que o cumprimento seja considerado repetitivo? A partir de quantos meses os pagamentos efetuados diretamente da conta do sócio aos empregados da empresa confirmariam a confusão patrimonial?[30]

O mesmo se diga sobre o conteúdo da locução "exceto os de valor proporcionalmente insignificante". Qual o parâmetro da proporção? Que critério será utilizado pelo magistrado para quantificar uma determinada transferência de ativos ou de passivos entre pessoa jurídica e pessoa natural, de maneira a descaracterizá-la como ato de confusão patrimonial? A alienação de bem imóvel pela sociedade ao sócio, por valor inferior ao preço de mercado, faria presumir a confusão patrimonial? O mútuo da sociedade ao sócio, ou vice-versa, resulta em confusão? Há diferença se o mútuo for feneratício?[31]

Já se decidiu, *v.g.*, caracterizada a confusão patrimonial entre duas sociedades, pelo fato de uma delas, contra quem se instaurou o incidente de desconsideração, haver recolhido as custas de preparo em nome da empresa

---

[29] Conceitos jurídicos indeterminados são elementos normativos, dotados de vagueza legislativa e que demandam integração pelo Judiciário. São molduras vazias, a serem preenchidas pelo julgador, que, após colmatar o vácuo valorativo, aplicará as consequências previstas no texto legal. Em outras palavras, é o magistrado quem definirá o que deve ser considerado "cumprimento repetitivo" para, em seguida, concluir pela identificação da confusão patrimonial e aplicar a consequência jurídica emergente dessa integração, que corresponde à desconsideração da personalidade jurídica. Quantas contas pessoais dos sócios teriam sido pagas pela sociedade para caracterizar o "cumprimento repetitivo"?

[30] Cf. TRT 14.ª R., APet 0000011-66.2018.5.14.0007, 1.ª Turma, Rel. Des. Francisco José Pinheiro Cruz, *DJe-RO* 19.11.2019, p. 2567.

[31] Na aplicação da legislação tributária, "presume-se distribuição disfarçada de lucros o negócio pelo qual a pessoa jurídica realiza com pessoa ligada qualquer negócio em condições de favorecimento, assim entendidas as condições que sejam mais vantajosas para a pessoa ligada do que as que prevaleçam no mercado ou em que a pessoa jurídica contrataria com terceiros. Enquadra-se nesta situação a emissão de debêntures feita exclusivamente em favor dos acionistas da companhia fechada, quando a remuneração é composta unicamente de participação dos lucros, em percentuais estratosféricos para operações desta natureza" (CARF, RVol 16561.720088/2016-30, Ac. 1301-003.295, Rel. Cons. Carlos Augusto Daniel Neto, j. 15.08.2018, *DOU* 24.08.2018).

Cap. 8 · A DESCONSIDERAÇÃO DA PERSONALIDADE JURÍDICA | 249

executada, o que seria indicativo de que "os respectivos patrimônios também se confundem, respondendo indistintamente pelas dívidas de ambos"[32]. Outrossim, foram tidos como elementos "suficientes ao reconhecimento da confusão patrimonial entre as empresas, notadamente a identidade de objeto social e a utilização dos serviços da mesma funcionária"[33]. o uso parcial, pelo sócio, de imóvel de propriedade da pessoa jurídica, quando inocorrente o pagamento de aluguel ou de outra contraprestação financeira, tem se prestado igualmente a justificar a existência de confusão patrimonial entre a pessoa física executada e sua empresa[34].

Concordo com Márcio Tadeu Guimarães Nunes quando adverte para o risco da "má interpretação dos conceitos jurídicos indeterminados, não se lhes dando a concreção e os limites que a vida em sociedade e a segurança jurídica exigem de qualquer comando legal"[35]. O maior perigo é que, no lugar de controlar a desconsideração, a carga de indeterminação trazida por esses conceitos sirva para incentivar a "tese generosa da desconsideração para toda sorte de crises da pessoa jurídica", com a criação de um novo tipo de "indústria de demandas oportunistas tendentes a limitar a ousadia criativa que deságua no investimento produtivo"[36].

2.3.3. A desconsideração inversa

Com o acréscimo do § 3.º ao art. 50[37], promoveu-se uma necessária e importante complementação na disciplina material da desconsideração, justamente para fazer constar a referência à chamada *desconsideração inversa*, nas hipóteses em que se determina a extensão das obrigações de sócios ou

---

[32] Cf. TJSP, AI 2260451-12.2019.8.26.0000, Ac. 13321151, Campinas, 13.ª Câmara de Direito Privado, Rel. Des. Heraldo de Oliveira, j. 12.02.2020, *DJe-SP* 20.02.2020, p. 2977.

[33] TJSP, AI 2193488-56.2018.8.26.0000, Ac. 12092608, São Paulo, 26.ª Câmara de Direito Privado, Rel. Des. Felipe Ferreira, j. 13.12.2018, *DJe-SP* 20.12.2018, p. 635.

[34] Cf. TJSP, AI 2265873-65.2019.8.26.0000, Ac. 13301547, São Paulo, 18.ª Câmara de Direito Privado, Rel. Des. Israel Góes dos Anjos, j. 11.02.2020, *DJe-SP* 18.02.2020, p. 2957.

[35] NUNES, Márcio Tadeu Guimarães. *Desconstruindo a desconsideração da personalidade jurídica*. São Paulo: Quartier Latin, 2007. p. 207-208.

[36] NUNES, Márcio Tadeu Guimarães. *Desconstruindo a desconsideração da personalidade jurídica* cit., p. 211.

[37] "§ 3.º O disposto no *caput* e nos §§ 1.º e 2.º deste artigo também se aplica à extensão das obrigações de sócios ou de administradores à pessoa jurídica".

de administradores à pessoa jurídica e que se encontrava, há muito, consolidada na jurisprudência do STJ[38], além de já positivada no § 2º do art. 133 do CPC/2015[39].

No lugar de responsabilizar o sócio pelas obrigações da sociedade, na *disregard* inversa procura-se alcançar o patrimônio da sociedade para responder pelos débitos do sócio. Em razão da utilização indevida do ente societário por seus sócios, deve ser afastada a autonomia patrimonial da sociedade, para atingir o ente coletivo e seu patrimônio social, responsabilizando a pessoa jurídica por obrigações do sócio, quer seja sócio de fato, quer seja sócio de direito.

Principalmente nas disputas matrimoniais, é frequente a situação do cônjuge empresário que se esconde sob o manto da sociedade, para onde desvia grande parte dos bens comuns, os quais, não obstante adquiridos ao longo do casamento, são registrados em nome de empresas de que participa um dos consortes. Muitas vezes, e isso infelizmente ocorre cada vez mais, essa participação se materializa por interposta pessoa. Os bens que deveriam integrar a

---

[38] "Direito civil. Recurso especial. Ação de dissolução de união estável. Desconsideração inversa da personalidade jurídica. 1. Ação de dissolução de união estável ajuizada em 14.12.2009, da qual foi extraído o presente recurso especial, concluso ao Gabinete em 08.11.2011. 2. Discute-se se a regra contida no art. 50 do CC/02 autoriza a desconsideração inversa da personalidade jurídica e se o sócio da sociedade empresária pode requerer a desconsideração da personalidade jurídica desta. 3. A desconsideração inversa da personalidade jurídica caracteriza-se pelo afastamento da autonomia patrimonial da sociedade para, contrariamente do que ocorre na desconsideração da personalidade propriamente dita, atingir o ente coletivo e seu patrimônio social, de modo a responsabilizar a pessoa jurídica por obrigações do sócio controlador. 4. É possível a desconsideração inversa da personalidade jurídica sempre que o cônjuge ou companheiro empresário valer-se de pessoa jurídica por ele controlada, ou de interposta pessoa física, a fim de subtrair do outro cônjuge ou companheiro direitos oriundos da sociedade afetiva. 5. Alterar o decidido no acórdão recorrido, quanto à ocorrência de confusão patrimonial e abuso de direito por parte do sócio majoritário, exige o reexame de fatos e provas, o que é vedado em recurso especial pela Súmula 7/STJ. 6. Se as instâncias ordinárias concluem pela existência de manobras arquitetadas para fraudar a partilha, a legitimidade para requerer a desconsideração só pode ser daquele que foi lesado por essas manobras, ou seja, do outro cônjuge ou companheiro, sendo irrelevante o fato deste ser sócio da empresa. 7. Negado provimento ao recurso especial" (STJ, REsp 1.236.916/RS, 3.ª Turma, Rel. Min. Nancy Andrighi, j. 22.10.2013, *DJe* 28.10.2013).

[39] "§ 2.º Aplica-se o disposto neste Capítulo à hipótese de desconsideração inversa da personalidade jurídica".

Cap. 8 · A DESCONSIDERAÇÃO DA PERSONALIDADE JURÍDICA | 251

meação estão titularizados pela sociedade empresária, de cujo quadro social o cônjuge fraudador sequer participa. Nada no seu nome. E seu nome não aparece na empresa. O cônjuge se apresenta ora como empregado registrado da empresa, ora como um mero procurador do sócio formal. Hipótese típica de abuso, caracterizada pelo desvio de finalidade, pois a personalidade jurídica passa a ser usada apenas para ocultar o patrimônio e lesar o outro cônjuge. Para coibir esse estratagema, a Lei dispõe sobre desconsideração inversa da personalidade jurídica. Assim, os ativos sociais serão chamados a suportar o pagamento do cônjuge ou do credor prejudicado pelo sócio, que usa a pessoa jurídica para ocultar patrimônio.

2.3.4. A desconsideração no âmbito dos grupos econômicos

O § 4.º do art. 50 veda a possibilidade de desconsideração da personalidade jurídica a partir da mera identificação de grupo econômico, exigindo-se, além da instauração do prévio incidente processual, a observância dos pressupostos materiais específicos para ignorar *in concreto* a personalidade jurídica de cada sociedade[40].

Pode-se sintetizar a definição de grupo econômico quando duas ou mais empresas estão sob a direção, o controle ou a administração de outra, compondo uma atividade econômica, ainda que cada uma delas tenha personalidade jurídica própria. A principal consequência do reconhecimento de um grupo econômico é a responsabilidade solidária das sociedades que o integram. Cada sociedade pode ser chamada a responder pelas obrigações sociais da outra.

No sistema geral, que rege as relações civis e empresariais, a caracterização do "grupo econômico" requer o preenchimento de diversas condicionantes, tais como subordinação da sociedade ao controle ou administração de outra sociedade ou, então, que seja ela a controladora ou administradora das demais. E a responsabilidade solidária de uma sociedade, com relação aos débitos da outra, depende de desconsideração da personalidade jurídica da devedora[41]. Presentes

---

[40] "§ 4.º A mera existência de grupo econômico sem a presença dos requisitos de que trata o *caput* deste artigo não autoriza a desconsideração da personalidade da pessoa jurídica".

[41] Em matéria previdenciária e trabalhista, o reconhecimento do grupo econômico tem se dado de forma bem mais ampla. O art. 30, inc. IX, da Lei n. 8.212/1991, que dispõe sobre a organização da Seguridade Social, por exemplo, estabelece que "as empresas que integram grupo econômico de qualquer natureza respondem entre si, solidariamente, pelas obrigações decorrentes desta Lei". O §

as condições da lei, nada obsta que o juiz decrete a desconsideração dentro do grupo econômico, afastando autonomia patrimonial de uma sociedade controlada, para atingir o patrimônio da controladora (incluindo as situações de controle indireto) que comete um ato abusivo, valendo-se da controlada. É o que se convencionou chamar de "desconsideração indireta".

Durante a *III Jornada de Direito Comercial* fora aprovado o Enunciado n. 91, enfatizando a necessidade, em qualquer hipótese de desconsideração, direta ou inversa, de se observarem os seus pressupostos materiais e processuais:

> A desconsideração da personalidade jurídica de sociedades integrantes de mesmo grupo societário (de fato ou de direito) exige a comprovação dos requisitos do art. 50 do Código Civil por meio do incidente de desconsideração da personalidade jurídica ou na forma do art. 134, § 2.º, do Código de Processo Civil.

A matéria já havia sido debatida durante a *V Jornada de Direito Civil,* que aprovou o Enunciado n. 406, ressaltando que "a desconsideração da personalidade jurídica alcança os grupos de sociedade quando estiverem presentes os pressupostos do art. 50 do Código Civil e houver prejuízo para os credores até o limite transferido entre as sociedades".

2.3.5. A expansão da atividade econômica

Finalmente, o § 5.º do art. 50 afasta do conceito de desvio de finalidade "a mera expansão ou a alteração da finalidade original da atividade econômica específica da pessoa jurídica"[42]. É possível que uma sociedade venha a alterar, na prática, o objeto social justamente para ampliar as suas atividades, ainda que sem a correspondente e necessária modificação do contrato ou estatuto social, o que não pode, *per se,* ser considerado "desvio de finalidade", sob pena de restringir o crescimento e o desenvolvimento da atividade econômica.

2.º do art. 2.º da CLT, com a redação dada pela Lei n.º 13.467, de 2017, por sua vez, estabelece que, "sempre que uma ou mais empresas, tendo, embora, cada uma delas, personalidade jurídica própria, estiverem sob a direção, controle ou administração de outra, ou ainda quando, mesmo guardando cada uma sua autonomia, integrem grupo econômico, serão responsáveis solidariamente pelas obrigações decorrentes da relação de emprego". A Lei n.º 5.889/1973, que estatui normas reguladoras do trabalho rural, contém idêntica redação.

[42] "§ 5.º Não constitui desvio de finalidade a mera expansão ou a alteração da finalidade original da atividade econômica específica da pessoa jurídica".

Cap. 8 • A DESCONSIDERAÇÃO DA PERSONALIDADE JURÍDICA | **253**

Imagine-se uma pessoa jurídica constituída para explorar o serviço de táxi aéreo e que passa a fabricar as suas próprias aeronaves ou o produtor de vinhos que decide abandonar as videiras e começar a produzir e engarrafar destilados. O fato de uma empresa expandir as suas atividades, ainda que mudando completamente o ramo de atuação, há de ser geralmente incentivado e a eventual não regularização de seu ato constitutivo não representa, aprioristicamente, ato abusivo da personalidade.

O desvio de finalidade caracterizador do abuso consiste no uso da personalidade para fins ilícitos, especialmente o de lesar credores. É o caso da sociedade constituída com o propósito de desviar bens que deveriam garantir o cumprimento de obrigações pessoais dos sócios (*blindagem patrimonial*) ou para lesar a partilha de bens no divórcio. Desvio abusivo traz embutida a intenção dos sócios de fraudar direitos de terceiros, tanto que o § 1.º do art. 50 refere-se explicitamente ao "propósito de lesar credores", aplicando-se, assim, a teoria subjetiva da desconsideração, exclusivamente no que toca a esse pressuposto material[43].

Um problema que pode ocorrer, no entanto, é quando a mudança de finalidade modificar o risco da atividade e resultar em subcapitalização, violando as expectativas legítimas dos credores sociais anteriores. A subcapitalização ou infracapitalização caracteriza-se pela desproporção relevante entre o capital fixado no ato constitutivo e o nível de risco a que se expõe a empresa para levar a efeito o objeto social (ampliado), ou seja, o capital nominal torna-se insuficiente para desenvolver as novas atividades e cobrir os riscos do negócio de forma clara para todos os que transacionam com a sociedade.

Nessas situações, em que novos riscos são assumidos pela empresa, com capital social insuficiente, os tribunais estadunidenses, por exemplo, fazem uso da teoria da desconsideração justamente para responsabilizar aqueles que

---

[43] Cf. REsp 1686162/SP, 3.ª Turma, Rel. Min. Ricardo Villas Bôas Cueva, j. 26.11.2019, *DJe* 03.12.2019. Sobre essa matéria, vale a pena consultar, ainda, este acórdão do TJSP: "Agravo de instrumento. Incidente de desconsideração inversa da personalidade jurídica. Executada que recebia pagamentos por serviços educacionais prestados por intermédio da pessoa jurídica administrada por seu cônjuge. Ausência de declaração do recebimento de qualquer quantia em suas declarações de IRPF. Operação fraudulenta realizada com o intuito de ocultação e blindagem patrimonial da executada. Confusão patrimonial demonstrada. Hipótese que permite a inclusão do agravante no polo passivo da execução. Recurso improvido" (TJSP, AI 2157182-54.2019.8.26.0000, Ac. 12913024, São Paulo, 19.ª Câmara de Direito Privado, Rel. Des. Hamid Bdine, j. 23.09.2019, *DJe-ESP* 02.10.2019, p. 2832).

dotaram a sociedade de capital insignificante comparado com os negócios e riscos da empresa[44]. No Brasil, além de justificar a dissolução da sociedade, pela inexequibilidade dos fins sociais (CC, art. 1.034, II), a subcapitalização pode ser considerada um ato abusivo da personalidade jurídica[45].

A interpretação conjugada dos §§ 1.º e 5.º do art. 50 conduz a um único resultado: o desvio de finalidade apto a justificar a desconsideração pressupõe a utilização da personalidade jurídica para prática de ilícitos (de qualquer natureza), incluindo não apenas o propósito deliberado de lesar credores (ilícito subjetivo), mas todas as situações em que a personalidade for empregada contra a ordem jurídica (ilícitos objetivos), o que pode acontecer, por exemplo, quando a expansão da atividade produtiva não esteja refletida no ato constitutivo e no capital social e danos sejam causados a terceiros.

3. A DESCONSIDERAÇÃO DA PERSONALIDADE JURÍDICA *DE LEGE FERENDA*

Apesar de alguns avanços concretos na positivação da teoria, a Lei n.º 13.874/2019 ficou muito longe de pacificar a compreensão desse importante instituto e outras propostas legislativas estão sendo demandadas para que se alcance a necessária segurança jurídica no ambiente de negócios no Brasil.

Com esse desiderato, encontra-se tramitando na Câmara dos Deputados, já havendo sido aprovado no Senado Federal, o Projeto de Lei n.º

---

[44] Cf. LÓPEZ DÍAZ, Patricia. *La doctrina del levantamiento* cit., p. 304.

[45] Ver por todos: "Embargos de declaração. Recuperação judicial e falência. Grupo econômico configurado. Desconsideração da personalidade jurídica. Abuso de direito. Subcapitalização. Possibilidade. Inteligência dos arts. 50 e 187 do Código Civil. Ausência de obscuridade, contradição, omissão ou erro material. 1. Inexistência de obscuridade, contradição, omissão ou erro material no presente acórdão, uma vez que a parte embargante demonstra, apenas, inconformidade quanto às razões jurídicas e a solução adotada no aresto atacado. 2. A falida acumulou dívidas que alcançavam R$ 700.000,00, desde o ano de 2009 até a data do pedido de autofalência, em fevereiro de 2011. Ocorre que ainda no ano de 2009, em auditoria realizada nas contas da falida, foi indicado o aporte de capitais, o que não foi atendido pelas empresas controladoras, de acordo com o teor do documento de fl. 628 dos autos. 3. *Dessa forma, evidente o abuso do direito por parte das empresas sócias controladoras, ante a clara subcapitalização havida pela não manutenção do capital necessário para o pleno cumprimento do objeto social da falida.* (...)" (TJRS, EDcl 0131626-45.2017.8.21.7000, Passo Fundo, 5.ª Câmara Cível, Rel. Des. Jorge Luiz Lopes do Canto, j. 30.08.2017, *DJe-RS* 12.09.2017).

3.401/2008, de autoria do Deputado Bruno Araújo, relatado pelo Deputado João Roma Neto, que pretende complementar o CPC/2015, reforçando os instrumentos processuais para que a desconsideração da personalidade jurídica seja decretada dentro dos limites previstos em lei, inibindo algumas distorções que ainda persistem na utilização do instituto e que comprometem a agenda macroeconômica, criando entraves ao crescimento econômico do País.

O Projeto de Lei n.º 3.401/2008 aperfeiçoa as alterações procedidas pela Lei n.º 13.874/2019 com relação ao art. 50 do CC, contribuindo para densificar as condições em que a autonomia patrimonial da pessoa jurídica e a limitação da responsabilidade dos sócios podem ser afastadas.

Em que pesem as boas intenções da Lei n.º 13.874/2019 e os avanços verificados nas últimas décadas, especialmente a partir da consolidação de uma jurisprudência responsável e comprometida no seio do STJ, o fato é que, se nada mais for feito, certamente continuarão a persistir graves equívocos na aplicação da teoria, notadamente na justiça laboral, reforçando a sensação de insegurança do marco regulatório e institucional brasileiro.

Os pretórios laborais, com todo o respeito, notabilizaram-se por transparecer desconhecimento sobre a dogmática da desconsideração, máxime no que se refere à aplicação da Teoria Menor a partir da interpretação analógica do CDC, de todo incabível, o que faz cada vez mais ingente a criação de novas âncoras legislativas aptas a controlar e limitar a atividade jurisdicional de levantamento do véu da personalidade jurídica[46].

Um dos aspectos inovadores que merecem ser destacados nessa proposta legislativa é justamente a amplitude de sua incidência, vinculando e obrigando a todos "os órgãos do Poder Judiciário, em qualquer grau de

---

[46] Sobre aplicação analógica do CDC às relações laborais, confira-se o seguinte precedente representativo dessa corrente: "Agravo de petição. Incidente de desconsideração da personalidade jurídica. Responsabilidade dos sócios. Teoria Menor. Aplicabilidade no processo trabalhista. O processo trabalhista não exige a comprovação de efetiva confusão patrimonial ou desvio de finalidade da empresa. A jurisprudência trabalhista consolidou-se no sentido de que a insolvência da empresa é suficiente para se aplicar a desconsideração da sua personalidade jurídica na fase de execução, mormente por se tratar de satisfação de crédito de natureza alimentar (art. 28, § 5.º, CDC, e art. 34, parágrafo único, Lei n.º 12.529/2011). Agravo de petição conhecido e improvido" (TRT 7.ª R., AP 0000610-04.2018.5.07.0038, 2.ª Turma, Rel. Des. Jefferson Quesado Junior, j. 04.11.2019, *DEJTCE* 20.02.2020, p. 434).

jurisdição", extirpando qualquer dúvida que poderia surgir no que se refere à submissão da Justiça do Trabalho[47].

Chama a atenção a vedação ao uso da analogia e da interpretação extensiva nas decisões que decretem a desconsideração[48]. Parece óbvio que a superação da autonomia patrimonial da pessoa jurídica restringe a liberdade de disposição e a limitação da responsabilidade dos sócios, constituindo, por isso, exceção no ordenamento jurídico e, conforme as regras ancestrais de hermenêutica, não se pode dar interpretação ampliativa à norma restritiva. Normas restritivas de direitos devem ser interpretadas de forma igualmente restrita. Infelizmente, contra o ativismo desregrado de parcelas do Judiciário, muitas vezes o legislador precisa ser óbvio.

Com isso, resolve-se a principal lacuna da Lei n.º 13.874/2019, que foi a adstrição ao Código Civil e à Teoria Maior, deixando intacta a norma consumerista que fundamenta a aplicação analógica da Teoria Menor pelos magistrados trabalhistas (CDC, art. 28, § 5º).

Outro ponto fundamental da proposta é diferenciar as hipóteses em que é aplicável a teoria da desconsideração de outras na qual a responsabilização dos membros da pessoa jurídica decorre de solidariedade legal, impondo, inclusive nessas situações, a instauração do incidente previsto nos arts. 133 a 137 do CPC.

A técnica do incidente, que constitui mero desdobramento do princípio constitucional do contraditório, deve aplicar-se a toda e qualquer forma de extensão da responsabilidade patrimonial a quem não era originalmente o devedor. Não nego que o art. 135 do CTN impute responsabilidade pessoal dos sócios por obrigações tributárias da pessoa jurídica, decorrentes de atos praticados com excesso de poder ou de infração do contrato social ou do estatuto. Entretanto, apesar disso, não se logra negar que o devedor principal é a pessoa jurídica. O redirecionamento da cobrança para os sócios assemelha-se à extensão da responsabilização de que tratam os arts. 133 a 137 do CPC. Por isso, também nos casos de responsabilidade solidária ou direta, deve ser assegurado ao sócio ou administrador o direito ao contraditório e à ampla defesa, sobretudo nas hipóteses em que não haja participado do processo de

---

[47] Art. 8.º do PL: "As disposições desta lei aplicam-se imediatamente a todos os processos em curso perante quaisquer dos órgãos do Poder Judiciário, em qualquer grau de jurisdição".

[48] Art. 5.º do PL: "O juiz somente poderá decretar a desconsideração da personalidade jurídica ouvido o Ministério Público e nos casos expressamente previstos em lei, sendo vedada a sua aplicação por analogia ou interpretação extensiva".

conhecimento, vindo a sua responsabilidade a ser apontada apenas na fase de cumprimento de sentença ou no processo de execução.

Esse problema não foi tratado na Lei n.º 13.874/2019 e assume contornos de inegável gravidade. Basta ver que a jurisprudência do STJ considera desnecessária a instauração do incidente previsto no CPC para fins de redirecionamento de execução fiscal aos sócios da pessoa jurídica devedora. Tem-se entendido, de forma equivocada, a meu sentir, que, para a cobrança do crédito tributário, a exigência de instauração do incidente dificultaria a persecução de bens do devedor, "além de transferir à Fazenda Pública o ônus desproporcional de ajuizar medidas cautelares fiscais e tutelas provisórias de urgência para evitar os prejuízos decorrentes do risco que se colocaria à satisfação do crédito"[49].

Não é possível desconsiderar a existência da pessoa jurídica, tampouco responsabilizar pessoalmente qualquer sócio da entidade moral, sem prévia atividade cognitiva do magistrado, de que participem aqueles cuja responsabilidade está sendo imputada. E nesse ponto o projeto é claríssimo, quando propõe submeter ao incidente processual dos arts. 133 a 137 não apenas as hipóteses típicas de desconsideração da personalidade jurídica, mas todas as demais situações de responsabilidade solidária de sócios e administradores.

Portanto, nos termos da proposta legislativa, o incidente prévio de desconsideração será igualmente exigido para as decisões judiciais que implicarem a responsabilização direta, em caráter solidário ou subsidiário de sócios ou administradores, que não tenham anteriormente participado da relação processual, pelos débitos da pessoa jurídica[50]. Em suma, tanto

---

[49] "O acórdão recorrido está em consonância com a jurisprudência deste Superior Tribunal de Justiça, que tem pacificado o entendimento no sentido de que há verdadeira incompatibilidade entre a instauração do incidente de desconsideração da personalidade jurídica e o regime jurídico da execução fiscal, considerando que deve ser afastada a aplicação da lei geral – Código de Processo Civil –, considerando que o regime jurídico da lei especial – Lei de Execução Fiscal – não comporta a apresentação de defesa sem prévia garantia do juízo, nem a automática suspensão do processo, conforme a previsão do art. 134, § 3.º, do CPC/2015. A propósito, confira-se: REsp 1.786.311/PR, Rel. Min. Francisco Falcão, 2.ª Turma, j. 09.05.2019, *DJe* 14.05.2019" (AgInt no REsp 1.759.512/RS, 2.ª Turma, Rel. Min. Francisco Falcão, j. 15.10.2019, *DJe* 18.10.2019).

[50] Art. 1.º do PL: "A desconsideração da personalidade jurídica para fins de estender obrigação da pessoa jurídica a seu membro, instituidor, sócio ou administrador obedecerá aos preceitos desta lei. Parágrafo único. Aplica-se, também, o disposto nesta lei às decisões ou atos judiciais de quaisquer dos órgãos do Poder Judiciário

a decisão que decretar a desconsideração da personalidade jurídica como a responsabilização direta do sócio por débito da pessoa jurídica, com o redirecionamento da execução, exigem a instauração do incidente, de modo que sejam indicados os atos praticados e assegurado aos eventuais atingidos o exercício do contraditório e da ampla defesa.

O projeto reitera, ainda, que a desconsideração não prescinde de iniciativa das partes interessadas[51]. O que significa que nas hipóteses previstas no art. 878 da CLT, que permite ao juiz trabalhista promover a execução *ex officio,* nos casos em que as partes não estiverem representadas por advogado, deve o juiz nomear defensor dativo para que a parte interessada possa postular a desconsideração[52].

O parecer do relator, Deputado João Roma Neto, aprovado na Comissão de Constituição de Justiça e Cidadania (CCJC) da Câmara dos Deputados, deixou claro não só a compatibilidade da proposta com o incidente do CPC, mas também a sua superioridade técnica, ao aportar novos balizamentos não previstos no diploma adjetivo ou na Lei n.º 13.874/2019:

> A proposta original, de iniciativa do Deputado Bruno Araújo, conquanto anterior ao novo diploma processual, robustece o incidente, sem descurar da autonomia patrimonial da pessoa jurídica, somente passível de ser desconsiderada em desfavor daqueles que efetivamente praticaram os atos abusivos previstos nas normas materiais, notadamente no art. 50 do Código Civil, sempre com a garantia do prévio contraditório e da ampla defesa.
>
> Entre as inovações trazidas no Projeto do Deputado Bruno Araújo, não previstas no CPC/2015, merece destaque o disposto no parágrafo único do art. 1.º, prevendo a aplicação do incidente, não apenas para as situações típicas de desconsideração, mas também às decisões ou atos judiciais de quaisquer dos órgãos do Poder Judiciário

---

que imputarem responsabilidade direta, em caráter solidário ou subsidiário a membros, instituidores, sócios ou administradores pelas obrigações da pessoa jurídica".

[51] Art. 4.º do PL: "O juiz não poderá decretar de ofício a desconsideração da personalidade jurídica".

[52] "Art. 878. A execução será promovida pelas partes, permitida a execução de ofício pelo juiz ou pelo Presidente do Tribunal apenas nos casos em que as partes não estiverem representadas por advogado. (Redação dada pela Lei n.º 13.467, de 2017)".

que imputarem responsabilidade direta, em caráter solidário ou subsidiário, a membros, instituidores, sócios ou administradores pelas obrigações da pessoa jurídica.

Ou seja, ainda que exista responsabilidade solidária ou subsidiária entre as pessoas naturais e a pessoa jurídica, não deve ser admitido o simples redirecionamento àquelas de demanda originalmente proposta contra o ente personalizado, sem que antes seja observado o contraditório, de modo a possibilitar o exercício do direito de defesa, que em diversificadas ocasiões ensejará o próprio afastamento da solidariedade.

Outro ponto relevante é que o CPC só faz alusão aos "sócios", limitando o incidente à desconsideração das pessoas jurídicas que adotam a forma societária (sociedades), enquanto o projeto menciona também membros, instituidores e administradores.

Ainda que § 1.º do art. 133 do CPC já exija que o pedido de desconsideração da personalidade jurídica deva observar os pressupostos legais e o § 4.º do art. 134 imponha ao requerimento demonstrar o preenchimento desses requisitos específicos, o Projeto 3.401 vai além, estabelecendo a obrigação de detalhar igualmente, quais os atos objetivamente praticados pelas pessoas naturais e que ensejariam a respectiva responsabilização, afastando a possibilidade de se atingir o patrimônio pessoal de quem "não tenha praticado ato abusivo da personalidade em detrimento dos credores da pessoa jurídica e em proveito próprio" (art. 6.º), como ocorre, por exemplo, com os sócios minoritários ou que não tenham poder de gestão.

Além de proibir o juiz de decretar de ofício a desconsideração da personalidade jurídica, assegurando sempre o contraditório prévio, o que também foi reconhecido no CPC/2015, a proposta do Deputado Bruno Araújo determina que o Juiz não poderá decretar a desconsideração da personalidade jurídica sem antes facultar à pessoa jurídica a oportunidade de satisfazer a obrigação, em dinheiro, ou indicar os meios pelos quais a execução possa ser assegurada, esclarecendo, ainda, que a "mera inexistência ou insuficiência de patrimônio para o pagamento de obrigações contraídas pela pessoa jurídica não autoriza a desconsideração da personalidade jurídica, quando ausentes os pressupostos legais".

Lembrando que a norma alude aos requisitos expressamente previstos em lei, sendo vedada a sua aplicação por analogia ou interpretação extensiva. O projeto, nesse particular, deixa claro que os pressupostos que autorizam a desconsideração da personalidade jurídica nas relações jurídicas trabalhistas ou consumeristas (*v.g.* art. 28 do CDC) e nos casos de ressarcimento por dano ao meio ambiente (art. 4.º da Lei 9.605/98) não se prestam, por exemplo, para fundamentar o pedido de desconsideração da personalidade jurídica nas relações civis ou empresariais.

O CC/2002 consagrou o instituto. Cumpre, porém, ao direito processual criar os mecanismos para efetivá-lo, coibindo a sua aplicação desmesurada, fonte de insegurança jurídica, com a criação de regras estáveis, claras e precisas, que assegurem o exercício efetivo do direito de defesa, sem o qual não pode existir Estado Democrático de Direito. O CPC/2015 avançou bastante, quando criou o incidente previsto nos arts. 133 e seguintes. Mas ainda demanda uma complementação e nesse sentido caminha a proposta do Deputado Bruno Araújo.

(...)

Finalmente, cabe destacar que o projeto não derroga as normas previstas nos arts. 133 a 137 do CPC, salvo em um único aspecto. É que o art. 135 prevê o prazo de 15 (quinze) dias após instaurado o incidente para que o sócio ou a pessoa jurídica seja citado para defender-se, enquanto o § 2.º do art. 3.º reduz esse prazo para 10 (dez) dias, o que implicará a revogação tácita do art. 135 do CPC.

Como bem ensina Mário Luiz Delgado, "existem diversas formas pelas quais a lei sucessora opera a revogação da lei sucedida (se totalmente = ab-rogação; se parcialmente = derrogação). A revogação também pode ser expressa ou tácita. Uma lei pode ser derrogada ou ab-rogada, não apenas quando a lei posterior o declare expressamente, mas também por incompatibilidade com a lei nova, ou ainda pelo fato de a lei posterior haver regulado completamente a matéria antes objeto de lei anterior. (...) As regras aplicáveis à revogação tácita estão previstas no § 1.º do art. 2.º da LINDB, que continua em vigor ('A lei posterior revoga a anterior quando expressamente o declare, quando seja com ela incompatível ou quando regule inteiramente a matéria de que tratava a lei anterior')" (Cf. DELGADO, Mário Luiz. *Código Civil comentado* – doutrina e jurisprudência/Anderson Schreiber ... [*et al.*]. Rio de Janeiro: Forense, 2019. p. 1.578).

Em conclusão, entendemos que o projeto em análise atenderá ao nobre intento do seu autor, no sentido de normatizar processualmente um instituto tão relevante e de tão profundos reflexos na vida nacional, como é o caso da desconsideração da personalidade jurídica.

Se por um lado é preciso garantir segurança jurídica e rapidez àqueles que buscam o recebimento de seus créditos, por outro lado não se pode impor ao devedor um ônus além do razoável, reduzindo-o à condição miserável. Já vão longe os tempos em que o devedor era reduzido à escravidão e, até mesmo, condenado à morte, pagando com a vida as suas dívidas.

A dignidade do devedor *versus* a eficácia da Justiça na recuperação de créditos é o grande embate da modernidade, que precisa ser balizado pelo legislador do Direito. Tarefa difícil, mas não impossível.

O projeto, a meu ver, mostra-se fundamental para complementar a normatização legislativa da desconsideração da personalidade jurídica em harmonia com as alterações materiais procedidas pela Lei da Liberdade Econômica e com a consolidação da jurisprudência do STJ sobre a matéria.

4. A *DISREGARD* NA JURISPRUDÊNCIA DO STJ

A jurisprudência do STJ, ao contrário do que se tem verificado nos tribunais trabalhistas, mostra-se extremamente criteriosa e fiel aos critérios dogmáticos informadores da correta utilização do instituto da desconsideração da personalidade jurídica, revertendo decisões das instâncias ordinárias que muitas vezes decretam a desconsideração sem constatar a presença ou não das condicionantes requestadas pelo Código Civil. Outras decisões, igualmente corrigidas pelo STJ, vêm aplicando a Teoria Menor, positivada no art. 28 do CDC, a relações jurídicas que fogem ao enquadramento consumerista.

Verifica-se um esforço ingente do Tribunal da Cidadania em estabelecer limites à política judiciária, muitas vezes ativista, de desconsideração desenfreada da personalidade jurídica, ressaltando, a maioria dos julgados, que a teoria é medida excepcional e "pressupõe a ocorrência de abusos da sociedade, advindos do desvio de finalidade ou da demonstração de confusão patrimonial", e a mera inexistência de bens ou "eventual encerramento irregular das atividades da empresa não enseja a desconsideração da personalidade jurídica"[53].

A primeira tomada de posição no que tange ao estabelecimento de limites à desconsideração do ente coletivo foi justamente a filiação à Teoria

---

[53] AgInt no AREsp 924.641/SP, 4.ª Turma, Rel. Min. Marco Buzzi, j. 29.10.2019, *DJe* 12.11.2019.

Maior para todas as relações civis e empresariais. Como se vê pelo julgamento do REsp 693.235, de 2009, o Tribunal enalteceu que, não obstante a teoria da desconsideração da personalidade jurídica encontre amparo no art. 28 do Código de Defesa do Consumidor, ela "deve ser aplicada com cautela, diante da previsão de autonomia e existência de patrimônios distintos entre as pessoas físicas e jurídicas". E, ainda que na vigência do CPC/1973 estivesse dispensada a ação autônoma, o levantamento do véu da pessoa jurídica somente poderia ser admitido

> (...) em casos de abuso de direito – cujo delineamento conceitual encontra-se no art. 187 do CC/02, desvio de finalidade ou confusão patrimonial, é que se permite tal providência. Adota-se, assim, a "teoria maior" acerca da desconsideração da personalidade jurídica, a qual exige a configuração objetiva de tais requisitos para sua configuração[54].

A filiação à Teoria Maior é também requisito indispensável para responsabilização de administrador não sócio, cuja responsabilidade será "subjetiva e depende da prática do ato abusivo ou fraudulento". Não sendo consignada nenhuma prática de ato ilícito do administrador, "é forçoso reconhecer a impossibilidade de atribuição dos efeitos da desconsideração da personalidade jurídica ao administrador não sócio"[55].

Nesse particular, a posição do STJ, de exigir que a desconsideração seja dirigida contra o administrador que praticou o ato ilícito, foi refletida nas recentes alterações procedidas no *caput* do art. 50, justamente para esclarecer que apenas os sócios e administradores da pessoa jurídica que houvessem sido beneficiados direta ou indiretamente pelo abuso seriam atingidos pela decretação da desconsideração.

Em muitas situações, até um sócio majoritário será excluído dos efeitos da desconsideração, desde que não tenha praticado o ato que fundamente o incidente, exigindo-se "ato intencional dos sócios com intuito de fraudar terceiros, ou confusão patrimonial, requisitos que não se presumem mesmo em casos de dissolução irregular ou de insolvência da sociedade empresária", não se admitindo que os efeitos da desconsideração da personalidade jurídica

---

54 STJ, REsp 693.235, Proc. 2004/0140247-0/MT, 4.ª Turma, Rel. Min. Luis Felipe Salomão, j. 17.11.2009, *DJe* 30.11.2009.

55 REsp 1.658.648, Proc. 2017/0014927-4/SP, 3.ª Turma, Rel. Min. Moura Ribeiro, *DJe* 20.11.2017.

atinjam "o sócio que, a despeito de deter a posição de majoritário, nunca participou dos atos sociais da empresa, menos ainda na condição de administrador"[56]. A desconsideração da personalidade jurídica está subordinada à efetiva comprovação do "benefício direto ou indireto obtido pelo sócio"[57].

O recurso à "Teoria Menor", por sua vez, quando se tratar de vínculo de índole consumerista, é absolutamente excepcional e, de modo igual, não pode se contentar somente com o estado de insolvência do fornecedor, o qual deve ser

> (...) somado à má administração da empresa, ou, ainda, com o fato de a personalidade jurídica representar um "obstáculo ao ressarcimento de prejuízos causados aos consumidores", mercê da parte final do *caput* do art. 28, e seu § 5.º, do Código de Defesa do Consumidor[58].

Ainda que não se exija

> (...) prova de abuso ou fraude para fins de incidência da Teoria Menor da desconsideração da personalidade jurídica, tampouco de confusão patrimonial, o § 5.º do art. 28 do CDC não dá margem para admitir a responsabilização pessoal de quem jamais atuou como gestor da empresa[59].

Portanto, a exegese inicial adotada anteriormente pelo tribunal, de que a "Teoria Menor" da desconsideração "incide com a mera prova de insolvência da pessoa jurídica para o pagamento de suas obrigações, independentemente da existência de desvio de finalidade ou de confusão patrimonial"[60], evoluiu para restringir o uso da "Teoria Menor", inclusive tratando-se de relação consumerista. No entendimento STJ,

---

[56] REsp 1.686.162, Proc. 2016/0297682-6/SP, 3.ª Turma, Rel. Min. Nancy Andrighi, j. 26.11.2019, *DJe* 03.12.2019.

[57] REsp 1.838.009, Proc. 2018/0066385-7/RJ, 3.ª Turma, Rel. Min. Moura Ribeiro, j. 19.11.2019, *DJe* 22.11.2019.

[58] REsp 1.096.604, Proc. 2008/0218648-4/DF, 4.ª Turma, Rel. Min. Luis Felipe Salomão, j. 02.08.2012, *DJe* 16.10.2012.

[59] REsp 1.766.093, Proc. 2018/0234790-9/SP, 3.ª Turma, Rel. Min. Nancy Andrighi, j. 12.11.2019, *DJe* 28.11.2019.

[60] REsp 279.273/SP, 3.ª Turma, Rel. Min. Ari Pargendler, Rel. p/ acórdão Min. Nancy Andrighi, j. 04.12.2003, *DJ* 29.03.2004.

(...) de acordo com a Teoria Menor, a incidência da desconsideração se justifica: a) pela comprovação da insolvência da pessoa jurídica para o pagamento de suas obrigações, somada à má administração da empresa (art. 28, *caput*, do CDC); ou b) pelo mero fato de a personalidade jurídica representar um obstáculo ao ressarcimento de prejuízos causados aos consumidores, nos termos do § 5.º do art. 28 do CDC[61].

E ainda considerando a Teoria Menor, é preponderante no tribunal a posição de que

(...) a mera dificuldade de encontrar bens suficientes para a satisfação do crédito discutido, associada à eventual constatação do estado de insolvência da empresa demandada, não constituem elementos suficientes para o deferimento do pedido de desconsideração de sua personalidade jurídica[62].

Outra questão facejada pelo STJ diz respeito à necessidade ou não do incidente de desconsideração para as situações de responsabilidade tributária, decorrente de solidariedade entre os sócios e a pessoa jurídica pelo débito fiscal, como aludi no tópico anterior. O tribunal tem entendido que não se

(...) aplica o incidente de desconsideração da personalidade jurídica (art. 133 do CPC/2015) ao processo executivo fiscal nos casos em que a Fazenda exequente pretende alcançar pessoa jurídica distinta daquela contra a qual originalmente foi ajuizada a execução, mas cujo nome consta na Certidão de Dívida Ativa, após regular procedimento administrativo, ou, mesmo (o nome) não constando (no título executivo), o fisco demonstre a responsabilidade, na qualidade de terceiro, nos termos dos arts. 134 e 135 do CTN[63].

---

[61] REsp 1.735.004/SP, Rel. Min. Nancy Andrighi, 3.ª Turma, j. 26.06.2018, *DJe* 29.06.2018. No mesmo sentido: AgInt-AREsp 1.518.388, Proc. 2019/0145402-1/MG, 3.ª Turma, Rel. Min. Marco Aurélio Bellizze, j. 18.11.2019, *DJe* 21.11.2019.

[62] AgInt-AREsp 1.508.406, Proc. 2019/0145563-7/BA, 4.ª Turma, Rel. Min. Marco Buzzi, j. 19.11.2019, *DJe* 22.11.2019.

[63] REsp 1.775.280, Proc. 2018/0280919-7/PR, 1.ª Turma, Rel. Min. Gurgel de Faria, j. 25.06.2019, *DJe* 09.08.2019.

Entretanto, fora das hipóteses dos arts. 134 e 135 do CTN, a responsabilização de uma pessoa jurídica pelos tributos inadimplidos por outras, ainda que integrantes de um grupo econômico,

> (...) depende da comprovação do abuso de personalidade, caracterizado pelo desvio de finalidade ou confusão patrimonial, tal como consta do art. 50 do Código Civil, daí por que, nesse caso, é necessária a instauração do incidente de desconsideração da personalidade da pessoa jurídica devedora[64].

Em suma, o redirecionamento de execução fiscal à pessoa jurídica que integra idêntico grupo econômico da sociedade empresária originalmente executada, mas não identificada no ato de lançamento (nome na CDA), ou não enquadrada nos arts. 134 e 135 do CTN, exige a prévia instauração do incidente de desconsideração.

Enfim, não existe controvérsia quanto ao "posicionamento perfilhado pelo Superior Tribunal de Justiça de que o encerramento irregular das atividades da empresa não enseja a desconsideração da personalidade jurídica, assim como a caracterização do seu estado de insolvência"[65].

A jurisprudência do STJ tem sido parcimoniosa na casuística da *disregard*, afastando decisões das cortes estaduais que decretam a desconsideração, sem a análise substancial dos requisitos materiais exigidos pela legislação, ou sem observância do incidente previsto no Código de Processo Civil.

5. CONCLUSÕES

Pelo que se demonstrou nos tópicos precedentes, a jurisprudência do STJ não deve sofrer qualquer impacção após a edição da Lei n.º 13.874/2019. As transformações procedidas no art. 50 do CC, ou a inserção do art. 49-A, apenas positivaram posições consolidadas no âmbito das 3.ª e 4.ª Turmas e da 2.ª Seção daquele Tribunal. Portanto, as alterações legislativas não haverão de impactar as decisões futuras do Tribunal da Cidadania, senão reforçar a orientação hoje predominante.

---

[64] Idem.

[65] AgInt na Pet 12.712/SP, 3.ª Turma, Rel. Min. Marco Aurélio Bellizze, j. 23.09.2019, *DJe* 27.09.2019.

Sob esse prisma, a Lei da Liberdade Econômica pouco inovou e desperdiçou a oportunidade de oferecer um contributo efetivo para a pacificação de um tema tão importante e pouco compreendido.

Por outro lado, as grandes questões ainda controversas, como é o caso da aplicação desregrada da "Teoria Menor" prevista no art. 28 do CDC, notoriamente invocada, por analogia, pelos Tribunais do Trabalho, ou a necessidade de instauração do incidente prévio dos arts. 133 e seguintes para as hipóteses de responsabilidade solidária dos sócios, reiteradamente afastada nos litígios tributários, não foram objeto da Lei da Liberdade Econômica.

Somente a aprovação definitiva do Projeto de Lei n.º 3.401/2008 resolverá essas questões, fazendo com que a interpretação e a aplicação da desconsideração da personalidade jurídica deixem de representar fonte perene e inesgotável de insegurança jurídica e consequente incremento do Custo Brasil.

REFERÊNCIAS

BOULOS, Daniel M. *Abuso de direito no novo Código Civil*. São Paulo: Método, 2006.

FREITAS, Elizabeth Cristina Campos Martin de. *Desconsideração da personalidade jurídica*. 2. ed. São Paulo: Atlas, 2004.

GAMA, Guilherme Calmon Nogueira da (coord.) *Desconsideração da personalidade jurídica*. Visão crítica da jurisprudência. São Paulo: Atlas, 2009.

LÓPEZ DÍAZ, Patricia. *La doctrina del levantamiento del velo y la instrumentalización de la personalidad jurídica*. Santiago: LexisNexis, 2003.

MENEZES CORDEIRO, António. *O levantamento da personalidade colectiva no direito civil e comercial*. Coimbra: Almedina, 2000.

NUNES, Márcio Tadeu Guimarães. *Desconstruindo a desconsideração da personalidade jurídica*. São Paulo: Quartier Latin, 2007.

REQUIÃO, Rubens. Abuso de direito e fraude através da personalidade jurídica (*disregard doctrine*). *Revista dos Tribunais*, São Paulo, n. 410, 1969..

SCHREIBER, Anderson; TARTUCE, Flávio; SIMÃO, José Fernando; DELGADO, Mário Luiz; MELO, Marco Aurélio Bezerra de. *Código Civil comentado*. Doutrina e jurisprudência. Rio de Janeiro: Forense, 2020.

CLÁUSULA PENAL NO DIREITO CIVIL

9

ASPECTOS CONTROVERSOS SOBRE A CLÁUSULA PENAL CONTRATUAL

Luis Felipe Salomão

Leonardo Morais da Rocha

Sumário: 1. Introdução; 2. Aspectos jurídicos relevantes; 3. A culpa como requisito objetivo?; 4. Função indenizatória da cláusula penal; 5. Tema 970: pacificação da jurisprudência do STJ; 6. Abono de pontualidade; 7. Pena convencional desproporcional ao dano materializado; 8. Cláusula penal estipulada em contrato de adesão em benefício apenas do proponente; 9. Considerações finais; Referências.

1. INTRODUÇÃO

A visão moderna enfatiza o contrato como uma expressão de cooperação social, informada pela equidade e boa-fé, na qual os contratantes almejam que a avença chegue a seu fim sem obstruções, mediante atuação refletida e proba de ambas as partes, de modo a satisfazer os legítimos interesses envolvidos, superando-se a visão tradicional antagonista e excessivamente liberal.

Essa nova tendência contratual não testilha com o lucro – apenas com os excessos abusivos que corrompam o equilíbrio razoável da relação jurídica em seus aspectos formais, materiais, econômicos e éticos –, tampouco afasta a imprescindibilidade, na sociedade contemporânea, de que o negócio cumpra sua função social, o que só se consegue com o adimplemento das obrigações convencionais, o qual enseja a circulação de riquezas e mantém a economia girando.

Assim, a par das legítimas expectativas econômicas despertadas nos contratantes, as quais são satisfeitas quando do cumprimento das prestações criadas, cada contrato inadimplido ou adimplido de modo defeituoso é uma frustração da finalidade a que ele se destina, seja a finalidade interna – para os contratantes que querem o adimplemento –, seja a finalidade externa – com intuito de manter a riqueza circulando.[1]

Nessa *perspectiva*, a cláusula penal, embora não se restrinja aos contratos, constitui pacto secundário acessório por meio do qual as partes determinam previamente uma multa (geralmente, mas não necessariamente, em pecúnia, podendo consistir também em obrigação de outra natureza ou até mesmo em perda ou preclusão de um direito), consubstanciando indenização no caso de inadimplemento absoluto, hipótese em que se denomina *cláusula penal compensatória*. Além disso, a cláusula penal pode ser estabelecida para prefixar indenização por inadimplemento relativo (quando se mostrar útil o adimplemento, ainda que tardio – isto é, defeituoso), recebendo, assim, a denominação de *cláusula penal moratória*.

É conveniente notar, de outra parte, que esse "modelo binário" vem sendo bastante questionado, especialmente em sistemas de *common law*.

De todo modo, observa-se que a natureza da cláusula penal não exige, para o seu estabelecimento, o emprego das expressões tradicionais (cláusula penal, pena convencional ou multa). Ela existe e produz seus efeitos, desde que os interessados se sirvam desses e de outros termos equivalentes.

Por outro lado, pode acontecer que não se trate de cláusula penal, embora os interessados assim o tenham expressado. Em tal hipótese, cumpre pesquisar a verdadeira intenção das partes contratantes.[2]

2. ASPECTOS JURÍDICOS RELEVANTES

A cláusula penal, embora acessória, não se sujeita à mesma forma ou solenidade da avença principal, podendo ser celebrada em apartado e também de modo superveniente, contanto que, sob pena de perder sua natureza de sanção convencional, seja pactuada antes do inadimplemento.

---

[1] CAVALIERI FILHO, Sergio. *Programa de direito do consumidor*. 3. ed. São Paulo: Atlas, 2011. p. 114-117.

[2] BARROS MONTEIRO, Washington de; MALUF, Carlos Alberto Dabus. *Direito das obrigações*. 40. ed. São Paulo: Saraiva, 2015. p. 421-431.

No entanto, cabe pontuar que, se a obrigação principal é resolvida sem culpa do devedor, extingue-se a exigência da cláusula acessória (princípio da gravitação jurídica). É que, como obrigação acessória, para que possa subsistir, fica vinculada à existência, validade e eficácia da obrigação principal.

É digno de realce que a cláusula penal, mesmo constituindo estimativa preliminar indenizatória, não sendo necessário que o credor aponte o prejuízo suportado (art. 416 do CC), harmoniza-se plenamente com o art. 402 do CC, consagrando o princípio da reparação integral dos danos e prevenindo o enriquecimento sem causa do lesionado pela mora. O dispositivo estabelece que, "salvo as exceções expressamente previstas em lei, as perdas e danos devidos ao credor abrangem, além do que ele efetivamente perdeu, o que razoavelmente deixou de lucrar".

De fato, a interpretação dos arts. 389 e 394 do CC deixa nítido que, não cumprida a obrigação no tempo, no lugar e na forma que a lei ou a convenção estabelecer, a parte lesada pelo inadimplemento pode pedir, se ainda lhe for útil, o cumprimento da obrigação principal, indenização por perdas e danos, mais juros de mora, atualização monetária e, se necessário, o ajuizamento de ação, com cobrança dos honorários advocatícios.

Deveras, o estabelecimento da prefixação da multa no próprio contrato atende aos interesses de ambas as partes, incluindo o do devedor em mora, na medida em que previne o conflito e propicia segurança jurídica ao dispensar a prova e a liquidação do dano, muitas vezes onerosas e difíceis, podendo levar a litígios que devem ser dirimidos por juiz ou árbitro.

3. A CULPA COMO REQUISITO OBJETIVO?

A questão da culpa como elemento objetivo necessário à exigência da multa contratual desperta polêmica, em vista da redação do art. 408 do CC, o qual dispõe que "incorre de pleno direito o devedor na cláusula penal, desde que, culposamente, deixe de cumprir a obrigação ou se constitua em mora".

Não obstante a acesa divergência doutrinária a respeito do tema, entendemos que encontra maior coerência sistêmica a interpretação que considera não ser a culpa elemento essencial da imputabilidade, cuidando-se de uma imputação objetiva, malgrado o uso de termo diverso.

Nesse passo, como leciona Hamid Charaf Bdine, a expressão "culposamente", de que se vale o artigo ora em exame, deve ser havida como noção de mera imputação, ponderando que andaria bem o legislador se mantivesse a locução do Código anterior, uma vez que a inserção do termo "culposamente" poderia sugerir um novo requisito para aferição da aplicação da cláusula penal, este, contudo, de natureza objetiva. Tal solução deve ser afastada interpretativamente, em homenagem à coerência do sistema.[3]

Aliás, a imputação civil dos danos é princípio e a característica mais importante do direito de crédito, fundamental ao direito das obrigações, permitindo ao credor a excussão do patrimônio do devedor para satisfação de seu direito em caso de inadimplemento.[4]

Com efeito, é interessante observar que há possibilidade de exigir a multa convencional sem caracterização de mora, visto que, à luz do art. 396 do CC, não havendo fato ou omissão imputável ao devedor (imputação que se entende subjetiva), não incorre este em mora.

Por certo, a própria alusão do mencionado art. 408 do CC à constituição em mora, a nosso juízo, corrobora o entendimento de que o termo "culposamente" deve ser mesmo compreendido como imputação, já que não faz sentido falar em mora sem culpa.

Contudo, apesar de a culpa não ser elemento objetivo necessário à exigibilidade de cláusula penal, esclarece o art. 393 do CC que o devedor não responde pelos prejuízos resultantes de caso fortuito ou força maior, caso expressamente não se houver por eles responsabilizado.

O caso fortuito ou força maior, cujo efeito não seria possível evitar ou impedir, verifica-se no fato necessário. Por conseguinte, nos casos em que houver inadimplemento decorrente de fato inevitável, que não possa ser imputável ao devedor (caso fortuito, força maior ou conduta do credor que impeça o devedor de adimplir), não há falar em exigibilidade da cláusula penal.

Todavia, evidentemente, isso não abrange o fortuito interno que se relacione com os riscos da atividade desenvolvida pelo apontado ofensor. Esse entendimento também foi perfilhado pela Quarta Turma, por ocasião do julgamento do AgInt no AREsp n. 978.237/MG, em que, confirmando decisão proferida na origem, salientou-se que a construtora não demonstrou força maior, pois a escassez de mão de obra, de materiais de construção e de maquinário é fato caracterizado como fortuito interno, ou seja, está ligado ao risco natural da atividade econômica da empresa e, por isso, é incapaz de afastar a exigibilidade da cláusula penal.

---

[3]   BDINE JR., Hamid Charaf; PELUSO, Cezar (coord.). *Código Civil comentado.* 6. ed. Barueri: Manole, 2012. p. 867.

[4]   NERY, Rosa Maria Barreto Borrielo de Andrade. *Estrutura axiológica do moderno direito das obrigações.* Direito de obrigações e direito negocial (Coleção Doutrinas essenciais, v. II.). São Paulo: RT, 2010. p. 27.

4. FUNÇÃO INDENIZATÓRIA DA CLÁUSULA PENAL

Embora não se encontre relevante controvérsia no âmbito doutrinário ou jurisprudencial quanto à impossibilidade de cumulação da cláusula penal compensatória com lucros cessantes, o mesmo não se verifica com relação à multa moratória.

De fato, para parcela minoritária da doutrina – inclusive com acolhimento, em certa medida, há até bem pouco tempo na jurisprudência do STJ –, a cláusula penal moratória tem função eminentemente punitiva, restringindo-se a sancionar o retardo ou a imperfeição na satisfação do dano, não funcionando como prefixação de perdas e danos.

Nessa linha de intelecção, precedente da Terceira Turma, contido no REsp n. 1.665.550/BA, sintetiza bem essa corrente jurisprudencial que outrora prevaleceu na Corte.

Eis a ementa do julgado:

> Processual civil. Recurso especial. Indenização por danos materiais e compensação por danos morais. Atraso na entrega de unidade imobiliária. Lucros cessantes. Presunção. Cláusula penal moratória. Reversão. Cumulação com lucros cessantes. Possibilidade. Jurisprudência consolidada no STJ. Reexame de fatos e provas. Interpretação de cláusulas contratuais. Inadmissibilidade. Harmonia entre o acórdão recorrido e a jurisprudência do STJ. Súmula 83/STJ. Fundamentação. Deficiente. Súmula 284/STF. Dissídio jurisprudencial. Não indicação do dispositivo legal com interpretação divergente. Súmula 284/STF. Dano moral não configurado.
>
> 1. A inexecução do contrato pelo promitente-vendedor, que não entrega o imóvel na data estipulada, causa, além do dano emergente, figurado nos valores das parcelas pagas pelo promitente-comprador, lucros cessantes a título de alugueres, que deixariam de ser pagos ou que poderia o imóvel ter rendido se tivesse sido entregue na data contratada. Trata-se de situação que, vinda da experiência comum, não necessita de prova (art. 335 do CPC/73). Precedentes.
>
> 2. É possível a inversão da cláusula penal moratória em favor do consumidor, na hipótese de inadimplemento do promitente vendedor, consubstanciado na ausência de entrega do imóvel no prazo pactuado.
>
> Precedentes.

3. A cláusula penal moratória, ao contrário do que ocorre em relação à pena compensatória, restringe-se a punir o retardo ou imperfeição na satisfação da obrigação, não funcionando como prefixação de perdas e danos. Por isso, a multa moratória não interfere na responsabilidade do devedor de indenizar os prejuízos a que deu causa. Precedentes.

4. O reexame de fatos e provas e a interpretação de cláusulas contratuais em recurso especial são inadmissíveis.

5. O acórdão recorrido que adota a orientação firmada pela jurisprudência do STJ não merece reforma.

6. A ausência de indicação de dispositivo infraconstitucional violado importa no não conhecimento do recurso especial quanto ao tema ante a incidência da Súmula 284/STF.

7. Não se conhece do recurso especial quando ausente a indicação expressa do dispositivo legal a que se teria dado interpretação divergente.

8. A jurisprudência do STJ vem evoluindo, de maneira acertada, para permitir que se observe o fato concreto e suas circunstâncias, afastando o caráter absoluto da presunção de existência de danos morais indenizáveis.

9. O dano moral, na hipótese de atraso na entrega de unidade imobiliária, não se presume, configurando-se apenas quando houver circunstâncias excepcionais que, devidamente comprovadas, importem em significativa e anormal violação a direito da personalidade dos promitentes-compradores.

10. Recurso especial parcialmente conhecido e, nessa parte, provido. (grifo nosso)

Na verdade, tal qual a multa compensatória, sua natureza é eminentemente indenizatória, ostentando reflexamente função dissuasória, também denominada inibitória. Tanto a reparação civil quanto a punição ostentam função dissuasória. A dissuasória, no âmbito da responsabilidade civil (contratual ou extracontratual), diferencia-se da meramente punitiva por buscar dissuadir condutas futuras mediante reparação/compensação dos danos individuais.[5]

---

[5]   FACCHINI NETO, Eugênio; SARLET, Ingo Wolfgang (org.). *O novo Código Civil e a Constituição*. Porto Alegre: Livraria do Advogado, 2003. p. 164.

A doutrina amplamente majoritária anota a natureza eminentemente indenizatória da cláusula penal moratória, sendo esta um meio de escapar das dificuldades inerentes à demonstração e à quantificação dos prejuízos decorrentes de eventual inadimplemento. Estudos mais recentes têm rejeitado a combinação de uma função punitiva com outra compensatória, insistindo na precisa distinção entre as cláusulas de função punitiva ou sancionatória e aquelas de liquidação antecipada do dano, destinadas a prefixar o montante da indenização.[6]

O art. 413 do Diploma civilista, com o intento de claramente conferir caráter reparatório, e não punitivo, à cláusula penal, dispõe que a penalidade deve ser reduzida equitativamente pelo juiz, se a obrigação principal tiver sido cumprida em parte ou se o montante da penalidade for manifestamente excessivo, tendo em vista a natureza e a finalidade do negócio.

Ademais, *mutatis mutandis*, o art. 413 do CC, na linha da iterativa jurisprudência do STJ, impõe o poder-dever do magistrado de modificar equitativamente, até mesmo de ofício, a cláusula penal avençada para manter a indenização na extensão do dano verificado, caso a obrigação principal tenha se cumprido em parte ou o montante da penalidade tenha se mostrado manifestamente excessivo, haja vista a natureza e a finalidade do negócio.

Outrossim, o Enunciado n. 355 da Jornada de Direito Civil do CJF propugna que as partes não podem renunciar à possibilidade de redução da cláusula penal se ocorrer qualquer das hipóteses previstas no art. 413 do CC, por se tratar de preceito de ordem pública.

Por oportuno, também como reforço dessa linha de intelecção, embora, evidentemente, não se deixe de reconhecer a natureza indenizatória dos juros de mora, são estes que ostentam mais nitidamente uma feição punitiva, pois se extrai da leitura do art. 395 do CC que o devedor responde pelos prejuízos a que sua mora der causa, além de juros (de mora).

Nessa toada, no abalizado escólio de Caio Mário, para caracterização ou permanência em mora, é necessário que haja um retardamento injustificado da parte de algum dos sujeitos da relação obrigacional, compreendendo os juros moratórios pena imposta ao devedor em atraso com o cumprimento da obrigação.[7]

---

[6]   TEPEDINO, Gustavo; SCHREIBER, Anderson; AZEVEDO, Álvaro Villaça. *Código Civil comentado*: artigos 233 a 420. São Paulo: Atlas, 2008. p. 376 e 390-391.

[7]   PEREIRA, Caio Mário da Silva. *Instituições de direito civil*: teoria geral das obrigações. 25. ed. Rio de Janeiro: Forense, 2012. p. 119 e 291.

5. TEMA 970: PACIFICAÇÃO DA JURISPRUDÊNCIA DO STJ

Por ocasião do julgamento dos recursos representativos da controvérsia, REsp 1.635.428/SC e REsp 1.498.484/DF, foi sufragada a seguinte tese: "A cláusula penal moratória tem a finalidade de indenizar pelo adimplemento tardio da obrigação, e, em regra, estabelecida em valor equivalente ao locativo, afasta-se sua cumulação com lucros cessantes".

Como antes mencionado, prevalecia no STJ, mormente em questões a envolver promessa de compra e venda de imóveis na planta, o entendimento de que a cláusula penal moratória tinha função meramente de pena.

Nada obstante, bem examinada a questão, ocorria uma indesejável dispersão jurisprudencial, pois, conforme demonstrado nos acórdãos do julgamento do recurso repetitivo, havia precedentes das duas Turmas de Direito Privado assentando que a cláusula penal é pacto acessório, por meio do qual as partes determinam previamente uma sanção de natureza civil, cujo escopo é inibir o descumprimento da obrigação principal, além de estipular perdas e danos em caso de inadimplemento parcial ou total de um dever assumido.

Procedendo-se à leitura do acórdão do REsp n. 1.641.131/SP, que embasou o julgamento dos recursos representativos da controvérsia, percebe-se que a Terceira Turma já havia analisado detidamente a natureza da cláusula penal, extraindo-se essencialmente a mesma conclusão da tese sufragada, *in verbis*:

> I – Da cláusula penal e seu objeto
>
> [...]
>
> Mas a cláusula penal é um pacto acessório que, quando previsto, além de atenuar ou o atraso ou o descumprimento total ou parcial de uma prestação contratual, também tem a função de evitá-los.
>
> A atenuação dos prejuízos causados pela mora ou pela inexecução da obrigação se dá pela estimativa, desde logo, de maneira prévia, das perdas e danos decorrentes do parcial ou completo inadimplemento, evitando a discussão sobre o tema na via jurisdicional. O impedimento, por sua vez, pelo reforço da obrigação assumida, porquanto a previsão da cláusula penal representa um meio de coerção a seu cumprimento.
>
> O valor estabelecido a título de multa contratual representa, desse modo, em essência, a um só tempo, a medida de coerção ao adimplemento do devedor e a estimativa preliminar dos prejuízos sofridos com o inadimplemento ou com a mora.

Cap. 9 · ASPECTOS CONTROVERSOS SOBRE A CLÁUSULA PENAL CONTRATUAL | **277**

Cumpre salientar também que, inclusive em questões a envolver promessa de compra e venda de imóvel na planta, relativas a avenças que não continham pactuação acessória de cláusula penal moratória, é antiga e pacífica a jurisprudência do STJ fixando indenização (lucros cessantes) com base no valor do locativo.

Por todos, menciona-se precedente da Quarta Turma, REsp n. 331.496/MG, do já distante ano de 2002, da relatoria do saudoso Ministro Ruy Rosado de Aguiar, assim ementado:

> Promessa de compra e venda. Construção civil. Perdas e danos. Descumprimento. Indenização. Aluguel.
>
> – Os aluguéis devidos pela não utilização do imóvel prometido à venda devem ser contados até o dia em que as chaves foram depositadas em juízo.
>
> – Recurso conhecido em parte e provido.

De outra parte, em sua redação originária, o art. 52, § 1.º, do CDC estabelecia que as multas de mora decorrentes do inadimplemento de obrigação no seu termo não poderiam ser superiores a 10% do valor da prestação. Contudo, a Lei n. 9.298/1996 alterou essa redação para modificar a limitação a 2% do valor da prestação.

Trata-se de disciplina específica para a cláusula penal moratória, não regulando a modalidade compensatória.

Tal disposição traz bastantes celeumas no âmbito doutrinário, inclusive no tocante à delimitação da abrangência de sua incidência, pois, de fato, o *caput* do dispositivo alude ao fornecimento de produtos e serviços que envolvam a outorga de crédito ou concessão de financiamento ao consumidor.

Entretanto, é bem de ver que a vulnerabilidade do consumidor em todas as relações consumeristas é a pedra de toque do CDC. Como bem observado pelo Ministro Ruy Rosado de Aguiar, no REsp n. 80.036/SP, é característica do Código de Defesa do Consumidor traçar regras que presidam a situação específica do consumo, definindo princípios gerais orientadores do direito das obrigações, e não disciplinando relações específicas.

Seguramente, a mais coerente solução é aquela que confere interpretação extensiva ao dispositivo, ampliando-o a todas as relações albergadas pelo CDC, considerando que se encontra topograficamente inserido no Capítulo VI, destinado à proteção contratual do consumidor, Seção II, que elenca as cláusulas abusivas. Entendemos que essa interpretação também é a única que não conferiria desarrazoado tratamento discriminatório contra as atividades das instituições financeiras, resultando em comprometimento da própria higidez da regra legal.

Nesse contexto, vale também menção à clássica lição de Carlos Maximiliano esclarecendo que, "em regra, as normas jurídicas aplicam-se aos casos que, embora não designados pela expressão literal do texto, se acham no mesmo virtualmente compreendidos, por se enquadrarem no espírito das disposições: baseia-se neste postulado a exegese extensiva".[8]

Realmente, no âmbito da jurisprudência do STJ – e, de resto, em quase a totalidade dos tribunais –, prevalece a aplicação irrestrita dessa disposição a todas as relações consumeristas.

Vale salientar que a limitação da cláusula penal moratória ao percentual de 2% da prestação parece ter sido opção do legislador, possivelmente como política pública de prevenção ao superendividamento do consumidor, bem como que, nas relações em que o adimplemento tardio ocasionasse eventual dano ordinário de maior envergadura, previsível no panorama contratual, fosse aquele valor repartido pelo conjunto dos consumidores, isto é, que estivesse embutido no preço do produto ou serviço.

É que, como se afigura evidente, diante da limitação bastante específica imposta ao microssistema consumerista, não há alteração da disciplina do instituto da cláusula penal moratória.

Dessarte, em nome da própria preservação da segurança jurídica, à luz do disposto no art. 416 do CC, não parece que ambas as partes da relação contratual possam meramente ignorar a cláusula penal moratória convencionada prefixando os danos regulares do cumprimento imperfeito da obrigação, visto que "a segurança das relações jurídicas depende da lealdade, da equivalência das prestações e contraprestações, da confiança recíproca, da efetividade dos negócios jurídicos, da coerência e clarividência dos direitos e deveres".[9]

Nesse diapasão, o Enunciado n. 412 da V Jornada de Direito Civil do CJF preconiza que as diversas hipóteses de exercício inadmissível de uma situação jurídica subjetiva, tais como *supressio, tu quoque, surrectio* e *venire contra factum proprium*, são concreções da boa-fé objetiva.

---

[8] MAXIMILIANO, Carlos. *Hermenêutica e aplicação do direito*. 17. ed. Rio de Janeiro: Forense, 1998. p. 225-227.

[9] RIZZARDO, Arnaldo. *Contratos*. 3. ed. Rio de Janeiro: Forense, 2004. p. 32.

Cap. 9 · ASPECTOS CONTROVERSOS SOBRE A CLÁUSULA PENAL CONTRATUAL | **279**

Ademais, o art. 187 do CC estabelece que comete ato ilícito o titular de um direito que, ao exercê-lo, excede manifestamente os limites impostos pelo seu fim econômico ou social, pela boa-fé ou pelos bons costumes.

Nessa vereda, sem demonstração de dano especial, além daqueles regularmente esperados em razão da inadimplência, não poderia o fornecedor simplesmente requerer indenização suplementar àquela estabelecida no instrumento contratual que redigiu. Esse entendimento também foi sufragado pela Segunda Seção do STJ, em recurso repetitivo, por ocasião do julgamento do REsp 1.635.428/SC e do REsp 1.498.484/DF (Tema 970).

6. ABONO DE PONTUALIDADE

O abono de pontualidade, conforme os interesses das partes, consiste em fórmulas de incentivo ao pagamento aprazado, que tanto podem conformar o desconto para o adimplemento pontual quanto definir valores distintos da contraprestação, podendo também o credor comprometer-se com o acréscimo, verificando-se a pontualidade.[10]

Muito embora não se confunda com a cláusula penal, o abono de pontualidade – por ainda ter o escopo de prevenir o inadimplemento, mais frequentemente representando abatimento da prestação como estímulo ao adimplemento da obrigação – tem gerado celeuma, havendo os que o consideram meio ilícito para burlar a limitação legal imposta à cláusula penal moratória nas relações consumeristas pelo art. 52, § 1.º, do CDC e também nas relações condominiais, pelo art. 1.336, § 1.º, do CC.

Conquanto, à primeira vista, a tese pareça sedutora, não se pode ignorar que o maior índice de adimplemento tem o evidente efeito de ocasionar ganhos para os condomínios e os fornecedores de produtos e serviços, constatação que decorre de máximas de experiência, mas também do próprio perfil funcional indenizatório da cláusula penal contratual, representando o abono de pontualidade salutar instrumento de justiça contratual e exercício da autonomia privada.

Da mesma forma, não se pode conceber que os condôminos deliberem por pagar prestações condominiais em montante maior que o necessário apenas para burlar a limitação legal.

No multicitado REsp 1.745.916/PR, a Ministra Nancy Andrighi pontuou que: I) em que pese ao abono de pontualidade e à multa moratória serem,

---

[10] MIRAGEM, Bruno. *Direito civil*: direito das obrigações. São Paulo: Saraiva, 2017. p. 581.

ambos, espécies de sanção, tendentes a incentivar o adimplemento da obrigação, trata-se de institutos com hipóteses de incidência distintas: o primeiro representa uma sanção positiva (ou sanção premial), cuja finalidade é recompensar o adimplemento; o segundo, por sua vez, é uma sanção negativa, que visa à punição pelo inadimplemento; II) à luz dos conceitos de pontualidade e boa-fé objetiva, princípios norteadores do adimplemento, o abono de pontualidade, enquanto ato de liberalidade pelo qual o credor incentiva o devedor ao pagamento pontual, revela-se não como uma "multa moratória disfarçada", mas como um comportamento cooperativo direcionado ao adimplemento da obrigação, por meio do qual ambas as partes se beneficiam.

7. PENA CONVENCIONAL DESPROPORCIONAL AO DANO MATERIALIZADO

Diante da própria característica de prefixação dos danos que vierem a ser suportados pelo inadimplemento, incidiria em vício de validade (art. 104 do CC) a cláusula penal que estabelecesse indenização em patamar claramente inadequado à extensão dos danos decorrentes do inadimplemento previsíveis no panorama contratual.

Entretanto, apesar de o mais usual em avenças desse jaez ser a previsão de incidência de multa por mês de atraso, é inegável que há casos em que tal estipulação limita-se a um único montante ou percentual para o período de mora (por exemplo, multa de 2% do preço do imóvel, atualizado pelos mesmos índices contratuais), o que pode ser insuficiente à reparação integral do dano (lucros cessantes), mormente daqueles que apenas aderem ao contrato.

Logo, se uma cláusula penal moratória, materializando o dano decorrente da mora, objetivamente se mostrar insuficiente, em vista do tempo em que veio a perdurar o descumprimento contratual, tal hipótese atrairá a incidência do princípio da reparação integral, insculpido no art. 944 do CC. É dizer, malgrado, em princípio, não afete a validade da avença, essa circunstância pode ensejar o arbitramento parcimonioso, por juiz ou árbitro, de montante suplementar para indenização pelo adimplemento tardio da obrigação principal.

Este é o escólio de Washington de Barros Monteiro e de Carlos Alberto Dabus Maluf, com invocação de doutrina de escol e do direito comparado, apontando que Pothier há muito já preconizava essa solução:

> Pothier admitia também que os tribunais concedessem indenizações suplementares, se evidenciado que a soma pactuada não

cobria de modo satisfatório os prejuízos sofridos pelo lesado. Ao mesmo tempo, entretanto, recomendava o velho exímio professor de Orléans a maior parcimônia no uso de semelhante faculdade.

[...]

Um dos mais modernos e abalizados especialistas no assunto, Colagrosso continua a sustentar a ressarcibilidade do dano superior ao *quantum* da multa, sob pena, diz ele, de falhar à sua finalidade, como sucederia se se impedisse, de modo absoluto, cobrança de um dano de valor mais elevado.

[...]

Efetivamente, pena convencional é a prefixação das perdas e danos resultantes de culpa contratual; se outros prejuízos existem, [...] a indenização não pode cingir-se ao pagamento da multa exclusivamente.[11]

De outra maneira, tratando-se de contrato de adesão, essa circunstância superveniente (mora prolongada que tornasse claramente insatisfatória a cláusula penal moratória avençada para prefixar o *quantum*, a fim de satisfazer o direito da parte aderente à reparação do dano negocial) atrairia também o disposto no art. 424 do CC, que estabelece que, nos contratos de adesão, são nulas as cláusulas que impliquem renúncia antecipada do aderente a direito resultante da natureza do negócio (no caso, pactuação acessória para indenização de perdas e danos).

De resto, a função social e econômica do contrato resguarda o equilíbrio econômico da avença, sendo imperioso mencionar o disposto no parágrafo único do art. 2.035 do Código Civil, segundo o qual nenhuma convenção prevalecerá, se vier, ainda que por circunstância superveniente verificada no decorrer da execução contratual (mora prolongada), a contrariar preceitos de ordem pública, tais como os estabelecidos por esse Códex.

8. CLÁUSULA PENAL ESTIPULADA EM CONTRATO DE ADESÃO EM BENEFÍCIO APENAS DO PROPONENTE

O contrato de adesão, como método de pactuação, notadamente pela denominada "estandartização" de relações contratuais, e como meio de redução dos custos referentes à operação (a exemplo dos contratos bancários), ou

---

[11] BARROS MONTEIRO, Washington de; MALUF, Carlos Alberto Dabus. *Direito das obrigações*. 40. ed. São Paulo: Saraiva, 2015. p. 441-442.

mesmo por mandamento legal (contratos de plano de saúde e de previdência complementar), compõe, notadamente nas relações de consumo, as avenças mais frequentes, cabendo ao oblato aceitar em bloco as cláusulas às quais se submeterá a relação contratual, resguardadas as normas cogentes aplicáveis.

Na III Jornada de Direito Civil do CJF, foi aprovado o Enunciado n. 171, propugnando que o contrato de adesão mencionado nos arts. 423 e 424 do CC não se confunde com o contrato de consumo.

Assim, a despeito de existir corrente doutrinária e jurisprudencial preconizando que a ausência de cláusula penal em favor do consumidor importaria em nulidade a ser declarada pelo magistrado com base no art. 51 do CDC, *data venia*, entendemos que é solução contraproducente, visto que, conforme afirmado, a cláusula traz segurança jurídica para ambas as partes, não se podendo considerar lesiva ao aderente.

No âmbito do Supremo Tribunal Federal, a Segunda Turma assentou que, "em verdade, a segurança jurídica, como subprincípio do Estado de Direito, assume valor ímpar no sistema jurídico, cabendo-lhe papel diferenciado na realização da própria ideia de justiça material" (Pet-QO 2.900/RS, 2.ª Turma, Rel. Min. Gilmar Mendes, j. 27.11.2003).

É claro que, sob pena de violação da própria liberdade de contratar, também não se cogita sobre criação de cláusula contratual pelo Judiciário.

Ocorre que, em caso de inadimplemento (absoluto ou relativo), se houver omissão do contrato, cabe considerar pela própria necessidade de intervenção judicial para arbitramento da indenização – suprindo a lacuna contratual no tocante à prefixação de indenização razoável para o aderente –, visando à manutenção do equilíbrio do pacto, a cláusula contratual penal (moratória ou compensatória), que prevê multa exclusivamente em benefício do promitente vendedor do imóvel.

Realmente, as diretrizes da sociabilidade e da eticidade foram alçadas pelo Código Civil de 2002 a postulados fundamentais. Nesse passo, os contratos passam a ser concebidos em termos econômicos e sociais, consoante propugna a teoria preceptiva.

Em tese de doutorado, Rodrigo Toscano de Brito defende que a ideia de equivalência, de equilíbrio, é a base ética das obrigações, bem rememorando o multicitado escólio de Miguel Reale, o qual sustenta que o princípio do equilíbrio econômico dos contratos revela-se como base ética de todo o direito obrigacional.

No Brasil, sem embargo, quem melhor visualiza o princípio da equivalência material, dando sua dimensão mais realista e, principalmente, situando-o em relação aos demais princípios sociais, é Paulo Luiz Netto Lôbo. Com efeito, segundo ele, "o princípio da equivalência material busca realizar e preservar o equilíbrio real de direitos e deveres no contrato, antes, durante e após sua execução, para harmonização de interesses".[12]

No campo consumerista, as técnicas de interpretação do Código de Defesa do Consumidor devem levar em conta o art. 4.º daquele Diploma, que contém uma espécie de lente pela qual devem ser examinados os demais dispositivos, notadamente por estabelecer os objetivos da Política Nacional das Relações de Consumo e os princípios que devem ser respeitados, entre os quais se destacam a "harmonia das relações de consumo" e o "equilíbrio nas relações entre consumidores e fornecedores".

Dessarte, prevendo o contrato a incidência de multa para o caso de inadimplemento por parte do consumidor, ela também poderá ser considerada para o arbitramento da indenização devida pelo fornecedor, caso seja deste a mora ou o inadimplemento absoluto.

Nos casos de obrigações de natureza heterogênea (por exemplo, obrigação de fazer e obrigação de dar), impõe-se sua conversão em dinheiro, apurando-se valor adequado e razoável para arbitramento da indenização pelo período de mora, vedada sua cumulação com lucros cessantes. Feita essa redução, geralmente obtida por meio de arbitramento, seria possível a aplicação/utilização como parâmetro objetivo, para manutenção do equilíbrio da avença, em desfavor daquele que redigiu a cláusula.

Esse foi o entendimento sufragado pela Segunda Seção do STJ por ocasião do julgamento do Tema Repetitivo 971, sendo oportuno chamar atenção para o acórdão referente ao REsp 1.614.721/DF, em que o caso foi solucionado, reconhecendo-se "a possibilidade de o autor optar pela indenização pelo período de mora, tomando-se como parâmetro a cláusula penal moratória estabelecida apenas em benefício da incorporadora, afastando-se, nesse caso, a condenação ao pagamento de lucros cessantes".

Tal entendimento foi corroborado por ulterior precedente da Quarta Turma, AgInt no REsp 1.735.131/SP, assim ementado:

> Agravo interno no recurso especial. Intempestividade afastada. Acórdão proferido na vigência do CPC/1973. Feriado local. Comprovação. Ação de indenização. Compra e venda. Atraso na entrega

---

[12] BRITO, Rodrigo Toscano de. *Equivalência material dos contratos*. São Paulo: Saraiva, 2007. p. 6-16.

de imóvel. Legalidade do prazo de tolerância. Percentual fixado para o cálculo dos lucros cessantes. Cláusula penal. Inversão em desfavor da promitente vendedora. Possibilidade. Comissão de corretagem. Incidência da Súmula 83/STJ. Agravo interno provido.

1. Para os recursos interpostos sob a égide do Código de Processo Civil de 1973, permanece hígido o entendimento proclamado pela Corte Especial do STJ, no julgamento do AgRg no AREsp 137.141/SE, ocorrido em 19.09.2012, de que a comprovação da tempestividade do recurso, em decorrência de feriado local ou de suspensão de expediente forense no Tribunal de origem que implique prorrogação do termo final para sua interposição, pode ocorrer posteriormente, em sede de agravo interno, conforme ocorreu no caso dos autos.

2. É válida a cláusula de tolerância, desde que observado o direito de informação do consumidor.

3. Consoante a jurisprudência desta Corte, "reconhecida a culpa do promitente vendedor no atraso da entrega de imóvel, os lucros cessantes são presumidos e devem corresponder à média do aluguel que o comprador deixaria de pagar" (AgInt no REsp 1.723.050/RJ, Relator o Ministro Lázaro Guimarães, Desembargador Convocado do TRF 5.ª Região, *DJe* de 26.09.2018).

4. A Segunda Seção desta Corte firmou tese contrária ao entendimento adotado pelo Tribunal de origem e assinalou que, "no contrato de adesão firmado entre o comprador e a construtora/incorporadora, havendo previsão de cláusula penal apenas para o inadimplemento do adquirente, deverá ela ser considerada para a fixação da indenização pelo inadimplemento do vendedor" (Tema 971/STJ).

5. De outro lado, a Segunda Seção, igualmente em sede de recurso repetitivo, firmou entendimento de que "A cláusula penal moratória tem a finalidade de indenizar pelo adimplemento tardio da obrigação, e, em regra, estabelecida em valor equivalente ao locativo, afasta-se sua cumulação com lucros cessantes" (Tema/STJ n. 970).

6. É válida a cláusula contratual que transfere ao promitente-comprador a obrigação de pagar a comissão de corretagem nos contratos de promessa de compra e venda de unidade autônoma em regime de incorporação imobiliária, desde que previamente informado o preço total da aquisição da unidade autônoma, com o destaque do valor da comissão de corretagem, situação não ocorrente na hipótese, segundo o Tribunal de Justiça.

7. Agravo interno provido para, afastada a intempestividade do recurso especial, dar parcial provimento ao recurso, a fim de reconhecer a possibilidade de o recorrente optar pela indenização pelo período de mora, tomando-se como parâmetro a cláusula penal moratória estabelecida apenas em benefício da incorporadora, mediante liquidação por arbitramento, afastando-se, nesse caso, a condenação ao pagamento de lucros cessantes.

Cumpre mencionar que a Lei do Distrato (Lei n. 13.786/2018) já resolveu a questão para os contratos futuros.

9. CONSIDERAÇÕES FINAIS

Nada obstante sua origem remontar ao direito romano (*stipulatio poenae*), a cláusula penal permanece de largo uso, prestigiando a autonomia privada e reforçando o cumprimento da obrigação. A imensa relevância da cláusula, talvez em maior intensidade contemporaneamente, vincula-se ao fato de que a responsabilidade do devedor para o cumprimento das obrigações evoluiu muito, passando a ser apenas patrimonial, com a praticamente extinção da responsabilidade corporal por dívidas, que tem seu resquício remoto na prisão civil.

Na esfera doutrinária e jurisprudencial, ainda há temas candentes acerca da cláusula penal que clamam por enfrentamento, como as inúmeras inovações no ordenamento jurídico trazidas pela Lei do Distrato (Lei n. 13.786/2018), que certamente ensejarão muitas controvérsias.

É inegável, pois, a constante evolução em ambos os campos, tanto que, no âmbito doutrinário, pouco se questiona a função primordial e predominantemente indenizatória da cláusula penal moratória, questão, aliás, também superada pela jurisprudência do STJ, inclusive reafirmada pela Segunda Seção em acórdão proferido no âmbito de Incidente de Resolução de Demandas Repetitivas, REsp n. 1.729.593/SP (Tema Repetitivo n. 996).

REFERÊNCIAS

BARROS MONTEIRO, Washington de; MALUF, Carlos Alberto Dabus. *Direito das obrigações*. 40. ed. São Paulo: Saraiva, 2015.

BDINE JR., Hamid Charaf; PELUSO, Cezar (coord.). *Código Civil comentado*. 6. ed. Barueri: Manole, 2012.

BRASIL. Superior Tribunal de Justiça. Agravo Interno no Agravo em Recurso Especial n.º 978.237/MG. Recorrente: Even Brisa Zeta Empreendimentos Imobiliários Ltda. Recorridos: Geralda de Oliveira Andrade e Ruddy Maurício Abularach Cuellar. Relator: Ministro Luis Felipe Salomão. Brasília, DF, 7 de março de 2017, publicado no *Diário da Justiça Eletrônico da União* de 16 mar. 2017.

BRASIL. Superior Tribunal de Justiça. Agravo Interno no Recurso Especial n.º 1.735.131/SP. Recorrente: Rodrigo Blanco de Pieri. Recorrida: Gafisa S.A. e Gafisa SPE-48 Ltda. Relator: Ministro Raul Araújo. Brasília, DF, 8 de outubro de 2019, publicado no *Diário da Justiça Eletrônico da União* de 21 out. 2019.

BRASIL. Superior Tribunal de Justiça. Recurso Especial n.º 80.036/SP. Recorrente: Osvaldo Luiz Bullara. Recorrida: Marula Incorporadora Comercial Ltda. Relator: Ruy Rosado de Aguiar. Brasília, DF, 12 de fevereiro de 1996, publicado no *Diário da Justiça Eletrônico da União* de 25 mar. 1996.

BRASIL. Superior Tribunal de Justiça. Recurso Especial n.º 331.496/MG. Recorrente: Seitec – Serviços de Engenharia e Instalações Técnicas Ltda. Recorrida: Gema Imóveis Ltda. Relator: Ruy Rosado de Aguiar. Brasília, DF, 14 de maio de 2002, publicado no *Diário da Justiça Eletrônico da União* de 5 ago. 2002.

BRASIL. Superior Tribunal de Justiça. Recurso Especial n.º 1.498.484/DF. Recorrente: Karla Teixeira da Silva. Recorrida: MRV Engenharia e Participações S.A. Relator: Ministro Luis Felipe Salomão. Brasília, DF, 22 de maio de 2019, publicado no *Diário da Justiça Eletrônico da União* de 25 jun. 2019.

BRASIL. Superior Tribunal de Justiça. Recurso Especial n.º 1.635.428/SC. Recorrente: Silvio Rodrigues Damasceno. Recorrida: Concreto Construtora de Obras Ltda. Relator: Ministro Luis Felipe Salomão. Brasília, DF, 22 de maio de 2019, publicado no *Diário da Justiça Eletrônico da União* de 25 jun. 2019.

BRASIL. Superior Tribunal de Justiça. Recurso Especial n.º 1.641.131/SP. Recorrente: CD e DB Comércio e Representações Limitada. Recorrida: Vilella & Farias Veículos Multimarcas Ltda. Relatora: Ministra Nancy Andrighi. Brasília, DF, 16 de fevereiro de 2017, publicado no *Diário da Justiça Eletrônico da União* de 23 fev. 2017.

BRASIL. Superior Tribunal de Justiça. Recurso Especial n.º 1.665.550/BA. Recorrentes: Agra Empreendimentos Imobiliários S.A., Gan Salvador Incorporadora Ltda., Gan Empreendimento Imobiliário Ltda. e PDG

Realty S.A. Empreendimentos e Participações. Recorrido: Emanuel Eduardo Paula de Medeiros. Relatora: Ministra Nancy Andrighi. Brasília, DF, 9 de maio de 2017, publicado no *Diário da Justiça Eletrônico da União* de 18 maio 2017.

BRASIL. Superior Tribunal de Justiça. Recurso Especial n.º 1.614.721/DF. Recorrente: Aline Ramalho Sereno de Medeiros. Recorrida: MRV Prime Top Taguatinga II Incorporações Imobiliárias Ltda. Relator: Ministro Luis Felipe Salomão. Brasília, DF, 22 de maio de 2019, publicado no *Diário da Justiça Eletrônico da União* de 25 jun. 2019.

BRASIL. Superior Tribunal de Justiça. Recurso Especial n.º 1.729.593/SP. Recorrente: Karla Teixeira da Silva. Recorrida: MRV Engenharia e Participações S.A. Relator: Ministro Marco Aurélio Bellizze. Brasília, DF, 25 de setembro de 2019, publicado no *Diário da Justiça Eletrônico da União* de 27 set. 2019.

BRASIL. Superior Tribunal de Justiça. Recurso Especial n.º 1.745.916/PR. Recorrente: Jair Henrique Rissardi. Recorrida: Roberta Cristina de Mendonça e Dinah Ines da Silva. Relatora: Ministra Nancy Andrighi. Brasília, DF, 19 de fevereiro de 2019, publicado no *Diário da Justiça Eletrônico da União* de 22 fev. 2019.

BRASIL. Supremo Tribunal Federal. Petição n.º 2.900/RS. Requerente: Roberta de Leon Valiente. Requerida: Universidade Federal do Rio Grande do Sul. Relator: Gilmar Ferreira Mendes. Brasília, DF, 27 de maio de 2003, publicado no *Diário da Justiça da União* de 1.º ago. 2003.

BRITO, Rodrigo Toscano de. *Equivalência material dos contratos*. São Paulo: Saraiva, 2007.

CAVALIERI FILHO, Sergio. *Programa de direito do consumidor*. 3. ed. São Paulo: Atlas, 2011.

FACCHINI NETO, Eugênio; SARLET, Ingo Wolfgang (org.). *O novo Código Civil e a Constituição*. Porto Alegre: Livraria do Advogado, 2003.

MAXIMILIANO, Carlos. *Hermenêutica e aplicação do direito*. 17. ed. Rio de Janeiro: Forense, 1998.

MIRAGEM, Bruno. *Direito civil*: direito das obrigações. São Paulo: Saraiva, 2017.

NERY, Rosa Maria Barreto Borrielo de Andrade. *Estrutura axiológica do moderno direito das obrigações*. Direito de obrigações e direito negocial. São Paulo: RT, 2010. p. 27. (Coleção Doutrinas essenciais, v. II.)

PEREIRA, Caio Mário da Silva. *Instituições de direito civil*: teoria geral das obrigações. 25. ed. Rio de Janeiro: Forense, 2012.

RIZZARDO, Arnaldo. *Contratos*. 3. ed. Rio de Janeiro: Forense, 2004.

TEPEDINO, Gustavo; SCHREIBER, Anderson; AZEVEDO, Álvaro Villaça. *Código Civil comentado*: artigos 233 a 420. São Paulo: Atlas, 2008.

10

O NOVO "DESPERTAR" DA CLÁUSULA PENAL NO DIREITO CIVIL BRASILEIRO: A CRISE DA FUNÇÃO INDENIZATÓRIA E A NECESSIDADE DE REFORMA LEGISLATIVA

OTAVIO LUIZ RODRIGUES JR.

RODRIGO XAVIER LEONARDO

SUMÁRIO: Introdução; 1. Crescimento e crise econômica: o novo "despertar" da cláusula penal; 2. Uma cláusula penal compensatória com função indenizatória?; 3. A cláusula penal compensatória no Código Civil de 2002; 4. A fuga do modelo unitário; Conclusões; Referências.

INTRODUÇÃO

É objeto deste capítulo o estudo da cláusula penal no Direito Civil, o que pré-exclui discussões relativas ao Direito do Consumidor, ao Direito Administrativo e a certas leis extravagantes, como a Lei da Usura[1] ou a Lei do Inquilinato,[2] ainda que se faça menção lateral a algumas dessas normas. Delimitado o âmbito normativo do estudo, colocam-se os problemas centrais do capítulo: (i) a cláusula penal, especificamente em sua modalidade compensatória, tem funções indenizatória, punitiva e de reforço das obrigações?; (ii) é possível a superação do modelo unitário de cláusula penal no País sem uma reforma legislativa?

Para a solução dos problemas formulados, far-se-á uma apresentação inicial (seção 1) sobre o "despertar" da cláusula penal nas últimas duas décadas,

---

[1] Decreto n. 22.626, de 07.04.1933.

[2] Lei n. 8.245, de 18.10.1991.

o que guarda forte conexão com o *boom* econômico iniciado em 2004 e a crise de 2014, cujos efeitos até hoje se dilatam e que foram agravados com a pandemia de 2020. Na seção 2, ocupar-se-á da crise do modelo unitário de cláusula penal em alguns países. Na seção 3, cuidar-se-á do perfil da cláusula penal compensatória no Direito Civil brasileiro, tendo como cenário a passagem do Código Civil de 1916 para o Código Civil de 2002. Neste momento, será respondido o problema (i). A seção 4 e a conclusão oferecem (ou buscam oferecer) as respostas ao problema (ii).

1. CRESCIMENTO E CRISE ECONÔMICA: O NOVO "DESPERTAR" DA CLÁUSULA PENAL

Definida por Antonio Junqueira de Azevedo como elemento categorial derrogável acidental do negócio jurídico,[3] a cláusula penal no Direito Civil brasileiro tem sido objeto de crescente interesse prático, o que reflete no número significativo de publicações doutrinárias, considerando-se o intervalo de 2010-2020.[4] Tal "despertar" da cláusula penal na última década

---

[3] JUNQUEIRA DE AZEVEDO, Antonio. *Negócio jurídico*: existência, validade e eficácia. 4. ed. atual. de acordo com o novo Código Civil (Lei n. 10.406, de 10-1-2002). 7. tir. São Paulo: Saraiva, 2010. p. 37-39.

[4] Pesquisa limitada a artigos publicados em periódicos brasileiros e portugueses entre janeiro de 2010 a maio de 2020, usando-se o metadado "cláusula penal" no campo "título", no repositório da Rede Virtual de Bibliotecas. Não entraram na pesquisa as monografias e os capítulos de obras coletivas: Brito, Rodrigo Toscano de. Cumulação das arras com a cláusula penal compensatória e os princípios sociais dos contratos. *Revista Fórum de Direito Civil*, v. 8, n. 20, p. 243-265, jan./abr. 2019; Faoro, Guilherme de Mello Franco. Comentário sobre o REsp n.º 1.617.652/DF e a sistematização da disciplina das arras e da cláusula penal nas perdas e danos contratuais. *Revista Brasileira de Direito Civil*, v. 19, p. 159-176, jan./mar. 2019; SILVA, João Gabriel Ribeiro Pereira. A cláusula penal nos contratos de incorporação imobiliária. *Revista de Doutrina e Jurisprudência/Tribunal de Justiça do Distrito Federal e dos Territórios*, v. 110, n. 2, p. 291-307, jan./jun. 2019; GOMIDE, Alexandre Junqueira. A controversa questão da cláusula penal por atraso de obra nos contratos de compra e venda de imóveis. *Revista Síntese Direito Imobiliário*, v. 8, n. 44, p. 69-70, mar./abr. 2018; RUZON, Bruno Ponich; OLIVEIRA, Alessandro Marinelli de. Aplicabilidade simétrica de cláusula penal em contratos imobiliários. *Revista Brasileira de Direito Comercial*, v. 4, n. 21, p. 46-62, fev./mar. 2018; SILVEIRA, Marcelo Matos Amaro da; BORGES FILHO, João Tarcisio. Cláusula penal na prática: a "multa" do caso Fred. *Revista Síntese Direito Desportivo*, v. 8, n. 44, p. 79-95, set./out. 2018; OLIVA, Milena Donato; ABÍLIO, Vivianne da Silveira Abílio. A cláusula penal compensatória estipulada em benefício do consumidor e o direito básico à reparação integral.

não significa que ela fosse ignorada ou de reduzida importância nos anos anteriores a 2010. Dá-se, contudo, que três circunstâncias históricas bem

---

Revista de Direito do Consumidor, v. 25, n. 105, p. 273-294, maio/jun. 2016; SILVA, Raul Campos; SOUSA, Mônica Teresa Costa. Poder Judiciário e (in)coerência: a jurisprudência do Superior Tribunal de Justiça sobre cumulação de cláusula penal compensatória com indenização por perdas e danos. *Revista de Direito Privado*, v. 17, n. 70, p. 189-208, out. 2016; WALDRAFF, Célio Horst. A cláusula penal em acordo trabalhista à luz da CLT, do Código Civil e do novo CPC. *Revista Eletrônica do Tribunal Regional do Trabalho da 9.ª Região*, v. 5, n. 50, p. 223-234, maio 2016; Arana de la Fuente, Isabel. Algunas precisiones sobre la reforma de la cláusula penal en la propuesta de modernización del código civil en materia de obligaciones y contrato. *Revista de Direito Civil Contemporâneo*, v. 2, n. 2, p. 275-293, jan./mar. 2015; Cretella Neto, José. Da cláusula penal nos contratos empresariais: visão dos tribunais brasileiros e necessidade de mudança de paradigma. *Revista de Processo*, v. 40, n. 245, p. 379-404, jul. 2015; KONDER, Carlos Nelson; PAULA, Marcos de Souza. A função da cláusula penal moratória nos contratos de compra e venda de imóvel na planta: perigos de uma generalização. *Revista Forense*, v. 111, n. 422, p. 59-72, jul./dez. 2015; PINTO MONTEIRO, António. O "modelo" aberto de cláusula penal no movimento de harmonização do direito europeu dos contratos. *Revista de Direito Civil Contemporâneo*, v. 6, p. 181-196, jan./mar. 2016; Nakamura, Mario Massao. Cláusula penal nos deveres anexos à obrigação. *Revista de Direito Bancário e do Mercado de Capitais*, v. 17, n. 63, p. 97-127, jan./mar. 2014; RABAY, Arthur. Da cláusula penal. *Revista Síntese: Direito Empresarial*, n. 35, p. 64-80, nov./dez. 2013; ALMEIDA, Saulo Nunes de Carvalho. Entre a cláusula penal desportiva e o direito fundamental à liberdade profissional. *Revista Síntese Direito Desportivo*, v. 2, n. 7, p. 100-106, jun./jul. 2012; DIAS, Rui Berford. Cláusula penal moratória: uma releitura. *Revista Trimestral de Direito Civil: RTDC*, v. 13, n. 49, p. 213-231, jan./mar. 2012; FERRIANI, Carlos Alberto. Da cláusula penal. *Revista de Direito Bancário e do Mercado de Capitais*, v. 15, n. 55, p. 133-165, jan./mar. 2012; LOTUFO, Renan. Questões relativas à cláusula penal contratual. *Revista do Advogado*, v. 32, n. 116, p. 161-167, jul. 2012; SOMBRA, Thiago Luís Santos. As arras e a cláusula penal no Código Civil de 2002. *Revista dos Tribunais*, São Paulo, v. 101, n. 917, p. 75-90, mar. 2012; SILVEIRA, Paulo Burnier da. A cláusula penal no Brasil e em Portugal. *Revista Trimestral de Direito Civil: RTDC*, v. 12, n. 46, p. 131-157, abr./jun. 2011; CARVALHO, Marcelo Antero de. Atleta profissional: cláusula penal. *Revista do Tribunal Regional do Trabalho da 1.ª Região*, v. 21, n. 47, p. 99-101, jan./jun. 2010; RAMOS, Rafael Teixeira. A cláusula penal do contrato de trabalho desportivo no Brasil. *Revista Jurídica da FA7*, v. 7, n. 1, p. 223-242, abr. 2010; RAMOS, Rafael Teixeira. Cláusula penal desportiva: aplicabilidade unilateral ou bilateral? *Revista LTr: Legislação do Trabalho*, v. 74, n. 5, p. 594-603, maio 2010; RODRIGUES JR., Otavio Luiz. Cláusula penal: natureza e função no direito romano. *Revista da Faculdade de Direito da Universidade de Lisboa* (separata), 2010; USTÁRROZ, Daniel. A majoração da cláusula penal nas relações de consumo: (inteligência do art. 413 do CCB). *Revista Jurídica Empresarial*, v. 3, n. 15, p. 181-206, jul./ago. 2010.

nítidas acentuaram seu relevo: (i) o *boom* imobiliário e de investimentos em novas plantas no âmbito de petróleo, energia e gás entre 2004-2014 gerou uma enorme quantidade de contratos imobiliários (promessas de compra e venda, permutas, compras e vendas, incorporações, entre outros) e de construção; (ii) o crescimento econômico no contexto da globalização trouxe para o mercado brasileiro um número expressivo de investidores internacionais, o que implicou a adoção de modelos negociais típicos do direito de *common law*, nos quais a cláusula penal desempenha um papel fundamental para a segurança jurídica das partes, dada a coexistência das espécies indenizatória e punitiva; (iii) a subsequente crise econômica, iniciada em meados de 2014, que se prolonga até os dias atuais, deu ensejo a uma onda de inadimplementos obrigacionais, de modo particular, nos ramos mais favorecidos pelo crescimento de 2004-2014. Esse cenário foi tingido com cores ainda mais fortes pelas investigações de corrupção e condenações derivadas nos setores de petróleo e gás e na construção civil. As quebras contratuais desempenharam uma curva ascendente exponencial.

O resultado desse processo de ascensão e queda da Economia brasileira em pouco menos de duas décadas, no que se refere à cláusula penal, foi uma ampla judicialização dos contratos nos segmentos mencionados. No Poder Judiciário, a demanda maior recaiu sobre os contratos de compra e venda e de promessa de compra e venda, em geral vinculados a mútuos feneratícios.

A literatura jurídica mencionada nesta seção é expressiva da existência de um "grupo de casos" relacionados a essas espécies. Em confirmação dessa hipótese, têm-se alguns recursos repetitivos apreciados pelo STJ apenas em 2019, cujo núcleo era a cláusula penal nos contratos imobiliários:[5] (a) "nos compromissos de compra e venda de unidades imobiliárias anteriores à Lei n. 13.786/2018, em que é pleiteada a resolução do contrato por iniciativa do promitente comprador de forma diversa da cláusula penal convencionada, os juros de mora incidem a partir do trânsito em julgado da decisão";[6] (b) "a

---

[5] Em 2019, o STJ, por iniciativa do Min. Luis Felipe Salomão, convocou audiência pública para debater temas relacionados ao objeto desses acórdãos. Como ressalta Flávio Tartuce (*Direito civil*: direito das obrigações e responsabilidade civil. 15. ed. Rio de Janeiro: Forense, 2020. p. 266): "Na doutrina contemporânea brasileira, também são contra o caráter punitivo da cláusula penal juristas como José Fernando Simão e Otavio Luiz Rodrigues, tendo sido essa característica afastada no julgamento do Superior Tribunal de Justiça sobre a *reversão ou inversão da cláusula penal*, do ano de 2019 e em repercussão geral, que ainda será a seguir analisado".

[6] REsp 1.740.911/DF, Rel. Min. Moura Ribeiro, 2.ª Seção, Rel. p/ acórdão Min. Maria Isabel Gallotti, j. 14.08.2019, *DJe* 22.08.2019.

cláusula penal moratória tem a finalidade de indenizar pelo adimplemento tardio da obrigação, e, em regra, estabelecida em valor equivalente ao locativo, afasta-se sua cumulação com lucros cessantes";[7] (c) "no contrato de adesão firmado entre o comprador e a construtora/incorporadora, havendo previsão de cláusula penal apenas para o inadimplemento do adquirente, deverá ela ser considerada para a fixação da indenização pelo inadimplemento do vendedor";[8] (d) "a cláusula penal moratória tem a finalidade de indenizar pelo adimplemento tardio da obrigação, e, em regra, estabelecida em valor equivalente ao locativo, afasta-se sua cumulação com lucros cessantes".[9]

Outro foco de expansão da cláusula penal dá-se nas controvérsias submetidas à arbitragem. A crise econômica iniciada em 2014 foi a causa mediata de descumprimentos contratuais e, por efeito, da abertura de centenas de procedimentos na jurisdição arbitral. A cláusula penal tem um papel nuclear em muitas dessas controvérsias. Nesse aspecto, entram em cena contratos elaborados sob forte influência do Direito de *common law* ou mesmo do Direito continental europeu, nos quais há uma dualidade entre a cláusula penal puramente indenizatória e a cláusula penal punitiva. São exemplos disso os conflitos envolvendo empreitadas em regime *turn key* (para os acreditam *ainda* se tratar de uma espécie de empreitada),[10] contratos de *EPC* (*Engineering, Procurement and Construction*) ou contratos *built to suit*,[11] sem mencionar aqueles típicos do mercado financeiro, cujos investidores foram profundamente abalados pelos escândalos de corrupção.

---

[7] REsp 1.635.428/SC, 2.ª Seção, Rel. Min. Luis Felipe Salomão, j. 22.05.2019, *DJe* 25.06.2019.

[8] REsp 1.631.485/DF, 2.ª Seção, Rel. Min. Luis Felipe Salomão, j. 22.05.2019, *DJe* 25.06.2019.

[9] REsp 1.498.484/DF, 2.ª Seção, Rel. Min. Luis Felipe Salomão, j. 22.05.2019, *DJe* 25.06.2019.

[10] Sobre essa controvérsia, conferir: BOTELHO DE MESQUITA, Marcelo Alencar. *Contratos chave na mão* (Turn key) *e* Epc (Engineering, Procurement and Construction). São Paulo: Almedina Brasil, 2019. esp. item 3.2., no qual o autor apresenta as diferentes qualificações do contrato de *turn key* e do contrato de *EPC* como espécies de empreitada, contratos atípicos ou, no caso do primeiro, como modalidade de *Engineering*.

[11] Para um enfoque sobre a problemática da cláusula penal nesses contratos, com ênfase nas "escaramuças de fronteira" entre o Direito Civil e o Direito do Consumidor: KHOURI, Paulo Roque; PEDRAS, Lucas Salim Vilela. A contratação *Built to suit* e os aspectos polêmicos das alterações trazidas pela Lei 12.744/2012. *Revista de Direito Civil Contemporâneo*, v. 9, p. 125-139, out./dez. 2016.

Diante desses problemas, surge uma pergunta: o regime jurídico brasileiro atual é suficiente para dar conta das necessidades crescentes de uma cláusula penal de feições mais *internacionalizadas*?

Na próxima seção, far-se-á um exame da evolução do modelo unitário tradicional de cláusula penal e suas tendências contemporâneas.

2. UMA CLÁUSULA PENAL COMPENSATÓRIA COM FUNÇÃO INDENIZATÓRIA?

A doutrina brasileira, de modo tradicional, reconheceu majoritariamente na cláusula penal três funções: indenizatória, punitiva e de reforço da obrigação.[12] Só mais recentemente surgem trabalhos que admitem existir no Direito Civil brasileiro uma função exclusivamente (ou preponderantemente) indenizatória para a cláusula penal.[13] É o resultado da influência de António Pinto Monteiro no pensamento jurídico nacional. Em Portugal, "atribuem-se à cláusula penal, tradicionalmente, três notas fundamentais: trata-se de uma figura unitária, tem uma dupla função e assume natureza jurídica mista". Daí

---

[12] CONTINENTINO, Mucio de Campos. *Da clausula penal no direito brasileiro*. São Paulo: Saraiva, 1926. p. 30-31; "(...) a cláusula penal pode ter por escopo incentivar o cumprimento integral da obrigação e servir de cálculo da indenização para o caso de inadimplência absoluta. Nessa hipótese se diz compensatória" (RODRIGUES, Silvio. *Direito civil*: parte geral das obrigações. 30. ed. atual. São Paulo: Saraiva, 2002. v. 2, p. 270); BEVILÁQUA, Clóvis. *Direito das obrigações*. Edição histórica. Rio de Janeiro: Editora Rio, 1977. p. 74; PEREIRA, Caio Mário da Silva. *Instituições de direito civil*: teoria geral das obrigações. Atualizado por Luiz Roldão F. Gomes. 20. ed. Rio de Janeiro: Forense, 2004. v. 2, p.145-146; LIMONGI FRANÇA, Rubens. *Teoria e prática da cláusula penal*. São Paulo: Saraiva, 1988. p. 15; LACERDA DE ALMEIDA, Francisco de Paula. *Obrigações*. Porto Alegre: Typographia de Cesar Reinhardt, 1897. p. 465. Sobre as diferentes concepções sobre a natureza e a função da cláusula penal no Direito Civil, confira-se: RODRIGUES JR., Otavio Luiz. *Função, natureza e modificação da cláusula penal no direito civil brasileiro*. 2006. Tese (Doutorado) – Faculdade de Direito da USP, São Paulo, 2006.

[13] RODRIGUES JR., Otavio Luiz. *Função, natureza e modificação da cláusula penal no direito civil brasileiro* cit., *passim*. Em sentido aproximado: "A ideia de punição não passa pelo sistema brasileiro, revelando-se contrária à disciplina do instituto no Brasil" (SIMÃO, José Fernando. Art. 408. *In*: SCHREIBER, Anderson; TARTUCE, Flávio; SIMÃO, José Fernando; BEZERRA DE MELO, Marco Aurélio; DELGADO, Mario Luiz. *Código Civil comentado*: doutrina e jurisprudência. São Paulo: Forense, 2019. p. 231).

ser compreendida, na concepção mais antiga, uma cláusula penal que ora tem função compulsória (cujo valor supera o dano efetivo), ora indenizatória (cujo valor se aproxima do dano efetivo).[14]

Analisada a questão sob a óptica do Direito Comparado, é amplamente conhecida a distinção entre *penalty clauses* e *liquidated damages clauses* no Direito de *common law*, sendo as primeiras dotadas de um caráter punitivo, dissociado do dano suportado, e as últimas com uma natureza mais próxima de uma pré-liquidação de perdas e danos. Evidentemente que essa diferenciação não é absoluta e tem nuances que são captadas somente quando postas em confronto com as particularidades dos diversos países ou unidades federadas (como é o caso dos Estados Unidos da América) que partilham a herança do Direito de *common law*. É perceptível alguma tolerância dos tribunais com as *penalty clauses* por meio da redução do escrutínio judicial, especialmente após os recentes julgamentos da Suprema Corte do Reino Unido da Grã-Bretanha e Irlanda do Norte, como nos casos *Cavendish Square Holdings BV v. Makdessi* e *ParkingEye Ltd v. Beavis*, de 4 de novembro de 2015. Permanece, no entanto, a restrição ao conteúdo de cláusulas cuja pena seja excessivamente desproporcional à natureza da obrigação tutelada. Há, contudo, enormes vantagens na adoção de um modelo diferenciado de cláusulas penais, com funções respectivamente diversas, o que torna mais previsíveis os efeitos do inadimplemento, bem como resulta enaltecida a função de desestímulo a comportamentos oportunistas.

No Direito alemão, há duas cláusulas distintas, a cláusula de fixação antecipada de indenização (*pauschalierter Schadensersatz*) e a cláusula penal em sentido estrito (*Vertragsstrafe*). A primeira tem o caráter de uma cláusula de compensação *a forfait* e terminou por se desenvolver graças à jurisprudência e finalmente se converteu em lei com a introdução do § 309, 5, ao *BGB*. Ela se tornou uma forma simples e mais célere de prefixação de perdas e danos advindos da inexecução contratual.[15] A segunda, a *Vertragsstrafe*, literalmente "pena contratual", tem por objeto o pagamento (principalmente) pecuniário devido em razão do inadimplemento total ou parcial de uma obrigação. Sua sede material no *BGB* está nos §§ 339 a 345. Segundo a jurisprudência, o

---

[14] PINTO MONTEIRO, António. O "modelo" aberto de cláusula penal no movimento de harmonização do direito europeu dos contratos. *Revista de Direito Civil Contemporâneo*, v. 6, p. 181-196, item 2, jan./mar. 2016. Essas ideias foram lançadas originalmente pelo autor em sua tese de doutorado: PINTO MONTEIRO, António. *Cláusula penal e indemnização*. Coimbra: Almedina, 1990. *passim*.

[15] OSTENDORF, Patrick. Vertragsstrafe und pauschalierter Schadensersatz als Instrumente der Vertragsgestaltung. *JuS*, p. 977-978, 2015.

valor da cláusula penal em sentido estrito deve ser adequado e proporcional, mas há de possibilitar uma sensível punição a quem deu causa ao inadimplemento. Na apreciação da cláusula penal, o juízo deve avaliar: (a) a gravidade e a extensão da violação do contrato; (b) a situação econômica das partes; (c) o nível de culpa do devedor; (d) os danos efetivamente sofridos.[16] O § 343 admite a redução do valor da pena, se o valor fixado for desproporcionalmente alto, desde que a redução preserve os interesses legítimos do credor (não necessariamente patrimoniais).

Na Espanha, a cláusula penal é objeto dos arts. 1.152 a 1.155 do Código Civil. A cláusula penal tem natureza indenizatória e o juiz modificará equitativamente seu valor quando a "obrigação principal houver sido cumprida em parte ou irregularmente pelo devedor" (art. 1.154). A reforma do Código Civil espanhol prevê que haverá duas espécies de cláusula penal. A primeira, com função típica de um *forfait*, é "meramente substitutiva de perdas e danos". Ela se presume como tal, "à falta de acordo expresso dos interessados". A segunda, dita "pena cumulativa ou em sentido estrito", é "a que se acumula com a prefixação de danos fixada em lei, agravando assim a responsabilidade do devedor". Seu caráter é excepcional e decorre da vontade das partes.[17]

É perceptível a evolução da cláusula penal para um modelo não unitário, ao exemplo dos países de *common law* (com as ressalvas já feitas sobre os diferentes matizes de cada região), da Espanha e da Alemanha, além da construção doutrinária de António Pinto Monteiro em Portugal, que se tornou lei no Código Civil de Macau, hoje uma região administrativa da República Popular da China, e tem alcançado reconhecimento na jurisprudência.[18]

---

[16] LG Landshut (2. Zivilkammer), j. 25.08.2017 – 22 O 412/04.

[17] Arana de la Fuente, Isabel. Algunas precisiones sobre la reforma de la cláusula penal en la propuesta de modernización del Código Civil en materia de obligaciones y contrato. *Revista de Direito Civil Contemporâneo*, v. 2, n. 2, p. 275-293, item 2, jan./mar. 2015.

[18] "Efectivamente, a jurisprudência portuguesa vem-me honrando com a aceitação das teses por mim defendidas na minha dissertação de doutoramento, designadamente que há que distinguir várias espécies de cláusulas penais, consoante a intencionalidade das partes; que o âmbito de aplicação do art. 811.º se restringe à espécie definida no artigo anterior e que é de admitir a cláusula penal pura ou exclusivamente compulsória: cf., por ex., os Acórdãos do STJ de 24.04.2012 (Cons. Helder Roque), de 27.09.2011 (Cons. Nuno Cameira), de 22.10.2008 (Cons. Bravo Serra), de 04.05.2004 (Cons. Fernando

3. A CLÁUSULA PENAL COMPENSATÓRIA NO CÓDIGO CIVIL DE 2002

Como observado na seção 2, alguns Direitos estrangeiros evoluem para modelos mais complexos de regulação jurídica da cláusula penal. É conveniente agora analisar se as premissas tradicionais da doutrina brasileira a respeito da tríplice função da cláusula penal (vide nota de rodapé 8) seguem compatíveis com o Código Civil de 2002.

Como há muita literatura sobre cláusula penal na vigência do Código de 1916, ocorreu um fenômeno curioso, embora não incomum, de apropriação dos antigos modelos para o novo Código Civil. Seriam eles realmente aproveitáveis hoje? A comparação dos textos legais é um exercício interessante para testar essa hipótese quanto a um aspecto essencial a este trabalho: as funções de reforço, pré-liquidação e punição ainda coexistem no Direito Civil contemporâneo?

Veja-se a tabela comparativa de três artigos do Código revogado e do Código vigente, no que se refere aos limites, à redução e à vinculação da cláusula penal ao prejuízo alegado:

Pinto Monteiro), de 12.10.1999 (Cons. Afonso Melo) e de 29.04.1998 (Cons. Almeida e Silva), assim como os Acórdãos do Tribunal da Relação do Porto de 09.09.2013 (Des. Carlos Querido), de 10.07.2013 (Des. Fernando Samões), de 15.01.2013 (Des. Fernando Samões) e de 13.03.2012 (Des. Manuel Pinto dos Santos), do Tribunal da Relação de Lisboa de 05.07.2012 (Des. Teresa Prazeres Pais), de 17.05.2012 (Des. Teresa Albuquerque), de 26.11.2009 (Des. Sousa Pinto) e de 02.06.2005 (Des. Olindo Geraldes), e ainda do Tribunal da Relação de Coimbra de 26.06.2012 (Des. Henrique Antunes), de 07.09.2010 (Des. Alberto Ruço) e de 18.07.2006, embora nos descritores da Internet figure com a data de 18.11.2005 (Des. Jorge Arcanjo).E também a doutrina me tem distinguido com posições de concordância com as teses por mim perfilhadas: assim, designadamente, os Professores Mário Júlio de Almeida Costa, António Menezes Cordeiro, Manuel Januário da Costa Gomes, Nuno Manuel Pinto Oliveira, Fernando Gravato Morais, José Carlos Brandão Proença, Paulo Mota Pinto, José Manuel de Araújo Barros e Ana Mafalda Miranda Barbosa; no Brasil, seguindo a minha posição, também, por ex., a Professora Judith Martins-Costa (ver, a propósito, as minhas Anotações aos Acórdãos do STJ de 27.09.2011 e de 24.04.2002, na RLJ, anos 141.º e 142.º, n. 3.972 e 3.976, respectivamente). Por último, recordo que o modelo de cláusula penal por mim defendido foi consagrado no Código Civil de Macau (arts. 799.º a 801.º)" (PINTO MONTEIRO, António. O "modelo" aberto de cláusula penal no movimento de harmonização do direito europeu dos contratos cit., p. 181-196, nota de rodapé 5).

Código Civil de 1916	Código Civil de 2002
Art. 920. O valor da cominação imposta na cláusula penal não pode exceder o da obrigação principal.	Art. 412. O valor da cominação imposta na cláusula penal não pode exceder o da obrigação principal.
Art. 924. Quando se cumprir em parte a obrigação, poderá o juiz reduzir proporcionalmente a pena estipulada para o caso de mora, ou de inadimplemento.	Art. 413. A penalidade deve ser reduzida equitativamente pelo juiz se a obrigação principal tiver sido cumprida em parte, ou se o montante da penalidade for manifestamente excessivo, tendo-se em vista a natureza e a finalidade do negócio.
Art. 927. Para exigir a pena convencional, não é necessário que o credor alegue prejuízo. O devedor não pode eximir-se de cumpri-la, a pretexto de ser excessiva.	Art. 416. Para exigir a pena convencional, não é necessário que o credor alegue prejuízo. Parágrafo único. Ainda que o prejuízo exceda ao previsto na cláusula penal, não pode o credor exigir indenização suplementar se assim não foi convencionado. Se o tiver sido, a pena vale como mínimo da indenização, competindo ao credor provar o prejuízo excedente.

A primeira observação está na conservação literal do art. 920 do Código de 1916 no art. 412 do Código de 2002. É uma regra que não existe nos Códigos Civis de Portugal, Alemanha, Espanha, França e Argentina, *v.g.* Ela, na verdade, é uma reminiscência do período colonial, porque herdada das Ordenações do Reino, dos tempos de D. Filipe (segundo de Espanha, primeiro de Portugal), em seu Livro IV, Título 70.[19] Caso singular no Direito Comparado,

---

[19] *"As penas convencionaes, que por convença das partes forem postas e declaradas nos contractos, não podem ser móres, nem crescer mais que o principal. E isto não sómente haverá lugar, quando o devedor for obrigado dar, ou entregar bens de raiz, ou moveis, ou semoventes, assi como scravo, cavallo, ou outra cousa semelhante, mas também quando for obrigado a alguma obra, ou feito, que promettesse fazer a tempo certo; porque em tal caso não a fazendo ao tempo, a que se obrigou, deve ser estimada a obra, que houvera de ter feito, e quanto for a estimação, tanto poderá crescer a pena, e mais não".*

Cap. 10 · O NOVO "DESPERTAR" DA CLÁUSULA PENAL NO DIREITO CIVIL BRASILEIRO | 299

seguido apenas por poucos ordenamentos estrangeiros, como os códigos civis da Nicarágua (art.2.002) e da Bolívia (art.534), o Brasil manteve em vigor nas codificações de 1916 e de 2002 uma regra jurídica do século XVII, precisamente do ano de 1603, que limita o valor da cláusula penal (compensatória) ao da obrigação principal. O revogado art. 920 do Código de 1916 foi considerado pela jurisprudência anterior como continente de uma regra de ordem pública, inderrogável pela vontade das partes.[20] A sobrevivência das Ordenações do Reino no art. 920 não se deu sem a crítica ácida de Clóvis Beviláqua: "O limite imposto à pena por este artigo não se justifica. Nasceu da prevenção contra a usura, e é uma restricção à liberdade das convenções, que mais perturba do que tutela os legítimos interesses individuaes".[21] A jurisprudência do STJ, no Direito anterior, reconheceu a validade desse dispositivo: "A cláusula penal não se confunde com as 'astreintes' e está sujeita à limitação prevista no artigo 920 do Código Civil. Recurso especial conhecido e provido".[22]

Houve quem considerasse que o art. 920 (atual art. 412) atendia a uma finalidade sistemática: "Já vimos que o Código Civil pátrio restringiu a estipulação da pena ao valor da obrigação principal. Por outro lado, o devedor não pode reclamar contra sua exigência, sob pretexto de falta de prejuízo ou de excesso".[23] De fato, se combinado o art. 920 com os arts. 924 (atual art. 413, com correspondência parcial) e 927 (atual art. 416, com correspondência parcial) do Código de 1916, seria possível organizar o seguinte raciocínio: (a) o valor máximo da cláusula penal limitar-se-ia pelo valor da obrigação principal; (b) se a obrigação fosse cumprida em parte, caberia ao juiz reduzir proporcionalmente o valor da "pena estipulada"; (c) como a "pena convencional" não demandava prova do prejuízo, era coerente reconhecer que o devedor não poderia deixar de cumprir a cláusula penal sob o pretexto de ser esta excessiva.

---

[20] TJSP-*RF* 58/125; *RT* 85/561; *RT* 95/134; *RT* 117/153; *RT* 119/183; *RT* 123/548; *RF* 81/431; *RT* 125/75; *RT* 128/244; *RT* 128/233; *RT* 129/117; *RT* 142/624; *RT* 156/287; *RT* 159/720; *RT* 178/795; *RT* 184/195; *RT* 204/508; *RT* 205/437; *RT* 206/289; *RT* 210/125; *RT* 212/309; *RT* 215/293; *RT* 218/559; *RT* 221/362; *RT* 221/377; *RT* 221/400; *RT* 226/378; TJSP-*RT* 489/60; *RT* 506/186; *RT* 507/93; e 2.º TACivSP-*RT* 571/139.

[21] BEVILÁQUA, Clóvis. *Código Civil dos Estados Unidos do Brasil*. 3. ed. Rio de Janeiro: Francisco Alves, 1936. v. 4, p. 72.

[22] REsp 191.959/SC, 3.ª Turma, Rel. para o acórdão Min. Ari Pargendler, *DJU* 19.06.2000, p. 142.

[23] AZEVEDO, José Philadelpho de Barros e. Da cláusula penal. *Revista de Direito Civil Contemporâneo*, v. 13, p. 469-482, out./dez. 2017.

O quadro normativo em 2002 foi alterado e, em certa medida, agravado com a manutenção do conteúdo do antigo art. 920 sob a forma do novo art. 412 em paralelo ao aumento do nível de intervenção do juiz na apreciação do valor da cláusula penal.

O art. 413 tornou obrigatória a redução do valor da cláusula penal pelo juiz nas hipóteses que menciona. A redação do art. 924 do Código de 1916 afirmava que o magistrado poderia reduzir o valor. Essa mudança, porém, não foi relevante. A doutrina e a jurisprudência do século XX entendiam que se tratava de uma norma de ordem pública, insusceptível de derrogação pela vontade das partes.[24] O art. 413 apenas acolheu essa orientação consolidada nos tribunais e converteu a atuação do magistrado em oficiosa.[25]

A mudança mais significativa está na ampliação das hipóteses de redução do valor da cláusula penal: (i) o cumprimento parcial da obrigação principal (que já era objeto do art. 924 do Código Civil de 1916); (ii) "se o montante da penalidade for manifestamente excessivo, tendo-se em vista a natureza e a finalidade do negócio".

Não é necessário comentar, dadas as dimensões deste capítulo, a hipótese (i), de presença centenária no Direito Civil brasileiro. No entanto, a redução equitativa (e não mais "proporcional") do valor, por ser este manifestamente excessivo, a hipótese (ii) alcançou um nível elevado de intervenção judicial nos contratos. Se a cláusula penal é limitada na forma do art. 412, se ela será mitigada em casos de parcial cumprimento obrigacional, a previsão de mais

---

[24] Na jurisprudência: "Se o contrato foi cumprido parcialmente, a multa deve sofrer redução proporcional" (2.º *TACivSP-RT* 550/139). Nesse sentido: *RT* 55/292; *RT* 75/606; 2.º TACivSP-*RT* 572/153. Identicamente: "A norma do art. 924 do Código Civil é disposição destinada a proteger a pessoa do devedor; de interesse público e não pode ser invalidada pela convenção das partes. Os apelantes satisfizeram grande parte do preço, justificando, assim, a redução da cláusula penal" (STJ, AgRg no Ag 115023/SP, 4.ª Turma, Rel. Min. Barros Monteiro, *DJU* 25.11.2002, p. 236).

[25] "Ao referir-se à atuação do juiz, o texto do art. 413 da Lei Civil emprega o verbo dever, pelo que a redução, ocorrendo a justa causa, não se trata de mera faculdade, mas de um dever de ofício para o julgador" (NADER, Paulo. *Curso de direito civil*: obrigações. Rio de Janeiro: Forense, 2003. p. 575); PEREIRA, Caio Mário da Silva. *Instituições de direito civil* cit., v. 2, p. 160; LÔBO, Paulo Luiz Netto. *Teoria geral das obrigações*. São Paulo: Saraiva, 2005. p. 311; FIUZA, Ricardo. *Novo Código Civil comentado*. São Paulo: Saraiva, 2002. p. 367; FARIAS, Cristiano Chaves de. Miradas sobre a cláusula penal no direito contemporâneo (à luz do direito civil-constitucional, do novo Código Civil e do CDC). *Revista Forense*, v. 98, n. 364, p. 31-44, nov./dez. 2002.

uma causa de redução de seu valor destruiu qualquer esperança de que ela tivesse alguma função de reforço ou de cariz punitivo. O Código de 2020 rompeu com a antiga exceção da parte final do art. 927 do Código de 1916: "O devedor não pode eximir-se de cumpri-la, a pretexto de ser excessiva", a qual era profundamente lógica e guardava coerência sistêmica com o *caput* desse artigo, que desvinculava a "pena convencional" da prova de existência de prejuízo.

A falta de sistematicidade é ainda mais notável quando o art. 416 repete, em seu *caput*, o texto do antigo art. 927: "Para exigir a pena convencional, não é necessário que o credor alegue prejuízo". Se não é necessário alegar (e provar) prejuízo, como levá-lo em consideração para aferir o caráter equitativo do valor da cláusula penal?

Para acentuar as dificuldades interpretativas para a admissão de uma função punitiva da cláusula penal, observe-se que o parágrafo único do art. 416 passou a admitir o seguinte: "Ainda que o prejuízo exceda ao previsto na cláusula penal, não pode o credor exigir indenização suplementar se assim não foi convencionado. Se o tiver sido, a pena vale como mínimo da indenização, competindo ao credor provar o prejuízo excedente".

Não é necessária prova do prejuízo para se pretender o valor da cláusula penal. Entretanto, se ele exceder o *quantum* fixado no contrato, as partes nada poderão exigir a título de "indenização suplementar". Ora, se tal vier a ocorrer, basta renunciar a uma pretensão fundada na cláusula penal e simplesmente demandar pelas vias ordinárias uma reparação integral dos danos sofridos. A opção pela cláusula penal só se justifica pela celeridade do rito e pela facilidade decorrente da dispensa da prova do prejuízo. A lei, contudo, vai além de permitir que os contraentes instituam uma cláusula de "indenização suplementar". Muito bem, se ela houver sido pactuada, a pena (*rectius*, o valor da cláusula penal) será um "mínimo de indenização". Se o credor desejar a suplementação, deverá provar o prejuízo. É como se a lei fixasse uma possibilidade de cumulação de cláusula penal com perdas e danos aferíveis em processo próprio. Nessa hipótese, como conciliar a limitação do art. 412 e o dever de redução do valor da cláusula penal do art. 413 com esses danos suplementares? A complexidade desse sistema levaria também a outra pergunta: para que usar o modelo dual, se com uma ação ordinária eu obteria a ampla condenação por perdas e danos?

Tais questões, embora relevantes, ultrapassam os limites deste capítulo. Elas servem, porém, ao fim de demonstrar que a cláusula penal no Código de 2002 tem uma função puramente indenizatória, com caráter de prefixação de perdas e danos e sob o anacrônico limitador do art. 412, de sabor medieval.

Na prática negocial, especialmente naquelas espécies fortemente influenciadas pelo Direito de *common law*, encontra-se uma sorte de cláusulas que terminam por fugir do modelo legislado. Usam-se nomes diferentes ou se pretende clausular determinadas obrigações com valores significativos, embora elas não correspondam propriamente ao conceito de obrigação principal, tudo isso em ordem a permitir uma evasão às amarras assistemáticas dos arts. 412 e 413. A própria cláusula suplementar do parágrafo único do art. 416 não pode ser confundida com uma cláusula penal punitiva ou de reforço. Ela continua sendo uma espécie de cláusula indenizatória, sujeita aos arts. 412 e 413. Admitido que a indenização suplementar é possível de ser paga para além dos limites da cláusula penal, o que importaria cumulá-la com perdas e danos, ainda assim não se teria uma natureza punitiva. O excedente não seria uma decorrência da cláusula, mas do incerto processo de apuração de danos suplementares.

4. A FUGA DO MODELO UNITÁRIO

Como bem acentuado por António Pinto Monteiro, o tradicional modelo unitário esgotou-se. Soluções jurisprudenciais como as desenvolvidas na Alemanha terminaram por servir de fundamento a câmbios legislativos. Na Espanha, almeja-se alterar o Código Civil para se instituir o modelo dualista. Os portugueses, ao menos em termos jurisprudenciais, até pela influência da autoridade da tese de António Pinto Monteiro, que completa 30 anos em 2010, dão sinais do sucesso do modelo dualista.

A delicada situação do Direito brasileiro parece servir de obstáculo a uma introdução pela via jurisprudencial do modelo dualista. O medieval art. 412, combinado com as amarras excessivas do art. 413, além da fórmula contraditória do art. 416 do Código de 2002, apresenta-se como um severo impedimento legislativo para que se identifique na cláusula penal algo além de uma prefixação de perdas e danos, cuja vantagem recairia – de modo quase exclusivo – na redução dos custos probatórios e na celeridade da via processual. Ainda com esses aparentes benefícios, a parte corre o risco de ter o valor da cláusula penal reduzido pelo juiz nas diferentes hipóteses do art. 413, naquilo que ele já não houver sido alcançado pelo limite geral e de ordem pública do art. 412.

A cláusula penal compensatória no Direito Civil brasileiro contemporâneo não serve como reforço às obrigações, nem como elemento dissuasório ao inadimplemento. Ela não tem caráter *ad terrorem*, ao contrário das penas pecuniárias compulsórias processuais (*astreintes*), previstas no Código de Processo Civil. Para estas, como acentua Arruda Alvim, "o *quantum* da multa deve ser fixado de molde a que o réu não possa 'optar' entre o cumprimento da obrigação e o pagamento da multa, pois seu objetivo é o de proporcionar ao credor o cumprimento da obrigação *in natura*, é o de criar condições para que o processo seja realmente efetivo".[26] Embora a jurisprudência atual do STJ tenha aplicado limites ao valor da pena pecuniária compulsória,[27] o que nas décadas anteriores não era algo uniforme,[28] permanece o contraste entre uma cláusula penal (oriunda da autonomia privada) sem força dissuasória e as *astreintes* (louvadas na autoridade estatal) com esse elemento nuclear.

Embora não se localize no Direito Civil, e sim no Direito Desportivo, havia um exemplo de cláusula penal tipicamente punitiva no Brasil. O art. 28 da Lei n. 9.615, de 24.03.1998 (a Lei Pelé), em sua redação original, previa uma cláusula penal incidente nas relações entre clubes de futebol e atletas profissionais.

Esse dispositivo foi alterado pela Lei n. 12.395, de 16.03.2011, que extinguiu a cláusula penal e a multa rescisória. Em seu lugar, criou "duas cláusulas *sui generis,* específicas do contrato de trabalho desportivo: as cláusulas indenizatória e compensatória desportiva". Com a nova redação do art. 28, segundo Lucas Trevisan Ortigara, "a cláusula indenizatória desportiva será devida somente ao clube, na hipótese de transferência do atleta para outra agremiação desportiva, na vigência do contrato de trabalho". Sendo certo que "o valor de indenização será pactuado livremente entre as partes, no ato da formalização do contrato, observando o limite máximo de duas mil vezes a média salarial do atleta para as transações nacionais, sem limitação para

---

[26] ARRUDA ALVIM, José Manoel de. Interpretação da sentença liquidanda: fidelidade ao seu sentido original; multa convencional e "astreintes"; diferenças e limites. *Revista de Processo*, v. 20, n. 77, p. 177-187, jan./mar. 1995.

[27] "Ao contrário do Código de 39, a lei vigente não estabelece limitação para o valor da multa cominada na sentença que tem o objetivo de induzir ao cumprimento da obrigação e não o de ressarcir" (*RSTJ* 111/197).

[28] "O total fixado a título de *astreintes* somente poderá ser objeto de redução se fixada a multa diária em valor desproporcional e não razoável à própria prestação que ela objetiva compelir o devedor a cumprir; nunca em razão do simples valor integral da dívida, mera decorrência da demora e inércia do próprio devedor" (REsp 1.738.628/SE, 3.ª Turma, Rel. Min. Marco Aurélio Bellizze, j. 19.02.2019, *REPDJe* 26.02.2019, *DJe* 25.02.2019). Para um exame das origens do preceito cominatório e seus vínculos com a substituição da declaração de vontade, confira-se: COSTA FILHO, Venceslau Tavares; ALBUQUERQUE JÚNIOR, Roberto Paulino de. Notas sobre as ações relativas às prestações de fazer, de não fazer e de entregar coisa no Código de Processo Civil de 2015. *Revista Magister de Direito Civil e Processual Civil*, v. 13, n. 73, p. 20-41, jul./ago. 2016.

transações internacionais".[29] À exceção desse exemplo legislativo, não se tem admitido cláusula penal compensatória com função punitiva na jurisprudência predominante no País.[30]

CONCLUSÕES

A fuga do modelo unitário, mais cedo ou mais tarde, ocorrerá. Uma jurisprudência frontalmente *contra legem*, particularmente ofensiva dos arts. 412 e 413 do Código Civil de 2002, não parece ser o melhor caminho nessa trajetória em busca de um modelo dualista. Muito menos é o expediente mais adequado utilizar-se de diferentes nomenclaturas para se evadir a tais limites da cláusula penal no Direito Civil, ainda que se reconheça a existência de algumas possibilidades legítimas de qualificação de cláusulas desenvolvidas a partir da experiência estrangeira.[31] Um passo importante nessa mudança seria a revogação do art. 412 e a alteração do conteúdo dos arts. 413 e 416 do Código Civil.

Evidentemente que esses câmbios haveriam de se limitar ao Direito Civil e não deveriam alcançar o Direito do Consumidor. E, mesmo nas relações civis, seria muito importante apartar os contratos de adesão. Para esses dois últimos setores, a cláusula penal compensatória puramente indenizatória ainda é a fórmula mais protetiva aos interesses de consumidores e de partes assimétricas.

A cláusula penal é um elemento acidental do negócio jurídico de raízes muito antigas no Direito Civil. Sua evolução em pleno século XXI é a prova

---

[29]   ORTIGARA, Lucas Trevisan. Aspectos jurídicos das transferências dos atletas profissionais de futebol. *Revista Brasileira de Direito Desportivo*, v. 27, p. 203-239, jan./jun. 2015.

[30]   "Aplicabilidade da multa compensatória contratualmente prevista. Redução equitativa da cláusula penal, nos termos do artigo 413 do Código Civil. Cláusula penal punitiva afastada, por ofensa ao disposto no artigo 944 do CC" (TJSP, ApCiv 1036775-95.2017.8.26.0100, 32.ª Câmara de Direito Privado, Rel. Maria Cláudia Bedotti, j. 09.05.2019, *DJe* 09.05.2019). Na doutrina contemporânea, já se encontram adeptos dessa visão: SIMÃO, José Fernando. Art. 408 cit., p. 231.

[31]   Essas zonas de sombreamento, muita vez, se apresentam no regime das cláusulas de limitação e exoneração da responsabilidade: "Nesse ponto, as cláusulas de exoneração e limitação de responsabilidade aproximam-se de outro instituto, o da cláusula penal, que, por implicar em uma prefixação do valor da indenização, também enseja elevado grau de previsibilidade quanto aos efeitos do inadimplemento" (DAL PIZZOL, Ricardo. Cláusulas de exoneração e limitação de responsabilidade: relações paritárias e não paritárias. *Revista de Direito Civil Contemporâneo*, v. 14, p. 207-236, jan./mar. 2018).

de que, em Direito Civil, nada há de novo ou que já não tenha sido objeto de cogitações em algum momento de sua evolução histórica e dogmática. A tradição, esta sim, é que se renova permanentemente pelo influxo das necessidades humanas.

REFERÊNCIAS

ARANA DE LA FUENTE, Isabel. Algunas precisiones sobre la reforma de la cláusula penal en la propuesta de modernización del Código Civil en materia de obligaciones y contrato. *Revista de Direito Civil Contemporâneo*, v. 2, n. 2, p. 275-293, jan./mar. 2015.

ARRUDA ALVIM, José Manoel de. Interpretação da sentença liquidanda: fidelidade ao seu sentido original; multa convencional e "astreintes"; diferenças e limites. *Revista de Processo*, v. 20, n. 77, p. 177-187, jan./mar. 1995.

AZEVEDO, José Philadelpho de Barros e. Da cláusula penal. *Revista de Direito Civil Contemporâneo*, v. 13, p. 469-482, out./dez. 2017.

BEVILÁQUA, Clóvis. *Código Civil dos Estados Unidos do Brasil*. 3. ed. Rio de Janeiro: Francisco Alves, 1936. v. 4.

BEVILÁQUA, Clóvis. *Direito das obrigações*. Edição histórica. Rio de Janeiro: Editora Rio, 1977.

BOTELHO DE MESQUITA, Marcelo Alencar. *Contratos chave na mão* (Turn key) e Epc (Engineering, Procurement and Construction). São Paulo: Almedina Brasil, 2019.

CONTINENTINO, Mucio de Campos. *Da clausula penal no direito brasileiro*. São Paulo: Saraiva, 1926.

COSTA FILHO, Venceslau Tavares; ALBUQUERQUE JÚNIOR, Roberto Paulino de. Notas sobre as ações relativas às prestações de fazer, de não fazer e de entregar coisa no Código de Processo Civil de 2015. *Revista Magister de Direito Civil e Processual Civil*, v. 13, n. 73, p. 20-41, jul./ago. 2016.

DAL PIZZOL, Ricardo. Cláusulas de exoneração e limitação de responsabilidade: relações paritárias e não paritárias. *Revista de Direito Civil Contemporâneo*, v. 14, p. 207-236, jan./mar. 2018.

FARIAS, Cristiano Chaves de. Miradas sobre a cláusula penal no direito contemporâneo (à luz do direito civil-constitucional, do novo Código Civil e do CDC). *Revista Forense*, v. 98, n. 364, p. 31-44, nov./dez. 2002.

FIUZA, Ricardo. *Novo Código Civil comentado*. São Paulo: Saraiva, 2002.

JUNQUEIRA DE AZEVEDO, Antonio. *Negócio jurídico*: existência, validade e eficácia. 4. ed. atual. de acordo com o novo Código Civil (Lei n. 10.406, de 10-1-2002). 7. tir. São Paulo: Saraiva, 2010.

KHOURI, Paulo Roque; PEDRAS, Lucas Salim Vilela. A contratação *Built to suit* e os aspectos polêmicos das alterações trazidas pela Lei 12.744/2012. *Revista de Direito Civil Contemporâneo*, v. 9, p. 125-139, out./dez. 2016.

LACERDA DE ALMEIDA, Francisco de Paula. *Obrigações*. Porto Alegre: Typographia de Cesar Reinhardt, 1897.

LIMONGI FRANÇA, Rubens. *Teoria e prática da cláusula penal*. São Paulo: Saraiva, 1988.

LÔBO, Paulo Luiz Netto. *Teoria geral das obrigações*. São Paulo: Saraiva, 2005.

NADER, Paulo. *Curso de direito civil*: obrigações. Rio de Janeiro: Forense, 2003.

ORTIGARA, Lucas Trevisan. Aspectos jurídicos das transferências dos atletas profissionais de futebol. *Revista Brasileira de Direito Desportivo*, v. 27, p. 203-239, jan./jun. 2015.

OSTENDORF, Patrick. Vertragsstrafe und pauschalierter Schadensersatz als Instrumente der Vertragsgestaltung. *JuS*, p. 977-981, 2015.

PEREIRA, Caio Mário da Silva. *Instituições de direito civil*: teoria geral das obrigações. Atualizado por Luiz Roldão F. Gomes. 20. ed. Rio de Janeiro: Forense, 2004. v. 2.

PINTO MONTEIRO, António. *Cláusula penal e indemnização*. Coimbra: Almedina, 1990.

PINTO MONTEIRO, António. O "modelo" aberto de cláusula penal no movimento de harmonização do direito europeu dos contratos. *Revista de Direito Civil Contemporâneo*, v. 6, p. 181-196, jan./mar. 2016.

RODRIGUES JR., Otavio Luiz. *Função, natureza e modificação da cláusula penal no direito civil brasileiro*. 2006. Tese (Doutorado) – Faculdade de Direito da USP, São Paulo, 2006.

RODRIGUES, Silvio. *Direito civil*: parte geral das obrigações. 30. ed. atual. São Paulo: Saraiva, 2002. v. 2.

SIMÃO, José Fernando. Art. 408. *In*: SCHREIBER, Anderson; TARTUCE, Flávio; SIMÃO, José Fernando; BEZERRA DE MELO, Marco Aurélio; DELGADO, Mario Luiz. *Código Civil comentado*: doutrina e jurisprudência. São Paulo: Forense, 2019.

TARTUCE, Flávio. *Direito civil*: direito das obrigações e responsabilidade civil. 15. ed. Rio de Janeiro: Forense, 2020.

FUNÇÃO SOCIAL DO CONTRATO E INTERPRETAÇÃO DOS NEGÓCIOS JURÍDICOS

11

FUNÇÃO SOCIAL DO CONTRATO E INTERPRETAÇÃO DOS NEGÓCIOS JURÍDICOS APÓS A LEI DA LIBERDADE ECONÔMICA

RICARDO VILLAS BÔAS CUEVA

SUMÁRIO: 1. Introdução; 2. O contrato e suas mutações no tempo; 3. A função social do contrato no Brasil; 4. Os arts. 421 e 421-A da Lei da Liberdade Econômica; 5. Considerações finais; Referências.

1. INTRODUÇÃO

A Medida Provisória nº 881, de 30 de abril de 2019, convertida na Lei nº 13.874, de 20 de setembro do mesmo ano, também conhecida como Lei de Liberdade Econômica (LLE), desdobra-se em três vertentes. Em primeiro lugar, pretende criar norma geral de direito econômico. Em segundo lugar, promove relevantes alterações em institutos de direito privado, especialmente a desconsideração da personalidade jurídica, a função social do contrato, os contratos interempresariais e os fundos de investimento. Por fim, no direito público, introduz a análise de impacto regulatório e modifica importantes normas trabalhistas, entre outras medidas.

Discutem-se no presente artigo as alterações ao Código Civil, introduzidas no art. 7.º da LLE, notadamente a nova redação do dispositivo referente à função social do contrato, o art. 421 do CC, que passou a contar com um parágrafo único e com o art. 421-A. Vale destacar que a Lei nº 14.010/2020, que dispõe sobre o "Regime Jurídico Emergencial e Transitório das relações jurídicas de Direito Privado (RJET) no período da pandemia do coronavírus (Covid-19)", em razão de seu caráter efêmero, não será analisada.

De início, discorre-se brevemente a respeito do modelo funcional de contrato desde a codificação do direito civil na Europa. Em seguida, também sucintamente e com apoio no direito comparado, procura-se entender a origem e as consequências da criação original da função social do contrato no Brasil, pela primeira vez introduzida no Código Civil de 2002. Por fim, busca-se compreender quais as implicações das alterações introduzidas pela LLE para a interpretação dos contratos.

2. O CONTRATO E SUAS MUTAÇÕES NO TEMPO

Se analisarmos os contratos como modelos, arquétipos do pensamento cambiante, que se adaptam funcionalmente às épocas e sociedades nas quais são efetivamente praticados, conforme propõe Judith Rosenfeld em seu notável estudo sobre as grandes noções do direito privado,[1] poderemos vislumbrar a considerável transformação do conceito de contrato ao longo do tempo, não apenas pela mutação dos valores ideológicos dominantes, que atribui novos sentidos a conceitos clássicos – que se imaginavam definitivos e imutáveis, como os de pessoa, ordem pública, interesse geral etc. –, mas também em razão da perspectiva epistemológica em permanente transformação.

Uma definição mínima de contrato compreende dois elementos: o contrato é um encontro de vontades de duas ou mais partes; o acordo assim alcançado tem efeitos jurídicos. Há, naturalmente, inúmeras outras concepções que se sucedem desde a codificação pioneira do direito civil na França, em 1804. Pode-se dizer que, na visão liberal do século XIX, o contrato é um encontro de vontades de duas partes presumivelmente iguais e envolve uma troca econômica igualitária instantânea. Pressupostos do contrato, assim, são a igualdade dos indivíduos, sua racionalidade e a satisfação de seus interesses, isto é, o contrato se presta a uma utilidade.

A consagração da autonomia da vontade, como pedra angular do direito privado, reduz consideravelmente o papel do juiz na determinação do conteúdo do contrato e em sua revisão. É certo que a conformidade ao direito objetivo é um limite ao voluntarismo excessivo da doutrina que caracterizava o contrato como lei entre as partes. Para Kelsen, por exemplo, as convenções

---

[1]   ROCHFELD, Judith. *Les grandes notions du droit privé*. Paris: PUF, 2011.

Cap. 11 • FUNÇÃO SOCIAL DO CONTRATO E INTERPRETAÇÃO DOS NEGÓCIOS JURÍDICOS | **311**

somente serão obrigatórias na medida em que norma de escalão superior autorize os sujeitos, por delegação, a criar norma de escalão inferior. O contrato, portanto, deve ser conforme à lei e não pode contrariar a ordem pública. É a lei que garante a execução da obrigação contratada.

Tradicionalmente, a função do contrato é organizar juridicamente as trocas econômicas. Contratos sinalagmáticos e instantâneos, como a compra e venda, são o principal modelo. Em consequência, as negociações e os pré-contratos não são ordinariamente disciplinados no direito codificado. Os contratos eram, desse modo, tratados como contratos "completos", na linguagem dos economistas, sem levar em consideração os contratos de longa duração, sucessivos ou fracionados, como se as promessas unilaterais recíprocas não fossem passíveis de modificação. Vistos dessa perspectiva estática, os contratos não poderiam ser objeto de intervenção do Estado, seja pelo legislador, seja pelo juiz.[2]

Com a crescente industrialização europeia no século XIX, sobreveio a massificação dos contratos e com ela a percepção de que os pressupostos de racionalidade e igualdade não correspondiam à realidade fática. A contratualização das relações sociais e a emergência dos contratos de adesão, que passaram a instrumentalizar relações impessoais e padronizadas, deixaram evidentes as desigualdades de fato e a necessidade de requalificar o contrato em função de sua repercussão social. No início do século XX, autores como Duguit e Hauriou passaram a defender uma visão quase estatutária do contrato, que acabou por não prevalecer como corrente doutrinária dominante.

De todo modo, à concepção liberal contrapõe-se uma concepção solidarista ou social do contrato. O debate ideológico se desloca de questões como os fundamentos e a qualificação dos contratos para as maneiras mais eficazes de controlar seu conteúdo, abrindo espaço para o intervencionismo estatal. O legislador, de um lado, começa a disciplinar contratos que ensejam proteção da parte mais fraca ou vulnerável, criando-se uma ordem pública especial, destinada a proteger os desfavorecidos, em oposição à ordem pública geral, concebida para a proteção do interesse geral. Em consequência, tornaram-se mais frequentes as ações revisionais.

Desde os anos 1960, na Europa, e 1990, no Brasil, a legislação consumerista, entre outras, tem ensejado pelo menos três métodos de intervenção nos contratos. Em primeiro lugar, procura-se, com ações revisionais, reequilibrar o conteúdo dos contratos ao eliminar elementos de desequilíbrio que possam ter sido introduzidos pela parte mais forte ou em posição mais privilegiada,

---

[2]   ROCHFELD, Judith. *Les grandes notions du droit privé* cit., p. 413-425.

o que tem sido alcançado pela supressão de cláusulas consideradas abusivas. Em segundo lugar, há um reforço do dever de informação, indispensável para que o consentimento seja efetivamente livre e formado a partir de um juízo racional. A terceira modalidade de intervencionismo manifesta-se pela busca da moralização das relações contratuais, mediante a imposição aos contratantes de deveres gerais de lealdade, cooperação e boa-fé.[3]

Na próxima seção, analisaremos como esse intervencionismo tem se operado no Brasil a partir do Código Civil de 2002.

3. A FUNÇÃO SOCIAL DO CONTRATO NO BRASIL

Na exposição de motivos do anteprojeto de Código Civil, enviado ao Congresso em 1975, Miguel Reale reconhece a enorme importância do trabalho de Clóvis Beviláqua, concebido sob a influência do liberalismo econômico e do império da autonomia da vontade, mas aponta também "os imperativos de uma Democracia Social", na qual se repudiam "todas as formas de coletivismo absorventes ou totalitários" (item 2). Por outro lado, deixou explícito que "a liberdade de contratar só pode ser exercida em consonância com os fins sociais do contrato, implicando os valores primordiais da boa-fé e da probidade" (item 21, c). Nessa linha, o Código Civil (Lei nº 10. 406/2002) passou a contar com norma – sem paralelo no direito comparado – que expressamente limita a liberdade contratual, um dos pilares do direito civil, à função social do contrato, cláusula geral, aberta e indeterminada.

Não surpreende, assim, que a doutrina, à vista do ineditismo do instituto e da falta de critérios normativos para orientar a aplicação e a concretização do comando contido no art. 421 do Código Civil, tenha se dividido em pelo menos três correntes. Como demonstrado por Vivianne Ferreira Mese, uma posição minoritária equipara a função social à causa do contrato, em razão da possível origem histórica do art. 421 – a teoria da função econômico-social do contrato, de Emilio Betti – a despeito de a causa jamais haver sido acolhida em nosso ordenamento como elemento constitutivo do contrato. As duas correntes dominantes entendem, contudo, que a função social do contrato se presta a proteger o interesse de terceiros ou da coletividade, ou seria, ainda, um mandamento de solidariedade entre as partes. É comum sustentar uma dupla função, interna ou externa aos limites da relação contratual. A justificativa de Miguel Reale não é muito clara quanto aos fundamentos e motivos que o levaram a incluir essa cláusula geral. É certo que já existiam em nosso

---

[3] ROCHFELD, Judith. *Les grandes notions du droit privé* cit., p. 426-435.

Cap. 11 · FUNÇÃO SOCIAL DO CONTRATO E INTERPRETAÇÃO DOS NEGÓCIOS JURÍDICOS | 313

ordenamento referências à função social de institutos de direito privado, especialmente a função social da propriedade e a função social da empresa, mas nunca se cogitara da função social do contrato.[4]

Tampouco a jurisprudência oferece uma orientação segura a respeito do conteúdo e do alcance do art. 421. Os julgados do STJ, nos quais o dispositivo é mencionado, quase sempre em companhia de outros institutos, sobretudo a boa-fé objetiva, deixam entrever que a revisão contratual, principal campo de incidência da norma, poderia ser efetuada com lastro em outros dispositivos do Código Civil. Os julgados do STJ valem-se de considerações gerais acerca da eficácia de princípios constitucionais, como a dignidade humana, a solidariedade e a igualdade, sem desenvolver tais argumentos, concentrando-se na correção do equilíbrio contratual.

Claudia Lima Marques, em cuidadosa análise de julgados recentes do STJ, observa que "a função social do contrato tem direta relação com o princípio da confiança, sendo uma válvula de escape do sistema do direito privado brasileiro para assegurar o acesso ao contrato, principalmente dos vulneráveis e consumidores (...)", embora reconheça que, ausente uma interpretação que associe o Código Civil sistematicamente ao Código de Defesa do Consumidor, a "convergência principiológica e a ordem pública de proteção aos vulneráveis ainda não alcançaram um estágio consolidado em nossa jurisprudência, que nos últimos anos parece estar sofrendo uma transformação mais economicista e menos humanista".[5] Seja como for, aceitando-se ou não essa contraposição mecanicista entre economicismo e humanismo, é indisfarçável que a motivação das decisões judiciais em ações de revisão de contratos se centra em institutos análogos à função social do contrato, o que parece indicar sua superfluidade para a reavaliação do equilíbrio contratual.

No direito comparado, como dito, não há institutos diretamente comparáveis. Indiretamente, porém, pode-se identificar, na Alemanha, instituto que também é usado para a revisão dos contratos: a alteração da base do negócio prevista no § 313 do BGB. Verifica-se, naquele país, que o BGH, assim como o STJ, invoca o dispositivo para situações em que ele não se aplicaria, como

---

[4]   MESE, Vivianne Ferreira. *Die soziale Funktion des Vertrages im brasilianischen Código Civil*: eine rechtsvergleichende Untersuchung zur richterlichen Vertragsnapassung. 2016. Dissertação (Doutorado) – Universidade de Heidelberg, Heidelberg, 2016.

[5]   MARQUES, Claudia Lima. Função social do contrato: visão empírica da nova teoria contratual. In: SALOMÃO, Luis Felipe; TARTUCE, Flávio. *Direito civil*: diálogos entre a doutrina e a jurisprudência. São Paulo: Atlas, 2018. p. 209 e ss.

DIREITO CIVIL: DIÁLOGOS ENTRE A DOUTRINA E A JURISPRUDÊNCIA – *Volume II*

pretexto para a aplicação de normas que não incidem sobre as hipóteses em julgamento. Se, no Brasil, o STJ tem se concentrado no desequilíbrio contratual e no das prestações, na Alemanha levam-se em consideração também o risco contratual e a vontade das partes.

Dessas incursões no direito comparado emergem com clareza algumas características da práxis jurídica no Brasil. Verifica-se aqui uma grande flexibilidade metodológica, uma não desprezível influência do direito do consumidor na interpretação e na aplicação do direito civil, em consequência do uso indiscriminado da teoria do diálogo das fontes, uma acentuada resistência à autonomia privada e a adesão de grande parte da doutrina à teoria da constitucionalização do direito civil.[6]

Observa-se, ainda, que outro traço marcante de nossa tradição jurídica é o paternalismo, entendido como um mecanismo para corrigir déficits sistemáticos de racionalidade das decisões humanas. Transposto para as relações contratuais, é uma modalidade de intervenção consciente na autonomia da vontade. Sob esse prisma, já sob a égide do Código Civil de 1916, muitos exemplos de paternalismo jurídico ocorriam sempre que se cuidasse de atenuar a liberdade contratual em nome da equidade. Embora o Código de 2002 não tenha abolido a liberdade de contratar, é certo que passou a contar com um instrumentário muito maior para intervenções paternalistas na autonomia das partes, como, por exemplo, as cláusulas gerais, como a função social da propriedade, cujo conteúdo até hoje não tem contornos muito claros, decorridos quase 20 anos da entrada em vigor do Código Civil.

4. OS ARTS. 421 E 421-A DA LEI DA LIBERDADE ECONÔMICA

Em comentário à Medida Provisória nº 881/2019, Flávio Tartuce lembra que Miguel Reale, longe de repelir o pleno exercício da autonomia privada, pretendeu, ao inserir a função social do contrato de forma inédita em nossa legislação, combinar o "individual com o social de maneira complementar, segundo regras e cláusulas abertas propícias a soluções equitativas e concretas". Não haveria, assim, motivo para ressuscitar "antigos fantasmas de temor a respeito da função social do contrato, no momento em que o princípio encontrou certa estabilidade de aplicação, seja pela doutrina ou pela

---

[6] MESE, Vivianne Ferreira. *Die soziale Funktion des Vertrages im brasilianischen Código Civil*: eine rechtsvergleichende Untersuchung zur richterlichen Vertragsnapassung cit.

Cap. 11 · FUNÇÃO SOCIAL DO CONTRATO E INTERPRETAÇÃO DOS NEGÓCIOS JURÍDICOS | **315**

jurisprudência". A dupla eficácia do princípio da função social do contrato, interna e externa, resulta em "reforço da conservação negocial, assegurando trocas úteis e justas". Isoladamente, ademais, a função social do contrato fundamentaria "a possibilidade de resolução do contrato por desaparecimento de sua causa, pela frustração de sua finalidade".[7]

A redação original do art. 421,[8] consoante o mesmo autor, já deveria ter sido corrigida há muito tempo, pois o texto se referia à liberdade de contratar, que diz respeito à "celebração do contrato em si e que, em regra, é ilimitada, pois a pessoa celebra o contrato quando quiser e com quem quiser, salvo raríssimas exceções". Além disso, fazia-se necessário remover a locução "em razão de", uma vez que a autonomia privada não se exerce em consequência da função social do contrato, o qual seria, na verdade, constituído por ela. A redação empregada na Medida Provisória nº 881/2019,[9] além de não corrigir os equívocos supramencionados, vinculava a função social do contrato à Declaração dos Direitos de Liberdade Econômica, reduzindo demasiadamente sua incidência, tornando-a praticamente inócua, motivo por que também foi descartada.

O novo parágrafo único do art. 421 do Código Civil, introduzido pela LLE, ao impor a primazia do princípio da intervenção mínima e determinar a excepcionalidade da revisão contratual, teve como objetivo criar baliza à interpretação dos contratos. Embora não explique de onde provém esse princípio, a exposição de motivos da Medida Provisória nº 881/2019 deixa claro que o objetivo era o de criar ambiente de negócios favorável à atração de investimentos e à inovação tecnológica, por meio do fomento à liberdade econômica e à segurança jurídica. Além da modificação de institutos de direito privado, a criação de "direitos de liberdade econômica", como a presunção de boa-fé e a subsidiariedade do direito empresarial (art. 3.º, V e VIII), tenderiam a proteger a autonomia privada de um indevido dirigismo contratual.[10]

---

[7] TARTUCE, Flávio. A Medida Provisória nº 881/2019 (Liberdade Econômica) e as alterações do Código Civil. *Revista Magister de Direito Civil e Processual Civil*, Porto Alegre, n. 91, p. 5-28, jul./ago. 2019.

[8] "A liberdade de contratar será exercida em razão e nos limites da função social do contrato".

[9] "A liberdade de contratar será exercida em razão e nos limites da função social do contrato, observado o disposto na Declaração de Direitos da Liberdade Econômica. Parágrafo único. Nas relações contratuais privadas, prevalecerá o princípio da intervenção mínima do Estado, por qualquer dos seus poderes, e a revisão contratual determinada de forma externa às partes, será excepcional".

[10] Veja-se a exposição de motivos, ao comentar os direitos de liberdade econômica: "*Inciso V* – Presume-se a boa-fé nos atos praticados no exercício da atividade

O art. 421-A do Código Civil, também introduzido pela LLE, cria presunção relativa de que os contratos civis e empresariais são paritários e simétricos. Tal presunção só pode ser afastada quando demonstrados elementos concretos que justifiquem a incidência da função social do contrato. Além disso, a liberdade contratual passa a contar com garantias, como a permissão para que as partes negociantes livremente estabeleçam "parâmetros objetivos para a interpretação das cláusulas negociais e de seus pressupostos de revisão ou resolução" (inciso I), a proteção do que definirem as partes quanto à alocação de riscos (inciso II) e a previsão, de certo modo redundante em vista do parágrafo único do art. 421, de que a revisão contratual só deva ocorrer de maneira excepcional e limitada (inciso III).

Não há dúvida de que a LLE se aplica aos contratos paritários ou negociados, "cujo conteúdo é discutido entre as partes, geralmente em posição econômica de igualdade", a teor do disposto no art. 3.º, VIII, da aludida lei, no

---

econômica, devendo os casos de dúvida, na interpretação do direito, ser resolvidos no sentido que mais preserva a autonomia de sua vontade, salvo expressa disposição legal em contrário. É uma premissa do Estado de Direito a de que a liberdade impera e a restrição é a exceção. Não se pode, então, permitir que na dúvida sobre a interpretação de um dispositivo, adote-se uma interpretação mais restritiva. Logo, aplicar a regra de interpretação que privilegie a liberdade cria incentivos para que o normatizador passe a ter maior sofisticação na redação de enunciados, aumentando a segurança jurídica e os pressupostos democráticos. Se em contratos de adesão, no direito do consumidor, a dúvida já privilegia a parte mais vulnerável, não há sentido em que, quando uma cláusula é imposta unilateralmente pelo Estado, este ainda se beneficie de sua dúvida. Ressalvam-se as searas da aplicação da lei em que esse tipo de interpretação já é vedado. (...) *Inciso VIII* – Garante que os negócios jurídicos empresariais serão objeto de livre estipulação das partes pactuantes, aplicando-se as regras de direito empresarial apenas de maneira subsidiária ao avençado. Mais de 60% das 500 maiores empresas do mundo estão registradas especificamente no Estado de Delaware, EUA. Isso se dá em razão de aquela jurisdição constituir um dos melhores ambientes para o desenvolvimento e preservação do direito empresarial. Para o Brasil caminhar nesse sentido, propõe-se de maneira emergencial permitir que qualquer cláusula contratual seja vigente entre os sócios privados e capazes que assim a definiram, inclusive aquelas que, atualmente, parecem ir em sentido contrário a normas de ordem pública, estritamente, do direito empresarial, contanto que não tenham efeitos sobre o Estado ou terceiros alheios à avença. Essa medida rapidamente permitirá que grandes empresas sintam-se seguras para investir e produzir no Brasil, gerando emprego e renda para os milhões de brasileiros que hoje se encontram desempregados, e que os empresários terão respeitados os termos que acertarem entre si, sem prejudicar a soberania nos assuntos que de fato afetem terceiros e a coletividade como um todo".

Cap. 11 · FUNÇÃO SOCIAL DO CONTRATO E INTERPRETAÇÃO DOS NEGÓCIOS JURÍDICOS | **317**

qual é reforçada a centralidade da autonomia privada nos negócios jurídicos empresariais, desde que obedecidos os preceitos de ordem pública, como ensina Flávio Tartuce.[11]

Ademais, o parágrafo único que se acresceu ao dispositivo é desnecessário, pois a revisão contratual só é possível nas hipóteses definidas no Código Civil. Outro equívoco foi a menção a princípio inexistente, o princípio da intervenção mínima do Estado. Talvez sob o influxo de ideologia liberal extremada, deixou o legislador de considerar que a força dos contratos advém da possibilidade de o Estado exigir seu cumprimento e corrigir seus excessos, quando necessário.

Tampouco o art. 421-A parece haver acrescentado contribuição inovadora à aplicação da função social do contrato, segundo Tartuce. Já no *caput* do dispositivo é feita distinção entre contratos civis e empresariais que não encontra respaldo no sistema do Código Civil, que unificou o direito privado e dispensa tratamento uniforme a todos os contratos (arts. 421 a 480). É certo que os contratos negociados ou paritários ensejam menos intervenção estatal, constatando-se clara mitigação do dirigismo contratual na jurisprudência dominante. É por isso que o *caput* do dispositivo alude à presunção *juris tantum* de paridade e simetria, que pode ser afastada em face de elementos concretos, o que desde logo evita sejam projetados quaisquer efeitos da nova norma sobre os contratos de consumo, aos quais se aplica a presunção *jure et de jure* de vulnerabilidade dos consumidores. O inciso I, que assegura às partes a possibilidade de fixarem parâmetros objetivos para a interpretação do contrato e de seus pressupostos de revisão ou resolução, ecoa o § 2.º do art. 113 do Código Civil, também introduzido pela LLE. Já o inciso II do art. 421-A, que impõe o respeito à locação de riscos definida pelas partes, reproduz de certo modo o disposto no art. 113, § 1.º, V, incluído pela LLE para que a interpretação dos contratos siga a racionalidade econômica das partes, conforme as informações disponíveis no momento da celebração do negócio jurídico. Por fim, o inciso III, como previamente observado, repete o parágrafo único do art. 421, ao determinar que a revisão contratual somente

---

[11] Lei nº 13.874/2019: "Art. 3.º São direitos de toda pessoa, natural ou jurídica, essenciais para o desenvolvimento e o crescimento econômicos do País, observado o disposto no parágrafo único do art. 170 da Constituição Federal: (...) VIII – ter a garantia de que os negócios jurídicos empresariais paritários serão objeto de livre estipulação das partes pactuantes, de forma a aplicar todas as regras de direito empresarial apenas de maneira subsidiária ao avençado, exceto normas de ordem pública; (...)".

ocorra de modo excepcional e limitado, o que, aliás, já ocorre na revisão dos contratos.[12]

Gustavo Tepedino e Laís Cavalcanti acentuam que as modificações introduzidas no art. 421 do Código Civil parecem corresponder à intenção do legislador de preservar o contrato de qualquer valoração que não seja aquela das próprias partes, sem levar em conta que a função social do contrato tem raízes na Constituição. Assim, a substituição da locução "em razão" por "nos limites", no *caput* do dispositivo não pode "afastar o controle de utilidade social das relações patrimoniais, incidente sobre o conteúdo do contrato em razão da hierarquia superior da norma constitucional". A autonomia privada, ademais, passou a se orientar

> (...) por valores não patrimoniais, de cunho existencial, inseridos na própria noção de ordem pública. Propriedade, empresa, família, relações contratuais tornam-se institutos funcionalizados à realização da dignidade da pessoa humana, fundamento da República, para a construção de uma sociedade livre, justa e solidária, objetivo central da Constituição brasileira de 1988.[13]

A função social do contrato, prosseguem os autores,

> (...) pode ser entendida como norma que, informada pelos princípios constitucionais da dignidade da pessoa humana (art. 1.º, III), do valor social da livre-iniciativa (art. 1.º, IV) – fundamentos da República – e da igualdade substancial (art. 3.º, III) e da solidariedade social (art. 3.º, I) – objetivos da República – impõe às partes o dever de perseguir, ao lado de seus interesses individuais, interesses extracontratuais socialmente relevantes, dignos de tutela jurídica, alcançados pelo contrato.

---

[12]   TARTUCE, Flávio. *A Lei da Liberdade Econômica (Lei n.º 13.874/2019) e os seus principais impactos para o direito civil* – segunda parte. *Revista Síntese Direito Civil e Processual Civil*, Porto Alegre, v. 20, n. 122, p. 18-28, nov./dez. 2019.

[13]   TEPEDINO, Gustavo; CAVALCANTI, Laís. Notas sobre as alterações promovidas pela Lei nº 13.874/2019 nos artigos 50, 113 e 421 do Código Civil. In: SALOMÃO, Luis Felipe; CUEVA, Ricardo Villas Bôas; FRAZÃO, Ana (coord.). *Lei de Liberdade Econômica e seus impactos no direito brasileiro.* São Paulo: Thomson Reuters Brasil, 2020. p. 501.

Cap. 11 • FUNÇÃO SOCIAL DO CONTRATO E INTERPRETAÇÃO DOS NEGÓCIOS JURÍDICOS | **319**

A função social da propriedade e dos contratos é referida no art. 2.035 do Código Civil, que impõe aos arranjos privados a obediência aos preceitos de ordem pública. Deveres extracontratuais passam a obrigar os contratantes.[14]

Portanto, a função social do contrato é elemento interno da liberdade contratual por força dos comandos constitucionais e não pode ser relegada a elemento externo por ato do legislador ordinário. Na ordem constitucional, o contrato foi transformado qualitativamente, tornando-se instrumento de concretização dos princípios veiculados na Constituição, já que a autonomia privada não pode ser entendida como princípio absoluto, imune ao controle axiológico que decorre da interpretação sistemática dos comandos constitucionais.[15]

Os autores apontam também a redundância do disposto no parágrafo único e no art. 421-A do CC quanto à excepcionalidade da revisão contratual e negam a existência no ordenamento de um princípio da intervenção mínima. Haveria, ao contrário, um conjunto de requisitos e pressupostos para a intervenção judicial que não foram alterados pela nova lei e persistem a ensejar a revisão dos contratos sempre que, por exemplo, for desrespeitada a proporcionalidade mínima que deve presidir os ajustes privados. A gestão positiva dos riscos previsíveis não interferiria com a livre alocação dos riscos no momento da contratação, mas seria mecanismo para recomposição do sinalagma contratual toda vez que ele for injustificadamente modificado.[16]

Não obstante as considerações feitas até aqui, pode-se dizer, em linha com Claudia Lima Marques, que, na prática judiciária brasileira, a melhor aplicação

---

[14] TEPEDINO, Gustavo; CAVALCANTI, Laís. Notas sobre as alterações promovidas pela Lei nº 13.874/2019 nos artigos 50, 113 e 421 do Código Civil cit., p. 503.

[15] TEPEDINO, Gustavo; CAVALCANTI, Laís. Notas sobre as alterações promovidas pela Lei nº 13.874/2019 nos artigos 50, 113 e 421 do Código Civil cit., p. 504.

[16] TEPEDINO, Gustavo; CAVALCANTI, Laís. Notas sobre as alterações promovidas pela Lei nº 13.874/2019 nos artigos 50, 113 e 421 do Código Civil cit., p. 505 e ss. V. também PEREIRA, Marcos. A Medida Provisória da Liberdade Econômica e seus impactos sobre institutos do Código Civil. In: SALOMÃO, Luis Felipe; CUEVA, Ricardo Villas Bôas; FRAZÃO, Ana (coord.). *Lei de Liberdade Econômica e seus impactos no direito brasileiro*. São Paulo: Thomson Reuters Brasil, 2020. p. 53: a "mitigação do controle estatal sobre os contratos empresariais, prevista na redação do artigo 421-A, do Código Civil, apenas objetivou fixar na lei premissas já consagradas na jurisprudência do STJ", ou seja, "a função social dos contratos continua a ter importância fundamental no direito civil, sem qualquer minimização de efeitos nos casos aplicáveis. Seus limites em situações específicas apenas sintetizam a experiência jurisprudencial sobre o assunto".

do princípio da função social do contrato se dá em contratos entre iguais.[17] Sobretudo os contratos empresariais de longa duração, nos quais há paridade, mas não simetria de fato entre as partes, nem transparência quanto à alocação de riscos, como, por exemplo, nos contratos de distribuição, a eficácia externa do princípio, relacionada a questões de ordem pública, como o impacto concorrencial do contrato, podem ensejar uma revisão da base econômica da avença.

5. CONSIDERAÇÕES FINAIS

A legislação, a doutrina e a jurisprudência têm amoldado o contrato às circunstâncias do tempo em que é efetivamente celebrado e executado, reconhecendo que alguns de seus pressupostos clássicos, como a igualdade e a racionalidade dos contratantes, nem sempre se sustentam no plano fático. Daí a especial proteção que se confere aos vulneráveis, o tratamento diferenciado dos contratos de adesão e a tendência a moralizar o contrato, mediante a imposição de deveres de informação, cooperação, lealdade e de observância da boa-fé. Nem por isso a autonomia privada, a liberdade contratual, deixou de ocupar lugar central nos sistemas de direito privado, visto que é dela que deflui a segurança jurídica necessária ao encadeamento dos negócios jurídicos. Previsibilidade, calculabilidade e cognoscibilidade das regras aplicáveis aos contratos são fatores indissociáveis ao fomento a um bom ambiente de negócios, que estimule investimentos, inovação e criação de empregos.

Embora sem paralelo no direito comparado, a função social do contrato, erigida a limite da liberdade contratual no Código Civil de 2002, não tem causado profundas rupturas na interpretação e na aplicação dos contratos. A jurisprudência quase sempre tem invocado a função social do contrato com outras regras e princípios, o que talvez indique sua superfluidade para a proteção da eficácia interna dos contratos, já adequadamente tutelada no próprio Código Civil e em legislação especial, notadamente no Código de Defesa do Consumidor. Entretanto, nos contratos paritários e negociados, sobretudo aqueles de longa duração, cujos riscos não sejam alocados de modo transparente, ensejando sua caracterização como contratos incompletos, pode-se vislumbrar uma possível aplicação da dimensão externa do princípio da função social do contrato, que leve em conta questões de ordem pública.

Em vista disso, as alterações introduzidas pela LLE no art. 421 do Código Civil, conquanto movidas por um louvável sopro modernizador,

---

[17] MARQUES, Claudia Lima. Função social do contrato: visão empírica da nova teoria contratual cit., p. 209 e ss.

anti-intervencionista e antipaternalista, talvez não produzam o efeito esperado. Tanto o Código Civil como a própria LLE dispensam rigoroso tratamento à revisão do contrato, que não deve ocorrer de forma indiscriminada ou discricionária, mas somente nas hipóteses previstas em lei.

REFERÊNCIAS

FARIA, José Angelo Estrella. Paternalismus und Autonomie: widersprüchliche Tendenzen im brasilianischen Vertragsrecht. In: GRUNDMANN, Stefan; BALDUS, Christian; DIAS, Rui; KIRSTE, Stephan; MARQUES, Claudia Lima; MENDES, Laura; VICENTE, Dario Moura (ed.). *Autonomie im Recht*. Baden-Baden: Nomos, 2016.

MARQUES, Claudia Lima. Função social do contrato: visão empírica da nova teoria contratual. In: SALOMÃO, Luis Felipe; TARTUCE, Flávio. *Direito civil*: diálogos entre a doutrina e a jurisprudência. São Paulo: Atlas, 2018.

MESE, Vivianne Ferreira. *Die soziale Funktion des Vertrages im brasilianischen Código Civil*: eine rechtsvergleichende Untersuchung zur richterlichen Vertragsnapassung. 2016. Dissertação (Doutorado) – Universidade de Heidelberg, Heidelberg, 2016.

PEREIRA, Marcos. A Medida Provisória da Liberdade Econômica e seus impactos sobre institutos do Código Civil. In: SALOMÃO, Luis Felipe; CUEVA, Ricardo Villas Bôas; FRAZÃO, Ana (coord.). *Lei de Liberdade Econômica e seus impactos no direito brasileiro*. São Paulo: Thomson Reuters Brasil, 2020.

ROCHFELD, Judith. *Les grandes notions du droit privé*. Paris: PUF, 2011.

TARTUCE, Flávio. A "Lei da Liberdade Econômica" (Lei n.º 13.874/2019) e os seus principais impactos para o direito civil – segunda parte. *Revista Síntese Direito Civil e Processual Civil*, Porto Alegre, v. 20, n. 122, p. 18-28, nov./dez. 2019.

TARTUCE, Flávio. A Medida Provisória nº 881/2019 (Liberdade Econômica) e as alterações do Código Civil. *Revista Magister de Direito Civil e Processual Civil*, Porto Alegre, n. 91, p. 5-28, jul./ago. 2019.

TEPEDINO, Gustavo; CAVALCANTI, Laís. Notas sobre as alterações promovidas pela Lei nº 13.874/2019 nos artigos 50, 113 e 421 do Código Civil. In: SALOMÃO, Luis Felipe; CUEVA, Ricardo Villas Bôas; FRAZÃO, Ana (coord.). *Lei de Liberdade Econômica e seus impactos no direito brasileiro*. São Paulo: Thomson Reuters Brasil, 2020.

12

FUNÇÃO SOCIAL DO CONTRATO E INTERPRETAÇÃO DOS NEGÓCIOS JURÍDICOS APÓS A LEI DA LIBERDADE ECONÔMICA (LEI N. 13.874/2019) – NOVAS REFLEXÕES

FLÁVIO TARTUCE

SUMÁRIO: 1. Primeiras palavras sobre a Lei n. 13.874/2019; 2. O novo art. 113 do Código Civil e a interpretação dos negócios jurídicos em geral; 3. Abrangência da nova lei quanto aos contratos. O principal foco de atuação da Lei da Liberdade Econômica: os contratos paritários; 4. Função social do contrato. A nova e corrigida redação do art. 421 do Código Civil; 5. O novo art. 421-A do Código Civil e os contratos paritários; 6. A amplitude da ideia de autonomia privada no art. 3.º, inc. VIII, da Lei da Liberdade Econômica; Referências.

1. PRIMEIRAS PALAVRAS SOBRE A LEI N. 13.874/2019

A Lei n. 13.874, de 20 de setembro de 2019 – conhecida e aqui denominada como *Lei da Liberdade Econômica* –, tem a sua origem na Medida Provisória n. 881, de 30 de abril do mesmo ano, tendo sido o tema mais debatido a respeito do Direito Civil no último ano.

A sua abrangência e o seu conteúdo são amplos, envolvendo questões e matérias atinentes ao Direito Público e Privado. Conforme se retira das suas disposições gerais, começando pelo seu art. 1.º, o diploma emergente estabelece normas de proteção à livre-iniciativa e ao livre exercício de atividade econômica e disposições sobre a atuação do Estado como agente normativo e regulador, nos termos do inciso IV do *caput* do art. 1.º, do parágrafo único do art. 170 e do *caput* do art. 174 da Constituição Federal.

Como é notório, a primeira norma superior citada consagra os valores sociais do trabalho e da livre-iniciativa como fundamentos da República Federativa do Brasil, ao lado da soberania, da cidadania, da dignidade da pessoa humana e do pluralismo político. O art. 170 da Constituição, por sua vez, preceitua que a ordem econômica, fundada na valorização do trabalho humano e na livre-iniciativa, tem por fim assegurar a todos existência digna, de acordo com os ditames da justiça social, observados os seguintes princípios: *a)* soberania nacional; *b)* propriedade privada; *c)* função social da propriedade; *d)* livre concorrência; *e)* defesa do consumidor; *f)* defesa do meio ambiente, inclusive mediante tratamento diferenciado conforme o impacto ambiental dos produtos e serviços e de seus processos de elaboração e prestação; *g)* redução das desigualdades regionais e sociais; *h)* busca do pleno emprego; e *i)* tratamento favorecido para as empresas de pequeno porte constituídas sob as leis brasileiras e que tenham sua sede e administração no País. O parágrafo único desse art. 170 da Constituição enuncia, em complemento, que é assegurado a todos o livre exercício de qualquer atividade econômica, independentemente de autorização de órgãos públicos, salvo nos casos previstos em lei, como é o caso justamente da *Lei da Liberdade Econômica.*

Como último comando citado no *caput* do art. 1.º da Lei n. 13.874/2019, o art. 174 da CF/1988 estabelece que, como agente normativo e regulador da atividade econômica, o Estado exercerá, na forma da lei, as funções de fiscalização, incentivo e planejamento, sendo este determinante para o setor público e indicativo para o setor privado. A norma jurídica que cumprirá e atenderá a essas funções é justamente a *Lei da Liberdade Econômica.* Exatamente nesse sentido, e com esse propósito, o art. 1.º, § 1.º, da norma em estudo prevê que o seu conteúdo será observado na aplicação e na interpretação do Direito Civil, do Direito Empresarial, do Direito Econômico, do Direito Urbanístico e do Trabalho nas relações jurídicas que se encontrem no seu âmbito de aplicação e na ordenação pública, inclusive sobre exercício das profissões, comércio, juntas comerciais, registros públicos, trânsito, transporte e proteção ao meio ambiente.

Sobre o seu *norte hermenêutico* está expressamente dito que se interpretam em favor da liberdade econômica, da boa-fé e do respeito aos contratos, aos investimentos e à propriedade todas as normas de ordenação pública sobre atividades econômicas privadas, o que representa a valorização de categorias consolidadas no âmbito do Direito Privado (art. 1.º, § 2.º, da Lei n. 13.874/2019).

Como outra regra importante a ser destacada neste texto, o art. 2.º da *Lei da Liberdade Econômica* consagra os seus princípios fundamentais, a saber: *a)* a liberdade como uma garantia no exercício de atividades econômicas; *b)* a boa-fé do particular perante o Poder Público; *c)* a intervenção subsidiária e excepcional do Estado sobre o exercício de atividades econômicas; e *d)* o reconhecimento da vulnerabilidade do particular perante o Estado. Eventualmente, essa vulnerabilidade pode ser afastada por regulamento, que disporá sobre os critérios de sua afeição, limitados a questões de má-fé, hipersuficiência ou de reincidência de condutas indesejadas pelo Direito.

Como preceito de grande relevo – que merecerá um estudo pontual mais à frente –, o art. 3.º do diploma emergente elenca a *declaração de direitos de liberdade econômica*, tidos como atributos de todas as pessoas, sejam naturais ou jurídicas, e essenciais para o desenvolvimento e o crescimento econômicos do País, observado o disposto no antes citado parágrafo único do art. 170 da Constituição Federal de 1988.

Por tudo isso, nota-se na nova lei uma valorização considerável da autonomia privada, da força obrigatória das convenções (*pacta sunt servanda*), da redução das intervenções estatais, do liberalismo e, em certa medida, do individualismo que comumente tem marcado o início de cada século não só no Brasil, mas em todo o mundo. Penso que houve um *ímpeto ultraliberal* na elaboração da Medida Provisória n. 881, originária do Ministério da Economia, liderado pelo Ministro Paulo Guedes e sua equipe. Todavia, esse *ímpeto* acabou por ser contido – de forma necessária e satisfatória – pelo Congresso Nacional do Brasil, na sua conversão em lei.

Como bem assinalado por Floriano Peixoto Marques Neto, Otavio Luiz Rodrigues Jr. e Rodrigo Xavier Leonardo, os dois últimos com participação ativa nesse processo de conversão da MP em lei, muitas sugestões foram feitas para o aprimoramento das modificações relativas ao Código Civil brasileiro, tendo em vista a anterior Medida Provisória:

> Nem tudo foi obtido, mas os avanços são inegáveis. O texto poderia ser melhor, mas sistemático, com mais concretude aqui ou acolá, mas isso seria demais exigir para uma propositura com amplitude dessa e que recebeu, como dito, três centenas de emendas na sua tramitação congressual.[1]

---

[1] MARQUES NETO, Floriano; RODRIGUES JR., Otávio Luiz; LEONARDO, Rodrigo Xavier. *Comentários à Lei da Liberdade Econômica*: Lei n. 13.874/2019. São Paulo: RT, 2019. p. 10-11. Trata-se de trecho da apresentação da obra coletiva.

Veremos no presente texto algumas dessas modificações, como novas reflexões feitas por mim, no que diz respeito à interpretação dos negócios jurídicos em geral e os contratos, sendo certo que a *Lei da Liberdade Econômica* também trouxe modificações relativas às pessoas jurídicas – incluindo o tratamento da desconsideração da personalidade jurídica (art. 50 do CC/2002) –, às empresas e aos fundos de investimento (arts. 1.368-B e 1.368-F do CC/2002).

2. O NOVO ART. 113 DO CÓDIGO CIVIL E A INTERPRETAÇÃO DOS NEGÓCIOS JURÍDICOS EM GERAL

O art. 113 do Código Civil traz em seu conteúdo a *função de interpretação da boa-fé objetiva*, dirigida a todos os negócios jurídicos em geral. O seu âmbito de incidência, portanto, não é somente o contrato, podendo o preceito ser aplicado ao casamento, ao testamento e a outros negócios jurídicos, sejam patrimoniais ou não. A norma também incide plenamente sobre os *negócios jurídicos reais*, descritos no art. 1.225 da codificação privada, especialmente se a sua origem for a autonomia privada, com destaque especial para a superfície, o usufruto, o compromisso de compra e venda registrado na matrícula do imóvel – gerador de um direito real de aquisição em favor do promitente comprador –, a laje, o penhor e a hipoteca.[2]

Conforme o seu *caput*, os negócios jurídicos devem ser interpretados conforme a boa-fé e os usos do lugar da sua celebração, valorizando-se a importância das *regras de tráfego*. Exatamente nesse sentido, o Enunciado n. 409 da *V Jornada de Direito Civil,* evento promovido pelo Conselho da Justiça Federal em 2011, preceitua que se devem incluir no sentido da norma as práticas habitualmente adotadas entre as partes.

Sem qualquer modificação na previsão anterior, o comando recebeu dois parágrafos pela *Lei da Liberdade Econômica*. Na originária Medida Provisória n. 881 – pelo que constava dos pretendidos arts. 480-A e 480-B do Código Civil –, e também no processo de sua conversão na Lei n. 13.874/2019, a ideia seria inserir novas regras somente para os negócios jurídicos empresariais. Todavia, o relator do projeto de conversão, Deputado Jerônimo Goergen,

---

[2] CC/2002: "Art. 1.225. São direitos reais: I – a propriedade; II – a superfície; III – as servidões; IV – o usufruto; V – o uso; VI – a habitação; VII – o direito do promitente comprador do imóvel; VIII – o penhor; IX – a hipoteca; X – a anticrese; XI – a concessão de uso especial para fins de moradia; XII – a concessão de direito real de uso; XIII – a laje".

Cap. 12 · FUNÇÃO SOCIAL DO CONTRATO E INTERPRETAÇÃO DOS NEGÓCIOS JURÍDICOS | 327

ouviu a recomendação feita por alguns civilistas, caso de Maurício Bunazar, no sentido de que os novos critérios interpretativos seriam interessantes para todo e qualquer negócio jurídico, o que é verdade, não sendo viável que o Código Civil criasse uma separação entre negócios empresariais e civis na sua Parte Geral.[3] Muitos desses critérios, aliás, já eram aplicados na prática do Direito Privado, em julgados e decisões arbitrais; e também retirados do art. 131 do Código Comercial, revogado nessa parte pelo Código Civil brasileiro de 2002, pela dicção expressa do seu art. 2.045.[4]

Na redação do novo § 1.º do art. 113 do Código Civil, dada pela *Lei da Liberdade Econômica*, a interpretação do negócio jurídico deve lhe atribuir o sentido que: *a)* for confirmado pelo comportamento das partes posterior à celebração do negócio; *b)* corresponder aos usos, costumes e práticas do mercado relativas ao tipo de negócio, o que já está previsto no *caput* do comando, pela valorização das *regras de tráfego*; *c)* corresponder à boa-fé, o que igualmente se retira da norma anterior; *d)* for mais benéfico à parte que não redigiu o dispositivo, se identificável; e *e)* corresponder a qual seria a razoável negociação das partes sobre a questão discutida, inferida das demais disposições do negócio e da racionalidade econômica das partes, consideradas as informações disponíveis no momento de sua celebração.

---

[3] Sobre essa separação entre negócios jurídicos civis e empresariais, veja-se, do jurista citado, a crítica constante em: BUNAZAR, Maurício. A declaração de direitos da liberdade econômica e seus impactos no regime jurídico do contrato de direito comum. *Revista Brasileira de Direito Contratual – IBDCont*, Porto Alegre, v. 1, n. 1, p. 32-44, out./dez. 2019.

[4] Código Comercial: "Art. 131. Sendo necessário interpretar as cláusulas do contrato, a interpretação, além das regras sobreditas, será regulada sobre as seguintes bases: 1 – a inteligência simples e adequada, que for mais conforme à boa fé, e ao verdadeiro espírito e natureza do contrato, deverá sempre prevalecer à rigorosa e restrita significação das palavras; 2 – as cláusulas duvidosas serão entendidas pelas que o não forem, e que as partes tiverem admitido; e as antecedentes e subsequentes, que estiverem em harmonia, explicarão as ambíguas; 3 – o fato dos contraentes posterior ao contrato, que tiver relação com o objeto principal, será a melhor explicação da vontade que as partes tiverem no ato da celebração do mesmo contrato; 4 – o uso e prática geralmente observada no comércio nos casos da mesma natureza, e especialmente o costume do lugar onde o contrato deva ter execução, prevalecerá a qualquer inteligência em contrário que se pretenda dar às palavras; 5 – nos casos duvidosos, que não possam resolver-se segundo as bases estabelecidas, decidir-se-á em favor do devedor". Sobre a revogação do comando, não deixa dúvidas o art. 2.045 do vigente Código Civil brasileiro: "Revogam-se a Lei n. 3.071, de 1.º de janeiro de 1916 – Código Civil e a Parte Primeira do Código Comercial, Lei n. 556, de 25 de junho de 1850".

Fazendo uma análise pontual e mais aprofundada das regras inseridas, parece-me que as previsões relativas às letras *b* e *c* ficaram sem sentido e repetitivas após a retirada da aplicação restrita aos negócios empresariais, uma vez que o *caput* do art. 113 já faz referência às regras de tráfego e à boa-fé, não havendo qualquer novidade ao sistema então vigente com essas inclusões.

Sobre a primeira previsão, relativa ao comportamento posterior das partes, é vedado e não admitido, de forma expressa, pela codificação privada brasileira, o comportamento contraditório da parte negociante. Consagra-se, portanto, a máxima *venire contra factum proprium non potest,* que já foi objeto de amplos estudos pela doutrina brasileira, gozando de grande prestígio na jurisprudência nacional, notadamente no âmbito do Superior Tribunal de Justiça.[5] Além disso, deve-se entender que esse comportamento posterior pode decorrer não só de manifestações expressamente declaradas, como também de comportamentos tácitos ou mesmo do silêncio.[6] Repise-se que esse norte interpretativo constava do art. 131, inc. II, do Código Comercial de 1850 e, segundo Paula Forgioni, "é importante para a compreensão do sentido e alcance do conteúdo dos contratos empresariais: até mesmo por conta da boa-fé, é lícito presumir que a parte age de forma coerente, sem surpreender a outra, e que está realizando aquilo que pactuou".[7]

Sobre a penúltima previsão do § 1.º do art. 113, constante do seu inciso IV, entendo que houve uma ampliação de tutela dos aderentes negociais e contratuais, aqueles para quem o conteúdo do negócio jurídico é imposto, sem margem de discussão ou debate das cláusulas pactuadas. Isso porque qualquer cláusula passa a ser interpretada contra aquele que redigiu o seu conteúdo, máxima há muito tempo reconhecida pelo Direito (*interpretatio contra proferentem* ou *contra stipulatorem*). Alarga-se, portanto, o sentido

---

[5] Sobre o tema, na doutrina, por todos: SCHREIBER, Anderson. *A proibição do comportamento contraditório:* tutela de confiança e *venire contra factum proprium*. Rio de Janeiro: Renovar, 2005. No âmbito do Superior Tribunal de Justiça, fazendo pesquisa no *site* do Tribunal, no fim de janeiro de 2020, foram encontrados 265 acórdãos que mencionam o conceito expressamente em suas ementas.

[6] Como defendem: GEDIEL, José Antonio Peres; CORRÊA, Adriana Espíndola. Interpretações – Art. 113 do Código Civil. *In:* MARQUES NETO, Floriano Peixoto; RODRIGUES, Otávio Luiz; LEONARDO, Rodrigo Xavier (org.). *Comentários à Lei da Liberdade Econômica.* São Paulo: RT, 2019. p. 340.

[7] FORGIONI, Paula A. A interpretação dos negócios jurídicos II – Alteração do art. 113 do Código Civil. *In:* MARQUES NETO, Floriano Peixoto; RODRIGUES, Otávio Luiz; LEONARDO, Rodrigo Xavier (org.). *Comentários à Lei da Liberdade Econômica.* São Paulo: RT, 2019. p. 376.

Cap. 12 • FUNÇÃO SOCIAL DO CONTRATO E INTERPRETAÇÃO DOS NEGÓCIOS JURÍDICOS | **329**

do art. 423 do Código Civil, segundo o qual a interpretação favorável ao aderente se daria apenas se houvesse cláusulas ambíguas ou contraditórias. Assim, é possível fazer essa interpretação favorável quando, a título de exemplo, duas ou mais interpretações surgem de uma mesma cláusula contratual, tida isoladamente como principal objeto da controvérsia, ou, ainda, cite-se a situação em que o silêncio contratual pode gerar conclusões diversas a respeito do seu conteúdo.

De todo modo, também é possível aplicar essa interpretação a negócios paritários, desde que seja possível identificar determinada cláusula ou cláusulas que foram impostas por uma das partes, tidas isoladamente como *de adesão*, hipóteses em que serão interpretadas contra quem as redigiu ou as elaborou. A título de ilustração, imagine-se a hipótese de um contrato de transporte de cargas celebrado entre duas grandes empresas, de mesmo porte econômico e elaborado no seu conteúdo por ambas as partes com a mesma proporção. Todavia, determinada cláusula, em destaque no instrumento, foi imposta pela transportadora ao tomador do serviço, podendo conduzir a duas interpretações diversas, uma com maior e outra com menor onerosidade ao expedidor das mercadorias. Aplicando-se a norma, o caminho interpretativo deve ser o mais favorável ao último e contra a transportadora.

A respeito do último inciso do novo § 1.º do art. 113 do Código Civil, valoriza-se a negociação prévia das partes, especialmente a troca de informações e de mensagens pré-negociais entre elas, inclusive por meio eletrônico ou digital. Essas negociações devem ser confrontadas com as demais cláusulas do negócio pactuado, bem como com a *racionalidade econômica* das partes. A expressão destacada é mais uma cláusula geral a ser preenchida pelo aplicador do Direito, assim como ocorreu com a boa-fé objetiva e a função social do contrato nos últimos quinze anos de vigência da Lei Geral Privada. Para tanto, devem ser levados em conta os estudos de análise econômica do Direito relativos aos contratos, como aqueles desenvolvidos por Fernando Araújo e sua escola, na Faculdade de Direito da Universidade de Lisboa.[8]

A título de concreção, devem ser considerados os comportamentos típicos das partes perante o mercado e em outras negociações similares, os lucros esperados dos negócios, os riscos alocados nas pactuações, os

---

[8]   Veja-se, por todos: ARAÚJO, Fernando. *Teoria económica do contrato*. Lisboa: Almedina, 2007. Destaquem-se, da mencionada *escola*, os trabalhos desenvolvidos, no Brasil, por Cesar Santolim, Ricardo Lupion Garcia e Okssandro Osdival Gonçalves.

comportamentos probos e diligentes que se esperam dos empresários e as expectativas de retorno dos investimentos. Como bem ensina novamente Paula Forgioni sobre o esperado comportamento dos empresários,

> (...) ao cogitar da "racionalidade econômica", o inciso V positiva a presunção de que todos os partícipes do negócio empresarial são agentes econômicos ativos e probos, acostumados ao giro comercial e, especialmente, ao tipo de negócio celebrado, que agiram racionalmente, diante das circunstâncias do momento em que se vincularam.[9]

E mais:

> (...) assim, os agentes econômicos, em suas contratações, podem legitimamente presumir que a contraparte adotará comportamento semelhante àquele normalmente implementado pelos atores do mercado, pelos chamados agentes econômicos "ativos e probos".[10]

Além dessas alterações, foi inserido um § 2.º no mesmo art. 113 do Código Civil, prevendo que "as partes poderão livremente pactuar regras de interpretação, de preenchimento de lacunas e de integração dos negócios jurídicos diversas daquelas previstas em lei". Para Maurício Bunazar, trata-se da principal modificação da norma, uma vez que o § 1.º do art. 113, como antes pontuado, acabou por reproduzir e retomar critérios que já constavam do art. 131 do Código Comercial.[11]

---

[9]　FORGIONI, Paula A. A interpretação dos negócios jurídicos II – Alteração do art. 113 do Código Civil. In: MARQUES NETO, Floriano Peixoto; RODRIGUES, Otávio Luiz; LEONARDO, Rodrigo Xavier (org.). *Comentários à Lei da Liberdade Econômica*. São Paulo: RT, 2019. p. 383.

[10]　FORGIONI, Paula A. A interpretação dos negócios jurídicos II – Alteração do art. 113 do Código Civil. In: MARQUES NETO, Floriano Peixoto; RODRIGUES, Otávio Luiz; LEONARDO, Rodrigo Xavier (org.). *Comentários à Lei da Liberdade Econômica*. São Paulo: RT, 2019. p. 376.

[11]　BUNAZAR, Maurício. A declaração de direitos da liberdade econômica e seus impactos no regime jurídico do contrato de direito comum. *Revista Brasileira de Direito Contratual – IBDCont*, Porto Alegre, Magister, v. 1, n. 1, p. 37, out./dez. 2019.

Cap. 12 · FUNÇÃO SOCIAL DO CONTRATO E INTERPRETAÇÃO DOS NEGÓCIOS JURÍDICOS | **331**

Como se verá, há norma muito próxima no novo art. 421-A, inc. I, da codificação privada, sendo necessário o devido controle dessas regras de interpretação ou preenchimento de lacunas pelos julgadores em geral, para que excessos, tão comuns no Brasil, não sejam cometidos, mesmo em negócios paritários. Adiante-se que a norma pode ser inócua em muitas situações, pois as partes de um negócio jurídico podem sim pactuar a respeito dessas questões, mas isso não afasta a eventual intervenção do Poder Judiciário em casos de abusos negociais ou havendo lesão à norma de ordem pública, como prevê a própria *Lei da Liberdade Econômica* no seu art. 3.º, inc. VIII, comando que ainda será aqui analisado de forma mais detalhada.

Pode-se também sustentar que não haveria a necessidade de inclusão dessa previsão no texto legal, pois o seu conteúdo já vinha sendo admitido parcialmente pela doutrina brasileira, pelo teor do Enunciado n. 23 da *I Jornada de Direito Comercial,* proposto por André Luiz Santa Cruz Ramos, que participou da elaboração da Medida Provisória n. 881 junto ao Ministério da Economia. Conforme o seu teor, "em contratos empresariais, é lícito às partes contratantes estabelecer parâmetros objetivos para a interpretação dos requisitos de revisão e/ou resolução do pacto contratual".

Entretanto, em algumas situações específicas, especialmente em negócios paritários, pode ser muito útil para a prática a inclusão de determinada regra de interpretação contratual que não contravenha disposição absoluta de lei ou norma de ordem pública. Imagine-se, nesse contexto, uma regra que determine que uma cláusula específica prevaleça sobre uma geral, ou vice-versa. Ou, ainda, uma previsão em um seguro empresarial que determine que as condições gerais do contrato prevalecem sobre as especiais. Por fim, cite-se a cláusula que traga critérios interpretativos favoráveis a uma das partes da avença, prevenindo litígios futuros. Em certa medida, pode-se dizer que essa tendência de ampliação da liberdade do pactuado e de valorização da autonomia privada foi adotada também pelo Código de Processo Civil brasileiro ao tratar, nos seus arts. 190 e 191, dos *negócios jurídicos processuais atípicos.*[12]

---

[12]   CPC/2015: "Art. 190. Versando o processo sobre direitos que admitam autocomposição, é lícito às partes plenamente capazes estipular mudanças no procedimento para ajustá-lo às especificidades da causa e convencionar sobre os seus ônus, poderes, faculdades e deveres processuais, antes ou durante o processo. Parágrafo único. De ofício ou a requerimento, o juiz controlará a validade das convenções previstas neste artigo, recusando-lhes aplicação somente nos casos de nulidade ou de inserção abusiva em contrato de adesão ou em que alguma parte se encontre em manifesta situação de vulnerabilidade". "Art. 191. De comum acordo, o juiz e as partes podem fixar calendário para a prática dos atos

DIREITO CIVIL: DIÁLOGOS ENTRE A DOUTRINA E A JURISPRUDÊNCIA – *Volume II*

Em todas as ilustrações e outras que possam surgir, todavia, não se pode esquecer dos limites existentes acerca das normas e preceitos de ordem pública que, se desrespeitados, geram a invalidade da previsão inserida ou mesmo de todo o negócio jurídico formado, nos termos do art. 166, incs. II, VI e VII, do vigente Código Civil.[13]

3. ABRANGÊNCIA DA NOVA LEI QUANTO AOS CONTRATOS. O PRINCIPAL FOCO DE ATUAÇÃO DA LEI DA LIBERDADE ECONÔMICA: OS CONTRATOS PARITÁRIOS

Sobre a abrangência da *Lei da Liberdade Econômica*, como tenho sustentado desde a sua promulgação, o seu principal âmbito de aplicação diz respeito aos *contratos paritários* ou *negociados*. Essa categoria jurídica surge quando do estudo da classificação dos contratos quanto à negociação do conteúdo pelas partes.

Nesse contexto, os *contratos de adesão* são aqueles em que uma parte, o estipulante, impõe o conteúdo negocial, restando à outra parte, o aderente, duas opções: aceitar ou não o conteúdo desse negócio (*take it or leave it*). Tenho defendido há tempos uma ampla visualização do conceito, de modo a englobar todas as figuras negociais em que as cláusulas são preestabelecidas ou predispostas de forma majoritária, caso do *contrato-tipo* e do *contrato formulário*, em que as cláusulas são predeterminadas até por um terceiro. Não me filio, portanto, à antiga diferenciação entre contratos *de adesão* e *por adesão* – sustentada, no passado, por Orlando Gomes –, no sentido da necessidade de haver nos primeiros o *monopólio* de uma determinada atividade. Segundo o jurista, "o que caracteriza o contrato de adesão propriamente

---

processuais, quando for o caso. § 1.º O calendário vincula as partes e o juiz, e os prazos nele previstos somente serão modificados em casos excepcionais, devidamente justificados. § 2.º Dispensa-se a intimação das partes para a prática de ato processual ou a realização de audiência cujas datas tiverem sido designadas no calendário".

[13] O art. 166 do Código Civil consagra as hipóteses de nulidade absoluta do negócio jurídico. O seu inciso II trata do objeto ilícito. O inc. VI estabelece a nulidade em casos em que o negócio traga fraude à lei imperativa, ou seja, entra em colisão com norma de ordem pública. Por fim, o inc. VII estabelece a nulidade nos casos em que a lei assim expressamente o declare (*nulidade textual ou expressa*), ou proíbe a prática de determinado ato sem cominar sanção (*nulidade virtual ou implícita*).

Cap. 12 · FUNÇÃO SOCIAL DO CONTRATO E INTERPRETAÇÃO DOS NEGÓCIOS JURÍDICOS | 333

dito é a circunstância de que aquela a quem é proposto não pode deixar de contratar, porque tem necessidade de satisfazer a um interesse que, por outro modo, não pode ser atendido".[14]

Entendo que essa diferenciação foi há tempos superada por duas razões principais. A primeira delas diz respeito ao fato de serem os monopólios cada vez mais raros na realidade contemporânea, por claras opções liberais dos mercados. A segunda razão de superação é relativa à definição de contrato de adesão que consta do art. 54 do Código de Defesa do Consumidor (Lei n. 8.078/1990), no sentido de ser "aquele cujas cláusulas tenham sido aprovadas pela autoridade competente ou estabelecidas unilateralmente pelo fornecedor de produtos ou serviços, sem que o consumidor possa discutir ou modificar substancialmente seu conteúdo". Nota-se que em nenhum momento a norma jurídica em destaque determina a presença do monopólio para que o instituto esteja presente. O Código Civil de 2002 adotou, no mesmo sentido, a opção de utilizar o termo "contratos de adesão" nos seus arts. 423 e 424 sem esse intuito reducionista, atrelado ao monopólio.[15]

De toda sorte, apesar de essa definição constar da Lei Consumerista, o contrato de adesão não necessariamente é de consumo, como se retira do Enunciado n. 171, aprovado na *III Jornada de Direito Civil*, promovida pelo Conselho da Justiça Federal em 2004. A título de exemplo podem ser citados os contratos de franquia, geralmente firmados entre empresários e que não são contratos de consumo, pois o franqueado não é destinatário fático e econômico dos produtos e serviços que recebe. A nova *Lei das Franquias Empresariais* (Lei n. 13.966/2019), a propósito, afasta expressamente a incidência do CDC no seu art. 1.º, *caput*.[16]

---

[14] GOMES, Orlando. *Contrato de adesão*: condições gerais dos contratos. São Paulo: RT, 1972. p. 120.

[15] CC/2002: "Art. 423. Quando houver no contrato de adesão cláusulas ambíguas ou contraditórias, dever-se-á adotar a interpretação mais favorável ao aderente". "Art. 424. Nos contratos de adesão, são nulas as cláusulas que estipulem a renúncia antecipada do aderente a direito resultante da natureza do negócio".

[16] Como consta desse comando, ao definir a franquia empresarial, "esta Lei disciplina o sistema de franquia empresarial, pelo qual um franqueador autoriza por meio de contrato um franqueado a usar marcas e outros objetos de propriedade intelectual, sempre associados ao direito de produção ou distribuição exclusiva ou não exclusiva de produtos ou serviços e também ao direito de uso de métodos e sistemas de implantação e administração de negócio ou sistema operacional desenvolvido ou detido pelo franqueador, mediante remuneração direta ou indireta, sem caracterizar relação de consumo ou vínculo empregatício em relação ao franqueado ou a seus empregados, ainda que durante o período

A propósito dessas afirmações, vale destacar importante julgado do Superior Tribunal de Justiça que concluiu não existir mais a diferença entre os termos *contratos de adesão* e *por adesão*; e que a franquia figura entre estes, mas não constitui um contrato de consumo. O aresto diz respeito à invalidade de cláusula compromissória, tida como *patológica,* por não ter sido destacada, nos termos do art. 4.º, § 2.º, da Lei de Arbitragem (Lei n. 9.307/1996).[17] Nos seus exatos termos,

> (...) o contrato de franquia, por sua natureza, não está sujeito às regras protetivas previstas no CDC, pois não há relação de consumo, mas de fomento econômico. Todos os contratos de adesão, mesmo aqueles que não consubstanciam relações de consumo, como os contratos de franquia, devem observar o disposto no art. 4.º, § 2.º, da Lei 9.307/96. Poder Judiciário pode, nos casos em que *prima facie* é identificado um compromisso arbitral "patológico", i.e., claramente ilegal, declarar a nulidade dessa cláusula, independentemente do estado em que se encontre o procedimento arbitral (STJ, REsp 1.602.076/SP, 3.ª Turma, Rel. Min. Nancy Andrighi, j. 15.09.2016, *DJe* 30.09.2016).

Ao lado dos contratos de adesão têm-se os *contratos paritários* ou *negociados,* cujos conteúdos são discutidos entre as partes, geralmente em posição econômica de igualdade, o que constitui exceção no meio social, e não a regra, diante daquilo que Enzo Roppo denomina como "Império dos Contratos-Modelo".[18] A massificação da produção, conforme aponta o autor italiano, trouxe essa tendência de *estandardização,* uma vez que tudo se tornou

---

de treinamento". Como se percebe, a norma afirma textualmente que a franquia não caracteriza um contrato de consumo, conclusão que sempre prevaleceu na doutrina e na jurisprudência.

[17] Lei n. 9.307/1996: "Art. 4.º A cláusula compromissória é a convenção através da qual as partes em um contrato comprometem-se a submeter à arbitragem os litígios que possam vir a surgir, relativamente a tal contrato. § 1.º A cláusula compromissória deve ser estipulada por escrito, podendo estar inserta no próprio contrato ou em documento apartado que a ele se refira. § 2.º Nos contratos de adesão, a cláusula compromissória só terá eficácia se o aderente tomar a iniciativa de instituir a arbitragem ou concordar, expressamente, com a sua instituição, desde que por escrito em documento anexo ou em negrito, com a assinatura ou visto especialmente para essa cláusula".

[18] ROPPO, Enzo. *O contrato.* Coimbra: Almedina, 1988. p. 311-318.

Cap. 12 · FUNÇÃO SOCIAL DO CONTRATO E INTERPRETAÇÃO DOS NEGÓCIOS JURÍDICOS | 335

modelo. Isso, muitas vezes, pela velocidade que tomou a vida das pessoas e pela necessidade de caminhos mais rápidos e práticos, visando facilitar a interação social, o que por óbvio inclui os contratos.[19] O incremento das novas tecnologias tem aumentado essa realidade de forma considerável.

Não se pode negar que muitos dos contratos celebrados entre grandes empresas assumem essa última categorização, estando sujeitos à nova *Lei da Liberdade Econômica*, em muitas de suas previsões. Cite-se, a título de uma primeira ilustração, o antes citado art. 3.º, inc. VIII, da Lei n. 13.874/2019, segundo o qual

> (...) são direitos de toda pessoa, natural ou jurídica, essenciais para o desenvolvimento e o crescimento econômicos do País, observado o disposto no parágrafo único do art. 170 da Constituição Federal: (...) VIII – ter a garantia de que os negócios jurídicos empresariais paritários serão objeto de livre estipulação das partes pactuantes, de forma a aplicar todas as regras de direito empresarial apenas de maneira subsidiária ao avençado, exceto normas de ordem pública.

O dispositivo ressalta a importância da autonomia privada em tais negócios, mas releva a necessidade de observância das normas de ordem pública ou cogentes, como sempre se afirmou e se entendeu, tanto em doutrina como em jurisprudência. Como se pode perceber, em complemento, estão mencionados expressamente os negócios jurídicos paritários.

A minha posição é a de que o principal âmbito de incidência da norma emergente diz respeito a tais *contratos paritários* ou *negociados*, sendo esse o seu *foco* ou *alvo principal*, inclusive quanto ao princípio da intervenção mínima.[20] A respeito das demandas que surgem desses negócios, não se pode negar que muitas delas não estão no âmbito do Poder Judiciário, mas em painéis arbitrais em curso não só no Brasil, como também no exterior.

---

[19] ROPPO, Enzo. *O contrato*. Coimbra: Almedina, 1988. p. 311-318.
[20] Conclusão no mesmo sentido foi exposta pelos Professores Bruno Miragem e Rodrigo Toscano de Brito em painel realizado na Faculdade de Direito da Universidade de Lisboa em 21 de janeiro de 2020, em evento comemorativo do 5.º aniversário da *Revista Jurídica Luso-Brasileira*, publicada pelo Centro de Investigação de Direito Privado daquela instituição.

4. FUNÇÃO SOCIAL DO CONTRATO. A NOVA E CORRIGIDA REDAÇÃO DO ART. 421 DO CÓDIGO CIVIL

Sobre o art. 421 do Código Civil, é interessante confrontar a redação original do comando, a que constava da Medida Provisória n. 881/2019 e a que acabou sendo adotada na sua conversão em lei, estando vigente no presente momento:

Art. 421 do CC. Redação original.	Art. 421 do CC. Redação com a MP n. 881.	Art. 421 do CC. Redação após a Lei n. 13.874/2019.
"A liberdade de contratar será exercida em razão e nos limites da função social do contrato."	"Art. 421. A liberdade de contratar será exercida em razão e nos limites da função social do contrato, observado o disposto na Declaração de Direitos de Liberdade Econômica. Parágrafo único. Nas relações contratuais privadas, prevalecerá o princípio da intervenção mínima do Estado, por qualquer dos seus poderes, e a revisão contratual determinada de forma externa às partes será excepcional."	"A liberdade contratual será exercida nos limites da função social do contrato. Parágrafo único. Nas relações contratuais privadas, prevalecerão o princípio da intervenção mínima e a excepcionalidade da revisão contratual."

Sobre a redação original do dispositivo, seguindo a melhor doutrina, sempre sustentei que ela trazia dois equívocos técnicos, que tenderiam a ser corrigidos pelo antigo *Projeto de Lei Ricardo Fiuza*, o originário PL n. 6.960/2002, atualmente tramitando na Câmara dos Deputados sob o número 699/2011. Acatando as sugestões formuladas por Antônio Junqueira de Azevedo e Álvaro Villaça Azevedo, professores da Faculdade de Direito da Universidade de São Paulo, propunha-se há tempos a mudança no texto

Cap. 12 · FUNÇÃO SOCIAL DO CONTRATO E INTERPRETAÇÃO DOS NEGÓCIOS JURÍDICOS | 337

exatamente como ele se encontra agora.[21] Destaque-se que a Professora Giselda Maria Fernandes Novaes Hironaka também escreveu artigo no mesmo sentido, antes mesmo da entrada em vigor da codificação de 2002, apoiando as alterações.[22]

Como primeiro equívoco anterior, a norma mencionava a *liberdade de contratar*, relacionada com a celebração do contrato em si e que, em regra, é ilimitada, pois a pessoa celebra o contrato quando quiser e com quem quiser, salvo raríssimas exceções. Por outra via, tem-se que a função social – a finalidade coletiva do instituto, com suas projeções internas e externas – limita a liberdade contratual, relativa ao conteúdo negocial em si, às cláusulas contratuais propriamente ditas. Ademais, a função social do contrato nunca foi e não é *razão do contrato*, constituída esta pela autonomia privada, pela liberdade individual, sendo necessário excluir a locução "em razão e".

Diante dessa realidade jurídica, quando da emergência da Medida Provisória n. 881, e na sua tramitação no Congresso Nacional, escrevi artigo em que sustentei a necessidade de alteração da lei com a correção desses dois equívocos.[23] O texto trazido originalmente pela Medida Provisória estabelecia, ignorando a necessidade desses reparos, que "a liberdade de contratar será exercida em razão e nos limites da função social do contrato, observado o disposto na Declaração de Direitos de Liberdade Econômica". A redação também procurava reduzir consideravelmente a abrangência da função social do contrato, limitando-a ao conteúdo do art. 3.º da norma, que trata da Declaração de Direitos de Liberdade Econômica, o que, por bem, acabou não prosperando, pois não se pode limitar a abrangência de uma cláusula geral tão importante como essa.

A proposta de Emenda n. 199, apresentada pelo Senador Jean Paul Prates no Congresso Nacional, seguiu a minha sugestão a respeito do *caput*

---

[21] Como se retira de: ALVES, Jones Figueirêdo; DELGADO, Mario Luiz. *Código Civil anotado*. São Paulo: Método, 2005. p. 217.

[22] HIRONAKA, Giselda Maria Fernandes Novaes. Contrato: estrutura milenar de fundação do direito privado. *Revista da Faculdade de Direito*, Universidade de São Paulo, n. 97, p. 127-138, 2002. Disponível em: http://www.revistas.usp.br/rfdusp/article/view/67537. Acesso em: 2 fev. 2020.

[23] TARTUCE, Flávio. A MP 881/19 (liberdade econômica) e as alterações do Código Civil: segunda parte – Teoria geral dos contratos, direito de empresa e fundos de investimento. Disponível em: https://www.migalhas.com.br/depeso/301761/a--mp-881-19-liberdade-economica-e-as-alteracoes-do-codigo-civil-segunda--parte-teoria-geral-dos-contratos-direito-de-empresa-e-fundos-de-investiment. Acesso em: 2 fev. 2020.

do comando, nos seguintes termos de justificativas: "com apoio no texto intitulado 'A MP 881/19 (liberdade econômica) e as alterações do Código Civil. Primeira parte', escrito por um dos mais respeitados civilistas brasileiros – o Professor Flávio Tartuce –, sugerimos a emenda em pauta". A proposta acabou por ser adotada na tramitação legislativa na linha do que sempre sustentei doutrinariamente e com base nas lições de Antônio Junqueira de Azevedo, Álvaro Villaça Azevedo e Giselda Maria Fernandes Novaes Hironaka. Sendo assim, o texto do art. 421 do Código Civil foi finalmente corrigido para que tenha o real sentido, de que é a liberdade contratual, a autonomia privada, que é limitada pela função social do contrato, ou seja, pela finalidade coletiva dos pactos em geral.

Pontue-se, a propósito, que, quando da tramitação legislativa, chegou-se a debater outro texto, sugerido pelos Professores Otávio Luiz Rodrigues Jr. e Rodrigo Xavier Leonardo, em emenda formulada pelo Senador Antonio Anastasia (Emenda n. 158). Pela proposição, o dispositivo teria a seguinte dicção: "O contrato cumprirá a sua função social". A norma proposta era até mais abrangente e louvável, pois colocava a função social do contrato no plano da validade do negócio jurídico. De todo modo, essa interpretação já é realizada pela doutrina, conforme se retira do Enunciado n. 431 da *V Jornada de Direito Civil, in verbis:* "a violação do art. 421 conduz à invalidade ou à ineficácia do contrato ou de cláusulas contratuais".

Sobre o parágrafo único do art. 421, continua ele trazendo uma obviedade desde o texto original da Medida Provisória, ao enunciar que a revisão contratual regida pelo Código Civil é excepcional. Como é notório, o Código Civil de 2002 adotou uma teoria de difícil aplicação prática – *teoria da imprevisão* para uns, *teoria da onerosidade excessiva*, para outros –, com elementos insuperáveis para que a revisão seja efetivada, notadamente o elemento da imprevisibilidade (arts. 317 e 478).[24] Acrescente-se que essa revisão também

---

[24] CC/2002: "Art. 317. Quando, por motivos imprevisíveis, sobrevier desproporção manifesta entre o valor da prestação devida e o do momento de sua execução, poderá o juiz corrigi-lo, a pedido da parte, de modo que assegure, quanto possível, o valor real da prestação". "Art. 478. Nos contratos de execução continuada ou diferida, se a prestação de uma das partes se tornar excessivamente onerosa, com extrema vantagem para a outra, em virtude de acontecimentos extraordinários e imprevisíveis, poderá o devedor pedir a resolução do contrato. Os efeitos da sentença que a decretar retroagirão à data da citação". Sobre as dificuldades de essa revisão contratual ser efetivada, veja-se: TARTUCE, Flávio. *Direito civil.* 15. ed. Rio de Janeiro: Forense, 2020. v. 3: Teoria geral dos contratos e contratos em espécie, Capítulo 4.

Cap. 12 · FUNÇÃO SOCIAL DO CONTRATO E INTERPRETAÇÃO DOS NEGÓCIOS JURÍDICOS | 339

é dificultada por requisitos adicionais que constam do art. 330, §§ 2.º e 3.º, do CPC/2015, quais sejam a determinação da parte controversa e incontroversa da obrigação – com a necessidade de eventual apresentação de cálculo contábil desses valores – e o depósito da parte incontroversa, sob pena de inépcia da petição inicial.[25] Por isso, afirmar que a revisão de um contrato civil não é a regra, mas exceção, significa dizer algo que já era consolidado na nossa realidade jurídica, sem que represente qualquer novidade.

Na verdade, é a revisão de um contrato de consumo que é facilitada pelo sistema, uma vez que o art. 6.º, inc. V, da Lei n. 8.078/1990 não exige a imprevisibilidade para a revisão contratual, bastando um fato superveniente à contratação que cause uma onerosidade excessiva.[26] De todo modo, os contratos de consumo não são atingidos pela *Lei da Liberdade Econômica*, no meu entendimento.[27]

A encerrar o estudo do art. 421, parágrafo único, estou filiado às críticas de Anderson Schreiber, constantes do nosso *Código Civil comentado*, a respeito da inexistência do *princípio da intervenção mínima*, agora previsto na norma. Vejamos suas palavras:

> A MP n. 881/2019 também introduziu no art. 421 um parágrafo único, que estabelece a prevalência de um assim chamado "princípio da intervenção mínima do Estado" e reserva caráter "excepcional" à revisão contratual "determinada de forma externa às partes". Mais uma vez, o equívoco salta aos olhos. Não existe um "princípio da intervenção mínima do Estado"; a intervenção do Estado nas relações contratuais de natureza privada é imprescindível, quer para assegurar a força vinculante dos contratos, quer para garantir a incidência

---

[25] CPC/2015: "Art. 330. (...). § 2.º Nas ações que tenham por objeto a revisão de obrigação decorrente de empréstimo, de financiamento ou de alienação de bens, o autor terá de, sob pena de inépcia, discriminar na petição inicial, dentre as obrigações contratuais, aquelas que pretende controverter, além de quantificar o valor incontroverso do débito. § 3.º Na hipótese do § 2.º, o valor incontroverso deverá continuar a ser pago no tempo e modo contratados".

[26] CDC: "Art. 6.º São direitos básicos do consumidor: (...). V – a modificação das cláusulas contratuais que estabeleçam prestações desproporcionais ou sua revisão em razão de fatos supervenientes que as tornem excessivamente onerosas".

[27] Sigo, assim, o entendimento defendido por Roberto Augusto Castellanos Pfeiffer em: Lei da Liberdade Econômica é bem-vinda, mas não aplicável às relações de consumo. Disponível em: https://www.conjur.com.br/2019-dez-30/direito-civil-atual-lei-liberdade-economica-bem-vinda. Acesso em: 2 fev. 2020.

das normas jurídicas, inclusive das normas constitucionais, de hierarquia superior à referida Medida Provisória. A MP n. 881/2019 parece ter se deixado se levar aqui por uma certa ideologia que enxerga o Estado como inimigo da liberdade de contratar, quando, na verdade, a presença do Estado – e, por conseguinte, o próprio Direito – afigura-se necessária para assegurar o exercício da referida liberdade. No que tange à revisão contratual, também parece ter incorrido a Medida Provisória nessa falsa dicotomia entre atuação do Estado-juiz e liberdade de contratar, quando, ao contrário, a revisão contratual privilegia o exercício dessa liberdade ao preservar a relação contratual estabelecida livremente entre as partes, ao contrário do que ocorre com a resolução contratual, remédio a que já tem direito todo contratante nas mesmas situações em que a revisão é cabível (v. comentários ao art. 478). Se a intenção da MP foi evitar que revisões judiciais de contratos resultem em alterações excessivas do pacto estabelecido entre as partes, empregou meio inadequado: afirmar que a revisão contratual deve ser excepcional nada diz, porque não altera as hipóteses em que a revisão se aplica, as quais são expressamente delimitadas no próprio Código Civil. O novo parágrafo único, acrescentado pela MP, tampouco indica parâmetros, critérios ou limites à revisão contratual, o que leva a crer, mais uma vez, que a alteração não produzirá qualquer efeito relevante no modo como a revisão contratual é aplicada na prática jurisprudencial brasileira – aplicação que, de resto, já se dá com bastante cautela e parcimônia, sem interferências inusitadas no conteúdo contratual.[28]

De fato, esse tal *princípio da intervenção mínima* é desconhecido pelos civilistas no âmbito dos contratos como regra, sendo mais um argumento retórico e ideológico do que um princípio contratual com efetividade. No âmbito do Direito de Família, a intervenção mínima está prevista no art. 1.513 do Código Civil, segundo o qual "é defeso a qualquer pessoa, de direito público ou privado, interferir na comunhão de vida instituída pela família". Entretanto, em uma realidade fática em que prevalecem em larga escala os contratos de consumo e de adesão, não se pode dizer que impera uma intervenção mínima. Afirmar isso é negar a existência de uma codificação

---

[28] SCHREIBER, Anderson. *Código Civil comentado*: doutrina e jurisprudência. Rio de Janeiro: Forense, 2019. p. 245-246.

Cap. 12 · FUNÇÃO SOCIAL DO CONTRATO E INTERPRETAÇÃO DOS NEGÓCIOS JURÍDICOS | 341

privada repleta de normas intervencionistas, podendo ser citadas, somente para exemplificar, as regras relativas à cláusula penal (arts. 408 a 416) e todas as previsões que formam a teoria geral dos contratos (arts. 421 a 480).

A afirmação de que a intervenção do Estado não constitui regra, mas exceção, já poderia ser retirada da própria ideia da autonomia privada ou da força obrigatória da convenção. De todo modo, os abusos contratuais são comuns no Brasil, e, em casos tais, é imperiosa a intervenção estatal, por meio do Poder Judiciário. Como palavras finais, é até viável sustentar a existência de uma intervenção mínima no âmbito dos contratos paritários, *alvo principal* da nova lei, o que já era reconhecido pelo Enunciado n. 21, aprovado na *I Jornada de Direito Comercial* do Conselho da Justiça Federal, também proposto por André Luiz Santa Cruz Ramos: "nos contratos empresariais, o dirigismo contratual deve ser mitigado, tendo em vista a simetria natural das relações interempresariais". O tema está aprofundado no próximo tópico do presente artigo.

5.   O NOVO ART. 421-A DO CÓDIGO CIVIL E OS CONTRATOS PARITÁRIOS

O novo art. 421-A do Código Civil não constava, nos seus exatos termos, da Medida Provisória n. 881, uma vez que os seus conteúdos estavam colocados nos arts. 480-A e 480-B, totalmente fora de contexto, pois o art. 480 trata de revisão de contratos unilaterais.[29] A inserção, como complemento do primeiro dispositivo do Código Civil que trata da teoria geral dos contratos, permite deduzir que o diploma emergente traz ideias complementares a respeito da função social dos contratos e de outros regramentos contratuais básicos, com a própria ideia de autonomia privada.

---

[29]   Conforme o art. 480 do Código Civil, "se no contrato as obrigações couberem a apenas uma das partes, poderá ela pleitear que a sua prestação seja reduzida, ou alterado o modo de executá-la, a fim de evitar a onerosidade excessiva". Seu conteúdo complementa os dispositivos anteriores, inseridos na seção que trata da "resolução por onerosidade excessiva", trazendo a possibilidade de, antes da sua extinção, rever o contrato, preservando a autonomia privada. Como se sabe, a conservação do negócio jurídico é comumente relacionado à função social do contrato em sua eficácia interna. Nesse sentido, o Enunciado n. 22, aprovado na *I Jornada de Direito Civil* do Conselho da Justiça Federal: "a função social do contrato, prevista no art. 421 do novo Código Civil, constitui cláusula geral que reforça o princípio de conservação do contrato, assegurando trocas úteis e justas".

Conforme o *caput* do novo comando, "os contratos civis e empresariais presumem-se paritários e simétricos até a presença de elementos concretos que justifiquem o afastamento dessa presunção, ressalvados os regimes jurídicos previstos em leis especiais". Quanto à diferença entre contratos civis e empresariais, sabe-se que o Código Civil de 2002 unificou o seu tratamento, não se justificando diferenciação quanto a ambos a respeito das normas jurídicas incidentes na atual realidade jurídica. No que concerne aos contratos empresariais – aqueles em que as partes figuram como empresários –, aplica-se, assim, a teoria geral dos contratos prevista na codificação material, entre os arts. 421 e 480. Sobre a necessidade de elaborar uma teoria própria para os contratos empresariais, a propósito, está sendo debatida no Senado Federal a necessidade ou não de um novo Código Comercial tratar desse tema. Estou filiado à corrente que sustenta impropriedade nessa divisão, que somente retomaria confusões históricas a respeito dessa *summa divisio*, gerando mais incertezas e inseguranças jurídicas contratuais, em momento em que não se desejam tais instabilidades.[30]

Entendo, por isso, que somente se justifica certa diferenciação quanto ao nível de intervenção estatal desde que o contrato seja paritário ou negociado, hipótese em que a intervenção deve ser menor. Exatamente nesse sentido, destaco novamente o Enunciado n. 21 da *I Jornada de Direito Comercial*, cuja ideia de intervenção mínima foi adotada pela *Lei da Liberdade Econômica*, como pontuado no tópico anterior deste texto. Advirto, também mais uma vez, que, na minha visão, essa afirmação de mitigação do dirigismo contratual somente vale para os contratos paritários, e não para os de adesão, que, como visto, têm especial proteção na codificação em vigor (arts. 423 e 434), até ampliada pela própria norma em estudo, diante do novo art. 113, § 1.º, inc. IV, do CC/2002, aqui antes comentado.

---

[30] Como destacado por José Fernando Simão, Marcello Kairalla e Pablo Malheiros Cunha Frota em artigos publicados no informativo *Migalhas*, nas colunas do Instituto Brasileiro de Direito Contratual (IBDCont). Veja-se em: SIMÃO, José Fernando Simão; KAIRALLA, Marcello. A desnecessidade de uma teoria geral da obrigação empresarial e os equívocos do projeto de Código Comercial. Disponível em: https://www.migalhas.com.br/coluna/migalhas-contratuais/315377/a--desnecessidade-de-uma-teoria-geral-da-obrigacao-empresarial-e-os-equivocos-do-projeto-de-codigo-comercial. Acesso em: 3 fev. 2020; FROTA, Pablo Malheiros da Cunha. A interpretação do negócio jurídico empresarial no projeto de Código Comercial do Senado Federal n. 487/2013. Disponível: em https://www.migalhas.com.br/coluna/ migalhas-contratuais/317033/a-interpretacao--do-negocio-juridico-empresarial-no-projeto-de-codigo-comercial-do-senado-federal-n-487-2013. Acesso em: 3 fev. 2020.

Cap. 12 · FUNÇÃO SOCIAL DO CONTRATO E INTERPRETAÇÃO DOS NEGÓCIOS JURÍDICOS | 343

Seguindo essa ideia de menor intervenção nos contratos empresariais, apesar da comum aplicação do Código Civil de 2002, destaque-se, da jurisprudência superior:

> (...) contratos empresariais não devem ser tratados da mesma forma que contratos cíveis em geral ou contratos de consumo. Nestes admite-se o dirigismo contratual. Naqueles devem prevalecer os princípios da autonomia da vontade e da força obrigatória das avenças. Direito Civil e Direito Empresarial, ainda que ramos do Direito Privado, submetem-se a regras e princípios próprios. O fato de o Código Civil de 2002 ter submetido os contratos cíveis e empresariais às mesmas regras gerais não significa que estes contratos sejam essencialmente iguais (STJ, REsp 936.741/GO, 4.ª Turma, Rel. Min. Antonio Carlos Ferreira, j. 03.11.2011, *DJe* 08.03.2012).

Ou, ainda, como se retira de acórdão publicado no *Informativo* n. 583 da Corte, que trata de contrato agrário celebrado por uma grande empresa como arrendatária e sem prejuízo de outros acórdãos:

> (...) efetivamente, no Direito Empresarial, regido por princípios peculiares, como a livre-iniciativa, a liberdade de concorrência e a função social da empresa, a presença do princípio da autonomia privada é mais saliente do que em outros setores do Direito Privado. Com efeito, o controle judicial sobre eventuais cláusulas abusivas em contratos empresariais é mais restrito do que em outros setores do Direito Privado, pois as negociações são entabuladas entre profissionais da área empresarial, observando regras costumeiramente seguidas pelos integrantes desse setor da economia (STJ, REsp 1.447.082/TO, 3.ª Turma, Rel. Min. Paulo de Tarso Sanseverino, j. 10.05.2016, *DJe* 13.05.2016).

Reconhecida há tempos pela jurisprudência a necessidade de uma menor intervenção nos contratos paritários no atual sistema jurídico – sejam civis ou empresariais –, voltando-se à essência do art. 421-A, o seu *caput* consagra uma presunção relativa ou *iuris tantum* de paridade e de simetria econômica nessas figuras. Todavia, sendo evidenciado que o contrato é de adesão – o que pode decorrer não só de prova construída pela parte interessada, mas também das práticas e da realidade do meio social e do mercado –, afasta-se essa presunção, o que justifica a incidência das regras protetivas do aderente aqui antes estudadas (arts. 113, § 1.º, inc. IV, 423 e 424 do CC).

A nova norma também exclui expressamente o tratamento previsto em leis especiais, caso do Código de Defesa do Consumidor, que, no seu art. 4.º, inc. I, consagra a presunção absoluta ou *iure et de iure* de vulnerabilidade dos consumidores.[31] Ressalto que a nova *Lei da Liberdade Econômica* não traz qualquer impacto para os contratos de consumo, sendo dirigida aos contratos civis em geral, não submetidos à Lei n. 8.078/1990. Quando da conversão da Medida Provisória n. 881 foram realizadas tentativas de alteração dos arts. 28 e 39 do CDC, mas elas acabaram por não prosperar, o que traz esse indicativo de que ela não impacta os negócios de consumo.

O novo art. 421-A do Código Civil ainda preceitua, no seu inc. I, que está garantida às partes contratuais a possibilidade de estabelecer parâmetros objetivos para a interpretação das cláusulas negociais e de seus pressupostos de revisão ou de resolução. Trata-se, mais uma vez, de reprodução parcial do Enunciado n. 23 da *I Jornada de Direito Comercial*. Como antes exposto, norma em sentido próximo consta do analisado novo art. 113, § 2.º, do Código Civil, o que acaba sendo até uma repetição desnecessária de conteúdo. Assim, as partes de um contrato civil podem fixar previamente quais os eventos que podem gerar imprevisibilidade ou extraordinariedade para um determinado negócio, para os fins de rever ou resolver o contrato, nos termos do que consta dos arts. 317 e 478 da codificação privada. Podem, ainda, estabelecer quais os percentuais de onerosidade excessiva, perante todo o contrato, que podem motivar a revisão ou mesmo a extinção da avença.

Entretanto, ressalve-se, mais uma vez, que, caso haja lesão à norma de ordem pública, essa previsão contratual interpretativa pode não prevalecer, por força do art. 3.º, inc. VIII, da própria Lei n. 13.874/2019, que ainda merecerá aqui um estudo pontual. Cite-se uma cláusula de revisão ou de interpretação que procure afastar as regras de limitação ou de redução equitativa da cláusula penal, previstas nos arts. 412 e 413 do Código Civil. O controle do julgador também deve ser maior, caso haja um contrato de adesão, mesmo que celebrado entre empresários, por força do art. 424 do CC/2002, que estabelece

---

[31] CDC: "Art. 4.º A Política Nacional das Relações de Consumo tem por objetivo o atendimento das necessidades dos consumidores, o respeito à sua dignidade, saúde e segurança, a proteção de seus interesses econômicos, a melhoria da sua qualidade de vida, bem como a transparência e harmonia das relações de consumo, atendidos os seguintes princípios: (*Redação dada pela Lei n. 9.008, de 21.03.1995.*) (...). I – reconhecimento da vulnerabilidade do consumidor no mercado de consumo".

Cap. 12 · FUNÇÃO SOCIAL DO CONTRATO E INTERPRETAÇÃO DOS NEGÓCIOS JURÍDICOS | 345

a nulidade de qualquer cláusula que implique a renúncia do aderente a direito resultante da natureza do negócio. Como ilustração da última, destaco uma cláusula limitativa de indenização em decorrência da resolução do contrato imposta ao aderente, que deve ser tida como nula de pleno direito.

Seguindo conforme o art. 421-A, inc. II, do CC/2002, a alocação de riscos definida pelas partes deve ser respeitada e observada. Assim, é preciso levar em conta, por exemplo, os investimentos realizados pelas partes e a oportunidade de reavê-los, sem prejuízo da obtenção dos lucros esperados, de acordo com a conduta esperada dos contratantes e as regras de tráfego de cada negócio em si. Repete-se, portanto, o sentido já previsto no novo art. 113, § 1.º, inc. V, do Código Civil, que, como visto, menciona a racionalidade econômica das partes. Mais uma vez, se essa alocação de riscos gerar enriquecimento sem causa de uma parte perante a outra, se acarretar onerosidade excessiva, se afrontar a função social do contrato, a boa-fé objetiva ou outro preceito de ordem pública, poderá ser desconsiderada, tida como nula ou ineficaz.

Como última análise do comando, o inc. III do art. 421-A repete o parágrafo único do art. 421 ao estabelecer que "a revisão contratual somente ocorrerá de maneira excepcional e limitada". Valem os comentários antes desenvolvidos sobre o último preceito, sendo a regra também desnecessária, pois a revisão contratual já tem caráter excepcional, como antes pontuado, limitando-se às partes envolvidas.

Por tudo o que foi aqui analisado, nota-se que, em matéria de contratos, a *Lei da Liberdade Econômica* procurou valorizar a autonomia privada e resolver antigos problemas técnicos que existiam no Código Civil, o que é louvável. Todavia, não se pode dizer que a autonomia privada, a força obrigatória do contrato e a intervenção mínima passaram a ser princípios contratuais inafastáveis e absolutos. Por óbvio que devem eles ser ponderados e mitigados diante de outros regramentos, caso das sempre citadas função social do contrato e boa-fé objetiva. Com isso, busca-se o eventual equilíbrio contratual perdido e a vedação dos abusos e excessos negociais, tão comuns em nosso país.

6. A AMPLITUDE DA IDEIA DE AUTONOMIA PRIVADA NO ART. 3.º, INC. VIII, DA LEI DA LIBERDADE ECONÔMICA

Um dos dispositivos mais criticados da Medida Provisória n. 881 era o inciso VIII do seu art. 3.º, ao expressar que constituiria direito de toda pessoa, natural ou jurídica, essencial para o desenvolvimento e o crescimento econômicos do País, observado o disposto no parágrafo único do art. 170 da Constituição Federal,

> (...) ter a garantia de que os negócios jurídicos empresariais serão objeto de livre estipulação das partes pactuantes, de forma a aplicar todas as regras de direito empresarial apenas de maneira subsidiária ao avençado, hipótese em que nenhuma norma de ordem pública dessa matéria será usada para beneficiar a parte que pactuou contra ela, exceto se para resguardar direitos tutelados pela administração pública ou de terceiros alheios ao contrato.

Em suma, percebia-se uma valorização excessiva da vontade individual, o que afastaria até a possibilidade de alegação de normas de ordem pública de uma parte sobre a outra nos negócios jurídicos tidos como *empresariais*. A principal razão da crítica dizia respeito à constatação de que muitos desses negócios são de adesão, com conteúdo imposto por uma das partes e sem margem de negociação e estipulação do conteúdo da avença. Sabe-se que a grande maioria dos contratos civis enquadra-se nessas situações, inclusive alguns negócios empresariais, podendo ser citadas, apenas para ilustrar, a locação imobiliária não residencial, com intuito comercial; a locação em *shopping center* ou em centros de compras (*box*); a representação comercial; a agência; a distribuição e a franquia. Como já apontava em textos anteriores sobre a Medida Provisória, por esse comando, uma parte, inclusive o aderente, não poderia fazer uso de normas de ordem pública que poderiam lhe socorrer contra abusos contratuais praticados pelo outro negociante.

Tal problema foi muito bem observado na audiência pública realizada no Congresso Nacional em 21 de junho de 2019, para debate da conversão da Medida Provisória em lei, pelo Professor Rodrigo Xavier Leonardo, que citou o exemplo da inclusão em contrato de regra contratual relativa à prescrição diversa da lei, em afronta ao art. 192 do Código Civil, e que não poderia ser alegada pela parte que a introduziu, caso essa mudança legislativa fosse efetivada.[32]

Ainda sobre a questão central da mudança do texto, como também já anotava em artigos anteriores que escrevi, se o objetivo da Medida Provisória foi o de tutelar o pequeno empresário, nesse ponto a projeção distanciava-se dos seus objetivos, pois poderiam prevalecer os interesses de grandes empresas

---

[32] Consoante o art. 192 do Código Civil de 2002, "os prazos de prescrição não podem ser alterados por acordo das partes".

Cap. 12 · FUNÇÃO SOCIAL DO CONTRATO E INTERPRETAÇÃO DOS NEGÓCIOS JURÍDICOS | 347

perante os aderentes contratuais, por exemplo. Nota-se que a regra anterior não diferenciava contratos empresariais paritários e de adesão. Adotando essa nossa posição, o Senador Rodrigo Pacheco sugeriu a supressão da regra, por meio da Emenda n. 169, cuja redação principal era a seguinte:

> Suprima-se o inciso VIII do art. 3.º da Medida Provisória n. 881, de 30 de abril de 2019. JUSTIFICAÇÃO. A Medida Provisória n. 811, de 2019, que institui a 'Declaração de Direitos de Liberdade Econômica', promove mudanças importantes no Direito Privado. Por isso, ela já despertou várias dúvidas e inquietações entre os mais respeitados juristas da contemporaneidade, caso de Anderson Schreiber, Flávio Tartuce, Marco Aurélio Bezerra de Melo e Pablo Stolze Gagliano. Além do mais, tivemos a oportunidade de ouvir o Professor Flávio Tartuce, que, após diálogo com outros dos maiores civilistas brasileiros da atualidade, apontou alguns aspectos técnicos e de mérito que estão a respaldar esta emenda e outras emendas que ora apresentamos.

Destaco que, no total, foram vinte e três as emendas propostas pelo Senador Pacheco, após ouvir as nossas sugestões. Sobre essa emenda, especificamente, acabou por ser adotada outra solução, intermediária, qual seja a de um aperfeiçoamento legislativo, com um novo texto. Conforme a sua redação atual, muito melhor do que a anterior e contando com o meu apoio quanto ao seu objeto, constitui direito de toda pessoa, natural ou jurídica, para a concretização da liberdade econômica,

> (...) ter a garantia de que os negócios jurídicos empresariais paritários serão objeto de livre estipulação das partes pactuantes, de forma a aplicar todas as regras de direito empresarial apenas de maneira subsidiária ao avençado, exceto normas de ordem pública (art. 3.º, inc. VIII, da Lei n. 13.874/2019).

Pela norma em vigor, uma excessiva valorização do clausulado e da força obrigatória da convenção passa a atingir expressamente os negócios empresariais paritários, o que já vinha ocorrendo no plano da jurisprudência superior. A exceção de proteção feita ao *pacta sunt servanda* diz respeito justamente a normas de ordem pública, que podem mitigá-lo ou relativizá-lo, o que há tempos é defendido por civilistas de gerações diversas, inclusive por mim. Na verdade, pode-se dizer que a ideia de autonomia privada – de valorização do direito de autorregulamentação contratual, sempre com respeito às normas de ordem pública – acabou por ser positivada nesse art. 3.º, inc. VIII, da Lei da Liberdade Econômica.

Em suma, se não houve a supressão total desse "problemático dispositivo", pelo menos a sua redação ficou de acordo com a correta aplicação da ideia de autonomia privada, sem trazer grandes inovações com repercussões práticas diretas a respeito daquilo que se concebia anteriormente sobre esse importante princípio contratual.

Como ilustração a ser citada sobre o texto final, que acabou prevalecendo, sabe-se que o Código Civil de 1916 vedava que uma parte contratual alegasse a simulação contra a outra, por força do seu art. 104: "tendo havido intuito de prejudicar a terceiros, ou infringir preceito de lei, nada poderão alegar, ou requerer os contraentes em juízo quanto à simulação do ato, em litígio de um contra o outro, ou contra terceiros". Entretanto, o Código Civil de 2002 não reproduziu essa regra e elevou a simulação à causa de nulidade absoluta, no art. 167.[33] Como se sabe, na codificação anterior, a simulação gerava nulidade relativa do contrato, pela dicção do seu art. 147, inc. II.[34]

Diante dessas alterações, é forte o entendimento no sentido de que a simulação, na vigência do Código Civil de 2002, pode ser alegada por uma parte do negócio jurídico contra a outra, afirmação que conta com o meu total apoio doutrinário. Nessa linha, o Enunciado n. 294, aprovado na *IV Jornada de Direito Civil,* do Conselho da Justiça Federal: "sendo a simulação uma causa de nulidade do negócio jurídico, pode ser alegada por uma das partes contra a outra". Exatamente no mesmo sentido, da Terceira Turma do Superior Tribunal de Justiça:

> (...) com o advento do CC/02 ficou superada a regra que constava do art. 104 do CC/1916, pela qual, na simulação, os simuladores não poderiam alegar o vício um contra o outro, pois ninguém po-

---

[33] CC/2002: "Art. 167. É nulo o negócio jurídico simulado, mas subsistirá o que se dissimulou, se válido for na substância e na forma. § 1.º Haverá simulação nos negócios jurídicos quando: I – aparentarem conferir ou transmitir direitos a pessoas diversas daquelas às quais realmente se conferem, ou transmitem; II – contiverem declaração, confissão, condição ou cláusula não verdadeira; III – os instrumentos particulares forem antedatados, ou pós-datados. § 2.º Ressalvam-se os direitos de terceiros de boa-fé em face dos contraentes do negócio jurídico simulado".

[34] CC/1916: "Art. 147. É anulável o ato jurídico: (...). II. Por vício resultante de erro, dolo, coação, simulação, ou fraude (arts. 86 a 113)".

deria se beneficiar da própria torpeza. O art. 167 do CC/02 alçou a simulação como causa de nulidade do negócio jurídico. Sendo a simulação uma causa de nulidade do negócio jurídico, pode ser alegada por uma das partes contra a outra (Enunciado n. 294/CJF da *IV Jornada de Direito Civil*). Precedentes e doutrina (STJ, REsp 1.501.640/SP, 3.ª Turma, Rel. Min. Moura Ribeiro, j. 27.11.2018, *REPDJe* 07.12.2018, *DJe* 06.12.2018).

Pois bem, na dicção anterior do que constava do texto da Medida Provisória n. 881, penso que não seria mais possível que uma parte – que lesou a ordem pública ao contratar de forma simulada – alegasse esse vício contra a outra parte. Todavia, com o texto final que emergiu do Congresso Nacional, manteve-se essa possibilidade jurídica, diante da menção às normas de ordem pública que está na parte final do art. 3.º, inc. VIII, da Lei da Liberdade Econômica.

Como último exemplo de impacto do preceito para os contratos, parece-me que o mesmo art. 3.º, inc. VIII, da Lei n. 13.874/2019 acabou por legitimar, nos contratos civis ou empresários paritários, a plena validade da cláusula de não indenizar. Considerada por parte da doutrina como uma excludente de responsabilidade, essa cláusula de não indenizar constitui a previsão contratual pela qual a parte exclui a presença de pressupostos do dever de reparar o dano. Ela também é denominada como *cláusula de irresponsabilidade* ou *cláusula de exclusão de responsabilidade*. Entendo que as expressões são sinônimas, abrangendo previsões contratuais que afastam não só a responsabilidade civil em sentido amplo, como também o pagamento da indenização no caso concreto, seja de forma total ou parcial.

Desde Aguiar Dias, a doutrina reconhece o seu desprestígio, uma vez que "nosso direito não simpatiza com as cláusulas de irresponsabilidade".[35] Nesse contexto de afirmação, por razões óbvias, a cláusula somente é válida nas hipóteses envolvendo a responsabilidade contratual e não extracontratual, uma vez que a última compreende preceitos de ordem pública. A cláusula também não incide nos casos em que houver conduta dolosa do agente ou na presença de atos criminosos da parte, igualmente pela motivação na ordem pública.[36] Também fica em xeque a sua estipulação para a limitação ou exclu-

---

[35] AGUIAR DIAS, José de. *Da responsabilidade civil*. Rio de Janeiro: Forense, 1944. t. I, p. 242.

[36] AGUIAR DIAS, José de. *Da responsabilidade civil*. Rio de Janeiro: Forense, 1944. t. I, p. 242.

são de danos morais, que envolvem lesões a direitos da personalidade, tidos como irrenunciáveis, em regra, por dicção legal (art. 11 do CC/2002).[37] Nos contratos de consumo – por força dos arts. 25 e 51, inc. I, do CDC – e nos contratos de adesão – diante do art. 424 do CC –, a cláusula também deve ser reputada como nula quando imposta ao consumidor – que não seja pessoa jurídica –, ou aderente contratual.[38]

Mencione-se, a propósito, a cláusula de exclusão da responsabilidade da empresa de estacionamento, pelo próprio veículo ou por objetos deixados em seu interior. Para a jurisprudência, o aviso colocado no estacionamento deve ser reputado como cláusula nula, mesmo se o serviço for gratuito em lojas, supermercados ou afins. Aplica-se, em casos tais, o teor da Súmula n. 130 do Superior Tribunal de Justiça, segundo a qual "a empresa responde, perante o cliente, pela reparação de dano ou furto de veículo ocorridos em seu estacionamento". Acrescente-se, contudo, que há debate interessante no âmbito da Corte Superior quanto ao fato de ser o roubo de responsabilidade ou não da empresa de estacionamento, o que depende de análise casuística, especialmente do modo como o ilícito foi praticado.[39] O que não se admite é a exclusão prévia do dever de indenizar em casos tais, por meio de uma previsão unilateral, verdadeira cláusula implícita do contrato.

---

[37] CC/2002: "Art. 11. Com exceção dos casos previstos em lei, os direitos da personalidade são intransmissíveis e irrenunciáveis, não podendo o seu exercício sofrer limitação voluntária".

[38] O art. 424 do Código Civil já foi aqui reproduzido. Os citados artigos do CDC estabelecem o seguinte: "Art. 25. É vedada a estipulação contratual de cláusula que impossibilite, exonere ou atenue a obrigação de indenizar prevista nesta e nas seções anteriores. § 1.º Havendo mais de um responsável pela causação do dano, todos responderão solidariamente pela reparação prevista nesta e nas seções anteriores. § 2.º Sendo o dano causado por componente ou peça incorporada ao produto ou serviço, são responsáveis solidários seu fabricante, construtor ou importador e o que realizou a incorporação". "Art. 51. São nulas de pleno direito, entre outras, as cláusulas contratuais relativas ao fornecimento de produtos e serviços que: I – impossibilitem, exonerem ou atenuem a responsabilidade do fornecedor por vícios de qualquer natureza dos produtos e serviços ou impliquem renúncia ou disposição de direitos. Nas relações de consumo entre o fornecedor e o consumidor pessoa jurídica, a indenização poderá ser limitada, em situações justificáveis".

[39] Conforme tese firmada no âmbito da Segunda Seção do STJ, em 2019, "o roubo à mão armada em estacionamento gratuito, externo e de livre acesso configura fortuito externo, afastando a responsabilização do estabelecimento comercial" (STJ, EREsp 1.431.606/SP, 2.ª Seção, Rel. Min. Maria Isabel Gallotti, j. 27.03.2019, *DJe* 02.05.2019).

Cap. 12 · FUNÇÃO SOCIAL DO CONTRATO E INTERPRETAÇÃO DOS NEGÓCIOS JURÍDICOS | 351

No âmbito do transporte de pessoas, a cláusula de não indenizar é considerada também nula, por afastar-se da função social desse negócio e da *cláusula de incolumidade* que forma o seu conteúdo. Nessa linha, o *caput* do art. 734 do Código Civil em vigor estabelece que "o transportador responde pelos danos causados às pessoas transportadas e suas bagagens, salvo motivo de força maior, sendo nula qualquer cláusula excludente da responsabilidade". Trata-se de reprodução parcial da antiga Súmula n. 161 do STF, que previa que em contrato de transporte seria inoperante a referida cláusula, sem distinção entre o transporte de pessoas ou de coisas.

Desse modo, é totalmente justificável a falta de apreço ou simpatia pela referida cláusula nos casos descritos, como pontuado por Aguiar Dias. Como se sabe, as situações envolvendo as excludentes de responsabilidade devem ser analisadas caso a caso, com atenção pelo julgador e pelo aplicador do Direito. Não há como colocar a questão dentro de um *padrão*, em regra, o que visa a tão criticada cláusula de não indenizar ou de irresponsabilidade.

Todavia, voltando-se ao ponto central do debate, a cláusula de não indenizar parece ser válida em determinadas situações concretas, envolvendo contratos celebrados entre grandes empresas que não se configuram como negócios de consumo. Imagine-se que o negócio foi amplamente discutido entre as partes – tendo natureza empresarial e paritária –, que limitaram as indenizações aos danos emergentes suportados por cada uma, excluindo os lucros cessantes e outros eventuais danos indiretos, como perda de contratos no futuro.

Como a seara nesse caso é da responsabilidade contratual, não estando presente um contrato de adesão, não há que atacar a referida previsão, que está no âmbito de direitos disponíveis dos envolvidos. Ressalte-se que essas cláusulas tornaram-se comuns no Brasil nos últimos anos, especialmente no setor de fornecimento de infraestrutura para obras e construções e também nos seguros empresariais. Adotando parcialmente essa solução, de validade da cláusula de não indenizar nas relações paritárias, na *VIII Jornada de Direito Civil*, realizada em abril de 2018, aprovou-se o Enunciado n. 631, com a seguinte dicção:

> Como instrumento de gestão de riscos na prática negocial paritária, é lícita a estipulação de cláusula que exclui a reparação por perdas e danos decorrentes do inadimplemento (cláusula excludente do dever de indenizar) e de cláusula que fixa valor máximo de indenização (cláusula limitativa do dever de indenizar).

Apesar de certas ressalvas que tenho quanto à exclusão dos danos emergentes, diante da necessária reparação integral dos danos diretos suportados pela vítima, o enunciado aprovado contou com o meu apoio quando da plenária daquele evento, representando importânte instrumento de planejamento empresarial. Como palavras finais, como nas hipóteses aqui limitadas não parece haver qualquer lesão à norma de ordem pública, o art. 3.º, inc. VIII, da *Lei da Liberdade Econômica* também legitima a validade dessa previsão, sendo essa uma mudança relevante trazida pela norma emergente.

REFERÊNCIAS

AGUIAR DIAS, José de. *Da responsabilidade civil*. Rio de Janeiro: Forense, 1944. t. I.

ALVES, Jones Figueirêdo; DELGADO, Mario Luiz. *Código Civil anotado*. São Paulo: Método, 2005.

ARAÚJO, Fernando. *Teoria económica do contrato*. Lisboa: Almedina, 2007.

BUNAZAR, Maurício. A declaração de direitos da liberdade econômica e seus impactos no regime jurídico do contrato de direito comum. *Revista Brasileira de Direito Contratual – IBDCont*, Porto Alegre, v. 1, n. 1, p. 32-44, out./dez. 2019.

FORGIONI, Paula A. A interpretação dos negócios jurídicos II – Alteração do art. 113 do Código Civil. *In*: MARQUES NETO, Floriano Peixoto; RODRIGUES, Otávio Luiz; LEONARDO, Rodrigo Xavier (org.). *Comentários à Lei da Liberdade Econômica*. São Paulo: RT, 2019. p. 376.

FROTA, Pablo Malheiros da Cunha. A interpretação do negócio jurídico empresarial no projeto de Código Comercial do Senado Federal n. 487/2013. Disponível em: https://www.migalhas.com.br/coluna/ migalhas-contratuais/317033/a-interpretacao-do-negocio-juridico-empresarial-no-projeto-de-codigo-comercial-do-senado-federal-n-487-2013. Acesso em: 3 fev. 2020.

GEDIEL, José Antonio Peres; CORRÊA, Adriana Espíndola. Interpretações – Art. 113 do Código Civil. *In*: MARQUES NETO, Floriano Peixoto; RODRIGUES, Otávio Luiz; LEONARDO, Rodrigo Xavier (org.). *Comentários à Lei da Liberdade Econômica*. São Paulo: RT, 2019.

GOMES, Orlando. *Contrato de adesão*: condições gerais dos contratos. São Paulo: RT, 1972.

HIRONAKA, Giselda Maria Fernandes Novaes. Contrato: estrutura milenar de fundação do direito privado. *Revista da Faculdade de Direito*, Universidade de São Paulo, n. 97, p. 127-138, 2002. Disponível em: http://www.revistas.usp.br/rfdusp/article/view/67537. Acesso em: 2 fev. 2020.

MARQUES NETO, Floriano; RODRIGUES JR., Otávio Luiz; LEONARDO, Rodrigo Xavier. *Comentários à Lei da Liberdade Econômica*: Lei n. 13.874/2019. São Paulo: RT, 2019.

PFEIFFER, Roberto Augusto Castellanos. Lei da Liberdade Econômica é bem-vinda, mas não aplicável às relações de consumo. Disponível em: https://www.conjur.com.br/2019-dez-30/direito-civil-atual-lei-liberdade-economica-bem-vinda. Acesso em: 2 fev. 2020.

ROPPO, Enzo. *O contrato*. Coimbra: Almedina, 1988.

SCHREIBER, Anderson. *A proibição do comportamento contraditório*: tutela de confiança e *venire contra factum proprium*. Rio de Janeiro: Renovar, 2005.

SCHREIBER, Anderson. *Código Civil comentado*: doutrina e jurisprudência. Rio de Janeiro: Forense, 2019.

SIMÃO, José Fernando Simão; KAIRALLA, Marcello. A desnecessidade de uma teoria geral da obrigação empresarial e os equívocos do projeto de Código Comercial. Disponível em: https://www.migalhas.com.br/coluna/migalhas-contratuais/315377/a-desnecessidade-de-uma-teoria-geral-da-obrigacao-empresarial-e-os-equivocos-do-projeto-de-codigo-comercial. Acesso em: 3 fev. 2020.

TARTUCE, Flávio. A MP 881/19 (liberdade econômica) e as alterações do Código Civil: segunda parte – Teoria geral dos contratos, direito de empresa e fundos de investimento. Disponível em: https://www.migalhas.com.br/depeso/301761/a-mp-881-19-liberdade-economica-e-as-alteracoes-do-codigo-civil-segunda-parte-teoria-geral-dos-contratos-direito-de-empresa-e-fundos-de-investiment. Acesso em: 2 fev. 2020.

TARTUCE, Flávio. *Direito civil*. 15. ed. Rio de Janeiro: Forense, 2020. v. 3: Teoria geral dos contratos e contratos em espécie.

DOAÇÃO

13

PROMESSA DE DOAÇÃO E REVOGAÇÃO DA DOAÇÃO: POLÊMICAS DOUTRINÁRIAS E ORIENTAÇÕES JURISPRUDENCIAIS

WERSON RÊGO

> SUMÁRIO: Nota prévia; 1. Introdução; 2. Contrato de doação: linhas iniciais; 3. Promessa de doação; 4. Revogação da doação; 5. Considerações finais; Referências.

NOTA PRÉVIA

Nossas primeiras palavras são de saudação e de agradecimento aos coordenadores deste livro coletivo, Ministro Luis Felipe Salomão e Professor Doutor Flávio Tartuce, que, neste segundo volume de obra que já se fez clássica – *Direito civil: diálogos entre a doutrina e jurisprudência* –, elegeram homenagear a figura ímpar do Ministro Ruy Rosado de Aguiar Jr., notável jurista e magistrado que honrou o e. Superior Tribunal de Justiça e nos inspirou a todos com a sua visão humana do Direito Privado. Ao tempo em que saúdo e aplaudo a iniciativa, agradeço, honrado, o convite para dela participar, ao lado de tantos outros valorosos juristas.

1. INTRODUÇÃO

O presente ensaio tem como objetivo apresentar alguns pontos controvertidos relacionados ao contrato de doação e, no particular, como se dá o diálogo entre a doutrina e a jurisprudência, notadamente a do Superior Tribunal de Justiça, diante de seu relevante papel uniformizador da interpretação da legislação infraconstitucional.

Doação é um contrato tipificado no Código Civil (arts. 538 ao 564), subsumido, portanto, aos princípios contratuais contemporâneos e às regras jurídicas próprias, previstas nas legislações civil e processual civil. Sobrelevam em importância ao presente estudo, no campo principiológico, os princípios da autonomia privada, da vinculação dos pactos e da supremacia da ordem pública, em coexistência harmônica e pacífica com os princípios da boa-fé, da confiança, da probidade, da transparência e da função social do contrato.

Examinados sob a ótica dos negócios jurídicos, para a sua validade e eficácia, entre outros requisitos próprios de cada modalidade de doação, são exigidos o acordo de vontade genuíno, agente capaz, objeto lícito, possível, determinado ou determinável e forma prescrita ou não defesa em lei (art. 104 do Código Civil), E o contrato benéfico deve ser interpretado restritivamente (art. 114 do Código Civil).

O fato de ser o contrato de doação um negócio jurídico típico poderia transmitir a falsa impressão de singeleza e de ausência de controvérsias ao seu redor. Muito ao contrário, é repleto de nuances, a gerar polêmicas múltiplas e variadas. A limitação do presente trabalho exige a seleção de alguns pontos, somente, para detida análise e aprofundamento e, ainda assim, concentrarei minhas observações na visão da jurisprudência, especialmente da Corte Superior de Justiça, diante de seu papel uniformizador da interpretação da legislação infraconstitucional, garantindo-se segurança jurídica às relações sociais. Serão eles: a promessa de doação, a doação inoficiosa e a revogação da doação. Antes, porém, para melhor compreensão de nossas considerações, breve recordação sobre noções fundamentais desse contrato.

2. CONTRATO DE DOAÇÃO: LINHAS INICIAIS

Na dicção do Código Civil (art. 538), "considera-se doação o *contrato em que uma pessoa, por liberalidade, transfere do seu patrimônio bens ou vantagens para o de outra*". Regra geral é um contrato formal, consensual, comutativo, benéfico, unilateral e gratuito.

O *traço fundamental*, verdadeira *causa* do contrato de doação, o seu elemento subjetivo, é o *animus donandi*, isto é, a intenção de beneficiar ou favorecer o donatário, sem dele almejar qualquer contrapartida econômica. É a vontade de enriquecer o donatário, às custas do desfalque patrimonial do doador, sendo irrelevante a sua motivação.

Tenho que a *liberalidade* referida em lei realça a unilateralidade e a gratuidade do contrato, na medida em que o donatário dele se beneficia sem a necessidade de uma contraprestação de conteúdo econômico. E, ainda que haja cláusula de merecimento do donatário, não há que falar em perda ou ausência de liberalidade (art. 540 do Código Civil), pois é o doador quem assume um *dever* jurídico. Eventual estipulação de encargos (*ônus*) ao donatário (doação modal, com encargos ou onerosa), por via de regra e por si só, não afasta do contrato as características supramencionadas[1]. Tal linha de raciocínio, porém, não está isenta de polêmicas – e as repercussões adiante se verão –, haja vista diversos autores visualizarem na doação com encargos um contrato bilateral[2], ou um contrato unilateral imperfeito[3]. Em um caso, ou noutro, um contrato oneroso. Planiol-Ripert chegam a afirmar mesmo que se teria, nessa situação, um contrato sinalagmático[4].

É um contrato consensual porque não prescinde da formação do consenso para o seu aperfeiçoamento[5]. A aceitação do donatário, entretanto, pode ser expressa, presumida ou tácita[6].

A menção à transferência de bens do patrimônio do doador para o do donatário poderia equivocadamente sugerir tratar-se de um contrato real. Essa não é, todavia, a posição majoritária na doutrina, por se entender que a tradição, na doação, não é pressuposto da existência do contrato. Nesse sentido, Marco Aurélio Bezerra de Melo, em seus comentários ao art. 538 do Código Civil[7]:

> No nosso modo de ver, da mesma forma que a compra e venda, a doação é contrato simplesmente consensual, pois, uma vez supera-

---

[1] GAGLIANO, Pablo Stolze; PAMPLONA FILHO, Rodolfo. *Novo curso de direito civil*. São Paulo: Saraiva, 2008. v. IV, t. II, p. 95-96.

[2] PENTEADO, Luciano de Camargo. *Doação com encargo e causa contratual*. São Paulo: Millenium, 2004 *apud* TARTUCE, Flávio. *Manual de direito civil*: volume único. 9. ed. Rio de Janeiro: Forense; São Paulo: Método, 2019. p. 652.

[3] TARTUCE, Flávio. *Manual de direito civil*: volume único cit., p. 652-653, para quem, "de qualquer forma, o contrato é oneroso, mesmo sendo unilateral imperfeito".

[4] PLANIOL, Marcel; RIPERT, Georges. *Traité pratique de droit civil français*. Paris: LGDJ, 1933. t. V, p. 500.

[5] GAGLIANO, Pablo Stolze. *O contrato de doação*: análise crítica do atual sistema jurídico e os seus efeitos no direito de família e das sucessões. 4. ed. São Paulo: Saraiva, 2014 (versão eletrônica, posição 753).

[6] GAGLIANO, Pablo Stolze. *O contrato de doação*: análise crítica do atual sistema jurídico e os seus efeitos no direito de família e das sucessões cit. (versão eletrônica, posição 753-792).

[7] MELO, Marco Aurélio Bezerra de; SCHREIBER, Anderson; TARTUCE, Flávio; SIMÃO, José Fernando; DELGADO, Mario Luiz. *Código Civil comentado*: doutrina e jurisprudência. Rio de Janeiro: Forense, 2019. p. 316.

da a interpretação literal do dispositivo e analisando o sistema de aquisição da propriedade no Direito Brasileiro, chega-se à conclusão de que a tradição não integra a sua estrutura, na medida em que o doador assume perante o donatário, tão somente, a obrigação de transferir a coisa, o que somente se efetivará com a tradição ou o registro da escritura, conforme se trate de bem móvel ou imóvel. Esse é o posicionamento majoritário da doutrina brasileira.

O art. 539 do Código Civil prevê a possibilidade de o doador fixar um prazo ao donatário para que manifeste a sua aceitação, de modo expresso, findo o qual – desde que dele ciente e tratando-se de doação pura (sem encargos) – o silêncio do donatário resultará em presunção (relativa) de aceitação. Por outro lado, sendo hipótese de doação modal ou onerosa (art. 539, parte final), ou de doação feita ao nascituro (art. 542 do Código Civil), a manifestação expressa do donatário ou de seu representante legal é indispensável. Dispensa-se a própria aceitação na doação pura, em benefício de pessoa absolutamente incapaz (art. 543 do Código Civil). Finalmente, dispõe o art. 546 do Código Civil que a doação em contemplação de casamento futuro com pessoa certa e determinada (doação antenupcial ou *propter nuptias*), quer pelos nubentes entre si, quer por terceiros, a um deles, a ambos ou aos filhos que advierem (doação à prole eventual), não poderá ser objetada por ausência de aceitação. Não se trata, na espécie, de dispensa de aceitação, mas de *aceitação tácita*, que se configura no momento em que se concretiza o matrimônio. Evidentemente que, se o matrimônio não for efetivado (ou não sobrevierem filhos, conforme o caso), caducará a doação, o mesmo ocorrendo em caso de casamento com outra pessoa ou morte de um dos donatários. Nessas situações, o bem doado retornará à livre disponibilidade do doador.

Sobre a livre disponibilidade dos bens doados ao patrimônio do doador, é lícita a estipulação (expressa) de *cláusula de reversão*, isto é, por meio da qual o bem doado reverterá ao patrimônio do doador se este sobreviver ao seu donatário, conforme dispõe o art. 547 do Código Civil. Verificada qualquer das hipóteses para as quais prevista (condição reversiva), a cláusula opera efeitos automaticamente. Mister salientar que a cláusula de reversão não poderá beneficiar terceiros alheios ao negócio, diante do caráter *intuitu personae* da liberalidade.

Depreende-se da leitura do art. 541 do Código Civil ser formal (forma escrita) o contrato de doação, podendo ser solene (bens imóveis de valor superior a 30 salários mínimos demandam escritura pública – art. 108 do Código Civil) ou não (bens móveis ou bens imóveis de valor inferior a 30 salários mínimos exigem, pelo menos, o instrumento particular). Excepcionalmente, nos termos do art. 541, parágrafo único, do Código Civil, considera-se válida a doação verbal que recair sobre bens móveis e de pequeno valor[8], desde que lhe siga, *incontinenti*, a tradição (doação manual). Em casos tais, a doação será informal e real.

O contrato de doação é, por via de regra, irrevogável, com ressalva das hipóteses expressamente previstas na legislação civil (arts. 555, 557 e 558 do Código Civil), e sobre isso discorrerei adiante.

Encerradas estas considerações iniciais, passo a trata sobre os pontos selecionados, sempre lembrando não ser o objetivo deste ensaio o exaurimento deles.

3. PROMESSA DE DOAÇÃO

A promessa de doação (*pactum de donando* ou *pactum donationis*) e sua (in)exigibilidade é tema revestido de extrema complexidade. Marcos Catalan[9] define-a como o "contrato por meio do qual alguém promete, no futuro, em razão do advento de termo ou condição, externalizar sua vontade e concluir contrato de doação".

As questões que frequentemente se colocam são as seguintes: Seria possível exigir o cumprimento forçado de uma liberalidade, como a doação? Esse contrato poderia ser objeto de uma promessa? Encontraremos, na doutrina e na jurisprudência, defensores de respostas tanto afirmativas quanto negativas, com equivalente excelência argumentativa.

Entre os que sustentam a posição que nega tais possibilidades Caio Mário da Silva Pereira[10], que, em suas *Instituições de direito civil, com relação à doação pura*, doutrina:

---

[8]   O pequeno valor a que se refere o Código Civil há de ser considerado em relação à fortuna do doador (REsp 155.240/RJ, 3.ª Turma, Rel. Min. Antônio de Pádua Ribeiro, j. 07.11.2000, *DJ* 05.02.2001, p. 98). No mesmo sentido, o Enunciado n. 622, aprovado na *VIII Jornada de Direito Civil*, a partir de proposta formulada pelo Prof. Flávio Tartuce, com a seguinte redação final: "para análise do que seja bem de pequeno valor, nos termos do que consta do art. 541, parágrafo único, do Código Civil, deve-se levar em conta o patrimônio do doador".

[9]   CATALAN, Marcos. Reflexões acerca da eficácia da promessa de doação no direito brasileiro. *Revista Jurídica (Notadez)*, Porto Alegre, n. 402, p. 51, 2011.

[10]   PEREIRA, Caio Mário da Silva. *Instituições de direito civil*. Rio de Janeiro: Forense, 2006. v. III, p. 257. Nada obstante, o mesmo autor admite a possibilidade de promessa de doação com encargo (Idem, p. 258).

Tem a doutrina se debatido se a doação pode ser objeto de contrato preliminar, *pactum de donando*. E a solução doutrinária tem sido infeliz, por falta de uma distinção essencial entre doação pura e doação gravada de encargo. Partindo da primeira, especifica-se a pergunta: Pode alguém obrigar-se a realizar uma doação pura? Formalmente sim, porque, tendo o contrato preliminar por objeto um outro contrato, futuro e definitivo (...), este novo *contrahere* poderia ser a doação, como qualquer outra espécie. Atendendo a este aspecto apenas, não falta bom apoio à resposta afirmativa, quer dos Códigos, quer dos doutores. Acontece que não se pode deixar de encarar o problema sob o aspecto ontológico, e, assim considerado, a solução negativa impõe-se.

Nessa mesma linha de pensamento, afirma Serpa Lopes[11]:

> A doação é um contrato de natureza gratuita, o que torna inadmissível poder constituir-se em objeto de promessa de contrato. Na verdade, se alguém se comprometesse a doar, a outorgar uma escritura de doação, e, no momento da exigibilidade dessa prestação, não a quisesse realizar? Qual a consequência jurídica desse inadimplemento? Poder-se-ia pedir a execução coativa dessa obrigação a título gratuito ou uma indenização por perdas e danos? Entendemos impossível qualquer das duas soluções, já que, nos atos a título gratuito, só por dolo responde aquele a quem o contrato não favoreça (Código Civil, art. 1.057).

Diversa não é a lição de Pablo Stolze[12]:

> Nesse diapasão, concluímos pela inadmissibilidade da execução coativa da promessa de doação, muito embora não neguemos a possibilidade de o promitente-donatário, privado da legítima expectativa de concretização do contrato definitivo, e desde que demonstrado o seu prejuízo, poder responsabilizar o promitente-doador pela via da ação ordinária de perdas e danos.

---

[11] SERPA LOPES, Miguel Maria de. *Curso de direito civil*. 6. ed. Rio de Janeiro: Freitas Bastos, 2001. v. 3.

[12] GAGLIANO, Pablo Stolze. *O contrato de doação*: análise crítica do atual sistema jurídico e os seus efeitos no direito de família e das sucessões cit. (versão eletrônica, posição 2062).

Cap. 13 • PROMESSA DE DOAÇÃO E REVOGAÇÃO DA DOAÇÃO | 363

O e. Superior Tribunal de Justiça, em acórdão relativamente recente, da lavra do Min. Luis Felipe Salomão, entendeu que, em demanda derivada de promessa de doação pura, diante da inexigibilidade judicial desta, a parte autora seria carecedora do direito de ação, especificamente em razão da impossibilidade jurídica do pedido. Confira-se:

> Agravo interno. Processual e direito civil. Omissão, contradição ou obscuridade. Inexistência. Reiteração de aclaratórios de caráter meramente infringente. Imposição de multa. Cabimento. Tese incompreensível. Súmula 284/STF. *Doação pura. Exigibilidade judicialmente. Inexistência.* Reexame de provas e interpretação contratual, em sede de recurso especial. Inviabilidade.
>
> 1. (...)
>
> 2. (...)
>
> 3. (...)
>
> 4. *"Inviável juridicamente a promessa de doação [pura] ante a impossibilidade de se harmonizar a exigibilidade contratual e a espontaneidade, característica do* animus donandi. *Admitir a promessa de doação equivale a concluir pela possibilidade de uma doação coativa, incompatível, por definição, com um ato de liberalidade"* (REsp 730.626/SP, Rel. Min. Jorge Scartezzini, Quarta Turma, julgado em 17.10.2006, *DJ* 04.12.2006, p. 322).
>
> 5. Agravo interno não provido (AgInt no REsp 1.394.870/MS, 4.ª Turma, Rel. Min. Luis Felipe Salomão, j. 20.09.2018, *DJe* 26.09.2018).

José Roberto de Castro Neves[13], citando José Carlos Moreira Alves, observa ser a promessa de doação um conceito bem antigo, sancionado por Justiniano em 530, transformado, então, em um pacto legítimo e exigível.

Admitindo a possibilidade de o contrato de doação ser objeto de promessa, Pontes de Miranda[14], para quem o contrato definitivo é mera decorrência do ajustado anteriormente, não importando se a respectiva declaração de vontade não coincida com a razão íntima das partes no lapso temporal do

---

[13] NEVES, José Roberto de Castro. *Contratos I.* 2. ed. Rio de Janeiro: LMJ Mundo Jurídico, 2016. p. 146.

[14] PONTES DE MIRANDA, Francisco Cavalcanti. *Tratado de direito privado.* Rio de Janeiro: Borsoi, 1964. v. 46, p. 261-262.

pré-acordado, isto é, a referida doação seria uma consequência da pressão do contrato de promessa de doação.

Partilhando do mesmo entendimento, afirma Flávio Tartuce[15]:

> Não há óbice em se aceitar tal promessa, uma vez que não há no ordenamento jurídico qualquer dispositivo que a vede, não contrariando esta figura negocial qualquer princípio de ordem pública como, por exemplo, o da função social dos contratos e o da boa-fé objetiva. Muito ao contrário, o art. 466 do Código Civil em vigor, que trata da promessa unilateral de contrato, acaba dando sustentáculo a essa possibilidade. Em reforço, a promessa de doação está dentro do exercício da autonomia privada do contratante.

Arnaldo Rizzardo[16], de forma concisa e precisa, pondera:

> O argumento de que a doação perderia a natureza de liberalidade, transformando-se numa doação coativa, se obrigando o promitente--doador a dar cumprimento ao contrato preliminar, não prevalece, eis que a liberalidade, como elemento essencial da doação, se consuma justamente quando o proprietário promete doar livremente. Este é o momento em que se forma o consenso quanto ao ânimo de liberalidade, ou o ânimo de doar pelo promitente-doador, e de aceitar, pelo promitente-donatário.

Seguindo nessa mesma esteira de raciocínio, outros autores de relevo, como Larenz[17], Ennecerus, Kipp e Wolf[18].

Respeitadas as doutas posições divergentes, a mim me parece inexistir qualquer incompatibilidade entre a promessa de doação e a natureza de liberalidade do contrato de doação.

O *animus donandi*, traço fundamental do contrato de doação, evidentemente está presente no momento em que se celebrou a promessa.

---

[15] TARTUCE, Flávio. *Manual de direito civil*: volume único cit., p. 668.

[16] RIZZARDO, Arnaldo. *Contratos*. Rio de Janeiro: Forense, 2006. p. 452.

[17] LARENZ, Karl. *Derecho de las obligaciones*. Madrid: Revista de Derecho Privado, 1959. p. 179-180.

[18] ENNECERUS, KIPP e WOLF, *apud* PEREIRA, Caio Mário da Silva. *Instituições de direito civil* cit., p. 259.

Cap. 13 · PROMESSA DE DOAÇÃO E REVOGAÇÃO DA DOAÇÃO | 365

Naquela oportunidade, externou-se a generosidade do doador, a sua intenção de transferir bens para o patrimônio do donatário, com desfalque do seu próprio. O consenso, a aceitação do promissário-donatário, elemento necessário ao contrato de doação, igualmente se faz presente na promessa. Por que, então, impossível seria estabelecer o dever de transferir a propriedade do bem prometido doar com a celebração do contrato definitivo de doação, quando ausentes as mesmas causas que autorizariam a revogação desta? A não ser que se entenda a doação como um contratual real (e, não, consensual), não faz o menor sentido a distinção, com todas as vênias devidas.

Está-se diante de direitos patrimoniais, disponíveis por agentes capazes, titulares desses direitos. Satisfeitos os pressupostos de qualquer negócio jurídico, à falta de vícios que o maculem, sob qual fundamento poder-se-ia afastar a exigibilidade de celebração do contrato definitivo de doação? Ao se deslocar a discussão para o âmbito da moralidade, entendendo-se imoral e incompatível com um ato de liberalidade a possibilidade de uma *doação cogente, coativa,* olvida-se de que, ao celebrar a promessa de doação, todos os elementos indispensáveis ao contrato de doação estavam presentes. Mais do que isso, esquece-se dos princípios da boa-fé objetiva, da força vinculante dos contratos e da segurança jurídica.

O promissário-donatário, então merecedor da generosidade do promitente-doador, com a promessa de doação, passa, legitimamente, a acreditar e confiar em que seria destinatário do objeto da doação. Essa legítima expectativa não mereceria tutela jurídica? Claro que sim! O Direito não se harmoniza com comportamentos contraditórios, nem com a insegurança social e jurídica. Ao se afastar a exigibilidade da celebração do contrato definitivo, diante de resilição unilateral da promessa, por vontade do promitente doador, qual seria a responsabilidade deste, em razão de seu comportamento contraditório? Nenhuma? A promessa de doação, portanto, celebrada entre agentes capazes, com objeto lícito e possível, forma escrita, manifestações de vontades livres e conscientes, seria um nada jurídico? Não pode ser.

Equilibrando-se entre as posições anteriormente expostas, tanto a doutrina quanto a jurisprudência vêm conferindo validade e eficácia à promessa de doação em situações específicas (*v.g.,* quando se tratar de doação com encargos; quando a promessa de doação está inserida em uma negociação, em que as partes fazem concessões recíprocas; quando inseridas em acordos celebrados em separações e divórcios).

Por oportuno, confiram-se os seguintes arestos do e. Superior Tribunal de Justiça (grifos nossos):

Recurso especial. Civil e processual civil. Família. Embargos de terceiro. Penhora. Doação do imóvel. Filhos beneficiados. Sentença de divórcio anterior à execução. Penhora posterior. Fraude à execução. Inexistência. Boa-fé. Presunção. Súmula n.º 7/STJ.

1. A promessa de doação de imóvel aos filhos comuns decorrente de acordo judicial celebrado por ocasião de divórcio é válida e possui idêntica eficácia da escritura pública.

(...) (REsp 1.634.954/SP, 3.ª Turma, Rel. Min. Ricardo Villas Bôas Cueva, j. 26.09.2017, *DJe* 13.11.2017).

Recurso especial. Direito de família. Ação cominatória. Outorga de escritura da nua-propriedade de imóvel objeto de promessa de doação celebrada mediante pacto antenupcial. Exigibilidade da obrigação. Transação posterior. Efeitos. Súmula 05/STJ.

1. Controvérsia em torno da validade e eficácia de negócio jurídico celebrado entre partes, mediante escritura pública de pacto antenupcial, na qual o réu assumiu o compromisso de doar imóvel à autora, posteriormente substituído por outro bem imóvel (apartamento).

2. (...).

3. (...).

4. Hipótese dos autos em que a liberalidade não animou o pacto firmado pelas partes, mas sim as vantagens recíprocas e simultâneas que buscaram alcançar a aquiescência de ambos ao matrimônio e ao regime de separação total de bens, estabelecendo o compromisso de doação de um determinado bem à esposa para o acertamento do patrimônio do casal.

5. Aplicação analógica da tese pacificada pela Segunda Seção no sentido da validade e eficácia do compromisso de transferência de bens assumidos pelos cônjuges na separação judicial, pois, nestes casos, não se trataria de mera promessa de liberalidade, mas de promessa de um fato futuro que entrou na composição do acordo de partilha dos bens do casal (EREsp n.º 125859/RJ, Rel. Ministro Ruy Rosado de Aguiar, Segunda Seção, *DJ* 24.03.2003).

(...) (REsp 1.355.007/SP, 3.ª Turma, Rel. Min. Paulo de Tarso Sanseverino, j. 27.06.2017, *DJe* 10.08.2017).

Recurso especial. Direito civil. Direito de família. Divórcio consensual. Partilha de bens. Acordo. Doação aos filhos. Homologação judicial. Sentença com eficácia de escritura pública. Formal de partilha. Registro no cartório de imóveis. Possibilidade.

1. Não constitui ato de mera liberalidade a promessa de doação aos filhos como condição para a realização de acordo referente à partilha de bens em processo de separação ou divórcio dos pais, razão pela qual pode ser exigida pelos beneficiários do respectivo ato.

(...) (REsp 1.537.287/SP, 3.ª Turma, Rel. Min. Ricardo Villas Bôas Cueva, j. 18.10.2016, *DJe* 28.10.2016).

Doação. Promessa de doação. Dissolução da sociedade conjugal. Eficácia. Exigibilidade. Ação cominatória.

O acordo celebrado quando do desquite amigável, homologado por sentença, que contém promessa de doação de bens do casal aos filhos, é exigível em ação cominatória.

Embargos de divergência rejeitados (EREsp 125.859/RJ, 2.ª Seção, Rel. Min. Ruy Rosado de Aguiar, j. 26.06.2002, *DJ* 24.03.2003, p. 136).

Dessarte, tem entendido o e. Superior Tribunal de Justiça que a exigibilidade da promessa de doação, nas hipóteses em que a admite (exceção às doações puras e simples), não seria apenas uma conveniência, mas uma imposição, ante o evidente histórico negocial, incentivado e homologado pelo próprio Poder Judiciário.

Nessa mesma linha intermediária, o Enunciado n. 549 da *VI Jornada de Direito Civil* do Conselho da Justiça Federal (2013): "A promessa de doação no âmbito da transação constitui obrigação positiva e perde o caráter de liberalidade previsto no art. 538 do Código Civil".

Tantas controvérsias e incertezas geram insegurança jurídica e social. Não se deve aplicar a legislação sem observância das reais consequências desses pronunciamentos jurisdicionais. Fato é: não conferir exequibilidade à promessa de doação, livre e conscientemente celebrada, sem o estabelecimento de responsabilidades ao promitente doador, em caso de resilição unilateral por ato deste, sem dúvida cria mecanismos de quebra de contratos, impactando toda a sociedade.

4. REVOGAÇÃO DA DOAÇÃO

O contrato de doação tem sua origem em ato de generosidade do doador, cujo objetivo é beneficiar o donatário com bem material, sem que a este se imponha uma contraprestação de conteúdo econômico. Exige-se, somente, um dever moral de gratidão.

Afirma Marco Aurélio Bezerra de Melo ser a doação um contrato "irrevogável, por regra, obrigando, inclusive, os herdeiros do doador a cumprirem o avençado com o donatário, nos limites das forças da herança"[19]. Excepcionalmente, porém, é admissível a revogação da doação, sendo vedada pelo ordenamento jurídico pátrio a renúncia antecipada ao direito de revogar a liberalidade (art. 556 do Código Civil).

Pablo Stolze visualiza a revogação da doação como

> (...) o exercício de um direito potestativo, por meio do qual o doador, verificando a ocorrência de alguma das situações previstas expressamente em lei, manifesta vontade contrária à liberalidade conferida, tornando sem efeito o contrato celebrado, e despojando, consequentemente, o donatário do bem doado[20].

Dessarte, direito potestativo – e personalíssimo em favor do doador – que é, só pode ser exercitado em duas situações, expressamente consignadas no art. 555 do Código Civil: *ingratidão do donatário* ou *inexecução do encargo*.

A possibilidade de revogação da doação onerosa (também denominada *doação modal, doação gravada* ou *doação com encargo* – art. 553 do Código Civil) encontra-se clara e expressamente prevista em lei (art. 562 do Código Civil), cuja redação é de fácil inteligência. Sem embargo, convém aclarar algumas questões relacionadas à mora do donatário.

Cumpre saber, em primeiro lugar, se fora estabelecido um prazo pelo doador para que o donatário cumprisse o encargo – ou não decorresse aquele da natureza do negócio – e, ademais, se ele seria razoável. Não cumprido o encargo, o donatário ter-se-á por constituído em mora tão logo implementado o referido termo (mora *ex re*). Não havendo um prazo previamente fixado para o cumprimento do encargo, competirá ao doador notificar o donatário, assinalando-lhe um que seja razoável.

---

[19] MELO, Marco Aurélio Bezerra de; SCHREIBER, Anderson; TARTUCE, Flávio; SIMÃO, José Fernando; DELGADO, Mario Luiz. *Código Civil comentado*: doutrina e jurisprudência cit., p. 328

[20] GAGLIANO, Pablo Stolze. *O contrato de doação*: análise crítica do atual sistema jurídico e os seus efeitos no direito de família e das sucessões cit. (versão eletrônica, posição 3413).

O texto legal (art. 562 do Código Civil) prevê a necessidade de notificação judicial do donatário. Há na doutrina, porém, respeitáveis posicionamentos no sentido de uma interpretação sistemática das normas de direito civil e de direito processual civil, concluindo pela *possibilidade de notificação judicial ou extrajudicial* ao donatário[21]. Nesse sentido, posiciona-se e. Superior Tribunal de Justiça. Confira-se:

> Recurso especial. Direito civil. *Doação com encargo. Revogação. Constituição em mora do donatário. Notificação extrajudicial. Suficiência.*
>
> 1. Controvérsia acerca da correta interpretação do art. 562 do Código Civil, notadamente a possibilidade da utilização da notificação extrajudicial para constituir em mora o donatário acerca do descumprimento do encargo no contrato de doação modal em que não há previsão de prazo para o cumprimento da obrigação.
>
> 2. A inexecução do encargo assumido pelo donatário em face do doador como condição para a celebração da doação onerosa poderá ensejar a sua revogação.
>
> 3. Não previsto prazo determinado para o cumprimento da contraprestação, o doador, *mediante notificação judicial ou extrajudicial, na forma do art. 397 do CCB*, pode constituir em mora o donatário, fixando-lhe prazo para a execução do encargo, e, restando este inerte, ter-se-á por revogada a doação.
>
> 4. Doutrina acerca do tema.
>
> 5. Recurso especial provido (REsp 1.622.377/MG, 3.ª Turma, Rel. Min. Paulo de Tarso Sanseverino, j. 11.12.2018, *DJe* 14.12.2018).

Assim, não cumprido pelo donatário o encargo, duas opções se apresentam ao doador: (i) exigir do donatário o cumprimento do encargo, para o que tem legitimidade ativa, o beneficiário do encargo (que pode ser o doador, o terceiro interessado ou o Ministério Público, nas hipóteses de doação do interesse geral, art. 553, *caput* e seu parágrafo único, do Código Civil); ou (ii) ajuizar ação com pedido de revogação da doação (hipótese em que somente o doador tem legitimidade ativa, podendo os herdeiros somente prosseguir

---

[21] CARNACHIONI, Daniel. *Curso de direito civil*: contratos em espécie. *E-book*. São Paulo: RT, 2015. Capítulo 4, item 4.7; MELO, Marco Aurélio Bezerra de. *Novo Código Civil anotado*. 2. ed Rio de Janeiro: Lumen Juris, 2004. v. III, t. I.

na demanda por aquele já ajuizada, em caso de falecimento, como substitutos processuais).

Mais complexa, por outro lado, é a temática da revogação da doação por ingratidão do donatário. Dispõe o art. 557 do Código Civil:

> Art. 557. Podem ser revogadas por ingratidão as doações:
>
> I – se o donatário atentou contra a vida do doador ou cometeu crime de homicídio doloso contra ele;
>
> II – se cometeu contra ele ofensa física;
>
> III – se o injuriou gravemente ou o caluniou;
>
> IV – se, podendo ministrá-los, recusou ao doador os alimentos de que este necessitava.

Definir *ingratidão* não é tarefa simples, e não o fez o legislador civil, restando à doutrina tal mister. Paulo de Tarso Sanseverino assim leciona[22]:

> O conceito jurídico de ingratidão, que se extrai da norma do art. 557 do novo CC, estabeleceu significativas alterações em relação à regra do art. 1.183 do CC/16.
>
> A definição jurídica continua sendo mais restrita do que o conceito moral ou a noção popular.
>
> O conceito moral de ingratidão repousa nos deveres éticos do donatário de ser grato em relação à pessoa do doador, que realizou em seu favor uma liberalidade. A noção popular de ingratidão é a do indivíduo mal-agradecido, que não reconhece os benefícios que recebeu de outrem, como a pessoa que, após receber uma ajuda financeira de outra, passa pela rua e não a cumprimenta.
>
> Já o conceito jurídico, insculpido pelo art. 557 do novo CC, é bem mais restrito, considerando ingratidão apenas a manifestação concreta do donatário de desapreço pelo doador consubstanciada através de fatos graves e objetivos (atentado contra a vida ou a integridade física do doador ou seu familiar próximo; ofensas à honra; recusa de alimentos).

---

[22] SANSEVERINO, Paulo de Tarso Vieira. *Contratos Nominados II*: contrato estimatório, doação, locação de coisas, empréstimo (comodato e mútuo). São Paulo: RT, 2005. p. 157.

Pablo Stolze entende que os atos de ingratidão previstos em lei, em *numerus clausus*, traduziriam quebra de *boa-fé objetiva pós-contratual*, a caracterizar o cometimento de ato atentatório ao dever de respeito e lealdade, imposto às partes, mesmo após a conclusão do contrato[23]. Flávio Tartuce, por seu turno, sustenta que "qualquer atentado à dignidade do doador por parte do donatário pode acarretar a revogação da doação por ingratidão, cabendo análise caso a caso. Em suma, o rol é exemplificativo (*numerus apertus*)"[24].

De imediato, facilmente se percebe que a ausência de definição legal em torno do que seria *ingratidão* nos conduz à principal polêmica sobre o tema, a saber: qual a natureza do rol previsto no art. 557 do Código Civil? Taxativo ou exemplificativo? Não há consenso na doutrina ou na jurisprudência. O Superior Tribunal de Justiça, conforme ilustram os arestos selecionados adiante, majoritariamente se posiciona no sentido da abertura do rol, conferindo à ingratidão um conceito mais amplo e abrangente.

Entendendo, inicialmente, pela taxatividade do rol, destaco:

> Agravo regimental. Agravo em recurso especial. Revogação de doação. Atos de ingratidão. Reexame de provas. Incidência da Súmula 7/STJ.
>
> 1. "Para a revogação da doação por ingratidão, exige-se que os atos praticados, além de graves, revistam-se objetivamente dessa característica. Atos tidos, no sentido pessoal comum da parte, como caracterizadores de ingratidão, não se revelam aptos a qualificar-se juridicamente como tais, seja por não serem unilaterais ante a funda dissensão recíproca, seja por não serem dotados da característica de especial gravidade injuriosa, exigida pelos termos expressos do Código Civil, que pressupõem que a ingratidão seja exteriorizada por atos marcadamente graves, como os enumerados nos incisos dos arts. 1.183 do Código Civil de 1916 e 557 do Código Civil de 2002 (atentado contra a vida, crime de homicídio doloso, ofensa física, injúria grave ou calúnia, recusa de alimentos – sempre contra o doador – destacando-se, aliás, expressamente, quanto à exigência de que a injúria, seja grave, o que também se estende, por implícito à calúnia, inciso III dos dispositivos anotados)" (REsp 1.350.464/SP, 3.ª Turma, Rel. Min. Sidnei Beneti, *DJe* 11.03.2013).

---

[23] GAGLIANO, Pablo Stolze. *O contrato de doação*: análise crítica do atual sistema jurídico e os seus efeitos no direito de família e das sucessões cit. (versão eletrônica, posição 3493).

[24] TARTUCE, Flávio. *Manual de direito civil*: volume único cit., p. 670.

2. No caso dos autos, as instâncias de origem entenderam, com fundamento na prova dos autos, que a conduta dos recorridos não poderia ser classificada como "ato de ingratidão" a que se refere a lei como requisito para a revogação da doação. A pretensão recursal voltada à revisão dessa conclusão choca-se frontalmente com a Súmula 07/STJ.

3. Agravo regimental não provido (AgRg no AREsp 285.058/SP, 4.ª Turma, Rel. Min. Luis Felipe Salomão, j. 04.06.2013, *DJe* 18.06.2013).

Extrai-se do supramencionado voto a seguinte manifestação do Ministro Luis Felipe Salomão (grifos nossos):

> Com efeito, *a norma de revogação por ingratidão é* numerus clausus, *sendo, pois, as quatro hipóteses elencadas no art. 557 do CPC de caráter taxativo, não admitindo interpretação extensiva.*
>
> No sentido comum do termo, a ingratidão seria o desrespeito por quem lhe proporcionou um benefício. Mas o legislador entendeu que a possibilidade de revogação é exclusiva às situações mais graves, em que o desrespeito importa ofensa a valores sedimentados como relevantes na sociedade sob o ponto de vista da eticidade.
>
> Essa é a lição de Nelson Rosenvald, ao comentar o art. 557 do Código Civil, na obra "Código Civil Comentado – Doutrina e Jurisprudência" sob a coordenação do Ministro Cezar Peluso. 4. ed. rev. e atual. Barueri, São Paulo: Manole, 2010, p. 598.

Na mesma linha de raciocínio, os seguintes arestos: REsp 1.350.464/SP, 3.ª Turma, Rel. Min. Sidnei Beneti, *DJe* 11.03.2013; REsp 791.154/SP, 3.ª Turma, Rel. Min. Humberto Gomes de Barros, j. 21.02.2006, *DJ* 27.03.2006.

No entanto, julgados mais recentes daquela Corte Superior de Justiça têm sufragado o entendimento de que o rol do art. 557 do Código Civil seria meramente exemplificativo. Confira-se:

> Recurso especial. Processo civil. Doação. Revogação. Ingratidão dos donatários. Ofensa à integridade psíquica. Prova. Art. 557 do CC/2002. Rol meramente exemplificativo. Enunciado n.º 33 do Conselho da Justiça Federal. Injúria grave. Demonstração. Revisão. Impossibilidade. Súmula 7/STJ.
>
> 1. O conceito jurídico de ingratidão constante do artigo 557 do Código Civil de 2002 é aberto, não se encerrando em molduras tipificadas previamente em lei.

2. O Enunciado n.º 33 do Conselho da Justiça Federal, aprovado na I Jornada de Direito Civil, prevê que "o Código Civil vigente estabeleceu um novo sistema para a revogação da doação por ingratidão, pois o rol legal do art. 557 deixou de ser taxativo, admitindo outras hipóteses", ou seja, trata-se de rol meramente exemplificativo.

3. A injúria a que se refere o dispositivo envolve o campo da moral, revelada por meio de tratamento inadequado, tais como o descaso, a indiferença e a omissão de socorro às necessidades elementares do doador, situações suficientemente aptas a provocar a revogação do ato unilateral em virtude da ingratidão dos donatários.

4. (...).

5. (...) (REsp 1.593.857/MG, 3.ª Turma, Rel. Min. Ricardo Villas Bôas Cueva, j. 14.06.2016, *DJe* 28.06.2016).

Trilhando o mesmo caminho, o Enunciado n. 33, da *I Jornada de Direito Civil*, do Conselho de Justiça Federal (proposto pelo Ministro Paulo de Tarso Sanseverino), segundo o qual "o Código Civil vigente estabeleceu um novo sistema para a revogação da doação por ingratidão, pois o rol legal do art. 557 deixou de ser taxativo, admitindo outras hipóteses".

Particularmente, entendo que a alteração operada na redação do art. 1.183 do Código Civil/1916, afastando a partícula "só", que conferia ao dispositivo interpretação marcadamente restritiva, impactou substancialmente a natureza do elenco das causas de revogação da doação por ingratidão, conferindo ao rol do art. 557 da legislação civil vigente o caráter exemplificativo. Tal, porém, não altera a manifesta excepcionalidade da revogação da doação, que continua a demandar a prática de *atos graves*, que se amoldem ao sentido jurídico de ingratidão, quer com relação ao próprio doador, quer no tocante aos seus cônjuge/companheiro(a), ascendentes, descendentes ou irmãos (art. 558 do Código Civil).

Ademais, não é suficiente a simples manifestação da vontade do doador para que a revogação da doação opere seus efeitos jurídicos. É inafastável a intervenção do Poder Judiciário, que terá que reconhecer o ato de ingratidão do donatário. Tratando-se de um direito potestativo do doador, deverá ser exercido dentro do prazo *decadencial* de um ano, a contar da ciência do doador quanto ao fato que a autorize e de ter sido o donatário o seu autor (art. 559 do Código Civil).

Indaga-se, porém, se o mesmo prazo decadencial de um ano também se aplica à hipótese de revogação da doação por inexecução do encargo. Novas divergências entre doutrina e jurisprudência.

Caio Mário da Silva Pereira[25], Sylvio Capanema[26], Flávio Tartuce e Marco Aurélio Bezerra de Melo, por exemplo, entendem que sim[27]. Há, de fato, além do entendimento de que se estaria diante de um direito potestativo do doador, importante argumento econômico a justificar um prazo mais curto: instabilidade econômica e insegurança jurídica na manutenção em estado de pendência indefinida da possibilidade de desfazimento do ato.

Nada obstante, na doação modal, embora subsista sempre a liberalidade, não se pode afastar a existência de uma contraprestação (ônus) pelo donatário. Eis uma importante distinção: a possibilidade de exigir do donatário o cumprimento do encargo e a emenda da mora. Nessa linha de raciocínio caminham, entre outros, Araken de Assis[28], Pablo Stolze[29], Paulo de Tarso Sanseverino e José Fernando Simão[30].

A jurisprudência do e. Superior Tribunal de Justiça, desde o Código Civil de 1916, é pacífica no sentido de que, em caso de revogação por inexecução do encargo, o prazo seria o prescricional geral (dez anos – art. 205 do Código Civil/vinte anos – art. 177 do Código Civil/1916). Nesse sentido:

> Administrativo. Recurso especial. Bem público. Doação entre entes públicos. Encargo. Descumprimento. Prescrição. Decenal. Natureza real. Nulidade. Omissão. Não ocorrência.
>
> 1. (...)
>
> *3. Na revogação de doação por inexecução de encargo, aplica-se o prazo prescricional geral do regramento civil, não sendo aplicável o prazo anual da revogação de doação por ingratidão.*

---

[25] PEREIRA, Caio Mário da Silva. *Instituições de direito civil*: contratos. 21. ed. Rio de Janeiro: Forense, 2017. p. 157.

[26] SOUZA, Sylvio Capanema de. *Comentários ao novo Código Civil*. Rio de Janeiro: Forense, 2004. v. VIII, p. 266.

[27] TARTUCE, Flávio. *Manual de direito civil*: volume único cit., p. 671; MELO, Marco Aurélio Bezerra de; SCHREIBER, Anderson; TARTUCE, Flávio; SIMÃO, José Fernando; DELGADO, Mario Luiz. *Código Civil comentado*: doutrina e jurisprudência cit., p. 330.

[28] ASSIS, Araken de. *Comentários ao Código Civil brasileiro*: do direito das obrigações. Rio de Janeiro: Forense, 2007. v. 5.

[29] GAGLIANO, Pablo Stolze. *O contrato de doação*: análise crítica do atual sistema jurídico e os seus efeitos no direito de família e das sucessões cit. (versão eletrônica, posição 3495/3519).

[30] *Apud* TARTUCE, Flávio. *Manual de direito civil*: volume único cit., p. 671-672.

Cap. 13 · PROMESSA DE DOAÇÃO E REVOGAÇÃO DA DOAÇÃO | 375

4. (...) (REsp 1.613.414/PR, 2.ª Turma, Rel. Min. Og Fernandes, j. 19.04.2018, *DJe* 25.04.2018).

Processual civil. Doação com encargo. Cláusula de reversão. Ação desconstitutiva por descumprimento do encargo. Prescrição. Termo inicial. Ocorrência da mora.

1. Trata-se, na origem, de pretensão deduzida pelo Município de Betim/MG com o objetivo de reversão da doação de imóvel efetuada em favor do Estado de Minas Gerais em 18.4.2000, com encargo, alegadamente não cumprido, da construção de uma unidade do Corpo de Bombeiros pelo prazo de 24 meses.

2. (...)

6. (...), o direito de ação que visa à reversão da doação onerosa pode ser exercido, à luz do princípio da *actio nata*, somente quando o devedor resiste ao cumprimento do encargo, materializando, assim, a mora (Parágrafo único do art. 1.181 do CC/1916: "A doação onerosa poder-se-á revogar por inexecução do encargo, desde que o donatário incorrer em mora").

7. *No caso específico dos autos, a mora no cumprimento do encargo só ocorreu após o decurso do prazo de 24 meses a contar da doação (18.4.2002), momento que deve ser considerado como o termo inicial da prescrição da ação que busca a reversão da doação.*

8. *Tendo a ação sido ajuizada em 1.º.10.2010, não incide a prescrição decenal (art. 205 do CC/2002), devendo os autos retornar à primeira instância para prosseguimento do julgamento da ação.*

9. Recurso especial provido (REsp 1.565.239/MG, 2.ª Turma, Rel. Min. Herman Benjamin, j. 05.12.2017, *DJe* 19.12.2017).

Administrativo. Revogação de doação por inexecução de encargo. Ausência de omissão. Extinção do processo sem resolução do mérito. Causa madura. Julgamento da lide. Possibilidade. Prazo prescricional vintenário. Acórdão fundamentado em circunstâncias fáticas. Súmula 7/STJ.

1. (...)

2. (...)

3. *A ação para tornar sem efeito a doação por motivo de inexecução do encargo prescreve em vinte anos. Precedentes.*

4. (...) (AgRg nos EDcl no AREsp 46.650/PR, 2.ª Turma, Rel. Min. Humberto Martins, j. 05.08.2014, *DJe* 13.08.2014).

Doação. Doação modal. Resolução. Prescrição.

A resolução de doação com encargo não se conta pelo prazo curto de um ano, previsto no art. 178, par. 6.º, I, do CC, mas sim pelo disposto no art. 177 do mesmo diploma. Precedente do STJ (REsp 131.660/ SP, 4.ª Turma, Rel. Min. Ruy Rosado de Aguiar, j. 19.08.1997, *DJ* 06.10.1997, p. 50.001).

Meu entendimento se alinha com a orientação jurisprudencial antes citada.

Os legitimados para a execução do encargo titularizam um direito subjetivo (o de exigir do donatário o respectivo cumprimento). Persistindo a inércia do donatário, oportuniza-se ao doador o ajuizamento da ação dita revogatória. No entanto, penso não se tratar de mera manifestação unilateral de vontade contrária à liberalidade conferida, mas de verdadeira resolução do contrato por inexecução do ônus que competia ao donatário.

Ad argumentandum tantum também estivéssemos, na situação em berlinda, diante de um direito potestativo do doador, o respectivo prazo decadencial deveria estar expressamente previsto em lei. *Data maxima venia*, o art. 559 do Código Civil, ao dispor que a "revogação 'por qualquer desses motivos' deverá ser pleiteada dentro de um ano'", está se referindo, penso eu, aos motivos descritos no art. 557. Veja-se que o prazo de um ano se inicia da ciência pelo doador *da ocorrência do fato* que a autorizar e de ter sido *o donatário o seu autor* – situações que não se coadunam com a inércia do donatário, na inexecução do encargo. Logo, não previu o art. 559 um prazo específico para a "revogação", na hipótese do art. 562. E, à falta de um prazo decadencial específico, também seria de se aplicar o prazo prescricional geral, previsto na legislação civil, cuja fluência começa com a expiração do termo final assinalado para o cumprimento do encargo.

5. CONSIDERAÇÕES FINAIS

Muitas outras questões polêmicas ao redor do contrato de doação poderiam ser elevadas ao debate, como a nulidade da doação inoficiosa, a doação universal e a com reserva de usufruto, mas urge finalizar para não alongar em demasia o presente ensaio.

Importante consignar que doutrina e jurisprudência ora se alinham, ora se distanciam. Sem embargo, o diálogo entre ambas deve ser permanente. A necessidade de conferir estabilidade e coesão aos pronunciamentos jurisdicionais, visando garantir segurança jurídica, não pode albergar a imobilização do Direito, em constante evolução.

O desafio, que a nós todos se impõe, é retirar das leis o que de justo elas contêm, a fim de entregar a todos e a cada um o que for seu por direito. Não podemos nos distanciar dos princípios que informam a nova concepção contratual, especialmente aqueles que buscam resgatar a ética nas relações negociais, como o da boa-fé objetiva. Temos o mister de assegurar que os contratos cumpram a sua função social, extinguindo-se naturalmente com o adimplemento das prestações livre e conscientemente assumidas, satisfazendo-se as legítimas expectativas de todos os parceiros contratuais. A manifestação de vontade livre de vícios que a invalidem deve ser respeitada e produzir, sim, efeito vinculante, passível de cumprimento forçado, se necessário.

O contrato de doação, é fato, surge de um ato de generosidade, mas opera efeitos econômicos que não podem ser desprezados. Negócio jurídico que é preciso produzir os efeitos esperados, sob pena de gerar incertezas e insegurança jurídica, prejudicial não apenas aos contratantes, mas a toda a sociedade. Penso, por isso, que se devem zelar, tanto quanto possível, pela manutenção e pelo cumprimento do contrato. À medida que a sociedade se torna mais complexa, maior a necessidade de estabilização das expectativas – o que se conquista mercê de muito diálogo.

É possível afirmar, com alto grau de precisão, não haver paz ou estabilidade social sem segurança jurídica, e esta é a própria função do Direito. E que sigamos dialogando.

REFERÊNCIAS

ASSIS, Araken de. *Comentários ao Código Civil brasileiro*: do direito das obrigações. Rio de Janeiro: Forense, 2007. v. 5.

CARNACHIONI, Daniel. *Curso de direito civil*: contratos em espécie. *E-book*. São Paulo: RT, 2015.

CATALAN, Marcos. Reflexões acerca da eficácia da promessa de doação no direito brasileiro. *Revista Jurídica (Notadez)*, Porto Alegre, n. 402, 2011.

Fiuza, Ricardo. *Código Civil comentado*. 8. ed. São Paulo: Saraiva, 2012.

GAGLIANO, Pablo Stolze. *O contrato de doação*: análise crítica do atual sistema jurídico e os seus efeitos no direito de família e das sucessões. 4. ed. São Paulo: Saraiva, 2014 (versão eletrônica).

GAGLIANO, Pablo Stolze; PAMPLONA FILHO, Rodolfo. *Novo curso de direito civil*. São Paulo: Saraiva, 2008. v. IV, t. II.

LARENZ, Karl. *Derecho de las obligaciones*. Madrid: Revista de Derecho Privado, 1959.

MELO, Marco Aurélio Bezerra de. *Novo Código Civil anotado*. 2. ed Rio de Janeiro: Lumen Juris, 2004. v. III, t. I.

MELO, Marco Aurélio Bezerra de; SCHREIBER, Anderson; TARTUCE, Flávio; SIMÃO, José Fernando; DELGADO, Mario Luiz. *Código Civil comentado*: doutrina e jurisprudência. Rio de Janeiro: Forense, 2019.

NEVES, José Roberto de Castro. *Contratos I*. 2. ed. Rio de Janeiro: LMJ Mundo Jurídico, 2016.

PENTEADO, Luciano de Camargo. *Doação com encargo e causa contratual*. São Paulo: Millenium, 2004.

PEREIRA, Caio Mário da Silva. *Instituições de direito civil*: contratos. 21. ed. Rio de Janeiro: Forense, 2017.

PEREIRA, Caio Mário da Silva. *Instituições de direito civil*. Rio de Janeiro: Forense, 2006. v. III.

PLANIOL, Marcel; RIPERT, Georges. *Traité pratique de droit civil français*. Paris: LGDJ, 1933. t. V.

PONTES DE MIRANDA, Francisco Cavalcanti. *Tratado de direito privado*. Rio de Janeiro: Borsoi, 1964. v. 46.

RIZZARDO, Arnaldo. *Contratos*. Rio de Janeiro: Forense, 2006.

RODRIGUES, Silvio. *Direito civil*. Parte geral. 30. ed. São Paulo: Saraiva, 2000. v. 1.

SANSEVERINO, Paulo de Tarso Vieira. *Contratos Nominados II*: contrato estimatório, doação, locação de coisas, empréstimo (comodato e mútuo). São Paulo: RT, 2005.

SERPA LOPES, Miguel Maria de. *Curso de direito civil*. 6. ed. Rio de Janeiro: Freitas Bastos, 2001. v. 3.

SOUZA, Sylvio Capanema de. *Comentários ao novo Código Civil*. Rio de Janeiro: Forense, 2004. v. VIII.

TARTUCE, Flávio. *Manual de direito civil*: volume único. 9. ed. Rio de Janeiro: Forense; São Paulo: Método, 2019.

14

UM OLHAR SOBRE A DOAÇÃO COM RESERVA DE USUFRUTO

PABLO STOLZE GAGLIANO

SUMÁRIO: 1. Introdução; 2. O contrato de doação: noção conceitual; 3. O direito real de usufruto: revisando a sua definição; 4. A doação com reserva de usufruto; Referências.

1. INTRODUÇÃO

O objetivo deste texto é abordar a *doação com reserva de usufruto*[1], figura jurídica muito frequente na realidade brasileira.

Para tanto, reputamos necessário passar em revista, brevemente, as noções do contrato de doação e do direito real de usufruto, permitindo, assim, a melhor compreensão do objeto da nossa investigação científica.

2. O CONTRATO DE DOAÇÃO: NOÇÃO CONCEITUAL

Anota, com absoluta propriedade, Rafael de Pina que "el concepto de donación es generalmente considerado como uno de los más dificiles de

---

[1]   Para a redação deste texto, baseamo-nos em nossa obra *O contrato de doação – Análise Crítica do Atual Sistema Jurídico e os seus Efeitos no Direito de Família e das Sucessões*. 4. ed. São Paulo: Saraiva, 2014.

construir, en el campo del derecho, entre otros motivos, por la variedad de manifestaciones de que es susceptible esta figura jurídica"[2].

Caio Mário da Silva Pereira, por sua vez, lembra-nos que o Código Civil francês não alinha a doação entre as modalidades de contratos, encarando-a como simples forma de aquisição da propriedade:

> A razão desta orientação foi o fato de se ter insurgido Napoleão Bonaparte, quando das discussões do projeto no seio do Conseil d'Etat, contra a concepção contratualista, impressionado pela ausência da bilateralidade das prestações, a seu ver imprescindível para caracterizar o negócio contratual[3].

E, de fato, no Código Civil da França, a doação encontra assento no "Livre Troisième – Des Différentes Manières Dont On Acquiert La Propriété Dispositions Générales".

No Brasil, todavia, a doação foi tratada como figura contratual típica, ao lado da compra e venda e de outros contratos nominados.

A doação, nessa linha, é um negócio jurídico firmado entre doador e donatário, por força do qual o primeiro transfere bens, móveis ou imóveis, para o patrimônio do segundo, que os aceita, animado pelo propósito de beneficência ou liberalidade como elemento causal da avença.

Não se trata, outrossim, de um contrato real, a despeito da polêmica existente a esse respeito. Isso porque, diferentemente do mútuo, depósito ou comodato, a doação se torna perfeita antes mesmo da entrega da coisa ao donatário[4].

---

[2] PINA, Rafael de. *Elementos de derecho civil mexicano* (contratos en particular). 4. ed. México: Porrúa, 1982. v. 4, p. 74.

[3] PEREIRA, Caio Mário da Silva. *Instituições de direito civil*. 10. ed. Rio de Janeiro: Forense, 2001. v. III, p. 151.

[4] São exemplos de *contratos reais* o comodato, o mútuo, o depósito e o penhor. Como ensina Maria Helena Diniz, "antes da entrega efetiva da coisa, ter-se-á mera promessa de contratar e não um contrato perfeito e acabado. Todavia, autores há, como Osti, Colin e Capitant, Josserand, Baudry-Lacantinerie, Carrara e Planiol, que rejeitam essa noção de contrato real, fundando-se na ideia de que a entrega da coisa seria mero pressuposto de exigibilidade da obrigação de restituir" (*Tratado teórico e prático dos contratos*. 5. ed. São Paulo: Saraiva, 2003. v. 5, p. 107).

No Código Civil brasileiro, a doação está conceituada no art. 538: "Considera-se doação o contrato em que uma pessoa, por liberalidade, transfere do seu patrimônio bens ou vantagens para o de outra".

"Trata-se", ensina Flávio Tartuce, "de ato de mera liberalidade, sendo um contrato benévolo, unilateral e gratuito. Sendo negócio jurídico benévolo ou benéfico, somente se admite a interpretação restritiva, nunca a interpretação declarativa ou extensiva (art. 114, CC)"[5].

De fato, a doação tem, no aspecto da *liberalidade*, a sua razão típica ou função, em outras palavras, a sua *causa negocial*[6].

3. O DIREITO REAL DE USUFRUTO: REVISANDO A SUA DEFINIÇÃO

O usufruto é direito real na coisa alheia, com larga aplicação na sociedade brasileira.

Em nossa obra dedicada ao estudo dos Direitos Reais, escrevemos:

> Ao estudar este instituto, Clóvis Beviláqua faz um interessante enquadramento, ao afirmar que, ao lado do uso e da habitação, o usufruto traduz uma "servidão pessoal":
>
> O usufruto, o uso e a habitação são as servidões pessoais, que o Código Civil regula. Dizem-se servidões pessoais porque são direitos de uso e gozo, estabelecidos em benefício de determinada pessoa. Ligadas a alguém, as servidões pessoais não se alienam, como não se transmitem hereditariamente.
>
> E avança, conceituando:
>
> Usufruto é o direito real, conferido a uma pessoa, durante certo tempo, que a autoriza a retirar da coisa alheia os frutos e utilidades que ela produz[7].

---

[5]   TARTUCE, Flávio. *Direito civil*: teoria geral dos contratos e contratos em espécie. 15. ed. Rio de Janeiro: Forense, 2020. v. 3, p. 397.

[6]   Sobre a causa negocial, cf. Item 2.5, cap. XI, da nossa obra *Novo curso de direito civil*: parte geral. 22. ed. São Paulo: Saraiva, 2020. v. 1. escrito em coautoria com Rodolfo Pamplona Filho.

[7]   BEVILÁQUA, Clóvis. *Código Civil dos Estados Unidos do Brasil comentado*. Rio de Janeiro: Francisco Alves, 1933. v. 3, p. 278.

Com efeito, o direito real de usufruto pode recair em um ou mais bens, móveis ou imóveis[8], em um patrimônio inteiro, ou em parte deste, abrangendo-lhe, no todo ou em parte, os frutos e utilidades (art. 1.390).

De um lado, temos o titular do bem, que se despoja das faculdades reais de uso e gozo, tornando a sua propriedade limitada (nu--proprietário); de outro, o beneficiário (usufrutuário)[9].

Ainda sobre o tema, merece referência a doutrina de Flávio Tartuce:

> O usufruto pode ser apontado como o direito real de gozo ou fruição por excelência, pois há a divisão igualitária dos atributos da propriedade (GRUD) entre as partes envolvidas. (...)
>
> Como primeira parte, há o usufrutuário que, como o próprio nome já diz, tem os atributos de usar (ou utilizar) e fruir (ou gozar) a coisa – GU. Repise-se que esses são os atributos diretos, que formam o domínio útil. Diante do fracionamento dos atributos da propriedade o usufrutuário mantém a posse direta do bem, tendo o contato corpóreo imediato.
>
> A outra parte é o nu-proprietário, que tem os atributos de reivindicar (ou buscar) e dispor (ou alienar) a coisa – RD. É assim chamado justamente por estar despido dos atributos diretos, relativos ao domínio útil, que estão com o usufrutuário[10].

---

[8] "Art. 1.392, CC. Salvo disposição em contrário, o usufruto estende-se aos acessórios da coisa e seus acrescidos. § 1.º Se, entre os acessórios e os acrescidos, houver coisas consumíveis, terá o usufrutuário o dever de restituir, findo o usufruto, as que ainda houver e, das outras, o equivalente em gênero, qualidade e quantidade, ou, não sendo possível, o seu valor, estimado ao tempo da restituição. § 2.º Se há no prédio em que recai o usufruto florestas ou os recursos minerais a que se refere o art. 1.230, devem o dono e o usufrutuário prefixar-lhe a extensão do gozo e a maneira de exploração. § 3.º Se o usufruto recai sobre universalidade ou quota-parte de bens, o usufrutuário tem direito à parte do tesouro achado por outrem, e ao preço pago pelo vizinho do prédio usufruído, para obter meação em parede, cerca, muro, vala ou valado".

[9] GAGLIANO, Pablo Stolze; PAMPLONA FILHO, Rodolfo. *Novo curso de direito civil*: direitos reais. 2. ed. São Paulo: Saraiva, 2020. v. 5, p. 375-376.

[10] TARTUCE, Flávio. *Direito civil*: direito das coisas. 12. ed. Rio de Janeiro: Forense, 2020. v. 4, p. 531.

Note-se, portanto que, tendo em vista a característica da "elasticidade", a propriedade admite a sua decomposição ou desdobramento, para constituir, em favor de terceiro, com caráter real, o direito de usar e fruir a coisa pertencente nu-proprietário.

Imagine, então, nesse contexto, a possibilidade de se conjugar a transferência gratuita da propriedade de um bem – mediante o contrato de doação –, reservando, o doador, para si, o direito de usufruto sobre o bem objeto da própria alienação.

4. A DOAÇÃO COM RESERVA DE USUFRUTO

A presente modalidade de doação tem especial interesse no âmbito do planejamento sucessório[11].

Consiste o planejamento sucessório em um conjunto de atos que visa a operar a transferência e a manutenção organizada e estável do patrimônio do disponente em favor dos seus sucessores.

Com acuidade, a respeito do tema, preleciona Daniel Monteiro Peixoto:

> Planejar a sucessão significa organizar o processo de transição do patrimônio, levando em conta aspectos como (i) ajuste de interesses entre os herdeiros na administração dos bens, principalmente quando compõem capital social de empresa, aproveitando-se da presença do fundador como agente catalisador de expectativas conflitantes, (ii) organização do patrimônio, de modo a facilitar a sua administração, demarcando com clareza o ativo familiar do empresarial, (iii) redução de custos com eventual processo judicial de inventário e partilha que, além de gravoso, adia por demasiado a definição de fatores importantes na continuidade da gestão patrimonial, e, por último, (iv) conscientização acerca do impacto tributário dentre várias opções lícitas de organização do patrimônio, previamente à transferência, de modo a reduzir o seu custo[12].

---

[11] Sobre o tema, confira o capítulo respectivo do nosso volume 7: *Novo curso de direito civil*: direito das sucessões. 7. ed. São Paulo: Saraiva, 2020, escrito em coautoria com Rodolfo Pamplona Filho.

[12] PEIXOTO, Daniel Monteiro. Sucessão familiar e planejamento tributário I. *In*: PRADO, Roberta Nioac; PEIXOTO, Daniel Monteiro; SANTI, Eurico Marcos Diniz de (coord.). *Estratégias societárias, planejamento tributário e sucessório*. 2. ed. São Paulo: Saraiva-FGV, 2011. p. 138.

Nesse contexto, é forçoso convir que o planejamento exige do profissional que o conduz um conhecimento interdisciplinar, que englobe, especialmente, além do Direito Civil, o Direito Tributário e o Empresarial.

Um exemplo muito simples esclarecerá a importância do tema.

Carmelo, 55 anos, viúvo, pai de Maicon e Mailon, ambos filhos da sua falecida esposa, pretende se casar novamente com Penélope, jovem de 23 anos.

Como fazer para resguardar a herança dos seus filhos? A nova amada terá direito de concorrer com eles? O regime de bens interfere? Haverá meação? É possível e recomendável elaborar um testamento? Caso Carmelo seja sócio de uma determinada pessoa jurídica, com a sua morte, Penélope passa a deter algum direito societário?

Todas essas indagações devem ser objeto de estudo no bojo de um cuidadoso planejamento, a fim de que, com a morte de Carmelo, a sua vontade seja preservada, na perspectiva dos interesses daqueles que ficam.

Claro que diversas outras situações, de acentuada complexidade, culminarão por exigir um detido planejamento sucessório.

No entanto, qualquer que seja a hipótese, é recomendável e de máxima cautela que se conheça o regime de bens adotado pelos envolvidos, caso constituam sociedade conjugal ou integrem união estável.

Outro instituto que tem grande importância jurídica e social, quando se pesquisa acerca do planejamento, é a denominada sociedade *holding*: desde que atendidas as prescrições legais, e não se configurando fraude ou abuso, apresenta-se lícita a constituição de determinadas pessoas jurídicas, quer seja para assegurar interesses no âmbito sucessório, quer seja para obter benefícios fiscais permitidos.

É o caso da sociedade *holding*.

"Sociedade *Holding* é, em sentido lato", como preleciona Roberta Nioac Prado, "aquela que participa de outras sociedades como cotista ou acionista. Ou seja, é uma sociedade formalmente constituída, com personalidade jurídica, cujo capital social, ou ao menos parte dele, é subscrito e integralizado com participações societárias de outras pessoas jurídicas"[13].

---

[13] PRADO, Roberta Nioac; KIRSCHBAUM, Deborah; COSTALUNGA, Karime. Sucessão familiar e planejamento societário II. In: PRADO, Roberta Nioac; PEIXOTO, Daniel Monteiro; SANTI, Eurico Marcos Diniz de (coord.). *Estratégias societárias, planejamento tributário e sucessório*. 2. ed. São Paulo: Saraiva-FGV, 2011. p. 189.

A sua base normativa é o art. 2.º, § 3.º, da Lei n. 6.404, de 15 de dezembro de 1976 (Lei das Sociedades Anônimas)[14]:

> Art. 2.º Pode ser objeto da companhia qualquer empresa de fim lucrativo, não contrário à lei, à ordem pública e aos bons costumes.
>
> (...)
>
> § 3.º A companhia pode ter por objeto participar de outras sociedades; ainda que não prevista no estatuto, a participação é facultada como meio de realizar o objeto social, ou para beneficiar-se de incentivos fiscais.

A entidade assim constituída, portanto, direciona a sua atuação, ou parte dela, para a participação em outras pessoas jurídicas, como sócio ou acionista.

Desse simples, mas preciso, conceito já se pode notar a possível vantagem proveniente de uma *holding* poder operar, atuar e até mesmo controlar diversas outras pessoas jurídicas, pertencentes a um mesmo grupo familiar, evitando, com isso, que dissensões individuais internas, especialmente entre parentes, prejudiquem a atividade econômica de todo o conjunto.

Nesse sentido, observe-se a arguta preleção de Roberta Prado:

> Além disso, sendo tal sociedade uma pessoa jurídica distinta da(s) operacional(is), ela proporciona uma maior discrição e confidencia-

---

[14] "Em que pese a lei acima tratar das Sociedades Anônimas", observa Tiago Pereira Barros, "não existe nenhum impedimento para que a sociedade *holding* seja formalizada sob a égide das normas referentes às sociedades por quotas de responsabilidade limitada ou qualquer outra permitida pelo direito brasileiro, pois esta modalidade de empresa consiste mais em um objetivo da sociedade – controle e gerenciamento de outras empresas ou patrimônio – do que em um tipo societário específico. Em aspectos gerais, as *holdings* são classificadas como: a) *Holding* Pura: é a sociedade empresária que possui como objetivo social apenas a participação no capital de outras empresas, ou seja, sua atividade é a manutenção de ações/quotas de outras companhias, de modo a controlá-las sem distinção de local, podendo ter sua sede social transferida sem maiores problemas; b) *Holding* Mista: é a sociedade empresária que, além da participação e controle de outras empresas, explora alguma outra atividade empresarial, como prestação de serviços civis e/ou comerciais, sendo este tipo o mais utilizado no país por razões fiscais e administrativas" (Planejamento sucessório e *holding* familiar/patrimonial. *Jus Navigandi*, Teresina, ano 18, n. 3529, fev. 2013. Disponível em: http://jus.com.br/artigos/23837. Acesso em: 29 fev. 2020).

lidade em relação a dissidências que podem surgir entre membros de uma família controladora de sociedade(s) operacional(is). Com isso, ao menos em tese, as decisões chegam na(s) sociedade(s) controlada(s) mais uniformes e consolidadas[15].

Outra figura digna de nota é a *Holding* Patrimonial.

Esse tipo de sociedade é constituída com o objetivo de titularizar e administrar bens, especialmente imóveis. Vale dizer, é uma sociedade tipicamente de gestão patrimonial.

Preleciona, sobre o tema, Fred John Prado:

> Nesses últimos anos, a criação da *holding* patrimonial tem, a nosso ver, uma posição primordial e relevante na passagem de uma geração a outra, sem traumas.
>
> Através de uma *holding* patrimonial, é possível realizar um planejamento sucessório bastante interessante e eficiente. Sucessão, em sentido comum, implica a ideia de transmissão de bens. Suceder é, no dizer de Sílvio Venosa, substituir, tomar o lugar de outrem, no campo dos fenômenos jurídicos.
>
> Assim, é possível distribuir os bens da pessoa física, que estarão incorporados à pessoa jurídica, antes mesmo que esta venha a falecer. Evitam-se, desta maneira, as ansiedades por parte da linha sucessória, posto que o quinhão de cada participante fica definido antes mesmo do falecimento do sócio.
>
> Outrossim, a transmissão fica facilitada por meio da sucessão de quotas da empresa, senão, vejamos. Consoante regra o artigo 1.845 do Código Civil Brasileiro, são herdeiros necessários os descendentes, os ascendentes e o cônjuge, sendo que estes concorrem na mesma proporção na meação prevista no artigo 1.846, que estabelece pertencer aos herdeiros necessários, de pleno direito, a metade dos bens da herança, constituindo a legítima[16].

---

15 PRADO, Roberta Nioac; KIRSCHBAUM, Deborah; COSTALUNGA, Karime. Sucessão familiar e planejamento societário II cit., p. 192.

16 PRADO, Fred John Santana. A *holding* como modalidade de planejamento patrimonial da pessoa física no Brasil. *Jus Navigandi*, Teresina, ano 16, n. 2800, 2 mar. 2011. Disponível em: http://jus.com.br/artigos/18605. Acesso em: 29 fev. 2020.

Cap. 14 • UM OLHAR SOBRE A DOAÇÃO COM RESERVA DE USUFRUTO | **387**

Sem dúvida, esse tipo de *holding* afigura-se mais vantajosa do que um condomínio, na medida em que as regras destes últimos, naturalmente mais estáticas, podem se mostrar desvantajosas.

Feitas tais considerações, voltemos os olhos à modalidade de doação aqui estudada.

E por que fizemos as considerações *supra*, previamente?

Porque é especialmente no contexto do planejamento sucessório – posto não apenas em seu âmbito – que ganha relevo a denominada *doação com reserva de usufruto*.

Sobre o tema, ensina Miguel Maria de Serpa Lopes:

> Pode o doador, reservando para si o usufruto, transferir ao donatário a nua-propriedade da coisa doada.
>
> A doação da nua-propriedade implica sempre a reserva de usufruto em favor do doador, mesmo que o ato institutivo silencie a respeito, ficando igualmente prejudicada a existência do usufruto, se não se destinar a uma pessoa determinada. Também inadmissível seria uma reserva de usufruto para si e para os seus herdeiros, pois a estipulação implicaria a aquisição do usufruto pelo doador e este não pode transmitir aos herdeiros, em tais condições, sem conferir ao usufruto uma duração ultravitalícia[17].

Também discorrendo sobre o tema, escreve Mário Tavernard Martins de Carvalho:

> Mesmo com a transferência em vida da propriedade, é possível o doador permanecer com a posse direta, e com os direitos de administrar, usar e perceber os frutos. Isso pode ser feito com a instituição do usufruto, que poderia ser por prazo determinado ou vitalício. Neste caso, exemplificativamente, o doador/usufrutuário continuaria usufruindo de seu patrimônio enquanto vivesse e, no momento do falecimento, a posse indireta já transmitida ao herdeiro se consolidaria como plena[18].

---

17 SERPA LOPES, Miguel Maria de. *Curso de direito civil* – fontes das obrigações: contratos. 6. ed. Rio de Janeiro: Freitas Bastos, 2001. v. III, p. 400.

18 CARVALHO, Mário Tavernard Martins de. *Empresa familiar*: estudos jurídicos. Coordenação Fábio Ulhoa Coelho e Marcelo Andrade Féres. São Paulo: Saraiva, 2014. p. 456.

Vale dizer, nessa modalidade negocial, opera-se a transferência gratuita da propriedade do doador para o donatário, reservando aquele, em seu favor, o usufruto do bem doado.

Pela sua própria natureza, a sua aplicação encontra ambiente propício no planejamento sucessório: ao fazer uma "partilha em vida", o sujeito realiza a doação de um dos bens componentes do seu acervo – respeitados, por certo, os limites da legítima –, mantendo, em seu favor, o usufruto temporário ou vitalício do bem transmitido.

É possível, inclusive, que, ao realizar a doação – reservando para si o usufruto do bem doado –, o doador grave o bem com cláusula de inalienabilidade:

> Recurso especial. Direito civil. Doação. Herdeiros necessários. Antecipação de legítima. *Cláusula de inalienabilidade e usufruto.* Morte dos doadores.
>
> 1. Controvérsia acerca da possibilidade de cancelamento de cláusula de inalienabilidade instituída pelos pais em relação ao imóvel doado aos filhos.
>
> 2. A doação do genitor para os filhos e a instituição de cláusula de inalienabilidade, por representar adiantamento de legítima, deve ser interpretada na linha do que prescreve o art. 1.848 do CCB, exigindo-se justa causa notadamente para a instituição da restrição ao direito de propriedade.
>
> 3. Possibilidade de cancelamento da cláusula de inalienabilidade após a morte dos doadores, passadas quase duas décadas do ato de liberalidade, em face da ausência de justa causa para a sua manutenção.
>
> 4. Interpretação do art. 1.848 do Código Civil à luz do princípio da função social da propriedade.
>
> 5. Recurso especial provido (REsp 1.631.278/PR, 3.ª Turma, Rel. Min. Paulo de Tarso Sanseverino, j. 19.03.2019, *DJe* 29.03.2019 – grifamos).

Inegáveis, pois, as vantagens da doação com reserva de usufruto, especialmente quando se pretenda garantir, ainda em vida – sem prejuízo da continuidade na fruição do bem –, que este já seja alienado àqueles que, no futuro, fariam jus a ele, após todo o trâmite de um inventário ou arrolamento.

Aspecto interessante que também merece a nossa atenção diz respeito à possibilidade de haver, em situações específicas, no âmbito sucessório, direito real de habitação em imóvel que fora doado com reserva de usufruto.

Para a adequada compreensão desse ponto, é importante relembrarmos que, na seara sucessória, o direito real de habitação tanto pode beneficiar o cônjuge ou o companheiro sobrevivente. Trata-se de um "direito sucessório paralelo", pois pode coexistir com o próprio direito à herança.

O art. 1.831 do Código Civil assegura ao cônjuge sobrevivente, qualquer que seja o regime de bens, sem prejuízo da participação que lhe caiba na herança, direito real de habitação relativamente ao imóvel destinado à residência da família, desde que seja o único daquela natureza a inventariar.

A norma é bem-intencionada.

Pretende-se, com isso, na perspectiva do direito constitucional à moradia (art. 6.º da CF), impedir que a viúva (ou viúvo) – mormente aquele de idade mais avançada – seja alijada(o) do único imóvel integrante do monte partível, em que residiu durante toda uma vida com o(a) falecido(a).

Se o direito sucessório paralelo não existisse, havendo outros herdeiros, o bem seria partilhado e, certamente, salvo acordo entre os próprios interessados, culminaria por ser alienado, repartindo-se a receita gerada e, por consequência, desalojando-se a viúva (ou viúvo) que lá residia.

No âmbito da união estável, o referido direito encontra-se consagrado no parágrafo único do art. 7 da Lei n. 9.278/1996:

> Art. 7.º (...)
>
> Parágrafo único. Dissolvida a união estável por morte de um dos conviventes, o sobrevivente terá direito real de habitação, enquanto viver ou no constituir nova união ou casamento, relativamente ao imóvel destinado à residência da família.

Pois bem.

Imagine agora a hipótese em que o sujeito, casado, doa a um dos filhos determinado imóvel, reservando para si o usufruto do bem. Com a sua morte, *caso o bem retorne ao monte partível em decorrência da colação*, a viúva poderá arguir o direito real de habitação.

Nessa linha, o Superior Tribunal de Justiça, em acórdão da lavra do eminente Min. Luis Felipe Salomão:

> Recurso especial. Ação reivindicatória. Sucessões. Código Civil de 1916. Antecipação da legítima. Doação com cláusula de usufruto. Cônjuge sobrevivente que continuou na posse. Imóvel. Colação do próprio bem (em substância). Direito real de habitação. Inocorrência.
>
> 1. A colação é obrigação imposta aos descendentes que concorrem à sucessão comum, por exigência legal, para acertamento das legítimas, na proporção estabelecida em lei, sob pena de sonegados e, consequentemente, da perda dos direitos sobre os bens não colacionados, voltando esses ao monte-mor, para serem sobrepartilhados.
>
> 2. A doação é tida como inoficiosa, caso exceda a parte a qual pode ser disposta, sendo nula a liberalidade deste excedente, podendo haver ação de anulação ou de redução. Da mesma forma, a redução será do bem em espécie e, se esse não mais existir em poder do donatário, se dará em dinheiro (CC, art. 2.007, § 2.º).
>
> 3. *É possível a arguição de direito real de habitação ao cônjuge supérstite em imóvel que fora doado, em antecipação de legítima, com reserva de usufruto.*
>
> 4. Existem situações em que o imóvel poderá ser devolvido ao acervo, volvendo ao seu *status* anterior, retornando ao patrimônio do cônjuge falecido para fins de partilha, abrindo, a depender do caso em concreto, a possibilidade de reconhecimento do direito real de habitação ao cônjuge sobrevivente.
>
> 5. Na hipótese, a partilha dos bens fora homologada em 18.05.1993, não havendo alegação de nulidade da partilha ou de resolução da doação, além de se ter constatado que o imóvel objeto de reivindicação não era o único bem daquela natureza a inventariar.
>
> 6. Recurso especial não provido (REsp 1.315.606/SP, 4.ª Turma, Rel. Min. Luis Felipe Salomão, j. 23.08.2016, *DJe* 28.09.2016 – grifamos).

Diante de todo esse cenário, é forçoso reconhecer a acentuada versatilidade do instituto ora estudado.

Entretanto, não é aí, por certo, que está a sua maior utilidade social, senão na possibilidade de haver a circulação da propriedade – por meio da alienação gratuita –, permitindo, ainda assim, ao doador usufruir a coisa doada por certo tempo ou até que a morte sobrevenha.

Atende-se, com isso, a uma dupla função: *econômica*, tendo em vista a transferência patrimonial envolvida, e *social*, mediante a garantia de fruição que, em geral, está atrelada ao exercício do altaneiro direito constitucional à moradia (art. 6.º, CF).

REFERÊNCIAS

BARROS, Tiago Pereira. Planejamento sucessório e *holding* familiar/ patrimonial. *Jus Navigandi*, Teresina, ano 18, n. 3529, fev. 2013. Disponível em: http://jus.com.br/artigos/23837. Acesso em: 29 fev. 2020.

BEVILÁQUA, Clóvis. *Código Civil dos Estados Unidos do Brasil comentado*. Rio de Janeiro: Francisco Alves, 1933. v. 3.

CARVALHO, Mário Tavernard Martins de. *Empresa familiar*: estudos jurídicos. Coordenação Fábio Ulhoa Coelho e Marcelo Andrade Féres. São Paulo: Saraiva, 2014.

DINIZ, Maria Helena. *Tratado teórico e prático dos contratos*. 5. ed. São Paulo: Saraiva, 2003. v. 5.

GAGLIANO, Pablo Stolze. *O contrato de doação* – Análise Crítica do Atual Sistema Jurídico e os seus Efeitos no Direito de Família e das Sucessões. 4. ed. São Paulo: Saraiva, 2014.

GAGLIANO, Pablo Stolze; PAMPLONA FILHO, Rodolfo. *Novo curso de direito civil*: parte geral. 22. ed. São Paulo: Saraiva, 2020. v. 1.

GAGLIANO, Pablo Stolze; PAMPLONA FILHO, Rodolfo. *Novo curso de direito civil*: direitos reais. 2. ed. São Paulo: Saraiva, 2020. v. 5.

GAGLIANO, Pablo Stolze; PAMPLONA FILHO, Rodolfo. *Novo curso de direito civil*: direito das sucessões. 7. ed. São Paulo: Saraiva, 2020. v. 7.

PEIXOTO, Daniel Monteiro. Sucessão familiar e planejamento tributário I. In: PRADO, Roberta Nioac; PEIXOTO, Daniel Monteiro; SANTI, Eurico Marcos Diniz de (coord.). *Estratégias societárias, planejamento tributário e sucessório*. 2. ed. São Paulo: Saraiva-FGV, 2011.

PEREIRA, Caio Mário da Silva. *Instituições de direito civil*. 10. ed. Rio de Janeiro: Forense, 2001. v. III.

PINA, Rafael de. *Elementos de derecho civil mexicano* (contratos en particular). 4. ed. México: Porrúa, 1982. v. 4.

PRADO, Fred John Santana. A *holding* como modalidade de planejamento patrimonial da pessoa física no Brasil. *Jus Navigandi*, Teresina, ano 16, n. 2800, 2 mar. 2011. Disponível em: http://jus.com.br/artigos/18605. Acesso em: 29 fev. 2020.

PRADO, Roberta Nioac; KIRSCHBAUM, Deborah; COSTALUNGA, Karime. Sucessão familiar e planejamento societário II. In: PRADO, Roberta Nioac; PEIXOTO, Daniel Monteiro; SANTI, Eurico Marcos Diniz de (coord.). *Estratégias societárias, planejamento tributário e sucessório*. 2. ed. São Paulo: Saraiva-FGV, 2011.

SERPA LOPES, Miguel Maria de. *Curso de direito civil* – fontes das obrigações: contratos. 6. ed. Rio de Janeiro: Freitas Bastos, 2001. v. III.

TARTUCE, Flávio. *Direito civil*: direito das coisas. 12. ed. Rio de Janeiro: Forense, 2020. v. 4.

TARTUCE, Flávio. *Direito civil*: teoria geral dos contratos e contratos em espécie. 15. ed. Rio de Janeiro: Forense, 2020. v. 3.

LEI DOS DISTRATOS

15

A LEI 13.786/2019 ("LEI DOS DISTRATOS") E SUAS CONTROVÉRSIAS PRINCIPAIS

FRANCISCO EDUARDO LOUREIRO

SUMÁRIO: Introdução; 1. Pode a Lei 13.786/2018 ser aplicada aos contratos celebrados anteriormente à sua vigência, mas cujos efeitos, em especial o inadimplemento e a resolução, ocorreram no ano de 2019, levando em conta a regra de transição do art. 2.035 do Código Civil (retroatividade mínima)? Serve a nova lei ao menos como critério interpretativo dos contratos anteriores, como aventado em questão prejudicial por ocasião do julgamento do Tema 971 do STJ, em regime de recursos repetitivos?; 2. O § 10 do art. 67-A da Lei 4.591/1964, com a redação que recebeu da Lei 13.786/2018, dispõe: "Os contratos firmados em estandes de vendas e fora da sede do incorporador permitem ao adquirente o exercício do direito de arrependimento, durante o prazo improrrogável de 7 (sete) dias, com a devolução de todos os valores eventualmente antecipados, inclusive a comissão de corretagem". Admite-se no regime da nova lei a desistência ou resilição unilateral do promissário-comprador após o decurso do prazo de sete dias? Estão revogadas as Súmulas 543 do STJ e 1 do TJSP?; 3. O § 13 do art. 67-A da Lei 4.591/1964, com a redação que lhe deu a Lei 13.786/2018, dispõe: "Poderão as partes, em comum acordo, por meio de instrumento específico de distrato, definir condições diferenciadas das previstas nesta Lei". Poderá o distrato estabelecer cláusula penal ou prazo de devolução das parcelas pagas mais gravosos do que os previstos na lei para a hipótese de resolução?; 4. O § 2.º do art. 43-A da Lei 4.591/1964, com a redação da Lei 13.786/2018, dispõe: "Na hipótese de a entrega do imóvel estender-se por prazo superior àquele previsto no *caput* deste artigo, e não se tratar de resolução do contrato, será devida ao adquirente adimplente, por ocasião da entrega da unidade, indenização de 1% (um por cento) do valor efetivamente pago à incorporadora, para cada mês de atraso, *pro rata die*, corrigido monetariamente conforme índice estipulado em contrato". Razoável que as perdas e danos tomem como base não o valor da unidade autônoma, mas sim o valor já despendido pelo promissário-comprador? Cuida-se de caso de tarifação das perdas e danos? Caso comprove o promissário-comprador danos superiores aos previstos em lei, pode cobrar a diferença?; 5. O art. 67-A da Lei 4.591/1964, com a redação da Lei 13.786/2018, dispõe sobre as penalidades e restituição das parcelas do preço pagas, na hipótese de inadimplemento do promissário-comprador. O inciso II menciona "a pena convencional, que não poderá exceder a 25% (vinte e cinco por cento) da quantia paga". Cabe a redução da cláusula penal com fundamento no art. 413 do Código Civil, desde que caracterizada a sua excessiva onerosidade? Cabe a cobrança de prejuízo superior à multa, se houver expressa previsão no contrato, com fundamento no art. 416 do Código Civil?; Referências.

INTRODUÇÃO

O mercado imobiliário é cíclico, alternando períodos de franco desenvolvimento e demanda crescente por novas unidades autônomas e lotes, com períodos de fraca procura e, pior, encalhe de unidades já prontas, ou devolução daquelas prometidas à venda por força do alto índice de inadimplência dos promissários-compradores. Os ciclos sucessivos de aquecimento e de crise provocam ondas de ações judiciais que espelham o momento econômico. Entre os anos de 2011 e 2014, período de ouro do mercado imobiliário, as ações tiveram por objeto pedidos de indenização ajuizados por promissários-compradores em razão de atraso de obra, ou de cobrança de encargos e verbas abusivas. O mercado excessivamente aquecido não deu conta de atender ao número elevado de unidades vendidas na planta. A partir de 2015, ano em que o mercado mergulhou em profunda crise, a situação se reverteu e as demandas foram inversas: os promissários-compradores ficaram impossibilitados de pagar o preço das unidades em construção e os pedidos foram de extinção dos contratos, ora ajuizados pelas construtoras promitentes vendedoras, ora ajuizados diretamente pelos promissários-compradores inadimplentes, com o objetivo de obter a restituição de ao menos parte dos valores já pagos.

A prolongada crise que se estendeu entre os anos de 2015 a 2018 provocou estragos significativos no mercado imobiliário. A fraca demanda de novas vendas somou-se à retomada das unidades já alienadas, ou prometidas à venda, uma vez que os promissários-compradores não tiveram condições de obter financiamento imobiliário e muito menos de honrar o pagamento do saldo remanescente do preço com recursos próprios.

Tal quadro levou a uma tempestade perfeita. As extinções de milhares contratos de promessa de compra e venda celebrados entre os anos de 2011 e 2014, período de hiperaquecimento do mercado, provocaram como efeito natural a restituição de ao menos parte do preço pago pelos promissários-compradores. Isso porque os contratos de incorporação imobiliária são de efeito diferido. Entre o momento da celebração do contrato e o da entrega das chaves – dois a quatro anos depois –, o quadro econômico do País alterou-se radicalmente. As construtoras e incorporadoras, sem liquidez em razão das fracas vendas e da obrigação de honrar o prazo de entrega das unidades aos compradores pontuais, tiveram ainda que restituir parte do preço pago aos promissários-compradores inadimplentes, cujos contratos foram resolvidos.

A situação de crise levou à insolvência dezenas de incorporadoras e construtoras. A reação veio pela edição da Lei 13.786/2018, impropriamente denominada pelos meios de comunicação de "Lei dos Distratos". Imprópria porque, como sabido, a extinção dos contratos, na lição de Orlando Gomes, adotada em nosso Código Civil, se dá pelas modalidades de resilição e de resolução. No dizer no mestre baiano, "sob nome de resilição, usado pelos juristas franceses, designa-se o modo de extinção dos contratos pela vontade de um ou dos dois contratantes"[1]. Resolução, por seu turno, é a extinção do contrato fundada no inadimplemento, ou por onerosidade excessiva. Os arts. 472 e 473 do Código Civil disciplinam as duas hipóteses de resilição, pautadas pela vontade de ambas ou, ao menos, de uma das partes do contrato. O distrato é a resilição bilateral (art. 472). Há também a resilição unilateral, mediante denúncia de uma das partes (art. 473). Os arts. 474 e 475 do Código Civil, por sua vez, disciplinam a resolução, baseada no inadimplemento de um dos contratantes e seus dois mecanismos, a cláusula resolutiva expressa e a cláusula resolutiva tácita. Em suma, a distinção fundamental entre a resilição e a resolução, por expressa opção do legislador, encontra-se na causa da extinção do contrato, a primeira assentada na vontade e a segunda no inadimplemento ou na onerosidade excessiva.

Como se constata de simples leitura da Lei 13.786/2018, apenas um artigo regula o distrato (resilição bilateral). É o que dá nova redação ao § 13 do art. 67-A da Lei 4.591/1964, do seguinte teor: "Poderão as partes, em comum acordo, por meio de instrumento específico de distrato, definir condições diferenciadas das previstas nesta Lei". O restante da lei se volta ao inadimplemento relativo e absoluto das partes nos contratos de compromisso de compra e venda de unidades autônomas em construção e de lotes e de seus efeitos, em especial o da resolução do contrato e cálculo das perdas e danos.

Regula a Lei 13.786/2018, em sua essência, o inadimplemento e a resolução dos contratos de compromisso de compra e venda de unidades

---

[1] GOMES, Orlando. *Contratos*. 18. ed. Rio de Janeiro: Forense, 1998. p. 183.

autônomas futuras e de lotes, acrescentando diversos dispositivos às Leis 4.591/1964 (incorporação imobiliária) e 6.766/1979 (loteamentos). Teve a lei o mérito de disciplinar os efeitos da mora, do inadimplemento absoluto e da resolução dos referidos contratos, pretendendo minorar a incerteza jurídica e alterar a jurisprudência dominante dos tribunais. Teve a lei o demérito, porém, de adotar uma série de imperdoáveis imprecisões técnico-jurídicas, o que certamente causará o efeito inverso de fomentar demandas judiciais e provocar a interpretação dos tribunais, diante dos defeitos do texto legal.

Vamos ao exame de algumas questões polêmicas suscitadas pela nova lei.

1.   Pode a Lei 13.786/2018 ser aplicada aos contratos celebrados anteriormente à sua vigência, mas cujos efeitos, em especial o inadimplemento e a resolução, ocorreram no ano de 2019, levando em conta a regra de transição do art. 2.035 do Código Civil (retroatividade mínima)? Serve a nova lei ao menos como critério interpretativo dos contratos anteriores, como aventado em questão prejudicial por ocasião do julgamento do Tema 971 do STJ, em regime de recursos repetitivos?

Discute-se a incidência da nova lei aos contratos celebrados em data anterior, mas cujos inadimplemento e resolução ocorreram na vigência da nova lei.

Não há dúvida de que a nova lei regula somente aspectos de direito material, e não de direito processual. Versa sobre os requisitos do quadro-resumo do contrato de compromisso de compra e venda e em seguida sobre o inadimplemento relativo e absoluto das prestações devidas pelos promitentes vendedores e pelos promissários-compradores, em especial sobre suas consequências, cálculo das perdas e danos, perdimento das parcelas pagas e cláusula penal. Não se trata também de lei de direito material meramente interpretativa, pois criou novas regras e visou alterar substancialmente a jurisprudência consolidada dos tribunais a respeito do tema.

Discute-se a possibilidade da incidência do art. 2.035 do Código Civil, que dispõe que a validade dos negócios jurídicos se rege pela lei vigente no momento da celebração, mas os seus efeitos se subordinam à lei vigente ao tempo que ocorrerem[2]. Não é a norma de direito intertemporal do Código Civil aplicável à Lei 13.786/2018, e por mais de uma razão.

Primeiro, porque os contratos de compromissos de compra e venda de unidades autônomas futuras e de lotes se sujeitam, salvo exceções, às normas cogentes do Código de Defesa do Consumidor. O adquirente normalmente se qualifica como consumidor e o alienante como fornecedor. As normas protetivas das relações de consumo fulminam de nulidade as cláusulas abusivas, de modo que disposição nula não convalescerá nem se tornará válida pela superveniência de nova lei. Em outras palavras, o vício de que padeciam as cláusulas excessivamente onerosas se situava no plano da validade sob o regime da lei anterior, e não no plano da eficácia.

Segundo, porque a proteção do ato jurídico perfeito contra normas supervenientes é regra expressa pelo art. 5.º, XXXVI, da Constituição da República e do art. 6.º da Lei de Introdução às Normas do Direito Brasileiro. É entendimento sedimentado de nossa doutrina que "os efeitos jurídicos dos contratos regem-se pela lei do tempo em que se celebraram"[3], ou seja, os contratos nascidos sob o império da lei antiga permanecem a ela submetidos, mesmo quando seus efeitos se desenvolvem sob o domínio da lei nova. A vedação não impede apenas a vigência da lei nova sobre efeitos consumados anteriormente (retroatividade máxima) ou seus efeitos pendentes (retroatividade média), como também seus efeitos futuros (retroatividade mínima)[4].

Como constou de expressiva passagem de Acórdão do Supremo Tribunal Federal,

> (...) tratando-se de contrato legitimamente celebrado, as partes têm o direito de vê-lo cumprido, nos termos da lei contemporânea ao seu nascimento, a regular, inclusive, os seus efeitos. Os efeitos do contrato ficam condicionados à lei vigente no momento em que foi firmado pelas partes. Aí, não há que invocar o efeito imediato da lei nova (...), uma lei nova não pode estender-se, com a finalidade

---

[2] A validade dos negócios e demais atos jurídicos constituídos antes da entrada em vigor deste Código obedece ao disposto nas leis anteriores, referidas no art. 2.045, mas os seus efeitos, produzidos após a vigência deste Código, aos preceitos dele se subordinam, salvo se houver sido prevista pelas partes determinada forma de execução.

[3] PEREIRA, Caio Mário da Silva. *Instituições de direito civil*. 23. ed. Rio de Janeiro: Forense, p. 136-137.

[4] ADI 493, Tribunal Pleno, Rel. Min. Moreira Alves, j. 25.06.1992, *DJ* 04.09.1992.

de regê-los, aos efeitos futuros de contratos anteriormente pactuados, pois, se tal situação se revelasse possível, o Estado passaria a dispor de um temível poder de intervenção na esfera das relações contratuais privadas em curso de execução, afetando, em seus aspectos essenciais, a própria causa geradora daquelas consequências jurídicas[5].

Situação similar (mas inversa) à em análise foi apreciada pelo Supremo Tribunal Federal. O caso era inverso, porque se discutiu se compromisso de compra e venda celebrado antes da vigência do Código de Defesa do Consumidor, mas executado posteriormente, se submetia à nova lei. Transcreve-se a ementa do julgado:

> Compromisso de compra e venda. Rescisão. Alegação de ofensa ao art. 5.º, XXXVI, da Constituição. Sendo constitucional o princípio de que a lei não pode prejudicar o ato jurídico perfeito, ele se aplica também às leis de ordem pública. De outra parte, se a cláusula relativa à rescisão com a perda de todas as quantias pagas constava do contrato celebrado anteriormente ao Código de Defesa do Consumidor, ainda quando a rescisão tenha ocorrido após a entrada em vigor deste, a aplicação dele para se declarar nula a rescisão feita de acordo com aquela cláusula fere, sem dúvida alguma, o ato jurídico perfeito, porquanto a modificação dos efeitos futuros de ato jurídico perfeito caracteriza a hipótese de retroatividade mínima que também é alcançada pelo disposto no art. 5.º, XXXVI, da Carta Magna. Recurso extraordinário conhecido e provido[6].

O Superior Tribunal de Justiça, ao editar a Súmula 285 (*Nos contratos bancários posteriores ao Código de Defesa do Consumidor incide a multa moratória nele prevista*) também referendou a tese do respeito ao ato jurídico perfeito, ainda que os efeitos do contrato tenham se dado sob a égide da lei nova[7].

---

[5]   AI 251.533, Rel. Min. Celso de Mello, j. 25.10.1999.

[6]   STF, RE 205.999, Rel. Min. Moreira Alves, *DJ* 03.03.2000.

[7]   REsp 1.614.721/DF, Rel. Min. Luis Felipe Salomão.

A jurisprudência dos tribunais a respeito da Lei 13.786/2018 é firme ao negar a sua incidência aos contratos formados em data anterior, ainda que o inadimplemento tenha se dado durante sua vigência. Em pesquisa realizada no *site* do Tribunal de Justiça de São Paulo, em meados do mês de janeiro de 2020, contabilizaram-se cerca de quinze mil acórdãos negando retroatividade à nova lei.

O Superior Tribunal de Justiça já se manifestou em diversas oportunidades sobre a irretroatividade da Lei 13.786/2018. Ao julgar o REsp 1.614.721, em 25.06.2019, em sede de recurso repetitivo, que resultou na edição da Tese 971, o Ministro Luis Felipe Salomão levantou questão de ordem, na qual abordou de modo fundamentado a questão. Com base em precedentes da Corte e do Supremo Tribunal Federal, reafirmou a irretroatividade da lei quanto aos contratos formados em data anterior, ainda que seus efeitos tenham ocorrido em data posterior à sua vigência. Na parte final do voto constou a seguinte passagem:

> Ainda que se possa cogitar de invocação de algum instituto da nova lei de regência para auxiliar nas decisões futuras, e apenas como norte principiológico – pois haveria mesmo necessidade de tratamento mais adequado e uniforme para alguns temas controvertidos –, é bem de ver que a questão da aplicação ou não da nova legislação a contratos anteriores a sua vigência está a exigir, segundo penso, uma pronta solução do STJ, de modo a trazer segurança e evitar que os jurisdicionados que firmaram contratos anteriores sejam surpreendidos, ao arrepio do direito adquirido e do ato jurídico perfeito[8].

Não há dúvida da irretroatividade da Lei 13.786/2018, inaplicável aos contratos celebrados antes de sua vigência, ainda que o inadimplemento ocorra em data ulterior. É preciso, mais, extrema cautela para usar a nova lei como critério interpretativo de julgamento de contratos anteriores à sua vigência, pois padece a norma de sérios problemas técnicos, que mais embaraçam do que auxiliam a tarefa do intérprete, como veremos a seguir.

---

[8] A fundamentação foi adotada no REsp 1.729.593/SP, Rel. Min. Marco Aurélio Belizze, que em sede de julgamento repetitivo firmou o Tema 996. Diversas decisões monocráticas recentes têm reafirmado a tese da irretroatividade. Tome-se como exemplo, entre outras, REsp 1.814.240, Rel. Min. Maria Isabel Gallotti, publ. 14.10.2019.

402 | DIREITO CIVIL: DIÁLOGOS ENTRE A DOUTRINA E A JURISPRUDÊNCIA – *Volume II*

2. **O § 10 do art. 67-A da Lei 4.591/1964, com a redação que recebeu da Lei 13.786/2018, dispõe: "Os contratos firmados em estandes de vendas e fora da sede do incorporador permitem ao adquirente o exercício do direito de arrependimento, durante o prazo improrrogável de 7 (sete) dias, com a devolução de todos os valores eventualmente antecipados, inclusive a comissão de corretagem". Admite- -se no regime da nova lei a desistência ou resilição unilateral do promissário-comprador após o decurso do prazo de sete dias? Estão revogadas as Súmulas 543 do STJ e 1 do TJSP?**

Reproduzo inicialmente as Súmulas 543 do STJ e 1 do TJSP:

> **Súmula 543 do STJ:** Na hipótese de resolução de contrato de promessa de compra e venda de imóvel submetido ao Código de Defesa do Consumidor, deve ocorrer a imediata restituição das parcelas pagas pelo promitente comprador – integralmente, em caso de culpa exclusiva do promitente vendedor/construtor, ou parcialmente, caso tenha sido o comprador quem deu causa ao desfazimento.

> **Súmula 1 do TJSP:** O Compromissário comprador de imóvel, mesmo inadimplente, pode pedir a rescisão do contrato e reaver as quantias pagas admitidas a compensação com gastos próprios de administração e propaganda feitos pelo compromissário vendedor, assim como com o valor que se arbitrar pelo tempo de ocupação do bem.

Antes mesmo do advento da Lei 13.786/2018, o contrato de compromisso de compra e venda de unidades autônomas sempre foi classificado como preliminar, bilateral, oneroso e comutativo. O contrato não é – salvo previsão expressa – daqueles que admitem arrependimento unilateral por uma das partes. Isso porque não há previsão legal para tal modalidade de extinção unilateral nem o tipo contratual tem como elemento a fidúcia (tal como ocorre no mandato) ou então prazo indeterminado.

Como dito anteriormente, a distinção fundamental entre a *resilição* (arts. 472 e 473, CC) e a *resolução* (arts. 474/475 e 478/481, CC), por expressa opção do legislador, encontra-se na causa da extinção do contrato, a primeira fundada na vontade e a segunda no inadimplemento ou na onerosidade excessiva.

Normalmente quem pede a resolução é o credor, que opta entre extinguir o contrato ou executar a prestação em face do devedor inadimplente.

Aponta Ruy Rosado de Aguiar Júnior, em caráter excepcional, possibilidade de resolução postulada pelo devedor em contratos de compromisso de compra e venda:

> (...) ainda admissível a ação de resolução proposta pelo devedor quando caracterizada a impossibilidade temporária, desde que inimputável, determinante de situação duradoura e indefinida quanto à sua persistência, para o futuro. A extinção será reconhecida se demonstrado concretamente, pelos dados objetivos do negócio, que a demora fez desaparecer o interesse do credor, ou que a persistência do vínculo submete o devedor a situação intolerável[9].

É o caso dos contratos de unidades autônomas futuras, que repete quadro já enfrentado pelos tribunais em períodos de crise anteriores. No início dos anos 1980 ocorreu mais um dos ciclos de crise imobiliária. Milhares de adquirentes não conseguiram pagar as parcelas finais do preço e nasceu daí um impasse. As construtoras retinham as chaves em razão do inadimplemento da parcela final. Não pediam, porém, a extinção do contrato, porque, como efeito *ex tunc* da resolução, deveriam devolver parte significativa do preço atualizado já desembolsado pelo comprador, o que muitas vezes superava o valor atual de mercado da unidade.

Com o propósito de colocar fim ao impasse e liberar o adquirente, os tribunais (com votos pioneiros do Tribunal de Justiça de São Paulo, de relatoria do Desembargador José Osório de Azevedo Júnior) passaram a admitir a resolução do contrato sob o seguinte fundamento, bem descrito por Ruy Rosado de Aguiar Júnior:

> (...) o devedor pode propor a demanda quando fundamentar o pedido na superveniente modificação das circunstâncias, com alteração da base objetiva do negócio, com base nos arts. 317 e 478 do Código Civil. É o que tem sido feito com muita intensidade relativamente aos contratos de longa duração para aquisição das unidades habitacionais, em que os compradores alegam a insuportabilidade das prestações, reajustadas por índices superiores aos adotados para atualização dos salários. Os tribunais de São Paulo foram os primeiros a admitir a proce-

---

9   AGUIAR JÚNIOR, Ruy Rosado de. *Comentários ao novo Código Civil*. Coordenação Sálvio de Figueiredo Teixeira. Rio de Janeiro: Forense, v. VI, t. II, p. 615.

dência dessas ações, e seus acórdãos têm sido confirmados no Superior Tribunal de Justiça[10].

O entendimento resumido *supra* encontra-se absolutamente sedimentado nos tribunais e gerou as Súmulas 1 do TJSP e 543 do STJ, anteriormente reproduzidas.

Sucede que a jurisprudência anterior à Lei 13.786/2018 tornou-se cada vez mais permissiva, admitindo que promissários-compradores pedissem a extinção do contrato não por impossibilidade superveniente, mas por mero desinteresse, convertendo hipótese inicial de resolução em resilição.

Dizendo de outro modo, cabe ao promissário-comprador tomar a iniciativa de pedir a extinção do contrato fundado na própria impossibilidade financeira. Não cumpre porque não pode, e para evitar a persistência de situação de indefinição por tempo indeterminado (nem se entregam as chaves, nem se resolve o contrato por inadimplemento do adquirente) é que se admite ao próprio devedor impossibilitado a excepcional prerrogativa de pedir a resolução.

Repito que a situação supradescrita é inconfundível com aquela do promissário-comprador que, apesar de solvente, se arrepende do negócio, ou, pior, no momento de receber as chaves e pagar a parcela mais expressiva do preço, constata que por variação de mercado o imóvel se desvalorizou, e lhe é mais vantajoso receber o preço de volta e adquirir unidade semelhante por preço mais baixo.

A quem cabe a prova da impossibilidade superveniente? Parece claro que tal prova se encontra a cargo do promissário-comprador, por se tratar de eximente de responsabilidade, equiparável ao caso fortuito ou à força maior.

Como se faz referida prova? Por qualquer meio em direito admitido, em especial mediante juntada de documentos reveladores da impossibilidade, por exemplo, negativa de instituição financeira em conceder o financiamento e cópias de declarações de imposto de renda.

Disso decorre que não se tolera, por exemplo, que determinado promissário-comprador, solvente, que reúna recursos para honrar com o pagamento do saldo devedor, simplesmente desista da execução do contrato e peça a sua resolução, porque o negócio deixou de ser economicamente

---

[10] AGUIAR JÚNIOR, Ruy Rosado de. *Comentários ao novo Código Civil* cit., p. 615.

Cap. 15 • A LEI 13.786/2019 ("LEI DOS DISTRATOS") E SUAS CONTROVÉRSIAS PRINCIPAIS | 405

atraente, em virtude da depreciação do valor de mercado atual do imóvel, em confronto com o preço convencionado no momento da celebração, devidamente atualizado.

Se o caso concreto não é de impossibilidade de cumprimento, mas de mera conveniência, ou de desistência imotivada do adquirente, inexiste direito potestativo de pedir a extinção do contrato.

A Lei 13.786/2018, ao dispor que o direito potestativo de arrependimento somente pode ser exercido no prazo decadencial de sete dias, com termo inicial na data da celebração do contrato e restituição de todos os valores pagos, impede que a resilição unilateral se dê em data posterior. A redação do dispositivo não é a melhor, mas sem dúvida o prazo fatal tem termo inicial na data da formação do contrato e a denúncia pode ser exercida por qualquer meio de comunicação inequívoca ao promitente vendedor.

As Súmulas 543 do STJ e 1 do TJSP são compatíveis com a nova lei e se encontram plenamente em vigor, mas se fundam em impossibilidade superveniente de pagamento do preço, a ser demonstrada pelo devedor (resolução), e não em mero arrependimento do promissário-comprador (resilição).

3. **O § 13 do art. 67-A da Lei 4.591/1964, com a redação que lhe deu a Lei 13.786/2018, dispõe: "Poderão as partes, em comum acordo, por meio de instrumento específico de distrato, definir condições diferenciadas das previstas nesta Lei". Poderá o distrato estabelecer cláusula penal ou prazo de devolução das parcelas pagas mais gravosos do que os previstos na lei para a hipótese de resolução?**

O distrato, nas palavras de Caio Mário da Silva Pereira, nada mais é do que "a declaração de vontade das partes contratantes, no sentido oposto ao que havia gerado o vínculo. É o *contrario consensus* dos romanos, gerando o contrato liberatório"[11]. A mesma vontade que criou o contrato pode atuar em sentido inverso para dissolver o vínculo e restituir a liberdade às partes, como expressão da autonomia privada. É a dissolução consensual do contrato. A

---

[11] PEREIRA, Caio Mário da Silva. *Instituições de direito civil*. 11. ed. Rio de Janeiro: Forense, 2003. v. III, p. 151.

DIREITO CIVIL: DIÁLOGOS ENTRE A DOUTRINA E A JURISPRUDÊNCIA – *Volume II*

definição de distrato encontra-se inserta na própria definição de contrato, como acordo para constituir regular ou extinguir relações jurídicas patrimoniais.

Evidente que o distrato, expressão da autonomia privada, pode conter cláusulas e multas distintas das previstas em lei, desde que não sejam abusivas, em violação às normas protetivas das relações de consumo.

Isso porque o distrato, como negócio liberatório, também se sujeita aos princípios cogentes da boa-fé objetiva, função social e equilíbrio, assim como normas protetivas ao consumidor, temas cognoscíveis *ex officio* pelo juiz e, com maior razão, arguíveis pela parte prejudicada[12]. Em tais casos, cabível o reconhecimento da nulidade da cláusula abusiva e a determinação de restituição de parcela maior do preço pago[13].

Cláusulas abusivas que maculam o contrato também maculam o distrato, de modo que devem ser consideradas não escritas, aplicando-se a regra do art. 184 do Código Civil e o princípio da preservação do negócio (*utile per inutile non vitiatur*), respeitada a intenção das partes.

Comum a situação de inserção em distratos de cláusulas em que o consumidor renuncia à indenização que lhe é devida por norma cogente, ou então a aceita em valor diminuto, ou pagamento diferido em longo prazo. O melhor entendimento do Superior Tribunal de Justiça é no sentido de ser "inaceitável transação que contrarie os princípios básicos do direito e as disposições legais vigentes. Não se admite como válido o distrato de promessa de compra e venda segundo o qual o promissário-comprador recebe a devolução das parcelas pagas sem correção monetária"[14].

Em outro precedente, ficou assentado que

> (...) a jurisprudência deste STJ considera abusivo o distrato do contrato de compra e venda de imóvel realizado mediante a entrega de carta de crédito a ser utilizado para aquisição de imóvel da mesma construtora. O adquirente tem direito a devolução, em espécie, dos valores pagos com a retenção de 25% em favor da empresa[15].

---

[12] TEPEDINO, Gustavo; BARBOSA, Heloísa Helena; MORAES, Maria Celina Bodin de. *Código Civil interpretado conforme a Constituição da República*. Rio de Janeiro: Renovar, 2006. v. II, p. 113.

[13] REsp 331.346/MG, Min. Nancy Andrighi, j. 15.10.2001.

[14] REsp 331.346/MG, Min. Nancy Andrighi, j. 15.10.2001.

[15] AgRg no REsp 525.444/MG, Min. Luis Felipe Salomão, j. 02.04.2009; REsp 437.607/PR, Min. Hélio Quaglia Barbosa, j. 15.05.2007.

Em suma, admite-se que o distrato contenha disposições diferentes das perdas e danos previstas na lei, desde que não sejam abusivas e excessivamente onerosas ao consumidor promissário-comprador.

4. O § 2.º do art. 43-A da Lei 4.591/1964, com a redação da Lei 13.786/2018, dispõe: "Na hipótese de a entrega do imóvel estender-se por prazo superior àquele previsto no *caput* deste artigo, e não se tratar de resolução do contrato, será devida ao adquirente adimplente, por ocasião da entrega da unidade, indenização de 1% (um por cento) do valor efetivamente pago à incorporadora, para cada mês de atraso, *pro rata die*, corrigido monetariamente conforme índice estipulado em contrato". Razoável que as perdas e danos tomem como base não o valor da unidade autônoma, mas sim o valor já despendido pelo promissário-comprador? Cuida-se de caso de tarifação das perdas e danos? Caso comprove o promissário-comprador danos superiores aos previstos em lei, pode cobrar a diferença?

O dispositivo em exame fixa as perdas e danos na hipótese de inadimplemento da prestação devida pela promitente vendedora, de entrega da unidade autônoma no prazo previsto no contrato, com tolerância de seis meses, se ajustada entre as partes.

O problema é que, ao fixar as perdas e danos devidas em favor do promissário-comprador, privado do uso do imóvel, a lei o fez tomando por base o valor das parcelas do preço já pagas, e não o valor da prestação devida, ou seja, da unidade autônoma não entregue.

Causa espécie que os critérios para cálculo das perdas e danos sejam distintos para a hipótese simétrica e inversa, qual seja, a ocupação indevida de imóvel pelo promissário-comprador, caso este dê causa à extinção do contrato. As perdas e danos, em tal situação, foram previstas no art. 67-A da Lei 4.591/1964, com a redação que lhe deu a Lei 13.786/2018, e partem de outra base, ou seja, o "valor correspondente à fruição do imóvel, equivalente a 0,5% (cinco décimos por cento) sobre o valor atualizado do contrato, *pro rata die*".

A regra em exame é manifestamente prejudicial ao consumidor promissário-comprador, uma vez que normalmente as unidades autônomas futuras têm a parcela maior do preço financiada ou paga contra a entrega das chaves.

Em certos casos, parcela final, ou parte financiada contra entrega das chaves, chega a 70% ou 80% do valor do imóvel.

Isso significa que o promissário-comprador, no caso de atraso de entrega da obra, fica privado do uso de sua unidade, mas é indenizado em percentual sobre o valor do preço já pago, e não sobre o valor da prestação devida, correspondente ao valor do contrato.

O novo dispositivo legal é antagônico ao que decidiu o Superior Tribunal de Justiça em data recente, em sede de recurso repetitivo, ao julgar o REsp 1.729.593/SP, relator o Ministro Marco Aurélio Bellizze. O Tema Repetitivo 996 tem a seguinte redação:

> 1.2 No caso de descumprimento do prazo para a entrega do imóvel, incluído o período de tolerância, o prejuízo do comprador é presumido, consistente na injusta privação do uso do bem, a ensejar o pagamento de indenização, na forma de aluguel mensal, com base no valor locatício de imóvel assemelhado, com termo final na data da disponibilização da posse direta ao adquirente da unidade autônoma.

O argumento das incorporadoras e construtoras, a justificar o novo dispositivo legislativo, é o de que a indenização deve ser proporcional ao investimento já feito, e não ao valor da prestação devida.

Há desvio de ótica no cálculo das perdas e danos incidentes apenas sobre o capital já investido pelo adquirente. Isso porque o prejuízo do promissário-comprador não diz respeito aos juros sobre aquilo que já gastou, e sim pela privação do uso da unidade que não recebeu no prazo. O caso não envolve prestação pecuniária, mas prestação inadimplida de entrega de coisa certa, unidade imobiliária. Dizendo de outro modo, o promissário-comprador não deseja resolver o contrato e reaver o preço pago, mas executar o contrato e receber a unidade (prestação devida), acrescida do prejuízo pela privação de uso.

Há entendimento de que o simples uso constitui uma vantagem suscetível de avaliação pecuniária, razão pela qual a sua privação trata-se naturalmente de um dano. A recusa à indenização causaria ao lesante benefício intolerável, ou melhor, uma ausência de diminuição de gasto equivalente.

A total inadequação de que lei precifique as perdas e danos em rígido 1,0% ao mês, calculado sobre as parcelas do preço já pagas, mediante mecanismo de tarifação dos danos, causará, na imensa maioria dos casos, danos não ressarcíveis ao promissário-comprador em relação de consumo.

Não se alegue que o atraso de entrega da unidade trará uma vantagem ao promissário-comprador, que postergará o pagamento do restante do preço, ou não arcará imediatamente com os encargos de financiamento bancário (*compensatio lucri cum dano*). Isso porque o saldo do preço será pago com atualização monetária mais à frente, e o pagamento de eventuais encargos com financiamento será apenas diferido no tempo.

O preceito da nova lei viola o princípio da reparação integral do dano, positivado no art. 944 do Código Civil e arts. 6.º, VI, 25 e 51 do Código de Defesa do Consumidor. O princípio, na lição de Paulo de Tarso Vieira Sanseverino, cumpre três funções fundamentais: "a) reparação da totalidade do dano (função compensatória); b) vedação do enriquecimento injustificado do lesado (função indenitária); c) avaliação concreta dos danos efetivamente sofridos (função concretizadora)"[16]. O critério usado na Lei 13.786/2018 viola o princípio da reparação integral dos danos, nas suas funções compensatória e concretizadora.

Sabido que a proteção ao consumidor, em razão de sua vulnerabilidade, tem estatura constitucional, prevista nos arts. 5.º, XXXII, e 170 da Constituição Federal e 48 das ADCT. O Código de Defesa do Consumidor é, a um só tempo, lei geral e lei especial. No dizer de Claudia Lima Marques, é uma lei especial subjetivamente (*ratione personae*), porque tem como destinatários a proteger os consumidores, definidos nos arts. 2.º, 17 e 29. Ao mesmo tempo, porém, é uma lei materialmente geral (*ratione materiae*), porque se aplica a todas as relações contratuais e extracontratuais do mercado de consumo.

Essa a razão pela qual não se pode admitir que a Lei 13.786/2018, especial *ratione materiae*, crie verdadeira cláusula legal de não indenizar consumidores lesados, protegidos por lei especial *ratione personae*, de proteção com índole constitucional. Seria criada nova categoria de consumidores de segunda classe, a reger exclusivamente as relações com as construtoras e incorporadoras que atrasam a entrega de unidades e não reparam integralmente os danos causados.

A proposta que se faz de interpretação do dispositivo legal é a de que apenas incida a tarifação legal (1% sobre as parcelas pagas) das perdas e danos por atraso de entrega, caso os promissários-compradores deixem de demonstrar prejuízo superior. Manifestado dano superior, prevalece este sobre a tarifação.

---

[16] SANSEVERINO, Paulo de Tarso Vieira. *Princípio da reparação integral*. São Paulo: Saraiva, 2010. p. 57.

5. O art. 67-A da Lei 4.591/1964, com a redação da Lei 13.786/2018, dispõe sobre as penalidades e restituição das parcelas do preço pagas, na hipótese de inadimplemento do promissário-comprador. O inciso II menciona "a pena convencional, que não poderá exceder a 25% (vinte e cinco por cento) da quantia paga". Cabe a redução da cláusula penal com fundamento no art. 413 do Código Civil, desde que caracterizada a sua excessiva onerosidade? Cabe a cobrança de prejuízo superior à multa, se houver expressa previsão no contrato, com fundamento no art. 416 do Código Civil?

O art. 67-A da Lei 4.591/1964, com a redação da Lei 13.786/2018, traça os efeitos e o cálculo das perdas e danos decorrentes da resolução do contrato por fato imputável ao promissário-comprador.

A redação do *caput* é uma amostra das deficiências técnicas de que padece a lei. Diz que: "Em caso de desfazimento do contrato celebrado exclusivamente com o incorporador, *mediante distrato* ou resolução por inadimplemento absoluto de obrigação do adquirente este fará jus (...)". Peca por embaralhar resolução com resilição. É evidente que, no caso de distrato, negócio bilateral extintivo fundado na vontade das partes, não cabe a imposição de penas ou a incidência de multa. Podem as partes ajustar a composição dos prejuízos, desde que mediante ajuste de cláusulas não abusivas em desfavor do consumidor.

Discute-se se os incisos I e II do art. 67-A da Lei 4.591/1964 tratam de tarifação de perdas e danos, ou de cláusula penal. A distinção é relevante, pois a cláusula penal comporta redução, nos moldes do art. 413 do Código Civil.

O inciso I determinou que o valor da comissão de corretagem, desde que pago ao corretor pela promitente vendedora, deve ser deduzido do valor a ser restituído ao promissário-comprador. Não se trata propriamente de tarifação, mas sim de item que comporá os danos sofridos pelo contratante pontual.

A resolução do contrato extingue o vínculo e libera os contratantes, com efeito retroativo. Na lição de Ruy Rosado de Aguiar Júnior, "a resolução destrói a relação desde a celebração (*ex tunc*) e tem dois efeitos principais: libera credor e devedor das prestações correspectivas e permite a restituição das prestações efetuadas"[17]. Embora os arts. 474 e 475 do Código Civil,

---

[17] AGUIAR JÚNIOR, Ruy Rosado de. *Extinção dos contratos por incumprimento do devedor*. 2. ed. Rio de Janeiro: Aide, p. 257.

lamentavelmente, sejam omissos acerca dos efeitos da resolução, a solução é aceita de maneira uniforme pela doutrina e jurisprudência, com inspiração em legislações estrangeiras. A regra, todavia, conta com relevante exceção: nos contratos de execução diferida e sucessiva, ou contínua, nos quais as prestações nascem e se extinguem a cada período, a resolução tem efeito *ex nunc*, de modo a respeitar os efeitos pretéritos já consumados. Os contratos de compromisso de compra e venda podem ter execução diferida no tempo, mas a prestação é fracionada, e não sucessiva, de modo que os efeitos da extinção são *ex tunc*.

Além disso, confere a resolução ao contratante inocente o direito de pedir as perdas e danos que sofreu em razão da extinção do contrato. Dizendo de outro modo, o contrato desaparece, mas nasce automaticamente uma relação de liquidação entre os contratantes, com o escopo de assegurar o retorno ao estado anterior.

Problema de maior relevância encontra-se na cláusula penal compensatória, cujo limite cogente é o valor da própria obrigação, nos termos do art. 412 do Código Civil. Comum, nos contratos de execução diferida e fracionada, em especial no compromisso de compra e venda, que a cláusula compensatória, chamada também de decaimento ou de perdimento, corresponda à perda das parcelas do preço já pagas pelo promitente comprador. O mecanismo provoca situação de contradição lógica, pois, quanto mais o promitente comprador paga, mais perde. Por isso os tribunais, com fundamento nas normas cogentes dos arts. 53 do Código de Defesa do Consumidor e 413 do Código Civil, reduzem a multa com ou sem pedido do promitente comprador. No direito contemporâneo, a cláusula penal compensatória somou uma terceira finalidade às duas – prefixação de perdas e danos e reforço do vínculo – já consagradas pela doutrina. Passou a ser instrumento de justiça contratual, mecanismo de recuperação do equilíbrio rompido com o inadimplemento. O art. 413 do Código Civil dá a exata dimensão da nova e primordial função da cláusula penal, determinando critérios de redução com base na excessiva onerosidade e cumprimento parcial e útil ao credor.

O inciso II do art. 67-A, reproduzido *supra*, de modo absolutamente claro, dispõe "a pena convencional, que não poderá exceder a 25% (vinte e cinco por cento) da quantia paga", ou seja, qualifica o perdimento de parte do preço pago como cláusula penal.

Interessante notar que o preceito não fixou base mínima para a multa, mas sim teto máximo de 25%, que poderá ser majorado para até 50%, se a incorporação se der pelo regime do patrimônio de afetação.

Não há dúvida, portanto, de que, tratando-se de cláusula penal compensatória, incide a regra do art. 413 do Código Civil, norma de ordem pública que determina ao juiz a redução da multa, se esta for excessivamente onerosa, ou se houver cumprimento parcial e útil ao credor.

O montante máximo fixado em lei de perdimento das parcelas pagas (25% ou 50% em casos de patrimônio de afetação) soma-se a outras perdas e danos já previstas pelo legislador, como a comissão de corretagem e, na hipótese de ocupação da unidade, de indenização pelo período de uso, impostos, taxas e despesas condominiais. Essa a razão pela qual as multas, que se cumulam com outros prejuízos, poderão ser reduzidas pelo juiz, caso manifestamente excessivas.

Situação não prevista pelo legislador é de a multa se mostrar insuficiente para cobrir todos os danos sofridos pela promitente vendedora. Pode ser cobrado o prejuízo excedente, desde que haja prova do dano e expressa previsão no contrato, na forma do art. 416 do Código Civil? Tome-se como exemplo o pagamento de pequena parte do preço, em negócio desfeito que gerou despesas fiscais e administrativas de vulto à incorporadora. Não há óbice a tal pretensão, desde que, repito, o dano excedente à multa seja provado de modo claro pela credora e as partes tenham cláusula expressa admitindo a cobrança.

Também se discute o acerto da majoração do teto da multa para perdimento de até 50% das parcelas pagas caso a incorporação estiver submetida ao regime do patrimônio de afetação, de que tratam os arts. 31-A a 31-F da Lei 4.591/1964. Embora o regime de afetação tenha características próprias, com regras contábeis mais rígidas, não se justifica majoração de tamanha intensidade do teto da cláusula penal. De qualquer modo, sempre poderá o juiz reduzir a multa, caso se mostre excessiva e em descompasso com os danos reais sofridos pela incorporadora.

O prazo de restituição das parcelas pagas constitui relevante inovação da lei, com o propósito de evitar crise de liquidez dos empreendedores imobiliários, uma vez que as parcelas do preço a serem restituídas em caso de resolução se encontram investidas na obra. Fixa a lei dois prazos distintos: 180 dias com termo inicial na data da extinção do contrato para incorporações em geral; 30 dias com termo inicial na data da expedição do habite-se, caso a incorporação se encontre submetida ao regime de afetação. Mais uma vez não se justifica regime díspar quanto ao tempo da devolução. O regime de afetação não se confunde com mutualismo, nem com incorporação em regime de administração, ou a preço de custo, no qual os próprios condôminos levantam a edificação. A escolha dos promissários-compradores no regime de afetação e a preço fechado é da própria incorporadora, de modo que o inadimplemento de alguns e consequente extinção dos respectivos contratos não implica paralisação da obra, nem transferência do risco aos demais adquirentes pontuais.

Note-se que se o § 7.º do art. 67-A dispõe que: "Caso ocorra a revenda da unidade antes de transcorrido o prazo a que se referem os §§ 5.º ou 6.º deste artigo, o valor remanescente devido ao adquirente será pago em até 30 (trinta) dias da revenda". Para dar concretude a tal dispositivo protetivo do adquirente, deve a incorporadora colocar os direitos da unidade retomada à revenda em condições de mercado, sem dar preferência à alienação de outras unidades próprias remanescentes.

No que se refere à multa, uma última questão deve ser enfrentada.

O Tema 971 do Superior Tribunal de Justiça, relatado pelo Ministro Luís Felipe Salomão em regime dos recursos repetitivos, sem incidência da Lei 13.786/2018, teve a seguinte redação:

> No contrato de adesão firmado entre o comprador e a construtora/incorporadora, havendo previsão de cláusula penal apenas para o inadimplemento do adquirente, deverá ela ser considerada para a fixação da indenização pelo inadimplemento do vendedor. As obrigações heterogêneas (obrigações de fazer e de dar) serão convertidas em dinheiro, por arbitramento judicial.

O Tema 971 é compatível com a Lei 13.786/2018 e pode ser aplicado aos contratos celebrados na sua vigência? Penso que sim, pois não há qualquer antinomia entre a inversão de cláusula penal, com o escopo de reequilibrar relações de consumo, e o novo diploma legal. Persiste a assimetria entre as cláusulas contratuais que fixem multas mais elevadas em favor do fornecedor, ainda que com base em previsão legal, em detrimento do consumidor. Nada impede, portanto, a inversão da cláusula penal aos novos contratos que se mostrem desequilibrados em desfavor da parte vulnerável.

REFERÊNCIAS

AGUIAR JÚNIOR, Ruy Rosado de. *Comentários ao novo Código Civil.* Coordenação Sálvio de Figueiredo Teixeira Rio de Janeiro: Forense, v. VI, t. II.

AGUIAR JÚNIOR, Ruy Rosado de. *Extinção dos contratos por incumprimento do devedor.* 2. ed. Rio de Janeiro: Aide.

GOMES, Orlando. *Contratos*. 18. ed. Rio de Janeiro: Forense, 1998.

PEREIRA, Caio Mário da Silva. *Instituições de direito civil*. 11. ed. Rio de Janeiro: Forense, 2003. v. III.

PEREIRA, Caio Mário da Silva. *Instituições de direito civil*. 23. ed. Rio de Janeiro: Forense, v. I.

SANSEVERINO, Paulo de Tarso Vieira. *Princípio da reparação integral*. São Paulo: Saraiva, 2010.

TEPEDINO, Gustavo; BARBOSA, Heloísa Helena; MORAES, Maria Celina Bodin de. *Código Civil interpretado conforme a Constituição da República*. Rio de Janeiro: Renovar, 2006. v. II.

16

A LEI 13.786/2018 ("LEI DOS DISTRATOS")
E SUAS CONTROVÉRSIAS PRINCIPAIS

RODRIGO TOSCANO DE BRITO

SUMÁRIO: 1. Notas introdutórias; 2. Principais controvérsias em torno da Lei 13.786/2018: 2.1. Aplicação da Lei 13.786/2018 aos contratos anteriores à sua entrada em vigor; 2.2. Consequência jurídica da ausência ou insuficiência de informação no quadro-resumo; 2.3. Cláusula de tolerância de 180 dias para entrega da obra e suas consequências ; 2.4. Controvérsias relacionadas à extinção do contrato de aquisição de imóvel em construção, após a entrada em vigor da Lei 13.786/2018; Referências.

1. NOTAS INTRODUTÓRIAS

A Lei 13.786/2018, ao ser editada, passou a ser referenciada, especialmente pela grande imprensa, como a "lei do distrato" do contrato de compra e venda de imóvel em construção. A rigor, a lei não versa primordialmente sobre distrato, embora faça menção rápida a esse modo extintivo do contrato. Pode-se dizer que a lei tratou, de modo geral, e na sua primeira parte, da extinção do contrato de incorporação – este sim é o tema principal e mais amplo da lei –, com ênfase na resolução do contrato por inadimplemento do adquirente de unidade imobiliária em construção, objeto de incorporação imobiliária. Na segunda parte, a lei leva em consideração a resolução contratual por fato imputável ao adquirente de lotes, em loteamentos, alterando a Lei 6.766/1979 (Lei do Parcelamento do Solo).

Interessam-nos neste texto, considerando o recorte metodológico possível, as questões atinentes à extinção do contrato de compra e venda de imóvel em construção, portanto aos temas relacionados no art. 2.º da Lei 13.786/2018, que alterou a Lei 4.591/1964 (Lei de Incorporação Imobiliária).

Inicialmente, é importante consignar, inclusive para estudos futuros a fim de justificar, de certo modo, alguns exageros da lei nova, o contexto no qual ela surgiu. Após um grande *boom* imobiliário que ocorreu no Brasil por volta do ano de 2008, o País passou e enfrentar grave crise econômica, culminando com seu agravamento a partir do ano de 2014. Nesse período, muitos contratos de promessa de compra e venda de imóvel em construção estavam em andamento, envolvendo adquirentes dos mais diversos níveis sociais. Com o agravamento da crise, muitos dos adquirentes perderam o emprego ou renda e passou a ser comum o pedido de distrato do contrato de promessa de compra e venda. Quando não se conseguiam negociar os termos do distrato por meio extrajudicial, o caminho normal de discussão, claro, passou a ser a judicialização da extinção do contrato, alegando o fato aqui já realçado, entre outros como excessiva onerosidade da cláusula de financiamento do imóvel, especialmente quando realizado diretamente pelo incorporador. Além dos pedidos de extinção motivados, muitos dos adquirentes, aproveitaram-se do momento e passaram a pedir a extinção do contrato de compra e venda de imóvel em construção.

A quantidade significativa de "desistências de contratos" – vamos assim chamar apenas para facilitar o entendimento do que precisa ser ponderado mais adiante – acabou gerando insegurança num mercado extremamente sensível e ao mesmo tempo muito importante para a economia do País, que é o da atividade incorporativa imobiliária. Além dos fatores relevantes já conhecidos e típicos do impulso da incorporação de imóveis, como a criação de empregos e a arrecadação de tributos, o contrato de incorporação imobiliária sempre teve uma função social relevante, já que a maioria dos brasileiros não consegue adquirir imóveis prontos, em razão das condições de negociação desses imóveis, valendo-se, assim, da aquisição mais facilitada durante a construção, em virtude do preço, normalmente mais barato, e da forma de pagamento, ao longo de um período considerável de tempo.

A incorporação imobiliária é o negócio jurídico por meio do qual o incorporador, na forma da legislação específica, compromete-se com o comprador ou promissário-comprador de fração ideal de terreno vinculada à futura unidade autônoma a construir uma edificação e transferir para o nome dos respectivos adquirentes a propriedade de uma ou mais unidades autônomas, com a finalidade de instituir, na edificação, ao final, o regime do condomínio edilício[1].

Trata-se, portanto, da compra e venda de imóvel em construção, largamente utilizada no Brasil. Além de outras características, esse é um contrato coletivo, ou seja, o incorporador se vale, em boa parte dos casos, do financiamento que consegue obter das próprias vendas do empreendimento. Isso significa que, se todos os que compram o imóvel em construção cumprem o contrato rigorosamente e o incorporador executa normalmente suas obrigações, não haverá problema com fluxo de caixa para a obra. Por outro lado, se há "desistência" em percentual considerável de compradores, o fluxo de caixa da obra fica comprometido, podendo levá-la à paralisação ou, em casos mais extremos, à quebra do incorporador. O efeito é o prejuízo causado ao consumidor adquirente adimplente, que está cumprindo pontualmente suas obrigações contratuais, mas, por falta dos demais, pode ver seu investimento e economia em situação de risco. No contrato coletivo, há dependência do adimplemento de todos, em regra. Diz-se em regra, porque também foi comum no auge do *boom* imobiliário um sistema de financiamento imobiliário abundante para a incorporação imobiliária por parte do setor financeiro, especialmente em razão da eficácia da lei de alienação fiduciária de imóveis, algumas vezes modificadas para assegurar ainda mais a efetividade da garantia nos contratos de financiamento. Além disso, nos casos das incorporadoras mais bem estruturadas financeiramente, existe execução da obra sem necessidade de recorrer a financiamentos bancários.

De um modo ou de outro, a crise afetou os regimes típicos de financiamento da obra e pressionou a necessidade de ter uma lei que tratasse especialmente da "desistência" do adquirente, que é um fator de instabilidade do próprio negócio incorporativo. É nesse contexto, portanto, que surge a Lei 13.786/2018. Vale dizer, na contramão do que assistimos no Brasil nas décadas de 1990 e início dos anos 2000, com o surgimento de leis protetivas do consumidor, agora se viu uma lei que claramente quis trazer em sua gênese proteção ao fornecedor que, no caso, é o incorporador imobiliário e, de todo modo, também protege o consumidor adimplente e o investidor que está adimplindo com suas obrigações contratuais normalmente, tendo em vista, como mencionado, o caráter coletivo do contrato de incorporação imobiliária.

Ainda nessas notas introdutórias, também é interessante trazer a lume essa característica do mercado de incorporação imobiliária, qual seja um

---

[1] BRITO, Rodrigo Toscano de. *Incorporação imobiliária à luz do Código de Defesa do Consumidor*. São Paulo: Saraiva, 2002. p. 178.

mercado que envolve o consumidor imobiliário estritamente – que é o que ocorre com a grande maioria dos envolvidos nessa tipologia contratual – e os investidores.

Não há dúvida de que, na interpretação de cada caso concreto à luz da Lei 4.591/1964, alterada pela Lei 13.786/2018, o magistrado deverá se ater, *a priori*, à existência de um adquirente consumidor ou a de um adquirente investidor, para balizamento da interpretação contratual, pois parece-nos que, mais uma vez, teremos que lançar mão dos princípios da equivalência material e função social do contrato para resolver questões concretas no momento da extinção do contrato. É que a lei, como está posta, em vez de afastar a interpretação à luz dos princípios sociais dos contratos, vai exigir maior aplicação da equivalência material, da função social e da boa-fé objetiva, a fim de evitar eventuais excessos. O mais interessante é que os próprios incorporadores têm a chance de, ao idealizar suas minutas de contrato de compra e venda, normalmente de adesão, poderão se valer de mecanismos que atendam a esses princípios.

Eis, portanto, algumas notas introdutórias, que precisavam ser trazidas à baila para contextualizar não só a lei nova, mas também alguns argumentos que se seguirão.

2. PRINCIPAIS CONTROVÉRSIAS EM TORNO DA LEI 13.786/2018

2.1. Aplicação da Lei 13.786/2018 aos contratos anteriores à sua entrada em vigor

A controvérsia sobre a aplicação da Lei 13.786/2018 encontra-se, atualmente, estabilizada, porquanto o STJ, por ocasião do julgamento dos Temas 970 (possibilidade de cumular lucros cessantes com cláusula penal em atraso na entrega de imóvel) e 971 (possibilidade da inversão, em desfavor da construtora, da cláusula penal estipulada exclusivamente para o consumidor, nos casos de inadimplemento também pelo atraso na entrega), em recurso repetitivo, analisando questão de ordem suscitada pelo Ministro Luis Felipe Salomão, decidiu que a nova lei não será aplicada para a solução de casos anteriores à sua edição, com ou sem modulação.

Apesar de os julgamentos dos temas supramencionados não dizerem respeito às controvérsias relacionadas à Lei 13.786/2018 – que havia entrado em vigor poucos meses antes do julgamento aqui referido –, o Ministro Luis Felipe Salomão, ponderando que a chegada à nova lei era circunstância fático-jurídica relevante após a afetação do recurso, seria prudente que o STJ se pronunciasse sobre o tema da aplicação da norma no tempo.

No voto condutor da questão de ordem, no REsp 1.614.721/DF, da lavra do Ministro Luis Felipe Salomão, ficou consignado que "não se pode cogitar de aplicação simples e direta da nova Lei n. 13.786/18 para a solução de casos anteriores ao advento do mencionado Diploma Legal (retroatividade da lei, com consequente modificação jurisprudencial, com ou sem modulação)".

O mesmo entendimento já foi trilhado no REsp 1.807.483/DF, julgado em outubro de 2019, em que se discutia o atraso na entrega da obra, mas considerando contrato anterior à entrada em vigor da Lei 13.786/2018. No julgado, ficou esclarecido que o entendimento a respeito dos efeitos do atraso da obra, naquele caso específico, é restrito aos contratos não regidos pela Lei 13.786/2018.

Antes mesmo do pronunciamento do STJ a respeito do tema, o TJSP, por ocasião do julgamento da Apelação 1004836-48.2018.8.26.0590, com voto da lavra do Desembargador Francisco Loureiro, considerou que "a nova lei se aplica somente aos contratos celebrados após 27 de dezembro de 2018, nunca aos anteriores".

Apesar dos precedentes do STJ, o tema é controvertido[2].

---

[2] Fábio de Oliveira Azevedo concluiu em trabalho publicado a respeito do tema que "impõe-se forçosamente verificar se existe, ou não, caso a caso, ato jurídico criador de conteúdo ao negócio jurídico diverso daquele previsto na nova lei. Se houver, respeita-se a autonomia privada e a proteção da confiança. Por outro lado, se não tiver sido estipulado conteúdo em sentido contrário, excepcionando o controle de validade do ato jurídico, que deve ser contemporâneo à sua formação, pensamos que a aplicação imediata da nova lei não afrontará o art. 5.º, XXXIV, da CF" (Mora e extinção de contratos: limites intertemporais da Lei 13.786/2018. *Lei dos Distratos*. São Paulo: IBRADIM, 2019. p. 136). Por outro lado, Carlos Eduardo Elias de Oliveira e Bruno Mattos e Silva asseveram que "a nova lei só poderá atingir contratos celebrados posteriormente à entrada em vigor. Não poderá, jamais, atingir contratos anteriores, nem mesmo os efeitos futuros desse contrato, porque a retroatividade – ainda que mínima – é vedada no direito brasileiro para normas que não sejam constitucionais originárias" (A recente Lei do Distrato (Lei n.º 13.786/2018): o novo cenário jurídico dos contratos de aquisição de imóveis em regime de incorporação imobiliária ou de loteamento (Parte 1). Disponível em: http://genjuridico.com.br/2019/01/10/a--recente-lei-do-distrato-lei-no-13-786-2018-o-novo-cenario-juridico-dos-con-tratos-de-aquisicao-de-imoveis-em-regime-de-incorporacao-imobiliaria-ou-de--loteamento-parte-1/. Acesso em: 3 jan. 2020).

A par das questões específicas de aplicação da norma no tempo, pensamos que a lei nova não pode ser aplicada aos contratos celebrados antes de sua entrada em vigor por uma limitação criada pela própria lei. O art. 35-A da Lei 4.591/1964 (Lei de Incorporação Imobiliária), que foi ali incluído pela Lei 13.786/2018, passou a exigir que todos os contratos de compra e venda de imóvel em construção tivessem um quadro-resumo. De fato, no inciso VI do art. 35-A, a lei exige que conste um quadro-resumo em que fiquem evidenciadas

> (...) as consequências do desfazimento do contrato, seja por meio de distrato, seja por meio de resolução contratual motivada por inadimplemento de obrigação do adquirente ou do incorporador, com destaque negritado para as penalidades aplicáveis e para os prazos para devolução de valores ao adquirente.

Por sua vez, o § 2.º do mesmo art. 35-A prevê:

> A efetivação das consequências do desfazimento do contrato, referidas no inciso VI do *caput* deste artigo, dependerá de anuência prévia e específica do adquirente a seu respeito, mediante assinatura junto a essas cláusulas, que deverão ser redigidas conforme o disposto no § 4.º do art. 54 da Lei n.º 8.078, de 11 de setembro de 1990 (Código de Defesa do Consumidor).

É importante anotar que a principal motivação de aplicação da nova lei são justamente as "consequências do desfazimento do contrato", as quais só podem ser aplicadas, se houver o quadro-resumo que as contenha e, mesmo assim, mediante anuência prévia e específica do adquirente a seu respeito, com assinatura especial na cláusula que prevê tais consequências, que deve ser escrita com em negrito. Ora, não havia, no Brasil, nenhum contrato, até 27 de dezembro de 2018, quando a nova lei entrou em vigor, que cumprisse esse requisito, de modo que a aplicação da nova lei, em razão da ausência dos requisitos legais, previstos na própria lei, torna-se impossível aos contratos anteriores celebrados.

Portanto, além dos argumentos sobre aplicação da lei no tempo, já analisados pelo STJ, parece-nos que há impossibilidade de aplicação da nova lei, por limitação prevista pela própria lei, em face das regras contidas no inciso IV e § 2.º, ambos do art. 35-A da Lei 4.591/1964, no tocante às exigências relativas ao quadro-resumo.

2.2. Consequência jurídica da ausência ou insuficiência de informação no quadro-resumo

Conforme referido, a Lei 13.786/2018 inseriu o art. 35-A na Lei 4.591/1964, que passou a exigir um quadro-resumo que contenha todas as principais informações sobre o contrato de aquisição de imóvel em construção (veja incisos I a XII do referido artigo). Uma das questões controvertidas relacionadas ao quadro-resumo perpassa pela seguinte indagação: Qual a consequência jurídica da ausência ou insuficiência de informação no quadro-resumo? Trata-se de hipótese de resolução ou nulidade do contrato?

A questão não é fácil, tendo em vista a própria dicção confusa da lei.

Primeiro, a lei prevê, no § 1.º do art. 35-A que, se identificada a ausência de quaisquer das informações previstas no quadro-resumo, será concedido um prazo de 30 dias para aditamento do contrato e saneamento da omissão, findo o qual essa omissão, se não sanada, caracterizará justa causa para rescisão contratual por parte do adquirente. Ao que parece, o dispositivo se destina ao adquirente que, se verificar a omissão de alguma informação no quadro-resumo, poderá pedir ao incorporador para que ele a sane, no prazo de 30 dias. Caso assim não o faça, o adquirente poderá pedir a rescisão contratual, utilizando-se aqui os termos da lei.

O ponto que chama a atenção é o de saber se o adquirente terá interesse em pedir ao incorporador que realize modificações no quadro-resumo, sobretudo quando a informação omitida ou insuficiente disser respeito a uma das novas regras que traga maior ônus ao consumidor. Parece-nos que essa é uma hipótese improvável. Por outro lado, caso o incorporador convide o adquirente para realizar o aditamento para suprir omissão ou informação insuficiente, este não é obrigado a comparecer para proceder ao aditamento.

A questão se torna ainda mais complexa, porquanto o assunto perpassa por tema que conduz à nulidade absoluta do contrato, que tem efeito diverso da hipótese em que o adquirente poderia pedir a rescisão do pacto, conforme previsto no § 1.º do art. 35-A. De fato, se se voltar ao já estudado § 2.º do art. 35-A, ver-se-á que:

> A efetivação das consequências do desfazimento do contrato, referidas no inciso VI do *caput* deste artigo, dependerá de anuência prévia e específica do adquirente a seu respeito, mediante assinatura junto a essas cláusulas, que deverão ser redigidas conforme o disposto no § 4.º do art. 54 da Lei n.º 8.078, de 11 de setembro de 1990 (Código de Defesa do Consumidor).

Por sua vez, o § 4.º do art. 54 do CDC, referido no dispositivo supracitado, assim prevê: "§ 4.º As cláusulas que implicarem limitação de direito do consumidor deverão ser redigidas com destaque, permitindo sua imediata e fácil compreensão". Ainda seguindo o sistema de proteção ao consumidor previsto no CDC, vê-se que o art. 51 dispõe que: "São nulas de pleno direito, entre outras, as cláusulas contratuais relativas ao fornecimento de produtos e serviços que: (...) XV – estejam em desacordo com o sistema de proteção ao consumidor".

O quadro-resumo foi trazido para o bojo da Lei 4.591/1964 com a finalidade de dar mais transparência ao contrato de compra e venda de imóveis em construção. De fato, além de ser um contrato complexo pela sua natureza, é comum que, atualmente, os contratos-padrão utilizados sejam longos e, consequentemente, o adquirente pouco lê sobre seu conteúdo. Assim, o quadro-resumo tem evidente função informativa – um dos direitos básicos do consumidor – quanto aos principais pontos do contrato de aquisição do imóvel.

Diante disso, vê-se que se está tratando do direito à informação e o próprio § 2.º do art. 35-A determina que as cláusulas deverão (o dispositivo é impositivo) ser redigidas conforme o § 4.º do art. 54 do CDC, que é norma de ordem pública.

Ora, portanto, a não observância do que determina o § 2.º do art. 35-A conduz à nulidade absoluta do contrato, não sendo a hipótese de rescisão do contrato a critério do adquirente, quando não corrigido pelo incorporador, no prazo da lei, como previsto no § 1.º do art. 35-A.

Parece-nos que a hipótese de aplicação do § 1.º do art. 35-A só se daria quando o tema omisso ou incompleto do quadro-resumo não dissesse respeito à limitação de direito do consumidor, por exemplo, a informação do inciso II do art. 35-A acerca da falta de destaque do valor do imóvel pago à vista. No entanto, sendo informação que limita o direito do consumidor, por exemplo, as consequências do desfazimento, deve-se aplicar o sistema de nulidade previsto no CDC, conforme aqui referido.

2.3. Cláusula de tolerância de 180 dias para entrega da obra e suas consequências

A cláusula de tolerância de 180 dias, além do prazo de entrega da obra previsto no contrato, não tinha, antes da chegada da Lei 13.786/2018, um regramento próprio e sempre foi controvertida. Tornou-se uma cláusula tão comum nos contratos de compra e venda de imóvel em construção, fazendo parte de sua práxis, que muitos acreditavam existir norma expressa permitindo dito prazo, após a entrega da obra. Não havia norma a respeito

Cap. 16 · A LEI 13.786/2018 ("LEI DOS DISTRATOS") E SUAS CONTROVÉRSIAS PRINCIPAIS | 423

do assunto e a controvérsia chegou ao STJ, tendo sido objeto de julgamento do REsp 1.582.318/RJ.

No referido julgado, o Ministro Ricardo Villas Bôas Cueva, em seu voto, acolhido por unanimidade pela 3.ª Turma do STJ, deixou consignado que é válida a cláusula de tolerância com prazo máximo de 180 dias, desde que o consumidor tome prévio conhecimento sobre a cláusula e suas consequências, que devem ser postas de modo claro no contrato[3].

---

[3] Veja a ementa do REsp 1.582.318/RJ: "Recurso especial. Civil. Promessa de compra e venda de imóvel em construção. Atraso da obra. Entrega após o prazo estimado. Cláusula de tolerância. Validade. Previsão legal. Peculiaridades da construção civil. Atenuação de riscos. Benefício aos contratantes. CDC. Aplicação subsidiária. Observância do dever de informar. Prazo de prorrogação. Razoabilidade. 1. Cinge-se a controvérsia a saber se é abusiva a cláusula de tolerância nos contratos de promessa de compra e venda de imóvel em construção, a qual permite a prorrogação do prazo inicial para a entrega da obra. 2. A compra de um imóvel 'na planta' com prazo e preço certos possibilita ao adquirente planejar sua vida econômica e social, pois é sabido de antemão quando haverá a entrega das chaves, devendo ser observado, portanto, pelo incorporador e pelo construtor, com a maior fidelidade possível, o cronograma de execução da obra, sob pena de indenizarem os prejuízos causados ao adquirente ou ao compromissário pela não conclusão da edificação ou pelo retardo injustificado na conclusão da obra (arts. 43, II, da Lei n.º 4.591/1964 e 927 do Código Civil). 3. No contrato de promessa de compra e venda de imóvel em construção, além do período previsto para o término do empreendimento, há, comumente, cláusula de prorrogação excepcional do prazo de entrega da unidade ou de conclusão da obra, que varia entre 90 (noventa) e 180 (cento e oitenta) dias: a cláusula de tolerância. 4. Aos contratos de incorporação imobiliária, embora regidos pelos princípios e normas que lhes são próprios (Lei n.º 4.591/1964), também se aplica subsidiariamente a legislação consumerista sempre que a unidade imobiliária for destinada a uso próprio do adquirente ou de sua família. 5. Não pode ser reputada abusiva a cláusula de tolerância no compromisso de compra e venda de imóvel em construção desde que contratada com prazo determinado e razoável, já que possui amparo não só nos usos e costumes do setor, mas também em lei especial (art. 48, § 2.º, da Lei n.º 4.591/1964), constituindo previsão que atenua os fatores de imprevisibilidade que afetam negativamente a construção civil, a onerar excessivamente seus atores, tais como intempéries, chuvas, escassez de insumos, greves, falta de mão de obra, crise no setor, entre outros contratempos. 6. A cláusula de tolerância, para fins de mora contratual, não constitui desvantagem exagerada em desfavor do consumidor, o que comprometeria o princípio da equivalência das prestações estabelecidas. Tal disposição contratual concorre para a diminuição do preço final da unidade habitacional a ser suportada pelo adquirente, pois ameniza o risco da atividade advindo da dificuldade de se fixar data certa para o término de obra de grande magnitude sujeita a diversos

O julgamento do referido recurso pelo STJ se deu em setembro de 2017 e, em dezembro de 2018, adveio a Lei 13.786/2018, que inseriu o art. 43-A na Lei 4.591/1964. O dispositivo, além de autorizar a cláusula de tolerância, deixou assegurado que sua utilização por parte do incorporador não é causa de resolução do contrato, na esteira do precedente do STJ, nem ensejará o pagamento de qualquer penalidade pelo incorporador, conforme o art. 43-A da Lei 4.591/1964.

Apesar do precedente e dos termos da lei, ainda há controvérsia em torno do assunto. Marcos Ehrhardt Junior observa que

> (...) o período de tolerância, em sentido diametralmente oposto, precisa ser analisado de modo excepcional, com interpretação restritiva, vale dizer: não faz sentido entender que poderia ser aplicado automaticamente, pelo período integral de 180 dias sem apreciação das circunstâncias que motivaram o atraso inicial[4].

Apesar das ponderações relevantes de Marcos Ehrhardt Junior sobre o tema, a lei não criou limitação acerca da aplicação da cláusula de tolerância apenas quando houvesse fator extraordinário, tais como chuvas, escassez de

---

obstáculos e situações imprevisíveis. 7. Deve ser reputada razoável a cláusula que prevê no máximo o lapso de 180 (cento e oitenta) dias de prorrogação, visto que, por analogia, é o prazo de validade do registro da incorporação e da carência para desistir do empreendimento (arts. 33 e 34, § 2.º, da Lei n.º 4.591/1964 e 12 da Lei n.º 4.864/1965) e é o prazo máximo para que o fornecedor sane vício do produto (art. 18, § 2.º, do CDC). 8. Mesmo sendo válida a cláusula de tolerância para o atraso na entrega da unidade habitacional em construção com prazo determinado de até 180 (cento e oitenta) dias, o incorporador deve observar o dever de informar e os demais princípios da legislação consumerista, cientificando claramente o adquirente, inclusive em ofertas, informes e peças publicitárias, do prazo de prorrogação, cujo descumprimento implicará responsabilidade civil. Igualmente, durante a execução do contrato, deverá notificar o consumidor acerca do uso de tal cláusula juntamente com a sua justificação, primando pelo direito à informação. 9. Recurso especial não provido".

[4] No artigo escrito sobre o assunto, Marcos Ehrhardt Junior ainda assevera que "há que se exigir do construtor a demonstração de ocorrência das circunstâncias imprevisíveis que justifiquem a eficácia da cláusula de tolerância, sendo dele o ônus de comprovar a ocorrência dos fatos que, por disposição expressa do art. 6.º, do CDC, devem ser informados aos adquirentes tão logo ocorram, com o envio de cronograma de entrega, como forma de mitigar os danos a eles infligidos" (Por que não dá para ser tolerante com a "cláusula de tolerância". *Lei dos Distratos*. São Paulo: IBRADIM, 2019. p. 218).

Cap. 16 · A LEI 13.786/2018 ("LEI DOS DISTRATOS") E SUAS CONTROVÉRSIAS PRINCIPAIS | **425**

insumos, greves, falta de mão de obra, crise no setor etc. A lei assegurou ao incorporador o direito de se utilizar do prazo de mais 180 dias, desde que faça menção clara e expressa a respeito do assunto, informando adequadamente o adquirente. Esse parece ser também o comando da decisão no REsp 1.582.318/RJ.

Uma vez feita menção clara no contrato sobre o assunto, dito prazo deve ser interpretado como adicionado ao prazo máximo de entrega da obra, de forma que, se a obra está prometida para ser entregue em 30 meses, os 180 dias a mais, previstos na lei e de modo transparente no contrato, deve ser visto como prazo máximo de entrega da obra de 30 meses e 180 dias.

A informação clara e precisa a respeito do assunto relacionado ao tempo de obra não afronta o CDC, nem os direitos básicos do consumidor, porquanto seria o mesmo que o incorporador prever uma obra de 30 meses de duração e inserir no contrato 36 meses, sem lançar mão do prazo de tolerância de 180 dias. É certo que o prazo de entrega da obra é fator decisivo, muitas vezes, para convencer o consumidor na escolha do empreendimento que possa ser entregue mais rápido, e isso inibiria que o incorporador se utilizasse de prazo contratual expresso mais longo que o da concorrência. Entretanto, na medida em que a lei prevê que os 180 dias podem ser considerados no cômputo da obra, caberá ao incorporador escolher como informará sobre a entrega da obra, com ou sem o prazo de carência, não havendo afronta ao CDC prever, por exemplo, 30 meses mais 180 dias, ou 36 meses, sem a adição dos 180 dias, que é faculdade do incorporador, devendo cumprir o prazo, conforme informado.

Há ainda outra relevante controvérsia considerando os parágrafos do art. 43-A da Lei 4.591/1964. A questão é a de saber se as multas previstas nos §§ 1.º e 2.º do art. 43-A admitem ou não revisão judicial. Em outras palavras, pode o juiz impor indenização suplementar além da multa prevista, se se verificar que ela é insuficiente para compensar a eventual perda do adquirente?

A Lei 13.786/2018 tem como uma de suas principais premissas tornar o contrato de aquisição de imóveis em construção mais previsível do ponto de vista econômico, sobretudo na visão do empreendedor. Não resta dúvida de que essa é uma virtude da lei, mas, por si só, não tem o condão de afastar princípios contratuais, especialmente o princípio da equivalência material dos contratos, de modo muito mais contundente quando se estiver tratando de contrato de consumo, o que ocorre na grande maioria dos casos.

Vamos analisar as duas situações trazidas pelos parágrafos do art. 43-A da Lei 4.591/1964.

O § 1.º está assim disposto:

> Se a entrega do imóvel ultrapassar o prazo estabelecido no *caput* deste artigo, desde que o adquirente não tenha dado causa ao atraso, poderá ser promovida por este a resolução do contrato, sem prejuízo da devolução da integralidade de todos os valores pagos e da multa estabelecida, em até 60 (sessenta) dias corridos contados da resolução, corrigidos nos termos do § 8.º do art. 67-A desta Lei.

Como se vê, o dispositivo abriu a faculdade, em favor do adquirente, de, havendo atraso na obra superior ao prazo estipulado no contrato, computando-se os 180 dias, se assim tiver sido estabelecido, resolver ou não o contrato. Portanto, pode preferir continuar o contrato, como veremos adiante, ou resolvê-lo em face do inadimplemento do incorporador, pedindo a devolução integral do que tiver sido pago, devidamente corrigido, acrescido da multa estabelecida, tudo em até 60 dias corridos, contados da resolução.

A questão controvertida gira em torno da multa. Se ela for insuficiente para reparar o adquirente pelo não cumprimento do prazo de entrega da obra, parece-nos possível que haja indenização suplementar, a fim de que se mantenha a equivalência material do contrato. Cabe ao incorporador, no momento de estabelecer a cláusula prevendo a multa, assim fazê-lo dentro do que pode representar o equilíbrio contratual, o que evitaria eventual determinação judicial de pagamento de indenização suplementar. Trata-se de suplemento, e não de um acréscimo arbitrado judicialmente, de forma que já se deve levar em conta a multa estabelecida. Assim, havendo previsão de cláusula que indenize o consumidor inadequadamente, esta poderá ser revista judicialmente.

O § 2.º do art. 43-A, por sua vez, está assim disposto:

> Na hipótese de a entrega do imóvel estender-se por prazo superior àquele previsto no *caput* deste artigo, e não se tratar de resolução do contrato, será devida ao adquirente adimplente, por ocasião da entrega da unidade, indenização de 1% (um por cento) do valor efetivamente pago à incorporadora, para cada mês de atraso, *pro rata die*, corrigido monetariamente conforme índice estipulado em contrato.

Como se percebe, o § 2.º estabelece multa compensatória pelo atraso na entrega da obra. Nessa hipótese, o adquirente optará por continuar com

Cap. 16 • A LEI 13.786/2018 ("LEI DOS DISTRATOS") E SUAS CONTROVÉRSIAS PRINCIPAIS | 427

o contrato, mas terá direito a uma indenização equivalente a 1% do valor efetivamente pago à incorporadora, para cada mês de atraso. Parece-nos que a interpretação do § 2.º do art. 43-A deve ser a mesma dada ao § 1.º. Vale dizer, se a previsão legal de 1% mensal do que for pago pelo adquirente não for suficiente para indenizá-lo efetivamente, sobretudo o adquirente-consumidor, haverá possibilidade de indenização suplementar, mantendo-se a equivalência material do contrato.

O STJ vem aplicando a equivalência material do contrato e assim o fez, recentemente, no julgamento sobre a possibilidade da cumulação da cláusula penal com lucro cessante (Tema 970, em Recurso Repetitivo), quando estabeleceu a seguinte tese: "A cláusula penal moratória tem a finalidade de indenizar pelo adimplemento tardio da obrigação, e, em regra, estabelecida em valor equivalente ao locativo, afasta-se sua cumulação com lucros cessantes".

Caso a multa de 1% aplicada sobre o que for pago pelo adquirente for equivalente ao valor locativo, para se utilizar do mesmo critério do STJ, ou a esse valor for limitada, parece-nos que a previsão atenderá à manutenção do equilíbrio econômico do contrato, em regra, não se autorizando a revisão para estabelecer indenização suplementar. Por outro lado, observa-se que na própria tese construída pelo STJ, ao se referir à expressão "em regra", admitiu que pode haver exceção, levando-nos a concluir que é possível haver a indenização suplementar.

2.4. Controvérsias relacionadas à extinção do contrato de aquisição de imóvel em construção, após a entrada em vigor da Lei 13.786/2018

Os temas relativos à extinção do contrato de incorporação imobiliária estão praticamente todos relacionados no art. 67-A da Lei 4.591/1964, introduzidos pela Lei 13.786/2018. Além dos modos extintivos ali listados e que são típicos, o contrato de incorporação pode ser extinto por invalidade ou impossibilidade de sua execução por motivos de força maior ou caso fortuito. Mesmo em vista disso, vamos nos ater às possibilidades que se observam a partir do já mencionado art. 67-A da Lei de Incorporação.

2.4.1. *Direito de arrependimento do adquirente e a irretratabilidade do contrato de compra e venda de imóvel em construção*

O direito de arrependimento no contrato de compra e venda de imóvel em construção está regrado pelos §§ 10, 11 e 12 do art. 67-A da Lei 4.591/1964.

Observa-se a partir dos dispositivos aqui referidos que o direito de arrependimento não pode ser exercido pelo adquirente quando o contrato for celebrado na sede da própria incorporadora. Nessa hipótese, o contrato, desde o momento em que se aperfeiçoa, é celebrado em caráter irretratável, na forma prevista no § 2.º do art. 32 da Lei 4.591/1964, que continua em pleno vigor, tendo em vista a própria dicção do § 12. Nesse sentido, apesar da controvérsia existente sobre o tema, a Lei 13.786/2018 não fez com que o contrato de promessa de compra e venda de imóvel em construção perdesse seu caráter irrevogável e irretratável, de modo que assim continua sendo, apenas abrindo a possibilidade de arrependimento, no prazo de sete dias, a contar da data de sua assinatura.

Por outro lado, a lei prevê que os contratos firmados em estandes de vendas ou fora da sede do incorporador permitem ao adquirente o exercício do direito de arrependimento durante o prazo improrrogável de sete dias, com a devolução de todos os valores eventualmente antecipados, inclusive arras (sinal) e a comissão de corretagem.

Vale dizer, na hipótese acima referida, como ocorre em feirões de imóveis ou em estandes em *shopping centers*, haverá de se aguardar o período de reflexão, no qual o adquirente poderá se arrepender do negócio firmado, independentemente de qualquer motivação, havendo extinção do contrato, por direito de arrependimento, previsto expressamente em lei. Para tanto, a lei exigiu que caberá ao adquirente demonstrar o exercício tempestivo do direito de arrependimento por meio de carta registrada, com aviso de recebimento.

A redação do § 11, que trata da contagem do prazo para o exercício do direito de preferência, é extremamente confusa, ao dizer: "§ 11. Caberá ao adquirente demonstrar o exercício tempestivo do direito de arrependimento por meio de carta registrada, com aviso de recebimento, considerada a data da postagem como data inicial da contagem do prazo a que se refere o § 10 deste artigo". Ora, parece-nos que a contagem do prazo de sete dias, considerando inclusive o que diz o § 12, começa a contar da data em que o contrato é firmado fora da sede da incorporadora. Se o contrato é estabelecido hoje, o adquirente terá o prazo de sete dias, contados da data em que se ajustar o contrato, para se arrepender e, dentro desse prazo fixado, deve enviar a notificação (carta) referida no § 11 do art. 67-A. Em outras palavras, não há sentido considerar que a contagem do prazo começa do envio da notificação fora do prazo de sete dias. Ao que parece, teríamos duas interpretações para o dispositivo: a) o início do prazo de sete dias se daria a partir da data de realização do contrato, dentro do qual o adquirente deve mandar a carta comunicando a desistência; ou b) o início do prazo se daria a partir da data de envio da carta, desde que o seja dentro dos sete dias da realização contrato.

A segunda hipótese não parece ter sido o desejo da lei, motivo pelo qual preferimos a primeira interpretação, aqui disposta na letra "a".

Além dos aspectos já referidos, a nosso sentir, apesar de a lei ter exigido o envio de carta registrada com aviso de recebimento, nada impede que as partes estabeleçam no contrato que a notificação (carta, aviso) possa ser enviada pelo adquirente ao incorporador por *e-mail* ou outro meio de ciência inequívoca, valendo, em qualquer caso, a data da postagem dentro dos sete dias. Essa informação, inclusive em face do modo como o adquirente pode se arrepender do contrato, deve ficar claramente posta no quadro-resumo, conforme exigido pelo novo art. 35-A da Lei 4.591/1964.

Verifique-se, porém, que a lei também deixou bem consignado no § 12 do art. 67-A que, transcorrido o prazo de sete dias sem que tenha sido exercido o direito de arrependimento, será observada a irretratabilidade do contrato de incorporação imobiliária, conforme disposto no § 2.º do art. 32 da Lei 4.591/1964. Essa regra reforça a interpretação de que o adquirente deverá enviar a notificação exercendo seu direito de arrependimento dentro do prazo de sete dias, a contar da data em que o contrato for firmado, fora da sede do incorporador.

Como se vê, os §§ 10, 11 e 12 do art. 67-A da Lei 4.591/1964, que tratam das regras sobre direito de arrependimento do adquirente, ratificam, de modo expresso, agora para esse tipo contratual, o que o art. 49 do CDC já esclarecia de modo geral. De fato, no CDC é assegurado ao consumidor o direito de arrependimento do contrato, no prazo de sete dias a contar de sua conclusão, sempre que a contratação ocorrer fora do estabelecimento comercial. No caso da compra e venda de imóveis em construção, havia discussão em torno dessa possibilidade agora esclarecida.

A nosso ver, a lei também amplia tal direito aos adquirentes-investidores que, por não serem destinatários final do produto, tendo em vista que compram para investimento e especulação no mercado imobiliário, não se subsumiam ao conceito de consumidor previsto no art. 2.º do CDC. A nova regra, assim, estende a aplicação do direito de arrependimento ao adquirente-investidor. Dessa forma, o adquirente-consumidor e o adquirente-investidor terão direito de arrependimento diante dos requisitos previstos na lei.

A lei especial, porém, não deixou expresso como se daria a devolução de todos os valores eventualmente antecipados pelo adquirente do imóvel. Nesse caso, aplica-se a regra do parágrafo único do art. 49 do CDC, que determina que os valores eventualmente pagos, a qualquer título, durante o prazo de reflexão (sete dias), serão devolvidos, de imediato, monetariamente atualizados, o que também alcança o adquirente-investidor.

É relevante consignar mais uma vez que, se o adquirente não exercer seu direito de arrependimento no prazo da lei, o contrato considerar-se-á celebrado em caráter irrevogável e irretratável e o seu não cumprimento pelo adquirente acarretará as sanções contratuais previstas para a hipótese de resolução culposa do adquirente. Vale dizer, se houver exercício do direito de arrependimento dentro do prazo de sete dias, o adquirente receberá a quantia paga devidamente atualizada monetariamente; se o arrependimento se der fora do prazo de sete dias, aplicar-se-ão regras de resolução do contrato por culpa do adquirente, e não as relativas ao exercício do direito de arrependimento.

Reitera-se que o contrato de incorporação imobiliária não perdeu seu caráter de irretratabilidade, pois a própria lei deixou esclarecido que, passado o prazo de reflexão de sete dias, será observada a irretratabilidade do contrato de incorporação imobiliária, assim como também o será o contrato que for firmado dentro da sede da incorporadora, desde o momento em que for celebrado.

2.4.2. *Pontos controvertidos em torno da resolução do contrato por inadimplemento do adquirente*

O *caput* do art. 67-A dedica-se também à resolução do contrato por inadimplemento do adquirente. Diz-se também porque o mesmo dispositivo, numa evidente falta de técnica contratual, tratou sobre o distrato (resilição bilateral) e a resolução culposa do adquirente, levando-se em conta as mesmas regras[5]. Há que diferenciar as circunstâncias relativas à resolução culposa do adquirente e o distrato, hipótese de resilição bilateral, que pressupõe acordo de vontades, e não imposição legal.

É inegável que a Lei 13.786/2018 tem como escopo primordial a regulação da resolução culposa do contrato por parte do adquirente[6]. Como já

---

5   Veja as observações feitas por Alexandre Gomide a respeito do *caput* do art. 67-A: "Ora, se o distrato é um acordo, qual a razão de as partes se vincularem às bases determinadas na Lei? Não nos parece tecnicamente correto que a lei tenha estabelecido as bases em que as partes ficam sujeitas em caso de acordo. É no mínimo estranho a lei ter disciplinado a consequência jurídica da extinção por resolução (descumprimento) e distrato (acordo), no mesmo dispositivo (Lei 13.786/2018 (Lei dos "Distratos" – Primeiras impressões a respeito da extinção da relação contratual. Disponível em: https://www.migalhas.com.br/Edilicias/127,MI294366,31047Lei+137862018+Lei+dos+Distratos+Primeiras+impressoes+a+respeito+da. Acesso em: 3 jan. 2020).

6   Carlos Eduardo Elias de Oliveira e Bruna Matos e Silva pensam que a lei tratou igualmente da possibilidade de resilição unilateral do contrato por parte do adquirente. Sustentam argumentos bem delineados, dentre os quais o seguinte:

Cap. 16 · A LEI 13.786/2018 ("LEI DOS DISTRATOS") E SUAS CONTROVÉRSIAS PRINCIPAIS | **431**

visto, o contexto econômico fez com que as incorporadoras passassem a se

---

"(...) não fosse admitida a resilição unilateral, estaríamos a entregar o rompimento do contrato ao puro arbítrio do fornecedor, que, diante do inadimplemento do consumidor, teria a faculdade de escolher entre, de um lado, resolver o contrato no momento em que lhe aprouver (caso em que cobrará a multa compensatória pactuada) ou, de outro lado, simplesmente cobrar as prestações vencidas e as que vierem se vencer, hipótese em que o consumidor ficará eternamente escravizado ao contrato, vendo impotentemente a dívida se engordurar com encargos moratórios e com novas prestações vencidas. Em tese, o consumidor ficaria com o 'nome sujo' e sob o chicote da cobrança eternamente, sem possibilidade de 'cortar' o vínculo contratual mediante o pagamento das punições contratuais previstas nesta lei. De fato, pelo texto legal, o fornecedor não é obrigado a promover rapidamente a resolução do contrato. Não há sequer prazo legal para ele obrigatoriamente promovê-la. Em outras palavras, se não admitirmos a resilição unilateral, o consumidor estará exposto a um abuso de direito por parte do fornecedor, que só romperá o contrato quando quiser, o que configura uma condição puramente potestativa, que é vedada pelo ordenamento jurídico (arts. 122 e 187 do CC, e art. 51 do CDC)" (A recente Lei do Distrato (Lei n.º 13.786/2018): o novo cenário jurídico dos contratos de aquisição de imóveis em regime de incorporação imobiliária ou de loteamento (Parte 1) cit.). Parece-nos, por outro lado, que a lei, ao afirmar que o contrato de compra e venda de imóvel em construção é irrevogável e irretratável, não regula a hipótese de resilição unilateral do contrato por parte do adquirente, mas sim de sua resolução culposa. A resilição unilateral só é admitida em hipóteses excepcionais e, em regra, em contratos por tempo indeterminado, que não é o caso do contrato regulado pela Lei 4.591/1964. Sobre resilição unilateral, Orlando Gomes sustenta que "nos contratos por tempo determinado não cabe, em princípio, a resilição unilateral. Mas alguns admitem a denúncia, que os extingue *ante tempus*, sujeitando o denunciante a perdas e danos, se não houver justa causa. No entanto, se a causa extintiva é a inexecução, haverá resolução" (*Contratos*. Rio de Janeiro: Forense, 1999. p. 188). No caso da incorporação imobiliária, o contrato se dá por prazo determinado e a lei tratou da inexecução causada pelo adquirente, que conduz à resolução. Também vale trazer à baila as lições de Flávio Tartuce sobre resilição unilateral, ao dizer: "A resilição unilateral, pelo que consta desse dispositivo (art. 473, CC), só é prevista em hipóteses excepcionais, como, por exemplo, na locação, na prestação de serviços, no mandato, no comodato, no depósito, na doação, na fiança, operando-se mediante denúncia notificada à outra parte" (*Direito civil*: teoria geral dos contratos e contratos em espécie. 14. ed. Rio de Janeiro: Forense, 2019. p. 259). Veja também, sobre o assunto, Maria Helena Diniz (*Curso de direito civil brasileiro*: teoria das obrigações contratuais e extracontratuais. 25. ed. São Paulo: Saraiva, 2009. p. 167). Ruy Rosado de Aguiar Júnior também sustenta que, "se o pedido de extinção estiver fundado no incumprimento, haverá a resilição, que é espécie de resolução, aplicável às obrigações duradouras, mas com efeitos 'ex nunc'". O mesmo autor diz não se enquadrar no conceito de obrigações duradouras as em que "haja a determinação da entrega de uma certa quantidade de

DIREITO CIVIL: DIÁLOGOS ENTRE A DOUTRINA E A JURISPRUDÊNCIA – *Volume II*

preocupar com o grande número de extinções de contratos por desistência do adquirente, portanto resolução por inadimplemento do contrato por parte do adquirente, que põe em risco a conclusão do respectivo empreendimento, motivo pelo qual a lei se preocupou em regular melhor a matéria.

É bem verdade que muitas vezes a resolução culposa do adquirente se deu por falta de pagamento do preço realmente motivada, como ocorre com a perda ou redução da renda; outras vezes, o adquirente confundia essa hipótese com o direito dele de, simplesmente, desistir do contrato, o que fez com que houvesse maior preocupação do mercado. Por isso, este foi inegavelmente o espírito da lei, qual seja proteger o empreendimento com regras mais claras em razão do inadimplemento do adquirente, e não do distrato, propriamente.

É importante observar as regras sobre a resolução culposa por parte do adquirente, tema principal do art. 67-A, em razão da irretratabilidade do contrato.

O *caput* e seus incisos do citado artigo assim estão dispostos:

> Art. 67-A. Em caso de desfazimento do contrato celebrado exclusivamente com o incorporador, mediante distrato ou resolução por inadimplemento absoluto de obrigação do adquirente, este fará jus à restituição das quantias que houver pago diretamente ao incorporador, atualizadas com base no índice contratualmente estabelecido para a correção monetária das parcelas do preço do imóvel, delas deduzidas, cumulativamente: I – a integralidade da comissão de corretagem; II – a pena convencional, que não poderá exceder a 25% (vinte e cinco por cento) da quantia paga.

O primeiro ponto que nos chama a atenção diz respeito ao desfazimento – termo utilizado pela lei – do contrato "celebrado exclusivamente com o incorporador".

O "exclusivamente" referido pelo dispositivo quer significar que a regra só se aplica ao contrato em que o incorporador for o vendedor. Quando não o for, não se aplica a regra do art. 67-A da Lei 13.786/2018. Por exemplo, se um "terrenista" – assim chamado na prática imobiliária aquele que troca seu terreno por futura unidade a ser construída – vender a unidade recebida

---

bens", como ocorre com o contrato de compra e venda de imóvel em construção (*Extinção dos contratos por incumprimento do devedor*: resolução. Rio de Janeiro: Aide, 2004, p. 72).

Cap. 16 • A LEI 13.786/2018 ("LEI DOS DISTRATOS") E SUAS CONTROVÉRSIAS PRINCIPAIS | **433**

como pagamento do terreno nesse negócio a outro interessado, não se aplica a regra do art. 67-A da Lei 4.591/1964; igualmente, não se aplica às hipóteses em que uma instituição financeira esteja vendendo unidade imobiliária em construção.

Portanto, havendo contrato celebrado exclusivamente com o incorporador e presente o inadimplemento do adquirente, este fará jus à restituição das quantias que houver pago diretamente ao incorporador, atualizadas com base no índice contratualmente estabelecido para a correção monetária das parcelas do preço do imóvel. Assim, normalmente o índice utilizado nesses contratos durante a construção é o Índice Nacional da Construção Civil (INCC) e, após a entrega da obra, o Índice Nacional de Preço do Mercado (IGP-M) acrescido de juros compensatórios[7]. Nesse caso, a devolução das quantias pagas deve observar cada período de pagamento, aplicando-se os respectivos índices para a devolução da quantia.

Os pontos mais controvertidos do dispositivo estão relacionados ao tema das deduções em favor do incorporador e autorizadas pela lei.

Apesar de a lei ter tido a louvável intenção de estabilizar melhor as questões relacionadas à extinção do contrato de incorporação imobiliária, em princípio, muitas discussões podem surgir em razão da dicção da própria lei e, ao final, não haverá radical mudança da jurisprudência, mesmo diante do novo dispositivo. Sobretudo no STJ, nos últimos precedentes, há uma tendência de aplicação do princípio da equivalência material dos contratos[8] – a exemplo do julgamento dos Temas em Recurso Repetitivo 970 e 971 –,

---

[7] Apesar de essa ser a prática contratual, que se coaduna com a doutrina especializada, o STJ tem precedente admitindo a incidência de juros compensatórios mesmo durante a obra: "Embargos de divergência. Direito civil. Incorporação imobiliária. Imóvel em fase de construção. Cobrança de juros compensatórios antes da entrega das chaves. Legalidade. (...) não se considera abusiva cláusula contratual que preveja a cobrança de juros antes da entrega das chaves, que, ademais, confere maior transparência ao contrato e vem ao encontro do direito à informação do consumidor (art. 6.º, III, do CDC), abrindo a possibilidade de correção de eventuais abusos" (EREsp 670.117). Os juros compensatórios eventualmente pagos devem ser incluídos no cálculo do valor da restituição das quantias pagas pelo comprador, que também influenciará o valor nominal da retenção por parte da incorporadora.

[8] Karl Larenz, um dos principais expoentes do estudo do equilíbrio objetivo do contrato, acentua em sua obra tradicional que o princípio da equivalência material refere-se aos "contratos de intercambio ('contratos recíprocos') y afirma, ante todo, que en tales contratos cada parte debe obtener por su propia prestación una contraprestación 'adecuada', correspondiente al valor de aquélla (principio objetivo de equivalencia)" (LARENZ, Karl. *Derecho civil*: parte general.

indicando que, mesmo diante da lei nova, a busca continuará sendo pelo equilíbrio substancial do contrato. O que muda com a nova regra é o fato de se terem balizamentos mais objetivos, o que não impede a análise do caso concreto à luz da equivalência material.

De toda forma, entre as questões controvertidas relevantes, a primeira diz respeito à retenção, por parte do incorporador, do valor integral da comissão de corretagem. A lei não deixa dúvida de que o incorporador pode reter o valor que ele houver pago de comissão de corretagem. É importante observar, porém, nesse passo, que o Superior Tribunal de Justiça já havia decidido no Recurso Especial Repetitivo 1.599.511/SP que é válida a cláusula contratual que transfere ao promitente-comprador a obrigação de pagar a comissão de corretagem nos contratos de promessa de compra e venda de unidade autônoma em regime de incorporação imobiliária, desde que previamente informado o preço total da aquisição da unidade autônoma, com o destaque do valor da comissão de corretagem[9]. Vale dizer, a retenção autorizada pelo inciso I do art. 67-A dar-se-á apenas nas hipóteses, claro, em que o incorporador houver pago o valor da comissão de corretagem. Se esta tiver sido paga pelo adquirente (consumidor ou investidor), não há que falar na retenção prevista no dispositivo aqui assinalado.

Quanto ao ponto que envolve a corretagem, tem-se, em resumo, se a comissão de corretagem for paga pelo incorporador ao corretor, aquele terá direito de deduzir integralmente o valor da comissão diante do que for devolver ao adquirente. De outro modo, se a comissão for paga diretamente pelo adquirente, conforme autoriza o julgado no Recurso Especial Repetitivo 1.599.511/SP, o incorporador não poderá deduzir o valor da corretagem que não pagou ao corretor, tendo em vista que o pagamento foi feito pelo adquirente ao corretor que já teve seu serviço finalizado e, claro, não tem obrigação de devolver o que recebeu pelo seu

---

Traducción y notas de Miguel Izquierdo y Mácias-Picavea. Madrid: Revista de Derecho Privado, 1950. p. 61).

[9] A mesma interpretação, quanto ao pagamento da corretagem pelo adquirente, aplica-se aos contratos firmados no Programa Minha Casa Minha Vida, em face da decisão em Recurso Especial Repetitivo 1.601.149/RS, que definiu a seguinte tese sobre o assunto: "Ressalvada a denominada Faixa 1, em que não há intermediação imobiliária, é válida a cláusula contratual que transfere ao promitente-comprador a obrigação de pagar a comissão de corretagem nos contratos de promessa de compra e venda do Programa Minha Casa Minha Vida, desde que previamente informado o preço total da aquisição da unidade autônoma, com o destaque do valor da comissão de corretagem".

Cap. 16 • A LEI 13.786/2018 ("LEI DOS DISTRATOS") E SUAS CONTROVÉRSIAS PRINCIPAIS | **435**

serviço. Observa-se, portanto, que, na nova sistemática trazida pela Lei 13.786/2018, de um modo ou de outro, o adquirente perderá o valor da comissão de corretagem.

Outro ponto controvertido de grande importância se dá quanto ao percentual da penalidade em razão do inadimplemento do adquirente. A lei nova criou um sistema próprio de pena convencional para o contrato de incorporação imobiliária, levando em consideração o fato de a incorporação ter ou não sido submetida ao regime do patrimônio de afetação. Vamos analisar essa temática nessas duas perspectivas.

a)   Incorporação imobiliária não submetida ao regime do patrimônio de afetação

Se a incorporação não tiver sido submetida ao regime do patrimônio de afetação[10], a pena convencional não poderá exceder a 25% da quantia paga pelo adquirente.

Vale dizer, a lei parece ter deixado claro que a penalidade deve ser de até 25% do que tiver sido efetivamente pago pelo adquirente. O próprio § 4.º do art. 67-A deixa claro que "os descontos e as retenções de que trata este artigo, após o desfazimento do contrato, estão limitados aos valores efetivamente pagos pelo adquirente, salvo em relação às quantias relativas à fruição do imóvel".

Portanto, aplica-se o percentual de 25% de pena convencional sobre os valores efetivamente pagos pelo adquirente, não podendo, por exemplo, incidir sobre o valor total do contrato, como se vê algumas vezes na prática contratual imobiliária. De todo modo, a nova regra é geradora de uma série de reflexões.

De início, é importante observar que uma pena convencional fixa de 25%, imaginando que o incorporador tenderá a aplicar em seu contrato o

---

[10]   O art. 31-A da Lei 4.591 faculta ao incorporador que a incorporação seja submetida ao regime da afetação, pelo qual o terreno e as acessões objeto de incorporação imobiliária, bem como os demais bens e direitos a ela vinculados, mantenham-se apartados do patrimônio do incorporador, constituindo-se em patrimônio de afetação, destinado à consecução da incorporação e à entrega das unidades imobiliárias aos respectivos adquirentes. Vale observar que o parágrafo primeiro do citado artigo, prevê que "o patrimônio de afetação não se comunica com os demais bens, direitos e obrigações do patrimônio geral do incorporador ou de outros patrimônios de afetação por ele constituídos e só responde por dívidas e obrigações vinculadas à incorporação respectiva".

máximo permitido pela lei, vai de encontro às regras elementares do direito das obrigações, que visa prestigiar o adimplente, e não o inadimplente. Havendo a penalidade num percentual fixo, quanto mais o adquirente paga, mais ele perderá nominalmente, se houver inadimplemento de sua parte.

Diante dessa constatação, cabem duas reflexões.

A primeira delas é que, se a pena convencional se mostrar excessiva, a nova regra não terá o condão de afastar as normas de ordem pública do Código Civil e do Código de Defesa do Consumidor, que autorizam a revisão ou modificação do contrato, em face de manifesta desproporção, quando for efetivamente o caso.

Duas dessas normas chamam especial atenção. Por um lado, o art. 6.º, V, do CDC é claro ao dizer que é direito básico do consumidor "a modificação das cláusulas contratuais que estabeleçam prestações desproporcionais". De outro, o art. 413 do CC preceitua que: "Art. 413. A penalidade deve ser reduzida equitativamente pelo juiz se a obrigação principal tiver sido cumprida em parte, ou se o montante da penalidade for manifestamente excessivo, tendo-se em vista a natureza e a finalidade do negócio".

Aqui é importante uma nota relevante sobre o art. 6.º, V, do CDC. De fato, neste item do presente artigo, estamos tratando da resolução do contrato por inadimplemento do adquirente, portanto da sua extinção, enquanto o inciso V do art. 6.º do CDC cuida da possibilidade de modificação ou revisão do contrato, pressupondo sua manutenção, e não extinção. De todo modo, nada impede que o juiz, à luz do citado artigo e quando houver relação de consumo, modifique a cláusula e extinga o contrato, buscando guardar a equivalência material das prestações. Ademais, não se aplicando o inciso V do art. 6.º do CDC – que é direito básico do consumidor –, há um arcabouço de normas no CDC que permitiria a modificação do percentual previsto no contrato, seguida da sua extinção, tais como as previsões do art. 51, IV; art. 51, § 1.º e incisos; e, ainda, o art. 53, todos do CDC, logo, normas de ordem pública, que não podem ser afastadas.

Considerando os dispositivos aqui citados, é possível que o juiz revise o contrato quando o percentual de 25%, por exemplo, mostrar-se efetivamente excessivo, levando-se em conta o caso concreto, mesmo diante da nova regra.

Anota-se apenas que a possibilidade de modificação da cláusula para que se promova, eventualmente, uma extinção que guarde a equivalência material do contrato implica, claro, intervenção do Estado no contrato, e, por isso, deverá ser maior nas hipóteses em que houver adquirente-consumidor e menor nas hipóteses em que houver adquirente-investidor.

Cap. 16 • A LEI 13.786/2018 ("LEI DOS DISTRATOS") E SUAS CONTROVÉRSIAS PRINCIPAIS | 437

A questão é sensível porque envolve o nível de intervenção estatal na busca pela equivalência material, o que é possível não só com base no princípio contratual em si (equivalência material e função social), mas também com fundamento nas regras já citadas, quais sejam arts. 6.º, 51, IV, § 1.º e incisos, 53, todos do CDC, e 413 do CC. O importante é observar que, havendo discussão judicial em torno dessa matéria, o juiz deve estar atento para um maior nível de intervenção no contrato, quando houver adquirente-consumidor, e menor, quando houver adquirente-investidor. Nesse caso, inclusive, havendo habitualidade de investimento, não existirá possibilidade de modificação da cláusula, tendo em vista que o custo calculado do negócio é risco da atividade do investidor.

Sobre esse assunto, Flávio Tartuce e Marco Aurélio Bezerra de Melo têm a seguinte posição, que nos parece acertada:

> Nessa linha, o adquirente que der causa ao desfazimento do vínculo negocial fará jus à restituição do que houver pago diretamente ao incorporador, com atualização monetária, deduzindo-se o valor que fora pago a título de comissão de corretagem e à pena convencional, que não poderá exceder 25% da quantia desembolsada. Como se pode perceber, a nova lei, nesse ponto, não inovou em relação ao que vinha sendo praticado pela jurisprudência nacional, que continuará oscilando entre 10, 15, 20 e 25% da possibilidade de perda, analisando-se o caso concreto e reduzindo-se a penalidade, conforme critérios como a valorização superveniente do imóvel, o atraso na entrega e as causas justificadas para o inadimplemento, como doença, desemprego, entre outros fatores[11].

Os autores, em pesquisa minuciosa sobre a jurisprudência do STJ em torno do assunto, mencionam a afirmação 6 constante da edição 110 da ferramenta "Jurisprudência em Teses" do STJ[12].

---

[11] MELO, Marco Aurélio Bezerra de; TARTUCE, Flávio. Primeiras linhas sobre a restituição ao consumidor das quantias pagas ao incorporador em caso de desfazimento do vínculo contratual na Lei 13.786/18. Disponível em: https://m.migalhas.com.br/depeso/293842/primeiras-linhas-sobre-a-restituicao-ao-consumidor-das-quantias-pagas. Acesso em: 3 jan. 2020.

[12] Flávio Tartuce e Marco Aurelio Bezerra de Melo ressaltam os seguintes precedentes do STJ: "no caso de rescisão de contratos envolvendo compra e venda de imóveis por culpa do comprador, é razoável ao vendedor que a retenção seja arbitrada entre 10% e 25% dos valores pagos, conforme as circunstâncias de cada

Diante da perspectiva de interpretação à luz da equivalência material e da aplicação do art. 413 do CC às hipóteses aqui estudadas, André Abelha faz a seguinte observação:

> (...) não se pode afastar a possibilidade de redução pelo Judiciário, da penalidade contratual pactuada, mesmo que ajustada pelas partes dentro dos limites previstos na Lei 13.786/2018. Isso não significa, contudo, um cheque em branco para o juiz. O dispositivo em questão traz uma condição claríssima para a redução: excesso manifesto[13].

Parece-nos que o ponto importante é a busca pela equivalência material, inclusive levando-se em conta a possibilidade indiscutível de aplicação do art. 413 do CC. O excesso será objeto de análise tópica do juiz, que deve considerar a característica de contrato coletivo da incorporação imobiliária a fim de proteger o empreendimento e da eventual inexistência do excesso manifesto previsto na lei, sempre observando o fato de se estar diante de contrato em que o comprador é consumidor ou investidor.

A segunda reflexão importante à luz do inciso II do art. 67-A da Lei 4.591/1964 é que, na prática do contrato de incorporação imobiliária, o incorporador passou a ter a oportunidade, em razão de previsão legal expressa, de adequar a cláusula que prevê a pena convencional. Para tanto, parece-nos suficiente que a cláusula que prevê a pena convencional se adéque à própria dicção do inciso II do art. 67-A, que diz que "a penalidade não poderá exceder a 25% do valor efetivamente pago pelo adquirente". Nesse sentido, se o contrato contiver cláusula prevendo que a pena convencional será tanto menor

---

caso, avaliando-se os prejuízos suportados". A edição é dedicada ao compromisso de compra e venda de imóveis, tendo sido publicada pelo Tribunal em outubro de 2018, com a citação dos seguintes precedentes: Ag. Int. no AREsp 1.200.273/DF, 4.ª Turma, Rel. Min. Marco Buzzi, j. 19.06.2018, *DJe* 26.06.2018; Ag. Int. no REsp 1.395.252/SP, 3.ª Turma, Rel. Min. Moura Ribeiro, j. 05.06.2018, *DJe* 15.06.2018; Ag. Int. no REsp 1.692.346/DF, 4.ª Turma, Rel. Min. Antonio Carlos Ferreira, j. 19.04.2018, *DJe* 26.04.2018; Ag. Int. no AREsp 1.121.909/SP, 4.ª Turma, Rel. Min. Lázaro Guimarães (desembargador convocado do TRF 5.ª Região), j. 20.02.2018, *DJe* 28.02.2018; Ag. Int. no AREsp 1.140.299/SP, 3.ª Turma, Rel. Min. Marco Aurélio Bellizze, j. 05.12.2017, *DJe* 19.12.2017; e Ag. Int. no AREsp 1.062.082/AM, 4.ª Turma, Rel. Min. Luis Felipe Salomão, j. 18.05.2017, *DJe* 23.05.2017.

[13] ABELHA, André. *Lei 13.786/2018*: pode o juiz reduzir a cláusula penal? *Lei dos Distratos*. São Paulo: IBRADIM, 2019. p. 38.

Cap. 16 · A LEI 13.786/2018 ("LEI DOS DISTRATOS") E SUAS CONTROVÉRSIAS PRINCIPAIS | **439**

na proporção em que o contrato for adimplido ao longo da sua execução pelo adquirente, parece haver, a princípio, melhor adequação às regras gerais das obrigações, que prestigia o adimplente, como referido.

A nova regra também prevê, no § 2.º do art. 67-A, que, sem prejuízo da possibilidade de retenção integral do valor da comissão de corretagem e da cobrança da pena convencional, dentro dos limites legais, o adquirente responde ainda, em função do período em que teve disponibilizada a unidade imobiliária em seu favor e no caso de resolução por inadimplemento dele, pelos seguintes valores: I – quantias correspondentes aos impostos reais incidentes sobre o imóvel; II – cotas de condomínio e contribuições devidas a associações de moradores; III – valor correspondente à fruição do imóvel, equivalente a 0,5% sobre o valor atualizado do contrato, *pro rata die*; IV – demais encargos incidentes sobre o imóvel e despesas previstas no contrato.

Todos os itens aqui relacionados – são os próprios incisos I a IV do § 2.º do art. 67-A – já vinham sendo objeto de decisões favoráveis ao incorporador imobiliário, no âmbito das discussões relacionadas à extinção do contrato em face do inadimplemento do adquirente, aliás de maneira acertada, em razão da cláusula geral de proibição do enriquecimento sem causa. Entre os itens relacionados no § 2.º do art. 67-A, apenas se observa que "as demais despesas previstas no contrato", referidas na parte final do inciso IV do citado § 2.º, não podem afrontar também as normas de ordem pública e que buscam o equilíbrio material do contrato. Sendo assim, a previsão de despesas no contrato não pode estabelecer obrigações consideradas iníquas, abusivas, que coloquem o adquirente em desvantagem exagerada, ou sejam incompatíveis com a boa-fé ou a equidade, conforme prevê o inciso IV do art. 51 do CDC. Ademais, o STJ já decidiu, por exemplo, no Recurso Especial Repetitivo 1.599.511/SP que existe "abusividade na cobrança pelo promitente-vendedor do serviço de assessoria técnico-imobiliária (SATI), ou atividade congênere, vinculado à celebração de promessa de compra e venda de imóvel".

Ainda nas hipóteses de incorporação imobiliária não submetidas ao regime de patrimônio de afetação, a lei nova estabeleceu um prazo específico para a devolução de eventual quantia a que o adquirente tenha direito. De fato, o § 6.º do art. 67-A determina o seguinte:

> Caso a incorporação não esteja submetida ao regime do patrimônio de afetação de que trata a Lei n.º 10.931, de 2 de agosto de 2004, e após as deduções a que se referem os parágrafos anteriores, se houver remanescente a ser ressarcido ao adquirente, o pagamento será realizado em parcela única, após o prazo de 180 (cento e oitenta) dias, contado da data do desfazimento do contrato.

440 | DIREITO CIVIL: DIÁLOGOS ENTRE A DOUTRINA E A JURISPRUDÊNCIA – *Volume II*

Nesse ponto específico do aspecto temporal para devolução dos valores ao adquirente, a nova lei confronta-se com a Súmula 543 do STJ, que assim está redigida:

> Súmula 543. Na hipótese de resolução de contrato de promessa de compra e venda de imóvel submetido ao Código de Defesa do Consumidor, deve ocorrer a imediata restituição das parcelas pagas pelo promitente comprador – integralmente, em caso de culpa exclusiva do promitente vendedor/construtor, ou parcialmente, caso tenha sido o comprador quem deu causa ao desfazimento.

Observa-se que a súmula havia caminhado na direção de ordenar a imediata devolução da quantia ao adquirente, enquanto a lei nova exigiu que a devolução se desse após o prazo de 180 dias, contado da data do desfazimento do contrato. Na verdade, a lei criou um prazo mínimo de, pelo menos, 180 dias a partir da data do desfazimento do contrato, sendo interessante anotar que não instituiu um prazo máximo para a devolução, que dependerá de fixação em decisão judicial, caso o adquirente não opte pelo distrato.

Como visto, considerando o embate entre a Súmula 543 e o § 6.º do art. 67-A, quanto à questão relacionada ao tempo de devolução dos valores a que o adquirente tem direito, parece-nos que vai prevalecer o texto legal que determina que a devolução deva se dar somente após o prazo de 180 dias, contado da data do desfazimento do contrato, e não de imediato, como concluiu o STJ, por ocasião da edição da Súmula 543, tendo em vista a nova regra expressa, antes inexistente[14].

---

[14] Em sentido contrário, veja a posição de Flávio Tartuce e Marco Aurélio Bezerra de Melo, ao sustentarem: "Cremos que as decisões judiciais, com a prudência necessária exigida na arte de julgar, hão de manter o patamar médio de dez por cento de perda, podendo, excepcionalmente, chegar a 25%, aplicando-se o Verbete Sumular 543 do próprio STJ, aprovado na Segunda Seção do colendo Tribunal em 31 de agosto de 2015, *in verbis*: 'Na hipótese de resolução de contrato de promessa de compra e venda de imóvel submetido ao Código de Defesa do Consumidor, deve ocorrer a imediata restituição das parcelas pagas pelo promitente comprador – integralmente, em caso de culpa exclusiva do promitente vendedor/construtor, ou parcialmente, caso tenha sido o comprador quem deu causa ao desfazimento'. No nosso entender, essa súmula jurisprudencial não se encontra superada pela nova lei, o que será objeto de aprofundamentos em outros escritos" (Primeiras linhas sobre a restituição ao consumidor das quantias

Ademais, eventual litígio para o adquirente discutir o embate aqui suscitado e implementar o direito de recebimento imediato da restituição a que tenha direito seria demandar uma ação com tal desiderato e pedir tutela de urgência, pouco provável em situações de resolução contratual, pelo menos em regra. Desse modo, também do ponto de vista prático, será mais rápido e fácil para o adquirente aguardar o prazo de 180 dias para devolução da quantia, que deve ser atualizada monetariamente pelo mesmo índice utilizado no contrato para correção das parcelas de pagamento do preço. Aliás, nessa situação, havendo litígio e do ponto de vista prático, a nova regra nada muda, tendo em vista a longa duração na tramitação de processos judiciais no Brasil.

Em resumo, caso a incorporação imobiliária não esteja submetida ao patrimônio de afetação e havendo resolução do contrato por inadimplemento do adquirente, será observado o seguinte: a) haverá a devolução das quantias já pagas ao adquirente, descontada a comissão de corretagem, caso o próprio incorporador a tenha pago; b) será descontada a pena convencional que, *a priori*, será a estipulada no contrato, sobretudo se respeitar o princípio da equivalência material do contrato e, caso assim não seja, não haverá óbice de modificação da cláusula judicialmente, contendo a multa convencional, em vista das regras de ordem pública do CDC, especialmente quando houver adquirente-consumidor; c) serão descontados também todos os ônus de utilização do imóvel e obrigações a ele relativas, referidos no § 2.º do art. 67-A, com a ressalva sobre a última parte do inciso IV do citado parágrafo, levando em conta decisão do STJ reconhecendo a nulidade de despesa contratual, como a SATI; e d) o prazo para devolução do que eventualmente adquirente tenha direito será de 180 dias, contados da data em que houver o desfazimento do contrato.

b) Incorporação imobiliária submetida ao regime do patrimônio de afetação

Como dito anteriormente, há um sistema peculiar introduzido pela Lei 13.786/2018 que considera as hipóteses de a incorporação imobiliária estar ou não submetida ao patrimônio de afetação e, com isso, alteram-se as consequências em face do inadimplemento do adquirente. A ideia, certamente, é a de incentivar que se utilize o patrimônio de afetação nas incorporações imobiliárias, medida, inclusive, mais protetiva ao adquirente.

---

pagas ao incorporador em caso de desfazimento do vínculo contratual na Lei 13.786/18 cit.).

O § 5.º do art. 67-A da Lei 4.591/1964 assim está disposto:

> § 5.º Quando a incorporação estiver submetida ao regime do patrimônio de afetação, de que tratam os arts. 31-A a 31-F desta Lei, o incorporador restituirá os valores pagos pelo adquirente, deduzidos os valores descritos neste artigo e atualizados com base no índice contratualmente estabelecido para a correção monetária das parcelas do preço do imóvel, no prazo máximo de 30 (trinta) dias após o habite-se ou documento equivalente expedido pelo órgão público municipal competente, admitindose (*sic*), nessa hipótese, que a pena referida no inciso II do *caput* deste artigo seja estabelecida até o limite de 50% (cinquenta por cento) da quantia paga.

Assim, se a incorporação estiver submetida ao patrimônio de afetação, ter-se-ão dois diferentes efeitos com relação à hipótese de não haver patrimônio de afetação: a) a pena será de até 50% da quantia paga pelo adquirente; e b) o prazo para devolução das quantias a ser restituída é de no máximo de 30 dias após o "habite-se" ou documento equivalente expedido pelo órgão público municipal competente.

Considerando essas duas modificações, no tocante à primeira hipótese estudada, vamos analisá-las em separado.

Primeiro, todas as observações feitas a respeito da pena convencional no patamar de 25%, portanto para as hipóteses em que não há patrimônio de afetação, também são aplicadas para os casos em que houver patrimônio de afetação e, a nosso sentir, em maior medida. De fato, não é razoável que se perca, em regra, 50% da quantia paga, ainda que a lei assim preveja e de modo especial quando existir adquirente-consumidor. Quanto ao adquirente-investidor, sendo pessoa de mercado, que compreende a sistemática da aquisição de imóvel em construção, que sabe o significado e as vantagens do patrimônio de afetação, acreditamos que, nesses casos mais específicos, será possível manter patamar elevado para a penalidade, mas sem descartar, de modo absoluto, a possibilidade de modificação.

Repete-se, portanto, o que já havia sido dito quando a multa for de 25%. Vale dizer, haverá mais intervenção estatal no contrato, quando se estiver diante de um adquirente-consumidor, e menor, quando se estiver perante um adquirente-investidor[15]. Será necessário aguardar o posicionamento dos tribunais, mas é pouco provável que nos contratos em que haja a pena de 50% esse patamar seja mantido, em vista de todo o arcabouço de normas de ordem pública estudado anteriormente.

Observa-se mais uma vez que o incorporador pode sair da eventual instabilidade de interpretação sobre a abusividade da cláusula penal, realizando ajustes no contrato que prestigie a equivalência material. Para tanto, e como já mencionado, a cláusula penal que se direcionar no sentido de se admitir que, quanto mais se paga, menos se perde proporcionalmente, e sem levar em conta o patamar máximo da pena autorizado pela lei, terá mais chance de ser mantida em eventual discussão judicial, embora esta seja uma análise tópica, que o próprio incorporador deva também fazer ao estruturar a minuta do contrato. Observa-se que a lei não exigiu que a penalidade fosse de 50% sobre a quantia paga, mas sim de até 50%. Portanto, o incorporador estará livre inclusive para fazer o escalonamento que achar conveniente e dentro da análise econômica necessária para essa cláusula.

Vale observar que nada impede que haja a constituição do patrimônio de afetação e, ainda assim, o incorporador mantenha em seu contrato a pena convencional no patamar máximo de 25%.

Quanto à questão relacionada ao prazo de devolução da quantia a que o adquirente eventualmente tenha direito, a regra é bem diferente da primeira hipótese estudada. Realmente, caso não haja patrimônio de afetação, a devolução ocorrerá após 180 dias da data do desfazimento do contrato. Por outro lado, havendo patrimônio de afetação, o prazo máximo de devolução é de 30 dias após o "habite-se" ou documento equivalente expedido pelo órgão público municipal competente.

A regra poderá ser benéfica ou não ao adquirente. Se o desfazimento do contrato se der, por exemplo, 30 dias antes da expedição do "habite-se", portanto com a obra já em estágio final, será mais favorável ao adquirente, em relação ao que acontece com a hipótese de não se ter o patrimônio de afetação. Por outro lado, se a obra ainda estiver na fase inicial ou mesmo com metade da execução em andamento, o adquirente terá de esperar, conforme a regra e salvo pacto em sentido contrário, alguns anos para receber o que lhe for devido. Esse é um aspecto que deverá ser considerado pelos adquirentes no momento de realização do contrato e que pode, de certo modo, ter impacto nas vendas de unidades em construção.

---

[15] Cf. BRITO, Rodrigo Toscano de. *Equivalência material dos contratos civis, empresariais e de consumo*. São Paulo: Saraiva, 2007. p. 179 e ss.

De todo modo, a regra sobre prazo de devolução do § 5.º do art. 67-A da Lei 4.591/1964 distancia-se ainda mais do que já está consignado na Súmula 543 do STJ, que garante a devolução imediata ao adquirente. Guardando coerência com o que dissemos anteriormente, acreditamos que deverá prevalecer a regra da lei nova sobre o prazo, mas não descartamos a possibilidade de uma ampla discussão nos tribunais, quando a questão envolver casos em que houver adquirente-consumidor e a obra ainda estiver distante do fim, com a expedição do "habite-se".

2.4.3. Arras ou sinal na resolução do contrato por inadimplemento do adquirente após a entrada em vigor da Lei 13.786/2018

A previsão sobre a pena convencional nos patamares de até 25% ou 50% da quantia paga pelo adquirente, conforme o caso, nos contratos de incorporação imobiliária, afasta a discussão sobre a perda das arras ou sinal, por parte do adquirente, nos contratos de incorporação imobiliária.

As arras, sinal ou princípio de pagamento estão previstos no Código Civil entre os arts. 417 a 420. A base legal sobre as arras está no art. 418 do CC.

O adquirente é quem dá arras, portanto quem paga as arras. Pela regra do Código Civil, e repetida em inúmeros contratos de incorporação imobiliária no Brasil, o adquirente perde as arras dadas, se desistir do negócio. Vale dizer, nos contratos irretratáveis, caso o adquirente desista do contrato, perde o sinal pago.

A partir da entrada em vigor do inciso II e do § 5.º do art. 67-A, essa sistemática geral das arras não poderá mais ser aplicada nos casos de contrato de compra e venda de imóvel na "planta". De fato, ditos dispositivos preveem pena convencional única cuja base de cálculo é a "quantia já paga pelo adquirente" até o momento do desfazimento do contrato. A quantia já paga pelo adquirente envolve as arras, tendo em vista que a lei não separou os títulos do pagamento para afirmar que o percentual incide sobre as quantias já pagas. Assim, tendo sido pagos o sinal e demais parcelas do preço, soma-se tudo e sobre esse montante aplica-se o percentual da pena convencional que estiver sido estabelecido.

Portanto, não há mais que discutir sobre se o sinal deve ou não ser restituído ao adquirente por seu inadimplemento, cumulativamente com outras verbas previstas no contrato e na lei, como ocorre com a regra do § 2.º do art. 67-A. Havendo extinção do contrato por inadimplemento do adquirente, não haverá que falar em perda do sinal por parte do adquirente, mas sim na aplicação da pena convencional no percentual que houver sido pactuado no contrato, observando-se os princípios sociais do contrato e as normas de ordem pública que têm em vista a equivalência material do contrato.

A base de cálculo do percentual da pena convencional haverá de envolver o sinal e todas as demais prestações pagas, independentemente do nome que se dê à verba, vale dizer, sinal, prestação mensal ou intercaladas, que são terminologias normalmente utilizadas na prática dessa tipologia contratual.

REFERÊNCIAS

ABELHA, André. Lei 13.786/2018: pode o juiz reduzir a cláusula penal? *Lei dos Distratos*. São Paulo: IBRADIM, 2019.

AGUIAR JÚNIOR, Ruy Rosado. *Extinção dos contratos por incumprimento do devedor*: resolução. Rio de Janeiro: Aide, 2004.

AZEVEDO, Fábio de Oliveira. Mora e extinção de contratos: limites intertemporais da Lei 13.786/2018. *Lei dos Distratos*. São Paulo: IBRADIM, 2019.

BRITO, Rodrigo Toscano de. *Equivalência material dos contratos civis, empresariais e de consumo*. São Paulo: Saraiva, 2007.

BRITO, Rodrigo Toscano de. *Incorporação imobiliária à luz do Código de Defesa do Consumidor*. São Paulo: Saraiva, 2002.

DINIZ, Maria Helena. *Curso de direito civil brasileiro*: teoria das obrigações contratuais e extracontratuais. 25. ed. São Paulo: Saraiva, 2009.

EHRHARDT JUNIOR, Marcos. Por que não dá para ser tolerante com a "cláusula de tolerância". *Lei dos Distratos*. São Paulo: IBRADIM, 2019.

GOMES, Orlando. *Contratos*. Rio de Janeiro: Forense, 1999.

GOMIDE, Alexandre. Lei 13.786/2018 (Lei dos "Distratos" – Primeiras impressões a respeito da extinção da relação contratual. Disponível em: https://www. migalhas.com.br/Edilicias/127,MI294366,31047Lei+137862018+Lei +dos+Distratos+Primeiras+impressoes +a+respeito+da. Acesso em: 3 jan. 2020.

LARENZ, Karl. *Derecho civil*: parte general. Traducción y notas de Miguel Izquierdo y Mácias-Picavea. Madrid: Revista de Derecho Privado, 1950.

MELO, Marco Aurélio Bezerra de; TARTUCE, Flávio. Primeiras linhas sobre a restituição ao consumidor das quantias pagas ao incorporador em caso de desfazimento do vínculo contratual na Lei 13.786/18. Disponível em: https://m.migalhas.com.br/depeso/ 293842/primeiras-linhas-sobre-a-restituicao-ao-consumidor-das-quantias-pagas. Acesso em: 3 jan. 2020.

OLIVEIRA, Carlos Eduardo Elias de; SILVA, Bruno Mattos. A recente Lei do Distrato (Lei n.º 13.786/2018): o novo cenário jurídico dos contratos de aquisição de imóveis em regime de incorporação imobiliária ou de loteamento (Parte 1). Disponível em: http://genjuridico.com.br/2019/01/10/a-recente-lei-do-distrato-lei- no-13-786-2018-o-novo-cenario-juridico-dos-contratos-de-aquisicao-de-imoveis-em-regime-de-incorporacao-imobiliaria-ou-de -loteamento-parte-1/. Acesso em: 3 jan. 2020.

TARTUCE, Flávio. *Direito civil*: teoria geral dos contratos e contratos em espécie. 14. ed. Rio de Janeiro: Forense, 2019.

DIREITO DO CONSUMIDOR

17

DESAFIOS ATUAIS DO DIREITO DO CONSUMIDOR NA JURISPRUDÊNCIA DO SUPERIOR TRIBUNAL DE JUSTIÇA

RAUL ARAÚJO

MARIA JOSÉ F. BARREIRA ARAÚJO

SUMÁRIO: 1. Introdução; 2. Temas destacados: 2.1. Necessidade de comprovação da má-fé do fornecedor nos pedidos formulados pelo consumidor de repetição do indébito em dobro, com base na regra do parágrafo único do art. 42 do Código de Defesa do Consumidor; 2.2. Legitimidade do não associado para a execução da sentença proferida em ação civil pública manejada por associação na condição de substituta processual; 2.3. Patamar da restituição das parcelas pagas pelo promitente-comprador no caso de desfazimento do contrato de compra e venda de imóvel na planta ou em construção; 2.4. Necessidade de estabelecimento de patamar objetivo de validade no tocante à fixação da taxa de juros remuneratórios (compensatórios) em contratos de mútuo bancário; 3. Conclusão; Referências.

1. INTRODUÇÃO

Ao longo de seus pouco mais de trinta anos de existência, o Superior Tribunal de Justiça (STJ) tem enfrentado e solucionado desafiantes temas no campo do Direito do Consumidor, contribuindo de modo relevante para a efetiva implementação do princípio constitucional da defesa do consumidor, consagrado no art. 170, IV, da Constituição da República.

Questões sensíveis na relação, não raras vezes tensa, entre fornecedores e consumidores acham-se equacionadas na jurisprudência do Tribunal da Cidadania, inclusive com a edição de súmulas e a formação de precedentes qualificados, tanto no julgamento de recursos especiais repetitivos como em sede de incidente de assunção de competência. A título meramente ilustrativo, pode-se referir a: I) Tema 577: *forma de devolução dos valores devidos ao promitente-comprador em razão da rescisão do contrato de promessa de compra e venda de imóvel;* II) Temas 938 e 960: *validade da cláusula contratual que transfere ao promitente-comprador a obrigação de pagar a comissão de corretagem nos contratos de promessa de compra e venda de unidade autônoma em regime de incorporação;* III) Tema 312: *restituição de valores pagos por consorciado desistente ao grupo de consórcio;* IV) Tema 735: *responsabilidade e prazo para a retirada do nome do devedor de cadastro de entidade de proteção ao crédito, após efetuado o pagamento da dívida;* V) Tema 922: *cabimento de indenização por dano moral por inscrição indevida, comandada pelo credor, em cadastro de proteção ao crédito, quando preexistente legítima inscrição;* VI) Tema 952: *validade da cláusula contratual de plano de saúde que prevê o aumento da mensalidade conforme a mudança de faixa etária do segurado;* VII) Tema 990: *obrigatoriedade de as operadoras de planos de saúde fornecerem medicamento importado, não registrado na ANVISA;* VIII) *responsabilidade civil objetiva de instituição financeira pelos danos gerados ao consumidor por fortuito interno, relativo a fraudes e delitos praticados por terceiros no âmbito de operações bancárias;* IX) Tema 44: *definição do prazo prescricional para o ajuizamento de ações que visem à subscrição complementar de ações, relativas a contrato de participação financeira firmado pelo consumidor com concessionária de telefonia;* X) Tema 910: *legitimidade passiva das arrematantes de ações em leilão regido por Edital de Desestatização MC/BNDES para a demanda de complementação de ações, na hipótese em que as ações originárias tenham sido emitidas pela Telebras.*

Todos esses litígios, de feição multitudinária, assim como diversos outros envolvendo fornecedores e consumidores, encontram-se devidamente pacificados. No entanto, como é fácil compreender, muitas outras lides aguardam ainda a segura orientação uniformizadora a ser firmada pela Corte Superior, irradiando efeitos por todo o País.

Neste estudo, são selecionados alguns casos que atualmente ainda desafiam a jurisprudência do Tribunal Superior, em que os próprios órgãos julgadores divergem quanto à solução a ser corretamente aplicada.

É o que se verá na sequência.

2. TEMAS DESTACADOS

2.1. Necessidade de comprovação da má-fé do fornecedor nos pedidos formulados pelo consumidor de repetição do indébito em dobro, com base na regra do parágrafo único do art. 42 do Código de Defesa do Consumidor

A discussão acerca da forma de devolução, simples ou dobrada, de valores pagos indevidamente ao fornecedor pelo consumidor, conforme haja ou não a necessidade de prévia comprovação da má-fé do fornecedor, é persistente na jurisprudência do Tribunal e continua presente ante as soluções divergentes adotadas pelas Primeira e Segunda Seções da Corte.

A problemática acha-se perto de ser resolvida, tendo em vista o iminente desfecho dos julgamentos de cinco recursos de embargos de divergência pela Corte Especial, nos: EREsp 1.413.542/RS (Rel. Min. Maria Thereza de Assis Moura); e EAREsp 600.663/RS (Rel. Min. Maria Thereza de Assis Moura); 622.897/RS (Rel. Min. Raul Araújo); 664.888/RS (Rel. Min. Herman Benjamin); e 676.608/RS (Rel. Min. Og Fernandes).

Para facilitar a compreensão acerca do debate, transcreve-se a discutida regra do Código de Defesa do Consumidor:

> Art. 42. Na cobrança de débitos, o consumidor inadimplente não será exposto a ridículo, nem será submetido a qualquer tipo de constrangimento ou ameaça.
>
> Parágrafo único. O consumidor cobrado em quantia indevida tem direito à repetição do indébito, por valor igual ao dobro do que pagou em excesso, acrescido de correção monetária e juros legais, salvo hipótese de engano justificável.

No andamento dos aludidos julgamentos, confirmou-se, no seio da Corte Especial, estar caracterizada a divergência, na medida em que os acórdãos embargados e os paradigmas seguiram entendimentos conflitantes. Aqueles oriundos da Segunda Seção preconizam que a devolução em dobro dos valores pagos indevidamente pelo consumidor requer a demonstração de má-fé do credor; diferentemente disso, nos acórdãos lavrados no âmbito da Primeira Seção, presume-se a culpa do fornecedor, dispensada qualquer comprovação acerca da má-fé.

No julgamento dos referidos Embargos de Divergência no Agravo em Recurso Especial, EAREsp 622.897/RS, Rel. Min. Raul Araújo, iniciado na sessão da Corte Especial do dia 06.09.2017, teve o relator a oportunidade de, retratando o entendimento prevalente na Segunda Seção, lançar ponderações no sentido de que a aplicação da sanção civil, prevista no parágrafo único do art. 42 do Código de Defesa do Consumidor (CDC), somente é cabível quando ficarem configuradas tanto a cobrança indevida quanto a má-fé do credor fornecedor.

Lembrou que, à época da entrada em vigor do CDC, dispunha, de modo semelhante, o Código Civil de 1916, que em seu art. 1.531 estabelecia:

> Aquele que demandar por dívida já paga, no todo ou em parte, sem ressalvar as quantias recebidas, ou pedir mais do que for devido, ficará obrigado a pagar o devedor, no primeiro caso, o dobro do que houver cobrado e, no segundo, o equivalente do que lhe exigir, salvo se, por lhe estar prescrito o direito, decair da ação.

Essa norma veio a ser praticamente replicada no Código Civil de 2002, cujo art. 940 dispõe:

> Aquele que demandar por dívida já paga, no todo ou em parte, sem ressalvar as quantias recebidas ou pedir mais do que for devido, ficará obrigado a pagar ao devedor, no primeiro caso, o dobro do que houver cobrado e, no segundo, o equivalente do que dele exigir, salvo se houver prescrição.

Embora nem o dispositivo do revogado Código Civil de 1916, tampouco o do Código Civil de 2002, assim como o CDC, refiram-se à necessidade de comprovação de má-fé para aplicação da sanção civil da dobra na devolução do indébito, o entendimento prevalente na doutrina cedo se consolidou no sentido de exigir-se a comprovação da má-fé para ter lugar a devolução em dobro.

Clóvis Beviláqua, na edição de 1939 dos seus *Comentários ao Código Civil de 1916*, já definia a norma contida no art. 1.531 como: "outra pena civil imposta ao que tenta extorquir o alheio, sob o color de cobrar dívidas".[1]

Tem-se na devolução em dobro, portanto, sanção civil, cabível, por óbvio, nas hipóteses de má-fé do agente.

---

[1] BEVILÁQUA, Clóvis. *Código Civil comentado*. 4. ed. Rio de Janeiro: Livraria Francisco Alves, 1939. v. V, p. 313.

Cap. 17 · DESAFIOS ATUAIS DO DIREITO DO CONSUMIDOR NA JURISPRUDÊNCIA DO STJ | **453**

Nessa senda, a matéria veio a ser sumulada pelo colendo STF, em 1963, com a edição da Súmula 159: "Cobrança excessiva, mas de boa-fé, não dá lugar às sanções do art. 1.531 do Código Civil".

Em um dos precedentes que justificaram a edição da súmula – o Recurso Extraordinário 48.986 –, o relator, Ministro Ribeiro da Costa, defendeu que: "O entendimento de que a lei não exige dolo para a aplicação é, *data venia*, superficial, abstraindo o sentido da ilicitude do fato, de que é imanente a malícia, o propósito de locupletamento com o benefício alheio".

A doutrina, relacionada ao art. 940 do Código Civil de 2002, segue a mesma linha, afirmando que

> (...) a questão já estava sumulada pelo Supremo Tribunal Federal (Súmula 159), quando a matéria era ainda da sua competência, no sentido de ser necessária a má-fé: Cobrança excessiva, mas de boa-fé, não dá lugar às sanções do artigo 1.531 do Código Civil [e que] o Superior Tribunal de Justiça adotou a mesma orientação.[2]

É importante trazer à colação, por oportuno, precedente da Segunda Seção, em julgamento de recurso especial repetitivo, no qual foi consolidado o entendimento de que:

> A aplicação da sanção civil do pagamento em dobro por cobrança judicial de dívida já adimplida (cominação encartada no artigo 1.531 do Código Civil de 1916, reproduzida no artigo 940 do Código Civil de 2002) pode ser postulada pelo réu na própria defesa, independendo da propositura de ação autônoma ou do manejo de reconvenção, sendo imprescindível a demonstração de má-fé do credor (REsp 1.111.270/PR, Rel. Min. Marco Buzzi, *DJe* 16.02.2016).

Alertou-se, assim, para o fato de que "a egrégia Segunda Seção desta Corte tem entendimento consolidado no sentido de que a repetição em dobro do indébito, prevista no art. 42, parágrafo único, do Código de Defesa do Consumidor, não prescinde da demonstração da má-fé do credor", invocando precedente na Reclamação 4.892/PR (Rel. Min. Raul Araújo, *DJe* 11.05.2011).

---

[2] MENEZES DIREITO, Carlos Alberto; CAVALIERI FILHO, Sérgio. *Comentários ao Novo Código Civil*: da responsabilidade civil, das preferências e privilégios creditórios. Rio de Janeiro: Forense, 2007. v. XIII, p. 328.

É, portanto, de salutar tradição no Direito brasileiro que a devolução em dobro de quantias pagas indevidamente figure como uma sanção civil à parte que agiu em desacordo com os princípios que regem essas relações, entre eles o da presunção de boa-fé (CC, art. 422).

E não cabe aqui a alegação de que a relação de consumo, sendo regida por regra própria, estaria fora do alcance da interpretação consagrada, baseada na razoabilidade e na normalidade das coisas, dada à legislação civil.

Afinal, a norma contida no Código Civil (tanto no de 1916 como no atual) não faz também nenhuma restrição à hipótese de devolução em dobro, e, no entanto, a necessidade de comprovação da má-fé está sumulada desde 1963 pelo STF.

Com mais razão há de se aplicar esse raciocínio na interpretação do CDC, que, embora igualmente não se refira de maneira expressa à má-fé, traz ressalva no sentido de que, na hipótese de "engano escusável", a devolução em dobro não é cabível. Ora, ao prever que o "engano escusável" afasta a devolução em dobro, o CDC nada mais faz do que prestigiar a boa-fé como elemento das relações contratuais de consumo.

De fato, a cobrança de determinada quantia pelo fornecedor, mesmo quando indevida, deve ser entendida, *a priori*, como o exercício de um direito ou de um pretenso direito vislumbrado de boa-fé sob a ótica de um dos contratantes, caracterizando, normalmente, quando muito, um "engano justificável". Somente excepcionalmente ocorrerá conduta contrária à boa-fé objetiva, quando o valor cobrado não tiver respaldo algum (mínimo mesmo) na relação contratual vigente entre o fornecedor e o consumidor, sendo fruto de má-fé ou de engano injustificável.

Noutras palavras, não se pode presumir que, em regra, o fornecedor deliberadamente conceba formas de cobrança de quantias que sabe não amparadas pela relação contratual, com a intenção de obter vantagem indevida sobre o consumidor, violando aquilo que fora contratado e a própria legislação consumerista protetiva.

Deveras, é certo que o Direito – e o próprio CDC como expressão deste – não se presta a proporcionar desequilíbrio e insegurança nas relações jurídicas, permitindo e patrocinando transferências de patrimônio entre contratantes, sem causa proporcional que as justifique, sem razoabilidade.

Não se pode entender, então, que o CDC dê o mesmo tratamento à conduta deliberada do fornecedor de violar direito dos consumidores e ao comportamento meramente equivocado da sociedade empresária que causa prejuízo à clientela. Em ambas as hipóteses, caberá a restituição do indébito, mas não a sanção civil da dobra.

Cap. 17 • DESAFIOS ATUAIS DO DIREITO DO CONSUMIDOR NA JURISPRUDÊNCIA DO STJ | **455**

Lecionando sobre o tema, João Batista de Almeida anota que:

> (...) a lei impede apenas a cobrança abusiva [e que] o não cumprimento dessa regra importará a aplicação de sanções administrativas ao fornecedor (art. 56), a responsabilização criminal (art. 71) e a imposição das seguintes sanções civis em caso de cobrança de quantia total ou parcialmente indevida: (a) repetição do indébito, pelo valor igual ao dobro do recebido em excesso, acrescida de juros e correção monetária desde o recebimento (art. 42, parágrafo único), e, (b) ocorrendo engano justificável ou boa-fé do credor, permanece a obrigação de restituir o indébito, porém de forma simples, com incidência de juros e atualização monetária (art. 42, parágrafo único, c/c o art. 964, do CC).[3]

Como se vê, é a devolução em dobro uma sanção civil, cabível, portanto, como reprimenda a uma conduta antijurídica (CC, art. 186) ou abusiva (CC, art. 187) do fornecedor, quando, deliberadamente, cobrou o que não lhe era devido.

Logo, é necessário, para afastar a ressalva legal expressa de "hipótese de engano justificável", que se comprove, ou pelas circunstâncias se possa claramente identificar, no caso concreto, a má-fé do fornecedor para ser reconhecido o direito à devolução em dobro do valor pago, conforme têm reiteradamente decidido as Turmas desta Corte que compõem a Segunda Seção e como se entendeu naquele acórdão embargado.

Certamente por isso, no parágrafo único do art. 42 do CDC, o legislador teve o cuidado de fazer expressa ressalva, contida na parte final do dispositivo, de que, na hipótese de engano justificável, a devolução em dobro não será devida. O engano justificável, no caso, só pode ser mesmo do fornecedor--credor, ao cobrar, ainda que indevidamente, determinada quantia.

Somente a cobrança de quantia indevida, portanto, é que enseja o debate. E como se extrai da norma transcrita, a cobrança de quantia indevida pode se dar de duas formas: uma, em razão de engano injustificável, caracterizando culpa ou dolo do fornecedor, rendendo ensejo à aplicação da dobra na repetição do indébito; ou em razão de engano justificável, quando será devida a repetição simples.

---

3   ALMEIDA, João Batista de. *A proteção jurídica do consumidor*. 5. ed. São Paulo: Saraiva, 2006. p. 128-129.

Esse entendimento, no entanto, foi recusado pela Ministra Maria Thereza de Assis Moura e pelo Ministro Og Fernandes, que deram provimento ao recurso, para que prevalecesse a compreensão consagrada no âmbito da Primeira Seção, seguindo linha interpretativa mais literal e restrita ao microssistema do CDC, a qual entendem guardar perfeita sintonia com os objetivos da lei especial de proteção e defesa do consumidor.

Segundo a Ministra Maria Thereza:

> (...) ao contrário do que restou consignado no acórdão embargado, não é necessária a comprovação da má-fé do credor, basta a culpa.
>
> A meu sentir, a conclusão de que a expressão "salvo hipótese de engano justificável" significa "comprovação da má-fé do credor" diminui o alcance do texto legal em prejuízo do consumidor, parte vulnerável da relação de consumo.
>
> Nesse contexto, penso que deve prevalecer a orientação das Turmas que compõem a Primeira Seção desta Corte quanto ao tema.

Nesse mesmo sentido, alterando o entendimento que vinha aplicando na Segunda Seção, manifestou-se a Ministra Nancy Andrighi acrescentando caber ao fornecedor comprovar que o erro foi justificável e, assim, ter afastada a penalidade civil da repetição em dobro.

Ocorreu que, durante a apreciação pela Corte Especial dos cinco aludidos embargos de divergência, novas vertentes de inteligência da norma debatida foram surgindo, como aquelas propostas pelos Ministros Herman Benjamin e Luis Felipe Salomão.

O Ministro Luis Felipe Salomão proferiu voto-vista considerando haver apenas divergência aparente entre os entendimentos das Turmas das Primeira e Segunda Seções, e, com base nisso, trouxe fundamentação diversa para solucionar a controvérsia, consubstanciada nas seguintes premissas:

> (I) a sanção civil de devolução em dobro, deve ser aplicada quando a cobrança indevida consubstanciar *má-fé*, compreendida esta como *conduta contrária à boa-fé objetiva*, seja por força de inobservância do dever anexo de lealdade – ato deliberado, com intuito fraudulento e malicioso, de prejudicar o consumidor –, ou do dever anexo de proteção – ato que denote leviandade em relação às cautelas exigidas no sentido de preservação da integridade pessoal e patrimonial do vulnerável;

Cap. 17 · DESAFIOS ATUAIS DO DIREITO DO CONSUMIDOR NA JURISPRUDÊNCIA DO STJ | 457

> (II) a demonstração da omissão ou da recusa do fornecedor – como, por exemplo, em resposta ao pedido informal e prévio do consumidor apontando a irregularidade da cobrança –, será indício suficiente para embasar a pretensão de repetição em dobro;
>
> (III) caberá ao fornecedor, na contestação ou na fase instrutória do processo, demonstrar que não atuou em contrariedade à boa-fé objetiva, isto é, que não agiu de forma desleal ou descuidada, sendo o engano cometido justificável; e
>
> (IV) se houver divergência jurisprudencial em relação ao objeto da cobrança indevida ou caso a cláusula contratual em que se baseie for posteriormente declarada nula, configura-se hipótese de engano justificável, excludente apta a afastar a incidência da sanção civil de repetição em dobro do indébito.

Propôs, então,

> (...) a seguinte tese objetiva: a repetição em dobro, prevista no parágrafo único do artigo 42 do CDC, somente se revela cabível quando a cobrança indevida consubstanciar, concretamente, conduta contrária à boa-fé objetiva, seja por força de inobservância do dever anexo de lealdade – ato deliberado, com intuito fraudulento e malicioso, de prejudicar o consumidor –, ou do dever anexo de proteção/cuidado – ato que denote leviandade em relação às cautelas exigidas no sentido de preservação da integridade pessoal e patrimonial do vulnerável.

Desse modo, sustentou que, para a aplicação da sanção civil prevista no parágrafo único do art. 42 do CDC, é necessária a caracterização de conduta contrária à boa-fé objetiva, o que equivale à má-fé.

Essas novas reflexões foram acatadas pelo Ministro Raul Araújo, ajustando parcialmente os votos que apresentara naqueles recursos, assim como por outros ministros.

Por sua vez, o Ministro Herman Benjamin incorporou as posições do Ministro Luis Felipe Salomão, da Ministra Nancy Andrighi e da Ministra Maria Thereza de Assis Moura, reconhecendo a irrelevância da natureza volitiva da conduta que deu causa à cobrança indevida contra o consumidor, se dolosa ou culposa, para fins da devolução em dobro, e fixando como parâmetro excludente da repetição dobrada o da boa-fé objetiva para apurar o engano justificável do fornecedor do produto ou do serviço.

458 | DIREITO CIVIL: DIÁLOGOS ENTRE A DOUTRINA E A JURISPRUDÊNCIA – *Volume II*

Aderindo à proposta de redação do Ministro Luis Felipe Salomão, propôs a seguinte tese para resolução da controvérsia: "(...) a repetição em dobro, prevista no parágrafo único do artigo 42 do CDC, revela-se cabível quando a cobrança indevida consubstanciar conduta contrária à boa-fé objetiva".

Sugeriu, também, a modulação dos efeitos da decisão, com relação aos acórdãos embargados oriundos dos órgãos da Segunda Seção, para que o novo entendimento seja aplicado aos indébitos de natureza contratual não pública pagos após a data da conclusão dos julgamentos dos embargos de divergência tratados.

Com o prosseguimento dos trabalhos nas sessões da Corte Especial, constatou-se estreita divisão do Colegiado, tendo uma parte seguido a posição da Primeira Seção e outra parcela adotado as últimas inovadoras compreensões *supra*.

E como variou, até a conclusão dos julgamentos, a própria composição da Corte Especial, nas diversas sessões em que apreciados, e parcialmente votados, os recursos uniformizadores da jurisprudência interna do Tribunal, não se sabe, ainda, qual o grupo de julgadores formou a maioria.

O resultado está, portanto, até esta parte, pendente de apuração e será em breve conhecido e anunciado.

Contudo, na exposição *supra*, percebe-se que o tema de direito do consumidor destacado neste tópico é, sem dúvida, um dos grandes desafios atuais sob enfrentamento na jurisprudência do STJ.

2.2. Legitimidade do não associado para a execução da sentença proferida em ação civil pública manejada por associação na condição de substituta processual

Outra questão de direito do consumidor atual e da maior relevância trata de definição acerca da "legitimidade ativa do consumidor não associado para a execução da sentença proferida em ação civil pública manejada por associação de defesa do consumidor na condição de substituta processual". O assunto se acha submetido ao rito dos recursos especiais repetitivos, com o Tema 948, veiculado nos Recursos Especiais 1.361.872/SP e 1.362.022/SP (em ambos, Rel. Min. Raul Araújo), a ser definido pela Segunda Seção da Corte Superior.

De fato, não obstante o julgamento dos Recursos Especiais 1.243.887/PR (Corte Especial, Rel. Min. Luis Felipe Salomão, *DJe* 12.12.2011) e 1.391.198/RS (2.ª Seção, Rel. Min. Luis Felipe Salomão, *DJe* 02.09.2014), mediante o rito especial do art. 543-C do CPC/1973, assim como o julgamento pelo eg.

STF, sob o procedimento inerente ao art. 543-B do CPC/1973, dos Recursos Extraordinários 573.232/SC (Tribunal Pleno, Rel. Min. Ricardo Lewandowski, Rel. p/ acórdão Min. Marco Aurélio, *DJe* 18.09.2014) e 612.043/PR (Tribunal Pleno, Rel. Min. Marco Aurélio, *DJe* 06.08.2018), a celeuma acerca do tema destacado ainda persiste nos tribunais, inclusive no âmbito do STJ, fazendo-se imperiosa nova manifestação da Corte, agora de forma mais abstrata, abrangente e concentrada, pelos motivos a seguir brevemente expostos.

Nos julgamentos dos mencionados Recursos Especiais 1.243.887/PR e 1.391.198/RS, a questão ora debatida foi enfrentada apenas sob o enfoque da eficácia preclusiva decorrente da existência de coisa julgada, sem adentrar nos demais "fundamentos da tese jurídica discutida, favoráveis ou contrários", nos termos do art. 1.038, § 3.º, do CPC. Para ilustrar, destaca-se parte da ementa do acórdão relativo ao REsp 1.243.887/PR:

> 1.2. A sentença genérica proferida na ação civil coletiva ajuizada pela Apadeco, que condenou o Banestado ao pagamento dos chamados expurgos inflacionários sobre cadernetas de poupança, dispôs que seus efeitos alcançariam todos os poupadores da instituição financeira do Estado do Paraná. Por isso descabe a alteração do seu alcance em sede de liquidação/execução individual, sob pena de vulneração da coisa julgada. Assim, não se aplica ao caso a limitação contida no art. 2.º-A, *caput*, da Lei n. 9.494/97.

Do mesmo modo, não parece ter sido o específico tema ora destacado enfrentado pelo Plenário do STF, quando dos julgamentos dos referidos Recursos Extraordinários 573.232/SC e 612.043/PR. A tese firmada nos julgamentos desses recursos extraordinários teve sua problemática analisada sob a ótica estritamente constitucional. Tratou ali a Suprema Corte de ação coletiva ordinária, de âmbito mais restrito, lastreada em representação processual prevista em dispositivo constitucional (CF, art. 5.º, XXI: "as entidades associativas, quando expressamente autorizadas, têm legitimidade para representar seus filiados judicial ou extrajudicialmente") e pleiteando direitos puramente individuais, o que não se conforma com o tema ora indicado.

Com efeito, a questão acerca da *legitimidade ativa do não associado para a execução da sentença proferida em ação civil pública manejada por associação na condição de substituta processual* acha-se inserida em contexto mais amplo, relativo à ação civil pública pura (*stricto sensu*) de defesa de direitos que, embora também sejam individuais, guardam a nota distintiva de serem individuais homogêneos, derivados de relação de consumo, lastreada, assim, em legitimação extraordinária, por substituição processual, decorrente de expressa previsão contida no art. 91 do CDC, que dispõe: "Os legitimados de que trata o art. 82 poderão propor, em nome próprio e no interesse das vítimas ou seus sucessores, ação civil coletiva de responsabilidade pelos danos individualmente sofridos".

De fato, uma análise mais detida da *ratio decidendi* dos julgados supramencionados indica que a tese sufragada pela eg. Suprema Corte refere-se à legitimidade ativa executória de associado para executar sentença acidentalmente coletiva, decorrente de ação proposta por associação de classe, nos casos de legitimação por mera representação coletiva dos associados em juízo, prevista no art. 5.º, XXI, da Carta Magna, e não de caso de legitimação (constitucional ou legal) extraordinária, por substituição processual, no caso, com arrimo nos arts. 81, 82 e 91 do CDC.

Cabe lembrar que, no RE 573.232/SC, a ação que deu origem à interposição do citado recurso extraordinário fora proposta pela Associação Catarinense do Ministério Público (ACMP) contra a União, cobrando em favor dos seus associados, exclusivamente, o pagamento de parcela remuneratória chamada "gratificação eleitoral", cuja integralidade, segundo defendeu, embora garantida por lei, não fora efetivada na remuneração de seus filiados.

Na esteira desse julgamento, posteriormente, por maioria de votos, o plenário da col. Corte Suprema julgou, na assentada do dia 10.05.2017, também sob o rito da repercussão geral, o RE 612.043/PR, reafirmando as conclusões do RE 573.232/SC e consolidando, na mesma linha de raciocínio, a tese de que os "beneficiários do título executivo, no caso de ação proposta por associação, são aqueles que, residentes na área compreendida na jurisdição do órgão julgador, detinham, antes do ajuizamento, a condição de filiados e constaram da lista apresentada com a peça inicial" (RE 612.043/PR, Rel. Min. Marco Aurélio). O relator, Ministro Marco Aurélio, de modo a "assentar as balizas subjetivas e objetivas do caso concreto visando a delimitação da controvérsia submetida ao crivo do Supremo", fez destacar que "determinada Associação propôs ação coletiva, sob o rito ordinário, contra a União, objetivando a repetição de valores descontados a título de imposto de renda de servidores, incidente sobre férias não usufruídas por necessidade do serviço".

Todavia, importantes diferenças entre os julgados assinalados *supra* e o tema de direito do consumidor ora destacado podem ser identificadas.

Deveras, no próprio julgamento do RE 612.043/PR o STF salientou, diversas vezes, que o caso em análise tratava-se de representação processual, e não de substituição processual, fenômeno processual que nem sequer fora devolvido à sua apreciação pelas razões deduzidas no extraordinário.

Cap. 17 · DESAFIOS ATUAIS DO DIREITO DO CONSUMIDOR NA JURISPRUDÊNCIA DO STJ | **461**

Assim, nos precedentes submetidos à apreciação da Corte Suprema, o tema da legitimidade de não associado para a promoção da execução da sentença coletiva foi dirimido com base na interpretação de dispositivos constitucionais e legais que disciplinam a ação coletiva ordinária, proposta na defesa exclusiva de filiados. Não foram, portanto, abordadas as regras legais que disciplinam a defesa de direitos individuais homogêneos, mediante a propositura de ação civil pública propriamente dita, até mesmo porque, no caso do RE 612.043/PR, o manejo de tal ação civil pública para veicular pretensões que envolvam tributos nem seria possível, em virtude da vedação contida no parágrafo único do art. 1.º da Lei 7.347/1985:

> Art. 1.º Regem-se pelas disposições desta Lei, sem prejuízo da ação popular, as ações de responsabilidade por danos morais e patrimoniais causados: (...)
>
> Parágrafo único. Não será cabível ação civil pública para veicular pretensões que envolvam tributos, contribuições previdenciárias, o Fundo de Garantia do Tempo de Serviço – FGTS ou outros fundos de natureza institucional cujos beneficiários podem ser individualmente determinados.

Na questão sob destaque, diferentemente a solução reclama, desde o princípio, a obediência às regras legais que disciplinam a defesa de direitos e interesses homogêneos de consumidores, com fulcro nos arts. 81, 82 e 91 do CDC e nos arts. 1.º e 5.º da Lei 7.347/1985. Já nos julgados do STF suprarreferidos, deliberou-se sobre os contornos do exercício do direito previsto no art. 5.º, XXI, da CF, concernente às associações de representar seus associados na defesa de interesses exclusivos destes e as consequências para os associados quanto à execução da decisão proferida em tal ação coletiva.

Na hipótese em tela, ao revés, deverá o STJ decidir acerca da defesa de direitos e interesses homogêneos de universalidade de consumidores, que, embora também sejam, ontologicamente, direitos individuais, recebem do ordenamento jurídico um tratamento protetivo especial e diverso daquele conferido nos precedentes referenciados, porquanto, no mais das vezes, sua defesa individual produz poucos resultados práticos.

É certo, porém, que os dispositivos dos precedentes qualificados em evidência não esclareceram eventuais dessemelhanças para com outras ações também coletivas, nem instituíram nenhuma espécie de restrição ao respectivo âmbito de aplicação, simplesmente afirmando, no caso do RE 573.232/SC, que "as balizas subjetivas do título judicial, formalizado em ação proposta por associação, (são) definida(s) pela representação no processo de conhecimento, presente a autorização expressa dos associados e a lista destes juntada à inicial", e, no caso do RE 612.043/PR, que os "beneficiários do título executivo, no caso de ação proposta por associação, são aqueles que, residentes na área compreendida na jurisdição do órgão julgador, detinham, antes do ajuizamento, a condição de filiados e constaram da lista apresentada com a peça inicial".

Talvez por isso a diferenciação não foi percebida pelo eg. STF na aplicação da tese consolidada no RE 572.232/SC, mesmo em caso em tudo semelhante ao destacado neste tópico, quando se tinha: liquidação/execução por não associado da mesma sentença coletiva proferida na ação civil pública proposta pelo Instituto Brasileiro de Defesa do Consumidor (IDEC) em face do Banco Bamerindus do Brasil S.A., sucedido pelo HSBC Bank Brasil S.A. Confira-se, a propósito, o seguinte acórdão:

> 1. Agravo regimental em recurso extraordinário. 2. Direito processual civil. 3. Ação civil pública. Beneficiários. Associação. Necessidade de autorização expressa dos associados na data da propositura da ação de conhecimento. Precedente: RE-RG 573.232/SC. 4. Agravo regimental a que se nega provimento (RE 885.658 AgR, 2.ª Turma, Rel. Min. Gilmar Mendes, j. 25.08.2015, *DJe*-178 10.09.2015).

O mesmo possível equívoco pode ser visto em outros julgados: no ARE 948.204/DF, Rel. Min. Gilmar Mendes, *DJe* 23.05.2016; no ARE 85.480, Rel. Min. Cármen Lúcia, *DJe* 24.04.2015; e no RE 803.359/SC, Rel. Min. Ricardo Lewandowski, *DJe* 10.06.2014.

Diversos julgados no âmbito do STJ também podem ser colhidos adotando a tese vinculante emanada do RE 573.232/SC, sem distinguir os casos relacionados à defesa por associação de direitos exclusivos de seus filiados das hipóteses relativas propriamente à defesa por associação de direitos individuais homogêneos de consumidores. Confiram-se, a título de exemplo: REsp 1.362.224/MG, 3.ª Turma, Rel. Min. João Otávio de Noronha, j. 02.06.2016, *DJe* 10.06.2016; REsp 1.481.089/SP, 3.ª Turma, Rel. Min. Ricardo Villas Bôas Cueva, j. 1.º.12.2015, *DJe* 09.12.2015; e REsp 1.405.697/MG, 3.ª Turma, Rel. Min. Marco Aurélio Bellizze, j. 17.09.2015, *DJe* 08.10.2015.

Todavia, é de ampla aceitação que, no precedente qualificado, o que vincula

Cap. 17 · DESAFIOS ATUAIS DO DIREITO DO CONSUMIDOR NA JURISPRUDÊNCIA DO STJ | 463

> (...) não é a parte dispositiva da decisão – para isso já existe a coisa julgada –, mas os fundamentos jurídicos que autorizaram a conclusão. Em outras palavras, o que vincula é a tese jurídica (denominada, às vezes, de regra de direito ou de princípio jurídico) que se encontra na *ratio decidendi* (ou *holding*). Muito embora os fatos substanciais sejam relevantes para identificar a semelhança entre os casos, eles não formam a *ratio decidendi*.[4]

Não se desconhece que reina intenso debate na doutrina acerca da nomenclatura mais precisa para especificar as demandas que veiculam litígios coletivos ou coletivizados, até mesmo a respeito da utilidade prática de tal distinção.

Seria, realmente, de relevante serventia fazer-se mais notória a distinção entre a ação civil coletiva meramente representativa e a ação civil pública substitutiva, precisamente na delimitação dos legitimados para o manejo da própria ação ou para a execução individual da sentença coletiva, tema em análise.

Nessa esteira, um exame mais detido dos julgados assinalados anteriormente aparenta indicar que a tese sufragada pela Suprema Corte refere-se à legitimidade ativa de associado para executar sentença coletiva prolatada em ação coletiva proposta por associação, apenas nos casos de legitimação ordinária (ação civil coletiva representativa), agindo a entidade associativa por representação prevista no art. 5.º, XXI, da CF, e não sob o color de legitimação constitucional extraordinária (por exemplo, CF, art. 5.º, LXX) ou de legitimação legal extraordinária, em que a entidade associativa age em nome próprio por substituição daqueles em favor de quem atua, com arrimo, especialmente, nos arts. 81, 82 e 91 do CDC (ação civil pública substitutiva).

A título de reforço, verifique-se a ementa de posterior julgado do STF, utilizando-se exatamente da técnica de enfrentamento obrigatório de precedente qualificado supra-assinalada:

> Direito processual civil. Agravo interno em recurso extraordinário. Substituído processual. Legitimidade para execução de título judicial formado em mandado de segurança coletivo. Possibilidade.

---

[4] ZUFELLATO, Camilo. *Precedentes judiciais vinculantes à brasileira no novo CPC:* aspectos gerais. *O novo Código de Processo Civil:* questões controvertidas. São Paulo: Atlas, 2015. p. 99.

Tema 848. Alegada semelhança. Inexistência. 1. O Supremo Tribunal Federal, com fundamento no art. 5.º, LXX, *b*, da Constituição, reconhece legitimidade ativa a associações para a impetração de mandado de segurança coletivo em defesa dos interesses de seus associados, independentemente de expressa autorização ou da relação nominal desses. 2. A matéria discutida nestes autos não se assemelha à controvérsia do ARE 901.963-RG, tendo em vista que no Tema 848 a controvérsia não era caso de mandado de segurança coletivo, e sim de ação civil pública. 3. Inaplicável o art. 85, § 11, do CPC/2015, uma vez que não é cabível, na hipótese, condenação em honorários advocatícios (art. 25 da Lei n.º 12.016/2009 e Súmula 512/STF). 4. Agravo interno a que se nega provimento (RE 1.146.736 AgR/Ce, 1.ª Turma, Rel. Min. Roberto Barroso, j. 23.08.2019, *DJe*-191 03.09.2019).

Outrossim, destaque-se que a Corte Suprema já decidiu que o tema a ser debatido pela Segunda Seção do STJ, ora destacado, não tem repercussão geral, porque, pelo menos nos casos em que a decisão recorrida se baseia em disposições da Lei 7.347/1985 e do CDC, trata-se de matéria de natureza infraconstitucional. Veja-se:

Processual civil. Recurso extraordinário com agravo. Execução de sentença condenatória genérica proferida em ação civil pública ajuizada por associação. Legitimidade ativa. Limites da coisa julgada. Matéria infraconstitucional. Ausência de repercussão geral. 1. A presente demanda consiste em execução individual de sentença proferida em ação civil pública. O recurso extraordinário suscita a ilegitimidade ativa dos exequentes, ao argumento de que não deram autorização individual e específica à associação autora da demanda coletiva para os representarem no processo de conhecimento, tampouco demonstraram sua condição de associados. Alega-se ofensa ao art. 5.º, XXI e XXXVI, da Constituição, bem como ao precedente do Plenário do Supremo Tribunal Federal formado no julgamento do RE 573.232/SC. 2. Ocorre que, conforme atestaram as instâncias ordinárias, no dispositivo da sentença condenatória genérica proferida no processo de conhecimento desta ação civil pública, constou expressamente sua aplicabilidade a todos os poupadores do Estado de Santa Catarina. Assim, o fundamento da legitimidade ativa para a execução, no caso, dispensa exame sobre a necessidade de autorização das associações para a representação de seus associados. Em verdade, o que está em jogo é questão sobre limites da coisa julgada, matéria de natureza infraconstitucional cuja repercussão geral, inclusive, já foi rejeitada por esta Corte em outra oportunidade (ARE 748.371/RG, Rel. Min. Gilmar Mendes, *DJe* de 1.º.08.2013). 3. Outrossim, ao tratar dos limites subjetivos de sentença condenatória genérica proferida nos autos de ação civil pública ajuizada por associação, o Tribunal de origem valeu-se de disposições da Lei 7.347/85 e do Código de Defesa do Consumidor, cujo exame é inviável em recurso extraordinário. 4. É cabível a atribuição dos efeitos da declaração de ausência de repercussão geral quando não há matéria constitucional a ser apreciada ou quando eventual ofensa à Carta Magna ocorra de forma indireta ou reflexa (RE 584.608/RG, Rel. Min. Ellen Gracie, *DJe* de 13.03.2009). 5. Ausência de repercussão geral da questão suscitada, nos termos do art. 543-A do CPC (ARE 901.963/RG, Rel. Min. Teori Zavascki, j. 10.09.2015, *DJe* 16.09.2015).

Assim, relativamente ao ponto, não parece ter sido respondido, quer pelo STJ, quer pela Suprema Corte, se a coisa julgada resultante de sentenças proferidas nas ações civis públicas movidas por associação de defesa de consumidores – nas quais não se fez nenhuma restrição, ou expressa ampliação, ao alcance subjetivo do comando sentencial – cede passo à tese adotada nos Recursos Extraordinários 573.232/SC e 612.043/PR, ou se há legitimidade ativa de consumidor não associado para a liquidação/execução de sentença coletiva em ação civil pública proposta por associação para a defesa de interesses ou direitos individuais homogêneos de consumidores.

Caberá, portanto, à Segunda Seção do STJ enfrentar esse desafiante tema, brevemente, em sede de recursos especiais repetitivos já afetados àquele órgão julgador.

2.3. Patamar da restituição das parcelas pagas pelo promitente--comprador no caso de desfazimento do contrato de compra e venda de imóvel na planta ou em construção

Identifica-se nessa importante questão mais um provocador e estimulante problema jurídico de real interesse dos consumidores e fornecedores.

De início, é de destacar que o CDC, desde sua edição em 1990, dispõe serem "nulas de pleno direito as cláusulas que estabeleçam a perda total das prestações pagas em benefício do credor que, em razão do inadimplemento, pleitear a resolução do contrato e a retomada do produto alienado" (art. 53).

Registre-se, no entanto, o prevalente veto ao § 1.º do art. 53, que dizia: "o devedor inadimplente terá direito a compensação ou à restituição das parcelas quitadas à data da resolução contratual, monetariamente atualizada, descontada a vantagem econômica auferida com a fruição".

Nas razões do veto, considerou-se ser "necessário dar disciplina mais adequada à resolução dos contratos de compra e venda, por inadimplência do comprador", pois "a venda de bens mediante pagamento em prestações acarreta diversos custos para o vendedor, que não foram contemplados na formulação do dispositivo", e que, logo, "a restituição das prestações, monetariamente corrigidas, sem levar em conta esses aspectos, implica tratamento iníquo, de consequências imprevisíveis e danosas para os diversos setores da economia".

Sem embargo, o STJ orientou sua jurisprudência no sentido de que é direito do comprador inadimplente desistir do contrato e requerer a imediata restituição das parcelas pagas pelo imóvel, a despeito do caráter de irretratabilidade da avença previsto em lei e de cláusulas-padrão inseridas nas promessas de compra e venda, que estabelecem a perda das parcelas pagas pelo consumidor em débito para com o construtor.

Deveras, sob a lavra do saudoso Ministro Ruy Rosado de Aguiar Júnior, homenageado nesta obra, teve-se o pioneiro julgamento do tema, pela Quarta Turma do STJ, assentando que "o comprador que deixa de cumprir o contrato alegando insuportabilidade da obrigação tem o direito de promover ação para receber a restituição das importâncias pagas", permitindo-se que o vendedor retivesse 10% da quantia vertida (REsp 132.903/SP, *DJ* 19.12.1997, p. 67.507).

Esse então vanguardista entendimento foi prestigiado ao longo dos anos levando a Segunda Seção da Corte a consolidar jurisprudência, em julgamento de recurso especial repetitivo, na assentada do dia 13.11.2013, no sentido de que,

> (...) em contratos submetidos ao Código de Defesa do Consumidor, é abusiva a cláusula contratual que determina a restituição dos valores devidos somente ao término da obra ou de forma parcelada, na hipótese de resolução de contrato de promessa de compra e venda de imóvel, por culpa de quaisquer contratantes. Em tais avenças, deve ocorrer a imediata restituição das parcelas pagas pelo promitente comprador – integralmente, em caso de culpa exclusiva do promitente vendedor/construtor, ou parcialmente, caso tenha sido o comprador quem deu causa ao desfazimento (REsp 1.300.418/SC, Rel. Min. Luis Felipe Salomão).

Cap. 17 · DESAFIOS ATUAIS DO DIREITO DO CONSUMIDOR NA JURISPRUDÊNCIA DO STJ | 467

A compreensão veio a ser sumulada com a seguinte redação:

> Na hipótese de resolução de contrato de promessa de compra e venda de imóvel submetido ao Código de Defesa do Consumidor, deve ocorrer a imediata restituição das parcelas pagas pelo promitente comprador – integralmente, em caso de culpa exclusiva do promitente vendedor/construtor, ou parcialmente, caso tenha sido o comprador quem deu causa ao desfazimento (Súmula 543/STJ, 2.ª Seção, j. 26.08.2015).

Posteriormente, veio a ser editada a Lei 13.786/2018, a qual promoveu alterações nas Leis 4.591, de 16 de dezembro de 1964, e 6.766, de 19 de dezembro de 1979, justamente para disciplinar a resolução do contrato por inadimplemento do adquirente de unidade imobiliária em incorporação e em parcelamento de solo urbano.

No entanto, ainda remanesce a controvérsia ora indicada sobre o percentual a ser retido pelo fornecedor em contratos anteriores à Lei 13.786/2018, pois ainda não decidido em sede de julgamento submetido ao rito especial e vinculante do Incidente de Assunção de Competência (IAC), do Incidente de Demandas Repetitivas (IRDR) ou dos Recursos Especiais Representativos (repetitivos) da Controvérsia (RRC).

No tocante aos contratos posteriores à citada Lei 13.786/2018, a celeuma aparenta estar resolvida, porque esse diploma legal introduziu importante modificação na Lei 4.591/1964, acrescentando o art. 67-A:

> Art. 67-A. Em caso de desfazimento do contrato celebrado exclusivamente com o incorporador, mediante distrato ou resolução por inadimplemento absoluto de obrigação do adquirente, este fará jus à restituição das quantias que houver pago diretamente ao incorporador, atualizadas com base no índice contratualmente estabelecido para a correção monetária das parcelas do preço do imóvel, delas deduzidas, cumulativamente:
>
> I – a integralidade da comissão de corretagem;
>
> II – a pena convencional, que não poderá exceder a 25% (vinte e cinco por cento) da quantia paga.
>
> (...)

Com relação aos contratos antigos, como referido, a regra geral, a ser aplicada à generalidade dos casos, ainda não foi enunciada de forma vinculante, apesar de a Segunda Seção do STJ já ter assinalado em relevantes julgados que o patamar a ser considerado como razoável é a retenção de 25% da quantia paga pelo promitente-comprador.

Deveras, em julgamento emblemático de embargos de divergência, a Segunda Seção consignou que:

> Promessa de venda e compra. Resilição. Denúncia pelo compromissário comprador em face da insuportabilidade no pagamento das prestações. Retenção pela vendedora de 25% na devolução do que foi pago ao comprador. Imóvel não ocupado pelo comprador.
>
> 1. A tese sustentada pela embargante é a de que o percentual de 25% previsto na jurisprudência da Corte, já leva em conta ressarcimento pela "ocupação/utilização da unidade por algum período e desgaste do imóvel". Desse modo, quando ainda não entregue a unidade imobiliária, deve ser reduzido o percentual de retenção.
>
> 2. O percentual de retenção tem caráter indenizatório e cominatório. E não há diferenciação entre a utilização ou não do bem ante o descumprimento contratual e também não influi nas "despesas gerais tidas pela incorporadora com o empreendimento" (EREsp 59.870/SP, Rel. Min. Barros Monteiro, *DJ* 09.12.2002).
>
> 3. Continuidade da adoção do percentual de 25% para o caso de resilição unilateral por insuportabilidade do comprador no pagamento das parcelas, independentemente da entrega/ocupação da unidade imobiliária, que cumpre bem o papel indenizatório e cominatório.
>
> 4. Embargos de divergência improvidos (EAg 1.138.183/PE, 2.ª Seção, Rel. Min. Sidnei Beneti, j. 27.06.2012, *DJe* 04.10.2012).

Todavia, a jurisprudência das instâncias originárias e do próprio STJ continuou oscilante seguindo com a percepção de que, na rescisão unilateral de contrato de promessa de compra e venda de imóvel pelo comprador, seria possível a retenção de valores compreendidos entre 10% e 25% da quantia despendida com a execução do contrato.

Essa hesitação, ao que parece, deve-se, em boa medida, à dificuldade de separar o direito do incorporador de ser indenizado pela eventual ocupação do imóvel pelo consumidor – coibindo-se o enriquecimento ilícito deste – do direito do mesmo vendedor de reter percentual mínimo das parcelas pagas pelo comprador, de modo a compensar-se pelas despesas que teve com a negociação, indenizando-o, e a desestimular a rescisão unilateral do contrato pelo comprador.

Recentemente, marcante precedente foi firmado no âmbito da Segunda Seção, resgatando a cognição de que,

> (...) ausente qualquer peculiaridade, na apreciação da razoabilidade da cláusula penal estabelecida em contrato anterior à Lei 13.786/2018, deve prevalecer o parâmetro estabelecido pela Segunda Seção no julgamento dos EAg 1.138.183/PE, *DJe* 04.10.2012, sob a relatoria para o acórdão do Ministro Sidnei Beneti, a saber o percentual de retenção de 25% (vinte e cinco por cento) dos valores pagos pelos adquirentes (REsp 1.723.519/SP, 2.ª Seção, Rel. Min. Maria Isabel Gallotti, j. 28.08.2019, *DJe* 02.10.2019).

Em seu voto, a Ministra Relatora, Maria Isabel Gallotti, acentuou a "enorme dispersão na jurisprudência dos Tribunais Estaduais", e mesmo do STJ, acerca do percentual de retenção, se deve ser fixado entre 10% e 25% ou se deve ser estabilizado no percentual de 25%.

Assim, embora em diversos precedentes, de grande relevância, o STJ tenha indicado que o percentual de retenção deve ser fixado no percentual de 25%, a matéria carece de consolidação em julgamento submetido ao rito especial dos recursos repetitivos de maneira a expurgar, de vez, a indesejável vacilação jurisprudencial em torno de assunto por demais importante para as relações de consumo em direito imobiliário.

2.4. Necessidade de estabelecimento de patamar objetivo de validade no tocante à fixação da taxa de juros remuneratórios (compensatórios) em contratos de mútuo bancário

Os recursos oriundos de demandas entre consumidores e instituições financeiras são dos mais frequentes nas Cortes de todo o País e deságuam com abundância na Corte Superior.

As discussões sobre a validade e o patamar da taxa de juros cobrada nas operações financeiras lideram as lides bancárias.

É oportuno ressaltar, de logo, que o STF, no julgamento de mérito da ADI 2.591, ajuizada pela Confederação Nacional do Sistema Financeiro (CONSIF) contra a expressão constante do § 2.º do art. 3.º do CDC (Lei 8.078/1990), que inclui, no conceito de serviço abrangido pelas relações de consumo, as atividades de natureza bancária, financeira, de crédito e securitária ("Serviço é qualquer atividade fornecida no mercado de consumo, mediante remuneração, inclusive as de natureza bancária, financeira, de crédito e securitária, salvo as decorrentes das relações de caráter trabalhista"), entendeu não haver conflito entre o regramento do sistema financeiro e a disciplina do consumo e da defesa do consumidor. Considerou que, nos termos do disposto no art. 192 da CF, a exigência de lei complementar refere-se apenas à regulamentação da estrutura do sistema financeiro, não abrangendo os encargos e obrigações impostos pelo CDC às instituições financeiras, relativos à exploração das atividades dos agentes econômicos que a integram – operações bancárias e serviços bancários –, que podem ser definidos por lei ordinária.

Eis a ementa do referido julgado:

> Código de Defesa do Consumidor. Art. 5.º, XXXII, da CB/88. Art. 170, V, da CB/88. Instituições financeiras. Sujeição delas ao Código De Defesa Do Consumidor, excluídas de sua abrangência a definição do custo das operações ativas e a remuneração das operações passivas praticadas na exploração da intermediação de dinheiro na economia [art. 3.º, § 2.º, do CDC]. Moeda e taxa de juros. Dever--poder do Banco Central do Brasil. Sujeição ao Código Civil. 1. As instituições financeiras estão, todas elas, alcançadas pela incidência das normas veiculadas pelo Código de Defesa do Consumidor. 2. "Consumidor", para os efeitos do Código de Defesa do Consumidor, é toda pessoa física ou jurídica que utiliza, como destinatário final, atividade bancária, financeira e de crédito. 3. O preceito veiculado pelo art. 3.º, § 2.º, do Código de Defesa do Consumidor deve ser interpretado em coerência com a Constituição, o que importa em que o custo das operações ativas e a remuneração das operações passivas praticadas por instituições financeiras na exploração da intermediação de dinheiro na economia estejam excluídas da sua abrangência. 4. Ao Conselho Monetário Nacional incumbe a fixação, desde a perspectiva macroeconômica, da taxa base de juros praticável no mercado financeiro. 5. O Banco Central do Brasil está vinculado pelo dever-poder de fiscalizar as instituições financeiras, em especial na estipulação contratual das taxas de juros por elas praticadas no desempenho da intermediação de dinheiro na economia. 6. Ação direta julgada improcedente, afastando-se a exegese que submete às normas do Código de Defesa do Consumidor [Lei 8.078/1990] a definição do custo das operações ativas e da remuneração das operações passivas praticadas por instituições financeiras no desempenho da intermediação de dinheiro na economia, sem prejuízo do controle, pelo Banco Central do Brasil, e do controle e revisão, pelo Poder Judiciário, nos termos do disposto

Cap. 17 · DESAFIOS ATUAIS DO DIREITO DO CONSUMIDOR NA JURISPRUDÊNCIA DO STJ | **471**

no Código Civil, em cada caso, de eventual abusividade, onerosidade excessiva ou outras distorções na composição contratual da taxa de juros. Art. 192 da CB/88. Norma-objetivo. Exigência de lei complementar exclusivamente para a regulamentação do sistema financeiro. 7. O preceito veiculado pelo art. 192 da Constituição do Brasil consubstancia norma-objetivo que estabelece os fins a serem perseguidos pelo sistema financeiro nacional, a promoção do desenvolvimento equilibrado do País e a realização dos interesses da coletividade. 8. A exigência de lei complementar veiculada pelo art. 192 da Constituição abrange exclusivamente a regulamentação da estrutura do sistema financeiro. Conselho Monetário Nacional. Art. 4º, VIII, da Lei n. 4.595/64. Capacidade normativa atinente à Constituição, funcionamento e fiscalização das instituições financeiras. Ilegalidade de resoluções que excedem essa matéria. 9. O Conselho Monetário Nacional é titular de capacidade normativa – a chamada capacidade normativa de conjuntura – no exercício da qual lhe incumbe regular, além da constituição e fiscalização, o funcionamento das instituições financeiras, isto é, o desempenho de suas atividades no plano do sistema financeiro. 10. Tudo o quanto exceda esse desempenho não pode ser objeto de regulação por ato normativo produzido pelo Conselho Monetário Nacional. 11. A produção de atos normativos pelo Conselho Monetário Nacional, quando não respeitem o funcionamento das instituições financeiras, é abusiva, consubstanciando afronta à legalidade (ADI 2591, Tribunal Pleno, Rel. Min. Carlos Velloso, Rel. p/ acórdão Min. Eros Grau, j. 07.06.2006, *DJ* 29.09.2006, p. 00031).

Destaque-se que, em dezembro de 1976, antes, portanto, do advento da Constituição Federal de 1988 e da criação do STJ, o Pretório Excelso editara a Súmula 596, cristalizando o entendimento de que: "As disposições do Decreto 22.626/33 não se aplicam às taxas de juros e aos outros encargos cobrados nas operações realizadas por instituições públicas ou privadas, que integram o sistema financeiro nacional".

Por sua vez, em seu campo de atuação acerca do tema, o STJ, por sua Segunda Seção, antes da conclusão do julgamento da mencionada ação direta de inconstitucionalidade pelo STF, no julgamento do REsp 407.097/RS, decidiu:

Direito comercial. Empréstimo bancário. Juros remuneratórios. Os negócios bancários estão sujeitos ao Código de Defesa do Consumidor, inclusive quanto aos juros remuneratórios; a abusividade destes, todavia, só pode ser declarada, caso a caso, à vista de taxa que comprovadamente discrepe, de modo substancial, da média do mercado na praça do empréstimo, salvo se justificada pelo risco da operação. Recurso especial conhecido e provido (REsp 407.097/RS, 2.ª Seção, Rel. Min. Antônio de Pádua Ribeiro, Rel. p/ acórdão Min. Ari Pargendler, j. 12.03.2003, *DJ* 29.09.2003, p. 142).

Concluiu, assim, por maioria, pela manutenção da cláusula contratual de juros remuneratórios de 10,90% ao mês. Ficaram vencidos na conclusão os Ministros Antônio de Pádua Ribeiro, relator, e Sálvio de Figueiredo Teixeira, que substituíram a taxa de juros remuneratórios de 10,90% ao mês pela taxa Selic mais 6% ao ano. Os Ministros Fernando Gonçalves e Aldir Passarinho Junior acompanharam o voto do Ministro Barros Monteiro, que mantinha a taxa contratual por entender que a taxa de juros remuneratórios estabelecida no contrato deve ser cumprida. Os Ministros Ari Pargendler, Carlos Alberto Menezes Direito, Nancy Andrighi e Castro Filho votaram no sentido de que a revisão judicial dos juros remuneratórios somente pode ocorrer quando reconhecida a índole abusiva, o que não aconteceu no caso, sendo vencedora essa tese pelo voto médio do Ministro Ari Pargendler.

Posteriormente, o STJ editou as seguintes Súmulas:

> **Súmula 294.** Não é potestativa a cláusula contratual que prevê a comissão de permanência, calculada pela taxa média de mercado apurada pelo Banco Central do Brasil, limitada à taxa do contrato (2.ª Seção, j. 12.05.2004, *DJ* 09.09.2004, p. 148).
>
> **Súmula 296.** Os juros remuneratórios, não cumuláveis com a comissão de permanência, são devidos no período de inadimplência, à taxa média de mercado estipulada pelo Banco Central do Brasil, limitada ao percentual contratado (2.ª Seção, j. 12.05.2004, *DJ* 09.09.2004, p. 149).

Em outro significativo julgamento sobre a matéria, a Segunda Seção do STJ apreciou, em sede de recurso especial, caso em que a cláusula do contrato de abertura de crédito em conta-corrente fora considerada potestativa e nula pelo Tribunal de Justiça, porque subordinada à vontade e ao arbítrio da instituição bancária. Na oportunidade, firmou-se o entendimento de que, nos contratos bancários, não havendo previsão de taxa de juros ou tendo previsão potestativa, aplicar-se-á a taxa média de juros de mercado em coerência com as Súmulas 294 e 296 do Tribunal. Desse modo, a Segunda Seção,

Cap. 17 • DESAFIOS ATUAIS DO DIREITO DO CONSUMIDOR NA JURISPRUDÊNCIA DO STJ | **473**

por maioria, conheceu do recurso do banco e deu-lhe parcial provimento e, por unanimidade, conheceu do recurso da outra parte e deu-lhe parcial provimento. A ementa tem o seguinte teor:

> Direito bancário. Contrato de abertura de crédito em conta-corrente. Juros remuneratórios. Previsão em contrato sem a fixação do respectivo montante. Abusividade, uma vez que o preenchimento do conteúdo da cláusula é deixado ao arbítrio da instituição financeira (cláusula potestativa pura). Limitação dos juros à média de mercado (arts. 112 e 113 do CC/02). Art. 6.º da LICC. Questão constitucional. Honorários advocatícios. Ação condenatória. Estabelecimento em valor fixo. Impossibilidade. Necessidade de observância da regra do art. 20, § 3.º, do CPC.
>
> – As instituições financeiras não se sujeitam ao limite de 12% para a cobrança de juros remuneratórios, na esteira da jurisprudência consolidada do STJ.
>
> – Na hipótese de o contrato prever a incidência de juros remuneratórios, porém sem lhe precisar o montante, está correta a decisão que considera nula tal cláusula porque fica ao exclusivo arbítrio da instituição financeira o preenchimento de seu conteúdo. A fixação dos juros, porém, não deve ficar adstrita ao limite de 12% ao ano, mas deve ser feita segundo a média de mercado nas operações da espécie. Preenchimento do conteúdo da cláusula de acordo com os usos e costumes, e com o princípio da boa-fé (arts. 112 e 133 do CC/02).
>
> – A norma do art. 6.º da LICC foi alçada a patamar constitucional, de modo que sua violação não pode ser discutida em sede de recurso especial. Precedentes.
>
> – Tratando-se de ação condenatória, os honorários advocatícios têm de ser fixados conforme os parâmetros estabelecidos no art. 20, § 3.º, do CPC. Merece reforma, portanto, a decisão que os estabelece em valor fixo. Precedentes.
>
> Recursos especiais da autora e do réu conhecidos e parcialmente providos (REsp 715.894/PR, 2.ª Seção, Rel. Min. Nancy Andrighi, j. 26.04.2006, *DJ* 19.03.2007, p. 284).

Na sequência, tem-se julgado de recurso repetitivo (CPC, art. 543-C), consolidando a jurisprudência da Segunda Seção, entre outros pontos, quanto aos juros remuneratórios. A ementa, na parte que mais importa, dispõe:

Direito processual civil e bancário. Recurso especial. Ação revisional de cláusulas de contrato bancário. Incidente de processo repetitivo. Juros remuneratórios. Configuração da mora. Juros moratórios. Inscrição/manutenção em cadastro de inadimplentes. Disposições de ofício. Delimitação do julgamento. Constatada a multiplicidade de recursos com fundamento em idêntica questão de direito, foi instaurado o incidente de processo repetitivo referente aos contratos bancários subordinados ao Código de Defesa do Consumidor, nos termos da ADI n.º 2.591-1. Exceto: cédulas de crédito rural, industrial, bancária e comercial; contratos celebrados por cooperativas de crédito; contratos regidos pelo Sistema Financeiro de Habitação, bem como os de crédito consignado.

Para os efeitos do § 7.º do art. 543-C do CPC, a questão de direito idêntica, além de estar selecionada na decisão que instaurou o incidente de processo repetitivo, deve ter sido expressamente debatida no acórdão recorrido e nas razões do recurso especial, preenchendo todos os requisitos de admissibilidade.

Neste julgamento, os requisitos específicos do incidente foram verificados quanto às seguintes questões: i) juros remuneratórios; ii) configuração da mora; iii) juros moratórios; iv) inscrição/manutenção em cadastro de inadimplentes; e v) disposições de ofício.

Preliminar. O Parecer do MPF opinou pela suspensão do recurso até o julgamento definitivo da ADI 2.316/DF. Preliminar rejeitada ante a presunção de constitucionalidade do art. 5.º da MP n.º 1.963-17/00, reeditada sob o n.º 2.170-36/01.

I – Julgamento das questões idênticas que caracterizam a multiplicidade.

Orientação 1 – Juros remuneratórios. a) As instituições financeiras não se sujeitam à limitação dos juros remuneratórios estipulada na Lei de Usura (Decreto 22.626/33), Súmula 596/STF; b) A estipulação de juros remuneratórios superiores a 12% ao ano, por si só, não indica abusividade; c) São inaplicáveis aos juros remuneratórios dos contratos de mútuo bancário as disposições do art. 591 c/c o art. 406 do CC/02; d) É admitida a revisão das taxas de juros remuneratórios em situações excepcionais, desde que caracterizada a relação de consumo e que a abusividade (capaz de colocar o consumidor em desvantagem exagerada, art. 51, § 1.º, do CDC) fique cabalmente demonstrada, ante as peculiaridades do julgamento em concreto.

Orientação 2 – Configuração da mora. a) O reconhecimento da abusividade nos encargos exigidos no período da normalidade

Cap. 17 · DESAFIOS ATUAIS DO DIREITO DO CONSUMIDOR NA JURISPRUDÊNCIA DO STJ | 475

contratual (juros remuneratórios e capitalização) descaracteriza a mora; b) Não descaracteriza a mora o ajuizamento isolado de ação revisional, nem mesmo quando o reconhecimento de abusividade incidir sobre os encargos inerentes ao período de inadimplência contratual.

Orientação 3 – Juros moratórios. Nos contratos bancários, não regidos por legislação específica, os juros moratórios poderão ser convencionados até o limite de 1% ao mês.

Orientação 4 – Inscrição/manutenção em cadastro de inadimplentes (...)

Orientação 5 – Disposições de ofício (...)

II – Julgamento do recurso representativo (REsp 1.061.530/RS) (...)

Devem ser decotadas as disposições de ofício realizadas pelo acórdão recorrido.

Os juros remuneratórios contratados encontram-se no limite que esta Corte tem considerado razoável e, sob a ótica do Direito do Consumidor, não merecem ser revistos, porquanto não demonstrada a onerosidade excessiva na hipótese.

Verificada a cobrança de encargo abusivo no período da normalidade contratual, resta descaracterizada a mora do devedor.

Afastada a mora: i) é ilegal o envio de dados do consumidor para quaisquer cadastros de inadimplência; ii) deve o consumidor permanecer na posse do bem alienado fiduciariamente; e iii) não se admite o protesto do título representativo da dívida.

Não há qualquer vedação legal à efetivação de depósitos parciais, segundo o que a parte entende devido.

Não se conhece do recurso quanto à comissão de permanência, pois deficiente o fundamento no tocante à alínea "a" do permissivo constitucional e também pelo fato de o dissídio jurisprudencial não ter sido comprovado, mediante a realização do cotejo entre os julgados tidos como divergentes. Vencidos quanto ao conhecimento do recurso a Min. Relatora e o Min. Carlos Fernando Mathias.

Recurso especial parcialmente conhecido e, nesta parte, provido, para declarar a legalidade da cobrança dos juros remuneratórios, como pactuados, e ainda decotar do julgamento as disposições de ofício.

Ônus sucumbenciais redistribuídos (REsp 1.061.530/RS, 2.ª Seção, Rel. Min. Nancy Andrighi, j. 22.10.2008, *DJe* 10.03.2009).

Portanto, a Corte estabeleceu que: 1) as instituições financeiras não se sujeitam à limitação dos juros remuneratórios estipulada na Lei de Usura (Decreto 22.626/1933), como já dispunha a Súmula 596 do STF; 2) a simples estipulação de juros remuneratórios superiores a 12% ao ano não indica cobrança abusiva; 3) são inaplicáveis aos juros remuneratórios dos contratos de mútuo bancário as disposições do art. 591, c/c o art. 406 do CC/2002; 4) é admitida a revisão das taxas de juros em situações excepcionais, desde que haja relação de consumo e que a índole abusiva (capaz de colocar o consumidor em desvantagem exagerada – art. 51, § 1.º, do CDC) esteja cabalmente demonstrada, diante das peculiaridades do caso concreto. Na ocasião, deliberou-se que, embora tenha sido reconhecido na "taxa média de mercado" o melhor parâmetro para verificação de eventual cobrança abusiva de juros remuneratórios, tal aferição não deve levar apenas a referida média em consideração, deixando a critério do magistrado, no exame das peculiaridades do caso concreto, avaliar se os juros contratados foram ou não abusivos.

Vê-se, assim, que, embora a Segunda Seção tenha chegado bem próximo da adoção de um patamar objetivo no tocante à fixação da taxa de juros remuneratórios (compensatórios) válida em contratos de mútuo bancário, o qual estaria na taxa média de mercado, houve certo recuo conclusivo ao deixar-se a definição a critério subjetivo do magistrado, no exame das peculiaridades de cada caso concreto. Entendeu a ilustre relatora que:

> Todavia, esta perquirição acerca da abusividade não é estanque, o que impossibilita a adoção de critérios genéricos e universais. A taxa média de mercado, divulgada pelo Banco Central, constitui um valioso referencial, mas cabe somente ao juiz, no exame das peculiaridades do caso concreto, avaliar se os juros contratados foram ou não abusivos.

Então, pode-se constatar em pesquisa jurisprudencial, e está registrado no voto condutor do acórdão invocado *supra*, a notória variação de percepção acerca do que se tem considerado abusivo nas taxas de juros remuneratórios. Há julgados reconhecendo como abusivas aquelas superiores à taxa média de mercado em: uma vez e meia, como no voto proferido pelo Min. Ari Pargendler, no REsp 271.214/RS, Rel. p/ acórdão Min. Menezes Direito, *DJ* 04.08.2003; ao dobro, como no REsp 1.036.818, 3.ª Turma, Rel. Min. Nancy Andrighi, *DJe* 20.06.2008; ou ao triplo, como no REsp 971.853/RS, 4.ª Turma, Rel. Min. Pádua Ribeiro, *DJ* 24.09.2007.

Com isso, vê-se que permanece bem presente o desafio de a jurisprudência do STJ imprimir maior objetividade à matéria acerca do patamar de validade dos juros remuneratórios, proporcionando maior segurança e previsibilidade nas relações consumeristas de direito bancário, quanto ao relevante tema.

3. CONCLUSÃO

Há, por certo, inúmeros outros temas que ainda poderiam ser destacados nesta exposição, porém, além de o esgotamento do elenco não se mostrar mesmo viável, tal empreitada não comportaria espaço nas dimensões desta obra coletiva.

Ficam, de todo modo, registradas as dificuldades para solução das intricadas temáticas de Direito do Consumidor e reconhecidos os zelosos esforços que desenvolve o Tribunal da Cidadania no sentido de oferecer à coletividade a melhor resolução possível, de modo a proporcionar justa pacificação nas relações de consumo.

Em futuras oportunidades, poder-se-á retomar e expandir a abordagem de outras teses atuais e relevantes de Direito do Consumidor a serem confrontadas pelo STJ.

REFERÊNCIAS

ALMEIDA, João Batista de. *A proteção jurídica do consumidor*. 5. ed. São Paulo: Saraiva, 2006.

BEVILÁQUA, Clóvis. *Código Civil comentado*. 4. ed. Rio de Janeiro: Livraria Francisco Alves, 1939. v. V.

MENEZES DIREITO, Carlos Alberto; CAVALIERI FILHO, Sérgio. *Comentários ao Novo Código Civil*: da responsabilidade civil, das preferências e privilégios creditórios. Rio de Janeiro: Forense, 2007. v. XIII.

ZUFELLATO, Camilo. Precedentes judiciais vinculantes à brasileira no novo CPC: aspectos gerais. *O novo Código de Processo Civil*: questões controvertidas. São Paulo: Atlas, 2015.

18

DESAFIOS DO SUPERIOR TRIBUNAL DE JUSTIÇA E O FUTURO DO DIREITO DO CONSUMIDOR NO BRASIL: O CONSUMO DIGITAL

CLAUDIA LIMA MARQUES

BRUNO MIRAGEM

SUMÁRIO: 1. Introdução; 2. Consumo digital: novos sujeitos/intermediários e objetos, serviços e produtos inteligentes: 2.1. Desafios das relações de consumo nas plataformas: fornecedor-*gatekeeper* e consumidor-*prosumer*; 2.2. O consumidor, o *gatekeeper*-controlador e o *prosumer*: controle é a chave do fornecimento de produtos e serviços "indiretos" nas plataformas; 3. Os novos "objetos" e "serviços simbióticos" do consumo digital: 3.1. Os bens digitais, a conexão desses bens e os serviços "inteligentes" e a inteligência artificial; 3.2. A aproximação das categorias de produto e serviço no consumo digital; 4. Considerações finais: do necessário diálogo das fontes na intepretação e aplicação das normas ao consumo digital; Referências.

1. INTRODUÇÃO

O Código de Defesa do Consumidor, de 1990, resultado do comando do art. 48 dos Atos das Disposições Constitucionais Transitórias, e o Superior Tribunal de Justiça estão ligados pelo destino, pois ambos foram criados pela Constituição da República de 1988. A afirmação do direito do consumidor e sua importância no Brasil contemporâneo devem muito ao Tribunal da

Cidadania. Foi o Superior Tribunal de Justiça, com suas decisões de líder (*leading cases* dos saudosos Ministros Sálvio de Figueiredo Teixeira[1] e Ruy Rosado de Aguiar Jr.,[2] para citar alguns dos grandes Ministros da Corte), que emprestou decisivo auxílio para assegurar a efetividade do Código. Daí a homenagem sempre merecida a estes grandes Ministros e aos atuais, muitos autores de importantes reflexões doutrinárias, como Antônio Herman

---

[1] Assim ensinou no e. STJ: "Direito do consumidor. Filmadora. Defeito da mercadoria. Responsabilidade da empresa nacional da mesma marca (Panasonic). Economia globalizada. Propaganda. Proteção ao consumidor. Peculiaridade da espécie. Situações a ponderar nos casos concretos. Nulidade do acórdão estadual rejeitada, porque suficientemente fundamentado. Recurso conhecido e provido no mérito, por maioria. I – Se a economia globalizada não mais tem fronteiras rígidas e estimula e favorece a livre concorrência, imprescindível que as leis de proteção ao consumidor ganhem maior expressão em sua exegese, na busca do equilíbrio que deve reger as relações jurídicas, dimensionando-se, inclusive, o fator risco, inerente à competitividade do comércio e dos negócios mercantis, sobretudo quando em escala internacional, em que presentes empresas poderosas, multinacionais, com filiais em vários países, sem falar nas vendas hoje efetuadas pelo processo tecnológico da informática e no forte mercado consumidor que representa o nosso país. II – O mercado consumidor, não há como negar, vê-se hoje 'bombardeado' diuturnamente por intensa e hábil propaganda, a induzir a aquisição de produtos, notadamente os sofisticados de procedência estrangeira, levando em linha de conta diversos fatores, dentre os quais, e com relevo, a respeitabilidade da marca. III – Se empresas nacionais se beneficiam de marcas mundialmente conhecidas, incumbe-lhes responder também pelas deficiências dos produtos que anunciam e comercializam, não sendo razoável destinar-se ao consumidor as consequências negativas dos negócios envolvendo objetos defeituosos" (REsp 63.981/SP, Rel. Min. Sálvio de Figueiredo Teixeira, j. 04.05.2000) (TEIXEIRA, Sálvio de Figueiredo (coord.). *Comentários ao novo Código Civil*. Rio de Janeiro: Forense, 2011).

[2] Assim ensinou no e. STJ: "Seguro. Inadimplemento da segurada. Falta de pagamento da última prestação. Adimplemento substancial. Resolução. A companhia seguradora não pode dar por extinto o contrato de seguro, por falta de pagamento da última prestação do prêmio, por três razões: a) sempre recebeu as prestações com atraso, o que estava, aliás, previsto no contrato, sendo inadmissível que apenas rejeite a prestação quando ocorra o sinistro; b) a segurada cumpriu substancialmente com sua obrigação, não sendo a sua falta suficiente para extinguir o contrato; c) a resolução do contrato deve ser requerida em juízo, quando será possível avaliar a importância do inadimplemento, suficiente para a extinção do negócio. Recurso conhecido e provido" (REsp 76.362/MT, Rel. Min. Ruy Rosado de Aguiar, *DJ* 1.º.04.1996). Nesse sentido: AGUIAR JÚNIOR, Ruy Rosado de. A boa-fé na relação de consumo. *Revista de Direito do Consumidor*, São Paulo, v. 14, p. 20-27, abr. 1995.

Benjamin,[3] Paulo de Tarso Sanseverino,[4] Fátima Nancy Andrighi[5] e Luis Felipe Salomão,[6] entre tantos outros que mantêm viva a chama no STJ e a sensibilidade na proteção dos consumidores.

Inspirados nessa bela trajetória, trataremos neste texto de um grande desafio que será enfrentado pelo Superior Tribunal de Justiça, que são as transformações causadas pelo consumo digital. A proteção do consumidor nas relações de consumo estabelecidas pela internet é prevista pelo Projeto de Lei 3.514/2015, em tramitação na Câmara dos Deputados após aprovação unânime pelo Senado Federal. No seu estágio atual de tramitação, permite, inclusive, sugerirmos algumas modificações e temas não tratados. Por outro lado, situações recentes, como a pandemia do coronavírus, deram destaque à importância da contratação de serviços a distância e *on-line*, considerados agora essenciais, o que evidencia o tema também entre aqueles que deverão ser objeto de exame e decisão pela magistratura brasileira.

O que caracteriza o mundo digital de consumo é sua onipresença[7] e envolvimento como uma "medusa"[8] na vida das pessoas comuns: vinte e quatro horas conectadas, sem barreiras entre a mídia, a mídia social e o mercado de consumo. O próprio Superior Tribunal de Justiça, a esse respeito, já decidiu que a

---

[3] BENJAMIN, Antônio Herman et al. *Código de Defesa do Consumidor*. São Paulo: Forense, 2007.

[4] SANSEVERINO, Paulo de Tarso Viera. *Princípio da reparação integral*. São Paulo: Saraiva, 2011.

[5] Entre outros, ANDRIGHI, Fátima Nancy. Cláusulas gerais e a proteção da pessoa. In: TEPEDINO, Gustavo (org.). *Direito civil contemporâneo*. São Paulo: Atlas, 2008. p. 289-295.

[6] Entre outros, SALOMÃO, Luis Felipe; TARTUCE, Flávio (org.). *Direito civil*: diálogos entre a doutrina e a jurisprudência, São Paulo: Atlas, 2018.

[7] Veja a "ironia" brilhante dos ensaios de BAUDRILLARD, Jean. *Tela total*. Tradução Juremir Machado da Silva. 5. ed. Porto Alegre: Sulina, 2011 (1997). especialmente, p. 45 e ss.

[8] A figura de linguagem é de Baudrillard: "Il y a aujourd'hui tout autour de nous une espèce d'évidence fantastique de la consommation et de l'abondance, constituée par la multiplication des objets, des services, des biens matériels, et qui constitue une sorte mutation fondamentale dans l'écologie de l' espèce humaine...(...)... sous le regard muet d'objets...de notre puissance médusée, de notre abondance virtuelle, de notre absence les uns aux autres" (*La societé de consommation*. Paris: Denoël, 1970. p. 17-18.) Mais recentemente apareceu a figura do "enxame" digital: HAN, Byung-Chul. *No enxame*: reflexões sobre o digital. Tradução Miguel Serras Pereira. Antropos: Lisboa, 2016. p. 36 e ss.

(...) a exploração comercial da internet sujeita as relações de consumo daí advindas à Lei n.º 8.078/90 [e que] o fato de o serviço prestado pelo provedor de serviço de internet ser gratuito não desvirtua a relação de consumo, pois o termo "mediante remuneração", contido no art. 3.º, § 2.º, do CDC, deve ser interpretado de forma ampla, de modo a incluir o ganho indireto do fornecedor (STJ, REsp 1.316.921/RJ, 3.ª Turma, Rel. Min. Nancy Andrighi, j. 26.06.2012, *DJe* 29.06.2012).

Mesmo que tudo seja (e é) consumo, "para além do consumo" há um grande desafio, pois, como afirmou Pierre Levy, a tecnologia do digital provoca uma "dissolução interna" (e misturas) das categorias de "sujeito" e "objeto".[9] Sobre o *sujeito*, hoje há uma expansão de fornecedores, de busca, de pesquisa, de conteúdo, de entretenimento, de intermediação, de fornecimento em si, na que está sendo chamada "economia das plataformas", mas também o consumidor vira "prosumer"[10] nesse ambiente digital e, para alguns, pode merecer menos proteção. Quanto ao *objeto*, destaque-se o exemplo da União Europeia, que está revendo toda a sua legislação sobre o tema, em 2019 e 2020, pois o digital e a nova economia das plataformas transforma tudo em "objeto", em especial os dados e informações dos "sujeitos", e transforma em "acesso"/*acess*/fazeres ou função, o que antes era "mercadoria/produto"/*asset* ou estrutura, desafiando nossas categorias de entendimento e julgamento.[11]

Daí a relevância de dois aspectos principais do mundo digital, e mais particularmente do mercado de consumo digital: 1) os serviços e produtos com conteúdo digital, produtos e serviços "simbióticos" ou "inteligentes", que desafiam as definições do CDC e do Código Civil de 2002, entre dares e fazeres; e 2) o *revival* dos intermediários ou a valorização do fornecedor-*gatekeeper*, o guardião da relação de consumo ou o

---

[9] LEVY, Pierre. As tecnologias da inteligência. Tradução Carlos da Costa. Rio de Janeiro: Ed. 34, 1993.

[10] A expressão *prosumer* foi criada por Alvin Tofler em 1980, no livro *A terceira onda*. Veja MELLER-HANNICH, Caroline. *Wandel der Verbrauherrollen*: Das Recht der Verbraucher und Prosumer in der Sharing Economy. Berlin: Duncker & Humbolt, 2019. p. 56.

[11] BUSCH, Christoph. Wandlungen des Verbrauchervertragsrecht auf dem Weg zum digitalen Binnenmarkt. In: ARTZ, Markus; GSELL, Beate (Hrsg.). *Verbrauchervertragsrecht und digitaler Binnenmarkt*. Tübingen: Mohr, 2018. p. 12.

Cap. 18 • DESAFIOS DO STJ E O FUTURO DO DIREITO DO CONSUMIDOR NO BRASIL | **483**

controlador-mais-do-que-intermediário,[12] hoje o grande fornecedor das relações de consumo, na chamada economia das plataformas.[13]

O consumo digital caracteriza-se por certa complexidade,[14] seja pela inadaptação de nossos instrumentos clássicos,[15] que valorizam o CDC como mais atualizado documento legislativo sobre os fazeres e serviços em geral,[16] seja porque – apesar da abundância – é perceptível a "falha ou ausência de atividade legislativa", em especial pelo retardo da atualização do CDC no tema (o Projeto de Lei 3.514/2015) ainda não aprovada pelo Congresso Nacional. Na ordem jurídica brasileira, simples decreto (Decreto 7.962/2013) regulamenta aspectos esparsos do comércio eletrônico – aliás, de forma muito semelhante ao Projeto de Lei 3.514/2015 e mais recentemente um novo decreto (Decreto 10.271/2020) com disposições aplicáveis às relações envolvendo países do Mercosul.[17] Da mesma forma, há leis especiais, como a do cadastro positivo,[18] e ainda leis com objetos mais amplos sobre as relações digitais e seus efeitos, como é o caso do Marco Civil da Internet (Lei 12.965/2014), e a Lei Geral de Proteção de Dados – LGPD (Lei 13.709/2019) – ainda não em vigor.

---

[12] Sobre o revival dos intermediários e "facilitadores". Veja-se: ADAM, Leonie; MICKLITZ, Hans-W. Verbraucher und Online-Plattformen. In: MICKLITZ, Hans-Wolfgang; REISCH, Lucia A.; JOOST, Gesche; ZANDER-HAYAT, Helga (Hrsg.). *Verbraucherrecht 2.0*: Verbraucher in der digitalen Welt. Baden-Baden: Nomos, 2017. p. 45.

[13] KENNEY, Martin; ZYSMAN, John. The Rise of the Platform Economy. *Issues*, v. XXXII, n. 3, Spring 2016. Disponível em: https://issues.org/the-rise-of-the--platform-economy/. Acesso em: 15 abr. 2020: "A digital platform economy is emerging. Companies such as Amazon, Etsy, Facebook, Google, Salesforce, and Uber are creating online structures that enable a wide range of human activities".

[14] MIRAGEM, Bruno. *Curso de direito do consumidor*. 8. ed. São Paulo: RT, 2019. p. 153 e ss.

[15] KLEE, Antônia Espíndola Longoni. *Comércio eletrônico*. São Paulo: RT, 2014. p. 71 e ss.

[16] MARQUES, Claudia Lima. Proposta de uma teoria geral dos serviços com base no Código de Defesa do Consumidor – A evolução das obrigações envolvendo serviços remunerados direta ou indiretamente. *Revista de Direito do Consumidor*, São Paulo, v. 33, p. 79-122, 2000.

[17] MUCELIN, Guilherme. Influências do Mercosul na proteção do consumidor no comércio eletrônico no Brasil: comentários acerca de conteúdos normativos do Decreto n. 7.962/2013 e do Decreto n. 10.271/2020. *Revista de Direito do Consumidor*, v. 129, 2020.

[18] BESSA, Leonardo Roscoe. *Cadastro positivo*: comentários à Lei 12.414, de 09 de junho de 2011. São Paulo: RT, 2014.

Destaque-se que todas essas leis gerais "dialogam" entre si e com o CDC.[19] Por exemplo, a Lei 12.965, de 23 de abril de 2014, o chamado Marco Civil da Internet, fixou princípios, garantias, direitos e deveres para o uso da internet no Brasil[20] e afirmou expressamente a aplicação do CDC às relações de consumo estabelecidas por esse meio (art. 7).[21] No entanto, esse diálogo das fontes, pela "falha legislativa" antes apontada, não é fácil e exige grande sofisticação pelo intérprete e magistrado. Aqui talvez a visão do direito do consumidor possa também ajudar o direito privado em geral.

2. CONSUMO DIGITAL: NOVOS SUJEITOS/ INTERMEDIÁRIOS E OBJETOS, SERVIÇOS E PRODUTOS INTELIGENTES

Em seu trabalho seminal sobre a sociedade de consumo, Baudrillard chama atenção para a importância dos produtos/"objetos" e serviços como "substituição remunerada" das pessoas (ou família) na sociedade do fim do século XX.[22] O foco do renomado autor é o novo "ambiente" onde estão as pessoas, não mais em grupos/políticos ou famílias/nações, mas no mercado e na sociedade "de consumo": estão sozinhas e cercadas por "objetos" mudos.

---

[19] MENDES, Laura Schertel. O diálogo entre o Marco Civil da Internet e o Código de Defesa do Consumidor. In: MARQUES, Claudia Lima (coord.) *Direito privado e desenvolvimento econômico*: estudos da Associação Luso-Alemã de Juristas (DLJV) e da Rede Alemanha-Brasil de Pesquisas em Direito do Consumidor. São Paulo: RT, 2019. p. 255 e ss.

[20] KLEE, Antônia Espíndola Longoni; MARQUES, Claudia Lima. Os direitos do consumidor e a regulamentação do uso da internet no Brasil: convergência no direito às informações claras e completas nos contratos de prestação de serviços de internet. In: SALOMÃO, George; LEMOS, Ronaldo (coord.). *Marco Civil da Internet*. São Paulo: Atlas, 2014. p. 469-517.

[21] Assim, o art. 7.º, XIII, da Lei 12.965,2014: "Art. 7.º O acesso à internet é essencial ao exercício da cidadania, e ao usuário são assegurados os seguintes direitos: (...) XIII – aplicação das normas de proteção e defesa do consumidor nas relações de consumo realizadas na internet".

[22] BAUDRILLARD, Jean. *La societé de consommation* cit., p. 17-18: "Il y a aujourd'hui tout autor de nous une espèce d'évidence fantastique de la consommation et de l'abondance, constituée par la multiplication des objets, des services, des biens matériels, et qui constitue une sorte mutation fondamentale dans l'écologie de l'espèce humaine...(...)...sous le regard muet d' objets...de notre puissance médusée, de notre abondance virtuelle, de notre absence les uns aux autres".

Aceitando o argumento de Baudrillard, no nosso "abundante" mundo digital atual, as pessoas continuam cercadas, mas agora de objetos "digitais"/serviços ou "caminhos imateriais" na internet/produtos "inteligentes", não mais "mudos": todos são "comerciais", mesmo que em ambientes antes de amizade (*social media*),[23] com "objetos"/Apps/*Sites* e pessoas ("influenciadores",[24] publicidades e *reviewers*) "falando/comunicando/influenciando" ininterruptamente, vinte e quatro horas por dia, com foco no consumo. Somos "sujeitos digitais" (conforme Teubner)[25] usando plataformas e "apps" que coletam nossos dados e perfis em *big data*,[26] transformando em novos negócios/*business* e intermediando mundialmente o que eram antes "desinteressadas"[27] caronas, hospedagem de amigos dos amigos, jantares, ou empréstimos e doações de objetos usados.

Destaque-se que a atividade legislativa na União Europeia sobre o tema digital é grande nos últimos anos a assinalar o desafio que esse consumo digital representa. Em 2019, a Diretiva 2019/770 do Parlamento Europeu e do Conselho, de 20 de maio de 2019, sobre certos aspectos relativos aos contratos de fornecimento de conteúdos e serviços digitais; a Diretiva 2019/771 do Parlamento Europeu e do Conselho, de 20 de maio de 2019, relativa a certos aspectos dos contratos de compra e venda de bens, que altera o Regulamento (UE) 2017/2394; e a Diretiva 2009/22/CE, que revoga a Diretiva 1999/44/CE, incluindo os bens com serviços anexos; e o Regulamento (UE) 2019/1150 do Parlamento Europeu e do Conselho, de 20 de junho de 2019, relativo à promoção da equidade e da transparência para os utilizadores profissionais de serviços de intermediação em linha (regulando tanto os "buscadores" como as plataformas de intermediação

---

23 RIEFA, Christine. Beyond e-commerce: some thoughts on regulating the disruptive effect of social (media) commerce. *Revista de Direito do Consumidor*, v. 128, 2020.

24 RIEFA, Christine; CLAUSEN, Laura. Towards Fairness in Digital Influencer' Marketing Practices. *EuCML – Journal of European Consumer and Market Law*, v. 2, p. 64-74, 2019.

25 TEUBNER, Gunther. Digitale Rechtssubjekte. *Archiv des Civilistische Praxis – AcP*, v. 218, p. 155 e ss., 2018.

26 Sobre a mudança digital como uma mudança de valor dos "dados", de uma economia de escassez de dados para uma economia de plataformas, com hiperabundância de dados e *big data*, veja SCHWEITZER, Heike. Digitale Plattformen als private Gesetzgeber: ein Perspektivwechsel für die europäische "Plattform--Regulierung". *ZEUP*, v. 1, p. 1-2, 2019.

27 LATOUCHE, Serge. *Sortir de la société de consommation*. Paris: LLL, 2010. p. 105 e ss.

stricto sensu, em especial as do consumo colaborativo, *sharing-economy* ou economia das plataformas).[28]

A primeira das grandes questões relacionadas ao consumo no mundo digital já foi bem resolvida, que era a correta interpretação da noção de gratuidade da oferta de serviços pela internet (em especial em face do art. 3.º, § 2.º, do CDC). Há nesse consumo abundante digital e gratuito um "sinalagma escondido", de modo que a oferta de produtos e serviços que não sejam necessariamente rentáveis por si mesmos proporciona atração e vantagens decorrentes de outros que sua própria gratuidade acaba promovendo. Portanto, na prática,

> (...) só existem três possibilidades: a) ou o serviço é remunerado diretamente pelo consumidor; b) ou o serviço não é oneroso para o consumidor, mas remunerado indiretamente, não havendo enriquecimento ilícito do fornecedor, pois o seu enriquecimento tem causa no contrato de fornecimento de serviço, causa esta que é justamente a remuneração indireta; c) ou o serviço não é oneroso de maneira nenhuma (serviço totalmente gratuito) e nem o fornecedor remunerado de nenhuma maneira, pois, se o fosse indiretamente, haveria enriquecimento sem causa de uma das partes. Conclui-se, pois, que no mercado de consumo, em quase todos os casos, há remuneração do fornecedor, direta ou indireta, como um exame da vantagem dos fornecedores pelos serviços ditos "gratuitos" pode comprovar.[29]

Uma segunda questão, que diz respeito à publicidade, também já foi resolvida pela intepretação correta dos arts. 30 e seguintes do CDC, reconhecendo a vinculação das mensagens veiculadas pela internet.[30] Cumpre, desse modo, explorar as soluções a novos problemas que surgem da realidade negocial pela internet, cuja importância indica que brevemente deverão ser objeto de exame pelo Poder Judiciário.

---

[28] MELLER-HANNICH, Caroline. *Wandel der Verbrauherrollen*: Das Recht der Verbraucher und Prosumer in der Sharing Economy cit., p. 13 e ss.

[29] MARQUES, Claudia Lima. Art. 3.º. In: MARQUES, Claudia Lima; BENJAMIN, Antônio Herman de Vasconcelos; MIRAGEM, Bruno. *Comentários ao Código de Defesa do Consumidor*. São Paulo: RT, 2019. p. 204-205.

[30] MIRAGEM, Bruno. *Curso de direito do consumidor* cit., p. 343 e ss.

2.1. Desafios das relações de consumo nas plataformas: fornecedor-*gatekeeper* e consumidor-*prosumer*

No consumo digital, em especial no denominado consumo colaborativo, o foco é o acesso,[31] o paradigma é o da confiança.[32] A economia do compartilhamento caracteriza-se como um sistema negocial de consumo (*collaborative consumption*), no qual pessoas alugam, usam, trocam, doam, emprestam e compartilham bens, serviços, recursos ou *commodities*, de propriedade sua, geralmente com a ajuda de aplicativos e tecnologia *on-line*, são relações de confiança (ou hiperconfiança!), geralmente contratuais, a maioria onerosa, sendo gratuito o uso do aplicativo, mas paga uma porcentagem dos valores objeto da contratação ao guardião da tecnologia *on-line*.[33]

No início dos anos 2000, eram poucos os modelos de negócios de consumo por compartilhamento. Mundialmente, o Airbnb foi lançado em 2008, o Uber em 2010[34] e outros se seguiram: Zipcar, BlaBlaCar, Couchsurfing etc. Se, no mundo, a preferência inicialmente de sua utilização era apenas das gerações mais jovens (os *millenials*), hoje atinge todas as gerações e muitos tipos diferentes de negócios (turismo/hospedagem, serviços domésticos e de conserto, transporte, mídia e entretenimento, finanças, *crownfunding*, e muitos outros).[35] Assim, pode-se afirmar que a economia do compartilhamento é parte do "ambiente digital" atual. Nesse sentido, conforme afirmado pela doutrina[36] e jurisprudência brasileiras,[37] o fato de essas relações serem

---

[31]   BUSCH, Christoph. Wandlungen des Verbrauchervertragsrecht auf dem Weg zum digitalen Binnenmarkt cit., p. 12: "From asset to access", citando a obra de Jeremy Rifkin, JThe Age of Access, NY, 2002.

[32]   MARQUES, Claudia Lima. *Confiança no comércio eletrônico e a proteção do consumidor*: um estudo dos negócios jurídicos de consumo no comércio eletrônico. São Paulo: RT, 2004. p. 32.

[33]   MARQUES, Claudia Lima. *Contratos no Código de Defesa do Consumidor*: o novo regime das relações contratuais. 8. ed. São Paulo: RT, 2019. p. 98.

[34]   A Uber tem origem em 2010, nos Estados Unidos da América, mediante desenvolvimento do aplicativo de *smartphones* de mesmo nome, que hoje está presente em 58 países e 311 cidades em todo o mundo, inclusive no Brasil.

[35]   Disponível em: https://europeansting.com/2019/01/07/4-big-trends-for-the-sharing-economy-in-2019/.

[36]   MARQUES, Claudia Lima. *Confiança no comércio eletrônico e a proteção do consumidor*: um estudo dos negócios jurídicos de consumo no comércio eletrônico cit., p. 71 e ss. MIRAGEM, Bruno. *Curso de direito do consumidor*. 5. ed. São Paulo: RT, 2014. p. 504-505.

[37]   REsp 1.316.921/RJ, 3.ª Turma, Rel. Min. Nancy Andrighi, j. 26.06.2012, *DJe* 29.06.2012.

estabelecidas no espaço virtual não faz com que escapem da aplicação de normas de ordem pública, entre as quais, quando se trate de relações de consumo, destaca-se o CDC.

Em seu relatório para o governo da Alemanha, Caroline Meller-Hannich analisa de modo exaustivo a jurisprudência alemã sobre o tema e destaca que o maior problema do consumo (e do *prosumer*) na economia colaborativa é a falta de transparência que prejudica a prevenção de danos aos consumidores e dificulta ao consumidor saber a quem recorrer no caso em que venha a sofrer prejuízos em razão da contratação.[38] A pergunta, nesse contexto, é: quem seriam os verdadeiros fornecedores e o consumidor de cada caso?

Conforme já escrevemos,[39] entre as várias transformações que o desenvolvimento tecnológico e das comunicações vem operando na sociedade de consumo contemporânea[40] está o surgimento da denominada economia do compartilhamento, também conhecida como consumo colaborativo. Essa economia dita do compartilhamento (*sharing economy*) concebe novos modelos de negócio não mais concentrados na aquisição da propriedade de bens e na formação de patrimônio (individual), mas no uso em comum – por várias pessoas interessadas – das utilidades oferecidas por um mesmo bem.[41] A estruturação desses negócios ganha força pela internet e se dá tanto sob o modelo *peer-to-peer* (P2P) quanto pelo modelo *business-to-business* (B2B), ou seja, entre pessoas não profissionais e entre empresários. Há várias formas de interpretar o fenômeno. Desde uma interpretação com ênfase econômica, que dá conta de uma redução de custos e otimização de recursos em razão do compartilhamento, até uma interpretação cultural, que identifica nesse novo modelo favorecido pela internet uma genuína

---

[38] MELLER-HANNICH, Caroline. *Wandel der Verbrauherrollen*: Das Recht der Verbraucher und Prosumer in der Sharing Economy cit., p. 98.

[39] MARQUES, Claudia Lima; MIRAGEM, Bruno. Economia do compartilhamento deve respeitar os direitos do consumidor. 2015. Disponível em: www.conjur.com.br/2015-dez-23/garantias-consumo-economia-compartilhamento-respeitar-direitos-consumidor. Acesso em: 9 jun. 2017.

[40] MARQUES, Claudia Lima. *Confiança no comércio eletrônico e a proteção do consumidor*: um estudo dos negócios jurídicos de consumo no comércio eletrônico cit., p. 32 e ss.

[41] MELLER-HANNICH, Caroline. Economia compartilhada e proteção do consumidor. In: MARQUES, Claudia Lima (coord.). *Direito privado e desenvolvimento econômico*: estudos da Associação Luso-Alemã de Juristas (DLJV) e da Rede Alemanha-Brasil de Pesquisas em Direito do Consumidor. São Paulo: RT, 2019. p. 283 e ss.

inspiração de reação ao consumismo e adesão ao consumo sustentável.[42] Por outro lado, também serve para viabilizar o acesso a bens e utilidades de maior custo (a exemplo do *car-sharing*), mediante precisa definição das necessidades a serem satisfeitas (transporte eventual) e o dispêndio apenas daquilo que for utilizado (mensalidade, gasolina utilizada de um local a outro, sem pagar estacionamento).

Muitos setores da economia são profundamente afetados por essa nova forma de oferecer e consumir produtos e serviços no mercado, como é o caso do transporte de pessoas, ou a locação de automóveis,[43] e o compartilhamento de veículos, a hospedagem turística, a utilização de ferramentas, entre outros. Quem opta pelo compartilhamento, de um lado, quer fruir da maior utilidade possível dos bens de sua propriedade, e ser remunerado por isso, em caráter eventual ou não. Por outro lado, quem procura usar os bens sem adquiri-los visualiza a oportunidade de investir apenas o necessário para satisfazer sua necessidade momentânea, abrindo mão de imobilizar parte de seus recursos em bens que de que fará uso apenas eventualmente. A tendência é de franca expansão, possibilitada pela criatividade e desenvolvimento de novas plataformas de negócios na internet pelas denominadas empresas *start-ups*, reconhecidas pela estruturação de modelos de negócio inovadores em diversos setores.

Em todos esses casos está presente o fenômeno da conexidade contratual,[44] e se deve perguntar, justamente, se podem ser caracterizadas como relações de consumo aquelas estabelecidas entre quem deseja contratar a utilização e o outro que oferece e compartilha o uso de um bem, mesmo não sendo um empresário ou profissional que realize a atividade de modo organizado. Além disso, situações já conhecidas de pessoas comuns que lançam mão, de modo espontâneo e eventual, da internet para vender coisas usadas. A rigor, essas situações em que não está presente uma organização profissional, ou o exercício habitual da atividade para a obtenção de lucro, não se consideram relações de consumo.

---

[42] LATOUCHE, Serge. *Sortir de la société de consommation* cit., p. 105 e ss.

[43] Dado interessante divulgado pela versão eletrônica do *The Wall Street Journal*, de 17.12.2018, indicava a tendência de aumento do uso compartilhado de automóveis nos Estados Unidos considerando especialmente que o tempo de utilização dos automóveis é de 5%, contra 95% do tempo em que eles ficam parados e sem uso. Disponível em: http://br.wsj.com/articles/SB11872728649731044760404581420422311949328.

[44] MOSSET ITURRASPE, Jorge. *Contratos conexos*: grupos y redes de contratos. Santa Fé: Rubinzal-Culzoni, 1999.

Destaque-se, contudo, que todas essas situações de consumo colaborativo pela internet utilizam plataforma digital mantida por alguém que se dispõe a viabilizar espaço ou instrumento de oferta por intermédio de um *site* ou aplicativo. O *site* ou aplicativo atua não apenas como um facilitador, mas também como aquele que torna viável e, por vezes, estrutura um determinado modelo de negócio. Em outros termos, o *site* ou aplicativo permite o acesso à *highway* e se coloca como guardião desse acesso, um *gatekeeper* ("guardião do acesso") que assume o dever, ao oferecer o serviço de intermediação ou aproximação, de garantir a segurança do modelo de negócio, despertando a confiança geral ao torná-lo disponível pela internet. No direito brasileiro, estarão qualificados indistintamente como provedores de aplicações de internet, de acordo com a definição que estabeleceu o art. 5.º, VII, c/c o art. 15 da Lei 12.965/2014. Exige a norma que se constituam na forma de pessoa jurídica, exercendo a atividade de maneira organizada, profissionalmente e com fins econômicos.

É a confiança no meio oferecido para as trocas e compartilhamentos a base do comportamento das partes, levando-as a aderir ao modelo de negócio e, por intermédio de determinada plataforma (*site* ou aplicativo), manifestar a vontade de celebrar o negócio. Exige-se daí o domínio de certas informações sobre quem se dispõe a oferecer o bem para uso compartilhado, ou as características do produto ou serviço ofertado, ou daquele que pretende obter a contraprestação em dinheiro, a segurança sobre o modo como se viabiliza o pagamento. Nesses casos, poderão participar, inclusive, outros agentes, como aqueles que administram os meios de pagamento para adimplemento do contrato (arranjos eletrônicos de pagamento como o *PayPal*, cartões de crédito etc.), ou ainda seguradores, no caso em que a plataforma se dispõe a garantir certos interesses das pessoas envolvidas no negócio. É o caso noticiado pela imprensa britânica em 2014, sobre empresa atuante no compartilhamento de casas e acomodações para interessados (*Airbnb*), e que, após a má publicidade realizada por inquilinos desonestos que causaram danos aos donos dos imóveis locados, promoveu o aumento do valor da cobertura de seguro de danos em favor dos locadores nessas situações como modo de atrair novos interessados.[45]

Nesses casos, os deveres de lealdade são exigíveis de todos, mas a pergunta que surge é qual a posição daquele que organiza e mantém o *site* ou o

---

[45] Conforme informação da reportagem publicada na edição do jornal londrino *The Observer*, na edição de 12 out. 2014, Tech monthly: sharing economy: world of sharing, p. 14.

aplicativo de internet, e que desempenha essa atividade com caráter econômico, remunerando-se direta (por percentual dos valores contratados ou por taxas fixas) ou indiretamente (por publicidade ou formação e negociação de banco de dados, por exemplo). O dever desse guardião (*gatekeeper*, guardião do acesso) será o de garantir a segurança do meio negocial oferecido, em uma espécie de responsabilidade em rede (*network liability*), cuja exata extensão, contudo, será definida caso a caso, conforme o nível de intervenção que tenha sobre o negócio. A economia do compartilhamento é economia, *business*, custa algo, há presença de um consumidor. Há situações em que poderá haver responsabilidade do intermediador pela satisfação do dever principal de prestação do negócio objeto de intermediação com o consumidor. Entretanto, na maior parte das vezes, aquele que apenas aproxima e intermedeia o negócio deverá garantir a segurança e confiança no meio oferecido para realizá-lo, não respondendo, necessariamente, pelas prestações ajustadas entre partes.

O critério para a exata distinção dessas situações reside no próprio conteúdo do serviço ofertado pelo *site* ou aplicativo de internet, ao qual, como regra, uma vez viabilizando a oferta de produtos e serviços no mercado de consumo, atrai a incidência do Código de Defesa do Consumidor e caracteriza aquele que o explora como fornecedor de serviços (art. 3.º). Contudo, para caracterizar-se o vício ou defeito do serviço, como é próprio ao sistema de responsabilidade do fornecedor, deverá ser determinado de antemão quais os fins (art. 20) ou a segurança (art. 14) que legitimamente seriam esperados pelos consumidores[46] com relação ao serviço oferecido por aquele que explora o *site* ou aplicativo que promove a intermediação entre as partes.

Tratando-se de serviços de intermediação, portanto, não bastará a qualificação daquele que a promove com fins econômicos como fornecedor. A exata medida da responsabilidade daquele que explora o *site* ou aplicativo que viabiliza o consumo colaborativo mediante compartilhamento de bens e serviços deriva da confiança despertada – e daí a necessidade da precisa definição de vício ou defeito da prestação –, o que dependerá do exame caso a caso, do modelo de negócio organizado a partir do *site* ou aplicativo.

O desenvolvimento de *sites* e aplicativos que promovam alternativas de consumo compartilhado de bens e serviços associa-se, em geral, ao melhor interesse do consumidor, uma vez que permitem uma melhor utilização de produtos e serviços e, ao mesmo tempo, podem fomentar a concorrência com setores organizados da economia, melhorando suas práticas. Tratando-se de serviços oferecidos no mercado de consumo, há incidência da legislação de

---

[46] MIRAGEM, Bruno. *Curso de direito do consumidor* cit., 5. ed., p. 532-533.

proteção do consumidor. Uma pergunta final que traduz as dificuldades de lidar com as inovações trazidas pela internet diz respeito à necessidade de regulação específica, ou não, dessas várias situações de compartilhamento. A questão tem maior destaque, naturalmente, quando se concerne a serviços cuja prestação se dê, na economia tradicional, sob o regime regulado – caso da polêmica entre o aplicativo Uber e os serviços de táxi. A nosso ver, contudo, o reconhecimento da aplicação do CDC à oferta de aplicações de internet em geral (art. 7.º, XIII, da Lei 12.965/2014 – Marco Civil da Internet) é, por si, uma garantia aos consumidores de produtos e serviços, inclusive nos modelos de consumo colaborativo em que aquele que promove a intermediação atua profissionalmente. Nesses termos, deve-se ter em conta que o excesso de regulamentação específica e difusa pode inibir a formação de um ambiente seguro para inovação. Deve o CDC aplicar-se em diálogo com o Marco Civil da Internet e outras fontes, para assegurar a adequada proteção da confiança despertada pelas novas tecnologias, como é o caso das situações de consumo colaborativo desenvolvidas por intermédio da internet.

2.2. O consumidor, o *gatekeeper*-controlador e o *prosumer*: controle é a chave do fornecimento de produtos e serviços "indiretos" nas plataformas

Note-se que a prestação de serviços ou a oferta de bens (materiais e imateriais) podem ser realizadas por intermédio de uma plataforma digital, até por pessoas que não atuam necessariamente como profissionais, nem se organizam sob a forma empresarial. É o caso daquele que deseja alugar um dos cômodos da sua casa, por temporada, para um casal de turistas, ou o que divide o uso do seu automóvel ou de certas ferramentas com outras pessoas interessadas, visando repartir os custos dessa utilização ou mesmo ser remunerado e obter certo lucro dessa atividade. Aqui há a presença então do "ofertante-consumidor-não profissional" ou *prosumer*, como é denominado internacionalmente, um civil ou consumidor que atravessa o limite para ser "produtor" ou ofertar produtos e serviços aos "clássicos" consumidores.[47]

Classificar esse ofertante "não profissional" como consumidor é difícil, pois é o fornecedor-aparente perante o consumidor clássico, mas também como fornecedor *stricto sensu*, ainda mais considerando a força do *gatekeeper*. Sobre o tema já escrevemos:

---

[47] MELLER-HANNICH, Caroline. *Wandel der Verbrauherrollen*: Das Recht der Verbraucher und Prosumer in der Sharing Economy cit., p. 17.

Cap. 18 · DESAFIOS DO STJ E O FUTURO DO DIREITO DO CONSUMIDOR NO BRASIL | 493

Há relação de consumo, pois é consumidor aquele que utiliza dessa *sharing economy*, remunera os serviços, que são viabilizados *peer-to-peer* (P2P), isto é, de computador a computador, entre celular e celular. O intermediário/*blend* desaparece nessa tecnologia, mas está muito presente na "reputação" e nas avaliações dos consumidores, no local do encontro e na negociação digital/*locus* e na imposição das regras sobre esse "encontro/negócio". Nessas situações está presente sempre um profissional, no exercício habitual de sua atividade para a obtenção de lucro, que intermedeia o consumo, ou que constrói o *locus* para o encontro das duas pessoas. Mais do que um intermediário do comércio físico, ele é o grande guardião ou senhor do negócio, o verdadeiro fornecedor, mas os deveres de boa-fé e as informações obrigatórias são as mesmas do CDC e obrigação de ambos, fornecedor aparente e *gatekeeper*.[48]

Duas são as palavras-chave na economia digital e na economia do compartilhamento, sem exceções, gratuita ou onerosa: confiança (e responsabilidade pela confiança criada) e controle (e responsabilidade pelo risco-controle).

Em matéria de contratos da economia do compartilhamento,[49] o diferencial é a dificuldade na identificação do fornecedor, havendo um fornecedor aparente (muitas vezes um cidadão que não faz disso sua profissão) e um fornecedor real, o *gatekeeper*, daí a importância de frisar que se trata de contratos de consumo como os outros.[50] Aqui há um elemento comum com todos os contratos eletrônicos: o controle do negócio. O controle e a responsabilidade pelo controle exercido pelo fornecedor da economia do

---

[48] Assim, MARQUES, Claudia Lima; MIRAGEM, Bruno. Economia do compartilhamento deve respeitar os direitos do consumidor cit.

[49] Sobre a economia do compartilhamento e os estilos de vida na pós-modernidade: SANTOS, Éverton Neves dos; SANTIAGO, Mariana Ribeiro. O consumo colaborativo no uso das moedas sociais pelos bancos comunitários de desenvolvimento: possibilidades contra-hegemônicas. *Revista de Direito do Consumidor*, São Paulo, v. 27, n. 118, p. 127-149, jul./ago. 2018.

[50] MUCELIN, Guilherme. Peers Inc.: a nova estrutura da relação de consumo na economia do compartilhamento. *Revista de Direito do Consumidor*, São Paulo, v. 118, p. 81, jul./ago. 2018. Da mesma forma: MARQUES, Claudia Lima. A nova noção de fornecedor no consumo compartilhado: um estudo sobre as correlações do pluralismo contratual e o acesso ao consumo. *Revista de Direito do Consumidor*, São Paulo, v. 111, p. 247-268, maio/jun. 2017.

compartilhamento (risco-controle, mais do risco-proveito) aparecem de forma destacada na economia do compartilhamento, pois em contratos de consumo temos "quase" dois consumidores realizando uma relação de consumo totalmente controlada (e desenhada, do encontro, às informações prestadas, ao tipo de execução, de entrega e de pagamento, ao contrato e suas cláusulas ou "políticas" e "práticas") pelo fornecedor "aparente/oculto", o aplicativo. Aqui há confiança no fornecedor aparente (ou principal, que tenta ser "oculto", mas que é a "marca" do negócio compartilhado, nome e marca que o consumidor "conhece" e confia), o aplicativo, e nas características do negócio, que ele controla totalmente.[51] Também na Lei Geral de Proteção de

---

[51] Assim a decisão do STJ para comércio físico: "Recurso especial. Ação de indenização. Danos material e moral. Relação de consumo. Defeito do produto. Fornecedor aparente. Marca de renome global. Legitimidade passiva. Recurso especial desprovido. Insurgência recursal da empresa ré. Hipótese: A presente controvérsia cinge-se a definir o alcance da interpretação do art. 3.º do Código de Defesa do Consumidor, a fim de aferir se na exegese de referido dispositivo contempla-se a figura do fornecedor aparente – e, consequentemente, sua responsabilidade –, entendido como aquele que, sem ser o fabricante direto do bem defeituoso, compartilha a mesma marca de renome mundial para comercialização de seus produtos. 1. A adoção da teoria da aparência pela legislação consumerista conduz à conclusão de que o conceito legal do art. 3.º do Código de Defesa do Consumidor abrange também a figura do fornecedor aparente, compreendendo aquele que, embora não tendo participado diretamente do processo de fabricação, apresenta-se como tal por ostentar nome, marca ou outro sinal de identificação em comum com o bem que foi fabricado por um terceiro, assumindo a posição de real fabricante do produto perante o mercado consumidor. 2. O fornecedor aparente em prol das vantagens da utilização de marca internacionalmente reconhecida, não pode se eximir dos ônus daí decorrentes, em atenção à teoria do risco da atividade adotada pelo Código de Defesa do Consumidor. Dessa forma, reconhece-se a responsabilidade solidária do fornecedor aparente para arcar com os danos causados pelos bens comercializados sob a mesma identificação (nome/marca), de modo que resta configurada sua legitimidade passiva para a respectiva ação de indenização em razão do fato ou vício do produto ou serviço. 3. No presente caso, a empresa recorrente deve ser caracterizada como fornecedora aparente para fins de responsabilização civil pelos danos causados pela comercialização do produto defeituoso que ostenta a marca Toshiba, ainda que não tenha sido sua fabricante direta, pois ao utilizar marca de expressão global, inclusive com a inserção da mesma em sua razão social, beneficia-se da confiança previamente angariada por essa perante os consumidores. É de rigor, portanto, o reconhecimento da legitimidade passiva da empresa ré para arcar com os danos pleiteados na exordial. 4. Recurso especial desprovido" (STJ, REsp 1.580.432/SP, 4.ª Turma, Rel. Min. Marco Buzzi, j. 06.12.2018, *DJe* 04.02.2019).

Dados aparece a figura do "operador" e do "controlador".[52] O Regulamento europeu 2019/1150[53] prefere usar a expressão geral "intermediador" e "facilitador" de novos modelos de negócio, que nos parecem fracas demais para esses intermediários, que influenciam predominantemente – ou controlam mesmo – o negócio de consumo.

Se pudéssemos criar uma figura de linguagem para descrever esse negócio, seria do cálice, em que o consumidor e o fornecedor aparente estão cada um em um lado da borda do cálice e é o fornecedor "conhecido/oculto" e principal, o aplicativo que desenha a base do cálice, que constrói o "caminho" do negócio, abre ou não a porta para ambos (*gatekeeper*) ocuparem suas posições negociais e ainda a forma de "preencher" o cálice com o consumo (seja transporte de um lugar a outro, o aluguel de uma casa na praia, o fornecimento de refeições, o aluguel de uma bicicleta ou carro... para o consumidor compartilhar).

Pontes de Miranda já ensinava que o cliente-contratante no contrato de transporte, hoje o consumidor, pretende o que chamou de "ciclo elaborativo do resultado".[54] Essa visão holística das expectativas legítimas e finalidades pode ser projetada sobre o consumo digital e útil, hoje, para definir quem é o fornecedor na economia das plataformas, e que não parece ser o *prosumer*: é aquele que controla o "ciclo elaborativo do contrato de consumo", isto é, o *gatekeeper*. Sua não responsabilização terá que ser regulada por lei, pois, quanto mais controlar, mais deverá responder, e as situações cinzentas – mesmo com o Marco Civil da Internet[55] –, se não aprovada a atualização do CDC (PL 3.514/2015) com normas claras para a disciplina do tema no mundo digital, trarão insegurança e disputas judiciais cada vez mais frequentes.

---

[52] MENDES, Laura Schertel; DONEDA, Danilo. Reflexões iniciais sobe a nova Lei Geral de Proteção de Dados. *Revista de Direito do Consumidor*, São Paulo, v. 27, n. 120, p. 469-483, nov./dez. 2018.

[53] O Regulamento 2019/1150, de 20 de junho de 2019, é sobre os "utilizadores profissionais" de serviços de intermediação em linha, sobre economia do compartilhamento. Veja o relatório da Comissão e do Parlamento, disponível em: https://www.europarl.europa.eu/news/en/press-room/20170609IPR77014/sharing-economy-parliament-calls-for-clear-eu-guidelines.

[54] PONTES DE MIRANDA, Francisco Cavalcanti. *Tratado de direito privado*. Atualização Bruno Miragem. São Paulo: RT, 2012. v. 46, p. 64.

[55] LIMA, Cíntia Rosa P. A responsabilidade civil dos provedores de aplicação de internet por conteúdo gerado por terceiro antes e depois do Marco Civil da Internet (Lei n. 12.965/14). *Revista da Faculdade de Direito (USP)*, v. 110, p. 155-176, 2015.

3. OS NOVOS "OBJETOS" E "SERVIÇOS SIMBIÓTICOS" DO CONSUMO DIGITAL

A complexidade e a "dualidade"[56] do desafio digital, como já foi identificado pelo Superior Tribunal de Justiça,[57] não se limitam aos novos intermediários e às novas formas de oferta e contratação entre consumidores e fornecedores no mercado de consumo, mas também estão no resultado do novo paradigma tecnológico da digitalização que significa uma "disruptiva"[58] transformação de produtos e serviços, dando causa a novos "objetos" inteligentes e digitais da relação de consumo.

3.1. Os bens digitais, a conexão desses bens e os serviços "inteligentes" e a inteligência artificial

Como já escrevemos, há

> (...) especial interesse, no atual estágio de desenvolvimento tecnológico, os denominados bens digitais, também denominados *digital*

---

[56] "Há uma certa dualidade – entre o material e o digital – que não pode ser ignorada neste julgamento, que está de maneira implícita em todos os precedentes mencionados, antes e após a publicação do Marco Civil da Internet. Nos autos, está a se remover um conteúdo digital – um conjunto mais ou menos extenso de *bits* que formam uma informação acessível via internet – e não os produtos propriamente ditos, fisicamente considerados, da plataforma mantida pela recorrente" (STJ, REsp 1.654.221/SP, 3.ª Turma, Rel. p/ acórdão Min. Nancy Andrighi, j. 22.10.2019, *DJe* 28.10.2019).

[57] STJ, REsp 1.721.669/SP, 2.ª Turma, Rel. Min. Herman Benjamin, j. 17.04.2018, *DJe* 23.05.2018.

[58] A expressão "inovação disruptiva", original de Clayton Christensen em sua obra de 1997 (CHRISTENSEN, Clayton M. *The innovator's dilemma*. Boston: Harvard Business School Press, 1997) visava, sobretudo, o exame dos aspectos relacionados à gestão empresarial e o fenômeno da disrupção de mercados. A expressão, contudo, ganhou sentido mais largo pelo uso, especialmente, relacionado às inovações decorrentes da tecnologia da informação e da internet, levando o próprio autor a revisitá-la em artigo, em coautoria, de 2015, incorporando de forma sistemática as inovações decorrentes desse novo paradigma tecnológico (Christensen, Clayton M., Raynor, M.; McDonald, R. What is disruptive innovation?. *Harvard Business Review*, p. 1-11, Dec. 2015). A utilização ampla da ideia de disrupção, no entanto, não passou despercebida, sendo objeto de crítica mais recente daqueles que percebem a falta de critérios para seu emprego como causa do seu esvaziamento. Nesse sentido: GOBBLE, MaryAnne M. The case against disruptive innovation. *Research-Technology Management*, v. 58, n. 1, p. 59-61, 2015.

assets ou *digital property*. Assim, por exemplo, as mensagens de correio eletrônico arquivadas, informações, arquivos (fotos, documentos) disponibilizados em rede social ou em *site* de compras ou e plataformas de compartilhamento de fotos ou vídeos, os *softwares* que contrata licença de uso *on-line* (mediante senha ou código) pelo tempo assegurado de fruição, ou arquivos compartilhados em serviços de compartilhamento ou armazenamento de dados (p. ex. o armazenamento em nuvem – *cloud computing*). Há, nestes casos, interação entre a prestação de um serviço que poderá ser de oferta ou de custódia de bens digitais, espécies de bens incorpóreos[59] cujo interesse legítimo de uso fruição e disposição pertença ao consumidor. Da mesma forma, a aplicação da internet sobre produtos e serviços permite que passem a servir a novas utilidades, especialmente ao permitir a conectividade de produtos, de modo que possam coletar e transmitir dados com a finalidade de otimizar sua utilização, assegurando precisão, eficiência nos recursos e melhor atendimento do interesse do consumidor. Trata-se do que vem sendo comumente denominado de internet das coisas (*internet of things* ou *IoT*), e repercute nas relações de consumo, tanto na redefinição do dever de qualidade (finalidade legitimamente esperada do produto ou serviço) quanto em novos riscos que eventual defeito da prestação pode dar causa. Na mesma linha, a multiplicação da capacidade de processamento de dados dá causa ao desenvolvimento de *softwares* para interpretação de dados externos ou ambientais, de modo a determinar a atividade consequente de objetos inanimados (produtos, e.g.), o que está na origem da denominada inteligência artificial (*Artificial intelligence* ou *AI*), e permite, inclusive, a possibilidade de autoaperfeiçoamento do próprio bem, a partir do uso da linguagem (*machine learning*).[60] Neste caso, a adoção da inteligência artificial em produtos e serviços permite um grau de automatização na relação entre o fornecedor e

---

[59] Uma vez bens sem existência material, mas que podem ser objeto de direito, como bem ensina a doutrina. Ver, por todos: GOMES, Orlando. *Introdução ao direito civil*. 19. ed. Rio de Janeiro: Forense, 2007. p. 191-192.

[60] *Machine learning* é um dos modos de desenvolvimento da inteligência artificial. Por intermédio da padronização de um conjunto de dados, ou por repetidas tentativas usando aprendizado por reforço, pode-se conduzir um *software* a maximizar um critério de desempenho, a partir da interpretação de um determinado contexto, adotando a partir dali aquele significado para padronizar suas reações. Veja-se: ALPAIDYN, Ethem. *Machine learning*. Cambridge: MIT, 2016. p. 161-162.

o consumidor, reduzindo a interação entre ambos e intensificando a padronização do atendimento ou do fornecimento de produtos ou serviços. A repercussão na relação de consumo pode ser vislumbrada tanto pela maior agilidade ou precisão no atendimento do interesse do consumidor quanto pela potencialização dos riscos decorrentes de um vício ou defeito na interpretação a ser feita pelo sistema informatizado em relação a dados externos e sua resposta automatizada.[61]

Se tivéssemos que resumir essa diversidade de "novos produtos e serviços" do mundo digital, destacaríamos três aspectos que já foram estudados em artigos anteriores:[62] 1. os denominados *bens digitais* (que incluem serviços digitais), com relação aos quais tanto a oferta e fornecimento quanto sua fruição supõem a existência da internet; 2. a *conexão* entre esses bens digitais, o que vem sendo denominado como internet das coisas, que compreende a integração entre objetos e serviços que se realizem por intermédio deles, agregando-lhes utilidade a partir de infraestrutura que permite sua conexão à internet; e, por fim, 3. a *inteligência artificial*, crescentemente utilizada tanto no desenvolvimento de produtos e serviços quanto no relacionamento entre os fornecedores e seus consumidores.

Relembre-se, por fim, do objeto dos serviços. Mister destacar que estes no mundo digital são múltiplos e complexos, e hoje há serviços conectados ou incluídos nos chamados "produtos digitais" ou "inteligentes". É uma nova fase do consumo, não exatamente só de serviços digitais, mas de produtos inteligentes (*smarts objects*), bens que apresentam uma nova simbiose entre produto e serviço, entre *hard* e *software*, bens que incluem um serviço ou conteúdo digital (*"embedded digital content"*) até chegar à internet das coisas.[63] Estamos acostumados que um produto tenha o valor que o "bem" ou sua matéria possui, o *hardware*, na nova linguagem da informática. O novo aqui não é que os produtos prestam "serviços", até mais valiosos que os produtos materiais, mas sim que o produto tenha valor maior ou menos conforme o *software* (o serviço ou aplicativo implantado, capacidades,

---

[61] MIRAGEM, Bruno. Novo paradigma tecnológico, mercado de consumo digital e o direito do consumidor. *Revista de Direito do Consumidor*, São Paulo, v. 125, p. 17-62, set./out. 2019.

[62] Em especial, no já mencionado: MIRAGEM, Bruno. Novo paradigma tecnológico, mercado de consumo digital e o direito do consumidor, cit.

[63] BUSCH, Christoph. Wandlungen des Verbrauchervertragsrecht auf dem Weg zum digitalen Binnenmarkt cit., p. 14.

Cap. 18 · DESAFIOS DO STJ E O FUTURO DO DIREITO DO CONSUMIDOR NO BRASIL | **499**

utilidades ou *chips*) que possui. Realmente, os produtos receberam utilidades pela telefonia, pela televisão, pela internet. Duas consequências têm sido apreendidas dessa nova "simbiose", como denominou o eminente Min. Antônio Herman Benjamin:[64]

> (...) a qualidade do produto é redefinida, pois ele só tem a qualidade esperada se o *software* nele instalado funcionar e de forma coadunada com o *hardware* ou produto em si; há responsabilidade solidária nessa nova cadeia de fornecimento de serviço do art. 14, que inclui o produtor (...).[65]

---

[64] Assim, REsp 1.721.669/SP, 2.ª Turma, Rel. Min. Herman Benjamin, j. 17.04.2018, *DJe* 23.05.2018.

[65] Assim a decisão *leading case* do e. STJ: "Processual civil e consumidor. Telefonia. Responsabilidade solidária entre as empresas fornecedoras de produtos e serviços. Existência de simbiose. Sistema de PABX. Falha na segurança das ligações internacionais. Risco do negócio. 1. Trata-se, na origem, de Ação Declaratória de Inexistência de Débito, cumulada com Consignação em Pagamento contra a Telefônica Brasil S.A., com o escopo de declarar a inexigibilidade da dívida referente a ligações internacionais constante das faturas telefônicas dos meses de outubro e novembro de 2014, nos respectivos valores de R$ 258.562,47 (duzentos e cinquenta e oito mil e quinhentos e sessenta e dois reais e quarenta e sete centavos) e R$ 687.207,55 (seiscentos e oitenta e sete mil e duzentos e sete reais e cinquenta e cinco centavos). 2. Consta dos autos que as partes celebraram contrato de consumo, cujo objeto é o fornecimento de linhas telefônicas, serviços especiais de voz, acesso digital, recurso móvel de longa distância DD e DDD e recurso internacional, local ou de complemento de chamada, para serem utilizadas em central telefônica – PABX, adquirida de terceira pessoa. 3. Conforme narrado, criminosos entraram no sistema PABX da empresa recorrente e realizaram ilicitamente diversas chamadas internacionais, apesar de esse serviço estar bloqueado pela operadora. 4. A interpretação do Tribunal de origem quanto à norma insculpida no art. 14 do CDC está incorreta, porquanto o serviço de telecomunicações prestado à recorrente mostrou-se defeituoso, uma vez que não ofereceu a segurança esperada pela empresa consumidora. 5. A responsabilidade pela reparação dos danos causados à recorrente não pode recair somente na empresa que forneceu o sistema PABX, mas também na operadora, que prestou o serviço de telefonia. Ademais, o conceito de terceiro utilizado pelo Tribunal bandeirante está totalmente equivocado, pois apenas pessoa totalmente estranha à relação de direito material pode receber essa denominação. Os *hackers* que invadiram a central 'obtiveram acesso ao sistema telefônico da vítima' e dispararam 'milhares de ligações do aparelho' para números no exterior. 6. Não há dúvida de que a infração cometida utilizou as linhas telefônicas fornecidas pela recorrida, demonstrando que o seu sistema de segurança falhou na proteção

DIREITO CIVIL: DIÁLOGOS ENTRE A DOUTRINA E A JURISPRUDÊNCIA – *Volume II*

Nessa nova realidade, a aproximação dos dares e fazeres no mundo digital, produtos e serviços inteligentes passam por uma simbiose e conexão nunca vista, ganhando novas e impressionantes utilidades de consumo[66] e repercutindo na própria divisão dos regimes de responsabilidade previstos pelo CDC.

3.2. A aproximação das categorias de produto e serviço no consumo digital

A riqueza do século XXI são os "fazeres" globalizados, dos serviços clássicos aos produtos imateriais e inteligentes, os "serviços digitais" aos dados dos consumidores.[67] O CDC, já em 1990, aproximou o regime do fornecimento de produtos ("dares") e de serviços ("fazeres"), garantindo sua importância para regular o mercado de serviços, e tratou dos bancos de dados negativos.

Como já escrevemos,[68] uma das principais repercussões das novas tecnologias da informação sobre o mercado de consumo, e sua aplicação em produtos e serviços, consiste na aproximação dessas categorias. O CDC, ao definir produto e serviço como objetos da relação de consumo, distingue claramente o primeiro como um bem e o segundo como "qualquer

---

ao cliente. Assim sendo, existe evidente solidariedade de todos os envolvidos na prestação dos serviços contratados, permitindo-se 'o direito de regresso (na medida da participação na causação do evento lesivo) àquele que reparar os danos suportados pelo consumidor' (REsp 1.378.284/PB, Relator o eminente Ministro Luis Felipe Salomão). 7. O risco do negócio é a contraparte do proveito econômico auferido pela empresa no fornecimento de produtos ou serviços aos consumidores. É o ônus a que o empresário se submete para a obtenção de seu bônus, que é o lucro. Por outro lado, encontra-se o consumidor, parte vulnerável na relação de consumo. 8. Os órgãos públicos e as suas empresas concessionárias são obrigadas a fornecer serviços adequados, eficientes e seguros aos consumidores em conformidade com o art. 22 do CDC. 9. Recurso especial provido" (REsp 1.721.669/SP, 2.ª Turma, Rel. Min. Herman Benjamin, j. 17.04.2018, *DJe* 23.05.2018).

[66] MARQUES, Claudia Lima. *Contratos no Código de Defesa do Consumidor*: o novo regime das relações contratuais. 9. ed. São Paulo: RT, 2019. p. 320 e ss.

[67] Assim a Diretiva Europeia 2019/770, de 20 de maio de 2019, sobre certos aspectos relativos aos contratos de fornecimento de conteúdos e serviços digitais e suas definições.

[68] O texto a seguir é baseado no artigo: MIRAGEM, Bruno. Novo paradigma tecnológico, mercado de consumo digital e o direito do consumidor cit., p. 17-62.

atividade fornecida no mercado de consumo". Em certa medida, projetam na prestação objeto da relação de consumo a distinção clássica entre as obrigações de dar e fazer, consagradas no direito obrigacional.[69] Ao permitir a conectividade de produtos, a partir da qual passa a contar com novas funcionalidades – como é o caso, especialmente, da internet das coisas e da aplicação da inteligência artificial –, identifica-se, em muitas situações, uma interdependência entre produto ou serviço, de modo que sua utilidade e valor supõem essa relação. A rigor, essa dependência acompanha o desenvolvimento da tecnologia da informação. Conectividade pressupõe serviços que se realizam por intermédio da utilização do produto. O modo como se dá o proveito do consumidor é que varia. Assim, o valor de um *smartphone* estará cada vez menos na sua utilidade original de realizar ligações telefônicas e mais na capacidade de armazenamento de dados e aplicações de internet que permitem a realização de uma série de tarefas, com diferentes níveis de interação humana. No domínio da internet das Coisas, a tecnologia acoplada ao produto permite a execução de tarefas, e dessa funcionalidade retira seu valor. Há situações paradigmáticas, inclusive, quando o próprio fornecimento de um novo produto tende a depender da correta execução de uma funcionalidade associada a outro produto (ex. das impressoras 3D que produzem novos objetos). O mesmo se diga no tocante à aplicação da inteligência artificial, cujo principal aspecto distintivo diz respeito, justamente, à capacidade de atuação autônoma a partir de *software* para realização de tarefas (serviços) no interesse do usuário.

A relação entre a noção tradicional do produto, que oferece toda a sua utilidade ao consumidor após a tradição, pelo qual se transfere, usualmente, a propriedade e a posse, é alterada a partir desse novo paradigma tecnológico da sociedade da informação. A principal situação diz respeito aos produtos cuja utilidade suponha sua conexão a um determinado *software* oferecido pelo mesmo fornecedor ou por terceiro. Nesse caso, o produto adquirido pelo consumidor com tecnologia da internet das coisas ou de inteligência artificial, tem seu uso e fruição dependente do correto funcionamento do *software*, hipótese na qual, havendo falha no fornecimento deste, restringe-se sua utilidade, ou mesmo perde todo o valor. Isso pode dar causa à maior catividade do consumidor quando depende de uma licença de *software*, ou de sua atualização, inclusive implicando a transição do modelo de negócios com relação a "produtos inteligentes" do novo mercado de tecnologia da informação, da simples compra e venda de consumo tradicional para um

---

[69] MIRAGEM, Bruno. *Direito civil*: direito das obrigações. 2. ed. São Paulo: Saraiva, 2018. p. 165 e ss.

modelo de licenciamento,[70] exigindo uma relação continuada com o fornecedor para preservar a utilidade do bem.

A dependência do *software* que assegura a preservação da funcionalidade do produto, por outro lado, também pode submeter o consumidor à necessidade de constantes atualizações requeridas para que o produto ou serviço continue atendendo à finalidade original, ou mesmo acrescente novos usos ao longo do tempo. Isso gera situações como: a) atualizações de *software* que podem modificar conteúdos já existentes ou requerer condições que o produto original não tenha capacidade de suportar (espaço de memória, por exemplo), acelerando sua obsolescência e estimulando a necessidade da aquisição de uma nova versão do produto pelo consumidor (obsolescência programada); e b) controle (e possibilidade de restrição) pelo fornecedor do *software*, de sua interoperabilidade com outras aplicações (especialmente de internet), expandindo sua posição dominante tanto no âmbito da relação de consumo como em matéria concorrencial com outros agentes econômicos; c) possibilidade de limitação das atualizações gratuitas a determinado período, passando a exigir remuneração específica, e em separado, para aquelas que sejam realizadas fora dessas condições; d) vinculação do produto a um serviço digital de manutenção do *software*, mediante cobrança de um valor específico para esse fim, o que pode, eventualmente, restringir a liberdade de escolha do consumidor, ao caracterizar prática abusiva de venda casada (art. 39, I, do CDC); e) oferta ao consumidor, na ocasião em que este realiza a compra do produto, de um pacote de serviços digitais que abranja as atualizações necessárias para preservar a funcionalidade ou segurança do produto por certo tempo, ou mesmo indefinidamente.

Outra questão diz respeito às situações em que a atualização do *software* de produtos da internet das coisas ou de inteligência artificial não seja uma escolha do consumidor, mas uma exigência para preservar a aplicação original do produto. Nessas situações, coloca-se em destaque a existência mesmo da informação prévia do consumidor, quando da aquisição do produto, sobre o caráter necessário dessas providências posteriores para preservar sua utilidade. Embora seja inequívoco que as atualizações, nesses casos, se dão no interesse do consumidor, uma vez que visam à preservação ou acréscimo de utilidade do produto, há consequências que podem ser indesejadas, como o comprometimento do espaço de armazenamento de dados do produto, a

---

[70] SCHAUBE, Renate. Interaktion von Mensch und Maschine: Haftungs- und immaterialgüterrechtliche Fragen bei eigenständigen Weiterentwicklungen autonomer Systeme. Juristen Zeitung, Tübingen, v. 72, issue 7, p. 342-349, 2017.

alteração do modo de apresentação dos comandos (modificação do menu de comando), além de novas formas de processamento e monitoramento de dados pessoais que podem ser adicionadas. Em geral, essas atualizações, quando impliquem alteração da oferta original, poderão ter que ser objeto de uma nova oferta ao consumidor, com as informações adequadas e claras, uma vez que nem sempre a oferta inicial, quando da aquisição do produto, é suficientemente precisa sobre os termos do relacionamento posterior entre consumidor e fornecedor.

Nesse particular, pergunta-se se a necessidade de atualização de *software* pode ser uma condição implícita da aquisição de um produto com tecnologia da internet das coisas ou de inteligência artificial. A rigor, embora seja razoável cogitar dessa possibilidade em contratos interempresariais, por exemplo, é difícil sustentar a mesma conclusão no âmbito do contrato de consumo, no qual a vulnerabilidade do consumidor é a regra. Nesse sentido, a necessidade de atualização do *software* e os termos em que será feita ao longo do tempo (em especial, a existência de custo para o consumidor) devem ser adequadamente informados quando da oferta do produto, sob pena de não obrigá-lo, nos termos do art. 46 do CDC, ou, ainda, gerar pretensão decorrente da frustração de expectativas legítimas que tenha acerca da utilização do produto.

Essa integração entre o produto com aplicação da internet das coisas, ou com inteligência artificial, e o *software* que lhe garante funcionalidade pode implicar não apenas a possibilidade de uso e fruição inerente à propriedade, mas também o poder de disposição (*ius abutendi*) do consumidor que o adquiriu. É o caso de produtos que dependam de *software* para conectividade, com acesso por intermédio de conta digital e/ou senha no *site* do fornecedor. Tal circunstância, como foi mencionada, aumenta a dependência do consumidor em relação ao fornecedor, que se torna protagonista não apenas ao longo da execução do contrato com o consumidor que primeiro o tenha adquirido, mas lhe dá poder mesmo nas situações em que este pretenda desfazer-se do produto após algum tempo de uso, revendendo-o a outra pessoa.[71] Isso porque, estando sua funcionalidade dependente dos serviços do fornecedor com acesso controlado por intermédio de conta digital e/ou senha, o produto somente será útil ao novo adquirente, se a ele for conferida a mesma possibilidade de acesso. Assim, por exemplo, se o produto só puder ser acionado por intermédio de um aplicativo de internet desenvolvido pelo fornecedor, o novo adquirente só conseguirá obter a utilidade esperada do produto na

---

[71] SCHAUBE, Renate. Interaktion von Mensch und Maschine cit., p. 408.

hipótese em que não tenha dificuldade para fazer o *download* e respectivo registro no aplicativo.[72]

As várias situações descritas permitem identificar que a adoção de tecnologia da internet das coisas ou de inteligência artificial em produtos, ao condicionar sua plena utilidade a uma atividade que deve ser prestada pelo próprio fabricante ou por outros fornecedores, determina uma relação indissociável com essa prestação de serviços.[73] Mais do que isso, resultam na conclusão de uma prevalência do serviço prestado com relação ao produto em si, considerando que dele se retira a utilidade esperada pelo consumidor.[74]

Respeitadas as características do produto e da tecnologia que lhe assegura a utilidade, deve ser marcado que, em face dessas implicações da internet das coisas e da inteligência artificial no fornecimento de produtos e serviços, a medida da tutela dos interesses legítimos do consumidor será dada prioritariamente pelos termos da oferta, quando da contratação. Dito de outro modo, sendo uma característica desses novos produtos sua dependência de serviços prestados pelo fornecedor, em caráter continuado ou não, os termos da oferta realizada se convertem no principal critério de aferição das expectativas legítimas do consumidor. Nesse sentido, será no momento da oferta que o fornecedor deverá informar sobre a existência do *software* acoplado, os requisitos para seu uso, eventual necessidade de sua atualização

---

[72] O exemplo da doutrina estrangeira é o do consumidor que adquire um sistema de irrigação inteligente para o jardim, com vida útil esperada de cerca de 15 anos. Para sua utilização requer-se o uso de um aplicativo de controle do fabricante, instalado em *smartphone*, bem como acesso *on-line* a uma conta de usuário pessoal no *site* do fabricante e a uma plataforma com dados meteorológicos operada por um terceiro. Dois anos depois, o consumidor original pretende revender o produto, mas o fabricante se recusa a configurar uma nova conta de usuário para o novo adquirente para permitir o *download* do aplicativo de controle, indicando que os direitos com relação ao uso do *software*, segundo seus termos de licença, não são transferíveis (SCHAUBE, Renate. Interaktion von Mensch und Maschine cit., p. 409).

[73] TURNER, Jacob. *Robot rules*: regulating artificial intelligence. Cham: Palgrave MacMillan, 2019. p. 95-98.

[74] Vejam-se, nesse sentido, as considerações do estudo coordenado pela União Europeia, sobre o desafio de atualização da sua Diretiva 85/374/EEC, sobre responsabilidade do fornecedor pelo fato do produto, perante as exigências da economia digital: EUROPEAN UNION. Evaluation of Council Directive 85/374/EEC on the approximation of laws, regulations and administrative provisions of the Member States concerning liability for defective products. Luxembourg: Publications Office of the European Union, 2018. p. 39.

Cap. 18 • DESAFIOS DO STJ E O FUTURO DO DIREITO DO CONSUMIDOR NO BRASIL | **505**

e as respectivas condições, entre outras informações relevantes, nos termos do art. 31 do CDC. Será o atendimento ou não do dever de prestar informações corretas, claras, precisas, ostensivas, sobre características e qualidades do produto, que dará a medida da expectativa legítima do consumidor no tocante à sua utilização, em especial para efeito da vinculação do consumidor aos termos do contrato (art. 46 do CDC) e da responsabilidade do fornecedor (em especial, arts. 18 e 20 do CDC).[75] Quando for o caso, mesmo limitações decorrentes de lei (por exemplo, aquelas que resultem da legislação de proteção de direitos autorais sobre *software*) devem ser esclarecidas previamente ao consumidor, considerando, sobretudo, sua vulnerabilidade técnica e jurídica, para que possam incidir sem que o fornecedor responda pela violação do seu dever legal de informar. Eventuais restrições cabíveis, nesse caso, ao exercício do direito de propriedade do consumidor sobre o produto que adquiriu, colocam-se sob o crivo da proporcionalidade com relação ao atendimento às finalidades legitimamente esperadas. Não podem, em qualquer caso, implicar o sacrifício do direito (art. 51, § 1.º, I, do CDC), bem como devem respeitar a proibição de cláusulas que imponham condições excessivamente onerosas ao consumidor (art. 51, § 1.º, II, do CDC).

4. CONSIDERAÇÕES FINAIS: DO NECESSÁRIO DIÁLOGO DAS FONTES NA INTEPRETAÇÃO E APLICAÇÃO DAS NORMAS AO CONSUMO DIGITAL

Já tivemos a oportunidade de afirmar que

> (...) a proteção do consumidor, frente a este novo paradigma tecnológico, não reside exclusivamente nas normas do direito do consumidor, mas na compreensão destas em comum com outras legislações, como é o caso das atinentes à proteção de dados pessoais, à defesa da concorrência, ao processo civil, dentre outras.[76] Por outro lado, observa-se

---

[75] Assim, por exemplo, nada impede que se imponham limites quantitativos, como é o caso em que a licença de uso de um *software* ou de uma aplicação de internet diga respeito a sua utilização simultânea ou não em um determinado número de dispositivos (*hardwares*), desde que adequadamente informado ao consumidor no momento da oferta.

[76] Assim bem registra o relatório do Conselho de Especialistas em Direito do Consumidor (*Sachverständigenrat für Verbraucherfragen – SVRV*) do Ministério da Justiça e Defesa do Consumidor alemão publicado em: MICKLITZ, Hans-Wolfgang; REISCH, Lucia A.; JOOST, Gesche; ZANDER-HAYAT, Helga

também o surgimento de novas formas de distribuição de produtos e serviços, como a formação de cadeias complexas e a própria alteração de noções clássicas de propriedade sobre bens, de modo a enfatizar sua utilidade em contraposição a de simples domínio. Tudo o que reforça os deveres, do fornecedor, de informação e esclarecimento do consumidor nas relações de consumo que envolvam tais inovações.[77]

Se o objeto dos negócios jurídicos de consumo atuais não são as "coisas" simples, corporais ou imateriais, mas sim bens digitais ou serviços complexos envolvendo produtos inteligentes e *software*, a complexidade dessas prestações, do prometido e do esperado, transforma o sinalagma dessa relação de consumo e o que é a qualidade da prestação, no tempo e na sua totalidade. Assim, vários fenômenos devem ser destacados e analisados: totalidade, cooperação, equilíbrio e conexidade.[78]

Outros desafios se avistam, principalmente quanto ao consentimento, dados e fraudes,[79] e sobre novos tipos de publicidade e *marketing* que os cruzamentos do *big data* permitem, em especial a crescente publicidade infantil[80] na internet, os influenciadores[81] e as TVs adressáveis.

Um estudo[82] sobre a *Adressable TV*[83] demonstra que agora há um *omni-channel marketing*, que usa todas as telas e meios de comunicação (*cross-device*

     (Hrsg.). *Verbraucherrecht 2.0*: Verbraucher in der digitalen Welt. Baden-Baden: Nomos, 2017. p. 9.

[77] MIRAGEM, Bruno. Novo paradigma tecnológico, mercado de consumo digital e o direito do consumidor cit., p. 17-62.

[78] MARQUES, Claudia Lima. Proposta de uma teoria geral dos serviços com base no Código de Defesa do Consumidor – A evolução das obrigações envolvendo serviços remunerados direta ou indiretamente cit., p. 79 e ss.

[79] STJ, REsp 1.786.157/SP, 3.ª Turma, Rel. Min. Nancy Andrighi, j. 03.09.2019, *DJe* 05.09.2019.

[80] STJ, REsp 1.558.086/SP, 2.ª Turma, Rel. Min. Humberto Martins, j. 10.03.2016, *DJe* 15.04.2016. E, na doutrina, DIAS, Lucia Ancona Magalhães. *Publicidade e direito*. São Paulo: RT, 2011; e D'AQUINO, Lúcia Souza. *Criança e publicidade*: hipervulnerabilidade? Rio de Janeiro: Lumen Juris, 2017.

[81] RIEFA, Christine; CLAUSEN, Laura. Towards Fairness in Digital Influencer' Marketing Practices cit., p. 64 e ss.

[82] BERBER, Leyla Keser; ATABEY, Ayça. Adressable TV and Consent Sequencing. *Global Privacy Law Review*, Kluwer, v. I, Issue I, p. 14-38, 2020.

[83] A definição de "Adressable TV" é a seguinte: "Addressable TV is a *method of delivering highly targeted advertising* to individual households in both live and

media), no chamado *cross-screen-approach*, pois é possível enviar publicidades "direcionadas" tanto nas telas móveis (celulares, *tablets*) e computadores em geral (*desktop*), conectadas à internet, às redes de TV a cabo e aos *streamings*, quanto nas TVs, as *smart TVs* (OTT) e as *on-line TVs* (OTV, TVs conectadas à internet, CTV), que permitem que cada "casa/TV/Tela" receba outra publicidade,[84] conforme os dados coletados pela própria TV e os outros produtos inteligentes e "IPs" daquela família, agora identificáveis geograficamente e pelo perfil ("profiling") para o *marketing* direcionado, tudo com um só "consentimento sequencial".[85]

Em outras palavras, há uma pluralidade de expectativas na prestação "inteligente" e no tempo, que precisará de um necessário diálogo entre essas fontes.[86] Em especial, o diálogo das fontes, do CDC, do Marco Civil da Internet, da Lei Geral de Proteção de Dados e da Lei do Cadastro Positivo deve se dar.[87] O CDC, editado em 1990, que considera que qualquer regra específica sobre a internet deve ser a regra principal. Daí a importância de sua atualização – em especial do Projeto de Lei 3.514/2015 –, com a inclusão de novo capítulo sobre comércio eletrônico, bem como do aperfeiçoamento das disposições sobre práticas abusivas no mundo digital, e a previsão de

---

playback modes. Ads are delivered through cable, satellite and Internet Protocol TV (IPTV) delivery systems and set-top boxes" (Disponível em: www.eyeviewdigital.com/blog/addressable-tv-watching-future-television/. Acesso em: 2 mar. 2020).

[84] Veja a informação da Google: "Addressable TV advertising is the ability to show different ads to different households while they are watching the same program. With the help of addressable advertising, advertisers can move beyond large-scale traditional TV ad buys, to focus on relevance and impact" (Disponível em: https://www.thinkwithgoogle.com/marketing-resources/addressable-tv-advertising-personal-video-experience/. Acesso em: 2 mar. 2020).

[85] O estudo realizado na Turquia conclui pela necessidade de adaptar o consentimento a esse "ecossistema" de dados e também na TV *adressable* incluir formas de "trocar" o perfil para "família" (*Switch In Family*) ou crianças (*Switch in Child*), pois são telas "familiares", e não individuais: BERBER, Leyla Keser; ATABEY, Ayça. Adressable TV and Consent Sequencing cit., p. 38.

[86] KLEE, Antônia Espíndola Longoni; MARQUES, Claudia Lima. Os direitos do consumidor e a regulamentação do uso da internet no Brasil: convergência no direito às informações claras e completas nos contratos de prestação de serviços de internet cit., p. 469-517. Igualmente: BESSA, Leonardo Roscoe. *Cadastro positivo*: comentários à Lei 12.414, de 09 de junho de 2011 cit.; e MENDES, Laura Schertel. O diálogo entre o Marco Civil da Internet e o Código de Defesa do Consumidor cit., p. 255 e ss.

[87] MIRAGEM, Bruno. *Curso de direito do consumidor* cit., 8. ed., p. 153 e ss.

regras sobre a aplicação da lei brasileira ao comércio eletrônico internacional de consumo (por intermédio da alteração do art. 9.º da Lei de Introdução às Normas de Direito Brasileiro – LINDB), mais adequado às características do consumo atual e ao novo turismo de massas.

Nos mesmos termos, destaca-se a utilidade do método do diálogo das fontes nesses tempos de simbioses tecnológicas, de complexidade de casos e da multiplicidade legislativa de diferentes aspectos dessas novas tecnologias. Saberá a jurisprudência brasileira, e em especial o Superior Tribunal de Justiça, iluminado pela sabedoria e exemplo de seus juízes atuais e de saudosos Ministros como Sálvio de Figueiredo Teixeira e Ruy Rosado de Aguiar Jr., decifrar os novos enigmas desta era dominada pelas novas tecnologias, permeando humanismo e técnica para assegurar a efetividade dos direitos dos consumidores brasileiros.

REFERÊNCIAS

ADAM, Leonie; MICKLITZ, Hans-W. Verbraucher und Online-Plattformen. In: MICKLITZ, Hans-Wolfgang; REISCH, Lucia A.; JOOST, Gesche; ZANDER-HAYAT, Helga (Hrsg.). *Verbraucherrecht 2.0*: Verbraucher in der digitalen Welt. Baden-Baden: Nomos, 2017.

AGUIAR JÚNIOR, Ruy Rosado de. A boa-fé na relação de consumo. *Revista de Direito do Consumidor*, São Paulo, v. 14, p. 20-27, abr. 1995.

ALPAIDYN, Ethem. *Machine learning*. Cambridge: MIT, 2016.

ANDRIGHI, Fátima Nancy. Cláusulas gerais e a proteção da pessoa. In: TEPEDINO, Gustavo (org.). *Direito civil contemporâneo*. São Paulo: Atlas, 2008.

BAUDRILLARD, Jean. *La societé de consommation*. Paris: Denoël, 1970.

BAUDRILLARD, Jean. *Tela total*. Tradução Juremir Machado da Silva. 5. ed. Porto Alegre: Sulina, 2011 (1997).

BENJAMIN, Antônio Herman et al. *Código de Defesa do Consumidor*. São Paulo: Forense, 2007.

BERBER, Leyla Keser; ATABEY, Ayça. Adressable TV and Consent Sequencing. *Global Privacy Law Review*, Kluwer, v. I, Issue I, p. 14-38, 2020.

BESSA, Leonardo Roscoe. *Cadastro positivo*: comentários à Lei 12.414, de 09 de junho de 2011. São Paulo: RT, 2014.

BUSCH, Christoph. Wandlungen des Verbrauchervertragsrecht auf dem Weg zum digitalen Binnenmarkt. In: ARTZ, Markus; GSELL, Beate

(Hrsg.). *Verbrauchervertragsrecht und digitaler Binnenmarkt*. Tübingen: Mohr, 2018.

CHRISTENSEN, Clayton M. *The innovator's dilemma*. Boston: Harvard Business School Press, 1997.

CHRISTENSEN, Clayton M.; RAYNOR, M.; MCDONALD, R. What is disruptive innovation? *Harvard Business Review*, p. 1-11, Dec. 2015.

D'AQUINO, Lúcia Souza. *Criança e publicidade*: hipervulnerabilidade? Rio de Janeiro: Lumen Juris, 2017.

DIAS, Lucia Ancona Magalhães. *Publicidade e direito*. São Paulo: RT, 2011.

EUROPEAN UNION. Evaluation of Council Directive 85/374/EEC on the approximation of laws, regulations and administrative provisions of the Member States concerning liability for defective products. Luxembourg: Publications Office of the European Union, 2018.

GOBBLE, MaryAnne M. The case against disruptive innovation. *Research-Technology Management*, v. 58, n. 1, p. 59-61, 2015.

GOMES, Orlando. *Introdução ao direito civil*. 19. ed. Rio de Janeiro: Forense, 2007.

HAN, Byung-Chul. *No enxame*: reflexões sobre o digital. Tradução Miguel Serras Pereira. Antropos: Lisboa, 2016.

KENNEY, Martin; ZYSMAN, John. The Rise of the Platform Economy. *Issues*, v. XXXII, n. 3, Spring 2016. Disponível em: https://issues.org/the-rise-of-the-platform-economy/. Acesso em: 15 abr. 2020.

KLEE, Antônia Espíndola Longoni. *Comércio eletrônico*. São Paulo: RT, 2014.

KLEE, Antônia Espíndola Longoni; MARQUES, Claudia Lima. Os direitos do consumidor e a regulamentação do uso da internet no Brasil: convergência no direito às informações claras e completas nos contratos de prestação de serviços de internet. In: SALOMÃO, George; LEMOS, Ronaldo (coord.). *Marco Civil da Internet*. São Paulo: Atlas, 2014.

LATOUCHE, Serge. *Sortir de la société de consommation*. Paris: LLL, 2010

LEVY, Pierre. As tecnologias da inteligência. Tradução Carlos da Costa. Rio de Janeiro: Ed. 34, 1993.

LIMA, Cíntia Rosa P. A responsabilidade civil dos provedores de aplicação de internet por conteúdo gerado por terceiro antes e depois do Marco Civil da Internet (Lei n. 12.965/14). *Revista da Faculdade de Direito (USP)*, v. 110, p. 155-176, 2015.

MARQUES, Claudia Lima. A nova noção de fornecedor no consumo compartilhado: um estudo sobre as correlações do pluralismo contratual e o acesso ao consumo. *Revista de Direito do Consumidor*, São Paulo, v. 111, p. 247-268, maio/jun. 2017.

MARQUES, Claudia Lima. Art. 3.º. In: MARQUES, Claudia Lima; BENJAMIN, Antônio Herman de Vasconcelos; MIRAGEM, Bruno. *Comentários ao Código de Defesa do Consumidor*. São Paulo: RT, 2019.

MARQUES, Claudia Lima. *Confiança no comércio eletrônico e a proteção do consumidor*: um estudo dos negócios jurídicos de consumo no comércio eletrônico. São Paulo: RT, 2004.

MARQUES, Claudia Lima. *Contratos no Código de Defesa do Consumidor*: o novo regime das relações contratuais. 8. ed. São Paulo: RT, 2019.

MARQUES, Claudia Lima. *Contratos no Código de Defesa do Consumidor*: o novo regime das relações contratuais. 9. ed. São Paulo: RT, 2019.

MARQUES, Claudia Lima. Proposta de uma teoria geral dos serviços com base no Código de Defesa do Consumidor – A evolução das obrigações envolvendo serviços remunerados direta ou indiretamente. *Revista de Direito do Consumidor*, São Paulo, v. 33, p. 79-122, 2000.

MARQUES, Claudia Lima; MIRAGEM, Bruno. Economia do compartilhamento deve respeitar os direitos do consumidor. 2015. Disponível em: www.conjur.com.br/2015-dez-23/garantias-consumo-economia-compartilhamento-respeitar-direitos-consumidor. Acesso em: 9 jun. 2017.

MELLER-HANNICH, Caroline. Economia compartilhada e proteção do consumidor. In: MARQUES, Claudia Lima (coord.). *Direito privado e desenvolvimento econômico*: estudos da Associação Luso-Alemã de Juristas (DLJV) e da Rede Alemanha-Brasil de Pesquisas em Direito do Consumidor. São Paulo: RT, 2019.

MELLER-HANNICH, Caroline. *Wandel der Verbrauherrollen*: Das Recht der Verbraucher und Prosumer in der Sharing Economy. Berlin: Duncker & Humbolt, 2019.

MENDES, Laura Schertel. O diálogo entre o Marco Civil da Internet e o Código de Defesa do Consumidor. In: MARQUES, Claudia Lima (coord.) *Direito privado e desenvolvimento econômico*: estudos da Associação Luso-Alemã de Juristas (DLJV) e da Rede Alemanha-Brasil de Pesquisas em Direito do Consumidor. São Paulo: RT, 2019.

MENDES, Laura Schertel; DONEDA, Danilo. Reflexões iniciais sobe a nova Lei Geral de Proteção de Dados. *Revista de Direito do Consumidor*, São Paulo, v. 27, n. 120, p. 469-483, nov./dez. 2018.

MICKLITZ, Hans-Wolfgang; REISCH, Lucia A.; JOOST, Gesche; ZANDER-HAYAT, Helga (Hrsg.). *Verbraucherrecht 2.0*: Verbraucher in der digitalen Welt. Baden-Baden: Nomos, 2017.

MIRAGEM, Bruno. *Curso de direito do consumidor*. 5. ed. São Paulo: RT, 2014.

MIRAGEM, Bruno. *Curso de direito do consumidor*. 8. ed. São Paulo: RT, 2019.

MIRAGEM, Bruno. *Direito civil*: direito das obrigações. 2. ed. São Paulo: Saraiva, 2018.

MIRAGEM, Bruno. Novo paradigma tecnológico, mercado de consumo digital e o direito do consumidor. *Revista de Direito do Consumidor*, São Paulo, v. 125, p. 17-62, set./out. 2019.

MOSSET ITURRASPE, Jorge. *Contratos conexos*: grupos y redes de contratos. Santa Fé: Rubinzal-Culzoni, 1999.

MUCELIN, Guilherme. Influências do Mercosul na proteção do consumidor no comércio eletrônico no Brasil: comentários acerca de conteúdos normativos do Decreto n. 7.962/2013 e do Decreto n. 10.271/2020. *Revista de Direito do Consumidor*, v. 129, 2020.

MUCELIN, Guilherme. Peers Inc.: a nova estrutura da relação de consumo na economia do compartilhamento. *Revista de Direito do Consumidor*, São Paulo, v. 118, p. 77-126, jul./ago. 2018.

PONTES DE MIRANDA, Francisco Cavalcanti. *Tratado de direito privado*. Atualização Bruno Miragem. São Paulo: RT, 2012. v. 46.

RIEFA, Christine. Beyond e-commerce: some thoughts on regulating the disruptive effect of social (media) commerce. *Revista de Direito do Consumidor*, v. 128, 2020.

RIEFA, Christine; CLAUSEN, Laura. Towards Fairness in Digital Influencer' Marketing Practices. *EuCML – Journal of European Consumer and Market Law*, v. 2, p. 64-74, 2019.

SALOMÃO, Luis Felipe; TARTUCE, Flávio (org.). *Direito civil*: diálogos entre a doutrina e a jurisprudência, São Paulo: Atlas, 2018.

SANSEVERINO, Paulo de Tarso Viera. *Princípio da reparação integral*. São Paulo: Saraiva, 2011.

SANTOS, Éverton Neves dos; SANTIAGO, Mariana Ribeiro. O consumo colaborativo no uso das moedas sociais pelos bancos comunitários de desenvolvimento: possibilidades contra-hegemônicas. *Revista de Direito do Consumidor*, São Paulo, v. 27, n. 118, p. 127-149, jul./ago. 2018.

SCHAUBE, Renate. Interaktion von Mensch und Maschine: Haftungs- und immaterialgüterrechtliche Fragen bei eigenständigen Weiterentwicklungen autonomer Systeme. Juristen Zeitung, Tübingen, v. 72, issue 7, p. 342-349, 2017.

SCHWEITZER, Heike. Digitale Platformen als private Gesetzgeber: ein Perspektivwechsel für die europäische "Plattform-Regulierung". *ZEUP*, v. 1, p. 1-12, 2019.

TEIXEIRA, Sálvio de Figueiredo (coord.). *Comentários ao novo Código Civil*. Rio de Janeiro: Forense, 2011.

TEUBNER, Gunther. Digitale Rechtssubjekte. *Archiv des Civilistische Praxis – AcP*, v. 218, 2018.

THE OBSERVER. Tech monthly: sharing economy: world of sharing, 12 out. 2014.

TURNER, Jacob. *Robot rules*: regulating artificial intelligence. Cham: Palgrave MacMillan, 2019.

RESPONSABILIDADE CIVIL OU ENRIQUECIMENTO SEM CAUSA

19

INTERVENÇÃO EM BENS E DIREITOS ALHEIOS. LUCRO DECORRENTE, COMO REMOVER. RESPONSABILIDADE CIVIL OU ENRIQUECIMENTO SEM CAUSA? DOUTRINA E JURISPRUDÊNCIA

MARCOS ALCINO DE AZEVEDO TORRES

SUMÁRIO: I – Introdução; II – O lucro da intervenção e suas (com)implicações: 1. Conceito, contornos, hipóteses; 2. O lucro da intervenção e os problemas que suscita; 3. Soluções possíveis: 3.1. A ação de responsabilidade civil como solução do problema do lucro da intervenção; 3.2. A ação de enriquecimento sem causa como instrumento adequado de remoção do lucro da intervenção; 4. Proposta de redução na configuração do lucro da intervenção; Conclusão; Referências.

I - INTRODUÇÃO

A importância da edição de livros como este é singular. Se não houver diálogo entre doutrina e jurisprudência, as instituições jurídicas não avançam e a sociedade, sempre dinâmica nas suas relações, não terá os benefícios da constante oxigenação do sistema. A importância da doutrina é mui especial, uma vez que direito positivo não tem como regular todas as situações na sociedade em sua dinâmica de fomento e modificação de suas relações. A doutrina, ocorrendo novas situações sociais geradoras de conflitos sociais e jurídicos, passa a debater e refletir sobre os impactos que provocam na vida das pessoas. Tomem-se como exemplo os direitos da personalidade ausentes na previsão na codificação de 1916, não fosse a doutrina identificá-los, as dificuldades de julgamentos dos conflitos seriam ainda maiores.

Na situação objeto deste ensaio, assim também está ocorrendo. A doutrina identificou e refletiu sobre o lucro da intervenção, tornando possível que as pretensões dele nascidas fossem levadas ao Judiciário, que, à míngua de previsão legal específica para algumas das hipóteses de intervenção, os juízes se valem da doutrina. Os tribunais dão concretude às normas (princípios e regras) abstratas e genéricas e, ao fim e ao cabo, dizem o direito do caso concreto nas hipóteses de litígios, obviamente não se ignorando o cumprimento voluntário da norma, a eficácia social de que falava Miguel Reale.[1]

Analisar nos dias de hoje o lucro da intervenção e suas consequências na vida de relação se tornou uma tarefa menos árdua, considerando o interesse que o assunto despertou em jovens professores, motivando-os a empreender estudos específicos, examinando o(s) "problema(s)",[2] as dificuldades oriundas das hipóteses geradoras de tal lucro, seu adequado enquadramento na dogmática brasileira,[3] como se verá ao longo deste ensaio, bem como a razão dos debates recentemente travados no egrégio STJ sobre o tema.

---

[1] REALE, Miguel. *Lições preliminares de direito*. 24. ed. São Paulo: Saraiva, 1998. p. 112-115.

[2] A expressão "problemas", ao se referir ao lucro da intervenção, foi utilizada no direito português por Pereira Coelho (PEREIRA COELHO, Francisco Manuel. *O enriquecimento e o dano*. Coimbra: Almedina, 1970. p. 12) e entre nós com especial enfoque no texto do jovem e brilhante Professor Carlos Nelson Konder em tópico próprio: "O(s) problema(s) do lucro da intervenção" (KONDER, Carlos Nelson. Dificuldades de uma abordagem unitária do lucro da intervenção. *Revista de Direito Civil Contemporâneo*, v. 13, p. 2, dez. 2017.

[3] Indica-se a tese de doutoramento de Maria Candida do A. Kroetz, apresentada em 2005 na Universidade Federal do Estado do Paraná, sob o título *Enriquecimento sem causa no direito civil brasileiro contemporâneo e recomposição patrimonial*, e a tese de doutoramento de Sergio Savi, apresentada na Universidade do Estado do Rio de Janeiro, na qual o foco é o lucro da intervenção e seu enquadramento no sistema brasileiro, resultando no livro *Responsabilidade civil e enriquecimento sem causa. O lucro da intervenção*, que terá citação adequada ao longo do texto. Importante registrar que o STJ no REsp 1.552.434/GO já havia se referido ao segundo trabalho supraindicado e ao texto do Professor Carlos Nelson Konder (que será objeto de citação oportuna). Registre-se que os dois primeiros trabalhos doutrinários influenciaram sobremodo a recente decisão do STJ no REsp

Ao se deparar o leitor com alguns dos exemplos de lucro da intervenção, que talvez fosse melhor chamá-lo de lucro por intervenção, verificará que a situação fática que lhe serve de suporte ocorre com muita frequência no dia a dia das pessoas reclamando solução específica conforme a hipótese de intervenção, daí por que se proporá, ao final, a aplicação pontual da figura do lucro da intervenção.

Fernando de Noronha, em denso ensaio sobre o instituto do enriquecimento sem causa, publicado no ano de 1991, analisou diversas situações de intervenção em direito alheio, mas preferiu identificá-las por expressão própria: "exploração de bens, trabalho ou direitos de outrem",[4] apesar de fazer uso também da expressão adotada no direito português por Pires de Lima e Antunes Varela de "lucro por intromissão",[5] porque há, em verdade, uma intromissão em bens e direitos alheios como pano de fundo caracterizador do lucro por intervenção, expressão utilizada no direito alemão, a partir de 1909, em razão dos estudos realizados por Fritz Schulz,[6] apontado pelos autores portugueses como o primeiro autor a se referir ao lucro da intervenção. Destaca-se nesse ponto Pereira Coelho, que parece ter sido o primeiro autor em língua portuguesa que tratou especificamente do assunto.[7]

Interessante observar, contudo, que, em 1977, quando professor na Universidade de Salvador, Antunes Varela publicou o livro *Direito das obrigações*, com base no direito civil brasileiro, no qual tratou da figura do "lucro por intromissão ou ingerência" em bens alheios, apresentando vários exemplos que os autores atuais se valeram como hipóteses de lucro da intervenção, inclusive a situação levada a julgamento no STJ.[8]

1.698.701/RJ e certamente inspiraram a reflexão sobre a temática em manuais, cursos e artigos, não menos importantes, que serão referidos ao longo do texto.

[4] NORONHA, Fernando. Enriquecimento sem causa. *Revista de Direito Civil, Civil, Imobiliário e Empresarial*, ano 15, v. 56, p. 67, abr./jun. 1991.

[5] LIMA, Pires de; VARELA, Antunes. *Código Civil anotado*. 4. ed. Coimbra: Coimbra, 1987. v. I, p. 455; e por este último em seu conhecido manual *Das obrigações em geral*. 9. ed. Coimbra: Almedina, 1996. v. I, p. 501. A primeira edição deste manual se dera em 1970, como se pode ver do prefácio transcrito na edição consultada.

[6] Cf. "System der Rechte auf den Eingriffserwerb" indicado por PEREIRA COELHO, Francisco Manuel. *O enriquecimento e o dano* cit., p. 12.

[7] PEREIRA COELHO, Francisco Manuel. *O enriquecimento e o dano* cit.

[8] VARELA, Antunes. *Direito das obrigações*. Rio de Janeiro: Forense, 1977. p. 189. Ressalve-se que, à exceção do exemplo inusitado indicado por Fernando de Noronha no texto citado, do genealogista que descobre os herdeiros de alguém, possibilitando o recebimento da herança (Enriquecimento sem causa cit., p 60),

Talvez tenha inspirado os autores de hoje a refletir de modo particular sobre o tema do lucro da intervenção o texto publicado no Brasil em 2004, de Menezes Leitão, sob o título "O enriquecimento sem causa no novo Código Civil brasileiro", cuidando, em tópico específico, do "enriquecimento por intervenção".[9]

Considerando que a intervenção ou ingerência de uma pessoa nos direitos ou bens jurídicos alheios, quer se trate de uso, de consumo ou de alienação, é o suporte fático do lucro da intervenção, percebe-se, assim, que os autores do passado não deram a devida atenção ao tema, embora muitas das hipóteses de lucro da intervenção constasse em dispositivos esparsos do antigo Código Civil. Atente-se, por exemplo, à intervenção sem causa jurídica na propriedade alheia, no consumo não autorizado de bens alheios, na plantação, na construção com sementes ou materiais alheios em terreno próprio sem a devida aquisição das sementes e materiais, na especificação, entre outras situações examinadas pelos autores do passado remoto e recente, mas não identificadas como lucro da intervenção, ainda que se reconhecesse tratar-se de situações de enriquecimento sem causa, princípio geral do direito, portanto não toleradas pelo sistema.

Parece que a adoção ou não da expressão lucro da ou por intervenção foi apenas uma questão de escolha, pois na consulta que se fizer ao *Tratado de direito privado*, de Pontes de Miranda, quando cuida do tema do enriquecimento injustificado, percebe-se que referido autor teve acesso à obra de Fritz Shulz já mencionada, citando-o expressamente. Ele se utiliza da expressão "intervir na esfera econômica do prejudicado", apontando exemplos de intervenção, mas não adotou a expressão "lucro por intervenção", como fez o autor alemão,[10] possivelmente porque naquele direito havia regra expressa que sugeria a situação de intervenção (§§ 816 e 818 do CC alemão).

---

todas as hipóteses de lucro da intervenção foram referenciadas pelos nossos autores atuais.

[9] MENEZES LEITÃO, Luís Manuel Teles de. O enriquecimento sem causa no novo Código Civil brasileiro. *Revista CEJ, Direito Civil*, Brasília, p. 29, jun. 2004, resultado de uma conferência proferida em novembro de 2003 na *II Jornada de Direito Civil*, organizada pelo Centro de Estudos Judiciários do CJF. Certamente influenciou a proposição do Enunciado n. 620 da *VIII Jornada de Direito Civil*, especificamente sobre o tema em exame: "Art. 884. A obrigação de restituir o lucro da intervenção, entendido como a vantagem patrimonial auferida a partir da exploração não autorizada de bem ou direito alheio, fundamenta-se na vedação do enriquecimento sem causa".

[10] PONTES DE MIRANDA, Francisco Cavalcanti. *Tratado de direito de privado*. Parte Especial. 2. ed. Rio de Janeiro: Borsoi, 1959. t. XXVI, p. 121-122. Faz

Uma situação curiosa de intervenção indevida em direito alheio foi prevista no Código Civil de 1916, em sua versão original no art. 655,[11] o qual estabelecia que, se alguém musicasse poesia de outrem, poderia executá-la, publicá-la, transmiti-la livremente, mesmo sem autorização de seu autor, tendo, contudo, a obrigação de indenizar o poeta. Clóvis Beviláqua afirmou tratar-se de um caso de especificação, na qual a música "é considerada principal por ser mais valiosa, e arrasta consigo a letra, sem contudo lhe tirar a individualidade, de modo que não possa cada uma aparecer e se reproduzir em separado", acrescentando que era necessária uma tal disposição na nossa legislação, em face da especialidade da situação.[12]

Aliás, mesmo na literatura brasileira recente, autores analisam as hipóteses de intervenção em direito alheio, mas optam por não destacar o lucro da intervenção como figura autônoma. Um deles considera tais situações como de "enriquecimento obtido mediante fato injusto".[13] Outro,[14] num primeiro texto sobre enriquecimento, apesar de indicar situações de lucro da intervenção, assim não as identificou, o que o fez somente em texto mais recente, ao se dedicar ao assunto, texto este utilizado também ao longo deste ensaio.

Essa constatação carrega de significado as reflexões realizadas de modo específico sobre o tema do lucro da intervenção, entre elas as já

---

referência também a obra de Wilburg, *A teoria do enriquecimento sem causa*, na qual, como se vê de estudo específico de Diogo Campos, cuida também do lucro por intervenção (CAMPOS, Diogo José Paredes Leite de. *A subsidiariedade da obrigação de restituir o enriquecimento*. Coimbra: Almedina, 1974. p. 474).

[11] O art. 655 do CC/1916 na versão original continha: "O autor de composição musical, feita sobre texto poético, pode executal-a, publical-a ou transmitir o seu direito, independente de autorização do escritor, indemnizando, poderem, a este, que conservará direito á reproducção do texto sem a musica" (transcrito como no original. Essa regra quebrava o princípio estabelecido no Código para obras em colaboração, na qual seria necessária autorização de todos os colaboradores, quando indivisível (art. 653 do CC/1916).

[12] BEVILÁQUA, Clóvis. *Código Civil dos Estados Unidos do Brasil comentado*. Rio de Janeiro: Livraria Francisco Alves, 1945. v. III, p. 211-212.

[13] Refiro-me à obra de vulto do Professor Giovanni Nanni sobre enriquecimento sem causa (NANNI, Giovanni Ettore. *Enriquecimento sem causa*. 2. ed. São Paulo: Saraiva, 2010. p. 299-306. em especial p. 302, com a citação da obra de Menezes Leitão sobre o assunto.

[14] KONDER, Carlos Nelson. Enriquecimento sem causa e pagamento indevido. In: TEPEDINO, Gustavo (coord.). *Obrigações*: estudos na perspectiva civil-constitucional. Rio de Janeiro: Renovar, 2005. p. 381-382.

indicadas e outras que serão utilizadas no exame do assunto, o que motivou a reflexão de autores de manuais que passaram a cuidar da figura do lucro da intervenção.[15]

Em verdade, nos últimos anos, em especial a partir da nova codificação, viveu-se e vive-se entre nós um tempo de releituras e adequações de figuras há muito discutidas nos países de inspiração romano-germânica. Refiro-me a conceitos como a boa-fé e seus reflexos (*surrectio, supressio, tu quoque,* vedação ao comportamento contraditório, obrigações do terceiro cúmplice), indenização pela perda de uma chance,[16] lesão ao tempo[17]. Até mesmo a fixação de indenização a título de compensação por dano moral caminhou-se do não reconhecimento à cumulação, da independência até a *indústria*. Se retroceder por cerca de 30 anos a pesquisa na doutrina e jurisprudência, não se encontrarão referências a essas figuras, com exceção do dano moral pela crítica ao *pretium doloris*. A boa-fé, por sua vez, povoa nos últimos 20 anos a doutrina e jurisprudência como parâmetro de solução para hipóteses variadas nas relações privadas e até mesmo nas relações entre o administrado e a administração pública, evidenciando a necessidade de constantes reflexões.

Particularmente sobre o assunto ora tratado, Schreiber e Silva salientam que "o desenvolvimento contemporâneo da teoria geral das obrigações

---

[15] Consulte-se, *v.g.*: TARTUCE, Flávio. *Direito civil*: direito das obrigações e responsabilidade civil. 11. ed. Rio de Janeiro: Forense, 2016. p. 32-33; SCHREIBER, Anderson. *Manual de direito civil contemporâneo*. São Paulo: Saraiva, 2018. p. 391; OLIVEIRA, J. M. Leoni Lopes de. *Direito civil*. Obrigações. 3. ed. Rio de Janeiro: Forense, 2019. p. 668; e no seu *Curso de direito civil*. Direitos das obrigações e atos unilaterais. São Paulo: Atlas, 2015. v. II, p. 887-888; SCHREIBER, Anderson; TARTUCE, Flávio et al. *Código Civil comentado*. Doutrina e jurisprudência. Rio de Janeiro: Forense, 2019. p. 582; SILVA, Rodrigo da Guia. *Enriquecimento sem causa*. As obrigações restitutórias no direito civil. São Paulo: RT, 2018. p. 300 e ss.

[16] No distante ano de 1999, quando juiz titular da 34.ª Vara Cível, apliquei a teoria da perda de uma chance no caso Vinicius Ottoni e outro *x* Polygram do Brasil (proc. 97.001.015295-4) em razão da quebra da promessa de edição de discos de um grupo musical, então promissor, que se findou pelas restrições previstas no contrato e pela não edição dos discos prometidos. Tal decisão foi confirmada pela 17.ª CC na AC 5.364/2.000, sendo Rel. Des. Severiano Aragão.

[17] Ver por todos "Lesão ao tempo: configuração e reparação nas relações de consumo, p. 205 e ss., em especial p. 205: "(...) o direito ao tempo livre objeto de discussões mais recentes, também se mostra interesse merecedor de tutela à luz da dignidade da pessoa humana" (MONTEIRO FILHO, Carlos Edison do R. *Rumos contemporâneos do direito civil*. Estudos em perspectiva civil-constitucional. Belo Horizonte: Fórum, 2017).

encontra relevante desafio nas hipóteses reunidas sob o rótulo genérico de *lucro da intervenção*".[18]

Certamente que nos estreitos limites deste ensaio não se analisarão com a profundidade desejada todas as questões que o tema suscita, mas possivelmente seu objeto servirá de estímulo para outras reflexões a respeito do tema.

II – O LUCRO DA INTERVENÇÃO E SUAS (COM)IMPLICAÇÕES

1. Conceito, contornos, hipóteses

Pereira Coelho, no estudo que apresentou à Faculdade de Direito de Coimbra, na década de 1970, para se habilitar como professor extraordinário, chamou atenção para a posição do "problema" do lucro da intervenção, o qual "não se sabe bem *que lugar é o dele*",[19] formulando os contornos básicos de tal figura do seguinte modo:

> A intervenção ou ingerência de uma pessoa nos direitos ou bens alheios, quer se trate do uso, do consumo ou da alienação desses bens, pode trazer, e na verdade traz frequentes vezes, uma vantagem patrimonial ao autor daquela ingerência ou intervenção. A tal vantagem patrimonial se chama "lucro por intervenção" ou "lucro da intervenção".
>
> (...) fala-se em "interventor" e "titular do direito" para designar, respectivamente, o autor da intervenção e aquele em cuja esfera jurídica a intervenção se deu.[20]

Percebe-se então, facilmente, que o lucro da intervenção é a vantagem obtida pelo interventor quando ele intervém de modo não autorizado na esfera do direito alheio. A discussão se essa vantagem só pode ser de natureza patrimonial ou também moral é outra das dificuldades da questão do lucro da intervenção, como indica Diogo Campos.[21]

---

[18] SCHREIBER, Anderson; SILVA, Rodrigo da Guia. Aspectos relevantes para a sistematização do lucro da intervenção no direito brasileiro. *Pensar Revista de Ciências Jurídicas*, Fortaleza, v. 23, p. 1, out./dez. 2018.

[19] PEREIRA COELHO, Francisco Manuel. *O enriquecimento e o dano* cit. p. 15.

[20] Idem, p. 5-6.

[21] CAMPOS, Diogo José Paredes Leite de. *A subsidiariedade da obrigação de restituir o enriquecimento* cit., p. 482, nota de rodapé n.º 1. Examina julgados da Cour de

Entre nós, em obra indicada como pioneira,[22] Sergio Savi afirma que o lucro da intervenção "significa o lucro obtido por aquele que, sem autorização, interfere nos direitos ou bens jurídicos de outra pessoa e que decorre justamente dessa intervenção";[23] Anderson Schreiber e Rodrigo da Guia Silva salientam que "trata-se, em síntese essencial, de situações nas quais uma determinada pessoa aufere vantagem patrimonial a partir da exploração não autorizada de bens ou direitos alheios";[24] ou a intromissão decorrente da "exploração de bens, trabalho ou direitos de outrem", na expressão de Fernando Noronha.[25]

Tais noções, pode-se dizer, foram incorporadas na primeira parte do Enunciado 620 do CJF, assim redigido: "A obrigação de restituir o lucro da intervenção, entendido como a vantagem patrimonial auferida a partir da exploração não autorizada de bem ou direito alheio...".

Antunes Varela ressalta que a intromissão[26] ou a ingerência nos bens alheios pode incidir sobre coisas móveis ou imóveis (uso, fruição, consumo ou alienação de coisas de outrem), sobre a propriedade intelectual (uso ou

---

Cassation de 1873 e sentenças de 1852, 1869, 1890 na França, mas que, conforme seu exame, cuidava-se de hipóteses em que o benefício auferido resultara de economia de despesas, portanto de conteúdo econômico, nos casos decorrentes de lições aplicadas por um professor contra o aluno porque seu pai havia se tornado insolvente; de um cidadão que instalou por conta própria postes com lanternas nas estradas públicas de sua comuna, ou daquele que suportou despesas para fazer sair da casa de saúde mental um recuperado; e na Itália sentença da Cassação de Turim de 1881, que concedera ação a um cidadão que emprestou dinheiro a uma mulher casada privada de autorização marital para que ela o visitasse na prisão. Conclui o referido autor: "Contudo, não é difícil aceitar que o enriquecimento teria origem numa vantagem moral que se converteu numa vantagem patrimonial a desencadear a acção de enriquecimento, e não uma vantagem moral" (p. 483).

[22] KONDER, Carlos Nelson. Dificuldades de uma abordagem unitária do lucro da intervenção cit., p. 2, item 2. No mesmo sentido: FAJNGOLD, Leonardo; SALGADO, Bernardo; GUERCHON, Dan. Lucro da intervenção: a disciplina e os julgamentos pioneiros no Superior Tribunal de Justiça. *RBDCivil*, Belo Horizonte, v. 21, jul./set. 2019, p. 164.

[23] SAVI, Sergio. *Responsabilidade civil e enriquecimento sem causa*. O lucro da intervenção. São Paulo: Atlas, 2012. p. 7.

[24] SCHREIBER, Anderson; SILVA, Rodrigo da Guia. Aspectos relevantes para a sistematização do lucro da intervenção no direito brasileiro cit., p. 1.

[25] NORONHA, Fernando. Enriquecimento sem causa cit., p. 67.

[26] Expressão por ele preferida como indica em nota de rodapé de n.º 2: "O termo intromissão terá porventura a vantagem de ser mais expressivo, além de ter já

fruição das obras literárias, científicas ou artísticas de terceiro) ou sobre os próprios direitos da personalidade (uso do nome, imagem ou voz de alguém).[27] Menezes Leitão afirma que as hipóteses mais comuns se referem a direitos absolutos, como são os direitos reais, os direitos de autor e a propriedade industrial, os direitos da personalidade.[28]

Assim, percebe-se a presença de uma vantagem para o interventor reprovável desde que não justificada por uma causa prevista no ordenamento (sem causa) na esfera jurídica alheia, nas hipóteses de alguém que aliena coisa alheia e cuja alienação se mostra eficaz perante o titular;[29] no aluguel ou arrendamento de coisa alheia, nos casos de acessão ou especificação;[30] no consumo de bebidas ou charutos destinados a outra pessoa e que, por engano, foram entregues na casa de alguém; de alguém que ocupa um imóvel alheio persuadido de que ele lhe pertence; de alguém que apascenta seu gado em terreno vizinho; do empresário que afixa cartazes ou instala anúncios de propaganda dos seus produtos no telhado ou na parede de prédio alheio; da empresa de TV que transmite uma peça sem autorização do autor; de uma casa comercial que utiliza abusivamente o nome ou a imagem de um artista na apresentação de seus artigos;[31] da publicação de uma obra alheia, da utilização de patentes, modelos de utilidade ou marcas alheias;[32] na violação de

---

[27] alguma tradição legislativa por si (cf. arts. 1.723.º e 1.733.º do Código Civil de 1867). Cf. VARELA, Antunes. *Das obrigações em geral* cit., p. 487.

[27] VARELA, Antunes. *Direito das obrigações* cit., p. 189.

[28] MENEZES LEITÃO, Luís Manuel Teles de. *Direito das obrigações*. 15. ed. Coimbra: Almedina. 2018. v. I, p. 481.

[29] Cf. PEREIRA COELHO, Francisco Manuel. *O enriquecimento e o dano* cit., p. 5, PONTES DE MIRANDA, Francisco Cavalcanti. *Tratado de direito de privado* cit., p. 167; VARELA, Antunes. *Das obrigações em geral* cit., p. 503; MENEZES LEITÃO, Luís Manuel Teles de. O enriquecimento sem causa no novo Código Civil brasileiro cit., p. 29.

[30] PEREIRA COELHO, Francisco Manuel. *O enriquecimento e o dano* cit., p. 15; NANNI, Giovanni Ettore. *Enriquecimento sem causa* cit., p. 301.

[31] Cf. VARELA, Antunes. *Direito das obrigações* cit., p. 189. Algumas dessas hipóteses também foram indicadas por PONTES DE MIRANDA, Francisco Cavalcanti. *Tratado de direito de privado* cit., p. 167. A última hipótese referida pelo primeiro autor, utilização abusiva da imagem de um artista na apresentação de produtos do interventor, foi o *leading case* que o STJ analisou no recurso especial já indicado.

[32] Cf. PEREIRA COELHO, Francisco Manuel. *O enriquecimento e o dano* cit., p. 15; MENEZES LEITÃO, Luís Manuel Teles de. *Direito das obrigações* cit., p. 431; PONTES DE MIRANDA, Francisco Cavalcanti. *Tratado de direito de privado* cit., p. 167.

dados da privacidade;[33] no uso de criação intelectual alheia;[34] na concorrência desleal e nos casos de oferta de prestação mediante retribuição, por exemplo, na utilização de transporte público sem pagar o respectivo preço;[35] na utilização de estacionamento sem pagar; estes dois últimos casos, por pouparem uma despesa necessária,[36] e tantos outros que serão indicados à medida que forem necessários para facilitar a compreensão da questão.

Portanto, "de forma geral, qualquer ato de exploração ou aproveitamento, intencional ou não, de forma não autorizada, pode, em alguma medida, ser reconduzido à figura do lucro da intervenção",[37] e em "todos os bens cuja rentabilidade depende essencialmente do critério e iniciativa de quem os utiliza e aproveita",[38] pois, se fosse possível obter lucro com a usurpação de bens e direitos alheios, não seria necessária a obtenção de autorização dos respectivos titulares, e com isso esvaziada estaria a própria tutela dos direitos.[39]

A observação das situações que dão suporte à estrutura do lucro da intervenção permite afirmar que elas são recorrentes no dia a dia das relações sociais e jurídicas, e muitas delas foram e são levadas aos tribunais do País com certa frequência. Entretanto, pode-se afirmar, sem sombra de dúvida, que os pedidos formulados foram de indenização que correspondesse ao valor de "mercado" do direito violado, tendo como parâmetro as intervenções regularmente contratadas, com fundamento na prática de ilícito e, portanto, por meio de ações de responsabilidade civil. A falta de percepção isolada da existência de uma vantagem adquirida que não se liga necessariamente ao dano experimentado pelo titular do direito não foi identificada como lucro da intervenção, merecedor de tutela diferente da reparação de danos, situação que também não poderia ser admitida sem pedido específico do titular do

---

[33] VASCONCELOS, Pedro Pais de. *Teoria geral do direito civil*. 8. ed. Coimbra: Almedina, 2017. p. 180.

[34] Cf. NORONHA, Fernando. Enriquecimento sem causa cit., p. 68.

[35] Cf. MENEZES LEITÃO, Luís Manuel Teles de. O enriquecimento sem causa no novo Código Civil brasileiro cit., p. 433.

[36] Cf. MENEZES LEITÃO, Luís Manuel Teles de. *Direito das obrigações* cit., p. 433, nota de rodapé n.º 1032, indicando que na Alemanha essa situação foi defendida como lucro da intervenção na "Ent. BGH 18/04/1956", em BGHZ 20 (1956), p. 270-275.

[37] KONDER, Carlos Nelson. Dificuldades de uma abordagem unitária do lucro da intervenção cit., p. 2.

[38] Cf. PEREIRA COELHO, Francisco Manuel. *O enriquecimento e o dano* cit., p. 15.

[39] KONDER, Carlos Nelson. Dificuldades de uma abordagem unitária do lucro da intervenção cit., p. 2.

direito, uma vez que o Judiciário só pode deferir o que lhe for pedido pelo interessado. Certamente, somente a partir das novas reflexões foi possível a um titular lesado formular pretensão específica no sentido da remoção do lucro da intervenção (com esse título, e não de lucros cessantes) para que o Judiciário se manifestasse, não tendo sido acolhida tal pretensão no primeiro grau, mas admitida no segundo grau e alterado o modo de quantificação do lucro no tribunal superior.[40]

2. O lucro da intervenção e os problemas que suscita

Uma vez identificada uma hipótese de violação de direito como lucro da intervenção, surge o problema de como resolvê-la, respondendo a algumas indagações relevantes a saber: a) a quem deve ser atribuído o lucro da intervenção, ao titular do direito ou ao interventor? b) e, em qualquer dessas hipóteses, em que medida e com qual fundamento?; c) quando a intervenção provoca danos ao titular do direito, que podem ser, em comparação, inferiores, iguais ou superiores ao lucro do interventor, como proceder?[41] ou de modo mais simples: em que medida e a que título a vantagem patrimonial obtida pelo interventor deve ser excluída de seu patrimônio e entregue ao titular do direito atingido.[42] Há um leque de possibilidades atreladas às dificuldades inerentes à própria caracterização da situação como lucro da intervenção.

Essas e outras questões que inspiraram os autores da atualidade[43] a refletir sobre o lucro da intervenção, procurando responder a tais questionamentos,

---

[40] TJRJ, Apelação Civil 0008927-17.2014.8.19.0209, 13.ª CC, Rel. Des. Fernando Fernandy Fernandes; REsp 1.698.701/RJ, Rel. Min. Ricardo V.B. Cueva, j. 02.10.2018, publ. 08.10.2018.

[41] Essas indagações a que se propôs Pereira Coelho responder no seu estudo (PEREIRA COELHO, Francisco Manuel. *O enriquecimento e o dano* cit., p. 6-7).

[42] SAVI, Sergio. *Responsabilidade civil e enriquecimento sem causa*. O lucro da intervenção cit., p. 9.

[43] Cf. SAVI, Sergio. *Responsabilidade civil e enriquecimento sem causa*. O lucro da intervenção cit., p. 8; KONDER, Carlos Nelson. Dificuldades de uma abordagem unitária do lucro da intervenção cit., p. 2-3; SILVA, Rodrigo da Guia. *Enriquecimento sem causa*. As obrigações restitutórias no direito civil cit., p. 300 e ss.; SCHREIBER, Anderson; SILVA, Rodrigo da Guia. Aspectos relevantes para a sistematização do lucro da intervenção no direito brasileiro cit., p. 11; FAJNGOLD, Leonardo; SALGADO, Bernardo; GUERCHON, Dan. Lucro da intervenção: a disciplina e os julgamentos pioneiros no Superior Tribunal de Justiça cit., p. 174 e ss.; TERRA, Aline de M. Valverde; GUEDES, Gisela Sampaio

os mesmos que o Tribunal de Justiça do Rio de Janeiro e o Egrégio STJ tiveram a oportunidade de examinar diante do caso concreto já referido, uma vez provocados a tanto.

Imagine-se a situação de alguém que conheça a particularidade da vida de uma pessoa de fama (cantor, ator, atleta esportivo etc.) em razão de trabalho particular no qual assumira o compromisso contratual de não revelar fatos da vida da pessoa, mas, apesar da vedação, resolve publicar um livro que lhe dá muito lucro em virtude do sucesso editorial.[44] Suponha-se ainda que uma empresa de TV resolve apresentar certa peça teatral sem autorização do seu autor, mas que em consequência disso tem os livros que retratam a história da peça vendidos em quantidade superior a de costume,[45] ou ainda alguém que resolve ingressar em imóvel alheio sem autorização do titular para organizar uma festa na qual cobrará ingressos dos participantes, obtendo uma vantagem que, conforme as circunstâncias, seja menor ou igual ao dano causado ao titular[46] não só pela utilização indevida da coisa, mas também pelos danos materiais provocados no imóvel.

No primeiro exemplo, em regra, o interessado ingressaria com uma ação de responsabilidade civil pelo ilícito e sua indenização estaria limitada ao dano como regra básica da teoria da responsabilidade civil e por norma expressa no art. 944 do CC/2002. Ainda que recebesse a indenização, certamente seria a título de dano moral, porque não tinha nenhuma pretensão de publicar algo a respeito de sua vida, que, com o acanhamento natural dos tribunais brasileiros nesse tipo de compensação, e até mesmo que se elevasse a compensação a valores fora dos padrões como que ampliando o componente punitivo que a doutrina[47] assinala cabível na fixação da verba indenizatória, que não se equivale aos *punitive domage* possível em outros sistemas,[48] provavelmente o valor não chegaria nem próximo do lucro obtido pelo interventor.

---

da Cruz. Considerações acerca da exclusão do lucro ilícito do patrimônio do agente ofensor. *Revista da Faculdade de Direito*, Rio de Janeiro, n. 28, p. 3 e ss., dez. 2015.

[44] SAVI, Sergio. *Responsabilidade civil e enriquecimento sem causa*. O lucro da intervenção cit., p. 9.

[45] PEREIRA COELHO, Francisco Manuel. *O enriquecimento e o dano* cit., p. 7, nota 5.

[46] KONDER, Carlos Nelson. Dificuldades de uma abordagem unitária do lucro da intervenção cit., p. 3.

[47] PEREIRA, Caio Mário da Silva. *Responsabilidade civil*. 9. ed. Rio de Janeiro: Forense, 2001. p. 60.

[48] Nesse ponto, consulte a respeito Maria Celina Bodin de Moraes na obra *Danos à pessoa humana*, em especial no exame da complexidade dos *punitive damages*

Em tal situação, o interventor pagaria a indenização a que foi condenado pela violação do direito alheio, estando "quite" com a sociedade, e reteria consigo o saldo da vantagem auferida com a publicação. Essa é a solução prevista pelo sistema aplicando-se as regras da responsabilidade civil, legitimando o acréscimo patrimonial do interventor, a despeito de resultar de uma violação a direito alheio.

No segundo exemplo mencionado, o autor da obra, a despeito da violação a seu direito, não sofreu dano algum, ao contrário, por conta da violação (intervenção) levada a efeito pela empresa de TV, obteve lucro com a venda de livros e, pela ausência de dano, não teria pretensão no âmbito da responsabilidade civil a apresentar.

No terceiro exemplo, de ingresso em imóvel alheio sem a devida autorização para fins de realização de evento, permite ao titular do direito ajuizar pretensão no sentido de ver reparados os danos físicos ao imóvel, além de uma remuneração por sua utilização indevida, que seria calculada com base no preço da locação do bem e pelo tempo que durou a utilização indevida. Se o interventor teve prejuízo com o evento ou o lucro foi obtido de valor inferior aos danos que causou a despeito da intervenção, a solução se dá em regra pela responsabilidade civil, que não corresponde, como será demonstrado, à solução preconizada, se considerada tal situação de lucro da intervenção.

Nesse último exemplo, pode-se ainda imaginar a possibilidade de o lucro ter sido superior aos danos ou até mesmo a hipótese em que o evento fosse gratuito, e ainda a circunstância em que um terceiro alugou o imóvel de outrem sem a devida autorização do titular e recebera o aluguel antecipado, estando os organizadores do evento de boa-fé (causando dano ou não ao imóvel), ou ainda, no mesmo exemplo, ter sido o evento explorado economicamente, com publicidade de terceiro (e tantas outras nuances que podem

---

na experiência norte-americana (a partir de fls. 228, item 4.5), em que apresenta um elenco de julgamentos evidenciando quão aleatória é a sua fixação, valendo menção o caso: Ira Gore Jr. *x* BMW of North America, Inc, no qual, em razão de um defeito num automóvel BMW adquirido como novo, cujo valor do defeito foi estimado em 4 mil dólares (valor da depreciação do veículo), e que a indenização por dano moral punitivo fora fixada em 4 milhões de dólares, tendo a Corte Estadual de Alabama reduzido o valor para dois milhões de dólares e a Suprema Corte anulado o julgamento para que a Corte local reexaminasse a questão, fornecendo padrões a serem observados na fixação do dano moral punitivo (MORAES, Maria Celina Bodin de. *Danos à pessoa humana*. Rio de Janeiro: Renovar, 2003. p. 237-245).

ocorrer). Portanto, no mundo dos fenômenos, é possível vislumbrar um leque de situações que resultem de intervenção não autorizada em direito alheio.

3. Soluções possíveis

A possibilidade de ocorrência do lucro da intervenção e os desdobramentos que suscita são muito variáveis, daí por que alguns falam em "heterogeneidade", e por isso o lucro da intervenção "não é apenas um problema, mas um conjunto de problemas que podem ocorrer em circunstâncias bastante distintas,[49] e de fato pode-se imaginar um rosário de situações que o caracterizam, conhecendo-se as linhas básicas para sua identificação no mundo dos fatos.

Entretanto, a dificuldade não está presente somente na qualificação de certa ocorrência no mundo dos fatos como lucro da intervenção, mas também em descobrir qual a melhor resposta, se existente mais de uma, ou qual a resposta que o sistema fornece, uma vez diante do problema. Do estudo de Pereira Coelho já referido são indicados como instrumentos capazes de resolver o problema do lucro da intervenção a ação de responsabilidade civil e a ação de enriquecimento sem causa, sobre as quais serão tecidas algumas considerações.

3.1. A ação de responsabilidade civil como solução do problema do lucro da intervenção

Uma das opções sugeridas quando se está diante da figura do lucro da intervenção é a da aplicação da teoria da responsabilidade civil, cujo objetivo é reprimir o ato ilícito nos reflexos provocados na seara privada das pessoas, considerando, nas palavras San Tiago Dantas, que o principal objetivo da ordem jurídica é proteger o lícito e reprimir o ilícito, sendo este toda conduta do homem que fere o direito, objetivamente considerado. Ilícito é tudo aquilo que é contrário ao direito,[50] sendo ele um conceito nuclear na teoria da responsabilidade civil, seu fato gerador na dicção de Cavalieri Filho.[51]

São elementos da responsabilidade civil, conforme doutrina tradicional: a culpa, o dano e nexo de causalidade, a trilogia da responsabilidade civil.

---

[49] KONDER, Carlos Nelson. Dificuldades de uma abordagem unitária do lucro da intervenção cit., p. 2.

[50] DANTAS, San Tiago. *Programa de direito civil*. Parte geral. 2. tir. Rio de Janeiro: Editora Rio, 1979. p. 341.

[51] CAVALIERI FILHO, Sergio. *Programa de responsabilidade civil*. 6. ed. São Paulo: Malheiros, 2005. p. 29.

Seu objetivo, no dizer de Aguiar Dias, "restabelecer o equilíbrio econômico--jurídico alterado pelo dano" e recolocar "a vítima na situação anterior, está desfeito no desequilíbrio experimentado", daí por que "certos fatos põem em ação somente o mecanismo recuperatório da responsabilidade civil".[52] Esse mecanismo recuperatório é de especial interesse em tema de lucro da intervenção.

A partir do Código do Consumidor e do Código Civil de 2002, o tema da responsabilidade civil experimentou mudanças profundas. Há, no dizer de Schreiber, uma erosão dos filtros da responsabilidade civil, quais sejam: a prova da culpa e do nexo de causalidade entre a conduta do ofensor e o dano, percebendo-se uma tendência pela "perda de importância da prova da culpa e da prova do nexo causal na dinâmica contemporânea das ações de responsabilização".[53] Em especial, a culpa, ao que parece, passa ser considerada num plano restrito (conflitos com danos em particulares, por exemplo), haja vista as diversas hipóteses de responsabilidade civil sem culpa fundada no risco de determinadas atividades existentes em profusão na sociedade atual, mas não só ela, também os danos que essas atividades podem causar a alguém, ao meio ambiente, à sociedade como um todo. A culpa passa a ter um "papel cada vez mais coadjuvante, sendo presumida ou aferida de modo facilitado, muito ao contrário do que ocorria um par de séculos atrás, quando se apresentava como grande estrela da responsabilidade civil".[54] Vivemos numa sociedade de risco, como aponta Ulrich Beck[55] (casos como Brumadinho-MG, o óleo grosso derramado por quase todo o litoral do Brasil, o incêndio nas florestas australianas, o coronavírus devastador, que já atingiu diversas nações etc.), mas devemos estar atentos ao "aumento da litigiosidade e da vitimização na convivência social".[56]

---

[52] DIAS, José de Aguiar. *Da responsabilidade civil*. 3. ed. Rio de Janeiro: Revista Forense, 1954. v. I, p. 43 e 15.

[53] SCHREIBER, Anderson. *Direito civil e Constituição*. São Paulo: Atlas, 2013. p. 153. A função desses filtros, segundo o referido professor, era evitar uma avalanche de demandas com pedidos de reparações banais.

[54] SCHREIBER, Anderson. *Novos paradigmas da responsabilidade civil*. Da erosão dos filtros da reparação à diluição dos danos. 6. ed. São Paulo: Atlas, 2015. p. 5.

[55] BECK, Ulrich. *Sociedade de risco*. Rumo a uma outra modernidade. Tradução Sebastião Nascimento. São Paulo: Editora 34, 2016. Viu-se agora bem presente a questão da fumaça de incêndios florestais que assolaram a Austrália chegar até o Chile conforme noticiado pela grande imprensa.

[56] SCHREIBER, Anderson. *Novos paradigmas da responsabilidade civil*. Da erosão dos filtros da reparação à diluição dos danos cit., p. 5.

Das hipóteses mencionadas de lucro da intervenção dá para perceber que em algumas delas ele pode surgir de um fato que não seja ilícito e que, em algumas outras, nem sequer geram dano ao titular do direito, elemento imprescindível na teoria da responsabilidade civil, cuja ampliação de seu conceito fez levar a objetivação da responsabilidade civil e certamente ao acréscimo de demandas ajuizadas, como nas hipóteses de lesão ao tempo útil perdido pelo consumidor, como já referido.

Nas situações sem ocorrência de dano e sem culpa (ainda que se possa admitir o lucro da intervenção na atuação de grandes fornecedores no recebimento de valores sem prestação de serviços como débito em contas-correntes sem contrato que justifique),[57] a aplicação da teoria da responsabilidade civil não daria resposta adequada ao problema.

Salienta Pereira Coelho que, em "princípio, o interventor fica obrigado a indemnizar o titular do direito quando tenha agido com *culpa*, podendo ainda distinguir-se consoante procedeu com *dolo* ou *mera negligência*".[58] Contudo, como pondera Sergio Savi, sem o reconhecimento da obrigação de se desfazer o lucro da intervenção, a responsabilidade civil serviria de amuleto para uma expropriação "privada de bens e direitos alheios ao preço de mercado".[59] Diogo Campos afirma que a consciência dessa exproprialidade dos bens alheios, a prevalecer a tese de que o titular deve receber o valor

---

[57] Nessa hipótese nítida de lucro da intervenção, considerando a utilização de recursos do correntista em outros contratos, como reconheceu em 2003, assim há 17 anos, o STJ, no julgamento do REsp 453.464/MG, relatora para o acórdão Min. Nancy Andrighi, a despeito de não se fazer referência ao lucro da intervenção e de tratar a situação como um caso especial de responsabilidade civil, coberto pela rubrica do lucro cessante, determinou que a casa bancária devolvesse o indébito com os juros que praticava no cheque especial, como também fazia o autor deste trabalho quando juiz da 34.ª Vara Cível da capital do Rio de Janeiro, nos idos de 1996, tese que não prevalecia nos julgados que proferia em razão da reforma pelo Tribunal aplicando a teoria da responsabilidade civil e expandido o conceito de dano na espécie de lucro cessante, e que não prevaleceu na formação da tese fixada no julgamento do REsp 1.552.434/GO, Rel. Min. Sanseverino, a despeito de ali ter sido discutida a existência de um lucro decorrente da intervenção, a 2.ª Seção entendeu prematuro fixar a tese de expurgo do lucro da intervenção, em especial pelas dificuldades de aferir, no patrimônio da instituição, o que efetivamente decorria do capital do correntista.

[58] PEREIRA COELHO, Francisco Manuel. *O enriquecimento e o dano* cit., p. 4, nota 6. Destaques no original.

[59] SAVI, Sergio. *Responsabilidade civil e enriquecimento sem causa*. O lucro da intervenção cit., p. 3.

de uso do bem no mercado, servirá de estímulo ao interventor e facilitará ocorrência de novas intromissões, evitando, assim, a prevenção, sempre que o interventor imaginar que poderá ter lucros superiores aos danos causados por seu ato de intromissão no direito alheio.[60] Basta lembrar do caso de edição de livro sem autorização.

A questão da expropriação forçada de bens alheios pela intromissão anteviu Pereira Coelho, contudo não parece (como não pareceu a Diogo Campos na crítica que fez àquele) razoável sua defesa ao afirmar que o titular do direito terá, em casos de ilícito, a possibilidade de pleitear indenização a título de dano não patrimonial com base no art. 496.º do CC português.[61] Entre nós, Fernando Noronha também sustenta que o valor a ser pago ou restituído ao titular do direito deve corresponder ao valor de uso dos bens sob pena de possibilitar ao titular do direito um enriquecimento injusto.[62]

Nesse particular, sendo a situação de intervenção decorrente de um ilícito que gerou dano a alguém e tendo em vista que a indenização a este está limitada (art. 944 do CC), e em tendo sido a vantagem obtida pelo interventor maior do que os danos causados ao titular do direito, "seria *indiferente* para o interventor escolher entre obter o consentimento do titular do bem, ou dele apropriar-se deliberadamente. Afinal, nesta segunda hipótese, apenas teria, posteriormente, que pagar o valor de mercado do referido bem, a título de indenização",[63] como no exemplo figurado da secretária que publica livro sobre a privacidade do ex-patrão e obtém grande lucro com isso.

A propósito de pagamento ao titular de valor equivalente ao direito objeto da intervenção, sendo a conduta ilícita, a responsabilidade civil daria a solução para a intervenção, mas parece que nos dias atuais essa resposta não seria satisfatória.

No entanto, não deve ser atribuída tal situação (impossibilidade de resposta adequada) à responsabilidade civil em si, mas sim ao fato de que não havia a colocação do problema como lucro da intervenção para que se pudesse refletir a respeito e por isso em algumas hipóteses os tribunais mandavam indenizar o titular pelo valor de uso e noutras, com uma visão ampliada

---

[60]   CAMPOS, Diogo José Paredes Leite de. *A subsidiariedade da obrigação de restituir o enriquecimento* cit., p. 488.

[61]   PEREIRA COELHO, Francisco Manuel. *O enriquecimento e o dano* cit., p. 86/87.

[62]   NORONHA, Fernando. Enriquecimento sem causa cit., p. 56-57, *passim*.

[63]   SAVI, Sergio. *Responsabilidade civil e enriquecimento sem causa*. O lucro da intervenção cit., p. 18.

sobre o dano, conseguiam ver na vantagem auferida pelo interventor como hipótese de lucro cessante.[64]

A extensão do conceito de lucro cessante para abarcar a hipótese de lucro da intervenção também foi a opção do direito italiano, como se percebe num julgado do Tribunal de Turim de 1954, indicado por Diogo Campos.[65]

Aline Terra e Gisela Sampaio, analisando hipóteses de violação de direitos da personalidade por intervenção de terceiros, afirmam que os Tribunais, na tentativa de oferecer ao lesado uma tutela mais efetiva, se "utilizam da compensação por dano moral como mecanismo de eliminação do lucro ilícito do patrimônio do agente",[66] tal qual sugeriu Pereira Coelho, por meio da ação de responsabilidade civil, até porque por aqui não se discutiam tais hipóteses como lucro da intervenção e, portanto, o poder criativo da jurisprudência procurava dar solução que melhor atendesse ao pedido do titular do direito lesado.[67]

Como primeiro exemplo, indicam um caso julgado em 1995 pelo TJRJ que se tornou conhecido como caso do álbum de figurinhas, álbum comum na época de Copas do Mundo de Futebol, tendo a CBF editado e vendido referido álbum sem autorização dos jogadores, sendo condenada a pagar indenização por dano moral fixada pelo Tribunal em montante correspondente ao lucro

---

[64] No caso Thiago Lacerda x Fligen Turismo, perante o juízo da 34.ª Vara Cível da capital do Rio de Janeiro, por uso indevido de imagem, fixamos uma verba indenizatória ao equivalente ao dobro do valor original do contrato, para cada cidade onde ocorreu a publicidade indevida, tomando como parâmetro o contrato anteriormente firmado entre as partes. Tal decisão fora confirma pela 17.ª CC no julgamento da AC 33.883/2006, e no caso Hildmar Diniz (Monarco) x Warner Music do Brasil, por considerar edição de CDs não autorizados, foi fixada indenização equivalente a três mil exemplares, tendo sido tal decisão modificada no julgamento da AC 2005.001.05250 pela 15.ª CC do TJRJ.

[65] CAMPOS, Diogo José Paredes Leite de. *A subsidiariedade da obrigação de restituir o enriquecimento* cit., p. 460, nota 1.

[66] TERRA, Aline de M. Valverde; GUEDES, Gisela Sampaio da Cruz. Considerações acerca da exclusão do lucro ilícito do patrimônio do agente ofensor cit., p. 10.

[67] No caso da atriz Fernanda Rodrigues x Toulon (proc. 98.001.141.036-9), perante a 34.ª Vara Cível da capital do Rio de Janeiro, como julgador considerei que o intuito da ré era o lucro por meio da utilização indevida da imagem da atriz e deixando de considerar a sugestão da ré de que deveria tomar como parâmetro o valor dos contratos de imagem que a artista firmava e foi dito que a indenização não podia ter como parâmetro o mesmo valor de um contrato regular com base no precedente do STF, RE 56.904, do Min. Victor Nunes Leal, e, levando-se em consideração um caráter punitivo, foi fixada a verba indenizatória, mantida no julgamento dos EI 2001.001.09703.

Cap. 19 · INTERVENÇÃO EM BENS E DIREITOS ALHEIOS | **533**

obtido, tendo sido decotada no STJ exatamente por utilizar o lucro do ofensor como parâmetro de fixação da indenização do dano moral.[68]

Noutro exemplo, a família do jogador Garrincha buscou receber indenização por danos materiais e morais pela publicação não autorizada de biografia do jogador, sob o fundamento de violação da imagem, vida privada e honra, tendo o STJ fixado a indenização por dano material no percentual correspondente a 5% sobre o preço de capa de cada livro vendido.[69] Noutro exemplo, a família do cantor Tim Maia obteve indenização por dano material pela violação da imagem estampada em camisetas sem a devida autorização no valor do lucro auferido.[70]

Contudo, quando não há ilícito, ainda que se possa afirmar que na maioria das situações haverá uma violação a direito (ainda que o direito tolere, como no caso da especificação, da usucapião, por exemplo), e aí a noção de ilicitude pode ser ampliada, pois excluindo a hipótese de que o interventor esteja de boa- fé, por exemplo, quando acredita ser o titular do direito ou que o bem utilizado seja *res nullius*,[71] na maioria das situações, ao fim e ao cabo, o ato de intervenção caracterizará um ilícito.[72]

---

[68] TERRA, Aline de M. Valverde; GUEDES, Gisela Sampaio da Cruz. *Considerações acerca da exclusão do lucro ilícito do patrimônio do agente ofensor*, cit. TJRJ, AC 6913, 5.ª CC, Rel. Des. Murilo Fábregas, que gerou o REsp 100.764/RJ, 4.ª Turma, Rel. Min Ruy Rosado de Aguiar Júnior, j. 16.03.1998.

[69] TERRA, Aline de M. Valverde; GUEDES, Gisela Sampaio da Cruz. *Considerações acerca da exclusão do lucro ilícito do patrimônio do agente ofensor*, cit. REsp 521.697/ RJ, 4.ª Turma, Rel. Min. Cesar Asfor Rocha, j. 16.02.2006. A questão envolvendo biografias não autorizadas ainda não tinha havia analisada pelo STF, como recentemente ocorreu ao interpretarem, conforme a Constituição Federal, os arts. 20 e 21 do CC/2002, que estabeleciam a necessidade de autorização prévia do biografado ou de seus sucessores na hipótese de falecido. Ver a propósito o exame que fez do assunto: BITTAR, Carlos Alberto. *Direito de autor*. 6. ed. atualizada por Eduardo C.B. Bittar. Rio de Janeiro: Forense, 2015. p. 181-184, item 168.

[70] TERRA, Aline de M. Valverde; GUEDES, Gisela Sampaio da Cruz. *Considerações acerca da exclusão do lucro ilícito do patrimônio do agente ofensor*, cit. TJRJ, AC 0107626-90.2011.8.19.0001, Rel. Des. Paulo Mauricio Pereira, j. 15.05.2013.

[71] No exemplo de Nelson Konder da exploração de visitas turísticas de uma caverna que se inicia num prédio, mas que ultrapassa seus limites, sem que o interventor assim o saiba (KONDER, Carlos Nelson. Dificuldades de uma abordagem unitária do lucro da intervenção cit., p. 3).

[72] Colhe-se em Agostinho Alvim um exemplo curioso extraído da jurisprudência francesa, no qual o enriquecimento era evidente, em que um hoteleiro levava, mediante pagamento, turistas a passear por um sítio aprazível, passando por um rio particular, pertencente a proprietários ribeirinhos, ajuizando os proprietários

Nesse ponto, Antunes Varela, referindo-se aos casos por ele indicados referidos anteriormente, sugere que a doutrina antiga "apelava para os princípios da responsabilidade civil, na busca da solução adequada. Mas a responsabilidade civil não se revela capaz de dar cobertura adequada a todas as situações de intromissão em direitos alheios".[73]

A função da indenização na responsabilidade civil, excluindo a compensação por danos não patrimoniais, como se viu, é recompor o patrimônio do ofendido no que perdeu (dano emergente) ou no que deixou de ganhar (lucros cessantes), visando "reconduzir o patrimônio da vítima ao estado em que estaria se não houvesse ocorrido a lesão e não retirar do patrimônio do ofensor qualquer benefício ilegitimamente auferido com a conduta danosa".[74]

Nos casos de direito de autor, Ascensão destaca que, quando não houver ilícito, o enriquecimento sem causa permite restabelecer o equilíbrio que não se conseguiria por meio da responsabilidade civil, e remata:

> Assim, o enriquecimento sem causa levará o autor a poder exigir em qualquer caso o preço da licença que teria podido obter em condições normais. Levará ainda a permitir exigir todo o lucro obtido, enquanto se demonstrar que o foi à custa do titular – portanto que este o teria obtido se não fosse a intervenção do terceiro.[75]

Portanto, pode-se concluir que a teoria da responsabilidade civil, com todas as suas inovações, não dá a resposta adequada à maioria das questões, sejam elas quais forem, de lucro da intervenção, e, quando este decorrer de um ato que não seja ilícito, vedada será sua utilização.

3.2. A ação de enriquecimento sem causa como instrumento adequado de remoção do lucro da intervenção

A existência de uma pretensão decorrente de enriquecimento sem causa variou muito nos sistemas jurídicos. Alguns, como o nosso ao tempo do

---

ação de enriquecimento, tendo o tribunal considerado que o enriquecimento era justo porque os proprietários toleraram essa prática (ALVIM, Agostinho. Do enriquecimento sem causa. *Revista dos Tribunais*, São Paulo, v. 259, n. 3, p. 9, maio 1957).

[73] VARELA, Antunes. *Direito das obrigações* cit., p. 189-190.

[74] TERRA, Aline de M. Valverde; GUEDES, Gisela Sampaio da Cruz. Considerações acerca da exclusão do lucro ilícito do patrimônio do agente ofensor cit., p. 5.

[75] ASCENSÃO, José de Oliveira. *Direito de autor e direitos conexos*. Coimbra: Coimbra Editora, 1992. p. 628.

Código Civil de 1916, não regularam o enriquecimento sem causa como um instituto autônomo, mas apenas indicou algumas situações que o vedavam sem, contudo, dizê-lo expressamente, mas foi considerado até a entrada em vigor do Código Civil de 2002 como um princípio vigente no nosso sistema. Beviláqua, autor do projeto do Código Civil, afirmou que as hipóteses de enriquecimento sem causa seriam tantas que não seria possível sistematizá-las em regras e que por isso nosso sistema cuidou de algumas (ao que parece, inspirando-se nessa parte nos autores do projeto do Código Civil francês),[76] mas que, certamente, outras poderiam surgir.[77] Jorge Americano, por sua vez, entendeu que as hipóteses admitidas no direito brasileiro seriam só aquelas indicadas no código e, com relação a outras possíveis, o silêncio do Código indicaria que elas seriam toleradas, ou seja, haveria justa causa para o enriquecimento.[78]

Ignorou, assim, o autor do projeto do Código Civil de 1916 a existência de regras no Código Federal das Obrigações de 1881 e depois no Código Civil suíço de 1911, nos art. 62 e 70, respectivamente,[79] e no Código Civil alemão, nos art. 812 e seguintes, no qual se inspirara.

No Código Civil francês de 1804, cujo sistema também não previa até 2016[80] regra expressa a respeito do enriquecimento sem causa, coube à jurisprudência fixar seus contornos, conforme registra Ripert, afirmando o que assunto não foi sistematizado como regra porque os autores consideraram que ele era demasiado vago para ser proposto como tal e, como uma corrente subterrânea, ele alimenta regras precisas que revelam a sua existência, mas ele nunca aparece à luz do dia, considerando que o Código cuidou de diversas situações que o admitiam, e, se quisessem criar outras hipóteses, deveriam estabelecer regras legais precisas.[81]

Acrescenta esse autor que a Corte de Cassação, depois de ter condenado por enriquecimento sem causa num acórdão de 11 de julho de 1889 e de ter

---

[76] RIPERT, Georges. *A regra moral nas obrigações civis*. Tradução da 3. ed. francesa por Osório de Oliveira. Campinas: Bookseller, 2000. p. 247.

[77] BEVILÁQUA, Clóvis. *Direito das obrigações*. 5. ed. Rio de Janeiro: Livraria Freitas Bastos, 1940. p. 115.

[78] AMERICANO, Jorge. *Ensaio sobre o enriquecimento sem causa*. São Paulo: Livraria Acadêmica Saraiva, 1933. p. 99, em especial tópico 59, p. 116 e sua conclusão, p. 119.

[79] ALVIM, Agostinho. Do enriquecimento sem causa cit., p. 2.

[80] Cf. Rodrigo da Guia, em 2016 foi alterado para regular o enriquecimento sem causa por meio da Ordonnance du 10 février 2016 (SILVA, Rodrigo da Guia. *Enriquecimento sem causa*. As obrigações restitutórias no direito civil cit., p. 44).

[81] RIPERT, Georges. *A regra moral nas obrigações civis* cit., p. 247.

hesitado num outro de 2 de dezembro de 1891, finalmente admitiu-o num julgamento de 15 de junho de 1892, fixando os seus contornos.[82]

Na Alemanha, ao identificar como categoria especial o lucro da intervenção, Schulz sugeriu que a pretensão que dele se origina, destinada ao restabelecimento da situação anterior a intromissão, seria de enriquecimento sem causa e de reivindicação, e não pressuporia mais do que uma vantagem patrimonial advinda ao autor da intromissão, pretensão esta voltada à restituição do lucro resultante da intervenção.[83] Sustentava ele, conforme registro de Diogo Campos, que a obrigação de restituir representaria o inverso da ideia de indenização, pois não deveria ser no patrimônio do lesado, como acontece com a indenização, mas no do lesante, que deve restabelecer a situação que existiria sem a intervenção ilícita.[84] A partir do estudo de Schulz, outros autores alemães como Wilburg, Von Caemmerer, Jakobs,[85] e, na língua portuguesa, Pereira Coelho, Diogo Campos, Antunes Varela e Pires de Lima e por último Menezes Leitão,[86] dedicaram-se ao exame do lucro da intervenção e chegaram à conclusão de que o instrumento adequado para sua remoção do patrimônio do interventor seria a ação de enriquecimento sem causa, com todas as dificuldades que o tema carregava e carrega ainda hoje. Essa também foi a opção abraçada por nossos autores da atualidade, como se viu para a situação fática que envolve o lucro da intervenção.

---

[82] Cf. Ripert, o tribunal fixou os seguintes contornos: "Esta ação que deriva do princípio da equidade e que proíbe o enriquecimento à custa de outrem, não tendo sido sancionada por nenhum texto das nossas leis, não está submetida no seu exercício a nenhuma condição determinada. Basta, para a tornar aceitável, que o autor da demanda alegue e se proponha estabelecer a existência duma vantagem que teria, por meio dum sacrifício ou duma ação pessoal, trazido à pessoa contra quem move a ação" (RIPERT, Georges. *A regra moral nas obrigações civis* cit., p. 248).

[83] Cf. registro de CAMPOS, Diogo José Paredes Leite de. *A subsidiariedade da obrigação de restituir o enriquecimento* cit., p. 461-462.

[84] Idem, p. 462.

[85] Na ordem indicada: "Die Lehre von der ungerechtfertigten Bereichrung nach osterreichischem und deutschen Recht", 1934; cf. PEREIRA COELHO, Francisco Manuel. *O enriquecimento e o dano* cit., p. 64, nota de rodapé 121; "Bereicherung und unerlaubte Handlung", 1954, cf. PEREIRA COELHO, Francisco Manuel. *O enriquecimento e o dano* cit., p. 68, nota de rodapé 128; "Eingriffserwerb und Vermogensverschieburg in der Lehre von der ungerechtfertigten Bereicherung", 1964, cf. PEREIRA COELHO, Francisco Manuel. *O enriquecimento e o dano* cit., p. 75, nota de rodapé; Pereira Coelho, ob. cit., p. 64, nota de rodapé 147.

[86] Todas as obras desses autores foram indicadas ao longo deste ensaio.

Depois de um exame comparativo entre as reflexões do passado e do presente a respeito das características do enriquecimento sem causa, perceberá o leitor a ressignificação dada pela doutrina a respeito dos elementos caracterizadores do instituto, evidenciando a importância referida na introdução da doutrina e de sua influência na formação da jurisprudência.

A discussão se inicia com a classificação do enriquecimento sem causa como fonte de obrigações, na quadripartida formulação dos romanos: contratos, quase contratos, delitos e quase delitos. O tema do enriquecimento sem causa se enquadraria na parte relativa aos quase contratos[87]. Essa foi, na visão de Serpa Lopes, a inspiração para o os Códigos Civis francês, espanhol, o primeiro Código Civil italiano e o argentino, tendo se desviado dela o Código Civil alemão, o suíço, o italiano atual e nosso Código de 1916.[88]

O Código Civil italiano fixou que as obrigações derivam do contrato, do fato ilícito e de qualquer outro ato ou fato idôneo a produzi-la em conformidade com o ordenamento.[89] O Código Civil português e o brasileiro não destacaram um artigo específico para fixar as fontes das obrigações, mas identificaram um capítulo ou livro como obrigações (CC português, capítulo II, art. 405.º e ss.; CC/2002, Livro I, a partir do art. 233). O enriquecimento sem causa foi incluído dentro das fontes. Sua regulação no art. 884 do CC tem como fonte de inspiração o art. 812 do CC alemão, conforme destaca Bellizze de Oliveira,[90] opção que já deveria ter feito o legislador de 1916, levando em conta a anterioridade e a proximidade da publicação do Código Civil alemão com a apresentação do projeto do Código Civil de 1916. Contudo, destaque-se a opinião de Orlando Gomes, que considera superiores os códigos que deixaram o enriquecimento sem causa como princípio "precisamente por ter aceito que todas as *condictionis* do Direito romano se podem resumir à *conductio sine causa*".[91]

Essa também parece ser uma falsa questão porque, em tema de responsabilidade civil, não é possível antever ou prever todas as situações que atraem

---

[87]   CHAMOUN, Ebert. *Instituições de direito romano*. 3. ed. Rio de Janeiro: Revista Forense, 1957. p. 308-309.

[88]   SERPA LOPES, Miguel Maria de. *Curso de direito civil*. 4. ed. Rio de Janeiro: Livraria Freitas Bastos, 1968. v. II, p. 30.

[89]   Idem, p. 30.

[90]   OLIVEIRA, Marco Aurélio Bellizze de. Questões polêmicas sobre prescrição. In: SALOMÃO, Luis Felipe; TARTUCE, Flávio (coord.). *Direito civil*: diálogos entre a doutrina e jurisprudência. São Paulo: Atlas, 2017. p. 142.

[91]   GOMES, Orlando. *Obrigações*. 18. ed. atualizada por Edvaldo Brito. Rio de Janeiro: Forense, 2016. p. 258.

sua aplicação, eis que fundada também num princípio *neminem laedere*, cuja observância logo se transformou em obrigação jurídica, situação que também deveria ter ocorrido com o dever de não se enriquecer à custa de outrem, pois, sob o ponto de vista moral, ambas as circunstâncias são de observância indispensável à boa ordem da vida social, como salienta Ripert.[92]

A tarefa então é demonstrar como o lucro intervenção pode ser considerado uma hipótese geradora de enriquecimento sem causa. Para uns, para se reconhecer alguma situação como de enriquecimento sem causa, é mister que se dê: a) o enriquecimento de alguém; b) o empobrecimento de outrem; c) o nexo de causalidade entre o enriquecimento e o empobrecimento; d) a falta de causa;[93] e para outros basta que: a) exista um enriquecimento; b) que se obtenha esse enriquecimento à custa de outrem; c) que falta causa justificativa.[94]

Nesse passo, seria enfadonho apresentar maiores considerações, uma vez que, a partir dos estudos de Schulz, os autores alemães e portugueses citados caracterizam o lucro da intervenção como uma hipótese de enriquecimento sem causa e, com especial referência ao direito brasileiro, a opinião de Menezes Leitão no estudo de 2004 já referido.

No entanto, para melhor compreensão da questão, soa razoável examinar, ainda que singelamente, alguns dos requisitos do enriquecimento sem causa que poderiam ser apontados como empecilho ao enquadramento do lucro da intervenção como uma de suas hipóteses. Assim, o exame a seguir será feito visando apenas ao lucro da intervenção, e não a outras hipóteses de enriquecimento sem causa.

3.2.1. O enriquecimento do interventor

No quesito enriquecimento, pode-se afirmar que toda e qualquer intervenção em direito alheio vai gerar seja um acréscimo econômico (real ou patrimonial), uma diminuição do passivo ou uma poupança de despesas, seja direto ou indireto e, na hipótese exame, por ato do enriquecido como regra, ressalvando o indireto decorrente de atuação do interventor que beneficia um terceiro, como na situação de ilícito em que alguém recebe do ladrão uma

---

[92] RIPERT, Georges. *A regra moral nas obrigações civis* cit., p. 245.

[93] NEVES, José Roberto de Castro. *Direito das obrigações*. 7. ed. Rio de Janeiro: GZ Editora, 2018. p. 43.

[94] COSTA, Mario Júlio de Almeida. *Noções de direito civil*. Coimbra: Almedina, 1980. p. 58.

Cap. 19 · INTERVENÇÃO EM BENS E DIREITOS ALHEIOS | 539

parcela do produto do crime, ou, na hipótese de a intervenção consistir na alienação eficaz realizada pelo interventor a um terceiro (art. 879 e parágrafo único do art. 884, ambos do CC/2002).

3.2.2. O empobrecimento do titular do direito ou às custas deste

A correlação ou o nexo entre o enriquecimento do interventor e o empobrecimento do titular do direito (reputado por alguns como requisito essencial) é um dos aspectos (aliado a subsidiariedade como se verá) de maior dificuldade de enquadramento do lucro da intervenção como hipótese de enriquecimento sem causa, considerando, como se sabe, que em algumas hipóteses efetivamente não haverá empobrecimento do titular do direito (o exemplo do livro editado e vendido ou a peça exibida, ambos sem autorização do titular), embora na grande maioria das situações exista essa correlação.

Esse ponto foi de extrema sensibilidade para os autores do passado enquadrarem determinada situação como de enriquecimento sem causa, em especial pela teoria da deslocação patrimonial. Algo precisava sair ou ter saído do patrimônio do titular do direito com destino ao patrimônio do enriquecido. Pontes de Miranda destacava: "Se uma retira, por ato seu, ou não, do patrimônio da outra, para o seu, ou para o de terceiro, ou do seu próprio para o de outrem, algum bem da vida, ou parte dele, há de haver justificação para isso, ou o enriquecimento é *injustificado*".[95]

A releitura dessa característica começou por Schulz ao afirmar que a obrigação de restituir o lucro da intervenção não pressuporia a existência de um dano ao titular do direito, mas sim estender-se-ia a todo o lucro causado pela intromissão no patrimônio do enriquecido, de modo que seu patrimônio voltasse ao estado anterior à vantagem decorrente da intromissão (situação hipotética), mas tinha como requisito a ilicitude da intervenção.[96]

A essa questão Wilburg responde com a teoria do conteúdo de destinação dos bens, nascendo a obrigação de restituir o lucro da propriedade ou outro direito absoluto violado, como continuação da atuação jurídica, resultado

---

[95] PONTES DE MIRANDA, Francisco Cavalcanti. *Tratado de direito de privado* cit., p. 119. Destaque no original.

[96] CAMPOS, Diogo José Paredes Leite de. *A subsidiariedade da obrigação de restituir o enriquecimento* cit., p. 462. PEREIRA COELHO, Francisco Manuel. *O enriquecimento e o dano* cit., p. 61-62; o autor critica a solução de Schulz dizendo que ela não atenderia ao direito português e concederia excessiva proteção ao titular do direito e a tutela dos direitos absolutos não deveria ir tão longe e representaria um confisco ou pena privada.

da utilização ou emprego dos bens jurídicos alheios. Portanto, o interventor deverá entregar ao titular do direito aquela parte do lucro da intervenção que mantenha ligação econômica com o direito violado.[97] Essa doutrina foi aperfeiçoada por Jacobs,[98] mas retomando a ideia de Schulz quanto à necessidade de ilícito,[99] e por Von Caemmerer.[100]

O fato é que os autores portugueses passaram a se utilizar dos estudos alemães no tratamento da questão (por exemplo, Pereira Coelho, Antunes Varela e Pires de Lima, Diogo Campos, Menezes Leitão), e foi a teoria da destinação do conteúdo dos bens que levou também nossos autores da atualidade a estabelecer a conexão entre o lucro da intervenção e o enriquecimento à custa de outrem, sendo indiferente se o titular daria a destinação que o interventor conferiu ao conteúdo do direito e que possibilitara o lucro.[101]

Percebe-se, então, que não se pode ler o requisito enriquecimento à custa do empobrecimento do outro do mesmo modo nem qualificá-lo como inútil,[102] mas pode ser reinterpretado para evitar sua concepção patrimonial, pois conduziria à ideia de uma diminuição patrimonial, o que muitas vezes não ocorrerá, em especial no lucro da intervenção, como na hipótese de alguém que ganhou a corrida com o cavalo de outrem sem estar autorizado a tanto ou colocou um *outdoor* publicitário em terreno alheio.[103]

Desde modo, como destacam Aline Terra e Gisela Sampaio, o requisito à custa de outrem não pode significar que o enriquecimento decorra de um empobrecimento alheio, que algumas vezes pode até ocorrer.[104] Assim, a expressão deve ser entendida, conforme ensina Almeida Costa, como "a necessidade de que haja um suporte do enriquecimento por outrem, que se produza um locupletamento à custa alheia, ou seja, com bens jurídicos

---

[97] Cf. PEREIRA COELHO, Francisco Manuel. *O enriquecimento e o dano* cit., p. 64-65; e CAMPOS, Diogo José Paredes Leite de. *A subsidiariedade da obrigação de restituir o enriquecimento* cit., p. 474-475.

[98] Cf. CAMPOS, Diogo José Paredes Leite de. *A subsidiariedade da obrigação de restituir o enriquecimento* cit., p. 465.

[99] Cf. PEREIRA COELHO, Francisco Manuel. *O enriquecimento e o dano* cit., p 75; e MENEZES LEITÃO, Luís Manuel Teles de. *Direito das obrigações* cit., p. 436.

[100] Cf. MENEZES LEITÃO, Luís Manuel Teles de. *Direito das obrigações* cit., p. 437.

[101] Por exemplo, NORONHA, Fernando. Enriquecimento sem causa cit., p. 68.

[102] NANNI, Giovanni Ettore. *Enriquecimento sem causa* cit., p. 257.

[103] KONDER, Carlos Nelson. Enriquecimento sem causa e pagamento indevido cit., p. 385.

[104] TERRA, Aline de M. Valverde; GUEDES, Gisela Sampaio da Cruz. Considerações acerca da exclusão do lucro ilícito do patrimônio do agente ofensor cit., p. 8.

Cap. 19 · INTERVENÇÃO EM BENS E DIREITOS ALHEIOS | 541

pertencentes a pessoa diversa, não já como a imprescindibilidade de um correspondente empobrecimento".[105]

Igualmente Menezes Leitão, ao afirmar que não faz sentido "continuar a configurar o requisito à custa de outrem como a exigência de um empobrecimento concomitante em relação ao enriquecimento", e essa conclusão permite entender a verdadeira função do enriquecimento sem causa, "que é a de reprimir o enriquecimento injustificado, e não o de compensar os danos sofridos"; daí por que esse requisito, em termos gerais, deve ser definido "como a imputação que justifica que alguém tenha que restituir o enriquecimento que se gerou no seu património".[106]

Essas reflexões influenciaram a formação do Enunciado 35 da *I Jornada de Direito Civil*: "A expressão 'se enriquecer à custa de outrem' do art. 886 do novo Código Civil não significa, necessariamente, que deverá haver empobrecimento". Elas também serviram de fundamento para o STJ julgar o REsp 1.698.701/RJ, a respeito da ocorrência de lucro da intervenção, evidenciando o diálogo importante entre a doutrina e a jurisprudência não só no que diz respeito a teoria da destinação dos bens, mas também na interpretação do requisito à custa do empobrecimento de outrem.[107]

Pires de Lima e Antunes Varela salientam que nem "sempre, porém, a obtenção de uma vantagem à custa de outrem se traduz numa diminuição correlativa do património do lesado. Nem sempre, por outras palavras, ao enriquecimento injusto corresponde o empobrecimento de outrem".[108] E rematam:

> E, todavia, não pode duvidar-se de que a vantagem patrimonial do beneficiado foi obtida à *custa de outrem* – por ser obtida com meios ou bens pertencentes a outrem. Tudo quanto os bens sejam capazes

---

[105] COSTA, Mario Júlio de Almeida. *Noções de direito civil* cit., p. 60

[106] MENEZES LEITÃO, Luís Manuel Teles de. *O enriquecimento sem causa no direito civil*: estudo dogmático sobre a viabilidade da configuração unitária do instituto, face à contraposição entre as diferentes categorias de enriquecimento sem causa. Coimbra: Almedina, 2005. p. 876.

[107] REsp 1.698.701/RJ, p. 8 e 10.

[108] LIMA, Pires de; VARELA, Antunes. *Código Civil anotado* cit., p. 457. Dão como exemplos a utilização de um automóvel de um amigo sem autorização, ganhando um prêmio numa competição esportiva da qual o proprietário não participaria; a publicação de uma obra que o autor não queria publicar, e acrescentam: "Em nenhum desses casos se pode rigorosamente falar numa *diminuição* do patrimônio do dono da coisa nem sequer na *privação dum aumento* dele, uma vez que o titular não estava disposto a usar ou fruir a coisa nos termos em que o fez o *intrometido*" (destaques no original).

de render ou produzir pertence, em princípio, ao respectivo titular. A pessoa que, intrometendo-se na utilização de bens alheios, consegue uma vantagem patrimonial, obtém-se *à custa* do titular do respectivo direito, mesmo que este não estivesse disposto a realizar os actos de onde a vantagem procede. Trata-se, com efeito, de uma vantagem que estava *reservada* ao titular do direito, segundo o conteúdo da *destinação, afectação* ou *ordenação* dos bens constituem o respectivo objecto.[109]

3.2.3. Sem justificativa ou sem causa

O enriquecimento não tem causa quando "a atribuição patrimonial de que decorre não encontra fundamento jurídico, ou porque se frustrou a sua finalidade ou função ou porque cessou ou não subsiste a respectiva justificação".[110] A noção de causa no tema de enriquecimento não tem a mesma correspondência que encontra na teoria do negócio jurídico.[111]

Causa, em princípio, para teoria do enriquecimento seria aquela que, segundo a ordenação jurídica vigente, permite ao enriquecido reter em seu patrimônio a vantagem obtida, caso contrário falta a causa, mas não que sua ausência caracterize um ilícito; pode até caracterizar, mas, como salienta Pontes de Miranda, "a ilicitude pode ocorrer, porém não é elemento necessário".[112] A causa que justifica a aquisição patrimonial pode nunca ter existido ou ter deixado de existir. Essa conclusão se extrai também do art. 884 do CC/2002.

Para Pires de Lima e Antunes Varela, quando um enriquecimento criado está em harmonia com a ordenação jurídica dos bens aceita pelo sistema, pode-se afirmar que tem causa justificativa, mas, se, pelo contrário, pela ordenação positiva, ele houver de pertencer a outrem, o enriquecimento aí carece de causa, e rematam:

> Com vistas a abranger todas as situações de enriquecimento injusto, poderá dizer-se que a falta de causa justificativa se traduz na ine-

---

[109] Idem. Destaques no original

[110] VASCONCELOS, Pedro Pais de. *Teoria geral do direito civil* cit., p. 279.

[111] Confira-se: NEVES, José Roberto de Castro. O enriquecimento sem causa: dimensão atual do princípio do direito civil. In: MORAES, Maria Celina Bodin de (coord.). *Princípios do direito civil contemporâneo*. Rio de Janeiro: Renovar, 2006. p. 200-211. E estudo específico: MORAES, Maria Celina Bodin de. A causa do contrato. *Civilistica.com*, ano 2, n. 1, p. 1-24, 2013.

[112] PONTES DE MIRANDA, Francisco Cavalcanti. *Tratado de direito de privado* cit., p. 120.

xistência de uma relação ou de um facto que, à luz dos princípios aceites no sistema, *legitime* o enriquecimento.[113]

A discussão da causa tem a ver ainda com sua legitimidade ou não perante o sistema vigente, e, em regra, é associada à ideia de um título jurídico que justifique o enriquecimento, podendo ser também considerada uma fórmula geral de reprovabilidade aos princípios do sistema.[114] Nessa parte, Schreiber e Silva salientam que a situação não se deve resumir à ausência de título jurídico que deve ser sopesada com os demais "valores relevantes para delimitação da (in)justiça do enriquecimento em cada caso concreto" e na verificação imprescindível, de um juízo de "merecimento de tutela para que se possa concluir sobre a justiça ou injustiça do enriquecimento à luz da legalidade constitucional".[115]

3.2.4. Subsidiariedade. Pretensão restitutória e reparatória. Reinterpretando o lucro da intervenção

Um dos requisitos mais complexos em matéria de enriquecimento sem causa (dentro dele o lucro da intervenção) é aquele relativo à subsidiariedade (ou não) da ação de enriquecimento sem causa. A admissão do enriquecimento sem causa como um princípio jurídico se dera em razão do silêncio de alguns códigos do passado (por exemplo, francês e brasileiro) em virtude basicamente do fato de se tratar de uma providência que o titular só teria de modo supletivo, isto é, se não encontrasse no sistema nenhum tipo de proteção específica para o direito violado, quando dele resultasse alguma vantagem para o ofensor, aí poderia se valer da ação de enriquecimento. Assim, a subsidiariedade era (e ainda é) pressuposto aplaudido pela doutrina clássica reinterpretado pela doutrina recente, emprestando-lhe um novo significado. Dito de outro modo: ressignificando-o, situação que, em verdade, não se mostra tão simples como parece nem será possível examinar todas as situações neste ensaio.

---

[113] LIMA, Pires de; VARELA, Antunes. *Código Civil anotado* cit., p. 456.

[114] KONDER, Carlos Nelson. Enriquecimento sem causa e pagamento indevido cit., p. 389

[115] SCHREIBER, Anderson; SILVA, Rodrigo da Guia. Aspectos relevantes para a sistematização do lucro da intervenção no direito brasileiro cit., p. 9. Ver também SILVA, Rodrigo da Guia. *Enriquecimento sem causa*. As obrigações restitutórias no direito civil cit., sobre ressignificação da ausência de justa causa à luz da legalidade constitucional, item 2.3, p. 172.

A necessidade de reinterpretação decorre da circunstância de o sistema brasileiro e, por exemplo, o português constarem expressamente como pressupostos do instituto de sua subsidiariedade. Desse modo, a pretensão de enriquecimento só poderia ser acolhida (ajuizar não se podia impedir), se não houvesse outra no sistema para proteção do interesse violado. Nesse ponto que se mostra saliente a questão da aplicação ou não da responsabilidade civil. Não se olvide que é pela responsabilidade civil que se aviam discussões sobre os diversos impactos da modernidade na vida das pessoas.

No entanto, a possibilidade de cumulação ou não de pretensões (num mesmo processo e sob o mesmo "guarda-chuva") também ocorreu no campo da responsabilidade civil, como na hipótese de que de um mesmo fato resultassem dano material, dano moral, dano estético, dano ao nome ou à imagem de alguém que necessitasse de prestação positiva do ofensor que não fosse o pagamento de indenização em dinheiro (prestação *in natura*, como pedir desculpa numa determinada publicação).[116]

Naquelas hipóteses indicadas pelo sistema como de enriquecimento sem causa (especificação, plantação e construção em terreno alheio, passagem forçada, passagem de cabos e tubulações etc.) não há dificuldade no enquadramento (ainda que na prática o autor ajuizaria um pedido de indenização sem qualquer referência a enriquecimento sem causa), e do mesmo modo, quando não for ilícita atuação do interventor ou ainda quando não ocorrer dano no patrimônio do titular. Nessas situações, a proteção do direito só se dará pelo enquadramento do lucro da intervenção como uma das hipóteses de enriquecimento sem causa.

Entretanto, a questão apresenta certo grau de dificuldade, quando há ilícito (como na maioria das hipóteses) e dele resultar dano ao titular do direito, por ser prática corriqueira ação de indenização com fundamento na responsabilidade civil, situação que poderia afastar numa leitura apressada a ação por enriquecimento sem causa.

Nelson Konder pondera que, estando presentes os pressupostos da responsabilidade civil e se a indenização é suficiente para abarcar toda a vantagem buscada, deve o interessado louvar-se na ação respectiva, em especial quando o dano for superior ao lucro da intervenção.[117]

---

[116] É óbvio que, se tal condenação não for cumprida voluntariamente, poderá gerar o pagamento de *astreintes* e sua conversão em perdas e danos.

[117] KONDER, Carlos Nelson. Dificuldades de uma abordagem unitária do lucro da intervenção cit., p. 7.

Nesse particular, Pereira Coelho assinala que no confronto entre a responsabilidade civil e o enriquecimento sem causa poderá partir-se do seguinte raciocínio: "o enriquecimento é adquirido e o dano suportado, em princípio, pelo patrimônio de quem respectivamente o faz ou sofre",[118] e, em sentido semelhante, Caio Mário afirma que não se pode confundir o instituto do enriquecimento sem causa com a responsabilidade civil, já que este tem como objeto reparar um dano suportado pela vítima e, "sob o prisma material, a tutela jurídica é voltada para a proteção dinâmica do patrimônio". Por sua vez, o enriquecimento sem causa é "instrumento voltado à proteção estática do patrimônio, abrangendo, pois, hipóteses não abrangidas pela responsabilidade civil", eis que no enriquecimento não se exigem na sua configuração o ato ilícito e o dano, sendo seu objetivo "remover a vantagem recebida por um para transferi-la a quem de direito".[119]

Antunes Varela salienta que o princípio da subsidiariedade, além de ser definido em termos imprecisos, constitui objeto de controvérsia entre os autores. Essa questão está na origem (como já salientado) em que os autores consideravam a ação de enriquecimento como último limite, uma *extrema ratio*, em cuja porta o interessado só bate para corrigir situação de enriquecimento injusto que repugna o sistema, quando não encontra meio para fazê-lo de outro modo. E conclui o referido autor, quando analisa nosso sistema positivo, que, desde que exista analogia com os casos que o sistema prevê ou os princípios gerais do direito o justifiquem, o empobrecido "poderá exercer seu direito à restituição, independentemente de haver ou não outro meio de corrigir a situação".[120]

Em modo semelhante, Menezes Leitão, à luz direito civil brasileiro, afirma que naquelas hipóteses em que a lei concedeu ação específica (*v.g.*, anulação de contrato por erro ou dolo, como a modificação do contrato no caso de lesão, na usucapião, na prescrição, na onerosidade excessiva) não cabe ação de enriquecimento do art. 884 do CC/2002, porém um exame mais cuidadoso permite concluir que a regra da subsidiariedade não tem um alcance absoluto. É manifesto que a ação de enriquecimento poderá concorrer com a de responsabilidade civil, sempre que esta não atribua uma proteção idêntica à da ação de enriquecimento. Assim, não parece "que a regra do art. 886 consagre uma subsidiariedade geral da ação de enriquecimento, mas

---

[118] PEREIRA COELHO, Francisco Manuel. *O enriquecimento e o dano* cit., p. 21-22.

[119] PEREIRA, Caio Mário da Silva. *Instituições de direito civil*. Obrigações. 31. ed. Rio de Janeiro: Forense, 2019. v. II, p. 277.

[120] VARELA, Antunes. *Direito das obrigações* cit., p. 202.

antes uma incompatibilidade de pressupostos entre as situações referidas e essa ação".[121] E conclui:

> Não parece existir, por isso, uma verdadeira subsidiariedade do enriquecimento sem causa, funcionando muitas vezes a invocação de tal regra com um "cripto argumento", destinado a evitar uma utilização desproporcionada da cláusula geral do art. 884.[122]

Para Giovanni Nanni, a subsidiariedade é um requisito próprio do enriquecimento sem causa na sua forma típica, isto é, quando fonte obrigacional, mas não como princípio, e, quando encarado como tal, não se deve debater a subsidiariedade, pois nessa hipótese, quando considerado "norma de fechamento das regras obrigacionais, o instituto não está sujeito a essa limitação".[123]

Analisando a situação pela ótica funcional do direito das obrigações (negocial, reparatória, restitutória), Sergio Savi acentua que as "diferentes funções dos dois institutos fazem com que não seja possível admitir uma integral subsidiariedade da pretensão de restituição do enriquecimento em relação à pretensão de reparação de dano".[124]

Mesmo se considerar como pressuposto inafastável a subsidiariedade na hipótese de lucro da intervenção, como tem sido concebido na atualidade, salientam Dan, Bernardo e Leonardo que não existem outros meios igualmente efetivos para remoção do lucro da intervenção, pois a responsabilidade civil, seja do ponto de vista prático, seja do teórico, não se enquadra como mecanismo adequado para remeter à esfera jurídica da vítima as vantagens do lucro advindas, se nenhum dano tiver lhe causado. Logo, "a subsidiariedade precisa ser entendida como a imposição de que se recorra prioritariamente a outros meios, distintos do enriquecimento sem causa, quando também se prestarem, com a mesma efetividade",[125] para remoção do lucro da intervenção.

---

[121] MENEZES LEITÃO, Luís Manuel Teles de. O enriquecimento sem causa no novo Código Civil brasileiro cit., p. 25.

[122] Idem, ibidem.

[123] NANNI, Giovanni Ettore. *Enriquecimento sem causa* cit., p. 284.

[124] SAVI, Sergio. *Responsabilidade civil e enriquecimento sem causa*. O lucro da intervenção cit., p. 119.

[125] FAJNGOLD, Leonardo; SALGADO, Bernardo; GUERCHON, Dan. Lucro da intervenção: a disciplina e os julgamentos pioneiros no Superior Tribunal de Justiça cit., p. 173.

A propósito, merecem referência as afirmações de Caio Mário na exposição de motivos do anteprojeto de Código de Obrigações que formulou, no qual, ao cuidar do enriquecimento sem causa, não incluiu a característica histórica da subsidiariedade, afirmando:

> Ao contrário de outras legislações, para as quais a ação de locupletamento é secundária, no sentido do que somente cabe quando faltar outro meio de reparação, entendi que não devia consignar tal restrição, somente geradora de recursos processuais inúteis, de exceções desnecessárias, e de eternização dos litígios. Quem tiver outro meio de restaurar o direito lesado poderá usá-lo. Mas nenhum dano social existe no fato de tomar rumo, desde logo, pela ação que visa a esta indenização.[126]

3.2.5. Cumulatividade das pretensões restitutória e reparatória

A despeito de todas as dificuldades inerentes à quantificação do valor a ser restituído, na hipótese de intromissão em bens ou direitos alheios, deve-se abrir ao prejudicado a opção de cumular sua pretensão de enriquecimento sem causa com a pretensão de responsabilidade civil, quando presentes, na mesma situação de intervenção, os requisitos desta última.

Não há dúvida, como se viu, de que em determinadas situações a atuação do interventor causará um dano ao titular do direito por ato ilícito, e ele, interventor, poderá ou não obter uma vantagem, a qual poderá ser maior ou menor do que o dano que causou com a intervenção.

Parece razoável que ao titular do direito caiba decidir qual ou quais tutelas dentre as previstas no sistema atendem a seu interesse, quando há concorrência de dano e lucro no ato de intervenção, e qual medida deve propor, mas não fechar a porta da pretensão restitutória em razão da independência funcional dos institutos. No entanto, não há problema algum, mesmo na hipótese de ser o lucro menor do que o dano, admitir que o interventor que tenha praticado um ilícito seja condenado a pagar a indenização correspondente ao dano e restituir o lucro que obteve, pois, se assim não for, não se estará adotando, na interpretação da situação, a teoria do conteúdo ou destinação natural do direito, pois o lucro, ainda que pequeno, é resultante da intervenção no direito alheio e não se confunde com o dano experimentado.

---

[126] *Código Civil*. Anteprojetos de Código de Obrigações. Brasília, 1989. v. 3, p. 134.

Parece possível emprestar a mesma lógica de que, se um só fato pode gerar responsabilidade penal e responsabilidade civil (ainda que se possa afirmar que os bens tutelados sejam diversos numa e noutra), para reconhecer as duas pretensões em matéria de lucro da intervenção: quando há ilícito no ato de intervenção à ação de responsabilidade civil e a ação de enriquecimento, uma vez que o dano foi causado ao patrimônio do titular do direito e o lucro está, seja ele de que monta for, no patrimônio do interventor. São situações distintas que têm origem no mesmo fato e que dão origem a duas pretensões completamente diferentes que, pelas regras do direito processual, podem andar juntas nos mesmos autos e nenhuma delas tem rito particular.

Nesse sentido, colhe-se em Giovanni Nanni, quando analisa o enriquecimento decorrente de injusto, que o "comportamento do enriquecido representa um ato de flagrante má-fé e contrário ao direito, portanto, ilícito, o qual possibilitaria, afora a ação de enriquecimento, o exercício da ação indenizatória".[127] Do mesmo modo, Menezes Leitão: "Já não me parece, porém, que a existência de responsabilidade civil exclua liminarmente a aplicação do enriquecimento por intervenção no caso de a protecção por ele conferida ser superior".[128]

Analisando a situação pelo perfil funcional, salientam Schreiber e Rodrigo que os institutos (enriquecimento sem causa e responsabilidade civil) têm funcionamentos distintos e não excludentes e,

> (...) portanto, podem coexistir em uma mesma situação fática. Em atenção a função precípua da responsabilidade civil e da vedação ao enriquecimento sem causa, pode-se enunciar, desde logo, a regra geral segundo a qual as pretensões em comento coexistirão quando houver dano injusto a indenizar e enriquecimento injustificado a restituir.[129]

---

[127] NANNI, Giovanni Ettore. *Enriquecimento sem causa* cit., p. 299.

[128] MENEZES LEITÃO, Luís Manuel Teles de. *Direito das obrigações* cit., p. 431 nota de rodapé n.º 1.023.

[129] SCHREIBER, Anderson; SILVA, Rodrigo da Guia. Aspectos relevantes para a sistematização do lucro da intervenção no direito brasileiro cit., p. 10. No mesmo sentido, Sergio Savi: "Para concluir, pode-se afirmar que, nos casos de enriquecimento por intervenção, o titular do direito poderá cumular a pretensão de enriquecimento sem causa com a pretensão de responsabilidade civil" (*Responsabilidade civil e enriquecimento sem causa. O lucro da intervenção* cit., p. 121).

A independência funcional da pretensão reparatória e restitutória não passou desapercebida por Pontes de Miranda, que exemplifica do seguinte modo:

> Se B aliena a coisa de A, coisa, portanto, que não está no seu patrimônio, e C adquire, excepcionalmente, a propriedade, a responsabilidade B não é a de enriquecimento, se nada recebeu, é a de ato ilícito absoluto; enriqueceu-se C, que responde. (...). Há concorrência de pretensões, por ato ilícito absoluto e pelo enriquecimento injustificado.[130]

E remata:

> Os exemplos acima focalizam a diferença entre a ação de restituição por enriquecimento injustificado e a ação de indenização por ato ilícito, ou ato-fato ilícito ou fato *stricto sensu ilícito*. Tôda confusão a respeito é altamente perniciosa.[131]

Conforme se viu neste tópico, não há objeção alguma em cumular as pretensões indenizatória e restitutória na hipótese de estarem ambas presentes no mesmo suporte fático. Aliás, a cumulação da pretensão reparatória com a restitutória foi admitida pela 13.ª Câmara Cível do TJRJ e pelo STJ, na hipótese já indicada, na qual uma atriz aviou pretensão de reparação de danos materiais e morais, além da pretensão restitutória em razão da utilização de sua imagem em campanha publicitária de fins comerciais, objetivando receber por pretensão reparatória/compensatória indenização cabível e pretensão restitutória pelo lucro da intervenção obtido pela empresa que praticou a intromissão em seu direito.[132]

4. Proposta de redução na configuração do lucro da intervenção

Admitindo a situação geradora do lucro da intervenção como um fato jurídico como efetivamente o é e, portanto, fonte de obrigações,[133] a questão

---

[130] PONTES DE MIRANDA, Francisco Cavalcanti. *Tratado de direito de privado* cit., p. 195.

[131] Idem, ibidem.

[132] TJRJ, Apelação Civil 0008927-17.2014.8.19.0209, 13.ª CC,, Rel. Des. Fernando Fernandy Fernandes; REsp 1.698.701/RJ, Rel. Min Ricardo Villas Bôas Cueva.

[133] SERPA LOPES, Miguel Maria de. *Curso de direito civil* cit., p. 28; GOMES, Orlando. *Obrigações* cit., p. 25-26.

da subsidiariedade passa a ser um falso problema, considerando que o lucro da intervenção não pode ser considerado lucro cessante coberto pela responsabilidade civil, porque este último pressuporia que o titular do direito tivesse dele fruindo e que o interventor interrompeu essa sequência ou que o titular comprove que tinha um projeto semelhante ao do interventor.

No entanto, mesmo assim, não se pode afirmar que a atuação do titular do direito seria melhor ou pior do que a do interventor na obtenção do "lucro" (salvo em hipótese muito específica de um ser profissional e outro não), ou seja, em qual das hipóteses o lucro seria maior, o que sem dúvida provoca enorme dificuldade prática, e quem lida com processo civil sabe das dificuldades de avaliação de determinadas situações econômicas.

Não há dúvida de que, mesmo na hipótese de exclusivo exercício da ação de locupletamento, já se mostra difícil a quantificação do lucro da intervenção, quando há participação também do interventor na sua obtenção. Entretanto, essa dificuldade não pode ser empecilho para seu reconhecimento, uma vez que se trata de uma segunda fase da discussão do problema, conhecida como liquidação de sentença que, ao fim e ao cabo, pode se dar por arbitramento, se por outros meios não for possível conhecer o valor da verba devida a título de "repatriação" do lucro da intervenção, pois, como assinala Pontes de Miranda, o "que se pede, com a pretensão por enriquecimento injustificado, é a entrega de tudo o que obtido (não recebido) sem causa, às expensas do prejudicado, mais os proveitos percebidos, ainda estantes".[134]

Para eliminar a discussão a respeito da subsidiariedade em tema de lucro da intervenção, propõe-se que seja ele reconhecido como uma categoria especial de enriquecimento, autônoma, que poderia ser percebida de modo fácil, de maneira a eliminar qualquer discussão, se a hipótese fosse de responsabilidade civil ou de ação de enriquecimento, pouco importando se o dano é maior ou menor do que o lucro.

Não há dúvida de que as intervenções ou intromissões em direito alheio ocorrem com muita frequência na sociedade. Basta para tanto lembrar que os autores do passado e atuais identificaram algumas hipóteses que caracterizavam intervenção no direito brasileiro. Toda intervenção causará uma espécie de dano (patrimonial ou não patrimonial), mas nem toda intervenção deveria ser enquadrada na qualificação de lucro. Essa expressão deverá ser adotada tão somente nas hipóteses em que o objetivo do interventor for a obtenção de uma vantagem econômica (o lucro) no sentido de ganho patrimonial,

---

[134] PONTES DE MIRANDA, Francisco Cavalcanti. *Tratado de direito de privado* cit., p. 182.

seja em razão de sua atividade empresarial regular ou irregular (aumentar os lucros com a venda de um produto fazendo uso indevidamente da imagem de alguém; editar e vender obra alheia sem autorização; utilizar-se de um imóvel alheio para colocar a publicidade da própria empresa ou de outrem, como ocorre ao longo das rodovias – pense-se na dificuldade de apurar com qual parcela efetivamente o *outdoor* contribuiu para as vendas).

Outrossim, dar à locação imóvel alheio como próprio, obtendo a vantagem do aluguel (abstraindo aqui a discussão sobre a função social da posse e da propriedade).

Quando houver um lucro, não importa se maior ou menor que eventual dano causado, ele deverá ser excluído do patrimônio do beneficiário como lucro da intervenção, por meio da ação de enriquecimento sem causa. Se da intervenção resultou dano de qualquer natureza, poderá o titular do direito ajuizar cumulativamente a ação de reparação de danos na hipótese de ser considerada ilícita a atuação do interventor.

Essa solução parece se adequar à teoria do conteúdo da destinação dos bens. Se a vantagem deve pertencer ao titular do direito por ser expressão do seu direito, não importa, na discussão do lucro da intervenção, se o mesmo fato gerou ou não dano e em que monta.

Seria tomar emprestada a noção de lucro da ciência contábil, mas limitando seu exame à situação específica da intervenção com fins comerciais/ empresariais. Assim, se houve publicação, edição de obra alheia, a utilização da imagem alheia, por exemplo, deve-se verificar em que medida o enriquecimento do interventor saiu exclusivamente de seu patrimônio (dispêndios com matéria-prima, mão de obra, publicidade etc.), enfim, o custo que possibilitou a intervenção realizada produzir lucros, e, nessa apuração, havendo saldo positivo, analisar se o interventor estava ou não de boa-fé. Se de boa-fé, poderá reter o interventor o correspondente a 50% do lucro, aí incluído os frutos que porventura já tiver percebido de boa-fé (art. 1.214 do CC aplicado por analogia), e a outra parte deverá ser restituída ao titular do direito. O percentual de 50% toma-se emprestado na parte em que o Código Civil de 2002 estabeleceu como parâmetro no direito das coisas, quando não se consegue saber com precisão a parte do direito que pertence a cada um dos envolvidos, *v.g.*, na copropriedade (parágrafo único do art. 1.315; meação de paredes no condomínio necessário (arts. 1.327 e 1.328 do CC); no achado de tesouro (arts. 1.264 e 1.266 do CC); quando não for possível identificar o valor de cada um na mistura de coisas (art. 1.272 § 1.º, do CC – confusão, comistão e adjunção de coisas).

A intervenção que gerar uma poupança ou diminuir o passivo do interventor guarda imediata relação com o valor de uso do bem utilizado, seja no consumo de bens, seja ocupando imóvel alheio de veraneio, um terreno alheio para realização de um evento sem fins lucrativos. Nessas hipóteses, a solução que nossa doutrina sempre sugeriu e a jurisprudência acatou foi por meio da ação de responsabilidade civil, em que a indenização corresponde ao valor de uso do bem. Essa solução atende ao interesse do titular do direito e deve continuar sendo adotada.

Nas questões de direito de autor, por exemplo, o Código anterior e a legislação posterior sempre fixaram como medida a reparar a violação do direito do autor por intervenção alheia no seu direito à apreensão da publicação encontrada, estimando a indenização em número de exemplares real ou presumido, conforme se conheça ou não da quantidade editada: no Código Civil de 1916, cerca de 1.000 exemplares (art. 669 do CC/1916) e na Lei 9.610/1998, cerca de 3.000 exemplares (art. 103).

Nessa hipótese, se existir lucro, será ele devido ao titular do direito, deduzindo dele a contribuição do interventor, sem a qual a obra não existiria. Assim, o custo de edição, divulgação e distribuição deve ser levado em conta para evitar que o titular do direito passe à condição de enriquecido. Esses custos teria o titular do direito, caso resolvesse editar sua obra.

O Código de 1916, nas hipóteses de intervenção em direito alheio para as quais foram consideradas como hipóteses de vedação expressa ao enriquecimento sem causa (*v.g.*, especificação, avulsão, construções e plantações, benfeitorias), o que levou, como se disse, Jorge Americano a sustentar sua tese de que não haveria (ou não havia?) outras situações consagradas pelo direito brasileiro e, por isso, dizia o referido autor que, em qualquer outra intervenção não prevista, o enriquecimento deveria ser havido como justificado. Em tais hipóteses, mantidas no Código Civil de 2002, o legislador forneceu os parâmetros de cálculo do enriquecimento. Também estabeleceu naquelas hipóteses de intervenção na propriedade decorrente de necessidade específica, como na passagem forçada (art. 1.285 do CC/2002 e art. 559 do CC/1916) e na passagem de cabos e tubulações (art. 1.286 do CC/2002).

Em algumas dessas situações, prevê o legislador que o credor receba maior ou menor contemplação, conforme estiver ou não de boa-fé; portanto, na construção de benfeitorias; na plantação ou construção com sementes ou materiais próprios ou alheios em terreno próprio ou alheio. Na especificação, confusão, comistão e adjunção, também a boa ou a má-fé influencia se deve ocorrer a redução ou se possível a separação das coisas misturadas e ainda para opção de quem terá a propriedade da coisa nova.

Sendo possível, como parece que é, restringir o problema do lucro da intervenção na forma proposta anteriormente (lucro contábil – excluindo as despesas inúteis ou desnecessárias, como sugere Pontes de Miranda),[135] poderia, por analogia, ser aplicada a solução prevista na temática da construção e plantação, em especial arts. 1.254, 1.255, 1.256, 1.257, todos do CC/2002, e também naqueles que se referem ao possuidor de boa ou má-fé (arts. 1.214 ao 1.220 do CC/2002).

Portanto, levando em consideração a proposta de aplicação específica da intervenção com lucro (invertida a expressão), parece então facilitado (ressalvada a opinião da doutrina aqui e de alhures) estabelecer qual o montante deve ser excluído do patrimônio do interventor para ser entregue ao titular de direito como resultado da ação de enriquecimento sem causa. Tudo o que for encontrado no patrimônio do enriquecido que seja decorrência exclusiva do direito alheio deverá ser excluído e entregue ao titular, ou seja, deverá ser verificado qual a parte do lucro encontrada decorre exclusivamente do interventor e qual advém da utilização do direito alheio (indevida ou não). Se de boa-fé o interventor, deverá ser deduzida a parcela dos custos (despesas e investimentos úteis), partilhando-se meio a meio o lucro obtido. Se de má-fé o interventor, deverá apenas deduzir os custos (despesas e atuação úteis semelhante ao que ocorre com as benfeitorias necessárias realizadas pelo possuidor de má-fé) que teve para gerar o lucro, entregando o saldo ao titular do direito.[136]

Nessa hipótese, não se discute a teoria do duplo limite, nem se a questão é de responsabilidade civil, posto que sempre será matéria afeta a uma obrigação restitutória, facilitando sobremodo o reconhecimento das hipóteses de lucro da intervenção e a solução possível, quando se está diante dele.

CONCLUSÃO

Não tendo sido possível analisar mais amiúde as implicações relativas à necessidade ou não de ilicitude na conduta ou a boa ou má-fé do interventor de modo separado, remete-se ao leitor aos estudos citados neste ensaio com

---

[135] PONTES DE MIRANDA, Francisco Cavalcanti. *Tratado de direito de privado* cit., p. 183.

[136] Para Giovanni Nanni a boa ou má-fé do interventor não interfere na solução. Veja-se a seguinte passagem: "Quem dispõe de bem alheio, de boa-fé ou de má-fé, gratuita ou onerosamente, deverá restituir ao empobrecido a vantagem obtida segundo as regras do enriquecimento sem causa" (*Enriquecimento sem causa* cit., p. 300).

informações mais detalhadas sobre a influência desses qualificativos jurídicos das relações humanas.

Propõe-se que seja considerada como lucro da intervenção a intromissão em direito alheio pela qual o interventor vise obter um lucro, como acontece com frequência nas violações de direitos da personalidade, como nome, imagem, voz, produção intelectual; na utilização de propriedade alheia para exploração que vise lucro (locação, colocação de publicidade etc.), deixando as demais hipóteses previstas no nosso sistema com a solução que a doutrina e a jurisprudência já praticava, normalmente levando em conta o valor de uso do bem como parâmetro de aferição do enriquecimento (na práxis forense, chamado de ação de indenização).

Sugere-se ainda que toda e qualquer vantagem obtida pelo interventor, a título de lucro de sua atuação, deve ser repatriada ao titular do direito, com base na adoção da teoria do conteúdo ou da destinação dos bens, sendo indiferente, nesse ponto, se a atuação do interventor causou ou não um dano, se foi lícita ou ilícita, de boa ou de má-fé. Nas hipóteses de ilicitude e má-fé, não se deve atribuir ao interventor qualquer parcela do lucro obtido, mas apenas abonar-lhe as despesas necessárias, e não as inúteis, para o ato (empreendimento) de produção do lucro, visando evitar enriquecimento reverso do titular do direito.

Desse modo, o Enunciado 620 do CJF deverá ser lido com um complemento, no sentido de que o lucro a que se refere é todo e qualquer lucro obtido pelo interventor em atuação que vise especificamente auferir vantagem financeira, deixando de lado dessa categoria as hipóteses de diminuição do passivo e de poupança de despesas.

Percebe-se, então, que o lucro alcançado pelo interventor deve ser revertido para o titular do direto na sua integralidade, obviamente considerando a atuação do interventor para tal, situação que deve ser dimensionada à míngua de alguma outra evidência segura, por meio de prova pericial específica, para então definir qual o valor deve ser entregue ao titular do direito e qual o valor deve ser mantido com o interventor, sempre atento à lição de Pontes de Miranda, segundo a qual o que se pede com a pretensão por enriquecimento injustificado é a entrega de tudo o que foi "obtido (não recebido) sem causa, às expensas do prejudicado, mais os proveitos percebidos"[137] e os pendentes de percepção.

---

[137] PONTES DE MIRANDA, Francisco Cavalcanti. *Tratado de direito de privado* cit., p. 182.

REFERÊNCIAS

ALVIM, Agostinho. Do enriquecimento sem causa. *Revista dos Tribunais*, São Paulo, v. 259, n. 3, maio 1957.

AMERICANO, Jorge. *Ensaio sobre o enriquecimento sem causa*. São Paulo: Livraria Acadêmica Saraiva, 1933.

ASCENSÃO, José de Oliveira. *Direito de autor e direitos conexos*. Coimbra: Coimbra Editora, 1992.

BECK, Ulrich. *Sociedade de risco*. Rumo a uma outra modernidade. Tradução Sebastião Nascimento. São Paulo: Editora 34, 2016.

BEVILÁQUA, Clóvis. *Código Civil dos Estados Unidos do Brasil comentado*. Rio de Janeiro: Livraria Francisco Alves, 1945. v. III.

BEVILÁQUA, Clóvis. *Direito das obrigações*. 5. ed. Rio de Janeiro: Livraria Freitas Bastos, 1940.

BITTAR, Carlos Alberto. *Direito de autor*. 6. ed. atualizada por Eduardo C.B. Bittar. Rio de Janeiro: Forense, 2015.

CAMPOS, Diogo José Paredes Leite de. *A subsidiariedade da obrigação de restituir o enriquecimento*. Coimbra: Almedina, 1974.

CAVALIERI FILHO, Sergio. *Programa de responsabilidade civil*. 6. ed. São Paulo: Malheiros, 2005.

CHAMOUN, Ebert. *Instituições de direito romano*. 3. ed. Rio de Janeiro: Revista Forense, 1957.

COSTA, Mario Júlio de Almeida. *Noções de direito civil*. Coimbra: Almedina, 1980.

DANTAS, San Tiago. *Programa de direito civil*. Parte geral. 2. tir. Rio de Janeiro: Editora Rio, 1979.

DIAS, José de Aguiar. *Da responsabilidade civil*. 3. ed. Rio de Janeiro: Revista Forense, 1954. v. I.

FAJNGOLD, Leonardo; SALGADO, Bernardo; GUERCHON, Dan. Lucro da intervenção: a disciplina e os julgamentos pioneiros no Superior Tribunal de Justiça. *RBDCivil*, Belo Horizonte, v. 21, jul./set. 2019.

GOMES, Orlando. *Obrigações*. 18. ed. atualizada por Edvaldo Brito. São Paulo: GEN/Forense, 2016.

KONDER, Carlos Nelson. Dificuldades de uma abordagem unitária do lucro da intervenção. *Revista de Direito Civil Contemporâneo*, v. 13, dez. 2017.

KONDER, Carlos Nelson. Enriquecimento sem causa e pagamento indevido. *In*: TEPEDINO, Gustavo (coord.). *Obrigações*: estudos na perspectiva civil-constitucional. Rio de Janeiro: Renovar, 2005.

LIMA, Pires de; VARELA, Antunes. *Código Civil anotado*. 4. ed. Coimbra: Coimbra, 1987. v. I.

MENEZES LEITÃO, Luís Manuel Teles de. *Direito das obrigações*. 15. ed. Coimbra: Almedina. 2018. v. I.

MENEZES LEITÃO, Luís Manuel Teles de. O enriquecimento sem causa no novo Código Civil brasileiro. *Revista CEJ, Direito Civil*, Brasília, jun. 2004.

MENEZES LEITÃO, Luís Manuel Teles de. *O enriquecimento sem causa no direito civil*: estudo dogmático sobre a viabilidade da configuração unitária do instituto, face à contraposição entre as diferentes categorias de enriquecimento sem causa. Coimbra: Almedina, 2005.

MONTEIRO FILHO, Carlos Edison do R. *Rumos contemporâneos do direito civil*. Estudos em perspectiva civil-constitucional. Belo Horizonte: Fórum, 2017.

MORAES, Maria Celina Bodin de. *Danos à pessoa humana*. Rio de Janeiro: Renovar, 2003.

MORAES, Maria Celina Bodin de. A causa do contrato. *Civilistica.com*, ano 2, n. 1, p. 1-24, 2013.

NANNI, Giovanni Ettore. *Enriquecimento sem causa*. 2. ed. São Paulo: Saraiva, 2010.

NEVES, José Roberto de Castro. *Direito das obrigações*. 7. ed. Rio de Janeiro: GZ Editora, 2018.

NEVES, José Roberto de Castro. O enriquecimento sem causa: dimensão atual do princípio do direito civil. *In*: MORAES, Maria Celina Bodin de (coord.). *Princípios do direito civil contemporâneo*. Rio de Janeiro: Renovar, 2006.

NORONHA, Fernando. Enriquecimento sem causa. *Revista de Direito Civil, Civil, Imobiliário e Empresarial*, ano 15, v. 56, abr./jun. 1991.

OLIVEIRA, J. M. Leoni Lopes de. *Direito civil*. Obrigações. 3. ed. São Paulo: GEN/Forense, 2019.

OLIVEIRA. J. M. Leoni Lopes de. *Curso de direito civil*. Direitos das obrigações e atos unilaterais. São Paulo: Atlas, 2015. v. II.

OLIVEIRA, Marco Aurélio Bellizze de. Questões polêmicas sobre prescrição. *In*: SALOMÃO, Luis Felipe; TARTUCE, Flávio (coord.). *Direito civil*: diálogos entre a doutrina e jurisprudência. São Paulo: GEN/Atlas, 2017.

PEREIRA, Caio Mário da Silva. *Instituições de direito civil*. Obrigações. 31. ed. São Paulo: GEN/Forense, 2019. v. II.

PEREIRA, Caio Mário da Silva. *Responsabilidade civil*. 9. ed. Rio de Janeiro: Forense, 2001.

PEREIRA COELHO, Francisco Manuel. *O enriquecimento e o dano*. Coimbra: Almedina, 1970.

PONTES DE MIRANDA, Francisco Cavalcanti. *Tratado de direito de privado*. Parte Especial. 2. ed. Rio de Janeiro: Borsoi, 1959. t. XXVI.

REALE, Miguel. *Lições preliminares de direito*. 24. ed. São Paulo: Saraiva, 1998.

RIPERT, Georges. *A regra moral nas obrigações civis*. Tradução da 3. ed. francesa por Osório de Oliveira. Campinas: Bookseller, 2000.

SAVI, Sergio. *Responsabilidade civil e enriquecimento sem causa*. O lucro da intervenção. São Paulo: Atlas, 2012.

SCHREIBER, Anderson. *Direito civil e Constituição*. São Paulo: Atlas, 2013.

SCHREIBER, Anderson. *Manual de direito civil contemporâneo*. São Paulo: Saraiva, 2018.

SCHREIBER, Anderson. *Novos paradigmas da responsabilidade civil*. Da erosão dos filtros da reparação à diluição dos danos. 6. ed. São Paulo: Atlas, 2015.

SCHREIBER, Anderson; SILVA, Rodrigo da Guia. Aspectos relevantes para a sistematização do lucro da intervenção no direito brasileiro. *Pensar Revista de Ciências Jurídicas*, Fortaleza, v. 23, out./dez. 2018.

SCHREIBER, Anderson; TARTUCE, Flávio et al. *Código Civil comentado*. Doutrina e jurisprudência. São Paulo: GEN/Forense, 2019.

SERPA LOPES, Miguel Maria de. *Curso de direito civil*. 4. ed. Rio de Janeiro: Livraria Freitas Bastos, 1968. v. II.

SILVA, Rodrigo da Guia. *Enriquecimento sem causa*. As obrigações restitutórias no direito civil. São Paulo: RT, 2018.

TARTUCE, Flávio. *Direito civil*: direito das obrigações e responsabilidade civil. 11. ed. São Paulo: GEN/Forense, 2016.

TERRA, Aline de M. Valverde; GUEDES, Gisela Sampaio da Cruz. Considerações acerca da exclusão do lucro ilícito do patrimônio do agente ofensor. *Revista da Faculdade de Direito*, Rio de Janeiro, n. 28, dez. 2015.

VARELA, Antunes. *Das obrigações em geral*. 9. ed. Coimbra: Almedina, 1996. v. I.

VARELA, Antunes. *Direito das obrigações*. Rio de Janeiro: Forense, 1977.

VASCONCELOS, Pedro Pais de. *Teoria geral do direito civil*. 8. ed. Coimbra: Almedina, 2017.

20

ENRIQUECIMENTO SEM CAUSA E RESPONSABILIDADE CIVIL. DELIMITANDO FRONTEIRAS DE CATEGORIAS DISTINTAS

JOSÉ FERNANDO SIMÃO

SUMÁRIO: 1. Introdução: por que delimitar uma categoria jurídica?; 2. As categorias jurídicas. Em busca do conteúdo da Súmula 403 do STJ: 2.1. Responsabilidade civil; 2.2. Enriquecimento sem causa; 2.3. Lucro de intervenção como hipótese de enriquecimento sem causa; 3. Análise breve da inadequação categorial da Súmula 403 do STJ; 4. Efeitos da distinção categorial: 4.1. Prazo prescricional e seu início. Cabe violação continuada tratando-se de responsabilidade civil ou de lucro da intervenção?; 4.2. Quantificação da indenização *versus* quantificação da remuneração; 5. Conclusão; Referências.

1. INTRODUÇÃO: POR QUE DELIMITAR UMA CATEGORIA JURÍDICA?

A responsabilidade civil é o ramo do direito privado que mais espaço tem ocupado nas recentes obras jurídicas e nos debates nacionais.

Isso porque a sociedade tecnológica potencializa, em grande medida, a produção de danos e, consequentemente, o sistema precisa trabalhar sua reparação. Dos exemplos mais óbvios (quantos atropelamentos ocorriam antes da invenção do automóvel – por carroças, portanto – e quantos ocorrem hoje com os veículos?[1]) até os mais complexos (quais os danos que sofremos em

---

[1] "Qual foi o primeiro automóvel a circular em São Paulo? Em busca da resposta, a primeira investida conduz a um capítulo da juventude de Alberto Santos

razão do uso de telefones celulares e que sequer sabemos até o momento?), há uma certeza: o século XXI é um século em que tecnologia e os danos caminham juntos e com velocidade espantosa.

A partir dessa certeza, há uma reação social que se evidencia com o instituto do dano moral. Há certo consenso social (não necessariamente técnico) de que somos vítimas constantes de danos das diversas naturezas, em especial aqueles que atingem direitos da personalidade (dano moral indireto ou *in re ipsa*). E então forma-se uma "consciência social" muitas vezes assentada em falsas premissas de que há um direito à indenização agigantado e que fatos que, no passado não tão remoto, eram tidos por suportáveis, normais à vida de qualquer pessoa que com outras pessoas convive, passam a ser fundamento para demandas de indenização, no mínimo curiosas.

O homem médio passa a se vitimizar e sofrer pelos mínimos aborrecimentos cotidianos, buscando, no mais das vezes, o Poder Judiciário para demandas frívolas, e para tanto, alega ser pobre na acepção jurídica da palavra e se diz beneficiário da justiça gratuita. Exemplos de demandas frívolas que chocam qualquer pessoa com bom senso se multiplicam.

Em outubro de 2019, circulou notícia de que uma criança de 2 anos, representada por sua mãe, demandava indenização, pois fora mordida por

---

Dumont, o futuro pai da aviação. (...). Ao final do mesmo parágrafo, Santos Dumont acrescenta que, ao término da temporada europeia, trouxe o Peugeot ao Brasil. Como a família a essa altura estabelecera-se em São Paulo, presume-se que o carro fora trazido para a cidade" (POMPEU DE TOLEDO, Roberto. *A capital da vertigem*: uma história de São Paulo. Rio de Janeiro: Objetiva, 2015. p. 68). Quando ocorreu o primeiro acidente de carro no Brasil? "No final do século 19, o Rio de Janeiro passava por diversas transformações e uma novidade que aparecia na cidade era o automóvel. Em 1897, o jornalista José do Patrocínio, dono do jornal 'A Cidade do Rio', comprou um Serpollet, carro francês que se transformou em um dos primeiros a rodar pelo país. Como é de se imaginar por conta da época, o veículo não era exatamente potente, mas, por outro lado, seus condutores passavam não eram exatamente pilotos. O Serpollet, claro, chamava atenção das pessoas na rua, devia ser uma honra poder guiar o carro por alguns instantes. E José concedeu esse agrado ao amigo Olavo Bilac, autor de 'Contos Pátrios'. Justamente o homem das letras que conseguiu a grande façanha. 'Bilac ligou o carro e começou a andar pela Estrada Velha da Tijuca, no Alto da Boa vista, chegando a atingir 4 km/h. Na primeira curva, essa 'rapidez' fez com que o poeta perdesse o controle do carro e batesse de frente com uma árvore. A tragédia com o parnasiano foi o primeiro acidente de carro registrado no Brasil'. Não bastasse, o veículo ainda teve perda total com o acidente". Disponível em: http://www.cesvibrasil.com.br/. Acesso em: 19 nov. 2019.

seu colega de creche. E pior, no caso concreto, a "vítima da agressão" batia e arranhava outras crianças com frequência. Razão tem a juíza ao afirmar que

> (...) adultos cada vez mais infantilizados assoberbam o Poder Judiciário com ações infundadas, cujo cerne é nada mais que um inconformismo com a infelicidade. Como se existisse um direito absoluto à felicidade e como se o juiz tivesse o poder de garantir essa felicidade permanente e irrestrita a todas as pessoas[2].

Assim como causa perplexidade também a ação proposta por pessoa de nome Luiz Augusto que demanda a empresa Sadia por danos morais pelo fato de esta, em publicidade televisiva, associar o nome (Luiz Augusto) a um presunto esquecido na prateleira. O bom presunto era o da Sadia, e o presunto de segunda classe seria o Luiz Augusto, nos termos do comercial[3].

Essa postura infantil de buscar o Poder Judiciário por não entender que a vida em sociedade tem seus aborrecimentos é uma questão social (adultos hipersensíveis, que não toleram o menor aborrecimento e buscam o Estado para resolver questões ínfimas e irrelevantes) e uma questão jurídica, pois a responsabilidade civil adquiriu um gigantismo inadequado e indevido por parte de equívocos doutrinários e repetição desses mesmos equívocos em decisões judiciais. É por isso que surgem na doutrina e nas decisões judiciais os chamados "novos danos", que muitas vezes não são novos, nem são danos em sentido jurídico.

O problema que se coloca é o da categoria jurídica. O desenho dogmático do instituto que se faz necessário para aplicação das regras adequadas não se trata de diletantismo doutrinário, mas de ajuste categorial, que terá por finalidade a aplicação da norma correta.

O desvio categorial não é ruim apenas por demonstrar desconhecimento jurídico, mas o é por prejudicar o cidadão, a pessoa comum quando da equivocada aplicação das regras do direito civil. É função do direito civil disciplinar as relações da pessoa comum, daí por que civil tem origem em *civitas*, que é a cidade e em consequência o cidadão. Em um mundo de

---

[2] Disponível em: https://www.migalhas.com.br/Quentes/17,MI314191,21048-Juiza+nega+indenizacao+a+crianca+mordida+por+outra+e+critica+adultos. Acesso em: 19 nov. 2019.

[3] Disponível em: https://www.jota.info/paywall?redirect_to=//www.jota.info/justica/sadia-luiz-augusto-presunto-15102018. Acesso em: 19 nov. 2019.

necessária concretude, já que a abstração não consegue atingir o destinatário da mensagem, exemplos ajudam a visualizar o que pretendo desenvolver nestas linhas com exemplos mais e menos óbvios.

Se é verdade que a lei nulifica o contrato que tenha por objeto herança de pessoa viva (pactos sucessórios ou *pacta corvina* – art. 426 do CC), mas permite a toda e qualquer pessoa que disponha de seus bens por meio de testamento (observadas as limitações à autonomia privada, entre as quais a legítima que cabe aos herdeiros necessários), é preciso que se delimitem as categorias jurídicas contrato e testamento para que o cidadão possa, validamente, dispor de seus bens, sem incorrer na nulidade virtual do artigo 426 do Código Civil.

Há coisas mais sutis e nem por isso menos relevantes quando se pensa em definição de uma categoria jurídica. O início da fluência dos juros de mora (consectários da indenização) tem termos iniciais distintos, quer seja a responsabilidade civil contratual, quer seja a extracontratual. Essa diferença está consagrada nos artigos 397[4] e 398[5] do Código Civil e repetida na Súmula 54 do STJ[6]. Em caso de ilícito extracontratual, os juros são devidos a partir do momento que ocorreu o evento danoso e na responsabilidade contratual, sendo a mora *ex re*[7], a partir do descumprimento do contrato, mas, sendo *ex persona*[8], serão devidos a partir da notificação ou da citação (art. 405 do CC)[9]. Idêntica questão se coloca quando da análise da Súmula 403 do STJ, que tem o seguinte enunciado: "independe de prova do prejuízo a indenização pela publicação não autorizada de imagem de pessoa com fins econômicos ou comerciais".

De qual categoria jurídica trata a súmula em questão? De indenização em decorrência de ato ilícito e, portanto, da responsabilidade civil ou de enriquecimento sem causa daquele que utilizou imagem alheia sem autorização? A súmula trata efetivamente de indenização? Utiliza o texto sumulado vocábulo técnico a partir da categoria jurídica da responsabilidade civil? A distinção é relevante não só para fins de início do prazo prescricional, para a

---

[4] CC/2002: "Art. 397. O inadimplemento da obrigação, positiva e líquida, no seu termo, constitui de pleno direito em mora o devedor. Parágrafo único. Não havendo termo, a mora se constitui mediante interpelação judicial ou extrajudicial".

[5] CC/2002: "Art. 398. Nas obrigações provenientes de ato ilícito, considera-se o devedor em mora, desde que o praticou".

[6] Os juros moratórios fluem a partir do evento danoso, em caso de responsabilidade extracontratual.

[7] Segundo o *caput* do art. 397 do CC/2002.

[8] Segundo o parágrafo único do art. 397 do CC/2002.

[9] CC/2002: "Art. 405. Contam-se os juros de mora desde a citação inicial".

Cap. 20 · ENRIQUECIMENTO SEM CAUSA E RESPONSABILIDADE CIVIL | **563**

verificação da chamada "violação continuada", bem como para a verificação do quanto a ser pago para aquele que teve a imagem indevidamente utilizada.

Assim, passo a analisar as categorias da responsabilidade civil e posteriormente do enriquecimento sem causa e, por fim, o chamado lucro da intervenção, que é hipótese de enriquecimento sem causa.

2. AS CATEGORIAS JURÍDICAS. EM BUSCA DO CONTEÚDO DA SÚMULA 403 DO STJ

2.1. Responsabilidade civil

Quando tratamos de responsabilidade civil, estudamos o dano e a indenização. É disso que cuidam os artigos 186[10] e 927[11] do Código Civil. A responsabilidade civil é, em brevíssima definição, a obrigação imposta a uma pessoa de ressarcir os danos materiais e morais causados a outrem por fato próprio ou por ato de pessoas ou fato de coisas que dela dependam.

Assim, dano vem do latim *damnum*, cujo verbo é *demere*. *Demere* é apoucar, diminuir. Indenizar é devolver a vítima à situação anterior ao dano. É por isso que a indenização se mede pela extensão do dano (art. 944, *caput*). Se o dano é de 100 e a vítima recebe 90, há uma latente injustiça, pois o dano não foi reparado. O *caput* do artigo 944 foi descumprido e o agressor teve a vantagem do ilícito. Se, por outro lado, o dano foi de 100 e a vítima recebe 110, há enriquecimento injustificado, pois a indenização não lhe devolveu o que foi tirado, mas a deixou em situação melhor do que estava antes de o dano ocorrer.

O dano, aqui considerado, é o prejuízo. É por isso que a doutrina, historicamente, admite que os danos patrimoniais sejam classificados em danos emergentes e lucros cessantes[12]. São danos emergentes o que a vítima efetivamente perdeu e lucros cessantes o que razoavelmente deixou de lucrar.

---

[10] CC/20002: "Art. 186. Aquele que, por ação ou omissão voluntária, negligência ou imprudência, violar direito e causar dano a outrem, ainda que exclusivamente moral, comete ato ilícito".

[11] CC/2002: "Art. 927. Aquele que, por ato ilícito (arts. 186 e 187), causar dano a outrem, fica obrigado a repará-lo. Parágrafo único. Haverá obrigação de reparar o dano, independentemente de culpa, nos casos especificados em lei, ou quando a atividade normalmente desenvolvida pelo autor do dano implicar, por sua natureza, risco para os direitos de outrem".

[12] CC/2002: "Art. 402. Salvo as exceções expressamente previstas em lei, as perdas e danos devidas ao credor abrangem, além do que ele efetivamente perdeu, o que razoavelmente deixou de lucrar".

Interessante notar que o dano emergente deve ser efetivo. A perda de algo que o credor tinha em seu patrimônio[13].

O lucro cessante é o valor que o credor razoavelmente deixou de lucrar. Assim, é algo que deixou de receber. Não há redução do patrimônio. Deixa de haver um acréscimo patrimonial.

Analisemos o caso em que certo ator ou certa atriz tem sua imagem utilizada em campanha publicitária de uma marca de roupa sem sua autorização e sem por isso receber qualquer remuneração.

Houve algum dano emergente em se utilizar da imagem daquela pessoa na campanha publicitária? A resposta é negativa. O ator ou atriz não perdeu nada com o uso não permitido de sua imagem. Seu patrimônio não se reduziu. Dano haveria se a campanha lançasse mão da imagem de alguém e o ridicularizasse, ou se a sua imagem fosse utilizada em um comercial de conteúdo pornográfico ou que incita a violência. Não é o caso quando simplesmente a imagem é usada de maneira positiva de forma a promover as vendas de certo produto.

Houve algum lucro cessante no uso indevido da imagem? A resposta é também negativa. O ator ou atriz não deixou de ganhar algo que ganharia em razão do suposto ilícito. Lucro cessante haveria se, em razão de sua imagem ter sido utilizada, sem a devida autorização, o ator ou atriz tivesse perdido a oportunidade de estar em outro comercial semelhante, de uma empresa concorrente.

Se, no exemplo abstrato, o ator ou a atriz não teve dano emergente, nem lucro cessante, como poderia postular indenização, ou seja, que lhe seja restituído o que perdeu ou deixou de ganhar? Se algum valor lhe fosse atribuído a título de indenização, sem a existência de dano emergente ou lucro cessante, teria a pessoa claro enriquecimento sem causa.

---

[13] Em um caso de negativa de empréstimo pelo banco a certo consumidor, o STJ decidiu que tal fato "não representou qualquer alteração no patrimônio da vítima, antes ou depois do ilícito (negativação indevida), já que impediu tanto o acréscimo de bens quanto a aquisição da dívida equivalente. Nessa perspectiva, admitir-se o reconhecimento de dano emergente pelo valor que seria objeto do mútuo frustrado seria, por via oblíqua, autorizar a teratológica condenação com liquidação equivalente a 'dano zero' ou 'sem resultado positivo'. Dessa forma, não há perda material efetiva pela conduta da negativa de crédito, carecendo o ressarcimento por dano emergente de suporte fático, consistindo a condenação, nessas condições, em verdadeira hipótese de enriquecimento ilícito" (REsp 1.369.039/RS, 3.ª Turma, Rel. Min. Ricardo Villas Bôas Cueva, j. 04.04.2017). A decisão é perfeita. Se o banco deixou de emprestar, não há dano algum, pois o patrimônio da pessoa permaneceu inalterado.

Cap. 20 · ENRIQUECIMENTO SEM CAUSA E RESPONSABILIDADE CIVIL | **565**

Assim, o nome atribuído às demandas em geral quando do uso indevido de imagem, qual seja, "ação de indenização por dano", padece de dois problemas. Primeiro, só há indenização, se dano houver, logo, há um evidente pleonasmo. Segundo, como não há dano para aquele que teve a imagem indevidamente utilizada, por conseguinte, não pode haver indenização.

2.2. Enriquecimento sem causa

O locupletamento indevido é uma construção do direito romano erguida sobre as bases do princípio da equidade. Esse princípio que veda o enriquecimento indevido é muito antigo, tendo sido consolidado por Justiniano no Digesto (Livro 50, Tít. 17) nestes termos: *naturae aequum est, neminem cum alterius detrimento et injuria, fieri locupletionem,* que traduzido é: "da equidade que ninguém pode locupletar-se com o empobrecimento injusto de outrem".

A construção da teoria do enriquecimento sem causa propriamente dita coube à doutrina e à jurisprudência francesas no final do século XIX ao interpretar a extensão das ações *in rem verso* e das *condictiones* do direito romano.

O que ocorreu no caso do ator ou da atriz teria sido enriquecimento sem causa por parte da empresa que utiliza sua imagem sem autorização, nem remuneração. O Código Civil de 2002 tratou da teoria do enriquecimento sem causa em seus artigos 884 a 886, e o artigo 884 dispõe que: "Aquele que, sem justa causa, se enriquecer à custa de outrem, será obrigado a restituir o indevidamente auferido, feita a atualização dos valores monetários".

Ocorrendo o enriquecimento sem causa, cabe uma ação em favor do titular da pretensão, que é denominada *in rem verso,* que só pode ser manejada, se não houver qualquer outro remédio judicial a que possa recorrer o prejudicado (art. 886 do CC).

Com pequena variação, os autores concordam quanto aos pressupostos necessários para o cabimento da ação *in rem verso.* Entende a doutrina ser necessário: *a)* um enriquecimento por parte do réu; *b)* um empobrecimento por parte do autor; *c)* a existência de uma causalidade entre os dois fatos; *d)* a ausência de causa que os justifique; e *e)* a inexistência de qualquer outra ação para socorrer a vítima. De maneira breve, analiso esses cinco requisitos.

a) Um enriquecimento por parte do réu

O enriquecimento consiste, em regra, em um aumento patrimonial, mas pode, igualmente, verificar-se pela diminuição do passivo de uma pessoa. Não raro ele se caracteriza pela omissão de uma despesa, como na hipótese daquele que se aproveita de uma sentença em ação proposta por outra pessoa em posição idêntica à sua, poupando, desse modo, os gastos judiciais e advocatícios que teria; ou, ainda, revela-se quando alguém, recebendo prestação de um serviço, evita gastos que teria que fazer para alcançar os resultados obtidos.

O enriquecimento deve ser atual, isto é, existente ao tempo da demanda. Se as benfeitorias realizadas pelo possuidor já não existem ou estão deterioradas à época da propositura da ação, não se pode falar em enriquecimento, uma vez que o patrimônio do proprietário não se encontra de qualquer modo aumentado. É o caso da empresa que aumentou suas vendas por conta da campanha publicitária com a imagem de certo ator ou atriz.

b) Um empobrecimento por parte do autor

O empobrecimento do autor consiste ou numa diminuição de seu ativo patrimonial ou num acréscimo em seu passivo. É o caso, por exemplo, de quem prestou serviço sem obter remuneração. É a hipótese do ator que nada recebeu pelo uso de sua imagem.

c) A existência de uma causalidade entre os dois fatos

É necessário que ocorra relação de causalidade entre o enriquecimento de uma e o empobrecimento de outra parte. Se o nexo de causalidade não se apresenta, a ação é incabível. A ideia de relação de causalidade não significa que o empobrecimento seja causa eficiente do enriquecimento e vice-versa.

Essas são noções jurídicas que traduzem a consequência de fatos jurídicos. Enriquecimento e empobrecimento são resultantes de um mesmo fato. Assim, o indivíduo que presta algum trabalho sem ser remunerado sofre um empobrecimento correspondente a um enriquecimento do beneficiado. Ambos foram causados pelo mesmo fato, isto é, o serviço prestado. A empresa enriquece em razão do uso não autorizado da imagem de certo ator ou atriz.

d) A ausência de causa que os justifique

Sem esse requisito, não se pode falar em locupletamento injusto. Se um dos contratantes enriqueceu à custa do outro, mas tal fato se prende a uma causa derivada do contrato ou da lei, a ação de enriquecimento é incabível. Assim, por exemplo, permite a lei o enriquecimento do beneficiário da prescrição em detrimento do credor. Todavia, não é sem causa tal proveito, pois deflui da lei.

Da mesma maneira, nos contratos aleatórios uma das partes ganha em detrimento da outra; igualmente o contratante que conserva as arras, pelo

Cap. 20 · ENRIQUECIMENTO SEM CAUSA E RESPONSABILIDADE CIVIL | **567**

inadimplemento de quem as deu, pode experimentar ganho maior que o prejuízo advindo do inadimplemento. Entretanto, embora nesses dois casos haja enriquecimento de um e empobrecimento de outro, não se abre ensejo para a ação *in rem verso*, porque existe uma causa a justificar tais fatos: o contrato levado a efeito entre as partes.

e) A inexistência de qualquer outra ação para socorrer a vítima

O sistema fornece mecanismos que evitam enriquecimento sem causa, quando, por exemplo, se admite que, por meio de uma ação declaratória de nulidade ou anulatória, ambas com efeito *ex tunc*, o negócio jurídico seja desfeito e apagados seus efeitos, retornando as partes ao estado anterior (*statu quo ante*). Havendo invalidade, decorre de seu reconhecimento que os efeitos do negócio desapareçam.

É por isso que ensina Silvio Rodrigues, com base em Aubry e Rau, que há um

> (...) princípio que a doutrina e a jurisprudência têm, reiteradamente, acolhido. Tal princípio se estriba na razão lógica de que, se outra ação é proporcionada pelo ordenamento jurídico às partes, não há razão para elas preferirem a de *in rem verso*, que nem sempre lhes pode dar integral indenização. Aliás para que recorrer a um meio indireto quando a lei fornece um meio direto? Daí se falar no *caráter subsidiário* da ação[14].

Em idêntico sentido, afirma Orlando Gomes que

> (...) a *ação de enriquecimento* cabe toda vez que, havendo direito de pedir a restituição de bem obtido sem causa justificativa da aquisição, o prejudicado não dispõe de outra ação para exercê-lo. Tem, portanto, caráter subsidiário. Só se justifica nas hipóteses em que não haja outro meio para obter a reparação do direito lesado. A esta conclusão, aceita pela maioria dos escritores, chegou o direito italiano no qual não cabe, quando o prejudicado pode obter por meio de outra ação, indenização do dano sofrido. Se não fora assim, todas as ações seriam absorvidas pela de *in rem verso*, con-

---

[14] RODRIGUES, Silvio. *Direito civil*: contratos e das declarações unilaterais de vontade. 28. ed. São Paulo: Saraiva, 2002. v. 3, p. 424.

vertido o princípio condenatório do enriquecimento sem causa numa panaceia[15].

É esse o teor do artigo 886 do Código Civil: "Não caberá restituição por enriquecimento, se a lei conferir ao lesado outros meios para se ressarcir do prejuízo sofrido".

2.3. Lucro de intervenção como hipótese de enriquecimento sem causa

A doutrina criou uma categoria específica de enriquecimento sem causa, a qual batizou de "lucro de intervenção". Assim vejamos.

Diz a doutrina que o enriquecimento sem causa pode se dar, entre outras hipóteses, por intervenção, caracterizado pela "situação de alguém obter um enriquecimento por uma ingerência não autorizada no patrimônio alheio, como sucederá nos casos de uso, consumo, fruição ou disposição de bens alheios"[16]. É exatamente o que se verifica no caso do ator ou atriz referido como exemplo. A empresa utiliza indevidamente suas imagens, obtendo, assim, lucro para si.

Schreiber e Silva classificam a incidência do lucro de intervenção como "situações nas quais uma determinada pessoa aufere vantagem patrimonial a partir da exploração não autorizada de bens ou direitos alheios", de modo que:

> Tal vantagem patrimonial pode assumir qualquer uma das configurações típicas de enriquecimento (incremento do ativo, diminuição do passivo ou poupança de despesas). A doutrina tem procurado construir uma espécie de regime jurídico geral do lucro da intervenção, concentrando-se especialmente sobre a identificação do fundamento da sua eventual restituição e sobre a quantificação da obrigação de restituir porventura imposta ao interventor[17].

---

[15] GOMES, Orlando. *Obrigações*. 17. ed. Rio de Janeiro: Forense, 2008. p. 302.

[16] MENEZES LEITÃO, Luís Manuel Teles de. O enriquecimento sem causa no novo Código Civil brasileiro. *Revista CEJ*, Brasília, n. 25, p. 24-33, abr./jun. 2004.

[17] SCHREIBER, Anderson; SILVA, Rodrigo da Guia. Aspectos relevantes para a sistematização do lucro da intervenção no direito brasileiro. *Revista Pensar*, Fortaleza, v. 23, n. 4, p. 1-15, out./dez. 2018.

Cap. 20 · ENRIQUECIMENTO SEM CAUSA E RESPONSABILIDADE CIVIL | 569

Claro está, portanto, que a categoria em debate (uso indevido de imagem para fins comerciais) não é do dano e de sua indenização, mas sim de enriquecimento sem causa por lucro de intervenção. Esse, aliás, é o exemplo da doutrina quanto à figura do lucro de intervenção[18].

A doutrina especializada aponta, exatamente, o equívoco que os autores das ações de "indenização" revelam em suas petições iniciais, qual seja a confusão entre duas categorias jurídicas diametralmente opostas: responsabilidade civil e enriquecimento sem causa.

Pode-se observar evidente imprecisão conceitual na inclusão das vantagens auferidas pelo interventor no processo de quantificação da indenização devida à vítima de um dano injusto, tal como sucede no artigo 210, inciso II, da Lei de Propriedade Industrial (MICHELON JR., 2007, p. 201-202)[19]. Reconhece-se, em suma, que a *pretensão ao lucro da intervenção e a pretensão indenizatória são (...) coisas fundamentalmente diferentes*" (SCHULZ, 1909, p. 457)[20] (destaque nosso)[21].

É em razão da necessária delimitação de categorias jurídicas que se conclui que a hipótese descrita no enunciado da Súmula 403 do STJ não é de indenização, de dano ou de sua reparação, mas sim de enriquecimento sem causa. Nesse sentido, temos o Enunciado 620, aprovado na *VIII Jornada de Direito Civil*, ocorrida em 2018: "Art. 884. A obrigação de restituir o lucro da intervenção, entendido como a vantagem patrimonial auferida a partir

---

[18] Pode-se pensar na hipótese de utilização não autorizada de imagem alheia. Imagine-se, nesse sentido, que determinada sociedade empresária, no intuito de divulgar a sua recém-criada marca de cerveja, decide tentar contratar o cantor mais famoso do País para protagonizar a sua campanha publicitária. Suponha-se, contudo, que o artista recuse a proposta. Irresignada com a resposta negativa, a empresa divulga fotografias do cantor no centro da campanha publicitária, aludindo a suposta preferência do artista pela cerveja anunciada (SCHREIBER, Anderson; SILVA, Rodrigo da Guia. Aspectos relevantes para a sistematização do lucro da intervenção no direito brasileiro. *Revista Pensar*, Fortaleza, v. 23, n. 4, p. 1-15, out./dez. 2018).

[19] MICHELON JR., Cláudio. Direito restituitório: enriquecimento sem causa, pagamento indevido, gestão de negócios. *Revista dos Tribunais*, São Paulo, p. 201-202. 2007.

[20] SCHULZ, Fritz. System der Rechte auf den Eingriffserwerb. *Archiv für die civilistische Praxis, Tübingen*, 105. Bd., H. 1, p. 457, 1909.

[21] SCHREIBER, Anderson; SILVA, Rodrigo da Guia. Aspectos relevantes para a sistematização do lucro da intervenção no direito brasileiro. *Revista Pensar*, Fortaleza, v. 23, n. 4, p. 1-15, out./dez. 2018.

da exploração não autorizada de bem ou direito alheio, fundamenta-se na vedação do enriquecimento sem causa".

3. ANÁLISE BREVE DA INADEQUAÇÃO CATEGORIAL DA SÚMULA 403 DO STJ

Os julgados que serviram de base para a Súmula 403 foram os seguintes:

1.º) REsp 85.905/RJ, 3.ª Turma, Rel. Min. Ari Pargendler, j. 19.11.1999, *DJ* 13.12.1999, p. 140: Embora não tenham conhecido do recurso, o caso tratava de uso de imagem captada dentro de loja, ou seja, propaganda comercial. O acórdão *a quo*, mantido, foi no sentido de que não houve objetivo de exploração de sua imagem.

2.º) REsp 270.730/RJ, 3.ª Turma, Rel. Min. Carlos Alberto Menezes Direito, Rel. p/ acórdão Min. Nancy Andrighi, j. 19.12.2000, *DJ* 07.05.2001, p. 139: Conhecido como "Caso Maitê Proença", entendeu-se que ela sofreu dano moral porque sofreu o vexame de ver uma foto sua nua publicada em outra revista que não aquela com quem tinha contrato. A quebra do contrato seria a fonte do vexame.

3.º) EDcl nos EREsp 230.268/SP, 2.ª Seção, Rel. Min. Jorge Scartezzini, j. 24.11.2004, *DJ* 16.03.2005, p. 160: No caso, reformou-se acórdão *a quo*, que negou indenização a modelo que teve sua imagem utilizada em propaganda comercial mesmo após o fim do contrato, sob a alegação de que não houve dano moral. O STJ reformou o *decisum*, entendendo devida a indenização por ser dano *in re ipsa*. O Min. Pargendler votou divergentemente, compreendendo que não era caso de dano moral, e sim patrimonial.

4.º) REsp 1.082.878/RJ, 3.ª Turma, Rel. Min. Nancy Andrighi, j. 14.10.2008, *DJe* 18.11.2008: O STJ manteve a condenação de revista de fofocas que reproduziu foto de ator casado, beijando mulher que não a sua, com a nítida intenção de incrementar as vendas.

Ao se analisar cada um dos casos em questão, percebe-se que a captação de imagem dentro da loja utilizada posteriormente para fins comerciais não causa dano à pessoa, mas lucro à loja. A foto da atriz Maitê Proença publicada em revista sem sua autorização não lhe causou dano, mas lucro à revista masculina. A modelo cuja imagem foi utilizada para fins publicitários mesmo depois de findo o contrato não sofreu dano, mas a empresa que usou a imagem teve lucro.

Agora, o ator casado que beija mulher que não é sua e tem a foto publicada pode ter tido dano, mas não há dúvida de que a revista teve lucro ao publicar a foto e aumentar as vendas.

Não estamos no campo da reparação civil, pois não há dano moral (sofrimento – *pretium doloris* – ou dano a direito de personalidade por meio de menoscabo ou depreciação da imagem alheia), nem material na modalidade do lucro cessante, pois as pessoas não deixaram de ganhar o que ganhariam se suas imagens não tivessem sido utilizadas.

O dano moral *in re ipsa*, ou seja, o dano moral objetivo, cuja existência se presume *iuris tantum*, tem por base a dor, o sofrimento ou um prejuízo ao direito de personalidade[22]. Nas palavras de Carlos Alberto Bittar:

> (...) na concepção moderna da teoria da reparação de danos morais prevalece, de início, a orientação de que a responsabilização do agente se opera por força do simples fato da violação. Com isso, verificando o evento danoso, surge, *ipso facto*, a necessidade de reparação, uma vez presentes os pressupostos de direito. Dessa ponderação, emergem duas consequências práticas de extraordinária repercussão em favor do lesado: uma, é a dispensa da análise da subjetividade do agente; outra, a desnecessidade de prova de prejuízo em concreto[23].

---

[22] São exemplos da jurisprudência: "(...) na caracterização do dano moral que, em determinadas situações, pode ser considerado *in re ipsa*, como por exemplo nas hipóteses em que acarrete a inscrição indevida do nome do consumidor nos órgãos de proteção ao crédito" (AgInt nos EDcl no AREsp 987.274 SP, Rel. Min. Raul Araújo, *DJe* 1.º.08.2017).

"Ademais, afirma que o acórdão recorrido divergiu da jurisprudência desta Corte Superior, tendo em vista que, por ocasião do julgamento do AgRg no REsp n. 1.138.861/RS, a Terceira Turma do STJ entendeu que 'o saque fraudulento por terceiro na conta-corrente do consumidor gera dano moral *in re ipsa*' (e-STJ, fl. 311). Cita, também, para fins de comprovação de divergência, diversos outros julgados desta Corte, bem como de outros Tribunais. Busca, assim, o provimento do recurso especial para que seja reformado o acórdão recorrido a fim de, reconhecendo a caracterização de dano moral *in re ipsa*, restabelecer a sentença proferida pelo Juízo *a quo* que julgou procedente a ação condenando a instituição financeira ao pagamento da indenização pleiteada" (STJ, REsp 1.573.859, 3.ª Turma, Rel. Min. Marco Aurélio Bellizze, j. 07.11.2017).

[23] BITTAR, Carlos Alberto. Reparação civil por danos morais. *Revista dos Tribunais*, n. 32, p. 202, 1993.

Certa mulher que, por ser muito bela, tem o rosto utilizado na publicidade de cosméticos sem sua autorização não sofre dano moral, nem material.

Há o exemplo do panfleto anunciando a festa na cidade de interior em que duas fotos são utilizadas sem a autorização dos fotografados. Uma foto feminina com os dizeres: "só virão mulheres lindas como ela"; e outra masculina com os dizeres: "gente feia como ele não entra". A mulher não sofreu dano, já o rapaz sim. Ela não pode reclamar os prejuízos sofridos, que simplesmente não existiram. Ele poderá pedir indenização (responsabilidade civil). Mas ela nada pode exigir? Sim, poderá exigir remuneração pelo uso não autorizado de sua imagem (enriquecimento sem causa).

A súmula gera dúvidas ao utilizar os vocábulos "prejuízo" e "indenização". Dano não houve, prejuízo não há e indenização não é cabida. Cabida é a remuneração pelo uso de imagem alheia, se não houver a devida autorização, mormente quando essa imagem é empregada para gerar lucro em favor daquele que a usa.

Em suma, a Súmula 403 do STJ não trata de prejuízo, nem de indenização, tampouco tem relação com a responsabilidade civil. Cuida de enriquecimento sem causa na modalidade que a doutrina chama de lucro de intervenção.

4. EFEITOS DA DISTINÇÃO CATEGORIAL

4.1. Prazo prescricional e seu início. Cabe violação continuada tratando-se de responsabilidade civil ou de lucro da intervenção?

O tema central da controvérsia que abordo agora é saber se pode existir certo ato "danoso" (chamarei de danoso, sempre entre aspas, pois na realidade, conforme explicado, a Súmula 403 do STJ cuida de lucro de intervenção, e não de dano) que, por sua natureza, produza efeitos perenes, perpétuos, implicando a chamada violação continuada para fins de aplicação do artigo 189 do Código Civil[24].

A cada momento em que alguém lê um livro plagiado, a cada momento em que alguém vê a imagem do ator ou atriz indevidamente utilizada, a cada momento em que alguém assiste ao filme em que uma música foi usada

---

[24] CC/2002: "Art. 189. Violado o direito, nasce para o titular a pretensão, a qual se extingue, pela prescrição, nos prazos a que aludem os arts. 205 e 206".

sem remuneração do direito de autor, a cada momento em que a novela que denegriu certa pessoa é assistida, há o nascimento de uma nova pretensão? Pela tese da violação continuada, a resposta seria afirmativa.

Contudo, por mais sedutora que pareça, a tese é uma simplificação indevida do instituto da prescrição. É, em certa medida, dizer algo que é óbvio em análise perfunctória, mas que colapsa diante do estudo profundo da categoria jurídica da prescrição. Os fundamentos da prescrição são muitos e a doutrina, mais antiga e mais recente, repete-os à exaustão.

Um dos fundamentos da prescrição é, certamente, a segurança jurídica. A melhor doutrina portuguesa afirma que um dos fundamentos da prescrição é uma consideração de certeza ou segurança jurídica, a qual exige que as situações de fato que se constituíram e se prolongaram por muito tempo sobre a base delas, criando expectativas e organizando planos de vida, se mantenham, não podendo ser atacadas por situações antijurídicas[25].

A possibilidade de, a qualquer tempo, o ator ou atriz cuja imagem foi utilizada em campanha publicitária sem sua autorização propor a demanda "indenizatória"[26] é fonte de insegurança, pois pereniza um direito patrimonial disponível, contrariando o fundamento da prescrição.

O segundo argumento é o do interesse social geral. Assim, explica Ary de Azevedo Franco que, entre o mal resultante de uma prescrição que proteja o contrário ao direito e o mal maior da não existência das prescrições; entre o mal de uma sentença que atribua o direito àquele que não o tinha e o mal muito maior da insegurança e do desrespeito à ordem geral e à sociedade, não há o que escolher: deverá sempre prevalecer o interesse geral[27].

É do interesse social geral que haja perenidade de um direito patrimonial disponível como o é a remuneração pelo uso supostamente indevido de imagem? Novamente a resposta é negativa. A imprescritibilidade decorrente da tese da "violação continuada" é o mal maior, é aquilo que o sistema não deseja nem permite. Essa interpretação é nefasta à segurança jurídica e ao interesse geral. Esses fundamentos são repetidos por Pontes de Miranda: o instituto serve à paz social e à segurança jurídica[28].

---

[25] ANDRADE, Manuel Domingues de. *Teoria geral da relação jurídica*. Coimbra: Almedina, 2003. v. 2, p. 446.

[26] Novamente de indenização não se trata, mas de remuneração, pois dano não há.

[27] FRANCO, Ary de Azevedo. *A prescrição extintiva no Código Civil brasileiro*: doutrina e jurisprudência. 2. ed. Rio de Janeiro/São Paulo: Freitas Bastos, 1950. p. 11.

[28] PONTES DE MIRANDA, Francisco Cavalcanti. *Tratado de direito privado* – Parte geral. 3. ed. Rio de Janeiro: Borsoi, 1970. t. 6, p. 101.

A consagrada e antiga doutrina alemã reforça esse entendimento. Para Ludwig Enneccerus, Theodor Kipp e Martin Wolff, a prescrição serve à segurança geral do direito e à paz jurídica, as quais exigem que se ponha limite às pretensões jurídicas envelhecidas. Sem a prescrição, ninguém estaria protegido de pretensões sem fundamento ou, ainda, seria compelido a pagar novamente por haver perdido os meios de prova de sua defesa[29].

A frase lapidar dos autores se vale da locução "pretensões jurídicas envelhecidas". A precisão da afirmação revela a impossibilidade de o passar dos anos não condenar ao esquecimento certos atos, ainda que ilícitos na sua gênese. O sistema não comporta, porque fere a segurança jurídica, a paz social e o interesse geral, que "pretensões envelhecidas" sejam exigidas do devedor.

É o caso do pagamento de dívidas muito antigas que exigiram do devedor a manutenção eterna de documentos de quitação. Perdendo a quitação, teria o devedor ou seus herdeiros de pagar novamente dívidas já pagas. Há um caráter pragmático. Documentos podem ser descartados sem riscos para o devedor.

As disputas judiciais devem ser resolvidas de maneira a não significar uma fonte de incertezas, injustiças e custos elevados. Demandas propostas após longo período de adormecimento têm, em si, normalmente, mais crueldade que justiça[30].

Tratando-se de prescrição, traz a lei os prazos e seu termo inicial, o que permite à pessoa que faz parte de uma relação jurídica conhecer com exatidão a data em que sua pretensão se extinguiu. A prescrição gera tranquilidade social em decorrência da certeza de que o tempo resolve todos os problemas, ainda que não haja qualquer ação humana para resolvê-los.

Sem a prescrição, nada seria estável. Um proprietário não estaria mais seguro de conservar o seu bem; um devedor não teria mais a certeza de não ser obrigado a pagar pela segunda vez. Em suma, esse é o verdadeiro fundamento principal da prescrição. A ideia de uma aquisição presumida ou de uma libertação presumida, bem como da renúncia do titular de um direito prescrito, são motivos acessórios e secundários.

Outro fundamento, trazido por Reinhard Zimmermann e Nils Jansen em sua obra *Commentaries on European Contract Laws*, é a própria

---

[29] ENNECCERUS, Ludwig; KIPP, Theodor; WOLFF, Martin. *Tratado de derecho civil* – Parte general. 39. ed. Barcelona: Bosch, 1935. v. II, t. 1, p. 457.

[30] ZIMMERMAN. *Commentaries on European contract laws*. New York: Oxford University Press, 2018. p. 1829.

dificuldade de o devedor se defender da pretensão do credor com o passar dos anos[31]. Efetivamente, os fatos são esquecidos, os documentos são perdidos e as testemunhas desaparecem conforme o fato se torna pretérito. É de extrema injustiça e contrária ao *favor debitoris* a perenização da responsabilidade do devedor.

A ideia de "violação continuada" contraria a razão de ser da prescrição. O que melhor exemplifica a impossibilidade de sua aceitação no sistema é o exemplo da morte. A dor pela perda de um parente querido pereniza-se, instala-se de maneira indelével na vítima do dano. É um dano continuado, pois o sofrimento dos pais que perderam os filhos, dos maridos que perderam as esposas, dos irmãos que perderam os irmãos nunca deixa de existir. Nessa lógica, sendo a dor perene, o dano seria continuado e, a cada dia que se sente dor, novo prazo prescricional se iniciaria? A resposta é negativa e não há decisões que admitem tal argumento.

Note-se o seguinte: se a violação de um direito por força de um dano de extrema gravidade (morte, perda de partes do corpo, incapacidades permanentes) forçosamente faz iniciar a prescrição, que, ao fim e ao cabo, neutraliza pretensões indenizatórias, como a violação ao direito de imagem e a correspondente "indenização" de um ator ou atriz por eventual uso não autorizado de imagem não se sujeita ao mesmo regime?

Pode o sistema admitir que a morte de um filho em razão de um acidente automobilístico se sujeita à prescrição de três anos (art. 206, § 3.º, V, do CC), mas o uso, ainda que indevido, da imagem para fins comerciais permite que a ação seja proposta a qualquer tempo? Isso é a morte da lógica da estabilidade social e dos valores que fundam o sistema. É mais importante ao sistema a pretensão do ator ou atriz que teve sua imagem utilizada indevidamente que a pretensão de indenização por morte?

O interesse social exige que tenham solução definitiva as situações contrárias ao direito. E, se o credor permanece inerte, sem providenciar o efetivo exercício de seu direito, estabelece-se uma incerteza, uma situação de dúvida, que a ordem jurídica condena. E por condená-la, não tolerando que permaneça esse estado contrário aos interesses superiores da ordem pública, é que impõe um termo, fazendo tal estado cessar[32].

---

[31] ZIMMERMAN. *Commentaries on European contract laws.* New York: Oxford University Press, 2018. p. 1829.

[32] CARVALHO SANTOS, J. M. *Código Civil brasileiro interpretado – Parte geral: arts. 114-179.* 9. ed. Rio de Janeiro/São Paulo: Freitas Bastos, 1963. v. III, p. 372.

Vamos mais longe. Se a tese insustentável da violação continuada for admitida, pergunta-se: existiria fim à pretensão de indenização no caso em debate? Quando a prescrição se ultimaria? Imaginemos que em 2085 a campanha publicitária seja vista por uma única pessoa no YouTube. Nesse momento, todos os herdeiros, filhos, netos, bisnetos dos jogadores cujas imagens foram indevidamente utilizadas poderiam reclamar a indenização? Em suma, os trinetos do ator ou da atriz teriam a pretensão que os jogadores têm hoje até o fim dos tempos?

Surgindo uma ação da mesma natureza (indenização pelo uso indevido de imagem) em 2085, poderia o Tribunal de Justiça de São Paulo entender que, como a violação é continuada, a prescrição da pretensão não se verificou. É, na realidade, reconhecer a imprescritibilidade de certas pretensões, em nítida afronta ao sistema jurídico posto.

É por isso que se deve diferenciar a ofensa única ao direito das ofensas sucessivas. Nas palavras de Caio Mário da Silva Pereira, "se a violação do direito é continuada, de tal forma que os atos se sucedam encadeadamente, a prescrição corre a contar do último deles, mas, se cada ato dá direito a uma ação independente, a prescrição alcança cada um, destacadamente"[33].

E o que é uma sucessão de atos? Se a imagem do ator ou atriz fosse utilizada em mais de um comercial, teríamos duas violações por não haver autorização de uso de imagem e, então, no lançamento de cada campanha publicitária inicia-se a prescrição. Agora, se a mesma campanha dura um ano, não há uma sucessão de atos: há um ato único com efeito continuado. Assim, a prescrição começa quando do início da campanha, pois aí ocorre a violação.

Zimmermann e Jansen, ao tratarem das obrigações continuadas, seguem essa mesma linha de raciocínio: nas obrigações positivas e negativas continuadas, interessa para início da prescrição o momento de cada quebra, de cada descumprimento da prestação[34]. É por isso que a prescrição se inicia, caso não haja autorização, com o lançamento da campanha publicitária. É aí o momento da quebra ou violação.

A cada momento em que uma mesma campanha aparece no rádio, na televisão ou em *sites* não há "nova" violação do direito de imagem do

---

[33] PEREIRA, Caio Mário da Silva. *Instituições de Direito Civil*. 12. ed. Rio de Janeiro: Forense, 1990. 483 p. v. 1.

[34] ZIMMERMAN. *Commentaries on European contract laws*. New York: Oxford University Press, 2018. p. 1845.

Cap. 20 · ENRIQUECIMENTO SEM CAUSA E RESPONSABILIDADE CIVIL | **577**

ator ou atriz, pois esta se dá com o lançamento da campanha publicitária. A ofensa é única, mas seus efeitos se protraem no tempo. É exatamente o caso da morte em que o dano-evento é único, mas o dano-resultado se protrai no tempo.

É de frisar, por fim, que, tratando-se de enriquecimento sem causa, a noção de "violação continuada" simplesmente se revela impossível. Isso porque o que se pede é uma remuneração em razão do enriquecimento de alguém. É o ator que pede à empresa uma remuneração pelo uso indevido de sua imagem. Não há dano, logo não há indenização.

Se não há dano (e realmente não há), na figura do enriquecimento sem causa descabe, logicamente, falar em violação continuada. A violação ocorre no momento da exploração não autorizada de bens ou direitos alheios. Há um ato único e com ele se inicia a prescrição, que será trienal (art. 206, § 3.º, inciso IV, do CC).

4.2. Quantificação da indenização *versus* quantificação da remuneração

Tratando-se de indenização, esta se mede pela extensão do dano (art. 944 do CC). Para o dano moral, o STJ tem adotado a belíssima fórmula bifásica. Em uma primeira fase, analisa-se qual é o valor da indenização que o STJ tem fixado para os casos análogos. Na segunda fase, o valor é aumentado ou reduzido de acordo com as peculiaridades do caso concreto[35].

---

[35] "I – Na origem, trata-se de ação objetivando a condenação do Estado de São Paulo ao pagamento de indenização em decorrência da prática por autoridade policial de ato considerado abusivo. Na sentença, julgou-se procedente o pedido para condenar o estado ao pagamento de indenização por danos morais no importe de R$100.000,00 (cem mil reais). No Tribunal de origem, a sentença foi mantida. Após a interposição de recurso especial, o valor foi reduzido para R$50.000,00 (cinquenta mil reais). II – No tocante à violação dos arts. 944 do Código Civil de 2002, quanto à pretensão de revisão da verba indenizatória, a jurisprudência desta Corte firmou o entendimento de que é admissível o reexame do valor fixado a título de danos morais em hipóteses excepcionais, quando for verificada a exorbitância ou a índole irrisória da importância arbitrada, em flagrante ofensa aos princípios da razoabilidade e da proporcionalidade. A propósito, confiram-se: AgInt no REsp 1.287.225/SC, Rel. Ministro Marco Buzzi, Quarta Turma, julgado em 16.03.2017, *DJe* 22.03.2017; e AgInt no AREsp 873.844/TO, Rel. Ministra Assusete Magalhães, Segunda Turma, julgado em 16.03.2017, *DJe* 27.03.2017. III – Nesse panorama, é necessária uma análise dos precedentes desta Corte de Justiça em casos análogos, para o fim de caracterização da excessividade apontada.

No tocante ao lucro da intervenção decorrente do enriquecimento sem causa, a questão que se coloca não é de fixação de indenização, mas de remuneração em favor do titular que teve o bem ou direito utilizado sem a devida autorização.

A importância da distinção teórica entre a responsabilidade civil e o enriquecimento sem causa se dá exatamente na questão da quantificação dos valores a serem pagos a quem teve sua imagem usada sem a devida autorização.

Como na ação *in rem verso* se procura afastar o empobrecimento, aumentando o patrimônio daquele que foi prejudicado, pelo enriquecimento sem causa de outrem, nenhum problema se apresenta, se o lucro de um equivale ao prejuízo do outro.

A questão agrava-se quando as cifras são diversas. Se um empobreceu dez e o outro enriqueceu vinte ou vice-versa, em quanto montará a remuneração?

Pode-se, então, fixar a seguinte regra sobre o montante da remuneração: quando houver diferença entre os montantes do enriquecimento e do empobrecimento, a remuneração se fixará na cifra menor, pois com ela o empobrecimento desaparece. Isso coincide com o pensamento da doutrina que escreve sobre o enriquecimento sem causa na modalidade do lucro da intervenção:

> No tocante aos critérios de quantificação que devem ser compatíveis com o enquadramento da figura no campo do direito restitutório. O lucro da intervenção continua a ser um tema merecedor de investigação mais profunda em nossa doutrina, mas tais premissas permitem corrigir desvios de rota que vão se formando em nossa jurisprudência, na qual o lucro da intervenção vem constantemente "ocultado", de modo mais ou menos deliberado, sob a categoria dos

---

Veja-se: AgInt no REsp 1.666.271/AC, Rel. Ministro Herman Benjamin, Segunda Turma, julgado em 13.12.2018, *DJe* 06.02.2019; e AgInt no REsp 1.714.545/SC, Rel. Ministro Sérgio Kukina, Primeira Turma, julgado em 17.05.2018, *DJe* 24.05.2018. IV – Com base nos precedentes citados, o valor de R$ 100.000,00 (cem mil reais) fixado pela instância ordinária, mostra-se excessivo, diante das peculiaridades do caso, podendo ser revisto nesta Corte, no que a pretensão, de fato, autoriza o afastamento do óbice sumular n. 7/STJ, merecendo, também, ser conhecido o dissídio invocado" (STJ, AgInt no AREsp 1.425.666/SP, 2.ª Turma, Rel. Min. Francisco Falcão, j. 10.09.2019).

lucros cessantes, categoria típica do direito da responsabilidade civil, funcionalmente distinto do direito restitutório[36].

No caso de um ator cuja imagem foi usada indevidamente, a questão é mais simples. Como se trata de enriquecimento sem causa, e não de dano, há padrões contratuais já estabelecidos para o uso de imagem daquele ator ou atriz em campanhas publicitárias semelhantes. O valor da remuneração pode tomar como parâmetro o que ganham outros atores e atrizes, com carreiras e prestígios similares, para certa campanha publicitária. É assim que se resolve a questão no campo do direito restitutório, que em nada se assemelha à reparação civil.

É por isso que os critérios são os comercialmente prevalecentes nesse tipo de contratação. Portanto, efetivamente, em fase de liquidação de sentença, o critério de fixação da remuneração será aquele já adotado pelo TJSP:

> Valor que deve corresponder à remuneração que seria recebida por trabalho regularmente contratado. Orçamentos divergentes. Cabível a redução para a média dos orçamentos trazidos (Apelação Cível 9094316-71.2008.8.26.0000, 2.ª Câmara de Direito Privado, Rel. Des. José Joaquim dos Santos, j. 04.09.2012).

A aplicação dos parâmetros de responsabilidade civil significaria ignorar a natureza das categorias em debate.

Um exemplo simples e de fácil compreensão: se certo prestador de serviços não tivesse avençado o preço com o tomador, o valor a ser fixado judicialmente levaria em conta quanto, em média, se cobra pelos serviços.

5. CONCLUSÃO

A Súmula 403 do STJ cuida mesmo de situação de enriquecimento sem causa, e não de responsabilidade civil. A questão do uso indevido de imagem, por ausência de autorização, está fora do campo do dano e sua reparação. Por isso, melhor seria que o enunciado da súmula utilizasse o termo "remuneração", e não "indenização".

---

[36] SCHREIBER, Anderson; SILVA, Rodrigo da Guia. *Aspectos relevantes para a sistematização do lucro da intervenção no direito brasileiro*. Revista Pensar, Fortaleza, v. 23, n. 4, p. 1-15, out./dez. 2018.

Isso porque o cálculo de indenização (responsabilidade civil) e o de remuneração (enriquecimento sem causa) são completamente distintos, pois partem de premissas diferentes.

REFERÊNCIAS

ANDRADE, Manuel Domingues de. *Teoria geral da relação jurídica*. Coimbra: Almedina, 2003. v. 2.

BITTAR, Carlos Alberto. *Reparação civil por danos morais*. Revista dos Tribunais, n. 32, 1993.

CARVALHO SANTOS, J. M. *Código Civil brasileiro interpretado* – Parte geral: arts. 114-179. 9. ed. Rio de Janeiro/São Paulo: Freitas Bastos, 1963. v. III.

ENNECCERUS, Ludwig; KIPP, Theodor; WOLFF, Martin. *Tratado de derecho civil – Parte general*. 39. ed. Barcelona: Bosch, 1935. v. II, t. 1.

FRANCO, Ary de Azevedo. *A prescrição extintiva no Código Civil brasileiro*: doutrina e jurisprudência. 2. ed. Rio de Janeiro/São Paulo: Freitas Bastos, 1950.

GOMES, Orlando. *Obrigações*. 17. ed. Rio de Janeiro: Forense, 2008.

MENEZES LEITÃO, Luís Manuel Teles de. *O enriquecimento sem causa no novo Código Civil brasileiro*. Revista CEJ, Brasília, n. 25, p. 24-33, abr./jun. 2004.

PEREIRA, Caio Mário da Silva. *Instituições de Direito Civil*. 12. ed. Rio de Janeiro: Forense, 1990. 483 p. v. 1.

POMPEU DE TOLEDO, Roberto. *A capital da vertigem:* uma história de São Paulo. Rio de Janeiro: Objetiva, 2015.

PONTES DE MIRANDA, Francisco Cavalcanti. *Tratado de direito privado* – Parte geral. 3. ed. Rio de Janeiro: Borsoi, 1970. t. 6.

RODRIGUES, Silvio. *Direito civil: contratos e das declarações unilaterais de vontade*. 28. ed. São Paulo: Saraiva, 2002. v. 3.

SCHREIBER, Anderson; SILVA, Rodrigo da Guia. *Aspectos relevantes para a sistematização do lucro da intervenção no direito brasileiro*. Revista Pensar, Fortaleza, v. 23, n. 4, p. 1-15, out./dez. 2018.

ZIMMERMAN. *Commentaries on European contract laws*. New York: Oxford University Press, 2018.

DIREITO DE PROPRIEDADE

21

LIMITAÇÕES AO EXERCÍCIO DO DIREITO DE PROPRIEDADE NO DIREITO PRIVADO CONTEMPORÂNEO. NOVAS TECNOLOGIAS E OUTROS DESAFIOS

SÍLVIO DE SALVO VENOSA

CLÁUDIA RODRIGUES

SUMÁRIO: 1. Propriedade. Escorço histórico;   2. Natureza jurídica do direito de propriedade;   3. Objeto do direito de propriedade;   4. Restrições ao direito de propriedade;   5. Aspecto de finalidade social da propriedade. A expropriação do art. 1.228, § 4.º, do Código Civil;   6. Restrições ao direito de propriedade imóvel: 6.1. Limitações decorrentes do Código Civil;   6.2. Limitações legais impostas por legislações especiais;   6.3. Limitações administrativas e voluntárias;   7. Propriedade intelectual e suas limitações: 7.1. Propriedade industrial;   7.2. Direito do autor;   7.3. Novas tecnologias;   8. Abuso do direito na propriedade;   9. Síntese conclusiva;   Referências.

1.   PROPRIEDADE. ESCORÇO HISTÓRICO

A propriedade, em cotejo com os princípios da posse, não tem a mesma facilidade intuitiva de percepção. A posse, como fato natural, sendo preexistente ao direito, converte-se em fato jurídico e assim é respeitada.

O conceito e a compreensão de domínio, até atingir a concepção moderna de propriedade privada, sofreram inúmeras influências no curso da história nos vários povos desde a antiguidade. A história da propriedade e suas vicissitudes são consequência direta da organização política.

Antes da época romana, como regra, nas sociedades primitivas, somente era conhecida a propriedade dos móveis, exclusivamente com objetos de uso pessoal. O solo, ainda com noção embrionária, pertencia a toda a coletividade. A propriedade coletiva é, sem dúvida, a primeira manifestação de sua função social. O ser humano não estava preso ao solo, pois seu nomadismo decorria da necessidade de sempre buscar novas terras, para abrigo, caça e pesca.

No curso dos tempos, a utilização permanente de porção de terra passa a ligar o ser humano e a tribo ao local que usa e habita, traduz a primeira noção de propriedade coletiva, preparando a compreensão da propriedade individual, não de grandes lutas e sacrifícios (COULANGES, 1957, v. 1, p. 83).

É difícil precisar nas fontes do direito romano quando surge a propriedade territorial individual. No primeiro período do direito romano, o indivíduo recebia uma porção de terra para cultivar, porém, terminada a colheita, a terra voltava a ser coletiva. Paulatinamente, estabelece-se o costume de atribuir sempre a mesma porção de terra às mesmas pessoas ano após ano. Ali o *pater familias* fixa sua morada e vive com sua família e escravos. Essa noção era de um *poder absoluto* sobre a terra. Somente na época clássica do direito romano se admite a possibilidade de uso abusivo do direito de propriedade e sua reprimenda. O *Digesto* de Justiniano já reconhece direitos de vizinhança, mas o elemento individual ainda é preponderante. Foi a religião, dessa forma, que garantiu a propriedade, pois as divindades domésticas a protegiam.

Nos primórdios e por muito tempo, a propriedade grega e romana se colocava ao lado da religião doméstica e da família, com íntima relação entre si (COULANGES, 1957, v. 1, p. 94).

Essa concepção romana de propriedade é transmitida pelos glosadores para a cultura jurídica da Europa continental.

Na Idade Média, a propriedade perde o caráter unitário e exclusivista. Com as diferentes culturas bárbaras, modificam-se os conceitos jurídicos. O território, mais do que nada, passa a ser sinônimo de poder. A ideia de propriedade está ligada à soberania nacional. Os vassalos serviam ao senhor. Não eram senhores do solo.

O Direito Canônico incute a ideia de que o ser humano está legitimado a adquirir bens, pois a propriedade privada é garantia da liberdade individual. Por influência de Santo Agostinho e Santo Tomás de Aquino, ensina-se que a propriedade privada é imanente à própria natureza do ser humano que, no entanto, deve fazer justo uso dela (CÂMARA, 1981, p. 79).

A partir do século XVIII, a escola do direito natural passa a reclamar leis que definam a propriedade. A Revolução Francesa recepciona a ideia romana. O Código de Napoleão, por consequência, traça a conhecida concepção extremamente individualista da propriedade no art. 544: "A propriedade é o direito de gozar e dispor das coisas de modo mais absoluto, desde que não se faça uso proibido pelas leis ou regulamentos".

Essas ideias e os princípios da Revolução Francesa, como se sabe, repercutiram em todos os ordenamentos que se modelaram no Código francês, incluindo a grande maioria dos códigos latino-americanos.

Esse individualismo exagerado perde força no século XIX com a revolução industrial e com as doutrinas socializantes. Procura-se desde então o sentido social da propriedade.

2. NATUREZA JURÍDICA DO DIREITO DE PROPRIEDADE

Como a noção de propriedade está presente na própria natureza do ser humano, orientando-se atualmente no sentido predominantemente social, torna-se despicienda a análise das teorias que procuraram estabelecer sua natureza jurídica. O curso da história se encarrega de modificar, sem alterar na substância, essa natureza. Do caçador primitivo com seus poucos pertences até a atual problemática da propriedade e sua função social, a história nos ensina sobremaneira.

Com o advento do Estado, este passa a ordenar e regular a propriedade. Não é, todavia, somente a lei que dá origem à propriedade, como se pretendeu sustentar no passado. Esta decorre da própria natureza humana. Sua utilidade social deve ser equilibrada com o direito garantidor da propriedade privada. Negar a propriedade privada, como fizeram os regimes comunistas, todos falidos, é negar a própria natureza humana.

Assim como em outros fenômenos sociais, como família, casamento, filiação, sucessão, contrato etc., o conceito de propriedade se altera no tempo e no espaço. O presente ainda não é história. O passado é um mestre que ensina que todos os fenômenos sociais baloiçam ao sabor das necessidades que se sucedem, cabendo ao cultor e operador do direito sentir os ventos das mudanças para encontrar novas soluções. Esse o grande desafio do jurista e do legislador. Qualquer que seja a solução, a defesa da propriedade privada não deve ser hostilizada, mas adequada.

Oportuno recordar que o Código de Defesa do Consumidor também se reflete no direito de propriedade.

586 | DIREITO CIVIL: DIÁLOGOS ENTRE A DOUTRINA E A JURISPRUDÊNCIA – *Volume II*

Toda essa compreensão do direito de propriedade, de qualquer modo, deve ser examinada bem longe do absolutismo de outrora.

3. OBJETO DO DIREITO DE PROPRIEDADE

O direito de propriedade é o direito mais amplo entre a pessoa e as coisas. O bem fica submetido à senhoria do titular ou *dominus*. Traduz-se na disposição do art. 524 do Código Civil de 1916: "A lei assegura ao proprietário o direito de usar, gozar e dispor de seus bens, e de reavê-los do poder de quem injustamente os possua".

Ou como descreve de forma mais atual do estatuto civil de 2002: "O proprietário tem a faculdade de usar, gozar e dispor da coisa e o direito de reavê-la do poder de quem injustamente a possua ou detenha".

Cuida-se do poder que os italianos denominam "senhoria" sobre a coisa.

A faculdade de *usar* é colocar a coisa a serviço do titular, sem lhe alterar a substância. *Gozar* significa extrair benefícios e vantagens do bem. Refere-se à percepção de frutos, tanto naturais como civis. O poder de dispor envolve o poder de consumir o bem, modificar sua substância, aliená-lo ou gravá-lo. Trata-se do poder mais abrangente, pois quem pode dispor da coisa pode usar e gozar.

Sob o aspecto da função social da propriedade deve ser entendido esse direito como absoluto por ideal didático, pois seu relativismo é patente na atualidade. No art. 526 do Código de 1916, o legislador já estipulara restrições a seu exercício nos limites de sua utilidade e interesse. A mesma noção é mantida pelo art. 1.229 do Código vigente. O poder do proprietário do solo não pode ser levado *ad sidera et ad inferos*, como sustentava o direito intermédio

O direito de propriedade mal utilizado, ou usado sem finalidade com intuito meramente emulativo, constitui abuso de direito, como especificamente mencionaremos a seguir.

Também com mitigação devia ser entendido o princípio estatuído no art. 527 do Código anterior: "O domínio presume-se exclusivo e ilimitado até prova em contrário". Sob esse prisma se apresenta o texto do art. 1.231 do Código atual: "A propriedade presume-se plena e exclusiva, até prova em contrário".

Diz-se também que o direito de propriedade é *perpétuo* ou permanente, no sentido de que não pode se extinguir pelo não uso. A usucapião demonstra atitude ativa do usucapiente, não se destacando a atitude passiva daquele que perde a propriedade pelo abandono ou desuso.

Menciona-se também a *elasticidade* do direito de propriedade por ser o mais extenso, desvinculado dos direitos reais limitados, como usufruto, uso e habitação, bem como penhor, hipoteca e anticrese. Esses direitos restringem o direito de propriedade. Quando desaparecem, a propriedade volta a ser plena.

O direito de propriedade abrange direitos corpóreos e incorpóreos, assim como móveis e imóveis.

O Código de 1916 colocou a propriedade literária, científica e artística entre os direitos de propriedade. O direito atual tende a considerar esse ramo como autônomo, pois essas modalidades apresentam naturezas diversas que impedem uma única classificação, tanto que o Código atual suprimiu esse capítulo.

4. RESTRIÇÕES AO DIREITO DE PROPRIEDADE

A função social da propriedade requer do sistema princípios limitadores de atuação do proprietário. As limitações impostas pelos direitos de vizinhança, presentes no próprio Código e em leis extravagantes, são exemplo clássico e tradicional dessa restrição.

A Constituição Federal traça normas programáticas para a efetivação da função social da propriedade, sendo de há muito entre nós as riquezas do subsolo independentes do solo e de seu proprietário, sendo a titularidade desses produtos da União Federal. Cabe ao legislador ordinário regular sua exploração.

São inúmeras e cada vez em maior número as leis que interferem na propriedade. As exigências de limitação do direito decorrem do equacionamento do individual e do social.

Assim, são muitas as restrições na legislação ordinária de ordem administrativa. Protegem-se o patrimônio histórico, a fauna, a flora, o equilíbrio ecológico etc. não sem permanentes vicissitudes nas áreas administrativas. Há leis que cuidam expressamente dessas áreas, como restrições direcionadas à propriedade privada urbana e rural. Há restrições de ordem militar que dizem respeito à segurança nacional.

Na legislação eleitoral também se dispõe sobre o uso da propriedade privada, quando necessário para a realização de eleições.

A análise dos direitos de vizinhança, cujo exame pertence ao direito privado e ao direito público, é vasta e a cada dia colocada na berlinda. No exame de cada problema, há que se levar em conta a harmonização dos direitos, como pontuado aqui. O instituto da desapropriação por interesse coletivo e social é claro exemplo desse aspecto.

Recorde-se ainda que a limitação do direito de propriedade pode decorrer de vontade privada, como a aposição de cláusulas de inalienabilidade, impenhorabilidade e incomunicabilidade, em doações e testamentos.

5. ASPECTO DE FINALIDADE SOCIAL DA PROPRIEDADE. A EXPROPRIAÇÃO DO ART. 1.228, § 4.º, DO CÓDIGO CIVIL

Embora a propriedade móvel continue a ter relevância, a questão da propriedade imóvel, mormente a moradia e o uso adequado da terra, passou a ser um dos maiores marcos sociais do século XX, persistindo neste atual milênio. Trata-se de desafio permanente para legisladores, administradores e julgadores.

A estrutura do direito de propriedade continua a ser o elemento essencial para determinar os caminhos econômicos e sociais dos Estados.

O malogro do comunismo com o esfacelamento da União Soviética retratou o fracasso da experiência do capitalismo do Estado que buscava a negação da propriedade privada. Neste início de século XXI, mesmo nos sistemas mais liberais, o Estado intervém cada vez mais nos meios de produção e na propriedade privada. O liberalismo pleno torna-se inviável, mormente pelas pressões sociais e populacionais. Com a economia estatizando-se, o Estado passa de mero fiscal a prestador de serviços ao cidadão (CÂMARA, 1981, p. 33). É prematuro ainda saber aonde essa postura nos levará. De qualquer forma, como ensina a História, se a negação da propriedade privada contraria anseio inarredável do indivíduo e conduz o Estado ao fracasso, não será com o puro individualismo que se resolverão os problemas jurídicos e sociais.

A Encíclica *Mater et Magistra* do Papa João XXIII, de 1961, ensina que a propriedade é um direito natural, mas que deve ser exercido de acordo com sua função social, não somente em proveito do seu titular, mas também em benefício da coletividade.

Dessarte, o Estado não pode se omitir nesse desiderato. Deve fornecer instrumentos hábeis e eficazes para que todo bem seja produtivo, porquanto bem não utilizado ou mal utilizado é permanente motivo de inquietação social. O mau uso da terra ou do espaço urbano gera violência. O instituto da desapropriação para finalidade social é importante meio para a justa utilização dos bens. Observa Falcão (1984, p. VII) que o modo preponderante de ocupação de em nosso país foi por meio de invasões urbanas.

Cap. 21 · LIMITAÇÕES AO EXERCÍCIO DO DIREITO DE PROPRIEDADE | **589**

Reflexo direto dessa situação é a redação do art. 1.228, § 4.º, do Código Civil de 2002:

> O proprietário também pode ser privado da coisa se o imóvel reivindicado consistir em extensa área, na posse ininterrupta e de boa-fé, por mais de cinco anos, de considerável número de pessoas, e elas nela houverem realizado em conjunto ou separadamente, obras e serviços considerados pelo juiz de interesse social e econômico relevante.

Esse texto legal sob o prisma social é perfeitamente explicativo. Trata-se de situação inovadora no direito brasileiro na qual permite ocorrer expropriação decorrente de um processo judicial reivindicatório. Estamos, portanto, diante de uma modalidade de desapropriação indireta em favor de particulares, não dependente de iniciativa do Poder Público. Julgados já se sucedem em nossos foros. Por outro lado, parece-nos que a usucapião coletiva do Estatuto da Cidade pode suplantar vantajosamente esse novel instituto.

Conforme o texto legal, nota-se que a perda da propriedade se dá justamente quando seu proprietário a reivindica. Trata-se de imóvel *reivindicando*, como deveria estar na lei, e não imóvel *reivindicado*. A possibilidade dessa perda, portanto, só pode ocorrer no curso de ação reivindicatória.

As pessoas que estão na posse do imóvel estarão legitimadas para esse excêntrico pedido no curso do processo. Outra questão é saber o que se entende por número *considerável* de pessoas, como pede a lei, o que deve ser deslindado no caso concreto. Esse remédio social busca atender a uma comunidade já formada, como deflui do texto. A lei se refere a ocupações urbanas ou urbanizadas de certa monta, não se excluindo a princípio núcleos populacionais formados em áreas rurais. O texto é sem dúvida mais uma cláusula aberta no Código Civil.

A posse ininterrupta e a de boa-fé, presentes no dispositivo, são elementos de sobejo conhecidos na história e jurisprudência de nosso país. O julgador deverá cotejar esses elementos com os interesses e necessidades sociais dos ocupantes, levando em consideração a posse útil. Ao contrário da usucapião ordinária, não se exige justo título como requisito para essa aquisição da propriedade:

> Não basta ter a posse de extensa área, nem levantar nela obras, ou realizar serviços. O interesse social apresenta-se sempre que o imóvel se preste ao progresso social ou para o desenvolvimento da sociedade, estando o aspecto econômico vinculado à produtividade à geração de riqueza (VIANA, 2003, p. 52).

Portanto, cabe certificar se a área em questão é apta para moradias dignas, com real e adequado aproveitamento, e, tratando-se de imóvel rural, se o local é produtivo e racionalmente utilizado. Desse modo, os ocupantes deverão ter realizado no terreno obras e serviços que podem ser considerados *de interesse social e econômico relevante*. Não há que perder de vista os princípios constitucionais a respeito da função social da propriedade urbana e rural (arts. 182, 183 e 186).

Questão mais complexa, na prática, refere-se à justa indenização, mencionada no § 5.º do art. 1.228: "No caso do parágrafo antecedente, o juiz fixará a justa indenização devida ao proprietário; pago o preço, valerá a sentença como título para o registro do imóvel em nome dos possuidores".

Embora a lei não o diga, esse preço será pago pelos possuidores. Não se trata de desapropriação feita pelo Estado. Há uma questão maior que é saber qual o montante a ser pago por ocupante, mormente quando os lotes ocupados são irregulares e de várias dimensões e localizações. Há também um aspecto prático para o pagamento quando se tratar de centenas de ocupantes. A lei também não especifica prazo para essa liquidação, que certamente será feita em liquidação de sentença. E na hipótese de inadimplência? Qual a melhor solução? O imóvel retornará ao titular do domínio especificamente na área ocupada pelo inadimplente? Essas situações devem ser detalhadas pelo legislador, em norma regulamentadora, pois certamente a jurisprudência divaga em várias soluções. Sem dúvida, o lento e custoso processo civil brasileiro será mais ainda atribulado e confuso nessas hipóteses.

Por essas razões, a utilização da usucapião, com a iniciativa dos possuidores, será muito mais efetiva. O Estatuto da Cidade (Lei n.º 10.257/2001) permite a *usucapião coletiva*, no art. 10, alterado pela Lei n.º 13.465/2017:

> Os núcleos urbanos informais existentes sem oposição há mais de cinco anos e cuja área total dividida pelo número de possuidores seja inferior a duzentos e cinquenta metros por possuidor são suscetíveis de serem usucapidos coletivamente desde que os possuidores não sejam proprietários de outro imóvel urbano ou rural.

Na maioria das situações enfrentadas pela expropriação aqui tratada, amoldam-se aos requisitos desse dispositivo do Estatuto da Cidade.

Em cada decisão, o juiz deste século, sem descurar do direito de propriedade, deve valorar a posse, quando a situação fática o possibilita em prol da utilização social da propriedade.

6. RESTRIÇÕES AO DIREITO DE PROPRIEDADE IMÓVEL

As limitações ao direito de propriedade geram celeumas sendo volumoso o número de decisões nos Tribunais. Alguns assuntos são bastante significativos para fins de demonstrar essas restrições ao exercício do direito de propriedade.

6.1. Limitações decorrentes do Código Civil

Certamente o campo do direito de vizinhança é onde se encontra grande parte dos problemas referentes às limitações e abusos do exercício do direito de propriedade.

Afogam nos Tribunais casos em que se questionam o direito de construir ou reformar ou, ainda, de convivência contígua. Em matéria de vizinhança, nossos dois Códigos Civis optaram por formulação genérica de proteção da propriedade, afora algumas situações específicas, no livro destinado ao Direito das Coisas.

O Código de 2002, sob o título, *Do uso anormal da propriedade*, dispõe no art. 1.277:

> O proprietário ou possuidor de um prédio tem o direito de fazer cessar as interferências prejudiciais à segurança, ao sossego e à saúde dos que o habitam, provocados pela utilização da propriedade vizinha.
>
> Parágrafo único. Proíbem-se as interferências considerando a natureza da utilização, a localização do prédio, atendidas as normas que distribuem as edificações em zonas, e os limites ordinários de tolerância dos moradores da vizinhança.

Percebe-se de plano que os direitos de vizinhança são normas de convivência decorrentes das proximidades ou interferências de prédios vizinhos. São comuns demandas acerca de construções irregulares que obstruem ou atrapalham o uso da propriedade por vizinho, como construções que violam o espaço mínimo exigido entre terrenos vizinhos[1] ou, ainda, a construção de uma parede que impeça a ventilação e iluminação naturais do prédio vizinho[2], ou seja, qualquer interferência indevida nos

---

[1] STJ, AgInt no AREsp 190.682/RS, Agravo Interno no Agravo em Recurso Especial 2012/0124169-0, 4.ª Turma, Rel. Min. Raul Araújo, j. 07.05.2019, *DJe* 22.05.2019.

[2] STJ, REsp 207.738, 4.ª Turma, Rel. Min. Luis Felipe Salomão, 2011.

imóveis vizinhos decorrente de construção que limite o exercício do direito de propriedade deve ser coibida.

Os danos de desassossegos ocasionados por um prédio a outro decorrem de fatos ou atos jurídicos. As regras de vizinhança têm por finalidade harmonizar a vida em sociedade e o bem-estar, sem descurar das finalidades do direito de propriedade. A regra geral enunciada aqui atinge não somente o proprietário, mas também todos os que têm relação direta com a vizinhança, possuidores, detentores, fâmulos e usuários em geral. Os meios judiciais de cessação dos incômodos vão desde a injunções e proibições com multas diárias até a indenização. Geralmente, as ações serão de obrigação de fazer ou não fazer.

Os direitos de vizinhança valem-se não somente dos direitos reais, como também dos direitos obrigacionais. As questões devem ser resolvidas com a integração de ambos os compartimentos do direito civil (MATTIA, 1976, p. 91). Cuida-se, com frequência, das denominadas obrigações *propter rem*.

No chamado conflito de vizinhança, será sempre necessário um ato praticado pelo possuidor de um prédio ou estado de coisas por ele mantido que exerça seus efeitos sobre prédio vizinho, causando prejuízo ao próprio imóvel ou incômodos a seu morador (DANTAS, 1972, p. 20). Nesse conceito trazido pelo grande San Tiago Dantas, o festejado monografista, ao se referir a *estado de coisas mantido pelo vizinho*, reporta-se aos fatos jurídicos já por nós referidos, causadores de dano ou incômodo. Os direitos de vizinhança buscam adequar a utilização social dos prédios, tanto sob o ponto de vista da regra geral do art. 1277 como dos direitos de vizinhança em espécie, regulados a seguir no Código como passagem forçada, árvores limítrofes etc.

Além das questões atinentes a construções, repousa grande celeuma sobre a produção de ruídos por vizinhos, infiltrações ou abandono de terrenos por seus proprietários que vêm a produzir perigo para os vizinhos, seja por ocupações irregulares por criminosos ou viciados ou, ainda, risco à saúde pública causado por acúmulo de lixo ou entulhos[3]. Obviamente que a análise casuística é imprescindível, porquanto o direito de vizinhança não tem o objetivo de criar vantagens para os proprietários, mas evitar prejuízos, lembrando que os problemas de vizinhança navegam de um a outro extremo de acordo com a história. O que é abusivo em vizinhança de pacata e bucólica cidade do interior poderá ser tolerável em uma megalópole, e vice-versa.

---

[3] STJ, REsp 1.728.255/SP, 2.ª Turma, Rel. Min. Herman Benjamin, j. 11.12.2018, *DJe* 04.02.2019.

Muitas questões de direito de vizinhança decorrentes de moradas em condomínios, seja horizontal ou vertical, são tratadas na Convenção de Condomínio. Entretanto, esta não pode destoar das regras do direito de vizinhança, sob pena de ser considerada inválida, por exemplo, o caso de simples proibição da permanência de animais no imóvel. A jurisprudência moderna entende que a Convenção de Condomínio não pode proibir de forma genérica a criação e a guarda de animais de qualquer espécie nas unidades autônomas quando o animal não apresentar risco à segurança, à higiene, à saúde e ao sossego dos demais moradores e dos frequentadores ocasionais do local[4].

No caso concreto, se aferirá o incômodo desmedido de um prédio a outro. Sob tais premissas, a Administração também erige posturas e regulamenta a atividade da vizinhança no interesse público e social. Há, portanto, dois compartimentos que se interpenetram em sede de vizinhança: regras de direito privado e de direito público. Há de verificar em cada caso se o incômodo alegado deve ser tolerado.

As regras fundamentais de vizinhança independem da existência de leis especiais. Em todas as situações, lembrando também dos condomínios de edifícios e assemelhados, serão sempre recrutadas normas gerais de vizinhança, para integração do sistema e suprir eventuais lacunas. A vizinhança é muito mais estreita nos condomínios em planos horizontais.

Nem sempre as perturbações à vizinhança têm materialidade ou percepção visível. A perturbação pode ser olfativa ou auditiva: gases poluentes, por exemplo, ou ruídos excessivos de várias naturezas.

O conceito de vizinhança, sob o prisma jurídico, portanto, não se relaciona com simples contiguidade de prédios, mas com proximidade mais ou menos ampla. Aí reside o conceito de vicinitude, estampado na compreensão do Código Civil. A compreensão de vizinhança variará conforme a natureza do distúrbio.

Geram controvérsias também situações de acesso de outras pessoas a uma determinada área, em que a propriedade particular esteja no caminho e na passagem de cabos e tubulações e no direito das águas ou, ainda, o uso do subsolo. São casos como os de direito de passagem em que a pessoa, dona de um determinado imóvel que se encontre encravado dentro de outro, não tem a saída nem acesso às vias públicas ou que, mesmo com esse acesso, seu caminho ofereça perigo eminente a quem por ele passe, o denominado direito

---

[4] STJ, REsp 1.783.076/DF (2018/0229935-9), 3.ª Turma, Rel. Min. Ricardo Villas Bôas Cueva.

de passagem forçada ou hipóteses de servidão de trânsito para facilitar o acesso a outras áreas. Ainda que o imóvel do proprietário que usa a servidão tenha saída e acesso, ele usa essa servidão por simples utilidade[5], diferente da passagem forçada em que a propriedade fica encravada, sem qualquer acesso.

Recorrentes também nos Tribunais são situações em que o Poder Público ou empresa concessionária necessita de acesso em propriedade alheia para proceder a instalações de cabos e tubulações. Trata-se de prestação de serviços à coletividade, quando há conflito com o direito de propriedade. Entretanto, a obra deve ser feita de modo menos oneroso para o imóvel, cabendo o direito de ressarcimento, caso a propriedade perca valor devido àquela passagem[6].

Questões menores são encontradiças no tocante às limitações de propriedade do espaço aéreo e subsolo, não obstante, com a edição da excêntrica Lei n.º 13.465/2017, que criou o direito real de laje como uma nova modalidade de direito real, certamente trará problemas que aguçarão a criatividade de nossos Tribunais. Trata-se de um condomínio de qualquer forma e sob seus princípios gerais deve ser definido e compreendido[7].

Por fim, insta observar que limitações ao direito de propriedade encontram-se previstas nos casos de doação, quando o legislador veda a doação da totalidade dos bens sem que sejam reservados bens ou renda suficientes para a subsistência do doador e também a limitação imposta ao testador, quando determina a reserva da legítima[8].

6.2. Limitações legais impostas por legislações especiais

Várias são as legislações especiais que inserem em seu arcabouço limitações ao exercício do direito de propriedade como uma forma de coibir abusos ou burla ao sistema jurídico. A primeira grande questão refere-se ao parcelamento do solo urbano, isto é, a imposição rígida instituída pela Lei n.º 6.766/1979 para a realização de loteamentos[9]. Nesse sentido, por exemplo,

---

[5] STJ, REsp 1.642.994/SC, Recurso Especial 2016/0278715-8, 3.ª Turma,, Rel. Min. Nancy Andrighi, j. 14.05.2019, *DJe* 16.05.2019.

[6] STJ, REsp 1.742.915/SC, Recurso Especial 2018/0121768-7, 2.ª Turma, Rel. Min. Herman Benjamin, j. 06.09.2018, *DJe* 27.11.2018.

[7] TJSP, AC 10037931920178260006/SP 1003793-19.2017.8.26.0006, 12.ª Câmara de Direito Privado, Rel. Jacob Valente, j. 19.12.2019, *DJe* 19.12.2019.

[8] STJ, REsp 1.567.276/CE, Recurso Especial 2014/0320451-8, 4.ª Turma, Rel. Min. Lázaro Guimarães e Rel. Min. Maria Isabel Gallotti, j. 11.06.2019, *DJe* 1.º.07.2019.

[9] STJ, AgInt no AREsp 1.458.475/SP, Agravo Interno no Agravo em Recurso Especial 2019/0055470-5, 2.ª Turma, Rel. Min. Assusete Magalhães, j. 15.08.2019, *DJe* 23.08.2019.

Cap. 21 · LIMITAÇÕES AO EXERCÍCIO DO DIREITO DE PROPRIEDADE | **595**

previu impedimentos relativos ao parcelamento do solo urbano no que se refere à área de localização, visando a segurança dos moradores e a preservação ambiental[10].

Em sede ambiental, há inúmeras leis que regulam e impõem limitações ao exercício do direito de propriedade e, entre elas, merece destaque o Código Florestal – Lei n.º 12.651/2012 –, que estabelece as áreas de preservação ambiental que não podem ser degradadas. As áreas de preservação permanente abrangem as áreas de vegetação nativa que devem ser conservadas pelo proprietário e as de reserva legal impõem um limite de terras a ser resguardado no interior da propriedade com a função de assegurar a exploração econômica de forma sustentável, bem como auxiliar na conservação e reabilitação da biodiversidade, fauna e flora.

Especialmente no tocante às áreas de reserva legal, é comum proprietários levantarem construções sem observar o limite legal imposto e, com isso, causarem danos ambientais e serem obrigados por decisões judiciais a recuperar a área degradada com a remoção das construções[11].

A Lei n.º 4.504/1964, denominada Estatuto da Terra, prevê restrição de ordem material ao vedar a divisão de imóvel rural com área inferior à referente ao módulo da propriedade rural.

Também em sede de alienação fiduciária o exercício do direito de propriedade é restringido, uma vez que, com o financiamento do bem, a propriedade resolúvel é transferida ao credor até a quitação da dívida[12].

Já a Lei de Locações – Lei n.º 8.245/1991 – traz em seu bojo limitações ao exercício pleno do direito de propriedade. A primeira, quando estabelece, sob certos princípios, o direito de preferência na aquisição do bem pelo locatário que teve o seu contrato de locação averbado no Registro de Imóveis 30 dias antes da alienação, ou seja, vincula a alienação da propriedade, retirando do seu proprietário a faculdade de vender a quem desejar. Ainda, nos termos do art. 51 da mesma lei, a imposição de renovação compulsória da locação também é manifestação expressa à limitação ao direito de propriedade, bem

---

[10] Decisão monocrática no AREsp 1.549.507, Min. Sérgio Kukina, publicação 06.12.2018.

[11] STJ, AgInt no AREsp 1.458.682/SP, Agravo Interno no Agravo em Recurso Especial 2019/0055687-5, 2.ª Turma, Rel. Min. Mario Campbell Marques, j. 12.11.2019, *DJe* 19.11.2019.

[12] STJ, AgInt no REsp 1.823.055/MG, Agravo Interno no Recurso Especial 2019/0185261-4, 4.ª Turma, Rel. Min. Maria Isabel Gallotti, j. 11.02.2020, *DJe* 18.02.2020.

como a instituição da denúncia vazia para fins de desocupação do imóvel locado[13].

Pode-se destacar também limitação de natureza processual imposta ao devedor pela Lei de Falências, quando lhe retira a disponibilidade de alienação de qualquer dos seus bens após a distribuição do pedido de falências.

6.3. Limitações administrativas e voluntárias

Em prol do interesse da coletividade, o Poder Público pode instituir limitações ao direito de propriedade. Por meio de limitação administrativa, a Administração estipula obrigações de caráter geral a proprietários indeterminados, em benefício do interesse coletivo. Ocupação temporária, requisição de imóveis, servidões administrativas, tombamento, ocupação, servidões administrativas, desapropriação, edificação e parcelamento compulsório são modalidades de limitação existentes na legislação brasileira.

É possível instituir limitações ao direito de propriedade por ato de vontade de seu próprio titular, o que ocorre, geralmente, por meio de constituição de outro direito real sobre o bem. Essas limitações podem decorrer tanto do uso ou da disponibilidade do bem.

É admissível ao proprietário de um bem conceder a outrem o direito de plantar em sua propriedade por prazo certo, instituindo, assim, o chamado direito de superfície ou, ainda, instituir usufruto[14] sobre o bem que é um direito real transitório de uso e gozo sob determinado tempo e condições à outra pessoa. Nessa sede, encontram-se também o uso do bem, o direito real de habitação que ocorre quando é concedido o direito unicamente de habitar o imóvel gratuitamente e a já citada servidão predial.

Pode também o proprietário de um bem estipular imposições para a transferência do bem mediante indicação de um encargo ou pode impor cláusulas de inalienabilidade, incomunicabilidade ou impenhorabilidade[15], instituições estas em regra inseridas por testamento, doação ou contrato de compra e venda.

---

[13] STJ, REsp 1.364.668/MG, Recurso Especial 2013/0019738-2, 3.ª Turma, Rel. Min. Ricardo Villas Bôas Cueva, j. 07.11.2017, DJe 17.11.2017.

[14] STJ, REsp 1.832.321/SP, Recurso Especial 2019/0243650-0, 2.ª Turma, Rel. Min. Herman Benjamin, j. 1.º.10.2019, DJe 11.10.2019.

[15] STJ, REsp 1.641.549/RJ, Recurso Especial 2014/0118574-4, 4.ª Turma, Rel. Min. Antonio Carlos Ferreira, j. 13.08.2019, DJe 20.08.2019.

7. PROPRIEDADE INTELECTUAL E SUAS LIMITAÇÕES

Entende-se por propriedade intelectual os ativos ou criações intelectuais que podem resultar na exploração comercial ou vantagem econômica para o criador ou titular e na satisfação de interesses morais dos autores. Nesse sentido, a propriedade intelectual engloba o campo de propriedade industrial, os direitos autorais e outros direitos sobre bens imateriais de vários gêneros, tais como as novas tecnologias.

A Constituição Federal reconhece o direito de propriedade intelectual e lhe confere proteção, além de outras leis específicas que regulamentam essa modalidade de propriedade imaterial. Inclusive, o art. 5.º, XXIX, da Constituição Federal é claro ao manifestar que a propriedade intelectual deve atender ao interesse social, tecnológico e econômico do País, ou seja, a propriedade intelectual, assim como a imóvel, tem sua exploração atrelada à finalidade social.

7.1. Propriedade industrial

A tutela da propriedade industrial recai sobre a invenção, o modelo de utilidade, o desenho industrial e a marca. A Lei n.º 9.279/1996 regula direitos e obrigações relativos à propriedade industrial com o objetivo de favorecer o desenvolvimento tecnológico e econômico do País.

A par dos privilégios decorrentes da propriedade industrial, também são impostos limites ao seu exercício como forma de realçar seu valor social. Podem-se agrupar essas limitações no tocante ao prazo de validade da patente, ao limite do território, ao exercício dos direitos e limites legais extrínsecos, ao *fair usage*, ou seja, ao uso justo. A limitação de prazo de vigência da patente certamente é a que gera mais controvérsias no Judiciário brasileiro, em especial no tocante ao início da contagem desse prazo[16]. Com relação ao limite territorial de exploração de patente, o art. 4.º da Convenção da União de Paris (CUP) é considerado a regra e, assim, estabelece o limite do exercício a extensão do país que concedeu a patente.

Pode-se concluir, sem dúvidas, que o maior limite ao direito de propriedade intelectual em sede de patente é a função social a que se destina. Por essa razão inúmeras são as demandas que giram em torno de patentes que protegem bens essenciais para a coletividade, por exemplo, medicamentos[17] e alimentos.

---

[16] STJ, REsp 1.840.910/RJ, Recurso Especial 2019/0045852-3, 4.ª Turma, Rel. Min. Nancy Andrighi, j. 05.11.2019, *DJe* 07.11.2019.

[17] STJ, AgInt no REsp 1.548.833/SP, Agravo Interno no Recurso Especial 2013/0249886-1, 4.ª Turma, Rel. Min. Paulo de Tarso Sanseverino, j. 05.06.2018, DJe 08.06.2018.

7.2. Direito do autor

Em sede de direitos autorais, protege-se o direito que o autor tem de auferir lucros com a comercialização de sua obra, bem como a integridade moral de sua criação, tudo em consonância com a previsão constitucional de que toda propriedade deve atender a sua função social.

As composições musicais, literárias, teatrais e até os programas de computador (não obstante sejam regulados por lei própria – Lei n.º 9.609/1998 –, são considerados modalidade de direito autoral) devem atender ao desenvolvimento econômico, tecnológico e cultural, encontrando também uma limitação temporal, porquanto a exclusividade perdura por um determinado prazo, que, expirado esse prazo, a propriedade se tornará domínio público.

Caso emblemático da limitação ao direito de propriedade intelectual encontra-se em recente julgado em que se questionava a violação do direito do autor em decorrência de publicação sem autorização do poema "O lagarta medroso", de Cecília Meireles, no bojo de livro didático destinado ao ensino fundamental. O relator do recurso, Ministro Marcos Buzzi, reconheceu o direito da autora à obra, mas justificou a legalidade do uso em razão do fim a que se destinou a publicação, ou seja, julgou sob o prisma da função social da propriedade intelectual. No seu voto, o Ministro justificou:

> (...) o contexto de citação do poema no livro didático está revestido de padrões ligados à difusão educacional (ensino) e a "medida justificada para o fim a atingir" constitui e exige o estudo integral do poema, dele extraindo a análise ortográfica e semântica, procedimentos específicos para o ensino da língua portuguesa, mas também vislumbradas diversas outras análises interdisciplinares relacionadas à botânica, biologia, geografia, matemática (quantidade de estrofes, versos, repetições de palavras e rimas) entre outros[18].

7.3. Novas tecnologias

O surgimento de novas tecnologias é uma realidade que afeta diferentes dinâmicas da economia e, consequentemente, em virtude da velocidade em que se desenvolvem, criam celeumas que são levadas ao Judiciário, porquanto o arcabouço legal não anda no mesmo ritmo. Podem-se catalogar como novas

---

[18] STJ, REsp 1.450.302/RJ, Recurso Especial 2013/0380372-8, 4.ª Turma, Rel. Min. Marco Buzzi, j. 11.02.2020, *DJe* 14.02.2020.

tecnologias de informação a internet, a TV por assinatura, computadores pessoais, celulares, *e-mail*, acesso ao *wireless*, captação de sons e imagens.

Ainda, vêm se destacando em sede de novas tecnologias os cultivares que se podem sucintamente definir como uma "nova variedade vegetal", que não se encaixam sob a égide da propriedade intelectual, nem na industrial[19]. A propriedade dos cultivares também encontra limitação legal temporal ao seu exercício e já desponta nos Tribunais como objeto de controvérsia.[20]

8. ABUSO DO DIREITO NA PROPRIEDADE

A cada dia se torna mais difícil manter o ser humano no âmbito de seus próprios direitos. Tendo em vista a pressão social, o exercício de um direito, ainda que dentro de seu aparente limite, pode causar dano a outrem.

Na noção de ato ilícito, pugna o direito segundo os conceitos de dolo e culpa, alcançando a ampla noção de culpa civil. Por vezes, ocorre a situação de alguém que, conduzindo-se ilusoriamente no âmbito de seu direito, causa transtorno a outrem. Esse exagero de conduta pode gerar dever de indenizar. A temperança no exercício de qualquer ato da vida humana não é apenas virtude moral ou ética. O direito não pode desconhecer essa realidade. Assim como a conduta de todo ser humano não pode atingir o exagero, também o direito não pode ser levado ao extremo, ao abuso.

No vocábulo *abuso* encontra-se sempre a noção de excesso; o aproveitamento de uma situação contra pessoa ou coisa. Juridicamente, o abuso de direito pode ser entendido como o fato de se utilizar de um poder, de uma faculdade, de um direito ou mesmo de uma coisa, além do que razoavelmente o direito à lógica, à ética e à sociedade permite.

Ocorre abuso quando se atua aparentemente dentro da esfera jurídica, daí seu conteúdo aplicável a qualquer esfera jurídica. A *propriedade* é campo fértil e pedregoso para esse abuso, nos mais variados sentidos, desde os conceitos constitucionais de finalidade social até comezinhos direitos de vizinhança dissimulados e perturbadores da ordem social.

A doutrina teve, a princípio, dificuldade de categorizar a natureza jurídica do abuso de direito. Após situar-se como compartimento da responsabilidade

---

[19] Regulamentados pela Lei n.º 9.456/1997.

[20] STJ, REsp 1.610.728/RS, Recurso Especial 2016/0171099-9, 2.ª Seção, julgamento de incidente de assunção de competência, Rel. Min. Nancy Andrighi, j. 09.10.2019, *DJe* 14.10.2019.

civil, sob a noção de culpa, foi o abuso de direito classificado como categoria autônoma, uma responsabilidade especial, paralela ao ato ilícito. Entende-se que direito algum pode ser levado às últimas consequências, sob o prisma do direito subjetivo.

Os resultados práticos do abuso colocam-se no campo indenizatório da responsabilidade civil.

O Código Civil atual, suprindo a ausência de texto no estatuto anterior, que não impedia o reconhecimento do instituto pela doutrina, incluiu texto do abuso de direito, logo depois de conceituar ato ilícito, no art. 186. Assim expressa o art. 187: "Também comete ato ilícito o titular de um direito que, ao exercê-lo, excede manifestamente os limites impostos pelo seu fim econômico ou social, pela boa-fé ou pelos bons costumes".

A colocação no atual diploma é correta e merece encômios. O fato de a matéria estar entre os atos ilícitos nada prejudica sua compreensão, antes a completa. Sua proximidade íntima com a ilicitude é patente. O texto desse artigo, de forma elegante e concisa, prescinde da noção de culpa, adotando critério objetivo-finalístico.

Já apontamos que a propriedade longe está nestas últimas décadas de ser um direito absoluto. O Código Civil, não bastasse a regra geral do art. 187, enuncia regra específica quanto ao abuso de direito de propriedade: "São defesos os atos que não trazem ao proprietário qualquer comodidade, ou utilidade, e sejam animados pela intenção de prejudicar outrem".

Toda propriedade, ainda que resguardado o direito do proprietário, deve cumprir função social.

Ainda, e sob o mesmo diapasão, o atual Código Civil, depois de descrever os poderes inerentes ao proprietário, dispõe:

> Art. 1.228. (...) § 1.º O direito de propriedade deve ser exercido em consonância com as suas finalidades econômicas e sociais e de modo que sejam preservados, de conformidade com o estabelecido em lei especial, a flora, a fauna, as belezas naturais, o equilíbrio ecológico e o patrimônio histórico e artístico, bem como evitada a poluição do ar e das águas.

Estão presentes nesses dispositivos princípios afastados do individualismo histórico, os quais não somente buscam coibir o uso abusivo da propriedade, como também procuram inseri-la no contexto de utilização para o bem comum. Usar a propriedade adequadamente tem no mundo contemporâneo amplo espectro que desborda para aspectos como a proteção da fauna e flora e para sublimação do patrimônio artístico e histórico. Sob esse prisma, fala-se em desenvolvimento sustentável, para que não coloquemos em risco as futuras gerações. Note-se que o conceito estrito de abuso de direito explicitado no art. 187 não necessita aviventar o interesse de prejudicar. O fato de o abuso estar novamente explicitado nos dispositivos da propriedade não necessita que no âmbito da propriedade deva estar presente a intenção de prejudicar. Não se olvide também que as vigas mestras do direito de propriedade e sua utilização estão na Constituição Federal. Cabe ao legislador ordinário equacionar o justo equilíbrio entre o individual e o social. Cabe ao julgador traduzir esse equilíbrio e aparar os excessos no caso concreto sempre que necessário. Equilíbrio não é conflito, mas harmonização.

A proteção àquele que faz uso validamente da coisa nada mais é do que revigoramento da usucapião. O proprietário deve fruir validamente de seus bens e explorá-los. Trata-se de um dever social. Assim estará protegido pelo ordenamento. O abandono e a desídia do proprietário podem premiar a posse daquele que se utiliza eficazmente da coisa por certo tempo. O instituto da usucapião é veículo perfeito para conciliar o interesse individual e o interesse coletivo da propriedade.

9. SÍNTESE CONCLUSIVA

Sob esse vasto panorama que fizemos a voo de pássaro sob a multiplicidade de restrições que podem afetar a propriedade, poder-se-ia concluir que a propriedade perdeu seu caráter tradicional de plena utilização em prol de seu titular e se enfraqueceu como instituto jurídico. Essa conclusão precipitada, contudo, não prospera. A grande mola propulsora da sociedade contemporânea continua a ser o contrato de compra e venda. É justamente esse contrato, sob as mais variadas vestes, que faz com que em avassaladora maioria o comprador se torne proprietário dos mais diversos bens móveis e imóveis. Os meios originários de aquisição da propriedade, como usucapião, não desempenham papel importante nesse aspecto. Assim, a economia continua dependente da propriedade. Sem ela, haveria a própria negação da sociedade.

Portanto, cabe ao Estado proteger a propriedade, dentro dos seus limites e de suas funções, como procuramos evidenciar neste trabalho. Parafraseando o direito intermédio, onde há sociedade há direito, e onde há propriedade há economia, progresso, sociedade, vida do ser humano, enfim.

REFERÊNCIAS

ALVES, Vilson Rodrigues. *Uso nocivo da propriedade*. São Paulo: RT, 1992.

CÂMARA, Maria Helena Ferreira da. *Aspectos do direito de propriedade no capitalismo e no sovietismo*. Rio de Janeiro: Forense, 1981.

COCO, Giovanni Silvio. *Crisi de evoluzione nel diritto di proprietà*. Milano: Giuffrè, 1965.

COULANGES, Fustel de. *A cidade antiga*. 9. ed. Lisboa: Livraria Clássica Editora, 1957. 2 v.

DANTAS, San Tiago. *Conflito de vizinhança e sua composição*. 2. ed. Rio de Janeiro: Forense, 1972.

FALCÃO, Joaquim de Arruda (org.). *Conflito de direito de propriedade, invasões urbanas*. Rio de Janeiro: Forense, 1984.

MATTIA, Fábio Maria de. *O direito de vizinhança e a utilização da propriedade*. São Paulo: José Bushatsky, 1976.

VENOSA, Sílvio de Salvo. *Direito civil*: obrigações e responsabilidade civil. 19. ed. São Paulo: Atlas, 2019.

VENOSA, Sílvio de Salvo. *Direito civil*: reais. 19. ed. São Paulo: Atlas, 2019.

VIANA, Marco Aurélio S. *Comentários ao novo Código Civil*. Rio de Janeiro: Forense, 2003. v. XVI.

22

LIMITAÇÕES AO EXERCÍCIO DO DIREITO DE PROPRIEDADE NO DIREITO PRIVADO CONTEMPORÂNEO. NOVAS TECNOLOGIAS E OUTROS DESAFIOS

EROULTHS CORTIANO JUNIOR

SUMÁRIO: 1. O discurso jurídico da propriedade moderna. Limitações ao exercício do direito de propriedade; 2. Novas tecnologias e mundo digital: riscos, demandas e enfrentamentos; 3. A informação como bem jurídico. Um direito de propriedade sobre a informação ou um direito à informação como propriedade?; Referências.

1. O DISCURSO JURÍDICO DA PROPRIEDADE MODERNA. LIMITAÇÕES AO EXERCÍCIO DO DIREITO DE PROPRIEDADE

A modernidade, renovando a propriedade quiritária romana, construiu um modelo proprietário suficiente e útil para a superação da economia feudal e para a implantação do capitalismo burguês. A propriedade moderna concentra nas mãos do seu titular, independentemente do modo e do título de aquisição, os poderes proprietários: a ele são atribuídos o *jus utendi, fruendi et abutendi*, mais o de *vindicar* a coisa. Ao superar a prática feudal dos domínios sobrepostos e enfeixar todos os poderes proprietários em uma só pessoa, a propriedade vira mercadoria, e pode circular com liberdade. A produção econômica, antes pautada pela exploração, passa a ser ordenada pela circulação das riquezas, isto é, pela exploração e transmissão da propriedade que gera lucro individual.

Essa radical construção vai ser rompida[1] pela funcionalização do direito de propriedade (o que acaba com sua matriz egoística e permite o acesso de todos a todas as dimensões do exercício proprietário[2]) e pela perspectiva de que não há um só modelo proprietário, mas diversos estatutos proprietários, dependentes das qualidades da coisa apropriada e, por vezes, do sujeito proprietário[3].

À parte essa reconceituação da propriedade (agora funcionalizada, agora múltipla), importa relembrar que, mesmo na sua configuração oitocentista, o direito de propriedade nunca foi tão pleno e absoluto como o discurso proprietário tentava fazer acreditar. Mesmo o Código Napoleão – veículo maior da ideologia liberal individual burguesa – admitiu limitações, ditadas pelo interesse público ou coletivo, ao exercício do direito de propriedade. Na atualidade, essas limitações podem ser de quatro espécies: limitações espaço-temporais, limitações de direito administrativo, limitações de direito privado e limitações decorrentes da incidência de cláusulas restritivas.

As limitações espaço-temporais dizem com a dimensão física e temporal da coisa objeto de apropriação. É antes uma limitação material do que jurídica, mas é jurídica. No plano espacial, o proprietário somente poderá exercer seus poderes sobre exatamente a coisa apropriada, e nada para além dela. O exercício da propriedade para fora desse limite espacial acarreta ofensa à propriedade alheia. Quando se trata de propriedade móvel, a longitude do exercício proprietário é bem clara, pois se contém na dimensão física da coisa (no exemplo mais chinfrim: se sou proprietário de uma cadeira, somente sobre a cadeira posso exercer meu *jus utendi, fruendi et abutendi*). Já na propriedade imóvel a questão não é tão simples. Horizontalmente, a propriedade

---

[1]   Sobre a ruptura transformadora do discurso proprietário, seja consentido remeter ao meu O *discurso jurídico da propriedade e suas rupturas*. Uma análise do ensino do direito de propriedade.

[2]   No Brasil, a funcionalização da propriedade privada foi constitucionalizada a ponto de, efetivamente, dar um novo conteúdo ao próprio conceito de propriedade. É que, enquanto o inciso XXII do art. 5.º da CF garante o direito de propriedade, o seu inciso XXIII diz que "a propriedade atenderá a sua função social". Não há, pois, propriedade sem função social.

[3]   Sobre a pluralidade dos estatutos proprietários, consultar os seminais *La proprietà nel nuovo diritto*, de Salvatore Pugliatti, e *La propiedad y las propiedades*: un análisis histórico, de Paolo Grossi.

Cap. 22 • LIMITAÇÕES AO EXERCÍCIO DO DIREITO DE PROPRIEDADE | 605

imóvel pode ser exercida até os confins da coisa apropriada (numa metáfora, até a "cerca"), mas verticalmente há algum debate: irá a propriedade, como diziam os romanos, *usque ad coelum et usque ad inferus*? No atual estágio da dogmática jurídica, entende-se que a propriedade do sobressolo e do subsolo (que não abrange a das riquezas dele[4]) está limitada pelo critério da utilidade: "O legislador adotou o critério da utilidade como parâmetro definidor da propriedade do subsolo, limitando-a ao proveito normal e atual que pode proporcionar, conforme as possibilidades técnicas então existentes"[5]-[6].

Por sua vez, no plano temporal, a propriedade é considerada permanente, até que venha a ser alheada. É dizer: se sou proprietário, posso exercer os poderes proprietários a todo tempo, enquanto durar a propriedade. A limitação temporal ao exercício dos poderes proprietários encontrava-se nos marcos da aquisição e da perda da propriedade. A pós-modernidade, com sua fragmentação do tempo e do espaço, impõe nova modalidade proprietária em que o próprio direito de propriedade se fraciona no tempo. Trata-se da multipropriedade, entronizada em nosso sistema pela Lei n.º 13.777, de 20.12.2018. No que interessa aqui (porque a temática e as opções tomadas pelo legislador ainda são objeto de celeuma e dúvida, como, aliás, o próprio instituto o é), a modalidade revela uma nova limitação ao exercício do direito de propriedade, agora uma limitação temporal: o proprietário somente poderá exercer os poderes proprietários numa determinada faixa de tempo, sem deixar de ser proprietário[7].

Em segundo lugar, as limitações de direito administrativo (ou público). Elas aparecem nas possibilidades de a Administração Pública interferir

---

[4] CF, art. 176: "As jazidas, em lavra ou não, e demais recursos minerais e os potenciais de energia hidráulica constituem propriedade distinta da do solo, para efeito de exploração ou aproveitamento, e pertencem à União, garantida ao concessionário a propriedade do produto da lavra".

[5] STJ, REsp 1.233.852, 3.ª Turma, Rel. Min. Nancy Andrighi, j. 15.12.2011.

[6] Código Civil, art. 1.229: "A propriedade do solo abrange a do espaço aéreo e subsolo correspondentes, em altura e profundidade úteis ao seu exercício, não podendo o proprietário opor-se a atividades que sejam realizadas, por terceiros, a uma altura ou profundidade tais, que não tenha ele interesse legítimo em impedi-las".

[7] Sobre o tema há vasta literatura, especialmente posterior à promulgação da Lei n.º 13.177/2018. Para conhecer o instituto antes da regulação, imprescindível acessar o texto de Gustavo Tepedino, *Multipropriedade imobiliária*, e o acórdão proferido no REsp 1.546.165 (STJ, 3.ª Turma, Rel. para acórdão Min. João Otávio de Noronha, j. 26.04.2016).

DIREITO CIVIL: DIÁLOGOS ENTRE A DOUTRINA E A JURISPRUDÊNCIA – *Volume II*

– sempre na forma da lei – no exercício da propriedade privada. Essas limitações impõem ao proprietário obrigações de fazer (por exemplo, murar um imóvel) ou de não fazer (por exemplo, não construir acima de certa altura) e, por vezes, limitam temporária ou permanentemente o exercício da propriedade (por exemplo, uma requisição ou uma servidão administrativa). As limitações de direito administrativo são pautadas pelo interesse público e se apresentam em uma multiplicidade de formas:

> Por fim, mas não menos importante que os anteriores aspectos, está que a limitação administrativa deve ser pautada no interesse público, ou seja, no fato de que a generalidade da comunidade tenha objetivos beneficiados com sua instituição. O interesse público deve ser de *toda* a comunidade para quem a limitação representa um bem maior do que a situação jurídica sem a limitação. Para controle desse interesse público, é necessário verificar a presença, no caso concreto, de uma hipótese de interesse público primário, isto é, do bem comum e não do interesse público secundário, isto é, aquele interesse pertencente ao ente administrativo que impõe limitação[8].

As mais conhecidas limitações administrativas estão nas posturas municipais relacionadas com o direito de construir, mas há uma infinidade delas, como o tombamento, a requisição, a desapropriação[9].

Há, em terceiro lugar, as limitações de direito civil (ou de direito privado), relacionadas aos direitos de vizinhança. A lei limita o exercício dos poderes proprietários de maneira a garantir que os donos de imóveis vizinhos (contíguos ou não) possam usufruir adequadamente de suas propriedades: um vizinho deve exercer sua propriedade de maneira que o outro vizinho também possa exercer a sua. São limitações garantidoras da boa convivência social[10]. Importante notar que, apesar de os vizinhos serem os mais atingidos pelas limitações de direito privado, elas beneficiam toda a coletividade:

---

[8] Luciano de Camargo Penteado, *Direito das coisas*, p. 271.

[9] Para cuidadosa análise das limitações administrativas, sob a ótica civil e que destaca a necessária previsão legal e respeito ao devido processo legal, consultar Luciano de Camargo Penteado, *Direito das coisas*, p. 270 e ss.

[10] "A natureza jurídica dos direitos de vizinhança é a de limite legal ao exercício do direito de propriedade e os deveres impostos aos vizinhos se qualificam como

Por isso, pode-se afirmar que as normas relativas às matérias também têm natureza de ordem pública, pois interessam muito mais do que almejam as partes envolvidas, ou seja, aos proprietários dos terrenos vizinhos.[11]

Por aproximação à vizinhança, também se podem indicar – como limitações de direito privado – as regras de convivência condominial, notadamente aquelas que dizem respeito aos deveres dos condôminos e à vedação de comportamento antissocial[12].

Por fim, a propriedade pode sofrer limitações impostas voluntariamente por intermédio das chamadas cláusulas restritivas: a taxação da propriedade com inalienabilidade, incomunicabilidade e/ou impenhorabilidade. Essas cláusulas podem ser impostas nas liberalidades (*inter vivos*, como a doação, ou *causa mortis*, como o testamento) e restringem os poderes proprietários do beneficiário: ele não poderá alienar a coisa recebida, nem o bem clausulado se comunicará ou garantirá suas dívidas. A limitação aqui alcança principalmente o poder de alienar, limitado que fica por decisão alheia (ainda que fundamentada) ao proprietário.

É possível, ainda, falar em outra limitação ao exercício do direito de propriedade, consistente na vedação do abuso de direito nos termos do § 1.º do art. 1.228 do Código Civil[13]. A figura do abuso de direito de propriedade

---

obrigações propter rem, nascendo com a titularidade e acompanhando-a" (Marco Aurélio Bezerra de Melo, *Direito civil*. Coisas, p. 192).

[11] Flávio Tartuce, *Direito civil*. Direito das coisas, p. 306.

[12] Código Civil, art. 1.336: "São deveres do condômino: I – contribuir para as despesas do condomínio na proporção das suas frações ideais, salvo disposição em contrário na convenção; II – não realizar obras que comprometam a segurança da edificação; III – não alterar a forma e a cor da fachada, das partes e esquadrias externas; IV – dar às suas partes a mesma destinação que tem a edificação, e não as utilizar de maneira prejudicial ao sossego, salubridade e segurança dos possuidores, ou aos bons costumes. (...) Art. 1.337. (...) Parágrafo único. O condômino ou possuidor que, por seu reiterado comportamento antissocial, gerar incompatibilidade de convivência com os demais condôminos ou possuidores, poderá ser constrangido a pagar multa correspondente ao décuplo do valor atribuído à contribuição para as despesas condominiais, até ulterior deliberação da assembleia".

[13] "Art. 1.228. O proprietário tem a faculdade de usar, gozar e dispor da coisa, e o direito de reavê-la do poder de quem quer que injustamente a possua ou detenha. § 1.º O direito de propriedade deve ser exercido em consonância com

se aproxima, no entanto, do descumprimento da função social. O tema carece de maior reflexão doutrinária.

Em suma, o sujeito proprietário pode exercer os seus poderes proprietários, de acordo com o estatuto proprietário aplicável na espécie, de maneira funcionalizada e respeitando as limitações (espaço-temporais, de direito público, de direito privado e voluntárias): essa estruturação conceitua o direito de propriedade em nosso tempo atual.

2. NOVAS TECNOLOGIAS E MUNDO DIGITAL: RISCOS, DEMANDAS E ENFRENTAMENTOS

A tecnologia é um conjunto de conhecimentos (especialmente científicos) que são úteis em determinados ramos da atividade humana. A tecnologia digital se destaca na medida em que ela não se limita a um aspecto ou setor da vida humana, mas alcança diretamente todos os quadrantes de nossa existência, transformando nossa relação com o mundo natural: se a função da tecnologia (desde a dominação do fogo, da invenção da roda e da utilização do ferro como metal) era dominar a natureza, agora as tecnologias digitais permitem construir um novo mundo, criar outra natureza. Em que medida vida digital é vida real e em qual medida não o é?

A digitalização do mundo afeta as relações sociais, a economia e a política[14]. No plano dos relacionamentos intersubjetivos, a facilidade de comunicações, os simulacros da vida material e o redimensionamento da privacidade constroem uma nova dimensão existencial do homem. No plano econômico, a facilidade de transações, a dominação econômica, os novos bens e mercadorias e as moedas virtuais dão o tom da vida econômica digital. A política se transforma: democracia digital, uso da internet para comunicar e manipular a opinião pública, acesso rápido às informações e facilidade de fiscalização renovam a convivência e a estruturação política por todo o mundo.

---

as suas finalidades econômicas e sociais e de modo que sejam preservados, de conformidade com o estabelecido em lei especial, a flora, a fauna, as belezas naturais, o equilíbrio ecológico e o patrimônio histórico e artístico, bem como evitada a poluição do ar e das águas".

[14] "Como uma pedra jogada num lago gera ondas que se afastam, as novas tecnologias do conhecimento vão deslocando formas tradicionais de organização social e econômica em várias esferas" (Ladislau Dowbor, Da propriedade intelectual à economia do conhecimento, p. 9).

Entretanto, as promessas da vida digital apresentam um dilema: ao mesmo tempo que as tecnologias digitais permitem a democratização do conhecimento, aparecem ameaças na rede:

> A sociedade vive um momento de transição em relação ao acelerado avanço das tecnologias digitais. Isso fica evidente quando se observa que a percepção pública sobre o mundo digital vem mudando. A ênfase nos efeitos positivos e nas promessas de inovação e democratização do conhecimento tem dado lugar a uma crescente preocupação com as ameaças nas redes e com um certo mal-estar generalizado devido à hiperconectividade de quase tudo e todos[15].

Alguns exemplos desses riscos: a invasão e o redesenho da privacidade e o desautorizado emprego dos dados pessoais, a manipulação dos desejos, a disseminação de informações falsas (as *fake news*), a discriminação das pessoas a partir de suas informações pessoais, as decisões automáticas a partir de algoritmos enviesados[16], o monopólio das grandes empresas de tecnologia, a insegurança das transações financeiras e das formas de pagamento, a concorrência imperfeita que pode gerar monopólios e oligopólios, os ataques cibernéticos, a redistribuição de poder entre os Estados e as corporações, a invasão da inteligência artificial.

É impossível evitar o progresso, e só nos sobra a lentidão da capacidade de controle[17] desse admirável mundo novo. No que toca especificamente ao direito,

---

[15] Virgílio Almeida e Fernando Filgueiras, A tragédia do mundo digital.

[16] Em 05.02.2020, um tribunal de Haia, na Holanda, declarou contrário à lei um sistema algorítmico que era utilizado pelo governo para avaliar o risco de fraude na seguridade social e ao Fisco. O Systeem Risico Indicatie processava diversos dados das pessoas (nome, residência, data de nascimento, gênero, características administrativas, patrimônio, dados comerciais e outros) para analisar os riscos que ela representava ao sistema de seguridade social e fiscal. O tribunal entendeu que tal sistema fazia uma ingerência indevida na vida particular das pessoas, e que os meios para perseguir uma finalidade legítima eram, entanto, desproporcionais e sem a devida transparência (Disponível em: https://diariolaley.laleynext.es/Content/Documento.aspx?params=H4sIAAAAAAAEAMtMSbH1czUwMDAyNDa3NDJUK0stKs7Mz7M1MjACC6rl5aekhrg425bmpaSmZealpoCUZKZVuuQnh1QWpNqmJeYUp6qlJuXnZ6OYFA8zAQCfSdkrYwAAAA==WKE. Acesso em: 29 fev. 2020).

[17] "Ma la nuova angoscia nasce dela consapevolezza dello scarto assai forte tra la rapidità del progresso técnico-scientifico e la lenteza con cui matura la capacità di controlo dei processi sociali che a quel progresso si accompagnano" (Stefano Rodotà, *Tecnologie e diritti*, p. 42).

abre-se uma infinidade de temas que chamam a atenção do jurista. Problemas relacionados aos direitos autorais, à tributação, ao *e-commerce*[18], à proteção do consumidor, ao teletrabalho. Necessário também enfrentar os problemas da infraestrutura que permite armazenar, buscar, recuperar, filtrar, manipular, transmitir e receber informações. Além disso, o mundo virtual transcende a fronteira dos Estados, desafiando sua capacidade de intervenção e controle[19].

O enfrentamento de todos esses problemas exige levar em conta todos os agentes envolvidos: o cidadão, as corporações e o Estado[20]. É necessário criar uma estratégia jurídica integrada, que respeite os interesses de todos, e que não sirva para obstaculizar o progresso, mas que ao mesmo tempo cuide da pessoa humana.

Em síntese, os problemas postos pelas inovações digitais devem ser enfrentados de maneira integral e global, sem negligenciar as ameaças por trás de seu mau uso, e com cuidados de não obstaculizar o progresso.

Entre outros enfrentamentos, impõe-se refletir sobre a utilização de categorias clássicas do direito, como são os direitos reais e a propriedade, para cuidar da realidade digital. Em que medida um instituto – a propriedade e suas limitações – que foi sendo sedimentado pelos séculos sobreviverá no mundo digital? É possível aproveitar sua conformação estrutural para ordenar a rede e proteger pessoas, Estados e corporações?

3. A INFORMAÇÃO COMO BEM JURÍDICO. UM DIREITO DE PROPRIEDADE SOBRE A INFORMAÇÃO OU UM DIREITO À INFORMAÇÃO COMO PROPRIEDADE?

O direito de propriedade construiu-se numa perspectiva de escassez:

> É um dado incontroverso e incontrovertível que para poder subsistir o homem necessita de meios de subsistência, numa palavra, de bens.

---

[18] Necessário remeter, pela inovação da pesquisa, ao *E-stabelecimento*. Teoria do estabelecimento comercial na internet, de Pedro Marcos Nunes Barbosa.

[19] Maria Eduarda Gonçalves, *Direito da informação*. Novos direitos e formas de regulação na sociedade de informação, p. 7.

[20] Maria Eduarda Gonçalves, a partir de uma perspectiva normativa, pensava na lógica dos cidadãos e dos interesses econômicos ("Estará a evolução jurídica a ser guiada pela lógica dos direitos dos cidadãos, pela lógica dos interesses econômicos e das liberdades de empesa e de investimento, ou por uma combinação das duas lógicas?"), mas é possível e necessário enxergar o Estado como também um ator não apenas normativo e isento, mas participante e ativo nos benefícios e malefícios do mundo cibernético.

Cap. 22 · LIMITAÇÕES AO EXERCÍCIO DO DIREITO DE PROPRIEDADE | **611**

Bens que, sendo económicos (ou por momentânea impossibilidade de acesso ou pela sua definitiva escassez), são naturalmente objeto de disputa entre os homens, disputa que, gerando conflitos – conflitos de interesses (interesse é que que *inter est* o homem e os bens) – reclama, para que a coexistência seja possível, uma regra que arbitre a utilização daqueles meios[21].

Justamente por conta dessa escassez, ou para permitir a exploração dessa escassez num mundo marcado pelo capital e pelo lucro, é que o direito cuida de regular a propriedade a partir da garantia de exclusividade sobre a coisa. O investimento do proprietário somente se justifica na medida do ganho que a exploração econômica exclusiva lhe garante (seja pelo uso, seja pela alienação). Estabelecida a propriedade na mão de um só (isto é, no poder efetivo exclusivo do proprietário), o bem se torna escasso aos demais. E, ao preservar a escassez dos bens (pelo sistema de propriedade), garante-se o próprio sistema capitalista.

Na economia digital é diferente, e a criação da escassez como fundamento e consequência de um direito de propriedade parecer ser ilógica. No mundo digital, os principais recursos são dados, informações e algoritmos[22]. A exploração desses bens (pelos governos, empresas ou indivíduos), numa rede de comunicação aberta, retroalimenta as inovações tecnológicas, que, por isso mesmo, não param. A informação – principal *resource* do mundo digital – é o bem principal da nova economia e da nova sociedade. A codificação de um fluxo de *bits* permite que todos acessem o resultado de um jogo, uma revista, um filme, a cotação de uma ação, um estudo científico. E uma informação produz riqueza na medida em que ela mesma sirva para criar novas informações e novos conhecimentos. A informação gera mais informação, fazendo surgir uma ordem econômica pautada pelo compartilhamento, e não pela escassez:

A economia do imaterial substitui em grande parte a economia dos bens materiais. As variáveis centrais da sociedade industrial – o trabalho e o capital – são substituídas pelas variáveis centrais da sociedade pós-industrial – a informação e o conhecimento[23].

---

[21]   Orlando de Carvalho, *Direito das coisas*, p. 17.

[22]   Virgílio Almeida e Fernando Filgueiras, A tragédia do mundo digital.

[23]   Maria Eduarda Gonçalves, *Direito da informação*. Novos direitos e formas de regulação na sociedade de informação, p. 28-29.

Ao contrário do mundo material, em que a escassez é a matriz da constituição do direito de propriedade, no mundo digital os principais recursos necessários para as inovações das tecnologias digitais (dados, informações e algoritmos) devem ser comuns. Apenas assim permitir-se-á o desenvolvimento da humanidade neste ponto crucial de sua existência[24].

No entanto, as infinitas possibilidades das inovações tecnológicas não afastam a necessidade de alguma ordenação na rede, inclusive porque a natureza distribuída e a falta de autoridade central vão permitir que empresas, governos e indivíduos dificultem a tomada de decisões em diferentes graus e intensidades, ou, no extremo, o mau uso da tecnologia.

Como os bens (*rectius*: a informação) são comuns, não se trata mais de regular sua apropriação, mas de gerenciar o acesso a eles, o que nos afasta do conceito tradicional de propriedade. E, tratando-se de bens comuns e acesso a eles, há dois aportes que podem ajudar a construir uma solução para a propriedade no mundo digital. Um deles vem de Garrett Hardin, em seu conhecido "The tragedy of the commons", publicado em 1968[25]. A partir da clássica situação de um pasto público (portanto, um bem comum) usado por vários criadores de ovelhas que, diante do esperado aumento do rebanho, vai passar por uma superexploração do uso da terra e do exaurimento da grama com prejuízos a todos, Hardin assevera que os indivíduos agem de forma independente e comportam-se contrariamente aos interesses da comunidade e por isso é necessário estabelecer uma autoridade sobre os recursos comuns.

O argumento foi desafiado por Elinor Ostrom, Prêmio Nobel da Economia em 2009, que propõe uma nova forma de gerir recursos comuns, em comunidade e de modo sustentável. Ostrom (principalmente em seu *Governing the Commons*[26]) busca demonstrar que os bens comuns não são

---

[24] Sobre a nova economia do conhecimento, ver Da propriedade intelectual à economia do conhecimento, de Ladislau Dowbor, para quem: "Na realidade, melhor do que nos confinarmos numa guerra ideológica, temos de buscar as novas regras econômicas que permitam equilibrar o interesse maior que é o avanço científico-cultural da sociedade; em segundo lugar, o dos autores que criam e inovam e, em terceiro lugar, os intermediários que produzem apenas o suporte físico e tendem a se arvorar em proprietários. O suporte físico é importante, os livros e discos continuarão a vender, mas não precisam exigir monopólio nem chamar a polícia e, muito menos, tentar dificultar o acesso a tecnologias que hoje são universais".

[25] Publicado na revista *Science*, v. 162, p. 1243-1248, hoje disponível em http://www.garretthardinsociety.org/articles/art_tragedy_of_the_commons.html.

[26] Disponível em: https://wtf.tw/ref/ostrom_1990.pdf.

Cap. 22 · LIMITAÇÕES AO EXERCÍCIO DO DIREITO DE PROPRIEDADE | 613

necessariamente mal geridos pelos seus utilizadores e que a privatização ou a regulação por entidades externas não são as melhores soluções para a gestão sustentável dos recursos, e que a gestão comunitária pode ser mais eficiente que aquela proposta por Hardin; para Ostrom é importante apenas que os princípios e regras de propriedade coletiva estejam bem definidos, sejam aceitos e respeitados por todos.

Em suma, para Hardin a gestão dos bens comuns se dá por intermédio de regulação por autoridade governamental, enquanto para Ostrom a gestão envolve os usuários e comunidades.

Independentemente do caminho que se tome (gestão autônoma ou heterônoma), o certo é que a noção moderna de direito de propriedade não dá conta da realidade digital. E não se trata apenas de dizer que a noção contemporânea de propriedade é de difícil aplicação para os imateriais: significa que ela não se aplica aos bens digitais. Necessário construir uma nova forma de regulação para os bens digitais, notadamente as informações, dados e algoritmos. Tomem-se como exemplo os direitos autorais: tentou-se cuidar deles como se propriedade fossem (basta lembrar a vetusta expressão propriedade intelectual, ou, como constava no Código Civil de 1916, "Da Propriedade Literária, Científica e Artística"), e hoje – ainda que algumas amarras e resquícios permaneçam – bem se sabe que o direito autoral é movido por outra lógica que não a lógica proprietária. Trata-se, tão somente, de direito autoral.

A regulação da apropriação (se é que esta palavra cabe aqui) e a gestão dos bens digitais estão a exigir um novo desenho, uma nova normativa, uma outra lógica. Um direito *sui generis*. Se o mundo digital trouxe um novo conceito de privacidade, por que ele não pode oferecer um novo conceito de propriedade?

"Cada vez mais se avolumam as dúvidas de que seja possível reproduzir integralmente no mundo *on-line* o tipo de regras que conhecemos de o mundo físico."[27]

O problema a ser enfrentado, então, não é o da aplicação da propriedade para os bens digitais, mas a própria ideia de propriedade. É que a garantia da propriedade a partir da ideia de veto da utilização da propriedade pelos não proprietários traz efeitos nefastos:

> Fica claro, então, que esta parábola, ainda que um pouco simplória, pode ser utilizada para explicar um grande número de regras

---

[27] Manuel Lopes Rocha e Mário Macedo, *Direito no ciberespaço*, p. 117-118.

civilísticas em matéria de propriedade: em especial aquelas que visam a garantir o poder de exclusão do proprietário e, portanto, em última instância, o seu poder de decisão sobre os recursos escassos que constituem o objeto de sua propriedade privada (...). Contudo, mais recentemente foi observado que também o poder de exclusão pode ter efeitos trágicos[28].

Se o direito de propriedade moderno foi concebido como exclusão para propiciar a escassez, o direito de propriedade para um mundo digital deve ser concebido como inclusão para afastar a escassez e permitir o desenvolvimento da tecnologia. Não se trata, então, de assegurar um direito de propriedade sobre a informação, mas de garantir que a informação seja livre. Se o direito moderno nunca foi um direito tão absoluto e ilimitado como seu discurso fazia crer (vejam-se as limitações antes elencadas), parece possível limitar a apropriação indiscriminada de informações no mundo digital. É a proposta que se traz para reflexão.

REFERÊNCIAS

ALMEIDA, Virgílio; FILGUEIRAS, Fernando. A tragédia do mundo digital. *Folha de S. Paulo*, Ilustríssima, 19 jan. 2020.

BARBOSA, Pedro Marcos Nunes. *E-stabelecimento*. Teoria do estabelecimento comercial na internet. São Paulo: Quartier Latin, 2018.

CARVALHO, Orlando de. *Direito das coisas*. Coimbra: Coimbra Editora, 2012.

CORTIANO JUNIOR, Eroulths. *O discurso jurídico da propriedade e suas rupturas*. Uma análise do ensino do direito de propriedade. Rio de Janeiro: Renovar, 2002.

DOWBOR, Ladislau. Da propriedade intelectual à economia do conhecimento. *Economia Global e Gestão*, Lisboa, v. 15, n. 2, set. 2010. Disponível em: http://www.scielo.mec.pt/scielo.php?script=sci_arttext&pid=S0873-74442010000200002.

GONÇALVES, Maria Eduarda. *Direito da informação*. Novos direitos e formas de regulação na sociedade de informação. Coimbra: Almedina, 2003.

GROSSI, Paolo. *La propiedad y las propiedades*: un análisis histórico. Madrid: Civitas, 1992.

---

[28] Ugo Mattei, Desenvolvimentos institucionais do direito de propriedade, p. 107.

HARDIN, Garret. The tragedy of the commons. Disponível em: http://www. garretthardinsociety.org/articles/art_tragedy_of_the_commons.html.

MATTEI, Ugo. Desenvolvimentos institucionais do direito de propriedade. *Revista Trimestral de Direito Civil*, v. 6, p. 99-126, abr./jun. 2001.

MELO, Marco Aurélio Bezerra de. *Direito civil*. Coisas. 2. ed. Rio de Janeiro: Forense, 2018.

OSTROM, Elinor. Governing the commons. Disponível em: https://wtf.tw/ref/ostrom_1990.pdf.

PENTEADO, Luciano de Camargo. *Direito das coisas*. 2. ed. São Paulo: RT, 2012.

PUGLIATTI, Salvatore. *La proprietà nel nuovo diritto*. Milano: Giuffrè, 1964.

ROCHA, Manuel Lopes; MACEDO, Mário. *Direito no ciberespaço*. Lisboa: Cosmos, 1996.

RODOTÀ, Stefano. *Tecnologie e diritti*. Bologna: Il Mulino, 1995.

TARTUCE, Flávio. *Direito civil*. Direito das coisas. 11. ed. Rio de Janeiro: Forense, 2019.

TEPEDINO, Gustavo. *Multipropriedade imobiliária*. São Paulo: Saraiva, 1993.

MULTIPROPRIEDADE

23

A MULTIPROPRIEDADE IMOBILIÁRIA NO DIREITO BRASILEIRO

MARCO AURÉLIO BEZERRA DE MELO

SUMÁRIO: 1. Introdução; 2. A propriedade imobiliária e a função social; 3. O princípio *numerus clausus* nos direitos reais; 4. Conceito e objeto; 5. Aspecto temporal; 6. Instituição; 7. Direitos e obrigações do multiproprietário; 8. Administração; 9. A multipropriedade no condomínio edilício: 9.1. Adoção do regime de multipropriedade no condomínio edilício: quórum para deliberação; 9.2. Administrador profissional; 9.3. Inadimplemento do multiproprietário; 9.4. Renúncia translativa do direito de multipropriedade; 10. Conclusão: virtudes e problemas da Lei 13.777/2018; Referências.

1. INTRODUÇÃO

Inicialmente, agradeço pela renovada oportunidade de participar do venturoso projeto "Diálogos entre a Doutrina e Jurisprudência", obra coordenada pelos juristas Flávio Tartuce e Luis Felipe Salomão que, com muita justiça, homenageiam o saudoso Ministro Ruy Rosado de Aguiar Jr., cujas valiosas lições se fazem presentes com muita intensidade nos estudos doutrinários e no trabalho da jurisprudência no campo do direito civil e do consumidor.

Atendendo a um reclamo do mercado imobiliário, hoteleiro e da doutrina especializada, em razão da insegurança jurídica que ainda pairava na estrutura jurídica da multipropriedade imobiliária (*time sharing*), vem a lume a Lei 13.777, de 20 de dezembro de 2018, que altera o Código Civil na parte que cuida do condomínio edilício, disciplinando em seus artigos 1.358-B a 1.358-U o regime jurídico do referido instituto, atualizando, outrossim, a Lei 6.015/1973 na parte referente ao registro de imóveis (arts. 176, § 1.º, II, §§ 10, 11 e 12, e 178, III).

A divisão dos bens imóveis no espaço é uma realidade tão antiga quanto a própria civilização, assim como a possibilidade de que mais de uma pessoa titularize um bem indivisível ladeado com outras, propiciando que cada condômino utilize a coisa conforme a sua destinação e com todos os poderes do domínio que sejam compatíveis com a indivisão (art. 1.314, CC).

No tocante ao estudo aqui proposto, o *novo* (a partir dos anos 60 do século passado) é a possibilidade de parcelar a propriedade no *tempo*, em turnos deferidos no título constitutivo, a cada um dos respectivos titulares, denominados multiproprietários.

Assim, o gênio humano caminhou para chegarmos ao reconhecimento, ora positivado no Brasil, de que é possível juridicamente que uma mesma propriedade seja partilhada por várias pessoas, cada qual fazendo jus a todos os atributos do domínio durante determinado lapso temporal.

A ideia é interessante por oportunizar que mais pessoas tenham acesso a um imóvel para passar, por exemplo, as suas férias ou feriados sem os custos inerentes a uma exclusiva aquisição e manutenção do imóvel que poderá ser utilizado com plenitude por outros multiproprietários durante o período de tempo definido contratualmente.

Em outro giro, também favorece que cidades apontadas com potencialidade turística, por serem áreas de lazer e/ou descanso com regiões de praia, serra, cachoeira, entre outras, tenham um planejamento urbano mais eficiente sem que estejam apenas ocupadas, muitas vezes, com superlotação nociva, em determinados períodos do ano, enquanto nos outros se transformam em verdadeiras cidades-fantasmas com inegáveis danos urbanísticos e ao comércio local.

A par da perspectiva *supra*, tem-se que a multipropriedade imobiliária tem igualmente uma vocação natural para fomentar o turismo. Em um país como o Brasil, onde as belezas naturais e o acolhimento do seu povo constituem patrimônio inexcedível, é possível que a propriedade compartilhada no tempo incremente a atividade hoteleira, expandindo as frentes de trabalho na construção civil e na área de serviços, a arrecadação tributária e a circulação de renda na localidade, além de avanços sociais com a melhoria dos equipamentos urbanos e comunitários das cidades, entre outros aspectos positivos.

Isso porque, como será visto adiante, a multipropriedade imobiliária possibilita o surgimento de empreendimentos voltados para a hospedagem turística dos próprios titulares ou o auferimento de alugueres por estes quando o imóvel for utilizado por terceiros com tal fim, tudo administrado profissionalmente com intuito de proporcionar rentabilidade ao conjunto de multiproprietários das unidades imobiliárias.

Todos os efeitos jurídicos do instituto decorrem do reconhecimento da possibilidade jurídica de que o domínio sobre determinado bem imóvel seja assegurado ao multiproprietário durante determinado período de tempo, nos termos da estipulação contratual. Acatar a ideia de que a propriedade imobiliária pode ser compartilhada no tempo é o caminho para compreender o instituto e o regramento no Código Civil.

2. A PROPRIEDADE IMOBILIÁRIA E A FUNÇÃO SOCIAL

A tutela da propriedade conta com a proteção constitucional desde a Constituição Imperial de 1824, constando na Carta atual no artigo 5.º, XXII, configurando-se cláusula pétrea, infensa, portanto, ao poder político de reforma (art. 60, § 4.º, CF).

A propriedade do bem de raiz, historicamente, sempre foi de notável relevo para o desenvolvimento da sociedade, desde as épocas mais remotas da experiência humana, como faz crer o historiador francês Fulstel de Coulanges[1], quando diz que a proteção da propriedade do imóvel que servia de moradia para os gregos e romanos estava visceralmente vinculada ao exercício da própria religião e culto aos deuses. Note-se que a Lei das XII Tábuas, que admitia a quase escravidão do devedor inadimplente, não permitia a perda da propriedade do imóvel de moradia, algo semelhante ao que vivenciamos hoje no direito brasileiro com a Lei 8.009/1990.

Assim, o fato é que a visão platônica de cidade ideal exposta na República acerca da abolição da propriedade privada, salvo para as primeiras necessidades da vida, não foi adiante no curso da experiência civilizatória. Nem o Manifesto Comunista ou as lições marxistas ousaram, a bem da verdade, extinguir a propriedade imobiliária da pessoa natural, senão daquelas que compõem o acervo dos denominados meios de produção. Ser proprietário e proteger a propriedade legitimamente conquistada integram, como bem salienta a filósofa Hannah Arendt[2], o processo vital do ser humano como se pode verificar no artigo 17 da Declaração dos Direitos do Homem, elaborada

---

[1]   COULANGES, Fustel de; FERREIRA, Roberto Leal (trad.). *A cidade antiga*. São Paulo: Martin Claret, 2009. p. 72-84.

[2]   ARENDT, Hannah. *A condição humana*. São Paulo: Forense, 2004. p. 122-124.

no pós-guerra, no ano de 1948: "1. Toda a pessoa, individual ou coletivamente, tem direito à propriedade. 2. Ninguém pode ser arbitrariamente privado da sua propriedade".

A propriedade, enquanto se realiza como a maior senhoria que o homem exerce sobre uma coisa, dela afastando qualquer ingerência estranha, é tratada no Código Civil brasileiro (art. 1.228, *caput*, CC) de forma pragmática e analítica com a apresentação dos atributos do domínio: usar, fruir, dispor e reaver. Há muito que se reconhece a possibilidade de divisão de tais poderes entre vários titulares, situação jurídica denominada condomínio, pairando alguma dose de insegurança jurídica antes da positivação se seria possível dividir a propriedade entre titulares em determinado espaço e a cada um fosse atribuída titularidade exclusiva em período de tempo definido, segundo os ditames da autonomia privada.

A função social da propriedade pode ser vista na Constituição Federal como garantia fundamental (art. 5.º, XXIII) e princípio da ordem econômica (art. 170, III) e em diversas regras do Código Civil e legislação especial conferindo ao proprietário o dever de atribuir ao bem uma utilização que funcionalize a propriedade, no presente estudo, imobiliária, quer seja construindo, cultivando, empreendendo na incorporação imobiliária ou no loteamento, entre outras.

A instituição de um regime de multipropriedade imobiliária é um exemplo muito vivo de cumprimento do comando constitucional da função social da propriedade, pois possibilita que uma pessoa realize o sonho da segunda residência durante determinado período de tempo ou colha frutos civis da locação do espaço no tempo a que faz jus e, para tanto, fundamental será a movimentação de toda uma cadeia econômica de produção e de serviço com as vantagens sociais decorrentes.

3. O PRINCÍPIO *NUMERUS CLAUSUS* NOS DIREITOS REAIS

Tradição no direito brasileiro que pode ser encontrada no artigo 19 do Esboço de Teixeira de Freitas (1864) e que se reproduz, de certo modo, no imperativo afirmativo do artigo 1.225 do Código Civil atual ("São direitos reais:"), o princípio *numerus clausus* indica que não se cria direito real senão em virtude de lei em razão da ideia de que não se pode obrigar a todos, característica desse ramo do direito civil patrimonial, o que não é dado a conhecer prévia, genérica ampliadamente pela lei, no caso, federal. A autonomia privada, portanto, exerceria papel secundário na criação dos direitos reais.

Digno de registro, outrossim, é o Enunciado 89 da *I Jornada de Direito Civil* do CJF/STJ que, no ano de 2002, já asseverava que "o disposto nos arts. 1.331 a 1.358 do novo Código Civil aplica-se, no que couber, aos condomínios assemelhados, tais como loteamentos fechados, *multipropriedade imobiliária* e clubes de campo".

Em que pese a existência de alguns empreendimentos de multipropriedade antes da Lei 13.777/2018, o fato é que a taxatividade dos direitos reais talvez tenha sido a maior dificuldade na difusão do instituto no Brasil ante a insegurança jurídica que a falta de positivação podia acarretar[3]. Parte da doutrina[4] e da jurisprudência já vinha se posicionando no sentido de que se deveria propiciar que a autonomia privada pudesse criar situações de direito real, por exemplo, a multipropriedade imobiliária, dando espaço normativo amplo à convenção de condomínio e ao aproveitamento da então lei de condomínios e incorporações[5] (Lei 4.591/1964), hoje praticamente absorvida pelo Código Civil (arts. 1.331 a 1.358).

A jurisprudência, em franca maioria, vinha reconhecendo juridicidade ao *time sharing* mesmo antes da positivação, com possibilidade de alienação forçada exclusivamente da fração de tempo do condômino multiproprietário inadimplente (TJSP, Apelação 207831-68.2007.8.26.0100, 27.ª Câmara de Direito Privado, Rel. Des. Gilberto Leme, j. 25.09.2012), afastando inclusive alegação de solidariedade do devedor com os outros multiproprietários adimplentes (TJSP, Apelação Cível 54474-06.2008.8.26.0562, 29.ª Câmara de Direito Privado, Rel. Des. Francisco Thomaz, j. 30.11.2011).

Em 26 de abril de 2016, o Superior Tribunal de Justiça contribuiu para o reconhecimento definitivo dessa realidade condominial, conferindo natureza real ao instituto a despeito da ausência de previsão legal. Em caso no qual um credor exequente buscava penhorar a integralidade de uma unidade autônoma, a Terceira Turma do referido sodalício entendeu inviável a medida em respeito aos demais multiproprietários que compartilhavam a utilização do

---

[3] Nesse sentido: STAFFEN, Márcio Ricardo. Multipropriedade imobiliária: entre o direito (real) posto e o pressuposto. *Revista de Direito Imobiliário*, São Paulo, v. 71, p. 90, 2011.

[4] NEVES, Gustavo Kloh Muller. O princípio da taxatividade dos direitos reais ou a regra do *numerus clausus*. In: MORAES, Maria Celina Bodin de (coord.). *Princípios de direito civil contemporâneo*. Rio de Janeiro: Renovar, 2006. p. 434-435; MELO, Marcelo Augusto Santana. Multipropriedade imobiliária. *Revista de Direito Imobiliário*, São Paulo, v. 70, p. 17, 2011.

[5] TEPEDINO, Gustavo. *Multipropriedade imobiliária*. Rio de Janeiro: Saraiva, 1993. p. 117.

espaço com o devedor por determinado período de tempo (REsp 1.546.165/SP, Rel. Min. Ricardo Villas Bôas Cueva, Rel. para acórdão Min. João Otávio de Noronha, j. 26.04.2016, m.v., *DJe* 06.09.2016 – *Informativo* n. *589*, de setembro de 2016).

4. CONCEITO E OBJETO

A multipropriedade imobiliária é uma espécie de condomínio em que cada condômino, a despeito de ser titular de uma fração ideal do bem, exerce a propriedade exclusiva sobre o todo durante determinado período de tempo estabelecido em contrato. Em razão dessa faculdade dominial exclusiva, é possível ao condômino excluir os demais condôminos durante o período de tempo assinalado na escritura como de seu uso e gozo. Esse o sentido do instituto, como se pode perceber da leitura do artigo 1.358-C do Código Civil, quando diz que a "multipropriedade é o regime de condomínio em que cada um dos proprietários de um mesmo imóvel é titular de uma fração de tempo, à qual corresponde a faculdade de uso e gozo, com exclusividade, da totalidade do imóvel, a ser exercida pelos proprietários de forma alternada".

Clássico se mostra o conceito do professor Gustavo Tepedino[6], quando leciona que,

> (...) com o termo multipropriedade designa-se, genericamente, a relação jurídica de aproveitamento econômico de uma coisa móvel ou imóvel, repartida em unidades fixas de tempo, de modo que diversos titulares possam, cada qual a seu turno, utilizar-se da coisa com exclusividade e de maneira perpétua.

O referido autor pontua que a possibilidade de fracionar a utilização de um imóvel em turnos demonstra que, conquanto tenha a propriedade a característica da perpetuidade, o seu exercício pode ser temporário.

Importa registrar que, enquanto a doutrina contempla *time sharing* sobre bens móveis, como uma aeronave, a lei restringiu o seu alcance a bens imóveis, no âmbito do condomínio edilício. A multipropriedade ainda ocorre sobre bens móveis como modelo contratual atípico.

O instituto reveste-se de especial interesse no tocante à função social da propriedade, pois o princípio da propriedade integral que anima o artigo

---

6   TEPEDINO, Gustavo. *Multipropriedade imobiliária* cit., p. 1.

Cap. 23 • A MULTIPROPRIEDADE IMOBILIÁRIA NO DIREITO BRASILEIRO | 625

1.314 do Código Civil pode, muitas vezes, inviabilizar a utilização potencial de um bem. Imaginemos a situação em que 12 amigos tenham interesse em reunir as suas economias para adquirir uma casa no balneário de Armação dos Búzios, no Estado do Rio de Janeiro, mas temem, com razão, que, sendo todos titulares da coisa comum e podendo exercer sobre ela sem limite temporal todos os poderes do domínio, fiquem inviabilizados os objetivos da utilização daquele bem para férias ou lazer, uma vez que, se, no carnaval, os condôminos, com as respectivas famílias, resolverem ocupar a habitação de três quartos, o caos reinará.

A solução para o impasse e para o atendimento dos objetivos dos condôminos será a de que, a despeito do condomínio, a cada qual possa ser assegurada a utilização da casa de praia por uma unidade de tempo de titularidade exclusiva.

Como a questão está entregue à autonomia privada, poderão os condôminos estabelecer um rodízio na utilização exclusiva, uma vez que, obviamente, nos períodos de alta temporada, o valor econômico e o interesse mostram-se consideravelmente superiores do que na baixa temporada. Lícito será ainda às partes interessadas estipular que as unidades de tempo sejam fixas, circunstância que levará o(s) condômino(s) proprietário(s) da unidade de tempo de janeiro ou de dezembro a despender(em) maior verba para assegurar para si o referido período.

Pode suceder também que, de modo semelhante ao proprietário que parcela determinada gleba de terras e pretende aprovar, na forma da Lei 6.766/1979, um loteamento urbano e alienar posteriormente os lotes aos interessados, a multipropriedade pode ser estabelecida pelo interesse do proprietário exclusivo, que faz uma divisão jurídica do imóvel em unidades de tempo e, posteriormente, aliena-o para terceiros nessas condições.

O instituto tem sido apontado como poderoso instrumento de fomento ao turismo, visto que empreendimentos de *time sharing* possibilitam que, sob a administração profissional, se confira mobilidade espacial aos titulares de unidades de tempo espalhados pelo globo (intercâmbio).

O direito português caminhou no sentido de aprimorar o instituto denominado naquele país de *direito real de habitação periódica*, cujo artigo 1.º do Decreto-lei 275/1993 prevê que "sobre as unidades de alojamento integradas em hotéis-apartamentos, aldeamentos turísticos e apartamentos turísticos podem constituir-se direitos reais de habitação periódica limitados a um período certo de tempo de cada ano".

Nessa linha de raciocínio, o proprietário de 15 dias de uma unidade autônoma em Campos do Jordão pode ter interesse em passar esse período de tempo no balneário de Camboriú, em Santa Catarina, ao passo que o condômino catarinense queira se valer desse mesmo período para ir a essa bela cidade paulista. É claro que tal acerto pode envolver pessoas de diferentes países, como o cidadão romano que pretenda conhecer a cidade do Rio de Janeiro e o carioca, a de Roma. É possível também que o hotel que tenha sido constituído sob essa roupagem, mediante o recebimento de uma taxa de administração, hospede terceiros, prestando contas ao proprietário do tempo respectivo.

O artigo 1358-D do Código Civil aponta que o objeto da multipropriedade é o imóvel que será indivisível e incluirá as instalações, os equipamentos e o mobiliário destinados a seu uso e gozo. Com efeito, o imóvel não se submeterá às ações de extinção e divisão do condomínio e incluirá em seu bojo as pertenças a ele incorporadas, sejam estas de natureza móvel ou imóvel, por exemplo, os equipamentos urbanos (equipamentos públicos de abastecimento de água, serviços de esgotos, energia elétrica, coleta de águas pluviais, rede telefônica e gás canalizado) e comunitários (praça de esporte, aparelho de ginástica para a terceira idade, parquinho infantil etc.), tratando-se de um loteamento (Lei 6.766/1979) ou as áreas de construções, jardins, piscina, quadra de esporte polivalente, elevadores, inovações de conforto, entre outras, cuidando-se de incorporação imobiliária (Lei 4.591/1964).

5. ASPECTO TEMPORAL

O elemento central do instituto é a possibilidade de utilização e fruição do bem de modo pleno durante um período de tempo que, antes do atual tratamento legal, estava entregue completamente à autonomia privada, mas que agora conta com disposições legais cogentes com relação ao mínimo de fração temporal que competirá a cada multiproprietário.

O artigo 1.358-E do Código Civil trata dessa questão, conferindo em seu *caput* a característica da indivisibilidade à fração de tempo, denotando que o seu titular não pode parcelá-la. Pode até adquirir mais de uma, mas não a dividir em períodos de tempo inferiores ao que se encontra previsto no ato constitutivo do direito. O período mínimo de tempo será de sete dias, que poderão ser usufruídos de modo seguido ou intercalado, por exemplo, com três dias no mês de janeiro e quatro em fevereiro.

A previsão de uma semana parece ter sido inspirada por uma versão do direito real de habitação periódica de Portugal que fora disciplinado inicialmente pelo Decreto-lei 335/1981, que previa a fração anual periódica mensal, alterada posteriormente pelo Decreto-lei 368/1983 para uma semana e, hoje, com o Decreto-lei 275/1993, já não conta com tempo mínimo algum, podendo ser, por exemplo, de um dia.

Cap. 23 · A MULTIPROPRIEDADE IMOBILIÁRIA NO DIREITO BRASILEIRO | **627**

Como a nossa positivação não visa exclusivamente ao fomento do turismo, temos que o período mínimo de uma semana está correto, no qual se terá um condomínio em multipropriedade com no máximo 52 multiproprietários, e não 365, como poderia se dar no sistema português.

A fração de tempo poderá ocorrer de três formas:

1) *fixa*, ocasião em que a determinação do direito real temporal se dará de modo perene, sempre no mesmo período de cada ano (ex.: 14 dias no mês de março, a cada ano);

2) *flutuante*, circunstância que possibilitará o estabelecimento de um período de tempo diverso em cada ano. Nesse caso, o titular do direito deverá ser informado previamente dos critérios, sempre objetivos, da determinação do intervalo de tempo no qual exercerá com exclusividade o domínio do imóvel. A cláusula específica no ato de instituição também deverá primar pela isonomia de tratamento na escolha da unidade de tempo, independentemente da quantidade de dias que cada multiproprietário detiver. Tomando-se como premissa básica o respeito a tais premissas que observam ditames constitucionais e de respeito ao consumidor relevantes, os interessados podem estabelecer rodízio, sorteio ou outro critério que lhes aprouver;

3) *misto*, em que se possibilita a combinação de um período fixo e outro flutuante. De qualquer sorte, importa consignar que, por expressa e cogente determinação do § 2.º, o ato constitutivo da multipropriedade deverá prever que todos os multiproprietários terão direito a uma mesma quantidade mínima de dias seguidos durante o ano, sem embargo de que uma pessoa adquira frações maiores do que a mínima, possibilitando a utilização pelo período de tempo correspondente.

Muito oportuna é a previsão do § 2.º do referido dispositivo legal quando assegura a todos os multiproprietários o direito a uma mesma quantidade mínima de dias seguidos durante o ano, não olvidando de possibilitar a aquisição de frações maiores que a mínima, com o correspondente direito ao uso por períodos também maiores.

6. INSTITUIÇÃO

A instituição da multipropriedade dar-se-á por escritura pública ou testamento. A aquisição do direito real efetivar-se-á com o registro do contrato no cartório imobiliário competente com a expressa previsão de cada fração de tempo que pertence a cada coproprietário (art. 176, §§ 10, 11 e 12, da Lei 6.015/1973). Enquanto não houver o registro, as disposições da escritura produzirão efeitos apenas entre as partes, perdendo a imprescindível eficácia *erga omnes*, acarretando problemas no campo da segurança jurídica e até de cunho tributário.

A convenção de condomínio como ato-regra que prevê os direitos e deveres dos multiproprietários poderá estipular as cláusulas que melhor atendam aos interesses dos condôminos e que deverão igualmente ser registradas no álbum imobiliário[7] (art. 178, III, da Lei 6.015/1973).

Ante as especificidades da copropriedade partilhada em frações de tempo, andou bem o legislador ao impor como cláusulas obrigatórias da convenção, sob pena de negativa do registro, as que fixem com clareza os poderes e deveres dos multiproprietários, especialmente em matéria de instalações, equipamentos e mobiliário do imóvel, de manutenção ordinária e extraordinária, de conservação e limpeza e de pagamento da contribuição condominial, o número máximo de pessoas que podem ocupar simultaneamente o imóvel no período correspondente a cada fração de tempo, as regras de acesso do administrador condominial ao imóvel para cumprimento do dever de manutenção, conservação e limpeza, a criação de fundo de reserva para reposição e manutenção dos equipamentos, instalações e mobiliário, o regime aplicável em caso de perda ou destruição parcial ou total do imóvel, inclusive para efeitos de participação no risco ou no valor do seguro, da indenização ou da parte restante e a previsão das multas aplicáveis ao multiproprietário nas hipóteses de descumprimento de deveres (art. 1.358-G, CC).

Outra questão que foi bem entregue à autonomia privada diz respeito à possibilidade de que o ato de instituição de condomínio ou mesmo a convenção prevejam limite máximo de fração de tempo para cada titular, salvo se este adquirir para alienação posterior, como investimento, ocasião em que o limite somente será obrigatoriamente observado após a alienação das frações. Essa possibilidade objetiva evitar possíveis comportamentos abusivos por parte daquele que figurar com uma copropriedade temporal amplamente majoritária em desfavor dos minoritários.

7. DIREITOS E OBRIGAÇÕES DO MULTIPROPRIETÁRIO

Os direitos do multiproprietário são os mesmos do proprietário de usar, fruir e dispor, gratuita ou onerosamente, da fração de tempo a que faz jus com as suas instalações, equipamentos e mobiliário, assim como alugar ou dar em comodato, sem prejuízo de outros direitos que sejam compatíveis com a

---

[7]   Nesse sentido: LIMA, Frederico Henrique Viegas. A multipropriedade imobiliária (aspectos doutrinários e registrários). *Revista Trimestral de Direito Civil*, Rio de Janeiro, v. 32, p. 108, 2007.

Cap. 23 • A MULTIPROPRIEDADE IMOBILIÁRIA NO DIREITO BRASILEIRO | **629**

comunhão e estejam previstos no instrumento de instituição e na convenção de condomínio em multipropriedade.

A transferência da multipropriedade se dá independentemente da anuência dos demais titulares, salvo cláusula expressa em sentido contrário no ato de instituição ou na convenção condominial em favor do instituidor ou dos demais condôminos (art. 1.358-L, CC).

Digna de encômios por aumentar a garantia de adimplemento das obrigações condominiais do multiproprietário é a previsão do § 2.º do artigo 1.358-L do Código Civil, o qual preconiza que o adquirente será solidariamente responsável com o alienante pelas obrigações condominiais, caso não obtenha a declaração de inexistência de débitos referentes à fração de tempo no momento de sua aquisição. A lei reforça o caráter *propter rem* da obrigação (art. 1.345, CC), responsabilizando o alienante igualmente pelas dívidas não saldadas antes da transferência.

O inciso IV do artigo 1.358-I do Código Civil assegura, outrossim, o direito do multiproprietário de participar e votar em assembleia da multipropriedade ou do condomínio edilício em que porventura a unidade estiver inserida, desde que esteja quite em correspondência à quota de sua fração de tempo no imóvel no primeiro caso ou à quota de poder político atribuído à unidade autônoma na respectiva convenção de condomínio edilício.

As obrigações básicas do condômino multiproprietário estão previstas no artigo 1.358-J do Código Civil que, como não poderia ser diferente, em muito se assemelham àquelas que competem a qualquer condômino, como pagar a cota condominial, se a multipropriedade estiver inserida em um condomínio edilício, assim como dividir as despesas com os demais condôminos a tempo compartilhado de acordo, salvo disposição em contrário, com a fração de tempo do qual figura como titular.

Além das obrigações que estejam de acordo com as regras e princípios do direito constante no ato de instituição e na convenção de condomínio, o multiproprietário deverá responder pelo dano que causar, comunicar ao administrador quaisquer avarias ou vícios no imóvel, respeitar a sua destinação, não alterar o mobiliário e equipamentos que o guarnecem e cuidar para que ele se mantenha limpo e conservado como recebeu das mãos do seu consorte, permitindo, outrossim, a realização de obras ou reparos que sejam urgentes, a bem do interesse de todos.

O multiproprietário deverá respeitar rigorosamente a fração de tempo a que faz jus, sob pena de, não restituindo no dia e hora a que se obrigou, cometer esbulho perante os demais condôminos com a possibilidade da propositura de ação possessória com pedido de liminar (arts. 1.210, CC e 554 e ss., CPC), sem embargo da pena de multa diária, conforme convencionado no instrumento pertinente.

O descumprimento das obrigações ensejará a cominação de multa, conforme estiver previsto na convenção de condomínio, sendo merecedora de elogio a previsão de perda temporária do direito de utilização do imóvel no período correspondente à sua fração de tempo, no caso de descumprimento reiterado de deveres, servindo agora como mais um fundamento para o que defendemos quando tratamos das consequências que podem decorrer do comportamento antissocial do condômino por ocasião da interpretação conforme a Constituição do artigo 1.337 do Código Civil[8]. Nessa toada, a nosso ver, é cabível a privação temporária e até definitiva do condômino que com o seu mau comportamento cria insuportabilidade de convivência, desde que sejam assegurados a ampla defesa e o contraditório em demanda judicial que deverá ser precedida por autorização expressa pela assembleia com o quórum qualificado de 2/3 dos condôminos.

8. ADMINISTRAÇÃO

Para a administração da multipropriedade será designada pessoa idônea e competente, que não será necessariamente condômina, a fim de resolver as questões importantes referentes ao imóvel, como despesas correntes e obras necessárias para a manutenção do bem.

O administrador terá, além de outras estabelecidas no ato de instituição do condomínio ou na convenção de condomínio, a atribuição de coordenar a utilização do imóvel, considerando o direito temporal de cada multiproprietário, determinando, a propósito, previamente o período de gozo a ser exercido no prazo de um ano.

Deverá velar pela manutenção, conservação e limpeza do imóvel, tomando as medidas necessárias para tal desiderato. Em caso de realização de despesas, deverá submeter os orçamentos à aprovação pela maioria simples dos condôminos em assembleia.

---

[8]   MELO, Marco Aurélio Bezerra. *Direito das coisas*. 3. ed. Rio de Janeiro: Forense, 2019. p. 277-280. De nossa autoria a proposta que deu ensejo ao Enunciado 508 da *V Jornada de Direito Civil* do CJF/STJ: "Verificando-se que a sanção pecuniária mostrou-se ineficaz, a garantia fundamental da função social da propriedade (arts. 5.º, XXIII, da CRFB e 1.228, § 1.º, do CC) e a vedação ao abuso do direito (arts. 187 e 1.228, § 2.º, do CC) justificam a exclusão do condômino antissocial, desde que a ulterior assembleia prevista na parte final do parágrafo único do art. 1.337 do Código Civil delibere a propositura de ação judicial com esse fim, asseguradas todas as garantias inerentes ao devido processo legal".

Cap. 23 • A MULTIPROPRIEDADE IMOBILIÁRIA NO DIREITO BRASILEIRO | 631

Nesse diapasão, será de sua atribuição a elaboração do orçamento anual, com previsão das receitas e despesas, a cobrança das quotas de custeio de responsabilidade dos multiproprietários e o pagamento, por conta do condomínio edilício ou voluntário, com os fundos comuns arrecadados, de todas as despesas comuns.

A manutenção do imóvel é de extrema importância e a realização de obras pode, de fato, impedir a utilização da fração de tempo por seu titular. Para as manutenções cotidianas, o ato constitutivo pode prever antecipadamente período de tempo para tal fim.

Nas situações emergenciais, como uma enchente, incêndio, entre outras, o multiproprietário poderá se ver constrangido a não utilizar o bem no período de tempo das obras indispensáveis. Anda bem a lei quando faculta à convenção prever uma compensação temporal em favor do multiproprietário que for prejudicado na utilização ou fruição da unidade turno a que tem direito.

9. A MULTIPROPRIEDADE NO CONDOMÍNIO EDILÍCIO

Os artigos 1.358-O a 1.358-U do Código Civil destinam-se a trazer regras específicas relativas para a situação em que a multipropriedade esteja estabelecida em unidades autônomas de condomínios edilícios.

Nessa ótica, a lei admite que o condomínio edilício no qual se instale um sistema de multipropriedade seja misto, ou seja, uma parte com unidades autônomas não submetidas ao tempo compartilhado e outras com regramento de multipropriedade levado a efeito por uma incorporadora imobiliária.

No caso, a multipropriedade imobiliária poderá ser estabelecida mediante o regime da incorporação imobiliária e, após o cumprimento dos requisitos do artigo 32 da Lei 4.591/1964, deverá levar a registro no cartório de imóveis o memorial de incorporação, cuja minuta de convenção já deverá trazer os princípios básicos para um regime dominial em que a titularidade imobiliária seja no tempo compartilhada.

O art. 1.358-B do Código Civil afirma a submissão da multipropriedade à lei de condomínios e incorporações, no que couber, e o artigo 1.358-O da mesma codificação prevê que se aplicarão as alíneas *a*, *b* e *c* e o § 1.º do art. 31 da Lei 4.591/1964[9] que impõe, visando à segurança jurídica do negócio com-

---

[9] Art. 31, § 1.º, *a*, *b* e *c*: "A iniciativa e a responsabilidade das incorporações imobiliárias caberão ao incorporador, que somente poderá ser: a) o proprietário do terreno, o promitente comprador, o cessionário deste ou promitente cessionário

plexo de incorporação, a titularidade do imóvel ao incorporador. Importante essa referência protetiva dos interesses do multiproprietário adquirente que, na maioria das vezes, é consumidor e, portanto, à luz do texto constitucional e infraconstitucional, vulnerável.

Aderimos ao pensamento do registrador Elvino Silva Filho[10], quando adverte que

> (...) a figura do incorporador neste tipo de propriedade condominial parece-nos de suma relevância, pois sua responsabilidade não poderá se exaurir ao término da construção do edifício, mas deve ser entidade que, após concluído o prédio, tenha condições de fazer o condomínio funcionar, assegurando o exercício do direito de propriedade pelo período de tempo adquirido.

Importa destacar a possibilidade de que a instituição da multipropriedade seja feita com todas as frações de tempo ainda pertencentes a um único titular para posterior alienação, da mesma forma que o condomínio edilício pode se dar inicialmente com uma pessoa e depois se efetive no mundo fático com a venda progressiva das unidades autônomas, por parte, por exemplo, de uma empresa incorporadora de imóveis (art. 44 da Lei 4.591/1964). Com relação à instituição do condomínio edilício tradicional, feliz é o Enunciado 504 da *V Jornada de Direito Civil*, quando assevera que "a escritura declaratória de instituição e convenção firmada pelo titular único de edificação composta por unidades autônomas é título hábil para registro da propriedade horizontal no competente registro de imóveis, nos termos dos arts. 1.332 a 1.334 do Código Civil". Em outro giro, reforça tal compreensão o disposto no parágrafo único do

---

com título que satisfaça os requisitos da alínea *a* do art. 32; b) o construtor; c) o ente da Federação imitido na posse a partir de decisão proferida em processo judicial de desapropriação em curso ou o cessionário deste, conforme comprovado mediante registro no registro de imóveis competente. § 1.º No caso da alínea *b*, o incorporador será investido, pelo proprietário de terreno, o promitente comprador e cessionário deste ou o promitente cessionário, de mandato outorgado por instrumento público, onde se faça menção expressa desta Lei e se transcreva o disposto no § 4.º, do art. 35, para concluir todos os negócios tendentes à alienação das frações ideais de terreno, mas se obrigará pessoalmente pelos atos que praticar na qualidade de incorporador".

[10] SILVA FILHO, Elvino. *Questões de condomínio no registro de imóveis*. São Paulo: Malheiros, 1999. p. 140.

art. 1.358-C, o qual estabelece que a multipropriedade não se extingue automaticamente, se todas as frações de tempo passarem a pertencer ao mesmo multiproprietário.

Com o propósito do estabelecimento de uma convivência social harmônica com clareza e segurança jurídica com relação aos direitos e obrigações dos condôminos, o artigo 1.358-P do Código Civil apresenta disposições específicas relativas às unidades autônomas de condomínios edilícios.

A convenção de condomínio, além dos requisitos básicos previstos nos artigos 1.332 e 1.334 do Código Civil, deverá disciplinar matérias relevantes, como a identificação precisa das unidades, a fração de tempo que compete a cada condômino, a forma de rateio das despesas – e, à falta de estipulação em sentido contrário, será proporcional à fração de tempo de cada multiproprietário –, a especificação das despesas ordinárias de custeio, os órgãos de administração, as sanções decorrentes da má gestão da coisa comum, da mora no cumprimento das obrigações de custeio, assim como do descumprimento da obrigação de desocupar o imóvel até o dia e hora previstos.

Interessante a previsão do inciso VI do artigo 1.358-P que faz referência à possibilidade de a multipropriedade imobiliária voltar-se para o incremento do turismo e da consequente hospedagem. Nesse contexto, haverá uma atividade empresarial com sistema de administração de intercâmbio e a convenção deverá prever a responsabilidade e as obrigações dessa companhia, que ficará limitada ao contrato que firmar com o multiproprietário.

À luz do que preconiza o § 2.º do artigo 23 da Lei 11.771/2008, "considera-se prestação de serviços de hospedagem em tempo compartilhado a administração de intercâmbio, entendida como organização e permuta de períodos de ocupação entre cessionários de unidades habitacionais de distintos meios de hospedagem". O destinatário de tais serviços é considerado consumidor, aplicando-se, portanto, o estatuto correspondente (Lei 8.078/1990).

O regimento interno (art. 1.358-Q, CC) encontra-se previsto obrigatoriamente por ocasião da confecção da convenção de condomínio, na forma do que dispõe o inciso V do artigo 1.334 desse Código. Esse importante ato normativo tem o escopo de subsidiar a lei e a própria convenção, não podendo com elas conflitar, sob pena de nulidade. Trata-se de um regramento formal, mas que pode ser feito por instrumento público ou particular (parágrafo único), e que preverá situações do dia a dia no condomínio, aqui analisadas segundo a peculiaridade do compartilhamento de tempo ínsito à multipropriedade. Importa que seja de fácil compreensão e acesso, podendo ser incorporado no bojo da convenção ou em documento próprio, sendo essa a forma mais aconselhável.

9.1. Adoção do regime de multipropriedade no condomínio edilício: quórum para deliberação

A par da adoção do regime de multipropriedade por previsão expressa no instrumento de instituição, o que se dá, no mais das vezes, pela incorporação imobiliária, atraindo, como dito, a incidência do Código de Defesa do Consumidor, é possível que, mediante "deliberação da maioria absoluta dos condôminos", ocorra alteração da estrutura de condomínio edilício anteriormente instituído (art. 1.358-O, II, CC).

Conquanto seja possível alguma controvérsia, a nosso ver, o conceito de maioria absoluta diz respeito ao primeiro número inteiro superior à metade dos condôminos, e não daqueles que eventualmente compareçam à assembleia, pois esse segundo sentido é o da maioria simples. Se o condomínio conta com 120 unidades, a maioria absoluta será atingida com o voto de 61 condôminos.

Discordamos de tal perspectiva, que reputamos absolutamente equivocada e contrária ao sistema adotado no Código Civil. A instituição de um regime de multipropriedade em um condomínio que não a adota é extremamente grave, afetando sobremaneira a estrutura administrativa e de utilização das unidades autônomas e das áreas comuns.

Releve-se, nesse exato ponto, que a construção de benfeitorias voluptuárias (art. 1.341, I, CC) e a alteração da convenção exigem quórum de dois terços dos condôminos, e "a mudança da destinação do edifício, ou da unidade imobiliária, depende da aprovação pela unanimidade dos condôminos" (art. 1.351, CC).

Como a instituição de multipropriedade, onde não existe, vai se contentar com quórum tão inexpressivo como o da maioria absoluta dos condôminos previsto em lei? Não há qualquer lógica, mas também inexiste inconstitucionalidade, motivo pelo qual nos rendemos à dicção legal, malgrado estejamos convencidos da urgência em se revogar o artigo 1.358-O, II, do Código Civil a fim de que se altere o quórum para dois terços ou mesmo unanimidade dos condôminos e, com isso, conferir unidade a esse sistema de deliberação assemblear nos condomínios.

9.2. Administrador profissional

Em consideração ao relevo e à dificuldade de administrar um condomínio edilício com tantas peculiaridades como as que surgem na multipropriedade, são outorgados ao administrador poderes de gestão ordinária, incluindo manutenção, conservação e limpeza do imóvel e de suas instalações,

Cap. 23 · A MULTIPROPRIEDADE IMOBILIÁRIA NO DIREITO BRASILEIRO | **635**

equipamentos e mobiliário e a possibilidade de este modificar o regimento interno quanto aos aspectos estritamente operacionais de gestão. Note-se que é possível que o administrador faça também as vezes de síndico ou que outra pessoa exerça essa atividade.

O prazo da contratação do administrador será estabelecido livremente pelos interessados.

Estamos de pleno acordo com tais possibilidades jurídicas contempladas pela lei.

Entretanto, questão bastante polêmica é a imposição legal da figura do *administrador profissional* (art. 1.358-R, CC), quando, em um condomínio edilício, no todo ou em parte, tenha sido instituído um regime jurídico de multipropriedade imobiliária. Uma primeira dificuldade é identificar o que seria o administrador profissional. Seria apenas o bacharel em Administração regularmente inscrito no Conselho Regional de Administração? Não nos parece que o formalismo seja o caminho mais adequado, mas sim o de deixar ao talante das partes que saberão aquilatar a dimensão do empreendimento e deliberar, no bom exercício do livre-arbítrio, sobre essa questão, sendo possível até mesmo que o síndico acumule as funções.

Cremos que o objetivo da norma seja o de que a tarefa seja entregue a alguém que se tenha uma conduta profissional com a consciência da importância de cumprir o seu dever com dedicação e eficiência, notadamente se o empreendimento tiver como destinatários consumidores adquirentes das unidades de tempo. Somos críticos dessa obrigatoriedade que parece negar o devido prestígio à livre-iniciativa, à autonomia privada em matéria tão sensível a tais princípios, porém essa é uma possível opção do legislador infraconstitucional e, por conseguinte, não vislumbramos qualquer inconstitucionalidade.

Enfim, a nosso viso, atenderá ao equivocado rigor legal o administrador que tenha *expertise* na área e exerça as suas funções com probidade, eficiência e comprometimento, ainda que não tenha formação na ciência da administração.

9.3. Inadimplemento do multiproprietário

As atípicas consequências do inadimplemento do multiproprietário são tratadas no artigo 1.358-S do Código Civil. Em caso de multipropriedade imobiliária voltada para a fruição por parte dos multiproprietários de alugueres por meio de um sistema de locação das frações de tempo, a administração será confiada a uma pessoa jurídica especializada, que fará uma administração destinada a recolher e repartir as receitas das locações, independentemente da efetiva ocupação de cada unidade autônoma, tornando a situação jurídica semelhante à de uma sociedade empresarial.

Nesse ângulo de visada, o administrador, por meio da convenção de condomínio, poderá receber, diante da inadimplência de algum multiproprietário, poderes excepcionais que extrapolam a simples gestão, na forma do que preconiza o parágrafo único do artigo 1.358-S, como métodos coercitivos e satisfativos para viabilizar a atividade empresarial empreendida.

O primeiro deles (inciso I) consiste na possibilidade de proibição para que o inadimplente utilize o imóvel até a integral quitação da dívida. Essa cláusula, em qualquer outra situação de condomínio edilício, não resiste a uma análise séria perante a Constituição Federal, conforme tem decidido o Superior Tribunal de Justiça (STJ, REsp 1.401.815/ES, 3.ª Turma, Rel. Min. Nancy Andrighi, j 03.12.2013).

Assim, de ordinário, a inadimplência, ainda que reiterada, não pode possibilitar a privação do uso da unidade autônoma em atenção à proteção constitucional da propriedade privada (arts. 5.º, XXII, e 170, II) e, não raro, do próprio direito fundamental social da moradia (art. 6.º) e da tutela da dignidade humana (art. 1.º, III). Entretanto, deve-se dar, no caso específico da multipropriedade instituída em condomínio edilício, prevalência à autonomia privada a bem do interesse coletivo dos demais multiproprietários, sendo certo que a quitação da obrigação ensejará restabelecimento, por completo, dos poderes inerentes ao domínio previstos no *caput* do artigo 1.228 do Código Civil.

Deverá, outrossim, a convenção prever o quórum necessário para a autorização de adjudicação da fração de tempo por parte do condomínio na hipótese de inadimplemento do respectivo multiproprietário (art. 1.358-S, *caput*) e, uma vez realizada, definir o quórum exigido para a deliberação de alienação, pelo condomínio edilício, da fração de tempo adjudicada. Isso porque essa aquisição é apenas um rito de passagem para que outra pessoa adquira a fração de tempo alienada forçadamente, e não para que o condomínio edilício seja efetivamente o proprietário da cota temporal do multiproprietário inadimplente.

Diante da inadimplência, a convenção de condomínio pode delegar à administradora o poder para que a fração de tempo passe a integrar o *pool hoteleiro* constituído como caixa único para atender aos propósitos de rentabilidade dos multiproprietários (inciso II), isto é, os multiproprietários deverão confiar que o ativo que puder ser arrecadado com a exploração do direito do inadimplente reverta para a conta da administradora com outros valores que esta porventura receba em depósito e depois repasse aos demais condôminos adimplentes.

A confiança e a pesquisa da solvência da administradora devem ser valores a ser considerados para a contratação e autorização, pois, se outros credores desta, por exemplo, trabalhistas, agredirem o patrimônio da devedora, os multiproprietários poderão ficar em situação delicada para receber os seus créditos.

O último poder creditício previsto na lei é o de autorizar que a administradora fique automaticamente munida de poderes e obrigada a, por conta e ordem do inadimplente, utilizar a integralidade dos valores líquidos a que o inadimplente tiver direito para amortizar suas dívidas condominiais, seja do condomínio edilício, seja do condomínio em multipropriedade, até sua integral quitação, devendo eventual saldo ser imediatamente repassado ao multiproprietário (inciso III), circunstância que se assemelha a uma anticrese legal, antiquado instituto de direito real de garantia que permite ao credor anticrético administrar os bens de devedor e fruir seus frutos e utilidades como mecanismo visando ao adimplemento (arts. 1.506 a 1.510, CC).

9.4. Renúncia translativa do direito de multipropriedade

O artigo 1.358-T do Código Civil restringe o poder de alienação do multiproprietário, prevendo que este somente poderá renunciar (renúncia translativa) ao seu direito, *rectius*, alienar, em favor do próprio condomínio.

Uma vez mais, o ordenamento jurídico confere personalidade jurídica ao condomínio edilício, o que nos parece correto na forma como preconiza o Enunciado 246 da *III Jornada de Direito Civil*: "Deve ser reconhecida personalidade jurídica ao condomínio edilício".

O problema do dispositivo é o de restringir o poder de disposição previsto na definição de propriedade do artigo 1.228, *caput*, do Código Civil que, como cediço, tem assento constitucional como garantia fundamental (art. 5.º, XXII) e princípio informador da ordem econômica (art. 170, II). Nesse passo, concordamos com o Professor Gustavo Tepedino[11] quando salienta que,

> (...) a rigor, por se tratar de unidade autônoma, o multiproprietário pode, como em qualquer condomínio edilício, dispor como bem

---

[11] TEPEDINO, Gustavo. A multipropriedade e a retomada do mercado imobiliário. Disponível em: https://www.conjur.com.br/2019-jan-30/tepedino-multipropriedade-retomada-mercado-imobiliario. Acesso em: 25 fev. 2020.

entender de seu direito real de propriedade, de modo gratuito ou oneroso, desde que mantenha íntegro o liame visceral entre a propriedade individual (que lhe franqueia a utilização, com exclusividade, da fração semanal que lhe diz respeito) e a fração ideal a ela correspondente sobre as áreas comuns.

Além da questão de índole constitucional, não compreendemos o porquê da restrição. Eventual condômino ou mesmo terceiro que adquirisse o bem estaria submetido às obrigações previstas na formatação contratual da multipropriedade registrada no cartório imobiliário com a publicidade e eficácia *erga omnes* inerente. O que a lei pretende corretamente vedar, a bem da verdade, é que o direito real do multiproprietário fique adéspota a fim de não prejudicar os legítimos interesses dos demais condôminos multiproprietários.

10. CONCLUSÃO: VIRTUDES E PROBLEMAS DA LEI 13.777/2018

Pelo que discorremos anteriormente, apontamos, como solicitado, as virtudes e os problemas que nos parecem existir no tratamento jurídico da multipropriedade na forma da Lei 13.777/2018:

1) Virtudes:

a) A positivação em si da multipropriedade que reduz a insegurança jurídica e afasta as discussões, sobretudo registrais, que envolvem o princípio *numerus clausus*.

b) A preocupação com a adequação precisa e fundamental da Lei 6.015/1973, resolvendo, inclusive, impasses tributários.

c) Tratamento dos turnos mínimos de sete dias, mas respeitando a autonomia privada com relação à flexibilidade da utilização.

d) Inexistência de direito de preferência em favor dos multiproprietários em caso de alienação.

e) Amplos poderes de gestão outorgados ao administrador.

f) Referência expressa à possibilidade de a multipropriedade gravitar em torno da oferta de imóveis para hotelaria (*pool hoteleiro*), inclusive com previsão de intercâmbio entre multiproprietários.

g) Solidariedade entre alienante e adquirente na obrigação *propter rem* de pagar a cota condominial.

Cap. 23 · A MULTIPROPRIEDADE IMOBILIÁRIA NO DIREITO BRASILEIRO | **639**

h) Adoção de meios coercitivos efetivos em caso de inadimplemento das obrigações do multiproprietário, como a previsão de perda temporária do direito de utilização do imóvel correspondente à respectiva fração de tempo e a adoção de uma *anticrese legal*, na qual o credor pode reter para fins de pagamento da dívida, os frutos que caberia, em tese, ao multiproprietário inadimplente.

2) Problemas:

a) A matéria deveria ter sido tratada em uma lei especial, à moda de um estatuto, com previsão para os bens móveis e tratamento processual específico.

b) Péssimo tratamento jurídico com relação ao quórum para a transformação do condomínio edilício em regime de multipropriedade. A única solução, a nosso viso, é a revogação, o mais rápido possível, do artigo 1.358-O, II, do Código Civil, com a alteração para o quórum de 2/3 ou unanimidade.

c) Imposição legal da figura do *administrador profissional* na multipropriedade existente em condomínio edilício.

d) Tratamento jurídico da renúncia translativa por parte do multiproprietário.

REFERÊNCIAS

ARENDT, Hannah. *A condição humana*. São Paulo: Forense, 2004.

COULANGES, Fustel de; FERREIRA, Roberto Leal (trad.). *A cidade antiga*. São Paulo: Martin Claret, 2009.

LIMA, Frederico Henrique Viegas. A multipropriedade imobiliária (aspectos doutrinários e registrários). *Revista Trimestral de Direito Civil*, Rio de Janeiro, v. 32, 2007.

MELO, Marcelo Augusto Santana. Multipropriedade imobiliária. *Revista de Direito Imobiliário*, São Paulo, v. 70, 2011.

MELO, Marco Aurélio Bezerra. *Direito das coisas*. 3. ed. Rio de Janeiro: Forense, 2019.

NEVES, Gustavo Kloh Muller. O princípio da taxatividade dos direitos reais ou a regra do *numerus clausus*. In: MORAES, Maria Celina Bodin de (coord.). *Princípios de direito civil contemporâneo*. Rio de Janeiro: Renovar, 2006.

SILVA FILHO, Elvino. *Questões de condomínio no registro de imóveis*. São Paulo: Malheiros, 1999.

STAFFEN, Márcio Ricardo. Multipropriedade imobiliária: entre o direito (real) posto e o pressuposto. *Revista de Direito Imobiliário*, São Paulo, v. 71, 2011.

TEPEDINO, Gustavo. A multipropriedade e a retomada do mercado imobiliário. Disponível em: https://www.conjur.com.br/2019-jan-30/ tepedino-multipropriedade-retomada-mercado-imobiliario. Acesso em: 25 fev. 2020.

TEPEDINO, Gustavo. *Multipropriedade imobiliária*. Rio de Janeiro: Saraiva, 1993.

24

A MULTIPROPRIEDADE E A LEI N.º 13.777/2018: VIRTUDES E PROBLEMAS

GUSTAVO TEPEDINO[1]

SUMÁRIO: 1. Introdução; 2. Contornos da multipropriedade e sua relevância para o mercado imobiliário; 3. A experiência brasileira em matéria de multipropriedade; 4. A Lei n.º 13.777/2018: acertos e inconsistências de sua regulamentação; 5. A Lei n.º 13.777/2018 e as relações de consumo; 6. Notas conclusivas; Referências.

1. INTRODUÇÃO

Em 20 dezembro de 2018, foi promulgada a Lei n.º 13.777, que regulamenta a multipropriedade imobiliária, dando nova redação ao art. 1.358 do Código Civil e aos arts. 176 e 178 da Lei n.º 6.015/1973, a Lei de Registros Públicos. Embora já fosse conhecida da prática imobiliária, a multipropriedade ainda parecia bastante mal compreendida e se cercava de incertezas. Com a nova lei, o mercado imobiliário finalmente ganha esse atrativo produto para novos investimentos no segmento dos imóveis para férias, com regulamentação meticulosa dos diversos contornos jurídicos do empreendimento.[2]

---

[1] O autor agradece penhoradamente à Profa. Danielle Tavares Peçanha, Mestranda em Direito Civil da Faculdade de Direito da Universidade do Estado do Rio de Janeiro (UERJ), pela valiosa colaboração com a pesquisa bibliográfica e a revisão dos originais.

[2] Para minuciosa análise das diversas formas de estruturação da multipropriedade, sua evolução histórica e o exame de legislações estrangeiras, com ampla bibliografia, seja consentido remeter a TEPEDINO, Gustavo. *Multipropriedade*

Trata-se do fracionamento no tempo da titularidade dominical, de forma que se dividem em frações semanais os imóveis oferecidos aos multiproprietários, que terão, assim, sua casa de campo ou de praia em determinado período do ano. A recente lei brasileira, acertadamente, regulou a multipropriedade como unidade autônoma, delimitada no tempo e no espaço, inserida no regime de condomínio especial. Assim, o legislador trouxe a segurança que faltava ao setor, permitindo que os investimentos se proliferem, como em diversos outros países, onde obtiveram êxito extraordinário.

Com a recente regulamentação, que em boa hora surge no cenário brasileiro, superam-se antigas discussões relativas à natureza do instituto e à estruturação jurídica da operação. Por outro lado, as controvérsias deslocam-se para determinadas imprecisões técnicas constantes no referido diploma, que, como se abordará no presente trabalho, dão margem a hesitações na aplicação de suas disposições. Em vista disso, exercerá importante papel o intérprete no desenvolvimento de critérios hermenêuticos que possam compatibilizar a função à qual se destina o bem e a atividade econômica pretendida, na concretização cotidiana da letra da lei. Colocam-se em pauta, por outro lado, problemas atinentes à gestão operacional, para que se possam conciliar os interesses dos empreendedores e dos usuários.

2. CONTORNOS DA MULTIPROPRIEDADE E SUA RELEVÂNCIA PARA O MERCADO IMOBILIÁRIO

Surgida na França no final dos anos 60 do século passado, e amplamente difundida na Europa e nos Estados Unidos, a multipropriedade conquistou significativo espaço no mercado imobiliário por permitir a divisão da utilização de imóveis em temporadas anuais, de modo que diversos titulares pudessem se beneficiar, alternadamente, cada qual a seu turno, do mesmo imóvel, multiplicando exponencialmente o público-alvo para as casas de campo ou de praia. Trata-se, portanto, de relação jurídica que traduz o aproveitamento econômico de uma coisa móvel ou imóvel, em unidades fixas de tempo, visando à utilização exclusiva de seu titular, no período que lhe é próprio, ao longo das frações temporais que se sucedem.

---

imobiliária. São Paulo: Saraiva, 1993. O tema foi também objeto de exame por LIMA, Frederico Viegas de. *Aspectos teóricos da multipropriedade*. São Paulo: RT, 1990. p. 28 e ss.; e MARQUES, Claudia Lima. Contratos de *time sharing* e a proteção dos consumidores: crítica ao direito civil em tempos pós-modernos. *Revista de Direito do Consumidor*, São Paulo, v. 22, abr. 1997.

Cap. 24 • A MULTIPROPRIEDADE E A LEI N.º 13.777/2018: VIRTUDES E PROBLEMAS | **643**

A operação franqueou o mercado a novas camadas sociais, que, de outra forma, não teriam acesso à segunda casa. Famílias que pretendiam adquirir a casa de campo ou de praia apenas para o período de férias anuais passam a satisfazer sua aspiração a preço relativamente modesto. Reduzem-se, por outro lado, as despesas e os incômodos com a manutenção e a segurança do imóvel, itens cada vez mais dispendiosos quando se adquire a propriedade nos moldes tradicionais. Além disso, para os empresários do setor, aumenta-se a margem de lucro, dada a grande quantidade de unidades que, com a subdivisão temporal, são postas à venda em cada empreendimento. Com preços diferenciados ao longo do ano, a depender da valorização do mês escolhido (verão ou inverno; épocas de férias escolares ou período letivo), adaptam-se os adquirentes, segundo seu estilo de vida e respectivo poder aquisitivo, ao planejamento estratégico do instituidor e ao calendário turístico da região.

Do ponto de vista da indústria turístico-hoteleira e de serviços, a economia das regiões alcançadas torna-se aquecida de forma uniforme em todos os períodos do ano, e não apenas nas altas estações, de modo sazonal. Ao se promoverem o desenvolvimento e a estabilidade do comércio local de maneira contínua, o equilíbrio ecológico é também favorecido na medida em que se resguarda o meio ambiente contra a proliferação indiscriminada de construções, por vezes subutilizadas ou descuidadas.

Com o desenvolvimento da multipropriedade, diversos mercados imobiliários conseguiram superar a crise recessiva em que se encontravam (como ocorreu na Espanha, em Portugal e na Itália, quando do surgimento das respectivas leis nacionais e da Diretiva europeia), tornando-se o novo sistema objeto de estudos e debates em numerosos países. Antecipando-se a autonomia privada ao legislador, numerosos modelos jurídicos foram desenhados para regulamentar a operação, designada como multipropriedade; *time sharing*; *droit de jouissance à temps partagé*; *propriété spatio-temporelle*; *multijouissance*; *multiproprietà*; direito real de habitação periódica.[3] Do ponto de vista técnico, conforme definido anteriormente, cuida-se de "relação jurídica que traduz o aproveitamento econômico de uma coisa móvel ou imóvel,

---

[3] Ao contrário de outros países, no Brasil não houve inicialmente intervenção legislativa para a definição do modelo jurídico a ser adotado, aplicando-se, então, as normas do Código Civil em matéria de propriedade e o Código de Defesa do Consumidor para a proteção contratual dos adquirentes. Em 1997, foi editada a Deliberação Normativa n.º 378, de 12 de setembro de 1997, do Ministério da Indústria, do Comércio e do Turismo, que estabelece cláusulas imperativas para esse tipo de contrato.

em unidades fixas de tempo, visando à utilização exclusiva de seu titular, cada qual a seu turno, ao longo das frações temporais que se sucedem".[4]

Com fins de implementação da figura jurídica, diversos modelos foram adotados na experiência estrangeira, destacando-se: (i) *multipropriedade societária*, pela qual se constitui uma sociedade, proprietária do empreendimento, da qual os adquirentes se tornam sócios, conferindo-lhes o direito de utilização periódica de certa unidade. Trata-se, portanto, a rigor, de multipropriedade *mobiliária*, incidente sobre ações ou cotas;[5] (ii) *direito real sobre coisa alheia*, conforme instituído pela Lei portuguesa, que prevê o direito real de habitação periódica;[6] (iii) *multipropriedade imobiliária*, adotada em vários países, como Espanha, Itália, e Brasil, e sobre a qual se discorrerá adiante, constituindo-se em condomínios de multiproprietários, cuja convenção estabelece os limites da utilização por cada titular; (iv) *multipropriedade hoteleira*, normalmente associada à multipropriedade imobiliária, em que se agrega ao condomínio de multiproprietários a gestão profissional de grandes cadeias hoteleiras, de modo a oferecer, no mesmo

---

[4] TEPEDINO, Gustavo Tepedino. *Multipropriedade imobiliária* cit., p. 1. Sobre os bens que podem ser objeto de multipropriedade, importante destacar que a nova legislação brasileira prevê seja constituída a multipropriedade somente sobre imóveis. Cada multiproprietário adquire, assim, a sua casa de campo ou de praia em determinado período do ano. Ilustrativamente, dispõe o art. 1.358-D do Código Civil: "O imóvel objeto da multipropriedade: I – é indivisível, não se sujeitando a ação de divisão ou de extinção de condomínio; II – inclui as instalações, os equipamentos e o mobiliário destinados a seu uso e gozo".

[5] Na Itália, esse tipo de empreendimento não logrou êxito, especialmente após a falência, em 1979, da sociedade anônima *Multiresidence* da Gênova Spa, que tornou evidente o risco do modelo, por vincular o sucesso do investimento à boa gestão societária por parte de terceiros. Sobre o episódio e suas consequências no mercado imobiliário italiano, v. TEPEDINO, Gustavo. *Multipropriedade imobiliária* cit., p. 13, especialmente nota 10. Na França, o segmento se desenvolveu com a Lei n.º 86-18, de 6 de janeiro de 1986, que prevê a criação de Sociedade específica, designada como "société d'attribution d'immeubles en jouissance à temps partagé". Sobre a fórmula societária, seus inconvenientes e dificuldades que antecederam a própria lei francesa, v. DOVON, Noël. La propriété spacio--temporelle. *JCP (Juris-Classeur périodique – La Semaine Juridique)*, n. 2.599, 1974, p. 1-22.

[6] Nesse sistema, o adquirente se torna titular de direito real limitado, incidente sobre a propriedade limitada, que se mantém nas mãos do empreendedor. Para a análise da lei especial e de seu impacto no sistema de direitos reais português, v. MESQUITA, Henrique. Uma nova figura real: o direito de habitação periódica. *Revista de Direito e Economia*, Coimbra, v. 1, p. 39-69, 1982.

empreendimento, duplo regime, de multipropriedade e de hotelaria, com todos os serviços e produtos daí decorrentes.[7]

Em especial, no que tange à gestão hoteleira, os serviços se sofisticaram e os empreendimentos se aperfeiçoaram. Com isso, problemas frequentes ocasionados pelo mau uso de unidades ou pela necessidade de suspensão da utilização para manutenção periódica foram resolvidos pela gestão hoteleira inteligente, que potencializa o conjunto das unidades – em sistema de *pool* –, oferecendo em locação, inclusive, as unidades dos multiproprietários que não pretendam, em determinado ano, usar o seu imóvel.

Ao lado disso, o investimento por multiproprietários permitiu a captação de recursos para a construção de empreendimentos mistos – de hotelaria e multipropriedade –, nos quais apenas parte das unidades é posta à venda pelo instituidor, que conserva sob sua propriedade volume estratégico de unidades destinadas diretamente à oferta hoteleira. Por outro lado, criaram-se bancos de *time sharing* de diversos países, permitindo que o multiproprietário possa, a cada ano, trocar a utilização de sua unidade por uma semana em local turístico de qualquer continente (intercâmbio associado ao *pool* hoteleiro de imóveis disponíveis).

3. A EXPERIÊNCIA BRASILEIRA EM MATÉRIA DE MULTIPROPRIEDADE

No Brasil, a multipropriedade suscitou, em primeiro momento, certa desconfiança, por configurar situação jurídica híbrida, com características de realidade, acompanhadas de vínculos obrigacionais, delineando-se assim aparente atipicidade, que violaria o princípio da taxatividade dos direitos

---

[7] Acerca do crescimento vertiginoso da multipropriedade hoteleira, v. TEPEDINO, Gustavo. *Multipropriedade imobiliária* cit., p. 18 e ss., em que se enfatiza como a transferência da gestão dos serviços à empresa hoteleira torna atrativo o empreendimento, aperfeiçoando a oferta de restaurantes, bares, lavanderias, discotecas, esportes e atividades complementares. Por outro lado, "a entrega da gestão multiproprietária a redes de hotelaria, em geral empresas multinacionais, estimula a prática de intercâmbio entre multiproprietários, visando à permuta anual das respectivas frações de que são titulares, em lugares e países diversos, formando-se um chamado 'banco de trocas', altamente diversificado e interessante para os que gostam de viajar. Dessa forma, um multiproprietário titular de uma quinzena anual em Cannes, por exemplo, troca a utilização do seu apartamento, em certo ano, com o titular de igual direito em imóvel situado em Búzios ou nas distantes ilhas Mauricius" (Idem, p. 19).

reais.[8] O fenômeno, que se procurou alhures qualificar como *propriedade temporária*, *propriedade cíclica*, ou *propriedade dividida no tempo*, acabou sendo absorvido, na prática imobiliária, como modalidade condominial, preservando-se assim a tipicidade do direito de copropriedade, tal como reconhecida pelo ordenamento.

À míngua de intervenção legislativa, a prática brasileira pregressa utilizou-se da instituição de condomínio ordinário entre os titulares de cada apartamento inserido em condomínio edilício. Desse modo, ilustrativamente, 52 condôminos de um mesmo apartamento estabeleciam, contratualmente, o direito de uso de cada titular por uma semana do ano.[9] Numerosos inconvenientes funcionais decorriam dessa fórmula, que, entre outros problemas, implicava a necessária administração conjunta,[10] o direito de preferência dos condôminos no caso de venda por qualquer titular[11] e a divisibilidade do condomínio a qualquer momento, a pedido de um único condômino, após o prazo de cinco anos da indivisibilidade do condomínio ordinário prevista pelo Código Civil.[12] O Superior Tribunal de Justiça, de todo modo, em decisão por maioria da 3.ª Turma, com relatoria para acórdão do Ministro João Otavio de Noronha, no âmbito do REsp 1.546.165, já havia admitido em 2016 a natureza típica de direito real

---

[8] Na percepção de Orlando Gomes, por exemplo, tratar-se-ia de "verdadeiro direito real atípico e, portanto, uma espécie que não pode existir em face do princípio do *numerus clausus* dos direitos reais" (GOMES, Orlando. Sobre a multipropriedade. *A Tarde*, 18 mar. 1983).

[9] Para o exame pormenorizado de dois contratos aquisitivos da multipropriedade em regime condominial, com os instrumentos de convenção e regulamento de condomínio, lavrados no 18.º Ofício de Notas do Rio de Janeiro, v. TEPEDINO, Gustavo. *Multipropriedade imobiliária* cit., p. 43 e ss.

[10] Informa o art. 1.323 do Código Civil, no âmbito do condomínio ordinário: "Art. 1.323. Deliberando a maioria sobre a administração da coisa comum, escolherá o administrador, que poderá ser estranho ao condomínio; resolvendo alugá-la, preferir-se-á, em condições iguais, o condômino ao que não o é".

[11] Código Civil, art. 504: "Não pode um condômino em coisa indivisível vender a sua parte a estranhos, se outro consorte a quiser, tanto por tanto. O condômino, a quem não se der conhecimento da venda, poderá, depositando o preço, haver para si a parte vendida a estranhos, se o requerer no prazo de cento e oitenta dias, sob pena de decadência".

[12] Código Civil, art. 1.320: "A todo tempo será lícito ao condômino exigir a divisão da coisa comum, respondendo o quinhão de cada um pela sua parte nas despesas da divisão. (...) § 2.º Não poderá exceder de cinco anos a indivisão estabelecida pelo doador ou pelo testador".

da multipropriedade, rejeitando, no caso examinado, a penhora do imóvel por dívida de um dos condôminos, a fim de preservar as frações ideais dos demais multiproprietários.[13] Embora a decisão já tenha trazido segurança ao setor, não havia, contudo, unanimidade sobre o tema.

Aquelas prerrogativas referentes ao direito de preferência em caso de alienação e à divisibilidade, próprias do condomínio ordinário, acabavam sendo objeto de renúncia de maneira expressa na escritura de aquisição do imóvel. A validade jurídica de tal renúncia, contudo, gerava discussões, por se tratar de direitos potestativos considerados inerentes à natureza do condomínio simples. Assim, da constatação inicial de que se trataria de condomínio ordinário decorreu certo grau de insegurança para o investidor, diante do risco de, uma vez declarada a invalidade das cláusulas abdicativas, sujeitar-se o titular a pedidos de extinção de condomínio ou ao direito de preferência de cotitulares na hipótese de alienação.

O risco, em termos práticos, procurava-se debelar com a aquisição, por parte do empreendedor, de conjunto significativo de unidades, capaz de preservar contratualmente a utilização anual dos multiproprietários, mesmo quando houvesse controvérsia acerca de alguma unidade especificamente considerada. De todo modo, do ponto de vista jurídico, percebeu-se a difícil tarefa de compatibilização funcional entre o condomínio ordinário, essencialmente constituído como situação transitória ou provisória (*condominium est mater discordiarum*, na advertência romana) e destinado ao uso comum dos condôminos – e apenas excepcionalmente mantido sob pacto de indivisão, não superior a cinco anos –, e o direito dos multiproprietários, voltado para a utilização individual e perpétua de cada titular e de seus sucessores.

A bem se ver, na multipropriedade, é o objeto do direito que se reduz, no tempo e no espaço, embora a função pretendida pelo adquirente coincida com a do direito dominical exclusivo. Reafirme-se, a propósito, inexistir incompatibilidade entre o direito de propriedade e a delimitação espaço-temporal do objeto do direito sobre o qual incide o domínio, admitindo-se o tempo como elemento de individuação do bem jurídico. Com efeito, a utilização cíclica de unidade imobiliária delimitada espaço-temporalmente demonstra que o objeto do domínio pode ser individualizado não só no espaço, como tradicionalmente se verifica, mas também no tempo. Do ponto de vista técnico, bem jurídico é a coisa que, por apresentar utilidade potencial, ingressa

---

[13] STJ, REsp 1.546.165/SP, 4.ª Turma, Rel. Min. Ricardo Villas Bôas Cueva, Rel. p/ acórdão Min. João Otávio de Noronha, j. 26.04.2016, *DJe* 06.09.2016.

no mundo jurídico, tornando-se objeto de direito; e, sendo suscetível de apropriação, torna-se objeto do direito de propriedade.[14]

Não há propriamente novidade na influência do tempo no conteúdo e no objeto de direitos. Basta ter presente a figura da sublocação; ou do termo essencial; ou, no âmbito dos direitos reais, a servidão de uso, por vezes delineada inteiramente pelo aproveitamento temporal da propriedade alheia. Da mesma forma, e em termos didáticos, assim como se pode subdividir o domínio em unidades espaciais (metros, alqueires, hectares), redefinindo-se, portanto, de acordo com sua dimensão espacial, o objeto da propriedade, não parece haver óbice a que se determine o objeto da propriedade em sua dimensão temporal, estabelecendo-se módulos de tempo e espaço atribuíveis ao multiproprietário.[15]

A rigor, a coisa, individuada no tempo e no espaço, conserva as características essenciais para a apropriação dominical, desde que o bem possa ser discriminado e individuado de modo constante, o que não parece difícil no caso da multipropriedade, considerando-se que as frações de tempo são imutáveis (é o tempo permanente, ao longo do ano solar que se repete, e não o tempo que passa, como seria o curso de um contrato, por exemplo). Têm-se, assim, na unidade de tempo e espaço destinada à multipropriedade, materialidade, exclusividade, perpetuidade e plenitude (no sentido da integralidade da senhoria sobre o objeto delimitado espaço-temporalmente).

---

[14] Ressalte-se a diferença entre coisa em sentido empírico e coisa em sentido jurídico. A coisa em sentido empírico é mero suporte físico de incidência do direito. É noção pré-jurídica, enquanto a coisa em sentido jurídico coincide com a noção de bem jurídico, é o objeto do domínio, qualificado pelo ordenamento em face de um interesse tutelado. De outra parte, admite o CCB como objeto de direito, na esteira do direito romano, tanto a coisa material como a coisa imaterial ou incorpóreas. Sobre o ponto, v. TEPEDINO, Gustavo. Regime jurídico dos bens no Código Civil. In: VENOSA, Sílvio de Salvo; GAGLIARDI, Rafael Villar; NASSER, Paulo Magalhães (coord.). *10 anos do Código Civil*: desafios e perspectivas. São Paulo: Atlas, 2012. p. 48 e ss. Sobre a matéria, permita-se remeter, ainda, a TEPEDINO, Gustavo; SILVA, Rodrigo da Guia. Novos bens jurídicos, novos danos ressarcíveis: análise dos danos decorrentes da privação do uso. *Homenagem a Nelson Eizirik*, 2020. No prelo.

[15] É possível identificar na multipropriedade, portanto, mais um exemplo das tantas manifestações do tempo como bem jurídico passível de tutela pelo ordenamento na sociedade contemporânea, irradiando-se diretamente da dignidade da pessoa humana. Sobre a tutela do tempo, conectado aos substratos da liberdade individual e da solidariedade social, v. MONTEIRO FILHO, Carlos Edison do Rêgo. Lesão ao tempo: configuração e reparação nas relações de consumo. In: MONTEIRO FILHO, Carlos Edison do Rêgo (coord.). *Rumos contemporâneos do direito civil*: estudos em perspectiva civil-constitucional. Belo Horizonte: Fórum, 2017. p. 205-228.

De uma maneira ou de outra, todas essas incertezas foram superadas com o reconhecimento, pelo legislador brasileiro, na Lei n.º 13.777/2018, da autonomia de cada unidade, individualizada no espaço (apartamento 101, por exemplo) e no tempo (primeira semana de agosto de cada ano, por exemplo), com sua respectiva matrícula no registro de imóvel, inserida em regime de condomínio edilício.

Tais considerações conduzem à conclusão de que, na multipropriedade, embora o tempo não seja o objeto de apropriação, figura como elemento de individuação do bem apropriado.[16] Caracteriza-se, assim, no empreendimento em multipropriedade, conjunto de bens jurídicos de utilização durante turnos anuais preestabelecidos, remetendo o intérprete para o sistema de unidades autônomas em regime de condomínio edilício, no qual prevalece regime misto, com a propriedade individual da unidade autônoma,[17] constituída por fração espaço-temporal do imóvel, ao lado da propriedade coletiva sobre as partes comuns, a assegurar, por exemplo, a legitimidade dos multiproprietários para intentar ações possessórias e petitórias em qualquer época do ano.

Essa construção tornava-se possível, mesmo antes da recente intervenção legislativa, graças à deliberada flexibilidade da disciplina legal do condomínio edilício, de acordo com a qual, tanto na atual redação do Código Civil como na revogada Lei n.º 4.591/1964, para se instituir o condomínio edilício, bastam a individualização e discriminação das unidades autônomas. Nos termos do art. 1.332 do Código Civil:

> Institui-se o condomínio edilício por ato entre vivos ou testamento, registrado no Cartório de Registro de Imóveis, devendo constar daquele ato, além do disposto em lei especial: I – *a discriminação e*

---

[16] Nesse sentido, adiantando-se o conteúdo do próximo capítulo, que analisa as inconsistências da Lei n.º 13.777/2018, permita-se destacar atecnia, ao se referir à inexistência de direito de preferência na "alienação de fração de tempo", no tratamento sobre a transferência da multipropriedade (CC, art. 1.358-L, § 1.º). A rigor, correto seria tratar sobre a alienação do direito real de propriedade do multiproprietário sobre sua unidade autônoma delimitada no espaço e no tempo. Também crítico a tal passagem, v. OLIVEIRA, Carlos Eduardo Elias de. Considerações sobre a recente Lei da Multipropriedade ou da *Time Sharing* (Lei n.º 13.777/2018): principais aspectos de direito civil, de processo civil e de registros públicos. Disponível em: https://flaviotartuce.jusbrasil.com.br/artigos/661740743/consideracoes-sobre-a-recente-lei-da-multipropriedade. Acesso em: 4 dez. 2019.

[17] A noção ampla de unidade autônoma já se encontrava alinhada com o Enunciado n.º 89 da *I Jornada de Direito Civil* do CJF: "O disposto nos arts. 1.331 a 1.358 do novo Código Civil aplica-se, no que couber, aos condomínios assemelhados, tais como loteamentos fechados, multipropriedade imobiliária e clubes de campo".

individualização das unidades de propriedade exclusiva, estremadas uma das outras e das partes comuns; II – a determinação da fração ideal atribuída a cada unidade, relativamente ao terreno e partes comuns; III – o fim a que as unidades se destinam.

Mesmo antes, portanto, de promulgada a Lei n.º 13.777/2018, que optou por tal solução, já havia registros do reconhecimento da natureza de direito real à multipropriedade,[18] como sublinhado no já destacado REsp 1.546.165/SP.[19] É, contudo, com a promulgação da aludida Lei que ficam suplantadas antigas discussões em torno do regime jurídico aplicável à multipropriedade, estabelecendo explicitamente tratar-se de condomínio edilício, conforme dispõe o art. 1.358-C do Código Civil.[20]

4. A LEI N.º 13.777/2018: ACERTOS E INCONSISTÊNCIAS DE SUA REGULAMENTAÇÃO

Reconhecida a natureza de direito real da multipropriedade, é possível afirmar que o legislador brasileiro adotou acertadamente o modelo de

---

[18] Sobre o tema, há na doutrina quem afirme tratar-se de direito real *sui generes* de usar, gozar e dispor da propriedade, cuja limitação não seria apenas condominial, mas também temporal (VENOSA, Sílvio de Salvo. Multipropriedade (*time sharing*). *Migalhas*. Disponível em: https://www.migalhas.com.br/dePeso/16,MI295907,-61044-Multipropriedade+time+sharing. Acesso em: 2 dez. 2019). Nessa direção, continua o autor: "O novo texto legal regula a possibilidade de registro dessa nova modalidade de propriedade em nome de cada condômino fracionário. Por outro lado, não há incompatibilidade de aplicação dos princípios norteadores da Lei 4.591/64 ou do Código Civil à multipropriedade, como agora especificado no mais recente texto legal. Também aqui se levam em conta a convenção, ou ato normativo, o regulamento ou regimento e os direitos de vizinhança".

[19] "A multipropriedade imobiliária, nada obstante ter feição obrigacional aferida por muitos, detém forte liame com o instituto da propriedade, se não for sua própria expressão, como já vem proclamando a doutrina contemporânea, inclusive num contexto de não se reprimir a autonomia da vontade nem a liberdade contratual diante da preponderância da tipicidade dos direitos reais e do sistema de *numerus clausus*. No contexto do Código Civil de 2002, não há óbice a se dotar o instituto da multipropriedade imobiliária de caráter real, especialmente sob a ótica da taxatividade e imutabilidade dos direitos reais inscritos no art. 1.225" (STJ, REsp 1.546.165/SP, 4.ª Turma, Rel. João Otavio de Noronha, j. 26.04.2016, *DJe* 06.09.2016).

[20] Código Civil, art. 1.358-C: "Multipropriedade é o regime de condomínio em que cada um dos proprietários de um mesmo imóvel é titular de uma fração de tempo, à qual corresponde a faculdade de uso e gozo, com exclusividade, da totalidade do imóvel, a ser exercida pelos proprietários de forma alternada".

unidades autônomas, individualizadas no tempo e no espaço e inseridas no regime de condomínio especial. Assim, na matrícula referente a cada unidade devem constar o local e o tempo que a individualizam, nos moldes do art. 1.358-F do Código Civil, sendo de sete dias, seguidos ou intercalados, o período mínimo de cada fração de tempo (CC, art. 1.358-E, § 1.º). A fração temporal, conforme dispõe o art. 1.358-E, poderá ser "fixa e determinada", repetindo-se a cada ano; "flutuante", ou seja, variando de forma periódica no decorrer dos anos; ou "mista", combinando ambos os sistemas. Também no âmbito da Lei de Registros Públicos fica assinalada a autonomia de cada unidade, que terá matrícula própria, como disposto no § 10 do art. 176.[21]

Quanto ao objeto da multipropriedade estabelecido no regime da nova legislação, exige-se que se trate de bem *imóvel*, rural ou urbano, ao contrário de outros sistemas jurídicos, que permitem a instituição do regime de multipropriedade também sobre bens móveis. Além disso, o condomínio em multipropriedade pode ser instituído, nos termos dos novos arts. 1.358-F a 1.358-H do Código Civil, por ato *inter vivos*, seguindo as regras de instituição do condomínio edilício, ou por testamento. Nesta última hipótese, o testamento, em regra, deverá cumprir todos os requisitos formais para a instituição do condomínio.[22] Além disso, discute-se sobre a necessidade de testamento público para a instituição de condomínio em multipropriedade. A rigor, a lei não fez tal ressalva e todas as espécies de testamento exigem formalidades que lhes são próprias, não existindo motivos para adicionar novo requisito, atinente à escritura pública.

Conforme já evidenciado, andou bem o legislador ao refutar o regime do condomínio ordinário, afastando os inconvenientes decorrentes das drásticas diferenças de funções apresentadas pelos institutos. Um desses inconvenientes, contudo, parece ter sido o motivo principal da previsão estabelecida no art.

---

[21] Lei n.º 6.015/1973, art. 176: "O Livro n.º 2 – Registro Geral – será destinado, à matrícula dos imóveis e ao registro ou averbação dos atos relacionados no art. 167 e não atribuídos ao Livro n.º 3. (...) § 10. Quando o imóvel se destinar ao regime da multipropriedade, além da matrícula do imóvel, haverá uma matrícula para cada fração de tempo, na qual se registrarão e averbarão os atos referentes à respectiva fração de tempo, ressalvado o disposto no § 11 deste artigo".

[22] Indica a doutrina sobre a matéria: "Entendemos, porém, que poderá o testador limitar-se a indicar as unidades periódicas que caberão aos sucessores em relação a um imóvel e delegar a eles o dever de, por maioria, deliberar sobre as demais questões formais do ato de instituição e, assim, elaborarem um ato complementar de instituição do condomínio multiproprietário" (OLIVEIRA, Carlos Eduardo Elias de. Considerações sobre a recente Lei da Multipropriedade ou da *Time Sharing* (Lei n.º 13.777/2018): principais aspectos de direito civil, de processo civil e de registros públicos cit.).

1.358-T, segundo o qual "o multiproprietário somente poderá renunciar de forma translativa a seu direito de multipropriedade em favor do condomínio edilício". Há aqui constrangedora incompatibilidade com o sistema. A rigor, por se tratar de unidade autônoma, o multiproprietário pode, como em qualquer condomínio edilício, dispor como bem entender de seu direito real de propriedade, de modo gratuito ou oneroso, desde que mantenha íntegro o liame visceral entre a propriedade individual (que lhe franqueia a utilização, com exclusividade, da fração semanal que lhe diz respeito) e a fração ideal a ela correspondente sobre as áreas comuns.[23]

Por se tratar de unidade autônoma, ainda, o IPTU há de ser individualizado e cobrado de cada multiproprietário, assim como as despesas de luz, gás e água próprias da respectiva unidade, sendo repartidas por cada

---

[23] Em comentários ao artigo, afirma a doutrina que: "O problema do dispositivo é o de restringir o poder de disposição previsto na definição de propriedade do art. 1.228, *caput*, do Código Civil que como cediço possui assento constitucional como garantia fundamental (art. 5.º, XXII) e o princípio informador da ordem pública (art. 170, II). Além da questão de índole constitucional, não compreendemos o porquê da restrição. Eventual condômino ou mesmo terceiro que adquirisse o bem, estaria submetido às obrigações previstas na formatação contratual da multipropriedade registrada no cartório imobiliário com a publicidade e eficácia *erga omnes* inerente. O que a lei veda, a bem da verdade, é que o direito real do multiproprietário fique adéspota a fim de não prejudicar os legítimos interesses dos demais condôminos" (MELO, Marco Aurélio Bezerra. In: SCHREIBER, Anderson; TARTUCE, Flavio; SIMÃO, José Fernando; MELO, Marco Aurélio Bezerra de; DELGADO, Mário Luiz. *Código Civil comentado*: doutrina e jurisprudência. Rio de Janeiro: Forense, 2019. p. 988). Anderson Schreiber, por seu turno, afirma: "É de se notar, em primeiro lugar, que o dispositivo elege o condomínio edilício como destinatário exclusivo da chamada renúncia translativa. A lei, nesse particular, atribui ao condomínio edilício (embora não se configure tecnicamente como pessoa jurídica, mas sim como ente despersonalizado) a possibilidade de ser titular de relações jurídicas de direito material, o que, conquanto não seja inédito em nossa ordem jurídica, não deixa de merecer atenção. Além disso, o termo *renúncia translativa*, comumente utilizado no âmbito do direito das sucessões, significa, tecnicamente, não uma renúncia propriamente dita, mas uma transferência de direito a outrem. Ora, se o condômino pode renunciar translativamente à multipropriedade em favor do condomínio, não parece haver razão legítima para que não possa fazê-lo em favor de outro condômino, especialmente diante do disposto no parágrafo único do artigo 1.358-C, segundo o qual nem mesmo a reunião de todas as frações de tempo em um mesmo proprietário leva à extinção da multipropriedade" (SCHREIBER, Anderson. Multipropriedade imobiliária e a Lei 13.777/18. *Carta Forense*. Disponível em: http://www.cartaforense.com.br/conteudo/colunas/multipropriedade-imobiliaria-e-a-lei-1377718/18333. Acesso em: 3 dez. 2019).

multiproprietário as taxas condominiais que, como obrigações *propter rem*, oneram o patrimônio pessoal de cada titular.[24] Essa questão se torna relevante diante do veto presidencial aos dispositivos (§§ 3.º, 4.º e 5.º do art. 1.358-J do Código Civil) em que se lia: "Os multiproprietários responderão, na proporção de sua fração de tempo, pelo pagamento dos tributos, contribuições condominiais e outros encargos que incidam sobre o imóvel" (§ 3.º); e "Cada multiproprietário de uma fração de tempo responde individualmente pelo custeio das obrigações, não havendo solidariedade entre os diversos multiproprietários" (§ 4.º). Tal veto, contudo, não altera a autonomia das matrículas, devendo ser afastada, portanto, qualquer interpretação que pretenda atribuir ao conjunto dos multiproprietários de um mesmo apartamento a responsabilidade solidária pelas referidas despesas individuais.

Com o fim de preservar o empreendimento e concretizando a solidariedade que deve existir entre os multiproprietários, o art. 1.358-S,[25] no caso de inadimplemento das taxas condominiais ordinárias e extraordinárias, prevê "a adjudicação ao condomínio edilício da fração de tempo correspondente",

---

[24] A 6.ª Câmara de Direito Privado do TJSP, sob relatoria do Des. Marcus Vinicius Rios Gonçalves, decidiu recentemente que não é possível dispensar os adquirentes da obrigação de pagamento da contribuição condominial em caso de não fruição da unidade em regime de multipropriedade. Identificando tratar-se de obrigação *propter rem*, afirmou-se: "O caso concreto apresenta peculiaridades no que se refere ao dever de pagamento do IPTU e da contribuição condominial, usualmente associados à efetiva fruição do imóvel. Cuida-se de imóvel comercializado sob o regime da multipropriedade, no qual a fruição e os encargos são fracionados entre os diversos titulares, de modo que o pagamento dos tributos e contribuições condominiais, incidentes mensalmente, não coincide, necessariamente, com a utilização efetiva do bem, que deve observar o previsto na convenção" (TJSP, Ap. Cív. 1005188-50.2019.8.26.0564, 6.ª Câm. de Dir. Priv., Rel. Des. Marcus Vinicius Rios Gonçalves, j. 04.11.2019, *DJ* 04.11.2019).

[25] Código Civil, art. 1.358-S: "Na hipótese de inadimplemento, por parte do multiproprietário, da obrigação de custeio das despesas ordinárias ou extraordinárias, é cabível, na forma da lei processual civil, a adjudicação ao condomínio edilício da fração de tempo correspondente. Parágrafo único. Na hipótese de o imóvel objeto da multipropriedade ser parte integrante de empreendimento em que haja sistema de locação das frações de tempo no qual os titulares possam ou sejam obrigados a locar suas frações de tempo exclusivamente por meio de uma administração única, repartindo entre si as receitas das locações independentemente da efetiva ocupação de cada unidade autônoma, poderá a convenção do condomínio edilício regrar que em caso de inadimplência: I – o inadimplente fique proibido de utilizar o imóvel até a integral quitação da dívida; II – a fração de tempo do inadimplente passe a integrar o *pool* da administradora".

a ser realizada na forma da lei processual. Tal medida temporária, que caracteriza espécie de *anticrese legal*, perdurará "até a quitação integral da dívida", proibindo-se ao multiproprietário a utilização do imóvel enquanto persistir a inadimplência. A providência, que privilegia a autonomia privada, de forma bastante drástica, terá que ser regulada na convenção, assegurando-se o amplo direito de defesa de cada titular, podendo, por exemplo, o condomínio inserir a respectiva unidade no *pool* hoteleiro, desde que haja previsão, nos termos da convenção, de tal destinação econômica.

Assim, caso haja o registro no cartório competente da convenção de condomínio em que consta tal previsão, caracterizar-se-á obrigação dotada de eficácia real, gerando efeitos em face de terceiros. Por outro lado, na hipótese em que o condômino introduz a disposição em seu próprio título aquisitivo e procede ao registro, tem-se verdadeira e própria constituição do direito real de anticrese, com todos os efeitos dele decorrente. Trata-se de arranjo negocial de garantia que, em vez de privar definitivamente o multiproprietário da sua fração, retira-lhe temporariamente o gozo, que se transfere ao administrador do sistema de locação até plena quitação da dívida. Todos os valores recebidos pelo administrador, em virtude da locação da fração de tempo, devem necessariamente ser imputados no pagamento do débito, cabendo-lhe, ainda, entregar eventual saldo excedente ao multiproprietário.

No mais, o legislador procurou regular, de forma minuciosa, a administração do empreendimento, compatibilizando os interesses dos multiproprietários e do condomínio. Autorizou-se, inclusive, a previsão, pelo instituidor, de fração de tempo adicional destinada à realização de reparos, que constará da matrícula de cada unidade, como área (espaço-temporal) comum, sem matrícula específica, para compartilhar o ônus da manutenção das unidades. Trata-se de opção do instituidor, nos moldes do art. 1.358-N,[26] para evitar que a manutenção do imóvel ocorra durante a fração de tempo atribuída a algum dos multiproprietários, prejudicando a fruição da respectiva unidade. Interessante também a disposição trazida no segundo inciso do art. 1.358-D, pela qual se incluem no objeto da multipropriedade "as instalações, equipamentos e o mobiliário destinados a seu uso e gozo". Tal inserção traduz importante regra no que concerne à utilização e à função exercida pelo instituto, colocando utensílios ordinários necessários à vida contemporânea à disposição comum de todos os multiproprietários, cada qual a seu turno.

---

[26] Código Civil, art. 1.358-N: "O instrumento de instituição poderá prever fração de tempo destinada à realização, no imóvel e em suas instalações, em seus equipamentos e em seu mobiliário, de reparos indispensáveis ao exercício normal do direito de multipropriedade".

O mencionado dispositivo, por outro lado, remete a outra discussão, consistente em saber se, diante da autonomia das unidades e, por outro lado, da identificação dos utensílios ordinários como objeto do empreendimento, seria possível a realização de penhora do mobiliário do imóvel-base para fins de pagar as dívidas pessoais de um de seus titulares. Em linhas gerais, a unidade periódica de titularidade do devedor pode ser objeto de penhora por suas dívidas pessoais, como proprietário que é da fração espaço-temporal, incidindo, em tese, as hipóteses de impenhorabilidade legal, como seria o caso da Lei n.º 8.009/1990, que protege o bem de família, embora essa hipótese apresente pouca aplicabilidade prática no caso da multipropriedade, já que esse tipo de empreendimento não se destina aos fins que caracterizam o bem de família. Em contrapartida, não poderá o ato de constrição judicial recair sobre os móveis que guarnecem o bem, já que vinculados também às demais unidades periódicas, muito menos sobre o imóvel, de modo indiscriminado.[27]

Ainda em matéria de regulamentação do uso de cada unidade, o art. 1.358-G estabelece no inciso II que, entre as cláusulas que devem ser incluídas na convenção de multipropriedade, deve constar "o número máximo de pessoas que podem ocupar simultaneamente o imóvel no período correspondente a cada fração de tempo". Tal disposição tem importante caráter para a preservação do imóvel e do uso comum das unidades, à luz da natureza do empreendimento, garantindo-lhe harmonia e evitando-se que a vida condominial seja prejudicada pelo excesso de usuários.

Como consequência da natureza do condomínio em multipropriedade, destaca-se a obrigação do multiproprietário, disposta no art. 1.358-J, VIII, de desocupar o imóvel, impreterivelmente, até o dia e hora fixados na convenção ou no instrumento de instituição da multipropriedade, sob pena de multa diária, conforme convencionado no instrumento pertinente.[28] Tais previsões garantem a convivência salutar entre os multiproprietários. Caberá ao administrador fiscalizar a ocupação ordenada, sob pena de desvirtuamento de sua finalidade, que poderá ocasionar as respostas e penalidades extraídas do regulamento e da convenção.[29]

---

[27] Sobre a evolução jurisprudencial brasileira da disciplina dos bens de família, v. PEÇANHA, Danielle Tavares. *A disciplina do bem de família em perspectiva funcional*: (im)penhorabilidade do bem de família luxuoso. 2019. Monografia (TCC) – Faculdade de Direito, Universidade do Estado do Rio de Janeiro (UERJ), Rio de Janeiro, 2019, p. 77.

[28] PEREIRA, Caio Mário da Silva. *Instituições de direito civil*: direitos reais. 27. ed. atual. por Carlos Edison do Rêgo Monteiro Filho. Rio de Janeiro: Forense, 2019. p. 184.

[29] Nesse sentido, VENOSA, Sílvio de Salvo. Multipropriedade (*time sharing*) cit.

5. A LEI N.º 13.777/2018 E AS RELAÇÕES DE CONSUMO

Traço característico da oferta de empreendimentos em multipropriedade tem sido a adoção de agressivas campanhas de *marketing*, em que a venda de unidades imobiliárias é anunciada em ambientes descontraídos e propícios ao aceite facilitado e sem grandes dificuldades, que acabam por favorecer, em diversos casos, atuações abusivas em prejuízo dos adquirentes. Daí a necessidade de se estabelecerem e respeitarem parâmetros rígidos de proteção dos multiproprietários, inseridos assim em relação de consumo.

Na experiência europeia, a gravidade do assunto deu ensejo à Diretiva n.º 94/47/CE do Parlamento Europeu e do Conselho da União Europeia, de 26.10.1994, que dispunha sobre "proteção dos adquirentes quanto a certos aspectos dos contratos de aquisição de um direito de utilização a tempo parcial de bens". De acordo com a norma, gradualmente introduzida nos Estados-Membros da União Europeia, estabeleceram-se, entre outras, as prerrogativas do adquirente de rescindir o contrato no prazo de dez dias (art. 5.º, 1) e de resolver o contrato no prazo de três meses, caso não sejam garantidos determinados direitos previstos como essenciais na própria Diretiva (art. 5.º, 1). Além disso, fixou-se, de forma cogente, a não vinculação do adquirente a cláusulas que prevejam renúncia a direitos tidos como essenciais na Diretiva ou que determinem a exoneração do vendedor (art. 8.º), exigindo-se, por outro lado, que as cláusulas essenciais ao contrato sejam anexadas em destaque nos contratos de aquisição. A referida norma foi revogada pela Diretiva 2008/122/CE, tendo-se em conta que o domínio do uso de imóveis a tempo parcial "evoluiu e surgiram no mercado novos produtos de férias semelhantes". A nova Diretiva aumentou para 14 dias o prazo de desistência imotivada do contrato (art. 6.º, 1) e previu prazos maiores para a desistência nos casos em que se descumpram direitos previstos pela própria Diretiva (art. 6.º, 3). Manteve-se a vedação a que os consumidores possam renunciar aos direitos previstos na norma (art. 12.º).

No Brasil, mostra-se indiscutível a incidência na espécie das normas protetivas do consumidor, uma vez presente a relação de consumo entre os multiproprietários e o empreendedor e demais prestadores de serviços postos à disposição no complexo imobiliário.[30] Em outras palavras, concomitantemente à relação condominial entre os titulares, delineia-se relação de consumo entre o multiproprietário e todos os fornecedores de produtos e serviços alcançados pelo empreendimento, desde o incorporador e o corretor, que

---

[30] Sobre as dificuldades na conceituação da relação de consumo, em perspectiva crítica, v., por todos, BESSA, Leonardo Roscoe. *Aplicação do Código de Defesa do Consumidor*: análise crítica da relação de consumo, Brasília: Brasília Jurídica, 2007. p. 51-53.

Cap. 24 · A MULTIPROPRIEDADE E A LEI N.º 13.777/2018: VIRTUDES E PROBLEMAS | **657**

instituem o condomínio e alienam a unidade, até os prestadores de serviço, que atuam na gestão do complexo de hotelaria e lazer.[31]

Do ponto de vista hermenêutico, reafirma-se a necessidade de qualificação do consumidor como pessoa em situação jurídica de particular vulnerabilidade. O multiproprietário, portanto, submetido ao fecho de relações jurídicas atinentes à aquisição e manutenção de sua fração condominial, há de ser protegido como imperativo da ordem pública interna, diante da assimetria informativa em face do incorporador, do gestor e dos demais fornecedores de produtos e serviços do complexo imobiliário. Aliás, conforme ressaltado anteriormente, o constituinte brasileiro não somente incluiu a tutela dos consumidores entre os direitos e as garantias individuais, como também estabeleceu a funcionalização dos seus interesses patrimoniais à promoção de sua dignidade e de valores existenciais.[32]

---

[31] A respeito da indispensável harmonização do Código de Defesa do Consumidor e Código Civil na legalidade constitucional, cf. TEPEDINO, Gustavo Tepedino; OLIVA, Milena Donato. A proteção do consumidor no ordenamento brasileiro. In: MARQUES, Claudia Lima; MIRAGEM, Bruno. *Diálogo das fontes*: novos estudos sobre a coordenação e aplicação das normas no direito brasileiro. São Paulo: Revista dos Tribunais, 2020, p. 373-394. Na jurisprudência, a relação de consumo foi proclamada diante do surgimento dos primeiros empreendimentos do setor: "Multipropriedade. Ação de resolução por inadimplemento. Legitimação passiva. Não há como afastar da responsabilidade passiva empresa que autoriza terceiros a procederem alienação de direitos de multipropriedade. (...) Contratos de adesão e relação de consumo. Inegável o caráter de relação de consumo, com a colocação a público, atraído por vistoso *marketing*, exigindo-se explicitude contratual (artigos 31 e 54, § 3.º, CDC) e repelida publicidade enganosa (art. 37, CDC)" (TJRS, Ap. Cív. 70001412683, 20.ª CC, Rel. Des. Armínio José Abreu Lima da Rosa, j. 28.11.2001).

[32] "Trata-se, portanto, de tutelar a pessoa humana na relação de consumo, mais do que o consumidor como categoria em si mesma considerada. A proteção jurídica do consumidor, nesta perspectiva, não pode ser estudada senão como um momento particular existencial de uma tutela mais ampla: a da personalidade" (TEPEDINO, Gustavo. O Mercosul e as relações de consumo: o papel das normas constitucionais na construção de um direito privado comunitário. In: TEPEDINO, Gustavo. *Temas de direito civil*. 4. ed. Rio de Janeiro: Renovar, 2008. t. 1, p. 307-308). O texto, em seguida, critica a noção de microssistema no plano hermenêutico: "Entende-se, assim, como a tentativa de construir um microssistema de consumidores não possa ser bem acolhida, seja pelo perigo de novas tendências corporativistas, cuja ameaça se faz cada vez mais inquietante, seja porque incapaz de dar efetividade à proteção e ao desenvolvimento da personalidade do consumidor como pessoa humana, em todos os seus possíveis interesses existenciais, em consonância com o ditado constitucional, mesmo naquelas situações jurídicas não coincidentes coma presença de direitos subjetivos previstos – *rectius*, tipificados – pelo legislador especial".

Nessa direção, beneficia-se o consumidor brasileiro com o longo amadurecimento da jurisprudência no controle judicial de cláusulas abusivas. A propósito, a interpretação extensiva do prazo de arrependimento previsto no art. 49 do CDC [33] vem sendo invocada para o *cenário festivo* em que *vendas emocionais* são promovidas, em prejuízo da liberdade de deliberação do consumidor.[34] Na mesma esteira, numerosas decisões procuram coibir cláusulas contratuais abusivas na venda de imóveis em multipropriedade.[35]

---

[33] Código de Defesa do Consumidor, art. 49: "O consumidor pode desistir do contrato, no prazo de 7 dias a contar de sua assinatura ou do ato de recebimento do produto ou serviço, sempre que a contratação de fornecimento de produtos e serviços ocorrer fora do estabelecimento comercial, especialmente por telefone ou a domicílio. Parágrafo único. Se o consumidor exercitar o direito de arrependimento previsto neste artigo, os valores eventualmente pagos, a qualquer título, durante o prazo de reflexão, serão devolvidos, de imediato, monetariamente atualizados".

[34] Veja-se a descrição, pela magistratura, do clima festivo em que são celebrados os contratos: "Contrato particular de promessa de compra e venda de fração ideal. *Time sharing*. Tempo compartilhado. Vício do consentimento. Cláusulas abusivas. Descumprimento do prometido. Direito de arrependimento. Devolução das parcelas pagas. (...) Por primeiro, tem-se conhecimento – o que ganha foro de fato público e notório – restando, de qualquer sorte, incontroverso, dos métodos utilizados pela ré no sentido não só de atrair, como até de tentar impor a venda aos pseudointeressados que, convidados eram para, diante do recebimento de um fim de semana gratuitamente em algum paraíso turístico, se viam diante de toda uma encenação, com coquetel, brindes e até estouro de champanhe, tudo no sentido de pressionar os convidados a adquirirem o produto à venda" (TJRS, Ap. Cív. 70001471523, 17.ª CC, Rel. Des. Elaine Harzheim Macedo, j. 03.10.2000). Sobre o tema, leciona Claudia Lima Marques: "o direito de arrependimento do art. 49 do CDC deve ser assegurado também em caso de vendas emocionais de *time sharing* ou multipropriedade, interpretando-se, como tem reconhecido a jurisprudência brasileira, que tais vendas ocorrem 'fora' do estabelecimento comercial normal, uma vez que o consumidor é convidado (por telefonemas, com sorteios e premiações) a comparecer no estabelecimento comercial do vendedor ou representante, especialmente organizado para tal, onde então, em uma festa, coquetel ou recepção, em que se servem mesmo bebidas alcóolicas, e num clima de sucesso, realização e prazer, é oferecido, (...) quando o consumidor é (des)informado sobre o contrato e o assina, assim como o seu pagamento, garantido com a assinatura de vários boletos de cartão de crédito, tudo em um clima 'emocional' de consumo e prazer que costuma arrefecer até mesmo advogados e juízes" (MARQUES, Claudia Lima. *Contratos no Código de Defesa do Consumidor*: o novo regime das relações contratuais. 9. ed. São Paulo: Thomson Reuters Brasil, 2019. p. 977).

[35] Sobre o ponto, v. MARQUES, Claudia Lima. *Contratos no Código de Defesa do Consumidor*: o novo regime das relações contratuais cit., p. 979.

6. NOTAS CONCLUSIVAS

Expressão da criatividade dos operadores econômicos, a multipropriedade imobiliária, além de sua relevância para a economia dos diversos mercados em que foi introduzida, revela, do ponto de vista jurídico, sofisticada forma de aproveitamento dos bens, a demonstrar o amplo espaço destinado à autonomia privada no âmbito dos direitos reais.

Com o advento da Lei n.º 13.777/2018, o legislador deu importante passo para a promoção da multipropriedade, atribuindo renovada redação ao art. 1.358 do Código Civil. A iniciativa legislativa traz segurança à instituição da multipropriedade na realidade brasileira e merece elogios, permitindo-se a intensificação dos investimentos no segmento dos imóveis para férias. Incumbe ao intérprete, diante da regulamentação legal, o desenvolvimento de critérios hermenêuticos que permitam o aperfeiçoamento da legislação e o crescimento do setor, com a multiplicação do número de empreendimentos imobiliários destinados à multipropriedade.

A inovação legislativa constitui oportunidade para o fortalecimento do mercado, na esteira do desenvolvimento do setor turístico-hoteleiro que se espera para a próxima década. Afinal, a vocação brasileira para o turismo mostra-se inegável e é preciso saber aproveitar as oportunidades de negócios para, com segurança jurídica, desenvolver, ainda que tardiamente, as nossas potencialidades.

REFERÊNCIAS

BESSA, Leonardo Roscoe. *Aplicação do Código de Defesa do Consumidor*: análise crítica da relação de consumo, Brasília: Brasília Jurídica, 2007.

DOVON, Noël. La propriété spacio-temporelle. *JCP (Juris-Classeur périodique – La Semaine Juridique)*, n. 2.599, 1974.

GOMES, Orlando. Sobre a multipropriedade. *A Tarde*, 18 mar. 1983.

LIMA, Frederico Viegas de. *Aspectos teóricos da multipropriedade*. São Paulo: RT, 1990.

MARQUES, Claudia Lima. *Contratos no Código de Defesa do Consumidor*: o novo regime das relações contratuais. 9. ed. São Paulo: Thomson Reuters Brasil, 2019.

MARQUES, Claudia Lima Marques. Contratos de *time sharing* e a proteção dos consumidores: crítica ao direito civil em tempos pós-modernos. *Revista de Direito do Consumidor*, São Paulo, v. 22, abr. 1997.

MELO, Marco Aurélio Bezerra. In: SCHREIBER, Anderson; TARTUCE, Flavio; SIMÃO, José Fernando; MELO, Marco Aurélio Bezerra de; DELGADO, Mário Luiz. *Código Civil comentado*: doutrina e jurisprudência. Rio de Janeiro: Forense, 2019.

MESQUITA, Henrique. Uma nova figura real: o direito de habitação periódica. *Revista de Direito e Economia*, Coimbra, v. 1, p. 39-69, 1982.

MONTEIRO FILHO, Carlos Edison do Rêgo. Lesão ao tempo: configuração e reparação nas relações de consumo. In: MONTEIRO FILHO, Carlos Edison do Rêgo (coord.). *Rumos contemporâneos do direito civil*: estudos em perspectiva civil-constitucional. Belo Horizonte: Fórum, 2017.

OLIVEIRA, Carlos Eduardo Elias de. Considerações sobre a recente Lei da Multipropriedade ou da *Time Sharing* (Lei n.º 13.777/2018): principais aspectos de direito civil, de processo civil e de registros públicos. Disponível em: https://flaviotartuce.jusbrasil.com.br/artigos/661740743/consideracoes-sobre-a-recente-lei-da-multipropriedade. Acesso em: 4 dez. 2019.

PEÇANHA, Danielle Tavares. *A disciplina do bem de família em perspectiva funcional*: (im)penhorabilidade do bem de família luxuoso. 2019. Monografia (TCC) – Faculdade de Direito, Universidade do Estado do Rio de Janeiro (UERJ), Rio de Janeiro, 2019.

PEREIRA, Caio Mário da Silva. *Instituições de direito civil*: direitos reais. 27. ed. atual. por Carlos Edison do Rêgo Monteiro Filho. Rio de Janeiro: Forense, 2019.

SCHREIBER, Anderson. Multipropriedade imobiliária e a Lei 13.777/18. *Carta Forense*. Disponível em: http://www.cartaforense.com.br/conteudo/colunas/multipropriedade-imobiliaria-e-a-lei-1377718/18333. Acesso em: 3 dez. 2019.

TEPEDINO, Gustavo. *Multipropriedade imobiliária*. São Paulo: Saraiva, 1993.

TEPEDINO, Gustavo. O Mercosul e as relações de consumo: o papel das normas constitucionais na construção de um direito privado comunitário. In: TEPEDINO, Gustavo. *Temas de direito civil*. 4. ed. Rio de Janeiro: Renovar, 2008. t. 1

TEPEDINO, Gustavo. Regime jurídico dos bens no Código Civil. In: VENOSA, Sílvio de Salvo; GAGLIARDI, Rafael Villar; NASSER, Paulo Magalhães (coord.). *10 anos do Código Civil*: desafios e perspectivas. São Paulo: Atlas, 2012.

TEPEDINO, Gustavo Tepedino; OLIVA, Milena Donato. A proteção do consumidor no ordenamento brasileiro. In: MARQUES, Claudia Lima; MIRAGEM, Bruno. *Diálogo das fontes*: novos estudos sobre a coordenação e aplicação das normas no direito brasileiro. São Paulo: Revista dos Tribunais, 2020.

TEPEDINO, Gustavo; SILVA, Rodrigo da Guia. Novos bens jurídicos, novos danos ressarcíveis: análise dos danos decorrentes da privação do uso. *Homenagem a Nelson Eizirik*, 2020. No prelo.

VENOSA, Sílvio de Salvo. Multipropriedade (*time sharing*). *Migalhas*. Disponível em: https://www.migalhas.com.br/dePeso/16,MI295907,61044-Multipropriedade+time+sharing. Acesso em: 2 dez. 2019.

ENTIDADES FAMILIARES

25

AS ENTIDADES FAMILIARES NA DOUTRINA E NA JURISPRUDÊNCIA BRASILEIRAS

RODOLFO PAMPLONA FILHO

SUMÁRIO: 1. Introdução; 2. A interpretação do art. 226 da Constituição Federal; 3. Entidades familiares reconhecidas pela lei; 4. Entidades familiares reconhecidas pela jurisprudência; 5. Entidades familiares reconhecidas pela doutrina; 6. Institutos jurídicos de relações familiares que não se confundem com entidades familiares; 7. Conclusão; Referências.

1. INTRODUÇÃO

Pretende o presente estudo apresentar, ainda que em voo de pardal, um panorama contemporâneo do sistema brasileiro de entidades familiares.

A expressão sistema é aqui utilizada propositalmente para explicitar a necessidade de concatenação da disciplina positivada com os avanços das construções doutrinárias e jurisprudenciais.

De fato, comparar a visão da família no início do século XX, tomando-se como marco, por exemplo, o Código Civil de 1916, no confronto com toda uma complexa gama de inovações, muitas delas decorrentes de conquistas de movimentos políticos e sociais de defesa de grupos vulneráveis ou minoritários, fará o observador concluir, como os poetas Lulu Santos e Nelson Motta, que "nada do que foi será de novo do jeito que já foi um dia (...)".

E compreender todas essas mudanças exige um rigor metodológico, que impõe a explicitação de parâmetros classificatórios calcados nas fontes de reconhecimento de cada uma das entidades familiares.

Não que se propugne pelo privilégio ou supremacia de uma única entidade sobre qualquer outra.

Não!

Nada disso!

Contudo, é preciso entender que o processo de construção e reconhecimento de uma entidade familiar não necessariamente segue o mesmo *iter* procedimental, havendo uma conjunção de fatores culturais (notadamente históricos e/ou religiosos) e de atividade jurídica *lato sensu* (o que inclui a produção legislativa, a pesquisa doutrinária e a edificação jurisprudencial).

Por isso, nesta introdução, parece fundamental trazer a lume o critério aqui adotado, pois outras classificações e expressões podem ser utilizadas, se houver a utilização de outras visões metodológicas.

Sendo o parâmetro escolhido, portanto, a atividade jurídica *lato sensu* reconhecedora, a sistematização propõe agrupar as entidades familiares da seguinte forma:

a) Entidades Familiares reconhecidas pela Lei (casamento, união estável, família monoparental e família substituta);

b) Entidades Familiares reconhecidas pela Jurisprudência (família anaparental, família unipessoal e família homoafetiva); e

c) Entidades Familiares reconhecidas pela Doutrina (família poliamorista, família paralela/simultânea e família multiespécies).

Considera-se conveniente abrir tópico final sobre Institutos Jurídicos de Relações Familiares que não se confundem com Entidades Familiares, como a coparentalidade e a sologamia, pois, na visão adotada, não se constituem em formas autônomas de famílias, mas, sim, manifestações de vontade que permitirão a constituição de uma das formas já incorporada na classificação.

Da mesma maneira, não se consideram modalidades autônomas de entidades familiares expressões como "família mosaico", pois esse é um fenômeno de agrupamento de modalidades já também incluídas na classificação fundada na atividade jurídica *lato sensu* reconhecedora.

Naturalmente, em função do mencionado parâmetro escolhido, qual seja a atividade jurídica *lato sensu* reconhecedora, a classificação aqui proposta será sempre *rebus sic stantibus*, pois o que é defendido hoje pela doutrina pode encontrar guarida posteriormente em jurisprudência consolidada ou mesmo se tornar objeto de produção legislativa formal.

Antes de apresentar cada uma das entidades familiares do sistema brasileiro contemporâneo, faz-se mister tecer algumas considerações sobre o art. 226 da Constituição Federal.

2. A INTERPRETAÇÃO DO ART. 226 DA CONSTITUIÇÃO FEDERAL

Eis a redação do art. 226 da Constituição Federal de 1988:

> Art. 226. A família, base da sociedade, tem especial proteção do Estado.
>
> § 1.º O casamento é civil e gratuita a celebração.
>
> § 2.º O casamento religioso tem efeito civil, nos termos da lei.
>
> § 3.º Para efeito da proteção do Estado, é reconhecida a união estável entre o homem e a mulher como entidade familiar, devendo a lei facilitar sua conversão em casamento.
>
> § 4.º Entende-se, também, como entidade familiar a comunidade formada por qualquer dos pais e seus descendentes.
>
> § 5.º Os direitos e deveres referentes à sociedade conjugal são exercidos igualmente pelo homem e pela mulher.
>
> § 6.º O casamento civil pode ser dissolvido pelo divórcio.
>
> § 7.º Fundado nos princípios da dignidade da pessoa humana e da paternidade responsável, o planejamento familiar é livre decisão do casal, competindo ao Estado propiciar recursos educacionais e científicos para o exercício desse direito, vedada qualquer forma coercitiva por parte de instituições oficiais ou privadas.
>
> § 8.º O Estado assegurará a assistência à família na pessoa de cada um dos que a integram, criando mecanismos para coibir a violência no âmbito de suas relações.

A manifestação do constituinte quanto à pluralidade de formas de constituição das famílias consiste, sem sombra de dúvida, em importante marco jurídico para a sociedade brasileira.

Não é possível, todavia, divisar nas modalidades de famílias expressamente referidas no Texto Constitucional um elenco taxativo. Interpretação em sentido distinto redundaria em indevida limitação ao âmbito de proteção dos direitos à dignidade humana, ao livre desenvolvimento da personalidade e à autonomia privada.

Deveras, como sublinhado pelo ilustre Paulo Lôbo, os

> (...) tipos de entidades familiares explicitados nos parágrafos do art. 226 da Constituição são meramente exemplificativos, sem embargo

de serem os mais comuns, por isso mesmo merecendo referência expressa. As demais entidades familiares são tipos implícitos incluídos no âmbito de abrangência do conceito amplo e indeterminado de família indicado no *caput*. Como todo conceito indeterminado, depende de concretização dos tipos, na experiência da vida, conduzindo à tipicidade aberta, dotada de ductilidade e adaptabilidade[1].

Especialmente por considerarmos que o conceito de família não tem matiz único, temos a convicção de que a ordem constitucional vigente consagrou uma *estrutura paradigmática aberta*, calcada no princípio da afetividade, visando a permitir, ainda que de forma implícita, *o reconhecimento de outros ninhos ou arranjos familiares socialmente construídos.*

Visualizar um rol taxativo nas espécies familiares referidas na Constituição significaria ignorar a inexorável evolução social e a multiplicidade de formas de desenvolvimento das relações afetivas, negando tutela jurídica adequada a experiências vivenciadas pelos sujeitos no mundo real.

Assentada tal premissa, cumpre-nos examinar cada uma das hipóteses da sistematização aqui proposta.

3. ENTIDADES FAMILIARES RECONHECIDAS PELA LEI

As espécies de entidades familiares reconhecidas pela lei são o casamento, a união estável, a família monoparental e a família substituta.

O *casamento* pode ser compreendido como um contrato especial de Direito de Família, por meio do qual os cônjuges formam uma comunidade de afeto e existência, mediante a instituição de direitos e deveres, recíprocos e em face dos filhos, permitindo, assim, a realização dos seus projetos de vida.

Até o advento da Carta de 1988, a ordem jurídica brasileira apenas reconhecia como forma "legítima" de família aquela decorrente do casamento, de maneira que qualquer outro arranjo familiar era considerado marginal, a exemplo do concubinato.

Vale dizer, o Estado e a Igreja deixaram de ser necessárias instâncias legitimadoras da família, para que se pudesse, então, valorizar a liberdade afetiva do casal na formação do seu núcleo familiar, circunstância esta verificada.

---

[1]   LÔBO, Paulo Luiz Netto. Entidades familiares constitucionalizadas: para além do *numerus clausus*. Disponível em: http://www.ibdfam.org.br/_img/congressos/anais/193.pdf.

No passado, as funções precípuas do casamento eram a "legalização" das relações sexuais entre homem e mulher e a constituição da prole, visão inequivocamente superada na atualidade, até mesmo porque casais podem optar por não ter filhos e não necessitam do casamento como instituição justificadora das suas relações sexuais.

Por seu turno, a *união estável* é uma relação afetiva de convivência pública e duradoura entre duas pessoas, do mesmo sexo ou não, com o objetivo imediato de constituição de família.

A partir de tal conceito, podem ser apontados os seguintes elementos caracterizadores essenciais da união estável na sociedade brasileira contemporânea:

a) publicidade (convivência pública), em detrimento do segredo, o que diferencia a união estável de uma relação clandestina;

b) continuidade (convivência contínua), no sentido do *animus* de permanência e definitividade, o que diferencia a união estável de um namoro;

c) estabilidade (convivência duradoura), o que diferencia uma união estável de uma "ficada"[2];

d) objetivo de constituição de família, que é a essência do instituto no novo sistema constitucionalizado, distinguindo uma união estável de uma relação meramente obrigacional.

É importante perceber que o casal que vive uma relação de companheirismo – diferentemente da instabilidade do simples namoro – realiza a imediata finalidade de constituir uma família, como se casados fossem.

---

[2] A "ficada" é conceituada, no STJ, pela Ministra Nancy Andrighi: "Direito civil. Recurso especial. Ação de investigação de paternidade. Exame pericial (teste de DNA). Recusa. Inversão do ônus da prova. Relacionamento amoroso e relacionamento casual. Paternidade reconhecida. A recusa do investigado em se submeter ao teste de DNA implica a inversão do ônus da prova e consequente presunção de veracidade dos fatos alegados pelo autor. Verificada a recusa, o reconhecimento da paternidade decorrerá de outras provas, estas suficientes a demonstrar ou a existência de relacionamento amoroso à época da concepção ou, ao menos, a existência de relacionamento casual, hábito hodierno que parte do simples 'ficar', relação fugaz, de apenas um encontro, mas que pode garantir a concepção, dada a forte dissolução que opera entre o envolvimento amoroso e o contato sexual. Recurso especial provido" (REsp 557.365/RO, 3.ª Turma, Rel. Min. Nancy Andrighi, j. 07.04.2005, *DJ* 03.10.2005, p. 242).

Essa aparência de casamento, essa finalidade de constituição de um núcleo estável familiar, é que deverá ser investigada em primeiro lugar, pelo intérprete, ao analisar uma relação apontada como de união estável.

Trata-se da essência do instituto no novo sistema constitucionalizado, diferenciando uma união estável de uma relação meramente obrigacional.

Portanto, ausente essa finalidade imediata de constituição de família, a tessitura do núcleo se desfaz, resultando na instabilidade típica de um simples namoro.

Constata-se, dessarte, a tênue e sutil fronteira existente entre um simples namoro – relação instável sem potencial repercussão jurídica – e uma relação de companheirismo – relação estável de família com potencial repercussão jurídica.

E, precisamente por conta do receio de caírem na malha jurídica da união estável, muitos casais brasileiros convencionaram celebrar, em livro de notas de Tabelião, o denominado "contrato de namoro", negócio jurídico firmado com o nítido propósito de afastarem o regramento do Direito de Família.

No entanto, conforme já observado, a união estável é um *fato da vida* e, como tal, se configurada, não será uma simples declaração negocial de vontade instrumento hábil para afastar o regramento de ordem pública que rege esse tipo de entidade familiar.

É relevante destacar, ainda, que, no passado, a união não matrimonializada entre homem e mulher denominava-se simplesmente "concubinato".

Essa palavra, com forte carga pejorativa, derivada da expressão latina *concubere*, significava "dividir o leito", "dormir com", ou, conforme jargão popular, caracterizaria a situação da mulher "teúda e manteúda": "tida e mantida" por um homem (sua amante, amásia, amigada).

Toda essa carga de preconceito refletia, sem sombra de dúvidas, a mentalidade de uma época.

Não queremos, com isso, dizer que não mais existe o preconceito hoje.

Sabemos perfeitamente que ainda está presente.

Mas em escala infinitamente menor do que no passado.

O último século apontou, mormente em sua segunda metade, uma nítida mudança de mentalidade, a partir de uma necessária abertura cultural e da justa conquista de um necessário espaço social pela mulher.

Todo esse processo reconstrutivo por que passou a família concubinária resultou, paulatinamente, na ascensão da concubina do árido vácuo da

Cap. 25 · AS ENTIDADES FAMILIARES NA DOUTRINA E NA JURISPRUDÊNCIA BRASILEIRAS | 671

indiferença e do preconceito ao justo patamar de integrante de uma entidade familiar constitucionalmente reconhecida.

E, nesse contexto, com alta carga de simbolismo etimológico, o Direito brasileiro preferiu consagrar as expressões *companheirismo* e *união estável* – para caracterizar a união informal entre homem e mulher com o objetivo de constituição de família –, em lugar da vetusta e desgastada noção de *concubinato*.

Hoje em dia, o concubinato (relação entre amantes), sob o prisma eminentemente técnico, não pode ser confundido com a união estável, uma vez que, a teor do art. 1.727[3] do Código Civil – posto que possa gerar determinados efeitos jurídicos –, não consubstancia, em geral, um *paradigma* ou *standard familiar*, traduzindo, simplesmente, uma relação *não eventual* entre o homem e a mulher, impedidos de casar.

A união estável, por seu turno, não se coaduna com a mera eventualidade na relação e, por conta disso, ombreia-se ao casamento em matéria de reconhecimento jurídico, firmando-se como forma de família, inclusive com expressa menção constitucional (CF, art. 226, § 3.º).

Por sua vez, consiste a denominada *"família monoparental"* na entidade familiar composta por qualquer dos pais e sua prole.

O termo aqui utilizado (*mono* = um/único + *parental* = relativo a pais) está consagrado pelo uso, embora não esteja previsto expressamente no texto da Constituição Federal.

Sobre o instituto é a lição de Eduardo de Oliveira Leite:

> Na realidade, a monoparentalidade sempre existiu – assim como o concubinato – se levarmos em consideração a ocorrência de mães solteiras, mulheres e crianças abandonadas. Mas o fenômeno não era percebido como uma categoria específica, o que explica a sua marginalidade no mundo jurídico.
>
> O primeiro país a enfrentar corajosamente a questão foi a Inglaterra (1960), que, impressionada com a pobreza decorrente da ruptura do vínculo matrimonial e com as consequências daí advindas, passou a se referir às *one-parent families* ou *lone-parent families*, nos seus levantamentos estatísticos.

---

3 "Art. 1.727. As relações não eventuais entre o homem e a mulher, impedidos de casar, constituem concubinato".

Dos países anglo-saxões, a expressão ganhou a Europa continental, através da França que, em 1981, empregou o termo, pela primeira vez, em um estudo feito pelo Instituto Nacional de Estatística e de Estudos Econômicos (INSEE). O INSEE francês empregou o termo para distinguir as uniões constituídas por um casal, dos lares compostos por um progenitor solteiro, separado, divorciado ou viúvo. Daí, a noção se espalhou por toda a Europa e hoje é conhecida e aceita no mundo ocidental como a comunidade formada por quaisquer dos pais (homem ou mulher) e seus filhos[4].

E a casuística do instituto é ampla.

Por isso, no que diz respeito ao momento da sua constituição, pode ser ela classificada em *originária* ou *superveniente*.

Na primeira espécie, em que a família já se constitui monoparental, tem-se, como exemplo mais comum, a situação da mãe solteira.

Saliente-se que tal situação pode decorrer de múltiplos fatores, desde a gravidez procedente de uma relação casual, passando pelo relacionamento amoroso estável que não subsiste ao advento do estado gravídico (pelo abandono ou irresponsabilidade do parceiro ou mesmo pelo consenso) até, inclusive, a conhecida "produção independente".

Nessa família monoparental originária, deve-se incluir, logicamente, a entidade familiar constituída pela adoção, em que um indivíduo solteiro (independentemente de sexo) adota uma criança, constituindo um núcleo familiar.

Já a família monoparental *superveniente* é aquela que advém da fragmentação de um núcleo parental originalmente composto por duas pessoas, mas que sofre os efeitos da morte (viuvez), separação de fato ou divórcio.

Independentemente da espécie ou origem, os efeitos jurídicos da família monoparental serão sempre os mesmos, notadamente no que diz respeito ao poder familiar e ao estado de filiação.

Em que pese a existência da previsão constitucional expressa da família monoparental, o fato é que ela não dispõe, ainda, de um diploma normativo regulador próprio, com um detalhamento da sua disciplina jurídica, como existe nas famílias decorrentes do casamento e da união estável.

---

4   LEITE, Eduardo de Oliveira. *Famílias monoparentais*. 2. ed. São Paulo: RT, 2003. p. 21-22.

Cap. 25 • AS ENTIDADES FAMILIARES NA DOUTRINA E NA JURISPRUDÊNCIA BRASILEIRAS | 673

Obviamente, reconhecida a sua condição de entidade familiar, todas as regras de Direito de Família lhe são aplicáveis, não sendo possível fazer qualquer discriminação ou tratamento diferenciado.

Ainda com base na afetividade, sem pretendermos, claro, esgotar o seu âmbito de aplicação, podemos citar as normas protetivas da criança e do adolescente, que, em inúmeras passagens, toma por base o afeto como vetor de orientação comportamental dos pais ou representantes, inclusive no que tange à inserção em *família substituta*, como podemos verificar da leitura dos *consideranda* da Convenção de Cooperação Internacional e Proteção de Crianças e Adolescentes em Matéria de Adoção Internacional:

> Reconhecendo que, para o desenvolvimento harmonioso de sua personalidade, a criança deve crescer em meio familiar, em clima de felicidade, de amor e de compreensão;
>
> Recordando que cada país deveria tomar, com caráter prioritário, medidas adequadas para permitir a manutenção da criança em sua família de origem;
>
> Reconhecendo que a adoção internacional pode apresentar a vantagem de dar uma família permanente à criança para quem não se possa encontrar uma família adequada em seu país de origem;
>
> Convencidos da necessidade de prever medidas para garantir que as adoções internacionais sejam feitas no interesse superior da criança e com respeito a seus direitos fundamentais, assim como para prevenir o sequestro, a venda ou o tráfico de crianças; e
>
> Desejando estabelecer para esse fim disposições comuns que levem em consideração os princípios reconhecidos por instrumentos internacionais, em particular a Convenção das Nações Unidas sobre os Princípios Sociais e Jurídicos Aplicáveis à Proteção e ao Bem-estar das Crianças, com Especial Referência às Práticas em Matéria de Adoção e de Colocação Familiar nos Planos Nacional e Internacional (Resolução da Assembleia Geral 41/85, de 3 de dezembro de 1986) (...).

Na mesma linha, o Estatuto da Criança e do Adolescente:

> Art. 28. A colocação em família substituta far-se-á mediante guarda, tutela ou adoção, independentemente da situação jurídica da criança ou adolescente, nos termos desta Lei.

§ 1.º Sempre que possível, a criança ou adolescente deverá ser previamente ouvido e a sua opinião devidamente considerada.

§ 2.º Na apreciação do pedido levar-se-á em conta o grau de parentesco e *a relação de afinidade ou de afetividade*, a fim de evitar ou minorar as consequências decorrentes da medida" (grifamos).

A consagração da figura da família substituta no art. 28 do ECA é uma prova inequívoca de que a relação do art. 226 da CF não é *numerus clausus*, como, aliás, também indica o art. 25 do mesmo diploma normativo, que prevê a categoria da família extensa ou ampliada.

4. ENTIDADES FAMILIARES RECONHECIDAS PELA JURISPRUDÊNCIA

São espécies de entidades familiares reconhecidas pela jurisprudência a família anaparental, a família unipessoal e a família homoafetiva.

A *família anaparental* pode ser compreendida como a entidade familiar formada sem a figura dos ascendentes (sem a autoridade dos pais), como irmãos órfãos.

O Superior Tribunal de Justiça já se manifestou no sentido do reconhecimento do núcleo anaparental como categoria de família, inclusive para fins de autorização de adoção conjunta realizada por dois irmãos, conforme se extrai da seguinte ementa:

> Civil. Processual civil. Recurso especial. Adoção póstuma. Validade. Adoção conjunta. Pressupostos. Família anaparental. Possibilidade. (...)
>
> IV. O art. 42, § 2.º, do ECA, que trata da adoção conjunta, buscou assegurar ao adotando a inserção em um núcleo familiar no qual pudesse desenvolver relações de afeto, aprender e apreender valores sociais, receber e dar amparo nas horas de dificuldades, entre outras necessidades materiais e imateriais supridas pela família que, nas suas diversas acepções, ainda constitui a base de nossa sociedade.
>
> V. A existência de núcleo familiar estável e a consequente rede de proteção social que podem gerar para o adotando, são os fins colimados pela norma e, sob esse prisma, o conceito de núcleo familiar estável não pode ficar restrito às fórmulas clássicas de família, mas

Cap. 25 · AS ENTIDADES FAMILIARES NA DOUTRINA E NA JURISPRUDÊNCIA BRASILEIRAS | **675**

pode, e deve, ser ampliado para abarcar uma noção plena de família, apreendida nas suas bases sociológicas.

VI. Restringindo a lei, porém, a adoção conjunta aos que, casados civilmente ou que mantenham união estável, comprovem estabilidade na família, incorre em manifesto descompasso com o fim perseguido pela própria norma, ficando teleologicamente órfã. Fato que ofende o senso comum e reclama atuação do intérprete para flexibilizá-la e adequá-la às transformações sociais que dão vulto ao anacronismo do texto de lei.

VII. O primado da família socioafetiva tem que romper os ainda existentes liames que atrelam o grupo familiar a uma diversidade de gênero e fins reprodutivos, não em um processo de extrusão, mas sim de evolução, onde as novas situações se acomodam ao lado de tantas outras, já existentes, como possibilidades de grupos familiares (REsp 1.217.415/RS, 3.ª Turma, Rel. Min. Nancy Andrighi, j. 19.06.2012, *DJe* 28.06.2012).

Também a figura da *família unipessoal*, composta por uma única pessoa (seja solteira, divorciada ou viúva), teve sua existência reconhecida pelo Tribunal da Cidadania, conforme evidencia o exame do Enunciado 364 da Súmula da sua Jurisprudência Dominante: "364. O conceito de impenhorabilidade de bem de família abrange também o imóvel pertencente a pessoas solteiras, separadas e viúvas".

Por fim, temos a *união homoafetiva*, que pode ser compreendida como o núcleo estável formado por duas pessoas do mesmo sexo, com o objetivo de constituição de uma família.

Note-se – e não se trata de mera coincidência – que esse conceito é muito próximo da própria noção de união estável, eis que a essência de ambos é a mesma – *a relação estável afetiva não matrimonializada* –, com uma única diferença: *a diversidade de sexos*. Se, conforme diz o vetusto e notório adágio, "onde há a mesma razão, deve haver o mesmo direito", nesse ponto, mais do que nunca, o reconhecimento da união estável homoafetiva encontraria, sem sombra de dúvidas, o mesmo fundamento lógico para a sua admissibilidade jurídica.

Lamentavelmente, o legislador brasileiro não cuidou ainda de regulamentar o casamento civil e a união estável entre pessoas do mesmo sexo, a despeito de todo o avanço normativo experimentado pelo Direito estrangeiro, conforme vimos no tópico anterior.

676 DIREITO CIVIL: DIÁLOGOS ENTRE A DOUTRINA E A JURISPRUDÊNCIA – *Volume II*

É bem verdade que a jurisprudência, cumprindo o seu papel, passou a admitir, em favor dos companheiros do mesmo sexo, a aplicação das regras da união estável, o que ganhou reconhecimento com a decisão do Supremo Tribunal Federal na ADI 4.277.

Com efeito, depois de diversas decisões em todo o País, a matéria chegou para apreciação do Supremo Tribunal Federal, por meio da Ação Direta de Inconstitucionalidade (ADI) 4.277 e da Arguição de Descumprimento de Preceito Fundamental (ADPF) 132, ajuizada pela Procuradoria-Geral da República e pelo governo do Rio de Janeiro, em que se discutiu especificamente se seria possível equiparar a união entre pessoas do mesmo sexo à entidade familiar, prevista no art. 1.723 do Código Civil brasileiro.

Na histórica sessão do dia 5 de março de 2011, os ministros do STF reconheceram, definitivamente, a união homoafetiva como uma entidade familiar.

O julgamento, relatado pelo Ministro Ayres Britto, foi no sentido de dar ao art. 1.723 do referido Código interpretação conforme a Constituição Federal e para dele excluir "qualquer significado que impeça o reconhecimento da união contínua, pública e duradoura entre pessoas do mesmo sexo como 'entidade familiar', entendida esta como sinônimo perfeito de 'família'"[5].

Essa é a atual diretriz, com a qual concordamos, do Supremo Tribunal Federal.

Todavia, ainda há muito a compreender sobre o tema.

De fato, no próprio Supremo Tribunal Federal, houve divergência sobre a natureza da união homoafetiva: tratar-se-ia de um núcleo existencial subsumível ao conceito vigente de "união estável" ou de "outra modalidade de ente familiar"[6]?

---

[5] Nas palavras do ilustrado ministro, disponíveis no *site* do Supremo Tribunal Federal: "Dando por suficiente a presente análise da Constituição, julgo, em caráter preliminar, parcialmente prejudicada a ADPF n. 132-RJ, e, na parte remanescente, dela conheço como ação direta de inconstitucionalidade. No mérito, julgo procedentes as duas ações em causa. Pelo que dou ao art. 1.723 do Código Civil interpretação conforme à Constituição para dele excluir qualquer significado que impeça o reconhecimento da união contínua, pública e duradoura entre pessoas do mesmo sexo como 'entidade familiar', entendida esta como sinônimo perfeito de 'família'. Reconhecimento que é de ser feito segundo as mesmas regras e com as mesmas consequências da união estável heteroafetiva".

[6] Foi nesse sentido, em nosso pensar, o voto do Ministro Ricardo Lewandowski, também disponível no *site* do Supremo Tribunal Federal: "Isso posto, pelo meu

Cap. 25 • AS ENTIDADES FAMILIARES NA DOUTRINA E NA JURISPRUDÊNCIA BRASILEIRAS | **677**

Bem, nesse profundo contexto, pensamos que pouco importa reconhecer a união homoafetiva como uma "união estável" ou como uma "nova modalidade familiar", pois a premissa intransponível e mais relevante é que se trata, efetivamente, de uma "família", merecedora de respeito, e, dado o seu reconhecimento constitucional – na perspectiva da dignidade humana –, também de tutela jurídica, com a aplicação analógica das regras atinentes à relação de companheirismo heterossexual, com os direitos e deveres daí decorrentes.

Com isso, preserva-se a dignidade da pessoa humana, homenageando-se o Estado Democrático de Direito.

Da mesma forma, em que pese a ausência de previsão legal específica (o que, no nosso entendimento, seria o recomendável), o casamento homoafetivo tem sido aceito por força da atuação dos Tribunais, superando a tradicional exigência da diversidade de sexos como pressuposto de existência, o que ganhou especial reforço com a edição da Resolução 175/2013 do Conselho Nacional de Justiça, que veda às autoridades competentes a recusa de habilitação, celebração de casamento civil ou de conversão de união estável em casamento entre pessoas de mesmo sexo[7].

5. ENTIDADES FAMILIARES RECONHECIDAS PELA DOUTRINA

Finalmente, é necessário destacar que existência de determinadas modalidades de agrupamentos familiares apenas foi reconhecida em sede doutrinária, o que, evidentemente, não obsta futura (e desejável) consagração legislativa ou desenvolvimento jurisprudencial.

Situam-se aqui a família poliamorista, a família paralela ou simultânea e a família multiespécies.

O *poliamorismo ou poliamor* admite a possibilidade de coexistirem duas ou mais relações afetivas paralelas, em que os seus partícipes se conhecem e se aceitam uns aos outros, em uma relação múltipla e aberta.

---

voto, julgo procedentes as presentes ações diretas de inconstitucionalidade para que sejam aplicadas às uniões homoafetivas, caracterizadas como entidades familiares, as prescrições legais relativas às uniões estáveis heterossexuais, excluídas aquelas que exijam a diversidade de sexo para o seu exercício, até que sobrevenham disposições normativas específicas que regulem tais relações".

[7] Disponível em: http://www.cnj.jus.br/atos-administrativos/atos-da-presidencia/resolucoespresidencia/24675-resolucao-n-175-de-14-de-maio-de-2013.

Segundo a psicóloga Noely Montes Moraes, professora da PUCSP:

> (...) a etologia (estudo do comportamento animal), a biologia e a genética não confirmam a monogamia como padrão dominante nas espécies, incluindo a humana. E, apesar de não ser uma realidade bem recebida por grande parte da sociedade ocidental, as pessoas podem amar mais de uma pessoa ao mesmo tempo[8].

Trata-se de uma realidade existente, que já é objeto de reflexão da doutrina especializada[9] e *que culmina por mitigar, pela atuação da vontade dos próprios atores da vida, o dever de fidelidade*, pelo menos na concepção tradicional que a identifica com a exclusividade.

Com efeito, o poliamor pode ser entendido como um relacionamento não monogâmico, em que três ou mais pessoas convivem amorosamente, de forma simultânea, com o conhecimento e consentimento de todos os envolvidos, tendo por base a lealdade, a honestidade, o amor e a boa-fé objetiva.

A despeito do reconhecimento da família poliamorista por parcela expressiva da doutrina, é relevante destacar que a matéria encontra severa resistência na esfera do Conselho Nacional de Justiça.

---

[8] "O fim da monogamia?", reportagem da revista *Galileu*, publicação da Editora Globo, out. 2007, p. 41. Outras regras do "poliamor" apresentadas na mesma matéria: "A filosofia do poliamor nada mais é do que a aceitação direta e a celebração da realidade da natureza humana. O amor é um recurso infinito. Ninguém duvida de que você possa amar mais de um filho. Isso também se aplica aos amigos. O ciúme não é inato, inevitável e impossível de superar. Mas é possível lidar muito bem com o sentimento. Os poliamoristas criaram um novo termo oposto a ele: *compersion* (algo como 'comprazer' em português). Trata-se do contentamento que sentimos ao sabermos que uma pessoa querida é amada por mais alguém. Segundo suas crenças, eles representam os verdadeiros valores familiares. Têm a coragem de viver um estilo de vida alternativo que, embora condenado por parte da sociedade, é satisfatório e recompensador. Crianças com muitos pais e mães têm mais chances de serem bem cuidadas e menos risco de se sentirem abandonadas se alguém deixa a família por alguma razão" (fl. 44).

[9] Sobre o tema, recomendamos a leitura de: RUZYK, Carlos Eduardo Pianovski. *Famílias simultâneas*: da unidade codificada à pluralidade constitucional. Rio de Janeiro: Renovar, 2005; e de ALBUQUERQUE FILHO, Carlos Cavalcanti. Famílias simultâneas e concubinato adulterino. In: PEREIRA, Rodrigo da Cunha (coord.). *Família e cidadania*: o novo CCB e a "vacatio legis". Anais do III Congresso Brasileiro de Direito de Família. Belo Horizonte: IBDFAM/Del Rey, 2002. p. 143-161.

Cap. 25 · AS ENTIDADES FAMILIARES NA DOUTRINA E NA JURISPRUDÊNCIA BRASILEIRAS | **679**

No âmbito do Pedido de Providências 0001459-08.2016.2.00.0000, o Conselho proibiu a lavratura de escrituras públicas de uniões poliafetivas.

Trata-se, com o devido respeito, de decisão de duvidosa constitucionalidade, dada a imposição de restrição incompatível com o amplo acolhimento pela Carta de 1988 de múltiplas formas de famílias.

O posicionamento do Conselho acaba por desafiar, ainda, a própria realidade concreta da vida, uma vez que a proibição de lavraturas de escrituras públicas não obstaculizará o surgimento espontâneo de relações poliamoristas no seio social, contribuindo – apenas e lamentavelmente – para estimular a insegurança jurídica em relações aos reflexos existenciais e patrimoniais em tais espécies familiares.

Não se pode confundir a família poliamorista com a figura das *famílias paralelas*, em que um sujeito participa simultaneamente de dois ou mais núcleos familiares.

Admitida doutrinariamente, a família simultânea é ainda objeto de acesa controvérsia jurisprudencial com relação aos seus efeitos sucessórios e previdenciários, havendo posicionamentos pontuais acerca da possibilidade de seu reconhecimento, ainda que sob a perspectiva do enquadramento como uma espécie de união estável putativa ou sob o fundamento da existência de dependência econômica – *a latere* da discussão sob a ótica da afetividade.

A temática há de ser definida pelo Supremo Tribunal Federal, que certificou a existência de repercussão geral no Recurso Extraordinário 669.465, em que se discute a repercussão no âmbito da pensão por morte da constatação da ocorrência de famílias paralelas.

Por fim, há que se destacar a figura das *famílias multiespécies*, formadas por seres humanos e animais de estimação, numa perspectiva que ultrapassa o simples enquadramento dos animais como coisas, prestigiando a afetividade desenvolvida entre eles e os humanos.

A questão tem sido objeto de reflexão na seara jurisprudencial especialmente em casos envolvendo a disputa entre ex-cônjuges pela custódia do animal de estimação, a exemplo da situação apreciada pelo Superior Tribunal de Justiça no REsp 1.713.167, cuja ementa é transcrita a seguir:

> Recurso especial. Direito civil. Dissolução de união estável. Animal de estimação. Aquisição na constância do relacionamento. Intenso afeto dos companheiros pelo animal. Direito de visitas. Possibilidade, a depender do caso concreto.

1. Inicialmente, deve ser afastada qualquer alegação de que a discussão envolvendo a entidade familiar e o seu animal de estimação é menor, ou se trata de mera futilidade a ocupar o tempo desta Corte. Ao contrário, é cada vez mais recorrente no mundo da pós-modernidade e envolve questão bastante delicada, examinada tanto pelo ângulo da afetividade em relação ao animal, como também pela necessidade de sua preservação como mandamento constitucional (art. 225, § 1.º, inciso VII – "proteger a fauna e a flora, vedadas, na forma da lei, as práticas que coloquem em risco sua função ecológica, provoquem a extinção de espécies ou submetam os animais a crueldade").

2. O Código Civil, ao definir a natureza jurídica dos animais, tipificou-os como coisas e, por conseguinte, objetos de propriedade, não lhes atribuindo a qualidade de pessoas, não sendo dotados de personalidade jurídica nem podendo ser considerados sujeitos de direitos. Na forma da lei civil, o só fato de o animal ser tido como de estimação, recebendo o afeto da entidade familiar, não pode vir a alterar sua substância, a ponto de converter a sua natureza jurídica.

3. No entanto, os animais de companhia possuem valor subjetivo único e peculiar, aflorando sentimentos bastante íntimos em seus donos, totalmente diversos de qualquer outro tipo de propriedade privada. Dessarte, o regramento jurídico dos bens não se vem mostrando suficiente para resolver, de forma satisfatória, a disputa familiar envolvendo os *pets*, visto que não se trata de simples discussão atinente à posse e à propriedade.

4. Por sua vez, a guarda propriamente dita – inerente ao poder familiar – instituto, por essência, de direito de família, não pode ser simples e fielmente subvertida para definir o direito dos consortes, por meio do enquadramento de seus animais de estimação, notadamente porque é um *munus* exercido no interesse tanto dos pais quanto do filho. Não se trata de uma faculdade, e sim de um direito, em que se impõe aos pais a observância dos deveres inerentes ao poder familiar.

5. A ordem jurídica não pode, simplesmente, desprezar o relevo da relação do homem com seu animal de estimação, sobretudo nos tempos atuais. Deve-se ter como norte o fato, cultural e da pós-modernidade, de que há uma disputa dentro da entidade familiar em que prepondera o afeto de ambos os cônjuges pelo animal. Portanto,

Cap. 25 • AS ENTIDADES FAMILIARES NA DOUTRINA E NA JURISPRUDÊNCIA BRASILEIRAS | 681

a solução deve perpassar pela preservação e garantia dos direitos à pessoa humana, mais precisamente, o âmago de sua dignidade.

6. Os animais de companhia são seres que, inevitavelmente, possuem natureza especial e, como ser senciente – dotados de sensibilidade, sentindo as mesmas dores e necessidades biopsicológicas dos animais racionais –, também devem ter o seu bem-estar considerado.

7. Assim, na dissolução da entidade familiar em que haja algum conflito em relação ao animal de estimação, independentemente da qualificação jurídica a ser adotada, a resolução deverá buscar atender, sempre a depender do caso em concreto, aos fins sociais, atentando para a própria evolução da sociedade, com a proteção do ser humano e do seu vínculo afetivo com o animal.

8. Na hipótese, o Tribunal de origem reconheceu que a cadela fora adquirida na constância da união estável e que estaria demonstrada a relação de afeto entre o recorrente e o animal de estimação, reconhecendo o seu direito de visitas ao animal, o que deve ser mantido.

9. Recurso especial não provido (REsp 1.713.167/SP, 4.ª Turma, Rel. Min. Luis Felipe Salomão, j. 19.06.2018, *DJe* 09.10.2018).

Na perspectiva de proteção aos direitos dos animais, vale salientar a recente aprovação pelo Senado Federal do PLC 27/2018, que atribui natureza jurídica *sui generis* aos animais não humanos, reconhecendo-os como sujeitos de direitos despersonificados.

6. INSTITUTOS JURÍDICOS DE RELAÇÕES FAMILIARES QUE NÃO SE CONFUNDEM COM ENTIDADES FAMILIARES

Categorizadas as entidades familiares segundo o critério da atividade jurídica *lato sensu* reconhecedora, convém abordar, por amor à clareza da exposição sistemática, dois institutos jurídicos que não podem ser confundidos com entidades familiares autônomas: a coparentalidade e a sologamia.

Busca-se, na coparentalidade, a

> (...) formação de uma família não tradicional, uma nova opção para aqueles que desejam ter filhos, mas que não querem sentir obrigados a estabelecer um vínculo afetivo com o parceiro (a).

DIREITO CIVIL: DIÁLOGOS ENTRE A DOUTRINA E A JURISPRUDÊNCIA – *Volume II*

Trata-se de um meio legítimo de se constituir família, disponível para solteiros ou para casais que, independentemente da orientação sexual ou identidade de gênero, querem realizar o sonho de exercer a paternidade e maternidade responsável, sem qualquer vínculo amoroso-sexual entre si[10].

Há de constatar, sem perplexidade, que a coparentalidade, pela configuração que lhe é inerente, não pode ser visualizada como uma nova espécie de entidade familiar, havendo, em verdade, uma "simultânea família monoparental", como destacado por Vitor Frederico Kumpel e Ana Laura Pongeluppi[11].

Por seu turno, a sologamia, prática que vem granjeando adeptos por todo o mundo nos últimos anos, consiste na celebração de um *casamento consigo mesmo.*

O fato de haver uma única pessoa envolvida no ato não inviabiliza o reconhecimento da existência de uma entidade familiar, a qual, todavia, não deve ser considerada categoria autônoma, enquadrando-se na modalidade da família unipessoal, anteriormente abordada.

7. CONCLUSÃO

Diante desse panorama da tipologia das entidades familiares na contemporaneidade brasileira, o que se há de dizer mais:

Apenas, com Caetano Veloso e Milton Nascimento, em "Paula e Bebeto", lembrar que "toda forma de amor vale a pena".

De fato, quando se menciona a concepção de uma família eudemonista, como objetivo geral, é justamente isso que se quer dizer.

O que se deve buscar, no âmbito da família, é a felicidade...

E nada mais do que isso...

---

[10] PAMPLONA FILHO, Rodolfo; VIEGAS, Cláudia Mara de Almeida Rabelo. Coparentalidade: a autonomia privada dos genitores em contraponto ao melhor interesse da criança. Disponível em: https://revistas.unifacs.br/index.php/redu/article/view/6518.

[11] KUMPEL, Vitor Frederico; PONGELUPPI, Ana Laura. Coparentalidade. Disponível em: http://www.migalhas.com.br/Registralhas/98,MI260401,91041-Coparentalidade.

REFERÊNCIAS

ALBUQUERQUE FILHO, Carlos Cavalcanti. Famílias simultâneas e concubinato adulterino. In: PEREIRA, Rodrigo da Cunha (coord.). *Família e cidadania*: o novo CCB e a "vacatio legis". Anais do III Congresso Brasileiro de Direito de Família. Belo Horizonte: IBDFAM/ Del Rey, 2002.

KUMPEL, Vitor Frederico; PONGELUPPI, Ana Laura. Coparentalidade. Disponível em: http://www.migalhas.com.br/ Registralhas/98,MI260401,91041-Coparentalidade.

LEITE, Eduardo de Oliveira. *Famílias monoparentais*. 2. ed. São Paulo: RT, 2003.

LÔBO, Paulo Luiz Netto. Entidades familiares constitucionalizadas: para além do *numerus clausus*. Disponível em: http://www.ibdfam.org.br/_img/ congressos/anais/193.pdf.

MORAES, Noely Montes. O fim da monogamia?. *Galileu*, São Paulo, out. 2007.

PAMPLONA FILHO, Rodolfo; VIEGAS, Cláudia Mara de Almeida Rabelo. Coparentalidade: a autonomia privada dos genitores em contraponto ao melhor interesse da criança. Disponível em: https://revistas.unifacs. br/index.php/redu/article/view/6518.

RUZYK, Carlos Eduardo Pianovski. *Famílias simultâneas*: da unidade codificada à pluralidade constitucional. Rio de Janeiro: Renovar, 2005.

26

AS NOVAS ENTIDADES FAMILIARES NA DOUTRINA E NA JURISPRUDÊNCIA BRASILEIRAS

GISELDA MARIA FERNANDES NOVAES HIRONAKA

SUMÁRIO: Introdução; 1. Evolução das famílias; 2. Entidades familiares reconhecidas juridicamente como tal: 2.1. Família tradicional matrimonial; 2.2. Família tradicional convivencial; 2.3. Família exclusivamente conjugal ou convivencial; 2.4. Família homoafetiva; 2.5. Família monoparental; 2.6. Família anaparental; 2.7. Família reconstituída, composta, pluriparental ou mosaico; 2.8. "Família" unipessoal; 2.9. Família natural e família extensa ou ampliada; 2.10. Família substituta; 3. Entidades familiares não reconhecidas juridicamente como tal: 3.1. Famílias paralelas ou simultâneas; 3.2. Família poliafetiva ou poliamorosa; 3.3. Família eudemonista; Considerações finais; Referências.

INTRODUÇÃO

A família é o núcleo mais importante da existência humana. É o conjunto seleto de pessoas com quem o indivíduo plasma sua existência, compartilha suas dores, reparte os seus sucessos e partilha das alegrias e vicissitudes da vida.

O Direito de Família é o conjunto de normas jurídicas que regulamenta, para fins jurídicos, as relações familiares. É, desse modo, um dos mais relevantes e ricos ramos do Direito não apenas porque regula algo que é caríssimo às pessoas, mas também porque, sendo a família um fenômeno sociológico que sofre mudanças constantes no decorrer do tempo, é o ramo do Direito que mais passa por mutações, evoluções, alterações, modificações.

686 | DIREITO CIVIL: DIÁLOGOS ENTRE A DOUTRINA E A JURISPRUDÊNCIA – *Volume II*

Enfim, é uma área de estudo e aplicação do Direito muito dinâmica e fértil em desdobramentos e significados.

Evidentemente que, sendo a *família* o foco do *Direito de Família*, é de suma importância o entendimento sobre o que é família para o Direito, pois, a depender do conceito de família, certos relacionamentos humanos poderão ser considerados juridicamente como família e outros não. Ora, isso tem relevância máxima, pois o não reconhecimento jurídico de uma relação humana como família implica dizer que todo o regramento jurídico de Direito de Família – e, bem o sabemos, trata-se de regulamentação vasta – automaticamente não se aplicará àquela relação.

Logo, questão fulcral para o estudo de todos os juristas "familiaristas"[1] é o entendimento de quais são as famílias *sociologicamente* existentes e se tais famílias podem ser reconhecidas *juridicamente* como tal. Isso envolve grande sensibilidade por parte do jurista, e é questão cuja solução perpassa o próprio entendimento da evolução das famílias como fatos da vida que são. Este trabalho visa exatamente explorar essa evolução e indicar algumas novas entidades familiares que estão no centro do debate do Direito de Família contemporâneo.

1. EVOLUÇÃO DAS FAMÍLIAS

Ao lecionar sobre Direito de Família, gosto de introduzir os cursos que ministro com a parábola da "foto sobre a lareira". Essa figura – a foto sobre a lareira – diz muito sobre a evolução das famílias, porque simboliza o retrato de cada época.

Suponha-se que podemos acompanhar a evolução de uma típica família brasileira no tempo e que conseguimos, desde o surgimento dela, ter a oportunidade de, a cada geração, um vislumbre da "foto sobre a lareira", isto é, a foto familiar que simboliza o espírito daquela determinada geração e que fica exposta na sala de estar ou em local propício no lar dessa entidade familiar.

É claro que os resultados desse exercício variariam muito de família para família. Entretanto, tomando-se por base uma tradicional família de imigrantes que aportaram no Brasil no final do século XIX e começo do

---

[1] Termo informal ainda não dicionarizado com o qual a comunidade jurídica designa alguém que se especializa no estudo e aplicação do Direito de Família, da mesma forma que há os civilistas em referência às pessoas que estudam Direito Civil; criminalistas em referência aos especialistas em Direito Penal; tributaristas em referência aos especialistas em Direito Tributário, e assim por diante.

Cap. 26 • AS NOVAS ENTIDADES FAMILIARES NA DOUTRINA E NA JURISPRUDÊNCIA | **687**

século XX, seria alta a probabilidade de encontrarmos algo como o que passo a narrar.

A primeira geração da família se estabeleceu no Brasil e tirou sua foto na primeira década do século XX. No "retrato sobre a lareira" dessa família, veríamos uma mulher sentada em uma cadeira, de vestido longo, os cabelos presos em um coque bem alinhado. Ao lado direito dela, uma criança, que mesmo de pé não fica mais alta que a mãe, trajando roupinhas infantis formais, cabelo bem aprumado e postura correta. Além desta, há outras quatro ou cinco crianças aos pés da cadeira, bem aprumadas e sentadas com "pernas de índio", mas com postura igualmente afetada e correta. Por fim, no lado esquerdo da cadeira, em pé, sobre os demais, e com a mão repousando no encosto da cadeira ou mesmo sobre o ombro da mulher, está o homem, pai de família, com olhar orgulhoso e bigodes respeitáveis, postura altiva, trajando um terno típico da época, com gravata, camisa e até um relógio de bolso cuja elegante corrente é visível na foto. Todos estão com semblante sério e bem-arrumados para a foto que está sendo tirada; é possível ver, ao fundo, alguns móveis rústicos, e um aparelho de rádio. A imagem está em "preto e branco", levemente borrada e amarelada. Essa seria uma foto que bem retrataria muitas das famílias daquele tempo.

Contudo, se acompanhássemos a trajetória de uma das crianças que apareceram naquela foto – uma das meninas, digamos – e tivéssemos um vislumbre, quarenta anos depois, da família que foi formada por ela, teríamos um retrato familiar totalmente diferente. Agora, nessa típica família dos anos 50, vemos uma entidade familiar com visual bem menos formal do que a anterior. Agora estão todos de pé, a mulher e o marido lado a lado, ela com um vestido mais descontraído e não tão longo, os cabelos até os ombros e soltos. Nas mãos dela, há um bebê, ou criança muito pequena, ainda na primeira infância. Ao lado do casal, há duas outras crianças, uma de cada lado de seus pais, com bermudas bem curtas que deixam à mostra os joelhos e metade de suas pernas, camisetas com botões e mangas curtas, e com penteados e cortes de cabelo idênticos. Não sabemos os nomes desses irmãos, mas, se soubéssemos, provavelmente começariam com a mesma letra. O pai, ao lado da mãe, é o único trajando roupas formais, de terno e gravata e semblante respeitoso de "pai de família", portando-se como o provedor da casa. Uma de suas mãos repousa sobre sua esposa, a outra segura o jornal do dia. A família esboça leve sorriso e está mais ou menos formal. É possível vislumbrar, ao fundo, alguns móveis simples, um sofá e uma televisão antiga. A foto foi tirada "em preto e branco", mas tem qualidade de imagem visivelmente melhor do que a anterior.

Finalmente, se avançássemos outros quarenta anos para ver a família formada pelo bebê da foto anterior, teríamos um retrato da família dos anos 2000. Veríamos a foto colorida, com a família sorrindo, tanto a mulher como o homem trajando calças e com os braços entrelaçados. A mulher tem cabelos longos e soltos. Como praticamente não há restrições de filme para o número de fotos a serem batidas, as pessoas se preocupam menos com a pose para tirar a foto. Resultado: as crianças estão com as posições mais jocosas e menos ortodoxas. Ao fundo, móveis com eletrônicos. As crianças têm *smartphones* e *tablets* nas mãos. Todos estão com vestimentas totalmente informais. A foto é colorida e em alta resolução.

Claro, as imagens trazidas *supra* são versões estereotipadas de cada época, e a realidade tem infinitos matizes. Mesmo assim, elas servem para evidenciar como as relações familiares mudam e são dinâmicas. Isso demonstra com alto grau de didatismo que o aplicador do Direito de Família não pode se ater a conceitos ultrapassados, mas deve estar sempre evoluindo para, com olhar verdadeiramente sociológico, apreender o espírito de cada tempo e aplicar o Direito de forma adequada.

Com esse espírito em mente, serão expostas, a seguir, algumas entidades familiares, tanto repassando as já reconhecidas pelo Direito como também apresentando entidades familiares que contemporaneamente têm o seu reconhecimento jurídico posto em debate.

2. ENTIDADES FAMILIARES RECONHECIDAS JURIDICAMENTE COMO TAL

2.1. Família tradicional matrimonial

A família tradicional matrimonial é aquela composta por pai, mãe e filhos, e os responsáveis pela família (pai e mãe) são casados legalmente entre si (casamento civil). Essa é a família que há séculos teve a maior adesão popular[2]. No ordenamento jurídico brasileiro, essa entidade sempre foi reconhecida como família. Já nas Ordenações Filipinas – que, embora não fossem a primeira norma a viger no Brasil, certamente foram a mais relevante – o casamento era previsto no Livro IV, Título XLVI[3]. O casamento depois

---

[2] Claro, sem entrar aqui no mérito sobre se essa adesão foi voluntária ou não.

[3] Cf. VIEIRA, Flávia David; SILVA, Edvania Gomes da. O instituto do matrimônio nas Ordenações Filipinas: os efeitos de sentido de "casamento" na legislação portuguesa aplicada no Brasil. *Revista Eletrônica Linguasagem*, São Carlos, v.

Cap. 26 · AS NOVAS ENTIDADES FAMILIARES NA DOUTRINA E NA JURISPRUDÊNCIA | 689

seria positivado em uma norma brasileira por meio do Decreto n. 181, de 24 de janeiro de 1890[4], seguido pelo Código Civil de 1916 (entre os arts. 180 a 324), e finalmente pelo Código Civil de 2002, entre os arts. 1.511 e 1.582. Vale mencionar, ainda, que a Constituição Federal de 1988 recepcionou o casamento no art. 226, §§ 1.º, 2.º e 6.º.

A regulamentação jurídica da família gerada pelo casamento é a base do regramento para outras entidades familiares, e os principais avanços jurídicos alcançados por essa instituição são justamente aqueles previstos em lei, como a possibilidade de alimentos entre cônjuges, o poder familiar compartilhado, a viabilidade de diversos regimes de bens etc.

2.2. Família tradicional convivencial

A família tradicional convivencial ou informal é aquela composta por pai, mãe e filhos, e os responsáveis pela família (pai e mãe) convivem em união estável. A união estável é a situação de fato em que duas pessoas têm convivência pública, contínua e duradoura, estabelecida na forma de uma família[5]. A diferença entre as duas famílias é o tipo de vínculo jurídico gerado entre elas, pois uma envolve vínculo formado por casamento e a outra vínculo constituído por união estável. Ambas são "tradicionais" em sentido sociológico, isto é, uma família composta por homem, mulher e filhos, que é a entidade familiar milenar[6].

No Brasil, desde o Decreto n. 181, de 24 de janeiro de 1890, o casamento seria considerado uma entidade jurídica inaugurada por um ato solene, o que relegou as uniões estáveis ao *status* de concubinato. Assim o fez o Código

---

23, n. 1, p. 5, 2015. Disponível em: http://www.linguasagem.ufscar.br/index.php/linguasagem/article/view/60. Acesso em: 20 dez. 2019.

[4] BRASIL. União. *Decreto n. 181, de 24 de janeiro de 1890*. Rio de Janeiro: Governo Provisório da República dos Estados Unidos do Brasil, 1890 (ano da publicação originária). Disponível em: http://www2.camara.leg.br/legin/fed/decret/1824-1899/decreto-181-24-janeiro-1890-507282-publicacaooriginal--1-pe.html. Acesso em: 22 dez. 2019.

[5] Inteligência do art. 1.723 do CC/2002, somado com os julgados REsp 1.454.643/RJ, Rel. Min. Marco Aurélio Bellizze, j. 03.03.2015, *DJe* 10.03.2015, e REsp 1.257.819/SP, 3.ª Turma, *DJe* 15.12.2011.

[6] Está na Bíblia, em Gênesis 1:26-28, que homem e mulher devem estar juntos e se multiplicar na terra, pensamento que é reiterado em muitos outros trechos da milenar escritura sagrada. V. *Bíblia on-line*. [s.l]: [s.n.], [s.d.]. Disponível em: https://www.bibliaonline.com.br. Acesso em: 22 dez. 2019.

Civil de 1916. A doutrina de outrora diferenciava as espécies de concubinato entre puro e impuro, sendo a modalidade pura aquela relacionada com a união de fato em que não havia impedimentos matrimoniais. Com o tempo, o pensamento jurídico foi evoluindo no sentido de que o concubinato puro merecia tanto a tutela jurídica como o casamento, e não poderia ser tratado como uma mera sociedade de fato, pois ali estaria presente uma entidade familiar legítima[7].

Assim, atendendo aos reclamos sociais, a Constituição Federal de 1988 deu passo muito importante no reconhecimento da união estável, prevendo-a expressamente no art. 226, § 3.º. Esse reconhecimento foi seguido por duas normas que admitem a união estável no sistema jurídico civil, sendo a primeira delas a Lei n. 8.971/1994, que previa que o reconhecimento da união estável dependia da prova da convivência por pelo menos cinco anos ou prole comum; e a segunda, a Lei n. 9.278/1996, que já dispensava um tempo mínimo de caracterização.

O Código Civil de 2002 positivou a união estável nos arts. 1.723 a 1.727, dispondo que a união estável é a relação "entre homem e mulher, configurada na convivência pública, contínua e duradoura e estabelecida com o objetivo de constituição de família"[8]-[9].

Esse conceito legal, contudo, já foi interpretado pela jurisprudência, que o atualizou para as necessidades de nossos tempos. Segundo a compreensão que hoje se tem do dispositivo, a união estável *não* é constituída necessariamente por homem e mulher[10]. Depois, a convivência pública, contínua e duradoura é conceito flexibilizável, eis que tal "convivência" não precisa se dar sob um mesmo teto; a continuidade dela admite eventuais suspensões afetivas do casal[11], e a duração em tempo de relacionamento pode ser assaz reduzida, e poucos meses de união já bastam para que se possa reconhecer união estável[12].

---

[7] AZEVEDO, Álvaro Villaça. União estável: antiga forma de casamento de fato. *Revista dos Tribunais, On-line*, São Paulo, v. 701, p. 2, mar. 1994, versão digital (Thomson Reuters).

[8] CC/2002, art. 1.723, cit.

[9] Avanço extremamente relevante no tema foi o tratamento jurisprudencial das famílias homoafetivas, mas isso será objeto de tópico adiante.

[10] Conforme será mais bem demonstrado adiante.

[11] Trata-se do famoso "dar um tempo", como se diz hoje em dia.

[12] Rommel Andriotti, por exemplo, que me auxiliou nas pesquisas para este trabalho, tem contrato de convivência registrado em cartório no qual a união estável foi

Finalmente, a jurisprudência já reconheceu que o "objetivo de constituição de família" na verdade deve ser interpretado como uma "família existente de fato". Em outras palavras, não basta que o casal estabeleça o objetivo no futuro de constituir família. É preciso que essa família já exista no mundo fenomênico para que seja considerada a união estável. Essa distinção é muito importante para diferenciar o *namoro qualificado* da união estável.

Nesse sentido, estabelece o Superior Tribunal de Justiça que

> (...) o fato de namorados projetarem constituir família no futuro não caracteriza união estável, ainda que haja coabitação. Isso porque essas circunstâncias não bastam à verificação da *affectio maritalis*. O propósito de constituir família, alçado pela lei de regência como requisito essencial à constituição da união estável – a distinguir, inclusive, esta entidade familiar do denominado "namoro qualificado" –, não consubstancia mera proclamação, para o futuro, da intenção de constituir uma família. É mais abrangente. Deve se afigurar presente durante toda a convivência, a partir do efetivo compartilhamento de vidas, com irrestrito apoio moral e material entre os companheiros. É dizer: a família deve, de fato, estar constituída[13].

Seguindo para outro tema contemporâneo ao se falar de união estável, há o contrato de namoro, que é criação da prática jurídica consistente em declaração de duas pessoas que mantêm um relacionamento afetivo no sentido de que não haveria, entre elas, união estável, mas apenas um namoro. Portanto, referido contrato serve, pragmaticamente, para afastar a incidência do regramento da união estável. Há duas dúvidas a serem resolvidas com esse contrato: (i) seria ele válido? (ii) sendo válido, quais seriam seus efeitos? Para a primeira pergunta, parte considerável da doutrina e jurisprudência reputa-o nulo, porque teria a finalidade de afastar lei imperativa[14]. Para outra parte esses contratos são válidos.

---

reconhecida quando tinha apenas três meses de duração. Outros casos similares frequentemente nos são comentados no dia a dia da docência e da prática jurídica.

[13] V. *Informativo* n. *557* do STJ, que contempla: REsp 1.257.819/SP, 3.ª Turma, *DJe* 15.12.2011; e REsp 1.454.643/RJ, Rel. Min. Marco Aurélio Bellizze, j. 03.03.2015, *DJe* 10.03.2015. Informativo disponível em: https://ww2.stj.jus.br/jurisprudencia/externo/informativo/?acao=pesquisar&livre= %22NAMORO+QUALIFICA-DO%22&operador=e&b=INFJ&thesaurus=JURIDICO&p=true. Acesso em: 5 maio 2019.

[14] V., por todos, 7.ª Câmara do Tribunal de Justiça do Rio Grande do Sul, do ano de 2004, em que foi relator o Des. Luiz Felipe Brasil Santos (Proc. 70006235287); e

A essa afirmação segue-se a outra pergunta, sobre os efeitos gerados pela avença. Por óbvio, o efeito do contrato não poderia ser o de afastar a incidência das normas da união estável, pois, aí sim, estar-se-ia permitindo que um negócio jurídico afastasse a aplicação de norma cogente. Então, o efeito desse contrato é meramente servir como prova negativa do "objetivo de constituição de família". Havendo esse contrato, em princípio, não há entre as partes o "objetivo de constituição de família", e por isso não haveria união estável entre aquelas pessoas analisadas. Contudo, se o juiz se convencer por outros elementos de prova que o casal tinha, sim, uma família constituída, ele poderá ignorar o que consta no contrato. Essa solução equaliza a autonomia privada e a vontade dos envolvidos, sem olvidar da imperatividade das normas relacionadas ao tema. Por essa razão, essa segunda posição é a que também eu sigo.

Por fim, contrato de convivência, diferentemente de contrato de namoro, é um negócio lícito previsto pelo sistema no art. 1.725, por meio do qual os conviventes podem escolher o seu regime de bens. Com relação a esse contrato, a dúvida reside sobre a possibilidade (ou não) de o negócio ter efeitos retroativos à data de sua celebração. O grande problema é que causa grave insegurança jurídica permitir que os conviventes estabeleçam regime de bens retroativo à data da celebração do contrato de convivência, pois eventuais credores e terceiros interessados que celebraram contrato com o casal *ex ante* poderiam ser surpreendidos e atingidos pelo novo regime de bens estipulado pelo casal. Por outro lado, negar essa possibilidade ao casal significa recusar-lhes o direito subjetivo que a lei lhes dá de regulamentar, desde o começo, o regime de bens que mantêm entre si. Com relação a essa controvérsia, pode-se mencionar, por todos, Flávio Tartuce, como defensor da possibilidade de efeitos *ex tunc* para o regime de bens adotado pelos conviventes[15], e José Fernando Simão, também por todos, como defensor de efeitos apenas *ex nunc* para dito contrato[16]. Ao que tudo consta, o Superior Tribunal de Justiça caminha para se pacificar no sentido defendido por José

TARTUCE, Flávio. *Direito civil*: direito de família. 14. ed. Rio de Janeiro: Forense, 2019. v. 5, versão digital (minhabiblioteca), p. 383, item 5.4.

[15] TARTUCE, Flávio. Direito de família e das sucessões: desafios para o futuro – parte II. *Migalhas*, 27 fev. 2019. Disponível em: https://www.migalhas.com.br/FamiliaeSucessoes/104,MI297153,11049-Direito+de+Familia+e+ das+Sucessoes+Desafios+para+o+futuro+Parte+II. Acesso em: 22 dez. 2019

[16] SIMÃO, José Fernando. Retroagir ou não retroagir: eis a questão. *Consultor Jurídico (Conjur)*, São Paulo, 27 set. 2015. Disponível em: https://www.conjur.com.br/2015-set-27/processo-familiar-retroagir-ou-nao-retroagir-eis-questao. Acesso em: 22 dez. 2019.

Cap. 26 • AS NOVAS ENTIDADES FAMILIARES NA DOUTRINA E NA JURISPRUDÊNCIA | **693**

Fernando Simão, conforme constou no *Informativo* n. *563* daquela Corte, tendo sido registrado que "não é lícito aos conviventes atribuírem efeitos retroativos ao contrato de união estável, a fim de eleger o regime de bens aplicável ao período de convivência anterior à sua assinatura".

2.3. Família exclusivamente conjugal ou convivencial

A família exclusivamente conjugal ou convivencial é uma variação da família tradicional matrimonial e da família tradicional informal.

Esse tipo se trata da família conjugal ou família convivencial formada apenas por duas pessoas, sem filhos, seja porque ainda não decidiram tê-los, seja porque não os podem ter, seja porque optaram em definitivo por não os ter.

Cada vez mais famílias brasileiras estão escolhendo não ter filhos, e nem por isso elas deixam de ser "família". A sociedade historicamente interpreta que só existe família quando há prole. Hoje essa concepção não mais se aplica. Duas pessoas que são o mundo uma da outra, e que repartem entre si a vida, constituem entre elas uma entidade familiar que é tão respeitável como qualquer outra[17]. Essas pessoas não têm apenas um "casamento" ou uma "união estável", elas verdadeiramente constituem uma "família".

2.4. Família homoafetiva

A família homoafetiva é aquela formada por homem e homem, ou mulher e mulher, com ou sem filhos, seja porque se casaram ou porque constituíram união estável.

A jurisprudência brasileira produziu julgado histórico ao fazer "interpretação conforme" do art. 226, § 3.º, da CF/1988, a fim de chegar à conclusão de que a união estável também admite a forma homoafetiva (julgamento conjunto da ADPF n. 132/RJ e da ADI n. 4.277, pelo STF, ocorrido em 14 de outubro de 2011). Até então, embora já existissem manifestações doutrinárias e jurisprudenciais no mundo jurídico nesse sentido, não havia pacificação sobre a possibilidade ou não de reconhecimento jurídico da união homoafetiva, eis que tanto a CF/1988 como o CC/2002 expressamente diziam que a

---

[17] Interessante a discussão travada em *blog* no qual uma mulher fez apologia da união apenas entre duas pessoas, disponível em: https://br.toluna.com/opinions/2993896/Uma-fam%C3%ADlia-pode-ser-composta-apenas-de-duas--pessoas-Um. Acesso em: 20 dez. 2019.

união estável consistia na relação entre "homem e mulher". Ato contínuo, por não fazer sentido a possibilidade de haver união estável homoafetiva, mas não ser possível o casamento homoafetivo (até porque, de qualquer forma, a lei possibilita a conversão da união estável em casamento, cf. CC/2002, art. 1.726), o Conselho Nacional de Justiça editou em 2013 a Resolução n. 175, que possibilita a celebração direta do casamento homoafetivo.

Desde então, os casais homoafetivos podem tanto constituir união estável como se casar, e assim plasmar uma vida digna em que suas opções pessoais são respeitadas pelo Direito.

2.5. Família monoparental

A família monoparental é aquela composta por apenas um dos responsáveis – normalmente ou a mãe ou o pai – e os filhos. Envolve, portanto, famílias em que convivem um responsável e pessoas sob sua dependência (normalmente menores).

Esse tipo de família é especialmente comum envolvendo a mulher que, sozinha, cuida dos filhos, seja por ser "mãe solteira", "mãe divorciada" ou "mãe viúva". A primeira dessas situações vem ocorrendo com grande frequência na realidade brasileira no que toca ao assunto da gravidez na adolescência ou, ainda, da gravidez indesejada entre parceiros eventuais. Estudos mostram que a taxa de gravidez adolescente no Brasil está acima da média latino-americana e caribenha. Deveras, em relatório divulgado pela Organização das Nações Unidas (ONU), foi indicado que

> (...) a taxa mundial de gravidez adolescente é estimada em 46 nascimentos para cada 1 mil meninas entre 15 e 19 anos, enquanto a taxa na América Latina e no Caribe é de 65,5 nascimentos, superada apenas pela África subsaariana. No Brasil, a taxa é de 68,4 nascimentos para cada 1 mil adolescentes[18].

Como se sabe, muitas vezes essas adolescentes ou mulheres que engravidaram em relações sexuais eventuais muitas vezes não continuam com um

---

[18] ORGANIZAÇÃO DAS NAÇÕES UNIDAS (ONU). Seção do Brasil. Taxa de gravidez adolescente no Brasil está acima da média latino-americana e caribenha. *Portal da ONU/BR*, 28 fev. 2018. Disponível em: https://nacoesunidas.org/taxa-de-gravidez-adolescente-no-brasil-esta-acima-da-media-latino-americana-e-caribenha/. Acesso em: 22 dez. 2019.

Cap. 26 · AS NOVAS ENTIDADES FAMILIARES NA DOUTRINA E NA JURISPRUDÊNCIA | 695

relacionamento estável com os pais de seus filhos, constituindo, assim, uma família monoparental.

A segunda situação (mãe divorciada) também envolve realidade bastante presente na práxis brasileira. No ano de 2018, foram registrados 385.246[19] divórcios, sendo evidente que muitos deles envolvem menores e que, por isso, acabarão gerando, ainda que provisoriamente, famílias monoparentais.

Finalmente, a terceira situação (mãe viúva) é outra recorrente e que envolve o falecimento do homem na constância da união. Sabe-se que a expectativa de vida dos homens é inferior à das mulheres, e aqueles – segundo levantamento do IBGE publicado em 2019 sobre o ano de 2018[20] – têm expectativa de viver 72,8 anos, ao passo que estas têm expectativa de vida de 79,9 anos. Isso se explica pelo fenômeno da "sobremortalidade masculina", eis que homens são mais suscetíveis a mortalidades por causas externas, por serem vítimas mais recorrentes em crimes à mão armada, mais suscetíveis a vícios, mais suscetíveis a morrer em acidentes de trânsito e em eventos extraordinários como guerras, instabilidades políticas e civis etc.

Portanto, as famílias monoparentais são uma realidade brasileira, e a análise do intérprete do Direito e do arquiteto de políticas públicas não pode olvidar de tal realidade.

2.6. Família anaparental

A família anaparental é aquela composta sem uma figura tradicional de autoridade como os pais. Trata-se de família normalmente formada por irmãos que ficam órfãos e nas quais os mais velhos cuidam dos mais novos.

Essa também é família que merece guarida pelo ordenamento jurídico, sobretudo porque, como se pode imaginar, famílias anaparentais comumente

---

[19] INSTITUTO BRASILEIRO DE GEOGRAFIA E ESTATÍSTICA (IBGE). Registro Civil 2018: casamentos entre pessoas do mesmo sexo aumentam 61,7% em um ano. *Agência IBGE Notícias*, Brasília, 4 dez. 2019. Disponível em: https://agenciadenoticias.ibge.gov.br/agencia-sala-de-imprensa/2013-agencia-de-noticias/releases/26195-registro-civil-2018-casamentos-entre-pessoas-do-mesmo-sexo-aumentam-61-7-em-um-ano. Acesso em: 22 dez. 2019.

[20] Cf. INSTITUTO BRASILEIRO DE GEOGRAFIA E ESTATÍSTICA (IBGE). Expectativa de vida dos brasileiros aumenta para 76,3 anos em 2018. *Agência IBGE Notícias*, Brasília, 28 nov. 2019. Disponível em: https://agenciadenoticias.ibge.gov.br/agencia-noticias/2012-agencia-de-noticias/noticias/26103 -expectativa-de-vida-dos-brasileiros-aumenta-para-76-3-anos-em-2018. Acesso em: 22 dez. 2019.

se formam após tragédias e eventos traumáticos, envolvendo contextos dramáticos, de vulnerabilidade, nos quais os envolvidos necessitam da sociedade de toda a ajuda e tutela possíveis. Nesse sentido, em julgado do Superior Tribunal de Justiça, relatado pela Ministra Nancy Andrighi, constou que:

> (...) os irmãos, que viveram sob o mesmo teto, até o óbito de um deles, agiam como família que eram, tanto entre si como para o então infante, e naquele grupo familiar o adotado se deparou com relações de afeto, construiu – nos limites de suas possibilidades – seus valores sociais, teve amparo nas horas de necessidades físicas e emocionais, em suma, encontrou naqueles que o adotaram, a referência necessária para crescer, desenvolver-se e inserir-se no grupo social que hoje faz parte. Nessa senda, a chamada família *anaparental* – sem a presença de um ascendente –, quando constatados os vínculos subjetivos que remetem à família, merece o reconhecimento e igual *status* daqueles grupos familiares descritos no art. 42, § 2.º, do ECA[21].

2.7. Família reconstituída, composta, pluriparental ou mosaico

A "família reconstituída" ou "família mosaico" é aquela composta a partir da união de um casal com filhos de uma união anterior. Para caracterização desse tipo de família, pelo menos um dos cônjuges ou companheiros deve trazer para a família atual filho(s) de uma união anterior. Trata-se da família expressa pelo famoso adágio popular "os meus, os seus, os nossos". Com o advento da possibilidade do divórcio no Brasil, a partir de 1977 (EC n. 9/1977, regulamentada pela Lei n. 6.515/1977), e depois com a sua facilitação com a "Emenda do Divórcio" (EC n. 66/2010), o número de divórcios cresceu exponencialmente e, por conseguinte, o número de pessoas divorciadas. Dados do IBGE demonstram que o número de divórcios no País só cresce: entre 2017 e 2018 houve um aumento de 3,2%, passando de 373.216 para 385.246[22]; em 2010, esse número era de 241.122 divórcios

---

[21] STJ, REsp 1.217.415/RS, 2010/0184476-0, 3.ª Turma, Rel. Min. Nancy Andrighi, j. 19.06.2012, *DJe* 28.06.2012.

[22] INSTITUTO BRASILEIRO DE GEOGRAFIA E ESTATÍSTICA (IBGE). *Registro Civil 2018*: casamentos entre pessoas do mesmo sexo aumentam 61,7% em um ano. *Agência IBGE Notícias*, Brasília, 4 dez. 2019. Disponível em: https://agenciadenoticias.ibge.gov.br/agencia-sala-de-imprensa/2013-agencia-de-noticias/

no ano[23], o que deixa bastante evidente a expansão desse tipo de evento. O número de divórcios chegou a tal ponto que "um a cada três casamentos termina em divórcio no Brasil"[24]. Dado que grande parte dessas pessoas se divorcia ainda nova e com filhos menores, a tendência é que aumente cada vez mais a constituição de famílias mosaico.

2.8. "Família" unipessoal

A "família" unipessoal é aquela composta por apenas uma pessoa. É o caso de indivíduos viúvos ou solteiros que vivem sem a convivência familiar direta e cotidiana com outras pessoas. Embora sociológica e etimologicamente não se possa dizer que uma única pessoa componha, por assim dizer, uma "entidade familiar" (eis que esta pressupõe pluralidade de pessoas), fato é que aqueles que vivem sozinhos recebem a proteção jurídica típica de certas normas que pressupõem a existência de entidade familiar. Assim sendo, para fins jurídicos, é possível equiparar uma única pessoa a uma entidade familiar, para fins de incidência de normas protetivas. Dentre tais normas, destaca-se a proteção do bem de família. Nesse sentido, conforme enuncia a Súmula n. 364 do Superior Tribunal de Justiça, "o conceito de impenhorabilidade de bem de família abrange também o imóvel pertencente a pessoas solteiras, separadas e viúvas"[25].

2.9. Família natural e família extensa ou ampliada

As expressões "família natural" e "família extensa" ou "família ampliada" foram cunhadas pelo Estatuto da Criança e do Adolescente (ECA). Esse diploma normativo define "família natural" no *caput* do art. 25 como "a comunidade formada pelos pais ou qualquer deles e seus descendentes".

---

releases/26195-registro-civil-2018-casamentos-entre-pessoas-do-mesmo-sexo--aumentam-61-7-em-um-ano. Acesso em: 22 dez. 2019.

[23] INSTITUTO BRASILEIRO DE GEOGRAFIA E ESTATÍSTICA (IBGE). Registro Civil 2011: taxa de divórcios cresce 45,6% em um ano. *Agência IBGE Notícias*, Brasília, 17 dez. 2012. Disponível em: https://agenciadenoticias.ibge.gov.br/agencia-sala-de-imprensa/2013-agencia-de-noticias/releases/14339 -asi-registro-civil-2011-taxa-de-divorcios-cresce-456-em-um-ano. Acesso em: 22 dez. 2019.

[24] VEJA. Um a cada três casamentos termina em divórcio no Brasil, São Paulo, 9 jan. 2018. Disponível em: https://veja.abril.com.br/brasil/um-a-cada-tres-casamentos- termina-em-divorcio-no-brasil/. Acesso em: 22 dez. 2019.

[25] Súmula 364, Corte Especial, j. 15.10.2008, *DJe* 03.11.2008.

Quanto à família extensa ou ampliada, diz o Estatuto, no parágrafo único do mesmo art. 25: "Entende-se por família extensa ou ampliada aquela que se estende para além da unidade pais e filhos ou da unidade do casal, formada por parentes próximos com os quais a criança ou adolescente convive e mantém vínculos de afinidade e afetividade". A verdade é que tanto a família natural como a extensa ou ampliada já estão englobadas nos outros conceitos sociológicos de família e ora aqui expostos. Nesse sentido, a família tradicional matrimonial é exemplo de família natural. A família anaparental é exemplo de família extensa ou ampliada.

2.10. Família substituta

A "família substituta" é expressão também consagrada no ECA (art. 28, *caput*) para designar a família formada pela criança ou adolescente e um ou mais responsáveis por meio de guarda, tutela ou adoção.

Trata-se de importante modo de constituição de família e utilizado com grandes repercussões no Brasil, haja vista que a desintegração das famílias tradicionais ocasiona maior necessidade de estipulação de guarda, tutela e adoções. Entretanto, existe um descompasso entre os candidatos a serem adotados e os pretendentes à adoção, eis que o Brasil tem cerca de 8,7 mil crianças e adolescentes à espera de uma família e há 43,6 mil pessoas à espera de alguém para adotar. No entanto, as adoções não ocorrem, pois a esmagadora maioria desses mais de quarenta mil pretendentes à adoção deseja crianças recém-nascidas ou na primeira infância, sem irmãos e sem doenças ou problemas fisiológicos; só que a maior parte das mais de oito mil crianças candidatas à adoção é maior de quatro anos, tem irmãos, e muitas têm doenças ou problemas de saúde causados por gestações conturbadas[26].

Ademais, a burocracia envolvida no processo adotivo atual incentiva muitas pessoas a praticarem a chamada "adoção à brasileira"[27], que consiste no acordo entre os pais biológicos e os adotantes no sentido de que aqueles entregarão a estes a criança recém-nascida, e ela será registrada como se filha

---

[26] LABOISSIÈRE, Paula. Brasil tem 8,7 mil crianças à espera de uma família, diz CNJ. *Agência Brasil*, Brasília, 25 maio 2018. Disponível em: http://agenciabrasil. ebc.com.br/geral/noticia/2018-05/brasil-tem-87-mil-criancas-espera-de-uma--familia-diz-cnj. Acesso em: 22 dez. 2019.

[27] V. BRASIL. Senado Federal. Adoção "à brasileira" ainda é muito comum. *Portal do Senado*. Disponível em: https://www.senado.gov.br/noticias/Jornal/emdiscussao/ adocao/realidade-brasileira-sobre-adocao/adocao-a-brasileira-ainda-e-muito--comum.aspx. Acesso em: 22 dez. 2019.

destes fosse, sem que os adotantes tenham passado por qualquer procedimento formal de adoção[28].

Nos casos de adoção à brasileira, ainda que haja crime de falsa declaração para autoridade pública (no caso, a falsa declaração, pelos adotantes, de serem pais biológicos do adotado), a jurisprudência vem reconhecendo o drama social envolvido e atenuando as sanções jurídicas em tese aplicáveis em prol do interesse do menor. Nesse sentido, pontuou o Ministro Moura Ribeiro em julgado do STJ de 2017, que

> (...) a jurisprudência desta eg. Corte Superior tem decidido que não é do melhor interesse da criança o acolhimento temporário em abrigo, quando não há evidente risco à sua integridade física e psíquica, com a preservação dos laços afetivos eventualmente configurados entre a família substituta e o adotado ilegalmente[29].

Portanto, em que pese a ilegalidade da adoção, a atenção às necessidades sociais faz com que as Cortes aceitem a continuidade do vínculo dessa forma criado, desde que isso atenda ao melhor interesse da criança.

3. ENTIDADES FAMILIARES NÃO RECONHECIDAS JURIDICAMENTE COMO TAL

3.1. Famílias paralelas ou simultâneas

Iniciando a seção das entidades ainda não reconhecidas pelo Direito brasileiro como *familiares*, há a situação das famílias paralelas ou simultâneas. Estas envolvem a constituição de união estável entre uma pessoa que já tem relação conjugal ou convivencial e uma ou mais pessoas que são terceiras estranhas à relação conjugal ou convivencial que já tinha a primeira.

Na lógica das famílias paralelas, há a criação de duas ou mais famílias que têm em comum o fato de uma mesma pessoa figurar em todas elas. O exemplo mais comum é o da pessoa do sexo masculino que viaja e passa temporadas inteiras ausente de um lar (*v.g.*, caminhoneiros, militares em

---

[28] No mesmo sentido, v.: CABETTE, Eduardo Luiz Santos; RODRIGUES, Raphael Lopes. Adoção à brasileira: crime ou causa nobre? *Migalhas*, 7 jan. 2019. Disponível em: https://www.migalhas.com.br/dePeso/16,MI293739,51045-Adocao+a+brasileira+crime+ou+causa+nobre. Acesso em: 22 dez. 2019.

[29] STJ, HC 418431/SP, 3.ª Turma, Rel. Min. Moura Ribeiro, j. 05.12.2017.

missões, profissionais itinerantes etc.), e que mantém uma família paralelamente em cada local no qual permanece por mais tempo. Assim, as famílias existem simultaneamente, e as novas parceiras tanto podem saber como desconhecer o fato de que esse homem já tem um relacionamento anterior, e a primeira companheira/cônjuge dele, da mesma forma, pode saber ou não que ele mantém outras famílias em localidades diferentes. Ainda, dentro da lógica das famílias paralelas, há de se pontuar que elas somente são possíveis quando envolvem um casamento ou união estável e outras uniões estáveis. Não é possível casamento na primeira relação e outro casamento na segunda porque isso consistiria em bigamia (e, em tese, o registro sequer seria possível), conforme expressamente veda o art. 235 do Código Penal de 1940 (CP/1940).

Embora haja julgados reconhecendo juridicidade às famílias paralelas, especialmente naquelas em que uma consorte não sabia da outra e para fins sucessórios e previdenciários, a análise dos julgados existentes sobre o tema revela que a jurisprudência nacional ainda não recepcionou de forma pacífica tais entidades, e a posição majoritária, para esse momento, vai no sentido de que não é possível a consideração das uniões subsequentes à primeira como entidades familiares, pois haveria, aí, impedimento matrimonial (CC/2002, art. 1.521, VI) consistente na existência da união anterior (entendimento aplicável também às uniões estáveis, cf. CC/2002, art. 1.723, § 1.º). Nesse sentido, é bastante representativo o Recurso Especial n. 1.682.423/MA, relatado pela Min. Maria Isabel Gallotti e julgado em 30.08.2017, no qual foi asseverado, com base em muitos julgados, que

> (...) é assente na jurisprudência pátria, à luz do impedimento previsto no art. 1.723, § 1.º, do Código Civil, a impossibilidade de se "reconhecer como união estável a relação concubinária não eventual, simultânea ao casamento, quando não estiver provada a separação de fato ou de direito do parceiro casado"[30].

---

[30] BRASIL. Superior Tribunal de Justiça (STJ). Recurso Especial (REsp) n. 1.682.423/MA. Sobre a impossibilidade de reconhecimento jurídico das famílias paralelas. Rel. Min. Maria Isabel Gallotti. Recorrente: N P de C e outros. Recorrido: Herlinda Maria Waquim Anceles. *Portal do STJ*, Brasília, p. 6, 21 ago. 2017. Disponível em: https://jurisprudencia.s3.amazonaws.com/STJ/attachments/STJ_RESP_1682423_7bc7a.pdf?Signature= mCN1tibg5TL2654PtBKnfU-j9Ts4%3D&Expires= 1577115696&AWSAccessKeyId=AKIARMMD5JEAO-765VPOG&response-content-type=application/pdf&x-amz-meta-md5-hash= d827e2c3b5b1c3aeef7b90530a10ff11. Acesso em: 22 dez. 2019.

No mesmo sentido, no julgamento do REsp n. 1.157.273/RN, da Terceira Turma, datado de 2009 e relatado pela Min. Nancy Andrighi, foi pontuado que

> (...) emprestar aos novos arranjos familiares, de uma forma linear, os efeitos jurídicos inerentes à união estável, implicaria julgar contra o que dispõe a lei; isso porque o art. 1.727 do CC/02 regulou, em sua esfera de abrangência, as relações afetivas não eventuais em que se fazem presentes impedimentos para casar, de forma que só podem constituir concubinato os relacionamentos paralelos a casamento ou união estável pré e coexistente[31].

No mesmo sentido caminha a opinião de articulistas que escrevem sobre o assunto[32]. Mesmo assim, há de se pontuar que existem julgados[33] e vozes doutrinárias em sentido contrário[34], e mesmo aqueles que negam essa possibilidade jurídica frequentemente abrem margem para o

---

[31] Cf. BRASIL. Superior Tribunal de Justiça (STJ). Recurso Especial (REsp) n. 1.157.273/RN. Sobre direito civil. Família. Paralelismo de uniões afetivas. Recurso especial. Ações de reconhecimento de uniões estáveis concomitantes. Casamento válido dissolvido. Peculiaridades. Rel.: Nancy Andrighi. Recorrente: D. A. de O. Recorrido: A. L. C. G. e outros. *Portal do STJ*, Brasília, 18 maio 2010. Disponível em: https://ww2.stj.jus.br/websecstj/cgi/revista/REJ.cgi/ITA?seq=973541&nreg=200901892230&dt=20100607&formato=HTML. Acesso em: 20 dez. 2019.

[32] V., por todos, GUIMARÃES, Thais Precoma. Uniões estáveis simultâneas: em recente decisão, o STJ, no Recurso Especial n. 1.157.273/RN, enfrentou diversos julgamentos anteriores e buscou pacificar uma situação muito comum: as uniões estáveis simultâneas. Jurisprudência comentada. *Migalhas*, 23 set. 2010. Disponível em: https://www.migalhas.com.br/dePeso/16,MI117786,101048-Unioes+estaveis+simultaneas. Acesso em: 20 dez. 2019; e GOZZO, Débora; SANTIAGO, Maria Carolina Nomura. Reconhecimento de uniões paralelas para fins previdenciários deve ser exceção. *Portal da Associação de Direito de Família e das Sucessões (ADFAS)*, São Paulo, 26 ago. 2019. Disponível em: http://adfas.org.br/2019/08/26/reconhecimento-de-unioes- paralelas-para-fins-previdenciarios--deve-ser-excecao-2/. Acesso em: 20 dez. 2019.

[33] V., por todos: TJMA, APL 0190482013/MA, 0000728-90.2007.8.10.0115, 3.ª Câmara Cível, Rel. Des. Lourival de Jesus Serejo Sousa, j. 29.05.2014, data de publicação 15.07.2014.

[34] Eu mesma entendo que a análise da juridicidade das famílias paralelas deve ser aferida caso a caso, sendo possível seu reconhecimento jurídico a depender dos interesses em jogo em cada caso concreto.

702 DIREITO CIVIL: DIÁLOGOS ENTRE A DOUTRINA E A JURISPRUDÊNCIA – *Volume II*

reconhecimento excepcional de tais relações, a depender das características do caso concreto[35].

3.2. Família poliafetiva ou poliamorosa

As famílias poliafetivas ou poliamorosas são aquelas formadas pela união afetiva e amorosa de mais de duas pessoas. Basicamente, a relação *poliamorosa* configura-se pelo relacionamento múltiplo e simultâneo de três ou mais pessoas. A pedra de toque para diferenciar a família poliafetiva das famílias paralelas reside no fato de que estas consistem na formação de mais de um núcleo familiar simultaneamente, ao passo que aquela consiste na criação de um único núcleo familiar. Por isso, deve-se reportar às "famílias paralelas" assim, no plural, enquanto a referência à "família poliafetiva" se dá desse modo, no singular.

Sobre essa entidade sociológica, é pacífico, hoje, o entendimento de que ainda não pode ser considerada como entidade familiar para fins jurídicos, pois o poliamor como fato social ainda não contraiu suficiente adesão social para que gerasse uma alteração no ordenamento jurídico. Este – por assim dizer – ainda não é um insopitável fato social que clama por reconhecimento jurídico. Nesse sentido, é bastante representativa a decisão proferida no âmbito do CNJ, no Pedido de Providências n. 0001459-08.2016.2.00.0000, tendo constado no acórdão, de relatoria do Min. João Otávio de Noronha, e disponibilizado em 29.06.2018, que

> (...) a sociedade brasileira não incorporou a "união poliafetiva" como forma de constituição de família, o que dificulta a concessão de *status* tão importante a essa modalidade de relacionamento, que ainda carece de maturação. Situações pontuais e casuísticas que ainda não foram submetidas ao necessário amadurecimento no seio da sociedade não possuem aptidão para ser reconhecidas como entidade familiar. Futuramente, caso haja o amadurecimento da "união poliafetiva" como entidade familiar na sociedade brasileira, a matéria pode ser disciplinada por lei destinada a tratar das suas especificidades (...). O fato de os declarantes afirmarem seu comprometimento uns com os outros perante o tabelião não faz

---

[35] Assim o fez a Min. Nancy Andrighi, no julgado supramencionado, bem como os articulistas suprarreferenciados.

surgir nova modalidade familiar e a posse da escritura pública não gera efeitos de Direito de Família para os envolvidos[36].

Portanto, a relação poliafetiva ainda não é reconhecida pelo Direito brasileiro como família, não havendo sinais de que esse cenário se alterará no curto prazo.

3.3. Família eudemonista

A família eudemonista não é conceito unívoco na doutrina, variando entre um novo modelo de valores familiares que se opõe a um ventilado "modelo patriarcal" até, de forma mais específica, a uma entidade familiar formada única e exclusivamente por vínculos de afetividade. Nesse sentido, seria a família que nasce a partir da escolha, por assim dizer. O vocábulo "eudemonista" é inspirado do grego *eudaimonia*, que significa "felicidade".

A família eudemonista como entidade familiar específica e autônoma, diversa das anteriormente mencionadas, parece não ter guarida na atual conjuntura jurídica. Ela envolveria a criação de laços familiares por qualquer pessoa que convivesse com outra como se família fosse, por exemplo, BFFs[37] que decidem residir juntos, sem o estabelecimento de relação homo ou heteroafetiva entre eles.

Esse conceito de "família eudemonista" tem mais ressonância na atual conjuntura jurídica como forma de expressar que a finalidade buscada pelas famílias contemporâneas não é o atingimento dos planos de um patriarca diretor da família, ou do enriquecimento da família e crescimento de seus negócios, mas sim a felicidade de seus membros, na maior medida possível. Assim, família eudemonista expressa muito mais um *valor* do que uma entidade familiar em si e separada das demais. Nesse sentido, pode-se dizer que quaisquer das famílias anteriores podem ser famílias eudemonistas, desde

---

[36] BRASIL. Conselho Nacional de Justiça (CNJ). Pedido de Providências n. 0001459-08.2016.2.00.0000. Objeto do processo: cartórios extrajudiciais; entidade familiar; união estável poliafetiva; certidão de escritura pública declaratória de união poliafetiva; ilegalidade. Requerente: Associação de Direito de Família e das Sucessões – ADFAS. Requerido: Terceiro Tabelião de Notas e Protesto de Letras e Títulos de São Vicente-SP e outros. Relator: João Otávio de Noronha. *Portal do CNJ*, Brasília, 26 jun. 2018. p. 2.

[37] BFF é a sigla que se utiliza, hoje em dia, para designar pessoas que consideram que serão "amigas para sempre". Trata-se da aglutinação das iniciais, em inglês, de *Best Friends Forever*.

704 | DIREITO CIVIL: DIÁLOGOS ENTRE A DOUTRINA E A JURISPRUDÊNCIA – *Volume II*

que sejam constituídas e desenvolvidas tendo como norte a felicidade de seus membros.

Portanto, embora o conceito de família eudemonista ainda seja muito volúvel, ele tem sido utilizado como reforço argumentativo em decisões que flexibilizam regras formais do ordenamento jurídico em prol da felicidade dos envolvidos. Esse conceito é utilizado dentro da fundamentação de decisões que chancelam, por exemplo, a "adoção à brasileira"[38], a adoção de menores por casais homossexuais[39], o registro da multiparentalidade[40] ou a confirmação da guarda de fato exercida informalmente – e, em tese, irregularmente – por familiar da criança[41].

CONSIDERAÇÕES FINAIS

Portanto, tem-se como conclusão que o ordenamento jurídico brasileiro admite reconhecimento jurídico para as seguintes entidades familiares: família tradicional matrimonial; família tradicional informal; família exclusivamente matrimonial ou convivencial; família homoafetiva; família monoparental; família anaparental; família mosaico; "família" unipessoal; família natural; família ampliada e família substituta. Como entidades atualmente não reconhecidas juridicamente ou reconhecidas com ressalvas, há as famílias paralelas, a família poliafetiva e a família eudemonista. Evidentemente, esse rol é exemplificativo e serve apenas como lista didática para os tipos de família existentes.

As entidades familiares contemporâneas, conforme demonstrado, evoluem com o tempo e são criadas e extintas a todo momento. O dinamismo dessas relações exige do intérprete da norma uma elevada percepção social. O estudioso e aplicador do Direito deve sempre ter mentalidade aberta para recepcionar no ordenamento jurídico – de acordo com os mecanismos

---

[38] Cf. TJSC, HC 4009915-35.2018.8.24.0000/Criciúma, 5.ª Câmara de Direito Civil, Rel. Des. Ricardo Fontes, j. 12.06.2018.

[39] Cf. decisão proferida nos autos do Proc. 240098-55.2015.8.09.0175 e publicada na p. 589 da Seção II do *Diário de Justiça do Estado de Goiás* (*DJGO*), de 06.08.2015.

[40] BRASIL. Supremo Tribunal Federal (STF). Recurso Extraordinário com Repercussão Geral (RE) n. 898.060. Relator: Luiz Fux. Recorrente: A. N. Recorrido: F. G. Tribunal Pleno. *Portal de Jurisprudência do STF*, Brasília, 24 ago. 2017 (publicação).

[41] Nesse sentido, v. decisão proferida nos autos do Proc. n. 408328-62.2015.8.09.0142 e publicada na p. 2878 da Seção III do *Diário de Justiça do Estado de Goiás* (*DJGO*) de 21.06.2016.

Cap. 26 · AS NOVAS ENTIDADES FAMILIARES NA DOUTRINA E NA JURISPRUDÊNCIA | 705

democráticos existentes – as diferentes concepções do que seja família, para que sempre possamos caminhar em direção a uma sociedade mais livre, fraterna e plural.

REFERÊNCIAS

AZEVEDO, Álvaro Villaça. União estável: antiga forma de casamento de fato. *Revista dos Tribunais, On-line*, São Paulo, v. 701, mar. 1994, versão digital (Thomson Reuters).

CABETTE, Eduardo Luiz Santos; RODRIGUES, Raphael Lopes. Adoção à brasileira: crime ou causa nobre? *Migalhas*, 7 jan. 2019. Disponível em: https://www.migalhas.com.br/dePeso/16,MI293739,51045-Adocao+a+brasileira+crime+ou+causa+nobre. Acesso em: 22 dez. 2019.

GOZZO, Débora; SANTIAGO, Maria Carolina Nomura. Reconhecimento de uniões paralelas para fins previdenciários deve ser exceção. *Portal da Associação de Direito de Família e das Sucessões (ADFAS)*, São Paulo, 26 ago. 2019. Disponível em: http://adfas.org.br/2019/08/26/reconhecimento-de-unioes-paralelas-para-fins-previdenciarios-deve-ser-excecao-2/. Acesso em: 20 dez. 2019.

GUIMARÃES, Thais Precoma. Uniões estáveis simultâneas: em recente decisão, o STJ, no Recurso Especial n. 1.157.273/RN, enfrentou diversos julgamentos anteriores e buscou pacificar uma situação muito comum: as uniões estáveis simultâneas. Jurisprudência comentada. *Migalhas*, 23 set. 2010. Disponível em: https://www.migalhas.com.br/dePeso/16,MI117786,101048-Unioes+estaveis+simultaneas. Acesso em: 20 dez. 2019.

INSTITUTO BRASILEIRO DE GEOGRAFIA E ESTATÍSTICA (IBGE). Expectativa de vida dos brasileiros aumenta para 76,3 anos em 2018. *Agência IBGE Notícias*, Brasília, 28 nov. 2019. Disponível em: https://agenciadenoticias.ibge.gov.br/agencia-noticias/2012-agencia-de-noticias/noticias/26103-expectativa-de-vida-dos-brasileiros-aumenta-para-76-3-anos-em-2018. Acesso em: 22 dez. 2019.

INSTITUTO BRASILEIRO DE GEOGRAFIA E ESTATÍSTICA (IBGE). Registro Civil 2018: casamentos entre pessoas do mesmo sexo aumentam 61,7% em um ano. *Agência IBGE Notícias*, Brasília, 4 dez. 2019. Disponível em: https://agenciadenoticias.ibge.gov.br/agencia-sala-de-imprensa/2013-agencia-de-noticias/releases/26195-registro-civil-2018-casamentos-entre-pessoas-do-mesmo-sexo-aumentam-61-7-em-um-ano. Acesso em: 22 dez. 2019.

INSTITUTO BRASILEIRO DE GEOGRAFIA E ESTATÍSTICA (IBGE). Registro Civil 2011: taxa de divórcios cresce 45,6% em um ano. *Agência IBGE Notícias*, Brasília, 17 dez. 2012. Disponível em: https://agenciadenoticias.ibge.gov.br/agencia-sala-de-imprensa/2013-agencia-de-noticias/releases/14339-asi-registro-civil-2011-taxa-de-divorcios-cresce-456-em-um-ano. Acesso em: 22 dez. 2019.

LABOISSIÈRE, Paula. Brasil tem 8,7 mil crianças à espera de uma família, diz CNJ. *Agência Brasil*, Brasília, 25 maio 2018. Disponível em: http://agenciabrasil.ebc.com.br/geral/noticia/2018-05/brasil-tem-87-mil-criancas-espera-de-uma-familia-diz-cnj. Acesso em: 22 dez. 2019.

ORGANIZAÇÃO DAS NAÇÕES UNIDAS (ONU). Seção do Brasil. Taxa de gravidez adolescente no Brasil está acima da média latino-americana e caribenha. *Portal da ONU/BR*, 28 fev. 2018. Disponível em: https://nacoesunidas.org/taxa-de-gravidez-adolescente-no-brasil-esta-acima-da-media-latino-americana-e-caribenha/. Acesso em: 22 dez. 2019.

SIMÃO, José Fernando. Retroagir ou não retroagir: eis a questão. *Consultor Jurídico (Conjur)*, São Paulo, 27 set. 2015. Disponível em: https://www.conjur.com.br/2015-set-27/processo-familiar-retroagir-ou-nao-retroagir-eis-questao. Acesso em: 22 dez. 2019.

TARTUCE, Flávio. *Direito civil*: direito de família. 14. ed. Rio de Janeiro: Forense, 2019. v. 5. Versão digital (minhabiblioteca).

TARTUCE, Flávio. Direito de família e das sucessões: desafios para o futuro – parte II. *Migalhas*, 27 fev. 2019. Disponível em: https://www.migalhas.com.br/FamiliaeSucessoes/104,MI297153,11049-Direito+de+Famili a+e+das+Sucessoes+Desafios+para+o+futuro+Parte+II. Acesso em: 22 dez. 2019.

VEJA. Um a cada três casamentos termina em divórcio no Brasil, São Paulo, 9 jan. 2018. Disponível em: https://veja.abril.com.br/brasil/um-a-cada-tres-casamentos-termina-em-divorcio-no-brasil/. Acesso em: 22 dez. 2019.

VIEIRA, Flávia David; SILVA, Edvania Gomes da. O instituto do matrimônio nas Ordenações Filipinas: os efeitos de sentido de "casamento" na legislação portuguesa aplicada no Brasil. *Revista Eletrônica Linguasagem*, São Carlos, v. 23, n. 1, 2015. Disponível em: http://www.linguasagem.ufscar.br/index.php/linguasagem/article/view/60. Acesso em: 20 dez. 2019.

SEPARAÇÃO CONVENCIONAL DE BENS

27

POLÊMICAS NA SUCESSÃO DE CÔNJUGE: SEPARAÇÃO CONVENCIONAL DE BENS

PAULO DIAS DE MOURA RIBEIRO

A interpretação do art. 1.829, I, do CC, no que se refere ao regime da separação convencional de bens, visando definir a possibilidade de participação do cônjuge supérstite na sucessão como herdeiro necessário em concorrência com os descendentes do falecido, é matéria controvertida na doutrina e na jurisprudência pátria.

A jurisprudência do Superior Tribunal de Justiça é no sentido de que o pacto antenupcial celebrado no regime de separação convencional somente dispõe acerca da incomunicabilidade de bens e do seu modo de administração no curso do casamento, não produzindo efeitos após a morte de um dos cônjuges.

Dessa forma, o cônjuge sobrevivente é herdeiro necessário e concorre com os descendentes do autor da herança se referido regime de bens foi o adotado, conforme decidido pela Segunda Seção do Superior Tribunal de Justiça, vencido o meu posicionamento sobre a matéria:

> Civil. Direito das sucessões. Cônjuge. Herdeiro necessário. Art. 1.845 do CC. Regime de separação convencional de bens. Concorrência com descendente. Possibilidade. Art. 1.829, I, do CC.
>
> 1. O cônjuge, qualquer que seja o regime de bens adotado pelo casal, é herdeiro necessário (art. 1.845 do Código Civil).
>
> 2. No regime de separação convencional de bens, o cônjuge sobrevivente concorre com os descendentes do falecido. A lei afasta a concorrência apenas quanto ao regime da separação legal de bens

prevista no art. 1.641 do Código Civil. Interpretação do art. 1.829, I, do Código Civil.

3. Recurso especial desprovido (REsp 1.382.170/SP, 2.ª Seção, Rel. Min. Moura Ribeiro, Rel. p/ acórdão Min. João Otávio de Noronha, j. 22.04.2015, *DJe* 26.05.2015).

Anteriormente, na Terceira Turma, meu posicionamento também não foi adotado pelo órgão julgador, em acórdão da relatoria do Ministro Ricardo Villas Bôas Cueva:

> Recurso especial. Direito das sucessões. Inventário e partilha. Regime de bens. Separação convencional. Pacto antenupcial por escritura pública. Cônjuge sobrevivente. Concorrência na sucessão hereditária com descendentes. Condição de herdeiro. Reconhecimento. Exegese do art. 1.829, I, do CC/02. Avanço no campo sucessório do Código Civil de 2002. Princípio da vedação ao retrocesso social.
>
> 1. O art. 1.829, I, do Código Civil de 2002 confere ao cônjuge casado sob a égide do regime de separação convencional a condição de herdeiro necessário, que concorre com os descendentes do falecido independentemente do período de duração do casamento, com vistas a garantir-lhe o mínimo necessário para uma sobrevivência digna.
>
> 2. O intuito de plena comunhão de vida entre os cônjuges (art. 1.511 do Código Civil) conduziu o legislador a incluir o cônjuge sobrevivente no rol dos herdeiros necessários (art. 1.845), o que reflete irrefutável avanço do Código Civil de 2002 no campo sucessório, à luz do princípio da vedação ao retrocesso social.
>
> 3. O pacto antenupcial celebrado no regime de separação convencional somente dispõe acerca da incomunicabilidade de bens e o seu modo de administração no curso do casamento, não produzindo efeitos após a morte por inexistir no ordenamento pátrio previsão de ultratividade do regime patrimonial apta a emprestar eficácia póstuma ao regime matrimonial.
>
> 4. O fato gerador no direito sucessório é a morte de um dos cônjuges e não, como cediço no direito de família, a vida em comum. As situações, porquanto distintas, não comportam tratamento homogêneo, à luz do princípio da especificidade, motivo pelo qual a intransmissibilidade patrimonial não se perpetua *post mortem*.

Cap. 27 • POLÊMICAS NA SUCESSÃO DE CÔNJUGE: SEPARAÇÃO CONVENCIONAL DE BENS | 711

5. O concurso hereditário na separação convencional impõe-se como norma de ordem pública, sendo nula qualquer convenção em sentido contrário, especialmente porque o referido regime não foi arrolado como exceção à regra da concorrência posta no art. 1.829, I, do Código Civil.

6. O regime da separação convencional de bens escolhido livremente pelos nubentes à luz do princípio da autonomia de vontade (por meio do pacto antenupcial), não se confunde com o regime da separação legal ou obrigatória de bens, que é imposto de forma cogente pela legislação (art. 1.641 do Código Civil), e no qual efetivamente não há concorrência do cônjuge com o descendente.

7. Aplicação da máxima de hermenêutica de que não pode o intérprete restringir onde a lei não excepcionou, sob pena de violação do dogma da separação dos Poderes (art. 2º da Constituição Federal de 1988).

8. O novo Código Civil, ao ampliar os direitos do cônjuge sobrevivente, assegurou ao casado pela comunhão parcial cota na herança dos bens particulares, ainda que os únicos deixados pelo falecido, direito que pelas mesmas razões deve ser conferido ao casado pela separação convencional, cujo patrimônio é, inexoravelmente, composto somente por acervo particular.

9. Recurso especial não provido (REsp 1.472.945/RJ, 3.ª Turma, Rel. Min. Ricardo Villas Bôas Cueva, j. 23.10.2014, *DJe* 19.11.2014).

Algumas vozes acadêmicas, e até no seio do Col. STJ, afirmam o descompasso da regra em face da vontade dos cônjuges que se casaram, sem o impedimento da idade, no regime da separação de bens, porque foge à compreensão jurídica que tal regime convencional não produza, pelo pacto antenupcial, o mesmo efeito jurídico que produziu durante a vida dos cônjuges.

Com todo o acatamento, não pode haver efeito jurídico diverso para quem se casa com pacto de separação total de bens, diante dos que se casam em tal regime por força de lei, porque a norma não fez tal distinção. Não faz sentido possibilitar aos cônjuges a livre escolha do regime de bens, formalizada no pacto antenupcial, para depois lhes negar os efeitos práticos do regime licitamente escolhido.

O art. 1.687 do CC/2002 dispõe que, "estipulada a separação de bens, estes permanecerão sob a administração exclusiva de cada um dos cônjuges, que os poderá livremente alienar ou gravar de ônus real".

O art. 1.829, I, do CC/2002 estabelece que a sucessão legítima é deferida aos descendentes em concorrência com o cônjuge sobrevivente, salvo se casado com o falecido no regime da separação obrigatória de bens.

Portanto, a melhor exegese é aquela que entende não ser possível a alteração dos efeitos jurídicos do regime matrimonial *post mortem* na separação convencional de bens, devendo ser mantida a coerência com a vontade manifestada pelos cônjuges durante toda a vida em comum.

Dessarte, pouco importa se os cônjuges permaneceram casados por poucos meses ou longos anos, pois o direito à sucessão não pode ser visto como um "prêmio" concedido ao cônjuge supérstite, mas sim, como um direito que lhe é resguardado, em respeito ao regime de bens adotado e à proteção que cada um quis dar à sua prole *post mortem*.

A liberdade, prevista no art. 5º, *caput*, da Constituição Federal, é sintetizada na autonomia da vontade no âmbito do direito privado.

O princípio da exclusividade, que rege a vida do casal e veda a interferência de terceiros ou do próprio Estado nas opções feitas licitamente quanto aos aspectos patrimoniais e extrapatrimoniais da vida familiar corrobora a interpretação conjunta dos arts. 1.829, I, e 1.687 do CC/2002.

Não há que se confundir regime de bens e direito sucessório, mas há que se interpretar, de forma sistemática, os dispositivos legais que permitam a preservação dos fins da livre manifestação da vontade admitida pela lei.

O regime da separação de bens é obrigatório tanto por força do pacto antenupcial quanto por força da lei e os seus objetivos jurídicos devem preponderar.

Interpretação diversa esvaziaria o art. 1.687 do CC/2002 e, por consequência, a livre manifestação da vontade no momento crucial da morte de um dos cônjuges.

Esse é o posicionamento de Miguel Reale:

> Se o cônjuge casado no regime de separação de bens fosse considerado herdeiro necessário do autor da herança, estaríamos ferindo substancialmente o disposto no art. 1.687, sem o qual desapareceria todo o regime da separação de bens, em razão do conflito inadmissível entre esse artigo e o art. 1.829, I, fato que jamais poderá ocorrer numa codificação à qual é inerente o princípio da unidade sistemática.
>
> Entre uma interpretação que esvazia o art. 1.687 no momento crucial da morte de um dos cônjuges e uma outra que interpreta de

Cap. 27 · POLÊMICAS NA SUCESSÃO DE CÔNJUGE: SEPARAÇÃO CONVENCIONAL DE BENS | 713

maneira complementar os dois citados artigos, não se pode deixar de dar preferência à segunda solução, a qual, ademais, atende à interpretação sistemática, essencial à exegese jurídica.

Se, no entanto, apesar da argumentação por mim aqui desenvolvida, ainda persistir a dúvida sobre o inc. I do art. 1.829, o remédio será emendá-lo, eliminado o adjetivo "obrigatória". Com essa supressão o cônjuge sobrevivente não teria a qualidade de herdeiro, "se casado com o falecido no regime de comunhão universal, ou no de separação de bens".[1]

Eduardo de Oliveira Leite compartilha do mesmo entendimento:

A coerência e cientificidade de Reale mais uma vez se impõe: desconsiderar os efeitos decorrentes do regime de separação convencional revela-se, senão difícil, impossível, e desconsiderar a vontade manifesta das partes materializada no pacto antenupcial implicaria invalidar um ato jurídico formal, que produziu todos os efeitos durante a vida em comum do casal e, pois, não poderia deixar de valer após a morte de um de seus subscritores.

Desconsiderar o escopo da separação convencional, devidamente materializada no formalismo do pacto antenupcial, acarretaria uma insegurança jurídica que fica negada veementemente, pelas mais elementares noções de Direito. Ou, como agudamente concluiu Daneluzzi, "os titulares dos bens tinham certeza que eles permaneceriam no âmbito de determinada família; o que veio a causar espécie é que essas pessoas não terão mais a mesma certeza, o que poderá provocar insegurança jurídica, em que pesem as justificativas para tal mudança coadunarem com o anseio de transformação familiar, privilegiando a afetividade, em detrimento da consanguinidade".[2]

No julgamento do REsp 1.111.095/RJ pela Quarta Turma do Col. STJ, o Ministro Fernando Gonçalves proferiu voto-vista seguindo a citada orientação

---

[1] REALE, Miguel. *Estudos preliminares do Código Civil*. São Paulo: RT, 2003. p. 63.

[2] LEITE, Eduardo de Oliveira. Do direito das sucessões. In: TEIXEIRA, Sálvio de Figueiredo (coord.). *Comentários ao novo Código Civil*. 5. ed. Rio de Janeiro: Forense, 2009. v. XXI, p. 277-278.

doutrinária de Miguel Reale e concluiu que a melhor exegese do art. 1.829, I, do CC/2002 não é a que considera o cônjuge sobrevivente, casado no regime de separação convencional de bens, herdeiro necessário.

Confira-se, por oportuno, a argumentação utilizada:

> De fato, o legislador reconhece aos nubentes, já desde o Código Civil de 1916, a possibilidade de autodeterminação no que se refere ao seu patrimônio, autorizando-lhes a escolha do regime de bens, dentre os quais o da separação total, no qual, segundo Pontes de Miranda, "os patrimônios dos cônjuges permanecem incomunicáveis, de ordinário sob a administração exclusiva de cada cônjuge, que só precisa da outorga do outro cônjuge, para a alienação dos bens de raiz" (*Tratado de Direito Privado*. São Paulo: Ed. Borsoi, tomo 8, p. 343), incomunicabilidade que se perpetua com o falecimento de um deles, dada a possibilidade de se excluir o cônjuge sobrevivente da qualidade de herdeiro, através de testamento, como no caso em comento.
>
> Assim, qualquer que seja a razão pela qual os cônjuges decidem por renunciar um ao patrimônio do outro, essa determinação é respeitada pela lei anterior. No novo Código Civil, porém, adota-da interpretação literal do art. 1.829, se conclui pela inclusão do cônjuge sobrevivente como herdeiro necessário, o que no caso de separação convencional de bens, significa que é concedido aos consortes liberdade de autodeterminação em vida, retirada essa, porém, com o advento da morte, transformando a sucessão em uma espécie de proteção previdenciária.
>
> Cuida-se, iniludivelmente, de quebra na estrutura do sistema codificado. Com efeito, não há como compatibilizar as disposições do art. 1.639, que autoriza os nubentes a estipular o que lhes aprouver em relação a seus bens, bem como do art. 1.687, que permite a adoção do regime de separação absoluta de bens (afastando, inclusive, a necessidade de outorga do outro cônjuge para a alienação de bens), com os termos do art. 1.829, que eleva o cônjuge sobrevivente à qualidade de herdeiro necessário, determinando, inexoravelmente, a comunicabilidade dos patrimônios. De fato, seria de se questionar o porquê de se escolher a incomunicabilidade de bens, se eles necessariamente se somarão no futuro.
>
> (...)

Cap. 27 • POLÊMICAS NA SUCESSÃO DE CÔNJUGE: SEPARAÇÃO CONVENCIONAL DE BENS | 715

Pouco resta a acrescentar.

De fato, a interpretação ampliativa do termo "separação obrigatória", constante do art. 1.829, inciso I, do Código Civil de 2002, para abranger não somente as hipóteses elencadas no art. 1.640, parágrafo único, mas também os casos em que os cônjuges estipulam a separação absoluta de seus patrimônios, não esbarra na intenção do legislador quando decide corrigir eventuais injustiças decorrentes da alteração do regime legal, ao mesmo tempo em que respeita o direito de autodeterminação concedido aos cônjuges no atinente a seu patrimônio tanto pela legislação anterior, quanto pela presente.

Além disso, se evita a perplexidade retratada no caso em comento, no qual os cônjuges de maneira cristalina e reiterada estipulam a forma de destinação de seus bens e acabam por ter suas determinações feridas, ainda que *post mortem*.

Naquela oportunidade, o Ministro Luis Felipe Salomão consignou no seu voto-vista as seguintes conclusões:

– tendo sido fixado, em pacto antenupcial firmado sob a égide do Código Civil de 1916, o regime de separação de bens, em estrita observância ao referido princípio da autonomia da vontade, lei alguma posterior poderia alterá-lo por se tratar de ato jurídico perfeito;

– permanecendo, portanto, com plena eficácia, o pacto antenupcial, devem ser respeitados os atos jurídicos subsequentes, dele advindos, especialmente o testamento celebrado por um dos cônjuges;

– existe, no plano sucessório, influência inegável do regime de bens no casamento, não se podendo afirmar que são absolutamente independentes e sem relacionamento no tocante às causas e aos efeitos esses institutos que a lei particulariza nos direitos de família e das sucessões;

– a dissolução do casamento pela morte dos cônjuges não autoriza que a partilha de seus bens particulares seja realizada por forma diversa da admitida pelo regime de bens a que submetido o casamento e nem transforma o testamento, se feito por qualquer deles em conformidade com as disposições da lei e levando em conta o pacto antenupcial adotado, em ato jurídico inoperante, imperfeito e inacabado.

O aludido julgado ficou com a seguinte ementa:

> Direito das sucessões. Recurso especial. Pacto antenupcial. Separação de bens. Morte do varão. Vigência do novo Código Civil. Ato jurídico perfeito. Cônjuge sobrevivente. Herdeiro necessário. Interpretação sistemática.
>
> 1. O pacto antenupcial firmado sob a égide do Código de 1916 constitui ato jurídico perfeito, devendo ser respeitados os atos que o sucedem, sob pena de maltrato aos princípios da autonomia da vontade e da boa-fé objetiva.
>
> 2. Por outro lado, ainda que afastada a discussão acerca de direito intertemporal e submetida a questão à regulamentação do novo Código Civil, prevalece a vontade do testador. Com efeito, a interpretação sistemática do *Codex* autoriza conclusão no sentido de que o cônjuge sobrevivente, nas hipóteses de separação convencional de bens, não pode ser admitido como herdeiro necessário.
>
> 3. Recurso conhecido e provido (REsp 1.111.096/RJ, 4.ª Turma, Rel. Min. Carlos Fernando Mathias, Rel. p/ acórdão Min. Fernando Gonçalves, *DJe* 11.02.2010).

A doutrina de Eduardo de Oliveira Leite, mais uma vez, nos fornece imprescindíveis lições a esse respeito. Segundo o autor, o art. 1.829, I, do CC/2002 deve ser interpretado de forma ampla, de modo a excluir da concorrência na herança o cônjuge sobrevivente com os descendentes, se casado com o falecido no regime da separação convencional:

> (...) o crucial e polêmico questionamento, sempre invocado, é o de se a previsão do art. 1.829, I, do Código Civil, exclui da concorrência o cônjuge sobrevivente com os descendentes na herança, apenas e tão somente se casado com o falecido no regime da separação obrigatória, isto é, refere-se apenas à situação matrimonial imposta por lei, ou abrange, indistintamente, todo e qualquer regime de separação de bens, tanto o legal quanto o convencional (ou consensual).
>
> Tudo aponta para uma exegese finalista (ou teleológica) que guarda coerência com o sistema civil brasileiro encarado como um todo e, portanto, tendente a interpretar a nova norma codificada de forma ampla, abrangendo, indistintamente, tanto o regime da separação legal de bens quanto o convencional.[3]

---

[3]   LEITE, Eduardo de Oliveira. Do direito das sucessões cit., p. 276.

Cap. 27 • POLÊMICAS NA SUCESSÃO DE CÔNJUGE: SEPARAÇÃO CONVENCIONAL DE BENS | 717

Zeno Veloso, sobre o dispositivo legal supracitado, afirma que o legislador cominou um ônus (impossibilidade de concorrência do cônjuge sobrevivente com os descendentes do falecido na herança do cônjuge falecido) aos que se casaram no regime de separação obrigatória de bens, porque "o patrimônio que permaneceu incomunicável em vida não deve mudar de situação depois da morte, pelo menos com relação aos descendentes do falecido, que ficarão com todos os bens que ele deixou, sem precisar dividi-los com o cônjuge sobrevivente".[4]

Maria Berenice Dias defende que a redação do art. 1.829, I, do CC/2002 não atende ao princípio da razoabilidade, por afrontar a igualdade e a liberdade que sustentam o dogma maior da dignidade humana:

> A falta de congruência da lei torna-se mais evidente ao se atentar que, no regime convencional da separação, em que um cônjuge não é herdeiro do outro, o sobrevivente é brindado com o direito de concorrer com os sucessores.
>
> Tratamentos tão antagônicos e paradoxais não permitem identificar a lógica que norteou a casuística limitação levada a efeito pelo legislador. Quando se depara com situações que refogem à razão, não se conseguindo chegar a uma interpretação que se conforme com a justiça, há que reconhecer que deixou o codificador de atender ao princípio da razoabilidade, diretriz constitucional que cada vez mais vem sendo invocada para subtrair eficácia a leis que afrontam os princípios prevalentes do sistema jurídico. São a igualdade e a liberdade que sustentam o dogma maior de respeito à dignidade humana. E nada, absolutamente nada autoriza infringência ao princípio da igualdade, ao se darem soluções díspares a hipóteses idênticas e tratamento idêntico a situações diametralmente distintas. Também nítida é a afronta ao princípio da liberdade ao se facultar a escolha do regime de bens e introduzir modificações que desconfiguram a natureza do instituto e alteram a vontade dos cônjuges. Desarrazoado não disponibilizar a alguém qualquer possibilidade de definir o destino que quer dar a seus bens.[5]

---

[4] VELOSO, Zeno. *Direito hereditário do cônjuge e do companheiro*. São Paulo: Saraiva, 2010. p. 69-70.

[5] DIAS, Maria Berenice. Filhos, bens e amor não combinam! Disponível em: <http://www.mariaberenice.com.br>. Acesso em: 9 out. 2014.

Ao dizer que a redação do inciso I do art. 1.829 do CC/2002 *é tormento-samente terrível*, Sílvio de Salvo Venosa pontifica que, *"em matéria de direito hereditário do cônjuge, assim como do convivente, este Código Civil de 2002 representa uma tragédia jurídica, um desprestígio e um despreparo do nosso meio jurídico e de nossos legisladores, tamanhas as impropriedades dos textos que afluem para perplexidades interpretativas* e acrescenta *que melhor será que seja reescrito e que se apague o que foi feito, como uma mancha na cultura jurídica nacional."* Ressalta que *o mal está feito e a lei está vigente*, recomen-dando que *ela seja aplicada da forma mais socialmente aceitável*, e adverte que injustiças e insegurança sociais serão inevitáveis.[6]

O casal Nery também entende que a escolha do regime matrimonial deve ser preservada após a morte e que a regra inserida no art. 1.829, I, do CC/2002 não se coaduna com a finalidade do regime jurídico da separação de bens:

> *I: 16. Separação convencional. Crítica e sugestão "de lege ferenda".* O CC fez uma escolha política: quis, como regra, instituir como herdeiro necessário o cônjuge sobrevivente. (...)
>
> De fato, a solução do CC 1.829 I não se coaduna com a finalidade institucional do regime jurídico da separação de bens no casamen-to. Manifestações da doutrina e do público em geral evidenciam, entretanto, que a vontade da lei não corresponderia à vontade geral com relação, principalmente, à condição de herdeiro dos casados sob o regime da separação convencional de bens. Destarte, faze-mos sugestão para que a norma possa ser reformada, no sentido de excluir-se do CC 1.829 I a expressão "obrigatória", bem como a remissão equivocada ao CC 1.640 par. ún. Com isso, não concorreria com o herdeiro descendente do morto o casado sob o regime da separação de bens, em qualquer de suas modalidades (separação obrigatória e separação convencional).[7]

Por isso, enquanto não houver alteração legislativa, a melhor solução será interpretar o texto legal de acordo com o sistema jurídico estabelecido na Constituição Federal e no Código Civil.

---

[6]   VENOSA, Sílvio de Salvo. *Código Civil interpretado*. São Paulo: Atlas, 2010. p. 1.662.

[7]   NERY JÚNIOR, Nelson; NERY, Rosa Maria de Andrade. *Código de Processo Civil comentado e legislação extravagante*. 3. ed. São Paulo: RT, 2005. p. 844.

Cap. 27 · POLÊMICAS NA SUCESSÃO DE CÔNJUGE: SEPARAÇÃO CONVENCIONAL DE BENS | **719**

É louvável a posição que vê na lei uma maior proteção ao cônjuge sobrevivente como corolário da dignidade da pessoa humana.

No entanto, sob outro prisma, os filhos teriam diminuída sua participação na herança, apesar da livre manifestação da vontade pactuada em vida pelos seus pais, na maioria das vezes, com a pretensão de melhor proteger o direito sucessório de sua prole. E não se pode esquecer que os filhos também merecem a proteção da lei, visando à preservação da sua dignidade.

Mauro Antonini, que compartilha da posição aqui abraçada, também não vê solução para o cônjuge que pretende preservar íntegro o direito sucessório da prole, pois a única hipótese que vislumbra (pacto antenupcial com cláusula de exclusão da concorrência do cônjuge com os descendentes na sucessão *causa mortis*) também necessitaria de um melhor olhar jurídico:

> O problema não resolvido pelo atual Código – e parece ser a fonte de preocupação do professor Miguel Reale – é o receio do cônjuge, casado por separação convencional, de, com sua morte, parte de seu patrimônio se transferir ao sobrevivente e, depois, aos filhos exclusivos deste ou a um possível novo cônjuge. Não se vislumbra, no entanto, saída para essas situações em face da redação atual do art. 1.829, I. Uma solução, "de lege ferenda", seria a proposta pelo professor Miguel Reale, de suprimir a expressão obrigatória, passando a ser excluído da concorrência o cônjuge casado por qualquer modalidade de separação, convencional ou legal. A desvantagem seria a de que o sistema do atual Código, de proteger o cônjuge sobrevivente em cota hereditária nos bens particulares, seria desvirtuado, retrocedendo-se ao sistema do Código Civil de 1916, com significativo atraso em relação às legislações de outros países, mais avançadas, que conferem maior proteção ao viúvo.

> Outra solução, também "de lege ferenda", talvez mais apropriada, seria permitir que, no pacto antenupcial, ao se optar pela separação convencional, fosse possível acrescentar a exclusão da concorrência com os descendentes na sucessão "causa mortis". A questão seria relegada, assim, à opção dos nubentes, segundo suas conveniências, preservando-se, em contrapartida, a possibilidade de manter a maior proteção do cônjuge pela qual optou o atual Código. Essa solução, como salientado, demanda alteração legislativa por causa da norma que veda o pacto sucessório (sobre a impossibilidade de pacto sucessório, ainda que para fins de renúncia a direito hereditário, em pacto antenupcial, confira-se lição de MONTEIRO,

Washington de Barros. *Curso de Direito Civil*, 21. ed. São Paulo, Saraiva, 1983, v. II, p. 152). Essa alteração legislativa parece possível, uma vez que, por exemplo, há disposições do Código Civil Português que permitem pacto sucessório restrito entre cônjuges no pacto antenupcial (cf. arts. 1.700 a 1.707).[8]

Por fim, o acórdão de relatoria da Ministra Nancy Andrighi bem expressa a defesa aqui adotada sobre a matéria:

– O regime de separação obrigatória de bens, previsto no art. 1.829, inc. I, do CC/02, é gênero que congrega duas espécies: (i) separação legal; (ii) separação convencional. Uma decorre da lei e a outra da vontade das partes, e ambas obrigam os cônjuges, uma vez estipulado o regime de separação de bens, à sua observância.

– Não remanesce, para o cônjuge casado mediante separação de bens, direito à meação, tampouco à concorrência sucessória, respeitando-se o regime de bens estipulado, que obriga as partes na vida e na morte. Nos dois casos, portanto, o cônjuge sobrevivente não é herdeiro necessário.

– Entendimento em sentido diverso suscitaria clara antinomia entre os arts. 1.829, inc. I, e 1.687, do CC/02, o que geraria uma quebra da unidade sistemática da lei codificada, e provocaria a morte do regime de separação de bens. Por isso, deve prevalecer a interpretação que conjuga e torna complementares os citados dispositivos. (...) (REsp 992.749/MS, 3.ª Turma, j. 01.12.2009, *DJe* 05.02.2010).

O posicionamento da eminente Ministra Nancy Andrighi foi reiterado no julgamento do AgInt no AREsp 187.515, de relatoria do Ministro Ricardo Villas Bôas Cueva, na sessão da Terceira Turma de 04.04.2017, com minha adesão à divergência apresentada pela Ministra, estando o feito suspenso no aguardo de convocação de Ministro da Quarta Turma após verificado empate no julgamento.

A interpretação atual do art. 1.829, I, do CC/2002 fere, depois da morte, o desejo dos cônjuges casados no regime da separação de bens por força de pacto antenupcial.

---

[8]   Lei n. 10.406, de 10 de janeiro de 2002. In: PELUSO, Cezar (org.). *Código Civil comentado*: doutrina e jurisprudência. São Paulo: Manole, 2007. p. 1.822.

Cap. 27 • POLÊMICAS NA SUCESSÃO DE CÔNJUGE: SEPARAÇÃO CONVENCIONAL DE BENS | 721

Em suma, o que entre o casal prevaleceu em vida, depois da morte de um deles não prevalecerá. E isso não parece juridicamente razoável.

A proteção da personalidade do morto condiz com a sua dignidade, conforme bem assinalaram Miguel Reale e Judith Martins-Costa:

> Nas palavras de Pontes de Miranda, o fenômeno sucessório apresenta-se em todas as partes do Direito Civil como a continuação em outrem de uma relação jurídica que cessou para o respectivo sujeito. A continuidade é patrimonial, e não só: a tutela aos direitos de personalidade do morto (de sua honra, de seus direitos autorais extrapatrimoniais, de sua imagem, a própria proteção jurídica ao túmulo) revela, como privilegiados prismas, verdadeiras inscrições indelevelmente feitas em nosso código antropológico. (...)
>
> (...) a personalidade do morto permanece para várias eficácias para além do momento temporal marcado pelo fato biológico da morte – que justifica, por exemplo, o tratamento dos direitos de personalidade "post mortem".
>
> A "ratio" dessa proteção restou evidenciada desde a célebre decisão do BGH (Tribunal Supremo alemão), no "caso Mephisto", protegendo a imagem e a personalidade do falecido Gustav Grundgens não com base no direito penal (regras que vedam o ultraje à memória de um morto), mas com base no direito geral de personalidade constitucionalmente deduzido do princípio da dignidade da pessoa humana, como assinalado na seguinte passagem:
>
> "Resultaría inconciliable con el precepto constitucional de la inviolabilidad de la dignidad humana que preside todo Derecho Fundamental, que el hombre, al que corresponde dicha dignidad por ser persona, pudiera quedar desposeido de ella o vejado en su consideración después de la muerte".[9]

Feitas tais considerações, a melhor interpretação do art. 1.829, I, do CC/2002 é a que está em consonância com o disposto no art. 1.687 do mesmo diploma, valorizando a autonomia privada da vontade das partes

---

[9]   Casamento sob o regime da separação total de bens, voluntariamente escolhido pelos nubentes. Compreensão do fenômeno sucessório e seus critérios hermenêuticos. A força normativa do pacto antenupcial. *Revista Trimestral de Direito Civil*, Rio de Janeiro, ano 6, v. 24, p. 209-211, out./dez. 2005.

na escolha do regime de bens, mantendo os seus efeitos jurídicos intactos após a morte.

Em arremate e em reforço ao exposto, não se pode esquecer que o Plenário do Col. Supremo Tribunal Federal definiu, no dia 10 de maio de 2017, que é inconstitucional o art. 1.790 do CC/2002 ao estabelecer diferenciação dos direitos de cônjuges e companheiros para fins sucessórios.

Saiu da pena do Ministro Luís Roberto Barroso a seguinte tese: "no sistema constitucional vigente, é inconstitucional a distinção de regimes sucessórios entre cônjuges e companheiros, devendo ser aplicado em ambos os casos o regime estabelecido no artigo 1.829 do CC/02".

Entretanto, é de todo conveniente lembrar que o Ministro Marco Aurélio Mello, relator do caso (RE 646.721), votou no sentido de desprover o recurso, pois para ele não se pode equiparar a união estável ao casamento se a Constituição não o fez. Veja-se:

> É temerário igualizar os regimes familiares a repercutir nas relações sociais desconsiderando por completo o ato de vontade direcionado à constituição de específica entidade familiar que a Carta da República prevê distinta, inconfundível com o casamento, e, portanto, a própria autonomia dos indivíduos de como melhor conduzir a vida a dois.

Mais um argumento, se os demais já não bastassem, para não se dar ao cônjuge supérstite casado no regime legal da separação de bens direito sucessório que ele nem sequer pretendia, ou imaginava vir a ter quando de seu casamento naquele regime.

A vontade dos cônjuges manifestada em vida, quanto ao destino do patrimônio de cada qual, precisa e deve ser preservada depois da morte de um deles.

REFERÊNCIAS

ANTONINI, Mauro. Lei n. 10.406, de 10 de janeiro de 2002. In: PELUSO, Cezar (org.). *Código Civil comentado*: doutrina e jurisprudência. São Paulo: Manole, 2007.

DIAS, Maria Berenice. Filhos, bens e amor não combinam! Disponível em: <http://www.mariaberenice.com.br>. Acesso em: 9 out. 2014.

LEITE, Eduardo de Oliveira. Do direito das sucessões. In: TEIXEIRA, Sálvio de Figueiredo (coord.). *Comentários ao novo Código Civil*. 5. ed. Rio de Janeiro: Forense, 2009. v. XXI.

NERY JÚNIOR, Nelson; NERY, Rosa Maria de Andrade. *Código de Processo Civil comentado e legislação extravagante*. 3. ed. São Paulo: RT, 2005.

REALE, Miguel. *Estudos preliminares do Código Civil*. São Paulo: RT, 2003.

REALE, Miguel; MARTINS-COSTA, Judith. Casamento sob o regime da separação total de bens, voluntariamente escolhido pelos nubentes. Compreensão do fenômeno sucessório e seus critérios hermenêuticos. A força normativa do pacto antenupcial. *Revista Trimestral de Direito Civil*, Rio de Janeiro, ano 6, v. 24, out./dez. 2005.

VELOSO, ZENO. *Direito hereditário do cônjuge e do companheiro*. São Paulo: Saraiva, 2010.

VENOSA, Sílvio de Salvo. *Código Civil interpretado*. São Paulo: Atlas, 2010.

28

SEPARAÇÃO CONVENCIONAL DE BENS, EXPECTATIVA DE FATO E RENÚNCIA DA CONCORRÊNCIA SUCESSÓRIA EM PACTO ANTENUPCIAL

ROLF MADALENO

SUMÁRIO: 1. Regime da separação convencional de bens; 2. A autonomia privada e o poder de disposição; 3. O regime convencional da separação de bens; 4. Os pactos antenupciais e sucessórios e o regime da separação de bens; 5. Os pactos sucessórios, os benefícios viduais e a expectativa de direito e de fato; 6. A Lei 48/2018 de Portugal e outras conclusões; Referências.

1. REGIME DA SEPARAÇÃO CONVENCIONAL DE BENS

Sabem aqueles que militam com o direito de família e das sucessões existirem quatro modelos de regimes de bens, podendo ser escolhido um deles ou ser mesclado pelos cônjuges ou conviventes, que assim adaptam a regência dos aspectos patrimoniais e existenciais da entidade familiar selecionada entre o casamento e a união estável.

No silêncio dos noivos ou conviventes, ou sendo ineficaz a convenção entabulada, prevalece o regime da comunhão parcial de bens (CC, art. 1.640). Os quatro regimes de bens titulados na codificação civil brasileira são: o da comunhão parcial ou limitada de bens; o da comunhão universal; o da separação de bens; e o da participação final nos aquestos. Os regimes podem ser diferenciados entre aqueles em que os bens se comunicam, e aqueles cujos bens são incomunicáveis, variando os regimes entre o extremo da total comunicação dos bens, passando pela comunicação parcial dos bens adquiridos onerosamente na constância do relacionamento, até o outro extremo da absoluta separação de bens.

Os regimes matrimoniais indicados na legislação familista brasileira são titulados de primários, porque regulam questões que, por razões de equidade, de amparo da família e de proteção de terceiros que contratam com os cônjuges ou conviventes, devem conter princípios comuns a todos, considerados como normas de *ordem pública* e portanto, em tese, não poderiam ficar ao livre arbítrio dos consortes ou conviventes.[1] Cônjuges e conviventes podem optar por qualquer um dos regimes matrimoniais regulados pelo direito brasileiro e podem misturar seus efeitos, ajustando, por exemplo, um regime de separação de bens de incidência societária, contrastando com um regime de comunidade para os bens de utilização familiar, como o domicílio conjugal e imóveis de uso recreativo situados no campo, na serra ou na praia.

Contudo, nem todos os cônjuges ou conviventes gozam da livre escolha do seu regime patrimonial, estando alguns casais proibidos de promoverem sua alforriada eleição, sendo-lhes imposto o regime obrigatório da separação de bens no casamento (CC, art. 1.641): (i) das pessoas que contraírem núpcias com a inobservância das causas suspensivas da celebração do casamento – e o mesmo se presta por analogia à união estável (inc. I); (ii) da pessoa maior de 70 (setenta) anos (inc. II); (iii) e de todos os que dependerem, para casar, de suprimento judicial (inc. III), lembrando que a Lei 13.811/2019 proibiu o casamento de menores de 16 (dezesseis) anos e consequentemente alterou o artigo 1.520 do Código Civil.

Como visto, trata-se do regime *legal* ou *obrigatório* de separação de bens, pelo qual, nenhum bem se comunica entre os cônjuges ou conviventes, por questionável intervenção do legislador, que deita dúvidas sobre um dissimulado propósito materialista de um casamento ou de uma união estável dentre as pessoas declinadas no artigo 1.641 do Código Civil, as quais o legislador resolveu proteger, seja para evitar a confusão de bens de viúvos ou divorciados que casam novamente, seja para tutelar o idoso que, apaixonado, se deixa ser enganado pelo *golpe do baú*, proveniente de uma relação de puro interesse econômico, como se todos os regimes matrimoniais não contivessem uma boa dose de interesse material, que ora vê atendidas essas expectativas, ora as vê frustradas.

---

[1] FERRER, Francisco A. M. *Comunidad hereditaria e indivisión posganancial.* Buenos Aires: Rubinzal- Culzoni, 2016. p. 417.

A despeito do artigo 1.641 do Código Civil com a discussão dos seus aspectos constitucionais, importa ao presente texto considerar que o regime da absoluta separação de bens se bifurca entre um regime *obrigatório*, este imposto pelo legislador no artigo 1.641 do Código Civil, e o regime *convencional* da separação de bens, este livremente adotado pelos cônjuges ou conviventes, também podendo ambos serem concomitantemente utilizados por aqueles que querem afastar a incidência da Súmula 377 do STF, valendo-se do pacto antenupcial para agregar o regime convencional da separação de bens e assim ratificar a separação de bens imposta pelo artigo 1.641 do Código Civil.[2]

Promovem desta forma uma indiscutível demonstração da liberdade de negociação, e fazem prevalecer o regime mais abrangente da separação convencional de bens sobre o regime obrigatório da separação de bens, e reforçam sua manifestação de vontade ao corroborarem que também é deles o desejo da adoção do regime da completa separação patrimonial, eliminando qualquer risco e resquício de aplicação do verbete sumular 377 do STF (STJ, REsp 1.481.888/SP, 4.ª Turma, Rel. Min. Marco Buzzi, j. 10.04.2018).

Essa possibilidade foi inclusive confirmada pelo Enunciado 634 da VIII Jornada de Direito Civil do Conselho da Justiça Federal,[3] transformando a separação obrigatória de bens em uma separação convencional de bens, dado o fato de que os próprios noivos externam a sua aspiração de completa separação de bens, que desta forma coincide e robustece a ordem estatal. E não só ratificam o regime obrigatório da separação de bens do artigo 1.641 do Código Civil, mas, ao convencioná-lo por um pacto antenupcial ou por contrato de convivência, afastam qualquer discussão acerca da constitucionalidade desse dispositivo legal, e se asseguram de não correrem o risco da incidência da Súmula 377 do STF, que sempre termina por descaracterizar o regime de separação obrigatória de bens ao transmutá-lo em um regime de comunhão limitada de bens.

---

[2]   MARTINS, José Eduardo Figueiredo de Andrade. Reflexões sobre a possibilidade de celebração de pacto antenupcial diante da imposição do regime de separação obrigatória de bens no casamento. In: FIUZA, César (org.); RODRIGUES, Edwirges Elaine; SILVA, Marcelo Rodrigues da; OLIVEIRA FILHO, Roberto Alves de (coord.). *Temas relevantes sobre o direito das famílias*. Belo Horizonte: D'Plácido, 2019. p. 486.

[3]   Enunciado 634: "Art. 1.641. É lícito aos que se enquadrem no rol de pessoas sujeitas ao regime da separação obrigatória de bens (art. 1.641 do Código Civil) estipular, por pacto antenupcial ou contrato de convivência, o regime da separação de bens, a fim de assegurar os efeitos de tal regime e afastar a incidência da Súmula 377 do STF".

Exercem desse modo a plenitude da sua autonomia privada e dão vazão ao direito constitucional que assegura às pessoas o direito de realizarem seus projetos de vida, consoante suas escolhas e a sua autonomia, tudo em harmonia legislativa com o artigo 1.513 do Código Civil, que proíbe qualquer pessoa de direito público ou privado de interferir nas relações familiares. Cônjuges e companheiros podem contratar suas relações afetivas e reger suas questões patrimoniais e existenciais, conquanto respeitem a ordem pública e não ofendam literal disposição de lei (CC, art. 1.655).

No regime convencional da separação de bens são os cônjuges ou companheiros – e não o legislador – que expressam no pacto antenupcial ou no contrato de convivência, que não querem que seus bens se comuniquem, como lhes é facultado pelos artigos 1.687 e 1.688 do Código Civil, permanecendo seus bens sob a administração e propriedade exclusiva de cada um dos cônjuges ou conviventes.

No regime convencional da completa separação de bens, cada um conserva, com exclusividade, o domínio, a posse e a administração de seu patrimônio, assim como a responsabilidade pelas suas dívidas anteriores e posteriores ao casamento,[4] em uma mostra visível da disponibilidade dos seus direitos patrimoniais, cuja autonomia se faz cada vez mais presente no direito de família e de cujo instituto jurídico o Estado vem se afastando, pelo menos desde a promulgação da Lei 11.441/2007, que instituiu a separação, o divórcio e o inventário por escritura pública, convalidados pelo Código de Processo Civil de 2015.

Outro marco dessa irreversível liberdade de negociação, transação ou renúncia de direitos disponíveis de família surgiu com a Emenda Constitucional 66/2010, que suprimiu do texto legal a separação judicial culposa e autorizou o divórcio direto, único e a qualquer tempo, e, também, quando se baniu a intervenção do Ministério Público nas demandas familiares versando sobre direitos individuais disponíveis (CPC, art. 176).

2. A AUTONOMIA PRIVADA E O PODER DE DISPOSIÇÃO

Para Luigi Ferri, o campo de atuação da autonomia privada é justamente o dos interesses privados e estes vêm determinados por via de exclusão, pois são todos aqueles interesses cuja tutela o Estado não assume nem impõe a

---

[4]   TJRS, Apelação Cível 70079342291, 7.ª Câmara Cível, Rel. Des. Liselena Schifino Robles, j. 31.10.2018.

outros.[5] É o poder reconhecido ao indivíduo de autorregular sua esfera jurídica dentro dos limites previstos pelo ordenamento legal, em sua dupla vertente pessoal e patrimonial,[6] com destaque especial para as relações jurídicas de direito de família, em que tradicionalmente – e não faz muito tempo –, sua movimentação era inteiramente indisponível, salvo para as hipóteses de escolha dos noivos e do regime de bens.

Eram as únicas liberdades de eleição realizadas no direito de família, mas ambas sempre antes das núpcias, pois, após celebrado o casamento, desaparecia qualquer livre-arbítrio, qualquer autonomia da vontade que cedia seu espaço, planejamentos e decisões dos cônjuges para o aval da esfera judicial, sem nenhuma possibilidade contratual, olvidando-se da regra natural de que a lei não é pura criação do direito, mas também abarca regras preexistentes e costumes que depois se tornam normas jurídicas, ou seja, negócios jurídicos oriundos da autonomia privada e da contumácia de sua utilização que se tornam fonte de direito.

A autonomia privada é o exercício de um poder e os negócios jurídicos são manifestação desse poder, que pode ser um poder de disposição, expressado por um contrato qualquer de direito de família, mas somente em certas circunstâncias; segundo a doutrina, a legislação e a jurisprudência, ainda existiriam alguns negócios jurídicos que seriam excluídos do poder de disposição da autonomia privada – a autonomia privada que legitima os sujeitos a um poder de regularem seus próprios interesses, ao mesmo tempo que lhes impõe um dever de atuar no plano do direito positivo, dentro de uma órbita de finalidades que o direito sanciona e governa, pois existe uma fronteira que separa o interesse privado do interesse público.

Para Luigi Ferri, acossar o interesse público significa perseguir o bem comum ou o bem da comunidade, isto é, obrar em conta da sociedade, pois o interesse público é o interesse de todos, ele é imparcial e não apenas o interesse de alguns, o que o faria parcial, e por isto o Estado deve ter em conta a totalidade dos cidadãos. Daí questionar Luigi Ferri a dimensão da sociedade familiar, pois se em sua esfera o interesse protegido é aquele que interessa a toda comunidade familiar, deve ser adotado o mesmo princípio contra qualquer limitação da autonomia privada quando sobre ela se eleva um interesse maior, seja na esfera pública ou na restrita célula familiar, pois

---

5   FERRI, Luigi. *La autonomía privada*. Chile: Ediciones Olejnik, 2018. p. 18.

6   FUENTE, María Linacero de la. *Derecho de familia*: aspectos sustantivos – procedimientos – jurisprudencia – formularios. Valencia: Tirant lo Blanch, 2016. p. 40.

se a função da intervenção estatal é garantir a igualdade dos cidadãos, esta mesma imparcialidade daria boa marcha às relações de família somente quando afetasse o interesse de toda a comunidade familiar e não só de alguns membros da família, pois senão seria um interesse parcial.[7]

Em um tempo nem tão distante, o direito brasileiro tendia a proteger invariavelmente cônjuges e filhos e a todos negava qualquer liberdade ou autonomia de expressão da vontade, apontando sua proteção para os mais vulneráveis, como ainda são os filhos e eram as esposas ao tempo em que precisavam ser protegidas das maldades de um marido provedor.

Fácil notar a importância da proteção estatal nas relações familiares diante de um abismal desequilíbrio econômico e financeiro presente em uma relação de comando e de obediência que ocorre entre quem tem e quem não tem dinheiro. Seriam caóticos e desastrosos os episódios finais de ruptura da conjugalidade, acaso fosse livre e descontrolada a atuação dos maridos financeiramente empoderados, cujas distorções conjugais e afetivas foram afrouxando com o tempo e com as alterações legais, sociais e jurídicas. Como refere Andressa Rios, as normas de direito de família não mais refletem ou se coadunam com as profundas transformações experimentadas pela sociedade no final do século XX, mas, mesmo assim, ainda se verificam inúmeras disposições impregnadas de valores ultrapassados e que só serviram para o superado modelo que inspirou o Código Civil de 1916.[8]

Foi, talvez, um dos grandes desafios iniciados no apagar das luzes do século passado o de modular paulatinamente direitos imperativos que se confrontavam com direitos dispositivos. Vale dizer, a transição de um modelo sem nenhuma liberdade para outro de liberdade plena entre pessoas capazes e adultas, embora sigam sendo protegidas crianças, adolescentes e incapazes. Este é um caminho inevitável que transforma um direito de família institucional em um direito privado e negociável, que, por meio da figura jurídica dos negócios de família, se aproxima dos contratos e da liberdade de contratar.

Nesta nova atmosfera do direito de família foi sendo afrouxada a demasiada intervenção pública, com a desjudicialização dos processos e a permissão de adoção das escrituras extrajudiciais de separações, divórcios e inventários, permitindo pudessem cônjuges e conviventes, sem filhos menores

---

[7] FERRI, Luigi. *La autonomía privada* cit., p. 226-227.

[8] RIOS, Andressa Silmara Alves Carvalho. Autonomia e pacto antenupcial. In: RIOS, Calânico Sobrinho; LASMAR, Gabriela Mascarenhas; RODRIGUES JÚNIOR, Walsir Edson (coord.). *Direito de família e das sucessões*: reflexões, críticas e desafios. Belo Horizonte: Conhecimento, 2020. p. 101.

Cap. 28 · SEPARAÇÃO CONVENCIONAL DE BENS, EXPECTATIVA DE FATO E RENÚNCIA | 731

ou incapazes e a esposa fora do estado gestacional, ajustarem direitos patrimoniais e existenciais com autonomia e sem a intervenção judicial. Negociam cônjuges e conviventes em dois momentos extremos das suas relações afetivas, ou seja, no auge da paixão quando firmam o pacto antenupcial e no auge da crise conjugal, com a desconstrução da relação afetiva e uma vez frustradas suas expectativas e pretensões, quando escrituram a dissolução da união estável, o divórcio ou a separação e, nestes dois extremos, contratam seus interesses patrimoniais e existenciais.

O direito de família passou do Estado Social para o Estado Democrático de Direito ao flexibilizar as fronteiras entre o público e o privado,[9] e ao permitir o Estado a atuação mais livre dos adultos, deixando de intervir na esfera patrimonial e pessoal do casal que se realiza individualmente como pessoa.

Todo esse caminho percorrido foi fruto da conquista da simetria conjugal surgida com a emancipação da mulher, com sua inserção no mercado laboral, como marcos propulsores da grande transformação social surgida no seio das relações jurídicas e familiares.[10] O reconhecimento da igualdade conjugal leva à supressão do critério de autoridade ou de mando de um cônjuge sobre o outro e dos seus correlativos conceitos de obediência e de submissão, com sua substituição por relações baseadas na reciprocidade e na preservação da simetria negocial, naquilo denominado de igualdade substancial dos membros da relação jurídica familiar.[11] É nesse contexto que devem ser tomadas as decisões e realizados os acordos familiares entre cônjuges e conviventes, verdadeiros negócios jurídicos familiares que exteriorizam um novo conceito de autonomia privada, lastreado na igualdade de forças, que afasta a desigualdade de armas e elimina qualquer vulnerabilidade contaminada por algum vício de consentimento.

A *família contratual* estava estruturada sobre um vínculo livremente acordado de todas as escolhas serem exteriorizadas por ocasião das núpcias[12]

---

[9] MORAES, Maria Celina Bodin de; TEIXEIRA, Ana Carolina Brochado. Contratos no ambiente familiar. In: TEIXEIRA, Ana Carolina Brochado; RODRIGUES, Renata de Lima (coord.). *Contratos, família e sucessões*: diálogos interdisciplinares. São Paulo: Foco, 2020. p. 2.

[10] GALLARDO, Aurelio Barrio. *Autonomía privada y matrimonio*. Madrid: Reus, 2016. p. 16-17.

[11] MORAES, Maria Celina Bodin de; TEIXEIRA, Ana Carolina Brochado. Contratos no ambiente familiar cit., p. 5.

[12] LACRUZ BERDEJO, J. *Derecho de familia*. Barcelona: Bosch, 1982. p. 27, citado por GALLARDO, Aurelio Barrio. *Autonomía privada y matrimonio*. Madrid: Reus, 2016. p. 18.

732 | DIREITO CIVIL: DIÁLOGOS ENTRE A DOUTRINA E A JURISPRUDÊNCIA – *Volume II*

e cujo *status* da mulher era o de mera esposa e mãe, no qual se via antes confinada como se fosse uma pessoa incapaz de pensar e de fazer escolhas, que dependia do beneplácito do homem, que a destituía de qualquer direito patrimonial e existencial.[13]

A participação da mulher na tomada de decisões inerentes à direção e ao governo da família se plasma em acordos entre cônjuges e conviventes por meio dos *negócios jurídicos* que desmontam a obsoleta e enferma estrutura patriarcal de submissão a um poder normativo familiar, antes considerado sacrossanto e sacralizado.[14]

O princípio da autonomia privada se estende à esfera jurídica da pessoa em sua dupla vertente patrimonial e pessoal, ambas inerentes ao direito de família e ao direito das sucessões, mostrando os fatos e os últimos movimentos legislativos brasileiros a irreversível expansão da autonomia da vontade. Nesse sentido, despontou no Brasil a Lei 11.441/2007, depois convalidada pelo Código de Processo Civil de 2015, que permitiu a separação, o divórcio e o inventário extrajudiciais e afastou cônjuges e conviventes (CPC, art. 733) da intervenção judicial, como afastou o Ministério Público das demandas familiares de cunho patrimonial, entre consortes e companheiros e nos inventários de maiores e capazes (CPC, art. 176). A autonomia privada ainda foi reforçada com o incentivo à mediação, um recurso voluntário e alternativo de solução de litígios familiares, e foi fortalecida pela liberdade de decisão dos pais no exercício do poder familiar por meio da guarda compartilhada,[15] como não tem outro propósito o Estatuto da Pessoa com Deficiência com sua valorização biomédica de quem antes era considerado incapaz de praticar os atos civis.

Enfim, essa maior liberdade desbordou para a ampliação dos regramentos inseridos nos *pactos antenupciais,* servindo como fonte de produção dos negócios jurídicos familiares ao conferir aos casais e conviventes o direito de estabelecerem suas próprias normas e seus consectários jurídicos, servindo os pactos e os contratos de convivência como autênticas constituições familiares e gerando o poder de produzirem fundamentais mudanças nas normas jurídicas que teimavam em interferir na felicidade pessoal dos casais.

Na seara do direito sucessório, a autonomia privada faz parecer fora de moda o enunciado constitucional que qualifica a herança como um direito

---

[13] GALLARDO, Aurelio Barrio. *Autonomía privada y matrimonio* cit., p. 19.
[14] GALLARDO, Aurelio Barrio. *Autonomía privada y matrimonio* cit., p. 19-21.
[15] FUENTE, María Linacero de la. *Derecho de familia* cit., p. 40.

fundamental.[16] Embora a Carta Política brasileira assegure o direito à herança, parte dela é destinada aos herdeiros necessários indicados pela lei, e nesse aspecto o Estado ainda limita a liberdade de exercício da autonomia privada, embora outros ordenamentos jurídicos outorguem uma autonomia sobre todo o patrimônio sucessório e defendam a liberdade das relações contratuais, para que o cidadão execute seus interesses particulares e alcance a plenitude de sua felicidade sem afetar os direitos de terceiros.

Na esfera familiar, o indivíduo não participa do processo de formação do direito como representante da comunidade,[17] e, certamente por isto, a autonomia privada encontra no direito sucessório o seu espaço quando permite que o autor da herança possa dispor por testamento de metade do seu acervo, servindo-se dessa via para preencher, conforme sua ótica, as carências que identifica nas pessoas que lhe são próximas, sejam ou não parentes, cônjuge ou convivente, podendo prevenir e remediar as necessidades daqueles pelos quais nutre afeto ou vínculos de solidariedade.

Para Encarnación Roca Trias, o próprio titular do acervo pode prevenir as necessidades daqueles que lhe são próximos e importantes, e ir adiante da limitação legal que cria a barreira da porção indisponível, e o faz dentro dos estritos termos da permissibilidade normativa, excluindo do trâmite sucessório uma parte importante de patrimônio, o que faz por meio de vários expedientes legais que ficam longe do juízo sucessório, como ocorre, por exemplo, com o seguro de vida, as quotas de participações em sociedades, as contas conjuntas, a doação, a constituição de pessoa jurídica, o fideicomisso, a criação de fundações, os planos de previdência privada, o *trust* e tantos outros instrumentos jurídicos que permitem exercer e ampliar uma liberdade sucessória[18] que está longe de se caracterizar como um instrumento de fraude à legítima, mas que externa a necessidade que toda pessoa tem de poder direcionar melhor os seus recursos e os seus bens e favorecer com seu patrimônio as pessoas que julga destinatárias de sua afeição e solidariedade.

Para Luigi Ferri, a autonomia privada é antes de tudo *poder* e os negócios jurídicos que também podem ser familiares são manifestação de poder, sendo que o Estado tem o poder de legislar; e o mesmo *ocorre* com relação aos particulares, que também têm o direito de legislarem por intermédio de contratos. Destarte, ao lado do poder e do direito de o Estado legislar, está

---

[16] TRIAS, Encarna Roca. *Libertad y familia*. Valencia: Tirant lo Blanch, 2014. p. 206.

[17] FERRI, Luigi. *La autonomía privada* cit., p. 36.

[18] TRIAS, Encarna Roca. *Libertad y familia* cit., p. 211.

734 | DIREITO CIVIL: DIÁLOGOS ENTRE A DOUTRINA E A JURISPRUDÊNCIA – *Volume II*

o direito da pessoa civil de contratar e de realizar negócios jurídicos, pois goza da *autonomia privada* e do *poder de disposição*, que são exatamente os mesmos conceitos concedidos ao Estado.[19]

Resta saber, então, se esse poder de disposição que têm os particulares de contratarem suas relações jurídicas familiares quando adultos e capazes, pode alcançar sua felicidade pessoal ou se esbarra em uma efetiva restrição à sua autonomia privada, que iria de encontro sobre eventual herança concorrencial, diante dos imprecisos termos do artigo 426 do Código Civil brasileiro.

3. O REGIME CONVENCIONAL DA SEPARAÇÃO DE BENS

Tradicionalmente, o simétrico regime convencional da separação absoluta de bens externa o desejo de um casal de não pretender que seus bens particulares se comuniquem pelo casamento nem pela união estável, tanto em relação aos bens anteriores ao matrimônio como àqueles adquiridos na constância das núpcias, coexistindo durante toda a vida conjugal um regime de dois patrimônios separados, que não se relacionam entre si. Trata-se de um regime supletivo, que precisa ser pactuado ou contratado por escritura pública, e no qual cada cônjuge ou convivente conserva a propriedade, o uso, a administração e a disposição de seus bens, tanto daqueles já existentes ao tempo das núpcias como daqueles adquiridos posteriormente, também pertencendo a cada um os frutos, as rendas e os incrementos por eles produzidos com os ingressos obtidos pelo trabalho e pelo exercício da profissão de cada consorte.

As obrigações contraídas pessoalmente pelos cônjuges ou conviventes são de exclusiva responsabilidade de cada um, pois diante da separação dos bens, nenhum deles responde pelas dívidas do outro, fato que não isenta ambos os esposos ou companheiros de contribuírem com as despesas dos filhos, da casa e do casamento.

Diversas razões determinam a escolha do regime convencional de separação de bens; por exemplo, quando interessa separar os negócios de um cônjuge em relação ao outro, que assim agem porque podem ir mal nos negócios ou podem se dar muito bem, e isso depende do nível de interesse e de solidariedade de cada consorte com respeito ao seu crescimento patrimonial e quanto desse crescimento ele debita à participação do seu parceiro

---

[19] FERRI, Luigi. *La autonomía privada* cit., p. 200-203.

afetivo. Também acodem a esse regime patrimonial casais de relacionamentos refeitos, dos quais existem filhos e bens oriundos de precedentes entidades familiares, ou que possuem a mais absoluta crença de que cada consorte deve ser responsável pela construção de seu próprio lastro conjugal, ou, porque não desejam que os bens troncais se comuniquem com seu parceiro, seja em vida ou na morte; mas muitos acreditam – e por completa falta de informações – que a eleição do regime convencional da separação de bens também contempla os efeitos jurídicos da dissolução do matrimônio ou da convivência na sucessão.

É o regime ideal para casais empreendedores e que possuem patrimônio familiar precedente, e se afigura injusto para os enlaces conjugais nos quais o marido não quer que a esposa trabalhe, mas quer que se dedique inteiramente aos filhos e ao lar, sem se descurar de ser uma excelente amante. É um regime que desconsidera o papel que cada consorte ocupa na administração e no desenvolvimento familiar e profissional, e pode ser convencionado antes das núpcias, por escritura pública ou por provimento judicial na constância do casamento, mediante justificado requerimento endereçado à autoridade judicial.

O desconhecimento, a falta ou o desencontro de informações levam pessoas menos avisadas a acreditarem que o pacto antenupcial gera efeitos sucessórios, merecendo registro o voto da Ministra Nancy Andrighi, proferido no Recurso Especial 992.749/MS do STJ e no qual concluiu que haveria induvidosa alteração do regime de bens *post mortem,* ao transformar uma separação convencional pactuada em vida, em um regime de comunhão dos bens particulares.

O voto proferido pela Ministra Nancy Andrighi nesse recurso julgado em 1º de dezembro de 2009, consagrava a autonomia privada e intuía pela mais concretada e lógica suposição de que, se um casal não queria que seus bens se comunicassem em vida, certamente também não gostaria que essa comunicação se desse pela morte de um deles, e a quem não foi dada a oportunidade de perguntar.

Não obstante a clareza do raciocínio externado pela Ministra Nancy Andrighi e das poucas manifestações jurisprudenciais que a seguiram, eram votos que buscavam atender ao natural clamor público daqueles que optaram pelo regime convencional da separação de bens e que estavam certos de que o seu patrimônio particular não se comunicaria em vida ou na morte. Esse acórdão foi alvo de várias críticas doutrinárias e jurisprudenciais, bradadas com suporte no artigo 426 do Código Civil brasileiro, que proíbe contratar herança de pessoa viva e não se prestando, portanto, diante de tão claro obstáculo legal, para avançar seus efeitos jurídicos para depois da morte de qualquer um dos consortes, quando o regime convencional de separação de bens finca suas fronteiras nos atos de separação, divórcio ou de dissolução da união estável de um casal.

Portanto, tirante o compulsório regime da separação de bens do artigo 1.641 do Código Civil e a ressalva do regime da comunhão universal de bens, que têm expressa exceção contida no inciso I do artigo 1.829 do Código Civil, nos demais regimes de bens incide o direito sucessório concorrencial do cônjuge ou convivente sobreviventes sobre os eventuais bens particulares deixados pelo falecido. Baldado o esforço jurisprudencial da Ministra Nancy Andrighi invocando a livre manifestação da vontade humana e o princípio da boa-fé inerente ao pacto voluntário de não comunicação dos bens particulares, insta então apurar se pactos antenupciais ou os contratos sucessórios são meios idôneos para afastar a herança concorrente em qualquer regime de bens.

4. OS PACTOS ANTENUPCIAIS E SUCESSÓRIOS E O REGIME DA SEPARAÇÃO DE BENS

Pactos antenupciais, contratos de convivência e contratos sucessórios permitem organizar a economia e a titularidade das propriedades conjugais para o futuro, em tempo de ruptura matrimonial, e regulam como devem incidir os efeitos jurídicos patrimoniais dos consortes e conviventes, mesmo contrariando uma doutrina majoritária escorada no artigo 426 do Código Civil, que proíbe a contratação de herança de pessoa viva, porque seria um contrato imoral que despertaria o desejo pela morte do autor da herança, adicionada ao fato de que os artigos 1.784 e 1.804 do Código Civil só admitiriam a renúncia de herança efetivamente aberta.

Nesse contexto dos artigos 426, 1.784 e 1.804 do Código Civil, dizem respeitáveis civilistas constar muito clara a vedação de uma sucessão contratual com a notória evidência de não ser possível renunciar a uma herança ainda não aberta, porque seu autor continua vivo, e portanto, que só seria possível renunciar a uma herança já aberta.

Tem esse artigo a intenção de demonstrar que pactos pré-nupciais ou pós-nupciais, convivenciais e sucessórios podem avançar e avençar sobre a renúncia de futura herança concorrente, e podem constar na mesma escritura pública, em respeito à *autocomposição* dos contratantes, cláusulas conjugais que versem sobre o regime de bens e seus efeitos jurídicos, com cláusulas sucessórias como a de renúncia antecipada de herança concorrente.

Quando assim procedem, cônjuges ou conviventes atuam na esfera da autonomia privada dos negócios familiares do direito de família e do direito das sucessões, e sob nenhuma hipótese afrontam os artigos 426, 1.784 e 1.804 do Código Civil, que supostamente teimariam em proibir consortes e conviventes sobreviventes de arredarem do seu domínio uma herança concorrente, incidente sobre bens particulares do cônjuge ou companheiro falecido, à cuja herança concorrente não aspiram, optando em vida por seu repúdio em nome da harmonia e da pacificação conjugal, tal como, pela mesma via da autocomposição, renunciaram às suas meações antes das núpcias, ao selecionarem o regime convencional da separação de bens prescrito pelos artigos 1.687 e 1.688 do Código Civil.

Casais contratam nos pactos conjugais, convivenciais e sucessórios negócios familiares destinados a organizar juridicamente a vida conjugal, econômica e socialmente, para as diferentes situações que surgem na vida afetiva e assim intentam afastar medos, reticências, inseguranças na assunção das relações e nas dissensões afetivas ou materiais, resultantes de bens que não deveriam se comunicar na meação ou na herança.

5. OS PACTOS SUCESSÓRIOS, OS BENEFÍCIOS VIDUAIS E A EXPECTATIVA DE DIREITO E DE FATO

Existem três categorias de pactos ou contratos sucessórios: (i) os pactos aquisitivos ou de *succedendo*; (ii) os pactos renunciativos ou de *non succedendo*; e (iii) os pactos sobre a sucessão de um terceiro, tendo o direito romano criado uma espécie de *teoria geral* proibindo todos os contratos sucessórios.[20]

Os pactos renunciativos são contratos bilaterais e, em princípio, irrevogáveis, mas que não criam, não extinguem nem transferem qualquer direito e que podem, sim, extinguir uma expectativa sobre um direito hereditário.[21] Conforme Guilherme Braga da Cruz: o "direito romano foi francamente hostil aos pactos sucessórios, embora não tenha chegado a formular sobre eles qualquer construção jurídica, qualquer conceito e muito menos qualquer classificação acerca dos pactos sucessórios, limitando-se a condenar, uma por uma, as possíveis modalidades de pactos, à medida que a prática se

---

[20] CRUZ, Guilherme Braga da. Os pactos sucessórios na história do direito português. *Revista da Faculdade de Direito da Universidade de São Paulo*, São Paulo, v. 60, p. 94, 1965.

[21] CRUZ, Guilherme Braga da. Os pactos sucessórios na história do direito português cit., p. 95.

encarregava de as ir criando; e invocou fundamentos diversos, consoante os casos, para justificar essa condenação".[22]

As razões para a proibição genérica dos pactos sucessórios seria a vulneração aos bons costumes, por suscitarem a esperança da morte daquela pessoa cuja sucessão se trata, além de violarem a ordem pública sucessória, pois é ela que estabelece o regime sucessório legal e testamentário e, por fim, os pactos atentariam contra a liberdade de testar.[23] Essa acrítica obediência ao artigo 426 do Código Civil serviu para repudiar o aresto da Ministra Nancy Andrighi, uma vez que seria proibido contratar sobre herança de pessoa viva, e o artigo 1.804 só admitiria renúncia de sucessão aberta.

Recorda Guilherme Braga da Cruz que, não obstante houvesse a vedação genérica do direito romano a qualquer espécie de contrato sucessório, na Baixa Idade Média e nos países da Europa latina, como França, Itália, Espanha e Portugal, era possível pactuar herança por meio dos contratos sucessórios renunciativos, que assim evitavam a desagregação do patrimônio familiar, tendo em conta que os bens familiares não podiam parar em mãos estranhas aos da família consanguínea.[24] Nesta cultura dos bens troncais, Guilherme Braga da Cruz disse que mesmo aqueles com mais arraigada formação romanística se viram obrigados a ceder terreno e aceitar os pactos sucessórios dos contratos antenupciais, tendentes a conservarem por gerações a integridade das fortunas, criando-se entre os séculos XV e XIX, um visível confronto entre a *teoria geral romanista da proibição* e a *liberdade das convenções matrimoniais para preservação dos bens troncais*.[25]

A renúncia antecipada de direitos sucessórios de uma sucessão ainda não aberta era admitida em vários ordenamentos jurídicos, que conferiam ampla liberdade de estipulação nos contratos antenupciais, seguindo a tradição dos povos, até que o Código de Napoleão de 1804 condenou os pactos sucessórios e os baniu em definitivo, servindo o Código Civil francês de modelo para as codificações da quase totalidade dos países latinos.

---

[22] CRUZ, Guilherme Braga da. Os pactos sucessórios na história do direito português cit., p. 97.

[23] SILVA, Rafael Cândido da. *Pactos sucessórios e contratos de herança*: estudo sobre a autonomia privada na sucessão *causa mortis*. Salvador: JusPodivm, 2019. p. 21.

[24] CRUZ, Guilherme Braga da. Os pactos sucessórios na história do direito português cit., p. 103.

[25] CRUZ, Guilherme Braga da. Os pactos sucessórios na história do direito português cit., p. 109.

O Código Civil brasileiro de 1916 também foi inspirado no Código Civil de Napoleão Bonaparte, tanto que o artigo 1.089 vetou genericamente a contratação de herança de pessoa viva e adotou a cega teoria da *pacta corvina*, da tese dos bens troncais, ordenando que o cônjuge viúvo não seria herdeiro necessário, salvo quando fosse chamado na terceira ordem de vocação hereditária, contudo, seria destinatário de benefícios viduais que não concediam o domínio dos bens, que, sendo troncais, eram sempre reservados aos herdeiros necessários das classes dos descendentes e dos ascendentes, permanecendo na família consanguínea. Como o cônjuge do Código Civil de 1916 não era herdeiro necessário, não interessava aos doutrinadores e julgadores nacionais questionar a interpretação dos artigos 1.784 e 1.089 do Código Civil de 1916 em harmonia com o artigo 426 do Código Civil de 2002, ao proibir genericamente, em sua vesga e acrítica regra geral, a contratação de herança ainda não aberta.

No passado, a viúva não era herdeira necessária nem concorrencial, mas apenas destinatária do usufruto vitalício ou do direito real de habitação – meros benefícios de cunho assistencial, um legado *ex lege* conferido por bondade da lei por *officium pietatis* de um direito assistencial distante da vontade do titular dos bens.

Os pactos antenupciais e os contratos sucessórios permitem estender os efeitos econômicos concertados pelos cônjuges ou conviventes para além da separação ou do divórcio e prever a incidência de suas implicações jurídicas pelo evento da morte, como sucede nos pactos sucessórios norte-americanos, cujo conteúdo pactício pode envolver a transmissão de bens ao consorte sobrevivente e pode conter compensações financeiras por renúncias que os cônjuges realizem.[26]

A possibilidade de renúncia antecipada de herança concorrente com sua cláusula inserta em pacto antenupcial ou em escritura pública de união estável, ou no próprio contrato sucessório, definitivamente, não está entre aquelas proibições sugeridas pela leitura do artigo 426 do Código Civil brasileiro, e, tampouco, diante das advertências do artigo 1.784 e do parágrafo único do artigo 1.804 do Código Civil, de a herança só ser transmitida com o óbito e de que só há renúncia da herança efetivamente aberta.

Ocorre que nem o artigo 1.784 nem o parágrafo único do artigo 1.804 ou qualquer outro dispositivo do Código Civil brasileiro mencionam só ser possível renunciar à herança depois de aberta a respectiva sucessão, mas referem

---

[26] MADALENO, Rolf. *Sucessão legítima*. Rio de Janeiro: Forense, 2019. p.449.

que a *transmissão* da herança só ocorre depois da abertura da sucessão, ou seja, em realidade, o parágrafo único do artigo 1.804 do Código Civil apenas proíbe transmitir a herança se o herdeiro renunciou, pouco importando se a renúncia foi antes ou depois de aberta a sucessão, porque o comando legal é de não transmitir a herança a favor de quem renunciou. Uma coisa é proibir a renúncia de herança de pessoa viva e ser questionada essa vedação genérica do artigo 426 do Código Civil, mas, com efeito, essa impensada proibição não encontra suporte jurídico nos artigos 1.784 e 1.804 do Código Civil, como aliás, se reportando ao artigo 426 do Código Civil escreve José Fernando Simão, no comentário que faz ao artigo 1.804 do Código Civil de que: "a renúncia à herança não pode ocorrer antes da abertura da sucessão, ou seja, antes da morte de seu autor, sob pena de nulidade absoluta, por se tratar de *pacta corvina* (CC, art. 426)",[27] ou seja, apenas porque atentaria contra o *pacta corvina*.

Não infringe o artigo 1.784 do Código Civil, que apenas ordena se faça a transmissão da herança com a abertura da sucessão, tampouco ofende o parágrafo único do artigo 1.804 do Código Civil, quando estabelece apenas que a renúncia impede a transmissão, mas não menciona deva a renúncia ser exteriorizada somente depois de aberta a sucessão; ao contrário, é o artigo 426 do Código Civil que, sem nenhum juízo, crítico proíbe qualquer forma de contratação de herança ainda não aberta, seja ela aquisitiva, abdicativa ou em favor de terceiro, como se todas elas fossem fonte da imoralidade da *pacta corvina* e como se todos atentassem contra a ordem pública.

É imperioso examinar se essa cega obediência ao artigo 426 do Código Civil, herdada do direito romano, é suficiente para barrar a autonomia privada de cônjuges e conviventes que desejem manter seus bens em sua linha consanguínea e não queiram que, pela sua morte, o seu patrimônio privado se comunique em concorrência sucessória com o consorte ou companheiro sobreviventes.

Também importa apurar se o direito concorrente respeita a uma herança universal ou a um benefício vidual e saber se como herança ou benefício pode haver renúncia prévia em pacto antenupcial, contrato de convivência ou contrato sucessório.

Dois básicos argumentos impulsionaram a proibição acrítica dos pactos sucessórios assim sumariados: (i) resultaria odioso e imoral especular sobre a morte de alguém para obter vantagem patrimonial, podendo suscitar o

---

[27] SIMÃO, José Fernando et al. *Código Civil comentado*: doutrina e jurisprudência. Rio de Janeiro: Forense, 2019. p. 1.429.

desejo da morte pela cobiça de haver os bens; (ii) o pacto sucessório restringe a liberdade de testar.[28]

O herdeiro concorrente difere do herdeiro universal, pois o cônjuge e o convivente sobreviventes só serão chamados como herdeiros universais na falta de descendentes ou de ascendentes, mas serão vocacionados como herdeiros concorrentes quando chamados em concurso com os herdeiros universais das duas primeiras classes de vocação.[29] Mostra-se escancarada a diferença das categorias de herdeiros que se subdividem entre legítimos – estes necessários e universais – e facultativos – estes colaterais, concorrentes ou testamentários. Benefícios sucessórios ou *pietatis* podem ser antecipadamente renunciados em pactos antenupciais, contratos de convivência por escritura pública ou contratos sucessórios.

Por isso mesmo, Renata Raupp Gomes argumenta não ser possível confundir a posição de herdeiro necessário do cônjuge ou companheiro com a sua inserção concorrencial com descendentes e ascendentes na ordem de vocação hereditária, e arremata: "corroborando-se as reflexões de Madaleno, entende-se que a concorrência tanto com descendentes quanto com ascendentes pode ser tranquilamente afastada por pacto antenupcial ou contrato de convivência".[30]

A esse mesmo pensamento também se filiam Alexandre Miranda Oliveira e Bárbara Dias Duarte de Carvalho, dizendo que:

> Logo, certamente, ao ler os incisos I e II do art. 1.829 não se vislumbra concessão de qualificação de herdeiro necessário ao cônjuge ou ao companheiro, elidindo a essencialidade de matéria de ordem pública e certificando a validade da pactuação do direito sucessório dos consortes, quando concorrencial – por conseguinte, caso a situação fática superveniente se mostre na forma do inciso III do art. 1.829 a cláusula estabelecida no pacto antenupcial ou contrato de convivência restaria inválida, no atual regramento, ante a colocação do cônjuge ou companheiro, necessário caso especificamente, como herdeiro necessário e universal, independentemente do regime de

---

[28] MADALENO, Rolf. Renúncia de herança no pacto antenupcial. *Revista IBDFAM Famílias e Sucessões*, Belo Horizonte, v. 27, p. 36, 2018.

[29] MADALENO, Rolf. *Renúncia de herança no pacto antenupcial*: famílias e sucessões – polêmicas, tendências e inovações. Belo Horizonte: IBDFAM, 2018. p. 53.

[30] GOMES, Renata Raupp. *A função social da legítima no direito brasileiro*. Rio de Janeiro: Lumen Juris, 2019. p. 145.

bens estipulado, limitando-se ao testamento a disposição diversa da herança dentro da parte disponível.

Nesta esteira, Rolf Madaleno:

> Cônjuge e convivente não são herdeiros necessários quando concorrem com descendentes ou ascendentes, mas herdeiros eventuais, irregulares, eis que no concurso com descendentes dependem do regime de bens e da existência de bens particulares do sucedido, acrescentando Wilson Comel ser possível denunciar a existência de dois tipos de herdeiros: os necessários (legítimos) que são os descendentes e ascendentes, e o herdeiro não necessário, porque circunstancial, que é o cônjuge ou companheiro sobrevivos.[31]

Para Mário Delgado, o cônjuge concorre excepcionalmente com herdeiros de primeira e de segunda classes, mas ele é sucessor da terceira classe e lembra que *concurso* significa o chamamento de pessoas com qualificações jurídicas diversas, como dispõe o artigo 1.810 do Código Civil, de que se um herdeiro renuncia à herança, a parte do renunciante acresce à dos outros herdeiros da mesma classe ou é devolvida aos da classe subsequente, sendo o herdeiro renunciante o único de sua classe,[32] ou seja, se os filhos renunciam, a herança renunciada iria para os netos por direito próprio e não para o cônjuge ou convivente sobreviventes.

Daniel Bucar, mencionando os pactos sucessórios renunciativos, diz que admitir a sua incidência está no cerne da autonomia sucessória, e não pode o Estado, a partir de uma proibição pouco delineada como a do artigo 426 do Código Civil, vedar tais pactos, pois se trata de situação jurídica dúplice, em que aspectos patrimoniais e existenciais se confundem plenamente.[33]

---

[31] OLIVEIRA, Alexandre Miranda; CARVALHO, Bárbara Dias Duarte de. A possibilidade jurídica de disposições sucessórias no pacto antenupcial e de convivência. In: TEIXEIRA, Ana Carolina Brochado; RODRIGUES, Renata de Lima (coord.). *Contratos, família e sucessões*: diálogos interdisciplinares. São Paulo: Foco, 2020. p. 88.

[32] DELGADO, Mário Luiz. Controvérsias na sucessão do cônjuge e do convivente. In: DELGADO, Mário Luiz; ALVES, Jones Figueirêdo (coord.). *Novo Código Civil*: questões controvertidas no direito de família e das sucessões. São Paulo: Método, 2005. p. 422.

[33] BUCAR, Daniel. Pactos sucessórios: possibilidades e instrumentalização. In: TEIXEIRA, Ana Carolina Brochado; RODRIGUES, Renata de Lima (coord.). *Contratos de família e sucessões*: diálogos interdisciplinares. São Paulo: Foco, 2020. p. 286.

Os pactos sobre sucessão futura são admitidos em vários países e inúmeros doutrinadores brasileiros levantam a necessidade de revisão do ordenamento jurídico sucessório brasileiro à luz da autonomia privada, que confere ao autor da herança a liberdade de decidir sobre o destino de sua sucessão e de ser reconhecido em seu favor o direito de decidir desde o casamento se deve atribuir ao cônjuge a sua herança.[34]

O direito sucessório puro pertence ao herdeiro universal, seja ele destinatário da legítima como herdeiro necessário, descendente ou ascendente, e também é reservado ao cônjuge ou ao convivente, mas essa porção indisponível só chega às mãos do cônjuge ou convivente sobreviventes quando convocados como herdeiros universais na terceira ordem da vocação hereditária, não figurando como herdeiros universais quando chamados como herdeiros concorrentes.

A sucessão legítima ou necessária pertence primeiro aos descendentes, depois aos ascendentes e ao final ao cônjuge ou convivente sobrevivos, e prevalece sobre todas as outras designações sucessórias dos herdeiros concorrentes, facultativos e testamentários, aduzindo Capelo de Sousa que, no grupo dos herdeiros necessários existe uma escala definida por prevalências que seguem rigorosamente sua ordem de vocação hereditária [(i) descendentes; (ii) ascendentes e (iii) cônjuge ou convivente],[35] embora nas primeiras e segundas classes de legitimários, cônjuges e conviventes sobrevivos sejam convocados como herdeiros *concorrentes, atípicos ou irregulares.*

Em segundo plano estão os herdeiros testamentários e em terceiro lugar estão os herdeiros facultativos, que só têm viabilidade sucessória quando o autor da herança não dispôs dos seus bens por testamento, ou quando só o tenha feito em parte, ou quando as disposições testamentárias não sejam válidas ou eficazes.[36]

Diante das diferentes designações sucessórias, quais as expectativas ou faculdades jurídicas exercidas pelos herdeiros legalmente designados em relação ao autor da sucessão, sendo certo intuir que herdeiros necessários têm expectativas divisadas daquelas expectativas que têm os herdeiros testamentários, concorrentes e facultativos, haja vista que somente os primeiros

---

[34] GARBI, Carlos Alberto Proposições para um novo direito sucessório no Brasil. In: SILVA, Regina Beatriz Tavares da; BASSET, Ursula Cristina (coord.). *Família e pessoa*: uma questão de princípios. São Paulo: YK Editora, 2018. p. 263.

[35] SOUSA, Rabindranath Capelo de. *Lições de direito das sucessões.* 3. ed. Coimbra: Coimbra Editora, 1990. v. I, p. 217.

[36] SOUSA, Rabindranath Capelo de. *Lições de direito das sucessões* cit., p. 221.

744 DIREITO CIVIL: DIÁLOGOS ENTRE A DOUTRINA E A JURISPRUDÊNCIA – *Volume II*

têm acesso e direito à legítima ou porção indisponível e o direito de reduzir qualquer excesso de disposição realizado pelo sucedido que afete sua legítima, aduzindo Capelo de Sousa ser muito mais consistente o posicionamento sucessório dos herdeiros forçosos devido à limitação dos poderes jurídicos do autor da sucessão e em razão dos dispositivos legais facultados aos sucessíveis necessários para defesa de suas legítimas.[37]

Os herdeiros necessários como titulares da legítima têm uma *expectativa juridicamente tutelada*, ou, como aduz Tiago Filipe Paquim Lopes, eles têm a expectativa de direito de receber a sua legítima, enquanto os demais sucessíveis (concorrentes, testamentários e facultativos) – que podem ser excluídos da sucessão se o autor da herança se desfizer dos bens particulares, casar ou alterar seu regime matrimonial para o da comunhão universal ou da separação obrigatória de bens, separar-se de fato ou de direito, revogar seu testamento ou se excluir os herdeiros facultativos por testamento que beneficie terceiros – e, diante dessas várias possibilidades, esses herdeiros concorrentes, testamentários e colaterais facultativos têm somente uma *expectativa de fato*, em relação à herança.[38]

Portanto, não está expressamente proibida a renúncia antecipada da herança pelos artigos 426, 1.784 ou 1.804 do Código Civil, pois o simples repúdio não reflete qualquer ato jurídico designativo de herdeiro, ou uma disposição sucessória que se compare e identifique com uma imoral captação da vontade, vetada pelo *pacta corvina*; e o repúdio está longe de suscitar a esperança pela morte do autor da herança previamente renunciada.[39]

Não existe no direito brasileiro a pronunciada proibição de renúncia sobre uma sucessão ainda não aberta, embora exista a expectativa de direito do herdeiro necessário sobre os bens que irão compor sua futura legítima depois da morte do sucedido, e se por direito realmente não se faz viável

---

[37] SOUSA, Rabindranath Capelo de. *Lições de direito das sucessões* cit., p. 224.

[38] LOPES, Tiago Filipe Paquim. *Renúncia recíproca dos cônjuges à condição de herdeiro legitimário*. Dissertação (Mestrado) – Universidade de Coimbra. Disponível em: <https://estudogeral.sib.uc.pt/bitstream/10316/86527/1/Ren%-c3%bancia%20rec%c3%adproca%20dos%20c%c3%b4njuges%20%c3%a0%20 condi%c3%a7%c3%a3o%20de%20herdeiro%20legitim%c3%a1rio.pdf>. Acesso em: 28 jan. 2020.

[39] SILVA, Nuno Ascensão. Em torno das relações entre o direito da família e o direito das sucessões – o caso particular dos pactos sucessórios no direito internacional privado. In: OLIVEIRA, Guilherme de (coord.). *Textos de direito da família*: para Francisco Pereira Coelho. Coimbra: Imprensa Universidade de Coimbra, 2010. p. 442-443.

renunciar uma expectativa de fato de uma possível e distante herança, com efeito que será possível repudiá-la por antecipação, pois, se não é possível renunciar, o que ainda não se tem, sem dúvida que é possível repudiar o que não se quer. E muito menos existe proibição de repúdio de herança de herdeiros concorrenciais, facultativos ou testamentários, pois estes não têm expectativa de direito, mas apenas uma expectativa de fato, e contratar em pacto antenupcial, contrato de convivência ou contrato sucessório a renúncia sobre uma mera expectativa de fato, condicionada essa expectativa às diversas variáveis – como (i) a preservação das núpcias até o efetivo óbito; (ii) a existência de bens particulares; (iii) a eleição dos regimes matrimoniais sucessíveis – está igualmente longe de identificar cônjuges e conviventes concorrentes como herdeiros necessários.

Quando o consorte ou companheiro supérstite concorrem nas duas primeiras classes sucessórias, eles são herdeiros legítimos, mas não são herdeiros necessários, e a proteção legal sucessória brasileira respeita às duas ordens vocacionais: (i) uma delas qualifica o sobrevivente como *herdeiro*, quando vocacionado em terceiro lugar; (ii) e a outra o qualifica como *beneficiário*, quando cônjuge e convivente concorrem como herdeiros atípicos, ao lado dos herdeiros necessários das classes dos descendentes ou dos ascendentes.

6. A LEI 48/2018 DE PORTUGAL E OUTRAS CONCLUSÕES

Rafael Cândido da Silva lembra que diversas razões têm demonstrado a necessidade de ampliar a incidência da autonomia privada no direito sucessório ante a constatação de que certos interesses devem se sobrepor diante da cega proscrição apregoada genericamente ao pacto sucessório pela *pacta corvina* do artigo 426 do Código Civil.[40] No caminho inverso desta tola e impensada proibição de contratar herança de pessoa viva, a Alemanha e a Áustria regulam o contrato sucessório renunciativo (*Erbverzichtsvertrag*), como uma figura contratual de renúncia à herança futura, percebendo que o exacerbado apego moral ao *votum captandae mortis*, que ainda justifica tolamente a proibição do *pacto corvina*, representa verdadeiro fóssil no sistema jurídico brasileiro,[41] e está anos-luz de afrontar a ordem pública. O pacto negativo ou abdicativo é um contrato recíproco, pelo qual cada um dos contratantes ou herdeiros presuntivos renuncia a seu direito de tomar

---

[40] SILVA, Rafael Cândido da. *Pactos sucessórios e contratos de herança* cit., p. 58.

[41] SILVA, Rafael Cândido da. *Pactos sucessórios e contratos de herança* cit., p. 80-81.

parte na sucessão futura do outro e, portanto, nenhum renunciante torce pela morte do titular da herança que ele renunciou. Também difere do pacto aquisitivo e tampouco viola a liberdade de testar do autor da herança futura, pois diante da renúncia de um herdeiro concorrente, sobram bens para a livre disposição do testador e, se realmente atentasse contra a liberdade de testar do sucedido, bastaria limitar o contrato sucessório à renúncia do quinhão que seria legalmente destinado ao renunciante dentro da sua porção indisponível.

Existem vários contratos que tratam da herança e de direitos de pessoas vivas, como o testamento, a partilha em vida, a conta-corrente, o depósito bancário, a doação, o seguro de vida, a previdência privada, a constituição de pessoa jurídica, a *holding,* o fideicomisso, o negócio fiduciário, o *trust,*[42] sendo que o Código Civil da Catalunha admitiu o *pacto de atribución particular preventivo*, que na Alemanha, Áustria, Itália, França e Argentina visam a preservar a empresa e a sua função social, que, longe do seu propósito meramente lucrativo, tem um relevante papel social ao gerar empregos, tributos e desenvolvimento econômico e social, permitindo ao empresário planificar sua herança ao atribuir a determinado herdeiro a titularidade do empreendimento societário para que a empresa não sofra qualquer solução de continuidade.

São normas que tendem a fortalecer a empresa familiar e permitem melhorar seu marco legal para evitar conflitos e dar-lhes continuidade, permitindo ao fundador transmiti-la somente aos herdeiros com vocação de continuar a empresa, dela excluindo os demais herdeiros.[43] A França e a Itália são importantes exemplos de relaxamento da proibição genérica da contratação sobre herança de pessoa viva, informando Nuno Ascensão Silva que, apesar de a França proibir os pactos sucessórios no Código de Napoleão, por frontal hostilidade revolucionária ao *Ancien Régime*, cujo "escopo era manter intacto o patrimônio familiar e, com ele, o lustre das casas nobres, em verdade, desde 1965, admitia a *cláusula comercial* contida no pacto antenupcial, que permitia ao supérstite manter o *fundo de comércio*, ou seja, a exploração civil ou rural, para que os cônjuges explorassem empresa em comum e que constituísse sua fonte de seu sustento". Por isso, o sobrevivo pode adquirir ou lhe ver ser atribuído este bem, e, durante a reforma do direito do divórcio, em 1975, o direito francês estabeleceu a possibilidade de

---

[42] SILVA, Rafael Cândido da. *Pactos sucessórios e contratos de herança* cit., p. 182.

[43] LLOVERAS, Nora; ORLANDI, Olga; FARAONI, Fabían. *La sucesión por muerte y el proceso sucesorio*. Buenos Aires: Erreius, 2019. p. 24.

Cap. 28 · SEPARAÇÃO CONVENCIONAL DE BENS, EXPECTATIVA DE FATO E RENÚNCIA | **747**

ser renunciada por acordo e antecipadamente a sucessão do cônjuge, em caso de separação de corpos; e, desde 1978, permite a celebração de pactos sobre sucessões futuras, tendo em vista o princípio da continuidade das sociedades comerciais pelos herdeiros.[44]

Em 2006 a Itália instituiu o *patto de famiglia*, que é um contrato pelo qual, em concordância com as disposições atinentes à empresa familiar e respeitando os diferentes tipos societários, o empresário titular das participações societárias transfere, em todo ou em parte, a própria quota a um ou mais descendentes.[45]

Esse mesmo propósito inspirou recentemente o Código Civil e Comercial da Argentina a estabelecer no parágrafo único do artigo 1.010, a única exceção de pactuar herança de pessoa viva, consistente nos pactos relativos a uma exploração econômica produtiva, ou a participação societária de qualquer tipo de empresa, com vistas à conservação da unidade da gestão empresária, ou para a prevenção e solução de conflitos societários, permitindo incluir disposições acerca de futuros direitos hereditários e estabelecer compensações em favor de outros herdeiros legitimários.

Frisante mostra do caminho irreversível da autonomia privada no direito de família e das sucessões é a Lei 48, de 14 de agosto de 2018, de Portugal, que alterou os artigos 1.700º e 2.168º do Código Civil português e acrescentou o artigo 1.707º-A, para reconhecer a possibilidade de renúncia recíproca à condição de herdeiro legitimário (necessário) na convenção antenupcial, circunscrito aos regimes convencional ou imperativo da separação de bens. No Brasil, o artigo 1.829, inciso I, excluiu previamente direitos sucessórios na separação obrigatória de bens. Em Portugal, a renúncia à condição de herdeiro pode depender da sobrevivência ou não de sucessíveis de qualquer classe, bem como de outras pessoas (CCP, art. 1.707º-A), não sendo necessário que essa condição seja recíproca, vale dizer que, na falta de descendentes e ascendentes, os consortes podem conservar a qualidade de herdeiros legítimos um do outro, atendendo aos anseios do jurisdicionado que opta pelo regime convencional da separação de bens na intenção de conservar seus

---

[44] SILVA, Nuno Ascensão. Em torno das relações entre o direito da família e o direito das sucessões – o caso particular dos pactos sucessórios no direito internacional privado cit., p. 450-451.

[45] LASALA, José Luiz Pérez; LASALA, Fernando Pérez. Pactos sucesorios. In: BASSET, Ursula C.; PITRAU, Osvaldo Felipe; ROLLERI, Gabriel; ROVEDA, Eduardo G. (coord.). *Los nuevos horizontes del derecho de las personas y la familia.* Buenos Aires: Rubinzal-Culzoni, 2019. p. 753.

bens particulares na sua família consanguínea, *troncal* ou *linear*, e, se não deixar herdeiros descendentes ou ascendentes, pode aceitar que seu cônjuge ou convivente sobrevivo herde a totalidade de seus bens, reforçando o regime da separação de bens e prestigiando o direito português a natural e irreversível ascensão da autonomia privada.

Assim, o herdeiro concorrente não é um herdeiro necessário nem universal, estando seu quinhão concorrencial condicionado a diversas variantes, mantendo portanto, uma *expectativa de fato* e não uma expectativa de direito sobre seu quinhão hereditário, pois essa *expectativa de direito* existe unicamente em relação aos descendentes, ascendentes e ao cônjuge ou convivente quando vocacionados nas suas respectivas classes, e portanto, podem renunciar à herança ainda não aberta, mero benefício vidual, valendo-se da expressão antecipada do repúdio no pacto antenupcial, no contrato convencional ou no contrato sucessório.

REFERÊNCIAS

BUCAR, Daniel. Pactos sucessórios: possibilidades e instrumentalização. In: TEIXEIRA, Ana Carolina Brochado; RODRIGUES, Renata de Lima (coord.). *Contratos de família e sucessões*: diálogos interdisciplinares. São Paulo: Foco, 2020.

CRUZ, Guilherme Braga da. Os pactos sucessórios na história do direito português. *Revista da Faculdade de Direito da Universidade de São Paulo*, São Paulo, v. 60, 1965.

DELGADO, Mário Luiz. Controvérsias na sucessão do cônjuge e do convivente. In: DELGADO, Mário Luiz; ALVES, Jones Figueirêdo (coord.). *Novo Código Civil*: questões controvertidas no direito de família e das sucessões. São Paulo: Método, 2005.

FERRER, Francisco A. M. *Comunidad hereditaria e indivisión posganancial*. Buenos Aires: Rubinzal-Culzoni, 2016.

FERRI, Luigi. *La autonomía privada*. Chile: Ediciones Olejnik, 2018.

FUENTE, María Linacero de la. *Derecho de familia*: aspectos sustantivos – procedimientos – jurisprudencia – formularios. Valencia: Tirant lo Blanch, 2016.

GALLARDO, Aurelio Barrio. *Autonomía privada y matrimonio*. Madrid: Reus, 2016.

GARBI, Carlos Alberto. Proposições para um novo direito sucessório no Brasil. In: SILVA, Regina Beatriz Tavares da; BASSET, Ursula Cristina

Cap. 28 • SEPARAÇÃO CONVENCIONAL DE BENS, EXPECTATIVA DE FATO E RENÚNCIA | **749**

(coord.). *Família e pessoa*: uma questão de princípios. São Paulo: YK Editora, 2018.

GOMES, Renata Raupp. *A função social da legítima no direito brasileiro*. Rio de Janeiro: Lumen Juris, 2019.

LASALA, José Luiz Pérez; LASALA, Fernando Pérez. Pactos sucesorios. In: BASSET, Ursula C.; PITRAU, Osvaldo Felipe; ROLLERI, Gabriel; ROVEDA, Eduardo G. (coord.). *Los nuevos horizontes del derecho de las personas y la familia*. Buenos Aires: Rubinzal-Culzoni, 2019.

LOPES, Tiago Filipe Paquim. *Renúncia recíproca dos cônjuges à condição de herdeiro legitimário*. Dissertação (Mestrado) – Universidade de Coimbra. Disponível em: <https://estudogeral.sib.uc.pt/bitstream/10316/86527/1/Ren%c3%bancia%20rec%c3%adproca%20dos%20c%c3%b4njuges%20%c3%a0%20condi%c3%a7%c3%a3o%20de%20herdeiro%20legitim%c3%a1rio.pdf>. Acesso em: 28 jan. 2020.

LLOVERAS, Nora; ORLANDI, Olga; FARAONI, Fabían. *La sucesión por muerte y el proceso sucesorio*. Buenos Aires: Erreius, 2019.

MADALENO, Rolf. *Sucessão legítima*. Rio de Janeiro: Forense, 2019.

MADALENO, Rolf. Renúncia de herança no pacto antenupcial. *Revista IBDFAM Famílias e Sucessões*. Belo Horizonte, v. 27, 2018.

MADALENO, Rolf. *Renúncia de herança no pacto antenupcial*: famílias e sucessões – polêmicas, tendências e inovações. Belo Horizonte: IBDFAM, 2018.

MARTINS, José Eduardo Figueiredo de Andrade. Reflexões sobre a possibilidade de celebração de pacto antenupcial diante da imposição do regime de separação obrigatória de bens no casamento. In: FIUZA, César (org.); RODRIGUES, Edwirges Elaine; SILVA, Marcelo Rodrigues da; OLIVEIRA FILHO, Roberto Alves de (coord.). *Temas relevantes sobre o direito das famílias*. Belo Horizonte: D'Plácido, 2019.

MORAES, Maria Celina Bodin de; TEIXEIRA, Ana Carolina Brochado. Contratos no ambiente familiar. In: TEIXEIRA, Ana Carolina Brochado; RODRIGUES, Renata de Lima (coord.). *Contratos, família e sucessões*: diálogos interdisciplinares. São Paulo: Foco, 2020.

OLIVEIRA, Alexandre Miranda; CARVALHO, Bárbara Dias Duarte de. A possibilidade jurídica de disposições sucessórias no pacto antenupcial e de convivência. In: TEIXEIRA, Ana Carolina Brochado; RODRIGUES, Renata de Lima (coord.). *Contratos, família e sucessões*: diálogos interdisciplinares. São Paulo: Foco, 2020.

RIOS, Andressa Silmara Alves Carvalho. Autonomia e pacto antenupcial. In: RIOS, Calânico Sobrinho; LASMAR, Gabriela Mascarenhas; RODRIGUES JÚNIOR, Walsir Edson (coord.). *Direito de família e das sucessões*: reflexões, críticas e desafios. Belo Horizonte: Conhecimento, 2020.

SILVA, Nuno Ascensão. Em torno das relações entre o direito da família e o direito das sucessões – o caso particular dos pactos sucessórios no direito internacional privado. In: OLIVEIRA, Guilherme de (coord.). *Textos de direito da família*: para Francisco Pereira Coelho. Coimbra: Imprensa Universidade de Coimbra, 2010.

SILVA, Rafael Cândido da. *Pactos sucessórios e contratos de herança*: estudo sobre a autonomia privada na sucessão *causa mortis*. Salvador: JusPodivm, 2019.

SIMÃO, José Fernando *et alii*. *Código Civil comentado*: doutrina e jurisprudência. Rio de Janeiro: Forense, 2019.

SOUSA, Rabindranath Capelo de. *Lições de direito das sucessões*. 3. ed. Coimbra: Coimbra Editora, 1990. v. I.

TRIAS, Encarna Roca. *Libertad y familia*. Valencia: Tirant lo Blanch, 2014.

REPRODUÇÃO ASSISTIDA

29

A REPRODUÇÃO ASSISTIDA E ALGUNS DE SEUS PROBLEMAS PRÁTICOS

JONES FIGUEIRÊDO ALVES

SUMÁRIO: 1. Introdução; 2. À guisa de problematização: 2.1. Direitos reprodutivos e planejamento familiar; 2.2. Gestação de substituição e questões recorrentes; 2.3. Gestação compartilhada em união homoafetiva; 2.4. Filhos havidos por fecundação artificial homóloga (art. 1.597, III, CC) e filhos diferidos como embriões excedentários (art. 1.597, IV, CC); 2.5. Embriões excedentários, sua disponibilidade e custódia; 2.6. Anonimato do doador e o conhecimento da ancestralidade genética; 3. À guisa de contribuição: 3.1. Clínicas, centros e serviços de reprodução assistida; 4. Conclusões; Referências bibliográficas.

1. INTRODUÇÃO

Desde os anos 70 do século passado, as técnicas de procriação (ou reprodução) medicamente assistida (PMA/RMA) assumiram, como "intervenção subsidiária" e sob um "determinismo genético", os projetos parentais. Em nosso país, todavia, subsiste, ainda, um déficit normativo de mais grave insuficiência quando se trata de regulação legal da reprodução medicamente assistida, à míngua de uma legislação própria e adequada, valendo-se apenas de relevantes resoluções deontológicas do Conselho Federal de Medicina. A mais recente, a de nº 2.168, de 21.09.2017, adotando normas éticas para a utilização das técnicas de RMA, agora é objeto de estudos para novos avanços necessários.[1] O Código Civil, por seu turno, elenca no seu artigo 1.597, III a V, técnicas de reprodução assistida para os efeitos da paternidade ficta, reunindo-as com expressões diferenciadas, inclusive incompletas e/ou equívocas;[2] e nada mais acrescenta. Eis um notável vazio legal.

Lado outro, na esfera administrativa, destaca-se, em momento pioneiro, o Provimento nº 21/2015, de 29 de outubro de 2015, da Corregedoria-Geral da Justiça de Pernambuco, de nossa autoria enquanto Corregedor Geral de Justiça interino, regulamentando o procedimento de registro de nascimento de filhos havidos de reprodução assistida, por casais heteroafetivos ou homoafetivos. Admitiu, expressamente, a multiparentalidade e dispensou a autorização prévia judicial à abertura do assento de nascimento.[3]

Mais adiante, a Corregedoria Nacional de Justiça editou o Provimento nº 52, de 14 de março de 2016, com as diretivas registrais de reprodução assistida, depois revogado pelo Provimento nº 63, de 14 de novembro de 2017. Este cuidou do registro de nascimento e emissão da respectiva certidão dos filhos havidos por reprodução assistida, da gestação de substituição e da reprodução assistida *post mortem*.

No plano legislativo, destaca-se atualmente o Projeto de Lei nº 5.768, de 30 de outubro de 2019, do deputado Afonso Motta, que acrescenta dispositivos ao Código Civil (arts. 1.597-A e 1.597-B), estabelecendo as hipóteses de presunção de maternidade pela gestação na utilização de técnicas de reprodução assistida e autoriza a gestação de substituição, apensado ao PL de nº 1.184/2003,

---

[1]   Cumpre observar que a primeira Resolução do CFM, no trato da matéria, é a de nº 1.358, de 11.11.1992, revista pela Resolução nº 1.957/2010, seguindo-se em 2013 nova atualização.

[2]   Anota-se que o artigo 1.597, inciso III, do Código Civil reconhece a filiação dos filhos havidos por fecundação artificial homóloga, mesmo que falecido o marido, presumindo que foram concebidos na constância do casamento. A expressão "fecundação" (óvulo fecundado) constante da norma codificada difere da técnica de "inseminação" não referida no aludido dispositivo, importando dizer que esta última não implicaria a presunção ficta, quando realizada *post mortem*, tudo nos termos da codificação civil. A esse respeito, o Enunciado 105 da I Jornada de Direito Civil, em análise do art. 1.597 do CC, pontua: "As expressões 'fecundação artificial', 'concepção artificial' e 'inseminação artificial' constantes, respectivamente, dos incs. III, IV e V do art. 1.597 deverão ser interpretadas como 'técnica de reprodução assistida'".

[3]   ALVES, Jones Figueirêdo. Normas registrais oferecem garantias aos filhos de reprodução assistida. *Consultor Jurídico*, 20 mar. 2016. Disponível em: <https://www.conjur.com.br/2016-mar-20/processo-familiar-normas-registrais-oferecem-garantias-reproducao-assistida>. Acesso em: 18 ago. 2020.

Cap. 29 • A REPRODUÇÃO ASSISTIDA E ALGUNS DE SEUS PROBLEMAS PRÁTICOS | **755**

oriundo do Senado Federal, que regulamenta o uso das técnicas de Reprodução Assistida (RA) para a implantação artificial de gametas ou embriões humanos, fertilizados *in vitro*, no organismo de mulheres receptoras. Perante este último, também foram apensados os PLs nos 2.855/1997 e 120/2003. E ainda resultou apensado o PL nº 4.892/2012, que institui o Estatuto da Reprodução Assistida, para regular a aplicação e utilização das técnicas de reprodução humana assistida e seus efeitos no âmbito das relações civis sociais.

Diante disto, medicina e ciência jurídica dialogam, com maior ênfase, em percepção de a constituição de família representar um direito fundamental que deve ser assegurado, não apenas pelo direito à procriação mas, sobretudo, pelo emprego autorizado das técnicas de reprodução assistida, notadamente quando se trate de tratamento da infertilidade (conjugal ou não).

Desse diálogo construtivo, em permanente evolução, a assistência médico-jurídica à fertilidade, o planejamento reprodutivo, o uso das técnicas de reprodução assistida de gametas, embriões e tecidos germinativos para pacientes oncológicas, a possibilidade da gestação de substituição, a gestação compartilhada, a "fecundação *in vitro*", a inseminação *post mortem*, entre outros temas, envolvem problemas práticos que, enquanto isso, somente a doutrina e a jurisprudência tentam buscar resolver à exata medida da dignidade das pessoas.

Mais precisamente: a problematização que se segue, diante de algumas questões recorrentes, sob o escopo da insuficiência normativa a respeito da reprodução assistida, convoca, por isso mesmo, a intervenção permanente da doutrina e da jurisprudência, como instrumentos necessários ao pretendido suprimento. Vejamos.

2. À GUISA DE PROBLEMATIZAÇÃO

2.1. Direitos reprodutivos e planejamento familiar

Provocação mais contemporânea diz respeito a elucidar as técnicas de reprodução medicamente assistida como constitutiva de direitos reprodutivos que se inserem na esfera do planejamento familiar. Nesse viés, o planejamento familiar, com a Constituição de 1988 (art. 226, § 7º) tornou-se direito fundamental, "competindo ao Estado propiciar recursos educacionais e científicos para o exercício desse direito, vedada qualquer forma coercitiva por parte de instituições oficiais ou privadas".

Segue-se dizer que a Lei nº 9.263, de 12.01.1996, veio regular o dispositivo constitucional explicitando, seguramente, que o planejamento familiar deverá ser orientado pela garantia de acesso igualitário às técnicas disponíveis para a regulação da fecundidade (art. 4º).

Adiante, a Lei nº 9.656/1998 – LPSPAS – dispondo sobre os planos e seguros privados de assistência à saúde, estabeleceu em seu artigo 35-C obrigatória a cobertura do atendimento nos casos de planejamento familiar (inciso III, acrescido pela Lei nº 11.935, de 11 de 11.05.2009), cabendo à Agência Nacional de Saúde Suplementar (ANS) editar normas regulamentares para o disposto no reportado artigo (parágrafo único do art. 35-C).

A esse respeito, a Resolução Normativa nº 428/ANS, de 7 de novembro de 2017 – atualizando o rol de procedimentos e eventos em saúde, que constitui referência básica para cobertura assistencial mínima nos planos privados de assistência à saúde –, acerca da cobertura assistencial de que trata o Plano-Referência, indicou nele permitida exclusão assistencial no tocante à inseminação artificial (art. 20, § 1º, inciso III).[4] Isso porque a mesma LPSPAS/1998, em seu artigo 10, inciso III, excetuou a inseminação artificial, nada obstante a regra geral de cobertura obrigatória nos casos de planejamento familiar, em seu característico de direito fundamental.

Ora bem. Enfrentando o tema, o Superior Tribunal de Justiça, no REsp nº 1.734.445/SP, sob o propósito recursal de "definir se a inseminação artificial por meio da técnica de fertilização *in vitro* deve ser custeada por plano de saúde", estabeleceu que "a limitação da lei quanto à inseminação artificial (art. 10, III, LPS) apenas representa uma exceção à regra geral de atendimento obrigatório em casos que envolvem o planejamento familiar (art. 35-C, III, LPS)". Assim, por julgamento unânime de sua 3ª Turma, assentou que "não há, portanto, abusividade na cláusula contratual de exclusão de cobertura de inseminação artificial, o que tem respaldo na LPS e na RN 338/2013" (julgado em 15.05.2018).

Mais recentemente (18.02.2020), a mesma 3ª Turma do STJ, no REsp nº 1.794.629/SP, agora por maioria de votos (3 x 2), decidiu que os planos de saúde não precisam cobrir o procedimento de "fertilização *in vitro*", oferecendo interpretação extensiva à expressão "inseminação artificial" do artigo 10, III, da Lei nº 9.656/1998, porquanto compreendida como um procedimento análogo e, de efeito, afastado do rol de cobertura.

Todavia, para o relator, Ministro Moura Ribeiro, "a resolução (da ANS) inovou, pois restringiu e modificou direitos e obrigações não previstos no art. 10 da Lei 9.656, especialmente na equiparação da inseminação artificial

---

4   "III – inseminação artificial, entendida como técnica de reprodução assistida que inclui a manipulação de oócitos e esperma para alcançar a fertilização, por meio de injeções de esperma intracitoplasmáticas, transferência intrafalopiana de gameta, doação de oócitos, indução da ovulação, concepção póstuma, recuperação espermática ou transferência intratubária do zigoto, entre outras técnicas".

com a fertilização *in vitro*".[5] Nessa linha de pensar, tem sido construída uma postura de fomento à doutrina do capitalismo humanista, porquanto prioriza a dignidade da pessoa em face de seus direitos essenciais em contraponto a interesses meramente econômicos.

Posteriormente (20.02.2020), a 4ª Turma do STJ, seguindo entendimento da 3ª Turma, decidiu, à unanimidade, que "a fertilização *in vitro* não possui cobertura obrigatória, de modo que, na hipótese de ausência de previsão contratual expressa, é impositivo o afastamento do dever de custeio do mencionado tratamento pela operadora do plano de saúde", conforme expressou o relator, Ministro Marco Buzzi (REsp nº 1.823.077). O relator considerou que "não seria lógico que o procedimento médico de inseminação artificial fosse de cobertura facultativa e a fertilização *in vitro*, que possui característica complexa e onerosa, tivesse cobertura obrigatória".

De efeito, envolve-se, uma vez mais, a questão pertinente dos direitos reprodutivos como direitos fundamentais implícitos, sobre os quais uma cobertura mínima dos planos de saúde não poderia silenciar ou restringir. O custeio obrigatório nos planos de saúde, sob o contexto das relações contratuais, de índole constitucional, por se tratar de um direito fundamental – o de reprodução ou procriação assistidas –, reclama, nessa latitude, urgente análise na esfera do instituto da repercussão geral, com o emprego de preliminar formal do artigo 1.035 do CPC/2015.

Dizem-nos, a propósito, Ponteli, Curti e Silva: "Estes direitos reprodutivos, porquanto encontram base nos princípios que regem a ordem jurídica pátria (em especial os direitos à vida, à personalidade, à saúde e ao planejamento familiar) devem ser concebidos como direito fundamental. Nesta qualidade, os direitos reprodutivos devem ser objeto de proteção do Estado,

---

[5] De fato. As técnicas são flagrantemente distintas: a inseminação artificial "é a técnica na qual ocorre a implantação de sêmen no trato genital feminino, durante período ovulatório. A inseminação deve ser realizada através da cavidade uterina ou no canal cervical" (MEIRELLES, Jussara Maria Leal de. *Reprodução assistida e exame de DNA*: implicações jurídicas. Curitiba: Gênesis, 2004. p. 20). Ou seja: "A inseminação artificial consiste em injetar espermatozoides diretamente no útero da mulher e então fecundar o óvulo e gerar o feto". Enquanto isso, a técnica da FIV (fertilização *in vitro*) é muito mais complexa. "Ela é indicada quando as tubas uterinas, canais que ligam os ovários ao útero, originalmente chamados trompas de falópio, são obstruídas, impedindo a fertilização natural" (BRAGA, Nathália. Qual a diferença entre fertilização e inseminação? Disponível em: <https://super.abril.com.br/ciencia/qual-a-diferenca-entre-fertilizacao-e-inseminacao/>. Acesso em: 19 ago. 2020).

através de políticas públicas que assegurem de forma ampla o acesso de toda a sociedade".[6] Essa afirmação reflete, de forma iniludível, que os direitos reprodutivos estão constitucionalizados, cuja inferência conduz à inarredável conclusão de que não devem ser relativizados.

No tocante ao custeio obrigatório pela rede de saúde estatal, o problema foi dirimido pelo Superior Tribunal de Justiça (20.09.2016). A sua 2ª Turma, ao julgar o Recurso Especial nº 1.617.970/RJ, garantiu o tratamento da fertilização *in vitro* a ser custeado pelo Estado do Rio de Janeiro, em face de uma paciente portadora de endometriose profunda e com obstrução de trompas. O relator, Ministro Herman Benjamin, confirmou a decisão do Tribunal de origem, sob a égide da Lei do Planejamento Familiar (Lei nº 9.263/1996).

No dizer de Mairan Maia, "o direito à reprodução por técnicas de fecundação artificial não possui, por óbvio, caráter absoluto. Contudo, eventuais medidas restritivas de acesso às técnicas de reprodução assistida, ínsito ao exercício de direitos fundamentais de alta envergadura, consoante demonstrado, só se justificam diante do risco de dano efetivo a um bem relevante, análise a ser perpetrada, não raro, em face do caso concreto" (TRF-3ª Reg., Apelação Cível 0007052-98.2013.4.03.6102/SP, Rel. Mairan Maia, j. 19.11.2015). Defende-se, nesse espectro, a não limitação aos direitos reprodutivos nos planos de saúde, reconhecido o direito de procriar como um direito personalíssimo e em concretude do rol de direitos fundamentais.

Afinal, o art. 1.565, § 2º, do Código Civil também sinaliza que o planejamento familiar deve ter seu exercício, com apoio do poder do Estado, entendendo-se que a intervenção estatal deve ganhar o suporte de políticas públicas mais amplas.

2.2. Gestação de substituição e questões recorrentes

2.2.1. Maternidade registral

Por meio de medidas administrativas, diretivas registrais de reprodução medicamente assistida, constantes nos Provimentos nº 21/2015-CGJ-PE e nº 52/2016-CNJ, consolidaram providências adequadas para os casos de

---

[6] PONTELI, Nathalia Nunes; CURTI, Flávia Fernandes Alfaro; SILVA, Lucas Alessandro. Políticas públicas e direitos reprodutivos: entre a efetividade dos direitos fundamentais e a ampliação da experiência democrática. Disponível em: <http://www.uel.br/pos/mestradoservicosocial/congresso/anais/Trabalhos/eixo5/oral/51_politicas_publicas....pdf>. Acesso em: 18 ago. 2020.

maternidade de substituição, a de gestação por outrem. Quando em situações que tais, a parturiente, como cedente temporária do útero, não será havida, para os fins da lei, como a genitora da criança nascida. A todo rigor, será lançado em registro civil o nome da mãe genética, fornecedora do óvulo e titular do projeto parental, nada obstante o nome daquela esteja na Declaração de Nascido Vivo (DNV).

Consabido que a Lei nº 12.662, de 05.06.2012, houve de conferir à Declaração de Nascido Vivo (DNV) o caráter de documento de identidade provisória, com idoneidade de servir com valor oficial até que aberto o assento de nascimento em registro civil, cuja certidão o substitui, tem-se que a DNV, na qual consta apenas o nome da gestante (parturiente), impedia que o registro civil viesse a conter nome diverso de genitora, impondo-se o da parturiente. Ou seja, para os fins legais, diversamente do que dita o direito português, no qual a parturiente é a mãe (não se cogitando nenhuma outra que não seja a biológica), a mãe será a genética ou mesmo aquela titular do projeto parental por meio da gestação de substituição.

Os normativos já editados preceituam, objetivamente, que "não será considerado para o conteúdo registrário o nome da parturiente constante da Declaração de Nascido Vivo – DNV" (art. 2º, § 3º, Prov. nº 21/2015-CGJ-PE), ou seja, "na hipótese de gestação por substituição, não constará do registro o nome da parturiente, informado na declaração de nascido vivo" (art. 2º, § 2º, Prov. nº 52/2016-CNJ), quando aquela, comprovadamente, é a protagonista da gestação substituta, tudo em primazia do projeto parental a permitir que no registro civil seja indicada como genitora aquela fornecedora do material genético.

2.2.2. Contrato oneroso

Diversamente da doação de gametas, necessariamente gratuita, não há vedação à contratação de gestação onerosa. Em sua obra *Reprodução humana e direito*: o contrato de gestação de substituição onerosa, Beatriz Schettini sustenta a viabilidade da realização do contrato na espécie, entendendo que sua proibição por regra deontológica "além de extrapolar a seara médica, ofende e limita a liberdade de procriação daquele que intencionou o projeto parental" (p. 111).

Diante da inexistência de sanções civis e penais para a prática onerosa da gestação de substituição, essa modalidade contratual pode ser levada a efeito, resolvendo-se o problema prático da dificuldade ocorrente de se encontrar alguém que aceite gestar o filho de outrem.

2.3. Gestação compartilhada em união homoafetiva

2.3.1. Dupla maternidade

A Resolução CFM nº 2.168, no seu Anexo de Normas Éticas para a utilização das técnicas de RA, ao tratar dos pacientes delas destinatários, permite a gestação compartilhada em união homoafetiva em que não exista infertilidade. Essa gestação compartilhada é assim considerada na situação em que o embrião obtido a partir da fecundação do(s) ócito(s) de uma mulher é transferido para o útero de sua parceira. Disso decorre a dupla maternidade, cuja realidade está assente no direito registral, a partir de decisões judiciais e dos comandos regulamentadores existentes.

De efeito, "nos casos de filhos de casais homoafetivos, o assento de nascimento deverá ser adequado para que constem os nomes dos ascendentes, sem qualquer distinção quanto à ascendência paterna ou materna" (art. 1º, § 2º, Prov. nº 52/16-CNJ), ou seja, "a inscrição será procedida com a devida adequação para que constem os nomes dos pais ou das mães, bem como seus respectivos avós, sem distinção se paternos ou maternos" (art. 1º, parágrafo único, Prov. nº 21/15-CGJ-PE).

2.3.2. Dupla paternidade

Dúvidas existirão, dentro da realidade fenomênica do uso tecnológico em direitos de reprodução, mormente quando se cuida prover normas administrativas e registrais diante de situações que envolvam relações pessoais. Uma resultará, por certo, em situação de reprodução assistida para casais homoafetivos masculinos, quando durante o projeto parental comum, houver o rompimento da relação afetiva. O doador do sêmen poderia exigir fazer constar não mais o nome do companheiro (duplicidade parental), mas o da própria parturiente que se dedicou a contribuir àquele projeto? Assim, conflitos de interesses exsurgentes remeterão ao juiz registral a busca de suas superações ou de resultados de suas soluções úteis. O registrador civil, nos casos de qualquer dúvida, remeterá o expediente ao juiz registral competente, para apreciar e decidir a respeito (art. 3º, Prov. nº 21/15-CGJ-PE).

No mais, o Superior Tribunal de Justiça já tem sustentado "possível a inclusão de dupla paternidade em assento de nascimento de criança concebida mediante as técnicas de reprodução assistida heteróloga e com gestação por substituição, não configurando violação ao instituto da adoção unilateral". Neste sentido, o REsp nº 1.608.005/SC, da relatoria do Ministro Paulo de Tarso Sanseverino, Terceira Turma, por unanimidade, julgado em 14.05.2019, *DJe* 21.05.2019.

Cap. 29 • A REPRODUÇÃO ASSISTIDA E ALGUNS DE SEUS PROBLEMAS PRÁTICOS | **761**

A esse respeito, o reportado julgado destacou o Enunciado 111 da I Jornada de Direito Civil, quando o instituto da adoção e o da reprodução assistida heteróloga atribuem a condição de filho ao adotado e à criança resultante de técnica conceptiva. Há, porém, uma diferenciação significativa, "no sentido de que, enquanto na adoção, haverá o desligamento dos vínculos, na reprodução assistida heteróloga sequer será estabelecido o vínculo de parentesco entre a criança e o doador do material fecundante".

2.4. Filhos havidos por fecundação artificial homóloga (art. 1.597, III, CC) e filhos diferidos como embriões excedentários (art. 1.597, IV, CC)

2.4.1. Da prévia autorização como elemento indispensável à presunção

Nos incisos III e IV do artigo 1.597 do Código Civil temos o uso de técnicas de RA ao projeto parental sob o emprego de firme disposição de vontade inerente do planejamento familiar. Problema de ordem prática tem sido discutido acerca da necessidade ou não de prévia autorização do outro cônjuge para o emprego das técnicas como pressuposto da reportada presunção, consabido que a exigência se situa somente, por dicção da lei, quando se trata de fecundação artificial heteróloga (art. 1.597, V, CC).

Mário Luiz Delgado considera necessária uma interpretação sistêmica e harmônica dos três incisos do dispositivo, afastando uma exegese literal que dispensa nos dois primeiros a autorização. Afirma que tal entendimento "levaria a equívoco hermenêutico gritante, a permitir o uso do material genético do próprio morto sem a sua expressa autorização manifestada em vida, o que representaria violação a direito da personalidade". Em ser assim, sustenta que "em qualquer situação de reprodução assistida *post mortem*, homóloga, heteróloga ou com o uso de embriões excedentários, não se prescinda da autorização expressa, manifestada em vida, pelo cônjuge ou companheiro".[7]

Nessa toada, toda reprodução assistida *post mortem* estaria a exigir autorização prévia específica do falecido ou falecida para o uso do material biológico preservado.

A cláusula "mesmo que falecido o marido", presente na segunda parte da redação do inciso III do artigo 1.597 do Código Civil, assenta, de plano, a

---

[7] DELGADO, Mário Luiz. Prévia autorização na reprodução assistida heteróloga *post mortem*. *Consultor Jurídico*, 15 set. 2019. Disponível em: <https://www.conjur.com.br/2019-set-15/processo-familiar-previa-autorizacao-reproducao--assistida-heterologa-post-mortem>. Acesso em: 18 ago. 2020.

paternidade legal, presumindo concebidos na constância do casamento os filhos havidos por fecundação artificial homóloga, mesmo após a morte do cônjuge varão. Como se observa, não se acha prevista exigência de autorização marital para o procedimento, em contraponto à cláusula "desde que tenha prévia autorização do marido", como condição tratada no inciso V do mesmo artigo.

Ponto de relevo é realçado, por seu turno, por Ana Cláudia Brandão de Barros Correia Ferraz ao referir que "se o marido consentiu na inseminação artificial com seu material genético, aceitou a paternidade do filho, independentemente da época da concepção e do nascimento".[8] Tal premissa de base serve de ponderação ao problema prático aqui posto, o de ser exigível ou não a autorização prévia para o manejo do material genético ou à implantação do embrião *post mortem*.

Cuida-se, em bom rigor, de "vontade pretendida" exercida pelo cônjuge ou companheiro que adiante vem a falecer e cujo falecimento não desfaz o que exaltou em vida. Manifesta, portanto, é a presunção de filiação quando o material genético se apresenta inequivocamente do casal, o mesmo sucedendo em face dos embriões excedentários, pouco importando vir a falecer o cônjuge. A presunção se apresenta incólume, de sorte a dispensar a prévia autorização. Filio-me a essa posição por entender que a ausência do autorizativo não afasta a presunção.

2.4.2. O problema da forma da "prévia autorização"

Problema outro surge quanto à forma da "prévia autorização" a que se refere o inciso V do artigo 1.597 do Código Civil, para fins de se estabelecer a presunção de paternidade do marido ou do companheiro, em se tratando da inseminação artificial heteróloga. Mário Luiz Delgado alude ao problema, para indicar, em estudo, que não havendo forma prescrita em lei acerca da prevista e prévia autorização, é de se entender, de consequência, que a sua forma é livre, não podendo, destarte, ser restrita à forma escrita.

No ponto, tratando da reprodução *post mortem*, o Provimento nº 63/2017-CNJ, veio determinar que "(...) deverá ser apresentado termo de autorização prévia específica do falecido ou falecida para uso do material biológico preservado, lavrado por instrumento público ou particular com firma reconhecida" (art. 17, § 2º). Não estabelece, contudo, forma especial quando da inseminação artificial heteróloga em vida do marido.

---

[8] FERRAZ, Ana Cláudia Brandão de Barros Correia. *Reprodução humana assistida e suas consequências nas relações de família*. 2. ed. Curitiba: Juruá, 2016. p. 121.

Cap. 29 · A REPRODUÇÃO ASSISTIDA E ALGUNS DE SEUS PROBLEMAS PRÁTICOS | **763**

A questão do consentimento, sob determinada forma, não é cogitada em lei, que apenas menciona a necessidade prévia de sua ocorrência. Em ser assim, dúvida não deverá existir sobre o sentido da lei que apenas impõe previamente a manifestação de vontade do cônjuge ou companheiro. Mário Luiz Delgado acentua, com a devida precisão, que o consentimento se apresenta suficiente, sem forma especial, como uma manifestação inequívoca, a tanto significando que ela se coloque concludente, categórica e taxativa, o que poderá ser apurado por quaisquer meios de prova, não se exigindo, por isso, seja o consentimento expresso por manifestação escrita. Ele poderá se colocar expresso por formas outras, verbais ou gestuais, explicitando a declaração de vontade. É certo, diz ele, "que a validade de qualquer declaração de vontade só depende de forma especial quando a lei (e somente a lei em sentido estrito) expressar a exigir", como se extrai do artigo 107 do Código Civil. Logo, possível a autorização verbal ou tácita para a inseminação heteróloga *post mortem*.

2.5. Embriões excedentários, sua disponibilidade e custódia

A técnica do artigo 1.597, IV, do Código Civil (implantação, a qualquer tempo, de embriões excedentários decorrentes de concepção artificial homóloga), tem suscitado problemas práticos.

O principal deles tem lugar ao tempo da separação do casal parental sobre a disponibilidade dos referidos embriões, resultado do projeto parental comum, a saber, do interesse de vontade exclusiva de um dos ex-parceiros para a transferência embrionária ao útero da nova companheira ou da própria mãe biológica.

Pergunta-se: há o direito de implantação forçada do embrião, a despeito da não concordância de um dos pais? Ou, mais precisamente, o direito de ser pai ou de ser mãe de filho(a) também do(a) outro(a) poderá ficar sujeito ao consentimento daquele(a) para a implantação do embrião, tendo em vista o interesse adverso de não sê-lo?

A questão promana da circunstância de os embriões excedentários em situação pendente de um eventual manejo de sua implantação colocarem-se em custódia. A Resolução CFM nº 2.168 dispõe que "no momento da criopreservação, os pacientes devem manifestar sua vontade, por escrito, quanto ao destino a ser dado aos embriões crioconservados em caso de divórcio ou dissolução de união estável, doenças graves ou falecimento de um deles ou de ambos, e quando desejam doá-los".

Evidente que ditas pactuações poderão ser revistas a qualquer tempo, em juízo ou fora dele, tendo-se por prioridade o viés constitucional segundo o qual o direito de gerar um filho é garantido pelo art. 226, § 7º, da Carta

Magna, cabendo o projeto de parentalidade ser desenvolvido com uso dos meios científicos disponíveis.

No caso em comento, o planejamento familiar não se subsume a um direito compartilhado do casal, a depender do devido compartilhamento, podendo ser exercido por qualquer um dos parceiros. Implica dizer que o direito de procriar tem prioridade, com fundo constitucional, sobre o direito de não ser pai/mãe. Isto porque, em sua gênese, o projeto parental teve sua origem pelo firme propósito de sua execução, levando-se a bom termo, ao fim e ao cabo; de sorte que esse projeto poderá ser levado por apenas um dos cônjuges ou companheiros, ou pelo cônjuge supérstite. José Fernando Simão advoga no sentido da implantação forçada do embrião, com considerações bastante instigantes.

Em maior latitude, defendo, inclusive, o direito de um projeto parental avoengo, em se permitindo a transferência embrionária por meio de gestação substituta, no sentido de os pretendidos avós, após falecimento de filho, lograrem a existência de netos.

2.6. Anonimato do doador e o conhecimento da ancestralidade genética

Problema da reprodução assistida também é flagrado em face do pretendido anonimato do doador do material genético frente ao direito da verdade sobre a origem biológica, que dispõe o filho em exercício do seu inalienável direito da personalidade.

O Provimento nº 63/2017-CNJ busca harmonizar a solução de interesses em conflito dispondo em seu artigo 17, § 3º, o seguinte: "O conhecimento da ascendência biológica não importará no reconhecimento do vínculo de parentesco e dos respectivos efeitos jurídicos entre o doador ou a doadora e o filho gerado por meio da reprodução assistida".

Por evidente, a quebra do anonimato a respeito do doador dependerá do exclusivo interesse do filho, por direito de personalidade à verdade genética, independentemente de razões de saúde ou de outros motivos.

3.   À GUISA DE CONTRIBUIÇÃO

3.1.   Clínicas, centros e serviços de reprodução assistida

A Resolução CFM nº 2.168 dispõe que as clínicas, centros ou serviços que aplicam técnicas de RA são responsáveis pelo controle de doenças infectocontagiosas, pela coleta, pelo manuseio, pela conservação, pela distribuição,

Cap. 29 • A REPRODUÇÃO ASSISTIDA E ALGUNS DE SEUS PROBLEMAS PRÁTICOS | 765

pela transferência e pelo descarte de material biológico humano dos pacientes das técnicas de RA (Anexo, item III), cumprindo-lhes, ainda, criopreservar espermatozoides, oócitos, embriões e tecidos gonádicos (Anexo, item V, 1). Estão elas sujeitas à fiscalização médica de suas atividades.

Cuido necessário, para importantes efeitos jurídicos, essas unidades submeterem ao Ministério Público relatórios circunstanciados de registros dos materiais biológicos, dos embriões crioconservados e de suas intercorrências. Não há, de forma eficaz, controle das atividades sob o plano correcional jurídico, além da carência de estatísticas versando acerca de dados quantitativos e outras informações relevantes, para a curadoria de embriões e outras providências.

Em Portugal, o Decreto-lei nº 319/1986 regulamenta os bancos de sêmen, alcançando a manipulação, a conservação e os atos relativos à reprodução assistida. Em nosso país, a Lei de Biossegurança (Lei nº 11.105, de 24.05.2005), cogita da responsabilidade objetiva, na esfera da reprodução assistida, por parte das Clínicas de Reprodução Medicamente Assistida – CRMAs – como se extrai do seu art. 20, com atenção aos seus §§ 5º e 6º, dentre outros; devendo, porém, uma legislação mais proficiente cuidar do tema.

4. CONCLUSÕES

4.1. A reiterada prática dos procedimentos e técnicas de reprodução assistida tem suporte nos direitos constitucionais ao planejamento familiar e à saúde, assentados no princípio da autonomia privada e na dignidade da pessoa humana, pelo que se reclama otimização de desempenho em políticas públicas e legislativas a respeito.

4.2. Os problemas práticos em sede de reprodução assistida merecem uma visão proativa da doutrina e da jurisprudência, contributivas à garantia da efetividade dos direitos reprodutivos.

4.3. Impende urgente uma construção normativa, no plano legislativo, e em textos codificados, do manejo dos recursos biotecnológicos às técnicas de reprodução assistida, tornando-se incontroversas determinadas questões delas resultantes.

4.4. O planejamento familiar, sob inspiração do art. 226, § 7º, da Constituição Federal, tem como escopo maior a dignificação do projeto parental, pelo que se exige garantir uma autonomia privada e individual ao reportado projeto.

4.5. Os biobancos traduzem-se em *locus* de situações jurídicas subjacentes de direitos e de negócios existenciais, merecendo maiores atenções para sua regulação adequada, dado que as esferas jurídicas de interesses devem ser harmonizadas a contento da dignidade da pessoa humana, sem perder de vista, inclusive, a pessoa do embrião, assim considerado como concepto não gestado, a exigir uma releitura do artigo 2º do Código Civil.

4.6. Em propósito mais avançado, estudo de Flávio Tartuce, durante a I Jornada de Direito Civil (CJF/STJ) culminou com a proposição do Enunciado 2: "Art. 2º: Sem prejuízo dos direitos da personalidade nele assegurados, o art. 2º do Código Civil não é sede adequada para questões emergentes da reprogenética humana, que deve ser objeto de um estatuto próprio".

4.7. Um estatuto jurídico será a melhor resposta a todos os problemas que servem aos questionamentos existentes na seara jurídica da reprodução assistida.

REFERÊNCIAS BIBLIOGRÁFICAS

BARROS, Eliane Oliveira. *Aspectos jurídicos da inseminação artificial heteróloga*. Prefácio de Sérgio Ferraz. Belo Horizonte: Editora Fórum, 2010. 128 p.

COLOMBO, Cristiano. *Da reprodução assistida homóloga* post mortem *e o direito à sucessão legítima*. Porto Alegre: Verbo Jurídico Editora, 2012. 277 p.

CRUZ, Ivelise Fonseca da. *Efeitos da reprodução assistida*. Prefácio de Maria Helena Diniz. São Paulo: SRS Editora, 2008. 288 p.

DANTAS, Eduardo; CHAVES, Marianna. *Aspectos jurídicos da reprodução humana assistida*: comentários à Resolução 2.121/2015, do Conselho Federal de Medicina. Rio de Janeiro: GZ Editora, 2018. 187 p.

DIAS, João Álvaro. *Procriação assistida e responsabilidade médica*. Coimbra: Coimbra Editora, 1996. 442 p.

FERNANDES, Tycho Brahe; *A reprodução assistida em face da bioética e do biodireito*: aspectos do direito de família e do direito das sucessões. Florianópolis: Diploma Legal, 2000. 140 p.

FERRAZ, Ana Cláudia Brandão de Barros Correia. *Reprodução humana assistida e suas consequências nas relações de família*. Curitiba: Juruá, 2009. 235 p.

FERRAZ, Ana Cláudia Brandão de Barros Correia. *Reprodução humana assistida e suas consequências nas relações de família*. 2. ed. Curitiba: Juruá, 2016. 283 p.

GONÇALVES, Fernando David de Melo. *Novos métodos de reprodução assistida e consequências jurídicas*. Curitiba: Juruá, 2011. 80 p.

GROSSI, Miriam; PORTO, Roseli; TAMANINI, Marlene (org.). *Novas tecnologias reprodutivas conceptivas*: questões e desafios. Brasília: Letras Livres, 2003. 189 p.

GUIMARÃES, Ana Paula. *Alguns problemas jurídico-criminais da procriação medicamente assistida*. Coimbra: Coimbra Editora, 1999. 217 p.

MACHADO, Maria Helena. *Reprodução assistida*: aspectos jurídicos e éticos. Curitiba: Juruá, 2007. 155 p.

MAGALHÃES, Sandra Marques. *Aspectos sucessórios da procriação medicamente assistida homóloga* post mortem. Coimbra: Coimbra, 2010. 196 p.

MEIRELLES, Jussara Maria Leal de. *Reprodução assistida e exame de DNA*: implicações jurídicas. Curitiba: Gênesis, 2004,

MIRANDA, Adriana Augusta Telles de Miranda. *Adoção de embriões excedentários à luz do direito brasileiro*. Prefácio de Flávio Tartuce. São Paulo: Método, 2016. 232 p.

PÁDUA, Amélia do Rosário Motta de. *Responsabilidade civil na reprodução assistida*. Rio de Janeiro: Lumen Juris, 293 p.

KRELL, Olga Jubert Gouveia. *Reprodução humana assistida e filiação civil*: princípios éticos e jurídicos. Curitiba: Juruá, 2006. 245 p.

RAFFUL, Ana Cristina. *A reprodução artificial e os direitos da personalidade*. São Paulo: Themis, 2000. 245 p.

SCALQUETTE, Ana Cláudia S. *Estatuto da reprodução assistida*. São Paulo: Saraiva, 2010. 375 p.

SCHETTINI, Beatriz. *Reprodução humana e direito*: o contrato de gestação de substituição onerosa. Belo Horizonte: Conhecimento, 2019. 159 p.

SILVA, Paula Martinho da Silva. *A procriação artificial*: aspectos jurídicos. Prefácio de Antonio Osório de Castro. Lisboa: Livros de Direito Moraes, 1986. 119 p.

30

REPRODUÇÃO ASSISTIDA: ENTENDIMENTO DO STJ SOBRE ALGUNS PROBLEMAS PRÁTICOS[1]

HELOISA HELENA BARBOZA

SUMÁRIO: 1. Introdução; 2. Reprodução assistida: marcos regulatórios; 3. Problemas jurídicos decorrentes da prática da reprodução assistida; 4. Entendimento do STJ sobre algumas questões existentes; 5. Considerações finais; Referências.

1. INTRODUÇÃO

A utilização das técnicas de reprodução assistida no Brasil obteve grande repercussão em 1984,[2] com o nascimento de Anna Paula, o primeiro bebê de proveta brasileiro. Contudo, provavelmente o tema só alcançou o grande público e provocou polêmica em 1990, graças à novela de televisão sobre "barriga de aluguel".[3] Não obstante, somente em 1992 foram estabelecidas as primeiras normas éticas para a utilização das técnicas de reprodução

---

[1] Este trabalho dá sequência e desenvolvimento a estudos realizados sobre as repercussões jurídicas das técnicas de reprodução assistida no Brasil, que integram o Grupo de Pesquisa Proteção do Ser Humano na Era da Biopolítica.

[2] Sobre o tema ver *O Globo*, 1º jul. 2015. Disponível em: <https://oglobo.globo.com/sociedade/saude/o-globo-90-anos-em-1984- nascia-primeiro-bebe-de--proveta-no-brasil-16616047>. Acesso em: 10 jan. 2020.

[3] No início dos anos 1990 a autora Glória Perez gerou polêmica com a novela *Barriga de Aluguel*. Barriga de Aluguel – novela discutiu um tema novo na época: os limites éticos da inseminação artificial envolvendo mães de aluguel.

assistida[4] pelo Conselho Federal de Medicina, que vem editando sucessivas regulamentações sobre a matéria. Dez anos depois dessa regulamentação, é possível identificar no Código Civil de 2002 o primeiro marco legal sobre o tema, ainda que bastante modesto. Certo é que as técnicas de reprodução assistida afetam, a um só tempo, múltiplas áreas do Direito e crescem em complexidade, a cada dia, em decorrência de sua popularização, gerando situações inéditas para o Direito, especialmente de natureza prática.

Nesse cenário, os Tribunais passam a ser convocados para a solução da variada gama de demandas, que decorrem, talvez em sua maioria, da ausência de regulamentação formal e adequada para a matéria. Mais uma vez, o Judiciário atende aos reclamos da sociedade, construindo soluções, muitas das quais serão certamente acolhidas pelo legislador.

O presente trabalho procura, a partir de pesquisa bibliográfica sobre os marcos regulatórios da reprodução assistida no Brasil, registrar, ainda que de forma singela, a relevância da atuação do Tribunais, mediante apresentação e comentários breves sobre alguns julgados do Superior Tribunal de Justiça que tratam de situações práticas resultantes da utilização das técnicas de reprodução assistida.

2. REPRODUÇÃO ASSISTIDA: MARCOS REGULATÓRIOS

A apreciação dos marcos regulatórios da reprodução assistida no Brasil, sob o prisma jurídico, deve começar por destacar sua origem no disposto no art. 226, § 7º, da Constituição da República.[5] Ao assegurar o direito ao planejamento familiar, fundado nos princípios da dignidade da pessoa humana e da paternidade responsável, acolheu a Lei Maior a denominada "autonomia reprodutiva", então objeto de divergência[6] e de debate desenvolvido na esfera

---

Disponível em: <https://memoriaglobo.globo.com/entretenimento/novelas/barriga-de-aluguel/>. Acesso em: 28 dez. 2019.

[4] Resolução CFM 1.358, de 11.11.1992, revogada pela Resolução CFM 1.957, de 15.12.2010.

[5] Constituição da República: "Art. 226. (...) § 7º Fundado nos princípios da dignidade da pessoa humana e da paternidade responsável, o planejamento familiar é livre decisão do casal, competindo ao Estado propiciar recursos educacionais e científicos para o exercício desse direito, vedada qualquer forma coercitiva por parte de instituições oficiais ou privadas".

[6] Em âmbito internacional, a indagação quanto à existência de um direito à procriação encontrou diferentes respostas. Não há grandes divergências, porém, no sentido de que o *right to procreate* tem um conteúdo negativo, isto é, que atribui ao indivíduo uma defesa contra qualquer privação ou limitação, por parte do

internacional, entendida como o direito de decidir livre e responsavelmente sobre o número de filhos e o intervalo entre eles, bem como de acessar as informações, instruções e serviços sobre planejamento familiar. De início vocacionado para a anticoncepção, o direito à escolha reprodutiva se traduz na liberdade de decidir "se" e "quando" reproduzir-se, ensejando incluir-se nessa escolha o "como" reproduzir-se, relacionado às técnicas de reprodução assistida, compreendidas, portanto, por igual razão, como opção pessoal absolutamente fundamental.

Deve-se ressaltar que na Conferência Internacional do Cairo de 1994, sobre população e desenvolvimento, e na de Pequim (Beijing) de 1995 foram reconhecidos os "direitos reprodutivos" (*reproductive rights*), explicitados inequivocamente como direitos fundamentais ou humanos.[7]

A Lei 9.263, de 12 de janeiro de 1996, ao regulamentar o § 7º do art. 226 da Constituição da República, define o planejamento familiar "como o conjunto de ações de regulação da fecundidade que garanta direitos iguais de constituição, limitação ou aumento da prole pela mulher, pelo homem ou pelo casal" (art. 2º). O planejamento familiar integra as ações de atendimento global e integral à saúde, obrigando-se o Sistema Único de Saúde, em todos os níveis, a garantir programa que inclua como atividades básicas, entre outras, "a assistência à concepção e contracepção", devendo ser oferecidos para o exercício do planejamento familiar "todos os métodos e técnicas de concepção e contracepção cientificamente aceitos e que não coloquem em risco a vida e a saúde das pessoas, garantida a liberdade de opção" (arts. 3º, parágrafo único, I, e 9º).

Estado, da liberdade de escolha quanto à procriar ou não. Certo é também que o conceito de "procriar" compreende sobretudo o fator meramente genético, ou seja, de dar origem a um filho que derive do próprio patrimônio genético. Acresceu-se posteriormente um conteúdo positivo ao direito de procriar, consistente no direito de desenvolver em concreto a função de genitor. Ver LENTI, Leonardo. *La procreazione artificiale*: genoma della persona e attribuzione della paternità. Padova: Cedam, 1993, p. 42. Entendimento mais radical encontra-se na doutrina norte-americana, que parte da premissa de que cada pessoa tem o direito de procriar, como de não procriar, encontrando tal direito fundamento na liberdade pessoal, tutelada pela Constituição americana, sendo um dos muitos aspectos do *right of privacy*.

[7] Sobre o assunto ver BARBOZA, Heloisa Helena. A reprodução humana como direito fundamental. In: MENEZES DIREITO, Carlos Alberto; CANÇADO TRINDADE, Antônio Augusto; PEREIRA, Antônio Celso Alves (org.). *Novas perspectivas do direito internacional contemporâneo*. Rio de Janeiro: Renovar, 2008. v. 1, p. 777-801.

Nestes termos, pode-se afirmar que a reprodução assistida tem base constitucional, estando fundamentada nos princípios da dignidade humana e da paternidade responsável, e integra as ações voltadas para a saúde reprodutiva do homem e da mulher. Contudo, já no início da década de 1980, portanto em data anterior à promulgação da Constituição da República de 1988, é possível constatar a atividade médica voltada para as técnicas de reprodução humana assistida no Brasil. No âmbito de sua competência, o Conselho Federal de Medicina (CFM) vem desde 1992 estabelecendo normas éticas sobre a matéria, que levam em consideração a importância da infertilidade humana como um problema de saúde, com implicações médicas e psicológicas, e a legitimidade do anseio de superá-la. Nas sucessivas Resoluções baixadas pelo CFM[8] por mais de duas décadas, constata-se o acréscimo de outros fatores que fundamentam a revisão das normas éticas por ele criadas, dentre os quais merecem referência: (a) o fato de as mulheres estarem postergando a maternidade, havendo diminuição da probabilidade de engravidarem com o avanço da idade; (b) o aumento das taxas de sobrevida e cura após os tratamentos das neoplasias malignas, possibilitando às pessoas acometidas um planejamento reprodutivo antes de intervenção com risco de levar à infertilidade; e (c) o reconhecimento pelo Supremo Tribunal Federal, em 5 de maio de 2011, da união estável homoafetiva como entidade familiar.[9] O CFM acompanha, como se vê, não apenas o desenvolvimento médico-científico, mas também importantes modificações das relações sociais que repercutem diretamente na utilização das técnicas de reprodução assistida.

Por outro lado, a Agência Nacional de Vigilância Sanitária (Anvisa) controla importantíssimas atividades diretamente relacionadas às técnicas de reprodução assistida, dentre as quais merece destaque o funcionamento: (a) do Banco de Células e Tecidos Germinativos (BCTG), que é o serviço destinado a selecionar doadores, coletar, transportar, registrar, processar, armazenar, descartar e liberar células e tecidos germinativos, para uso terapêutico de terceiros ou do(a) próprio(a) doador(a);[10] e (b) dos Centros de Tecnologia Celular para fins de pesquisa clínica e terapia, de células humanas

---

[8] Resoluções CFM 1.358/1992, 1.957/2010, 2.013/2013, 2.121/2015 e 2.186/2017. Disponíveis em: <http://portal.cfm.org.br/index.php?option= com_normas&tipo%5B%5D=R&uf=&numero=&ano=&assunto =1826&texto=>. Acesso em: 23 fev. 2020.

[9] Nesse sentido a Resolução CFM 2.168/2017, ora em vigor.

[10] Resolução nº 33, de 17 de fevereiro de 2006. Disponível em: <https://www.diariodasleis.com.br/busca/exibelink.php? numlink=1-9-34-2006-02-17-33>. Acesso em: 23 fev. 2020.

e seus derivados, entendendo-se como células humanas as células somáticas, células germinativas, células-tronco adultas, células-tronco embrionárias e células-tronco pluripotentes induzidas.[11] Além disso, a Anvisa instituiu o SisEmbrio (Sistema Nacional de Produção de Embriões), com os seguintes objetivos, dentre outros: (a) conhecer o número de embriões humanos produzidos pelas técnicas de fertilização *in vitro* criopreservados nos Bancos de Células e Tecidos Germinativos (BCTGs), mais conhecidos como Clínicas de Reprodução Humana Assistida; e (b) atualizar as informações sobre embriões doados para pesquisas com células-tronco embrionárias, conforme demanda da Lei 11.105/2005 (Lei de Biossegurança) e do Decreto 5.591/2005.[12] De modo sintético, é possível dizer que a Anvisa é responsável pelo acompanhamento da utilização do material genético humano usado nas técnicas de reprodução assistida e nas pesquisas com células-tronco.

Paralelamente a essa intensa atividade regulatória, de natureza administrativa, pouco há em termos de legislação formal, isto é, proveniente do Poder Legislativo. Observe-se que a Lei de Biossegurança acima citada não trata de reprodução assistida, mas de tema que lhe é imbricado, qual seja, a pesquisa com células-tronco de embriões excedentários, portanto oriundas de fertilizações *in vitro*. A permissão desse tipo de pesquisa mobilizou a sociedade brasileira e provocou histórico debate no Supremo Tribunal Federal,[13] que por fim considerou admissível esse tipo de atividade científica.

Na verdade, até o momento, apenas o Código Civil (Lei 10.406/2002) faz menção às técnicas de reprodução assistida, que foram lembradas no artigo 1.597, incisos III, IV e V, da Lei Civil. Não obstante seja louvável o esforço do legislador, empreendido no processo de atualização do projeto do Código hoje vigente, longe ficou de resolver a complexa problemática já então existente. A filiação oriunda de reprodução assistida, que se quis ali

---

[11] Resolução nº 9, de 14 de março de 2011. Disponível em: <https://www.diariodasleis.com.br/busca/exibelink.php?numlink=216548>. Acesso em: 10 fev. 2020.

[12] O SisEmbrio foi criado pela Resolução de Diretoria Colegiada/Anvisa RDC nº 29, de 12 de maio de 2008, e atualizado pela RDC nº 23/2011. Disponível em: <http://portal.anvisa.gov.br/documents/219201/0/11%C2%BA +Relat%-C3%B3rio+do+Sistema+Nacional+de+Produ%C3%A7%C3%A3o +de+Embri%C3%B5es+-+SisEmbrio.pdf/b236f067-3538-4ad6-b120-8679750f7f51>. Acesso em: 10 fev. 2020.

[13] Ver ADI 3.510. Disponível em: <https://stf.jusbrasil.com.br/jurisprudencia/14720566/ acao-direta-de-inconstitucionalidade-adi-3510-df>. Acesso em: 28 fev. 2020.

disciplinar, continua a ser fonte de problemas jurídicos que têm desafiado os doutrinadores, intérpretes e tribunais.

Muitas questões não incluídas no Código Civil e que não foram, ainda, objeto de tratamento legislativo, foram contempladas pelas Resoluções do CFM. É o que se vê da hoje vigente Resolução 2.168/2017, que estabelece princípios como a proibição: (a) da fecundação de oócitos humanos com qualquer outra finalidade que não a procriação humana; e (b) de procedimentos que visem à redução embrionária, em caso de gravidez múltipla decorrente do uso de técnicas de RA, vale dizer, da eliminação de um dos embriões ou fetos, quando existentes em número considerado excessivo para a gestação.[14]

Embora no último caso se identifique ação que pode configurar crime de aborto, a situação não é simples, na medida em que se sucedem indagações como: qual o número recomendável de embriões? A redução se destina a salvar a vida de quem: da gestante ou dos demais embriões? Não é mais razoável limitar o número de embriões a serem implantados ou proibir procedimentos que resultem em gravidez múltipla? A proibição da redução embrionária no Brasil segue a tendência internacional, e, aliada à evolução das técnicas que diminuem o número de embriões implantados, traz maior tranquilidade a debate tão grave e delicado.

O mesmo não pode ser dito em relação à possibilidade de descarte dos embriões criopreservados com três anos ou mais, se esta for a vontade expressa dos pacientes.[15] Os embriões criopreservados e abandonados por três anos ou mais poderão ser descartados. De acordo com a Resolução, entende-se como embrião abandonado "aquele em que os responsáveis descumpriram o contrato preestabelecido e não foram localizados pela clínica".[16]

Tema não menos polêmico, disciplinado pelo CFM, é a denominada gestação de substituição ou cessão temporária do útero, popularmente conhecida como "barriga de aluguel", situação admitida, "desde que exista um problema médico que impeça ou contraindique a gestação na doadora genética, em união homoafetiva ou pessoa solteira", e que não poderá ter caráter lucrativo ou comercial.[17] Embora o CFM exija em tais casos: (a) termo de consentimento livre e esclarecido assinado pelos pacientes[18] e pela

---

[14] Resolução CFM 2.168/2017, item I, 6 e 8.

[15] Resolução CFM 2.168/2017, item V, 4.

[16] Resolução CFM 2.168/2017, item V, 5.

[17] Resolução CFM 2.168/2017, item VII *caput* e 2.

[18] De acordo com o item II, 1, da Resolução 2.168/2017, sobre pacientes, "todas as pessoas capazes, que tenham solicitado o procedimento e cuja indicação não

Cap. 30 · REPRODUÇÃO ASSISTIDA | 775

cedente temporária do útero, contemplando aspectos biopsicossociais e riscos envolvidos no ciclo gravídico-puerperal, bem como aspectos legais da filiação; (b) termo de compromisso entre os pacientes e a cedente temporária do útero (que receberá o embrião em seu útero), estabelecendo claramente a questão da filiação da criança; e (c) "compromisso do registro civil da criança pelos pacientes (pai, mãe ou pais genéticos), devendo esta documentação ser providenciada durante a gravidez", nada assegura o cumprimento dos compromissos assumidos.[19]

Inscrevam-se, ainda, no rol das polêmicas: (a) a situação identificada como "doação compartilhada de oócitos em RA, em que doadora e receptora, participando como portadoras de problemas de reprodução, compartilham tanto do material biológico quanto dos custos financeiros que envolvem o procedimento de RA", tendo a doadora preferência sobre o material biológico que será produzido;[20] e (b) "a gestação compartilhada em união homoafetiva feminina em que não exista infertilidade", entendida como a "situação em que o embrião obtido a partir da fecundação do(s) oócito(s) de uma mulher é transferido para o útero de sua parceira".[21]

É inquestionável a importância da regulamentação das situações acima pelo CFM, mormente diante do silêncio do legislador. Contudo, cabe lembrar que o CFM adotou, como expressa a Resolução 2.168/2017 em sua ementa, "normas éticas para a utilização das técnicas de reprodução assistida", as quais constituem "o dispositivo deontológico a ser seguido pelos médicos brasileiros". Claro fica, desse modo, o restrito âmbito de incidência e a força "obrigatória", apenas moral, dessa regulamentação, como comprova o noticiário nacional, que revela o não cumprimento dos compromissos assumidos.[22]

Embora não haja ainda a esperada e necessária legislação específica sobre a reprodução assistida, cumpre registrar que cerca de 18 (dezoito) projetos de lei sobre a matéria tramitam pelo Congresso Nacional.[23] O

---

se afaste dos limites desta resolução, podem ser receptoras das técnicas de RA, desde que os participantes estejam de inteiro acordo e devidamente esclarecidos, conforme legislação vigente".

[19] Resolução CFM 2.168/2017, item VII, 3.1, 3.3 e 3.5.

[20] Resolução CFM 2.168/2017, item IV, 9

[21] Resolução CFM 2.168/2017, item II, 3.

[22] Ver como exemplo: Frio na barriga. Disponível em: <https://www.redebrasilatual. com.br/revistas/2013/04/frio-na-barriga/>. Acesso em: 28 fev. 2020.

[23] Encontram-se apensados ao PL 1.184/2003 os seguintes projetos: PL 120/2003 (1), PL 4.686/2004, PL 2.855/1997 (2), PL 4.665/2001, PL 1.135/2003, PL 2.061/2003,

primeiro deles é o Projeto de Lei do Senado 90, de 1999, de autoria do Senador Lúcio Alcântara, o qual se encontra na Câmara sob o PL 1.184 desde 2003, por conseguinte, há cerca de 17 (dezessete) anos. Os projetos de lei apresentam pontos de divergência importantes, como a atribuição ou não de personalidade ao embrião e a vedação da gestação de substituição. O tema é vasto e complexo, escapando, portanto, dos estreitos limites do presente trabalho.

A multiplicidade de Projetos de Lei e o notório retardamento de sua tramitação vêm confirmar, ainda uma vez, a importância da regulamentação do CFM e sobretudo da jurisprudência que aos poucos vem se formando sobre a matéria.

3. PROBLEMAS JURÍDICOS DECORRENTES DA PRÁTICA DA REPRODUÇÃO ASSISTIDA

Das breves considerações acima expendidas, constata-se que não foram contemplados pelo Código Civil, nem por qualquer outra lei, temas relevantes, de larga repercussão prática, que decorrem da utilização das técnicas de reprodução assistida.

Algumas situações são pertinentes às relações familiares, outras, talvez mais tormentosas, envolvem outros campos do direito privado, dentre os quais: (a) a utilização das técnicas de reprodução assistida por pessoas não casadas, como as que vivem em união estável, inclusive homoafetivas, e as solteiras; (b) a determinação de quem tem direito aos embriões crioconservados, resultantes de técnica homóloga ou heteróloga, no caso de separação do casal que promoveu a reprodução (casados ou companheiros); (c) o destino dos embriões e do material genético de pessoa solteira que vem a falecer; (d) a gestação de substituição; (e) a admissibilidade ou não de relações entre os doadores de gametas e cessionárias de útero com as crianças assim nascidas; (f) a natureza jurídica do embrião; e (g) o destino dos embriões excedentários, quando não for autorizado seu encaminhamento para pesquisa, conforme o art. 5º da Lei 11.105/2005, vale dizer, a admissibilidade ou não (por lei) de seu descarte.

PL 4.889/2005, PL 4.664/2001, PL 6.296/2002, PL 5.624/2005, PL 3.067/2008, PL 7.701/2010, PL 3.977/2012, PL 4.892/2012 (3), PL 115/2015, PL 7.591/2017 (1), PL 9.403/2017 e PL 5.768/2019. Disponível em: <https://www.camara.leg.br/proposicoesWeb/fichadetramitacao?idProposicao=118275>. Acesso em: 28 fev. 2020.

Além das questões acima apontadas, verifica-se que os dispositivos do Código Civil sobre reprodução assistida não se harmonizam com as normas relativas à filiação, muitas das quais lhe são estranhas, embora tenham paternidade presumida, notadamente no caso de técnica heteróloga, de que são exemplos os artigos 1.599[24] e 1.601.[25] Igual falta de harmonia ocorre quanto ao regime de sucessão (legítima e testamentária) por morte,[26] em especial quando o autor da herança deixa material genético ou embriões, cuja existência muitas vezes era desconhecida pela família.

Há questões novas em relação a institutos antigos, com normativa assentada, como a filiação, e há situações inéditas, como todas as que dizem respeito aos embriões crioconservados, que, a rigor, não encontram acolhimento nas categorias existentes de pessoas e coisas. As regras relativas à filiação, construídas para a reprodução natural, dependente do contato sexual, na qual a maternidade era certa em virtude do fato da gestação pela mãe biológica e do parto (*mater semper certa est*), não se adaptam, ou o fazem mal, à reprodução sem contato sexual, com gestação feita por mulher que não será a mãe jurídica, não raro de um embrião feito em laboratório. O filho resultava de uma relação amorosa ou mesmo do acaso, mas não de um contrato celebrado para esse fim, negócio jurídico de natureza dúplice, a envolver a um só tempo relações existenciais e patrimoniais, de difícil categorização e de efeitos não cogitados em caso de inadimplemento.

No que respeita a material biológico humano, constitui tema novo, se não inédito em face das relações jurídicas tradicionais, a regulamentação da importação de embriões humanos dos próprios genitores,[27] bem como o aumento de 2.500% (dois mil e quinhentos por cento) na importação (de 2011 a 2016) de amostras seminais para utilização em reprodução assistida, segundo dados divulgados pela Anvisa.[28] Embora o último caso envolva

---

[24] CC: "Art. 1.599. A prova da impotência do cônjuge para gerar, à época da concepção, ilide a presunção da paternidade".

[25] CC: "Art. 1.601. Cabe ao marido o direito de contestar a paternidade dos filhos nascidos de sua mulher, sendo tal ação imprescritível. Parágrafo único. Contestada a filiação, os herdeiros do impugnante têm direito de prosseguir na ação".

[26] Ver sobre o assunto: GAMA, Guilherme Calmon Nogueira da. *Herança legítima "ad tempus"*: tutela sucessória no âmbito da filiação resultante de reprodução assistida póstuma. São Paulo: RT/Thomson Reuters, 2018.

[27] RDC/Anvisa 350, de 28 de dezembro de 2005, Anexo XXIX.

[28] Dados constantes do 1º Relatório de Amostras Seminais para uso em Reprodução Humana. Disponível em: <http://portal.anvisa.gov.br/documents/4048533/5235041/1%C2%BA+ Relat%C3%B3rio+de+Importa%

778 | DIREITO CIVIL: DIÁLOGOS ENTRE A DOUTRINA E A JURISPRUDÊNCIA – Volume II

uma coisa, a constitucionalidade de tal operação pode ser questionada, quando se constata que o sêmen é qualificado como tecido germinativo,[29] portanto abrangido, em princípio, pela vedação de qualquer comercialização de material dessa natureza, de acordo com o disposto no art. 199, § 4º, da Constituição da República.

Situações muito simples, como o registro de nascimento de um filho, no caso de reprodução assistida, por não haver previsão, tornavam-se um problema para aqueles que seriam os pais jurídicos, na medida em que tinham que requerer autorização judicial para, por exemplo, registrar uma criança havida por gestação de substituição. Em boa hora, o Conselho Nacional de Justiça (CNJ) regulamentou o registro em tal hipótese, nos termos dos arts. 16 a 19, do Provimento 63,[30] de 14 de novembro de 2017, dispensando o alvará.

4. ENTENDIMENTO DO STJ SOBRE ALGUMAS QUESTÕES EXISTENTES

Não obstante existam inúmeras questões resultantes da utilização das técnicas de reprodução assistida pendentes de regulamentação jurídica, de que são exemplos as acima mencionadas, proporcionalmente poucas chegam aos Tribunais. Tal fato decorre de razões diversas, algumas das quais se identificam por serem inerentes à realização das técnicas de reprodução assistida, tais como a preservação da privacidade e do sigilo, normalmente desejados e mantidos pelos pacientes, a total perda de interesse quando há frustração das expectativas no caso de insucesso, e custos e demora na obtenção de uma solução judicial.

Contudo, à medida que o recurso à reprodução assistida se torna mais frequente, por causas variadas, dentre as quais o aumento do número de indivíduos inférteis no Brasil, que pode atingir cerca de oito milhões[31] e incluir

---

C3%A7%C3%A3o+-+Reprodu%C3%A7%C3%A3o+Humana+Assistida+2017/0fa75253-6c73 -4b7b-be0c-898f03ccace6>. Acesso em: 17 mar. 2020.

[29] ANVISA, Resolução 23, 07.05.2011

[30] CNJ, Provimento 63/2017. Disponível em: <https://atos.cnj.jus.br/atos/detalhar/atos-normativos?documento=2525>. Acesso em: 20 mar. 2020.

[31] A Sociedade Brasileira de Reprodução Assistida (SBRA) informa: "De acordo com a Organização Mundial de Saúde, a infertilidade afeta de 50 a 80 milhões de pessoas em todo o mundo e, no Brasil, cerca de 8 milhões de indivíduos podem ser inférteis. A díade é um fator determinante para isso, já que os óvulos envelhecem e a produção de espermatozoides perde qualidade com o passar dos

camadas da população de mais baixa renda a serem atendidas pelo Sistema Único de Saúde (SUS),[32] é provável que seja crescente o número de questões submetidas ao Judiciário.

Nessa linha, constata-se que começam a chegar ao Superior Tribunal de Justiça diferentes questões, cujas decisões assumem a função de verdadeiras diretrizes, potencializando, portanto, a importância do entendimento do STJ, exatamente por se tratar de matéria não legislada, mas de amplas repercussões práticas.

A transcrição de alguns julgados se impõe para ilustrar o acima afirmado.

Em 21 de março de 2018, a Segunda Turma do Superior Tribunal de Justiça, por unanimidade, negou provimento ao Agravo em Recurso Especial 1.042.172/SP, interposto pelo Conselho Regional de Medicina do Estado de São Paulo (CREMESP), em 21.03.2016, contra decisão do Tribunal Regional Federal da 3ª Região, que negou seguimento a recurso em ação ordinária ajuizada pelos agravados em face daquele Conselho. Objetivava a ação obter autorização para a realização de procedimento de fertilização *in vitro*, mediante utilização de óvulos de doadora conhecida, afastando-se a proibição do item 2, IV, da Resolução CFM 2013/2013, então vigente. Tal vedação é mantida pela Resolução 2.168/2017 (item IV, 2), que atualmente rege a matéria.

A decisão da Segunda Turma tem a seguinte ementa:

> Administrativo e processual civil. Agravo interno no agravo em recurso especial. Fertilização *in vitro*. Doação de óvulos. Alegada ilegitimidade ativa. Falta de impugnação, no recurso especial, de fundamento do acórdão combatido, suficiente para a sua manutenção. Incidência da Súmula 283/STF. Teoria da causa madura. Controvérsia resolvida, pelo tribunal de origem, à luz das provas dos autos. Impossibilidade de revisão, na via especial. Súmula 7/STJ. Alegação de violação ao art. 1.565, § 2º, do Código Civil. Ausência

---

anos". Disponível em: <https://sbra.com.br/fertilidade-o-tempo-nao-para/>. Acesso em: 20 mar. 2020.

[32] Sobre o assunto ver: MS Portaria de Consolidação nº 02, de 28 de setembro de 2017, art. 7º, II. Disponível em: <http://www.cvs.saude.sp.gov.br/up/U_PRC-MS--GM-2_280917.pdf>. Acesso em: 18 ago. 2020; CORRÊA, Marilena Cordeiro Dias Villela; LOYOLA, Maria Andréa. Tecnologias de reprodução assistida no Brasil: opções para ampliar o acesso. *Physis*: revista de saúde coletiva, v. 25, p. 753-777, 2015. Disponível em: <https://www.scielosp.org/article/physis/2015.v25n3/753-777/pt/>. Acesso em: 20 mar. 2020.

de prequestionamento. Súmula 282/STF. Controvérsia que exige análise de resolução do Conselho Federal de Medicina. Ato normativo não inserido no conceito de lei federal. Acórdão recorrido com base em fundamentos constitucional e infraconstitucional. Não interposição de recurso extraordinário. Súmula 126/STJ. Agravo interno improvido.

I. Agravo interno aviado contra decisão publicada em 11/10/2017, que, por sua vez, julgara recurso interposto contra *decisum* publicado na vigência do CPC/73.

II. Na origem, trata-se de ação ordinária, ajuizada pelos ora agravados em face do Conselho Regional de Medicina do Estado de São Paulo, com o objetivo de obter autorização para a realização de procedimento de fertilização *in vitro*, mediante utilização de óvulos de doadora conhecida, afastando-se a proibição do item 2, IV, da Resolução nº 2013/2013, emanada do Conselho Federal de Medicina.

III. Não merece prosperar o Recurso Especial, quando a peça recursal não refuta determinado fundamento do acórdão recorrido, suficiente para a sua manutenção, em face da incidência da Súmula 283/STF ("É inadmissível o recurso extraordinário, quando a decisão recorrida assenta em mais de um fundamento suficiente e o recurso não abrange todos eles").

IV. Ademais, para afastar o entendimento da Corte de origem, a fim de reconhecer a ilegitimidade ativa dos agravados – como pretende a parte agravante –, demandaria o revolvimento da matéria fático-probatória dos autos, o que é vedado, pela Súmula 7 desta Corte. Nesse sentido: STJ, AgInt no AREsp 1.140.606/SP, Rel. Ministro Marco Aurélio Bellizze, Terceira Turma, *DJe* de 13/11/2017.

V. No caso, o Tribunal de origem, aplicando a teoria da causa madura, prevista no art. 515, § 3º, do CPC/73, reformou a sentença, concluindo que, "*in casu*, embora eminentemente jurídica a análise a ser perpetrada, a inicial veio instruída com farta documentação, de receituários e ofícios a pareceres médicos atestando a situação clínica da autora Adriana e a indicação de técnicas de reprodução assistida a partir de óvulos oriundos, preferencialmente, de parente consanguínea, dada a considerável ampliação das chances de sucesso do procedimento". Assim, concluiu, em atenção aos postulados da economia e da celeridade processual, ser admissível o exame do mérito da causa. Tal entendimento não pode ser revisto, pelo STJ, em sede de Recurso Especial, sob pena de ofensa ao comando inscrito na Súmula 7 desta Corte. Nesse sentido: STJ, AgInt no REsp 1.643.497/MG, Rel. Ministro Marco Aurélio Bellizze, Terceira Turma, *DJe* de 04/09/2017; AgInt no REsp 1.590.949/SP, Rel. Ministro Mauro Campbell Marques, Segunda Turma, *DJe* de 15/12/2016.

VI. Não tendo o acórdão hostilizado expendido qualquer juízo de valor sobre o art. 1.565, § 2º, do Código Civil, a pretensão recursal esbarra em vício formal intransponível, qual seja, o da ausência de prequestionamento – requisito viabilizador da abertura desta instância especial –, atraindo o óbice da Súmula 282 do Supremo Tribunal Federal ("É inadmissível o recurso extraordinário, quando não ventilada, na decisão recorrida, a questão federal suscitada"), na espécie.

VII. *Na forma da jurisprudência, "o apelo nobre não constitui via adequada para análise de ofensa a resoluções, portarias ou instruções normativas, por não estarem tais atos normativos compreendidos na expressão 'lei federal', constante da alínea 'a' do inciso III do artigo 105 da Constituição Federal" (STJ, REsp 1.613.147/RS, Rel. Ministro Herman Benjamin, Segunda Turma, DJe de 13/09/2016).*

VIII. *Existindo fundamento de índole constitucional, suficiente para a manutenção do acórdão recorrido, cabia à parte recorrente a interposição do imprescindível Recurso Extraordinário, de modo a desconstituí-lo. Ausente essa providência, o conhecimento do Especial esbarra no óbice da Súmula 126/STJ, segundo a qual "É inadmissível recurso especial, quando o acórdão recorrido assenta-se em fundamentos constitucional e infraconstitucional, qualquer deles suficiente, por si só, para mantê-lo, e a parte vencida não manifesta recurso extraordinário".*

IX. Agravo interno improvido. (grifos nossos)

Observe-se nos trechos destacados o esclarecimento quanto à natureza dos atos do CFM e a "índole constitucional" do tema debatido, aspectos relevantes por suas consequências procedimentais e materiais.

Em outra oportunidade, a Terceira Turma do Superior Tribunal de Justiça, por unanimidade, negou provimento ao Recurso Especial 1.608.005/SC, interposto pelo Ministério Público, que impugnara, já em primeira instância, ação declaratória de dupla paternidade (biológica e socioafetiva), movida por casal que convive em união estável homoafetiva e buscou ter um filho por meio de inseminação artificial da irmã de um deles. O acórdão tem a seguinte ementa:

Recurso especial. Direito de família. União homoafetiva. Reprodução assistida. Dupla paternidade ou adoção unilateral. Desligamento dos vínculos com doador do material fecundante. Conceito legal de parentesco e filiação. Precedente da Suprema Corte admitindo a multiparentalidade. Extrajudicialização da efetividade do direito declarado pelo precedente vinculante do STF atendido pelo CNJ. Melhor interesse da criança. Possibilidade de registro simultâneo do pai biológico e do pai socioafetivo no assento de nascimento. Concreção do princípio do melhor interesse da criança.

1. Pretensão de inclusão de dupla paternidade em assento de nascimento de criança concebida mediante as técnicas de reprodução assistida sem a destituição de poder familiar reconhecido em favor do pai biológico.

2. "A adoção e a reprodução assistida heteróloga atribuem a condição de filho ao adotado e à criança resultante de técnica conceptiva heteróloga; porém, enquanto na adoção haverá o desligamento dos vínculos entre o adotado e seus parentes consanguíneos, *na reprodução assistida heteróloga sequer será estabelecido o vínculo de parentesco entre a criança e o doador do material fecundante.*" (Enunciado n. 111 da Primeira Jornada de Direito Civil).

3. *A doadora do material genético, no caso, não estabeleceu qualquer vínculo com a criança, tendo expressamente renunciado ao poder familiar.*

4. *Inocorrência de hipótese de adoção, pois não se pretende o desligamento do vínculo com o pai biológico, que reconheceu a paternidade no registro civil de nascimento da criança.*

5. A reprodução assistida e a paternidade socioafetiva constituem nova base fática para incidência do preceito "ou outra origem" do art. 1.593 do Código Civil.

6. *Os conceitos legais de parentesco e filiação exigem uma nova interpretação, atualizada à nova dinâmica social, para atendimento do princípio fundamental de preservação do melhor interesse da criança.*

7. O Supremo Tribunal Federal, no julgamento RE 898.060/SC, enfrentou, em sede de repercussão geral, os efeitos da paternidade socioafetiva, declarada ou não em registro, permitindo implicitamente o reconhecimento do vínculo de filiação concomitante baseada na origem biológica.

8. O Conselho Nacional de Justiça, mediante o Provimento n. 63, de novembro de 2017, alinhado ao precedente vinculante da

Suprema Corte, estabeleceu previsões normativas que tornariam desnecessário o presente litígio.

9. Reconhecimento expresso pelo acórdão recorrido de que o melhor interesse da criança foi assegurado.

10. Recurso especial desprovido.

Destacam-se nesse último julgado relevantes entendimentos para o Direito de Família, como a distinção entre a adoção e a reprodução assistida heteróloga, a natureza do parentesco decorrente dessa técnica, a inexistência de vínculo entre a doadora do óvulo e a criança nascida, e, principalmente, o reconhecimento de que os conceitos legais de parentesco e filiação exigem uma nova interpretação, consentânea com a nova dinâmica social e que atenda ao princípio do melhor interesse da criança.

A despeito da inegável importância da matéria acima destacada, a qual está a exigir estudo em separado, um dos temas de grande efeito prático é, sem dúvida, o que se encontra sintetizado no item 4 da edição 143 da publicação *Jurisprudência em Teses*,[33] feita pela Secretaria de Jurisprudência do STJ, que diz respeito à cobertura dos procedimentos de reprodução assistida pelos planos de saúde:

> 4) A operadora de plano de saúde não está obrigada a proceder a cobertura financeira do tratamento de fertilização in vitro requerido pela beneficiária, na hipótese de haver cláusula contratual de exclusão, uma vez que tal procedimento não se confunde com o planejamento familiar de cobertura obrigatória, nos termos do inciso III do art. 35-C da Lei n. 9.656/1998.

---

[33] A publicação contém entendimentos que foram extraídos de julgados publicados até 21.02.2020 e menciona os seguintes Acórdãos: AgInt no REsp 1.835.797/DF, 4.ª Turma, Rel. Min. Raul Araújo, j. 04.02.2020, *DJe* 13.02.2020; AgInt no AREsp 1.524.177/SP, 3.ª Turma, Rel. Min. Marco Aurélio Bellizze, j. 09.12.2019, *DJe* 12.12.2019; AgInt no REsp 1.808.176/SP, 4.ª Turma, Rel. Min. Antonio Carlos Ferreira, j. 25.11.2019, *DJe* 29.11.2019; AgInt no REsp 1.808.166/SP, 4.ª Turma, Rel. Min. Marco Buzzi, j. 30.09.2019, *DJe* 07.10.2019; AgInt no AREsp 1.395.187/SP, 3.ª Turma, Rel. Min. Nancy Andrighi, j. 30.09.2019, *DJe* 03.10.2019; AgInt no REsp 1.803.712/DF, 3.ª Turma, Rel. Min. Paulo de Tarso Sanseverino, j. 26.08.2019, *DJe* 30.08.2019. Disponível em: <https://scon.stj.jus.br/SCON/jt/toc.jsp>. Acesso em: 2 abr. 2020.

Em que pese o reiterado entendimento do STJ sobre o assunto, trata-se de questão polêmica, como se pode constatar do voto vencido do Ministro Relator Moura Ribeiro, que analisou em profundidade a matéria, e foi acompanhado pelo Ministro Paulo de Tarso Sanseverino, no julgamento do Recurso Especial 1.794.629/SP, decidido por maioria da Terceira Turma do STJ, em 18 de fevereiro de 2020. A divergência ratifica, por si só, a complexidade do tema.

5. CONSIDERAÇÕES FINAIS

Como demonstrado, as técnicas de reprodução assistida, exceção feita a três incisos do artigo 1.597 do Código Civil, não receberam o tratamento legislativo de que necessitam. Até o momento, a matéria conta apenas com regulamentação oriunda da administração pública, que tem alcance restrito aos respectivos âmbitos de competência. Se por um lado tal fato não diminui em nada sua importância, por outro resta evidente que várias questões de grande interesse para a sociedade continuam a clamar por solução legislativa.

Neste cenário, é crescente a relevância do entendimento dos Tribunais – em particular do Superior Tribunal de Justiça –, que historicamente têm solucionado os problemas decorrentes da falta de legislação, e agora são convocados a se manifestar sobre a utilização, cada vez mais comum, das técnicas de reprodução assistida.

REFERÊNCIAS

BARBOZA, Heloisa Helena. A reprodução humana como direito fundamental. In: MENEZES DIREITO, Carlos Alberto; CANÇADO TRINDADE, Antônio Augusto; PEREIRA, Antônio Celso Alves (org.). *Novas perspectivas do direito internacional contemporâneo*. Rio de Janeiro: Renovar, 2008. v. 1.

BRASIL. Agência Nacional de Vigilância Sanitária. Resolução nº 33, de 17 de fevereiro de 2006. *Diário Oficial da União*, Brasília, DF, 20 fev. 2006. Disponível em: <https://www.diariodasleis.com.br/busca/exibelink.ph p?numlink=1-9-34-2006-02-17-33>. Acesso em: 23 fev. 2020.

BRASIL. Agência Nacional de Vigilância Sanitária. Resolução nº 9, de 14 de março de 2011. *Diário Oficial da União*, Brasília, DF, 16 mar. 2011. Disponível em: <https://www.diariodasleis.com.br/busca/exibelink. php?numlink=216548>. Acesso em: 10 fev. 2020.

BRASIL. Agência Nacional de Vigilância Sanitária. RDC nº 23, de 27 de maio de 2011. *Diário Oficial da União*, Brasília, DF, 30 maio 2011.

BRASIL. Agência Nacional de Vigilância Sanitária. RDC nº 350, de 28 de dezembro de 2005. Disponível em: <http://bvsms.saude.gov.br/bvs/saudelegis/anvisa/2005/rdc0350_28_12_2005.html>. Acesso em: 19 ago. 2020.

BRASIL. Constituição da República Federativa do Brasil de 1988. Disponível em: <http://www.planalto.gov.br/ccivil_03/constituicao/constituicao.html>. Acesso em: 19 ago. 2020.

BRASIL. Ministério da Saúde. Portaria de Consolidação nº 02, de 28 de setembro de 2017. Disponível em: <http://www.cvs.saude.sp.gov.br/up/U_PRC-MS-GM-2_280917.pdf>. Acesso em: 18 ago. 2020.

CONSELHO FEDERAL DE MEDICINA. Resolução CFM nº 1.358, de 11 de novembro de 1992. Adota normas éticas para utilização das técnicas de reprodução assistida. *Diário Oficial da União*, Brasília, DF, 19 nov. 1992.

CONSELHO FEDERAL DE MEDICINA. Resolução CFM nº 1.957, de 15 de dezembro de 2010. Normas éticas para a utilização das técnicas de reprodução assistida. *Diário Oficial da União*, Brasília, DF, 6 jan. 2011.

CONSELHO FEDERAL DE MEDICINA. Resolução CFM nº 2.168, de 21 de setembro de 2017. Adota as normas éticas para a utilização das técnicas de reprodução assistida. *Diário Oficial da União*, Brasília, DF, 10 nov. 2017.

CONSELHO NACIONAL DE JUSTIÇA. Provimento nº 63, de 14 de novembro de 2017. Disponível em: <https://atos.cnj.jus.br/files//provimento/provimento_63_14112017_19032018150944.pdf>. Acesso em: 19 ago. 2020.

GAMA, Guilherme Calmon Nogueira da. *Herança legítima "ad tempus"*: tutela sucessória no âmbito da filiação resultante de reprodução assistida póstuma. São Paulo: RT, 2018.

LENTI, Leonardo. *La procreazione artificiale*: genoma della persona e attribuzione della paternità. Padova: Cedam, 1993.

TESTAMENTO

TESTAMENTO

31

A INTERPRETAÇÃO DO TESTAMENTO NA ATUAL JURISPRUDÊNCIA DO SUPERIOR TRIBUNAL DE JUSTIÇA

EUCLIDES DE OLIVEIRA

SUMÁRIO: 1. Introdução. Sucessão por testamento; 2. Capacidade de testar; 3. Capacidade de receber por testamento; 4. Espécies e formalidades do testamento; 5. Testemunhas do testamento; 6. Registro dos testamentos; 7. Interpretação do testamento; 8. Jurisprudência do Superior Tribunal de Justiça na interpretação de testamentos: 8.1. REsp 302.767/PR (2001/0013413-0), Rel. Min. Cesar Asfor Rocha, j. 05.06.2001: recurso interposto por uma neta do testador, alegando nulidade do testamento porque uma das testemunhas que o assinaram como tendo assistido o ato não teria, em verdade, dele participado; 8.2. EDcl no REsp 203.137/PR (1999/0009548-0), Rel. Min. Sálvio de Figueiredo Teixeira, j. 08.10.2002: testamento em favor de filhos legítimos do neto, como legatários. Impossibilidade de exame da qualificação jurídica dos beneficiários; 8.3. Resp 998.031/SP, 3ª T, Rel. Humberto Gomes de Barros, j. 11.12.2007, *DJ* 19.12.2007, p. 1.230: cláusulas de inalienabilidade e impenhorabilidade impostas em testamento e sua incidência em dívidas do espólio; 8.4. REsp 1.049.354/SP, 3ª T., Rel. Min. Fátima Nancy Andrighi, j. 18.08.2009, *DJe* 08.09.2009: cláusulas de inalienabilidade, impenhorabilidade e incomunicabilidade impostas em testamento na vigência do CC/1916, sem declaração da justa causa, vindo a morrer o testador antes do prazo de um ano estabelecido no art. 2.042 do CC/2002; 8.5. REsp 600.746/PR (2003/0188859-4), 4ª T., Rel. Min. Aldir Passarinho Junior, j. 15.06.2010: pretensa invalidade de testamento particular assinado por quatro testemunhas e confirmado em audiência por três delas, quando o Código então vigente (CC/1916) exigia cinco testemunhas; 8.6. REsp 1.001.674/SC (2007/0250311-8), Rel. Min. Paulo de Tarso Sanseverino, j. 05.10.2010: alegação de nulidade do testamento por incapacidade física e mental da testadora, captação de sua vontade, quebra do sigilo do testamento e a não simultaneidade das testemunhas ao ato de assinatura do termo de encerramento; 8.7. REsp 753.261/SP (2005/0085361-0), Rel. Min. Paulo de Tarso Sanseverino, j. 16.11.2010: testamento público questionado por que uma ré teria confessado que o testamento veio pronto do cartório, o que resultaria na não observância do princípio da unidade do ato; ajuntaram-

-se outras alegações de irregularidades e até mesmo a incapacidade mental do testador; 8.8. Resp 1.158.679/MG (2009/0193060-5), Rel. Min. Nancy Andrighi, j. 07.04.2011: revogação de cláusulas de inalienabilidade, incomunicabilidade e impenhorabilidade impostas por testamento, por considerações da função social da propriedade e da dignidade da pessoa humana, em situação excepcional de necessidade financeira, determinando a flexibilização da vedação legal da dispensa dos gravames; 8.9. AgRg no REsp 1.073.860/PR (2008/0155213-8), Rel. Min. Antonio Carlos Ferreira, j. 21.03.2013: alegação de nulidade de testamento público por descumprimento das formalidades na sua elaboração, devido ao não comparecimento simultâneo das testemunhas no ato de assinatura; 8.10. Embargos de Divergência, REsp 1.432.291/SP (2014/0014173-5), Rel. Min. Luiz Felipe Salomão, j. 23.2.2016, *DJe* 08.03.2016: testamento particular com negativa de registro por invalidade decorrente de falta de uma testemunha e suposta doença do testador; 8.11. REsp 1.532.544/RJ (2013/0208370-6), Rel. Min. Marco Buzzi, j. 08.11.2016: dúvida sobre a subsistência das disposições testamentárias na atribuição de bens às herdeiras nomeadas, ante alegação de que a herança seria jacente. Determinação do método interpretativo adequado para preservar a soberania da vontade do testador; 8.12. REsp 1.677.931/MG (2017/0054235-0), Rel. Min. Nancy Andrighi, j. 15.08.2017: ação de nulidade de testamento, inventário e partilha, sob alegação de descumprimento, pelo testador, das regras específicas para confecção de testamento por cego: falta de assinatura na primeira folha, não observância, pelo tabelião, de que o testador era cego e ausência de dupla leitura do testamento (pelo tabelião e por uma das testemunhas); 8.13 REsp 1.639.021/SP, 3ª T., Rel. Min. Ricardo Villas Bôas Cueva, 24.10.2017, *DJe* 30.10.2017: testamento particular inválido por falta de confirmação das testemunhas instrumentárias para fins de registro e por não ter sido feita a leitura e a assinatura do documento pelo testador perante as testemunhas; 8.14. REsp 1.694.394/DF (2015/0202180-4), Rel. Min. Nancy Andrighi, j. 22.03.2018: testamentos sucessivos, de conteúdos distintos. Sua revogação parcial exige manifestação nesse sentido. Inexistência de cláusula revogatória; 8.15. Resp 1.785.369/SP (2018/0326646-0), Rel. Min. Marco Aurélio Bellizze, j. 04.04.2019: invalidade de testamento particular por falta de prova dos requisitos essenciais na sua elaboração. Dúvidas sobre as assinaturas das testemunhas; 9. Conclusão; Referências.

1. INTRODUÇÃO. SUCESSÃO POR TESTAMENTO

O tema da interpretação jurisprudencial do testamento exige breve introdução sobre conceitos relativos a esse instituto jurídico de grande relevância, ainda que pouco ou mal utilizado no plano sucessório.

De lembrar, inicialmente, a estipulação básica das duas vertentes do direito sucessório: ao lado da sucessão legítima, que se dá pela transmissão da herança às pessoas designadas segundo a ordem prevista no artigo 1.829 do Código Civil, o sistema jurídico possibilita que os bens do falecido sejam atribuídos por testamento às pessoas que ele designar. Esta é a sucessão testamentária, com previsão nos artigos 1.784, 1.786, 1.788, 1.789, e disposições

Cap. 31 · A INTERPRETAÇÃO DO TESTAMENTO NA ATUAL JURISPRUDÊNCIA DO STJ | 791

específicas no Título III do Livro V, desde o artigo 1.857 até o artigo 1.990 do mesmo Código, cuidando do testamento, de suas formas ordinárias e especiais, dos legados, do direito de acrescer, das substituições, da deserdação, de disposições testamentárias e do seu executor, que é o testamenteiro.

A disposição testamentária prevalece sobre a ordem de vocação hereditária prevista na sucessão legítima, desde que não ultrapasse a parte disponível (metade da herança), em face dos direitos dos herdeiros necessários, conforme se extrai das disposições dos artigos citados. Já isso bastaria para demonstrar a grande força do testamento.

É longa a sua tradição jurídica, embora seja de pouco uso, mormente nas classes menos favorecidas (dir-se-á, com certa razão, que assim é porque não possuam bens de maior valia).

No direito brasileiro e nos países de origem latina, o testamento tem lastro histórico no sistema romano, com regulamentação de caráter solene, exigindo forma escrita e testemunhas (salvo casos especiais), com maiores formalidades até que o testamento admitido no direito anglo-saxão (em que a forma verbal tem certo prestígio).[1]

O vocábulo serve para designar o instrumento de sua realização (a cédula testamentária), como também o seu conteúdo, que consiste na declaração de vontade do testador para dispor de seus bens (nomeação de herdeiros, legados, gravames, partilha antecipada etc.), ou fazer outras disposições (recomendações morais, reconhecimento de filho, nomeação de tutor, deserdação, perdão do indigno etc.) para valerem depois de sua morte.

Como forma simplificada de testamento, a lei prevê o codicilo (do latim *codicillum*, pequeno código) que se realiza por escrito e sem testemunhas, mas valendo apenas para disposições de valor reduzido (art. 1.881).

O Código Civil em vigor (Lei n. 10.406, de 10 de janeiro de 2002), diferentemente do Código Civil revogado (Lei n. 3.071, de 1º de janeiro de 1916), não traz definição de testamento, limitando-se a dispor sobre o seu conteúdo e anotando que deve respeitar a legítima dos herdeiros necessários (art. 1.857, §§ 1º e 2º).

---

[1]   Em francês, *testament*, em inglês a mesma grafia, ressalvada a diversidade de pronúncia, tendo por sinônimo *will*, daí *last will* – ato de última vontade. O vocábulo emprega-se também noutros sentidos, desde as acepções religiosas da Bíblia (Velho e Novo Testamentos), até correlações com outros atos de vontade, como o chamado erroneamente de "testamento vital", substantivo mal escolhido porque se trata de uma diretiva antecipada de vontade para cumprimento em vida (regulada pela Resolução n. 1.995/2012, do Conselho Federal de Medicina).

Trata-se de declaração de vontade unilateral e personalíssima, tanto que proibida a sua celebração na forma conjuntiva (por duas ou mais pessoas, no mesmo instrumento – art. 1.863). Admite revogação por outro testamento (art. 1.969), qualquer que seja a sua forma instrumental.

Em vista desses elementos característicos, o testamento pode ser conceituado como um "ato jurídico personalíssimo, unilateral, gratuito, revogável, solene e de eficácia contida, pelo qual o testador dispõe dos seus bens ou faz outras disposições para valerem após a sua morte".[2]

2. CAPACIDADE DE TESTAR

Somente a pessoa natural pode testar, não assim a pessoa jurídica ou o ente não personalizado. O Código revogado, ao definir testamento, em seu artigo 1.626, mencionava tratar-se de ato praticado por "alguém", assim pressupondo exclusividade da pessoa humana. O Código vigente, no artigo 1.857, é mais explícito ao mencionar como possível autor de testamento "qualquer pessoa capaz".

Nessa linha, o artigo 1.860 afirma que não podem fazer testamento os incapazes e os que não tiverem discernimento; mas excepciona os maiores de 16 anos que, embora relativamente incapazes até os 18 anos, podem exercer o direito de testar.

Esse dispositivo tem que ser interpretado de acordo com as alterações da Lei n. 13.146, de 6 de julho de 2015 (Lei Brasileira de Inclusão da Pessoa com Deficiência) no capítulo da incapacidade, artigos 3º e 4º do Código Civil.

---

[2] Sobre o tema, com extensão a outros aspectos do direito sucessório, conferir a monografia *Inventário e partilha*, que subscrevo com Sebastião Amorim (26ª ed. São Paulo: Saraiva, 2020. Cap. 6, "Sucessão testamentária", p. 219-271). Definição de Washington de Barros Monteiro, com maior abrangência: "testamento é negócio jurídico unilateral e gratuito, de natureza solene, essencialmente revogável, pelo qual alguém dispõe dos bens para depois de sua morte, ou determina a própria vontade sobre a situação dos filhos e outros atos de última vontade, que não poderão, porém, influir na legítima dos herdeiros necessários" (*Curso de direito civil*: direito das sucessões. 17. ed. São Paulo: Saraiva, 1981. p. 124). Por símile, a definição adotada por Maria Helena Diniz, ao afirmar que testamento é "ato personalíssimo, unilateral, gratuito, solene e revogável, pelo qual alguém, segundo norma de direito, dispõe, no todo ou em parte, de seu patrimônio para depois de sua morte, ou determina providências de caráter pessoal ou familiar" (*Curso de direito civil brasileiro*: direito das sucessões. 21. ed. São Paulo: Saraiva, 2007. v. 6, p. 177).

Assim, o artigo 3º mantém-se apenas na previsão de que são absolutamente incapazes os menores de 16 anos, revogados os dispositivos II e III que previam outras hipóteses de falta de discernimento. O artigo 4º mantém parte do rol dos relativamente incapazes para a prática de certos atos, nos incisos I a IV: os maiores de 16 e menores de 18 anos; os ébrios habituais e toxicômanos; aqueles que, por causa transitória ou permanente, não puderem exprimir a sua vontade; os pródigos.

Como se verifica, foram excluídos da categoria de incapazes os "excepcionais, sem desenvolvimento mental completo", assim qualificados na redação antiga do artigo 3º do Código Civil. Se forem sujeitos a curatela, ressalvada a prática de certos atos previstos no artigo 6º da Lei n. 13.146/2015, essas pessoas com deficiência não poderão fazer testamento de cunho patrimonial, porque não têm livre disposição dos seus bens. Mas pode se entender que tenham capacidade para testamento de fim exclusivamente extrapatrimonial, dependendo dos limites da curatela que tenham sido fixados na sentença.

3. CAPACIDADE DE RECEBER POR TESTAMENTO

A capacidade testamentária passiva é mais ampla, pois abrange pessoas naturais e pessoas jurídicas, conforme se extrai das disposições dos artigos 1.798 e 1.799 do Código Civil.

Na sucessão legítima, podem ser herdeiras as pessoas nascidas ou já concebidas no momento da abertura da sucessão. A garantia dos direitos do nascituro desde a concepção resulta igualmente da previsão do artigo 2º do Código Civil.

Na sucessão testamentária, além dos nomeados, podem ser sucessores: a prole eventual, significando os filhos, ainda não concebidos, de pessoas indicadas pelo testador, desde que sobrevivas; as pessoas jurídicas, incluindo aquelas a serem criadas por determinação do testador, sob a forma de fundação.

A indicação de beneficiários do testamento pode levar a muitas dúvidas de interpretação, quando as pessoas não sejam bem identificadas, como ocorre com designações genéricas de deixa para pessoas homônimas, ou para o santo do lugar, os pobres da cidade, as almas do purgatório ou, até mesmo, para certos animais de estimação.

No caso de irracionais, embora não possuam legitimidade para figurar no plano sucessório, nada impede que sejam nomeados em testamento para fins de sua proteção mediante a atribuição de bens a determinada pessoa física ou jurídica. Trata-se, então, de outorga de herança ou de legado com o encargo de prestação de assistência na criação e manutenção de referidos animais.[3]

4. ESPÉCIES E FORMALIDADES DO TESTAMENTO

São diversas as formas de testar, que o Código Civil classifica em ordinárias e especiais, com acréscimo do codicilo (arts. 1.862 a 1.896).[4]

São modos ordinários: (a) o testamento público (art. 1.864), formalizado por escritura do tabelionato de notas, na presença de duas testemunhas; (b) o testamento cerrado (art. 1.868), dito místico ou secreto, também no tabelionato, escrito pelo testador ou por alguém a seu rogo, sem leitura pública, com termo de aprovação pelo tabelião, na presença de duas testemunhas, a ser guardado em envoltório cerrado e cosido, entregue ao testador, para abertura e registro em juízo depois de sua morte; (c) o testamento particular (art. 1.876), ou "hológrafo", escrito e lido pelo testador na presença de três testemunhas, salvo em circunstâncias excepcionais declaradas na cédula, quando serão dispensadas as testemunhas (art. 1.879), para futura confirmação em juízo.

São especiais: (a) o testamento marítimo (art. 1.888), feito em viagem de navio, perante o comandante, em presença de duas testemunhas, com registro no diário de bordo e futura entrega às autoridades administrativas do primeiro porto nacional; caducará em noventa dias se o testador não morrer na viagem; (b) o testamento aeronáutico (art. 1.889, novidade do CC de 2002),

---

[3] Por ilustração, vale recordar a passagem do livro de Machado de Assis, *Quincas Borba* (São Paulo: Saraiva, 2011. p. 25), atribuindo sua herança ao amigo Rubião, mas com a detalhada obrigação de cuidar do cachorro que levava o mesmo nome do testador. É jurídico e até comovente: "Quando o testamento foi aberto, Rubião quase caiu para trás. Adivinhas por quê. Era nomeado herdeiro universal do testador. (...) Uma só condição havia no testamento, a de guardar o herdeiro consigo o seu pobre cachorro Quincas Borba, nome que lhe deu por motivo da grande afeição que lhe tinha". Seguiam-se as recomendações taxativas dos cuidados exigidos no trato do animal, "como se cão não fosse, mas pessoa humana" com os mais sagrados direitos. Na mesma situação, a deixa testamentária feita pelo escritor norte-americano Ernest Hemingway, com atribuição de bens a uma entidade para cuidar de seus gatos de estimação, numa casa até hoje mantida com os felizardos bichanos e seus descendentes num museu na cidade de Key West, Florida, USA.

[4] Mais lógico seria adjetivar as formas como "ordinárias" e "extraordinárias", para o devido contraponto dos termos, ou então, com igual correspondência, formas "comuns" e "especiais". Mas vale a ressalva de que a discussão é meramente gramatical e sem relevância prática.

Cap. 31 • A INTERPRETAÇÃO DO TESTAMENTO NA ATUAL JURISPRUDÊNCIA DO STJ | **795**

feito a bordo de aeronave, com as mesmas formalidades e consequências do anterior; (c) o testamento militar (art. 1.893), privativo de militares e pessoas a serviço das Forças Armadas em campanha, por instrumento escrito, perante duas testemunhas ou três se o testador não puder ou não souber assinar, caso em que assinará por ele uma delas.

Como subespécie de testamento militar, o Código prevê um caso de testamento verbal, chamado de nuncupativo (art. 1.896), mediante declaração feita pelo combatente ferido em luta, confiando sua vontade a duas testemunhas. Situação muito rara, de que nunca se ouviu falar nos pretórios nacionais, talvez porque tenhamos a ventura de viver em um país de relativa paz doméstica. E também difícil de se concretizar pela exigência de confirmação por duas testemunhas, que poderiam não sobreviver aos tormentos da guerra.

Em sequência à enumeração das formas testamentárias, viu-se que o Código inclui um instrumento de menor potência, que é o "codicilo" (art. 1.881). Não chega ao patamar de um testamento especial. Resume-se a um escrito particular sem testemunhas, para disposições sobre enterro, esmolas, legados de móveis, joias e roupas de pouco valor, de uso pessoal do declarante. Também serve para substituir testamenteiro (art. 1.883) e para perdoar o herdeiro indigno, promovendo sua reabilitação em testamento ou em outro ato autêntico (art. 1.818).

Comparando-se os textos do Código vigente e do revogado, nota-se que sobreveio uma simplificação do ato de testar pela redução do número de testemunhas, que antes era fixado em cinco. Também se ampliou o modo do testamento particular, para que se realize por escrito do testador ou mediante processo mecânico, situação esta que a jurisprudência já admitia desde que os antigos amanuenses foram substituídos por escreventes e datilógrafos, e sobreveio a modernidade com os atuais computadores de uso pessoal e outros equipamentos de mais refinada tecnologia. Assinale-se que foi notável a novidade de se realizar testamento particular sem testemunhas, em circunstâncias especiais que justifiquem a prática isolada, como está ocorrendo, nos tempos atuais de calamidade sanitária pela pandemia da coronavírus (COVID-19).[5]

---

[5] É um momento preocupante e trágico, que nos leva a repensar o Direito para facilitação de seu exercício em favor do bem comum. O receio geral de contaminação com risco de morte levou as pessoas a um isolamento social forçado, atingindo o exercício do trabalho e a força econômica do país. Uma das propostas de mudança legislativa decorrente dessa situação partiu do Prof. Flávio Tartuce, sugerindo alteração legislativa para possibilitar o "testamento emergencial", a ser praticado sem testemunhas, diante do isolamento social a que se veja compelido o testador. A sugestão tem merecido apoio doutrinário de autores como José

5. TESTEMUNHAS DO TESTAMENTO

Diversamente do que constava no Código revogado (art. 1.650), o Código Civil de 2002 não contém disposição específica sobre as testemunhas testamentárias.

Supre-se a omissão pelo disposto na parte geral do Código Civil, artigo 228, que enumera as pessoas impedidas de prestar testemunho, com as alterações trazidas pela Lei n. 13.146/2015, citada no item 2 deste capítulo, enumerando: I – os menores de 16 anos; II e III (revogados); IV – o interessado no litígio, o amigo íntimo ou o inimigo capital das partes; V – os cônjuges, os ascendentes, os descendentes e os colaterais, até o terceiro grau, de alguma das partes, por consanguinidade ou afinidade.

A modificação legislativa trouxe acréscimo ao artigo 228, para constar, no seu § 2º, que "a pessoa com deficiência poderá testemunhar em igualdade de condições com as demais pessoas, sendo-lhe assegurados todos os recursos de tecnologia assistida".

Os incisos IV e V desse dispositivo têm parcial correspondência no artigo 447, §§ 2º e 3º, do Código de Processo Civil, com adição do companheiro, na mesma situação que o cônjuge, ensejando paralela aplicação ao ato de testar, em face de impedimento e/ou suspeição dessas pessoas ligadas por força de amizade, inimizade ou parentesco próximo com beneficiários da cédula testamentária.

Acrescente-se a norma do artigo 1.801, inciso II, do Código Civil, que incluiu na relação das pessoas que não podem ser nomeadas herdeiras ou legatárias, "as testemunhas do testamento", significando que a sua presença nas duas posições acarreta a nulidade do ato.

6. REGISTRO DOS TESTAMENTOS

Tal é a preocupação com a regularidade formal dos testamentos que a lei exige a sua prévia apresentação em juízo para fins de publicação, registro e ordem de cumprimento. Só então é que se prossegue com o inventário e partilha dos bens do falecido.

Fernando Simão, Rodrigo da Cunha Pereira e Zeno Veloso, com publicações e palestras sugerindo essa medida como necessária e urgente. Zeno acentua que mesmo sem mudança legislativa, o testador com risco de infecção poderia valer-se da disposição do art. 1.879 do Código Civil para testar sem testemunhas, justificando as circunstâncias excepcionais do momento (artigo no jornal *O Liberal*, Belém, 2 maio 2020).

Cap. 31 • A INTERPRETAÇÃO DO TESTAMENTO NA ATUAL JURISPRUDÊNCIA DO STJ | **797**

O Código Civil contém disposições específicas sobre a abertura e o registro do testamento cerrado (art. 1.875), a publicação, confirmação e registro do testamento particular (arts. 1.877 e 1.878) e a abertura do codicilo cerrado (art. 1.885). Faltou menção às demais espécies de testamento, mas a exigência de registro é para todos, conforme as previsões do Código de Processo Civil, nos artigos 735 a 737.

Nesse procedimento, o juiz faz a análise prévia dos requisitos formais do testamento, para averiguar se não existem vícios externos que motivem a invalidade do ato, especialmente quanto ao modo de sua elaboração, o número de testemunhas e outros dados essenciais. No testamento particular, o cuidado é maior, uma vez que o testamento deve ser confirmado judicialmente, mediante o depoimento das testemunhas instrumentárias.

Se encontrar falhas substanciais nesses aspectos preliminares do exame do documento, o juiz lhe negará registro, prejudicando o seu cumprimento. Estando o testamento em ordem do ponto de vista formal, será então levado ao juízo do inventário para sua aplicação na partilha dos bens.

Essa fase preliminar de exame e registro do testamento não se confunde com a possível ação de nulidade ou de anulação do ato por outros fundamentos, como no caso de se discutir a capacidade do testador, causas de indignidade ou de deserdação, dúvidas na interpretação das cláusulas, impedimentos de testemunhas e muitos outros aspectos relativos ao conteúdo do ato de última vontade.

7. INTERPRETAÇÃO DO TESTAMENTO

As regras de interpretação dos testamentos encontram-se no capítulo das disposições testamentárias, artigos 1.897 e seguintes do Código Civil. Mas também podem ser vistas em outros artigos, como os que regulam as formas de testamento (acima examinadas), os legados (arts. 1.912 a 1.940), a justa causa na imposição de vínculos sobre a legítima (art. 1.848), o direito de acrescer (arts. 1.941 a 1.946), as substituições testamentárias (arts. 1.947 a 1.960) e outras disposições especiais.

Em destaque, a regra do artigo 1.899 do Código Civil sobre possíveis divergências na interpretação: "Quando a cláusula testamentária for suscetível de interpretações diferentes, prevalecerá a que melhor assegure a observância da vontade do testador". Faz eco ao disposto no artigo 112, parte geral do Código, que dá prevalência à intenção contida na declaração de vontade, mais que ao sentido literal da linguagem.

Nesse roteiro interpretativo, logo se vê que as expressões utilizadas em um testamento, quando a literalidade do texto traga dúvidas, devem ser entendidas pelo exame conjunto das disposições para descoberta daquilo que presumivelmente estaria na mente do testador.

Não se pense, todavia, que o juiz possa construir ou mesmo reconstruir disposições além do que conste do testamento, porque então estaria inovando ou subvertendo a vontade do disponente. Por outras palavras, o intérprete do testamento deve ater-se aos seus elementos dispositivos, ao texto deixado na cédula, sem campo para interpretação meramente subjetiva ou de cunho inovador quanto ao que estaria em mente do autor da herança na feitura do seu ato de vontade derradeira.

Caio Mário da Silva Pereira disserta bem sobre o tema, invocando legislação estrangeira, como o Código Civil alemão (*BGB – Bürgerliches Gesetzbuch*, art. 2.084), que recomenda a "interpretação através da qual possa a disposição ter eficácia, não no sentido de se entender necessariamente favorável ao instituído, senão a que implique na sua efetividade". E acrescenta uma argumentação de ordem prática: "Não sendo o testador um técnico, e nem sempre recorrendo à assistência de uma pessoa habilitada, poderá empregar mal as expressões, ou usar vocabulário menos preciso. Diz-se, então, que elas se interpretam *naturaliter,* mas não *civiliter,* isto é, na sua acepção corrente e não no sentido técnico".[6]

Do mesmo autor, a lembrança de que Itabaiana de Oliveira menciona trinta regras de aplicação, ora genérica, ora específica às disposições de última vontade, "todas úteis e de fácil invocação, para esclarecer as cláusulas duvidosas".[7]

Na mesma linha elucidativa, Flávio Tartuce enumera exemplos de clareamento legislativo sobre determinadas disposições testamentárias, indicando 13 regras a serem seguidas de acordo com as instruções dos artigos 1.897 a 1.910 do Código Civil, abrangendo situações de invalidade e de validade na nomeação de herdeiros e legatários e das cotas destinadas a cada um, conforme as especificações da declaração de vontade.[8]

A arte de interpretar, como escrevia Rubens Limongi França, é uma arte que requer, de seu artífice, uma capacidade especial quanto à inteligente

---

[6]   *Instituições de direito civil*: direito das sucessões. 15. ed. Rio de Janeiro: Forense, 2004. v. VI, p. 268. Cita Orozimbo Nonato (*Estudo sobre sucessão testamentária*, v. III, n. 845 e ss.), Clóvis Beviláqua, Coelho da Rocha, Orlando Gomes, Carlos Maximiliano e Itabaiana de Oliveira, em suas obras clássicas.

[7]   PEREIRA, Caio Mário da Silva. *Op. cit.,* p. 268; ITABAIANA DE OLIVEIRA, Arthur Vasco. *Tratado de direito das sucessões.* Rio de Janeiro: Freitas Bastos, 1952. v. II, n. 525.

[8]   TARTUCE, Flávio. *Direito civil*: direito das sucessões. 13. ed. Rio de Janeiro: Forense, 2020. p. 474-488.

reflexão hermenêutica do conteúdo do testamento que analisa e da real vontade expendida pelo testador.[9]

Testar nada mais é do que dispor como ato de última da vontade. Expressar desejo e determinar que se cumpra. Vem daí a necessidade de interpretar qual foi, efetivamente, a última vontade a ser reconhecida e aplicada no plano sucessório.

Todas as extensas regras de interpretação do testamento contidas no Código Civil, em alocação piramidal sobre outras nos diversos artigos citados, resultam do mesmo princípio norteador, que é o da fiel observância da vontade do outorgante, pois é disso que se cuida na hora de cumprir a disposição testamentária.

Já na Lei das XII Tábuas (século V a.C.), como lembra Zeno Veloso, havia a inscrição *dicat testator et erit Lex*, a significar "diga o testador, e o que disser é lei".[10]

É a vontade do testador, no corpo do testamento, que se exprime; e é esta expressão que o direito quer que se cumpra. O jurista português José de Oliveira Ascensão acentua que, no testamento, "cuja função é incorporar disposições de última vontade, o fim da interpretação deve encontrar-se na determinação da vontade do testador". Prossegue dizendo que essa vontade é soberana e prevalece sobre expectativas ou interesses do beneficiário, já que "nenhuma confiança ou expectativa dos destinatários pode ser justificadamente invocada, porque um beneficiário nenhum título possui que não seja justamente o que se funda na vontade do autor da sucessão".[11]

A interpretação do testamento, enfim, representa uma atividade subjetiva do intérprete, que é o juiz oficiante no processo e intenta desvendar os reais propósitos do disponente, com base nos elementos objetivos e finalísticos retirados do testamento, valendo-se primeiramente da análise gramatical e buscando apoio também nos elementos filológico, lógico, sistemático e teleológico, em um processo intelectivo exauriente daquilo que se perquire e se busca aplicar com exatidão e inteireza.

Zeno Veloso, na obra citada (v. nota 10), exprime que há uma restrição na redação do texto legal (art. 1.666 do Código revogado; art. 1.899 do atual), que poderá levar o leitor mais desavisado à crença de que a atividade

---

[9] LIMONGI, Rubens França. *Hermenêutica jurídica*. 8. ed. Prefácio de Giselda Hironaka. São Paulo: RT, 2009. p. 39-40.

[10] *Testamentos*. Belém: Cejup, 1993. p. 571. Sobre o mesmo tema, o autor disserta em boa síntese e de forma atualizada no livro *Direito civil*: temas. Belém: Artes Gráficas Perpétuo Socorro, 2018. p. 328.

[11] *Direito civil*: sucessões. 5. ed. Coimbra: Coimbra Editora, 2000. p. 293.

interpretativa só teria lugar se ambiguidades existirem. Alerta que essa crença, no entanto, não é verdadeira, de sorte que o testamento tem que ser interpretado sempre. Condensa o pensamento doutrinário majoritário ao dizer que nem sempre vale o brocardo *in claris cessat interpretatio*, pois "quando se conclui que suas disposições são escorreitas, as determinações manifestadas, as designações claras, as verbas evidentes, já se fez a interpretação, já se deduziu que a declaração corresponde à vontade, já se está seguro que a expressão literal foi fiel à ideia e ao espírito".[12]

Como visto, a questão guarda liame com a norma do artigo 112 do Código Civil, sobre a interpretação do negócio jurídico, que, ao magistério de Maria Helena Diniz, "situa-se na seara do conteúdo da declaração volitiva, pois o intérprete do sentido negocial não deve ater-se, unicamente, à exegese do negócio jurídico, ou seja, ao exame gramatical de seus termos, mas sim em fixar a vontade, procurando suas consequências jurídicas, indagando sua intenção, sem se vincular, estritamente, ao teor linguístico do ato negocial. (...)".[13]

Para esse exame investigativo da vontade possivelmente encoberta nas letras do testamento, pode o juiz valer-se de outros documentos trazidos ao processo e até mesmo de elementos estranhos ou de testemunhos, a fim de fundamentar o julgamento dentro da linha de vontade a ser cumprida.

Orlando Gomes, em notável parecer sobre o tema, aponta meios práticos no exercício interpretativo, com a permissão do uso de dados estranhos ao texto cedular, que possam ajudar a descobrir o sentido verdadeiro de uma verba controvertida. Por isso, assinala que, sendo justificada a dúvida, "deve o intérprete valer-se de todos os elementos, intrínsecos ou extrínsecos, para encontrar a vontade real do declarante. Um dos modos aconselhados para o desempenho eficaz do papel do intérprete é imaginar-se na pele do testador e se colocar em seu lugar ao testar; descobrindo suas afeições, penetrando seus desígnios, determinando seus motivos e dando o devido peso a seus hábitos (...)".[14]

---

[12] Op. cit., p. 577, com reporte à lição de Pontes de Miranda em crítica ao art. 1.666 do Código Civil de 1916 (com repetição no art. 1.789 do Código Civil de 2002): "Ora, para se saber qual a interpretação que mais atende à observância da vontade do testador, seria de mister conhecer a *vontade* do testador. Se há mais de uma interpretação, é *porque não se conhece,* inteira e suficientemente, *essa vontade*" (*Tratado de direito privado.* Rio de Janeiro: Borsoi, 1972. t. LVI, § 5.725, p. 341).

[13] DINIZ, Maria Helena. Parte geral e disposições transitórias. In: FIUZA, Ricardo (coord.). *Novo Código Civil comentado.* São Paulo: Saraiva, 2003. p. 120.

[14] *Questões de direito civil*: pareceres. São Paulo: Saraiva, 1976. § 45, p. 329; *Sucessões.* Rio de Janeiro: Forense: 1981. p. 155-156.

8. JURISPRUDÊNCIA DO SUPERIOR TRIBUNAL DE JUSTIÇA NA INTERPRETAÇÃO DE TESTAMENTOS

Ao exame da casuística em matéria de testamento, verifica-se que são inúmeras as situações de dúvidas interpretativas, porque infindável é o mundo das ideias e das intenções que um testador pode ter em mente ao dispor sobre a destinação de sua herança.

Também pesam os equívocos de redação do instrumento de testar, notadamente em casos de testamento particular, pela falta de assistência e de orientação de um profissional qualificado nos aspectos jurídicos e de redação do documento.[15]

Há quem goste de testar mais de uma vez, para mudar, revogar ou alterar sua vontade última. Cita-se um caso de tríplice testamento, em que o último revogava o primeiro e mandava que a sucessão fosse feita na forma da lei, mas deixava intocada a disposição feita no segundo testamento que favorecia a mulher do testador com a porção disponível, gerando dúvidas sobre a subsistência ou não dessa deixa. A conclusão do Tribunal, depois de muito debate, pareceres e recursos, foi a de que a referência do terceiro testamento à observância da forma da lei na sucessão não tinha o condão de alterar ou revogar o segundo testamento, que "permanece inalterado, não se podendo presumir a intenção do *de cujus*, nem mesmo erro cartorário" na sua elaboração.[16]

A esse propósito, lembra-se o irretocável ensinamento de Pontes de Miranda: "O testamento em que está a cláusula revogatória pode somente conter essa cláusula, ou cláusulas que se refiram a alguma ou algumas disposições. Se tudo que se dispusera fica revogado, há a sucessão legítima. Mas é erro dizer-se que aí se presume o ânimo de favorecer os herdeiros legítimos.

---

[15] Sem quebra da seriedade, um caso pitoresco de testamento particular confuso por falhas de redação, com poucas palavras e nenhuma pontuação nas frases, assim escrito: "Deixo meus bens a minha irmã não a meu sobrinho jamais será paga a conta do padeiro nada dou aos pobres". Levado a registro e inventário, levantou-se a dúvida: a quem o testador deixava a fortuna? A redação permite quatro interpretações diferentes, em verdadeiro quebra-cabeça, dependendo da colocação de vírgula e de ponto-final em cada um dos trechos. É desconhecido o resultado dessa demanda, que talvez ainda esteja sendo discutida nas barras dos tribunais ou em conciliábulos do mundo acadêmico...

[16] TJSP, AI 2080675-28.2014.8.26.000, 2ª Câmara de Direito Privado, Rel. Des. José Joaquim dos Santos, j. 16.9.2014, v.u.; não houve interposição de recurso ao STJ.

(...) O segundo testamento pode ser só *parcialmente* revogatório, conter, além da revogação, disposições positivas".[17]

Em situação análoga, já se decidiu que "é irrelevante se o termo empregado na escritura pública de testamento faz referência a instituto diverso daquele a que o testador quis mencionar". Era o caso de testador que se utilizou na escritura de um termo inadequado, mas que deixava compreender a sua real intenção de atribuir à viúva-meeira a parte disponível dos seus bens. Na fundamentação do aresto, a observação de que "o Código Civil de 1916, vigente à época da assinatura do testamento, em seu art. 1.666, com redação igual no art. 1899 do atual, preceitua que quando houver dúvidas acerca da interpretação a ser dada à cláusula testamentária, deve prevalecer a que melhor assegure a vontade do testador".[18]

Do Superior Tribunal de Justiça, fazendo coro a esse entendimento, a afirmação de que, mesmo que haja alguma irregularidade formal, "a interpretação deve ser voltada no sentido da prevalência da manifestação de vontade do testador, orientando, inclusive, o magistrado quanto à aplicação do sistema de nulidades, que apenas não poderá ser mitigado, diante da existência de fato concreto, passível de ensejar dúvida acerca da própria faculdade que tem o testador de livremente dispor acerca de seus bens, o que não se faz presente nos autos".[19]

No exame judicial da validade do testamento (ação inicial de registro e publicação do testamento, ação de inventário e partilha ou em ação anulatória), o que se busca é o alcance da real vontade do declarante, saber o que ele queria dizer na disposição dos seus bens e nas determinações de outra natureza.

A par dessa investigação retrospectiva e necessária, o intérprete leva também em conta a mitigação das formalidades exigidas na lei para elaboração do ato, objetivando a confirmação de sua validade e a esperada eficácia *post mortem.*

Assim vem decidindo o Superior Tribunal de Justiça, com nuances das peculiaridades de cada processo, conforme se verifica de acórdãos a seguir coligidos por ordem cronológica e com breve anotação de seus fundamentos:

---

[17] Op. cit., t. LIX, cap. XXVII, § 5.940, p. 433-434.

[18] TJPR, Ap. Cível 774918-8, 11ª Câmara Cível, Curitiba, Rel. Des. Vilma Régia Ramos de Rezende, *DJ* 27.01.2012.

[19] REsp 753.261/SP, Rel. Min. Paulo de Tarso Sanseverino, j. 23.11.2010, negou provimento, v.u.

8.1. REsp 302.767/PR (2001/0013413-0), Rel. Min. Cesar Asfor Rocha, j. 05.06.2001:[20] recurso interposto por uma neta do testador, alegando nulidade do testamento porque uma das testemunhas que o assinaram como tendo assistido o ato não teria, em verdade, dele participado

Embora ressalvando que o testamento é um ato solene que deve submeter-se a numerosas formalidades que não podem ser descuradas ou postergadas, sob pena de nulidade, o julgado deixou de conhecer o recurso, ao fundamento de que "todas essas formalidades não podem ser consagradas de modo exacerbado, pois a sua exigibilidade deve ser acentuada ou minorada em razão da preservação dos dois valores a que elas se destinam – razão mesma de ser do testamento –, na seguinte ordem de importância: o primeiro, para assegurar a vontade do testador, que já não poderá mais, após o seu falecimento, por óbvio, confirmar a sua vontade ou corrigir distorções, nem explicitar o seu querer que possa ter sido expresso de forma obscura ou confusa; o segundo, para proteger o direito dos herdeiros do testador, sobretudo dos seus filhos".

Como se vê, a discussão girava em torno da extensão que se deve dar às formalidades que revestem a elaboração do testamento, em face da alegada ausência de uma testemunha no ato da celebração.

Foram lembradas as lições de Marco Aurélio S. Viana[21] e de Orlando Gomes,[22] este a ressaltar que "a anulação de um testamento é fato de suma gravidade, que não deve estar à mercê de pequenas nugas formalísticas, quando irrefragável é a sua autenticidade, por todos os elementos sérios que a atestam".[23]

Arrimou-se o julgamento, também, em precedente do Supremo Tribunal Federal afirmando que "formalidades essenciais por cujo cumprimento portou fé o tabelião, constituem um bloco, cuja seriedade e solidez não estão à mercê da versatilidade de alguém, que tendo servido de testemunha instrumentária, resolve anos depois declarar que não assistiu o ato".[24]

---

[20] STJ, 4ª Turma, Ac. publicado em 24.09.2001, considerado pioneiro em matéria de interpretação testamentária baseada na busca da vontade do testador antes que no rigor formal do instrumento. Contém declarações de voto dos integrantes da turma e farta fundamentação doutrinária. Publicado na *RSTJ* 148/469.

[21] VIANA, Marco Aurélio S. *Curso de direito civil*. Belo Horizonte: Del Rey, 1993. v. 6, p. 97-98.

[22] GOMES, Orlando. *Sucessões*. Rio de Janeiro: Forense, 1978. p. 141 e 143.

[23] GOMES, Orlando. *Questões de direito civil*: pareceres. 5. ed. São Paulo: Saraiva, 1988. p. 280.

[24] RE 30.204, Rel. Min. Afrânio Costa; e mais, no mesmo sentido, RE 66.610-RJ, Rel. Min. Raphael de Barros Monteiro, *DJ* 28.11.1969.

804 | DIREITO CIVIL: DIÁLOGOS ENTRE A DOUTRINA E A JURISPRUDÊNCIA – *Volume II*

8.2. EDcl no REsp 203.137/PR (1999/0009548-0), Rel. Min. Sálvio de Figueiredo Teixeira, j. 08.10.2002: testamento em favor de filhos legítimos do neto, como legatários. Impossibilidade de exame da qualificação jurídica dos beneficiários

O recurso não mereceu provimento, por não se tratar, no caso, de escolher entre a acepção técnico-jurídica e a comum de "filhos legítimos", mas de aprofundar-se no encadeamento dos fatos, como a época em que produzido o testamento, a formação cultural do testador, as condições familiares e, sobretudo, a fase de vida de seu neto, para dessas circunstâncias extrair o adequado sentido dos termos expressos no testamento.

Mas restou assente que "a prole eventual de pessoa determinada no testamento e existente ao tempo da morte do testador e abertura da sucessão tem capacidade sucessória passiva".

8.3. Resp 998.031/SP, 3ª T, Rel. Humberto Gomes de Barros, j. 11.12.2007, *DJ* 19.12.2007, p. 1.230: cláusulas de inalienabilidade e impenhorabilidade impostas em testamento e sua incidência em dívidas do espólio

O julgado respondeu pela não incidência das cláusulas protetivas, fundando-se no art. 1.676 do CC de 1916 (art. 1.911 do CC atual, com nova redação): "as dívidas dos herdeiros não serão pagas com os bens que lhes forem transmitidos em herança, quando gravados em cláusulas de inalienabilidade e impenhorabilidade, por disposição de última vontade. Tais bens respondem, entretanto, pelas dívidas contraídas pelo autor da herança. A cláusula testamentária de inalienabilidade não impede a penhora em execução contra o espólio".[25]

8.4. REsp 1.049.354/SP, 3ª T., Rel. Min. Fátima Nancy Andrighi, j. 18.08.2009, *DJe* 08.09.2009: cláusulas de inalienabilidade, impenhorabilidade e incomunicabilidade impostas em testamento na vigência do CC/1916, sem declaração da justa causa, vindo a morrer o testador antes do prazo de um ano estabelecido no art. 2.042 do CC/2002

O recurso foi provido para reconhecer a subsistência do gravame, embora ressaltando que "o testamento é a expressão da liberdade no direito

---

[25] No mesmo sentido veio a julgar o STJ no AgRg no AREsp 29.802/RS, 3ª T., Rel. Massami Uyeda, j. 15.12.2011, *DJe* 02.02.2012.

Cap. 31 • A INTERPRETAÇÃO DO TESTAMENTO NA ATUAL JURISPRUDÊNCIA DO STJ | 805

civil, cuja força é o testemunho mais solene e mais grave da vontade íntima do ser humano".

Fundamentos: "Ao testador são asseguradas medidas conservativas para salvaguardar a legítima dos herdeiros necessários, sendo que, na interpretação das cláusulas testamentárias, deve-se preferir a inteligência que faz valer o ato, àquela que o reduz à insubsistência; por isso, deve-se interpretar o testamento, de preferência, em toda a sua plenitude, desvendando a vontade do testador, libertando-o da prisão das palavras, para atender sempre a sua real intenção. Contudo, a presente lide não cobra o juízo interpretativo para desvendar a intenção da testadora: o julgamento é objetivo, seja concernente à época em que dispôs a sua herança, seja relativo ao momento em que deveria aditar o testamento, isto porque veio a óbito ainda dentro do prazo legal para cumprir a determinação do art. 2.042 do CC, o que não ocorreu, e, por isso, não há como esquadrinhar a sua intenção nos três meses que remanesciam para cumprir a dicção legal".

8.5. REsp 600.746/PR (2003/0188859-4), 4ª T., Rel. Min. Aldir Passarinho Junior, j. 15.06.2010: pretensa invalidade de testamento particular assinado por quatro testemunhas e confirmado em audiência por três delas, quando o Código então vigente (CC/1916) exigia cinco testemunhas

Decidiu-se pela suficiência da prova para reconhecimento da validade do ato: "Ainda que seja imprescindível o cumprimento das formalidades legais a fim de preservar a segurança, a veracidade e legitimidade do ato praticado, deve se interpretar o texto legal com vistas à finalidade por ele colimada. Na hipótese vertente, o testamento particular foi digitado e assinado por quatro testemunhas, das quais três o confirmaram em audiência de instrução e julgamento. Não há, pois, motivo para tê-lo por inválido".

Em reforço, anotou-se que as disposições do Código Civil em vigor impedem a invalidação de testamento sob alegativa de preterição de formalidade essencial, "pois não pairam dúvidas que o documento foi firmado pela testadora de forma consciente e no uso pleno de sua capacidade mental".[26]

---

[26] Julgamento semelhante se colhe do AgRg no REsp 1.230.609/PR, 4ª Turma, Rel. Min. Marco Buzzi, j. 17.09.2013, *DJe* 02.10.2013.

806 | DIREITO CIVIL: DIÁLOGOS ENTRE A DOUTRINA E A JURISPRUDÊNCIA – *Volume II*

8.6. REsp 1.001.674/SC (2007/0250311-8), Rel. Min. Paulo de Tarso Sanseverino, j. 05.10.2010: alegação de nulidade do testamento por incapacidade física e mental da testadora, captação de sua vontade, quebra do sigilo do testamento e a não simultaneidade das testemunhas ao ato de assinatura do termo de encerramento

Foi rejeitada a alegação de nulidade, uma vez que "em matéria testamentária, a interpretação deve ser voltada no sentido da prevalência da manifestação de vontade do testador, orientando, inclusive, o magistrado quanto à aplicação do sistema de nulidades, que apenas não poderá ser mitigado diante da existência de fato concreto, passível de colocar em dúvida a própria faculdade que tem o testador de livremente dispor acerca de seus bens, o que não se faz presente nos autos".[27]

8.7. REsp 753.261/SP (2005/0085361-0), Rel. Min. Paulo de Tarso Sanseverino, j. 16.11.2010: testamento público questionado por que uma ré teria confessado que o testamento veio pronto do cartório, o que resultaria na não observância do princípio da unidade do ato; ajuntaram-se outras alegações de irregularidades e até mesmo a incapacidade mental do testador

Recurso improvido porque não restou demonstrado que o testador, ao tempo da elaboração do testamento, sofria de doença mental que o impedisse de ter o devido discernimento acerca do que estava declarando; e porque tampouco se verificou irregularidade na elaboração do ato.

Entendeu-se que devesse "prevalecer a vontade do testador, ainda que se sustente a ocorrência de eventual inobservância aos requisitos formais do testamento que, no caso, não restou comprovada".[28]

---

[27] Como precedentes, foram lembrados julgamentos do mesmo Tribunal: REsp 223.799/SP, 4ª Turma, Rel. Min. Ruy Rosado de Aguiar, *DJ* 17.12.1999, p. 379; REsp 228/MG, 4ª Turma, Rel. Min. Athos Carneiro, *DJ* 04.12.1989, p. 17.884; e a vetusta decisão do Supremo Tribunal Federal no RE 21.731, 1ª Turma, Rel. Min. Luiz Gallotti, j. 20.04.1953, *DJ* 05.10.1953: "O rigor formal deve ceder ante a necessidade de se atender à finalidade do ato, regularmente praticado pelo testador".

[28] Foi trazido à colação precedente subscrito pelo mesmo relator no REsp 1.001.674/SC, 3ª Turma, *DJe* 15.10.2010, no qual se decidiu pela validade de testamento

Cap. 31 · A INTERPRETAÇÃO DO TESTAMENTO NA ATUAL JURISPRUDÊNCIA DO STJ

8.8. Resp 1.158.679/MG (2009/0193060-5), Rel. Min. Nancy Andrighi, j. 07.04.2011: revogação de cláusulas de inalienabilidade, incomunicabilidade e impenhorabilidade impostas por testamento, por considerações da função social da propriedade e da dignidade da pessoa humana, em situação excepcional de necessidade financeira, determinando a flexibilização da vedação legal da dispensa dos gravames

Fundamento da revogação das cláusulas: "Se a alienação do imóvel gravado permite uma melhor adequação do patrimônio à sua função social e possibilita ao herdeiro sua sobrevivência e bem-estar, a comercialização do bem vai ao encontro do propósito do testador, que era, em princípio, o de amparar adequadamente o beneficiário das cláusulas de inalienabilidade, impenhorabilidade e incomunicabilidade".

Acrescentou-se que a vedação contida no artigo 1.676 do CC/1916 (vigente à época do julgado, atual 1.911 do CC/2002, com nova redação), "poderá ser amenizada sempre que for verificada a presença de situação excepcional de necessidade financeira, apta a recomendar a liberação das restrições instituídas pelo testador".

8.9. AgRg no REsp 1.073.860/PR (2008/0155213-8), Rel. Min. Antonio Carlos Ferreira, j. 21.03.2013: alegação de nulidade de testamento público por descumprimento das formalidades na sua elaboração, devido ao não comparecimento simultâneo das testemunhas no ato de assinatura

O recurso não mereceu conhecido por versar matéria de fato e porque "a análise da regularidade da disposição de última vontade (testamento particular ou público) deve considerar a máxima preservação do intuito do testador, sendo certo que a constatação de vício formal, por si só, não deve ensejar a invalidação do ato, máxime se demonstrada a capacidade mental do testador, por ocasião do ato, para livremente dispor de seus bens".

Salientou, o julgado, que não se justificava a interpretação literal da regra inserta no art. 1.632 do Código Civil de 1916 (correspondência no art. 1.864 do CC de 2002), "até porque a lei sempre deve ser sujeita a interpretação e deve ser aplicada de acordo com as circunstâncias fáticas postas à apreciação do Juízo".

---

cerrado, pela insubsistência de alegações de inobservância de formalidades legais. Outros julgados foram anotados no mesmo sentido, além de suporte doutrinário.

808 | DIREITO CIVIL: DIÁLOGOS ENTRE A DOUTRINA E A JURISPRUDÊNCIA – *Volume II*

8.10. Embargos de Divergência, REsp 1.432.291/SP (2014/0014173-5), Rel. Min. Luiz Felipe Salomão, j. 23.2.2016, *DJe* 08.03.2016: testamento particular com negativa de registro por invalidade decorrente de falta de uma testemunha e suposta doença do testador

O recurso foi improvido para manter a decisão de invalidade do testamento em vista das irregularidades apontadas. A controvérsia deu-se pela dúvida quanto à inteireza de testamento particular datilografado formalizado sem todos os requisitos exigidos pela legislação de regência, no caso, a assinatura de pelo menos três testemunhas idôneas e a leitura e a assinatura do documento pelo testador perante as testemunhas.

O acórdão ressalva que a jurisprudência da Corte tem flexibilizado as formalidades prescritas em lei no tocante às testemunhas do testamento particular quando o documento tiver sido escrito e assinado pelo testador e as demais circunstâncias dos autos indicarem que o ato reflete a vontade do testador.

No caso em apreço, porém, concluiu-se, à luz da prova dos autos, que a verdadeira intenção do testador era passível de questionamentos, não sendo possível concluir, de modo seguro, que o testamento exprimia a real vontade do subscritor.

8.11. REsp 1.532.544/RJ (2013/0208370-6), Rel. Min. Marco Buzzi, j. 08.11.2016: dúvida sobre a subsistência das disposições testamentárias na atribuição de bens às herdeiras nomeadas, ante alegação de que a herança seria jacente. Determinação do método interpretativo adequado para preservar a soberania da vontade do testador

Afirmou-se que "o instituto da herança jacente foi desenvolvido para proteger o patrimônio do *de cujus* de eventuais abusos de terceiros, destinando-o à coletividade, na pessoa do Estado. Em assim sendo, a *mens legis* que orienta o instituto é de considerá-lo como a *ultima ratio*, isto é, considerar a ocorrência da jacência em última análise quando, de nenhuma outra forma, for possível atribuir a herança a quem de direito".

Na hipótese, a interpretação teleológica do testamento, em observância dos artigos 112 e 1.899 do Código Civil, conduziu à conclusão de que a testadora objetivamente desejava que todo seu patrimônio, à exceção das duas obras legadas a um museu, fosse repartido entre sua irmã e os sobrinhos de seu marido e que, em consequência, a previsão de substituição recíproca

Cap. 31 • A INTERPRETAÇÃO DO TESTAMENTO NA ATUAL JURISPRUDÊNCIA DO STJ | 809

escrita na parte final da disposição testamentária viesse a abranger a irmã premorta, sem que houvesse modificação no texto das últimas vontades. Daí o afastamento da alegada jacência da herança.

8.12. REsp 1.677.931/MG (2017/0054235-0), Rel. Min. Nancy Andrighi, j. 15.08.2017: ação de nulidade de testamento, inventário e partilha, sob alegação de descumprimento, pelo testador, das regras específicas para confecção de testamento por cego: falta de assinatura na primeira folha, não observância, pelo tabelião, de que o testador era cego e ausência de dupla leitura do testamento (pelo tabelião e por uma das testemunhas)

Ao negar provimento ao recurso, o acórdão salienta que restou evidenciada a capacidade cognitiva do testador e também certo o fato de que "o testamento, lido pelo tabelião, correspondia, exatamente à manifestação de vontade do *de cujus*".

Acrescenta que, "embora não se tenha observado todas as exigências do art. 1.867 do Código Civil, o que vejo pelo contexto dos autos é que o testador no ato de testar se encontrava com plena capacidade mental para dispor de seus bens em favor do apelante".

O acórdão invoca a doutrina de Flávio Tartuce, e assinala não ser desconhecida a jurisprudência do STJ que, recorrentemente, diante dos contornos fáticos definidos pelos Tribunais de origem, afirma que o testamento confeccionado, não obstante a ausência de algum elemento tido como indispensável, reproduz a manifestação de vontade do testador".[29]

8.13. REsp 1.639.021/SP, 3ª T., Rel. Min. Ricardo Villas Bôas Cueva, 24.10.2017, *DJe* 30.10.2017: testamento particular inválido por falta de confirmação das testemunhas instrumentárias para fins de registro e por não ter sido feita a leitura e a assinatura do documento pelo testador perante as testemunhas

A decisão negou provimento ao pedido de validade do testamento, apesar da jurisprudência da Corte sobre a flexibilização das formalidades na lavratura do ato.

---

[29] Precedentes lembrados: REsp 600.746/PR, Rel. Min. Aldir Passarinho Júnior, *DJe* 15.06.2010 e REsp 1.422/RS, Rel. Min. Gueiros Leite, *DJ* 04.03.1991, p. 1983.

810 | DIREITO CIVIL: DIÁLOGOS ENTRE A DOUTRINA E A JURISPRUDÊNCIA – *Volume II*

Acentuou a "inexistência de circunstância emergencial que nos termos do art. 1.879 do CC/2002 autoriza seja confirmado pelo juiz o testamento particular realizado de próprio punho pelo testador sem a presença de testemunhas".

Lembrou, por fim, que "o tribunal de origem concluiu que a verdadeira intenção do testador revela-se passível de questionamentos, não sendo possível, portanto, concluir, de modo seguro, que o testamento exprime a real vontade do testador".

8.14. REsp 1.694.394/DF (2015/0202180-4), Rel. Min. Nancy Andrighi, j. 22.03.2018: testamentos sucessivos, de conteúdos distintos. Sua revogação parcial exige manifestação nesse sentido. Inexistência de cláusula revogatória

Extrai-se do acórdão que, "embora admissível, a revogação parcial do testamento não se presume, dependendo, obrigatoriamente, da existência de declaração de que o testamento posterior é apenas parcial ou da inexistência de cláusula revogatória expressa, que não se pode inferir pelo simples exame de compatibilidade entre o conteúdo do testamento anterior e o posterior, sobretudo se existente longo lapso temporal entre ambos".

8.15. Resp 1.785.369/SP (2018/0326646-0), Rel. Min. Marco Aurélio Bellizze, j. 04.04.2019: invalidade de testamento particular por falta de prova dos requisitos essenciais na sua elaboração. Dúvidas sobre as assinaturas das testemunhas

Assinala o julgado que o exame da prova produzida permite concluir que o testamento em exame não atende aos requisitos legais exigidos pelo art. 1.876, do CC, justificando que seja indeferido o pedido de registro, arquivamento e cumprimento por falta de certeza quanto à real vontade do testador.[30]

9. CONCLUSÃO

Está na lei e não se questiona que o testamento é um ato jurídico tipicamente solene. Seu preparo, por instrumento público ou particular, está sujeito a numerosas formalidades que não podem ser descuradas ou postergadas, sob pena de nulidade.

Mas esse ritual formalístico não pode ser consagrado de modo extremo. Sua exigibilidade, como vem decidindo o Superior Tribunal de Justiça, "deve

---

[30] Cita precedentes, incluindo o REsp 1.639.021/SP, 3ª Turma, Rel. Min. Ricardo Villas Bôas Cueva, j. 24.10.2017, acima anotado.

Cap. 31 · A INTERPRETAÇÃO DO TESTAMENTO NA ATUAL JURISPRUDÊNCIA DO STJ | **811**

ser acentuada ou minorada em razão da preservação dos dois valores a que elas se destinam – razão mesma de ser do testamento –, na seguinte ordem de importância: o primeiro, para assegurar a vontade do testador, que já não poderá mais, após o seu falecimento, por óbvio, confirmar a sua vontade ou corrigir distorções, nem explicitar o seu querer que possa ter sido expresso de forma obscura ou confusa; o segundo, para proteger o direito dos herdeiros do testador, sobretudo dos seus filhos".[31]

Em bom resumo das regras de interpretação do testamento, outro acórdão citado no corpo deste trabalho traça um roteiro prático com as seguintes premissas: (a) naquelas hipóteses em que o texto escrito ensejar várias interpretações, deverá prevalecer a que melhor assegure a observância da vontade do testador; (b) na busca pela real vontade do testador, deve ser adotada a solução que confira maior eficácia e utilidade à cláusula escrita; (c) para poder aferir a real vontade do testador, torna-se necessário apreciar o conjunto das disposições testamentárias, e não determinada cláusula que, isoladamente, ofereça dúvida; e (d) a interpretação buscada deve ser pesquisada no próprio testamento, isto é, a solução deve emergir do próprio texto do instrumento.[32]

Da mesma forma, assinala a Min. Nancy Andrighi, ao relatar um dos acórdãos *supra*, que "não se deve alimentar a superstição do formalismo obsoleto, que prejudica mais do que ajuda. Embora as formas testamentárias operem como *jus cogens*, entretanto a lei da forma está sujeita a interpretação e construção apropriadas às circunstâncias".[33]

Em arremate, cabe invocar as expressões de um dos mais ilustres mestres do direito internacional, Erich Danz, que bem sinalizam os marcos da questão enfocada, que não são simplesmente de direito, mas de realização da justiça na esfera sucessória: "A vida não está ao serviço dos conceitos, mas sim estes ao serviço da vida. É preciso atender, não ao que ordena a lógica, mas sim ao que exija a vida, a sociedade, o sentimento jurídico, tanto quando seja necessário segundo a lógica, como quando seja logicamente impossível".[34]

---

[31] REsp 701.917/SP, 4ª Turma, Rel. Min. Luis Felipe Salomão, j. 02.02.2010, *DJe* 01.03.2010.

[32] Ver item 8.11: REsp 1.532.544/RJ, Rel. Min. Marco Buzzi.

[33] Ver item 8.12: REsp 1.677.931/MG.

[34] Erich Danz foi professor da Universidade Friedrich Schiller de Jena, Alemanha. Autor da consagrada obra *A interpretação dos negócios jurídicos*. Tradução portuguesa de Fernando Miranda. Coimbra: Armênio-Editor, 1942; cit. na *RT* 175/684.

REFERÊNCIAS

ASCENSÃO, José de Oliveira. *Direito civil*: sucessões. 5. ed. Coimbra: Coimbra Editora, 2000.

ASSIS, Machado de. *Quincas Borba*. São Paulo: Saraiva, 2011.

DANZ, Erich. *A interpretação dos negócios jurídicos*. Tradução portuguesa de Fernando Miranda. Coimbra: Armênio-Editor, 1942.

DIAS, Maria Berenice. *Manual das sucessões*. 4. ed. São Paulo: RT, 2015.

DINIZ, Maria Helena. *Curso de direito civil brasileiro*: direito das sucessões. 21. ed. São Paulo: Saraiva: 2007. v. 6.

DINIZ, Maria Helena. Parte geral e disposições transitórias. In: FIUZA, Ricardo (coord.). *Novo Código Civil comentado*. São Paulo: Saraiva, 2003.

GOMES, Orlando. *Questões de direito civil*: pareceres. São Paulo: Saraiva, 1976.

GOMES, Orlando. *Sucessões*. Rio de Janeiro: Forense, 1981.

GOMES, Orlando. *Sucessões*. 12. ed. Rio de Janeiro: Forense, 2004.

ITABAIANA DE OLIVEIRA, Arthur Vasco. *Tratado de direito das sucessões*. Rio de Janeiro: Freitas Bastos, 1952.

LIMONGI, Rubens França. *Hermenêutica jurídica*. 8. ed. São Paulo: RT, 2009.

MONTEIRO, Washington de Barros Monteiro. *Curso de direito civil*: direito das sucessões. 17. ed. São Paulo: Saraiva, 1981.

OLIVEIRA, Euclides; AMORIM, Sebastião. *Inventário e partilha*. 26. ed. São Paulo: Saraiva, 2020.

PEREIRA, Caio Mário da Silva. *Instituições de direito civil*: direito das sucessões. 15. ed. Rio de Janeiro: Forense, 2004. v. VI.

PONTES DE MIRANDA, Francisco Cavalcanti. *Tratado de direito privado*. Rio de Janeiro: Borsoi: 1972.

TARTUCE, Flávio. *Direito civil*: direito das sucessões. 13. ed. Rio de Janeiro: Forense, 2020.

VELOSO, Zeno Augusto Bastos. *Direito civil*: temas. Belém: Artes Gráficas Perpétuo Socorro, 2018.

VELOSO, Zeno Augusto Bastos. *Testamentos*. Belém: Cejup, 1993.

VIANA, Marco Aurélio. *Curso de direito civil*. Belo Horizonte: Del Rey, 1993. v. 6.

ZANNONI, Eduardo. *Derecho civil*: derecho de las sucesiones. 4. ed. Buenos Aires: Editorial Astrea, 2001. v. 2.

32

A INTERPRETAÇÃO DO TESTAMENTO NA ATUAL JURISPRUDÊNCIA DO SUPERIOR TRIBUNAL DE JUSTIÇA

MAURÍCIO BUNAZAR[1]

SUMÁRIO: I. Introdução; II. Do *favor testamenti* ao *favor negotii*: a formulação do princípio da conservação do negócio jurídico; III. Expressão legislativa do *favor testamenti* no Direito positivo brasileiro: a relação entre o artigo 112 e o artigo 1.899 do Código Civil; IV. Jurisprudência do Superior Tribunal de Justiça; V. Conclusão; Referências.

I. INTRODUÇÃO

Desde que se esteja diante de um sistema político em que haja distinção entre quem elabora a norma jurídica e quem a aplica aos casos concretos, a questão da interpretação se põe.[2]

---

[1] Este texto, embora inédito, foi escrito no curso de meu estágio pós-doutoral na Faculdade de Direito do Largo de São Francisco-FADUSP e, nele, me vali ora de ideias, ora de trechos constantes de minha tese de doutoramento na mesma instituição – tese esta ainda não dada à publicação.

[2] BETTI, Emilio. *Interpretação da lei e dos atos jurídicos*. Tradução Karina Jannini. São Paulo: Martins Fontes, 2007. p. 12-13.

Sobre o que seja a interpretação e qual seja a função do intérprete, há um sem-número de teorias cujo conteúdo varia mais por razões ideológicas do que técnicas, porém, *grosso modo*, pode-se divisar duas posturas a tal ponto opostas que permitem uma primeira aproximação dos entendimentos sobre aquelas questões.

Pode-se, de maneira bastante ampla, insista-se, agrupar os autores que versam o tema da interpretação em: realistas e construtivistas. Para os primeiros, a linguagem encerra um significado único, o qual corresponde exatamente ao objeto referido na comunicação interpretanda e, por isso, é apto a, num juízo retrospectivo, qualificar o trabalho interpretativo como certo ou errado (realismo/ontologismo); para os segundos, não cabe ao intérprete descobrir e revelar uma essência preexistente, mas antes construir um significado a partir de seus preconceitos (aqui, no sentido de pré-compreensão do mundo) e do material interpretando (construtivismo/pragmatismo).[3]

Entende-se que o jurista está rigorosamente adstrito à norma jurídica, cujo texto é o ponto de partida inegável de seu trabalho.[4]

Assim, se é verdade que o jurista não deve limitar sua função à interpretação gramatical dos textos legais, é igualmente verdadeiro que ignorar o texto da lei, seja fingindo-o inexistente, seja deturpando seu teor, é conduta intolerável na medida em que é fonte, na melhor das hipóteses, de má ciência; na pior, de autoritarismo e usurpação do Poder Legislativo.

As normas jurídicas, no mais das vezes, são obtidas por meio da indução generalizante de casos concretos. A estrutura da norma jurídica, por isso, normalmente é composta pela descrição abstrata de uma situação jurídica ("problema") e pela atribuição de uma consequência que se verifica quando de sua ocorrência ("solução do problema").

Assim, o texto normativo, na maioria dos casos, já encerra a solução adequada para os casos concretos sobre os quais incidirá, bastando ao intérprete-adjudicador aplicá-lo.

Realmente, a solução dos casos concretos a partir do método dedutivo parece ser a regra. Neste sentido, Neil MacCormick afirma que:

---

[3] BUNAZAR, Maurício. Interpretação (hermenêutica). In: LAGRASTA NETO, Caetano; SIMÃO, José Fernando (coord.). *Dicionário de direito de família.* São Paulo: Atlas, 2015. v. 2, p. 560-562.

[4] LUHMANN, Niklas. *Il diritto della società* (a cura di Luisa Avitabile). Torino: Giappichelli, 2012. p. 470-471; FERRAZ JUNIOR, Tercio Sampaio. *Introdução ao estudo do direito*: técnica, decisão e dominação. 6. ed. rev. e ampl. São Paulo: Atlas, 2010. p. 24-25.

Cap. 32 • A INTERPRETAÇÃO DO TESTAMENTO NA ATUAL JURISPRUDÊNCIA DO STJ | **815**

Apesar de constantes negativas por parte de eruditos quanto à possibilidade de o direito conceder espaço ao raciocínio dedutivo, ou até mesmo à lógica, este livro defende com firmeza a noção de que uma forma de raciocínio dedutivo é essencial para a argumentação jurídica.[5]

Após deixar claro para o leitor de que tem absoluta consciência de que o raciocínio dedutivo não encerra toda a argumentação jurídica, MacCormick afirma que:

> Um sistema de direito positivo, em especial o direito de um Estado moderno, engloba uma tentativa de consolidar amplos princípios de conduta na forma de normas relativamente estáveis, claras, detalhadas e objetivamente compreensíveis, bem como de fornecer um processo aceitável e inspirador de confiança interpessoal para fazer vigorar essas normas. Esse processo é visível sobretudo nos casos em que haja alguma disputa interpessoal, ou em que a manutenção da justiça ou da ordem social tenha exigido a criação de órgãos públicos para policiar e impor o cumprimento de normas que, de outro modo, não seriam obedecidas espontaneamente. Nessas situações, o reclamante particular ou o agente público responsável pela imposição da norma deverá apresentar algumas afirmações sobre o estado dos fatos no mundo, e tentar demonstrar de que modo esse estado de fatos exigiria a intervenção com base em alguma norma que se aplique aos fatos declarados. Consequentemente, a lógica da aplicação da norma é a lógica central do direito dentro do moderno paradigma da racionalidade jurídica sob o manto do "Estado de Direito". Talvez, para a decepção de importantes teóricos, essa lógica seja na realidade relativamente simples e direta. A fórmula simples porém muito criticada "N+F = C" ou "Norma mais fatos geram conclusão" é a verdade essencial.[6]

O raciocínio dedutivo funciona na maioria dos casos porque o texto normativo não surge do nada; ao contrário, é resultado de processo cultural de valoração de fatos sociais[7] e, também, de experimentação social.

---

[5] MACCORMICK, Neil. *Argumentação jurídica e teoria do direito*. Tradução Waldéa Barcellos. São Paulo: Martins Fontes, 2006. p. IX-X.

[6] Ibidem.

[7] REALE, Miguel. *Teoria tridimensional do direito*. 3. ed. rev. e atual. São Paulo: Saraiva, 1980. p. 57.

O texto normativo condiciona sempre a interpretação, afinal, como ensina Umberto Eco, "um texto pode suscitar uma infinidade de leituras sem, contudo, permitir uma leitura qualquer".[8]

Isso não significa afirmar a irrelevância da interpretação – até porque a verificação da adequação entre texto normativo e caso concreto a pressupõe –, mas sim reafirmar a importância de o intérprete, mormente o adjudicador, respeitar o texto legal e sempre partir dele para a solução do problema social concreto.

O texto normativo não é um texto estético, não é uma peça de arte aberta que, sendo de certo modo fim em si mesma, é capaz de se enriquecer com toda e qualquer interpretação por mais inventiva e imaginativa que seja.[9]

O texto normativo, ao contrário, é fundamentalmente instrumental, tem sua razão de ser no fim a que se propõe, qual seja o de servir de parâmetro para a decisão/solução de um problema previsto abstratamente nele mesmo ou em outro texto normativo, ou seja, ele não surge senão de uma necessidade social e não visa senão a dar uma dada resposta a ela.[10]

A função típica do direito, de ter sempre de fornecer respostas, faz que sua hermenêutica seja invariavelmente interessada, isto é, impõe ao intérprete não só um ponto de partida (no caso, a norma jurídica), mas, principalmente, uma linha de chegada (a solução do problema).[11]

Uma interpretação (aqui entendida como resultado do trabalho interpretativo) que não solucione de alguma maneira o problema proposto não pode ser considerada interpretação jurídica. Esta constatação permite afirmar que, nesta perspectiva, a interpretação jurídica é sempre teleologicamente dirigida.[12]

Emilio Betti, autor de uma das mais importantes obras acerca da interpretação no direito, ensina que:

---

[8] ECO, Umberto. *Os limites da interpretação*. Tradução Pérola de Carvalho. São Paulo: Perspectiva, 2010. p. 81.

[9] MAXIMILIANO, Carlos. *Hermenêutica e aplicação do direito*. 20. ed. Rio de Janeiro: Forense, 2011. p. 84-85.

[10] FERRAZ JUNIOR, Tercio Sampaio. *Introdução ao estudo do direito*: técnica, decisão, dominação cit., p. 221.

[11] Ibidem.

[12] BUNAZAR, Maurício. Interpretação (hermenêutica). In: LAGRASTA NETO, Caetano; SIMÃO, José Fernando (coord.). *Dicionário de direito de família* cit., p. 561.

Cap. 32 · A INTERPRETAÇÃO DO TESTAMENTO NA ATUAL JURISPRUDÊNCIA DO STJ | 817

Diante da correlação que a norma estabelece entre certas espécies e um determinado tratamento jurídico, o intérprete deve questionar-se não apenas "como", mas também "por que" a correlação disposta deve funcionar. Em outros termos, ao lado do momento lógico, deve ter em mente o momento teleológico da norma jurídica: juntamente com o conteúdo lógico da fórmula legislativa, deve indagar-se a respeito da *ratio iuris*, que ilumina seu valor normativo. Isso porque a norma jurídica – diferentemente de um juízo teorético, que visa a si próprio como saber e conhecimento de verdade – não visa a si mesma, mas constitui um *instrumento para um fim de convivência social*, que não se pode dizer alcançado com a simples emanação, mas apenas com a aplicação dessa norma na vida de relação.[13]

É importante que se perceba que a questão sobre se o adjudicador deve ou não investigar a finalidade da norma antes de aplicá-la não se confunde com a antiquíssima questão sobre se o juiz deve ou não julgar sempre conforme as leis escritas.[14] Esta última questão, por importantíssima que seja, é incompatível com uma análise que se pretenda dogmática.

Partindo-se da premissa segundo a qual o Direito – aqui reduzido à sua dimensão normativa – é um sistema social voltado fundamentalmente à solução coativa de conflitos, conclui-se que toda e qualquer norma jurídica encerra uma finalidade, sendo tarefa do intérprete extraí-la do sistema jurídico.[15]

Não é outra a lição de Carlos Maximiliano:

Toda prescrição legal tem provavelmente um escopo, e presume-se que a este pretenderam corresponder os autores da mesma, isto é, quiseram tornar eficiente, converter em realidade o objetivo ideado. A regra positiva deve ser entendida de modo que satisfaça

---

[13] BETTI, Emilio. *Interpretação da lei e dos atos jurídicos* cit., p. 210.

[14] A questão *utrum sit semper secundum leges scriptas judicandum* foi posta e respondida por Santo Tomás de Aquino em sua *Summa Theologicae* (Sum. Th., II, II, 60, 5. Confira-se: AQUINO, São Tomás de. *Suma Teológica*. Coordenação geral de Carlos-Josaphat Pinto de Oliveira. 2. ed. São Paulo: Loyola, 2012. v. 6, p. 92). Uma análise profunda da resposta de Santo Tomás de Aquino encontra-se em: VILLEY, Michel. *Questões de Tomás de Aquino sobre direito e política*. Tradução Ivone C. Benedetti. São Paulo: Martins Fontes, 2014. p. 51 e ss.

[15] MAXIMILIANO, Carlos. *Hermenêutica e aplicação do direito*. 20. ed. Rio de Janeiro: Forense, 2011. p. 124-125.

aquele propósito (...). Considera-se o Direito como uma ciência primariamente normativa ou finalística; por isso mesmo a sua interpretação há de ser, na essência, teleológica. O hermeneuta sempre terá em vista o fim da lei, o resultado que a mesma precisa atingir em sua atuação prática. A norma enfeixa um conjunto de providências, protetoras, julgadas necessárias para satisfazer a certas exigências econômicas e sociais; será interpretada de modo que melhor corresponda àquela finalidade e assegure plenamente a tutela do interesse para o qual foi regida.[16]

Poder-se-ia objetar que a busca da finalidade da norma jurídica daria ensejo a interpretações abusivas e autoritárias, na medida em que se estaria autorizando o intérprete – designadamente o adjudicador – a ir contra o texto da lei e impor sua vontade a pretexto de fazer valer sua finalidade.[17]

O receio é injustificável e a objeção, de certo modo, falaciosa. O intérprete não é livre para, *ex nihilo*, apontar qual é a finalidade de dada norma jurídica. Ao contrário, sendo o Direito uma realidade cultural, o resultado da pesquisa acerca de qual seja a finalidade de certa norma é passível de controle pela construção doutrinária que ao longo da história se deu em torno da norma interpretanda.

Nesse sentido, Emilio Betti ensina que:

> (...) Assim como na gênese e no vigor da norma jurídica para o conteúdo lógico da sua enunciação é necessariamente ínsito e imanente um elemento histórico e teleológico, também na interpretação que se deve fazer dela no momento lógico e histórico (que a ela é comum com a interpretação meramente recognitiva) é necessariamente concomitante um momento teleológico, que, de resto, é característico de toda interpretação em função normativa. Ora, em tal momento teleológico tem sede uma avaliação comparativa dos interesses em jogo, que é tarefa da lei antes mesmo de ser tarefa do intérprete: tarefa, esta última, apenas reconstrutiva, sobre cujo cumprimento não devem ter influência preferências pessoais de caráter contingente e arbitrário.[18]

---

[16] Ibidem.

[17] Uma refutação completa desse tipo de objeção encontra-se em BETTI, Emilio. *Interpretação da lei e dos atos jurídicos* cit., p. 210 e ss.

[18] BETTI, Emilio. *Interpretação da lei e dos atos jurídicos* cit., p. 213.

Cap. 32 · A INTERPRETAÇÃO DO TESTAMENTO NA ATUAL JURISPRUDÊNCIA DO STJ | **819**

Assim, se a comunidade jurídica, a partir fundamentalmente da dogmática jurídica, consagra a finalidade de certa regra jurídica, isto é, aponta o bem jurídico a que ela visa a tutelar, o intérprete-adjudicador estará adstrito a aplicá-la de modo a atingir aquele fim e, em não o fazendo, sua interpretação poderá ser qualificada como errada.

Não fossem suficientes as razões apontadas para justificar o dever do intérprete de realizar a finalidade da norma ao aplicá-la, o Direito brasileiro contém norma expressa que o obriga a isso.

Com efeito, o artigo 5º da Lei de Introdução às Normas do Direito Brasileiro impõe ao juiz que, ao aplicar a lei, atenda aos fins sociais a que ela se dirige e às exigências do bem comum. A busca, pois, da finalidade da norma jurídica é, no Direito brasileiro, dever legal do juiz.[19]

É verdade que, como já apontado, no mais das vezes, a aplicação da norma jurídica por subsunção será suficiente para que sua finalidade seja atingida, é dizer, para que o caso tenha a solução adequada. Porém, é possível que o caso concreto apresente peculiaridades que revelem ao intérprete contrariedade entre a literalidade do texto legal e sua finalidade, ocasião em que, se quiser decidir corretamente, terá de optar por esta.

Isso porque ignorar a finalidade normativa subjacente ao texto legal, aplicando-o sem outra consideração que não a mera adequação formal entre a narrativa fática e a disposição gramatical, pode, igualmente, significar recusa à aplicação da norma.

II. DO *FAVOR TESTAMENTI* AO *FAVOR NEGOTII*: A FORMULAÇÃO DO PRINCÍPIO DA CONSERVAÇÃO DO NEGÓCIO JURÍDICO

O princípio da conservação dos negócios jurídicos encontra suas origens no *favor testamenti*, o qual, inicialmente, consistia num favorecimento da

---

[19] VELOSO, Zeno. *Comentários à lei de introdução ao Código Civil*: artigos 1º a 6º. 2. ed. rev. e aum. Belém: Unama, 2006. p. 124; DINIZ, Maria Helena. *Lei de introdução ao Código Civil brasileiro interpretada*. 9. ed. São Paulo: Saraiva, 2002. p. 159.
Após estabelecer interessante crítica à redação do artigo 5º da LINDB, designadamente por identificar os conceitos de aplicação e interpretação, José de Oliveira Ascensão reconhece que o dispositivo consagra o elemento teleológico da interpretação. ASCENSÃO, José de Oliveira. *Introdução à ciência do direito*. 3. ed. rev. e atual. Rio de Janeiro: Renovar, 2005. p. 396-398.

instituição de herdeiro e depois passou a ter um alcance mais geral, designando um favor para a vontade testamentária.[20]

No campo dos negócios *mortis causa*, a regra de conservação do negócio jurídico apresenta relevo especial, com fundamento no artigo 1.899 do Código Civil, exatamente porque, ao dar máxima eficácia ao testamento, preserva-se alguma vontade do testador, já que este não mais pode querer de outro modo (*iam aliud velle non potest*).[21]

Para Biondo Biondi, o *favor testamenti*, cuja expressão é de origem moderna, encontra-se presente já em tempos clássicos no Direito Romano, no qual a vontade do testador tem algo de sacro e que a *fides* tutela, de sorte que a execução da última vontade do testador é feita no interesse da coletividade.[22]

Pontes de Miranda apresenta, como um dos fundamentos do *favor testamenti*, o fragmento D. 28, 5, 75, do *Digesto*, em que se afirma que:

> Se alguém houver sido instituído herdeiro assim, "excetuado o fundo, excetuado o usufruto", será, por direito civil, como se houvesse sido instituído sem essa exceção, e isso se fez com a autoridade de GALO AQUÍLIO.[23]

A generalização do *favor testamenti* culminou na criação do chamado *princípio da conservação do negócio jurídico*, também conhecido como *favor negotii*, representação da tutela que o ordenamento jurídico confere aos negócios jurídicos concretos.

Antônio Junqueira de Azevedo, talvez o autor que mais tenha contribuído para a existência de uma dogmática tipicamente brasileira do negócio jurídico, ensina que o princípio da conservação do negócio jurídico não visa à proteção de uma abstração qualquer [negócio jurídico em tese], mas de

---

20   MARINO, Francisco Paulo de Crescenzo. *Interpretação do negócio jurídico*. São Paulo: Saraiva, 2011. p. 351-352.

21   TRABUCCHI, Alberto. *Istituzioni di diritto civile*. 6. ed. riv. Padova: Cedam, 1952. p. 163.

22   BIONDI, Biondo. *Istituzioni di diritto romano*. Milano: Giuffrè, 1952. p. 641-642.

23   Tradução de Pontes de Miranda: PONTES DE MIRANDA, Francisco Cavalcanti. *Tratado de direito privado*. 3. ed. Rio de Janeiro: Borsoi, 1973. t. LVII, p. 110. No original: "Si ita quis heres institutus fuerit: 'excepto fundo, excepto usu fructu heres esto', perinde erit iure civili atque si sine ea re heres institutus esset, idque auctoritate Galli Aquilli factum est".

uma concreta relação jurídica entre pessoas, da qual resulta uma série de consectários, não só jurídicos, mas também sociais e econômicos.

Com eloquente simplicidade, a lição do autor permite que se ponha em perspectiva realista a gravidade da imposição da consequência da invalidação do ato jurídico preceptivo: a destruição de obra da autonomia privada. Segundo o autor, a possibilidade de conservar negócios *in concreto* é corolário necessário do valor que o ordenamento jurídico, ao reconhecer a categoria negocial *in abstracto*, confere à autonomia privada.[24]

Conservar o negócio jurídico, portanto, é, antes de tudo, prestigiar a liberdade de autodeterminação das pessoas.[25]

Sobre o que seja o princípio da conservação do negócio jurídico, Antônio Junqueira de Azevedo ensina que consiste "em se procurar salvar tudo o que é possível num negócio jurídico concreto, tanto no plano da existência, quanto da validade, quanto da eficácia".[26]

Para Del Nero, a conservação do negócio jurídico nada mais é do que a preservação de valores caros ao ordenamento. Essa preservação realiza-se, portanto, por meios explícitos e implícitos.[27] Enquanto os meios explícitos representam regras específicas que concretizam o princípio, o meio implícito é exatamente a construção do princípio em sua fórmula geral.[28]

No plano da existência, o princípio surge como uma máxima hermenêutica, concretizada em nosso ordenamento por meio do preceito contido no artigo 112 do Código Civil, com amplitude máxima, e, mais restritamente, no artigo 1.899, consagrando um subprincípio conhecido como *favor testamenti*.[29]

De acordo com Marino, o processo de qualificação negocial, mediante interpretação, inicia-se com a busca de correspondência entre os elementos fáticos e os elementos categoriais apresentados pelo ordenamento para

---

[24] AZEVEDO, Antônio Junqueira de. *Negócio jurídico*: existência, validade e eficácia. São Paulo: Saraiva, 2007. p. 67.

[25] GUERRA, Alexandre. *Princípio da conservação dos negócios jurídicos*: a eficácia jurídico-social como critério de superação das nulidades negociais. São Paulo: Almedina, 2016. p. 170.

[26] AZEVEDO, Antônio Junqueira de. *Negócio jurídico*: existência, validade e eficácia cit., p. 66.

[27] DEL NERO, João Alberto Schützer. *Conversão substancial do negócio jurídico*. Rio de Janeiro: Renovar, 2001. p. 351-352.

[28] Ibidem.

[29] MARINO, Francisco Paulo de Crescenzo. *Interpretação do negócio jurídico* cit., p. 351-352.

determinada espécie negocial. Essa correspondência, em um primeiro momento, deve ser obtida em sua máxima medida.[30]

Entretanto, num segundo momento, ao verificar-se que a correspondência máxima representa ineficácia do negócio, dever-se-á retornar ao processo interpretativo em busca de um ponto ótimo entre a correspondência dos elementos fáticos e a tipicidade negocial, de um lado, e a eficácia do negócio, de outro. Verifica-se, destarte, que:

> A conversão substancial do negócio jurídico consiste precisamente no procedimento de escolha entre duas qualificações jurídicas, diferentes, do mesmo negócio jurídico, escolha essa cujo resultado é a atribuição ou o reconhecimento de eficácia jurídica ao negócio jurídico.[31]

Na conversão substancial do negócio jurídico há, portanto, um processo de *modificação* da qualificação jurídica com o objetivo de se *manter* alguma eficácia do negócio jurídico. Marino ressalta que essa modificação da qualificação é ligada ao objeto (*quid*) e ao modo (*quomodo*) como esse processo ocorrerá, ao passo que a manutenção da eficácia tem em mente a finalidade (*cur*) e o fundamento (*ex quo*) da conversão.[32]

Essa máxima hermenêutica remonta às regras interpretativas de Pothier. De acordo com ele:

> Quando uma cláusula estiver sujeita a duas interpretações, deve-se interpretá-la de acordo com a que pode conferir-lhe algum efeito, em detrimento daquela que não poderia conferir-lhe nenhum.[33]

Essa origem é confirmada por Emilio Betti. Mas, de acordo com Betti, a redução da máxima de Pothier ao momento inicial da qualificação jurídica do negócio, como feito por alguns, não é exata.

---

[30] Ibidem, p. 325.

[31] Ibidem, p. 325.

[32] Ibidem, p. 325-326.

[33] "Lorsqu'une clause est susceptible de deux sens, on doit plutôt l'entendre dans celui dans lequel elle peut avoir quelque effet, que dans celui dans lequel elle n'en pourroit avoir aucun" (POTHIER, Robert Joseph. *Traités des obligations*. Paris: Debure, 1764. t. 1, n. 92, p. 113).

A interpretação no sentido de conservar o negócio deve ser feita durante toda a sua vida, seja no plano da existência, seja nos da validade e da eficácia:

> Não é exato que não haja lugar para o critério da "conservação do contrato", a não ser em via preliminar, como se ele devesse ser posto de lado e ignorado depois de exaurida a modesta função preservativa: indubitavelmente preliminar, ele continua a ter, de modo subsidiário, uma função hermenêutica útil mesmo na observância dos outros critérios, no sentido de uma preferência do efeito maior entre aqueles possíveis, quando, todavia, restarem dúvidas.[34]

Como ensina Junqueira de Azevedo, no plano da existência, o princípio da conservação dos negócios jurídicos tem sua atuação concretizada por meio da interpretação da vontade negocial, procurando integrá-la nas diversas modalidades de negócio jurídico. Caso não esteja presente algum elemento categorial inderrogável, é possível buscar uma qualificação diversa, que lhe reconhecerá eficácia jurídica, por meio do instituto da conversão substancial.[35]

Nos planos da validade e da eficácia, o princípio da conservação dos negócios jurídicos concretiza-se em medidas sanatórias.[36] Para José de Abreu Filho, no entanto, a aplicação dessas medidas sanatórias no plano da validade deve ser feita com especial atenção, tendo em mente a gravidade do vício.[37] Por conta dessa observação, o autor não admite sua aplicação aos negócios jurídicos nulos, algo que, como se demonstrará, não se afigura correto.

De todo modo, quanto ao plano da validade, são decorrência do princípio da conservação, segundo Antônio Junqueira de Azevedo:[38] a distinção

---

[34] BETTI, Emilio. *Interpretação da lei e dos atos jurídicos* cit., p. 388. No mesmo sentido em: BETTI, Emilio. *Teoria generale del negozio giuridico*. Napoli: Edizioni Scientifiche Italiane, 2002. p. 360-361.

[35] AZEVEDO, Antônio Junqueira de. *Negócio jurídico*: existência, validade e eficácia cit., p. 66-70; SCHMIEDEL, Raquel Campani. *Negócio jurídico*: nulidades e medidas sanatórias. 2. ed. São Paulo: Saraiva, 1985. p. 41-42.

[36] SCHMIEDEL, Raquel Campani. *Negócio jurídico*: nulidades e medidas sanatórias cit., p. 41-42.

[37] ABREU FILHO, José. *O negócio jurídico e sua teoria geral*. São Paulo: Saraiva, 2003. p. 377.

[38] AZEVEDO, Antônio Junqueira de. *Negócio jurídico*: existência, validade e eficácia cit., p. 68-69; SCHMIEDEL, Raquel Campani. *Negócio jurídico*: nulidades e medidas sanatórias cit., p. 41-42.

824 | DIREITO CIVIL: DIÁLOGOS ENTRE A DOUTRINA E A JURISPRUDÊNCIA – *Volume II*

estabelecida entre requisitos considerados menos graves ou mais graves – anulabilidade ou nulidade –, porque, por meio dela, é possível a confirmação dos atos anuláveis; a sanação do ato nulo, a qual é excepcional (art. 208, 2ª parte, do Código Civil de 1916);[39] a nulidade parcial, isto é, a nulidade de apenas uma cláusula do negócio jurídico,[40] a qual mantém o negócio sem a cláusula viciada; a nulidade de forma; a conversão formal do negócio jurídico, que, por meio da adoção de forma menos rigorosa daquela eleita pelas partes, torna o negócio com nulidade de forma em negócio válido; por fim, a admissão pelo legislador, nos casos de erro e de lesão, de correção de negócios jurídicos anuláveis.[41]

No que diz respeito às nulidades parciais,[42] a regra ficou marcada pela fórmula do adágio *utile per inutile non vitiatur.*[43] No Código Civil brasileiro, a regra encontra-se presente no artigo 184, que dispõe que:

> Respeitada a intenção das partes, a invalidade parcial de um negócio jurídico não o prejudicará na parte válida, se esta for separável; a invalidade da obrigação principal implica a das obrigações acessórias, mas a destas não induz a da obrigação principal.

Raquel Schmiedel restringe o âmbito de aplicação da regra aos negócios complexos:

> O problema das nulidades parciais é adstrito, exclusivamente, aos negócios complexos, mas que constituem um único negócio. Se uma das partes ou cláusulas é nula, a questão situa-se, justamente, na contaminação ou não desta nulidade a todo o negócio. Dispõe

---

[39] O artigo mencionado pelo autor dispunha que: "É também nulo o casamento contraído perante autoridade incompetente (artigos 192, 194, 195 e 198). Mas esta nulidade se considerará sanada, se não se alegar dentro em 2 (dois) anos da celebração". O seu correspondente, isto é, o artigo 1.560, II, disciplina a hipótese como sendo de anulabilidade. De todo modo, o atual Código traz hipótese de nulidades sanáveis pelo tempo, por exemplo, parágrafo único do artigo 45, parágrafo único do artigo 48 e parágrafo único do artigo 2.027.

[40] TRABUCCHI, Alberto. *Istituzioni di diritto civile* cit., p. 163.

[41] No mesmo sentido: FERRARA, Francesco. *Il negozio giuridico nel diritto privato italiano*. Napoli: Edizioni Scientifiche Italiane, 2011. p. 394-395.

[42] GOMES, Orlando. *Introdução ao direito civil*. 12. ed. Rio de Janeiro: Forense, 1996. p. 473-474.

[43] BIONDI, Biondo. *Istituzioni di diritto romano* cit., p. 193.

Cap. 32 • A INTERPRETAÇÃO DO TESTAMENTO NA ATUAL JURISPRUDÊNCIA DO STJ | 825

o art. 153 que "a nulidade parcial de um ato não o prejudicará na parte válida, se esta for separável".[44]

A origem do princípio do *utile per inutile non vitiatur* remonta a um fragmento do *Digesto* (D. 45, 1, 1, 5), ao afirmar que a estipulação de entrega de dois escravos, Pânfilo e Stico, pode ser desmembrada com a finalidade de que eventual vício de uma estipulação não acarrete a nulidade da outra.[45]

Embora não seja possível afirmar que o Direito Romano tenha conhecido, ainda no Período Clássico, a formulação de uma regra geral como a que hoje existe, pode-se observar uma tendência em se preservar a parte válida, quando possível sua sobrevivência sem a parte viciada.[46]

Reinhard Zimmermann colaciona vários exemplos presentes nas fontes:

> Um pedaço de terra foi vendido, mas as partes falharam em atingir um consenso com relação a um escravo que seria transferido como parte dos acessórios; uma cláusula que foi adicionada a um contrato de empréstimo para uso isentando o locatário de responsabilidade por dolo; o nome de um dos herdeiros num testamento foi riscado; uma promessa que havia sido feita, mediante *stipulatio*, para pagar certa quantia ao *stipulator* e a um terceiro.[47]

Como fontes importantes para a ulterior formulação geral do princípio *utile per inutile non vitiatur*, pode-se citar: D. 50, 17, 94 ("as coisas supérfluas

---

44 SCHMIEDEL, Raquel Campani. *Negócio jurídico*: nulidades e medidas sanatórias cit., p. 68.

45 D. 45, 1, 1, 5: "Sed si mihi Pamphilum stipulanti, tu Pamphilum et Stichum sponderis, Stichi adjectionem pro supervacuo habendam puto. Nam si tot sunt stipulationes, quot corpora, duae sunt quodammodo stipulationes, una utilis, alia inutilis: neque vitiatur utilis per hanc inutilem". Tradução para o português: "Mas se a mim, que me prometeu entregar o escravo Pânfilo, tu me houver prometido Pânfilo e Stico, opino que há de ser considerada supérflua a adição de Stico; porque, se há tantas estipulações quantos objetos corpóreos, há de certo modo duas estipulações, uma útil e a outra inútil; e não se vicia a útil mediante a inútil" (baseada na tradução para o espanhol de: CORRAL, Ildefonso García del. *Cuerpo del derecho civil romano*. Barcelona: Jaime Molinas, 1897. v. 3, p. 520).

46 ZIMMERMANN, Reinhard. *The law of obligations*: roman foundations of the civilian tradition. Cape Town: Juta & Co., 1992. p. 75-76.

47 Ibidem.

não viciam as declarações");[48] D. 22, 1, 29 ("Determinou-se que se alguém tiver estipulado seja lucro sobre os juros estabelecidos, sejam juros sobre juros, tenha-se por inexistente o que foi ilicitamente expressado, e que se possa pedir a parte lícita")[49] e, ainda, o ensinamento de Gaio, em Inst. 3, 103:

> É ainda inútil uma estipulação pela qual prometemos que seja feita entrega de alguma coisa a alguém a cujo poder não estamos sujeitos. Daqui resulta que se tenha levantado esta questão: qual o valor a dar a uma estipulação feita quando alguém estipula que se entregue algo a si mesmo e a alguém a cujo poder não se está sujeito? Os nossos mestres pensam que ela é universalmente válida, e que apenas quem fez a estipulação fica com o direito ao pagamento por inteiro, tal como ficaria se não tivesse acrescentado o nome de nenhum estranho; quanto aos autores da escola adversa, entendem que ao estipulador é devida apenas metade, e que a estipulação é inútil pelo que respeita à parte restante.[50]

Há controvérsia no que concerne aos fragmentos do *Digesto*, acerca da sua origem, se compilatória ou, de fato, clássica. Giovanni Criscuoli afirma, contudo, que certamente no que diz respeito aos negócios *mortis causa*, as hipóteses de preservação do negócio jurídico em virtude de nulidade parcial já eram reconhecidas pelo Direito clássico. Ao passo que, quanto aos negócios *inter vivos*, a única certeza é de que pelo menos desde o período justinianeu essa preservação também foi admitida.[51]

Pontes de Miranda afirma que há diferença entre a regra presente no Direito Romano e a atual. Enquanto no Direito Romano a presunção era de não contagiação; no ordenamento jurídico brasileiro, a regra seria a presunção de contagiação da nulidade parcial.[52] De acordo com Pontes de Miranda:

---

[48] ULPIANUS. *Libro II. Fideicomissorum. Non solent, quod abundant, vitiare scripturas.* (Tradução livre)

[49] MARCIANUS. *Livro XIV. Institutionum. Placuit, sive supra modum quis usuras stipulatus fuerit, sive usurarum usurams, quod illicite aiectum est, pro non adiecto haberi, et licitas peti posse.* (Tradução livre)

[50] GAIO. *Instituições de direito privado romano.* Tradução J. A. Segurado e Campos. Lisboa: Calouste Gulbenkian, 2010. p. 324.

[51] CRISCUOLI, Giovanni. *La nullità parziale del negozio giuridico.* Milano: Giuffrè, 1959. p. 17-19.

[52] No mesmo sentido: VON TUHR, Andreas. *Derecho civil*: teoria general. Traducción Tito Ravà. Buenos Aires: Depalma, 1947. v. 3, t. 1, p. 314.

Ali, as circunstâncias haveriam de ser alegadas e provadas, que mostrassem haver a contagiação; aqui, o que se tem de alegar e provar é a não contagiação.[53]

Raquel Schmiedel, por outro lado, acredita que nosso Direito também reconhece como regra geral a não contagiação da nulidade parcial. De acordo com a autora:

> Não obstante, parece válido entender-se que o art. 153 do Código Civil consagra a regra da incomunicabilidade da nulidade, isto é, a não contagiação, com fundamento no princípio da conservação dos negócios jurídicos. A isto deve-se acrescentar que é assente na doutrina que as nulidades parciais – e, portanto, a prevalência da não contagiação – consistem na forma jurídica do princípio *utile per inutile non vitiatur*.[54]

Concorda-se com Pontes de Miranda, haja vista a disposição literal da norma em análise.

Segundo Giovanni Criscuoli, a generalização do princípio do *utile per inutile non vitiatur* deu-se na Idade Média por meio da atividade dos glosadores, encontrando-se de maneira quase acabada nos comentários de Acúrsio e Azone, dentre outros.[55] No Renascimento, estudiosos, tais como Andreas Alciati, acabaram por refinar o conceito.[56]

Durante o trabalho de glosa e generalização empreendido pelos estudiosos da Idade Média, alcançou-se o conceito de vontade hipotética das partes que permitiria a formulação do princípio tal qual é conhecido atualmente.[57]

A referência a uma vontade hipotética das partes diante de uma nulidade parcial foi expressamente prevista pelo *BGB*, § 139, "do qual se depreende que o elemento do negócio que não é afetado pela nulidade é válido quando,

---

[53] PONTES DE MIRANDA, Francisco Cavalcanti. *Tratado de direito privado*. Rio de Janeiro: Borsoi, 1954. t. IV, p. 52.

[54] SCHMIEDEL, Raquel Campani. *Negócio jurídico*: nulidades e medidas sanatórias cit., p. 68.

[55] CRISCUOLI, Giovanni. *La nullità parziale del negozio giuridico* cit., p. 49-51.

[56] Ibidem, p. 52-54.

[57] ZIMMERMANN, Reinhard. *The law of obligations*: roman foundations of the civilian tradition cit., p. 76-77.

segundo o ponto de vista da parte – ou das partes, em caso de negócio pluri-lateral –, constitui o principal ou, ao menos, o mínimo desejável com relação a todo o negócio assim como estava projetado".[58]

Seguindo a formulação alemã, mas com consequência oposta – pela presunção da preservação do negócio –, o *Codice Civile* italiano, em seu artigo 1.419, também se utiliza de uma vontade hipotética das partes.[59]-[60] Alberto Trabucchi, em comentário ao dispositivo, afirma que o aplicador da regra, sobretudo o juiz, deverá, na construção de uma vontade hipotética que de fato nunca existiu, recorrer às normas da boa-fé, com o objetivo de dar sentido e utilidade ao que resta do negócio, retirada a parte viciada, sem que com isso ocorra um desequilíbrio entre as partes.[61]

---

[58] VON TUHR, Andreas. *Derecho civil*: teoria general cit., p. 315.

[59] "Art. 1.419. Nulidade parcial.
A nulidade parcial de um contrato ou a nulidade de uma única cláusula acarreta a nulidade do contrato inteiro se disto decorre que os contraentes não o teriam concluído sem aquela parte de seu conteúdo que é viciada pela nulidade.
A nulidade de uma única cláusula não acarreta a nulidade do contrato quando as cláusulas nulas são substituídas, de direito, por normas imperativas."
[*"Nullità parziale.*
La nullità parziale di un contratto o la nullità di singole clausole importa la nullità dell'intero contratto, se risulta che i contraenti non lo avrebbero concluso senza quella parte del suo contenuto che è colpita dalla nullità.
La nullità di singole clausole non importa la nullità del contratto, quando le clausole nulle sono sostituite di diritto da norme imperative."]

[60] No Código Civil italiano de 1865 não havia previsão genérica quanto à regra do *utile per inutile non vitiatur*, mas diversas leis específicas e a própria jurisprudência italiana já possuíam alguns indícios de reconhecimento da tese muito antes da segunda codificação. PUTTI, Pietro Maria. *La nullità parziale*: diritto interno e comunitario. Napoli: Edizioni Scientifiche Italiane, 2002. p. 150-153.

[61] "Ao reconstruir esta 'vontade hipotética' o juiz deverá pressupor boa-fé e equidade das partes: o que significa, essencialmente, que o resto do negócio, retirando a parte nula, poderá permanecer em vigor se se preservar algum sentido e utilidade, sem desequilíbrio para as partes interessadas." [*"Nel ricostruire questa 'volontà ipotetica' il giudice dovrà presupporre buona fede ed equità delle parti: il che significa, in sostanza, che il resto del negozio, privato dalla parte nulla, potrà restare in piedi se conserva un senso e un'utilità, senza squilibri per le parti interessate."*] TRABUCCHI, Alberto. *Istituzioni di diritto privato*. 19. ed. Milano: Giuffrè, 2011. p. 242.
No mesmo sentido: ROPPO, Vincenzo. *Diritto privato*. Torino: Giappichelli, 2010. p. 496-497; SCHMIEDEL, Raquel Campani. *Negócio jurídico*: nulidades e medidas sanatórias cit., p. 72.

Cap. 32 • A INTERPRETAÇÃO DO TESTAMENTO NA ATUAL JURISPRUDÊNCIA DO STJ | **829**

Já quanto ao plano da eficácia, o princípio da conservação revela-se, conforme afirma Antônio Junqueira de Azevedo, quando da admissão da ineficácia em sentido estrito. Neste caso, um ato válido desde a sua formação, contudo, inicialmente ineficaz, passa, por meio do fator de eficácia, a produzir efeitos. Ocorre, pois, a pós-eficacização do negócio jurídico.[62]

Seja, portanto, no plano da existência, da validade ou da eficácia, as hipóteses em que o negócio jurídico é mantido para que alguma eficácia possa ser preservada permitem reconhecer um princípio de conservação do negócio jurídico, mediante processo de sistematização dessa pluralidade de normas casuísticas.

O recurso à categoria jurídica dos princípios opera em pelo menos três contextos distintos na prática jurídica. Em um primeiro contexto, opera como mero reforço argumentativo de uma solução direta prevista no ordenamento jurídico; por exemplo, quando, após se afirmar a incidência do artigo 330 do Código Civil,[63] acrescenta-se tratar-se de aplicação da *suppressio*. Vê-se que à solução do caso concreto basta a aplicação direta do artigo citado, sem necessidade do recurso à boa-fé objetiva e à *suppressio*. Nesses casos, pode-se falar em eficácia retórica do princípio.[64]

Em um segundo contexto, o princípio funciona como elemento de interpretação de regras jurídicas positivadas; por exemplo, permitindo interpretação com resultado extensivo ou restritivo ou justificando a analogia.[65]

Negando utilidade à expressão "vontade hipotética", mas partilhando da mesma opinião de Trabucchi quanto ao processo de sua formulação: CASELLA, Mario. *Nullità parziale del contratto e inserzione automatica di clausole*. Milano: Giuffrè, 1974. p. 46.

[62] AZEVEDO, Antônio Junqueira de. *Negócio jurídico: existência, validade e eficácia* cit., p. 69-70.

[63] "O pagamento reiteradamente feito em outro local faz presumir renúncia do credor relativamente ao previsto no contrato".

[64] STRECK, Lenio Luiz. Hermenêutica e princípios da interpretação constitucional. In: CANOTILHO, J. J. Gomes; MENDES, Gilmar F.; SARLET, Ingo W.; STRECK, Lenio Luiz (coord.). *Comentários à Constituição do Brasil*. São Paulo: Saraiva/ Almedina, 2013. p. 77.

Humberto Ávila denomina essa categoria de postulados hermenêuticos (ÁVILA, Humberto. *Teoria dos princípios*: da definição à aplicação dos princípios jurídicos. 12. ed. São Paulo: Malheiros, 2011. p. 135). Evidentemente que isto não se aplica quando se trata de análise dogmática (teórica) da norma, mas apenas quando se está diante da solução de um caso concreto.

[65] ÁVILA, Humberto. *Teoria dos princípios* cit., p. 98.

830 | DIREITO CIVIL: DIÁLOGOS ENTRE A DOUTRINA E A JURISPRUDÊNCIA – *Volume II*

Finalmente, o princípio opera em grau máximo de eficácia quando se presta a autonomamente, isto é, por si só, dar resposta a um caso concreto.[66]

A conversão (substancial e formal) do negócio jurídico nulo, a confirmação (expressa ou tácita) e o convalescimento do negócio jurídico anulável, bem como a pós-eficacização do ato preceptivo válido, mas ineficaz, são medidas sanatórias que encontram previsão expressa no Direito positivo brasileiro e que têm como fundamento o princípio da conservação dos negócios jurídicos, o que implica afirmar que o recurso a esse princípio para solucionar casos concretos diretamente reconduzíveis a tais medidas sanatórias tem mera eficácia retórica.[67]

O que se pretende investigar é se o princípio da conservação dos negócios jurídicos pode funcionar naqueles outros dois níveis, é dizer, justificando a aplicação analógica de uma medida sanatória positivada quando da aplicação de uma norma que não contenha previsão de medida sanatória e justificando autonomamente a manutenção da eficácia de ato jurídico preceptivo inválido, designadamente de testamento que haja sido lavrado com inobservância de regras de forma.

III. EXPRESSÃO LEGISLATIVA DO *FAVOR TESTAMENTI* NO DIREITO POSITIVO BRASILEIRO: A RELAÇÃO ENTRE O ARTIGO 112 E O ARTIGO 1.899 DO CÓDIGO CIVIL

Em sua parte geral, o Código Civil contém regras sobre a interpretação do negócio jurídico, tendencialmente aplicáveis a todos os negócios jurídicos e, consequentemente, também ao testamento,[68] sem prejuízo da aplicação das

---

[66] Ibidem, p. 102.

[67] Há no Brasil obras doutrinárias que trataram dessas categorias jurídicas com amplitude e profundidade, e para as quais se remete o leitor (em ordem de antiguidade): VIEIRA NETO, Manoel Augusto. *Ineficácia e convalidação do ato jurídico*. São Paulo: Max Limonad, 19[??]; AZEVEDO, Antônio Junqueira de. A conversão dos negócios jurídicos: seu interesse teórico e prático. In: AZEVEDO, Antônio Junqueira de. *Estudos e pareceres de direito privado*. São Paulo: Saraiva, 2004. p. 126-134; SCHMIEDEL, Raquel. *Negócio jurídico*: nulidades e medidas sanatórias. 2. ed. São Paulo: Saraiva, 1985; DEL NERO, João Alberto Schültzer. *Conversão substancial do negócio jurídico*. Rio de Janeiro: Renovar, 2001. p. 351; ZANETTI, Cristiano de Sousa. *A conversão dos contratos nulos por defeito de forma*. São Paulo: Quartier Latin, 2013.

[68] Assim, as regras dos artigos 111, 113 e 114.

eventuais regras especiais de interpretação desse tipo específico de negócio jurídico, como o artigo 1.899.

Não é, porém, o que ocorre com o artigo 112, ao menos não atualmente.

O artigo 112 do atual Código Civil corresponde ao artigo 85 do Código Civil de 1916, mas com sensível diferença redacional. O artigo 112 impõe que a intenção a ser atendida seja aquela consubstanciada na declaração de vontade, imposição esta que não havia – ao menos não expressamente – em seu correspondente.[69]

Já o artigo 1.899 do Código Civil vigente corresponde ao artigo 1.666 do Código Civil revogado, sem nenhuma diferença redacional.[70] Quando se está a interpretar um testamento, a questão que se impõe ao intérprete é, pois, a de relacionar a regra de interpretação da parte geral com aquela da parte especial.

Na vigência do Código Civil de 1916, havia divergência entre autores que, como Carlos Maximiliano, praticamente não viam diferença fundamental entre a interpretação do testamento e a dos contratos[71] – isto é, não viam diferença significativa entre o disposto no artigo 85 e o disposto no artigo 1.666 – e autores que, como Pontes de Miranda, defendiam a necessidade de exegese diferenciada, justamente sob o fundamento da distinção entre as regras dos artigos 85 e 1.666.[72]

---

[69]

Art. 85. Nas declarações de vontade se atenderá mais à sua intenção que ao sentido literal da linguagem.	**Art. 112.** Nas declarações de vontade se atenderá mais à intenção **nelas consubstanciada** do que ao sentido literal da linguagem.

[70]

Art. 1.666. Quando a cláusula testamentária for suscetível de interpretações diferentes, prevalecerá a que melhor assegure a observância da vontade do testador.	**Art. 1.899.** Quando a cláusula testamentária for suscetível de interpretações diferentes, prevalecerá a que melhor assegure a observância da vontade do testador.

[71] "Menor, quase nula, é a diferença entre a interpretação dos contratos e a dos testamentos. Em todo caso, na última prevalece o fator subjetivo, cogita-se mais da vontade (expressa ou presumida) do estipulante" (MAXIMILIANO, Carlos. *Direito das sucessões*. 5. ed. Rio de Janeiro: Freitas Bastos, 1964. v. II, p. 78).

[72] "Duas regras principais contém o Código Civil: a) uma, relativa aos atos jurídicos em geral: 'Nas declarações de vontade se atenderá mais à sua intenção que ao sentido literal da linguagem' (art. 85); b) outra só referente aos testamentos,

A divergência entre os autores concentrava-se na interpretação do artigo 85 do Código Civil de 1916, designadamente se o intérprete deveria buscar a vontade real do declarante ou se deveria se ater à vontade consubstanciada no texto.[73] O Código Civil de 2002 aproximou-se da chamada teoria da declaração,[74] de modo que atualmente a discussão está superada: em se tratando de negócio jurídico *inter vivos*, o que se deve interpretar é a intenção consubstanciada na declaração, sem espaço para voluntarismos.

Quanto ao artigo 1.899, sua literalidade não dá margem a dúvidas. Em se tratando de negócio jurídico *mortis causa*,[75] o que se deve buscar é a vontade do declarante, ainda que não esteja consubstanciada integralmente na declaração.[76]

O artigo 1.899 é, nos dizeres de Pontes de Miranda, o coração do direito testamentário[77] e a principal expressão do *favor testamenti*.[78] Por essa razão, a doutrina ensina que sua eficácia não é apenas a de impor ao intérprete uma

---

que é a do art. 1.666. São idênticas? Não. A primeira vai direto ao conteúdo do querer, para revelá-lo: espana as dúvidas, varre todas as razões de duvidar, e impõe a solução mais próxima do querer; a segunda supõe a perplexidade do intérprete, duvidoso diante dos caminhos diferentes, que pode tomar. A lei lhe diz, neste artigo, qual o que deve seguir" (PONTES DE MIRANDA, Francisco Cavalcanti. *Tratado de direito privado*. 3. ed. Rio de Janeiro: Borsoi, 1972. t. LVI, p. 331).

[73] A título de exemplo, é adepto da primeira corrente Antônio Junqueira de Azevedo; e, da segunda, Pontes de Miranda. Cf. AZEVEDO, Antônio Junqueira de. *Negócio jurídico*: existência, validade e eficácia cit., p. 74-90; PONTES DE MIRANDA, Francisco Cavalcanti. *Tratado de direito privado*. 3. ed. Rio de Janeiro: Borsoi, 1970. t. III, p. 333-336.

[74] Cf. MOREIRA ALVES, José Carlos. *A parte geral do projeto de código civil brasileiro*. 2. ed. São Paulo: Saraiva, 2003. p. 107-108.

[75] Como bem nota Marino, não só testamentos, mas todo negócio *causa mortis*.

[76] José Fernando Simão, em sentido contrário, entende que o artigo 1.899 também se afasta da teoria subjetivista. SIMÃO, José Fernando et al. *Código Civil comentado*. Rio de Janeiro: Forense 2019.

[77] "O *conteúdo* dessa regra jurídica é assaz rico. Teremos o ensejo de ver que se trata do *coração* do direito testamentário" (PONTES DE MIRANDA, Francisco Cavalcanti. *Tratado de direito privado*. 3. ed. Rio de Janeiro: Borsoi, 1972. t. LVI, p. 332).

[78] "O art. 1.899 do Código Civil é a chave para a conservação dos negócios jurídicos *mortis causa* por meio da interpretação, no sistema jurídico brasileiro. Nesse sentido, a doutrina nacional costuma, com razão, observar ser o dispositivo em questão uma manifestação do *favor testamenti* e, consequentemente, uma aplicação do princípio da conservação dos negócios jurídicos" (MARINO, Francisco Paulo Crescenzo. *Interpretação do negócio jurídico* cit., p. 263-264).

dada interpretação diante de duas ou mais possibilidades, mas, também, a de conservar a eficácia da disposição testamentária ou o próprio testamento sempre que a vontade presumível do testador, indiciada na cédula, permitir supor que ele o teria feito.[79]

Há, evidentemente, limites na busca da vontade presumida do testador. Orlando Gomes, por exemplo, ensina que:

> Não se consente, contudo, que o intérprete leve a pesquisa da intenção do testador ao ponto de construí-la, ainda que vários elementos presuntivos possam conduzir a descobrir uma vontade que não foi, todavia, declarada. Há de estar expressa no testamento, somente se admitindo investigação *aliunde* para esclarecê-la.[80]

Diferentemente do imposto pelo artigo 112 do Código Civil, que circunscreve a busca da intenção do declarante na declaração, o artigo 1.899 permite que se vá além do declarado na cédula, mas sempre para aclará-la na busca da vontade do testador, não sendo dado ao intérprete substituir a vontade do testador pela própria.

Buscando caracterizar os limites da eficácia do artigo 1.899, Pontes de Miranda nega que sua aplicação possa servir para superar inobservância de regras de forma:

---

[79] Pontes de Miranda aduz que o intérprete deve "encher os vazios", "remediar os defeitos" e "suprir no sentido da vontade do testador".
"A interpretação das verbas testamentárias com o intuito de salvar, o mais possível, a vontade do testador é o *nobile officium* do Juiz dos Testamentos.
Encher os vazios; remediar os defeitos (Seufferts Árchiv, 60, n. 98, 191 s.); investigar a verdadeira vontade; suprir no sentido da vontade do testador; penetrar em suas intenções, para ver, lá dentro, o que no testamento o disponente quis. Nada de agarrar-se às palavras, como que a castigar o testador pelo que disse mal. No fundo da sua consciência, ele deve ter sempre a palavra de comando: Salve, se possível, a verba!". Cf. PONTES DE MIRANDA, Francisco Cavalcanti. *Tratado de direito privado*. 3. ed. Rio de Janeiro: Borsoi, 1972. t. LVI, p. 330-331.
E no mesmo sentido defende Francisco Marino: "Ademais, apesar de, literalmente, o referido dispositivo só abranger a hipótese de declaração negocial ambígua ('suscetível de interpretações diferentes'), a fase complementar da exegese das verbas testamentárias também tem por escopo sanar outras deficiências da declaração negocial, tais como lacunas e obscuridades. Afigura-se razoável, então, sustentar que a expressão 'suscetível de interpretações diferentes' abrange todas as deficiências da declaração de última vontade". Cf. MARINO, Francisco Paulo Crescenzo. *Interpretação do negócio jurídico* cit., p. 262.

[80] GOMES, Orlando. *Sucessões*. 13. ed. Rio de Janeiro: Forense, 2006. p. 149.

O art. 1.666 do Código Civil não incide quanto às formas testamentárias. *Só se refere ao conteúdo dos testamentos.* A observância das solenidades é *ius cogens* – interpretável, aliás, como tôda lei – porém não suscetível de nêle dispensar o testador, nem o juiz, quando conhece da infração. Onde quer que se sancione o *favor* da vontade (art. 1.666), como no Código Civil alemão, § 2.084, a regra só se refere ao conteúdo, e não às formas solenes.[81]

As lições de Pontes de Miranda nesse ponto, contudo, merecem reparo. As regras de forma do testamento têm por finalidade garantir a higidez da manifestação da vontade do testador e, portanto, não podem ser interpretadas e aplicadas como se não tivessem íntima conexão com o conteúdo do testamento.[82] A doutrina há tempos identificou quais são as funções da forma[83] e, por isso, é dever do intérprete, ao se deparar com ato preceptivo celebrado sem a observância da forma prescrita, proceder à investigação acerca da ocorrência ou não de violação a um daqueles fins.

Especificamente com relação à forma do testamento, o Superior Tribunal de Justiça vem consolidando entendimento no sentido de, sempre que possível, superar vícios de forma em homenagem à vontade do testador.

IV. JURISPRUDÊNCIA DO SUPERIOR TRIBUNAL DE JUSTIÇA

Como já apontado, a tendência do Superior Tribunal de Justiça tem sido a de mitigar as formalidades do testamento, sob a justificativa de se preservar a vontade do testador.

Como paradigma dessa tendência, há julgado que – já antigo para os padrões brasileiros em que o "melhor julgado" parece ser o mais recente

---

[81] PONTES DE MIRANDA, Francisco Cavalcanti. *Tratado de direito privado.* 3. ed. Rio de Janeiro: Borsoi, 1972. t. LVI, p. 333.

[82] Aliás, é perfeitamente possível que a vontade inequívoca do testador conduza à nulidade da disposição e não seja possível invocar o artigo 1.899, por exemplo, quando o testador dispuser sob condição captatória de que o beneficiário também teste em favor dele.

[83] Sem variações, senão quanto ao modo de elencá-las, a doutrina, como visto, aponta como funções da forma: (i) a proteção do consentimento das partes, mediante a maior reflexão que a exigência de dada forma implica; (ii) a facilitação da prova do ato jurídico preceptivo; (iii) a publicidade do ato jurídico preceptivo.

Cap. 32 • A INTERPRETAÇÃO DO TESTAMENTO NA ATUAL JURISPRUDÊNCIA DO STJ | 835

– constitui verdadeira síntese do posicionamento do Superior Tribunal de Justiça. O acórdão referido restou assim ementado:

> Testamento particular. Requisito do art. 1645, II, do Código Civil. Não havendo dúvida quanto a autenticidade do documento de última vontade e conhecida, induvidosamente, no próprio, a vontade do testador, deve prevalecer o testamento particular, que as testemunhas ouviram ler e assinaram uma a uma, na presença do testador, mesmo sem que tivessem elas reunidas, todas, simultaneamente, para aquele fim.
>
> Não se deve alimentar a superstição do formalismo obsoleto, que prejudica mais do que ajuda. Embora as formas testamentárias operem como *jus cogens*, entretanto a lei da forma está sujeita a interpretação e construção apropriadas às circunstâncias.
>
> Recurso conhecido, mas desprovido (REsp 1.422/RS, 3.ª Turma, Rel. Min. Gueiros Leite, j. 02.10.1990, *DJ* 04.03.1991, p. 1.983).

Esse acórdão é importante, entre outras razões, pelo fato de ter sido prolatado por ocasião de Recurso Especial fundamentado em dissídio jurisprudencial entre o Tribunal de Justiça do Rio Grande do Sul e os Tribunais de Justiça de São Paulo e do Paraná, os últimos entendendo que as formalidades do testamento são matéria de ordem pública, cuja inobservância implica nulidade do testamento.

A *quaestio iuris* consistia em se saber se as testemunhas devem estar presentes, ao mesmo tempo, durante a leitura e assinatura da cédula testamentária ou se seria lícito tomarem conhecimento do conteúdo do testamento e assinarem sucessivamente a cédula.

O relator do acórdão impugnado pelo Recurso Especial aduz que se deparou com profunda escassez de elementos jurisprudenciais e doutrinários para o enriquecimento dialético da discussão com a contribuição estimuladora de argumentos contraditórios e fundados em razões de peso. Na vasta doutrina pátria que cita não encontrou uma palavra diretamente esclarecedora, com precisão. Os doutrinadores simplesmente não se referem à hipótese. Apenas três respondem que deve ser anulado o testamento que padeça desse defeito [a ausência de contemporaneidade entre a leitura e a assinatura da cédula testamentária]. São eles Orlando Gomes, Carlos Maximiliano e Itabaiana de Oliveira.

O argumento do acórdão é, em princípio, o de que esses doutrinadores são contrários ao testamento elaborado de forma heterodoxa relativamente ao costume e à expectativa usual. Admite que há perda considerável de solenidade no ato quando, em lugar de as cinco testemunhas se reunirem para ouvir e assinar, na mesma ocasião, o testamento, cada testemunha dele isoladamente toma conhecimento e o firma. Contudo, citando Pontes de Miranda, demonstra que a forma é processo técnico que no setor não pode operar com caráter ritual. O ritualismo não merece ser erigido como um fim em si mesmo e, assim, como um desvalor resultante da degeneração da ordem.

O relator prossegue apontando que:

> Seria inconsequência – ainda no entender de PONTES – nos tempos de hoje, em que a inteligência tem finura bastante para reconhecer e discernir os fatos do direito e para discriminar relações em sua realidade material, alimentar a superstição dos formalismos obsoletos, que prejudicam ao invés de ajudar. Quando a lei, ou a praxe doutrinária ou jurisprudencial, prescrevem para certos fatos ou atos (casamento, adoção, testamento, hipoteca) determinadas exigências formais, não têm outro fito senão o de pressupor cautelas, envoltórios plásticos, dentro dos quais convenientemente resguarda as vontades, se lhe garanta e precise a eficácia autoritativa (...).

E em síntese conclusiva, o relator aponta que:

> Tanto é assim que o art. 1.647 [Código Civil de 1916], quando da publicação em juízo do testamento, exige apenas [que] sejam as testemunhas contestes sobre o fato da disposição; ou, ao menos sobre a leitura perante elas, por onde se vê que o ritualismo cede lugar à autenticidade do documento, na autoria e na fidelidade das disposições à vontade do testador. (...) O artificio, que tinha por fito proteger a testamentificação [solenidade], passa a constituir injunção contrária à justiça, nessa discordância entre o meio e o fim. O possível conflito entre o texto imperfeito e as realidades que compõem a situação jurídica deve resolver-se segundo o direito e não pela capitulação diante da letra injusta.

O Superior Tribunal de Justiça reafirmou esse entendimento por ocasião do julgamento do REsp 21.026/RJ, em 1994. O relator, Ministro Eduardo Ribeiro, acompanhado pela unanimidade dos julgadores, reconheceu validade a testamento particular que, a despeito do texto expresso do artigo 1.645 do Código Civil de 1916, não havia sido escrito pelo testador, mas ditado e assinado por ele na presença das testemunhas, que foram contestes sobre seu teor.

Cap. 32 · A INTERPRETAÇÃO DO TESTAMENTO NA ATUAL JURISPRUDÊNCIA DO STJ | 837

Em dois acórdãos bem mais recentes – 2010 e 2018 –, o Superior Tribunal de Justiça manteve firme a sua jurisprudência no sentido de dar primazia à vontade do testador em detrimento das formalidades impostas pela lei. Com efeito, no julgamento do REsp 1.001.674/SC o Ministro Relator Paulo de Tarso Sanseverino, com apoio em decisões anteriores da próprio tribunal e até do Supremo Tribunal Federal, em decisão acolhida pela unanimidade dos julgadores, manteve o reconhecimento da validade de testamento cerrado em que, supostamente, fora violado o princípio da unicidade do ato.[84] Quando de seu voto, o ministro relator assentou que:

> Em matéria testamentária, a interpretação deve ser voltada no sentido da prevalência da manifestação de vontade do testador, orientando, inclusive, o magistrado quanto à aplicação do sistema de nulidades, que apenas não poderá ser mitigado, diante da existência de fato concreto, passível de colocar em dúvida a própria faculdade que tem o testador de livremente dispor acerca de seus bens, o que não se faz presente nos autos.

O relator fez, ainda, expressa menção a seguinte máxima que, segundo ele, sintetiza o entendimento do tribunal: "O rigor formal deve ceder ante a necessidade de se atender à finalidade do ato, regularmente praticado pelo testador".

Embora haja uma aparente contradição na afirmação de que o ato foi regularmente praticado ao mesmo tempo que se reconhece ter havido violação à regra de forma, o julgador deixa claro que a superação das regras de forma pressupõe segurança quanto à higidez da vontade do testador.

No julgamento do REsp 1.583.314/MG, relatado pela Ministra Nancy Andrighi, o tribunal reconheceu a validade do testamento, a despeito de a cédula haver sido assinada por número de testemunhas inferior ao exigido por lei. Dois trechos do acórdão merecem reprodução:

> (...) A jurisprudência desta Corte se consolidou no sentido de que, para preservar a vontade do testador, são admissíveis determinadas flexibilizações nas formalidades legais exigidas para a validade do

---

[84] A doutrina contemporânea, majoritariamente, entende que o princípio da unicidade do ato testamentário deve receber temperamentos, em atenção à prevalência do material sobre o formal. Neste sentido, por todos, TARTUCE, Flávio. *Direito Civil*: direito das sucessões. 12. ed. Rio de Janeiro: Forense, 2019. p. 414.

testamento particular, a depender da gravidade do vício de que padece o ato de disposição. Precedentes.

São suscetíveis de superação os vícios de menor gravidade, que podem ser denominados de puramente formais e que se relacionam essencialmente com aspectos externos do testamento particular, ao passo que vícios de maior gravidade, que podem ser chamados de formais-materiais, porque transcendem a forma do ato e contaminam o seu próprio conteúdo, acarretam a invalidade do testamento lavrado sem a observância das formalidades que servem para conferir exatidão à vontade do testador.

Embora não haja na legislação norma que expressamente permita classificar os vícios formais em mais ou menos graves, assim como na decisão anterior, infere-se nesta que a superação das invalidades formais exige segurança quanto à higidez da manifestação de vontade.

Pela análise dos julgados do Superior Tribunal de Justiça, verifica-se que há, de fato, a tendência de se preservar ao máximo a validade do testamento como expressão da vontade do testador, ainda que tenha havido incontroversa violação de regra impositiva de forma e de solenidade.

V.   CONCLUSÃO

O romanista Max Kaser, ao tratar do formalismo e da eficácia do testamento no Direito Romano, ensinou que:

> Desde e em todas as épocas, o testamento esteve subordinado a REGRAS FORMAIS externas e internas particularmente rigorosas. Estas regras justificam-se, em Roma como actualmente, quer pela importância do acto, por causa da qual o testador deve ser obrigado ao maior cuidado na formulação de suas declarações, quer pela dificuldade em averiguar e provar uma vontade divergente do teor da declaração do causante, após a sua morte. (...). Em geral deve afirmar-se que o direito antigo e clássico exige a observância de certas FÓRMULAS verbais para a instituição de herdeiro bem como para outros conteúdos do testamento (deserdações, nomeações de tutor, legados, manumissões) e prescreve uma SEQUÊNCIA fixa para determinadas disposições. Só uma lei (provavelmente) de CONSTANTINO (C. 6, 23, 15; 320? 326? Ou só 3339?) prescinde destas exigências e se contenta com QUALQUER forma de expres-

Cap. 32 · A INTERPRETAÇÃO DO TESTAMENTO NA ATUAL JURISPRUDÊNCIA DO STJ | 839

são e sequência, desde que a vontade do testador seja claramente reconhecível. Com isto se manifesta o esforço do Estado assistencial para salvaguardar a validade dos testamentos e a diminuta estima do antigo formalismo verbal.[85]

As lições do autor mostram que a jurisprudência do Superior Tribunal de Justiça está em consonância com a tendência de se dar primazia ao material sobre o formal, preservando-se, sempre que possível, o produto da autonomia privada.

No entanto, a simplicidade e o aparente senso de justiça subjacente à fórmula *soberania do material sobre o formal* não podem conduzir o intérprete a abandonar as regras de forma.

As regras de forma constantes nas codificações modernas nada têm com o formalismo supersticioso de outrora. A forma desempenha funções claras, reconhecidas pela doutrina e prestigiadas pela jurisprudência. Em matéria de testamento, a principal – senão mesmo a única – função da forma é garantir a higidez da manifestação de vontade do testador, uma vez que, como apontado pela unanimidade da doutrina, destina-se a produzir efeitos quando seu autor já está morto.

É importante notar que o Superior Tribunal de Justiça tem, sim, mitigado regras de forma testamentária, mas as decisões têm tido o cuidado de sindicar se, no caso concreto, havia elementos que evidenciavam, além de dúvida razoável, se a vontade do testador estava a ser preservada.

A análise da legislação, da doutrina e da jurisprudência permite que se conclua que, no Direito positivo brasileiro, a violação à regra de forma ou de solenidade implica invalidade do testamento, salvo quando as circunstâncias demonstrarem inequivocamente que a vontade do testador foi preservada.

REFERÊNCIAS

ABREU FILHO, José. *O negócio jurídico e sua teoria geral*. São Paulo: Saraiva, 2003.

AQUINO, São Tomás de. *Suma Teológica*. Coordenação geral de Carlos-Josaphat Pinto de Oliveira. 2. ed. São Paulo: Loyola, 2012. v. 6.

---

[85] KASER, Max. *Direito privado romano*. 2. ed. Tradução Samuel Rodrigues e Ferdinand Hämmerle. Lisboa: Calouste Gulbenkian, 2011. p. 384-385.

840 DIREITO CIVIL: DIÁLOGOS ENTRE A DOUTRINA E A JURISPRUDÊNCIA – *Volume II*

ASCENSÃO, José de Oliveira. *Introdução à ciência do direito*. 3. ed. rev. e atual. Rio de Janeiro: Renovar, 2005.

ÁVILA, Humberto. *Teoria dos princípios*. 12. ed. ampl. São Paulo: Malheiros, 2011.

AZEVEDO, Antônio Junqueira de. *Negócio jurídico*: existência, validade e eficácia. São Paulo: Saraiva, 2007.

AZEVEDO, Antônio Junqueira de. A conversão dos negócios jurídicos: seu interesse teórico e prático. In: AZEVEDO, Antônio Junqueira de. *Estudos e pareceres de direito privado*. São Paulo: Saraiva, 2004.

BETTI, Emilio. *Interpretação da lei e dos atos jurídicos*. Tradução Karina Jannini. São Paulo: Martins Fontes, 2007.

BETTI, Emilio. *Teoria generale del negozio giuridico*. Napoli: Edizioni Scientifiche Italiane, 2002.

BIONDI, Biondo. *Istituzioni di diritto romano*. Milano: Giuffrè, 1952.

BUNAZAR, Maurício. Interpretação (hermenêutica). In: LAGRASTA NETO, Caetano; SIMÃO, José Fernando (coord.). *Dicionário de direito de família*. São Paulo: Atlas, 2015. v. 2.

CASELLA, Mario. *Nullità parziale del contratto e inserzione automatica di clausole*. Milano: Giuffrè, 1974.

CORRAL, Ildefonso Garcia del. *Cuerpo del derecho civil romano*. Barcelona: Jaime Molinas, 1892. v. 2.

CRISCUOLI, Giovanni. *La nullità parziale del negozio giuridico*. Milano: Giuffrè, 1959.

DEL NERO, João Alberto Schützer. *Conversão substancial do negócio jurídico*. Rio de Janeiro: Renovar, 2001.

DINIZ, Maria Helena. *Lei de introdução ao Código Civil brasileiro interpretada*. 9. ed. São Paulo: Saraiva, 2002.

ECO, Umberto. *Os limites da interpretação*. Tradução Pérola de Carvalho. São Paulo: Perspectiva, 2010.

FERRARA, Francesco. *Il negozio giuridico nel diritto privato italiano*. Napoli: Edizioni Scientifiche Italiane, 2011.

FERRAZ JUNIOR, Tercio Sampaio. *Introdução ao estudo do direito*: técnica, decisão, dominação. 6. ed. rev. e ampl. São Paulo: Atlas, 2010.

GAIO. *Instituições de direito privado romano*. Tradução J. A. Segurado e Campos. Lisboa: Calouste Gulbenkian, 2010.

GOMES, Orlando. *Introdução ao direito civil*. 12. ed. Rio de Janeiro: Forense, 1996.

Cap. 32 • A INTERPRETAÇÃO DO TESTAMENTO NA ATUAL JURISPRUDÊNCIA DO STJ | 841

GOMES, Orlando. *Sucessões*. 13. ed. Rio de Janeiro: Forense, 2006.

GUERRA, Alexandre. *Princípio da conservação dos negócios jurídicos*: a eficácia jurídico-social como critério de superação das nulidades negociais. São Paulo: Almedina, 2016.

KASER, Max. *Direito privado romano*. 2. ed. Tradução Samuel Rodrigues e Ferdinand Hämmerle. Lisboa: Calouste Gulbenkian, 2011.

LUHMANN, Niklas. *Il diritto della società* (a cura di Luisa Avitabile). Torino: Giappichelli, 2012.

MACCORMICK, Neil. *Argumentação jurídica e teoria do direito*. Tradução Waldéa Barcellos. São Paulo: Martins Fontes, 2006.

MARINO, Francisco Paulo de Crescenzo. *Interpretação do negócio jurídico*. São Paulo: Saraiva, 2011.

MAXIMILIANO, Carlos. *Direito das sucessões*. 5. ed. Rio de Janeiro: Freitas Bastos, 1964. v. II.

MAXIMILIANO, Carlos. *Hermenêutica e aplicação do direito*. 20. ed. Rio de Janeiro: Forense, 2011.

PONTES DE MIRANDA, Francisco Cavalcanti. *Tratado de direito privado*. Rio de Janeiro: Borsoi, 1954. t. IV.

PONTES DE MIRANDA, Francisco Cavalcanti. *Tratado de direito privado*. 3. ed. Rio de Janeiro: Borsoi, 1972. t. LVI.

PONTES DE MIRANDA, Francisco Cavalcanti. *Tratado de direito privado*. 3. ed. Rio de Janeiro: Borsoi, 1973. t. LVII.

POTHIER, Robert Joseph. *Traités des obligations*. Paris: Debure, 1764. t. 1.

PUTTI, Pietro Maria. *La nullità parziale*: diritto interno e comunitario. Napoli: Edizioni Scientifiche Italiane, 2002.

REALE, Miguel. *Teoria tridimensional do direito*. 3. ed. rev. e atual. São Paulo: Saraiva, 1980.

ROPPO, Vincenzo. *Diritto privato*. Torino: Giappichelli, 2010.

SCHMIEDEL, Raquel Campani. *Negócio jurídico*: nulidades e medidas sanatórias. 2. ed. São Paulo: Saraiva, 1985.

SIMÃO, José Fernando et al. *Código Civil comentado*. Rio de Janeiro: Forense, 2019.

STRECK, Lenio Luiz. Hermenêutica e princípios da interpretação constitucional. In: CANOTILHO, J. J. Gomes; MENDES, Gilmar F.; SARLET, Ingo W.; STRECK, Lenio Luiz (coord.). *Comentários à Constituição do Brasil*. São Paulo: Saraiva/Almedina, 2013.

TARTUCE, Flávio. *Direito civil*: direito das sucessões. 12. ed. Rio de Janeiro: Forense, 2019.

TRABUCCHI, Alberto. *Istituzioni di diritto civile*. 6. ed. riv. Padova: Cedam, 1952.

TRABUCCHI, Alberto. *Istituzioni di diritto privato*. 19. ed. Milano: Giuffrè, 2011.

VELOSO, Zeno. *Comentários à lei de introdução ao Código Civil*: artigos 1º a 6º. 2. ed. rev. e aum. Belém: Unama, 2006.

VIEIRA NETO, Manoel Augusto. *Ineficácia e convalidação do ato jurídico*. São Paulo: Max Limonad, 19[??].

VILLEY, Michel. *Questões de Tomás de Aquino sobre direito e política*. Tradução Ivone C. Benedetti. São Paulo: Martins Fontes, 2014.

VON TUHR, Andreas. *Derecho civil*: teoria general. Traducción Tito Ravà. Buenos Aires: Depalma, 1947. v. 3, t. 1.

ZANETTI, Cristiano de Sousa. *A conversão dos contratos nulos por defeito de forma*. São Paulo: Quartier Latin, 2013.

ZIMMERMANN, Reinhard. *The law of obligations*: roman foundations of the civilian tradition. Cape Town: Juta & Co., 1992.

MEDIAÇÃO

MEDIAÇÃO

33

DESAFIOS E SOLUÇÕES PARA A MEDIAÇÃO NO DIREITO CIVIL

REYNALDO SOARES DA FONSECA
KAREN MAGALHÃES SOARES DA FONSECA

SUMÁRIO: 1. Introdução; 2. O acesso à Justiça e a crise do Poder Judiciário: 2.1. O acesso à Justiça na Constituição Federal da 1988; 2.2. A crise do Poder Judiciário; 3. A cultura da mediação/conciliação: 3.1. A conciliação no Código de Processo Civil de 1973; 3.2. Movimento Nacional de Conciliação; 3.3. A cultura da conciliação/mediação; 4. A mediação/conciliação no novo Código de Processo Civil; 5. Desafios e soluções para a mediação no Direito Civil: 5.1. Mediação e conciliação familiar; 5.2. Mediação e conciliação nas relações de consumo; 5.3. Mediação e conciliação escolar; 5.4. Mediação e conciliação na área imobiliária; 5.5. Mediação e conciliação nas religiões; 5.6. Mediação e conciliação na área da saúde; 5.7. Mediação e conciliação intraempresarial ou intraorganizacional; 6. Conclusão; Referências.

1. INTRODUÇÃO

A Constituição Federal de 1988 representou um marco na construção do Estado de Direito brasileiro na medida em que atribuiu um novo papel institucional para o Judiciário, isto é, forneceu as condições normativas para a afirmação política do Estado-Juiz em contexto nacional, reafirmando e redesenhando o clássico e necessário princípio da separação dos poderes.

Em parte, esse êxito pode ser explicado pela positivação de uma plêiade de direitos fundamentais os quais devem ser garantidos institucionalmente por uma série de remédios processuais também previstos no texto constitucional.

846 | DIREITO CIVIL: DIÁLOGOS ENTRE A DOUTRINA E A JURISPRUDÊNCIA – *Volume II*

Portanto, em última medida, o Judiciário passa a ter o dever de concretização desses direitos.

Acontece que a realidade brasileira é marcada por forte desigualdade econômica e social juntamente com uma deficiência sistêmica nas prestações estatais, ao passo que a Constituição Federal é pródiga em positivar os mais diversos direitos sociais, econômicos e culturais, sem necessariamente atentar para os custos sociais e econômicos atrelados. Nesse sentido, a carência material se confronta com a promessa civilizatória, o que resulta em uma expressiva demanda por acesso ao Judiciário e à Justiça.

Após mais de trinta anos da promulgação do texto constitucional, a sociedade brasileira experimenta uma explosão de litigiosidade, a qual pode ser dimensionada na ordem de centenas de milhões de processos contabilizados no sistema judicial pátrio. Visto isso, a literatura jurídica sugere uma "crise do Poder Judiciário", tendo em vista que o Estado brasileiro desenvolve sua função judicial muito aquém das expectativas sociais do seu destinatário, a população.

Diante dessa situação, muitas respostas têm sido esboçadas por juristas, políticos e gestores públicos para corrigir as disfuncionalidades e distorções constatadas no desempenho institucional do Poder judicante. Em termos gerais, essas respostas são sumarizadas como "ondas de acesso à Justiça".

Na presente pesquisa, o enfoque remanescerá nas recentes mudanças legislativas promovidas no direito objetivo e nas práticas das instituições jurídicas, notadamente o modelo de mediação/conciliação previsto no Novo Código de Processo Civil (NCPC) e suas potencialidades para lidar com os referidos problemas de ausência de acesso à Justiça e excessiva judicialização dos litígios de uma sociedade de massas, com foco especial às questões tratadas pelo Direito Civil.

Dessa forma, o problema desta investigação pode ser posto nos seguintes termos: se e em que medida a mediação, tal como proposta no NCPC, representa um instrumento adequado para superar os obstáculos ao acesso à Justiça no contexto brasileiro?

Nesse diapasão, serão trabalhadas as seguintes indagações:

> (i) Há uma crise do Poder Judiciário no Brasil decorrente da falta de efetividade do acesso a uma ordem jurídica justa?

> (ii) A experiência brasileira com a solução consensual, notadamente após a promulgação do NCPC e da Lei da Mediação (Lei n. 13.140/2015), tem sido positiva em termos de acesso à Justiça?

> (iii) Quais são os desafios e soluções para a mediação no Direito Civil?

Na qualidade de hipótese, considera-se que o empenho conciliatório esboçado na mudança legislativa em conjunto com as esperadas alterações nas práticas institucionais e na cultura jurídica nacional representam, no geral, um aprimoramento no sistema judicial brasileiro, inserido na promessa constitucional do Estado Democrático de Direito.

Ademais, objetiva-se com a presente pesquisa servir de contributo a um importante debate acerca do acesso à Justiça em função das expectativas sociais de efetivação dos direitos fundamentais no âmbito do Direito Civil, com abordagem da solução consensual, especialmente nas esferas familiar, das relações de consumo, intraempresarial ou intraorganizacional, escolar, da saúde, religiosa e imobiliária, tudo no contexto do mundo globalizado virtual.

2. O ACESSO À JUSTIÇA E A CRISE DO PODER JUDICIÁRIO

Na qualidade de movimento sociocultural, o acesso à Justiça comporta diferentes sentidos de acordo com o contexto espacial e temporal em que se insere. A despeito disso, torna-se imperativo buscar elementos que viabilizem a formação de um conceito mais ou menos preciso, de modo que seja operacional, mas não inflacionado a ponto de ser arbitrário e manipulável.

Diante da dificuldade de definição, Mauro Cappelletti e Bryant Garth tomam como ponto de partida as duas finalidades básicas do termo "acesso à Justiça" em um sistema jurídico, quais sejam, o sistema deve ser igualmente acessível a todos, bem como produzir resultados justos nos âmbitos individual e social (CAPPELLETTI; GARTH, 1988, p. 8).

Na linguagem do Direito, o acesso efetivo à Justiça se coloca como uma norma de direito fundamental nas modernas sociedades, logo apresenta seu conteúdo de obrigatoriedade e exigibilidade. Conforme Wilson Alves de Souza, o termo transcende seu sentido literal, porquanto também significa o direito ao devido processo, "vale dizer, direito às garantias processuais, julgamento equitativo (justo), em tempo razoável e eficaz" (SOUZA, 2011, p. 26).

Nessa esteira, Ada Grinover, Cândido Rangel Dinamarco e Antônio Carlos Cintra interpretam a expressão como o acesso à ordem jurídica justa, o que pressupõe a efetividade do processo ao eliminar (ou, pelo menos, amenizar) o conflito social e realizar a justiça em concreto (CINTRA; GRINOVER; DINAMARCO, 2008, p. 39).

Visto isso, importa nesta seção instrumentalizar teoricamente a presente pesquisa por intermédio de uma revisão de literatura em três eixos: (i) os possíveis planos de estudos do fenômeno; (ii) os obstáculos à efetividade

848 | DIREITO CIVIL: DIÁLOGOS ENTRE A DOUTRINA E A JURISPRUDÊNCIA – *Volume II*

desse direito; e (iii) as soluções práticas para esses problemas, as quais se popularizaram como as ondas do movimento de acesso à Justiça.

Paulo Cesar Santos Bezerra identificou quatro perspectivas possíveis para se abordar o fenômeno social em tela, a saber: a leiga; a técnico-jurídica; a sociológica; e a filosófica (BEZERRA, 2001, p. 123-150).

Dessa forma, a visão do leigo é precipuamente pejorativa e demasiadamente estreita, uma vez que se correlaciona à negação de direitos aos menos favorecidos, dado que a tutela jurisdicional não os alcança. Tendo em vista que "a visão leiga mira a mera oportunidade de estar perante o Juiz" (BEZERRA, 2001, p. 125) e os obstáculos a serem transpostos, o sentimento associado a essa perspectiva é a frustração do litigante, pois não há sequer um acesso formal ao sistema processual.

Do ponto de vista técnico-jurídico, conforme já colocado, o acesso à Justiça é um direito fundamental, por conseguinte recebe tratamento legal e proteção constitucional. Nesse ponto, Cintra, Grinover e Dinamarco sustentam a seguinte configuração ao acesso à Justiça:

> O acesso à Justiça é, pois, a ideia central a que converge toda a oferta constitucional e legal desses princípios e garantias. Assim, (a) oferece-se a mais ampla *admissão de pessoas e causas* ao processo (universalidade jurisdição), depois (b) garante-se a todas elas (no cível e no criminal) a observância das regras que consubstanciam o *devido processo legal*, para que (c) possam participar intensamente da formação do convencimento do juiz que irá julgar a causa (princípio do *contraditório*), podendo exigir dele a (d) efetividade de uma *participação em diálogo* – tudo isso com vistas a preparar uma solução que seja justa, seja capaz de eliminar todo resíduo de insatisfação. (grifos no original) (CINTRA; GRINOVER; DINAMARCO, 2008, p. 39).

A visão sociológica acerca do fenômeno jurídico em tela está intimamente ligada às expectativas sociais pela implementação de uma perspectiva particular de justiça de uma comunidade constitucionalmente constituída. Assim, "a contribuição sociológica está em investigar sistemática e empiricamente os obstáculos ao acesso à justiça por parte dos populares, com vista a propor as soluções que melhor possa superá-los" (BEZERRA, 2011, p. 144).

Por fim, há a abordagem filosófica a qual se resume na busca de condições de possibilidades e horizontes de sentido (aporias) para fins de orientar a ação social.

Cap. 33 · DESAFIOS E SOLUÇÕES PARA A MEDIAÇÃO NO DIREITO CIVIL | 849

Filosoficamente, pois, havemos de raciocinar com acesso à justiça ideal, embora o ideal seja o efetivo, pelo que a busca da efetividade não pode se restringir a elaboração e aplicação de mecanismo que viabilizem formalmente o acesso à justiça e sim, por formulações de cunhos filosóficos e sociológicos, além, é claro, de medidas politicamente corretas, para consecução de tal destino.

E esse destino deve ser construído pela coletividade dos indivíduos. Para alívio das classes mais pobres, devem cooperar, em concordância com o Estado, as iniciativas dos indivíduos e dos entes coletivos, com espírito de justiça e também de educação para o social (BEZERRA, 2011, p. 149).

Em movimento contínuo, torna-se conveniente abordar os entraves à efetividade do acesso à Justiça. Nada obstante seja datada, a pesquisa em âmbito global coordenada por Mauro Cappelletti e Bryant Garth se notabilizou por lançar luzes aos obstáculos a serem transpostos. Segundo os autores, a problemática se centra em três eixos: as custas judiciais, a possibilidade das partes e os interesses difusos. Nesse sentido, se centra na busca pela igualdade de armas como ponto utópico, tendo em vista que as diferenças entre as partes sempre existirão. Contudo, "a questão é saber até onde avançar na direção do objetivo utópico e a que custo" (CAPPELLETTI; GARTH, 1988, p. 15).

A conclusão desses juristas é no sentido de que o sistema de justiça produz os maiores obstáculos nas pequenas causas e para os autores individuais, sobretudo os pobres. Igualmente, esse mesmo sistema produz as vantagens mais latentes para os litigantes organizacionais os quais se utilizam da máquina judiciária para mobilizar seus interesses de maneira habitual. A resultante é a dificuldade de se afirmarem os direitos típicos de um Estado Social (CAPPELLETTI; GARTH, 1988, p. 28).

De maneira sintética, Mauro Cappelletti assim descreve a problemática em que se insere o movimento de acesso à Justiça:

> Os problemas principais do movimento reformador têm sido os seguintes:
>
> a) o obstáculo *econômico*, pelo qual muitas pessoas não estão em condições de ter acesso às cortes de justiça por causa de sua pobreza, aonde seus direitos correm o risco de serem puramente aparentes;
>
> b) o obstáculo *organizador*, através do qual certos direitos ou interesses "coletivos" ou "difusos" não são tutelados de maneira eficaz se não se operar uma radical transformação de regras e institui-

ções tradicionais de direito processual, transformações essas que possam ter uma coordenação, uma "organização" daqueles direitos ou interesses;

c) finalmente, obstáculo propriamente *processual*, através do qual certos tipos tradicionais de procedimento são inadequados aos seus deveres de tutela (CAPPELLETTI, 1991, p. 148).

Daniela Marques de Moraes assim descreve o citado conjunto de problemas com atenção ao contexto brasileiro a partir da Constituição Federal de 1988:

> O advento da Constituição Federal, contudo, além de apresentar um catálogo de direitos e garantias fundamentais ampliado, acabou por publicizar as desigualdades jurídico-sociais e, também, a perpetuação de uma cultura jurídica legalista. A maior parte das legislações infraconstitucionais e o próprio Poder Judiciário não estavam em conformidade com os preceitos constitucionais democráticos, pois foram erigidos sob outras perspectivas históricas e jurídicas.
>
> O reflexo inevitável foi o descompasso entre o direito e a realidade social, evidenciando-se o fosso existente entre eles, bem como a prolação de decisões judiciais que reproduziam o repertório legislativo desafinado com os novos direitos, agravando-se as desigualdades e gerando incredibilidade na instituição judicial.
>
> A insatisfação com o direito e com a justiça, principalmente após o início da democratização do Estado, resultou no movimento de acesso à justiça que clamava pela identificação e superação dos obstáculos adversos ao exercício das práticas jurisdicionais (MORAES, 2014, p. 178-179).

Também foram Cappelletti e Garth que identificaram três posições básicas de solução para os obstáculos supracitados a partir de 1965 nos países ocidentais. Essas soluções foram alcunhadas de "ondas do movimento de acesso à Justiça".

A primeira onda se refere ao custo econômico e se resume na assistência judiciária para os pobres. Como reflexo dessa movimentação, percebe-se que "os pobres estão obtendo assistência judiciária em número cada vez maior, não apenas para causas de família ou defesa criminal, mas também para reivindicar seus direitos novos" (CAPPELLETTI; GARTH, 1988, p. 47). Por sua vez, os limites são claros: a escassez de advogados em número

Cap. 33 · DESAFIOS E SOLUÇÕES PARA A MEDIAÇÃO NO DIREITO CIVIL | 851

suficiente para auxiliar aqueles que não podem pagar por seus serviços, o que exige vultosas dotações orçamentárias; e a relação de custo-benefício para as causas de menor expressão econômica, uma vez que o serviço judiciário remanesce demasiadamente caro para as pequenas causas em face das grandes organizações.

A segunda onda se refere aos interesses difusos. Nesse sentido, uma verdadeira revolução foi promovida no âmbito do processo civil, de modo a contemplar as ações coletivas. Assim, o devido processo legal se coletiviza para fins de assegurar a realização dos direitos difusos.

A terceira onda corresponde a um novo enfoque de acesso à Justiça, possuindo um alcance mais amplo ao conglobar as soluções anteriores. "Esse enfoque, em suma, não receia inovações radicais e compreensivas, que vão muito além da esfera da representação judicial" (CAPPELLETTI; GARTH, 1988, p. 73). Pretende-se a construção de instituições efetivas para enfrentar os diversos fatores e barreiras ao acesso à Justiça.

Nessa mesma direção, José Geraldo de Sousa Júnior assim descreve os níveis de acesso à Justiça de modo a advogar por uma concepção alargada desse conceito jurídico: "O nível restrito do acesso à justiça, portanto, se reafirma no sistema judicial. O nível mais amplo do mesmo conceito se fortalece em espaços de sociabilidades que se localizam fora ou na fronteira do sistema de justiça" (SOUSA JUNIOR, 2008, p. 7).

2.1. O acesso à Justiça na Constituição Federal da 1988

Grinover, Cintra e Dinamarco reconhecem no direito processual constitucional o local de estudo do relacionamento entre Constituição e Processo, uma vez que este para além de ser instrumento técnico, adquire forte apelo ético à comunidade política que se constitui. Nesse sentido, o direito processual constitucional se divide em duas vertentes: a tutela constitucional dos princípios fundamentais da organização judiciária e do processo; e a jurisdição constitucional. Por sua vez, a tutela constitucional do processo apresenta dupla configuração, a saber, o acesso à Justiça e o devido processo legal (CINTRA; GRINOVER; DINAMARCO, 1988, p. 84-86).

No ordenamento jurídico brasileiro, o acesso à Justiça é uma norma de direito fundamental com assento constitucional que prevê a acessibilidade igualitária à ordem jurídica justa, assim como a produção de resultados materialmente justos.

Luiz Guilherme Marinoni bem sintetiza o acesso à Justiça nos seguintes termos:

DIREITO CIVIL: DIÁLOGOS ENTRE A DOUTRINA E A JURISPRUDÊNCIA – *Volume II*

Esse direito nada mais é do que manifestação do direito à tutela jurisdicional efetiva, insculpido no art. 5º, XXXV, da CF. O direito fundamental à tutela jurisdicional efetiva, além de dar ao cidadão o direito à técnica processual adequada à tutela do direito material, igualmente confere a todos o direito de pedir ao Poder Judiciário a tutela dos seus direitos (MARINONI, 2008, p. 461).

Igualmente, conforme Robert Alexy, "o significado das normas de direitos fundamentais para o sistema jurídico é o resultado da soma de dois fatores: da sua fundamentalidade formal e da sua fundamentalidade substancial" (ALEXY, 2008, p. 520). Do ponto de vista formal, tal aspecto decorre do posicionamento de primazia no ordenamento jurídico, o que implica a vinculação direta de todos os Poderes do Estado. No âmbito substancial, as normas apresentam sua fundamentalidade na medida em que representam tomadas de decisões sobre a estrutura normativa básica do Estado e da sociedade.

Do mesmo modo, Marinoni considera que esse direito fundamental, além de viabilizar a tutela dos demais direitos, também é imprescindível para uma organização jurídica justa e democrática. "Não há democracia em um Estado incapaz de garantir o acesso à justiça. Sem a observância desse direito um Estado não tem a mínima possibilidade de assegurar a democracia" (MARINONI, 2008, p. 462).

2.2. A crise do Poder Judiciário

Segundo Boaventura de Sousa Santos, a crise do Judiciário é corolário da crise do Estado Moderno, precisamente pela ausência do cumprimento das chamadas promessas da modernidade, vertidas na linguagem jurídica como direitos, por exemplo: saúde, educação, emprego, moradia, alimentação, segurança, entre outros (SANTOS, 1997, *passim*).

Logo, a crise do Estado Social e seus desdobramentos na legitimidade e no financiamento também são sentidos no âmbito do Poder judicante. A crise de financiamento decorre da escassez de recursos para a implantação de políticas públicas para fins de promoção de direitos. "Deste ponto de vista, a crise é decorrente sobretudo da falta de condições materiais, subsumidas no controle orçamentário, na falta de juízes, no preparo insuficiente dos operadores, etc." (BARBOSA, 2006, p. 25).

Além da falta de consenso a respeito das funções do Poder Judiciário no Estado atual, recentes trabalhos referem-se também a uma certa "crise de legitimidade" do Poder Judiciário, estampada em vários

Cap. 33 · DESAFIOS E SOLUÇÕES PARA A MEDIAÇÃO NO DIREITO CIVIL | **853**

fatores, tais como, o seu caráter "antidemocrático" quando se tem em conta a forma de investidura em seus cargos; a má formação dos operadores jurídicos, decorrente de um processo de seleção autoritário, formal e essencialmente legalista; a ausência de controle externo sobre o agir do Poder Judiciário, as possibilidades e limites de criação do direito por parte dos cursos jurídicos (BARBOSA, 2006, p. 29).

Com esteira nos ensinamentos da saudosa Ada Pellegrini Grinover, Marco Aurélio Buzzi arrola diversos fatores que constatam a propalada situação crítica que alcança a todos os países que adotam sistemas jurisdicionais com as características que predominam nas ordens jurídicas ocidentais:

a) o distanciamento entre o Poder Judiciário e o cidadão;

b) o excesso de processos, que abarrotam o Judiciário;

c) a morosidade e os altos custos dos processos;

d) a burocracia e a complexidade dos procedimentos que deveriam oferecer ao indivíduo a almejada justiça;

e) a mentalidade de um contingente de juízes pouco compromissados com a missão da instituição a qual pertencem e que fazem menos do que poderiam;

f) a ignorância das partes acerca dos procedimentos e rotinas judiciais;

g) a deficiência, ou inexistência, concernente ao funcionamento dos serviços de defensoria pública ou assistência judiciária gratuita (BUZZI, 2014, p. 469-470).

Por sua vez, Vallisney Oliveira aponta indícios para explicar a "explosão de causas no Judiciário":

Alguns fatores relacionados com o aumento assustador das causas nas Cortes Brasileiras, dentre tantos, podem aqui ser arrolados: o aumento da população ativa e consumidora de bens; a infância perdida e os caminhos tortuosos da criminalidade em todas as camadas sociais; o crescente número de jovens e a necessidade de sua inserção no mercado de trabalho; a extensão da concentração urbana, da favela, da miséria e o insuficiente amparo à família; o crescimento do número de pessoas com conhecimento de seus direitos e dos modos de obtê-los, inclusive pela maciça atuação da mídia que, com facilidade, chega a quase todos os lares; a divulgação pela imprensa das mazelas éticas dos governantes, como a corrupção e o peculato, incentivadores da cultura da impunidade; o anseio pela população por terra, casa, escola, lazer e por outros bens, essenciais ou supérfluos.

Esse minúsculo retrato da sociedade contemporânea facilita a ebulição social, econômica e política e amplia a cultura do litígio. Também contribui para o Judiciário tornar-se um veículo concorrido de realização de direitos e de necessidades do povo e, como mediador de conflitos variados, a esperança para muitos que antes tinham grandes dificuldades nas postulações judiciais de pretendidos direitos, inclusive contra o Estado assistencialista e provedor (OLIVEIRA, 2008, p. 54).

Igualmente, José Renato Nalini identifica como causa da crise do Poder Judiciário a perda da identidade do juiz, isto é, o magistrado e a sociedade não sabem exatamente qual é a missão institucional e como conduzir-se diante dos paradoxos hodiernos. Nesses termos, desenvolve seu raciocínio em causas organizacionais, conjunturais, processuais e culturais (NALINI, 2006, p. 8-23).

No conjunto das variadas críticas oferecidas por José Nalini, ressalta-se a dificuldade em lidar com o futuro e a resistência interna de convívio com praxes democráticas (NALINI, 2006, p. 18).

Diante de tal quadro, torna-se necessário argumentar acerca das vias conciliativas e seu papel na superação da propalada crise. Para a inesquecível Ada Grinover, os fundamentos dos meios consensuais de resolução de controvérsias são o funcional, o social e o político, sendo que esses são coexistentes e complementares (GRINOVER, 2008, p. 22-27).

De acordo com a processualista, o fundamento funcional está ligado à noção de eficiência, uma vez que se intenta racionalizar a distribuição da justiça de modo a melhorar seu desempenho e funcionalidade. Em âmbito social, o fundamento das vias conciliativas reside na pacificação social na medida em que foca na lide sociológica, assim se enfrenta o problema de relacionamento que está na base da litigiosidade. Por fim, o fundamento político se pauta na participação popular nas vias conciliatórias à luz da democracia participativa.

No ponto, não se pode esquecer que a CF/1988, desde o seu preâmbulo e no art. 3º do corpo permanente, anuncia os valores fundamentais

Cap. 33 · DESAFIOS E SOLUÇÕES PARA A MEDIAÇÃO NO DIREITO CIVIL | 855

da República, apontando o caminho da sociedade fraterna, com soluções pacíficas para as controvérsias (FONSECA, 2013, p. 21).

3. A CULTURA DA MEDIAÇÃO/CONCILIAÇÃO

Mauro Cappelletti insere o desenvolvimento e o crescimento dos métodos alternativos (substituível por "consensuais" ou "adequados", segundo a literatura jurídica mais moderna) de resolução de controvérsias na quadra do movimento político-filosófico do acesso à Justiça. No específico, verifica-se pertinência temática em relação aos obstáculos de ordem processual e construção de instituições que atuem pela criação de uma ordem jurídica mais justa. Ou seja, segundo o italiano, fala-se na terceira onda renovatória.

A filosofia do acesso à Justiça reflete exatamente essa resposta, isto é, a tentativa de adicionar uma dimensão "social" ao Estado de Direito, de passar do *Rechtsstaat* ao *Sozialer Rechtsstaat*, consoante proclamam as mais avançadas Constituições europeias, inclusive a francesa, a alemã e, mais recentemente, a espanhola; na verdade, consoante proclamam também declarações de direitos transnacionais, como a Convenção Europeia dos Direitos do Homem, interpretada pela Corte Europeia de Estrasburgo. Assim, o movimento de acesso à Justiça e sua terceira onda, que enfatiza a importância dos métodos alternativos de solução de litígios, reflete o núcleo mesmo dessa filosofia política; a filosofia para a qual também os pobres fazem jus a representação e informação, também os grupos, classes, categorias não organizados devem ter acesso a remédios eficazes; enfim, uma filosofia que aceita remédios e procedimentos alternativos, na medida em que tais alternativas possam ajudar a tornar a Justiça equitativa e mais acessível (CAPPELLETTI, 2014, p. 418).

Em suma, fazendo uso das palavras de Nancy Andrighi e Sidnei Beneti: "A obtenção da conciliação no processo é a consagração do juiz como pacificador social, relegando a segundo plano a função de mero aplicador da Lei" (ANDRIGHI; BENETI, 1996, p. 43).

Propriamente em termos de taxonomia, costuma-se classificar o tratamento jurídico da conflituosidade social de acordo com os agentes que solucionam a controvérsia. Ou seja, há a composição heterocompositiva (terceiro) e a autocompositiva (as próprias partes). Da mesma maneira, os métodos de resolução de conflitos podem ser agrupados conforme o grau de

856 | DIREITO CIVIL: DIÁLOGOS ENTRE A DOUTRINA E A JURISPRUDÊNCIA – *Volume II*

consensualidade observável ao longo do processo. Nesse sentido, a utilidade da classificação tem relação com a metodologia de análise, por exemplo, a arbitragem se apresenta como heterocompositiva e consensual.

Pode-se dividir a autocomposição em três vertentes: a direta, a autotutela e a assistida (COSTA, 2004). Como se sabe, a jurisdição em si – método heterocompositivo por excelência – pressupõe o monopólio estatal da força e surge em reação à autotutela praticada de maneira generalizada. Assim, observa-se um limitadíssimo espaço para tal método, caso se pense em litígios juridicamente relevantes, nada obstante ela seja observada em diversas práticas sociais.

De qualquer forma, a diferença entre autocomposição direta e a assistida está na intervenção de um terceiro imparcial que atue como avaliador ou facilitador da resolução da controvérsia. Isso porque na forma direta não há a presença dessa terceira figura no processo resolutivo (ANDRIGHI; BENETI, 1996, p. 11).

À luz da autonomia das partes litigantes, é impossível catalogar a quantidade de meios consensuais para a resolução de uma controvérsia, inclusive hoje no Brasil começa-se a avançar a disciplina do "*Design* de sistemas de disputas" (Cf. FALECK, 2009, p. 7-21), o qual tem por "finalidade dar às partes o controle do processo de resolução de disputas, com procedimentos mais facilitadores e garantindo maior autonomia possível aos envolvidos" (SILVA, 2013, p. 141).

Nessa seara, torna-se conveniente abordar de maneira panorâmica os três métodos autocompositivos e consensuais mais citados na literatura jurídica brasileira: negociação, mediação e conciliação. Objetiva-se, precipuamente, apontar a identidade e as diferenças entre eles.

A negociação confunde-se com a autocomposição direta, pois as partes buscam, sem a intermediação de terceiros, a solução de um impasse com posterior cumprimento voluntário do acordo. Importa também dizer que nesse método há dois níveis de preocupação com a satisfação, percepção e controle das partes: a justiça do processo (procedimento) e a justiça do resultado (substância) (GABBAY, 2011, p. 222-223).

De outra banda, a doutrina muito discute a conceituação e as diferenças entre a mediação e a conciliação. Conforme nos coloca Alexandre Araújo Costa, tem-se o seguinte quadro:

> Conciliação e mediação são dois termos que sempre são utilizados nas teorias que tratam dos métodos de enfrentamento de conflitos que aqui chamamos de autocomposição mediada. A palavra *mediação* acentua o fato de que a autocomposição não é direta, mas que existe

Cap. 33 · DESAFIOS E SOLUÇÕES PARA A MEDIAÇÃO NO DIREITO CIVIL | **857**

um terceiro que fica "no meio" das partes conflitantes e que atua de forma imparcial. A palavra *conciliação* acentua o objetivo típico desse terceiro, que busca promover o diálogo e o consenso. Assim, para o senso comum, não pareceria estranha a ideia de que o mediador tem como objetivo promover a conciliação, havendo mesmo muitos autores tanto brasileiros como estrangeiros que tratam esses termos como sinônimos. Porém, na tentativa de acentuar as diferenças existentes entre as várias possibilidades de autocomposição mediada, são vários os autores que buscam diferenciar conciliação de mediação, ligando significados diversos a esses termos (COSTA, 2004, p. 175).

Assim, notam-se mais comuns dois critérios de diferenciação entre os institutos: o modo de atuação do terceiro imparcial e o tipo de conflito envolvido (Ibid., loc. cit.). No primeiro critério, o mediador se presta somente a facilitar a negociação, ao passo que o conciliador permanece focado na resolução da lide jurídica, inclusive podendo fornecer soluções, embora não haja obrigatoriedade para as partes. No segundo critério, a mediação deve ser utilizada em conflitos mais amplos ou multidimensionais, conquanto a conciliação esteja ligada a conflitos mais restritos. De maneira geral, pode-se dizer que a mediação se centra no conflito, enquanto a conciliação assenta o foco no acordo.

Sendo assim, a mediação consiste em um processo autocompositivo e consensual de resolução de controvérsia em que as partes litigantes escolhem um terceiro (pessoa ou grupo) neutro e desinteressado em relação ao conflito para ajudar na obtenção de um acordo.

Por sua vez, um conceito possível de conciliação é apresentado por Érica Barbosa e Silva:

> Por tudo isso, o instituto da conciliação deve ser definido como meio de resolução de conflitos, cuja composição é triangular pela atuação de um terceiro, neutro e imparcial, que investiga os interesses e necessidades das partes, pela facilitação da comunicação entre elas com vistas à compreensão do conflito e pela aplicação de técnicas relacionadas à sua adequada transformação, com orientação facilitativa e sem objetivar o acordo, enfocando a relação intersubjetiva, quando necessário, sendo mais afeta aos conflitos unidimensionais (SILVA, 2013, p. 186).

Igualmente, é feliz a referida autora na medida em que, ao destacar as vantagens e desvantagens dos métodos consensuais, introduz a noção de

858 | DIREITO CIVIL: DIÁLOGOS ENTRE A DOUTRINA E A JURISPRUDÊNCIA – *Volume II*

adequação como chave analítica para a definição de qual método se valer para cada situação conflitiva.

> Por fim, é preciso mencionar que não existe meio ideal de resolução de conflitos, pois cada qual tem características próprias e todos apresentam vantagens e desvantagens. Assim, um conjunto de meios fortalece o sistema de Justiça, principalmente porque permite adequar o meio de resolução às características do próprio conflito, considerando as diversas facetas dos métodos e interesses das partes [...] Dessa forma, a adequação de cada meio deve ser feita de acordo com as ponderações das vantagens e desvantagens diante do caso concreto. É claro que, reconhecendo a complexidade das relações e a pluralidade de conflitos, quanto maior o número de meios de resolução de conflitos, tanto maior a possibilidade de encontrar um que melhor se ajuste aos objetivos e necessidades das partes envolvidas. Nesse ínterim, o Estado, ao fornecer um sistema de Justiça com diversos meios de resolução de conflitos, deve buscar a pacificação das partes com justiça, mas considerando a satisfação das partes e não apenas o cumprimento do Direito (SILVA, 2013, p. 148).

3.1. A conciliação no Código de Processo Civil de 1973

Na disposição original do antigo Código de Processo Civil, a conciliação se mostrava de forma tímida, porquanto topicamente o esforço conciliatório se localizava apenas na Audiência de Instrução e Julgamento. Mais: tratava-se de acessório no caso de o litígio versar sobre direitos patrimoniais de caráter privado e nas causas relativas à família (art. 447, *caput* e parágrafo único, CPC). Assim, antes de iniciar a instrução, o juiz tentaria conciliar as partes; caso fosse bem-sucedido, mandaria tomar a transação por termo. A partir daí, o termo de conciliação teria valor de sentença (art. 449, CPC).

Com o advento das reformas processuais operadas pelas Leis 8.952/1994 e 9.245/1995, a conciliação ganhou um pouco de espaço nas práticas judiciais. A primeira lei colocava como dever do juiz tentar, a qualquer tempo, conciliar as partes, o que evitava a concentração do empenho conciliatório na Audiência de Instrução e Julgamento. Ademais, previu-se uma audiência preliminar no caso de julgamento conforme o estado do processo na qual haveria outro momento de tentativa de conciliação, caso o direito fosse transigível (art. 331, CPC). Não logrando êxito na audiência, o magistrado deveria promover o saneamento do processo.

Cap. 33 • DESAFIOS E SOLUÇÕES PARA A MEDIAÇÃO NO DIREITO CIVIL | 859

A segunda lei firmou a posição de destaque da conciliação no procedimento sumário, o que incluía uma audiência somente para tentar conciliar as partes e permitia-se a resposta do réu apenas nesse momento para fins de evitar o escalonamento da espiral do conflito. Percebe-se um tratamento fragmentário do sistema processual relativamente aos chamados processos de "pequenas causas", o que repercutiu no acesso efetivo à Justiça.

Nos anos 2000, a Lei 11.232/2005 previu a sentença homologatória ou de transação, ainda que inclua matéria não posta em juízo, na qualidade de título executivo judicial. Visava-se à garantia de uma mínima segurança jurídica no que toca ao cumprimento dos acordos judiciais. Por outro lado, nota-se o Judiciário na dianteira (ou de forma mais crítica: apropriando-se) da implantação dos métodos consensuais de solução de controvérsias.

3.2. Movimento Nacional de Conciliação

O Movimento pela Conciliação pode ser visto à luz de um contexto maior do Poder Judiciário brasileiro no momento inicial do século XXI. A explosão da judicialização de conflitos demandou soluções criativas por parte do Poder Público, dentre as quais pode ser destacado o referido movimento.

Marco Aurélio Buzzi identifica no dia 16 de novembro de 2005 o embrião do movimento na medida em que se teve o I Encontro Nacional de Coordenadores de Juizados Especiais – Estaduais e Federais, sob a direção do então presidente do STF e do CNJ, Min. Nelson Jobim (BUZZI, 2011, p. 48).

De todo modo, no dia 20 de junho de 2006, foi instalado o Conselho Gestor do Movimento pela Conciliação composto por destacados juristas em conjunto com a Comissão Executiva do projeto. Em movimento contínuo, no dia 23 de agosto de 2006, sob orientação da Ministra Ellen Gracie, então presidente do STF e do CNJ, deu-se lançamento oficial ao Programa "Movimento pela Conciliação", procedendo-se à exposição das metas e das estratégias a serem seguidas na fase de implementação.

Após a primeira etapa do Movimento, com respectiva formatação e aprovação do projeto, deliberou-se pela realização do Dia Nacional da Conciliação na data de 8 de dezembro de 2006. Em razão do sucesso do mutirão inicial, observou-se a necessidade da extensão temporal e proporcional do evento, logo, a partir de 2007, o dia se transformaria na Semana Nacional da Conciliação, atualmente em sua 14ª edição.

Assim, tem-se a concretização de mudanças legislativas para consolidar e dar segurança jurídica ao processo descrito. Observam-se, pois, alterações pontuais no antigo Código de Processo Civil, a Res. CNJ 125/10 e o próprio

NCPC como produtos resultantes do Movimento Nacional pela Conciliação. Aliás, espera-se, ainda, a efetividade social decorrente do marco regulatório estabelecido pela Lei n. 13.140, de 26 de junho de 2015, denominada Lei da Mediação.

3.3. A cultura da conciliação/mediação

Tendo em vista que o Direito não deixa de ser um aparato cultural desenvolvido pelas sociedades para lidar com seus conflitos de interesses, o avanço da experiência conciliatória no Brasil exige também mudanças paradigmáticas nos escopos gerais e específicos, isto é, as culturas social e jurídica no contexto nacional.

Para além da crise do Poder Judiciário sobre a qual a seção anterior se ocupou, acerta Napoleão Maia Nunes Filho ao anotar um déficit de legitimidade nas práticas jurídicas contemporâneas em decorrência do exaurimento do legalismo.

> Essa postura judicial parece fundar-se na pré-compreensão de que as leis escritas são a única forma – ou a forma definitiva – de prevenir, administrar e resolver os conflitos que a sociedade sempre produz, por isso as proposições lógicas (ou preestabelecidas) das leis escritas carregam em si uma espécie de pretensão – augusta pretensão – ao monopólio das soluções possíveis dos casos controvertidos, quando na verdade existe, diante do agente solucionador das controvérsias, um leque vasto de alternativas e de definições adequadas, entre as quais ele (o agente julgador ou solucionador das questões) encontrará aquela que é a legítima.
>
> A legitimidade – e não a legalidade – passaria a ser, portanto, no contexto das reflexões jurídicas, a estrela guia da decisão (NUNES FILHO, 2014, p. 207).

Igualmente, Marco Aurélio Buzzi argumenta pela mudança de mentalidade no tratamento das políticas alusivas aos conflitos que podem ser solucionados por intermédio dos métodos consensuais de solução de controvérsia em detrimento da metodologia tradicional. Fala-se, portanto, em uma disseminação de uma cultura da pacificação social por meio do emprego da conciliação e outros instrumentos consensuais. Tal propagação deve-se dar em primeiro estágio na própria comunidade jurídica entre seus diversos operadores do direito para seguidamente adentrar o imaginário social como artefato de adequação social (BUZZI, 2014, p. 498-499).

Cap. 33 · DESAFIOS E SOLUÇÕES PARA A MEDIAÇÃO NO DIREITO CIVIL | **861**

Nessa mesma direção, já apontamos que a referida mudança paradigmática somente pode ocorrer à luz do princípio jurídico da fraternidade e do constitucionalismo fraternal. Assim, umas das formas de vivência da fraternidade na realidade jurídica seria pela via conciliatória na resolução dos conflitos intersubjetivos de interesses.

> Com efeito, deseja-se uma mudança de paradigma. É preciso lutar por uma cultura da conciliação, como a primeira e melhor técnica para a solução das controvérsias. Tal luta é indiscutivelmente a concretização do terceiro princípio da tríade francesa (liberdade, igualdade e fraternidade) (FONSECA, 2014, p. 82).

Por sua vez, Érica Barbosa e Silva fundamenta no escopo social da jurisdição a viabilidade da construção de uma cultura de paz. Nesse ponto, a jurista verifica em três pilares esse desenvolvimento cultural pleiteado, a saber, a sociedade, a escola e as políticas públicas de justiça (SILVA, 2013, p. 56).

No âmbito social, Érica Silva elenca como exemplos exitosos de concretização da cultura de paz social: a figura do *ombudsman* no meio empresarial norte-americano e a mediação comunitária:

> A sociedade precisa resgatar sua responsabilidade na resolução de conflitos. Não se trata apenas de o Estado aparelhar o sistema de Justiça e oferecer meios ágeis para a solução dos conflitos judicializados, porquanto a sociedade pode contribuir – e muito – para uma mudança paradigmática: deixar a Justiça estatal como última *ratio* e adotar meios para solucionar os conflitos, de forma consensual e interna às instituições (SILVA, 2013, p. 60).

Nesse sentido, o Movimento pela Conciliação, aqui já tratado em pormenores, representa a principal bandeira de uma política pública estatal voltada para o tratamento adequado de conflitos intersubjetivos juridicamente relevantes.

Por fim, deve-se observar o pilar referente à educação universitária no qual se observa um ensino ainda marcadamente manualesco e voltado ao litígio. Via de regra, o egresso do ensino jurídico não está minimamente capacitado para lidar com conflitos sociais para além das formalidades processuais, o que dificulta, de plano, a consolidação de uma cultura da conciliação.

> É indispensável desenvolver processos educativos que façam a sociedade compreender em que consistem os meios consensuais,

não só no direito, mas em diversas áreas do conhecimento, levando os estudantes a avaliar corretamente essas novas ferramentas que ajudarão a construir um novo paradigma de Justiça. Ademais, o ensino de meios alternativos e consensuais enriquece a grade curricular de qualquer curso, pois oferece novas visões do conflito. Os meios de resolução de conflitos não estão confinados a temas exclusivamente jurídicos, mas se abrem à interdisciplinaridade pela diversidade dos conhecimentos que integram seus conteúdos (SILVA, 2013, p. 75).

4. A MEDIAÇÃO/CONCILIAÇÃO NO NOVO CÓDIGO DE PROCESSO CIVIL

O Código de Processo Civil de 1973 vigorou por 42 anos, mas logo demonstrou a necessidade de novos remédios e perspectivas para fins de combater a crise do Poder Judiciário brasileiro e seus corolários, embora se reconheçam os esforços institucionais do legislador nas chamadas reformas processuais que se sucederam a partir da década de 1990.

Por iniciativa do ex-presidente da República e do Senado Federal José Sarney, formou-se uma comissão de eminentes processualistas, presidida pelo então Ministro do Superior Tribunal de Justiça (ora Ministro do STF) e professor titular da UERJ Luiz Fux, com relatoria da professora da PUC/SP Teresa Arruda Alvim, com a finalidade de elaboração de um anteprojeto de Código de Processo Civil, a ser examinado, discutido e votado no Congresso Nacional.

No dia 8 de junho de 2010, a Comissão apresentou em Brasília, DF, a resultante de seu trabalho com expressiva exposição de motivos. A conciliação foi assim apresentada pela Comissão:

> Pretendeu-se converter o processo em instrumento incluído no contexto social em que produzirá efeito o seu resultado. Deu-se ênfase à possibilidade de as partes porem fim ao conflito pela via da mediação ou da conciliação. Entendeu-se que a satisfação efetiva das partes pode dar-se de modo mais intenso se a solução é por elas criada e não imposta pelo juiz.
>
> Como regra, deve realizar-se audiência em que, ainda antes de ser apresentada contestação, se tentará fazer com que autor e réu cheguem a acordo. Dessa audiência, poderão participar conciliador e mediador e o réu deve comparecer, sob pena de se qualificar sua

ausência injustificada como ato atentatório à dignidade da Justiça. Não se chegando a acordo, terá início o prazo para a contestação (BRASIL, 2015, p. 20).

Após a observância do devido processo legislativo, com discussões e opções políticas realizadas nos âmbitos do Senado Federal e da Câmara dos Deputados, veio a lume a Lei n. 13.105, de 16 de março de 2015, o NCPC, após sanção presidencial e respectivos vetos pontuais.

Em termos topográficos, dividiu-se o Código em duas partes: geral e especial. A parte geral se configura em seis livros, quais sejam, (i) das normas processuais civis; (ii) da função jurisdicional; (iii) dos sujeitos do processo; (iv) dos atos processuais; (v) da tutela provisória; e (vi) da formação, da suspensão e da extinção do processo.

Por sua vez, a parte especial se pauta no binômio cognição-execução clássico na processualística moderna, isto é, são três livros: (i) do processo de conhecimento e do cumprimento de sentença; (ii) do processo de execução; e (iii) dos processos nos tribunais e dos meios de impugnação das decisões dos tribunais. Por fim, há um livro complementar para dispor sobre as disposições finais e transitórias.

A título de demonstração da extensão e importância do trabalho realizado, aponta-se que o termo "conciliação" figura 37 (trinta e sete) vezes ao longo do texto do NCPC, ao passo que no CPC/73 a expressão consta apenas em 10 (dez) ocasiões.

Percebe-se já na exposição de motivos do anteprojeto do NCPC a preocupação da comissão de juristas na efetividade do acesso à Justiça na medida em que se pretende um processo justo e célere. Portanto, pode-se argumentar que a legislação processual apresenta uma instrumentalidade em relação à fruição empírica dos direitos fundamentais por seu destinatário, o povo globalmente considerado.

Nessa direção, o art. 3º do NCPC reproduz o disposto no art. 5º, XXXV, da CF/1988, no sentido da inafastabilidade da apreciação jurisdicional. Positiva-se em mais um diploma legal de grande relevância social o conteúdo do direito fundamental de acesso à Justiça.

Interessa também o comando normativo do § 2º do referido artigo endereçado ao Estado, a saber, a busca, na medida do possível, em incorporar o elemento consensual na solução dos conflitos de interesses. A consensualidade se traduz na disposição ao diálogo para encontrar uma solução adequada para o problema a partir de processos de resolução de disputas construtivos.

864 | DIREITO CIVIL: DIÁLOGOS ENTRE A DOUTRINA E A JURISPRUDÊNCIA – *Volume II*

A expressão do relacionamento intrínseco entre conciliação e acesso à Justiça torna-se explícito no § 3º do mesmo art. 3º, *in verbis*: "A conciliação, a mediação e outros métodos de solução consensual de conflitos deverão ser estimulados por juízes, advogados, defensores públicos e membros do Ministério Público, inclusive no curso do processo judicial". Nesses termos, demanda-se um esforço de toda a comunidade jurídica em prol da consensualidade no tratamento dos conflitos intersubjetivos.

Aqui também se nota a adoção legal de uma estratégia flexível para enfrentar a demanda por serviços judiciários, tal como observável na realidade norte-americana. Segundo Ellen Gracie, "a ideia foi denominada *multi-door court-house*, ou tribunal de múltiplas portas, porque oferecia aos litigantes diferenciadas 'saídas' para a solução das disputas pendentes" (NORTHFLEET, 1994, p. 323).

Por sua vez, o art. 166 do NCPC dispõe o seguinte: "A conciliação e a mediação são informadas pelos princípios da independência, da imparcialidade, da autonomia da vontade, da confidencialidade, da oralidade, da informalidade e da decisão informada".

Trata-se, pois, da principiologia para a conciliação e a mediação.

A institucionalização da solução consensual gira em torno de duas perspectivas: os agentes e os órgãos. Estes podem ser divididos em Centros Judiciários de Solução de Conflitos e Câmaras Privadas de Conciliação e Mediação. Por sua vez, o corpo de conciliadores pode ser compreendido a partir da definição legal de conciliador, nos termos do § 2º do art. 165 do NCPC.

Segundo esse dispositivo legal, "os tribunais criarão centros judiciários de solução consensual de conflitos, responsáveis pela realização de sessões e audiências de conciliação e mediação e pelo desenvolvimento de programas destinados a auxiliar, orientar e estimular a autocomposição". Portanto, esses centros possuem duas funções precípuas: a realização de sessões e audiências de conciliação e mediação, assim como a capacitação de profissionais para a autocomposição por intermédio de programas.

De outro lado, as Câmaras Privadas de Conciliação e Mediação derivam da abertura dada pelo NCPC às formas de conciliação e mediação extrajudiciais. Assim, vale citar que as disposições constantes na seção relativa aos Conciliadores e Mediadores Judiciais "não excluem outras formas de conciliação e mediação extrajudiciais vinculadas a órgãos institucionais ou realizadas por intermédio de profissionais independentes, que poderão ser regulamentadas por lei específica", conforme preconiza o *caput* do art. 175 do NCPC.

Cap. 33 · DESAFIOS E SOLUÇÕES PARA A MEDIAÇÃO NO DIREITO CIVIL | 865

Também é importante ressaltar que a diretriz de escolha entre os diversos centros judiciários e câmaras privadas é a livre autonomia das partes, uma vez que o art. 168 do NCPC assim dispõe: "As partes podem escolher, de comum acordo, o conciliador, o mediador ou a câmara privada de conciliação e de mediação," o que inclusive se estende às regras procedimentais.

Tendo em conta o interesse público relativamente à administração da Justiça, há no art. 167 do NCPC a previsão de um cadastro nacional e outras bases cadastrais para tomar conhecimento das instituições legalmente habilitadas para atuar na qualidade de câmaras privadas de conciliação. A coordenação do sistema de conciliação será guiada pelo fornecimento de dados relevantes colhidos e classificados sistematicamente pelos tribunais competentes, de maneira a publicar a avaliação das câmaras privadas para fins estatísticos e para conhecimento da população.

A propósito, convém destacar que o legislador se pautou na doutrina mais moderna para cristalizar a definição de conciliador no § 2º do art. 165 do NCPC, *in verbis*: "O conciliador, que atuará preferencialmente nos casos em que não houver vínculo anterior entre as partes, poderá sugerir soluções para o litígio, sendo vedada a utilização de qualquer tipo de constrangimento ou intimidação para que as partes conciliem".

Do mesmo modo, não importa para a atribuição da qualidade de conciliador a natureza pública ou privada da instituição a que esse se vincula para exercer sua profissão, isto é, centro judiciário ou câmara privada. Contudo, há diferenças do ponto de vista remuneratório e do estatuto jurídico aplicável ao agente. Também se coloca o conciliador judicial no rol dos auxiliares da Justiça, a serem regulados por normas de organização judiciária (art. 149, NCPC).

O art. 167, § 6º, do NCPC autoriza os tribunais a criarem um cargo próprio de conciliadores judiciais no âmbito de seu quadro de pessoal. Caso a opção seja feita nesse sentido, a norma exige que o ingresso se dê por concurso de provas e títulos, à luz do art. 37, II, do texto constitucional.

Ressalvada essa hipótese, o art. 169, *caput*, NCPC preconiza que o conciliador deve ser remunerado de acordo com tabela fixa, a ser expedida pela corte judicial respectiva. Enfim, também se permite o trabalho voluntário na qualidade de conciliador, desde que obedecida a legislação pertinente e a regulamentação do tribunal (art. 169, § 1º, NCPC).

Demais disso, com vistas a garantir os princípios da independência e da imparcialidade, o legislador também previu impedimentos, quarentena e sanções aos conciliadores e mediadores dos arts. 170 a 172 do NCPC, os quais devem ser apurados em processo administrativo, nos termos do devido processo legal.

O legislador previu, ainda, no art. 174 do NCPC, a criação de câmaras de mediação e conciliação por todos os entes federados, com atribuições relacionadas à solução consensual de conflitos no âmbito administrativo. Trata-se de um estímulo legal para o aprimoramento e a preservação do que se verifica nas práticas administrativas de alguns entes da Federação.

Em relação à audiência de conciliação e mediação, observa-se uma mudança paradigmática cujos resultados práticos devem ser observados no decorrer da vigência do NCPC. Em primeiro lugar, tem-se que a referida audiência torna-se regra no procedimento comum, somente podendo ser excepcionada na hipótese de ambas as partes assim explicitamente optarem ou quando não se admitir a autocomposição, conforme o § 4º do art. 334. Ademais, caso haja litisconsórcio, todos os litisconsortes devem manifestar desinteresse pela solução consensual, nos termos do § 6º do referido artigo.

Ainda em relação ao componente temporal, o legislador prevê que a pauta das audiências respeitará intervalo mínimo de 20 (vinte) minutos entre uma sessão e outra. Além disso, a audiência poderá conter mais de uma sessão destinada aos mecanismos autocompositivos, desde que não interfira na duração razoável do processo (art. 334, §§ 2º e 12, NCPC).

Relativamente ao elemento espacial, o princípio da informalidade permite que "a audiência de conciliação ou de mediação pode realizar-se por meio eletrônico, nos termos da lei", à luz do § 7º do dispositivo em comento. No entanto, o comparecimento é mandatório e sua não justificação é considerada ato atentatório à dignidade da Justiça e será sancionado com multa de até dois por cento da vantagem econômica pretendida ou do valor da causa, nos termos do § 8º do art. 334 do NCPC. Aliás, como o bem a ser tutelado é a administração da Justiça, a reversão desse preceito cominatório deve ser feita em favor do erário que sustenta a Justiça na qual tramita a ação, ou seja, União ou Estado-membro.

No tocante aos agentes envolvidos na conciliação, além das próprias partes, tem-se a necessidade da participação do conciliador qualificado (capacitação e certificação), exceto caso não haja corpo de conciliadores no foro competente.

Por fim, mantém-se a mesma disposição do Código de Processo Civil anterior, ao se prever também na Audiência de Instrução e Julgamento o seguinte: "Instalada a audiência, o juiz tentará conciliar as partes, independentemente do emprego anterior de outros métodos de solução consensual de conflitos, como a mediação e a arbitragem". Logo, o empenho conciliatório não deve arrefecer apenas pela negativa das partes em um primeiro momento, isto é, a audiência de conciliação.

5. DESAFIOS E SOLUÇÕES PARA A MEDIAÇÃO NO DIREITO CIVIL

Como visto, a mediação e a conciliação são métodos de solução de conflitos não adversariais que expressam uma nova postura social ante o litígio. A ideia, com isso, é reaproximar as partes. E isso é feito por meio de um terceiro facilitador (mediador ou conciliador), eleito por elas ou indicado pelo magistrado. Tais métodos consensuais são cada vez mais eficazes. Podem, inclusive, ser utilizados em todas as áreas do Direito e da vida cotidiana.

Na esfera do Direito Civil, as relações entre particulares são e estão sempre propícias às soluções não adversariais para os conflitos judicializados ou não e os resultados positivos, no Brasil, já são significativos.

A título exemplificativo, confiram-se:

5.1. Mediação e conciliação familiar

Em relação às ações de cunho familiar, o legislador reconheceu a importância da consensualidade nesse tipo de relação sociojurídica. Isso porque se fala em processos construtivos (DEUTSCH, 2004). Conquanto em processos destrutivos há a tendência da expansão do conflito ao longo da relação processual, o processo construtivo é marcado pelo fortalecimento da relação social preexistente.

Nesses termos, o art. 694, *caput*, NCPC, dispõe: "Nas ações de família, todos os esforços serão empreendidos para a solução consensual da controvérsia, devendo o juiz dispor do auxílio de profissionais de outras áreas de conhecimento para a mediação e conciliação".

Com efeito, o processo judicial se abre para a interdisciplinaridade em um esforço de humildade para fins de reconhecer que os instrumentos processuais não representam sempre os métodos mais adequados para a resolução dos conflitos existenciais que ocorrem no seio das famílias.

Ademais, outro elemento importante é a neutralização do constrangimento temporal ao Judiciário, uma vez que o parágrafo único do referido artigo possibilita ao juiz determinar a suspensão do processo, a requerimento das partes, enquanto os litigantes se submetem a mediação extrajudicial ou a atendimento multidisciplinar.

Igualmente, na seara do tempo do processo, o art. 696 do NCPC prevê: "A audiência de mediação e conciliação poderá dividir-se em tantas sessões quantas sejam necessárias para viabilizar a solução consensual, sem prejuízo de providências jurisdicionais para evitar o perecimento do direito". De novo, o constrangimento do *non liquet* é suavizado para que a resolução do conflito de interesses seja efetiva no plano social (acesso a uma ordem jurídica justa).

Ainda no art. 696, *in fine*, em conjunto com o art. 695, *caput*, ambos do NCPC, percebe-se uma preocupação em não retroceder, isto é, a possibilidade de se lançar mão das tutelas de urgência. Aqui, a dificuldade dos juízes será equacionar no caso concreto a inspiração da consensualidade e o perigo do perecimento do direito, de modo a resolver a controvérsia em definitivo e de maneira mais célere.

Em síntese, a mediação familiar resgata o diálogo e a harmonia entre os envolvidos. E isso é possível porque o resultado de uma sessão de mediação bem conduzida poderá refletir a longo prazo, uma vez que trabalha com questões focadas no futuro e na relação de amizade e confiança que deve existir entre os ex-cônjuges, os filhos e os demais envolvidos no conflito. A busca é sempre pelo bem-estar comum.

Portanto, o mediador deve auxiliar as partes a construir uma relação que traga novas perspectivas para o futuro. O casamento civil finda, mas o vínculo familiar jamais se rompe quando há a existência de filhos. Com a separação do casal, a família apenas se transforma.

5.2. Mediação e conciliação nas relações de consumo

É verdade que a técnica da mediação e conciliação tem sido normalmente utilizada para tratar conflitos que envolvam relações continuadas. Todavia, é perfeitamente possível a sua aplicação em áreas de relações de consumo e comerciais. E isso ocorre especialmente para os casos em que há vínculo de fidelidade do cliente, já que o interesse do empresário é mantê-lo como comprador.

Assim, grande parte das controvérsias nas relações de consumo ou comerciais costuma resultar do descumprimento de cláusulas contratuais. Mediação e conciliação, nesses casos, podem levar à elaboração de uma nova relação, com novo contrato, por exemplo.

Vale a pena ressaltar que, na vida cotidiana, a aproximação das pessoas que estão sempre em contato gera vínculos de amizade e até mesmo relações afetivas. Logo, no caso de um litígio entre elas, conciliar apenas a solução da questão específica (a entrega do bem ou o pagamento de dívida, por exemplo) pode provocar distanciamento e a perda da relação.

Nas relações de consumo, existem diversas questões de menor complexidade. É o caso, por exemplo, do atraso no pagamento de um bem de consumo, que pode levar à consequente inscrição do consumidor em órgãos

Cap. 33 · DESAFIOS E SOLUÇÕES PARA A MEDIAÇÃO NO DIREITO CIVIL | 869

de proteção ao crédito. Tal tipo de conflito pode ser resolvido por meio de uma negociação. As partes podem acordar o abatimento de juros remuneratórios e moratórios, a renegociação dos valores ou a mudança da data de vencimento, a emissão, o envio dos boletos etc.

Nessas situações, as sessões de mediação e conciliação resultam em uma maior proximidade entre os envolvidos e proporcionam ao empresário conhecer a real necessidade e possibilidade do consumidor. Isso, claro, garante maior efetividade no cumprimento da obrigação.

De outra parte, acompanhando o avanço da tecnologia, a mediação nas relações de consumo já está disponível pela internet (ex.: Consumidor.gov. br; Itkos Mediação Inteligente; ResolvJá; e Juster). Tal experiência tem sido revolucionária na efetivação da política pública.

5.3. Mediação e conciliação escolar

A mediação escolar objetiva a produção de identidades sociais e a criação de novos espaços de socialização e de novas técnicas de gestão de conflitos nas relações entre alunos, pais, professores e diretores. A ideia, com isso, é desenvolver a construção de uma cultura de paz, cidadania, tolerância e trocas recíprocas.

Trata-se de espaço propício à justiça comunitária! Tais conflitos giram em torno, normalmente, dos seguintes aspectos: desmotivação, baixo rendimento, baixa autoestima e evasão escolar.

Nessa esfera, um terceiro pacificador pode auxiliar na resolução das controvérsias. E isso, sobretudo, nas ocorrências envolvendo *bullying*, diálogos de conflitos, depreciação da imagem e hostilidades desmedidas.

5.4. Mediação e conciliação na área imobiliária

A mediação e a conciliação têm sido utilizadas, com frequência, na seara imobiliária. E isso ocorre especialmente nas áreas condominiais em que se apresentam grandes necessidades de atuação de políticas de tratamento consensual e harmonioso. O objetivo é procurar soluções que inevitavelmente alcancem todos os moradores (ex.: financiamentos, melhorias nos imóveis, reestruturações e soluções de contendas de vizinhos).

5.5. Mediação e conciliação nas religiões

Com base na experiência de líderes religiosos como pacificadores em suas comunidades, o Poder Judiciário começa a estimular cada vez mais a

870 | DIREITO CIVIL: DIÁLOGOS ENTRE A DOUTRINA E A JURISPRUDÊNCIA – *Volume II*

capacitação dessas pessoas para atuarem como mediadores judiciais, atingindo, dessa forma, dois objetivos: ampliar o acesso da população ao Judiciário e evitar que demandas que podem ser resolvidas por meio da conciliação/mediação acabem desaguando na Justiça, em que a solução pode demorar anos.

O programa "Mediar é Divino", iniciado em 2016 em Goiânia pelo Tribunal de Justiça de Goiás (TJGO), hoje também adotado pelos tribunais do Distrito Federal e dos Territórios (TJDFT), do Paraná (TJPR) e do Mato Grosso do Sul (TJMS), já formou as primeiras turmas de líderes religiosos conciliadores e mediadores.

O curso é dado por instrutores formados pelo Conselho Nacional de Justiça (CNJ) e baseado nas diretrizes da Resolução n. 125 do CNJ, que criou, em 2010, a Política Judiciária de Tratamento de Conflitos adotada para tribunais, Núcleos Permanentes de Métodos Consensuais de Solução de Conflitos e Centros Judiciários de Solução de Conflitos e Cidadania (Cejuscs).

Outros tribunais como os de Pernambuco (TJPE) e Ceará (TJCE) já realizaram visitas técnicas para conhecer e implantar o programa do tribunal goiano em suas unidades federativas. As embaixadas de Angola e Guiné-Bissau também se preparam para fazer o curso com intenção de implantar o programa no Poder Judiciário desses países.

Em síntese, tal iniciativa busca capacitar líderes religiosos para, por meio da mediação, combater a intolerância religiosa com os frequentadores de seus templos (igrejas, centros espíritas, terreiros etc.). Uma das preocupações dos tribunais é que a mediação ocorra sem a interferência da religião, ainda que a doutrina religiosa possa limitar o tipo de demanda a ser resolvida no ambiente.

A ideia é trabalhar os conflitos mencionados pelos fiéis e verificar a possibilidade de encaminhar os eventuais acordos para homologação judicial, caso necessário.

5.6. Mediação e conciliação na área da saúde

Na esfera da saúde, as sessões de mediação e conciliação são altamente recomendadas em virtude do componente emocional delicado e fragilizado que integra o ambiente. Envolve médicos, enfermeiros, gestores, terceirizados, laboratórios, clínicas de retaguarda, empresas de cuidados hospitalares (*home care*), pacientes, familiares e operadoras de seguros e planos de saúde, a título exemplificativo.

Com efeito, o atendimento humanizado ganha grande dimensão, com acolhimento e diretrizes capazes de orientar as partes. Tal postura leva à solução dos conflitos entre as partes que compõem esse contexto.

5.7. Mediação e conciliação intraempresarial ou intraorganizacional

Os conflitos no âmbito empresarial decorrem de fontes diversas. Podem envolver as relações de poder (empregado e empregador) ou, ainda, relações interpessoais (entre os próprios empregados). Giram normalmente em torno da hierarquia, atribuições, empatia ou não etc.

Independentemente de sua natureza, tais litígios ou querelas acabam por acarretar prejuízos no rendimento operacional e no espírito de cooperação e confiança entre os envolvidos. Pode ainda provocar um sentimento de desmotivação ou de desvalorização do trabalho, com reflexos diretos nos resultados da empresa.

Nesse contexto, o conflito se apresenta como uma expressão de desacordo, a partir de expectativas divergentes, objetivos contraditórios, interesses antagônicos, empobrecimento da comunicação interpessoal e insatisfação nas relações entre os colaboradores.

A técnica mediadora reestabelece o diálogo e aponta caminhos consensuais.

Com efeito, no âmbito do Direito Civil brasileiro, o uso de métodos adequados de resolução dos conflitos já está solidificado, não apenas com o instituto heterocompositivo da arbitragem, mas especialmente com a utilização da mediação/conciliação, criando-se, inclusive, novas perspectivas de mercados de trabalho.

No ponto, aliás, há uma tendência concreta ao aprimoramento doutrinário e jurisprudencial sobre os aspectos práticos que envolvem essa nova cultura (estrutura, capacitação, parcerias, entre outros).

Nessa ordem de ideias, a relação de aproximação entre o público e o privado é indispensável para consolidação de uma cultura não adversarial de solução das controvérsias, além de viabilizar a efetiva aplicação dos procedimentos autocompositivos aos casos concretos.

6. CONCLUSÃO

Em movimento conclusivo, pode-se afirmar que mediação/conciliação no específico e os métodos consensuais de solução de controvérsias no geral se inserem na terceira onda renovatória de acesso à Justiça. Nesse sentido, desenhou-se um conceito de acesso efetivo à Justiça com base na literatura constitucional-processualista e positivado na Constituição Federal de 1988 na qualidade de eixo central em relação ao qual convergem os princípios e garantias constitucionais de índole processual.

Nesses termos, tendo como enfoque as recentes mudanças legislativas e seus efeitos nas práticas institucionais, culturais e sociais, abordou-se o instituto da conciliação/mediação previsto na Lei n. 13.105, de 16 de março de 2015 – o Novo Código de Processo Civil –, bem como no marco regulatório respectivo (Lei n. 13.140, de 26 de junho de 2015). Além disso, perquiriram-se as potencialidades da via consensual para lidar com os obstáculos ao acesso efetivo à ordem jurídica justa, notadamente a excessiva judicialização dos litígios emanados da própria vida em sociedade.

Por conseguinte, observou-se a existência de uma crise do Poder judicante no cenário brasileiro, caso se adote como referencial o conteúdo do direito fundamental do acesso à Justiça.

De outra parte, a experiência brasileira com os métodos consensuais de resolução de controvérsias, sobretudo quanto à conciliação/mediação, pode ser avaliada de forma positiva.

Em relação aos limites e possibilidades do modelo de conciliação/mediação proposto pelo Poder Legislativo no NCPC, constata-se a mudança completa de paradigmas, uma vez que tal diretriz passou a constituir *norma fundamental* do Processo Civil brasileiro. Assim, a instrumentalidade do processo se volta para a consensualidade.

Com efeito, a preocupação expressa do Poder Legislativo em positivar a conciliação/mediação como corolário do acesso à Justiça se traduz na formação de um consistente arcabouço teórico-normativo para incorporar o ordenamento jurídico e gerar impactos sociais referentes à política pública de tratamento adequado dos conflitos, o que demanda não só iniciativas judiciárias, mas também contribuições dos Poderes executivo e legiferante.

Igualmente, confirma-se a hipótese em termos positivos no sentido de que a conciliação/mediação, tal como proposta no NCPC, representa um instrumento constitucionalmente adequado para enfrentar os obstáculos ao acesso à Justiça no cenário brasileiro.

Na órbita do Direito Civil, o uso de métodos adequados de resolução dos conflitos já está consolidado no Brasil, não apenas com o instituto heterocompositivo da arbitragem, mas especialmente com a utilização da mediação/conciliação (familiar, intraempresarial ou intraorganizacional, nas relações de consumo, imobiliária, escolar, religiosa, da saúde etc.), criando-se, aliás, novas perspectivas de mercados de trabalho.

Cap. 33 · DESAFIOS E SOLUÇÕES PARA A MEDIAÇÃO NO DIREITO CIVIL | 873

Há, aliás, uma tendência lógica à sistematização doutrinária e pretoriana sobre os fatores pragmáticos que envolvem essa nova cultura (estrutura, capacitação, parcerias, entre outros). O aparato normativo já existe e confere segurança jurídica aos institutos consensuais em tela. Avante, pois!

REFERÊNCIAS

ALEXY, Robert. *Teoria dos direitos fundamentais*. Tradução de Virgílio Afonso da Silva. São Paulo: Malheiros, 2008.

ANDRIGHI, Fátima Nancy; BENETI, Sidnei. *Juizados especiais cíveis e criminais*. Belo Horizonte: Del Rey, 1996.

AZEVEDO, André Gomma (org.). *Manual de mediação judicial*. Brasília: Ministério da Justiça, 2010.

BARBOSA, Claudia Maria. Crise e reforma do Poder Judiciário brasileiro: análise da súmula vinculante. In: FREITAS, Vladimir Passo de; FREITAS, Dario Passos de (coord.). *Direito e administração da justiça*. Curitiba: Juruá, 2006.

BEZERRA, Paulo Cesar Santos. *Acesso à justiça*: um problema ético-social no plano da realização do direito. Rio de Janeiro: Renovar, 2001.

BRASIL. Conselho Nacional de Justiça (CNJ). Resolução n. 125, de 29 de novembro de 2010. Dispõe sobre a política judiciária de tratamento adequado dos conflitos de interesses no âmbito do Poder Judiciário e dá outras providências. *Diário da Justiça Eletrônico*, Brasília, DF, n. 219, p. 2-14, 1 dez. 2010.

BRASIL. Lei n. 5.869, de 11 de janeiro de 1973. Institui o Código de Processo Civil. *Diário Oficial da União*: seção 1, Brasília, DF, p. 1, 17 jan. 1973.

BRASIL. Lei n. 13.105, de 16 de março de 2015. Código de Processo Civil. *Diário Oficial da União*: seção 1, Brasília, DF, p. 1, 17 mar. 2015. Disponível em: <http://www.planalto.gov.br/ccivil_03/_Ato2015-2018/2015/Lei/L13105.htm>. Acesso em: 28 fev. 2020.

BUZZI, Marco Aurélio Gastaldi. A mudança de cultura pela composição de litígios. In: BRASIL. Superior Tribunal de Justiça (STJ). *Superior Tribunal de Justiça*: doutrina: edição comemorativa, 25 anos. Brasília: Superior Tribunal de Justiça, 2014.

BUZZI, Marco Aurélio Gastaldi. Movimento pela conciliação – um breve histórico. In: RICHA, Morgana de Almeida; PELUSO, Antonio Cezar (coord.). *Conciliação e mediação*: estruturação da política judiciária nacional. Rio de Janeiro: Forense, 2011.

CAPPELLETTI, Mauro. O acesso à justiça e a função do jurista em nossa época. *Revista de Processo*, São Paulo, v. 16, n. 61, p. 144-160, jan./mar. 1991.

CAPPELLETTI, Mauro; GARTH, Bryant. *Acesso à justiça*. Tradução e revisão de Ellen Gracie Northfleet. Porto Alegre: Fabris, 1988.

CINTRA, Antonio Carlos de Araújo; GRINOVER, Ada Pellegrini; DINAMARCO, Cândido Rangel. *Teoria geral do processo*. 24. ed. São Paulo: Malheiros, 2008.

COSTA, Alexandre Araújo. Cartografia dos métodos de composição de conflitos. In: AZEVEDO, André Gomma de (org.). *Estudos em arbitragem, mediação e negociação*. Brasília: Grupos de Pesquisas, 2004. v. 3.

DEUTSCH, Morton. A resolução do conflito. Tradução de Arthur Coimbra de Oliveira. In: AZEVEDO, André Gomma de (org.). *Estudos em arbitragem, mediação e negociação*. Brasília: Grupos de Pesquisas, 2004. v. 3.

FALECK, Diego. Introdução ao Design de Sistema de Disputas: Câmara de Indenização 3054. *Revista Brasileira de Arbitragem*, Porto Alegre, v. 5, n. 23, jul./set. 2009.

FONSECA, Rafael Campos Soares da; FONSECA, Reynaldo Soares da Fonseca. O princípio do devido processo legal e a conciliação. *Revista do Tribunal Regional Federal*: 1. Região, Brasília, v. 26, n. 3/4, p. 17-22, mar./abr. 2013.

FONSECA, Reynaldo Soares da. *A conciliação à luz do princípio constitucional da fraternidade*: a experiência da Justiça Federal da Primeira Região. 2014. 120 f. Dissertação (Mestrado em Direito) – Pontifícia Universidade Católica de São Paulo, São Paulo, 2014.

FONSECA, Reynaldo Soares da. *O princípio constitucional da fraternidade*: seu resgate no Sistema de Justiça. Belo Horizonte: Editora D'Plácido, 2019.

GABBAY, Daniela Monteiro. Negociação. In: RICHA, Morgana de Almeida; PELUSO, Antonio Cezar (coord.). *Conciliação e mediação*: estruturação da política judiciária nacional. Rio de Janeiro: Forense, 2011.

GABBAY, Daniela Monteiro; TAKAHASHI, Bruno (coord.). *Justiça Federal*: inovações nos mecanismos consensuais de solução de conflitos. Brasília: Gazeta Jurídica, 2014.

GRINOVER, Ada Pellegrini. Os fundamentos da justiça conciliativa. *Revista da Escola Nacional da Magistratura*, Brasília, v. 3, n. 5, p. 22-27, maio 2008.

Cap. 33 · DESAFIOS E SOLUÇÕES PARA A MEDIAÇÃO NO DIREITO CIVIL | **875**

MARINONI, Luiz Guilherme. *Teoria geral do processo*. 3. ed. São Paulo: Revista dos Tribunais, 2008.

MORAES, Daniela Marques. *A importância do olhar do outro para a democratização do acesso à justiça*: uma análise sobre o direito processual civil, o Poder Judiciário e o Observatório da Justiça Brasileira. 2014. 228 f. Tese (Doutorado em Direito) – Universidade de Brasília, Brasília, 2014.

NALINI, Renato. *A rebelião da toga*. Campinas: Millennium, 2006.

NORTHFLEET, Ellen Gracie. Novas fórmulas para solução de conflitos. In: TEIXEIRA, Sálvio de Figueiredo (coord.). *O Judiciário e a Constituição*. São Paulo: Saraiva, 1994.

NUNES FILHO, Napoleão Maia. O exaurimento do legalismo e a prática jurídica contemporânea. In: BRASIL. Superior Tribunal de Justiça (STJ). *Superior Tribunal de Justiça*: doutrina: edição comemorativa, 25 anos. Brasília: Superior Tribunal de Justiça, 2014.

OLIVEIRA, Vallisney de Souza. Explosão de causas no Judiciário. *Consulex*: revista jurídica, Brasília, v. 12, n. 278, p. 54-55, ago. 2008.

SANTOS, Boaventura de Sousa. Por uma concepção multicultural de direitos humanos. *Revista Crítica de Ciências Sociais*, Coimbra, n. 48, 1997.

SILVA, Érica Barbosa e. *Conciliação judicial*. Brasília: Gazeta Jurídica, 2013.

SOUSA JUNIOR, José Geraldo de. Por uma concepção alargada de acesso à justiça. *Revista Jurídica*, v. 10, n. 90, p. 1-14, abr./maio 2008. Disponível em: <https://revistajuridica.presidencia.gov.br/index.php/saj/article/download/223/>. Acesso em: 28 fev. 2020.

SOUZA, Wilson Alves de. *Acesso à justiça*. Salvador: Dois de Julho, 2011.

34

DESCONHECIMENTO COMO LIMITE E CONTRIBUIÇÕES DA MEDIAÇÃO PARA SUPERÁ-LO

FERNANDA TARTUCE

SUMÁRIO: 1. Desconhecimento como fator impactante; 2. Adequada identificação do conflito; 3. Apropriada percepção dos interesses; 4. Dificuldades emocionais; 5. Desconhecimento quanto ao *timing*; 6. Desconsideração da boa-fé como princípio da mediação; 7. Falta de informações por parte do advogado; Conclusões; Referências.

1. DESCONHECIMENTO COMO FATOR IMPACTANTE

Conhecimento é poder[1]. Para que possam obter vantagens legítimas, as pessoas precisam compreender seus próprios interesses, ter dados sobre a existência de direitos e saber quais caminhos podem trilhar em prol de resultados proveitosos.

Infelizmente, apesar de haver muita informação acessível, falta conhecimento sobre como atuar de modo consensual.

---

[1] A origem da frase é controvertida. Embora alguns a atribuam a Francis Bacon, não há ocorrência precisa da afirmação nos escritos em latim ou inglês do autor; um provérbio com sentido similar é encontrado em hebreu, no Livro dos Provérbios (24,5): o homem sábio é forte, e o homem de conhecimento consolida a força (Scientia potentia est. Disponível em: https://pt.wikipedia.org/wiki/Scientia_potentia_est. Acesso em: 22 fev. 2020).

DIREITO CIVIL: DIÁLOGOS ENTRE A DOUTRINA E A JURISPRUDÊNCIA – *Volume II*

Muitas pessoas em conflito, perturbadas pela crise vivenciada, falham em identificar seus interesses mais valiosos; além disso, ignoram como o Direito as ampara e como podem atuar de forma negociada para obter a devida proteção.

A mesma situação se verifica em relação a alguns profissionais da área jurídica: parecendo não saber que vários interesses (além do êxito financeiro) devem integrar sua matriz de decisão, ignoram aspectos jurídicos sobre várias opções de encaminhamento sob os prismas material e processual. Revelando desconhecimento, alguns chegam a desmerecer a adoção de mecanismos consensuais em todo e qualquer caso.

A mediação, enquanto meio consensual de composição de conflitos, permite que uma pessoa imparcial devidamente capacitada facilite conversações e viabilize o encontro de saídas proveitosas pelos participantes.

Apesar dos estímulos verificados nos últimos tempos, ainda há obstáculos consideráveis para o incremento da mediação no Brasil.

Óbices normativos, felizmente, já foram removidos. A Lei de Mediação integra, juntamente com a Resolução n. 125/2010 do CNJ e as normas do CPC/2015 sobre o tema, um "minissistema de métodos consensuais de solução de conflitos"[2].

Mudar a lei obviamente não foi suficiente – como, aliás, já se previa. Apesar da maior segurança advinda do marco legal da mediação, ainda não há maciça e voluntária adesão à sua ocorrência.

Diversas mediações deixam de ocorrer por múltiplos aspectos; neste trabalho, a falta de conhecimento será analisada como fator impactante sobre diferentes prismas, sendo ao final de cada item destacada a contribuição que a própria mediação pode dar para a superação dos obstáculos.

2. ADEQUADA IDENTIFICAÇÃO DO CONFLITO

Embora difícil de conceituar (por se revestir de múltiplas formas em diferentes contextos), o conflito pode ser considerado uma crise na interação humana[3]. Ele também pode ser visto como um desacordo, uma contradição

---

[2]   GRINOVER, Ada Pellegrini. O minissistema brasileiro de justiça consensual: compatibilidades e incompatibilidades. Disponível em: www.fernandatartuce. com.br/artigosdeconvidados. Acesso em: 20 jan. 2020.

[3]   FOLGER, Joseph P. La mediación transformativa: la preservación del potencial propio de la mediación en escenarios de disputas. Disponível em: http://

Cap. 34 · DESCONHECIMENTO COMO LIMITE E CONTRIBUIÇÕES DA MEDIAÇÃO | 879

ou uma incompatibilidade entre posições apresentadas a partir da incompatibilidade entre objetivos, cognição e emoções[4].

Em ampla abordagem, Morton Deustsch identificou pelos menos seis modalidades: 1. conflito verídico (que existe objetivamente e é acuradamente percebido); 2. conflito contingente (que depende de circunstâncias prontamente rearranjáveis, fato não reconhecido pelas partes); 3. conflito deslocado (em que se discute sobre a coisa errada); 4. conflito mal atribuído (verificado entre pessoas erradas e sobre questões equivocadas); 5. conflito latente (que deveria estar ocorrendo, mas não está – daí a importância da conscientização); e 6. conflito falso (não há base para sua ocorrência: o impasse decorre de má percepção ou má compreensão)[5].

Como se nota, a falta de noções básicas sobre as controvérsias e os elementos que a circundam tende a gerar errôneas percepções.

Ao trabalhar o tema, Lília Maia de Morais Sales se refere aos conflitos deslocados e mal atribuídos como conflitos aparentes: embora sejam falados, eles "não refletem o que verdadeiramente está causando angústia, insatisfação, intranquilidade ou outro sentimento que provoque mal-estar", sendo muito comum de ocorrer quando as pessoas recorrem a uma assessoria jurídica:

> Procura-se ação de separação judicial quando se quer, na verdade, discutir a relação conjugal; deixa-se de pagar pensão alimentícia, alegando-se desemprego, quando, na verdade, se está sendo mo-

---

revistademediacion.com/wp-content/uploads/2013/06/Revista-Mediacion-02-02. pdf. Acesso em: 10 jan. 2020.

[4] Yann Duzert, Ana Tereza Spinola e Gerson Borges apresentam essa definição citando Combalbert (2006), para quem há: (i) conflito de objetivos – quando a solução proposta por uma parte soa incompatível para a(s) outra(s); (ii) conflito cognitivo – quando ideias e pensamentos de uma parte parecem incompatíveis com a(s) da(s) outra(s); (iii) conflito afetivo, quando sentimentos e emoções de uma parte parecem incompatíveis com os da(s) outra(s) (Negociação em situações de crise e a matriz de negociações complexas. In: ARROW, Kenneth J.; MNOOKIN, Robert H.; ROSS, Lee; TVERSKY, Amos; WILSON, Robert B.; DUZERT, Yann (coord.). *Negociação – barreiras para resolução de conflitos.* Coleção Gv Law. São Paulo: Saraiva, 2012. v. 2, item 5.2.2.1. (Edição eletrônica)

[5] DEUTSCH, Morton. A resolução do conflito. In: AZEVEDO, André Gomma de (org.). *Estudos em arbitragem, mediação e negociação.* v. 3. Disponível em: http:// www.arcos.org.br/livros/estudos-de-arbitragem-mediacao-e-negociacao-vol3/ parte-ii-doutrina-parte-especial/a-resolucao-do-conflito. Acesso em: 10 jan. 2020.

vido pelo ciúme, pois a ex-companheira envolveu-se em um novo relacionamento; discute-se poluição sonora, mas o problema é uma inimizade entre vizinhos, resultado de uma disputa de futebol. Enfim, são inúmeras as situações em que apenas os conflitos aparentes são relatados[6].

Deixando de haver o aprofundamento da análise da situação controvertida (especialmente em contextos de relações continuadas e/ou que envolvem sentimentos afetivos), não se conseguirá chegar ao conflito real e a solução superficial (aparente) poderá piorar a situação gerando o risco de agravar o conflito[7].

Maria Tereza Maldonado pondera, na mesma linha, que muitas vezes um conflito existe, mas acaba não sendo percebido nem reconhecido... o conflito latente "transparece no clima de tensão e insatisfação, intensificando a frustração, a desconfiança e a desarmonia nos vários níveis em que ele se instala (intrapessoal, interpessoal ou organizacional)":

> Ao contrário do conflito manifesto, que é visível e palpável, o latente gera muitas correntes subterrâneas porque as pessoas envolvidas preferem fazer de conta que o problema não existe, não manifestam claramente seu desconforto ou desagrado e pensam que falar sobre ele é mais perigoso do que mexer em casa de marimbondos[8].

A falta de manifestações com clareza gera controvérsias e insatisfações.

Se uma pessoa em crise não consegue identificar exatamente o perfil da controvérsia, é difícil avançar. Caso, contudo, ela se disponha a aceitar a intermediação de uma pessoa imparcial para promover diálogo com o outro lado, poderá ampliar sua percepção.

Imagine que um contratante, insatisfeito com a situação atual (sem ter certeza sobre qual elemento o prejudica, já que tudo parece "normal"), busque conversar com a outra parte valendo-se da intervenção de uma mediadora. Aceito o convite, ambos poderão dialogar e perceber o que tem funcionado

---

[6] SALES, Lília Maia de Morais. *Mediação de conflitos*: família, escola e comunidade. Florianópolis: Conceito Editorial, 2007. p. 25-26.

[7] SALES, Lília Maia de Morais. *Mediação de conflitos*: família, escola e comunidade cit., p. 26.

[8] MALDONADO, Maria Tereza. *O bom conflito*. São Paulo: Integrare Editora, 2008. p. 23.

Cap. 34 · DESCONHECIMENTO COMO LIMITE E CONTRIBUIÇÕES DA MEDIAÇÃO

ou não, o que pode ser alterado etc. Nesse cenário, a mediação será um espaço valioso para a troca de ideias e a definição do objeto de futuras sessões.

3. APROPRIADA PERCEPÇÃO DOS INTERESSES

Conhecer bem os interesses envolvidos é essencial para que as pessoas em conflitos possam avançar positivamente rumo à sua adequada composição.

Os interesses são as necessidades, os desejos e os medos que integram a preocupação ou a vontade de alguém; eles permeiam a "posição", que compreende os elementos concretos que alguém diz querer[9].

A iniciativa de buscar os interesses subjacentes possibilita a reorganização dos envolvidos e abre possibilidades para o encontro de saídas satisfatórias para os impasses.

Conforme clássica lição de Kazuo Watanabe, vigorou entre nós por muito tempo a cultura da sentença, quando o que se deve buscar é a cultura da pacificação[10].

Em um processo, as partes podem não revelar todas as circunstâncias que deram origem ao conflito: elementos financeiros tendem a conviver com aspectos psicológicos e fatores sociais, por exemplo.

Quais costumam ser os interesses mais valiosos? Na base de muitas controvérsias, aparecem os anseios pelas necessidades humanas básicas: segurança, sentimento de pertença, reconhecimento, controle sobre a própria vida e/ou bem-estar econômico[11].

Imaginemos uma disputa quanto à guarda dos filhos após o divórcio. Com a contribuição do mediador, os genitores serão provocados a refletir: qual é a melhor forma de garantir não a simples prevalência de suas posições (cada um, por exemplo, defende que ter a criança consigo o máximo de tempo é melhor), mas também o interesse comum em gerar melhores situações para o filho[12] – para quem conviver ao máximo com ambos é essencial?

---

[9] TARTUCE, Fernanda; FALECK, Diego; GABBAY, Daniela. *Meios alternativos de solução de conflitos*. Rio de Janeiro: FGV, 2014. p. 21.

[10] WATANABE, Kazuo. Cultura da sentença e cultura da pacificação. In: MORAES, Mauricio Zanoide; YARSHELL, Flávio Luiz (coord.). *Estudos em homenagem à professora Ada Pellegrini Grinover*. São Paulo: DPJ Ed., 2005, p. 684-690, *passim*.

[11] FISCHER, Roger; URY, William; PATTON, Bruce. *Como chegar ao sim*: negociação de acordos sem concessões. Trad. Vera Ribeiro e Ana Luiza Borges. 2. ed. Rio de Janeiro: Imago, 2005. p. 57.

[12] TARTUCE, Fernanda. *Mediação nos conflitos civis*. 5. ed. São Paulo, 2019. p. 93.

Embora a ideia de ter a custódia do filho atenda ao interesse por reconhecimento (o guardião é distinguido como a pessoa mais apta), é também importante para a criança o senso de pertencimento em relação a toda a família (não apenas a só de um dos genitores).

Pode ser que as pessoas falhem em identificar os próprios interesses envolvidos nas disputas; por estarem vivenciando um período de crise, sua visão pode estar obnubilada.

Muitas pessoas em crise costumam apresentar estados de enfraquecimento (como raiva, medo, desorganização, insegurança) e autocentramento (com reações defensivas, tendentes ao isolamento)[13].

Cabe ao administrador do conflito ajudá-las, olhando para além da disputa específica na busca de compreender nuances e contemplar os valores relevantes. A adoção de uma visão ampliada tende a gerar uma composição mais satisfatória para as pessoas em conflito[14].

Como se percebe, o cerne do conflito nem sempre é facilmente identificado. Para que a questão central da controvérsia apareça, as partes precisarão ter disposição para escutar e conversar. O consenso só será possível quando as pessoas conseguirem dar novos sentidos às posições e aos interesses envolvidos no conflito[15].

Caso ainda não haja plena ciência quanto a todos os interesses relevantes, o engajamento na mediação permitirá que os participantes aprofundem a análise das questões que contribuíram para os impasses de modo a promover clarificação sobre os pontos fulcrais.

Como bem destaca Kimberly Kovach, emergiram preocupações com a integração da mediação ao sistema judicial nos Estados Unidos: o primeiro dilema foi que a mudança dos objetivos da mediação – a eficiência e a economia de tempo/ dinheiro – passaram a ser mais considerados do que a comunicação e a colaboração entre as partes; de certa forma, a mediação

---

[13] FOLGER, Joseph P.; BUSH, Robert A. A mediação transformativa e intervenção de terceiros: as marcas registradas de um profissional transformador. In: SCHNITMAN, Dora Fried; LITTLEJOHN, Stephen. *Novos paradigmas em mediação*. Porto Alegre: ArtMed, 1999. p. 91.

[14] TARTUCE, Fernanda. *Mediação nos conflitos civis*. 5. ed. São Paulo, 2019. p. 48.

[15] SALES, Lília Maia de Morais. A mediação de conflitos – lidando positivamente com as emoções para gerir conflitos. *Pensar*, Fortaleza, v. 21, n. 3, p. 965-986, set.-dez. 2016. p. 967.

Cap. 34 · DESCONHECIMENTO COMO LIMITE E CONTRIBUIÇÕES DA MEDIAÇÃO | 883

foi modificada para se adequar ao procedimento legal, e valores como o empoderamento e a solução criativa de problemas podem ter se perdido[16].

Essa visão, no entanto, se distancia do objetivo da mediação, que é "buscar a recomposição do relacionamento, do vínculo que une as partes":

> A mediação, por sua própria natureza, é um procedimento que demanda tempo, para que as questões que se colocam possam ser trabalhadas pelas partes, com o auxílio do mediador, e eventualmente resolvidas em conjunto; "é um trabalho artesanal", que demanda "tempo, estudo, análise aprofundada das questões sob os mais diversos ângulos" para que se possa chegar ao cerne do conflito. Este processo pode, portanto, alongar-se por semanas, com a realização de inúmeras sessões, até que possivelmente se chegue a um acordo final[17].

4. DIFICULDADES EMOCIONAIS

Envolver-se em negociações e mediações demanda coragem e preparo: afinal, as pessoas em conflito, com ou sem advogados(as), precisarão se engajar em conversações – o que nem sempre é reputado viável.

As partes em conflito tendem a sentir que, como suas relações estão prejudicadas, não há condições para o diálogo[18].

Pode ainda ocorrer que a pessoa em conflito esteja vivenciando uma das fases da perda (luto). A ocorrência de privações significativas (decorrente de fatos como morte, fim da união ou demissão) gera comprometimentos no perfil psicológico; findo um projeto pessoal relevante, será hora de iniciar uma nova história, mas nem sempre as pessoas conseguem aceitar o novo contexto em que se inserem[19].

---

[16] KOVACH, Kimberlee K. *Mediation:* principles and practice. 3. ed. St. Paul: Thomson West, 2004. p. 34.

[17] PINHO, Humberto Dalla Bernardina de; ALVES, Tatiana Machado. Novos desafios da mediação judicial no Brasil – A preservação das garantias constitucionais e a implementação da advocacia colaborativa. *Int. Públ. – IP*, Belo Horizonte, ano 16, n. 87, p. 47-62, set.-out. 2014, p. 57.

[18] SALES, Lília Maia de Morais. A mediação de conflitos – lidando positivamente com as emoções para gerir conflitos. *Pensar*, Fortaleza, v. 21, n. 3, p. 965-986, set.-dez. 2016. p. 966-967.

[19] TARTUCE, Fernanda. *Mediação nos conflitos civis.* 5. ed. São Paulo, 2019. p. 251.

Como bem aponta Regina Dubugras, o grande desafio dos tempos atuais parece estar "na capacidade de perceber as mudanças e adaptar conceitos e atitudes ao período em que se vive, aproveitando-se o melhor de cada época em busca da realização de um 'fim' como ideal factível e viável[20].

Como se nota, podem existir diversas razões para temer dialogar – inclusive o receio de não conseguir controlar as próprias reações emocionais.

Esclarece Lília Maia de Morais Sales que "a negociação e a tomada de decisão envolvem tanto a razão como a emoção": as pessoas buscam tanto "justificativas palpáveis, concretas" (como documentos, números e provas) quanto perspectivas emocionais, assim como "sentimentos positivos ou negativos resultantes de uma fala, de um comportamento, de uma ação ou reação"; nessa medida, reconhecer que pessoas se guiam de modo subjetivo e objetivo na negociação é um elemento fundamental para ter uma visão ampla da administração do conflito:

> As emoções positivas trazem sentimentos bons e confortáveis de alegria e tranquilidade, por exemplo. As emoções negativas, por outro lado, estimulam sentimentos de angústia, medo e rancor. As primeiras trarão repercussões de aproximação, de facilitação de uma tomada de decisão para o consenso. As segundas dificultarão a cooperação ou qualquer diálogo pacífico entre as partes[21].

Um profissional capacitado para trabalhar com conciliação e mediação sabe que deve ser "receptivo a transformações, à escuta ativa e à valorização do diálogo"[22].

Tanto o mediador quanto os advogados das partes devem estar preparados para lidar com as emoções das pessoas em conflito – tarefa às vezes

---

[20] DUBUGRAS, Regina Maria Vasconcelos. O grande conciliador. Disponível em: http://www.csjt.jus.br/web/csjt/conciliacao-artigos/-/asset_publisher/K9ip/content/o-grande-conciliador-por-regina-dubugras?inheritRedirect=false. Acesso em: 22 fev. 2020

[21] SALES, Lília Maia de Morais. A mediação de conflitos – lidando positivamente com as emoções para gerir conflitos. *Pensar*, Fortaleza, v. 21, n. 3, p. 965-986, set.-dez. 2016. p. 970-971.

[22] SALES, Lília Maia de Morais; CHAVES, Emmanuela Carvalho Cipriano. Mediação e conciliação judicial – a importância da capacitação e de seus desafios. *Sequência*, Florianópolis, n. 69, p. 255-280, dez. 2014. p. 257.

difícil para os profissionais do Direito, que não são formados para discutir sentimentos e emoções subjacentes[23].

Na comunicação gerada pela mediação, a adoção de técnicas adequadas promove a escuta mútua dos protagonistas e pode resultar no reconhecimento dos respectivos sofrimentos criando espaço para uma nova dinâmica[24].

Mediadores que atuam pelo viés transformativo são otimistas em relação à possibilidade de que as pessoas avancem rumo ao fortalecimento e ao reconhecimento, assumindo "um ponto de vista positivo em relação aos motivos dos disputantes – a boa-fé e a decência por trás de seu comportamento na situação de conflito, independentemente das aparências"[25].

5. DESCONHECIMENTO QUANTO AO *TIMING*

Timing, sinônimo de senso de oportunidade, retrata intuição, percepção e escolha do momento oportuno[26].

Esse tema é muito relevante, já que o momento escolhido para oferecer a mediação é crucial. Segundo um clássico provérbio sobre negociação, "a oferta certa no momento errado é a oferta errada"[27].

Em certos períodos, as pessoas em crise podem não estar dispostas a conversar com quem contribuiu para gerar situações negativas. Por diversificados aspectos, elas poderão concluir que não vale envidar esforços negociais: se a outra parte, por exemplo, violou pactos anteriores, soará essencial contar com a decisão impositiva de um julgador[28] para resolver definitivamente a situação.

---

[23] SALES, Lília Maia de Morais. A mediação de conflitos – lidando positivamente com as emoções para gerir conflitos. *Pensar*, Fortaleza, v. 21, n. 3, p. 965-986, set.-dez. 2016. p. 969.

[24] BARBOSA, Águida Arruda. Guarda compartilhada e mediação familiar – uma parceria necessária. *Revista Nacional de Direito de Família e Sucessões*, n. 1, jul.-ago. 2014. p. 29.

[25] FOLGER, Joseph P.; BUSH, Robert A. A mediação transformativa e intervenção de terceiros: as marcas registradas de um profissional transformador. In: SCHNITMAN, Dora Fried; LITTLEJOHN, Stephen. *Novos paradigmas em mediação*. Porto Alegre: ArtMed, 1999. p. 91.

[26] *Timing*. Disponível em: https://www.sinonimos.com.br/timing/. Acesso em: 25 fev. 2020.

[27] WADE, John. The Last Gap em negociações. Por que isso é importante? Disponível em https://www.mediate.com/articles/WadeJ22.cfm. Acesso em: 25 fev. 2020.

[28] TARTUCE, Fernanda. *Mediação nos conflitos civis*. 5. ed. São Paulo, 2019. p. 136.

Como cada caso e cada pessoa são diferentes, os vários fatores de cada um devem ser ponderados e discutidos; o *timing* dessa discussão com o cliente é tão importante quanto o *timing* da própria mediação[29].

Normalmente o cliente procura um advogado porque está pronto para brigar, e não para buscar um acordo; nessa medida, ele poderá interpretar a sugestão da via consensual como falta de confiança do advogado no mérito da causa e acabar se tornando defensivo[30].

O advogado, contudo, deve se lembrar de que todas as opções disponíveis para o caso precisam ser discutidas; embora a entrevista inicial possa não ser o melhor momento para tratar da adoção da mediação, permitir que o cliente incorra em despesas significativas sem antes sugeri-la também não se revela uma boa opção[31].

Por essas razões, caso o advogado entenda ser adequado oferecer a mediação, deverá fazê-lo com tato.

Em algumas situações, ainda que vislumbre resistência, ele precisará tratar do tema; havendo, por exemplo, algum fator premente (como a existência de prazo de resposta junto a terceiros[32]), será essencial abordar a possibilidade consensual. Ainda que haja recusa imediata, será interessante convidar a(o) cliente a refletir com calma sobre o tema e responder depois. Se ainda assim houver rejeição, valerá dizer que, se não agora, o tema poderá reaparecer adiante.

Apesar de haver resistências iniciais, com o passar do tempo, novas conjunturas poderão viabilizar a possibilidade de estabelecimento ou retomada do diálogo.

Havendo disposição para escutar, a atuação cooperativa poderá se desenvolver. Nesse cenário, mecanismos consensuais poderão permitir a redução de desconfianças e o restabelecimento da comunicação[33].

---

[29] KOVACH, Kimberlee K. *Mediation*: principles and practice. 3. ed. Saint Paul: West Group, 2000. p. 129.

[30] KOVACH, Kimberlee K. *Mediation* cit., p. 129.

[31] KOVACH, Kimberlee K. *Mediation* cit., p. 129.

[32] "Determinar o momento certo para a mediação também requer conhecimento sobre questões externas à disputa" (WESTERFIELD, Rebecca. When is the right timing for a mediation. Disponível em https://www.jamsadr.com/files/uploads/documents/articles/westerfield-timing-mediation-abtl-2013.pdf. Acesso em: 25 fev. 2020).

[33] TARTUCE, Fernanda. *Mediação nos conflitos civis*. 5. ed. São Paulo, 2019. p. 234.

Alinhado a essa noção, dispõe o art. 3º do CPC/2015 que "a conciliação, a mediação e outros métodos de solução consensual de conflitos deverão ser estimulados por juízes, advogados, defensores públicos e membros do Ministério Público, inclusive no curso do processo judicial".

É essencial que, ao fomentar o consenso, seja devotado total respeito à autonomia dos envolvidos na controvérsia; afinal, estes poderão ter dificuldades consideráveis para enxergar as possibilidades de êxito na tentativa consensual naquele momento, não partilhando do mesmo otimismo que pauta pessoas alheias às interações pretéritas[34].

De todo modo, é importante que as pessoas conheçam os meios consensuais e seu potencial construtivo.

Vale lembrar que não será necessário que a parte já tenha um acordo em mente para aceitar se engajar em conversações: basta ter disposição para falar e escutar em prol da retomada do diálogo. Ela poderá estar apta para a mediação mesmo que ainda não se sinta pronta para celebrar ajustes – seja por estar muito envolvida emocionalmente no conflito, intimidada pela situação ou confiante demais na própria posição; trabalhar sobre esses problemas é geralmente o que os mediadores fazem[35].

6. DESCONSIDERAÇÃO DA BOA-FÉ COMO PRINCÍPIO DA MEDIAÇÃO

Diante de um conflito, o caminho natural é buscar conversar para ajustar a situação. Em momentos de crise, porém, nem sempre a negociação direta é reputada viável. Após experiências pautadas por comunicação ruim, trocas de acusações e/ou atribuições de culpa, mingua a disposição de conversar; além disso, a descrença na boa-fé do outro arrefece o ânimo de dialogar[36].

---

[34] TARTUCE, Fernanda. *Mediação nos conflitos civis* cit., p. 77.

[35] "A party can be engaged and ready for mediation, however, even if the party does not feel ready to settle. A party may be too emotionally embroiled in the conflict, too intimidated by the situation, or too confident in its own position. Working through these issues with the parties is often what mediators are expected to do" (WESTERFIELD, Rebecca. When is the right timing for a mediation. Disponível em: https://www.jamsadr.com/files/uploads/documents/articles/westerfield-timing-mediation-abtl-2013.pdf. Acesso em: 25 fev. 2020).

[36] TARTUCE, Fernanda. Mediação em conflitos contratuais. Disponível em: https://www.migalhas.com.br/coluna/migalhas-contratuais/309555/mediacao-em-conflitos-contratuais. Acesso em: 26 fev. 2020.

DIREITO CIVIL: DIÁLOGOS ENTRE A DOUTRINA E A JURISPRUDÊNCIA – *Volume II*

Quando um dos contendores crê que o outro atua sem probidade nem lealdade, dificilmente deseja dedicar tempo e recursos para negociar com quem não merece confiança – postura, aliás, compreensível[37].

Mesmo que seja exposta essa impressão, se o advogado estiver convencido de que a via consensual pode ser mais adequada para a solução da controvérsia, ele deve informar o cliente sobre os benefícios advindos de tal adesão[38]. Para que isso ocorra, é importante que ele conheça bem os mecanismos consensuais para prestar informações completas sobre as possibilidades existentes.

O princípio da boa-fé, reconhecido expressamente na legislação brasileira[39] como um dos vetores da mediação, é de suma relevância: participar com lealdade e real disposição de conversar são condutas essenciais para que a via consensual possa se desenvolver de modo eficiente. Afinal, se um dos envolvidos deixar de levar a sério a mediação, haverá lamentável perda de tempo para todos[40]. De toda forma, caso isso se verifique, não será por muito tempo: em poucas sessões será possível perceber aspectos como falta de clareza e propostas concretas, sendo possível encerrar a mediação imediatamente.

Na prática isso não é comum: quando as pessoas finalmente decidem ir à mediação, elas costumam se engajar na busca de respostas e na apresentação de propostas. O mais difícil parece mesmo chegar à mesa... afinal, estar em mediação exige coragem para buscar saídas com paciência para escutar o outro[41].

Como apontado, a mediação pode contribuir para que apareçam novas percepções sobre o conflito. Se as pessoas estiverem dispostas a cooperar na busca de soluções para a controvérsia, o mediador poderá atuar positivamente para que elas se comuniquem em um ambiente de respeito mútuo e escuta qualificada. Nesse ambiente, as partes são estimuladas a estabelecer relações de confiança e boa-fé.

---

[37] TARTUCE, Fernanda. Normas e projetos de lei sobre mediação no Brasil. *Revista do Advogado*. São Paulo: AASP, n. 123, ago. 2014, p. 25.

[38] TARTUCE, Fernanda. *Mediação nos conflitos civis*. 5. ed. São Paulo, 2019. p. 113.

[39] Lei n. 13.140/2015: "Art. 2º A mediação será orientada pelos seguintes princípios: (...) VIII – boa-fé".

[40] TARTUCE, Fernanda. *Mediação nos conflitos civis*. 5. ed. São Paulo, 2019. p. 233.

[41] TARTUCE, Fernanda. Normas e projetos de lei sobre mediação no Brasil. *Revista do Advogado*. São Paulo: AASP, n. 123, ago. 2014, p. 25.

A atuação do mediador e a garantia de confidencialidade das comunicações são importantes fatores para que as pessoas sejam estimuladas a agir de boa-fé e com disposição para solucionar o conflito[42].

7. FALTA DE INFORMAÇÕES POR PARTE DO ADVOGADO

Como destacado, enquanto orientador jurídico, o advogado deve avaliar as melhores opções para o caso e orientar o cliente sobre possibilidades e limitações tanto da via litigiosa como dos meios consensuais.

A mediação e a atividade jurisdicional apresentam muitas diferenças na forma de administração do conflito; será que os advogados são capazes de explicá-las com detalhes para seus clientes?

Advogados podem apresentar resistência à adoção de meios consensuais por diversos fatores; como o foco do presente artigo é a desinformação, merecem destaque a inexperiência e a falta de conhecimentos sobre autocomposição – aspectos que podem alimentar preconceitos a ponto de impedir que eles se sintam preparados[43] para lidar bem com a negociação "ao vivo" inerente à mediação.

Uma das principais causas de resistência de advogados aos meios consensuais é a sensação de ameaça por estarem fora da zona de conforto habitual[44].

As grades curriculares do ensino jurídico estão centradas no conteúdo formal de meios que priorizam a imposição de decisões: vários semestres na faculdade são destinados ao ensino do processo civil de índole contenciosa, havendo pouco espaço para debater negociação, conciliação e mediação.

Em certa medida, a formação acadêmica dos operadores de Direito sempre foi um óbice considerável ao uso mais intenso dos meios alternativos de resolução de conflitos, já que o modelo das faculdades de Direito enfatiza "a solução contenciosa e adjudicada dos conflitos de interesses" por meio do processo judicial[45].

---

[42]   TARTUCE, Fernanda. *Mediação nos conflitos civis*. 5. ed. São Paulo, 2019. p. 234.

[43]   TARTUCE, Fernanda. *Mediação nos conflitos civis* cit., p. 111.

[44]   BORDONE, Robert C.; MOFFITT, Michael L.; SANDER, Frank E. A. The next thirty years: directions and challenges in dispute resolution. In: MOFFITT, Michael L.; BORDONE, Robert C. *The handbook of dispute resolution*. São Francisco: Jossey-Bass, 2005. p. 511.

[45]   WATANABE, Kazuo. A mentalidade e os meios alternativos de solução de conflitos no Brasil. *Mediação e gerenciamento do processo*. São Paulo: Atlas, 2007. p. 6.

A situação não se verifica apenas em terras brasileiras: ao abordar a realidade americana, Leonard Riskin e James Westbrook destacam que a falta de familiaridade dos advogados com métodos diferenciados de abordagem de conflitos, por falta de educação ou de interesse, é um obstáculo considerável; não obstante as escolas de Direito e os tribunais se esforcem em promover esses meios, há muitos advogados que sequer conhecem a diferença entre mediação e arbitragem[46].

Nas sessões voltadas às conversações, a atuação advocatícia é totalmente diversa da verificada no embate litigioso: o contraditório participativo, a colaboração e a cooperação sobressaem, já que a resolução da controvérsia depende da atuação conjunta das partes[47].

Apesar da falta de estudos e/ou experiências, a resistência ao exercício de habilidades transacionais não se justifica: em certa medida, todos precisamos ser negociadores. Além disso, a mediação propicia uma nova frente de trabalho para quem atua na seara advocatícia: a expansão das habilidades negociais permite novas formas de atuação criativa.

O profissional deve se preparar para indicar o resultado mais interessante para o cliente e trabalhar as margens de negociação. O reconhecimento desse trabalho pode aumentar sua credibilidade e gerar fidelização dos clientes.

O incentivo à adoção de mecanismos consensuais não deverá trazer prejuízos financeiros ao advogado, considerando que o Código de Ética da OAB[48] veda a diminuição de honorários contratados quando a solução do litígio se dá por meios extrajudiciais[49].

A contribuição da mediação pode se dar a partir do aprendizado prático experimentado por advogados que busquem se preparar para as sessões com esmero e coragem, aumentando seu portfólio de experiências concretas.

Por parte dos tribunais, uma iniciativa que pode contribuir positivamente para o estímulo aos meios consensuais é a exposição de casos similares

---

[46] RISKIN, Leonard L.; WESTBROOK, James E. *Dispute Resolution and Lawyers.* St. Paul: West Group, 1997. p. 52.

[47] PINHO, Humberto Dalla Bernardina de; ALVES, Tatiana Machado. Novos desafios da mediação judicial no Brasil – A preservação das garantias constitucionais e a implementação da advocacia colaborativa. *Int. Públ. – IP*, Belo Horizonte, ano 16, n. 87, p. 47-62, set.-out. 2014. p. 54-56.

[48] Resolução n. 02/2015 CFOAB: "Art. 48. (...) § 5.º É vedada, em qualquer hipótese, a diminuição dos honorários contratados em decorrência da solução do litígio por qualquer mecanismo adequado de solução extrajudicial".

[49] TARTUCE, Fernanda. *Mediação nos conflitos civis.* 5. ed. São Paulo, 2019. p. 116.

de sucesso – que, inclusive, podem ser relatados por mediadores e conciliadores experientes. Há base legal para isso: nos termos do art. 3º do CPC/2015, "a conciliação, a mediação e outros métodos de solução consensual de conflitos deverão ser estimulados por juízes, advogados, defensores públicos e membros do Ministério Público, inclusive no curso do processo judicial".

Para Lília Maia de Morais Sales e Emmanuela Carvalho Cipriano Chaves, a "implementação da mediação e dos outros meios consensuais junto ao Poder Judiciário requer uma atenção ainda maior, pois eles se apresentam com uma lógica diversa do tradicional processo judicial"; enquanto o Poder Judiciário ressalta a normatividade e o caráter adversarial do litígio, os meios consensuais trabalham com o diálogo, a cooperação e a interdisciplinaridade[50].

Para as autoras, a mudança na formação jurídica, uma atuação voltada para o uso de procedimentos consensuais e uma capacitação adequada podem ajudar a "corrigir o equívoco de que mediar ou conciliar é produzir acordo e que seu objetivo maior seria desafogar as vias judiciais"[51].

A mediação pode resultar em ganhos para todos os envolvidos. Além da redução dos custos transacionais, ela pode: a) produzir melhores soluções para problemas complexos; b) permitir que as pessoas tenham o controle da solução, do procedimento e das informações; c) restabelecer relações e prevenir conflitos; d) reduzir o tempo para a resolução do litígio; e) conter danos à imagem[52].

CONCLUSÕES

O estímulo ao uso de meios consensuais previsto no arcabouço jurídico brasileiro constitui apenas uma etapa para a sua maciça adoção.

A implementação da autocomposição como via adequada para compor controvérsias exige a superação de desconhecimentos de diversas índoles; nesse cenário, será essencial a abertura do ensino jurídico aos meios consensuais e a atuação proativa de profissionais do direito em relação a procedimentos negociais.

---

[50] SALES, Lília Maia de Morais; CHAVES, Emmanuela Carvalho Cipriano. Mediação e conciliação judicial – A importância da capacitação e de seus desafios. *Sequência*, Florianópolis, n. 69, p. 255-280, dez. 2014. p. 266.

[51] SALES, Lília Maia de Morais; CHAVES, Emmanuela Carvalho Cipriano. Mediação e conciliação judicial cit., p. 256.

[52] TARTUCE, Fernanda. *Mediação nos conflitos civis*. 5. ed. São Paulo, 2019. p. 114.

A mentalidade jurídica ainda é centrada no modelo contencioso de distribuição de justiça. A ampliação dos meios consensuais demanda a expansão de horizontes dos operadores do direito e das pessoas que buscam uma solução para seus conflitos, devendo a via jurisdicional ser considerada apenas uma entre as vias existentes.

Um dos desafios para o incremento da mediação no Brasil é a falta de compreensão sobre o conflito. Muitas vezes a controvérsia não é adequadamente percebida, o que gera problemas para sua gestão. A apropriada identificação é importante para que as pessoas possam encontrar a melhor solução para a demanda imediata e para que conflitos futuros possam ser prevenidos.

A falta de habilidades e o desconhecimento sobre a mediação também são um desafio para sua implementação.

As pessoas em crise podem não estar dispostas a conversar com quem contribuiu para o conflito. Caso o advogado entenda ser adequado oferecer a mediação, deverá fazê-lo com tato e escolher o melhor momento para discutir a possibilidade consensual. Com o passar do tempo, novas conjunturas poderão viabilizar a adoção da mediação.

Um profissional capacitado deve estar preparado para lidar com as emoções das pessoas em conflito. Na mediação, a adoção de técnicas adequadas pode resultar no reconhecimento de seus respectivos sofrimentos e criar uma nova dinâmica na comunicação.

Embora possa haver resistência para retomar o diálogo com a pessoa com quem se controverte, deve haver conscientização sobre a relevância do protagonismo. A mediação tem potencial para reduzir desconfianças e restabelecer comunicações; tendo disposição e conhecimento sobre os métodos consensuais, as pessoas poderão atuar de forma cooperativa de modo que elas mesmas encontrem saídas para seus impasses.

A atuação técnica do mediador e a confidencialidade das comunicações são importantes fatores para que as pessoas sejam estimuladas a agir de boa-fé com disposição para solucionar o conflito.

Alguns advogados resistem em apresentar meios consensuais como vias adequadas para compor controvérsias porque a atuação negocial pode situá-los fora de sua zona de conforto. Estar atualizado, porém, implica em devotar atenção às mudanças sociais de modo a orientar a(o) cliente sobre possibilidades e limites tanto da via litigiosa como dos meios consensuais.

A ampliação da atuação negocial poderá trazer benefícios ao advogado, como a expansão de habilidades, o advento de soluções criativas, a abertura de novas frentes de trabalho e a fidelização de clientes. É preciso superar a ausência de informações e estar preparado para usar o meio adequado para

Cap. 34 · DESCONHECIMENTO COMO LIMITE E CONTRIBUIÇÕES DA MEDIAÇÃO | 893

compor cada controvérsia. Nesse cenário, a mediação constitui um importante mecanismo de distribuição de justiça: seu potencial de gerar ganhos e produzir resultados criativos merece ser objeto de proveitosas experiências.

REFERÊNCIAS

BARBOSA, Águida Arruda. Guarda compartilhada e mediação familiar – uma parceria necessária. *Revista Nacional de Direito de Família e Sucessões*, n. 1, jul.-ago. 2014, p. 20-36.

BARBOSA, Águida Arruda. Mediação familiar: uma nova mentalidade em direito de família. *Revista de Doutrina e Jurisprudência do Tribunal de Justiça do Distrito Federal e dos Territórios*, (58): 13-78, set.-dez. 1998.

BERGAMASCHI, André Luís; TARTUCE, Fernanda. *A solução negociada e a figura jurídica da transação*: associação necessária? Disponível em: http://www.fernandatartuce.com.br/a-solucao-negociada-e-a-figura-juridica-da-transacao-associacao-necessaria/. Acesso em: 24 set. 2019.

DEUTSCH, Morton. A resolução do conflito. In: AZEVEDO, André Gomma de (org.). *Estudos em arbitragem, mediação e negociação*. v. 3. Disponível em: http://www.arcos.org.br/livros/estudos-de-arbitragem-mediacao-e-negociacao-vol3/parte-ii-doutrina-parte-especial/a-resolucao-do-conflito. Acesso em: 10 jan. 2020.

DUBUGRAS, Regina Maria Vasconcelos. O grande conciliador. Disponível em: http://www.csjt.jus.br/web/csjt/conciliacao-artigos/-/asset_publisher/K9ip/content/o-grande-conciliador-por-regina-dubugras?inheritRedirect=false. Acesso em: 22 fev. 2020.

DUZERT, Yann; SPINOLA, Ana Tereza; BORGES, Gerson. Negociação em situações de crise e a matriz de negociações complexas. In: ARROW, Kenneth J.; MNOOKIN, Robert H.; ROSS, Lee; TVERSKY, Amos; WILSON, Robert B.; DUZERT, Yann (coord.). *Negociação – barreiras para resolução de conflitos*. Coleção Gv Law. São Paulo: Saraiva, 2012. v. 2. (Edição eletrônica)

FISCHER, Roger; SHAPIRO, Daniel. *Além da razão*: a força da emoção na solução de conflitos. Trad. Arão Shapiro. Rio de Janeiro: Imago, 2009.

FISCHER, Roger; URY, William; PATTON, Bruce. *Como chegar ao sim*: negociação de acordos sem concessões. Trad. Vera Ribeiro e Ana Luiza Borges. 2. ed. Rio de Janeiro: Imago, 2005.

FOLGER, Joseph P. *La mediación transformativa*: La preservación del potencial propio de la mediación en escenarios de disputas. Disponível em: http://revistademediacion.com/wp-content/uploads/2013/06/ Revista-Mediacion-02-02.pdf. Acesso em: 10 jan. 2020.

FOLGER, Joseph P; BUSH, Robert A. A mediação transformativa e intervenção de terceiros: as marcas registradas de um profissional transformador. In: SCHNITMAN, Dora Fried; LITTLEJOHN, Stephen. *Novos paradigmas em mediação*. Porto Alegre: ArtMed, 1999.

GRINOVER, Ada Pellegrini. O minissistema brasileiro de justiça consensual: compatibilidades e incompatibilidades. Disponível em: www. fernandatartuce.com.br/artigosdeconvidados. Acesso em: 20 jan. 2020.

KOVACH, Kimberlee K. *Mediation*: principles and practice. 3. ed. St. Paul: Thomson West, 2004.

MALDONADO, Maria Tereza. *O bom conflito*. São Paulo: Integrare Editora, 2008.

PINHO, Humberto Dalla Bernardina de; ALVES, Tatiana Machado. Novos desafios da mediação judicial no Brasil – A preservação das garantias constitucionais e a implementação da advocacia colaborativa. *Int. Públ. – IP*, Belo Horizonte, ano 16, n. 87, p. 47-62, set.-out. 2014.

SALES, Lília Maia de Morais. A mediação de conflitos – lidando positivamente com as emoções para gerir conflitos. *Pensar*, Fortaleza, v. 21, n. 3, p. 965-986, set.-dez. 2016.

SALES, Lília Maia de Morais; CHAVES, Emmanuela Carvalho Cipriano. Mediação e conciliação judicial – a importância da capacitação e de seus desafios. *Sequência*, Florianópolis, n. 69, p. 255-280, dez. 2014.

SALES, Lília Maia de Morais. *Mediação de conflitos*: família, escola e comunidade. Florianópolis: Conceito Editorial, 2007.

TARTUCE, Fernanda. *Mediação nos conflitos civis*. 5. ed. São Paulo, 2019.

TARTUCE, Fernanda. Normas e projetos de lei sobre mediação no Brasil. *Revista do Advogado*, São Paulo: AASP, n. 123, ago. 2014.

TARTUCE, Fernanda; FALECK, Diego; GABBAY, Daniela. *Meios alternativos de solução de conflitos*. Rio de Janeiro: FGV, 2014.

WATANABE, Kazuo. *Acesso à ordem jurídica justa (conceito atualizado de acesso à justiça)* – processos coletivos e outros estudos. Belo Horizonte: Del Rey, 2019.

WATANABE, Kazuo. Cultura da sentença e cultura da pacificação. In: MORAES, Mauricio Zanoide; YARSHELL, Flávio Luiz (coord.). *Estudos em homenagem à professora Ada Pellegrini Grinover*. São Paulo: DPJ Ed., 2005.

WESTERFIELD, Rebecca. When is the right timing for a mediation. Disponível em: https://www.jamsadr.com/files/uploads/documents/articles/ westerfield-timing-mediation-abtl-2013.pdf. Acesso em: 25 fev. 2020

CONVENÇÃO DE ARBITRAGEM

35

LIMITES E POSSIBILIDADES PARA A CONVENÇÃO DE ARBITRAGEM NO ÂMBITO DOS CONTRATOS

CLÁUSULA COMPROMISSÓRIA NOS CONTRATOS DE ADESÃO

FRANCISCO JOSÉ CAHALI

THIAGO RODOVALHO

> SUMÁRIO: 1. Cláusula compromissória nos contratos de adesão – o § 2º do art. 4º da Lei de Arbitragem brasileira e sua *ratio essendi*. Considerações iniciais; 2. A convivência do § 2º do art. 4º da LArb com o art. 51, VII, do CDC; 3. O § 2º do art. 4º da Lei de Arbitragem em sua essência; 4. Paradigmas estrangeiros; 5. Proposta para uma adequada exegese do § 2º do art. 4º da Lei de Arbitragem; 6. Conclusões; Referências.

1. CLÁUSULA COMPROMISSÓRIA NOS CONTRATOS DE ADESÃO – O § 2º DO ART. 4º DA LEI DE ARBITRAGEM BRASILEIRA E SUA *RATIO ESSENDI*. CONSIDERAÇÕES INICIAIS[1]

No palco dos *limites e possibilidades para a convenção de arbitragem nos contratos*, o presente artigo pretende provocar a reflexão com ideias de seus autores sobre a cláusula compromissória nos contratos de adesão.

Para o enfrentamento do tema, parte-se de uma premissa de que a convenção de arbitragem, antes de ser matéria concernente à lei especial, é questão eminentemente ligada ao Direito Civil, devendo ser analisada também sob essa perspectiva.

---

[1] Sobre o tema, v. amplamente RODOVALHO, Thiago. *Cláusula arbitral nos contratos de adesão*. São Paulo: Almedina, 2016. *passim*.

898 | DIREITO CIVIL: DIÁLOGOS ENTRE A DOUTRINA E A JURISPRUDÊNCIA – *Volume II*

Essa partida decanta, por si só, debates calorosos e divergências saudáveis, que em razão da justa moldura deste artigo não serão enfrentados, mas apenas afirmada a orientação nesse sentido, pelo acolhimento das conclusões de Giovanni Ettore Nanni; assim:

> Sendo um negócio jurídico, a cláusula compromissória é disciplinada pelo Direito Civil, devendo adequar-se a todas as características decorrentes das relações jurídicas privadas, como, por exemplo, a formação, os efeitos e a obediência aos requisitos do negócio jurídico estabelecidos no artigo 104 do Código Civil.
>
> Mesmo referindo-se ao compromisso, sob a égide do regime legal antigo, Pontes de Miranda bem demonstra tal característica: "O negócio jurídico bilateral do compromisso é regido pelo direito material".
>
> Consequentemente, a convenção de arbitragem gera efeitos obrigacionais. Ou, como diz Pontes de Miranda: "O compromisso é negócio jurídico; os seus efeitos são de direito das obrigações. Gera a pretensão ao juízo arbitral e a *exceptio ex compromisso* (exceção de compromisso)".[2]

Nesse contexto, se a eficácia da cláusula compromissória foi, durante muito tempo, o *calcanhar de Aquiles* no desenvolvimento da arbitragem no país, até o advento da Lei 9.307/1996,[3] tem-se, de outro turno, que a inserção

---

[2]   NANNI, Giovanni Ettore. Cláusula compromissória como negócio jurídico: análise de sua existência, validade e eficácia. In: LOTUFO, Renan et al. (coord.). *Temas relevantes do Direito Civil contemporâneo – reflexões sobre os 10 anos do Código Civil*. São Paulo: Atlas, 2012. p. 502.

[3]   MARTINS, Pedro A. Batista. Cláusula compromissória – questões pontuais. In: COSTA, José Augusto Fontoura et al. (org.). *Direito*: teoria e experiência – estudos em homenagem a Eros Roberto Grau. São Paulo: Malheiros, 2013. t. II. p. 976-977. V., ainda, sobre o tema, MARTINS, Pedro A. Batista. A convenção de arbitragem. In: MARTINS, Pedro A. Batista et al. *Aspectos fundamentais da Lei de Arbitragem*. Rio de Janeiro: Forense, 1999. p. 207 *et seq.*; CAHALI, Francisco José. *Curso de arbitragem*. 7. ed. São Paulo: RT, 2018. p. 28-34 e 119-122; NANNI, Giovanni Ettore. Cláusula compromissória como negócio jurídico: análise de sua existência, validade e eficácia. In: LOTUFO, Renan et al. (coord.). *Temas relevantes do direito civil contemporâneo – reflexões sobre os 10 anos do Código Civil*. São Paulo: Atlas, 2012. p. 506-507; VIDAL, Rodrigo Nasser; NALIN, Paulo Roberto Ribeiro. Execução específica da cláusula compromissória. In: PEREIRA, Cesar Augusto Guimarães; TALAMINI, Eduardo (coord.). *Arbitragem e poder público*. São Paulo: Saraiva, 2010. p. 227-228; BARBI FILHO, Celso Agrícola. Cumprimento judicial de cláusula compromissória na Lei 9.307/96 e outras intervenções do judiciário na arbitragem privada. *Revista dos Tribunais*, vol.

Cap. 35 · LIMITES E POSSIBILIDADES PARA A CONVENÇÃO DE ARBITRAGEM | 899

de cláusula arbitral em contrato de adesão permaneceu, mesmo após seu advento, sendo tema manifestamente controverso e que divide a doutrina,[4] havendo quem veja nessa inserção um mal *per se*,[5] bem como, encontrando-se quem não entenda ser situação necessariamente prejudicial.[6]

Justamente por isso, nossa Lei de Arbitragem, como é sabido e consabido, confere "especial proteção" ao aderente na inserção de cláusulas compromissórias em contratos de adesão,[7] *in verbis*:

> Art. 4º A cláusula compromissória é a convenção através da qual as partes em um contrato comprometem-se a submeter à arbitragem os litígios que possam vir a surgir, relativamente a tal contrato.
>
> § 1º A cláusula compromissória deve ser estipulada por escrito, podendo estar inserta no próprio contrato ou em documento apartado que a ele se refira.

749, mar. 1998, p. 104-105; e LIMA, Leandro Rigueira Rennó. *Arbitragem* – uma análise da fase pré-arbitral. Belo Horizonte: Mandamentos, 2003. p. 107 *et seq.*

[4] Cfr. NANNI, Giovanni Ettore. Cláusula compromissória como negócio jurídico: análise de sua existência, validade e eficácia. In: LOTUFO, Renan et al. (coord.). *Temas relevantes do direito civil contemporâneo* – reflexões sobre os 10 anos do Código Civil. São Paulo: Atlas, 2012. p. 540.

[5] V. STRENGER, Irineu. *Comentários à Lei de Arbitragem brasileira*. São Paulo: LTr, 1998, coments. Larb, art. 4º, § 2º, p. 50: "A inclusão do contrato de adesão no corpo de regras da lei sobre arbitragem constitui verdadeiro despropósito, porque desnatura essa convenção, atribuído ao aderente faculdade impossível de se consumar, qual seja, a de atribuir-lhe 'a iniciativa de instituir arbitragem, ou concordar, expressamente, com a sua instituição'".

[6] Embora se referindo aos contratos de adesão *de consumo*, cfr. BARROCAS, Manuel Pereira. *Manual de arbitragem*. 2. ed. Coimbra: Almedina, 2013. p. 108-109: "poderia ser questionada a validade de cláusulas compromissórias constantes de condições gerais de um contrato. Não é essa, porém, a nossa opinião. A adesão a uma cláusula arbitral não representa, *per se*, uma renúncia às normas protetoras do consumidor. O árbitro, tal como o juiz, tem a competência técnica e o dever de interpretar e aplicar todas as leis suscetíveis de aplicação ao caso, incluindo, obviamente, as normas de proteção do consumidor, desde que o litígio seja arbitrável nos termos gerais. O que é mister é assegurar a liberdade de aceitação do consumidor das cláusulas contratuais gerais, incluindo a cláusula compromissória".

[7] CAHALI, Francisco José. *Curso de arbitragem*. 7. ed. São Paulo: RT, 2018. p. 120-121; GIUSTI, Gilberto; MARQUES, Ricardo Dalmaso. Dispute resolution. In: FAZIO, Silvia. *Brazilian commercial law* – a practical guide. The Netherlands: Kluwer, 2013. p. 313-314.

§ 2º *Nos contratos de adesão, a cláusula compromissória só terá eficácia se o aderente tomar a iniciativa de instituir a arbitragem ou concordar, expressamente, com a sua instituição, desde que por escrito em documento anexo ou em negrito, com a assinatura ou visto especialmente para essa cláusula.* (destacamos)

2. A CONVIVÊNCIA DO § 2º DO ART. 4º DA LARB COM O ART. 51, VII, DO CDC

Essa norma convive harmonicamente com a especial proteção conferida ao aderente-consumidor no art. 51, VII, do CDC, *in verbis*:

Art. 51. São nulas de pleno direito, entre outras, as cláusulas contratuais relativas ao fornecimento de produtos e serviços que: (...) VII – determinem a utilização compulsória de arbitragem.[8-9]

---

[8] Nesse sentido, v., entre outros, CARMONA, Carlos Alberto. *Arbitragem e processo.* 3. ed. São Paulo: Atlas, 2009. p. 108; CRETELLA NETO, José. *Comentários à Lei de Arbitragem brasileira.* Rio de Janeiro: Forense, 2004. p. 58-59; ROCHA, Silvio Luís Ferreira da. A cláusula compromissória prevista na Lei 9.307, de 23.09.1996 e as relações de consumo. In: MARQUES, Cláudia Lima. *Revista de Direito do Consumidor,* vol. 21, jan. 1997, p. 34. E com interessante olhar sobre essa regra, escreve LEVY, Fernanda Rocha Lourenço. Arbitragem em disputas consumeristas no Brasil: breve ensaio sobre a legislação projetada. In: FREIRE, Alexandre et al. *Arbitragem:* estudos sobre a Lei n. 13.129, de 26-5-2015. São Paulo: Saraiva, 2016: "Importante sublinhar que, enquanto a arbitragem utilizada nas controvérsias cíveis e comerciais caminhou a passos largos no Brasil, a arbitragem no âmbito das relações consumeristas parece ainda ensaiar seus primeiros passos enfrentando muitas barreiras. Alguns fatores que dificultaram sua expansão merecem destaque, como a preponderância quase que monopolizadora do Estado para a resolução de conflitos e o desconhecimento da comunidade, inclusive a jurídica, acerca da arbitragem e o receio (ou dúvidas) acerca da aplicação compulsória da arbitragem na esfera consumerista. Evitando que o consumidor se visse obrigado a conduzir possível controvérsia por meio de arbitragem, o diploma consumerista estabelece em seu art. 51, VII, 'serem nulas de pleno direito as cláusulas contratuais que determinem a utilização compulsória da arbitragem', ainda que em nosso país a arbitragem seja uma livre opção para as partes. Pretendia-se, na verdade, proteger o consumidor de uma escolha feita de maneira desinformada".

[9] Embora tenha havido, em um primeiro momento de vigência da LArb, quem sustentasse ter a Lei de Arbitragem *revogado* o art. 51, inc. VII, do CDC. Com esse entendimento, cfr. FURTADO, Paulo; BULOS, Uadi Lammêgo. *Lei da arbitragem comentada.* São Paulo: Saraiva, 1997. p. 50-51; FIGUEIRA JUNIOR, Joel Dias. *Manual da arbitragem.* São Paulo: RT, 1997. p. 116-117.

Cap. 35 · LIMITES E POSSIBILIDADES PARA A CONVENÇÃO DE ARBITRAGEM | **901**

Convivem harmoniosamente, pois tratam de situações jurídicas distintas, como reconhecido pelo STJ em precedente amplamente conhecido.[10] Ou seja, a proteção do CDC incide quando se tratar efetivamente de contrato de adesão "de consumo" (haja vista que, como já tratado, contrato de adesão "não" é idêntico a contrato de relação de consumo),[11] ao passo que a proteção dada pelo § 2º do art. 4º da Lei de Arbitragem tem aplicação quando se tratar de contrato de adesão "genérico" ou "não consumerista".[12]

Assim, quando se tratar de contrato "de consumo", independentemente de ser ou não contrato de adesão, vigorará a proteção do CDC, de tal sorte que, ante sua vulnerabilidade presumida *ex lege*, é "ineficaz" – em relação ao consumidor – a previsão de cláusula arbitral. Isto é, caberá ao "consumidor",

---

[10] STJ, REsp 1.169.841/RJ, 3ª Turma, Rel. Min. Nancy Andrighi, j. 06.11.2012, *DJ* 14.11.2012, v.u., com a seguinte ementa: "Direito processual civil e consumidor. Contrato de adesão. Convenção de arbitragem. Limites e exceções. Arbitragem em contratos de financiamento imobiliário. Cabimento. Limites. 1. Com a promulgação da Lei de Arbitragem, passaram a conviver, em harmonia, três regramentos de diferentes graus de especificidade: (i) a regra geral, que obriga a observância da arbitragem quando pactuada pelas partes, com derrogação da jurisdição estatal; (ii) a regra específica, contida no art. 4º, § 2º, da Lei nº 9.307/96 e aplicável a contratos de adesão genéricos, que restringe a eficácia da cláusula compromissória; e (iii) a regra ainda mais específica, contida no art. 51, VII, do CDC, incidente sobre contratos derivados de relação de consumo, sejam eles de adesão ou não, impondo a nulidade de cláusula que determine a utilização compulsória da arbitragem, ainda que satisfeitos os requisitos do art. 4º, § 2º, da Lei nº 9.307/96. 2. O art. 51, VII, do CDC se limita a vedar a adoção prévia e compulsória da arbitragem, no momento da celebração do contrato, mas não impede que, posteriormente, diante de eventual litígio, havendo consenso entre as partes (em especial a aquiescência do consumidor), seja instaurado o procedimento arbitral. 3. As regras dos arts. 51, VIII, do CDC e 34 da Lei nº 9.514/97 não são incompatíveis. Primeiro porque o art. 4 não se refere exclusivamente a financiamentos imobiliários sujeitos ao CDC e segundo porque, havendo relação de consumo, o dispositivo legal não fixa o momento em que deverá ser definida a efetiva utilização da arbitragem. 4. Recurso especial a que se nega provimento".

[11] Há, contudo, entendimento tratando os dois dispositivos (LArb e CDC) com olhos voltados para os *contratos de adesão de consumo*. Assim, v. MUNIZ, Joaquim de Paiva. *Curso de direito arbitral – aspectos práticos do procedimento.* Curitiba: CRV, 2012. p. 56-57. Cfr., também, CARREIRA ALVIM, José Eduardo. *Comentários à Lei de Arbitragem.* 2. ed. Rio de Janeiro: Lumen Juris, 2004. p. 54; CRETELLA NETO, José. *Comentários à Lei de Arbitragem brasileira.* Rio de Janeiro: Forense, 2004. p. 57.

[12] Com essa posição, confira-se DINAMARCO, Cândido Rangel. *A arbitragem na teoria geral do processo.* São Paulo: Malheiros, 2013. p. 82-84.

após o surgimento do conflito, "optar" ou "concordar" com a sua submissão ao juízo arbitral.[13]

A respeito, e por vários, confira-se as proveitosas observações de Flávio Tartuce e Daniel Amorim, em seu *Manual de Direito do Consumidor*:

> Conforme estipula o art. 852 do CC/2002, a arbitragem restringe-se somente a direitos patrimoniais disponíveis, não podendo atingir os direitos da personalidade ou inerentes à dignidade da pessoa humana, visualizados pelos arts. 11 a 21 do Código Civil em vigor. Isso acaba justificando o teor do art. 51, inc. VI, da Lei 8.078/1990, eis que a proteção dos direitos do consumidor, com *status* constitucional, está mais próxima desses direitos existenciais relativos à proteção da pessoa. Há quem critique a vedação consumerista, caso de Carlos Alberto Carmona, que vê na arbitragem um importante mecanismo de exercício da autonomia privada e de solução de disputas.
>
> Diante dessas críticas, a reforma da Lei de Arbitragem pretendia trazer regra específica propiciando que a arbitragem fosse utilizada para resolver as demandas envolvendo os consumidores. Nesse contexto, seria incluído no art. 4º da Lei 9.307/1996 um § 3º, estabelecendo que, "na relação de consumo estabelecida por meio de

---

[13] Nesse sentido, v., entre outros, além de remansosa jurisprudência a esse respeito, MARQUES, Cláudia Lima; BENJAMIN, Antônio Herman V.; MIRAGEM, Bruno. *Comentários ao Código de Defesa do Consumidor* – arts. 1º a 74 (aspectos materiais). São Paulo: RT, 2003. p. 634-635; MARQUES, Cláudia Lima. *Contratos no Código de Defesa do Consumidor*. 5. ed. São Paulo: RT, 2005. p. 1.030-1.037; ALVIM NETTO, José Manoel de Arruda et al. *Código do Consumidor comentado*. 2. ed. São Paulo: RT, 1995. p. 253; HAPNER, Carlos Eduardo Manfredini. Das cláusulas abusivas. In: CRETELLA JUNIOR, José; DOTTI, René Ariel (coord.). *Comentários ao Código do Consumidor*. Rio de Janeiro: Forense, 1992. p. 177-178; AMARAL JUNIOR, Alberto do. Arts. 46 a 54. In: OLIVEIRA, Juarez de (coord.). *Comentários ao código de proteção do consumidor*. São Paulo: Saraiva, 1991. p. 197; LEMES, Selma Maria Ferreira. Arbitragem consumerista: poderia ser realidade no Brasil? *Revista do Advogado*, ano XXXVI, n. 130, ago. 2016, p. 140-146; e, por fim, ANDRIGHI, Fátima Nancy. Arbitragem nas relações de consumo: uma proposta concreta. *Revista de Arbitragem e Mediação*, v. 9, p. 13-21, abr.-jun. 2006, para quem: "é possível que, posteriormente, quando já configurado o conflito, havendo consenso entre o consumidor e o fornecedor, seja instaurado o procedimento arbitral. Assim, constata-se que não há óbice legal à implementação da arbitragem nos conflitos de consumo".

contrato de adesão, a cláusula compromissória só terá eficácia se o aderente tomar a iniciativa de instituir a arbitragem ou concordar expressamente com sua instituição". Todavia, quando do surgimento da Lei 13.129, de 26 de maio de 2015, a proposta foi vetada pela Presidência da República. (...)

Com o devido respeito a quem defende o contrário, pensamos não ser possível juridicamente a cláusula compromissória prévia vinculativa ao consumidor, o que entra em conflito com o dispositivo do CDC ora analisado. Todavia, nos casos de ser o consumidor uma pessoa jurídica, mitigada a sua hipossuficiência, não haveria óbice para que fosse firmado um compromisso arbitral posterior, sendo de iniciativa a instituição do procedimento. Sem dúvidas, o tema é polêmico, devendo ser aprofundado o debate nos meios jurídicos brasileiros nos próximos anos.[14] (...)

Em síntese conclusiva, entendo que a cláusula arbitral imposta pelo fornecedor no contrato de adesão não deve ser considerada nula de pleno direito, mesmo diante da previsão do art. 51, VII, do CDC. Melhor será permitir ao consumidor escolher entre seguir na arbitragem ou rumar para o processo jurisdicional, hipótese em que o juiz decidirá pela nulidade da cláusula arbitral e julgará normalmente a demanda judicial. Esse entendimento, inclusive, preserva o consumidor quando o fornecedor alegar a nulidade de pleno direito da cláusula para escapar da arbitragem, ainda que desejada pelo consumidor.[15]

Contudo, essa proteção especial do CDC somente tem lugar quando se tratar efetivamente e verdadeiramente de contrato "de consumo",[16] de adesão ou não, não podendo ser transposta para os "contratos de adesão puramente civis" e, mais ainda, para os "contratos de adesão interempresariais". Por isso, Cândido Rangel Dinamarco defende que um dispositivo (Lei de Arbitragem, art. 4º, § 2º) teria a finalidade de assegurar que a manifestação de vontade, em

---

[14] TARTUCE, Flávio; NEVES, Daniel Amorim Assumpção. *Manual de direito do consumidor*: direito material e processual. 8. ed. São Paulo: Método, 2019. Volume único, p. 302-303.

[15] TARTUCE, Flávio; NEVES, Daniel Amorim Assumpção. *Manual de direito do consumidor* cit., p. 508.

[16] E ainda assim, como se sabe, a doutrina e a jurisprudência amenizam o rigor do CDC em diversas situações, pelas circunstâncias dos contratos e sujeitos envolvidos, deixando, por vezes, de tutelar o consumidor na extensão ou intensidade dessa norma de regência das relações consumeristas.

904 | DIREITO CIVIL: DIÁLOGOS ENTRE A DOUTRINA E A JURISPRUDÊNCIA – *Volume II*

casos especiais, fosse "consciente", ao passo que o outro (Código de Defesa do Consumidor, art. 51, VII) teria a finalidade de assegurar que essa manifestação, em casos especialíssimos, fosse "livre". E assim escreve o professor com a sua autoridade acadêmica e doutrinária:

> Visando em primeiro plano a assegurar que a declaração de vontade do aderente seja consciente, a Lei de Arbitragem, condiciona a eficiência da cláusula compromissória, quando inserida em contratos de adesão, à presença de um desses dois requisitos, ambos figurando como indicadores do pleno conhecimento de sua existência e consciência de seu significado: a) ou que o próprio aderente haja tomado a iniciativa de incluí-la no contrato ou manifestado expressa concordância com sua instituição; b) ou que a instituição da cláusula haja sido feita "por escrito anexo ou em negrito, com assinatura ou visto especialmente para essa cláusula" (LA, art 4º, § 2º). Como está na doutrina especializada, tais providências visam a "chamar a atenção do aderente para a obrigação que está assumindo" (Carmona) ou a lhe dar "plena consciência (...) do seu ato de solucionar conflitos via arbitragem, excluindo tal discussão do Judiciário, evitando que tal cláusula seja assinada por falta de conhecimento ou no bojo de um conjunto de cláusulas, sem a devida reflexão" (Guerrero). Ausentes ambos esses requisitos, a cláusula será ineficaz perante o aderente, com as naturais consequências consistentes em não autorizar o estipulante a obter em juízo sua execução específica (LA, art. 7º) e em não ser causa para que se extinga sem julgamento do mérito eventual processo instaurado por iniciativa do aderente (CPC, art. 267, inc. VII) etc. Sem a imposição de tais cautelas poder-se-iam abrir portas à eficácia de cláusulas compromissórias impostas ao aderente sem ter ele a plena consciência da gravidade do que ele estiver assinando. (...)
>
> As exigências examinadas acima têm o foco voltado aos casos de cláusula compromissória inserida em contratos de adesão não relacionados com relações de consumo, e que são os contratos de adesão genéricos, de que fala o Superior Tribunal de Justiça. A doutrina entende porém que a técnica do documento anexo e palavras grafadas em negrito não é suficiente para evitar as adesões açodadas e sem a plenitude de uma consciência, porque "mesmo com cuidados e destaques o aderente pode simplesmente não co-

nhecer as consequências dessa cláusula, aderindo a ela sem qualquer reflexão" (Guerrero).[17]

Nesse contexto, justamente para as hipóteses de aplicação da Lei de Arbitragem – "contratos de adesão puramente civis" e "contratos de adesão interempresariais" –, é que se faz necessária a compreensão de seu art. 4º, § 2º, posto que esse preceito normativo previsto na nossa Lei de Arbitragem "não" visa ao consumidor, para quem são indiferentes os requisitos formais nele previstos para aferição da validade ou não da cláusula arbitral inserta em contratos de adesão.

3. O § 2º DO ART. 4º DA LEI DE ARBITRAGEM EM SUA ESSÊNCIA

Mesmo sem ter a atenção ao consumidor (cuidado pelo Código de Defesa do Consumidor), o § 2º do art. 4º da Lei de Arbitragem conserva a "natureza especialmente protetiva". Ou seja, a *ratio essendi* desse preceito normativo da Lei de Arbitragem também é, em boa medida, de certa proteção ao aderente não consumidor.

Embora questionável, o mecanismo legal utilizado foi exigir, por lei, a anuência expressa do aderente *em documento anexo ou em negrito, com a assinatura ou visto especialmente para essa cláusula.*

A *ratio essendi* "especialmente protetiva" não tem passado despercebida pela nossa doutrina. Nesse sentido, veja-se, por todos, Carlos Alberto Carmona:

> *O legislador quis claramente favorecer o contratante economicamente mais fraco*, a fim de evitar que a outra parte pudesse impor, nas condições gerais do contrato (às quais o oblato adere em bloco), também a solução de eventual controvérsia através de arbitragem (cláusula compromissória)[18] (destacamos).

---

[17] DINAMARCO, Cândido Rangel. *A arbitragem na teoria geral do processo.* São Paulo: Malheiros, 2013. p. 81-82; v., também, GUERRERO, Luis Fernando. *Convenção de arbitragem e processo arbitral.* São Paulo: Atlas, 2009. p. 16-17.

[18] CARMONA, Carlos Alberto. *Arbitragem e processo.* 3. ed. São Paulo: Atlas, 2009. p. 106. Em igual sentir, cfr., ainda, MAGALHÃES, Rodrigo Almeida. *Arbitragem e convenção arbitral.* Belo Horizonte: Mandamentos, 2006. p. 209: "Esse dispositivo teve como objetivo proteger o hipossuficiente que geralmente

Essa premissa adotada pela doutrina afigura-se correta, compreendendo a verdadeira *ratio legis* por detrás desse preceito normativo. Trata-se, portanto, de uma "hiperproteção do hipossuficiente". Assim, o Código de Defesa do Consumidor protege o presumidamente (*ex lege*) vulnerável e a Lei de Arbitragem, em seu art. 4º, § 2º, protege a parte economicamente mais fraca. Ambas são, pois, normas preocupadas com as situações em que há "disparidade de forças" entre os contratantes (disparidade essa, repita-se, presumida no CDC, e que pode vir a ser concretamente aferida na LArb para a aplicação da restrição legal).

A despeito de reconhecer a *ratio essendi* da LArb no art. 4º, § 2º, como hipótese de "hiperproteção do hipossuficiente", a doutrina arbitralista, de um modo geral, "presume" – e aqui, em nosso sentir, *venia concessa*, equivoca-se –, sempre a "hipossuficiência" do contratante-aderente,[19] independentemente de aferir-se, no caso concreto, se se trata de "contrato de adesão puramente civil" ou de "contrato de adesão interempresarial", e de aferir-se, por conseguinte, se há de fato, efetiva e verdadeiramente, hipossuficiência ou disparidade de forças a justificar a incidência da hiperproteção da norma.

Desse modo, essa orientação parte de premissa correta (norma especialmente protetiva ou "hiperproteção do hipossuficiente"), mas pressupõe sempre a hipossuficiência do contratante-aderente, o que conduz, na prática, em muitas situações, a uma aplicação "disfuncional" do preceito normativo contido no art. 4º, § 2º, da Lei de Arbitragem.

---

se apresenta frente aos contratos de adesão, já que as cláusulas contratuais não são discutidas; apenas poderão ser aceitas ou recusadas em sua totalidade".

[19] Nesse sentido, *presumindo* a hipossuficiência do contratante-aderente, v., entre outros, CARMONA, Carlos Alberto. *Arbitragem e processo*. 3. ed. São Paulo: Atlas, 2009. p. 106-107 ("Tais contratos [de adesão] supõem, antes de mais nada, a superioridade econômica de um dos contratantes, que fixa unilateralmente as cláusulas; o contratante mais fraco manifesta seu consentimento aceitando, pura e simplesmente, as condições gerais impostas pelo outro contratante", p. 106); MAGALHÃES, Rodrigo Almeida. *Arbitragem e convenção arbitral*. Belo Horizonte: Mandamentos, 2006. p. 209-210; CARREIRA ALVIM, José Eduardo. *Comentários à Lei de Arbitragem*. 2. ed. Rio de Janeiro: Lumen Juris, 2004. p. 54-55; CRETELLA NETO, José. *Comentários à Lei de Arbitragem brasileira*. Rio de Janeiro: Forense, 2004. p. 57 ("Nesses contratos [de adesão], o consentimento da parte mais fraca a determinadas cláusulas é ilusório"); GUERRERO, Luis Fernando. *Convenção de arbitragem e processo arbitral*. São Paulo: Atlas, 2009. p. 16-17 ("Ademais, este oferecimento de condições, em geral, decorre de um desnível econômico ou técnico", p. 16).

Cap. 35 · LIMITES E POSSIBILIDADES PARA A CONVENÇÃO DE ARBITRAGEM | 907

Ou seja, não foi além das situações jurídicas em que efetivamente há disparidade de forças (hipossuficiência). A realidade, contudo, sempre é mais rica do que pode antever a teoria.

Essa premissa de presunção de hipossuficiência no contrato de adesão não é verdadeira. A disparidade de forças ou vulnerabilidade ou hipossuficiência – conquanto existente em muitas situações, quiçá na maioria –, não se faz presente em "todas" elas, havendo considerável número de "contratos de adesão empresariais ou interempresariais" – consistentes naqueles em que ambas ou todas as partes visam ao lucro – cotidianamente celebrados, sem que haja hipossuficiência ou disparidade de forças entre as partes contratantes, situação, como se verá, que não passou despercebida dos legisladores alemão e português, quando disciplinaram a questão das cláusulas contratuais gerais.[20]

Assim, a disparidade de forças (vulnerabilidade ou hipossuficiência) "não" integra o núcleo definidor do contrato de adesão.

4. PARADIGMAS ESTRANGEIROS

A questão concernente à inserção de cláusula compromissória em contratos de adesão também preocupa outros países, por exemplo, Alemanha, Espanha e Portugal.

Geralmente, esses países, e em especial pelas legislações alemã e espanhola, costumam ser citados como se referendassem o posicionamento adotado pelo legislador brasileiro, é dizer, tendo a inserção de cláusula compromissória em contratos de adesão como *per se* um mal, o que não é propriamente verdadeiro.

Ao revés, a legislação estrangeira (Alemanha, Espanha e Portugal, *v.g.*) preocupa-se em separar bem *o joio do trigo*. Ou seja, as situações jurídicas em que de fato há necessidade de maior protecionismo estatal (dirigismo, intervencionismo) e as situações jurídicas em que não deve haver excesso de intervenção estatal, sob pena de ferir de morte a livre-iniciativa.

Nesse sentido, em primeiro lugar, na Alemanha, no BGB, há distinção na disciplina das cláusulas contratuais gerais quanto ao seu "âmbito de aplicação". Dessa forma, § 310 diferencia expressamente sua incidência entre contratos em que há presença de vulneráveis [contratos de consumo (*Verbraucherverträge*)] e entre contratos entre profissionais (contratos

---

[20] Cfr. BGB § 310, e Legislação portuguesa sobre Cláusulas Contratuais Gerais (Decreto-lei nº 466/85) arts. 17, 19, 20 e 21.

908 DIREITO CIVIL: DIÁLOGOS ENTRE A DOUTRINA E A JURISPRUDÊNCIA – *Volume II*

empresariais), atento às suas especificidades e evitando disfuncionalidade na aplicação da norma.

Esse também é o âmbito de aplicação do artigo comumente citado pela doutrina no Código de Processo Civil alemão (*Zivilprozessordnung* – ZPO). Assim, a ZPO § 1031 (5) igualmente consigna de forma expressa sua preocupação com o "consumidor" (*Verbraucher*), *in verbis*: ZPO § 1031 "[Forma del convenio arbitral] (...) (5) Los convenios arbitrales en los que sea parte un consumidor deben contenerse en documentos firmados por las partes de su propia mano. La forma escrita según el apartado 1 puede sustituirse mediante la forma digital del § 126a del Código Civil. Otros convenios arbitrales semejantes, como los que se refieran al arbitraje, no pueden contener más que el documento escrito o el documento digital; esto no se aplica en caso de autentificación notarial".[21]-[22]

---

[21] RAGONE, Álvaro J. Pérez; PRADILLO, Juan Carlos Ortiz. *Código Procesal Alemán (ZPO)* – traducción con un estudio introductorio al proceso civil alemán contemporáneo: incluye artículos de Hanns Prütting y Sandra de Falco. Montevideo: Fundación Konrad-Adenauer, 2006. p. 451-452, com a redação atual, após as reformas por que passou a ZPO nos anos 2001/2002, complementadas com as reformas de 2003/2005 (Lei de Modernização da Justiça (*Justizmodernisierunggesetz*) e a Lei de Aplicação de Tecnologia da Comunicação na Justiça (*Justizkommunikationsgesetz*)). Sobre as reformas da ZPO, v., entre outros, BARBOSA MOREIRA, José Carlos. Breve notícia sobre a reforma do processo civil alemão. In: BARBOSA MOREIRA, José Carlos. *Temas de direito processual* – oitava série. São Paulo: Saraiva, 2004. p. 199-210. Cfr., ainda, anteriormente, ENCINAS, Emilio Eiranova; MÍGUEZ, Miguel Lourido. *Código Procesal Civil alemán*. Madrid: Marcial Pons, 2001. p. 301-302: "[**Forma del convenio de arbitraje**] (...) (5) Los convenios de arbitraje en los que toma parte **un consumidor** deben estar incluidos en un documento firmado por las partes de su puño y letra. El documento no puede incluir otros convenios que no sean aquellos que se refieren al procedimiento arbitral; esto no se aplica en caso de documentación notarial. Consumidor es una persona física que en la operación que es objeto del litigio actúa para un fin que no puede imputarse a su actividad comercial, ni a su actividad profesional autónoma" (destacamos).

[22] No vernáculo original:

"**§ 1031 Form der Schiedsvereinbarung**

(5) Schiedsvereinbarungen, an denen **ein Verbraucher** beteiligt ist, müssen in einer von den Parteien eigenhändig unterzeichneten Urkunde enthalten sein. Die schriftliche Form nach Satz 1 kann durch die elektronische Form nach § 126a des Bürgerlichen Gesetzbuchs ersetzt werden. Andere Vereinbarungen als solche, die sich auf das schiedsrichterliche Verfahren beziehen, darf die Urkunde

Cap. 35 · LIMITES E POSSIBILIDADES PARA A CONVENÇÃO DE ARBITRAGEM | **909**

De igual sorte, em Portugal, a Lei sobre Cláusulas Contratuais Gerais (Decreto-Lei nº 466/1985) também distingue seu "âmbito de aplicação" entre hipossuficientes – contratos celebrados entre partes desiguais (consumidor ou aqueles que possam efetivamente se enquadrar nessa situação) – e profissionais (comerciante ou empresário), dando-lhes proteções distintas (cfr. arts. 17 e 20 da LCCG port.).

Desse modo, especificamente com relação à "inserção de cláusula compromissória em contratos de adesão", a LCCG port. impõe "restrições" se se tratar de relações com consumidores finais (cfr. LCCG port. art. 21 h "São em absoluto proibidas, designadamente, as cláusulas contratuais gerais que: (...) h) Excluam ou limitem de antemão a possibilidade de requerer tutela judicial para situações litigiosas que surjam entre os contratantes ou prevejam modalidades de arbitragem que não assegurem as garantias de procedimento estabelecidas na lei").

Contudo, não repete essas restrições para contratos de adesão celebrados entre iguais, ou seja, entre profissionais (comerciantes ou empresários) (relações travadas entre comerciantes ou empresários ou entidades equiparadas). Para essas hipóteses, a norma, atenta às especificidades desse tipo de relação jurídica entre iguais, possui "textura mais aberta", de modo a permitir a análise concreta da situação jurídica que se apresenta, de modo a verificar a abusividade ou não da cláusula, com respeito aos usos e costumes comerciais, bem como aferindo a possibilidade de abusividade em contexto global do contrato e da própria relação jurídica (cfr. LCCG port. art. 19 g "Cláusulas relativamente proibidas. São proibidas, consoante o quadro negocial padronizado, designadamente, as cláusulas contratuais gerais que: (...) g) Estabeleçam um foro competente que envolva graves inconvenientes para uma das partes, sem que os interesses da outra o justifiquem").

Não há, portanto, na legislação portuguesa, *per se*, vedação ou restrição à inserção de cláusula compromissória em contratos de adesão celebrados entre profissionais ("contratos de adesão empresariais ou interempresariais").

Por fim, assim também o é no tão citado artigo da lei de arbitragem espanhola, art. 9.2: "Forma y contenido del convenio arbitral. (...) 2. Si el convenio arbitral está contenido en un contrato de adhesión, la validez de dicho convenio y su interpretación se regirán por lo dispuesto en las normas aplicables a ese tipo de contrato". Ou seja, a lei de arbitragem espanhola remete

---

oder das elektronische Dokument nicht enthalten; dies gilt nicht bei notarieller Beurkundung" (destacamos).

à lei especial que disciplina as cláusulas contratuais gerais (Lei 7 de 1998, Ley sobre Condiciones Generales de la Contratación – LCGC es).

E, nesse contexto, já em seu preâmbulo,[23] o legislador espanhol cuidou de igualmente distinguir as situações jurídicas em que há disparidade de forças daquelas celebradas entre iguais:

> Las condiciones generales de la contratación se pueden dar tanto en las relaciones de profesionales entre sí como de éstos con los consumidores. En uno y otro caso, se exige que las condiciones generales formen parte del contrato, sean conocidas o -en ciertos casos de contratación no escrita- exista posibilidad real de ser conocidas, y que se redacten de forma transparente, con claridad, concreción y sencillez. Pero, además, se exige, cuando se contrata con un consumidor, que no sean abusivas.
>
> El concepto de cláusula contractual abusiva tiene así su ámbito propio en la relación con los consumidores. Y puede darse tanto en condiciones generales como en cláusulas predispuestas para un contrato particular al que el consumidor se limita a adherirse. Es decir, siempre que no ha existido negociación individual.
>
> Esto no quiere decir que en las condiciones generales entre profesionales no pueda existir abuso de una posición dominante. Pero tal concepto se sujetará a las normas generales de nulidad contractual. Es decir, nada impide que también judicialmente pueda declararse la nulidad de una condición general que sea abusiva cuando sea contraria a la buena fe y cause un desequilibrio importante entre los derechos y obligaciones de las partes, incluso aunque se trate de contratos entre profesionales o empresarios. *Pero habrá de tener en cuenta en cada caso las características específicas de la contratación entre empresas.*
>
> En este sentido, sólo cuando exista un consumidor frente a un profesional es cuando operan plenamente la lista de cláusulas contractuales abusivas recogidas en la Ley. (destacamos)

Justamente por isso, na LCGC es, no que diz respeito à cláusula arbitral, há apenas uma alteração do art. 10 da lei espanhola de proteção aos

---

[23] Sobre a *força prescritiva* dos Preâmbulos, cfr. RODOVALHO, Thiago. *Abuso de direito e direitos subjetivos.* São Paulo: RT, 2011. p. 157-158.

Cap. 35 · LIMITES E POSSIBILIDADES PARA A CONVENÇÃO DE ARBITRAGEM | 911

consumidores, para consignar que "los convenios arbitrales establecidos en la contratación a que se refiere este artículo serán eficaces si, además de reunir los requisitos que para su validez exigen las leyes, resultan claros y explícitos. La negativa del consumidor o usuario a someterse a un sistema arbitral distinto del previsto en el artículo 31 de esta Ley no podrá impedir por sí misma la celebración del contrato principal". Esse preceito normativo, por óbvio, aplica-se aos "consumidores", e não às relações jurídicas celebradas entre empresas visando ambas ou todas as partes ao lucro (= contratos empresariais ou interempresariais).

Nesse sentido, há remansosa jurisprudência na Espanha fazendo precisamente essa distinção e mantendo como válidas as cláusulas arbitrais insertas em contratos de adesão empresariais ou interempresariais, inclusive consignando que elas não são *per se* nulas.[24] A título de exemplificação, colacionamos apenas algumas, *verbis*:

> Pero ni siquiera por este cauce cabría, en este caso, reconocer virtualidad a la alegación, pues es más que difícil ver el carácter abusivo de la cláusula en cuestión respecto de quien no es consumidor en el sentido que recoge la norma comunitaria y la ley interna apuntadas – considerada ésta desde los principios esenciales que puede contener –, y de quien no cabe predicar una posición negocial inferior o más débil de la que pueda abusar o aprovecharse la otra parte, siendo tanto una como otra sociedades mercantiles acostumbradas a intervenir en el tráfico jurídico y comercial internacional, en donde el recurso de sujetar las relaciones negociales a contratos tipo, de adhesión, o a condiciones generales, es usual y comúnmente aceptado (ATS 1ª, 8.2.200, RJ 2000, 766).[25]

---

[24] Nesse sentido, cfr. ROBLERO, Inmaculada Rodríguez (coord.) et al. *Jurisprudencia española de arbitraje* – 60 años de aplicación del arbitraje en España. Pamplona: Aranzadi, 2013. p. 258-274.

[25] ROBLERO, Inmaculada Rodríguez (coord.) et al. *Jurisprudencia española de arbitraje* – 60 años de aplicación del arbitraje en España. Pamplona: Aranzadi, 2013. p. 258. Em igual sentir: "Pero ni siquiera examinando la alegación desde el principio de igualdad y equilibrio contractual, si es que quiere verse en él una parte integrante del contenido del orden público interno, cabría reconocer virtualidad a la alegación, pues es más que difícil ver el carácter abusivo de la cláusula en cuestión respecto de quien no es consumidor en el sentido que apunta la Directiva 93/13 CEE, de 5 de abril, la LGDCU, o la L 7/1998, de 13 de abril, sobre CGC, y de quien no cabe predicar una posición negocial inferior o más débil de la que pueda prevalerse o aprovecharse la otra parte, estando tanto

Se ha de advertir, así mismo, que aun cuando las cláusulas hayan sido predispuestas por la contraparte, *no por ello son, per se, nulas*, sino únicamente cuando no cumplan los requisitos de validez establecidos por su legislación reguladora, que es la Ley 7/1998, de 13 de abril, de CGC, cuya Exposición de Motivos distingue las condiciones generales de la contratación de lo que constituyen cláusulas abusivas, así como sus distintos efectos según rijan en contratos pactados entre profesionales o entre éstos y los consumidores (a este respecto, véase la Exposición de Motivos de dicha Ley). En el caso de contratación entre empresarios o profesionales lo relevante es que, no ya que la cláusula haya sido redactada unilateralmente por una de las partes, sino que la cláusula o cláusulas en cuestión atenten contra los principios rectores de la contratación (art. 1255 CC), *teniendo en cuenta las características especificas de la contratación entre empresas*. La cláusula o condición general será abusiva cuando sea contraria a la buena fe y cause un desequilibrio importante entre los derechos y obligaciones de las partes, pero en el marco del régimen general de obligaciones y contratos. (destacamos) (SAP Barcelona 15ª, 26.2.2006, JUR 2006, 232558).[26]

Esses julgados desvelam a preocupação em distinguir as situações jurídicas que demandam "proteção rígida" (contratos de adesão de consumo, *v.g.*) e as situações em que a proteção depende do caso concreto – "cláusula geral" –, é dizer, situações em que a cláusula arbitral somente será invalidada quando *in concreto* violar a "boa-fé objetiva" e causar um "significativo desequilíbrio" nos direitos e obrigações das partes contratantes, tendo-se em conta justamente as características específicas das contratações entre empresas, ou seja, a natureza do negócio (contratos de adesão empresariais ou interempresariais).

---

una como otra sociedades mercantiles acostumbradas a intervenir en el tráfico jurídico y comercial internacional, en donde el recurso de sujetar las relaciones negociales a contratos tipo o a condiciones generales, que habitualmente recogen los usos comerciales, es comúnmente aceptado" (ATS 1ª, 28.11.2000, RJ 2001, 703) (idem, p. 258-259). V., ainda, no mesmo sentido, ATSJ Cataluña CP 1ª, 17.11.2011, RJ 2012, 540 (idem, p. 273-274).

[26] ROBLERO, Inmaculada Rodríguez (coord.) et al. *Jurisprudencia española de arbitraje – 60 años de aplicación del arbitraje en España*. Pamplona: Aranzadi, 2013. p. 259.

5. PROPOSTA PARA UMA ADEQUADA EXEGESE DO § 2º DO ART. 4º DA LEI DE ARBITRAGEM

Como antes referido, a proteção do § 2º do art. 4º da LArb deve ser direcionada exclusivamente para as hipóteses em que, realmente, há disparidade de forças entre os contratantes. Esse desequilíbrio, mesmo existente em muitas situações, não é *onipresente*.

Constatam-se de forma objetiva "contratos de adesão empresariais ou interempresariais" entre *iguais*, nos quais inexiste hipossuficiência ou disparidade de forças entre as partes contratantes. São realidades distintas, e como tal, a exemplo do modelo estrangeiro citado, merecem tratamento diferenciado.

Na essência e na estrutura do contrato de adesão, não se integra a disparidade de forças (vulnerabilidade ou hipossuficiência), sendo essa contingência relativa aos sujeitos que, de fato, realizam o negócio jurídico.

Nesse contexto, coube à jurisprudência – minoritária, mas de vanguarda – a percepção do problema e a correta compreensão – de forma plena – da verdadeira *ratio essendi* do preceito normativo especialmente protetivo contido na LArb, art. 4º, § 2º ("hiperproteção do hipossuficiente").

Temos, assim, votos no TJSP, de lavra dos Desembargadores Alexandre Lazzarini e Fábio Tabosa, afastando a alegação de violação à LArb, art. 4º, § 2º, e mantendo como válida a cláusula compromissória inserta em contrato de adesão celebrado entre empresários:

III) A questão do art. 4º, § 2º, da Lei nº 9.307, de 1996 (Lei da Arbitragem).

Referido dispositivo legal efetivamente exige que a cláusula compromissória tenha concordância expressa das partes, "em documento em anexo" ou "negrito".

Esta importante regra tem por escopo proteger o contratante hipossuficiente em situações de assimetria entre as partes, ou seja, mesmo no âmbito empresarial, poderá essa regra ter relevância se uma empresa contratante não tiver o mesmo poder empresarial que a outra.[27]

---

[27] Voto vencido proferido pelo Des. Alexandre Lazzarini, TJSP, Agravo de Instrumento 0304979-49.2011.8.26.0000, 6ª Câmara de Direito Privado, Rel. Des. Paulo Alcides Amaral Salles, m.v., j. 19.04.2012.

Saliente-se, por fim, que o art. 4º, § 2º, da Lei de Arbitragem, citado nos embargos, em torno da necessidade de concordância específica para com cláusulas compromissórias em contratos de adesão, *volta-se a contexto totalmente distinto, o das relações negociais marcadas pela desigualdade de forças (notadamente, as relações de consumo)*, voltando-se a evitar a sujeição inconsciente e indesejada dos aderentes à disposição de tal teor. Algo, enfim, totalmente diverso do que se tem no caso dos autos, envolvendo estatuto de um sistema cooperativo complexo, *integrado por pessoas jurídicas empresarialmente estruturadas.* (destacamos)[28]

São "empresários sendo tratados como empresários".[29]

Inclusive, mesmo proferida antes da reforma da CLT de 2017,[30] e refletindo posição ao final vencida no TST,[31] vale lembrar a pioneira decisão no Brasil, do juiz trabalhista Helcio Luiz Adorno Júnior, que, buscando a *ratio legis* da lei, entendeu como válida cláusula arbitral inserta em contrato de trabalho de um importante executivo de um grande banco de investimentos, afastando sua presumida hipossuficiência, ao verificar que, diante das peculiaridades do caso concreto, ele não era hipossuficiente, tratando-se, ao revés, de reclamante de notável formação acadêmica e que foi contratado para exercer função de alto executivo, auferindo expressivos rendimentos.[32]

---

[28] TJSP, Agravo de Instrumento 0185120-05.2012.8.26.0000, 2ª Câmara Reservada de Direito Empresarial, Rel. p/ acórdão Des. Fábio Tabosa, m.v., j. 02.09.2013.

[29] RODOVALHO, Thiago. *Cláusula arbitral nos contratos de adesão*. São Paulo: Almedina, 2016. p. 81-91.

[30] Pela qual se introduziu o art. 507-A, assim: "Nos contratos individuais de trabalho cuja remuneração seja superior a duas vezes o limite máximo estabelecido para os benefícios do Regime Geral de Previdência Social, poderá ser pactuada cláusula compromissória de arbitragem, desde que por iniciativa do empregado ou mediante a sua concordância expressa, nos termos previstos na Lei nº 9.307, de 23 de setembro de 1996".

[31] Cf., a respeito, CAHALI, Francisco José. *Curso de arbitragem*. 7. ed. São Paulo: RT, 2018, especificamente o Capítulo 14, item 14.2, em que o tema é tratado com mais vagar.

[32] Assim: "Compromisso arbitral. A indisponibilidade dos direitos trabalhistas e a hipossuficiência do trabalhador são os motivos que têm impedido o reconhecimento da validade da cláusula arbitral no contrato de trabalho. Não é essa, porém, a situação materializada neste feito. O reclamante tem notável formação acadêmica e exercia a função de alto executivo da reclamada, para a qual auferia expressivos vencimentos, como ficou incontroverso. Não pode ser entendido,

Cap. 35 · LIMITES E POSSIBILIDADES PARA A CONVENÇÃO DE ARBITRAGEM | 915

Vale dizer, já aparece em julgados a preocupação em não transferir a hiperproteção a quem não é hipossuficiente, evitando aplicação disfuncional da norma especialmente protetora.

E a maior paridade de armas e liberdade de escolha pelo aderente é diretamente proporcional à maior flexibilidade na avaliação da exigência complementar prevista no dispositivo legal em exame.

Enfim, são casos que desvelam a complexidade das relações comerciais, especialmente no âmbito internacional, travadas num mundo cada vez mais célere e globalizado, permeado por grandes conglomerados econômicos, o que, por sua vez, revela os perigos do excesso de intervencionismo estatal nessa dinâmica comercial.

Entre esses perigos está justamente o de estender a "hiperproteção do hipossuficiente", contida na LArb, art. 4º, § 2º, a quem efetivamente não é hipossuficiente (em que não há disparidade de forças), provocando a aplicação "disfuncional" da norma decorrente do fato de não se distinguirem contratos de adesão de consumo, contratos de adesão puramente civis e contratos de adesão empresariais ou interempresariais (caracterizados estes últimos como aqueles em que ambas ou todas as partes visam ao lucro).

---

diante deste quadro, que foi implicitamente coagido a aceitar os termos do contrato de gratificação (documento 53 do primeiro volume em apenso), pois detinha todas as condições para negociar livremente sua contratação. Esse contrato previa o pagamento de bonificação ao reclamante para a hipótese de não se desligar voluntariamente do emprego, exigindo, ainda, a abstenção da prática de atos de concorrência comercial. O bônus em questão é, por evidência, prêmio que se destina a incentivar a permanência de profissionais altamente qualificados no emprego, fugindo do padrão dos títulos de natureza trabalhista. Aplica-se ao caso concreto, assim, o art. 104 do Código Civil, pois o reclamante aceitou livremente os termos do 'plano de retenção' que lhe foram oferecidos. Os agentes deste ato jurídico são capazes, o objeto é lícito e a forma não é defesa em lei, o que valida os termos da contratação. Se o ajuste é válido, o mesmo efeito deve ser reconhecido à cláusula que estipulou a obrigatoriedade de se submeter a solução de eventual litígio à câmara de arbitragem do Rio de Janeiro. A eleição da arbitragem como meio de solução de eventual conflito, feita pelas partes no ato da contratação, é válida. Ficam, portanto, extintos sem resolução do mérito os pedidos de letras a e b da peça inicial, nos termos do art. 267, IV e VII, do CPC, diante da presença de pressuposto processual negativo a impedir a válida instauração do processo". Sobre essa decisão, cfr. MENDONÇA, Euclydes José Marchi; FONTES, Marcos Rolim Fernandes. Validade da cláusula compromissória em contrato de trabalho de empregado que exerce função de alto executivo – comentário à sentença no processo 00021863420105020076 da 76ª Vara do Trabalho de São Paulo. In: WALD, Arnoldo (coord.). *Revista de Arbitragem e Mediação*, vol. 35, out. 2012, p. 381 *et seq*.

As "relações empresariais" – caracterizadas pelo escopo comum de todas as partes envolvidas pela "busca do lucro" e aliado à profissionalidade dos contratantes (empresários ou comerciantes ativos e probos, ou seja, profissionais e diligentes) –, são presumidamente "simétricas", em sentido diametralmente oposto ao do sistema consumerista, por exemplo.[33]

Desse modo, há de se flexibilizar exigência legal com o objetivo de preservar o negócio jurídico realizado em toda a sua abrangência (inclusive cláusula compromissória),[34] até porque, nesse ambiente, a opção pelo juízo arbitral já se considera provavelmente integrante da matriz econômica do contrato e até mesmo pode influenciar na própria definição por contratar.

Note-se que, mesmo sem a formalidade prevista, a escolha da arbitragem existe, na medida em que há declaração de vontade manifestada com aceitação e assinatura do contrato na forma apresentada.[35] E, assim, o que se quer é conter o efeito nocivo que a aplicação da norma com rigor pode gerar ao contrato e à segurança jurídica.

Não se exclui, porém, a possibilidade de ser afastada essa conclusão se *in concreto* ela violar de fato a "boa-fé objetiva" e causar um "significativo desequilíbrio" nos direitos e obrigações das partes contratantes, tendo-se em conta justamente as características específicas das contratações entre empresas, ou seja, a natureza do negócio (contratos de adesão empresariais ou interempresariais). Mas essa situação é absolutamente excepcional, e não se deve dar interpretação ampliativa.

Com isso, confere-se textura aberta à regra (como cláusula geral), evitando-se, assim, aplicação disfuncional da norma especialmente protetora, não se transferindo indevidamente sua hiperproteção a quem não é hipossuficiente, de modo que o Estado não interfira excessivamente nas relações empresariais, prejudicando a célere dinâmica comercial do mundo moderno

---

[33] Nesse sentido, v. FORGIONI, Paula A. *Teoria geral dos contratos empresariais.* São Paulo: RT, 2009. p. 29, 56-58, 87 e 119; COELHO, Fabio Ulhoa. *Princípios do direito comercial* – com anotações ao projeto de Código Comercial. São Paulo: Saraiva, 2012. p. 52; FRANCO, Vera Helena de Mello. *Contratos* – direito civil e empresarial. São Paulo: RT, 2009. p. 26.

[34] A respeito da preservação do negócio jurídico mesmo diante de certos vícios, indica-se substancioso estudo de GUERRA, Alexandre. *Princípio da conservação dos negócios jurídicos*: a eficácia jurídico-social como critério de superação das invalidades sociais. São Paulo: Almedina, 2016.

[35] Sem prejuízo, evidentemente, da avocação possível, se o caso, de outros vícios do consentimento; a análise nesse ponto é feita exclusivamente no plano da formalidade extra exigida pela norma.

Cap. 35 · LIMITES E POSSIBILIDADES PARA A CONVENÇÃO DE ARBITRAGEM | 917

e criando obstáculos que não são comuns – e muitas vezes nem esperados – nos contratos empresariais internacionais, *v.g.*

Portanto, tratando-se de contrato de adesão empresarial ou interempresarial (= "relações empresariais" caracterizadas pelo escopo comum de ambas ou todas as partes envolvidas pela "busca do lucro" e presumidamente "simétricas") – sem que se faça presente de fato e *in concreto* a disparidade de forças (inexistência de hipossuficiência ou vulnerabilidade) – a "regra" e a "presunção" devem ser no sentido da subsistência da cláusula arbitral inserta nesse contrato de adesão mesmo sem a exigência complementar, prevista na LArb, art. 4º, § 2º.

6. CONCLUSÕES

Com as reflexões expostas, podemos identificar três situações jurídicas distintas entre si e como tais devem ser analisadas de forma diferenciada de acordo com as suas peculiaridades.

Primeira hipótese ("proteção rígida"): quando se tratar efetivamente de "contrato de adesão de consumo", incide a regra especialmente protetiva do CDC, art. 51, VII, de modo que a inserção de cláusula arbitral será "ineficaz" (e não nula) em relação ao aderente-consumidor (na verdade, essa regra vigora mesmo que não se trate de contrato de adesão), de modo que a arbitragem somente terá lugar se ele, aderente-consumidor, após o surgimento do conflito, tomar a iniciativa de instituir a arbitragem ou concordar, expressamente, com a sua instituição ("hiperproteção do presumidamente – *ex lege* – vulnerável").

Segunda hipótese ("cláusula geral"): quando se tratar de "contrato de adesão puramente civil" ou "contrato de adesão empresarial ou interempresarial", quando houver efetivamente real "disparidade de forças" – que, nos contratos empresariais ou interempresariais (relações jurídicas presumidamente "simétricas"), é verificado quando houver *in concreto* "abuso de poder econômico" ou "abuso de dependência econômica empresarial" –, incide a regra especialmente protetiva da LArb, art. 4º, § 2º, de modo que a cláusula compromissória há de ser redigida por escrito em documento anexo ou em negrito, com assinatura ou visto especialmente para ela ("hiperproteção do hipossuficiente"), ainda que com o déficit protetivo do preceito normativo contido na LArb, art. 4º, § 2º.[36]

---

[36] Cfr. CARMONA, Carlos Alberto. *Arbitragem e processo*. 3. ed. São Paulo: Atlas, 2009. p. 107-108 (em especial: "A segunda hipótese lançada no § 2º decorre de subemenda apresentada na Câmara dos Deputados. Através dela, objetivava-se

918 | DIREITO CIVIL: DIÁLOGOS ENTRE A DOUTRINA E A JURISPRUDÊNCIA – *Volume II*

Terceira hipótese ("cláusula geral"): quando se tratar de "contrato de adesão empresarial ou interempresarial" sem que haja "disparidade de forças" (abuso de poder econômico ou abuso de dependência econômica empresarial), como analisado ao longo desse artigo, somente se anula ou modifica qualquer cláusula contratual pactuada se consubstanciar-se em vantagem manifestamente intolerável, o que deve ser aferido dentro do contexto global do contrato e à luz dos usos e costumes comerciais (*lex mercatoria*).

Nesse sentido, a cláusula arbitral, como regra, não se traduz para empresas de grande porte (aderentes), em vantagem manifestamente intolerável para a contraparte,[37] ao contrário, a arbitragem tem sido a regra para grandes

---

aumentar a garantia do oblato contra eventuais abusos do policitante. O resultado obtido com o acréscimo, porém, foi exatamente o contrário do que queria o legislador. De fato, a Lei afirma que para a eficácia da cláusula compromissória, o aderente deverá concordar *expressamente* (de forma explícita, clara, taxativa) com a instituição da arbitragem, por escrito (aceitável, portanto, a troca de cartas, o envio de fax, a troca de telegramas e até mesmo o câmbio de mensagem eletrônica, já que não é necessário firmarem as partes em um mesmo instrumento), que se constituirá em anexo ao contrato, ou então desde que a cláusula arbitral esteja destacada, sendo vistada ou assinada pelos contratantes, tudo para chamar atenção do aderente para a obrigação que está assumindo. É fácil perceber que este segundo critério adotado pelo legislador não traz garantia alguma para o oblato, que continuará sujeito à vontade do contratante mais forte", p. 107); GUERRERO, Luis Fernando. *Convenção de arbitragem e processo arbitral*. São Paulo: Atlas, 2009. p. 17; DINAMARCO, Cândido Rangel. *A arbitragem na teoria geral do processo*. São Paulo: Malheiros, 2013. p. 82; CARREIRA ALVIM, José Eduardo. *Comentários à Lei de Arbitragem*. 2. ed. Rio de Janeiro: Lumen Juris, 2004. p. 55 ("Todos sabemos que, quando um dos contratantes quer impor determinada cláusula (ou cláusulas) ao outro, o mínimo que lhe serve de obstáculo são as determinações legais. Supôs o legislador, com esse preceito, que o aderente assina o contrato sem ler, mas a verdade não é essa, senão que ele não dispõe do poder de barganha, ficando submetido ao poder potestativo do proponente. A redação da cláusula em comento não é das mais felizes"); MAGALHÃES, Rodrigo Almeida. *Arbitragem e convenção arbitral*. Belo Horizonte: Mandamentos, 2006. p. 210.

[37] Esse entendimento, inclusive, é consentâneo com o posicionamento adotado pelo Superior Tribunal de Justiça no tocante à validade de cláusula de eleição de foro em contratos de adesão quando celebrados entre iguais (= contratos interempresariais), sem que se façam presentes *vulnerabilidade* ou *hipossuficiência*. Nesse sentido, cfr. especialmente o *leading case* no STJ sobre o tema (= distinção entre inserção de cláusula de eleição de foro em *contratos verdadeiramente de consumo, contratos puramente civis* e *contratos intercomerciantes*): "Foro de eleição. Empresa de porte. Contrato de adesão. – É válida a cláusula de eleição de foro constante de contraio de valor aproximado de R$ 1.000.000,00, celebrado por

conflitos empresariais, especialmente em se tratando de contratos internacionais.[38] Desse modo, "não" incide a regra especialmente protetiva da LArb, art. 4º, § 2º, de modo que a inserção de cláusula arbitral é plenamente "válida" e "eficaz", independentemente de estar ou não redigida por escrito em documento anexo ou em negrito com assinatura ou visto especialmente para ela.

Embora trazendo certa "casuística", o abrandamento na aplicação da norma, mesmo diante do aparente rigor em sua literalidade, acomoda as variadas situações que se apresentam na rotina negocial, preservando o aderente quando a ele se deve efetivamente conferir a proteção legal.

REFERÊNCIAS

AMARAL JUNIOR, Alberto do. *Arts. 46 a 54*. In: OLIVEIRA, Juarez de (coord.). *Comentários ao código de proteção do consumidor*. São Paulo: Saraiva, 1991.

ARRUDA ALVIM NETTO; José Manoel de; *et allii*. *Código do Consumidor comentado*. 2. ed. São Paulo: RT, 1995.

---

empresa de porte que se presume tenha condições de exercer a defesa no foro escolhido, embora se trate de contrato de adesão. – Inexistência de elementos para o reconhecimento da conexão. Recurso não conhecido" (STJ, REsp 304.678/SP, 4ª Turma, Rel. Min. Ruy Rosado de Aguiar, v.u., j. 28.08.2001, *DJ* 19.11.2001). Trecho do acórdão:

"A ora recorrente é empresa de porte, que celebrou contrato de leasing de seis caminhões Mercedes Benz, no valor aproximado de R$ 1.000.000,00.

Diante disso, é de se presumir disponha de condições suficientes para exercitar sua defesa em foro diverso do de sua sede. Logo, a norma do CDC, que procura proteger o consumidor e assegurar seu acesso à Justiça e a ampla defesa, não tem incidência no caso dos autos para o efeito de se reconhecer a nulidade da cláusula de eleição de foro".

Sobre o tema, v. também MARQUES, Cláudia Lima. *Contratos no Código de Defesa do Consumidor*. 5. ed. São Paulo: RT, 2005. p. 1.029.

[38] HAPNER, Carlos Eduardo Manfredini. Das cláusulas abusivas. In: CRETELLA JUNIOR, José; DOTTI, René Ariel (coord.). *Comentários ao Código do Consumidor*. Rio de Janeiro: Forense, 1992. p. 177: "Muitos contratos internacionais procuram escapar dos problemas relacionados à solução de litígios por meio do poder judiciário do país de uma das partes contratantes. Preferem reservar a solução de dúvidas relativas ao contrato para cortes arbitrais especializadas, eis que com isso ganham tempo e sigilo na resolução de seus problemas. A utilização de arbitragens, de tão útil, passou a integrar a prática de muitas empresas que transportaram a experiência positiva dos conflitos contratuais internacionais para os problemas verificados no âmbito de seus próprios países".

BARBI FILHO, Celso Agrícola. Cumprimento judicial de cláusula compromissória na Lei 9.307/96 e outras intervenções do judiciário na arbitragem privada. *Revista dos Tribunais*, vol. 749, mar. 1998.

BARBOSA MOREIRA, José Carlos. Breve notícia sobre a reforma do processo civil alemão. In: BARBOSA MOREIRA, José Carlos. *Temas de direito processual* – oitava série. São Paulo: Saraiva, 2004.

BARROCAS, Manuel Pereira. *Manual de arbitragem*. 2. ed. Coimbra: Almedina, 2013.

BASILIO, Ana Tereza Palhares; MUNIZ, Joaquim T. de Paiva. *Arbitration law of Brazil*: practice and procedure. Huntington: Juris Publishing, 2006.

BATISTA MARTINS, Pedro A. Cláusula compromissória – questões pontuais. In: FONTOURA COSTA, José Augusto *et al.* (org.). *Direito*: teoria e experiência – estudos em homenagem a Eros Roberto Grau. São Paulo: Malheiros, 2013. t. II.

BATISTA MARTINS, Pedro A. A convenção de arbitragem. In: BATISTA MARTINS, Pedro A. et al. *Aspectos fundamentais da lei de arbitragem*. Rio de Janeiro: Forense, 1999.

BENJAMIN, Antônio Herman de Vasconcellos e. O Código Brasileiro de Proteção ao Consumidor. *Revista do Direito do Consumidor*, v. 7, São Paulo: RT, jul. 1993.

CAHALI, Francisco José. *Curso de Arbitragem*. 8. ed. São Paulo: RT, 2020.

CARMONA, Carlos Alberto. *Arbitragem e processo*. 3. ed. São Paulo: Atlas, 2009.

CARREIRA ALVIM, José Eduardo. *Comentários à Lei de Arbitragem*. 2. ed. Rio de Janeiro: Lumen Juris, 2004.

COELHO, Fábio Ulhoa. *Princípios do direito comercial* – com anotações ao projeto de código comercial. São Paulo: Saraiva, 2012.

CRETELLA NETO, José. *Comentários à Lei de Arbitragem brasileira*. Rio de Janeiro: Forense, 2004.

DINAMARCO, Cândido Rangel. *A arbitragem na teoria geral do processo*. São Paulo: Malheiros, 2013.

ENCINAS, Emilio Eiranova; MÍGUEZ, Miguel Lourido. *Código Procesal Civil alemán*. Madrid: Marcial Pons, 2001.

FIGUEIRA JUNIOR, Joel Dias. *Manual da arbitragem*. São Paulo: RT, 1997.

FORGIONI, Paula A. *Teoria geral dos contratos empresariais*. São Paulo: RT, 2009.

FRANCO, Vera Helena de Mello. *Contratos* – direito civil e empresarial. São Paulo: RT, 2009.

FRANCO, Vera Helena de Mello. *Teoria geral do* contrato – confronto com o direito europeu futuro. São Paulo: RT, 2011.

FURTADO, Paulo; BULOS, Uadi Lammêgo. *Lei da Arbitragem comentada.* São Paulo: Saraiva, 1997.

GIUSTI, Gilberto; MARQUES, Ricardo Dalmaso. Dispute resolution. In: FAZIO, Silvia. *Brazilian commercial law* – a practical guide. The Netherlands: Kluwer, 2013.

GUERRA, Alexandre. *Princípio da conservação dos negócios jurídicos*: a eficácia jurídico-social como critério de superação das invalidades sociais. São Paulo: Almedina, 2016.

GUERRERO, Luis Fernando. *Convenção de arbitragem e processo arbitral.* São Paulo: Atlas, 2009.

HAPNER, Carlos Eduardo Manfredini. Das cláusulas abusivas. In: CRETELLA JUNIOR José; DOTTI René Ariel (coord.). *Comentários ao Código do Consumidor.* Rio de Janeiro: Forense, 1992.

LEVY, Fernanda Rocha Lourenço. Arbitragem em disputas consumeristas no Brasil: breve ensaio sobre a legislação projetada. In: FREIRE, Alexandre et al. *Arbitragem*: estudos sobre a Lei n. 13.129, de 26-5-2015. São Paulo: Saraiva, 2016.

MAGALHÃES, Rodrigo Almeida. *Arbitragem e convenção arbitral.* Belo Horizonte: Mandamentos, 2006.

MARQUES, Cláudia Lima. *Contratos no código de defesa do consumidor.* 5. ed. São Paulo: RT, 2005.

MARQUES, Cláudia Lima; BENJAMIN, Antônio Herman V.; MIRAGEM, Bruno. *Comentários ao Código de Defesa do Consumidor* – arts. 1º a 74 (aspectos materiais). São Paulo: RT, 2003.

MENDONÇA, Euclydes José Marchi; FONTES, Marcos Rolim Fernandes. Validade da cláusula compromissória em contrato de trabalho de empregado que exerce função de alto executivo – comentário à sentença no processo 0002186342010502000076 da 76ª Vara do Trabalho de São Paulo. In: WALD, Arnoldo (coord.). *Revista de Arbitragem e Mediação*, vol. 35, out. 2012.

MUNIZ, Joaquim de Paiva. *Curso de direito arbitral* – aspectos práticos do procedimento. Curitiba: CRV, 2012.

NANNI, Giovanni Ettore. Cláusula compromissória como negócio jurídico: análise de sua existência, validade e eficácia. In: LOTUFO Renan et al.

(coord.). *Temas relevantes do direito civil contemporâneo* – reflexões sobre os 10 anos do Código Civil. São Paulo: Atlas, 2012.

RENNÓ LIMA, Leandro Rigueira. *Arbitragem* – uma análise da fase pré-arbitral. Belo Horizonte: Mandamentos, 2003.

ROBLERO, Inmaculada Rodríguez (coord.) et al. *Jurisprudencia española de arbitraje* – 60 años de aplicación del arbitraje en España. Pamplona: Aranzadi, 2013.

ROCHA, Silvio Luís Ferreira da. A cláusula compromissória prevista na Lei 9.307, de 23.09.1996 e as relações de consumo. In: MARQUES, Cláudia Lima. *Revista de Direito do Consumidor*, vol. 21, jan. 1997.

RODOVALHO, Thiago. *Abuso de direito e direitos subjetivos*. São Paulo: RT, 2011.

RODOVALHO, Thiago. *Cláusula arbitral nos contratos de adesão*. São Paulo: Almedina, 2016.

STRENGER, Irineu. *Comentários à Lei de Arbitragem brasileira*. São Paulo: LTr, 1998.

TARTUCE, Flávio; NEVES, Daniel Amorim Assumpção. *Manual de direito do consumidor*: direito material e processual. 8. ed. São Paulo: Método, 2019. Volume único.

VIDAL, Rodrigo Nasser; NALIN, Paulo Roberto Ribeiro. Execução específica da cláusula compromissória. In: GUIMARÃES PEREIRA, Cesar Augusto; TALAMINI, Eduardo (coord.). *Arbitragem e poder público*. São Paulo: Saraiva, 2010.

36

LIMITES E POSSIBILIDADES PARA A CONVENÇÃO DE ARBITRAGEM NO ÂMBITO DOS CONTRATOS

ELEONORA COELHO

ANA OLIVIA ANTUNES HADDAD

SUMÁRIO: 1. Introdução; 2. Aspectos gerais do regime jurídico da convenção de arbitragem; 3. Questões controversas relacionadas aos limites objetivos da convenção de arbitragem: 3.1. Convenção de arbitragem e cláusula de eleição de foro; 3.2. Contratos coligados; 4. Questões controversas relacionadas aos limites subjetivos da convenção de arbitragem: 4.1. Terceiros não signatários da convenção de arbitragem; 4.2. Vinculação do administrador à cláusula compromissória estatutária; 5. Conclusão; Referências.

1. INTRODUÇÃO

Este artigo tem como objetivo tecer considerações acerca dos limites e das possibilidades da convenção de arbitragem no âmbito dos contratos, o que significa, em outras palavras, definir o regime jurídico da convenção arbitral pela perspectiva do Direito Civil.

Para tanto, será dado enfoque a algumas questões controversas – e suas possíveis soluções – acerca dos limites objetivos e subjetivos da convenção de arbitragem, as quais, pela experiência das autoras, são frequentemente encontradas no exercício da jurisdição arbitral.

Antes, porém, de abordar especificamente tais questões, é necessário trazer apontamentos introdutórios sobre o regime jurídico da convenção arbitral (item 2, a seguir), de modo a estabelecer as premissas sobre as quais se assentarão as análises e as conclusões trazidas nos itens 3 e 4 deste capítulo.

DIREITO CIVIL: DIÁLOGOS ENTRE A DOUTRINA E A JURISPRUDÊNCIA – *Volume II*

Ressalta-se, contudo, que o tema tratado aqui é amplo e riquíssimo, dessa forma, as autoras não têm a pretensão de exauri-lo nesta oportunidade, mas apenas de contribuir com uma análise sob a ótica prática dos limites e das possibilidades da convenção de arbitragem a partir da perspectiva do julgador, em especial, do árbitro.

2. ASPECTOS GERAIS DO REGIME JURÍDICO DA CONVENÇÃO DE ARBITRAGEM

A convenção de arbitragem é um tipo de negócio jurídico, celebrado entre duas ou mais partes que decidem submeter suas controvérsias (futuras ou atuais) à jurisdição arbitral.

Por ser negócio jurídico, a convenção de arbitragem tem como pressuposto de existência uma *declaração de vontade*,[1] o que revela seu caráter essencialmente volitivo. Ou seja, a arbitragem existe somente quando as partes, no exercício de sua autonomia privada,[2] celebram uma convenção de arbitragem, declarando, assim, sua vontade de solucionar conflitos pela via arbitral.[3]

---

[1] "*In concreto*, negócio jurídico é todo fato jurídico consistente em declaração de vontade, a que o ordenamento jurídico atribui os efeitos designados como queridos, respeitados os pressupostos de existência, validade e eficácia impostos pela norma jurídica que sobre ele incide" (AZEVEDO, Antônio Junqueira de. *Negócio jurídico*: existência, validade e eficácia. 4. ed. São Paulo: Saraiva, 2002, p. 16).

[2] Autonomia privada significa "o poder de autodeterminação da pessoa, em que o ordenamento jurídico oferece e assegura aos particulares a possibilidade de regular suas relações mútuas dentro de terminados limites" (NANNI, Giovanni Ettore. *Direito Civil e arbitragem*. São Paulo: Atlas, 2014, p. 14).

[3] Não existe no Brasil a arbitragem obrigatória, que remete as partes à via arbitral independentemente de sua vontade. A arbitragem obrigatória, porém, não é totalmente estranha. Tal regime é previsto, por exemplo, na Lei 62/2011 de Portugal, para a solução de litígios envolvendo propriedade industrial de medicamento. Nesse caso, sequer existe opção pelo meio arbitral ou judicial, sendo compulsório que os litígios sejam solucionados em arbitragem. Sobre o tema: CARDOSO, António de Magalhães; NAZARÉ, Sara. A arbitragem necessária – natureza e regime: breves contributos para o desbravar de uma (também ela) necessária discussão. In: MIRANDA, Agostinho Pereira de; ABREU, Miguel Cancella de; SILVA, Paula Costa e; PENA, Rui; MARTINS, Sofia (coord.). *Estudos de Direito da Arbitragem em homenagem a Mário Raposo*. Lisboa: Universidade Católica Editora, 2015. p. 47-52.

Cap. 36 · LIMITES E POSSIBILIDADES PARA A CONVENÇÃO DE ARBITRAGEM | **925**

Todavia, a autonomia das partes para contratar arbitragem não é irrestrita. O Direito impõe limites que devem ser respeitados pelas partes e, consequentemente, fiscalizados pelos julgadores (árbitros ou juízes) no exercício de seu *munus* de bem aplicar o Direito.

Nesse sentido, o art. 1º da Lei 9.307, de 1996 (Lei de Arbitragem), prevê dois limites imperativos: a arbitragem deve versar sobre direitos patrimoniais disponíveis e deve ocorrer somente entre pessoas capazes de contratá-la. São os chamados requisitos de arbitrabilidade objetiva e subjetiva, respectivamente.

Além disso, a Lei de Arbitragem impõe requisitos formais para a convenção arbitral, que podem variar em algumas hipóteses. Como é cediço, "convenção de arbitragem" é gênero, da qual se originam duas espécies: cláusula compromissória e compromisso arbitral.

A cláusula compromissória é aquela inserida dentro de um contrato (ou em documento anexo que a ele se refira[4]), por meio da qual as partes contratantes "comprometem-se a submeter à arbitragem os litígios que possam vir a surgir, relativamente a tal contrato" (art. 4º da Lei de Arbitragem). O compromisso arbitral, por sua vez, é um contrato que tem por objeto a submissão de uma controvérsia preexistente à solução arbitral.

Como a cláusula compromissória é estipulada antes de iniciado o litígio, é a espécie mais comum de convenção arbitral,[5] já que, uma vez surgido o conflito, é mais difícil as partes acordarem acerca do método para solucioná-lo.

Em geral, o único requisito imposto à cláusula compromissória é que conste por escrito, não se admitindo a forma verbal (art. 4º, § 1º, da Lei de Arbitragem). Em contratos de adesão, contudo, a cláusula compromissória, além de escrita, deve constar em "documento anexo ou em negrito, com a assinatura ou visto especialmente para essa cláusula" (art. 4º, § 2º, da Lei de Arbitragem).

Legislações esparsas preveem outros requisitos de validade e eficácia da cláusula compromissória, específicos para certos tipos de contratos. É o caso da cláusula compromissória em contratos de consumo (art. 51, VII, da Lei 8.078 de 1990 – Código de Defesa do Consumidor) e as cláusulas previstas

---

[4]   Conforme prevê o art. 4º, § 1º, da Lei de Arbitragem: "A cláusula compromissória deve ser estipulada por escrito, podendo estar inserta no próprio contrato ou em documento apartado que a ele se refira".

[5]   Embora não existam dados estatísticos a esse respeito, na prática nota-se que a cláusula compromissória é a forma de convenção arbitral mais encontrada.

no estatuto social de sociedades anônimas (art. 136-A da Lei 6.404 de 1976 – Lei das S.A.).

O compromisso arbitral também deve adotar a forma escrita, podendo ser judicial (celebrado no curso de um processo estatal) ou extrajudicial (devendo, nesse caso, conter a assinatura de duas testemunhas ou ser feito mediante instrumento público),[6] devendo conter, necessariamente, as informações listadas no art. 10 da Lei de Arbitragem.[7]

Além dos elementos supracitados, tanto a cláusula como o compromisso devem preencher, naquilo que couber e for adequado, os requisitos de existência, validade e eficácia impostos aos negócios jurídicos em geral, descritos no Título I do Livro III do Código Civil (Negócios Jurídicos), arts. 104 e seguintes.[8]

Ademais, antes, durante e após a celebração da convenção de arbitragem, os contratantes são obrigados a observar os ditames da ordem pública, da boa-fé objetiva e da função social do contrato, como dispõe o art. 422 do Código Civil e ensina balizada doutrina.[9]

Respeitados os limites legais brevemente expostos anteriormente, é conferida às partes liberdade para determinar o conteúdo da sua convenção de arbitragem. Assim, elas podem estipular quais disputas e/ou contratos pretendem ou não submeter à arbitragem (limites objetivos), bem como quem está ou não vinculado ao procedimento arbitral (limites subjetivos).

---

[6] Art. 9º da Lei de Arbitragem.

[7] Quais sejam: (i) nome, profissão, estado civil e domicílio das partes; (ii) nome, profissão e domicílio do árbitro, ou dos árbitros, ou, se for o caso, a identificação da entidade à qual as partes delegaram a indicação de árbitros; (iii) a matéria que será objeto da arbitragem; e (iv) o lugar em que será proferida a sentença arbitral.

[8] Também nesse sentido, embora fazendo referência apenas à cláusula compromissória: "Sendo um negócio jurídico, a cláusula compromissória é disciplinada pelo Direito Civil, devendo adequar-se a todas as características decorrentes das relações jurídicas privadas, como, por exemplo, a formação, os efeitos e a obediência aos requisitos do negócio jurídico estabelecidos no art. 104 do Código Civil" (NANNI, Giovanni Ettore. *Direito Civil e arbitragem*. São Paulo: Atlas, 2014. p. 17).

[9] Nesse sentido: NANNI, Giovanni Ettore. *Direito Civil e arbitragem*. São Paulo: Atlas, 2014. p. 15; PINTO, José Emílio Nunes. A cláusula compromissória à luz do Código Civil. In: WALD, Arnold (org.). *Doutrinas essenciais*: arbitragem e mediação. São Paulo: RT, 2014. vol. 2, p. 221-237; REBOUÇAS, Fernandes Rodrigo. *Autonomia privada das partes e a análise econômica do contrato*. São Paulo: Almedina, 2017. p. 44-45.

Cap. 36 · LIMITES E POSSIBILIDADES PARA A CONVENÇÃO DE ARBITRAGEM | 927

Essa liberdade decorre do princípio da autonomia privada. Entretanto, tal liberdade também pode ser fonte de problemas. O excesso de criatividade ou a falta de zelo ou conhecimento de partes e advogados, ao celebrar a convenção de arbitragem, não raro, dão azo a redações obscuras, incompletas ou contraditórias.[10]

Diante de uma convenção de arbitragem problemática, cabem aos árbitros, em razão do princípio competência-competência (art. 8º, § 1º, da Lei de Arbitragem[11]), a função de interpretar a convenção e decidir acerca dos seus limites objetivos e subjetivos.

Em tal mister, é função dos árbitros investigar qual foi a *vontade* das partes ao celebrar a convenção de arbitragem. Portanto, ainda que as partes não tenham sido claras na manifestação de sua vontade, para definir os contornos do processo arbitral, é indispensável buscar a verdadeira intenção delas ao celebrar a convenção.[12]

Esse modo de proceder deriva do quanto previsto nos arts. 112 e 113 do Código Civil,[13] que obriga o julgador a interpretar o negócio jurídico a partir de uma análise abrangente da intenção e da conduta das partes, sempre à luz dos preceitos da boa-fé.

É com base nas premissas expostas neste item que serão analisadas a seguir algumas situações que costumam surgir em razão da celebração de

---

[10] As cláusulas de resolução de litígio, por não dizerem respeito à substância do contrato, acabam sendo negociadas e redigidas por último. Por essa razão, comumente são referidas como *midnight clauses*, trazendo consigo a percepção de que foram preparadas "noite adentro".

[11] Art. 8º, parágrafo único, da Lei de Arbitragem: "Caberá ao árbitro decidir de ofício, ou por provocação das partes, as questões acerca da existência, validade e eficácia da convenção de arbitragem e do contrato que contenha a cláusula compromissória".

[12] "Os contratos nem sempre são redigidos com técnica apurada (...) e o produto final acaba não sendo tão satisfatório. Cumpre então aos operadores extrair de linhas tortas a vontade dos contratantes" (CARMONA, Carlos Alberto. Considerações sobre a cláusula compromissória e a eleição de foro. In: LEMES, Selma; CARMONA, Carlos Alberto; MARTINS, Pedro A. Batista (coord.). *Arbitragem*: estudos em homenagem ao Prof. Guido Fernando Silva Soares. São Paulo: Atlas, 2007. p. 38).

[13] "Art. 112. Nas declarações de vontade se atenderá mais à intenção nelas consubstanciada do que ao sentido literal da linguagem".
"Art. 113. Os negócios jurídicos devem ser interpretados conforme a boa-fé e os usos do lugar de sua celebração".

DIREITO CIVIL: DIÁLOGOS ENTRE A DOUTRINA E A JURISPRUDÊNCIA – *Volume II*

convenções de arbitragem pouco claras. As situações em comento serão separadas em dois grupos: as relacionadas aos limites objetivos da convenção de arbitragem (item 3) e aquelas que dizem respeito aos seus limites subjetivos (item 4).

3. QUESTÕES CONTROVERSAS RELACIONADAS AOS LIMITES OBJETIVOS DA CONVENÇÃO DE ARBITRAGEM

3.1. Convenção de arbitragem e cláusula de eleição de foro

Frequentemente, os julgadores se deparam com a seguinte situação: um contrato que preveja tanto cláusula compromissória como cláusula de eleição de foro judicial, ambas com o objetivo de dirimir as controvérsias oriundas do contrato, sem delimitação expressa de escopos e/ou matérias a serem submetidas a cada uma dessas jurisdições.[14]

A presença de tais cláusulas aparenta uma contradição, já que as partes estariam optando pela arbitragem e, ao mesmo tempo, pela jurisdição estatal para resolver os mesmos litígios.[15] Essa situação pode gerar dúvidas acerca dos limites objetivos da convenção de arbitragem.

Todavia, o nosso entendimento é no sentido da doutrina internacional especializada,[16] de que se deve interpretar tais cláuslas de modo a conferir efi-

---

[14] A esse respeito, veja-se exemplo dado por Giovanni Nanni: "Equívoco frequente é a previsão de cláusula compromissória e de eleição de foro no mesmo contrato, isto é, 'Todas e quaisquer dúvidas, questões e controvérsias em geral relativas ao presente contrato serão resolvidas por arbitragem de acordo com as regras (...)' e 'As partes elegem o Foro da Comarca de São Paulo para dirimir as questões oriundas desse Contrato, renunciando a qualquer outro, por mais privilegiado que seja (...)" (NANNI, Giovanni Ettore. *Direito Civil e arbitragem*. São Paulo: Atlas, 2014. p. 88).

[15] "Num primeiro momento, parece que as duas cláusulas seriam antagônicas: a primeira, que elege foro (comarca) onde será dirimida controvérsia decorrente de determinado contrato, estaria apontando para o órgão do Poder Judiciário competente para dirimir eventual controvérsia entre as partes contratantes; a cláusula compromissória demonstra, porém, a escolha das partes de entregar a árbitros (e não a um órgão do Poder Judiciário) a solução de eventual controvérsia" (CARMONA, Carlos Alberto. *Arbitragem e Processo*: um comentário à Lei nº 9.307/96. 3. ed. São Paulo: Atlas, 2009, p. 114).

[16] "In determining the relationship between these two seemingly conflicting clauses, the court sought to establish the parties' real intent and concluded that the intent of

cácia a ambas. De fato, tratam-se de disposições compatíveis, já que a escolha pela arbitragem não implica o total afastamento do Poder Judiciário, que pode vir a ser acionado pelas partes antes, durante ou após o procedimento arbitral.

Nesse sentido, a Lei de Arbitragem prevê diversos pontos de interseção e cooperação entre os árbitros e o juízo estatal, por exemplo: se houver cláusula compromissória vazia e resistência de uma das partes à instauração da arbitragem (art. 7º); para conduzir uma testemunha renitente (art. 22, § 2º); para solicitar medidas de urgência antes da instituição do tribunal arbitral (art. 22-A); para determinar o cumprimento de alguma medida solicitada pelos árbitros, via carta arbitral[17] (art. 22-C); para executar a sentença arbitral (art. 31); ou, ainda, para anulá-la (art. 33).

Destarte, a interpretação mais correta, a nosso ver, é a de que a cláusula compromissória reflete a opção das partes pela arbitragem para dirimir seus conflitos[18] e que a cláusula de eleição de foro, por sua vez, representa a escolha

---

the parties was to refer substantive disputes to arbitration, even if the state courts were to have retained some residual jurisdiction over disputes about the proper law. Therefore the court held that the two clauses were not in fact irreconcilable. In the court's view, article 13 of the contract could be read as referring any dispute about the proper law to the jurisdiction of English courts, whereas all other substantive disputes would be arbitrated in accordance with article 14 of the services agreement (...) Remarkably, regardless of the principles of contract interpretation applied in a given case, in most instances, the interpretation of the conflicting arbitration and forum selection clauses led courts and arbitral tribunals alike to uphold the validity of both the forum selection and the arbitration clauses in question. In fact, a vast majority of decisions held that both clauses can coexist and be reconciled in a manner that makes sense" (STEBLER. Simone. The problem of conflicting arbitration and forum selection clauses. *ASA Bulletin*. Vol. 13, issue 1. Association Suisse de l'Arbitrage, Kluwer Law International, 2013, p. 33 e 35-36).

[17] A carta arbitral é o "reconhecimento expresso do dever de cooperação entre a jurisdição estatal e a jurisdição arbitral, demonstrando a inexistência de hierarquia entre o árbitro e o juiz togado" (GRION, Renato Stephan; CORDEIRO, Douglas Alexandre. Entra em vigor a Lei 13.129/15, que reforma a Lei de Arbitragem. *Migalhas*, 10 ago. 2015. Disponível em: https://www.migalhas.com.br/depeso/224780/entra-em-vigor-a-lei-13129-15-que-reforma-a-lei-de-arbitragem. Acesso em: 13 fev. 2020).

[18] Essa interpretação tem sido denominada de "favor arbitral", já que dispõe que, havendo indícios de que a parte optou pela arbitragem, ainda que sua opção não esteja totalmente expressa, a interpretação deverá ser favorável à arbitragem. Ao contrário do que se entende, não se trata de um favorecimento indevido à arbitragem, mas sim de garantir a vontade das partes e preservar a boa-fé que impera nas relações contratuais. A esse respeito, *vide*: MARTINS, Pedro A.

das partes pelo juízo estatal que será competente, caso o Poder Judiciário seja chamado a intervir.

Atualmente, tanto a doutrina[19] como a jurisprudência estatal[20] brasileiras adotam de forma pacífica o entendimento ora esposado, conferindo segurança jurídica às partes. De toda forma, para evitar controvérsias acerca da interpretação de referidas disposições contratuais, o ideal é que as partes deixem expresso no contrato que a cláusula de eleição de foro faz referência, unicamente, a eventuais medidas judiciais de apoio à arbitragem.

Ainda, existe outra situação possível envolvendo a coexistência de cláusulas compromissória e de eleição de foro: a em que tais cláusulas possuam definições distintas de escopo. Trata-se de hipótese distinta da já verificada, pois, nesse caso, o objeto de cada uma das cláusulas é diferente.

É o caso, por exemplo, da escolha da arbitragem para dirimir controvérsias oriundas de um negócio que envolva a locação de imóveis, mas

---

Batista. *Autonomia da cláusula compromissória*. Estudos de arbitragem mediação e negociação. v. 2. Disponível em: http://www.arcos.org.br/livros/estudos-de-arbitragem-mediacao-e-negociacao-vol2/segunda-parte-artigos-dos-professores/autonomia-da-clausula-compromissoria. Acesso em: 17 fev. 2020.

[19] Nesse sentido: CARMONA, Carlos Alberto. Considerações sobre a cláusula compromissória e a eleição de foro. In: LEMES, Selma; CARMONA, Carlos Alberto; MARTINS, Pedro A. Batista (coord.). *Arbitragem*: estudos em homenagem ao Prof. Guido Fernando Silva Soares. São Paulo: Atlas, 2007. p. 37-38; CAHALI, Francisco José. *Curso de arbitragem*: mediação, conciliação, tribunal multiportas. 7. ed. São Paulo: Thomson Reuters Brasil, 2018. p. 204; SCAVONE JUNIOR, Luiz Antônio. *Manual de arbitragem*: mediação e conciliação. 7. ed. Rio de Janeiro: Forense, 2016. p. 85; LEMES, Selma Ferreira. Cláusulas combinadas ou fracionadas: arbitragem e eleição de foro. *Revista do Advogado*, n. 119, ano 32, São Paulo, abr. 2013, p. 153-157; BERALDO, Leonardo Faria. *Curso de Arbitragem*: nos termos da Lei nº 9.307/96. São Paulo: Atlas, 2014. p. 170.

[20] "A cláusula de eleição de foro não é incompatível com o juízo arbitral, pois o âmbito de abrangência pode ser distinto, havendo necessidade de atuação do Poder Judiciário, por exemplo, para a concessão de medidas de urgência; execução da sentença arbitral; instituição da arbitragem quando uma das partes não a aceita de forma amigável" (STJ, REsp 904.813/PR, Rel. Min. Nancy Andrighi, j. 20.10.2011). "A inserção de cláusula de eleição de foro, por si só, não tem o condão de desconstituir a cláusula compromissória constante de item contratual específico relativo às perdas e danos, por meio do qual as partes, expressamente, comprometeram-se a submeter ao juízo arbitral os conflitos da execução do contrato, com renúncia a qualquer outro" (TJSP, Apel. 1000576-69.2016.8.26.0695, Rel. Mario de Oliveira, 12.06.2018).

resguardando ao Poder Judiciário a jurisdição para as ações locatícias especificamente previstas na Lei 8.245, de 1991 (Lei de Locações).[21]

Muito embora a autonomia privada permita às partes fazer tal divisão, trata-se de opção com alto risco de gerar problemas práticos, pois pode ser extremamente difícil discernir com precisão qual parcela da disputa é pertinente a uma ou a outra jurisdição. Isso pode gerar um contencioso prévio unicamente para determinar os limites do poder jurisdicional dos árbitros, o que é prejudicial à celeridade e à eficiência do processo, além de gerar o risco de decisões contraditórias sobre a mesma relação jurídica.

Por esses motivos, alguns autores são contrários à divisão de matérias entre jurisdições, recomendando que toda e qualquer controvérsia originária de um contrato seja dirimida ou por arbitragem ou pelo Poder Judiciário.[22]

Entretanto, se ainda assim as partes optarem pela divisão, os árbitros devem respeitar a vontade expressa por elas e se esforçarem para definir, tanto quanto possível, qual parcela da controvérsia está sobre sua jurisdição.

Contudo, se a redação das cláusulas compromissórias e de eleição de foro forem totalmente obscuras e não for possível, a partir de outros elementos de prova, aferir qual foi sua real intenção quanto a submeter qual matéria a qual jurisdição, os árbitros devem dar prevalência à eficiência processual e material, submetendo todas as controvérsias ao mesmo método de solução de disputas.

Isto porque, não havendo definição clara acerca da delimitação da jurisdição dos árbitros, não é razoável presumir que as partes teriam escolhido a opção menos eficiente, qual seja, o "fatiamento" da controvérsia.[23]

---

[21] Por exemplo, ação de despejo (art. 59), ação de consignação de aluguel (art. 67) e ação renovatória (art. 71).

[22] "Não se sugere bifurcar as disputas, pelo contrário. O ideal é definir de forma mais ampla possível as controvérsias que serão submetidas a uma única e definitiva arbitragem" (NANNI, Giovanni Ettore. *Direito Civil e arbitragem*. São Paulo: Atlas, 2014, p. 88).

[23] "Expressões pouco claras como 'litígios relacionados a determinado contrato' ou 'disputas decorrentes de certa relação jurídica' tendem a causar dúvidas interpretativas sobre a extensão objetiva da convenção de arbitragem. Tais dúvidas, em meu sentir, devem ser resolvidas no sentido de favorecer a arbitragem. Quem convenciona a solução arbitral para dirimir litígio não está, em princípio (a não ser que aja em reserva mental) imaginando fatiar a contenda para submeter parte das questões ao árbitro e parte ao Poder Judiciário. A convenção arbitral é atestado de que existe vontade clara de submeter os litígios *decorrentes, envolventes, relacionados, pertinentes, derivados* ou *resultantes* de certa relação jurídica à solução de árbitros. Se houver alguma excludente, parece razoável esperar que

3.2. Contratos coligados

A presença de vários instrumentos aumenta a complexidade jurídica da operação, o que demanda cuidado redobrado na redação das cláusulas contratuais, inclusive na de resolução de litígios.

Uma única operação econômica pode dar origem a mais de um instrumento contratual, surgindo o fenômeno de contratos coligados. Há coligação quando há unidade econômica entre os contratos,[24] os quais se encontram em relação de dependência unilateral ou recíproca. Essa dependência pode se dar por força de disposição legal, pela natureza acessória de um dos instrumentos ou pelo seu conteúdo, que pode ser expresso ou implícito.[25] Como ensina Orlando Gomes, "a intenção das partes é que um [contrato] não exista sem o outro".[26]

É possível, à semelhança do quanto visto no item anterior, que um instrumento contenha cláusula de eleição de foro judicial e outro instrumento, cláusula compromissória. Também é possível que um dos instrumentos preveja cláusula compromissória e os demais sejam silentes a respeito da solução de controvérsias.

Em relação à primeira hipótese, remete-se ao exposto no tópico acima, pois os parâmetros para solucionar essa problemática são os mesmos para os casos em que tanto a cláusula compromissória como a de eleição de foro coexistam no mesmo contrato.

No que toca à segunda hipótese, os árbitros devem avaliar se a presença de cláusula compromissória em um instrumento e sua ausência em outro(s) revela a intenção das partes em submeter apenas certos litígios à arbitragem e os demais, à jurisdição estatal.

É possível que a ausência de convenção de arbitragem em um ou mais instrumentos tenha sido proposital e calculada pelas partes dentro da

---

na convenção de arbitragem essa exclusão seja claramente marcada. Na falta de uma exclusão clara, a interpretação da convenção deve envolver toda a relação jurídica" (CARMONA, Carlos Alberto. *Arbitragem e Processo*: um comentário à Lei nº 9.307/96. 3. ed. São Paulo: Atlas, 2009. p. 114).

[24] KATAOKA, Eduardo Takemi. *A coligação contratual*. Lumen Juris: Rio de Janeiro, 2008. p. 62-63.

[25] "A união 'voluntária' entre os contratos pode advir de cláusulas contratuais que expressamente disciplinem o vínculo intercontratual ('coligação voluntária expressa'), ou pode ser deduzida a partir do fim contratual concreto e das circunstâncias interpretativas ('coligação voluntária implícita')" (MARINO, Francisco Paulo de Crescenzo. *Contratos Coligados no Direito Brasileiro*. São Paulo: Saraiva, 2009. p. 107).

[26] GOMES, Orlando. *Contratos*. 26. ed. Rio de Janeiro: Forense, 2007. p. 122.

racionalidade financeiro-econômica da operação. Contudo, também ocorre que a intenção das partes tenha sido a de submeter à arbitragem toda e qualquer controvérsia oriunda da operação econômica, mas, por descuido, elas não previram convenção de arbitragem em todos os contratos coligados.

Portanto, como já exposto no tópico 2 *supra*, caberá aos árbitros perquirir qual foi a vontade das partes. Nesse sentido, tanto a doutrina[27] como a jurisprudência[28] aceitam de forma pacífica a possibilidade de uma cláusula

---

[27] "If multiple contracts exist between two or more parties, which do not contain a single dispute resolution mechanism, numerous national courts and arbitral tribunals have nonetheless been willing to conclude in principle that disputes under one contract are arbitrable under an arbitration provision of a different contract. This is the commercially-sensible result, which typically effectuates the true intentions of reasonable parties. Nonetheless, the extent to which this result will apply in particular cases depends on the terms of the parties' agreements and the nature of their dispute" (BORN, Gary. *International Commercial Arbitration*. 2nd edition. Kluwer Law International, 2014. p. 1.370-1.371). Também nesse sentido: "The second major area where difficulties arise with the subject-matter covered by the arbitration agreement is that of groups of contracts. The first is where only the heads of agreement, or framework agreement, contains an arbitration clause to which the other related contracts refer. This case presents no difficulty. The parties' intention is clear: they sought to refer all disputes arising out of the whole set of contracts to arbitration, before a single arbitral tribunal constituted in accordance with the heads of agreement" (FOUCHARD, Philippe et al. *Fouchard Gaillard Goldman on International Commercial Arbitration*. The Hague: Kluwer Law International, 1999. p. 252-253).

[28] "Nos contratos coligados, as partes celebram uma pluralidade de negócios jurídicos tendo por desiderato um conjunto econômico, criando entre eles efetiva dependência. Reconhecida a coligação contratual, mostra-se possível a extensão da cláusula compromissória prevista no contrato principal (...) No sistema de coligação contratual, o contrato reputado como sendo o principal determina as regras que deverão ser seguidas pelos demais instrumentos negociais que a este se ajustam, não sendo razoável que uma cláusula compromissória inserta naquele não tivesse seus efeitos estendidos aos demais" (STJ, REsp 1.639.035/SP, 3ª Turma, Rel. Min. Sanseverino, j. 18.09.2018). Também nesse sentido: "Apesar do contrato nominado de 'comodato' ajustado entre as partes não conter pacto de convenção de arbitragem, mas sim cláusula de foro de eleição, é de se reconhecer a existência de válida e eficaz convenção de arbitragem, na modalidade de cláusula compromissória, pactuada entre as partes, em outros instrumentos por elas firmados, referentes ao contrato coligado e principal de prestação de serviços de administração de lanchonetes celebrado pelas partes (...)" (TJSP, AI 2237615-16.2017.8.26.0000, 20ª Câmara de Direito Privado, Rel. Des. Manoel Ricardo Rebello Pinho, j. 09.04.2018).

compromissória prevista em um instrumento abarcar litígios oriundos de contratos coligados que não preveem expressamente convenção arbitral.

Entretanto, a existência de coligação não impõe como regra a aplicação da cláusula compromissória a todos os litígios oriundos de contratos conexos, sendo primordial aferir a intenção das partes. Nesse contexto, são elementos importantes a serem avaliados pelos julgadores: a natureza das disputas, a redação das cláusulas de solução de conflitos, o comportamento das partes, o modo de execução dos contratos, entre outros.

Assim, por exemplo, se a redação da convenção de arbitragem limitar expressamente seu âmbito de aplicação (prevendo, por exemplo, a escolha da arbitragem para dirimir apenas e tão somente os conflitos oriundos daquele instrumento específico), a vontade das partes é clara e deve ser respeitada, a despeito da presença de contratos coligados.

Por outro lado, se a redação é ampla (prevendo a escolha da arbitragem para dirimir toda e qualquer controvérsia relacionada ou decorrente da "relação entre as partes"), é possível entender que o escopo objetivo da convenção é abrangente, abarcando os instrumentos conexos.

Também é importante avaliar em qual contrato está prevista a convenção de arbitragem. Se a previsão constar no contrato principal, o efeito da gravitação legal (por meio do qual os contratos acessórios "giram em torno" do principal) pode significar que a convenção de arbitragem também se aplica aos instrumentos acessórios.

Esse entendimento se funda na boa hermenêutica, pois contratos coligados devem ser interpretados conjuntamente, já que dizem respeito a uma mesma operação econômica. Nesse sentido, é razoável supor que a intenção das partes tenha sido submeter todas as controvérsias oriundas de uma operação econômica à mesma jurisdição, tornando a solução de disputas mais eficiente e racional e diminuindo o risco de decisões contraditórias.[29]

---

[29] "Não há dúvidas de que os contratos coligados não devem ser interpretados individual e isoladamente, mas como componentes de uma mesma operação econômica. Dessa forma, a existência de contratos coligados que prevejam métodos de solução de disputa distintos pode levar a decisões contraditórias entre si e/ou que não se atentem à finalidade jurídica ou econômica da operação suportada por referidos instrumentos" (Kulesza, Gustavo Santos; PEREIRA, Thais Vieira de Souza. Note: Paranapanema S/A v. Banco BTG Pactual S/A e Banco Santander Brasil S/A, Superior Court of Justice of Brazil, Case No. 1.639.035/SP (2015/0257748-2), 18 September 2018. *Revista Brasileira de Arbitragem*, vol. XVI, n. 61, CBAr & IOB, Kluwer Law International, 2019, p. 147).

Cap. 36 · LIMITES E POSSIBILIDADES PARA A CONVENÇÃO DE ARBITRAGEM | **935**

Em qualquer hipótese, os árbitros devem sempre analisar as circunstâncias e as especificidades do caso concreto para determinar a solução mais adequada e que representa a verdadeira intenção das partes ao celebrar a convenção de arbitragem.

4. QUESTÕES CONTROVERSAS RELACIONADAS AOS LIMITES SUBJETIVOS DA CONVENÇÃO DE ARBITRAGEM

4.1. Terceiros não signatários da convenção de arbitragem

Como visto no tópico 2 deste capítulo, vincula-se à arbitragem somente quem voluntariamente consente com ela. A Lei de Arbitragem, embora exija que a convenção de arbitragem adote a forma escrita,[30] não exige que o consentimento – isto é, a declaração de vontade para a ela se submeter – tenha uma forma específica.[31]

Diante do silêncio da Lei de Arbitragem, aplica-se o disposto no art. 107 do Código Civil, que prevê que, nos negócios jurídicos, "a validade da declaração de vontade não dependerá de forma especial, senão quando a lei expressamente a exigir". Portanto, o consentimento em relação à convenção de arbitragem pode se dar de forma expressa ou implícita.

A forma expressa é aquela feita "por palavras, escrito ou qualquer outro meio direto de manifestação de vontade"[32] (por exemplo, assinatura aposta na convenção de arbitragem ou uma declaração, ainda que oral, aceitando-a), enquanto a forma implícita é aquela que se deduz de fatos, atos e comportamento.

---

[30] A forma escrita é exigida tanto para a cláusula compromissória (art. 4º, § 1º, da Lei de Arbitragem) quanto para o compromisso arbitral (art. 9º, §§ 1º e 2º, da Lei de Arbitragem).

[31] Exceção seja feita à cláusula compromissória em contratos de adesão, para as quais o art. 4º, § 2º, da Lei de Arbitragem exige forma especial tanto para a redação da cláusula (que deve estar documento anexo ao contrato ou em negrito), quanto para o consentimento do aderente (que deve assinar ou dar visto especialmente para a cláusula compromissória).

[32] Trata-se de definição utilizada por Antônio Junqueira de Azevedo, e que consta no art. 217 do Código Civil de Portugal. Embora referido dispositivo não seja diretamente aplicável no Brasil, consideramos uma explicação dos conceitos e por isso é ora utilizada. Referência: AZEVEDO, Antônio Junqueira de. *Negócio jurídico*: existência, validade e eficácia. 4. ed. São Paulo: Saraiva, 2002. p. 126.

936 DIREITO CIVIL: DIÁLOGOS ENTRE A DOUTRINA E A JURISPRUDÊNCIA – *Volume II*

A partir disso, decorre que a aceitação e a vinculação à convenção de arbitragem não se dão apenas entre aqueles que a assinaram. Terceiros não signatários da convenção podem se vincular com base em seus atos e comportamento.

O consentimento baseado na conduta também é uma decorrência da incidência do princípio da boa-fé nas relações contratuais (arts. 112 e 113 do Código Civil), a qual atua como *standard* das relações, criando obrigações para os contratantes[33] e relevantes referências para o julgador. A este, incumbe levar a boa-fé em consideração para interpretar a manifestação de vontade das partes e a conduta destas ao longo da negociação, celebração e execução do negócio jurídico.

Portanto, o comportamento das partes também é elemento criador de deveres jurídicos, podendo configurar consentimento tácito e vinculação à convenção de arbitragem. Hodiernamente, esse entendimento encontra-se sedimentado na doutrina[34] e na jurisprudência estatal brasileiras.[35]

---

[33] "Presente tanto na formação, na conclusão e na execução, o princípio impregna de moralidade a atividade negocial, na defesa de valores básicos de convivência humana e de direitos ínsitos na personalidade. Com isso, o comportamento da parte deve, em todos os diferentes momentos do relacionamento, desde a aproximação à consecução de todas as obrigações, estar imbuído de lealdade, respeitando cada um o outro contratante e procurando, com a sua ação, corresponder às expectativas e interesses do outro contratante" (BITTAR, Carlos Alberto. *Direito dos contratos e dos atos unilaterais*. Rio de Janeiro: Forense, 1990. p. 39).

[34] Exemplos: GUERRERO, Luis Fernando. *Convenção de arbitragem e processo arbitral*. São Paulo: Atlas, 2009. p. 132-135; MARTINS-COSTA, Judith. *A boa-fé no direito privado*: critérios para sua aplicação. São Paulo: Marcial-Pons, 2015. p. 500-501; LEMES, Selma. A interpretação extensiva da cláusula arbitral. *Âmbito Jurídico*, 30.11.2017 (disponível em: https://ambitojuridico.com.br/cadernos/direito-processual-civil/a-interpretacao-extensiva-da-clausula-arbitral/. Acesso em: 3 dez. 2019); WALD, Arnoldo; GALINDEZ, Valéria. O Caso Trelleborg. *Revista de Arbitragem e Mediação*, vol. 10, jul.-set. 2006, p. 243-247; MELO, Leonardo de Campos. *Extensão da cláusula compromissória e grupos de sociedades* – a prática arbitral CCI e sua compatibilidade com o direito brasileiro. Rio de Janeiro: Forense, 2013.

[35] "Esse consentimento à arbitragem, ao qual se busca proteger, pode apresentar-se não apenas de modo expresso, mas também na forma tácita, afigurando possível, para esse propósito, a demonstração, por diversos meios de prova, da participação e adesão da parte ao processo arbitral, especificamente na relação contratual que o originou" (STJ, REsp 1.698.730/SP, 3ª Turma, Rel. Min. Marco Aurélio Bellizze, j. 08.05.2018). Também nesse sentido: TJSP, Ap 267.450.4/6-00, 7ª Câmara de Direito Privado, Rel. Constança Gonzaga, j. 24.05.2006; TJSP, Ap 0035404-55.2013.8.26.0100, 1ª Câmara Reservada de Direito Empresarial, Rel. Des. Pereira Calças, j. 26.08.2015.

Cap. 36 · LIMITES E POSSIBILIDADES PARA A CONVENÇÃO DE ARBITRAGEM | 937

Contudo, não é qualquer conduta capaz de gerar vinculação à convenção de arbitragem. Sendo a arbitragem uma jurisdição excepcional e pautada na autonomia privada, é crucial que o consentimento à arbitragem seja evidente, ainda que implícito.

No caso de cláusula compromissória, a conduta que vincula o não signatário é aquela que revela uma participação *ativa* e *substancial* na negociação, execução ou término do contrato, a ponto de evidenciar que a pessoa em questão era contratante de fato, apesar de não ter assinado o instrumento. Quando se constata ser uma das partes do contrato, ela se vincula às suas disposições, incluindo a cláusula compromissória.

Para chegar a essa conclusão, os árbitros precisam fazer uma análise minuciosa das circunstâncias fáticas e das provas produzidas em cada caso concreto.[36] O conjunto probatório deve ser farto. Participações pontuais ou eventuais no curso do contrato não devem ser consideradas suficientes para vincular o terceiro à cláusula compromissória, sob pena de violar o princípio da autonomia privada. Somente deve ser considerada vinculada à arbitragem uma pessoa que declarou sua vontade para tanto.

Frise-se que o parâmetro de *participação ativa e substancial* é adotado pela doutrina nacional e estrangeira[37] e, também, pela jurisprudência nacional[38] e internacional.[39] Portanto, é este o critério que deve ser adotado pelo

---

[36] "Conquanto delicada, pois fortemente atada aos elementos de fato, essa é a posição a se endossar. (...) Recai aos julgadores a tarefa de interpretar a conduta das partes durante as negociações e a execução do contrato – e da cláusula arbitral – bem como as circunstâncias nas quais se concretizaram. A aferição, portanto, é feita *in concreto*, como é próprio da tarefa hermenêutica-aplicativa" (MARTINS-COSTA, Judith. *A boa-fé no Direito privado*: critérios para sua aplicação. São Paulo: Marcial-Pons, 2015. p. 500-501).

[37] Nesse sentido: MARTINS-COSTA, Judith. *A boa-dé no Direito privado*: critérios para sua aplicação. São Paulo: Marcial-Pons, 2015. p. 502; Hanotiau, Bernard, *Complex Arbitrations – Multiparty, Multicontract, Multi-issue and Class Action*, Kluwer Law International, 2005. p. 36-37.

[38] STJ, REsp 1.698.730/SP, 3ª Turma, Rel. Min. Marco Aurélio Bellizze, j. 08.05.2018; TJSP, Ap. 267.450.4/6-00, 7ª Câmara de Direito Privado, Rel. Constança Gonzaga, j. 24.05.2006; TJSP, APL 0035404-55.2013.8.26.0100, 1ª Câmara Reservada de Direito Empresarial, Rel. Des. Pereira Calças, j. 26.08.2015; TJSP, APL 1009300-25.2017.8.26.0114, 16ª Câmara de Direito Privado, Rel. Des. Daniela Milano, j. 13.03.2018.

[39] O caso paradigmático Dow Chemical decidiu pela vinculação de parte não signatária por considerar que ela teve um papel "preponderante" e "essencial" na formação, execução e término do contrato, figurando como a "parte verdadeira"

938 | DIREITO CIVIL: DIÁLOGOS ENTRE A DOUTRINA E A JURISPRUDÊNCIA – *Volume II*

árbitro diante de casos em que tenha que decidir acerca dos limites subjetivos da cláusula compromissória.

No que toca o compromisso arbitral, parece pouco provável a hipótese de vinculação de terceiros com base em consentimento implícito, já que, em geral, o compromisso é celebrado para que a instauração da arbitragem ocorra logo em seguida. Assim, em geral, não haverá tempo hábil entre a celebração da convenção e o início do procedimento para configurar uma participação substancial e ativa de terceiros em relação ao contrato e/ou conflito *sub judice*. Entretanto, tudo dependerá das circunstâncias do caso concreto, a serem avaliadas pelo tribunal arbitral.

4.2. Vinculação do administrador à cláusula compromissória estatutária

Atualmente, a arbitragem é um método consagrado para resolver conflitos societários, inclusive no âmbito de companhias abertas no Brasil. A Comissão de Valores Mobiliários e o Instituto Brasileiro de Governança Corporativa recomendam sua adoção como uma prática de governança corporativa[40] e, além disso, os dados concretos evidenciam seu uso crescente em questões societárias.

Pesquisa conduzida no ano de 2012 revelou que aproximadamente 60% das companhias de capital aberto listadas na B3 previam cláusula compromissória em seus estatutos.[41] Essa adoção abrangente de cláusula compromissória

---

do instrumento. Referência: Dow Chemical v. Isover Saint Gobain, Interim Award, ICC Case No. 4.131, 23 September 198ʹ. *Revista Brasileira de Arbitragem*, CBAr & IOB, n. 20, vol. V, 2008, p. 199-206.

[40] Referências: Recomendações da CVM sobre governança corporativa, junho de 2012, p. 8. Disponível em: http://www.cvm.gov.br/export/sites/cvm/decisoes/anexos/0001/3935.pdf. Acesso em: 31 fev. 2020; Instituto Brasileiro de Governança Corporativa. *Código das melhores práticas de governança corporativa*. 5. ed. São Paulo: IBGC, 2015. p. 27.

[41] Aproximadamente 27% das 266 companhias listadas nos segmentos Tradicional e Nível 1 em 2012 da B3 optavam por incluir cláusula compromissória arbitral em seus estatutos sociais ou em seus acordos de acionistas. A essas companhias, soma-se aquelas que obrigatoriamente possuíam cláusula compromissória nos seus estatutos sociais (listadas no Nível 2, Novo Mercado e Bovespa Mais), chegando-se ao percentual de aproximadamente 60% do total das companhias listadas na B3 em 2012 com convenção de arbitragem. Referência: PARGENDLER, Mariana; PRADO, Viviane Muller; BARBOSA JÚNIOR, Alberto. Cláusulas arbitrais no

estatutária fez que os litígios societários consubstanciem, hoje em dia, uma porcentagem significativa dos procedimentos arbitrais do país.

No ano de 2018, levantamento realizado pelo escritório de advocacia LO Baptista[42] revelou que, no período de janeiro de 2016 a julho de 2018, do total de casos iniciados nas seis principais instituições arbitrais do país,[43] 38% correspondiam a disputas societárias. Desse total, as controvérsias mais comuns eram: conflitos de fusões e aquisições (47%) e conflitos internos das sociedades[44] (47%).

Esse fenômeno é reflexo de um contexto geral favorável ao instituto da arbitragem no Brasil, mas, especificamente, pode ser atribuído a três fatores: a criação dos segmentos Novo Mercado e Nível 2 no final do ano 2000, os quais previam obrigatoriedade de inserção de cláusulas compromissórias nos estatutos sociais das companhias neles listadas;[45] a inclusão do art. 109, § 3º,

---

mercado de capitais brasileiro. *Revista de arbitragem e mediação*, São Paulo: RT, v. 40, p. 105-111, 2014.

[42] Pesquisa divulgada no *site* Consultor Jurídico (Conjur). Referência: VALENTE, Fernanda. Conflitos sobre fusões e entre sócios são os mais levados para arbitragem, diz pesquisa. *Conjur*, 27 fev. 2019. Disponível em: https://www.conjur.com.br/2019-fev-27/conflitos-internos-fusoes-sao-levados-arbitragem. Acesso em: 17 fev. 2020.

[43] Quais sejam: Amcham Brasil, Câmara de Arbitragem do Mercado (CAM B3), Câmara de Arbitragem Empresarial-Brasil (Camarb), Câmara de Conciliação, Mediação e Arbitragem da Federação das Indústrias de São Paulo (CMA CIESP/ FIESP), Centro de Arbitragem e Mediação da Câmara de Comércio Brasil-Canadá (CAM-CCBC) e Corte Internacional de Arbitragem da Câmara de Comércio Internacional (CCI).

[44] Como, por exemplo, litígios sobre dissolução de companhias e acerca do direito de voto.

[45] "In Brazil, the Novo Mercado and Level 2 attempt to avoid the enforcement difficulties associated with an ineffective judiciary through the provision of mandatory and institutionalized arbitration for internal affairs disputes. Here, as elsewhere, the conventional drawbacks of arbitration compared to public judicial procedures with respect to corporate law and complex commercial disputes apply. In developing countries like Brazil, however, with weak public commercial courts, arbitration may be the only domestic means of addressing the enforcement problem. Arbitration procedures are believed to be faster, as well as more confidential and technical (and thus less subject to political pressures or corruption), than a typical judicial lawsuit in Brazil" (GILSON, Ronald J.; HANSMANN, Henry; PARGENDLER, Mariana. *Regulatory dualism as a development strategy: corporate reform in Brazil, the United States and the European Union*. Stanford Law Review, vol. 63, 2011, p. 492-494).

940 | DIREITO CIVIL: DIÁLOGOS ENTRE A DOUTRINA E A JURISPRUDÊNCIA – *Volume II*

na Lei das S.A. em outubro de 2001,[46] o qual permitiu o estabelecimento de cláusulas compromissórias estatutárias para dirimir conflitos entre acionistas e a companhia; e a inclusão do art. 136-A na Lei das S.A., quando da reforma da Lei de Arbitragem em 2015,[47] que disciplinou as regras para adoção da cláusula compromissória estatutária.

Em especial, a inclusão do art. 136-A na Lei das S.A. teve como objetivo dirimir controvérsias que até então circundavam o tema da convenção arbitral em companhias abertas. Isso porque o art. 109, § 3º, da Lei das S.A. previa somente uma permissão genérica para a adoção da arbitragem nos estatutos, mas não disciplinava questões práticas, como o quórum necessário para a aprovação da cláusula e quem estaria vinculado a ela.[48]

Em relação aos limites subjetivos da cláusula, muito se debatia se a vontade da maioria dos acionistas poderia se sobrepor à manifestação de vontade individual daqueles que não concordaram com a inclusão da convenção arbitral. Como visto no item 2 *supra*, a arbitragem é fundada no princípio da autonomia privada, de modo que, a princípio, somente se vincularia a ela aqueles que manifestassem sua vontade a tanto.

Em decorrência disso, era controverso se os acionistas ausentes, os dissidentes, os que se abstiveram de votar e os acionistas sem direito a voto se vinculassem à cláusua compromissória inserida no estatuto pela maioria. Também havia controvérsia se os acionistas que não concordassem com a inclusão pudessem exercer o direito de retirada da companhia.

Prevaleceu o entendimento de que a deliberação assemblear a respeito da inclusão da cláusula compromissória seria uma deliberação como qualquer outra, a qual se sujeita ao princípio da maioria. Portanto, mesmo aqueles que não concordassem com o resultado da votação, se submeteriam a ela.

Tal entendimento foi positivado em 2015, com a inclusão do art. 136-A na Lei das S.A. Assim, atualmente resta claro que a adoção da convenção de arbitragem "obriga a todos os acionistas", tendo a lei ressalvado ao "acionista

---

[46]   Incluído na Lei das S.A. pela Lei 10.303, de 2001.

[47]   Incluído na Lei das S.A. pela Lei 13.129, de 2015.

[48]   *Vide* a respeito doutrina da época, revelando a grande controvérsia até então existentes: "A matéria é por demais polêmica e, em que pesem os esforços doutrinários, restará por ser, ao fim e a cabo, esclarecida pela via jurisprudencial, dada a ausência de lei clara e determinante quanto aos limites e ao alcance da estipulação compromissória no seio dos estatutos sociais" (MARTINS, Pedro A. Batista. *Arbitragem no Direito Societário*. São Paulo: Quartier Latin, 2012. p. 64).

Cap. 36 · LIMITES E POSSIBILIDADES PARA A CONVENÇÃO DE ARBITRAGEM | 941

dissidente" o direito de se retirar da sociedade, desde que cumpridos os requisitos previstos no § 2º do referido dispostivo legal.[49]

Entretanto, a alteração legislativa não teve o condão de eliminar todas as problemáticas acerca do tema. Uma das questões controversas que ainda persistente é a de se saber se os administradores, conselheiros e diretores (doravante denominados, em conjunto, "administradores") também estão vinculados à cláusula compromissória estatutária, já que os arts. 109 e 136-A da Lei das S.A. não os mencionam expressamente, fazendo referência unicamente aos acionistas.[50]

Diversos posicionamentos surgiram sobre o tema. Inicialmente, houve quem alegasse que os administradores apenas estariam vinculados à cláusula compromissória estatutária se fossem também acionistas da companhia.[51]

Entretanto, o fato de uma pessoa ser, ao mesmo tempo, acionista e administrador não pode ser determinante para avaliar se existe vinculação à cláusula *enquanto administrador,* já que os dois papéis não se confundem. Cada relação jurídica faz nascer direitos e deveres distintos e, portanto, é plenamente possível que a cláusula compromissória seja aplicável a apenas uma dessas relações (acionista) e não a outra (administrador).

Outros autores entendem que, apesar de os administradores não serem mencionados expressamente na Lei das S.A., eles também se vinculariam à cláusula compromissória estatutária, ainda que esta seja silente a seu respeito.

É o caso de Pedro A. Batista Martins, que fundamenta sua posição na teoria orgânica da empresa, de acordo com a qual os administradores,

---

[49] "Art. 136-A. (...) § 2º O direito de retirada previsto no *caput* não será aplicável: I – caso a inclusão da convenção de arbitragem no estatuto social represente condição para que os valores mobiliários de emissão da companhia sejam admitidos à negociação em segmento de listagem de bolsa de valores ou de mercado de balcão organizado que exija dispersão acionária mínima de 25% (vinte e cinco por cento) das ações de cada espécie ou classe; II – caso a inclusão da convenção de arbitragem seja efetuada no estatuto social de companhia aberta cujas ações sejam dotadas de liquidez e dispersão no mercado, nos termos das alíneas 'a' e 'b' do inciso II do art. 137 desta Lei".

[50] O art. 109 dispõe que "as divergências entre os acionistas e a companhia, ou entre os acionistas controladores e os acionistas minoritários" podem ser resolvidas por arbitragem, e o art. 136-A afirma que a inserção da convenção de arbitragem no estatuto obriga a "todos os acionistas".

[51] Sobre o tema, ver: FICHTNER, José Antônio; MANNHEIMER, Sérgio Nelson; MONTEIRO, André Luís. *Teoria geral da arbitragem.* Rio de Janeiro: Forense, 2019. p. 361-363.

"ao agirem, falam em nome e pela sociedade (...) Não há duas pessoas e, sim, uma única pessoa: a sociedade".[52] Por assim ser, o autor entende que os administradores estão obrigados a respeitar o estatuto da companhia da qual são "parte integrante". Em decorrência dessa relação umbilical entre administradores e sociedade, aqueles necessariamente estariam vinculados à cláusula compromissória estatutária.[53]

Por fim, há autores que consideram que, diante do silêncio da Lei das S.A., os administradores apenas se vinculam se forem mencionados expressamente na cláusula compromissória estatutária ou se expressamente escolherem se vincular por meio de declaração de vontade posterior. Esta é a posição de Carlos Augusto da Silveira Lobo[54] e Marcelo Adamek.[55]

---

[52] MARTINS, Pedro A. Batista. *Arbitragem no Direito Societário*. São Paulo: Quartier Latin, 2012. p. 136.

[53] "Frente a essa realidade, e do direito subjetivo que passam a ser titulares no âmbito do feixe das relações sociais, e, ainda, da incorporação orgânica que o cargo lhes reconhece, creio que os administradores da sociedade anônima restam alcançados pelos efeitos de uma cláusula compromissória estatutária, mesmo que a ela não tenham consentido formalmente, ressalvadas as peculiaridades do conteúdo de dita disposição estatutária" (MARTINS, Pedro A. Batista. *Arbitragem no Direito Societário*. São Paulo: Quartier Latin, 2012. p. 139).

[54] "(...) para que tais demandas possam ser resolvidas por arbitragem é necessário que os administradores e os fiscais subscrevam convenção de arbitragem" (LOBO, Carlos Augusto da Silveira. A cláusula compromissória estatutária. In: WALD, Arnold (org.). *Arbitragem e mediação*: arbitragem aplicada. Doutrinas Essenciais. São Paulo: RT, 2014, ano 4, n. 22, p. 205).

[55] "No caso da Lei das S/A, a força obrigatória da cláusula compromissória estatutária impõe-se somente às divergências entre os acionistas, como tais, e a companhia, ou entre minoritários e controladores. Mas não abrange as relações entre diretores e a companhia, nem mesmo as relações entre os membros do conselho de administração e a companhia (...) Nada impede, porém, que, se assim entenderem conveniente, as partes venham a submeter os litígios a juizo arbitral, mas, já aí, sempre por força de distinta covenção (cláusula compromissória não estatutária ou compromisso arbitral). Na realidade, diversamente do que sucede em outros países (onde há disposição legal específica ampliando o efeito vinculante da cláusula compromissória estatutária aos administradores), a regra da nossa Lei das S/A é subjetivamente limitada, razão pela qual, diante do direito posto, julgamos não abranger os administradores como tais, sejam eles sócios ou não" (ADAMEK, Marcelo Vieira Von. *Responsabilidade civil dos administradores de S/A (e as ações correlatas)*. São Paulo: Saraiva, 2009. p. 428-429).

A nosso ver, se a cláusula compromissória estatutária expressamente mencionar que os administradores estão sujeitos a ela,[56] não há dúvida acerca da vinculação destes, sendo desnecessária qualquer manifestação posterior de vontade deles nesse sentido. Isso porque os administradores assumem o encargo tendo pleno conhecimento das disposições do estatuto e, portanto, não podem posteriormente alegar desconhecimento da cláusula compromissória.

Outrossim, o simples fato de os administradores não serem expressamente mencionados na convenção não pode ser considerado suficiente para concluir pela sua não vinculação. Como abordado nos itens 2 e 4.1, é plenamente possível um não signatário se vincular à convenção de arbitragem por meio do seu comportamento, entendimento este que, a nosso ver, também se estende *mutatis mutandi* aos administradores de sociedades de capital aberto.

Assim, considerando que os administradores assumem o encargo com pleno conhecimento do estatuto e que o desempenho de sua função é voltado *per se* ao atendimento do contrato social, é possível concluir que eles se vinculam à convenção de arbitragem por meio do seu comportamento, o qual deve ser analisado caso a caso.

Com efeito, os administradores não são terceiros em relação à sociedade, mas parte integrante desta, de modo que não é razoável nem eficiente considerar que – em regra – eles não estariam vinculados à convenção arbitral, enquanto todos os acionistas e a própria companhia estão.

Dessa forma, se a vontade das partes for a de efetivamente não vincular os administradores à cláusula compromissória estatutária, recomenda-se que isto fique registrado expressamente. Caso contrário, ainda que os administradores não estejam mencionados expressamente na cláusula compromissória estatutária, é possível – à luz de circunstâncias fáticas – concluir que aqueles manifestaram implicitamente sua vontade de se vincular.

Em todo caso, assim como na hipótese da parte não signatária, os árbitros deverão avaliar todos os elementos trazidos ao procedimentos para que possam concluir qual teria sido a verdadeira intenção das partes. Nessa tarefa,

---

[56] A cláusula compromissória estatutária sugerida pela Câmara de Arbitragem do Mercado (CAM B3) é explícita ao sujeitar à arbitragem "a companhia, seus acionistas, administradores e membros do Conselho Fiscal", evitando, assim, quaisquer problemas. Referência: Modelo de Cláusula Compromissória para Estatutos sociais de sociedades anônimas. Disponível em: http://www.b3.com.br/pt_br/b3/qualificacao-e-governanca/camara-de-arbitragem-do-mercado-cam/regulamentacao/. Acesso em: 17 fev. 2020.

devem avaliar não só a redação da convenção de arbitragem, mas também o comportamento das partes e, ainda, os ditames da boa-fé contratual.

5. CONCLUSÃO

Por todo o exposto neste capítulo, é possível concluir que a maioria das questões controversas analisadas nos itens 3 e 4 *supra* nascem a partir de uma redação pouco precisa da convenção de arbitragem sobre os seus limites objetivos e subjetivos.

Redigir um contrato pode implicar consideráveis custos de transação, o que certamente é uma das causas pelas quais as partes e os advogados nem sempre devotam a atenção necessária na redação das cláusulas de solução de disputa.[57] Todavia, a economia de custos durante a elaboração do instrumento pode resultar em um dispêndio maior do que seria necessário no curso do procedimento arbitral, em virtude da instalação de uma fase preliminar somente para resolver questões jurisdicionais.

Portanto, o ideal é que partes e advogados dediquem atenção à cláusula de resolução de disputas, de modo a evitar problemas e custos no futuro.

Outrossim, é verdade que nem todas as questões aqui tratadas podem ser previstas antecipadamente pelas partes. É o caso, por exemplo, de um terceiro não signatário que inicialmente não tinha relação com o contrato, mas, ao longo da sua execução, se revela uma figura importante a ponto de ser considerado uma parte contratante.

Para essas e outras situações, é indispensável que os árbitros, no cumprimento do princípio da competência-competência, resolvam as questões jurisdicionais trazidas pelas partes de forma técnica, uniforme e consistente, a fim de proporcionar a segurança jurídica necessária para que elas atuem no

---

[57] Para auxiliar partes e advogados, as principais instituições arbitrais brasileiras sugerem em seus *sites* modelos de cláusulas compromissórias padronizadas, que as partes podem agregar aos seus contratos, evitando redações impertinentes (*vide*, como exemplo, a cláusula compromissória sugerida pelo Centro de Arbitragem e Mediação da Câmara de Comércio Brasil-Canadá (CAM-CCBC). Disponível em https://ccbc.org.br/cam-ccbc-centro-arbitragem-mediacao/resolucao-de-disputas/arbitragem/modelos-de-clausula/. Acesso em: 17 fev. 2020). Todavia, é importante observar que nem sempre as cláusulas padrões serão suficientes para evitar os problemas tratados, especialmente em operações e contratos complexos, para os quais é recomendável tratar com um especialista em resoluções de disputas.

Cap. 36 · LIMITES E POSSIBILIDADES PARA A CONVENÇÃO DE ARBITRAGEM 945

mercado brasileiro com plena confiança no método de solução de disputas por elas escolhido, a arbitragem.

A esse respeito, é importante lembrar que a arbitragem só existe em função da escolha das partes e, portanto, a expectativa delas de obter um julgamento justo de qualidade deve ser atendida.[58] Assim, os árbitros devem analisar como casos semelhantes foram decididos e como a doutrina vem se posicionando a respeito das questões *sub judice*, de modo a bem fundamentar suas decisões e, dessa maneira, decidir e aplicar da melhor forma a norma escolhida pelas partes ao caso concreto.

REFERÊNCIAS

ADAMEK, Marcelo Vieira Von. *Responsabilidade civil dos administradores de S/A (e as ações correlatas)*. São Paulo: Saraiva, 2009.

ALVES, Rafael Francisco. *Árbitro e Direito*: o julgamento de mérito na arbitragem. São Paulo: Almedina, 2018.

AZEVEDO, Antônio Junqueira de. *Negócio jurídico*: existência, validade e eficácia. 4. ed. São Paulo: Saraiva, 2002.

BERALDO, Leonardo Faria. *Curso de arbitragem*: nos termos da Lei nº 9.307/96. São Paulo: Atlas, 2014.

BITTAR, Carlos Alberto. *Direito dos contratos e dos atos unilaterais*. Rio de Janeiro: Forense, 1990.

BORN, Gary. *International Commercial Arbitration*. 2. ed. Kluwer Law International, 2014.

CAHALI, Francisco José. *Curso de arbitragem*: mediação, conciliação, tribunal multiportas. 7. ed. São Paulo: Thomson Reuters Brasil, 2018.

CARDOSO, António de Magalhães; NAZARÉ, Sara. A arbitragem necessária – natureza e regime: breves contributos para o desbravar de uma (também ela) necessária discussão. In: MIRANDA, Agostinho Pereira de; ABREU, Miguel Cancella de; SILVA, Paula Costa; PENA, Rui; MARTINS, Sofia (coord.). *Estudos de direito da arbitragem em homenagem a Mário Raposo*. Lisboa: Universidade Católica Editora, 2015.

---

[58] "Em primeiro lugar, o árbitro deve se preocupar com as expectativas das partes como razão de ser não apenas da sua missão como julgador, mas da própria arbitragem como mecanismos de solução de conflitos" (ALVES, Rafael Francisco. *Árbitro e direito*: o julgamento de mérito na arbitragem. São Paulo: Almedina, 2018. p. 174).

CARMONA, Carlos Alberto. *Arbitragem e processo*: um comentário à Lei nº 9.307/96. 3. ed. São Paulo: Atlas, 2009.

CARMONA, Carlos Alberto. Considerações sobre a cláusula compromissória e a eleição de foro. IN: LEMES, SELMA; CARMONA, Carlos Alberto; MARTINS, Pedro A. Batista (coord.). *Arbitragem*: estudos em homenagem ao Prof. Guido Fernando Silva Soares. São Paulo: Atlas, 2007.

Dow Chemical v. Isover Saint Gobain, Interim Award, ICC Case No. 4.131, 23 September 198'. *Revista Brasileira de Arbitragem*, CBAr & IOB, n. 20, vol. V, 2008, p. 199-206.

FICHTNER, José Antônio; MANNHEIMER, Sérgio Nelson; MONTEIRO, André Luís. *Teoria geral da arbitragem*. Rio de Janeiro: Forense, 2019.

FOUCHARD, Philippe et al. *Fouchard Gaillard Goldman on international commercial arbitration*. The Hague: Kluwer Law International, 1999.

GILSON, Ronald J.; HANSMANN, Henry; PARGENDLER, Mariana. Regulatory dualism as a development strategy: corporate reform in Brazil, the United States and the European Union. *Stanford Law Review*, vol. 63, 2011, p. 475-537.

GOMES, Orlando. *Contratos*. 26. ed. Rio de Janeiro: Forense, 2007.

GRION, Renato Stephan; CORDEIRO, Douglas Alexandre. Entra em vigor a Lei 13.129/15, que reforma a Lei de Arbitragem. *Migalhas*, 10 ago. 2015. Disponível em: https://www.migalhas.com.br/depeso/224780/entra-em-vigor-a-lei-13129-15-que-reforma-a-lei-de-arbitragem. Acesso em: 13 fev. 2020.

GUERRERO, Luis Fernando. *Convenção de arbitragem e processo arbitral*. São Paulo: Atlas, 2009.

HANOTIAU, Bernard. *Complex arbitrations* – multiparty, multicontract, multi-issue and class action. Kluwer Law International, 2005.

INSTITUTO BRASILEIRO DE GOVERNANÇA CORPORATIVA. *Código das melhores práticas de governança corporativa*. 5. ed. São Paulo: IBGC, 2015.

KATAOKA, Eduardo Takemi. *A coligação contratual*. Rio de Janeiro: Lumen Juris, 2008.

KULESZA, Gustavo Santos; PEREIRA, Thais Vieira de Souza. Note: Paranapanema S/A v. Banco BTG Pactual S/A e Banco Santander Brasil S/A, Superior Court of Justice of Brazil, Case No. 1.639.035/SP (2015/0257748-2), 18 September 2018. *Revista Brasileira de Arbitragem*, vol. XVI, n. 61, CBAr & IOB, Kluwer Law International, 2019, p. 137-158.

LEMES, Selma Ferreira. A interpretação extensiva da cláusula arbitral. *Âmbito Jurídico*, 30.11.2017. Disponível em: https://ambitojuridico.

com.br/cadernos/direito-processual-civil/a-interpretacao-extensiva-da-clausula-arbitral/. Acesso em: 3 dez. 2019.

LEMES, Selma Ferreira. Cláusulas combinadas ou fracionadas: arbitragem e eleição de foro. *Revista do Advogado*, n. 119, ano 32, São Paulo, abr. 2013, p. 153-157.

LOBO, Carlos Augusto da Silveira. A cláusula compromissória estatutária. In: WALD, Arnold (org.). *Arbitragem e mediação*: arbitragem aplicada. Doutrinas essenciais. São Paulo: RT, 2014.

MARINO, Francisco Paulo de Crescenzo. *Contratos coligados no direito brasileiro*. São Paulo: Saraiva, 2009.

MARTINS, Pedro A. Batista. *Arbitragem no Direito Societário*. São Paulo: Quartier Latin, 2012.

MARTINS, Pedro A. Batista. Autonomia da cláusula compromissória. Disponível em: http://www.arcos.org.br/livros/estudos-de-arbitragem-mediacao-e-negociacao-vol2/segunda-parte-artigos-dos-professores/autonomia-da-clausula-compromissoria. Acesso em: 17 fev. 2020.

MARTINS-COSTA, Judith. *A boa-fé no direito privado*: critérios para sua aplicação. São Paulo: Marcial-Pons, 2015.

MELO, Leonardo de Campos. *Extensão da cláusula compromissória e grupos de sociedades* – a prática arbitral CCI e sua compatibilidade com o direito brasileiro. Rio de Janeiro: Forense, 2013.

MEYER, Antônio Correa; CARVALHO, Eliane Cristina. Cláusula compromissória e o administrador das sociedades anônimas. *Revista do Advogado*, n. 119, ano 32, São Paulo, abr. 2013, p. 27-33.

NANNI, Giovanni Ettore. *Direito Civil e arbitragem*. São Paulo: Atlas, 2014.

PARGENDLER, Mariana; PRADO, Viviane Muller; BARBOSA JÚNIOR, Alberto. Cláusulas arbitrais no mercado de capitais brasileiro. *Revista de Arbitragem e Mediação*, São Paulo: RT, v. 40, 2014, p. 105-111.

PINTO, José Emílio Nunes. A cláusula compromissória à luz do Código Civil. In: WALD, Arnold (org.). *Doutrinas essenciais*: arbitragem e mediação. São Paulo: RT, 2014. v. 2.

REBOUÇAS, Fernandes Rodrigo. *Autonomia privada das partes e a análise econômica do contrato*. São Paulo: Almedina, 2017.

SCAVONE JUNIOR, Luiz Antônio. *Manual de arbitragem*: mediação e conciliação. 7. ed. Rio de Janeiro: Forense, 2016.

STEBLER, Simone. The problem of conflicting arbitration and forum selection clauses. *ASA Bulletin*, Vol. 13, issue 1. Association Suisse de l'Arbitrage, Kluwer Law International, 2013, p. 27-44.

VALENTE, Fernanda. Conflitos sobre fusões e entre sócios são os mais levados para arbitragem, diz pesquisa. *Conjur*, 27 fev. 2019. Disponível em: https://www.conjur.com.br/2019-fev-27/conflitos-internos-fusoes-sao-levados-arbitragem. Acesso em: 17 fev. 2020.

WALD, Arnoldo; GALINDEZ, Valéria. O Caso Trelleborg. *Revista de Arbitragem e Mediação*, vol. 10, jul.-set. 2006, p. 243-247.